Theodor Fontane · Der Dichter über sein Werk
Band 2

dtv-bibliothek
Literatur · Philosophie · Wissenschaft

Theodor Fontane
Der Dichter über sein Werk

Band 2

Herausgegeben von Richard Brinkmann
in Zusammenarbeit
mit Waltraud Wiethölter

Deutscher Taschenbuch Verlag

Dieses Buch erschien ursprünglich in der von Rudolf Hirsch und Werner Vordtriede im Heimeran Verlag herausgegebenen Reihe ›Dichter über ihre Dichtungen‹ unter dem Titel ›Theodor Fontane‹.

Von Theodor Fontane
sind im Deutschen Taschenbuch Verlag erschienen:
Meine Kinderjahre (6004)
Von Zwanzig bis Dreißig (6025)
Von Dreißig bis Achtzig (6041)

Für die Taschenbuchausgabe
durchgesehene und erweiterte Fassung
Mai 1977
Deutscher Taschenbuch Verlag GmbH & Co. KG, München
© 1973 Heimeran Verlag, München
ISBN 3-7765-3038-3
Umschlaggestaltung: Celestino Piatti
unter Verwendung einer Kreidezeichnung von Max Liebermann,
Kunsthalle Bremen
Gesamtherstellung: Passavia Druckerei AG Passau
Printed in Germany · ISBN 3-423-06074-3

Berlin d. 20. Dzbr. 71

Hochgeehrter Herr Doktor.

Anbei erlaube ich mir
Ihnen für Ihre Privat-
Bibliothek mein nachstes
kleines Buch zu übersenden, bei
dem Sie gewiß eine Art
Pathenstelle vertreten haben;
Sie sind von seinem Dasein
nicht ganz unschuldig.

Ein paar empfehlende
Zeilen, hoffentlich schon gestern
abgegangen, erlaube ich mir
gleich beizulegen.

Bitte, wenn es sein kann,
vergessen Sie Lübke nicht!

In vorzüglicher Ergebenheit
und Verehrung, Ihr aufrichtig
ergebener Th. Fontane

Fontane an Wilhelm Hertz
Berlin, 20. Dezember 1871
Mit freundlicher Genehmigung des
Schiller-Nationalmuseums Marbach a. N.

Kriegsbücher

Der Schleswig-Holsteinsche Krieg im Jahre 1864

*Entstehung: 1864
Erstausgabe: 1866*

Berlin, 31. August 1864
Fontane an den Verlag Rudolf von Decker
Herr von Decker sagte mir vor ungefähr 14 Tagen, daß er behufs Edierung eines Buches über den schleswig-holsteinschen Krieg noch die Zeichenkräfte einiger Maler zu engagieren wünsche. Camphausen, Kretschmer, Rabe und Burger wurden vorläufig genannt; – darf ich Ihnen Mitteilung davon machen, daß der ausgezeichnete Schlachtenmaler Georg Bleibtreu einige Ölbilder für Österreich gemalt hat (die »Erstürmung des Königsbergs bei Schleswig« und »Gefecht bei Oeversee«) und so weit ich seine Intentionen kenne, gern bereit sein würde, einige der Illustrationen zu übernehmen.

(LA 211)

Fontane an Wilhelm Hertz Neu-Ruppin, 7. September 1864
Heute Nacht 4 Uhr breche ich nach Lübeck auf und gedenke von dort aus nach Kopenhagen zu gehn, sobald dies Sturmwetter vorüber ist. Hohe See werden wir ohnehin noch haben. (WHH 117)

Fontane an seine Frau Kopenhagen, 10. September 1864
Ich bin heute früh 8½ hier in Kopenhagen eingetroffen. Wir verließen Lübeck auf dem Dampfschiff Bager gestern Nachmittag 4½, sodaß die Fahrt gerade 16 Stunden gedauert hat. Mir wurde nach Mitternacht sehr flau, doch kam ich mit genauer Not darüber hin. Lübeck hat mich *sehr* interessiert; Kopenhagen gefällt mir auch, es ist eine bunte, muntere, malerische Stadt. Vor Mittwoch Abend werde ich nicht von hier fort können, da ich doch auch Helsingör und Roeskilde, vielleicht selbst Ringstedt gesehen haben will. Ich hoffe abends von 7 bis 10 schreiben zu können und möchte dann wohl ein paar Briefe an Beutner resp. die Zeitung richten. Darauf muß ich Dich verweisen. Dies soll Dir nur sagen: Ich lebe, ich bin in Kopenhagen. Bis jetzt war das Wetter schlecht, heute ist es leidlich;

– mit meinem Befinden geht es unberufen und unbeschrien. Bitte, laß Mama in Ruppin wissen, daß ich hier angekommen bin. Morgen will ich bei Quehl meine Visite machen. Jetzt zum Kaffee nach Krampenburg (Krampenborg oder Klampenborg), was etwa türkisches Zelt oder dergleichen vorstellt. Soll aber sehr schön sein.

(E 55, 75 f)

Fontane. Tagebuch   10. September 1864
Im Hotel d'Angleterre am Kongens Nytorv. Beobachtungen vom Fenster aus. Wachtparade. Gang in die Stadt. Führer gekauft. Die Börse und die Erlöserkirche. Zum Diner. Spazierfahrt durch Stadt und Umgegend. Nach Haus. Geschrieben. Früh zu Bett.

(E 44, 116 f)

Fontane. Tagebuch   16. September 1864
Bei Sturm und Regen in Aalborg eingetroffen. Phönix-Hotel. Das sonderbare Bett. Gang in die Stadt. Kleine Einkäufe. Das Schloss Christians IV. (Aalborg-Huus). Die beiden alten Kirchen. Das Rathhaus. Hoyers Conditorei mit der Säulenveranda. Oster- und Westerau. Die »Apotheke«, höchst malerisches Haus, im Stil wie das in der Schouw-Gade in Kopenhagen, ohngefähr aus derselben Zeit. Briefe geschrieben und Correspondenzen.   (E 44, 124)

Fontane. Tagebuch   17. September 1864
Es gießt immer noch. Gearbeitet, den Kopenhagener Brief beendet. In die eine alte Kirche. Über den Limfjord nach Sundby hinüber. Kostbarer Blick auf Aalborg. Bei scharfem Südost zurück. Flaniert. Kleine Einkäufe, namentlich die dänischen Kriegs- und Siegeslieder.
Kaffee getrunken auf der Veranda in Hoyers Conditorei. Gut gegessen im »Phoenix«. Mit dem Wirth (Herrn Christensen) geplaudert über General v. Flies, Graf Münster, Prinz Friedrich Karl, General Vogel v. Falckenstein, die alle in seinem Hause gewohnt haben. General v. Flies dauernd. Wurde sehr gelobt, »liebenswürdiger Mann«. Auch die Soldaten fast von jedermann, Mädchen, Küster, Buchbinder, Buchhändler, die Leute im Hause – alle dasselbe Urteil. Besonders die »manierlichen Schlesier«; die 18'er weniger. Gearbeitet. Gelesen. Briefe geschrieben.   (E 44, 124 f)

Fontane. Tagebuch   18. September 1864
Den ganzen Tag über noch in Aalborg. Flaniert. Geschrieben. Diner (Aalsuppe) im Limfjord-Hotel. Gearbeitet. Gang in die Stadt. Briefe zurecht gemacht. Kostbarer Blick auf den Limfjord, bei Mondschein und leisem Nebel. Gegen 10 zu Bett. Ebenso beschaffen wie im Phoenix.
(E 44, 125)

Fontane. Tagebuch   20. September 1864
Ziemlich früh auf. Freundliche Wirthsfrau; gearbeitet. Briefe geschrieben. Um 1 zu Tisch; delektiert an den Mohrrüben in der Suppe, die ich alle herausfischte. Gemüse-armes Land; die Kartoffeln ungeniessbar. Als Zwischengericht – eine *Pastete,* ganz gut und zwar in Skive!
(E 44, 128)

Fontane. Tagebuch   23. September 1864
Früh auf. Gearbeitet; geschrieben. Gang in die Stadt und um die Stadt.
(E 44, 134)

Fontane an Alexander von Pfuel   Berlin, 12. Februar 1865
An die Wiederaufnahme der unterbrochenen Arbeiten, die alle für Band III der Wanderungen bestimmt waren, ist vorläufig nicht zu denken, da ich auserlesen worden bin, eine populäre, dabei umfangreiche und reich illustrierte Darstellung des schleswig-holsteinischen Krieges zu schreiben. Es wird mich diese Arbeit mindestens noch bis in den Herbst beschäftigen [...]
(LA 212)

Fontane an Wilhelm Hertz   Berlin, 21. Mai 1865
Am liebsten käme ich selbst, um mir von Ihren Zügen zwischen Elster und Elbe erzählen zu lassen, da ich aber ein Gesuch auf der Lippe habe, das ich mich persönlich vorzutragen scheue, so schick' ich doch lieber diese Zeilen zu Recognoscirung des Terrains voraus.
Natürlich handelt es sich um Geld.
Nach tapfrem Fechten und Durchschlagen, brauchen wir in diesen Decker-Tagen, in denen das Höchste erwartet, verläufig aber nicht das Kleinste besessen wird, abermals 100 rtl.
Könnten Sie mir sie leihen? Wenn ich nicht krank werde, so ge-

denke ich Ende August das M. S. abzuliefern, bei welcher Gelegenheit ich 375 rtl. erhalten würde und meine Schulden bei Ihnen bezahlen könnte. (WHH 122)

Fontane an Rudolf von Decker   Berlin, 26. Juli 1865
Inbetreff der Croquis und gleichsam in Erweiterung der Propositionen, die ich mir zu machen erlaubte, möchte ich Ihnen heute folgendes zur weiteren Erwägung bzw. Beschlußfassung anheimgeben.
Das Buch in seiner ursprünglich intendierten Gestalt ist nicht mehr herzustellen; die Mittel werden höhren Orts verweigert oder doch nur in sehr beschränktem Maße bewilligt, außerdem fehlt es nunmehr an *Zeit*.
Was ich Ihnen nun, hochzuverehrender Herr v. Decker, unter diesen Umständen ans Herz legen möchte, ist die Frage: »täten wir nicht gut, uns von der ursprünglichen Idee (die nun doch mal unausführbar geworden ist) so viel wie möglich zu emanzipieren und etwas relativ Neues an die Stelle treten zu lassen?« Knapsen wir von dem ursprünglich als Prachtwerk gedachten Buche ⅞ ab, so macht das übrig bleibende Achtel den Eindruck einer heruntergekommenen Größe oder aber jenes unglücklichen »es ginge wohl, aber es geht nicht«, während wenn wir die Prachtwerk-Idee *ganz* fallen lassen und einfach ein *Buch* geben, das Feld noch mit Ehren behauptet werden kann. Dies Buch braucht deshalb nicht vollständig ohne alle Illustrationen und dem ähnliche Zutaten zu sein, nur die eigentlichen »Bilder«, die großen Schlacht-Tableaux etc. wären vielleicht besser *ganz* und *gar* über Bord zu werfen. Das Geld, das dadurch erspart wird, ließe sich dann vielleicht für eine reichere Anzahl Porträts und für jene Croquis, Dunby-Pläne etc. verwenden, die keinen anderen Plan verfolgen, als das Verständnis des Textes leichter, die Schilderungen selbst anschaulicher zu machen. – Mit der Bitte, mir diese Propositionen, wobei ich nur das Gelingen des Unternehmens im Auge habe, nicht übel deuten zu wollen, hochzuverehrender Herr von Decker [...] (LA 213 f)

Fontane an den Verlag Rudolf von Decker   Berlin, 21 August 1865
Lassen Sie mich Ihnen zunächst meinen ergebensten Dank für Ihre

freundlichen Zeilen und für die so überaus gefällige Uebermittlung der 375 Rtl. sagen; – ich hoffe Ihnen mündlich diesen Dank wiederholen und bei dieser Gelegenheit zugleich allerhand Punkte betreffs des Drucks besprechen zu können. Bitte, bestimmen Sie eine Zeit. Wenn irgend möglich *Donnerstag* von 1½ bis 7 zu *jeder* Stunde die Ihnen paßt; ich kann es danach einrichten. Vorher (Dienstag und Mittwoch) würde nicht recht 'was helfen, da ich das M. S., mit dessen Durchsicht ich vor Mittwoch Abend nicht fertig bin, dabei in Händen haben muß.

Meine Wünsche, in Betreff von etwa 6 oder 8 Croquis etc., werde ich auf einem Zettel spezifizieren und mitbringen. Auf Burger's Rückkehr werde ich leider nicht warten können – bitte, dringen Sie aber nicht in ihn, um deshalb seine Rückreise zu beschleunigen. Ich hoffe alles Nötige ausreichend notiren zu können; außerdem, da er in diesen Dingen ja brillant bewandert ist, findet er sich auch wohl, nach eigner Kenntnis, darin zurecht. (FAP)

Fontane an Friedrich Wilhelm Holtze   Berlin, 26. August 1865
Mein Buch ist seit zwei, drei Tagen im M. S. fertig und morgen geh ich in die Schweiz, um mich von den Strapatzen 8 monatlicher Arbeit zu erholen. Ich wollte vorher noch zu Ihnen, um Ihnen zu danken und zugleich mich zu entschuldigen. Es war aber nicht mehr möglich. So denn schriftlich die Bitte, daß Sie mir das lange Zurückbehalten der Bücher verzeihen mögen. Es wird nun auf vier, fünf Wochen mehr oder weniger hoffentlich auch nicht ankommen; ich brauche nämlich das mir gütigst Anvertraute noch beim Correkturmachen. Ihre Güte hat mich verwöhnt [...]   (E 61, 360)

Berlin, 25. September 1865
Fontane an den Verlag Rudolf von Decker
Eben verläßt mich Herr Burger, mit dem ich – so weit das zwischen uns beiden abgemacht werden kann – über die bildliche Ausstattung des Buches das Nötige besprochen habe. Das, was er vorhat, scheint mir unter den obwaltenden, wenig günstigen Umständen das Beste zu sein.
Diese Zeilen haben aber noch einen andern Zweck als die vorste-

hende Mitteilung. Burger betrachtet das Ganze als ein verspätetes, seines ursprünglichen Lebensgeistes beraubtes, totgeborenes Unternehmen, und sagte mir, daß er sich bereits in diesem Sinne gegen Sie geäußert habe. Ich knüpfe an diese Burgersche Ansicht an. Vielleicht sieht er um einiges schwärzer als nötig, wenn indessen der Herr Minister – und zwar »nach und nach« – nur eine Abnahme von 1000 Exemplaren in Aussicht gestellt hat, so scheint mir der äußere Erfolg des Buches allerdings keineswegs gesichert. Gestatten Sie mir in Rücksicht darauf die Mitteilung, daß meinerseits kein Weheschrei laut werden würde, wenn die Herausgabe unterbliebe. *Die Freude an dem Unternehmen ist allerseits längst dahin;* weder der Herr Minister, noch Herr v. Decker, noch Sie, noch Burger, noch ich, hängen wohl irgend länger noch an dem Buch und die Frage: »ob es überhaupt noch erscheinen soll« scheint mir allerdings, wenn nicht die Deckersche Firma über den Absatz günstiger denkt als der Illustrator und der Schriftsteller, eine wohl aufzuwerfende. Lebte ich nicht von meiner Feder, so würde ich Ihnen durch einen teilweisen Verzicht auf mein Honorar entgegenkommen; doch ist mir das leider nicht möglich. Das *eine* Opfer aber würde ich ohne weitere Kümmernisse bringen: ein bestes Lebensjahr (und wer weiß wie viel man deren noch hat) an ein vor der Geburt schon gescheitertes Unternehmen gesetzt zu haben. Ich füge hinzu, daß dem Herrn Minister schwerlich an dem Erscheinen des Buches gelegen sein kann. Ich weiß es nicht, aber ich habe ein Gefühl davon. –

Diese Mitteilungen würden ihr Mißliches haben, wenn ich noch bei der Arbeit wäre; sie würden eine unlustige Arbeitsstimmung verraten und wenig von der Arbeit selbst erwarten lassen. Aber die Arbeit selbst, ein paar Seiten abgerechnet, ist fertig und zwar im Wesentlichen mit Ernst und Eifer vollendet worden. Diese Betrachtungen schaden also nichts mehr. Bitte, ziehen Sie sie ernstlichst in Erwägung. (LA 215 f)

Fontane an Ludwig Burger   Berlin, 4. Oktober 1865
Eben bin ich mit der Durchsicht des M. S., so weit ich es besitze, durch und eile meine Aufzeichnungen in Ihre Hände gelangen zu lassen.

Bogen I.   Alles bis Düppel.
Bogen II   Düppel.
Bogen III   den Rest.

Von meinen Aufzeichnungen bis zu dem Kapitel »Lagerleben« (was nur ein *Kapitel,* keine Hauptabtheilung ist) werden Sie wenig brauchen können, da mir bis dahin – einige zufällig von Decker eingetroffene Correkturbogen abgerechnet – alles Material fehlte. *Von da ab, ist aber alles in Ordnung,* überall habe ich Versionen notirt, so daß die Mehrzahl der A und D wegfallen, wo sie Ihnen irgendwie störend sind.

Benutzen Sie die Versionen, so bitte ich die einliegenden Bogen aufzuheben, damit ich, – wo es nöthig wird – später die erforderlichen Correkturen, gestützt auf diese meine Varianten, leichter machen kann.

So wie ich das M. S. der ersten Hälfte (wohl nur des ersten Drittel) in Händen habe, vervollständige ich meine heutigen Angaben von Anfang an bis zu dem Kapitel »Lagerleben« hin.

Da Ihnen die Reihenfolge gleichgültig sein wird, so läge nunmehr das Arbeitsfeld, so weit ich es beurtheilen kann, klar vor Ihnen. Der *Inhalt* – mit dem Sie ja ohnehin vollauf vertraut sind – ergiebt sich im Wesentlichen aus den Ueberschriften.

Zum Schluß die Bitte: da Decker nun 'mal *will* (was am Ende doch auch wohl das beßre ist) so auch mit möglichster Rapidität vorwärts, damit wirs am Ende noch bis Weihnachten schaffen. »Wenn schon, denn schon«. Ich hoffe in 8 Tagen mit meiner Arbeit fertig zu sein; freilich auf Ihren Schultern liegt Schwereres.   (FAP)

Berlin, 11. Oktober 1865
Fontane an den Verlag Rudolf von Decker (Herrn Schultz)

Sie würden mich Ihnen zu besondrem Danke verpflichten, wenn Sie mir von meinem Honorar-Rest weitre 50 Rthl. gütigst zugehen lassen wollten. Ihnen wird es gleichgültig sein und ich brauche es morgen nötig. Ich fürchte keine Fehlbitte zu tun.

An »Alsen« arbeite ich fleißig; es ist doch noch eine ganze Menge. Glücklicherweise bin ich mit frischen Kräften drangegangen. Am Sonntag Abend hoffe ich fertig zu sein. Bis Mitte nächster Woche ist das *ganze* M. S, inclusive des Alsen-Kapitels alles in voller Ordnung in Ihren Händen. Eine Stockung im Druck werde ich sicher nicht verschulden. (FAP)

Berlin, 2. November 1865
Fontane an den Verlag Rudolf von Decker (Herrn Schultz)
Herr Faktor Baumann hat die Freundlichkeit gehabt mir mitzuteilen, daß unser Buch, nach neuerdings gefaßtem Beschlusse, nunmehr erst Anfang April komm. J. versandt werden soll. Es ist mir das, aus mehr als einem Grunde, eine schmerzliche Nachricht gewesen, wenn schon ich gerne einräume, daß die Verhältnisse, die sich Juli und August so unvorteilhaft zu gestalten anfingen, kaum einen andern Ausweg gelassen haben mögen.
Für den Absatz des Buches – ich spreche da nach Erfahrungen, die ich bei meinen letzterschienenen Büchern über die Mark gemacht habe – wäre November gewiß besser gewesen als April, doch berührt dies eine Seite der Angelegenheit, von der meine Person – wiewohl einem das Maß des Erfolges nicht gleichgültig sein kann – am wenigsten betroffen wird. Wovon ich betroffen werde, das ist zunächst eine Einbuße an *Zeit*. Ich glaube, von Mitte November an, mich ungestört einer andern größern Arbeit[1] widmen zu können und werde nun, weitere fünf Monate lang, Düppel-Alsen im Kopfe tragen und mit Fahnen und Revisions-Bogen mich herumschlagen müssen. Es geht nicht anders; aber es ist doch bedrücklich.
Der andre Punkt ist der Geldpunkt. Ich lebe der Hoffnung, daß mir Ihre schon bewiesene Freundlichkeit hier entgegenkommen und eine Summe, die ich spätestens bis Mitte November zu empfangen hoffte, auch bis zu diesem Termine zustellen wird. Der Wortlaut der Abmachungen ist gegen mich, die Billigkeit ist für mich. Das Ausbleiben dieser Summe, auf die ich glaubte fest rechnen zu dürfen, würde mich in eine Verlegenheit bringen, die Ihre Güte gewiß bereit sein wird mir zu ersparen.
Das M. S. ist jetzt fertig bis aufs tz mit Ueberschriften, Noten, Anmerkungen etc. Nur die kleinen Zeichnungen, soweit *ich* dieselbe machen kann, fehlen noch. Doch hoffe ich bis Montag damit fertig

1 »Vor dem Sturm«

zu sein. Ich werde Ihnen dann, also in spätestens 8 Tagen, das Ganze überbringen oder übersenden und bitte herzlich die Ablieferung des Manuskripts in diesem speziellen Falle als gleichbedeutend mit Schluß des Druckes ansehen zu wollen. (FAP)

Berlin, 3. [?] November 1865
Fontane an den Verlag Rudolf von Decker (Herrn Schultz)
Es ist mir Bedürfniß, Ihnen für Ihre große Freundlichkeit meinen besondren Dank zu sagen. Wenn das Buch mir anderweitig manche Enttäuschungen gebracht hat, so habe ich mich doch, bei jeder Gelegenheit, Ihres freundlichen Entgegenkommens zu erfreuen gehabt. [...]
Das M. S., fix und fertig, schicke ich bis spätestens nächsten Mittwoch. (FAP)

Fontane an Friedrich Wilhelm Holtze   Berlin, 6. Dezember 1865
Gestatten Sie mir zunächst meinen mündlich abgegebenen Dank an dieser Stelle schriftlich zu wiederholen. Mein Buch ist zwar noch immer nicht fertig (es wird, da die Illustratoren es nicht zwingen konnten, erst zu Ostern erscheinen), ich glaubte mit der Rücklieferung der Bücher nun aber nicht länger zögern zu dürfen.

(BE I 329)

Fontane an Wilhelm Hertz   Berlin, 12. Dezember 1865
Weihnachten ist vor der Thür und die rasch verlaufende Fluth der Decker'schen 750 weicht mehr und mehr einer bedrohlichen Ebbe. Darf ich noch vor dem Feste auf eine Vorschuß-Summe (100 rtl.) bei Ihnen rechnen? (WHH 125)

Fontane an Ludwig Burger   Berlin, 20. Dezember 1865
Pardon, sehr geehrter Herr *Burger*, daß ich so spät erst antworte. Ich schrieb gleich, am 15., aber der Brief war so confus, daß ich ihn nicht abschicken konnte. Ich schreibe nun heute in aller Kürze dahin:
1. Soweit ich vergleichen kann, stimmt alles genau.
2. Abdrücke habe ich noch nicht in Händen gehabt.

17

3. Es würde mir sehr erwünscht sein, wenn Sie, eh Sie fortfahren, vorher noch mal das Manuscript durchblättern wollten.

Dieser Punkt 3 ist nicht so schlimm, wie es klingt. Im Wesentlichen ist ja alles beim Alten geblieben; selbst das neu geschriebene Alsen-Kapitel, weil es in verschiedene Unterabteilungen zerfällt (die bisher keine Initialen erhielten) wird die getroffenen Arrangements nicht stören; *man kann's aber doch nicht genau wissen* und deshalb wär es mir lieb, Sie sähen sich, sobald die Festtage vorüber sind, die Sache noch 'mal darauf hin an.

Was von Alsen gilt, gilt auch mehr oder weniger von Düppel (18. April).

Der Pastor in der dritten Parallele wird sich sehr gut anbringen lassen. Wenn ich nicht sehr irre, heißt ein Kapitel, das dem Sturm vorausgeht: »Vom 17. auf den 18. April« oder so ähnlich. Dies Sturm-Introduktions-Kapitel schließt mit einer solchen Scene, in der der Geistliche Ansprache hält. Da wäre also der beste Platz. (FAP)

Fontane an Ludwig Burger   Berlin, 23. Dezember 1865

Zu den Zeichnungen gratuliere ich Ihnen, dem Buche und mir. Niemand wird Ihnen nachsagen können, »daß das eben nur die alte Geschichte sei«. Freilich – bei einer gewissen Verbrauchtheit des Stoffes – lag hier eine Gefahr; aber um so mehr haben wir alle (Decker, ich und das Publikum) Ursach, uns bei Ihnen zu bedanken, daß Sie die drohende Gefahr so glücklich vermieden haben. Alles ist malerisch, charakteristisch, zum Teil – wo überhaupt angebracht – frappant geistvoll, z. B. die Vignette, wo der dänische Löwe die schleswigsche Wappenhälfte mit seiner Tatze abreißt. Am Dannewerk (sehr hübsch) habe ich den Paukenstock, aus dem der Elefantenrüssel aufwächst, nicht recht verstanden; mir fehlt hier wahrscheinlich die Anschauung von etwas Tatsächlichem.

Das Manuskript kann ich leider nicht schicken; es lagert schon seit länger als sechs Wochen bei Deckers. Ich werde Ihr Söhnlein dorthin dirigieren; vielleicht kann er's dort erhalten. (LA 217)

Fontane an Ludwig Burger   Berlin, 21. Januar 1866

Besten Dank, sehr geehrter Herr Burger, für Ihre freundliche Zuschrift und die genaue Mitteilung der von Ihnen gewählten Initialen. Inzwischen habe ich auch von Decker die ersten 6 Bogen erhalten und freue mich, wie gut sich alles ausnimmt. Auch einige befreundete Maler, denen ich die Illustrationen gezeigt, waren Ihres Lobes voll. Ob alle Ihre Bemühungen schließlich die ganze Sache herausreißen und Herrn von Decker zu seinem Gelde bringen werden, müssen wir abwarten. Vielleicht glückt's besser als wir zu hoffen wagen. – Der Druck wird jetzt rüstig fortgesetzt und in den nächsten Tagen erwarte ich, wie's im Cid heißt: »Fahnen, gute alte Fahnen.« (FAP)

Fontane an Friedrich Wilhelm Holtze   Berlin, 8. Februar 1866
Bei Gelegenheit von Raven's Tod, habe ich in meinem Buche bemerkt »der erste preußische General, der nach Scharnhorst fiel«. Wie ich auch hin und hersinnen mag, ich kann keinen finden, der, außer dem genannten, in den großen Schlachten der Freiheitskriege geblieben wäre und doch *erscheint es fast unglaubhaft*. Ich rufe, wie so oft, auch in dieser Angelegenheit Ihre Hülfe an. Kennen Sie auch keinen, so nehm ich an, es giebt keinen. (E 61, 361)

Fontane an [Ludwig Burger?]   Berlin, 21. April 1866
Diese ganze Woche über war ich unwohl, zum Theil bettlägrig. Das hat mich verhindert, Ihnen schon eher meine Freude über Ihre trefflichen Illustrationen auszusprechen, die nun schließlich doch noch ein in Erscheinung ansprechendes Buch hergestellt haben. Wünschen wir, daß Herr v. D. das »Zu spät« und der Zeiten Ungunst nicht allzu theuer zu bezahlen haben möge. (FAP)

Berlin, 1. Juli 1866
Fontane an den Verlag Rudolf von Decker (Herrn Schultz)
Wie geht's mit dem Schleswig-Holstein-Buch? Ist wohl total in den Brunnen gefallen. Der arme Schriftsteller, der sich Ihnen hiermit bestens empfiehlt, ist unschuldig daran [...] (FAP)

Fontane an seine Frau   Auf dem Lago Maggiore, 9. August 1875
Also um 5 Uhr früh aus Chur. Ich hatte einen Platz im Cabriolet, neben mir zwei dänische Damen. Als Verfasser des »Kriegs von 1864« schwieg ich mich patriotisch aus. (BE I 419)

Berlin, 17. September 1894
Fontane an den Verlag Rudolf von Decker
Ich müßte nun wohl eigentlich froh sein, daß Sie das Buch noch 'mal drucken wollen, aber ich bekenne Ihnen offen, daß ich die Wiederherausgabe mit so und so vielen, vielleicht vorgedruckten fürstlichen oder ministeriellen Handschreiben, einfach schrecklich finde. Halten Sie mir dies zu gut, aber ich kann nichts andres sagen.
Und nun eine Vorrede! Ja, wenn ich auch nur den leisesten Schimmer hätte, was da wohl zu sagen wäre. Damals, vor gerade 30 Jahren, habe ich das Buch so gut gemacht wie ich konnte; jetzt seh' ich nur seine Mängel und Fehler. Und das kann ich doch in einer Vorrede nicht sagen.
Seien Sie versichert, daß ich Ihnen gern andres, Entgegenkommenderes geschrieben hätte; wie's aber liegt, ließ es sich nicht tun.

(LA 542)

Der deutsche Krieg von 1866

Entstehung: seit August 1866

Erstausgabe: Band 1:
»Der Feldzug in Böhmen und Mähren«, 1869

Erstausgabe: Band 2:
»Der Feldzug in West- und Mitteldeutschland«, 1870

Berlin, 1. August 1866
Fontane an den Verlag Rudolf von Decker (Herrn Schultz)
Sehr wahrscheinlich am 18. d. M. werde ich einen vierzehntägigen Urlaub antreten, den ich, falls unser Buch noch erscheinen soll, zu einer Reise nach Böhmen, resp. Thüringen–Franken benutzen möchte. Es wäre mir lieb, darüber Gewisses zu erfahren, auch die Bedingungen in irgend einer Form festgestellt zu sehn. Soll ich Propositionen machen, oder ist es besser, Sie selbst nehmen die Initiative? Mir ist beides recht. Eine Abmachung schon jetzt, wird durch meinen nah bevorstehenden Urlaub unerläßlich, den ich – ohne ihn beschleunigen oder vertagen zu können – nehmen muß wie ich ihn kriegen kann. Nachexerciren ist nicht möglich und schreiben ohne vorgängige Anschauung auch nicht. (FAP)

Berlin, 2. August 1866
Fontane an den Verlag Rudolf von Decker (Herrn Schultz)
Wir hatten den Geldpunkt noch nicht besprochen und es war nötig diese Sache zur Sprache zu bringen.
Sie proponiren 750 Rthl. wie für das Schleswigholstein-Buch. Dafür kann ich es aber nicht tun. Ich will kein Gewicht darauf legen, daß ich diesmal die Orientirungs-Reise auf eigene Kosten statt auf Kosten des Ministeriums machen muß, ich will ebenso wenig hervorheben, daß der jetzt bereits riesig angewachsene Stoff, eben weil es dabei Massen zu bewältigen giebt, eine künstlerische Darstellung wesentlich erschwert, ich lasse all das, (wiewohl es nichts Nebensächliches ist) fallen und betone einfach den Umstand, daß ich von der Gunst der Umstände ziehn und von einem höchstwahr-

scheinlich sehr vorteilhaften Unternehmen auch meinerseits einen Vortheil haben möchte. Ein dritter Krieg wird diesem zweiten nicht auf dem Fuße folgen und ein glänzender äußerer Erfolg, da diesmal *alle* Provinzen gefochten haben, ist nach menschlicher Voraussicht diesem Buche fast gewiß. Sie werden es nicht unbillig finden, daß auch *ich* von dieser günstigen Situation profitiren möchte. Ich erbitte ein Honorar von 50 Rthl. pro Bogen.

Mit kleinen Nebenwünschen, deren Erfüllung – nach Feststellung der Hauptsache – ich von Ihrer Güte mit Sicherheit entgegensehe, will ich heute nicht schon kommen. Diese Details werden keine Schwierigkeiten machen, wenn erst das Allgemeine geordnet ist.

(FAP)

Fontane an Rudolf von Decker   Berlin, 3. August 1866

Mit aufrichtiger Freude ersehe ich aus Ihrer heutigen geehrten Zuschrift, daß wir weniger auseinander sind, als ich beinah fürchten zu müssen glaubte. Sie vermeiden es auf meine Hauptmotivirung einzugehen, stellen aber freundlicherweise eine Rechnung an, deren Resultate meinen Wünschen wenigstens sehr nahe kommen. Ich soll 1200 Rthl. empfangen für ein Buch, das dem Schleswigholstein-Buch im Wesentlichen an Umfang gleichkommt. Hiermit bin ich einverstanden; wegen Bagatellen (ein paar Seiten oder ein paar Thaler) werden wir nicht in einen Disput treten.

So weit wäre alles gut. Es bleibt indeß eine Schwierigkeit übrig, die noch der Lösung harrt. Ich hoffe, daß diese Zeilen diese Lösung finden. Die Schwierigkeit liegt in der Frage: wie stark wird das Buch? Es wäre thöricht, wenn ich behaupten wollte, daß sich die Sache nicht wieder in 24 oder 25 Bogen behandeln ließe, aber ich habe doch andrerseits ein sehr starkes Gefühl davon, daß diese Condensirung des Stoffes einmal *schwierig* und zweitens dem Buche *nachtheilig* sei. Das Publikum sträubt sich freilich gegen das wirre Durcheinander planlos angehäufter Details, aber so sehr es gegen ein solches »wie« der Sache eingenommen ist, eben so wenig ist es geneigt das »was« sich nehmen zu lassen. Es verlangt Details. Und es hat Recht darin; nur im Detail steckt Leben und Interesse.

Sie haben das selbst gefühlt, als Sie in Ihrem ersten geehrten Schreiben von der Möglichkeit zweier Bände sprachen. Ich halte einen für besser (Sie gewiß mit mir) aber unter 30 Bogen wird er kaum werden. Paßt es Ihnen nun, wenn wir sagen:

        24 Bogen (Pauschquantum)   1200 Rthl.
        30 Bogen   1500 Rthl.

Was dazwischen liegt, im Verhältniß; was über 30 Bogen ist, bleibt unhonoriert.
Ich würde mich sehr freuen, wenn Ihre nächsten Zeilen eine Zustimmung brächten, um so mehr als es sich treffen kann, daß ich (infolge eines Tausches) schon am Montag meinen Urlaub bez. meine Reise antreten muß.   (FAP)

Fontane an Rudolf von Decker   Berlin, 5. August 1866
So sehe ich denn unsre Unterhandlungen leider scheitern. Es ist nicht möglich, daß ich für etwa 25 Bogen und für etwa 31 Bogen dasselbe Honorar empfangen und mich dadurch befriedigt erklären kann. Eben so wenig kann ich mich einem so reichen Stoff gegenüber *räumlich* binden, um das Exempel dadurch in Ordnung zu bringen. Es thut mir leid, unter diesen Umständen nicht wieder mit Ihnen zusammen gehen zu können; vielleicht daß die Zukunft (dann hoffentlich kein Kriegsbuch) 'mal wieder die Gelegenheit dazu bietet.   (FAP)

Fontane an Wilhelm Hertz   Berlin, 9. August 1866
Wenn Sie gütigst veranlassen wollten (Pardon für die viele Mühe, die ich Ihnen mache) daß der betr: Normal-Buchbinder mir die zwei Bände, nebst quittirter Rechnung bis Sonnabend Nachmittag zuschickt, würde ich Ihnen sehr dankbar sein.
Vom Alter ego (Schultz) kein Lebenszeichen; wird auch nicht mehr kommen, wenigstens vorläufig nicht. Ich meinerseits habe bisher keine anderweiten Schritte gethan, werde auch nicht, wiewohl ich Ihre Anstands-Bedenken nicht theilen kann. Es werden ja zahlreiche Concurrenz-Unternehmungen in's Leben treten und die Sache ist weder eine neue originale Idee, noch ein anvertrautes Geheimniß. Dennoch werde ich mich ruhig verhalten.
Ob ich meine Reise nach Böhmen antrete, ist noch nicht ganz gewiß.   (WHH 131 f)

Fontane an Wilhelm Hertz   Berlin, 9. August 1866
Besten Dank für Ihre freundlichen Worte. Ich hoffe morgen noch mit heran kommen zu können (meine Reise ist bis auf die nächste Woche verschoben) da es aber, wegen allerhand kleiner Arbeiten unsicher ist, so mache ich mir wieder das kleine Vergnügen dieser Zeilen. Es spricht sich auch darin meine weibliche Natur aus.
Mit großer Ruhe sehe ich vom ersten Tage an, der Entwicklung der kleinen Tragikomödie[1] entgegen, die zwischen Wilhelmsstraße 75[2] und Hirschelstraße 14[3] spielt. Der ganze Hergang amüsirt mich dermaßen, daß ich zu einer rechten Trauer über die Geld-Einbuße nicht kommen kann. Je mehr ich die Sache betrachte, desto mehr finde ich, daß die adlige Firma dumm und gegen ihren Vortheil gehandelt hat. Sie *muß* erwarten (mehr als es in Wirklichkeit der Fall ist) daß ich Himmel und Hölle in Bewegung setzen werde, diesen 2. Theil zu schreiben, wie ich den 1. geschrieben habe, und sie *muß* erwarten, daß Mühler, der mir wohl will und durch die Firma v. D[ecker] bis zu einem gewissen Grade beleidigt ist, auch diesen 2. Theil empfehlen wird, wie er den ersten empfohlen hat. Wie all diesen Thatsachen gegenüber die Firma D. wegen der Honorirung oder Nicht-Honorirung von ein paar Bogen mehr oder weniger mit mir rechten konnte, ist mir nahezu unverständlich. Eh bien, tu l'as voulu.
Wenn ich Sie sehe, bringe ich – ohne dadurch zudringlich und in Erwartungen unbequem werden zu wollen – einen kurzen Entwurf des Buches, das bereits gegliedert in mir lebt, mit. Ich finde es natürlich, daß Sie »der Sie nicht gedient haben« sich aus derlei Büchern nicht das Geringste machen; sie sind Ihnen einfach langweilig und von Ihrem Standpunkt aus haben Sie das schönste Recht dazu. *Das* aber glaube ich ganz bestimmt, daß es sich, rein äußerlich-geschäftlich genommen, wohl verlohnen würde, es mit dem Minstrel und Wandrer auch mal als Amateur-Strategen zu versuchen. Ich bin ganz sicher, daß das Buch in *seiner* Art gut wird; es steht alles ganz klar vor mir.   (WHH 132 f)

1 Vgl. Anm. z. Brief Nr. 178, WHH 460.
2 Büro des Verlages Rudolf von Decker.
3 Fontanes Wohnung.

Fontane an den Verlag Rudolf von Decker   Berlin, 24. August 1866
Es war eigentlich meine Absicht, heute in der Nachmittagsstunde mit zu Ihnen heran zu kommen, ich bin aber erkältet und möchte mich bis Montag gern auskuriren, wo ich noch nach Langensalza will. Den Kriegsschauplatz der Main-Armee hab ich vor, erst nächsten Mai zu besuchen.
Ich würde mich sehr freuen – woraus ich nie ein Hehl gemacht habe – wenn es noch zwischen uns zu einer Einigung käme. Der zweite Theil gehört dahin, wo der erste erschien; außerdem wird es nicht allzu viel Firmen geben, die, wenn sie auch im Uebrigen meinen Ansprüchen nachkommen, dem Buch eine Ausstattung geben können wie die Deckersche.
Sie werden aus dem allen ersehen, wie lebhaft mein Wunsch ist, die Sache zwischen uns zu einem guten Ende zu bringen. Aber wie? Ich weiß nicht recht wie ich es anfangen, was ich Neues proponiren soll.
Ich bin kein Breit-Schreiber, kein Zeilen- und Bogenmacher, es ist mir lieber, namentlich auch bequemer (denn die letzten Bogen werden einem unverhältnißmäßig sauer) wenn das Buch nicht über 24 Bogen stark wird, ich muß aber doch, wenn der immer reicher werdende Stoff sich gegen eine knappere Behandlung sträubt, schließlich eine Garantie haben, daß ich mein Plus an Arbeit nicht umsonst an die Sache gesetzt habe. Ich bitte Sie dies freundlich in Erwägung zu ziehen. Lassen Sie uns nicht wegen einer Summe, die für ein solches Unternehmen und für eine Firma wie die Deckersche, eine Bagatelle ist, verschiedene Wege gehen. Ich würde es aufrichtig beklagen.   (FAP)

Berlin, 25. August 1866
Fontane an den Verlag Rudolf von Decker
Ihre eben empfangenen Zeilen sind mir eine große Freude gewesen, ich danke Ihnen aufrichtig dafür. Es war nicht Eigensinn, was mich vor etwa 14 Tagen an meiner Forderung festhalten ließ, sondern ein Gefühl (Pardon für diesen Ausdruck) von der Billigkeit meiner Wünsche. Es soll nun bald an die Arbeit gehn und wie ich wohl sagen darf, mit Lust und Liebe. Der Gegenstand ist dazu angethan.

Besten Dank auch für Ihre freundlichen Anerbietungen hinsichtlich des Zahlungsmodus. Ich möchte um Folgendes bitten:
1. Zum 1. Oktober 400 Rthl.
2. Von da ab, am 1ten jedes Vierteljahrs 100 Th.
3. Bei Erscheinen des Buchs den Rest (700 Rthl.).
Mit den ersten 400 Rthl. hat es die Bewandniß, daß ich von Herrn Hertz, für den ich ein umfangreiches, dreibändiges Buch[4] schreibe, seit Anfang dieses Jahres alle Vierteljahr 100 Rthl. als Vorschuß erhalten habe. Diese – da ich ihm ohnehin dafür verpflichtet bin, daß er mich, für den Fall einer Einigung mit Ihnen, auf Jahresfrist aus dem Kontrakt entlassen hat – muß ich ihm wenigstens zurückzahlen. Die vierteljährigen 100 Rthl., die mein Etat erheischt, erbitte ich, wie bisher von Herrn Hertz, so für das Jahr 1867 und zwar am 1. Januar, 1. April, 1. Juli und 1. Oktober genannten Jahres, von Ihnen. Ich bin überzeugt, daß Sie an dieser Abmachung keinen Anstoß nehmen werden. Ihre Güte läßt mir vielleicht noch, wenn auch erst in den nächsten Tagen, ein paar Zeilen zukommen, in denen Sie eigens Ihre Uebereinstimmung aussprechen.
Also nun vorwärts in Freudigkeit! Es ist mir auch lieb, wieder mit Burger zusammen zu sein. (FAP)

Berlin, 28. September 1866
Fontane an den Verlag Rudolf von Decker
Schönsten Dank. Zweimal sprach ich heute bei Ihnen vor, um Ihnen persönlich für die 400 Thaler und Ihre so freundlichen Begleitzeilen zu danken. 4½ war aber zu früh und 7½ war zu spät. Ich komme nächstens zu paßlicherer Zeit. (FAP)

14. November 1866
Fontane. »An Emilie« (Mit einem Exemplar der nicht in Buchform erschienenen »Reisebriefe vom Kriegsschauplatz«)

> Dieses Buch hab' ich geschrieben,
> Seinen Inhalt hab' ich durchgelebt,
> Aber was mir das Liebste geblieben:
> Ich habe auch alles aufgeklebt. (HA 6, 413)

4 »Vor dem Sturm«.

Berlin, 20. Dezember 1866
Fontane an den Verlag Rudolf von Decker
Seit Wochen hab ich in Betreff unsres neuen Buches (an dem ich bis vor Kurzem rüstig gearbeitet habe) einige Fragen auf dem Herzen. Unwohlsein, wie es meine Arbeit unterbrach, hat mich auch nicht zum fragen kommen lassen, beispielsweise wegen der Karten und ihrer Placirung. Es geht mir seit heute ein weniges besser und ich komme recht bald mit heran, um die betreff. Punkte zu erledigen. Spätestens in den ersten Tagen des neuen Jahres. (FAP)

Fontane an Ludwig Burger 1866
Der deutsche Krieg von 1866.
Dieser einfache Titel wird wohl das Beste sein. Ich glaube das Blankenburgsche Werk[5] – vielleicht das einzige, das ich nicht gelesen, ja zufällig nicht einmal gesehen habe – betitelt sich ebenso, aber das erscheint mir kein Unglück. Es ist das einfachste, natürlichste, umfassendste, correcteste. Ich halte auch das *von 1866* besser als *im Jahre 1866*. Das *von 1866* hat etwas Abschließendes; *im Jahre 1866* klingt wie: Fortsetzung folgt. (FAP)

Fontane an Rudolf von Decker Berlin, 16. Januar 1867
Pardon, daß ich heute erst dazu komme, Ihnen für Ihre freundliche Zuschrift sammt dem beigeschlossenen Büchelchen zu danken, auch meine Glückwünsche zum neuen Jahre auszusprechen.
Das Büchelchen ist liebenswürdig seiner Gesinnung nach, aber sehr unbedeutend an manchen Stellen, wenig geschickt im Ausdruck. Zu diesen schwachen Stellen gehört auch die von Ihnen mit Recht befragezeichnete Bemerkung. Sie war mir, als ich das Buch vor etwa 8 Tagen las, (ich hab es in der Kreuz Ztg ziemlich ausführlich besprochen und zufällig gerade den Humbert'schen Bericht daraus citirt) gleich aufgefallen und hatte mir ein Lächeln abgezwungen. Die Sentenz hat ein gewisses psychologisches Interesse, weil man sieht wie Eitelkeit, leiser Unmut und anständige Gesinnung miteinander kämpfen. Die letztre behält schließlich die Oberhand, aber doch erst nachdem sie von den beiden andern Elementen eine

5 Heinrich Blankenburg, »Der deutsche Krieg von 1866«, 1867/68.

beneidenswerte Teinture erhalten hat. Herr von Humbert hat guten Grund mit der ganzen Darstellung wenig zufrieden zu sein. Es kann nämlich kein Zweifel darüber obwalten, daß *diese* Attacke eigentlich die glänzende That des Regiments ist und *nicht* die Attacke des Major von Hymmen, so daß der pour le mérite des letztern, dem Führer der 1. Escadron einen leisen Augenschmerz verursachen mag. Er hat übrigens mit dem Ritterkreuz des Hohenzollern-Ordens auch gut abgeschnitten und da der pour le mérite eigentlich nur für direkte Tapferkeit im dichtesten pêle mêle und nicht für einen brillanten Coup, er sei so glücklich verlaufen wie er wolle, gegeben wird, so läßt sich am Ende gegen die Verteilung nichts erhebliches sagen. Uebrigens werd' ich in meinem Buch, das natürlich die beiden Wald-Episoden bei Königgrätz (Sadowa und Benatek-Cistowes) ausführlich behandeln wird, auch nicht die Humbertsche Attacke zu erwähnen unterlassen. Was die Arbeit selbst angeht, so sitz' ich unter Bergen von Büchern und Zeitungen begraben; ich wollte die Berge wären viel, viel niedriger, enthielten aber mehr Goldadern. Das würde mir die Arbeit sehr erleichtern. (FAP)

Fontane an Mathilde von Rohr Berlin, 22. Februar 1867
Ich habe eine Bitte, die ich eben auch unsrem Lepel schriftlich vorgetragen habe.
Ich muß dann und wann in die wöchentlich oder monatlich erscheinenden militairischen Zeitschriften (es giebt deren ein halbes Dutzend) einen Einblick thun, sie *alle* anzuschaffen – auf die beste und theuerste hab ich abonnirt – ist aus vielen Gründen unmöglich und so geht denn mein Wunsch dahin, daß ich Gelegenheit finden möchte diese Blätter aus dem Kriegsministerium, oder dem Generalstabe, oder der militairischen Gesellschaft leihweise auf zwei, drei Tage entnehmen oder an den betreffenden Orten die betreffenden Artikel nachlesen zu können.
Auch dies wird natürlich seine Schwierigkeit haben, hier aber hilft doch vielleicht Empfehlung. Mir ist Oberst v. Garten und seine *Tochter* wieder eingefallen. Wenn sie will, so muß er. Aber im Ernst, Oberst v. Garten, der ja zu Moltke und andern Autoritäten in Beziehung steht, könnte da gewiß aushelfen, wenn er wollte.

Vielleicht wissen Sie auch noch anderweitig Rath zu schaffen. Bitte, gedenken Sie meiner.
[...]
Wo haust denn jetzt der junge Graf Haeseler? Der würde mir *sehr* helfen können und hätte gewiß auch den Willen dazu.   (SJ III 66 f)

Fontane an Wilhelm Hertz   Berlin, 27. Februar 1867
Schönsten Dank für die freundliche Besorgung des »Chemnitzer Tageblatts«. Mir lag sehr daran, an diesen und ähnlichen Blättern, da man *unsrerseits*, im Generalstabe, immer kärglicher, immer zugeknöpfter wird und sich selber die »Priorität der Veröffentlichung« (dies ist der Kunstausdruck) wahren will. Major v. Verdy hat mir das neulich gesagt und alle Divisions-Commandeure, mit denen ich mich in Verbindung gesetzt habe, schreiben dasselbe und brauchen dieselbe Phrase. – Es läßt sich nicht viel dagegen sagen, aber mir kommt es einigermaßen unbequem und zwingt mich bei östreichischen und sächsischen Quellen gleichsam zu pumpen.   (WHH 134)

Fontane an den Verlag Rudolf von Decker   Berlin, 13. März 1867
Herr L. Burger erzählte mir vor Kurzem, Hauptm. v. Brandt vom Generalstabe habe gegen Sie seine Verwunderung darüber ausgedrückt, daß ich mich noch nicht hätte sehn lassen, um Rat und Mitteilungen für mein Buch entgegen zu nehmen.
Ist dem wirklich so? Major von Verdy hat mir vor 14 Tagen oder 3 Wochen gesagt: der Generalstab wolle sich in Betreff derartiger Veröffentlichungen »die Priorität wahren.«
Haben Sie eine Ahnung, wie das zu einander klappt und paßt? Könnten Sie vielleicht an Hauptm. v. Brandt eine Anfrage thun? Zugleich die Anfrage ob er mich empfangen will? Natürlich hat dies »Empfangen« nur einen Sinn, wenn man mir auch was geben will, denn des ewigen Schreibens und Hin und Herlaufens bin ich müde.
                                                                                    (FAP)

Fontane an Rudolf von Decker   Berlin, 18. März 1867
Besten Dank für Ihre freundliche Zusage in Betreff des Hauptmanns v. Brandt; ich bin sehr begierig auf den Ausgang. Schlimmstenfalls muß es auch ohne Generalstab gehen, aber freilich besser ist besser.

Nun noch eine Mitteilung mit der ich schon seit zwei oder drei Wochen im Anschlag liege und die endlich, wohl oder übel, gemacht werden muß. – Zwei Dinge stellen sich immer bestimmter heraus:

a. das Buch wird viel, viel dicker und
b. *weil* es viel dicker wird, kann das *Ganze* bis zu Weihnachten nicht fertig sein.

Ich habe ein lebhaftes Gefühl davon, daß Ihnen das alles ziemlich unangenehm sein wird, aber ich sehe nicht ab, wie es geändert werden soll. Blicken Sie, rein äußerlich, auf die jetzt erscheinenden Bücher von Hiltl[6] und dem Daheim-Correspondenten, blicken Sie auf die doch nur einen kümmerlichen Inhalt aufweisende Weber'sche Kriegs-Chronik und Sie werden einräumen müssen: ein so reicher, großer, beständig anwachsender Stoff ist nicht auf 30 Bogen zu erledigen. Am wenigsten, wenn das Buch doch auch nach der militairischen Seite hin genügen soll. Sie werden sich übrigens gewiß erinnern, wie ich in allen meinen frühren Briefen bereits auf die Unmöglichkeit hingewiesen habe, den Umfang eines derartig zu schreibenden Buches vorweg festzustellen.

Ich schlage nunmehr, nachdem ich einen Ueberblick gewonnen habe, *zwei* Bände vor:
Band I (böhmischer Krieg) zu Weihnachten 67;
Band II (Main-Armee) zu Ostern 68.

Die Firma Decker kann die entstehenden Mehrausgaben (wenn sie durch den *Doppel*preis *zweier* Bände nicht ausgeglichen werden sollten) am Ende tragen; ich will aber doch auch meinerseits mein Entgegenkommen zeigen, so weit mir die Verhältnisse ein solches irgend wie gestatten. Wir hatten das Honorar auf 50 Thaler pro Bogen normirt; ich proponiere Herabsetzung auf 40.

Fast fürchte ich, daß Ihnen das Erscheinen des Werkes in zwei Hälften und zu zwei Terminen noch unbequemer sein wird, als die Mehrausgabe an Honorar. Aber ich fühle nur zu gut, daß ich das Ganze, bis zum Herbste hin schlechterdings nicht schaffen kann. Gut Ding will Weile. Ich bitte Sie herzlich, mich durch Forderungen, die einfach über meine Kräfte hinaus gehn, nicht muthlos und

---

6 Johann George Hiltl, »Der böhmische Krieg«, 1867.

niedergeschlagen zu machen. Es glückt einem nur das, an das man mit dem Gefühle herantritt: das kannst du, das liegt innerhalb deiner Kraft. Ich bin mir guten Willens, aufrichtigen Pflichteifers und großer Freudigkeit speziell an dieser Arbeit bewußt, aber ultra posse etc.
(FAP)

Fontane an den Verlag Rudolf von Decker   Berlin, 2. Mai 1867
Seit 5 Wochen bin ich in Ihrer Schuld; noch immer habe ich Ihnen nicht für die 100 Thaler gedankt, die Sie die Güte hatten mir in der letzten Märzwoche zu schicken. Es hat mit meiner Versäumnis folgende Bewandniß. Ich antwortete gleich, da mir aber der Brief nicht gefiel, namentlich in seinen Auseinandersetzungen in Betreff der damals durch mich angeregten Frage, so legte ich ihn bei Seit' um einen neuen zu schreiben. Eh ich aber dazu kam, wurde ich krank und bin es, wie wohl ich meinen Zeitungsdienst im Großen und Ganzen besorgt habe, bis diese Stunde noch. Ich habe in fast vollen 5 Wochen absolut nicht arbeiten können und will übermorgen auf 8 Tage verreisen, um vielleicht durch Luftwechsel meinen total erschöpften Nerven wieder aufzuhelfen. Vorher aber wollte ich doch wegen meines langen Schweigens um Absolution bei Ihnen nachgesucht haben.
Die *neuen* Kriegswolken, Gott sei Dank scheinen sich ja wieder zu verziehn und bleibt Friede, wie ich von ganzem Herzen wünsche, so wird es Ihnen im Wesentlichen gleichgültig sein, ob unser Buch um 4 Wochen früher oder später in der Welt erscheint. Wenn ich vom Geschäftlichen absehe, so heißt es im Uebrigen unbedingt: *je später, je besser*. Jeder Tag bereichert das Material. – Auf den in meinem letzten Brief berührten Punkt geh ich heute nicht weiter ein; die Sache wird sich später von selber machen; es ist ganz unmöglich, daß Sie sich gegen die Billigkeit des von mir Proponirten verschließen könnten. Meine Seele weiß sich dabei von allem Kleinlichen und Selbstsüchtigen frei. Meine Anerbietungen selbst müssen das beweisen.
(FAP)

Fontane an Henriette von Merckel   Berlin, 31. Juli 1867
Ich bin so sehr daran gewöhnt, meine Reisen auf Regierungskosten zu machen (meine Schweizerreise war die einzige Ausnahme), daß

ich mich nicht entschließen kann, 100 Taler aus eigner Tasche dazu herzugeben. Es wäre zwar für mein Buch gut, wenn ich die Schlachtfelder auch des Mainfeldzuges sähe, aber es muß auch *so* gehn. Die Knickrigkeit Deckers, der, wie Sie vielleicht wissen, mir für 50 Bogen nicht mehr Honorar zahlen will als für 30, kommt hinzu, um mich abgeneigt zu weitren Depensen zu machen. (FAP)

Fontane an Rudolf von Decker   Berlin, 5. August 1867
In meiner Arbeit schreite ich allmählig fort; freilich bin ich immer noch nicht bis zum Tage von Königgrätz, zum Teil deshalb nicht, weil mir noch manche Spezial-Berichte fehlen, ohne die ich nicht gern zur Darstellung schreite.
Ich schreibe heute besonders, um wegen beizugebender Karten und Pläne bei Ihnen anzufragen. Die Karten sind wohl selbstverständlich; nur über Art und Zahl wäre zu conferiren. Schwieriger stellt sich die Sache mit den Schlachtplänen, wo außer den Terrain-Andeutungen, auch Truppenaufstellungen und Truppen-Bewegungen gegeben werden müssen. Ich selbst bin kein Zeichner und würde es jedenfalls nicht verstehen, den Dingen die wünschenswerte Appretur, das gute Aussehn zu geben.
Ließe sich wohl eine passende Kraft dafür engagiren? Ein gewöhnlicher Mensch darf es nicht sein. Er muß das Zeug haben, gestützt auf meine Beschreibung, auf die Generalstabskarten und auf die Hauptlinien, die ich auf einen Bogen blos hinwerfe, nun seinerseits einen Plan zu »*produziren*«. Dies ist nicht leicht. Jedenfalls müßte es ein junger, strebsamer Mensch sein, nicht einer, der die Dinge blos herkömmlich-gedankenlos abwickelt.
Ich berühre zugleich eine andre Frage, von der Ihnen Herr Schultz schon vielleicht gesprochen hat.
Ich schrieb diesem vor etwa einem Vierteljahr, daß das Buch wahrscheinlich viel umfangreicher werden würde als anfänglich gedacht und daß ich, um meinerseits nicht ganz zu kurz zu kommen, das ergebenste Petitum stellte:
auch die über 30 hinausgehende Bogenzahl honoriren, dafür aber das Honorar des einzelnen Bogens von 50 auf 40 Thaler herab setzen zu wollen.
Wird dies angenommen, so bin ich immer noch in der harten Lage

37 Bogen statt 30 schreiben zu müssen, eh ich überhaupt nur wieder das für mich festgesetzte Honorar (1500) erreiche.
Ich habe dann aber doch wenigstens den Trost, das was über diese 37 Bogen hinausliegt, honorirt zu sehn.
Nicht irgend ein Recht, aber die Billigkeit steht mir zur Seite. Und an diese, hochzuverehrender Herr v. Decker, wollte ich appeliert haben.
[...]
Eben erhalte ich einen Brief von L. Burger, zu dem ich vor Kurzem wegen der Pläne gesprochen hatte. Er empfiehlt einen Herrn v. *Reichenbach* früher Maler, jetzt auf der topographischen Plankammer beschäftigt, geschickt, bescheiden etc.   (FAP)

Fontane an Mathilde von Rohr   [14. Oktober 1867]
Mit meinem Befinden geht es leidlich, auch mein Buch macht Fortschritte; wenn ich Sie wiedersehe, hoffe ich bei Königgrätz zu sein und habe ich erst Königgrätz hinter mir, so bin ich über den Berg, trotzdem der Mainfeldzug auch noch eine hübsche Aufgabe ist.
(SJ III 71)

Fontane an Franz von Zychlinski   Berlin, 22. November 1867
Das Gefecht bei Soor hab' ich *sehr* ausführlich behandelt. Ich lebe der Hoffnung, daß es Ihnen, hochzuverehrender Herr General, im Wesentlichen genügen wird. Zweierlei, so denk ich, tritt mit aller Klarheit hervor: 1. Die Verzwicktheit der Gesammt-Situation eh es losging und 2. das allmälige sich Entwickeln des Erfolges durch das staffelförmige Eingreifen a) der Avantgarde b) der Artillerie und Gardefüsiliere und c) des 2. Garde-Regiments das die Entscheidung bringt. Zwei Briefe mit allerhand Details, die der vorhergegangenen eigentlichen Gefechtsschilderung noch einige Lichter geben, laß ich folgen. In einem dieser Briefe könnte ich, bei Besprechung der Situation, sehr gut sagen: ».... aber der Prinz war nicht gewillt mit einem »Kehrt« zu beginnen. Entgegenstehenden Ansichten zum Trotz, drang er durch; – der Angriff wurde beschlossen. Was den Entschluß angeht, so war der Tag von Soor *sein* Werk, *sein* Verdienst.« Oder so ähnlich. Vielleicht deuten Sie mir an, wieweit ich in dieser delikaten Angelegenheit gehen kann. Nach mei-

nem Gefühl könnte man dreist *alles* sagen, weil das was Hiller wollte (gestützt auf freilich falsche Meldungen) ebenfalls eine volle Berechtigung hatte.

Und nun zum Schluß noch eine ergebenste Anfrage. Für Königgrätz gebrauche ich noch die Berichte der 14. und 15., der 3. und 4., der 7. und 8. Division, oder, wenn diese nicht zu beschaffen sind, der betreffenden Regimenter, namentlich des 56., 28., 49. und 31. (Die von der 7. Division hab ich im Wesentlichen.) Hätten Sie wohl abermals die große Güte, da, wo sich's macht, Ihre Empfehlung zu meinen Gunsten eintreten zu lassen? In den Provinzen ist man so ängstlich. (RK 38 f)

Berlin, 13. Dezember 1867
Fontane an den Verlag Rudolf von Decker
Besten Dank für gefl. Uebersendung der 100 Thaler pro nächstes Quartal, wie auch für die hübschen Kalender, die Sie vor 8 Tagen schon die große Güte hatten mir zu schicken. Mit meiner Arbeit stecke ich jetzt bei Königgrätz; eine große Relief-Karte, die ich seit einiger Zeit im Hause habe, erleichtert mir die Orientirung; Berichte von Regimentskommandeuren sind eingegangen, andre sind zugesagt. Etwa Mitte Februar hoff' ich mit Königgrätz und Ende März mit dem böhmischen Kriege fertig zu sein. Dann bliebe mir noch der Sommer für den Main-Feldzug. Das Generalstabswerk, bei allem Respekt davor, ist kaum als eine Konkurrenz zu betrachten.

Damit sind Sie hoffentlich einverstanden, daß ich mich, von Ende März an, mit einem Plan- und Croquiszeichner (Herr v. R[eichenbach]) in Verbindung setze. Bis dahin möchte ich mich bei der Arbeit nicht gern unterbrechen. (FAP)

Fontane an Mathilde von Rohr   Berlin, 13. Dezember 1867
Sehr schönen Dank für Ihre freundlichen Briefe. Ich freue mich sehr, daß nun von den 56ern eine gute Arbeit in Aussicht ist und danke Ihnen im Voraus für Ihre freundliche Vermittlung.

(SJ III 71)

Fontane an Ludwig Burger   Berlin, 20. Januar 1868

Besten Dank für Ihre Geneigtheit an Pr. Leutnant Probst schreiben zu wollen; hoffentlich gibt es eine gute Ausbeute, trotzdem ich zu wissen glaube, daß die 65er wenig zur Aktion gekommen sind. Vielleicht kann er einem aber Direktion und Empfehlung an andere Truppenteile, namentlich 28. und 68., geben.

Seit drei oder vier Tagen bin ich nun bei der Main-Campagne oder doch bei den Vorbereitungen dazu; im ersten, freilich sehr rohen Entwurf bin ich bis zum 27. früh. Ich will das nun fertig machen und dann zur Gefechtsbeschreibung von Langensalza übergehen, *nicht* unsern, sondern den österreichisch-hannoverschen Bericht zu Grunde legend, der viel besser ist als der unseres Generalstabswerks, von dem man überhaupt sagen kann: viele Köche verderben den Brei.

Weshalb ich aber nun vorzugsweise schreibe, ist folgendes. In meinem Entwurf, der also die Zeit vom 15. bis zum 27. umfaßt und darauf aus ist, *fast ohne alles Detail*, die Einschließung in ihren großen Zügen zu geben, hab' ich aus eben diesem Grunde für die Heldentaten von Harburg, Stade, Geestemürde und wie die Nester alle heißen mögen, keinen Raum gefunden. Es paßt auch nicht wenn von künstlerischer Darstellung die Rede sein soll. Alles spitzt sich auf die entscheidende Aktion (Langensalza) zu und ich bringe mich und den Leser um jeden richtigen Effekt, wenn ich die Matrosen mit ihren Hämmern und Brechstangen überall aufmarschieren und ihre Wundertaten verrichten lasse. Ich habe also alle diese Geschichten, die ja doch auch nichts rechts waren und künstlich heraufgepufft worden sind, in zwei längeren *Anmerkungen* behandelt, wo sie – und deshalb schreibe ich – nicht gut illustriert werden können. Soll es aber doch geschehen, so würd' ich um ein Vollbild bitten, was als selbständiges Blatt daneben steht. Hoffentlich kommt diese Bitte noch zu rechter Zeit.

Der Brief ist schon so lang geworden, deshalb heute weiter nichts. Für den Fall aber, daß Sie und v. Decker auf meine Propositionen eingingen, würd' ich noch mehr in die Details gehen und mir weitere Vorschläge erlauben. Noch manche Hülfen blieben schließlich anzuwenden, wenn das Ganze erst gutgeheißen ist.   (FAP)

Berlin, 23. März 1868
Fontane an die Redaktion der »Allgemeinen Militair-Zeitung«
Mit Darstellung der Kriegsereignisse von 1866 beschäftigt, nehm' ich eben jetzt, wo ich die Mainkampagne behandle, zu meinem Bedauern wahr, daß alles was mir in zahlreichen Blättern, darunter auch in der bei Ihnen erscheinenden Militair-Zeitung, über die Gefechte bei Laufach und Frohnhofen vorliegt, mehr als lückenhaft ist; auch das was der bekannte »Daheim Correspondent« in seinem Buche giebt, ist nicht zu brauchen. In meiner Verlegenheit wende ich mich vertrauensvoll an Sie; muthmaßlich ist in späteren Nummern der Militair-Zeitung (ich besitze 34-37 von Jahrgang 1866 und 2-5 von Jahrgang 1867) oder aber in einer Brochüre, offiziell oder nicht, eine Darstellung der genannten Gefechte erschienen und ich würde Ihnen zu lebhaftem Danke verpflichtet sein, wenn Sie mir Blätter oder Brochüre oder beides *umgehend* und gegen Entnahme von Postvorschuß zugehen lassen wollten. Ist das letztere nicht möglich, so stellen Sie es vielleicht Herrn Buchhändler W. Hertz, Behrenstraße 7 hierselbst, in Rechnung, mit dem ich mich dann (er ist mein Verleger) berechnen würde.
[...]
Umfangreiche Bücher, die etwa die ganze Maincampagne behandeln, wären mir unerwünscht. Es liegt mir nur an dem speziell namhaft gemachten. (RK 40)

Fontane an seine Mutter   Berlin, 3. April 1868
Im Juli oder August hoff ich mit meinem Buche fertig zu sein, was das eigentliche Schreiben angeht; der Druck, der dreimal täglich auftauchende Correkturbogen-Junge, kosten einem dann freilich noch weitre 3 Monate. (SJ I 70)

Fontane an Ludwig Burger   Berlin, 4. Mai 1868
Besten Dank für Ihre gestrige freundliche Sendung, die mir schon a propos kam. Ich bin heute bei Helmstedt (ein sehr complicirtes, schwer darzustellendes Gefecht) und hoffe morgen oder übermorgen bei Uettingen einzutreffen. In etwa 8 Tagen bin ich mit der Mainkampagne fertig und komme dann zu Ihnen, teils um die mir

gütigst anvertrauten Briefe wieder in Ihre Hände zu geben, teils um die Initialenfrage zu erledigen.
Mitte Mai will ich auf ein paar Tage fort, um dann mit wieder frischen Kräften an die Bistritz zurückzukehren. (FAP)

Fontane an Mathilde von Rohr   Berlin, 8. Mai 1868
Besten Dank, mein gnädigstes Fräulein, für Ihre heute Abend empfangenen freundlichen Zeilen. Ich schreibe, weil ich morgen Nachmittag leider nicht kommen kann; ich muß durchaus ein bestimmtes Kapitel meines Buchs (weil ich das Material zurückgeben muß) bis Sonntag fertig schaffen. (SJ III 77)

Fontane an Ludwig Burger   Berlin, 10. Mai 1868
Besten Dank für Ihre freundlichen Zeilen, insonderheit auch für die Correkturen. Wahrscheinlich haben Sie in allen drei Sachen (1 oder 2 Thore, Eljenruf, v. Studnitz) Recht; ich bin aber überall den besten Quellen, beispielsweise in der Studnitz-Frage Falckensteins eignen Aufzeichnungen – die ich handschriftlich habe – gefolgt. Nach gerade weiß ich aber, daß einem das alles nichts hilft; das Goethesche

»Die Welt ist voller Widerspruch
Und sollte sich nicht widersprechen«

scheint in Vorahnung von Regimentsgeschichten geschrieben zu sein. – Heute hab ich endlich Uettingen, nebst Kissingen das stolzeste Kapitel in der Main-Campagne, beendet; die 36er werden mich hoffentlich zum Ehren-Unteroffizier dafür ernennen oder mir ein Diner geben, wenn ich nach Kiel komme. Aber welche Widersprüche auch hier! Die beiden vorzüglichen Berichte von Brandenstein und Rohrscheidt weichen unter einander ab und mit dem officiellen Bericht im Militair-Wochenblatt haben sie beide kaum eine Aehnlichkeit.
Die Initialen-Frage (ich weiß ja, daß es sich nicht ändern läßt) wird mir schließlich, wenn's erst an's Corrigiren geht, noch viel Sorge machen. Alle meine schönen Uebergänge von Kapitel zu Kapitel – worin nach Lamartine zu gutem Theile die Kunst des Styls besteht – werden mir flöten gehn. Indeß was hilfts!
Ich komme, so es Ihnen recht, am Mittwoch Nachmittag und brin-

ge alles mit, auch mein M. S. der 2. Hälfte der Main-Campagne. Natürlich blos der Initialen halber.
In Druck geben, kann ich es noch nicht. Die Umarbeitung würde *wenigstens* 14 Tage erfordern und diese 14 Tage kann ich *jetzt* nicht daran setzen; erst muß alles im Groben fertig sein. Ich begreife Herrn v. D[ecker]'s Unruhe und wäre ihm gern zu Wunsch und Willen, aber ich fühle nur zu gut, daß gerade daran die ganze Geschichte scheitern könnte. Die Sache liegt so, daß auch nicht 8 Tage verloren gehen dürfen und so abgehetzt und erholungsbedürftig ich bin, ich würde doch meine Urlaubswochen dran setzen, nur um nicht Herrn v. D. und das Buch im Stich zu lassen. Denn zu Weihnachten *muß* es fertig sein; sonst ist alles aus. Meine Berechnung ist die: bis Ende Juni mit Königgrätz fertig, bis Ende Juli Blumenau und Waffenstillstand. Dann beginnt der Druck, der doch am Ende in 3 Monaten wird zu leisten sein. Dafür ist man eben Decker. Viel mehr Sorgen machen mir die Croquis. Ohne diese ist die ganze Geschichte nichts und es ist fraglich, ob Herr v. Reichenbach all das wird schaffen können. (FAP)

Fontane an den Verlag Rudolf von Decker   Berlin, 25. Juni 1868
Besten Dank für die 8. Rate, die Sie die Freundlichkeit gehabt haben, mir heute Mittag zu übersenden.
Von dem Boten erfuhr ich, daß Ihre Abreise nahe vor der Thür stehe und Ihre Rückkehr vor 5 bis 6 Wochen kaum zu erwarten sei. Ich bringe deshalb heute schon – und zwar frühre kurze Verhandlungen wieder aufnehmend[7] – eine Angelegenheit zur Sprache, die ich außerordentlich gern vor Ihrer Abreise noch ausgeglichen, geregelt sehen möchte. Ich bringe den besten Willen mit; bitte, thun Sie ein Gleiches.
Wir haben auf 30 Bogen à 50 Rthl. kontrahirt; was über 30 Bogen, bleibt ohne Honorar.
Es liegt auf der Hand, daß ich bei Aufstellung dieser Norm geglaubt habe, das Buch werde 30, vielleicht 33, alleräußerstenfalls 35 Bogen stark werden und daß ich mir die Rechnung dahin gemacht hatte, schlimmstenfalls 3 oder 5 Bogen umsonst schreiben zu müssen. Gewiß haben Sie Aehnliches angenommen.

7 Vgl. Brief an Rudolf von Decker vom 5. 8. 1867.

Nun hab ich mich aber einfach verrechnet, indem ich damals von der Kolossalität der Arbeit nicht die geringste Vorstellung hatte. Ich habe nicht 1 Jahr daran gearbeitet, sondern jetzt schon 2 und das auf 30 Bogen berechnete Buch wird 50 bis 60 stark werden. Soll nichtdestoweniger die erste Abmachung unerbittlich in Kraft bleiben?!

Ich proponire Folgendes, dabei über meine Vorschläge vom vorigen Jahre sehr erheblich hinausgehend.

Sie honoriren mir den Bogen nicht mit 50 sondern nur mit 40 Thalern und ziehen von dem Gesammtumfange des Buches außerdem noch so viel Bogen ab, wie ich einerseits ohne die geringste Widerrede ruhig mit in den Kauf gegeben haben würde und wie andrerseits die in den Text eingedruckten Burgerschen Illustrationen ausmachen werden.

Ruhig mit in den Kauf gegeben, hätte ich 5 Bogen, die Burgerschen Illustrationen werden 3 Bogen betragen, etwas mehr oder weniger. Zusammen 8 Bogen. Würde das Buch also 58 Bogen stark, so würde ich nur 50 Bogen honorirt erhalten und würde für jeden dieser 59 Bogen nicht 50 sondern 40 Thaler empfangen. Sie werden aus diesem dreifache Abzüge proponirenden Exempel mindestens erkennen, wie sehr es mir am Herzen liegt, die Sache glatt und schnell zu Ende zu bringen. Daß ich keine Rechtsansprüche habe, weiß ich; aber es wäre hart für mich diese Angelegenheit lediglich nach dem Recht und nicht auch nach der Billigkeit arrangirt zu sehn.
(FAP)

Fontane an den Verlag Rudolf von Decker   Berlin, 30. Juni 1868
Donnerstag Abend hab' ich mir erlaubt einen Brief an Sie zu richten, der hoffentlich in Ihre Hände gekommen ist; – wenigstens hab ich ihn selbst zur Post gegeben.

Ich bitte Sie freundlichst, wenn nicht um meiner Person, so doch um der *Sache* willen mir antworten zu wollen. So viel antwortlose Tage, so viel verlorene Tage. Werden ihrer noch mehr, so sind sie nicht mehr einzubringen.

In der Hoffnung, daß es Ihnen gefallen wolle, dies freundlichst in Erwägung zu ziehn [...]
(FAP)

Fontane an Ludwig Burger   Berlin, 1. Juli 1868
Wenn Sie es angemessen finden, so bitte, lassen Sie fallen, daß ich eine Berechnung nach der Norm des Schleswig-Holstein-Buches als einfachstes Auskunftsmittel erklärt hätte. Dadurch würden allerdings all die künstlichen Subtraktionen in Wegfall kommen; das ganze Exempel würde vereinfacht und es könnte dann von besonders hoher Honorierung nicht länger die Rede sein. Das Schleswig-Holstein-Buch ist 23 Bogen stark, dafür erhielt ich 750 Taler. Nach diesem Ansatz wäre die Rechnung leicht zu machen.

Wenn alles gut abläuft, wenn Herr v. Decker die Billigkeit meiner Forderung zugiebt, dann vermögen Sie ihn vielleicht auch zu einer bestimmten brieflichen Formulierung seiner [...?] bewilligung zu veranlassen. Halbe Zusagen oder Abknapsungen von dem, was mir absolut als Minimalforderung erscheint, würden mir, wie die Dinge jetzt liegen, nichts nutzen. In solchem Falle würd' ich es vorziehen, es bliebe bei der alten, harten Abmachung, aber ich hätte dann auch meinerseits innerhalb der gezogenen Grenzen freien Spielraum.   (FAP)

Fontane an Rudolf von Decker   Berlin, 2. Juli 1868
Gestatten Sie mir noch ein letztes Wort in der schwebenden Angelegenheit.

Daß der Bescheid, den Maler Burger die Freundlichkeit hatte mir heute zu überbringen, außer Stande war mich zu beruhigen, oder meine tief daniederliegende Arbeitsfreudigkeit wiederaufzurichten, brauch ich wohl kaum erst zu versichern.

Ich mache eine neue Proposition. Lassen Sie uns das Schleswig-Holstein-Buch, 23 Bogen stark, als Einheit annehmen. Ich erhielt dafür 750 Thaler. Ich würde danach für ein Buch von 46 Bogen immer erst die Summe erhalten (1500 Thaler) die für ein Buch von 30 Bogen zugestanden war.

Weiter kann ich nicht gehn. Ist es unmöglich diese oder meine frühre (25. Juni) gemachte Proposition in *bestimmter schriftlicher Erklärung* acceptirt zu sehn, so bleibt mir nichts andres übrig als unter meine Arbeit, wie sie jetzt da liegt, einen Strich zu machen und den immerhin noch erheblichen Rest in lapidarer Kürze zu behandeln. So sehr ich dies auch aus den verschiedensten Gründen beklagen würde, so bin ich doch nicht in der Lage, an eine Arbeit, an die ich bereits 2 Jahre statt 1 gesetzt habe, noch ein weitres halbes Jahr ohne ein bestimmt ausgesprochenes Aequivalent setzen zu können. Wie gering die Summe ist, die ich als ein solches Aequivalent ansehn würde, erhellt am besten aus dem Exempel, das meine obige Proposition an die Hand giebt. – Die Sache ist übrigens – Herrn Schulzes Nichtantwort verdanke ich einen Verlust von 8 Tagen – der Zeit nach so brennend, daß jeder Tag schwer ins Gewicht fällt. Nach 8 Tagen schon – und wenn mir goldne Berge versprochen würden – würd' ich erklären müssen: ich kann es bis Weihnachten nicht mehr leisten. – Sollte ich Sonnabend Mittag noch ohne Antwort sein, so nehme ich an, *daß Sie meine Propositionen* ablehnen. (FAP)

Fontane an Rudolf von Decker Berlin, 6. Juli 1868
Die bloße Tathsache, nach dem Schweigesystem das schon vorigen Sommer gegen mich eingeführt wurde, einen Brief von Ihnen erhalten zu haben, hat mich erfreut. Leider aber ist der Inhalt Ihres Briefes ohne allen Trost für mich. Wenn ich in »kränklicher Erregtheit« bin – ich würde meinen Seelenzustand doch noch anders bezeichnen – so sind Ueberarbeit und, ich bitte um Entschuldigung, die nüchtern-harte Art, wie man mich traktirt hat, daran Schuld.
Sie schreiben mir, ich hätte vor 2 Jahren die getroffene Abmachung »mit Freuden« acceptirt. Was soll ich darauf antworten? 30 Bogen, meinetwegen auch 35 Bogen, für 1500 Rthl. *mit Freuden;* gewiß! auch *heute* noch; 60 Bogen für 1500 Thaler *mit Schmerz*.
Das ist ja eben das Harte, daß Sie sich gegen die Anerkennung dieses einfachen Satzes sträuben; das ist das Harte, daß Sie einen Rechenfehler, den ich gemacht und den ich nach der damaligen Sachlage beinah machen mußte, nun gegen mich gebrauchen und die doppelte Arbeit, den doppelten Aufwand an Zeit als selbstverständlich von mir beanspruchen wollen. Sie schreiben: »von sich erst wieder hineinstudiren müssen.« In diese Sache, wie *mir* erscheinen will, ist kein hineinstudiren nötig. Sie liegt klar da. Ob das Buch gehen wird oder nicht, ändert, so gewiß ich einen Mißerfolg beklagen würde, nichts an der Billigkeit meiner Forderung.
Hochzuverehrender Herr von Decker, ich schreibe Ihnen dies alles

nicht mehr, um Sie umzustimmen, sondern nur noch um keinen Zweifel darüber bestehen zu lassen, wie ich über diese Punkte denke. Vertrauen, Liebe zur Sache, Freude und Gelingen – das ist alles sehr schön; wo soll ich es aber hernehmen? Vor einem Jahre hieß es: »arbeiten Sie ruhig fort, es wird sich alles finden;« nun ist ein Jahr um, ich *habe* weiter gearbeitet und wieder heißt es: »arbeiten Sie ruhig fort, es wird sich alles finden.« Und das Trost und innere Freiheit gebende Wort wäre doch so leicht zu finden gewesen! Nun ist es zu spät.

Ich habe jetzt nur den einen Wunsch, diese mir vergällte Arbeit ehmöglichst los zu sein. 45 Bogen sind fertig; ich habe also bereits mein ehrlich Theil gethan; etwa 7 Bogen *muß* ich noch hinzuschreiben, um das Hauptkapitel »Königgrätz«, das halb fertig ist, ebenso zum Abschluß zu bringen, wie ich es begonnen habe. Was dann noch folgt, ursprünglich als eine längere Reihe von Kapiteln intendirt, werde ich in ein einziges Kapitel zusammen bringen. Sollte man sich hier und da, vielleicht selbst höchsten Orts darüber wundern, so werde ich frank und frei meine Erklärung abgeben. – Ich will, aus bloßer Aigrirtheit, weder Sie noch das Buch schädigen, am wenigsten das Buch, dran 2 Jahre hingebendster Arbeit hängen. Ich *kann* nur einfach nicht anders; Sie verlangen mehr von mir als meine Nerven leisten können. (FAP)

Fontane an Rudolf von Decker Berlin, 9. Juli 1868
Als Zeit des Erscheinens erlaub ich mir statt Weihnachten nunmehr den Geburtstag Sr. Majestät zu proponiren. Ich glaube, das ist ein guter Gedanke. Bis dahin wird es auch zu schaffen sein. Am 1. Oktober, so weit ich dabei in Frage komme, kann der Druck beginnen, allenfalls auch früher. Da hätten wir denn gerade 6 Monate.

Wenn nach Rückkehr des Herrn Schultze alle diese Dinge geregelt werden, bitt' ich auch festzustellen, wie wir das Schl. Holstein-Buch rechnen wollen, ob 23¼ oder 23½ oder 24 Bogen. Vielleicht kann für den Sachverständigen gar kein Zweifel darüber sein; blos zu meiner Beruhigung und damit ich vorweg weiß, wie sich das Exempel stellt.

Hoffentlich irr' ich mich doch auch darin nicht, daß ich für das Schl. Holst.-Buch 750 Thaler und nicht blos 700 Rthl. erhalten habe.

Ferner: nach meiner Rechnung habe ich bis jetzt 1100 Rthl. Vorschuß für das 66er Buch empfangen.
Wenn Sie, hochgeehrter Herr von Decker, über diese beiden letztren Punkte (750 und 1100 Thaler) mir noch ein ganz kurzes Bestätigungswort schreiben wollten, würde ich Ihnen sehr dankbar sein.
(FAP)

Fontane an Ludwig Burger   Berlin, 22. August 1868
Sehr wahrscheinlich reise ich morgen früh nach Erdmannsdorf, wo ich, wenn mir's gefällt, bleiben werde. Wollen Sie mich zu einem Besuche der Schlachtfelder haben, so bitt' ich freundlichst seinerzeit alles bestimmen zu wollen; mir ist so ziemlich jeder Tag gleich, nur wenns sein kann nicht später als 5. September. Meine Frau wird Ihnen jederzeit über meinen Aufenthaltsort und meine Pläne, falls darin Aenderungen eintreten sollten, Auskunft geben können.
(FAP)

Fontane an seine Frau   Erdmannsdorf, 28. August 1868
[...] mein Kriegsbuch wieder vorgenommen. Es glückt auch, soweit Stimmung und Kraft in Betracht kommen; aber man braucht zu solcher Arbeit so entsetzlich viel Material und Beihilfen, daß mir beständig etwas fehlt, namentlich Karten.   (FA I 156)

Fontane an seine Frau   Erdmannsdorf, 2. September 1868
Hier hast Du mein Leben seit Freitag. Gearbeitet, wie hieraus ersichtlich, hab' ich wenig; doch verzeih' ich's mir. Ich habe ein einziges Kapitel geschrieben [...]   (FA I 160)

Fontane an seine Frau   Erdmannsdorf, 5. September 1868
In den letzten Tagen habe ich ziemlich fleißig gearbeitet und zwar an meinem Kriegsbuch, weil mir dasselbe doch schwer in den Gliedern liegt und der Wunsch mich erfüllt: *nur fertig.* Ich habe deshalb auch nicht innerliche Muße genug gehabt, um was andres vorzunehmen. Bis zum 1. Oktober hoff' ich mit dem Gröbsten durch zu sein und während Deiner Abwesenheit im Oktober wenigstens die Hälfte durchcorrigirt und fix und fertig zu haben. Bei Deiner Rückkehr dann will ich mir 8 Tage gönnen und Gatte, Vater und

Mensch sein. Im Allgemeinen ist man ja nur Schreibe- und Erwerbs-Maschine, in steter Besorgnis, daß der Kessel platzt.
Das »Programm« – um mit dem Chevalier zu sprechen – ist für die nächsten 4 oder 5 Tage folgendes.
[...]
Von Schmiedeberg fahr ich am *Montag* früh nach Landeshut mit der Bahn, von Landeshut mit Post oder Wagen nach Trautenau, wo ich etwa um 2 eintreffen werde. Besichtigung des Schlachtfeldes; Fahrt nach Alt-Rognitz und Königinhof. Dort zu Nacht.
Am Dienstag nach Skalitz und Nachod; zurück nach Skalitz und von dort nach Königgrätz. Wenn's sein kann gleich aufs Schlachtfeld nach Chlum. Nachtquartier in Sadowa.
Am Mittwoch Dub, Roskos-Hügel, Swip-Wald, Problus und zurück nach Königgrätz. Sofort weiter zurück bis Trautenau und wenn's sein kann bis Landeshut.
Am Donnerstag von Landeshut bis Schmiedeberg, von Schmiedeberg bis Erdmannsdorf und sofort gepackt um die Rückreise anzutreten. Vielleicht fahr ich auch von Königgrätz am Mittwoch Abend in einem Ruck (über Görlitz) bis Berlin und bin schon am Donnerstag früh bei euch. Dies alles muß ich der historischen Entwicklung überlassen; einen Brief von Dir kann ich nicht mehr erwarten, weil es eben ungewiß ist welchen Weg ich einschlage.

(FAP)

Fontane an seine Mutter Berlin, 20. September 1868
Mit meinem Buche bin ich nun bald zu Rande und nach länger als 2 jähriger, unausgesetzter Arbeit, empfind' ich dies allerdings wie Befreiung von einem Alpdruck. Ich sehne mich nach einem Wechsel in der Beschäftigung und bange doch auch davor. (SJ I 71)

Fontane an Ludwig Burger Berlin, 1. Oktober 1868
Sehr hab ich bedauert, nicht zu Hause gewesen zu sein. Ich komme nächstens, vielleicht morgen schon, sonst zu Anfang der nächsten Woche. Ich bin neugierig auf Ihre Reiseausbeute; ich selbst war in Trautenau, Rognitz, Burkersdorf, Nachod und Skalitz. Nachod sehr interessant. Mit dem Buche bin ich nun bald zu Ende. Es fehlen von Kleinigkeiten abgesehen nur noch Tobitschau, Rokeinitz

und Blumenau. In etwa 10 Tagen hoff ich damit fertig zu sein und am 15. Oktober kann meinetwegen der Druck beginnen. Ich habe zwar noch einige Lücken auszufüllen: Stolbergsches Corps, Münchengrätz und die Kavallerie-Gefechte bei Königgrätz; ich bezweifle aber nicht, daß mir während der Correktur, die nun für die nächsten drei, vier Monate alles ist, Zeit genug bleiben wird, diese Lücken auszufüllen.
(FAP)

Fontane an seine Frau Berlin, 18. Oktober 1868
Heute hab ich den ganzen Tag endlich mal Ruhe gehabt und bin mit meinem letzten Kapitel fast zu Ende gekommen. (E 57, 76)

Fontane an Ludwig Burger Berlin, 23. Oktober 1868
Allerschönsten Dank für Brief und Beilage. Die Kapitel-Anfänge von der zweiten Hälfte von Königgrätz an bis zum Schluß des Buches sende ich in etwa 8 Tagen.
Ich bin nun im Groben so gut wie fertig. Heute habe ich (schon zurückgreifend und Lücken ausfüllend) in Oswiecim gearbeitet. Sontag, Montag, Dienstag Münchengrätz. Dann fehlt direkt nur noch der Cavalleriekampf bei Stresetitz, wozu ich vielleicht – in aller Muße – die Weihnachtstage benutzen kann. Ich denke also am Mittwoch oder Donnerstag und jedenfalls nächsten Sontag (1. Nov.) die Pakete vornehmen und die Correktur beginnen zu können. Am 8. Nov. werde ich soviel fix und fertig haben, daß von da ab der Druck mit allen Kräften beginnen kann und zwar Ost- und Westcampagne zugleich. Es hat dies zwar etwas Verwirrendes; aber es mag drum sein.
(FAP)

Fontane an Mathilde von Rohr Berlin, 28. Oktober 1868
Eine kleine Entschuldigung mag es für mich sein, daß ich seit Sonntag – meine Stunde spatzierengehn abgerechnet – um und um gearbeitet habe; selbst »Tante Merckel« [Henriette von Merckel] die heute von Schlesien kam, habe ich nicht am Bahnhofe empfangen. Meine Arbeit brennt mir auf den Nägeln; ich will nun endlich wenigstens den *ersten* Druckbogen sehn; *wann* den letzten?
(SJ III 80)

Fontane an Ludwig Burger [Berlin], 3. November 1868
Mit meiner Arbeit bin ich nun fertig; ich werde morgen noch an Decker schreiben und anfragen, ob er am Montag den Druck beginnen will. (FAP)

Berlin, 4. November 1868
Fontane an den Verlag Rudolf von Decker
Die ergebenste Anzeige, daß ich nun, Gott sei Dank, mit dem Kriegsbuche von 66 fertig bin und daß es nur noch, theils mit Rücksicht auf stylistische Mängel, theils in Folge neu erschienener Monographieen und Spezial-Geschichten, hier und dort einer strengen Durchsicht und Korrektur bedarf. Dieselbe soll neben dem Druck hergehn, derart, daß ich mit meinem völlig fertigen M. S. immer um doch wenigstens 14 Tage voraus bin. Stockungen sollen nicht eintreten.
Um sicher zu gehn, wäre es vielleicht gut, morgen (Donnerstag) über 8 Tage zu beginnen.
Mit Herrn von Reichenbach, wenn ich nicht Contre-Ordre erhalte, werd' ich mich wegen der in den Text aufzunehmenden Croquis in Verbindung setzen. (FAP)

Fontane an Rudolf von Decker Berlin, 16. November 1868
Es ist mir ganz lieb, daß ich noch keine bestimmte Weisung erhalten habe, M. S. für den Druck einzuliefern; je weiter ich mit meiner Korrektur vor bin (die ersten 5 Kapitel sind jetzt ganz fertig) desto lieber ist es mir, da ich dann nicht zu fürchten brauche, während des Druckes eingeholt zu werden. Ein Beginn nächsten Montag wäre mir aber ganz recht.
Zu gleicher Zeit frage ich ganz ergebenst an, ob ich wohl *jetzt* und wenn es sein kann auch etwa um *Mitte Februar* noch Extra – 100 Thaler (außer der Quartal-Rate zu Neujahr) erhalten könnte?! Da das M. S. fertig ist, nur noch der Feile bedarf und jeden Augenblick Ihnen vorgelegt werden kann, so hab' ich weiter nicht Anstand genommen, diese Bitte auszusprechen. (FAP)

Berlin, 18. November 1868
Fontane an den Verlag Rudolf von Decker
Zu nächsten Donnerstag (morgen über 8 Tage) werde ich also einen Haufen fix und fertiges M. S. bereit halten. (FAP)

Fontane an Ludwig Burger   Berlin, 3. Dezember 1868
Die Liste der gefallenen Stabsoffiziere werd' ich Ihnen sobald wie möglich in Vollständigkeit zu verschaffen suchen. Heute fallen mir nur noch ein: Major v. Gilsa vom 26. und Major v. Reuss vom 2. Garde. Rgt., außerdem, an Cholera verstorben, v. Clausewitz, v. Pfuel, v. Petery. Ich glaube in der Tat, daß die Liste hiermit abschließt; die böhmischen Gefechte hab' ich alle durchgenommen und habe, soweit mein Gedächtnis reicht, weiter keinen als die genannten finden können. Einzelne, z. B. Hiller, Wietersheim, Anton v. Hohenzollern, Gaudy, die so zu sagen poetische Lichtpunkte an der Stelle sind, wo sie jetzt im Buche stehn, ließen sich vielleicht auch bildlich an ihrer jetzigen Stelle belassen. Paßt Ihnen das aber nicht, so stört es mich auch keineswegs, wenn ich betreffenden Orts in einer Parenthese hinzuzufügen habe: Portrait siehe S. so und so. Nur eine Verpflanzung des Textes von einer Stelle an die andere, wäre mir unlieb.
Und nun noch eins. Bitte von ganzem Herzen, theuerster Burger, dehnen Sie die Geschichte nicht weiter aus, machen Sie Schicht, ziehen Sie Strich, Grenze, wir kommen sonst aus der Unruhe nicht heraus. Sie sind gesunder als ich, haben bessere Nerven und überwinden all das siegreich; aber ich breche schier zusammen und sehne mich unendlich nach Ende, Luft, Freiheit. (FAP)

Fontane an Ludwig Burger   Berlin, 22. Dezember 1868
Die Listen-Frage ist ja nun durch die beiden Blätter die ich vorfand, erledigt. Ich corrigire jetzt den VI. Abschnitt »Die II. Armee bis an die Ober-Elbe«, wo ich nur *ein* Kapitel (wahrscheinlich früher auch schon namhaft gemacht) eingeschoben habe: »Das 6. Corps; Mutius«.
In diesem Kapitel ist die ganze Affaire Stolberg-Knobelsdorff mit ihren resp. Corps abgemacht. Sie entsinnen sich vielleicht, daß das Einrangiren dieser nebenherlaufenden Ereignisse mir außerordent-

lich schwierig erschien und in der That war es so. Es ist ein Excurs, der den einfachen, übersichtlichen Verlauf der Dinge unterbricht. Zu umgehen war es aber nicht. Ich hab es nun so eingerichtet, daß ich, nach einem Einleitungskapitel, das VI. Corps mit seinen beiden Detachements in Oberschlesien *zuerst* gebe und dann erst die 3 Kolonnen durch die 3 Thore von Böhmen einziehn lasse.

Die Clausewitz-Geschichte ist immer noch nicht klar. Es erscheint mir doch unwahrscheinlich, daß jemand, der 1863 Oberst war, 1866 Generallieutnant gewesen sein sollte. Während der Festtage schreibe ich an Pape und dann endlich auch an Barner in Angelegenheiten unsres Nowack, wenn Sie mir nicht rathen den letztern Brief noch zu vertagen; denn die Weihnachtsfeiertage, wo sich jeder ausgebeutet hat, sind wohl die schlechtesten für Zustandebringen einer Collekte.

In den Festtagen will ich auch an Herrn v. Reichenbach schreiben, oder doch noch in der Woche vor Neujahr. Letzten Sonntag hab' ich, so gut es ging, sechs, acht Zeichnungen gemacht; später kann ich es mir vielleicht, bei der Mehrzahl der Croquis ersparen. Herr v. R. wohnt doch Lindenstr. 13.

Hallbergers Brief schließ ich wieder bei. Sie haben wohl freundlicherweise dabei an mich gedacht, aber ich bin ganz unqualificirt. Bis Ende März wird mich unser Buch noch *ganz und gar* in Anspruch nehmen. Herr v. Decker hat schwerlich eine Ahnung davon, mit welcher Ausschließlichkeit ich seit 2½ Jahr nur ihm und seinem Unternehmen diene.

(RK 41)

Fontane an Ludwig Burger　　　　　　　　　　Berlin, 14. Februar 1869
Heute bin ich nun endlich auch mit dem großen Abschnitt: »Die II. Armee bis an die Ober-Elbe« (oder so ähnlich) fertig geworden. Es war eine Hundearbeit alles noch mal durchzuackern und doch hätte es noch schlimmer sein können.

Ich habe nun die Kapitel, wie sie da fertig liegen, noch 'mal mit unsrem Verzeichniß verglichen und zu meiner Freude gesehn, daß alles unverändert geblieben ist. Ein Kapitel wurde eingeschoben: »Das VI. Corps in Oberschlesien – Mutius – Oswiecim. –« aber das wissen Sie längst und haben sich gewiß die Sache notirt. (Es ist das 2. Kapitel des Abschnitts)

Ueber den Modus wie wir bei der neuen Eintheilung des Stoffs (aus *drei* Abschnitten *einen*) zu verfahren haben, haben wir uns ja früher schon geeinigt.

Jedes Corps erhält eine *große* Initiale und da, wo es vom Schauplatz vorläufig abtritt, eine Schlußvignette; nur das eingeschobene weiße Blatt kommt in Wegfall und alles folgt kapitelweise auf einander.

(FAP)

Fontane an Ludwig Burger Berlin, 21. Februar 1869

Es geht mir etwas besser und so hab' ich meine Correktur-Arbeiten wieder aufgenommen.

Darf ich mir folgenden Vorschlag erlauben? – Wir machen aus den Eingangskapiteln des Abschnitts »Königgrätz« noch einen aparten Abschnitt, immer vorausgesetzt, daß weder Sie noch Herr v. Decker Anstoß daran nehmen. Der Stoff würde sich dann wie folgt gruppieren:

Der 1. und 2. Juli.

1. Die preußische Aufstellung am 1. Juli.
2. Die österreichische Aufstellung am 1. Juli. – Hauptquartier Königgrätz.
3. Auf Vorposten.
4. Der König in Gitschin.
5. Der Tag vor der Schlacht.

Königgrätz.

1. Terrain. Aufstellung. Die Schlacht in ihren großen Zügen.
2. Der Kampf bei Problus und Prim etc.

Durch diese neue Einteilung würden zwei Bilder mehr nötig und zwar eine Abschnitts- und eine Kapitel-Initiale. (Die schon fertige Abschnitts-Initiale – König Friedrich II über das Schlachtfeld schwebend – würde dann den neuen Abschnitt »Königgrätz« einleiten.)

Ich hoffe, daß meine Bitte keine große Störung veranlaßt; falls Sie acceptieren, würde ich die fünf Kapitel-Anfänge in ihrer jetzigen Gestalt schicken. – Den Brief an Oberst Barner habe ich gleich andern Tags zur Post gegeben; aber noch keine Antwort. – Oh! –

(FAP)

Fontane an Ludwig Burger Berlin, 25. Februar 1869
Oberst v. Barner an den ich vor länger als 8 Tagen geschrieben habe, hat noch nicht geantwortet; es ist also klar, daß er nicht will. Sehr schön find' ich es nicht; die Haltung unsrer Militairs in dieser Angelegenheit, ist nicht sehr erquicklich. Nun, meinetwegen.
Ich denke, wir nehmen nun die ganze Sache, wo uns alles im Stich lassen zu wollen scheint, *direkt* in die Hand.
Bereits habe ich eine Ansprache aufgesetzt, die ich zu einem Subskriptionsbogen herrichten werde, um dann damit schnurren zu gehn. Sie sind doch damit einverstanden, daß wir unsre beiden Namen zunächst unter die Ansprache und dann obenan auf den Subskriptionsbogen setzen. Ich weiß nicht, wie viel Ihnen Ihre Mittel erlauben; ich habe vor, als Minimum mit 2 Thalern zu debütiren und dann noch meine Kinder, jeden mit 5 Sgr aus der Sparkasse, auftreten zu lassen. Gedenken Sie ähnliches zu thun? Dann will ich mich an Heyden wenden, der immer sehr generös in solchen Sachen ist, so wie an eine mir befreundete katholische Familie. Wie denken Sie über Bleibtreu? Ueberhaupt können Sie in Ihrem Kreise gewiß noch den einen oder andern anspannen. Ich meinerseits hoff es doch am Ende auf 15 Th. zu bringen, treiben Sie Ihrerseits 10 Th. auf, so haben wir 25 Th., dann will ich mich an die Johanniter wenden und erst ganz zuletzt, wenn alle Stricke reißen, an den König. Ich hoff es ganz vermeiden zu können. Könnten wir über die Sache noch sprechen? Vielleicht führt Sie Ihr Weg 'mal Vormittags oder Mittags an unsrer Zeitung vorbei. Ich geh bei dem Ostwind nicht aus, sonst käme ich selbst.

(FAP)

Fontane an Rudolf von Decker Berlin, 10. März 1869
Nach längerem Erwägen hin und her halte ich es doch für gut, nachstehende Zeilen an Sie zu richten. Mit kranker Hand, weshalb ich mein wüst aussehendes Schreiben zu entschuldigen bitte!
Unsres wohl allseitig verehrten Burgers (von mir gewiß) Initiale zu Problus[8], scheint mir gedanklich ein großer faux pas. Sie haben ihm schon den Helm wegdisputirt und die Krone wieder hergestellt, aber das langt nicht zu. Das mit *Ketten an uns geschmiedete Sachsen* ist eben so schlimm. Ich hab' es verschiedenen Freunden

8 Der Entwurf der Initiale ist nicht ausgeführt worden.

gezeigt, ohne jede Vorausbemerkung, vielmehr mit den Worten: »seht mal, wie famos Burger solche Sachen ins Werk setzt«. Alle aber kamen kaum zu einem Lobe der unzweifelhaft brillanten Ausführung, sondern erschraken einfach über den Gedanken. *So* eklatant ist der politische Fehler, die Beleidigung gegen Sachsen. Ich hab' es für meine Pflicht gehalten, Ihnen dies zu schreiben. Speziell Sachsen gegenüber, das sich bisher musterhaft benommen hat, geziemt sich die höchste Vorsicht. Die Wunde ist ja kaum erst vernarbt und schmerzt noch. Dazu kommt, daß alles, was bei Decker erscheint, immer einen halboffiziellen Charakter an sich trägt.
Wenn irgend möglich, bitt' ich B[urger] kein Wort von diesen Zeilen zu sagen. Deshalb hab' ich direkt an Sie geschrieben. Bitte, verbrennen Sie den Brief. All so was wirkt immer halb wie Petzerei, halb wie Ueberhebung. Ist es aber *wünschenswerth,* daß mein Name genannt wird, so mag es geschehen, da ich *nöthigenfalls* gern für meine Ansicht eintreten will. Aber besser ist besser. Es leitet mich weder ein persönliches noch ein direkt sachliches (denn für das *Buch* ist es gleichgültig) sondern nur ein preußisch-patriotisches Interesse. Wir müssen *versöhnen,* Friede haben.
Soll Burger erfahren, wie ich zu der Sache stehe, so ist es am besten, er liest diesen Brief. (FAP)

Fontane an Rudolf von Decker   Berlin, 16. März 1869
Pardon daß ich Sie in der betr. Angelegenheit nochmal inkommodire.[9]
Ich muß morgen oder uebermorgen wegen allerhand Dinge an Burger schreiben und möchte gern vorher wissen wie die Sache steht mit anderen Worten ob Sie meinen Brief als eine Art Reserve-Artillerie (alle andern Bilder und Vergleiche wie militärische sind mir längst untergegangen) ins Feuer geführt haben oder nicht. Ist dies unterblieben, haben Sie die Sache allerpersönlichst durchgefochten, so werd' ich mich hüten, irgend wie darauf zurückzukommen, weiß er mich aber im Complott, so ist es besser, ich stelle mich ihm einfach als Verschworenen vor, damit ich vom »verruchten Casca« doch am Ende wieder zum »auch Du Brutus« avanciren kann.
Noch ein Wort über den Druck des Buches. Ich weiß nicht in wie-

---

9 Vgl. Brief an R. von Decker vom 10. 3. 1869.

weit Sie in die Details, in den täglichen kleinen Krieg zwischen Setzer, Drucker, Correktor und Schriftsteller eingeweiht werden; mit all diesen Bagatellen kann man Ihnen unmöglich kommen. Also zur Orientirung so viel, daß ich in der letzten Woche zwei, dreimal um Aushülfe-Stücke, 5 oder 10 oder 15 Zeilen angegangen worden bin, worauf ich zweimal mit einem »es geht nicht« geantwortet habe. So etwas macht immer einen brüsken Eindruck oder erscheint wichtigthuerisch. Es ist mir deshalb Bedürfnis Ihnen zu sagen, daß wenn ich schreibe: »es geht nicht«, es auch *wirklich* nicht geht. Innerhalb weniger Monate sind es nun runde drei Jahre daß ich an dem Buche arbeite, *ausschließlich* arbeite und es liegt auf der Hand, daß mir – der ich ein Auge für derlei Dinge habe – selber daran gelegen sein muß, nun das Ganze auch im tadellosesten Kleide erscheinen zu sehn. Aber wenn die Parthie so steht: kleiner typographischer Mangel oder verpfuschter, confuse gemachter Text, so wird mir niemand verargen können, wenn ich in diesem Conflikt auf die Seite *meines* Kindes trete. Ich bin mir bewußt dabei nicht kleinlich und pedantisch zu verfahren, ich weiß, daß es vielfach auf eine Handvoll Noten nicht ankommt und daß es gleichgültig ist, ob ich die Einrichtung eines böhmischen Hostinec[10] in 4 oder 8 oder 12 Zeilen beschreibe, es giebt aber andre Stellen und sie sind in einem so umfangreichen Werke natürlich nicht gering an Zahl, wo es auf ein Wort, ein Komma ankommt und wo 4 oder gar 8 eingeschobene Zeilen, wenn sie auch an und in sich ganz verständig sind, nur die mühevoll eroberte Klarheit und Uebersichtlichkeit des ganzen Aufbaus stören. Lamartine hat einmal gesagt: »Nicht auf die Eleganz und Correktheit der einzelnen Sätze kommt es an, sondern auf die kleinen Wörter und Wendungen, die aus einem Absatz in den andern, aus einem Kapitel in das andre hinüberleiten«. Dies ist sehr richtig. In *diesen* Dingen steckt die Kunst, wodurch man sich vom ersten besten Schmierarius unterscheidet und man ärgert sich natürlich wenn man selbst Hand anlegen soll, um diese Grenz- und Scheidelinie niederzureißen. Entschuldigen Sie diesen kleinen Essay. (FAP)

---

10 Gasthaus.

Fontane an Ludwig Burger   Berlin, 24. März 1869
Mit Königgrätz bin ich beinah durch. Wenn ich noch rechtzeitig mit meiner Bitte erscheine, wär es mir lieb, wenn Sie bei Kapitel 17 (Nedeliß und Lonchenitz) ein W (Wir) statt des J (Ja) setzen wollten.
(FAP)

Fontane an Ludwig Burger   Berlin, 29. April 1869
Ich bin nun so gut wie fertig. In guten 8 Tagen ist die Sache gethan; nur bei Kissingen hab' ich noch viel zu ändern und nachzutragen.
Wenn es Ihnen möglich wäre, sich mit voller Dampfkraft nun dahinter zu machen, so würde mich das sehr erfreun. Denn zu voller Ruhe und Muße für etwas Neues komme ich doch erst, wenn das Alte völlig fertig ist.
Heute Abend will ich alle Ihre Arbeiten vornehmen und sie in Häufchen legen, immer alles zusammen: Landschaft, Portrait, Gefechtsscenen, was zu einem Kapitel oder einem Abschnitt gehört. Die armen Kerle auf der Druckerei haben sonst zu viel Mühe damit und schließlich ist dann doch das eine oder andre vergessen.
Die zweite Hälfte des I. Bandes schaff' ich heute oder morgen zu Baumann, so daß also M. S. jeden Augenblick zu Diensten steht.
(FAP)

Fontane an Ludwig Burger   Berlin, 12. Mai 1869
Heute Mittag erhielt ich einen Brief von Herrn Baumann, der in meinen Augen nur Schrecklichkeiten enthielt. Alle gefaßten Beschlüsse, die ich freilich durch mein Votum nicht umstoßen kann, mißbillige ich aufs höchste und aufs entschiedenste. Mir war, als rührte mich der Schlag. Sachlich und persönlich beklag' ich diesen Verlauf der Dinge; das Werk bringt sich um jede *bedeutende* Wirkung, wenn es nicht als ein Ganzes erscheint; dabei legt mir der jetzt beliebte Hinschleppe-Modus die größten pekuniären Opfer auf. Der Firma Decker ist es natürlich gleichgültig, ob ich in den nächsten anderthalb Jahren einen Roman schreiben kann oder nicht; aber *mir* ist es nicht gleichgültig. Und sich bei »alle zwei Stunden einen Druckerjungen« zu einem neuen Werk zu concentriren, ist unmöglich. Ich habe mich des Weiteren darüber ausgelassen und am Schluß meines Briefes an B. etwa folgendes gesagt: »An ›Unmöglichkeiten‹ glaub ich nicht und bloße *Schwierigkeiten*

sollten wohl, aus einer Rücksicht die ich glaube beanspruchen zu können, überwunden werden. Kann Burger es nicht leisten, nun so müssen Aushülfen gefunden werden. Da sind Camphausen, Hünten, Fikentscher, Beck, Scherenberg, Dietz und a. m. Von zehnen die ich nennen könnte, machen es 5 weniger gut, 3 beinah ebenso gut und 2 eben so gut« (wobei ich an Camphausen und Hünten gedacht habe). So der betr. Passus in meinem Brief an Baumann. Man soll so etwas nicht hinter dem Rücken von jemand sagen; deshalb schreib' ich Ihnen selbst das, was ich an Baumann geschrieben habe. Wie sehr ich Sie und Ihre Kunst verehre, brauch ich Ihnen hoffentlich nicht erst zu versichern. Ihre glänzende Begabung anerkennt alle Welt und ich bleibe, wenigstens in dieser Beziehung, nicht hinter der Welt zurück. Aber andrerseits werden Sie es von meinem Standpunkt aus natürlich finden, daß ich Aushülfe-Kräfte, wohl oder übel, vorgeschlagen habe. Ich halt es sogar für leichtmöglich, daß Sie selber damit einverstanden sind. Helfen wird es mir übrigens nicht.

[...]

Die Aufzählung der Künstlernamen, von denen vielleicht nicht *einer* Lust hätte auf die Sache einzugehn, ist natürlich nur erfolgt um ganz allgemein anzudeuten: es *giebt* Kräfte, sie sind da.

(FAP)

Fontane an Ludwig Burger   Berlin, 14. Mai 1869
Hoffentlich hat Sie mein letzter Schreibebrief nicht verletzt. Ich wählte von zwei Uebeln das kleinere; es ist immer noch besser, man bekennt sich offen zu getanen Aeußerungen, als sie transpirieren hinterher und lassen einen in einem zweifelhaften Licht erscheinen. Außerdem werden Sie mir darin Recht geben daß ich von *meinem* Standpunkte aus ein Recht hatte, außer mir zu sein. Die Benachteiligungen, die ich erfahre, sind zu groß.
Genug davon. Ich habe nun in diesen zwei Tagen die Sache noch hin und her erwogen und zwar in speciellem Hinblick auf *Sie*. Ich mußte mir natürlich sofort sagen: Burger kann und wird keine Lust haben, die Ehren dieses großen Prachtwerks mit einem andern Illustrator zu teilen; ein Ebenbürtiger schnappt ihm einen Teil seines Ruhmes weg und ein Nichtebenbürtiger verhunzt ihm die eige-

ne Arbeit. In Anbetracht dieser Erwägungen hab' ich heute noch einmal an Decker geschrieben und bin, statt zu bloßen Exclamationen, zu Propositionen geschritten. Ich erlaube mir, Ihnen auch diese in nuce mitzuteilen. Es würde mich sehr freuen, wenn ich dabei Ihre Zustimmung hätte.
Ich schrieb also, daß Sie, wenn Herr v. Decker sich entschließen könnte, Ihnen durch äußere Sicherstellung, durch über das Gewöhnliche hinausgehende Honorierung Ihrer Arbeiten, eine Concentrierung Ihrer ganzen Kraft zu ermöglichen, daß Sie, sag ich, unter solchen Umständen vielleicht immer noch im Stande sein würden, es in hundert Tagen, also bis etwa zum 20. August zu leisten. Die letzten Stöcke würden danach – das Engagement von Reserve-Holzschneidern in nötigenfalls unbegrenzter Zahl vorausgesetzt – Ende September fertig sein können und das wäre für den Druck der letzten 8 bis 10 Bogen immer noch Zeit genug. Sie sind, Gott sei Dank, fleißig, rüstig, gesund und es entstände die Frage, ob Sie, was bis jetzt noch fehlt, in 100 Tagen leisten könnten. Ich habe kein rechtes Urteil darüber, aber gestützt auf Ihre eigenen Angaben, möcht ich sagen »Ja«. Die Portraits und die Grabdenkmäler sind ja so gut wie fertig; so entstünde denn die Frage, ob nicht in der angegebenen Zeit 60 Initialen, Vignetten und Gefechtsscenen einerseits und 20 große Gefechtsscenen (als Vollbilder) andererseits gezeichnet werden könnten. Wäre dies möglich, so möcht ich fast vermuten, es sei ausreichend. Für die vielen kurzen Kapitel bei »Königgrätz« würden, meine ich, mit Ausnahme der großen Hauptmomente (8–10) *Initialen* genügen. Dasselbe gilt von den Kämpfen, die zwischen Königgrätz und Blumenau liegen. Bitte überlegen Sie sich's freundlichst und vor allem »nichts für ungut.«
(FAP)

Fontane an Ludwig Burger   Berlin, 16. Mai 1869
Vielen Dank für Ihre freundlichen Zeilen; es ist mir ein Trost, daß Sie Aeußerungen, die ja leicht misdeutet werden können, so genommen haben wie sie gemeint waren. Seien Sie versichert, daß ich Ihnen – und wenn ich 10 mal von allerhand Aushülfen spreche – als Mensch und Künstler aufrichtigst ergeben bin. Ich mache dies Bekenntniß, auf die Gefahr hin, mich lächerlich zu machen.

Sie haben gewiß in vielen Stücken Recht, aber *eines* kann ich doch nicht gelten lassen. *Ich* bin an einer Verzögerung *absolut* unschuldig. Nachstehendes kann ich eidlich erhärten:
Bis Gitschin fertig vor 2 Jahren
Bis an die Elbe (II. Armee) fertig vor 1½ Jahren
Main-Campagne fertig vor 1 Jahr
Königgrätz fertig vor 8 Monaten
Bis Wien etc. fertig vor 6 Monaten
Ende Oktober v. J. war ich mit dem *ganzen* M. S. fertig und die 6 ½ Monate die seitdem vergangen sind, hab ich lediglich an die *Correktur* des M. S. gesetzt. Sie werden daraus ersehn, daß ich jederzeit in der Lage gewesen wäre ganze Stöße von Manuskript vorzulegen. Ich hätte es Ihnen auch vielleicht direkt angeboten, wenn ich nicht eine Scheu hätte, Unfertiges und Schlecht-aussehendes (was leider auch jetzt noch der Fall ist, da ich über keine Abschreibekräfte verfüge) irgend jemandem vorzulegen. Aber *da* war genug.
Der Geldpunkt, von dem Sie schließlich sprechen, ist es nicht. Natürlich braucht man immer Geld; aber, da ich nicht hülfelos bin, steht mir dies nicht in erster Reihe. Es liegt mir in der That vorwiegend an zweierlei:
1. 'mal wieder mit etwas vor der Welt zu erscheinen und Namen und Reputation aufzufrischen und 2. Freiheit, Muße zu haben zu neuem Schaffen.
Die hab' ich nicht, eh ich das alte nicht völlig los bin.
[...]
Wenn Sie v. D. in den nächsten Tagen sprechen, so reden Sie ihm die »Hefte« aus und dringen Sie auf 3 ordentliche Theile. Mein *Wunsch* wegen Weihnachten bleibt natürlich nach wie vor derselbe; doch würd' ich ein energisches Lossteuern auf Erfüllung dieses Wunsches nur dann mit Freude begrüßen, wenn *aufs bestimmteste* erklärt würde: ja, es kann und wird geschafft werden. Bleibt die Sache *unsicher,* so zieh' ich, traurigen Herzens, doch Vertagung vor, weil ich sonst mich aufs Neue ganz und gar an die Herausgabe dieses Buches ketten und meinen Wunsch schließlich *doch* nicht in Erfüllung gehen sehe. (FAP)

Fontane an seine Mutter   Berlin, 29. Mai 1869
Ich bin nämlich jetzt mit meinem Kriegsbuch fertig [...]   (SJ I 71)

Fontane an Rudolf von Decker   Berlin, 3. Juni 1869
Sie würden mich Ihnen verbinden, wenn Sie mir von dem Honorar das mir schließlich noch zufallen wird, schon jetzt weitere 350 Thaler zahlen wollten. Ich habe in diesen Jahren einige hundert Thaler aufnehmen müssen und möchte dieselben zurück zahlen, oder *muß* es vielmehr. Das M. S. ist bis aufs tz fertig, so daß, selbst wenn ich sterben sollte, der Druck ohne Schwierigkeit zu Ende geführt werden kann. Ich bin jeden Augenblick bereit, das ganze M. S. vorzulegen.
Nach meiner Rechnung habe ich bis jetzt 1650 Thaler erhalten und würde ich, wenn Sie meiner Bitte willfahren, eine Quittung über empfangene 2000 Thaler ausstellen. Die bisherigen Quartal-Vorschußzahlungen würden selbstverständlich aufhören und eine schließliche Abrechnung erst bei Beendigung des Drucks erfolgen.
(FAP)

Fontane an Rudolf von Decker   Berlin, 15. August 1869
Dunkle Gerüchte kommen an mein Ohr, daß es mal wieder stockt, daß es mit dem Buche nicht recht vom Flecke will.
Ich will nicht darüber klagen, oder doch nicht anklagen, da ich ja weiß, hochzuverehrender Herr von Decker, daß es weder an Ihnen persönlich noch an der Firma liegt; nur ans Herz legen möcht' ichs Ihnen doch noch einmal, daß *alles* versucht werde, um bis zum 1. November wenigstens das Erscheinen der ersten größeren Hälfte zu ermöglichen. Kann das nicht geschehen, können wir *den* Abschnitt des Werkes der recht eigentlich der Königs-Abschnitt ist (Königgrätz) nicht fertig schaffen, so wird es fast zu einer Ironie, dem Sieger von Königgrätz nach 3½ Jahr ein Werk-Bruchstück zu überreichen, *in dem er persönlich gar nicht vorkommt*. Also nochmals, bitte setzen Sie alles daran, daß es möglich wird. Holzschneider müssen doch am Ende zu beschaffen sein und schließlich entsteht immer wieder die Frage, ob man um eines schätzenswerten Plus an Bildern willen, eine noch wünschenswertere Beschleunigung unterlassen soll.
(FAP)

[Berlin, Mitte November 1869]
Fontane an König Wilhelm I. [Entwurf]
Allerdurchlauchtigster Großmächtigster König!
Allergnädigster König und Herr!
Ew. Majestät geruhten huldvollst die Geschichte des 64er Krieges, die zu schreiben mir der Auftrag geworden war, entgegenzunehmen, heute bitte ich um die Gnade, Allerhöchstdemselben eine Darstellung des Feldzuges von 1866 – leider zunächst nur den ersten Halbband: »Bis Königsgrätz« – überreichen zu dürfen.
Ew. Majestät ehrte mich damals durch Verleihung der goldenen Medaille für Kunst und Wissenschaft; ich wage es heute mit einem ganz bestimmten Gesuch vor Ew. Majestät zu treten.
Im Jahre 1861 wurde mir auf Antrag des Kultus-Ministeriums eine Unterstützung von jährlich 300 Talern zur Fortführung meiner ethnographischen und spezial-historischen Arbeiten über die Mark Brandenburg bewilligt. Ich empfing diese Unterstützung bis Ostern 1868, wo meine Bitte um Fortbewilligung dieser Summe abschlägig beschieden wurde.
Die Wiederbewilligung dieser 7 Jahre lang aus der Generalkasse des Kultusministeriums empfangenen Unterstützung von jährlich 300 Talern ist es, was ich heute von der Gnade Ew. Majestät erbitte. Manche drückende Sorge würde dadurch von mir genommen, ich selbst aber in den Stand gesetzt werden, meinen Arbeiten mit erneuter Frische und Freiheit mich zuwenden zu können.
Im Vertrauen auf Allerhöchstdero Huld und Gnade, verharre ich als Ew. Majestät

alleruntertänigster
Th. Fontane
(LA 223)

Fontane an seine Frau   Berlin, 24. November 1869
Meine Gedanken, während sie bei Euch sind, sind doch nebenher in sehr weltlichen Dingen auch hier engagiert, und mit Bücher empfangen und packen, mit Respektsbriefe entwerfen und kopieren, hat's kein Ende. Mit den Details will ich Dich nicht aufhalten, nur so viel, daß nur das kronprinzliche Exemplar noch im Kasten liegt; die sieben andern sind abgeliefert oder zur Post gegeben, und

zwar an den König, Bismarck, Kultusminister v. Mühler, Geh. Kabinettsrat v. Mühler, Oberst v. Zychlinski, Hesekiel, Hertz. Der letzte hat bereits gedankt. Herr v. *Decker* war gestern bei S. M. zu Tisch; der König soll sich sehr erfreut über das Buch geäußert haben. Glaub's wohl. *Burger* ist jetzt sehr fleißig; er will noch im Laufe dieses Winters alles zwingen. Das wäre hocherfreulich.

(FA I 174 f)

Fontane an seine Frau   Berlin, 29. November 1869
In Deinem heute empfangenen lieben Briefe von gestern haben mich Deine Urteile über »Buchhandel und Zeitungen« und »Th. Fontanes 1866« sehr erfreut. In Deine Anerkennung des ersten Artikels stimme ich ohne weiteres mit ein; der zweite ist allerdings *sehr* maßvoll und *sollte* es sein. Als mir Dr. *Beutner* heute früh sagte, »er fände ihn fast *zu* objektiv«, erwiderte ich ihm ganz ehrlich: »ich leistete lieber auf Lob Verzicht, als daß ich mir Lob erwünschte, das mir durch die Art, wie es sich gäbe, unbequem wäre«. Im übrigen hat er mir mehrfach die Spalten seiner Zeitung für eine längre und sachgemäße Besprechung angeboten, wenn ich einen guten Berichterstatter in petto hätte. Dies ist nun zwar sehr freundlich, aber beinah komisch ist es zu sehn, wie er sich müht, den Gedanken: »*er* oder seine Familie solle das Buch lesen« in mir um Gottes willen nicht aufkommen zu lassen. Mit andern Worten, er stellt mir seine Zeitung zur Verfügung, aber nicht seine Person. Dies wäre an und für sich ganz in der Ordnung (Du weißt ja am besten, daß ich nicht einmal von meiner Frau erwarte, am wenigsten verlange, daß sie meine Bücher liest), und wenn ich doch meine Bemerkungen darüber mache, so liegt es lediglich wieder an der *Art*, wie unser guter B. dabei verfährt. Erst in diesem Augenblick, wo ich über die Sache schreibe, empfinde ich ganz und klar das unstatthaft Nüchterne seiner Haltung in dieser Angelegenheit. Es ist so von allem Schön-Menschlichen entkleidet. Er *muß* wissen, daß ich 3½ beste Lebensjahre Tag und Nacht an diese Arbeit gesetzt habe, und ich meine, daß er in dem Moment, wo er das Buch auf seinem Tisch liegen sah, an mich herantreten und mir sagen mußte: »ich freue mich, dies Buch in den Händen zu halten«.
Am Sonnabend also, wenn nichts dazwischen gekommen ist, hat

Geheimrat W[ehrmann] das Buch dem Könige überreicht. Ist es wirklich geschehn, so ist mir das Schweigen darüber bis heute abend etwas bedenklich. Ich fürchte fast, daß »Berichterstattung« gefordert wird. Von einer solchen kann ich mir aber bei *Mühlers* »alter Freunschaft« wenig versprechen, und ich würde in diesem Falle schon seinen Sturz abwarten müssen. Laß Dich übrigens durch diese Mitteilung nicht verstimmen. Meine alte Soupçon-Natur tritt ja auch stark dabei in den Vordergrund. (FA I 175 ff)

Fontane an Henriette von Merckel   Berlin, 29. November 1869
Es ist gleich Mitternacht, aber dieser Tag soll doch nicht schließen, ohne daß ich Ihnen gemeldet hätte
    der König hat sich sehr beifällig über das Buch geäußert;
    ein Geschenk von 80 Friedrichsd'or beigefügt; wegen der 300 Taler Bericht gefordert.
Sie können sich denken, welcher Lichtstrahl damit in meine, nach der finanziellen Seite hin, novembergraue Wohnung fällt. Es war mir zwar geglückt, die Maschinerie bis hieher leidlich in Ordnung zu erhalten, aber doch wirklich nur unter Dransetzung aller Kräfte, was ich auf die Dauer und bei meiner Kränklichkeit, nicht aushalten konnte. (LA 224)

Fontane an seine Frau   Berlin, 2. Dezember 1869
Der gestrige Abend bei Frau *Hertz* verlief ganz angenehm. Er sagte mir allerhand Freundliches über das »schöne Buch«, das ein wahrer Schatz für sein Haus sei und auch von allen so angesehn würde [...]
Mein Buch wird überall angezeigt (»besprochen« wäre ein zu edler Ausdruck); das heißt der von Decker beigelegte gelbe Zettel, dessen Du Dich vielleicht noch entsinnst, wird, seinem Hauptinhalte nach, abgedruckt. Natürlich sind solche »Kritiken« absolut wertlos für mich, wie ich denn wohl überhaupt darauf werde Verzicht leisten müssen, etwas Lesenswertes über mich zu lesen zu kriegen. Es liegt ja auf der Hand, daß überhaupt nur ganz wenig Menschen *imstande* sind, über den Wert oder Unwert eines solchen Buches ein Urteil abzugeben; und von den wenigen, die dazu imstande sind, tut es vielleicht nicht einer. Selbst was die militärischen Fachblätter

über ein solches Buch sagen, ist in der Regel bloßes Gesäure. Nicht einmal auf den *militärischen* Teil gehen sie ernsthaft ein. Das Militärische ist ja aber unter allen Umständen nur *eine* Seite des Buches. Das Wichtigste daran ist der Aufbau, der Grundriß, die Klarheit der Anlage. Es muß einer schon eine gute Künstlerader im Leibe haben, um dies Eigentlichste sofort zu erkennen und sich dran zu erfreuen. Viele Leser haben es *instinktiv weg*, daß die Dinge so sind, wie sie sind; sie freuen sich während des Lesens an einem gewissen etwas, das ihnen wohltut, das angenehm wie Licht auf sie wirkt, aber sie können sich über dies angenehme Gefühl nicht eigentlich Rechenschaft geben. Wenn ich nur viele *solcher* Leser habe, so bin ich zufrieden und leiste auf kritisches Geschwöge Verzicht. (FA I 178 f)

Fontane an seine Frau   Berlin, 3. Dezember 1869
»Ankündigungen« meines Kriegsbuches erscheinen jetzt beinah täglich, doch sind sie, wie ich Dir schon gestern schrieb, wertlos für mich; sie haben nur einen Wert für *Decker*, der natürlich ein paar hundert Exemplare mehr absetzt, wenn immer tüchtig drauf los gelobt wird. Eine große Freude hat mir dagegen Tante Merckel gemacht. Sie erzählte mir gestern: das Buch wäre ihrem kranken Bruder[11] wie vom Himmel geschickt. An andern literarischen Dingen nehme er kein rechtes Interesse mehr, wohl weil seine Stimmung eine zu ernste sei. Das Buch interessiere ihn aber aufs höchste, weil es eine Darstellung jener Zeit und jener Erlebnisse sei, *wo sich sein eignes Leben auf der Höhe befunden habe;* alles träte ihm noch einmal entgegen und erfrische und erheitre ihn. Er habe sein lebhaftes Bedauern ausgesprochen, daß es schon zu Ende ginge, – in weniger als acht Tagen habe er sich das Ganze vorlesen lassen. Darauf antwortete ich nun natürlich: »Da kann geholfen werden; in meinem Nachschlageexemplare ist schon ganz Königgrätz mit enthalten; nur die Bilder fehlen –« und schickte den ganzen Band gleich hinüber. Du kannst Dir denken, welche Genugtuung ich empfinden muß, mich dem Manne dankbar zu erweisen, der so viel Freundlichkeit und Wohlwollen für mich gehabt hat. (FA I 180 f)

11 Heinrich von Mühler.

Fontane an Rudolf von Decker				Berlin, 17. Dezember 1869
Vielen Dank für gef. Uebersendung des Briefes von Herrn Oberst de la Chevalliere, den ich diesen Zeilen wieder beischließe. Die Sache selbst ist vollständig erledigt, mit einer Gründlichkeit, die bis an die äußersten Grenzen geht. Das erste Corps, das bei Trautenau höchst kummervoller Weise unterlegen und bei Königgrätz – unglaublich aber wahr – zu *spät* gekommen war, empfand es dringend nöthig, aus der Affaire bei Tobitschau das Menschenmöglichste zu *machen*. Wohin man Abends blickte, stand »Tobitschau«, so daß die Leute damals spöttisch, aber sehr richtig bemerkten: »Königgrätz ist nichts, Tobitschau ist alles«. Man ließ es aber laufen, weil man den Ostpreußen ihr Rühmchen gönnte und dachte: »Ende gut, alles gut.« Dieselbe Betrachtung hat auch mich bei Bearbeitung des Gefechtes geleitet, und das 44. Regiment *kann* zufrieden sein. Ich habe diese *sehr* ausführlichen Berichte der Brigade Malotki (Regimenter 4 und 44) und des Generals v. Hartmann, – der an dem Tage das Commando an dieser Stelle führte – benutzt. In Wahrheit ist das Gefecht von Tobitschau eine Affaire von höchst fragwürdiger Gestalt, einige nennen sie – ohne übrigens dem 44. Regiment zu nah treten zu wollen – eine im Ganzen ziemlich verpfuschte Geschichte, die nur durch eine glänzende Cavallerieattacke (Westpreußische Kürrassiere nahmen 18 Kanonen) ein Lustre erhalten hat.
Auch Oberstleutnant v. Behr kommt vor; ich werde aber noch ein paar Worte dem Texte hinzufügen.
[...]
Auch ich habe von zwei Seiten her, und zwar durch Geh. Cab[inetsrat] v. Mühler und seinen Stellvertreter Geh. R. Wehrmann erfahren, wie viel Anerkennung S. M. für das Buch hat. Natürlich ist mir das eine *große* Freude, denn S. M. *versteht's,* was man nicht von vielen sagen kann.					(FAP)

Fontane an Ludwig Burger					[1869?]
Die betr. Bogen hab' ich doch lieber gleich zugepackt, damit Ihnen keine Verzögerung erwächst. Ich erbitte sie aber baldmöglichst zurück, da es mitunter im Texte heißt: S. S. so und so und wenn man dann die Bogen nicht hat ist man in Verlegenheit.

Die Druckerei strengt sich jetzt an und der ganze Abschnitt: »Die II. Armee« wird in guten 8 Tagen im Satz fertig sein.
Ich gebe mich immer noch der Hoffnung hin, daß wir's vielleicht zwingen können. Die eigentliche Schwierigkeit liegt noch in dem großen Abschnitt »Königgrätz«, in zwei Monaten läßt sich doch aber noch was tun.
(FAP)

Fontane an Mathilde von Rohr   Berlin, 22. Dezember 1869
Mein Buch – ich weiß nicht, ob Ihnen meine Frau darüber schon berichtete – ist durch Geh. R. Wehrmann dem Könige überreicht worden. Er hat sich (wie mir Herr v. Decker vor einigen Tagen schrieb) mehrfach sehr gnädig darüber geäußert; mir auch ein ansehnliches Geldgeschenk zustellen lassen. Eingehende Urtheile über meine Arbeit sind mir im Uebrigen noch nicht zu Gesicht gekommen; auf Zeitungsredensarten geb ich nichts; ich weiß zu gut wie sie gemacht werden.
(SJ III 88)

Fontane an Ludwig Burger   [1869?]
Es ist nicht eitel Renommage, sondern aufrichtige Ueberzeugung, daß Sie alles Brauchbare und namentlich auch einigermaßen Darstellbare in den Correkturbogen finden, die Ihnen Freund Baumann gewiß jeden Augenblick zustellt, wenn Sie sie nicht schon haben. Das Anschaulichste und Pikanteste ist sowohl mit Rücksicht auf Unter-Lochow wie Oswiescin Zeitungsblättern entnommen, Berichten von sachkundiger Hand; dabei alles an der Hand der Generalstabswerke, namentlich des österreichischen, nachträglich korrigiert.
Ich schließe noch ein Büchelchen ein (II. Armeekorps) bloß um meinen guten Willen zu zeigen. Auch über Oswiescin, oder richtiger über das Stolbergsche Corps hab' ich ein Büchelchen von Prem. Ltnt. v. Clausewitz[12]. Er traf aber erst am 1. oder 2. Juli in Oberschlesien ein. Von Prem. Ltnt. v. Romberg[13] hatte ich ein gutes

---

[12] Vermutlich H. v. Clausewitz, »Aus dem Tagebuch eines preußischen Jägeroffiziers«.
[13] von Romberg, »Die Theilnahme des königlich 5. pommerschen Infanterie-Regiments Nr. 42 an dem Feldzuge gegen Oesterreich und Sachsen 1866«, 1869.

Buch über die 42er bei Unterlochow. Es ist aber weg, ich hab es
eine halbe Stunde lang umsonst gesucht. (FAP)

Fontane an Rudolf von Decker Berlin, 25. Januar 1870
Die englischen und französischen Zeitungen fangen jetzt an, kurze
freundliche Besprechungen über unser Buch zu bringen; das alles
hat aber keine rechte Bedeutung, so lange dem Konzert der tiefe
Baß fehlt. Es wäre wichtig, wenn das Journal des Débats, vor allem
wenn die Times sprächen, nicht in 10 Zeilen, sondern wenigstens
in zwei Columnen. Das Buch macht es einem etwaigen Kritiker ja
ganz leicht; er blättert über 10 oder 20 Seiten weg und wird dann
immer eine Stelle finden, die – ohne alle weitre Überarbeitung oder
Kürzung – wie zum Übersetzen und zugleich zur Empfehlung des
Buches geschaffen ist.
Daran knüpfe ich nun im Weiteren die Frage: wie denken Sie
überhaupt in Betreff einer Übersetzung des Werkes? So weit ich die
Verhältnisse zu kennen vermeine, würde der Erfolg in Frankreich
ein respektabler, in der angelsächsischen Welt (England und Nordamerika) ein *enormer* sein. Handelt es sich darum, gute und sach-
verständige Übersetzer zu finden, so glaube ich, daß ich solche
nachweisen kann. Ich führe diesen Punkt nicht weiter aus, weil ich
nicht weiß, wie Sie über die ganze Sache denken. Wollen Sie mich
im Detail darüber hören, so stehe ich jeder Zeit zu Befehl.

(LA 226 f)

Fontane an Ludwig Burger Berlin, 28. Januar 1870
Vielen Dank, daß Sie die Platten schicken wollen; Hesekiel wird
sich sehr freuen und ich mit.
Daß Ihnen die Puste dann und wann auszugehen droht, begreife
ich vollständig; ich bewundere, daß sie bisher ausgehalten hat.
Aber Sie müssen denken wie die 7. Division im Swien-Wald: »wenn
wir so lange ausgehalten haben, wird's auch die letzte halbe Stunde
noch gehen«. Ich bitte und beschwöre Sie packen Sie scharf zu, damit wir die Geschichte ehmöglichst vom Halse kriegen. Sie sehen
ja doch Land! Was schließlich die Main-Campagne angeht, so
denk' ich daß die große Hauptsache bereits fertig in Ihren resp.
meinen Kästen liegt. Könnten Sie schlimmstenfalls von den Voll-

bildern zum 1. Bande nicht das eine oder andere fallen lassen? Sie werden diese Worte nicht mißverstehen. Ich schreibe sie nur nieder, um Ihnen einen Ausweg zu zeigen. Natürlich werden Sie sich das selber schon gesagt haben; aber mitunter ist es gut, ein anderer sagt es auch.

Wegen der Liechtenstein-Ulanen haben Sie wieder Recht. Aber ich bin unschuldig. Oberst v. Michaelis erzählte mir die ganze Geschichte, sprach ganz allgemein von Ulanen und so schlug ich denn nach, welches Kavallerie-Regiment beim III. Corps gestanden habe. Ich fand in meinem Büchelchen, das die öster. Ordre de bataille enthält und 1866 in Wien erschienen ist. Liechtenstein-Ulanen Nr. 9 und zwar fünfmal, escadronsweise, bei jeder einzelnen Brigade. Sie haben aber doch Recht. Im öster. Generalstabswerk find ich Mansdorf-Ulanen Nr. 9 und werde danach seinerzeit die Correktur machen.

(FAP)

Fontane an Rudolf von Decker   Berlin, 28. Januar 1870
Ergebensten Dank für Ihre gefällige Zuschrift.

Dr. Metzler werd ich avertiren, auch hervorheben, was seiner Notiz fehlt. Einem Vertagen des Uebersetzungs-Planes stimm ich vollständig zu; vielleicht gestaltete sich die Sache aber anders, wenn irgend eine fremde Firma, die Initiative ergriffe. Mir geht dies nur so durch den Kopf und lauert weder ein Plan noch Wunsch dahinter.

In dem dritten Punkte, was ich mir zu Gute zu halten bitte, weiche ich von Ihnen, bez. von Dr. Althaus ab. Eine solche Notiz, wie sie in der Saturday Review erschienen, ist sehr gleichgültig; ein 2 Spalten langer Aufsatz in der Times würde von *größtem* Belange sein. Ich kann mich irren (wer könnte es nicht!), aber ich darf wohl sagen, ich kenne *diese* aus dem Grunde, denn speziell zu ihrer Beobachtung und Ergründung habe ich mich 4 Jahre lang von 1855 bis 59 in England aufgehalten. Ein Uebelstand ist es, daß die Betreibungen aller solcher Angelegenheiten sehr viel Zeit und Mühe kosten, die ich nicht gut daran setzen kann; auch kann ich mit für Sie so theuren Exemplaren nicht so leicht und auf gut Glück hin operiren, als handle es sich um die Verbreitung einer Brochüre. Anheimgeben möchte ich Ihnen, hochzuverehrender Herr v. Decker, aber doch folgendes, vorausgesetzt, daß Sie sich meiner Anschauung von der Wichtigkeit der Times zuneigen. Sollte sich in diesem Falle nicht Zustellung eines Exemplars an Captain Hozier, der, als Times-Berichterstatter, in der Suite des Prinzen Friedrich Karl die Campagne mitmachte, empfehlen? Stimmen Sie dem zu, so würd' ich vorschlagen, dem Capt. Hozier durch die Herren Williams & Norgate das betr. Exemplar zustellen zu lassen, welche Herrn Adresse und Titel des Capitains (er ist jetzt vielleicht Lieutenant-Colonel) aus dem Directory leicht ersehn und die Uebersendung des Buches ohne Mühe mit einigen Zeilen, bez. unsrer Wünsche begleiten könnten.

[...]

Ich habe nicht die Absicht, Sie in eine Correspondenz zu verwickeln und erwarte keine Antwort. Sie werden in der Angelegenheit thun, was Sie für angebracht halten.

Eben finde ich im »*Milit. Wochenblatt*« eine Besprechung, die bei scheinbarer Freundlichkeit einfach eine Beleidigung, eine Ungerechtigkeit und auch eine thatsächliche *Unrichtigkeit* ist. Ich finde dies zwar klug, aber nicht sehr edel. Sei's drum. Um so wünschenswerter, ja um so notwendiger ist es, daß die unbefangene Presse des *Auslandes* spricht. Was in deutschen Zeitungen bisher gesagt worden ist, ist Geschwätz und die milit. Fachblätter, so weit sie preußisch sind, wollen neben dem Generalstabswerke nichts aufkommen lassen.

(FAP)

Fontane an Friedrich Eggers   Berlin, 6. Februar 1870

Du bist kaum in die Hofgunst eingetreten, so verfällst Du auch schon der Qual aller Günstlinge: Petenten drängen sich an Dich. So auch der Gefertigte. Die Sache ist die. Du hast vielleicht von der großen Schlacht bei Seubottenreuth gehört, die 1866 die Mecklenburger geschlagen haben. Burger hat jene Gegenden mit Vorliebe bereist und so viele Illustrationen gemacht, daß ich in die Lage gekommen bin, Seubottenreuth etwa zu behandeln wie Königgrätz, bloß damit die Bilder doch einen gewissen Text-Rahmen bekommen. Nun fehlt mir zu diesem kriegerischen Schluß-Tableau aber eine Spezial-Karte, wo möglich mit eingezeichneten Punkten und Linien, um die Stellung und Bewegung von Freund und Feind,

Mecklenburger und Baiern, verfolgen zu können. Schritte, die ich bisher zu diesem Behuf getan (nach Ludwigslust hin, wo die Dragoner stehn) sind trotz meiner Ludwigsluster Militär-Verwandten [...] ohne Erfolg geblieben; ich wollte Dich daher bitten, den Großherzog oder Major von Vietinghoff gelegentlich mit diesem meinem Wunsche bekannt zu machen. Er muß dann Ordre geben, daß man mir von Schwerin aus einen ordentlichen Gefechtsbericht nebst *Plan* (dieser ist die Hauptsache) zustellt. (LA 227 f)

Fontane an Wilhelm Hertz Berlin, 24. März 1870
Die Gegenwart meiner Frau verhinderte mich gestern Ihnen das mitzutheilen, was Sie muthmaßlich längst wissen, daß ich auf das unselige 300 Thaler-Gesuch wieder mal eine abschlägige Antwort erhalten habe. Was mich selber angeht, so kann ich, bei Behandlung dieses Kapitels, einigermaßen Contenance halten, meine Frau aber ergeht sich dabei in so leidenschaftlichen Ausdrücken, bezeichnet ein hohes Ministerial-Reskript so ungenirt als einen »nichtsnutzigen Wisch, dessen Inhalt geflissentlich die eigentliche Wahrheit verschweige« daß ich billig Anstand nehme, so hochverrätherische Worte immer wieder heraufzubeschwören. Es wird dadurch nicht anders, daß sie freilich vollständig Recht hat. Ich habe die kümmerliche Genugthuung, daß jeder der davon hört, sein empörtes Urtheil in die Worte zusammenfaßt: »wenn *Sie* diese Unterstützung nicht erhalten, wer überhaupt *soll* sie dann noch erhalten!« – indessen was gilt den Herrn, die alles vom Standpunkte eines Seminardirektors ansehn, eine solche oberflächliche *Coterie*-Meinung. Zucht muß geübt werden. Arme Kerle. Die schlimmsten sind doch immer die Parvenus!
Dies große Kriegsbuch, die Tag- und Nacht-Arbeit dreier Jahre, war der letzte Zug; alles wieder umsonst, und so darf ich denn sagen: ich habe diesen Literaturbettel gründlich satt.
Wir sind entschlossen ein ganz neues Leben anzufangen und leben der freudigen Hoffnung, daß die Güte Gottes die Ungüte der Menschen in Segen für uns wandeln wird. Ist es anders beschlossen, so auch gut. Diskretion in Betreff dieser Zeilen ist nicht nöthig; je mehr davon wissen, desto besser. (WHH 139)

Fontane an Ludwig Burger   Berlin, 18. April 1870
Oberst Veith, den Sie ja auch wohl kennen, hat mir vorgestern drei
große Photographien nach Oelbildern von Braun geschickt; Saubottenreuth; Dragoner sprengen durchs Laufer-Thor; das 4. Garde-
Regiment defilirt vor dem Großherzog (Marktplatz). Paßt es Ihnen
sich die Blätter bei mir anzusehen, oder soll ich sie Ihnen morgen
Vormittag schicken? Ich würde dann nur bitten genau eine Stunde
anzugeben, damit mein Junge die Mappe gleich wieder mit zurück-
bringen kann. Vielleicht kennen Sie die Originale, die sich jetzt in
Schwerin befinden; in diesem Fall ist die Sache erledigt. –
Am Sonnabend las ich in Decker-Baumanns kleiner Stube Ihre
Einleitungs-zeilen zu dem Verzeichnis der Illustrationen. Vorzüglich! Wie von Bismarck gesagt worden ist, wenn er nicht erster Minister geworden wäre, wär' er erster Schriftsteller geworden, so
kann man mit entsprechender Aenderung von Ihnen dasselbe
sagen. –
Mit Ihrer Erlaubniß hab' ich Cöslin in Cörlin umgewandelt und
aus Seybothenreuth Saubottenreuth gemacht. Was die letzte Correktur angeht, so ist sie vielleicht à la Johann Ballhorn gewesen
und werden Sie in diesem Falle die erste Version wiederherstellen.
Auf vielen guten Karten steht Saubottenreuth, das eine der Braun'-
schen Blätter trägt aber die Unterschrift: Seybotenreuth. Wahrscheinlich kann man schreiben wie und was man will.
                                                                    (FAP)

Fontane an Ludwig Burger   [Anfang 1870?]
Nach einigen Grippewochen bin ich jetzt wieder bei der Arbeit und
zwar bei Hammelburg, Hansen-Woldaschach und Kissingen, die
ich in dieser Reihenfolge behandeln will. Wegen Woldaschach's
bin ich einigermaßen in Verlegenheit; nirgend hab' ich etwas finden können, was über die magerste Notiz hinausginge und ein
ganz klein wenig möchte ich doch davon bringen. Nun entsinne
ich mich, daß Sie dort waren, vielleicht haben Sie das eine oder
andere an Ort und Stelle gehört, gesehn, vielleicht auch Briefe von
»Mitdabeigewesenen« erhalten. Ich komme morgen etwa um 3
mit heran und bitte Sie, dann vielleicht zurückzulegen, was ich allenfalls auch in Ihrer Abwesenheit in Empfang nehmen kann.

                                                                    (FAP)

Fontane an Ludwig Burger   Berlin, 1. Juni 1870
Drei Bitten hab ich Ihnen vorzutragen, und zwar

1. die beiliegende Fahne d. h. nur die ersten 20 Zeilen sammt der geschriebenen Anmerkung durchlesen,

2. Ihre Manuskript-Karten von Würzburg – Marienberg, die ich schon mal hatte, mir schicken, und

3. ein Verzeichniß *all* der kleinen Contingentler, die noch untergebracht werden müssen, mir zugehn lassen zu wollen.

Ad. 1. Ich glaube, es kann in dieser Fassung bleiben. Beanstanden Sie es aber, so würde ich sagen »mit nur einem ostwärts gelegenen Thor« was dann glaub ich, völlig korrekt sein würde.

Ad. 3. Vielleicht ist die Zahl gar nicht so groß, wie mir vorschwebt. Handelte es sich blos um

> Rudolstädter
> Waldecker
> Hamburger
> Lübecker

so würd' ich also die beiden ersten bei *Frankfurt* und *Mainzer Cernirungs-Corps,* die beiden andern aber entweder da anbringen, wo Sie's auf einer heute erhaltenen Fahne angegeben haben, oder aber gegen den Schluß des Abschnittes hin, wo ich dann sagen würde; General v. M. und Prinz Carl v. L. verhandelten; inzwischen waren immer neue Bataillone eingetroffen oder im Anmarsch etc.

Mir ist es gleich und bitte ich sehr, daß Sie den Punkt angeben, der Ihnen der liebre ist.

Nun ist mir aber so, als hätten Sie auch noch einige von *den* Contingentlern, die, uns feindlich, *in* lagen: Kurhessen, Weimaraner, Meininger. Ist dem so, so hab ich auch für diese eine Stelle gefunden.

Wenn Sie mir schließlich eine *andre* Stelle als Frankfurt für den Fürsten von Hohenzollern angeben könnten, so würde ich Ihnen sehr dankbar sein, denn es drängt und stopft sich hier. Geht es aber nicht anders, so können Sie mir vielleicht einen Wink geben, *wo* ich ein paar authentische Worte über den Prinzen finde, von dem ich eigentlich nicht recht weiß was er gemacht hat. Ich glaube er hatte eine Art nichtssagendes Ober-Commando über fabelhafte

rheinische Reservetruppen und stand vielleicht als ein Chef über
dem Mainzer Cernirungs-Corps. (FAP)

Fontane an Ludwig Burger Berlin, 15. Juni 1870
Gott sei Dank, die Sache geht nun doch auf die Neige; ein Ende ist
abzusehn. Gestern hab ich die letzten Kartenskizzen gemacht und
abgeliefert; ich erlaube mir nur noch anzufragen, ob Sie noch
glücklicher Besitzer der auf chinesischem Papier in violett und grüner Tusche entworfenen Zeichnung von Osnert, Schlehbergwald
etc. sind. Ich würde Ihnen für gelegent: Uebersendung sehr dankbar sein. (FAP)

Fontane an Ludwig Burger Berlin, 27. Juni 1970
Erst heute komme ich dazu Ihnen für Ihre letzten Zeilen und die
beigeschlossenen Croquis zu danken. Ich hoffe Ihnen alles in kürzester Frist wieder zustellen zu können, denn Freund Kühn wird
nun hoffentlich in etwa 14 Tagen mit seinen Zeichnungen fertig
sein. Was dann noch fehlt, mag fehlen; die Geschichte muß doch
zuletzt ein Ende haben. (FAP)

Fontane an Hermann Kletke Berlin, 29. August 1870
Anbei hab ich die Ehre Ihnen den 2. Halbband meiner Darstellung
des 66er Krieges zu übersenden. Er ist noch nicht ausgegeben, weshalb auch ein Hinweis in der Zeitung noch zu früh käme. Überhaupt (was ich nicht mißzuverstehn bitte) ist es mir um solchen
wenig zu tun; Bücher müssen im Stillen erobern, von Haus zu
Haus; was die Zeitungen tun, ist flüchtig. Diese nüchterne Erwägung soll aber nicht in Abrede stellen, daß mir ein gelegentliches
kurzes Hervorheben des *Prinzips*, nach dem das Buch geordnet
und gebaut ist, angenehm wäre. Der eine oder andre merkt doch
auf. Selbst meine *Freunde* (ja diese oft am wenigsten) haben keine
Ahnung davon, was es mit diesem Buche eigentlich auf sich hat,
und daß ich mir, gerade wie in meinen »Wanderungen«, eine Behandlungsart erfunden habe, die vorher einfach nicht da war. Ich
fordre jeden auf der kann, mich zu widerlegen. Es soll ihm schwer
werden.
Verzeihen Sie diese Zuversicht. Ich bin sonst nicht *so*. Ihre in sol-

chen Dingen gewiß geübte Empfindung wird zwischen Geckenhaftigkeit und ruhiger Überzeugung zu unterscheiden wissen.

(Kl 23 f)

Fontane an Ludwig Burger [1870?]
Anbei schicke ich Ihnen eine Photographie.
[...]
Das Bildchen gehört einem Hauptmann vom 19. Regiment. Es giebt sehr wahrscheinlich den kritischen Moment, wo die Bayern in der Flanke erschienen (Division Stephan) und eine Husarenschwadron beschießen, die sich nun auf die nebenstehende Infanterie (9. Comp. vom 19. Regiment) wirft und dieselbe in den Dreck reitet. Aber sie erhebt sich schnell wieder, nimmt Stellung hinter einem Erdwall und der Oberst sprengt heran, um das Schießen zu untersagen, weil das Geknatter alles Commando, auch für die andern Compagnien, unmöglich weil unverständlich macht.
Meiner Meinung ist allerdings der Moment wichtiger, wo das Füsilier-Batl. vom 55. Rgt. (Obrist v. Rex) erscheint und die von den 19ern aufgegebene Position auf eine weitere viertel- oder halbe Stunde behauptet, aber die 55er rückten genau an eben diese Stelle und so hat das Bild vielleicht von Lokalität wegen eine Bedeutung. Für diesen Fall steht es Ihnen auf einige Wochen zur Verfügung, sonst erbitt' ich es zurück, damit ich es zurückschicken kann. – Die mir gütigst anvertrauten Briefe und Blätter bringe ich in den nächsten Tagen. Ich schicke gleich das Blatt mit dem Croquis mit.

(FAP)

Fontane an Ludwig Burger [1870?]
Die eben erhaltenen neuen Blätter sind alle sehr hübsch; die bayrischen Jäger vorzüglich. Das Buch wird nun wohl erst zu Königsgeburtstag erscheinen, womit ich schließlich einverstanden bin.

(FAP)

Fontane an Mathilde von Rohr Berlin, 14. März 1871
Der II. Band meines 66er Kriegsbuches ist nun auch da, das Ganze also fertig vor mir. Wie Sie wissen, möchte ich das Werk dem Großherzog überreichen, habe aber doch beschlossen vorher anzufra-

gen, ob die Ueberreichung auch *erwünscht* sein werde. Der Brief, in dem ich diese Anfrage thue, ist so abgefaßt, daß ich dies kaum bezweifeln darf, dennoch möchte ich vorher Gewißheit haben.
Meine ergebenste Bitte an Sie geht dahin, mich wissen zu lassen, an welchen Hofbeamten (wahrscheinlich *Hofmarschall*) ich meine Anfrage zu richten habe. Ist Hofmarschall richtig, so bitt ich auch um dessen Namen und sonstige Titulaturen. (SJ III 104 f)

Fontane an Mathilde von Rohr   Berlin, 19. Dezember 1871
An unsren hochverehrten Cardinal von Besançon[14] hab ich heute mein großes 66er Kriegsbuch geschickt, natürlich nur zu dem Zweck, daß er sich die Bilder ansieht; es wäre ein sonderbarer Dank, wenn ich ihm zumuthen wollte, sich mit 84 Jahren eingehender um den Inhalt zu kümmern. (SJ III 113)

Fontane an Karl Zöllner   Berlin, 14. Juli 1875
Wenn auf dem Kissinger Kirchhofe noch der alte Todtengräber haust, so grüß ihn von mir. Er wird sich meiner entsinnen, weil ich ihm seinerzeit 50 Thlr verschafft habe. Wenn Du wieder zurück bist, mußt Du mein Kapitel lesen: »Der Kissinger Kirchhof.« Es ist ziemlich interessant. (SJ IV 65)

---

14 Césaire Mathieu.

Kriegsgefangen. Erlebtes 1870

Entstehung: 1870/71
Erstausgabe: 1871

Fontane an seine Schwester Elise   Berlin, 12. Dezember 1870
Meine Schicksale kann ich natürlich in diesem Briefe nicht deponiren; sie werden über kurz oder lang auf dem Löschpapier der Vossin[1] in unleserlichen Typen zu Dir sprechen; auch von einem *Buche* ist bereits die Rede. Du siehst, man thut sein Möglichstes, um aus dem Pech das man hatte schließlich noch Gold zu machen.

(SJ II 307)

Fontane an Wilhelm Hertz   Berlin, 12. Dezember 1870
Ihre so überaus freundlichen Zeilen vom Sonnabend, für die ich Ihnen herzlich danke, haben mich in eine kleine Verlegenheit gebracht, die ich Ihnen nachstehend offen darlege.
Um dieselbe Stunde, wo Sie jene Zeilen schrieben, war ich bei Decker, um mich ihm zu präsentiren. Er machte mir denselben freundlichen Antrag wie Sie, und ich – diplomatisch in meiner unmittelbaren Empfindung – verneigte mich dankend. Es war eine sehr reservirte Acceptirung, sehr reservirt, weil sich, bei aller Dankbarkeit die ich in diesem Augenblicke ganz aufrichtig gegen Decker empfinde, doch allerhand gegen das Erscheinen solchen Buches in der »K. Geheimen Oberhofbuchdruckerei« sagen läßt. Sie werden manches davon leicht selber finden.
Dennoch, trotz alledem und alledem, will es mir scheinen, daß ich diese Bedenken niederkämpfen muß, weniger mit Rücksicht auf mein halbes »ja«, als mit Rücksicht auf die Gesamtsituation. Das Buch wo anders erscheinen lassen, würde etwa ausdrücken: »für die dicken Wälzer bist Du gut zu brauchen, sonst nicht.« Diese Empfindung, daß Decker'n das Buch nach einem gewissen Anstandsgesetz gehört, ist so stark in mir, daß ich beispielsweise über die Honorarfrage noch gar nicht nachgedacht habe, auch über-

---

[1] Vorabdruck von »Kriegsgefangen« in der V. Z. vom 25. 12. 1870 bis 26. 2. 1871.

haupt nicht darüber nachdenken werde. Ich fühle, daß ich ihm das Buch wohl oder übel geben muß, und wenn er es (nehmen wir dies 'mal an) vergessen sollte, mir ein Honorar dafür zu zahlen, so würd' ich mich ruhig verhalten und nicht einmal eine Anfrage stellen.

Ihr feines Gefühl in solchen Sachen wird mir entweder sofort zustimmen oder den Gang meiner Empfindung wenigstens gelten lassen. Vielleicht unter einem gewissen Lächeln, das Ihnen eigenthümlich ist und Ihnen so gut kleidet: schelmisch, anerkennend und zweifelsvoll zugleich.

Ich denke, daß ich morgen (Dinstag) zu Ihnen kommen kann; sehr würde ich mich freuen, schon vorher eine mich aus meiner Verlegenheit erlösende Zeile zu erhalten. (WHH 140 f)

Fontane an Rudolf von Decker   Berlin, 13. Dezember 1870
»Um das Rhinozeros zu sehn«, drängt sich jetzt alles an mich, nicht bloß an meine Person, sondern selbst an noch ungeborene Manuskripte. Mir wird ganz angst dabei. Denn einmal hab' ich das schmerzliche Gefühl, mich auf dieser Tageshöhe unmöglich halten zu können; andrerseits erscheint mir selbst diese Tageshöhe so unverdient, so sehr aus einem *Irrtum* hervorgewachsen, daß eine rasche Enttäuschung kaum ausbleiben kann. Die Leute erwarten eine haarsträubende Räubergeschichte mit Hungerturm und Kettengerassel, und was ich ihnen zu bieten habe, ist zu neun Zehntel ein Idyll. Der »Gartenlaube«, die von Sensationsgeschichten lebt und natürlich unter den ersten war, die sich meldeten, hab' ich eben geschrieben, daß sie sich trösten könne, es entginge ihr nicht viel.

Der Vossin, zu der ich jetzt freundliche Beziehungen unterhalte, hab' ich die ersten zehn Kapitel zugesagt; als *Buch* gehört das Ganze Ihnen. Der Druck kann vielleicht mit Neujahr beginnen, oder noch acht Tage früher. Denn lange zögern darf man damit nicht; das Eisen muß geschmiedet werden, solange es noch warm ist. All diesem liegt die eitle Anschauung zugrunde, daß Sie das Buch gern nehmen. Davon ausgehend hab' ich einen dringlichen Antrag meines Freundes Hertz abgelehnt. Ich folgte darin meinem Gefühl. Ohne das Kriegsbuch von 1870 wäre ich nicht gereist, ohne die Reise wäre ich nicht gefangengenommen worden, ohne Ge-

fangennahme hätte ich meine Abenteuer nicht aufzeichnen können – so schien es mir, daß Ihnen unter allen Umständen die Vorhand gelassen werden müsse.
Es werden bei splendider Ausstattung (etwa vierundzwanzig Zeilen pro Seite) fünfzehn bis zwanzig Bogen werden, in drei Abschnitten oder Abteilungen von ziemlich gleicher Länge: die einzelnen Kapitel, namentlich im dritten Abschnitte, ziemlich kurz. Nur an diesem dritten Abschnitte habe ich noch zu arbeiten.
Die Bedingungen bitte ich *Sie* diesmal freundlichst feststellen zu wollen. Es widersteht mir, gerade in diesem Fall den Geschäftlichen spielen zu wollen; aber machen Sie's gnädig. Man muß am Ende doch leben, da man ja nun wieder lebt! (FR I 280 ff)

Fontane an Hermann Kletke   Berlin, 13. Dezember 1870
Vielen Dank für Ihre freundliche Benachrichtigung; ich schicke morgen die beiden ersten Kapitel; sie sind nur kurz, füllen höchstens 4 Spalten und können vielleicht zusammen erscheinen. Dies wäre mir lieb. (Kl 25)

Fontane an Rudolf von Decker   Berlin, 14. Dezember 1870
Ergebensten Dank für Ihre freundlichen Worte und die Versicherung daß ich mit allem einverstanden bin. Wenn ich an den großen Absatz glaubte, den meine Freunde als sicher ansehn, würd ich mir erlauben, selbst bei 2000 Exemplaren, eine kleine Erhöhung des Honorars zu erbitten. Aber ich thu es nicht, weil ich mir nicht einbilde, daß sich die Welt um diese Arbeit reißen wird; solch Tagesinteresse schwindet schnell und ich steige wieder von meiner Höhe zu gewöhnlichem Niveau nieder. Also zufrieden mit allem was Sie schreiben.
[...]
P. S. Wäre es Ihnen recht, mir die Monats-100 Thaler pro November und Dezember zu schicken. Ich hätte dann im Ganzen 500 Rthl. empfangen. (FAP)

Fontane an Hermann Kletke   Berlin, 20. Dezember 1870
Anbei Kapitel 1 und 2, die ich heute Nachmittag erhielt, zurück. Ich würde auch das dritte gleich beigeschlossen haben, wenn ichs mit der Korrektur hätte zwingen können.

In Bezug auf diesen Punkt müssen Sie mir nun einen ergebensten Antrag erlauben, den ich Sie freundlichst bitte, auch den beiden Chefs gegenüber zur Sprache zu bringen.

Diese Art von Druckfehlerei kann ich einfach nicht aushalten; erhalte ich die Spalten, wie heute, zugeschickt, so kostet das, wenn die Spalten *so* beschaffen sind, *so* viel Zeit und macht mich so mürbe, daß ich es aus diesem Grunde nicht leisten kann; erhalte ich sie *nicht* zugeschickt, so ärgre ich mich zu Schanden, wenn ich das Zeitungsblatt selbst in die Hand nehme. Heute hieß es: »Convolvulus krankte [rankte] um die Stimme [Stämme] der Cypressen« und an andrer Stelle: »ich weiß nicht, woher mir bei sonstiger Schlauheit [Scheuheit], der Mut kam.« Ich zitterte, wenn ich daran dachte, daß es, nach dem Vorbilde von »Grethe« für »Goethe« auch hätte so gedruckt werden können.

Von meinem Talent, meinem Können, will ich nicht sprechen, das geziemt mir nicht; aber von meinem Fleiß und meiner Sorglichkeit *darf* ich sprechen. Ich wünsche bei Ihrer Zeitung zu bleiben; aber es ist unmöglich, wenn mir nicht eine Art von Garantie geboten wird, daß meine Arbeiten unlädiert und unridikülisiert vor dem Publikum erscheinen. *Wie* das zu machen ist, stell ich dahin, *daß* es gemacht werden kann, dafür habe ich eine 10jährige Zeitungserfahrung. Die Vossische Zeitung ist das eigentliche Berliner Blatt, das macht sie mir wertvoll; daß ich politisch über manches anders denke, ist irrelevant, da es sich in meinen Arbeiten nicht um politische Fragen handelt; aber so erwünscht mir eine fernere, und wenn es sein kann selbst eine gesteigerte Mitarbeiterschaft an einem so wichtigen Blatte wäre, so müßte ich sie doch aufgeben, wenn ich eine korrekte Wiedergabe meiner Arbeiten nicht erzielen könnte. – Es ist mir nicht leicht geworden, dies zu schreiben, aber ich mußte es. Es wird alles davon abhängen, welchen Wert ich in Ihren Augen besitze. Im einen Falle wird meine Bitte als billig und gerecht, im andern Falle als eitle Prätension erscheinen. Ich muß es drauf ankommen lassen. Im übrigen nichts für ungut.

[...]

Antwort hol' ich mir mündlich, wahrscheinlich am Donnerstag.

(Kl 26 f)

Fontane an Hermann Kletke   Berlin, 23. Januar 1871
Morgen oder übermorgen wandre ich in die Stadt und hoffe Sie auf 10 Minuten sehen zu können. Ich spreche schon heute ein paar Fragen aus, damit ich bei meinem Vorsprechen Ihren und der beiden anderen Herren Bescheid erfahren kann.
[...]
Der zweite Abschnitt meiner »Kriegsgefangenschaft« ist nun auch zu Ende (wenigstens erhielt ich die Korrektur) und meine ergebenste Anfrage ergeht dahin, ob Sie auch von der zweiten Hälfte des Buches (mein Aufenthalt auf der Insel Oléron) noch einiges bringen wollen? Ich würde dann diese zweite Hälfte in *dieser* Woche bei Decker setzen lassen (ich denke, man tut mir das zu Gefallen) und Ihnen die Fahnen-Abzüge zur *Auswahl* vorlegen. Einige Kapitel, die sich, glaube ich, im Buch vortrefflich machen werden, würd' ich, als für den Zeitungsabdruck nicht sonderlich geeignet, vorweg zurückziehen. Andres dagegen, beispielsweise Erlebnisse, die mir gefangene Unteroffiziere erzählten, darunter der berühmte »Überfall bei Ablis« gehört in die Kategorie der fetten Bissen.
(Kl 28 f)

Fontane an Otto Baumann   Berlin, 20. Februar 1871
Drei Blätter lege ich bei, unter denen ich eine Auswahl zu treffen bitte; vielleicht lassen Sie alle drei setzen, damit man vergleichen kann. Wegen des Preises sage ich weiter nichts; es war vielleicht schon überflüssig ein solches Sentiment auszudrücken.
Zwei Bemerkungen wollen Sie mir gütigst noch verzeihn. Sie sprechen von »*künstlich* erreichter Dicke«. Ich kann mir nicht denken, daß Sie einer Arbeit gegenüber, von der mir alle Welt sagt, daß es das Beste wäre, was ich je geschrieben hätte, um derentwillen ich auf der Straße umarmt und geküßt werde, ich sage, ich kann mir nicht denken, daß Sie meinen, ich hätte die Sache ›pro 2 Friedrichsdor den Bogen‹ zu Gunsten meiner Tasche und zum Schrecken des Verlegers künstlich erweitert. Und doch bleibt mir kaum eine andere Annahme übrig, da wir über das *Aeußerliche*, nach Einsendung einer Druckprobe, uns vorher geeinigt hatten.
Der zweite Punkt ist das Honorar. Herr Hertz, wie er nicht Anstand nehmen wird zu wiederholen, hat mir das *Doppelte* geboten,

und ich habe blos einer Anstandspflicht (wenigstens so *erschien* es mir) gehorcht, als ich das Buch Ihnen antrug oder vielmehr das freundliche Anerbieten Herrn v. Decker's sans phrase acceptierte. Herr Hertz hatte mir das Anerbieten schon vorher unmittelbar nach meinem Eintreffen, gemacht, und ich habe eine *Entschuldigungs*-Correspondenz mit ihm geführt, in der ich ihm auseinandersetzte, daß meiner Meinung nach *Ihnen* das Buch gehöre. Sie müssen es begreiflich finden, daß mir nach alle dem Ihre Worte, trotz ihrer freundlichen Abfassung, ein wenig verletzlich gewesen sind.

(FAP)

Fontane an Otto Baumann   Berlin, 21. Februar 1871

Den Plan eine Vorrede zu dem kleinen Buche zu schreiben, hab ich aufgegeben; *man macht es doch keinem Recht.* Also lieber nich. Blos ein Widmungsblatt.

Meinerseits ist alles fertig, und je eher Sie damit erscheinen desto besser. Wär es nicht möglich, schon jetzt einige Deckel anfertigen zu lassen, damit mir (ich spreche dabei blos in meinem Interesse) keine Tage durch das Binden verloren gehn.

Ich brauche etwa 50 Exemplare, was in den besonderen Verhältnissen die hier obwalten, seinen Grund hat. Jeder, der irgend etwas für mich gethan hat, muß, als ein Zeichen meines Dankes, ein Exemplar erhalten.

Ich weiß nicht, wie viele Freiexemplare mir bewilligt sind. Machen Sie's gnädig, ziehen Sie mir gleich 25 Rthl. von meinem Honorar ab und lassen Sie mir dann die 50 Exemplare zugehn. Das würde etwa, wenn ich 15 Freiexemplare rechne, 21 bis 22 Sgr pro Exemplar machen. Die Deckel für etwa ein Dutzend Exemplare muß ich natürlich extra bezahlen.

Eben trifft ein Zettelchen von Herrn Marquardt ein. Es heißt darin: 1 Rthl. 15 Sgr. Verzeihen Sie mir die Bemerkung, ist das nicht zu theuer? Ueber 1 Rtl. geht das Publikum bei solchen Sachen nicht gern hinaus.

(FAP)

Fontane an Otto Baumann   Berlin, 23. Februar 1871

Eben, sehr geehrter Herr Baumann, komme ich von einem Ausfluge nach Charlottenburg zurück und finde als Belohnung dafür, daß ich einen alten kontrakten Schriftsteller (Dr. Beta) in seinem *Sorgenstuhl* besucht habe, Ihre freundlichen Zeilen vor. Nun ist schließlich das um Entschuldigung Bitten oder Bedauern Ausdrücken lediglich an mir, eine Pflicht der ich alleraufrichtigst hiermit nachkomme. *Erst* hatte ichs auch so harmlos gefaßt, um so mehr als der Ton des Ganzen so freundlich war, hinterher aber witterte ich Verrath und fand nun die Sache wirklich ein wenig kränkend für mich, um so mehr, als mir Zeilenmacherei und literarische Geldspekulation gleich verhaßt sind.[2]

Ich freue mich herzlich, daß das kleine Gewölk vorüber ist [...]

(FAP)

Fontane an seine Schwester Elise   Berlin, 2. März 1871
Ich schreibe Dir in den nächsten Tagen wieder, wenn auch nur ein paar Zeilen; jede Stunde kann mir Decker Exemplare meines neuen kleinen Buches schicken und so wie sie eintreffen, stell ich Dir eins derselben zu.

(SJ II 309)

Fontane an Hermann Kletke   Berlin, 12. März 1871
Die Sonntagsmuße habe ich eben zu der angenehmen Beschäftigung benutzt meine Schätze zusammen zu rechnen. Es sind 25 Spalten 30 Zeilen. Rechnen wir 25 Spalten 21 Zeilen, so macht es gerade 101 rthl, was angenehm an die 101 Kanonenschuß der augenblicklichen Weltlage erinnert. Dazu Dezember, Januar, Februar für Schauspiel-Besprechung.

Sie haben vielleicht die Güte mir die betreff. Anweisungen zugehn zu lassen, damit ich das Geld gelegentlich an der Kasse erheben kann.

[...]

No. 43 . . . . . . 5 Spalten 27
No. 45 . . . . . . 6 Spalten 10
No. 49 . . . . . . 6 Spalten
No. 52 . . . . . . 3 Spalten
No. 55 . . . . . . 5 Spalten minus 7
          25 Spalten 30 Zeilen   (Kl 31)

[2] Vgl. Brief an Baumann vom 20. 2. 1871.

29. November – 5. Dezember 1874
Fontane. Aus »Literarische Selbstbiographie«
Im September 70 folgte ich unsren Armeen nach Frankreich, beging die Unvorsichtigkeit, mich, von Toul aus, in jenseits unsrer Etappen und unsres Einflusses gelegene Distrikte zu begeben, und wurde in *Dom Remy*, das ich, um des Geburtshauses der Jeanne d'Arc willen, aufgesucht hatte, von Franctireurs gefangengenommen. Man schleppte mich, quer durch Frankreich, bis auf die Insel Oléron, die ich – endlich durch den Einfluß des Ministers Cremieux befreit – nach zweimonatlicher Internierung wieder verlassen durfte. In meinem Buche »Kriegsgefangen« habe ich die begleitenden Abenteuer erzählt. (AZL 3)

Fontane an Siegfried Samosch   Berlin, 7. Januar 1892
Haben Sie herzlichen Dank für die freundlichen Worte. Liebenswürdig wie immer. Um die Freude voll zu machen, lerne ich Sie auch noch als alten, wie ich auf die Friedensseite gefallenen »Kriegskameraden« kennen und erfahre, daß Sie mit Ballestrems und Eulenburgs gut gestanden haben. Das ist, nach meinen Erfahrungen, immer ein Empfehl für beide Teile. – Das mit dem Freimaurertum war nur so gemeint: ich durfte mich nicht *fälschlich* dafür ausgeben, wäre ich ein Maçon gewesen, so hätte ich mir die Gefangenschaft wahrscheinlich erspart. Die ganze Sache, wie manche andere (z. B. welcher Konfession ich eigentlich meine Befreiung zu verdanken habe) ist etwas verschleiert gehalten, teils mit teils ohne Absicht). (LA 495)

Fontane an Joseph Viktor Widmann   Berlin, 15. Februar 1894
L' Adultera und Kriegsgefangen Ihnen senden zu dürfen, ist mir eine große Freude [...] (RK 94)

7. Mai 1894
Fontane. »An Fräulein Vollmar« (Mit »Kriegsgefangen«)

> Aus Tagen, aufgeregt und erschrocken,
> Ohne Heimat und ohne »Heimatsglocken«,
> Ohne Haus und seinen stillen Schatz,
> Und ohne 5 III Leipziger-Platz. (HA 6, 548)

Fontane. Aus »Kritische Jahre – Kritiker-Jahre« 1898
Ich sollte den Krieg beschreiben, und wer dabei nicht bloß, auf seinem Drehstuhl reitend, auszugsweise mit der Papierschere vorgehen will, wer, wenn weiter nichts, so doch wenigstens die Szenerie kennenlernen will, um hinterher sein Bild zu malen, der hat den Beruf, sich die Sache anzusehn. Aber man soll sich nicht Spielverderber sein. Also Schlachtenbummler! Als solcher wurde ich gefangengenommen, weggeschleppt (ich habe darüber ein Buch geschrieben) und war ein bis zwei Monate lang auf der Insel Oléron. (NFA XV 391)

Aus den Tagen der Occupation.
Eine Osterreise durch Nordfrankreich
und Elsaß-Lothringen 1871

Entstehung: 1871
Erstausgabe: 1871 (Impressum 1872)

Fontane an Hermann Kletke Berlin, 4. April 1871
Besten Dank für Ihre freundlichen Zeilen. Die Sache ist also abgemacht; ich sammle Stoff und gestalte ihn erst hier. Dies entspricht ganz meinem Wunsch und meiner Neigung. (Kl 33)

Fontane an seine Frau Reims, 12. April 1871
Seit heute mittag 2½ Uhr bin ich hier im »Goldnen Löwen« (Hôtel du Lion d'Or), zu Füßen der Kathedrale (siehe »Jungfrau« 4. Akt). Viel Glück hat sie mir hier wieder nicht gebracht, denn Wohnung »is nich«, und ich werde die nächste Nacht im Speisezimmer auf einer Matratze an der Erde schlafen. Bleibt als Steigerung nur noch das bekannte Billardbett.
Von »Vergnügen« hab' ich bis jetzt noch nichts genossen, läßt sich auch nicht danach an und ist auch nicht nötig. Ich hab' es auch nicht erwartet. Solche Reisen macht man, weil man sie, mit Recht oder Unrecht, für nötig hält, und *dafür halte ich sie noch*. Das Büchermachen *aus Büchern* ist nicht meine Sache. (FA I 216)

Fontane an seine Frau Neuville, 27. April 1871
Gestern in Rouen. Kostbar. Das Ganze wie eine Vereinigung aller Vorzüge dreier Länder: Frankreich, Deutschland, England. In der Tat liegt es so, daß es an alle drei grenzt, denn der Kanal ist mehr Brücke als Grenze.
Heute früh bin ich von Dieppe nach dem Hügeldorfe Neuville hinaufgestiegen, von dessen höchster Stelle aus man das Meer überblickt. Ich schreibe diese Zeilen in einem kleinen Wirtshaus bei einem Glase Bier, nur durch die Straßenbreite von Kirche und Kirchhof getrennt, auf dem Alexander Dumas père begraben liegt. Ich werde nun hinübergehn, um das Grab des französischen

Gödsche (in Produktionskraft, Fähnrich-Bewunderung und Mohrenabstammung rivalisieren sie) zu besuchen. Vielleicht füg' ich dann noch eine Zeile hinzu.
Nachschrift. Es ist entzückend hier.
[...]
Man möchte hier 14 Tage oder doch wenigstens 8 Tage sein. Aber heut' abend geht's weiter. Rouen und Dieppe sind allerdings die reizendsten Punkte meiner Reise bis jetzt, wenn auch freilich nicht die wichtigsten. Aber das Reizende ist leider immer das weniger Wichtige. (FA I 218 f)

Fontane an seine Frau Metz, 5. Mai 1871
Heute vor fünfzig Jahren, am fünften Mai 1821, ist der erste Napoleon auf St. Helena gestorben; auch er hat falsch prophezeit, wie so viele große Leute, Europa ist in fünfzig Jahren weder »republikanisch noch kosakisch« geworden, sondern Preußen in betreff dessen er 1807 dekretieren wollte: »hat aufgehört zu sein« beherrscht die Situation, herrscht – in Metz.
Gestern abend bin ich elfeinhalb hier eingetroffen, nachdem ich Sedan dreizehn Stunden vorher verlassen hatte; die Entfernung wird kaum mehr als dreizehn Meilen betragen, – das ist also ein Fahren noch *unter* alter Postkutsche. Fünf Stunden davon waren Aufenthalt in Diedenhofen, das ich bei der Gelegenheit mehr als ausreichend kennengelernt habe. Eine Stunde reicht aus, diesen Gedanken der Weltgeschichte zu begreifen. Ein Nest mit Wall und Wasser, einige zusammenbombardierte Häuser und viele Leutnants, auch wie überall. Sie verbummeln gründlich.

»Würfelspiel und Kartenlust
Und ein Kind an meiner Brust«,

so ungefähr singt Caspar im Freischütz. Diese zwei Zeilen umfassen das Dasein eines Leutnants jetzt, und bei vielen, die in der Wolfsschlucht gegossen haben (Wein natürlich), wird es schließlich auch heißen: sechse treffen, sieben äffen. George wird hoffentlich als unbescholtener »Max« aus diesem Freischütz-Leben hervorgehen.
Metz macht ganz den Eindruck einer Stadt, die Regierungs-pet war; in das alte ursprüngliche Nest ist überall Schönes und Groß-

artiges hineingebaut, oder, wo kein Platz war, angefügt. Ich werde hier wohl fünf Tage bleiben müssen. (HD 120 f)

Fontane an Karl Zöllner Berlin, 28. Juni 1871
Diese Woche fing gut an (aber wirklich) nämlich mit einem Briefe aus Franzensbad, British Hôtel. Mit ihm kamen, aus demselben Lande der Czechen, einige freundliche Zeilen von Frau Ira. Meine Absicht ging dahin gleich zu antworten und das »leidvoll und freudvoll« Deines Briefes mit theilnehmender Brummstimme zu begleiten, ich saß aber dermaßen in einigen St. Denis-Kapiteln fest, daß ich mich erst etwas frei arbeiten mußte. (SJ IV 25)

Fontane an Mathilde von Rohr [Mitte August 1871]
Werden wir wohl 14 Tage bleiben dürfen? So viel Zeit brauche ich nämlich, um etwa ein Dutzend Kapitel für mein neues Buch zu schreiben. Ich rechne so: jeden Vormittag ein Kapitel! Derweilen plaudern und promeniren Sie mit meiner Frau, während ich oben Stuben-Arrest habe. Eh ich die Kapitel nicht fertig habe, geh ich nicht wieder weg. Sie sehen daraus, daß es nöthig sein wird mich zur Arbeit anzutreiben, sonst werden Sie mich nicht los.

(SJ III 106)

Fontane an Otto Baumann Dobbertin, 8. September 1871
Hätten Sie vielleicht die große Güte 50 Rthl. an unsren augenblicklichen Hausvorstand, unser (übrigens absolut zuverlässiges) Mädchen Luise Reisner gelangen zu lassen. Bitte sehen Sie diese Zeilen als vorl. Quittung an und lassen Sie die R. nur einfach unterschreiben. Ich komme etwa am 21. zurück.
Noch eine Bitte. Ich hoffe in den ersten Tagen des Oktober mit meinem M. S. für beide Bände im Wesentlichen (d. h. ohne die immer noch nöthigen Correkturen) fertig zu sein. Wollen wir dann aber bis Ende des Monats mit *Druck und allem fertig* sein, so scheint es mir nöthig, daß ganz scharf vorgegangen wird. Nun reichen die Typen aber immer nur für 5 bis 6 Bogen, wodurch ein energisches Vorgehn, das *die ganze Sache auf einmal anfaßt*, unmöglich wird. Vielleicht können Sie hier Hülfe schaffen. (FAP)

Warnemünde, 12. September 1871
Fontane an Mathilde von Rohr
Die bekannten Packete an Decker und Vossin sollen nicht zur Post ohne ein paar Zeilen an Sie mein gnädigstes Fräulein, die Ihnen unsren herzlichsten Dank für so viel ganz besondre Liebe und Güte wiederholen sollen. Es waren schöne, glückliche Tage; man freut sich ihrer um so mehr, als man sich sagen muß: *sehr* lange kann es nicht mehr dauern. (SJ III 107)

Fontane an Otto Baumann   Warnemünde, 24. September 1871
Heute über 8 Tage (spätestens) bin ich wieder in Berlin; es ist aber nöthig schon vorher einiges zu besprechen. Zunächst bitte ich Sie freundlichst 50 Rthl. mir hierher und andere 50 Rthl. an meine Frau schicken zu wollen, die seit gestern wieder in Berlin ist. Lassen Sie gütigst meine Briefe als vorläufige Quittung gelten; ich bescheinige hierdurch – von den Vorschußzahlungen auf das große Buch[1] ganz abgesehn – erst 150, dann 50 und incl. des zu Empfangenden abermals 2 mal 50 Rthl., im Ganzen 300 Rthl. erhalten zu haben. Es wird eine weitere Quittung kaum nöthig sein, da ja der Abschluß dieses kleineren opus ganz nahe ist. Ich denke doch in spätestens 5 Wochen!
Darüber nun noch ein paar Worte.
Der 1. Band ist so gut wie fertig, – ich habe vorgestern bereits die Fahnen der letzten Kapitel erhalten. Bleibt nun noch Band II. Ich habe hier täglich, in absoluter Stille, ein Kapitel geschrieben und bin bis nächsten Freitag mit *allem* – ausgenommen 5 Kapitel aus dem Abschnitt Metz – fertig.
Ich werde es so einrichten, daß nächsten Montag, spätestens Dinstag, der Druck des II. Bandes beginnen kann. Ich habe dann nur die eine Bitte, daß Sie es *so* forciren, daß ich in einer Woche alle Fahnen erhalte, die bis zu dem Abschnitt Metz reichen. Das wäre dann etwa am 10. Dann muß ich leider um eine Woche Pause bitten, um die 5 Metz-Kapitel schreiben zu können. Das ergäbe dann den 17. Oktober. Könnten wir mit dem Rest etwa am 25.

1 »Der Krieg gegen Frankreich 1870–1871«.

fertig sein! Rechnen wir dann noch eine Woche für die weitre Herstellung, so ist (1. oder 2. November) immer noch nichts versäumt.
[...]
Die noch restirenden Fahnen schicke ich morgen. (FAP)

Fontane an Césaire Mathieu Berlin, 5. Oktober 1871
Ich würde mir über mein langes Schweigen ernste Vorwürfe machen, wenn ich einer bloßen Schreibeunlust, die ich übrigens nie habe, darin nachgegeben hätte; ich darf aber wohl sagen, daß ich vor Überarbeit nicht zu einer Beantwortung eines Briefes gekommen bin, der vielleicht mehr noch als irgendein früher von Ew. Eminenz empfangenes Schreiben eine sofortige Danksagung erheischt hätte. Jene Überarbeit entstand daraus, daß ich mich im Juni niedersetzte, um eine April- und Maireise in Nordfrankreich zu beschreiben, und daß unter der Arbeit, ganz gegen meinen Wunsch und Willen, aus einem einbändigen Buche ein zweibändiges wurde. Es ist noch nicht ganz beendet, aber ich bin doch in diesem Augenblick so weit damit, daß ich aufatmen und wieder an anderes herantreten kann. Bis heute, dem Jahrestag meiner Gefangennahme zu Domremy, hat alles andere daneben geruht.
[...]
Ew. Eminenz letztes, ebenso ausführliches wie gnädiges Schreiben kam mir, von allem andern abgesehen, auch bei meiner Arbeit – ich beschrieb gerade Rouen – sehr zustatten, und ich war in der glücklichen Lage, Ew. Eminenz gefällige Notizen über Caen, Bayeux, Jumièges in einer Anmerkung benutzen zu können.

(BE I 373 ff)

Fontane an seine Schwester Elise Berlin, 9. Oktober 1871
Mit meinem Buche bin ich beinah fertig; nur noch 7 Kapitel, – meine Brust weitet sich. (SJ II 311)

Fontane an Rudolf von Decker Berlin, 22. Oktober 1871
Lassen Sie mich zunächst den Wunsch aussprechen, daß Sie, trotz der Strapazen des gestrigen Tages (Wirt sein ist immer Strapaze) sonniger erwacht sein mögen als dieser Tag.
Bei meinem Nachhausekommen fand ich einige Zeilen von Major

v. Alten vor, die im Wesentlichen die Frage erledigen. Der König empfing danach Moltkes Meldung am westlichen Ausgang von Rézonville. Ich wüßte aber doch gern ein *bißchen* mehr, ein paar Details, beispielsweise auch über die Punkte, an denen sich der König im Laufe des Spätnachmittags, zum Theil im Schußbereich des Feindes, befand und würd' ich Ihnen sehr dankbar sein, wenn es sich für Sie ohne besondre Gêne ermöglichte, diese Zeilen mit einigen Worten Ihrerseits an Herrn v. Albedyll gelangen zu lassen. Geht es nicht, nun – so muß es auch *so* gehn. – Professor Perponcher, an den ich mich zuerst gewandt, hat noch nichts von sich hören lassen. Er ist vielleicht *zu* vornehm; wiewohl ich von England her weiß, daß die Dukes, Earls und Marquis *jeden* Brief beantworten oder doch beantworten *lassen*.
Indessen ländlich sittlich. (FAP)

Fontane an Rudolf von Decker   Berlin, 26. Oktober 1871
Erst in mitternächtiger Stunde – ich habe heut hintereinander weg zwei Kapitel geschrieben – komme ich dazu, Ihnen für Ihre ganz besondere Güte zu danken. Die Aufzeichnungen sind mir interessant und wichtig, wiewohl ich sie *stellenweis anzweifle*. Am 5. oder 6. November werde ich, nach einem heute Abend erhaltenen Briefe, den Grafen Perponcher sprechen, und ich habe eine leise Ahnung davon, daß die Berichte des Major v. Alten, des Obersten v. Albedyll und des Hofmarschalls v. Perponcher *erheblich* von einander abweichen werden. Daß der König, statt *vorzugehn*, bis Doncourt zurückgegangen sein sollte, kann ich mir kaum denken. Es muß vielleicht heißen: er begab sich bis auf die nach Doncourt *führende* Straße. Diese kritischen Bemerkungen bitte ich aber nicht übel zu deuten. Sie thun meiner Dankbarkeit keinen Eintrag.
Was das große Kriegsbuch[2] angeht, so bitte ich Sie, sich versichert zu halten, daß ich nun selber darauf brenne, es mit aller Macht anzufassen. *Nichts* wird sich im Lauf der nächsten anderthalb Jahre, so Gott mich leben läßt, dazwischen schieben.
Zu gleicher Zeit spreche ich aber mit vollster Ueberzeugung die Ansicht aus, *daß noch nichts versäumt ist*. Denken Sie bloß an die

2 »Der Krieg gegen Frankreich 1870–1871«.

Enthüllungen der letzten Wochen: Plonplon, St. Vallier, Benedetti, Grammont, Trochu. Dazu die Auslassungen über Sedan, wie sie Wimpffen und als Antwort darauf Pajol und Ducrot gegeben haben.

In nächster Woche, wenn ich endlich mit dem letzten Kapitel *dieses* Buches fertig sein werde (ich hoffe, daß dies am Sonntag schon der Fall sein wird) stelle ich mich Ihnen persönlich vor.

(FAP)

Fontane an Rudolf von Decker   Berlin, 5. Dezember 1871
Die feuilletonistischen, schellenläutenden Vorläufer des 70er Kriegsbuches sind nun fertig oder so gut wie fertig; ich taxire Band I. auf 19, Band II. auf 21 Bogen. Zusammen 40; wahrscheinlich ein halber Bogen mehr. Paßt es Ihnen mir morgen oder übermorgen den Honorar-Rest zu schicken? Leider nicht mehr viel. Ich rechne so: 40 Bogen a 11 Rthl. 10 Sgr – 453 Rthl. 10 Sgr. Empfangen 300. Erhielte ich noch 153 Rthl. 10 Sgr. Das Honorar ist so bemessen, daß Sie auf die Differenz zwischen 24 und 27 Zeilen (welche letztren ich seinerzeit proponierte) wohl kein Gewicht [legen, dies um so] weniger als die Zeilen genau um das Entsprechende breiter geworden sind.

Zu gleicher Zeit frage ich ganz ergebenst an, ob ich vom 1. Januar an monatlich wieder 100 Rthl. a conto des »großen Buches«[3] werde erhalten können? Ich bin jetzt wenigstens scharf bei der Arbeit und – wie ich Ihnen, hochzuverehrender Herr v. Decker, schon versprochen habe – nichts soll hinfort dazwischen kommen. Die 1. Hälfte, wenn nicht alle Erwartung täuscht, muß nächsten Weihnachten unterm Christbaum liegen können. (FAP)

Fontane an Mathilde von Rohr   Berlin, 19. Dezember 1871
Die beiden Bände, die ich mir als Weihnachtsangebinde diesen Zeilen beizuschließen erlaube, sind zu nicht geringem Theile in Dobbertin entstanden und werden Ihnen schon aus diesem Grunde ein kleines Interesse abgewinnen. Die beiden letzten Kapitel des I. Bandes und die 9 ersten Kapitel des II. Bandes (bis »Beaumont« inclu-

---

3 »Der Krieg gegen Frankreich 1870–1871«.

sive) wurden in Dobbertin geschrieben; einiges davon zählt zu dem Besten, was das Buch überhaupt enthält. In Warnemünde schrieb ich dann den Rest mit Ausnahme des Schlußkapitels »Wilhelmshöhe« und des ganzen umfangreichen Abschnittes »Metz«. Dazu gebrauchte ich noch der Vorstudien, die ich nur hier machen konnte. In den nächsten Tagen werde ich beide Bände, wie auch »Kriegsgefangen« dem Kaiser überreichen lassen, vorausgesetzt daß mir Geh. Cab. Rath Wilmowski keinen Strich durch die Rechnung macht. Ueber die Aufnahme, die das Buch beim Publikum finden wird, bin ich einigermaßen neugierig; in Petersburg, in Warschau, in New York, in der Schweiz, in Holland wird man es wahrscheinlich mit Zustimmung lesen, hier wird man es wohl wieder zu ›franzosenfreundlich‹ finden, weil ich nicht ausgesprochen habe jeder Franzose muß zur Strafe seiner Sünden lebendig gebraten werden. Daß mich dies alles wenig anficht, werden Sie glauben.

(SJ III 112 f)

Fontane an Hermann Kletke   Berlin, 20. Dezember 1871
Anbei erlaube ich mir Ihnen für Ihre Privat-Bibliothek mein neustes Kleines zu übersenden, bei dem Sie ohnehin eine Art Patenstelle vertreten haben; Sie sind an seinem Dasein nicht *ganz* unschuldig.
Ein paar empfehlende Zeilen, hoffentlich zahm genug abgefaßt, erlaube ich mir gleich beizulegen.
Bitte, wenn's sein kann, vergessen Sie *Lübke* nicht!
[...]
Ich gebe noch ein Exemplar bei L. Pietsch und bei Lessings ab.

(Kl 37)

Fontane an Mathilde von Rohr   Berlin, 5. Januar 1872
Bei Eitelkeit fällt mir ein, lassen Sie mich doch wissen, wie Dobbertin meine 2 neusten Bände ausgehalten hat.
[...]
Excellenz v. Sell, an den ich meine neusten drei Bücher (Kriegsgefangen und Okkupationstage) geschickt hatte, hat mir sehr freundlich geantwortet. Da ich *seiner* Verwendung den mecklenb. Orden verdanke, so schien mir diese Huldigung meinerseits geboten.

(SJ III 116)

Fontane an Paul Lindau   Berlin, 14. Juni 1872
Ihre Zeilen, die ich gestern abend vorfand [...] sind mir eine
größere Freude gewesen, als Sie sich vorstellen können. Im allgemeinen bekenne ich mich ganz zu dem W. Scottschen Satz: Tadel
reizt mich, aber Lob erfreut mich nicht; es gibt indessen glänzende
Ausnahmen von der Regel. Sie haben das eminent, was die schriftstellernden Menschen hier, soweit ich sie kenne, beinah ohne Ausnahme *nicht* haben: geistige Durchdringung des Gegenstandes,
Vorurteilslosigkeit, Witz und Stilgefühl. Und von einem solchen
Kenner ein Lobeswort zu hören tut einem außerordentlich wohl.
(BE I 385)

Fontane an Julius Rodenberg   Berlin, 15. November 1872
Geburtstagstrouble, Gratulantinnen mit und ohne Primel, dazu
endlich eine fast unmittelbar drangehängte Tee- und Aufschnitts-
Gesellschaft haben mich gestern nicht dazu kommen lassen, Ihnen
für Ihre freundlichen Worte zu danken, die – weil sie einen Zug
treffen, der, glaub ich, wirklich da ist – notwendig mehr sein
müssen, als die gefällige Redewendung eines fein-verbindlichen
Mannes.
Sie werden aus eigener Erfahrung wissen (wer machte diese Erfahrung nicht!), daß nichts so rar ist als ein verständnisvoller Leser.
Wahrscheinlich existieren ihrer mehr, als man anzunehmen geneigt
ist; was einem aber von fachmäßigen Lesern, will sagen von Kritikern und deren Erzeugnissen zu Gesicht kommt, ist zum Weinen.
Meine Frau hat die Kritiken, soweit sie Decker mir zuschickte, gesammelt, die über mein Buch »Aus den Tagen der Okkupation«
erschienen sind. Es ist ein ganzer Sack voll, mehr als 50; aber aus
dem ganzen Phrasenlob dieser 50 Besprechungen presse ich beim
besten Willen noch nicht eine Zeile heraus, die der Ihrigen gleichkäme: alles real und doch der Aurikel-Luftstrom der Romantik
über den Kartoffelbeeten! Daß ich aus eignen Mitteln hier noch die
Aurikeln auftreten lasse, müssen Sie einer alten Passion für die lieben Kleinen verzeihn.
(RO 8 f)

Der Krieg gegen Frankreich 1870–1871

Entstehung: seit 1870
Erstausgabe: Band 1, Teil 1:
»Bis Gravelotte, 18. August 1870«, 1873
Band 1, Teil 2:
»Von Gravelotte bis zur Capitulation von Metz
(19. August bis 27. October 1870)«, 1873
Band 2, Teil 1:
»In und vor Paris bis zum 24. December«, 1875
Band 2, Teil 2:
»Orleans bis zum Einzug in Berlin«, 1876

Fontane an Rudolf von Decker   Berlin, 8. August 1870
Gestern in die flaggende, siegestrunkene Hauptstadt zurückgekehrt, beeile ich mich, Ihre geehrte Zuschrift, für die ich herzlich danke, zu beantworten.
Es erging mir wie Ihnen; ich hatte das Gefühl: nun ist es auf Lebenszeit an Siegen und Siegesbeschreibung genug. Es hat anders kommen sollen. Alles steht ein drittes Mal im Felde, so denn auch wir.
Ich habe den lebhaften Wunsch, daß wir uns über die Bedingungen auch für ein drittes, hoffentlich letztes Kriegsbuch einigen. Ich proponiere folgendes:
1. Illustrationen keine oder bloß saubre, kleine Initialen und Vignetten. Karten und Krokis, Format usw. wie früher.
2. Honorar 50 Taler pro Bogen.
Es ist dies gerade die Summe, die wir schon das vorige Mal, eh der traurige Konflikt ausbrach, vereinbart haben, eine Summe, die ich diesmal um so eher glaube fordern zu können, als das mutmaßliche Wegbleiben der Bilder, deren Raum mir zugute kam, einen ziemlich bedeutenden Ausfall macht.
Ich sage, das *mutmaßliche* Wegbleiben der Bilder! Sollte zuletzt vielleicht doch wieder illustriert werden, so hab ich nicht Erhebliches dagegen einzuwenden, um so weniger, als ich allen möglichen Respekt vor Burgers eminenter Begabung habe. Aber ehrlich

gestanden, wenn es sich um Wünsche handelt, so wünsch' ich diese Illustrierung nicht, wenigstens nicht, was über Landschaft und Genre hinausginge. Ich finde dies beständige Auftauchen von drei, vier Kerlen, die mal einen Helm, mal einen Federhut tragen, selbst wenn dies alles aufs gewissenhafteste gemacht ist, doch ein bloßes Amüsement für Kinder. Für erwachsene Menschen ist es einfach langweilig. Indessen sei es drum, wenn es sein *soll*. Eins aber halte ich fest, und der herkömmlichen Maleranschauung: »Die Bilder sind alles, der Text ist nichts«, ordne ich mich zunächst nicht wieder unter. Ich schreibe das Buch ohne Rücksicht auf die Bilder, ohne persönliches Einvernehmen mit der Künstlerwelt und unbekümmert darum, ob sich hinterher eine Illustrierung empfiehlt oder nicht.

Ich bin überzeugt, daß Sie, hochzuverehrender Herr v. Decker, mir dies alles nachempfinden und meine Reservationen in der Ordnung finden werden. (FR I 270 f)

Fontane an Rudolf von Decker   Berlin, 12. August 1870
Ergebensten Dank für Ihre freundlichen Zeilen. Es war meine Absicht, heute Mittag Ihnen meinen Besuch zu machen und noch diese und jene Frage zu stellen; ein Zwischenfall hinderte mich leider daran. Ich komme nun morgen (Sonnabend) und hoffe nicht allzusehr zu stören. Nur wenige Minuten. Namentlich liegt mir daran, über meine Stellung zu Illustrationen und Kriegsbildern Aufklärung zu geben; ich möchte nicht gern, daß das, was ich gesagt habe, unfreundlicher und uncollegialischer gedeutet würde, als ich es gemeint habe. (FAP)

Fontane an Mathilde von Rohr   Berlin, 18. August 1870
Decker ist auf alle meine Bedingungen eingegangen. Also ein *drittes* Kriegsbuch! (SJ III 99)

Fontane an Rudolf von Decker   Berlin, 11. September 1870
Ende dieser Woche, spätestens zu Anfang der nächsten, will ich meine Reise auf den Kriegsschauplatz antreten, um mir, wie 1866 und 67 die böhmischen und westdeutschen, so diesmal die französischen Schlachtfelder anzusehn. Ob ich dabei zunächst bis vor

Paris gehe und Sedan-Metz erst auf dem Rückwege abmache, weiß ich noch nicht.

Ich möchte Sie, hochzuverehrender Herr v. Decker, nun freundlichst wie ergebenst gebeten haben, mir wie früher, so auch diesmal, während meiner Arbeit Vorschüsse zahlen zu wollen und zwar derart, daß ich zunächst zweihundert Taler (womit ich die Reise zu bestreiten hoffe) und dann allmonatlich vom 1. Oktober an hundert Taler erhalte. Ich hoffe diesmal Ostern 1872 fertig zu sein, wonach Sie die Höhe des Gesamtvorschusses leicht feststellen können.

Soweit sich die Sache bis jetzt überblicken läßt, wird sich der Stoff in drei Abteilungen gruppieren:

1. Einleitung. Saarbrücken. Weißenburg. Wörth. Spichern.
2. Metz. Sedan.
3. Straßburg. Paris. (FR I 272 f)

Fontane an Rudolf von Decker Berlin, 15. September 1870

Meine Reise habe ich mit Rücksicht auf die Strapazen und namentlich die Inkonvenienzen (die noch schlimmer und drückender sind als die Strapazen) vorläufig vertagt. Ich will, wenn's nicht zu spät in der Jahreszeit wird, den Fall von Metz abwarten. Wie jetzt die Dinge dort liegen, liegt die Frage nah: wo soll ich sechs Tage lang (so viel Zeit will ich an das Studium der Metzer Schlachtfelder vom 14., 16., 18. und 31. setzen) wohnen, essen, schlafen? Wo soll ich ein Fuhrwerk hernehmen, das mich auf diesem riesigen Terrain umherkutschiert?

Mit Rücksicht auf diesen veränderten Reiseplan möchte ich ergebenst proponieren, mir auch die erbetenen und bewilligten zweihundert Taler, die selbstverständlich kein Reise-Extra, sondern einfach ein Vorschuß wie alles andere sind, erst am 1. Oktober zusammen mit den Monats-Einhundert-Talern schicken zu wollen. Sollten Sie's vergessen, so bitte ich, mich melden zu dürfen.

(FR I 273 f)

Fontane an Otto Roquette Berlin, 19. September 1870

Nur ein paar Zeilen, die lediglich den Zweck verfolgen, mich auf ein paar Stunden bei Dir anzumelden. *Wann* ich komme, kann ich leider nicht mit Bestimmtheit angeben, – es hängt von zu viel ver-

schiednen Dingen ab; ich denke aber Sonntag oder so herum. Daß ich diese Zeilen fast 8 Tage vorher schreibe, hat in zwei Dingen seinen Grund:
1. kommst Du vielleicht bis Wörth mit (mehr muthe ich Dir nicht zu)
2. aber kannst Du vielleicht über Metz, wo ich wenigstens vier, fünf Tage zubringen muß, mir Ratschläge und Empfehlungen verschaffen. Die hessische Division befindet sich ja auch vor den Thoren der uneroberten, jungfräulichen Feste. (FAP)

Fontane an Mathilde von Rohr   Berlin, 25. September 1870
Nur ein paar Worte. In wenigen Stunden brech ich auf, um Metz und Sedan und Paris zu studiren. Wenn meine Hoffnungen in Erfüllung gehn, so muß ich spätestens am Donnerstag über 8 Tage, also etwa am 6. Oktober vor Paris eintreffen. Meinem Jungen habe ich nur eine leise Andeutung gemacht, daß ich *vielleicht* käme. Zunächst wünsche ich ihn heil und gesund wiederzusehn; der zweite Wunsch ist, dem Einzuge unsrer Truppen die Elyseischen Felder hinauf beiwohnen zu können. (SJ III 103)

Fontane an Rudolf von Decker   Besançon, 26. Oktober 1870
Sie werden bereits in Erfahrung gebracht haben, daß ich heute vor drei Wochen in Domrémy »unter dem Verdachte der Spionage« verhaftet worden bin. Meine Passion »pour la Pucelle« ist mir teuer zu stehn gekommen. Vor drei Tagen hat mich das Kriegsgericht völlig freigesprochen. Gleichzeitig indes hat man sich entschieden, daß es, in Erwägung meiner vielen Beziehungen zu Militärs, geraten sei, mich bis zum Schluß des Krieges als prisonier de guerre im Lande zu behalten. Roche-sur-Yon in der Vendée ist mir als Aufenthaltsort angewiesen worden. Ich werde mutmaßlich morgen oder doch in den nächsten Tagen dorthin geführt werden. Eine weite Reise, die mutmaßlich drei Tage dauert.
Ich bitte nun um folgendes:
1. daß mir die Revisionsbogen des letzten Abschnitts, alles möglichst fix und fertig, nach Roche-sur-Yon, Vendée, geschickt, auch einige Blätter Manuskript, in betreff deren ich gestern meine Frau instruiert habe, und die ich von dieser bitte abholen zu lassen, bei-

gepackt werden. Es ist möglich, daß das einige Taler kostet. Es geht aber nicht anders, und wo *so* viel dran gesetzt worden ist, kann es zuletzt auf eine solche kleine Depense auch nicht mehr ankommen.
2. Wenn meine Frau um Geld bitten sollte (wahrscheinlich wird sie es *nicht* tun), so bitte ich, ihr hundert Taler zustellen lassen zu wollen.
3. Ich fürchte nicht, daß das *neue* Kriegsbuch in seinem Erscheinen durch meine Verhaftung erheblich hinausgeschoben wird. Ich werde in Roche-sur-Yon fleißig arbeiten; außerdem hab' ich ein Gefühl, hoffentlich kein trügerisches, daß der Frieden nahe sei.

(FR I 275 f)

Château, Isle d'Oléron, [8. November 1870?]
Fontane an Rudolf von Decker
Après avoir experience, qu'il est trés difficile de communiquer avec Berlin, je vous prie de m'envoyer seulement le *dernier chapitre* de notre œuvre, imprimé sur du papier chinois (ou «Naglers Verdruß») et enfermé dans une enveloppe. Tout-à-fait comme une lettre. Il est nécessaire d'ajouter quelques strophes d'Emanuel Geibel, à l'égard de lesquelles j'ai écrit déjà (de Besançon) à vous et à ma femme.
Les autres chapitres, j'espère, sont dans une ordre si bonne, qu'une revision par moi est dispensable. Mr. Kehler fera tout cela avec sa promptitude bien connue.
Dans le chapitre »Rückkehr ou Einzug«, je souviens qu'il me parut disputable, s'il soit mieux d'appeller les noms des »virgines blanches« (der weiß gekleideten Jungfrauen) ou pas. Je le crois préférable à présent de donner une liste complète, parceque une vanité très pardonnable est flattée par cela et toutes les familles en question prendront en conséquences un plus grand intérêt dans notre livre. (Les noms sont cités dans le petit livre *bleu*, que vous avez publié immédiatement après la guerre de 1866.)
Depuis hier je suis ici sur l'isle d'Oléron dans l'Atlantique entre la Rochelle et Bordeaux. Je serai ici très diligent et j'espère que ma captivité aura une bonne influence sur la substance de mon histoire de 1870. Je gagnerai des couleurs fraiches pour ma palette.

(FR I 277 f)

Fontane an Rudolf von Decker   Berlin, 23. Dezember 1870
In das nächste Jahr – von dem kleinen Extrabuche[1] abgesehen –
gehen wir nun mit einem neuen großen Werke hinein. Ich freue
mich erst *jetzt* darauf, es schreiben zu können, und dies Geständnis, wenn es nicht allzu eitel klingt, ist die beste Weihnachtsauf-
merksamkeit, die ich Ihnen erweisen kann.
Noch Ende September, als ich meine Reise antrat, blickte ich auf
das neue Buch wie auf eine *schwere Arbeit*. Jetzt blicke ich darauf
wie auf eine *freudige*, den Schreiber selbst erhebende Aufgabe. Die
Dinge haben sich so gestaltet, der Stoff ist so *überreich*, daß wie
von selber ein Werk entstehen wird, das mit den beiden vorhergehenden wenig Ähnlichkeit haben wird. Es muß sich lesen wie ein
Roman. Es muß nicht bloß fleißig und ordentlich werden, nicht
bloß Klarheit in einen chaotischen Stoff bringen (*dies* Verdienst
nehme ich auch für das 66er Buch in Anspruch), es muß fesseln,
Interesse wecken wie eine Räubergeschichte. Etwas davon ist es ja
auch leider.   (FR I 282 f)

Fontane an Rudolf von Decker   Berlin, 1. Januar 1871
Darf ich Sie, Ihre Geneigtheit dazu vorausgesetzt, auch für Monat
Januar 1871 um einen Vorschuß von 100 Rthl. bitten? Ich knüpfe
daran gleich noch eine allgemeine Frage. Seit 1. Oktober v. J. habe
ich bereits 500 Rthl. empfangen; direkt geleistet hab ich dafür noch
garnichts. Ich bin bereit, habe Berge von Stoff gesammelt und habe,
wie eine Nebenarbeit, das kleine Buch[2] geschrieben, das demnächst als Vorläufer bei Ihnen erscheinen soll. Es entsteht für mich
selbst die Frage, ob es Ihnen nicht zuviel zugemutet ist, wenn ich –
unter veränderten Verhältnissen – nach wie vor eine monatliche
Vorschußzahlung von 100 Rthl. erwarte? *Verändert* sind nämlich
die Verhältnisse insoweit, als ich hoffte, Ihnen etwa ⅕ Manuskript
des Ganzen am 1. April überreichen zu können, während jetzt gewiß 1. Oktober herankommen wird. Einen Vorwurf werden Sie
mir deshalb nicht machen. Man kann natürlich à la Winterfeld[3]

1 »Kriegsgefangen«.
2 »Kriegsgefangen«.
3 K. Winterfelds Bücher über den Krieg von 1866 (1867) und über den
Krieg von 1870 (1871).

etwas zusammenschmieren, aber ein ordentliches Buch zu schreiben, ist noch geradezu unmöglich; es braut noch alles chaotisch durcheinander, und beispielsweise bin ich in diesem Augenblick noch unfähig, die *wichtige erste Zeile* des Buches, die das Ganze wie ein Tragbalken tragen muß, zu schreiben. *Noch* weiß ich nicht bestimmt, wer und was die Ursach des Krieges war, noch welchen Prozentsatz die verschiedenen Ursachen beisteuerten.

Aber zurück zur Geldfrage. Ich mag Ihnen nun nicht zumuten, mir, *vor* Empfang von einer Zeile Manuskript, weitre 900 Rthl. auszuzahlen und möchte deshalb folgenden Modus proponieren: ich erhalte, abgesehen von dem Honorar für das kleine Buch, noch am 1. Januar, 1. Februar und 1. März 100 Rthl.; dann hören diese Monatsvorschußzahlungen auf bis zu dem Moment, wo ich Ihnen den *ersten Abschnitt* des Krieges, der etwa bis zum 20. August reichen wird, überreiche. Ich sehe, hochgeehrter Herr von Decker, Ihrer freundlichen Antwort hierauf entgegen. Die Vossische wird hoffentlich mit dem Abdruck meiner Aufsätze[4] derart vorgehen, daß der Druck des Buches am 7. d. M. beginnen kann. Jedenfalls schicke ich an Herrn Baumann alles was bis dahin erschienen sein wird.

(FAP)

Fontane an Otto Baumann   Berlin, 3. September 1872
Besten Dank für gefällige Übersendung der September-Rate. Der Tag von Sedan konnte für mich nicht besser gefeiert werden.

So angenehm mir nun die 100 Taler waren, so sehr hat mich der Rest des Briefes erschreckt. Ich bitte Sie dringend, Herrn v. D[ecker] von dem 10 Bogen Plane abzubringen. Ich will versuchen, meine Bitte zu motivieren.

Eine Legion von Büchern über diesen Krieg ist bereits da, ganz zuletzt ist nun auch noch das erste Heft des Generalstabswerkes erschienen. Wenn wir nun kommen, die wir doch beiderseits, Firma und Schriftsteller, für unser Renomee aufkommen müssen, so will das Publikum auf den ersten Blick vorausfühlen

> *wodurch wir uns von allem andern bis dahin erschienenen unterscheiden;* denn nur darin liegt unsre Berechtigung, *überhaupt* noch zu kommen und uns einerseits neben das dem

[4] Vorabdruck von »Kriegsgefangen«.

ersten Bedürfnis, andererseits neben das der *militärischen Gelehrsamkeit* Dienende zu stellen.
Unser Zweck muß also dahin gehn, durch ein bloßes Aufschlagen des Buches, durch ein bloßes Überfliegen des Inhaltsverzeichnisses den Leser erkennen zu lassen:

> ah, da liegt's. Diese Gruppierung des Stoffs im Ganzen wie im Einzelnen, bei Aufbau des Buches überhaupt wie bei Schilderung jeder einzelnen Schlacht, hat nur das F'sche Buch; durch Übersicht und Klarheit unterscheidet es sich von allen andern 70er Kriegsbüchern, durch lebensvolle Darstellung und Fülle der Details von dem großen Generalstabswerke.

Um all dies erkennbar zu machen, dazu sind aber Schnitzelchen, und wenn sie auch 10 Bogen umfaßten, vollständig außer Stande... Bitte, machen Sie bei Herrn v. D. den Advokaten meiner Wünsche; ich glaube, daß Sie auch geschäftlich dabei weitaus am besten fahren.
(LA 263 f)

Fontane an George Hesekiel   Berlin, 11. September 1872
Darf ich von Deiner Güte erbitten, daß Du Reibedanz oder Schoebel veranlaßt, mir das 3. Quartal 1870 [der Kreuz-Zeitung] auf ein paar Stunden zu bringen. Ich suche einen Bericht über den Recognoscirungsritt des Grafen Zeppelin.
(RK 47)

Fontane an Mathilde von Rohr   Berlin, 25. September 1872
In den nächsten 4 Wochen werden 2 Bücher von mir erscheinen: der 3. Theil Wanderungen (Havelland) und der erste Halbband meines Krieges von 1870–71; aber meine Phantasie und Hoffnung beschäftigen sich keinen Augenblick damit. Ich weiß nach gerade: all dergleichen kommt und geht, und es ist Thorheit sich etwas andres davon zu versprechen, als die 10zeilige Zeitungsnotiz eines Reporters, der das Buch nicht gelesen hat. Kann auch nicht anders sein. Was erscheint nicht alles! Und darunter hundert- und tausendfaches, das weit über das hinausgeht, was man selber leistet.
(SJ III 133)

Fontane an Julius Rodenberg   Berlin, 12. Dezember 1872
Eben hab ich für mein 70er Kriegsbuch ein Kapitel beendet: »Der Überfall bei Beaumont«. Die ganze Affaire erinnert an Roßbach,

und so liest sich auch das betr. Kapitel wie eine Sensations-Novelle von der milderen Observanz.
Mir ist dabei eingefallen, ob das nicht vielleicht etwas für die [Wiener] Neue Freie Presse wäre? Sie können sich vorstellen – sonst wäre mir der Gedanke gar nicht gekommen –, daß von Borussismus, Sektion links schwenkt oder »mit Gott für König und Vaterland« in dem ganzen Kapitel nicht die Rede ist. Es hat einen Feuilleton-Charakter.
Heißt es Ihre Güte nicht mißbrauchen, wenn ich Sie bitte, in dieser Angelegenheit eine Anfrage-Zeile an Herrn M. Etienne zu richten?
(RO 9 f)

Fontane an Julius Rodenberg   Berlin, 13. Dezember 1872
Vielen Dank für die Mühe, der Sie sich unterziehen wollen. Mit der Einsendung des M. S. an Sie, die mir sehr erwünscht kommt, bitte ich noch etwa 14 Tage warten zu dürfen. Ich möchte erst – jetzt mitten in der Arbeit steckend – das *ganze* Kapitel beenden, dessen erste Hälfte ich, wenn Sie zustimmen, für Wien bestimmt habe. Dann kommt noch die Überarbeitung und dann die Abschrift, die in diesem Falle nötig ist. Darüber werden 14 Tage vergehn, um so mehr, als ja Weihnachten auch seine Anforderungen stellt.
[...]
Das M. S. für Wien bitt ich also in etwa 14 Tagen schicken zu dürfen.   (RO 10 f)

Fontane an Julius Rodenberg   Berlin, 23. Dezember 1872
Seien Sie allerschönstens bedankt für Zusendung des »Reskripts«. Es erspart mir einen Refus und der Redaktion der N. Fr. Presse – falls sie so feinfühlig ist – eine kleine Verlegenheit. Dazu kommt, daß ich immer meine Bedenken hatte, ob ein östreich. Blatt auch der passende Platz zum Abdruck einer solchen Arbeit sei. – Ihr freundliches Anerbieten nehme ich dankbar an für den Fall, daß Ihnen das betr. Kapitel auch wirklich zusagt und der etwa nach 4 Monaten erfolgende Wieder-Abdruck in meinem Kriegsbuch nicht gegen die Geschäfts-Maximen des Herrn Payne streitet.
(RO 11)

Fontane an seine Schwester Elise   Berlin, 15. Februar 1873
Durch meine Krankheit bin ich wieder zurückgekommen und sehe nun, daß ich vor Ende Februar mit meinem großen Sedan-Kapitel nicht fertig sein werde [...]   (SJ II 319)

Fontane an Julius Rodenberg   Berlin, 26. Februar 1873
Wenn ich mit meinem »Beaumont-Artikel« zur Vossin wandre, so sind Sie mir wohl nicht böse darüber; ich glaube doch, daß er sich in einer politischen Zeitung besser macht als in einem belletristischen Journal. Lassen Sie mich hoffen, daß Ihnen ein Stein vom Herzen fällt.   (RO 12)

Fontane an Hermann Kletke   [Berlin, 5. März 1873?]
Ich gebe eben, nahezu Mitternacht, die Korrektur wieder zur Post.[5] Wollen Sie gütigst entschuldigen, daß ich das »Schluß folgt« in »Fortsetzung folgt« umgewandelt habe, denn einen *Teil* des Gesamt-Manuskripts – etwa noch so viel wie als Rest noch in Ihren Händen ist – müssen Sie so freundlich sein noch zu bringen; ich hätte mir sonst meinen schönen, aufs Ganze berechneten Beaumont-Aufsatz total zerstört. Und das werden Sie nicht wollen.
Es werden nun, wenn Sie auf das *Ganze* verzichten (wozu ich selber beinah rate) *drei* Stücke etwa von der Länge des für die nächste Beilage Bestimmten.   (Kl 51)

Fontane an Hermann Kletke   Berlin, 25. März 1873
Anbei der 1. Halbband meines 70er Kriegsbuches; ein andres Exemplar habe ich, samt einigen Zeilen, an Dr. Pflug[6] zur Post gegeben.   (Kl 51 f)

Fontane an Rudolf von Decker   Berlin, 10. April 1873
Die Gnade unsres herrlichen alten Wilhelm[7] trifft natürlich Sie und nicht mich; ich sonne mich aber gern in diesem Strahle mit und setze mich zu diesem Behuf an den äußersten Rand meiner Dioge-

---

5 »Die Schlacht von Beaumont«, V. Z. 9., 16. u. 23. 3. 1873.
6 der Fontanes Buch in der V. Z. vom 20. 4. 1873 besprach.
7 Der Kaiser hatte die Widmung angenommen.

nestonne. Ich erlaube mir mit der Bitte um gelegentliche Rücksendung einen gestern von Graf Moltke erhaltenen Brief beizuschließen. Er ist wie der ganze Mann: knapp, in jedem Worte von Bedeutung, gütig und wahrhaftig. (FR I 305)

Fontane an Otto Marquardt   Berlin, 12. September 1873
Es will mir scheinen, daß wir glücklich wieder bei einer Frage angelangt sind, die schon vor etwa fünf Jahren – als auf meine Bitte die Bemerkung »Das Übersetzungsrecht ist vorbehalten« dem Titelbogen noch in zwölfter Stunde hinzugefügt wurde – zu vorläufiger Erwägung kam. Es ist die Frage: wie weit reichen im Fall einer Übersetzung dieser meiner Bücher Ihre Rechte und – die meinigen?
Ihre Zeilen, wenn ich Sie recht interpretiere, geben der Ansicht Ausdruck, daß die Angelegenheit lediglich eine Angelegenheit der Firma Decker und das Buch selbst ausschließlich und ganz und gar ein Besitz Ihres Verlages sei. Ich werde in dieser Annahme durch ein Vorkommnis bei Erscheinen des diesmaligen ersten Halbbandes (ich meine die Dedikationsangelegenheit) bestärkt. Die Anschauung, die dem allem zugrunde liegt, kann ich nicht teilen. Ich habe in derselben Weise, wie man sonst die einzelnen Auflagen eines Buches verkauft, so inbetreff dieser Bücher alle kommenden oder nichtkommenden Auflagen verkauft. Aber dieser Verkauf ist kein absoluter, insofern er eben meiner Auffassung nach eine aus der Sprache hergeleitete lokale Begrenzung hat. Ein Wort, das mich all und jeden Anrechts bis auf das letzte Tipfelchen entkleidete, ist von mir weder jemals gedacht noch ausgesprochen worden.
Ich bitte Sie dringend, sehr geehrter Herr Marquardt, in freundlicher Würdigung meines Standpunktes, der mir Logik und Billigkeit gleichmäßig für sich zu haben scheint, Herrn v. Decker beraten und den schon einmal meinerseits angeregten und damals im Prinzip nicht verworfenen Kompromiß (Halbierung) befürworten zu wollen.
Kommen wir, wie ich von Herzen wünsche, über diesen Punkt zu einem »ewigen Frieden«, so kann mir natürlich nichts erwünschter sein, als die Verhandlungen mit England durch Ihre Hände gehen zu sehn. (FR I 314 ff)

Fontane an Otto Marquardt   Berlin, 13. September 1873
Sie werden diese Zeilen zwar wohl erst am Montag früh erhalten, ich will aber doch diese Woche, der ich möglicherweise zweihundertfünfzig Taler verdanke, dadurch ehren und auszeichnen, daß ich noch an einem *ihr* angehörigen Tage meine Freude über den verläufigen Abschluß dieser Angelegenheit ausspreche. Herr v. Decker wird seinen Bismarck nicht dementieren, und Leutnant Congdon, wenn er die Sache überhaupt ernsthaft will, wird nicht so töricht sein, sich wegen einer Bagatellsumme – namentlich vom englischen Standpunkt aus angesehn – zurückzuziehn.

Ich bin mit diesen fünfzehnhundert Mark sehr einverstanden, wiewohl ich es eigentlich furchtbar wenig finde, wobei ich auf den Punkt, daß wir über achtzig Bogen wohl ziemlich erheblich hinauswachsen werden, gar kein Gewicht lege. Soll das Buch einiger englischer Militärs wegen übersetzt werden, so ist das ganze Unternehmen ein Unsinn. Soll es, wie ich in der heut erhaltenen sehr guten kleinen Kritik hervorgehoben finde, ein »Volksbuch im besten Sinne« werden, so ist fünf Taler pro Bogen so gut wie nichts.

Dies ist mein Sentiment. Andrerseits möcht ich um alles in der Welt das Zustandekommen dieser Übersetzung nicht durch eine Hochforderung gefährdet sehn, und so stimme ich Ihnen denn aus diesem Grunde von vollem Herzen bei. Partiell auch aus *dem* Grunde, weil ich es hasse, wenn einem eine gebratene Taube ins Maul fliegt, beim Schicksal nun auch noch auf Kompott zu bestehn.

(FR I 316 f)

Fontane an Friedrich Wilhelm Holtze   Berlin, 2. Oktober 187[3]
Der 2. Halbband meines Kriegsbuches wird hoffentlich noch bis Weihnachten erscheinen; gesetzt ist alles.   (E 61, 363)

Fontane an Otto Marquardt   Berlin, 7. Oktober 1873
Besten Dank für gütige Mitteilung des Congdonschen Briefes, den ich diesen Zeilen wieder beischließe. Ich habe seine Erklärung mit großer Seelenruhe gelesen, da mich wohl die zwischen Ihnen und mir verhandelte Prinzipienfrage, nicht aber der vorliegende Fall interessierte. Vielleicht mit Ausnahme von fünf Minuten hab ich an das Zustandekommen dieser Übersetzung nie geglaubt.   (FR I 317)

Fontane an Julius Rodenberg   Berlin, 6. November 1873
Willkommen wieder in Berlin, das Sie so glücklich sind immer nur halbjährig genießen zu müssen. Denn auch hier heißt es: »Die Länge hat die Qual.« Von diesem Satz auf meinen Beitrag[8] überzugehn ist mißlich; aber es hilft nichts. Einliegend also die Korrektur. [...]
Wenn es weder Ihnen noch der Druckerei große Mühe macht, so möcht ich bitten, mir die einliegenden Korrekturbogen oder meine Fahnen ehmöglichst zurückzuschicken. Ich habe in letztren einiges verbessert und fürchte, daß, wenn mir Decker neue Fahnen schickt, die betr. Stellen nicht gleich von mir entdeckt werden können. Aber ich wiederhole: wenn es nicht Mühe macht!   (RO 12 f)

Fontane an Friedrich Wilhelm Holtze   Berlin, 23. Dezember 1873
Das Buch ist eben fertig geworden, nur 2 Exemplare konnte ich noch binden lassen, das eine für Moltke, das andere für Sie. Mögen Sie sich versichert halten, daß es mir eine herzliche Freude ist, Ihnen auf diese Weise einigermaßen ausdrücken zu können, welchen Wert ich auf eine Anerkennung wie die Ihrige lege. Nichts erfreut und ermuntert mehr, als das Urteil Urteilsfähiger, und je gleichgültiger, ja ich muß es sagen, widerwärtiger mir alles Zeitungslob ist, dem man in 90 Fällen von 100 das Fabrikmäßige, das Tote abfühlt, desto mehr beglückt mich eine Stelle, wie sie beispielsweise Professor Voß meinen »Wanderungen« oder wie sie Professor Holtze meinen Kriegsbüchern gegenüber einnimmt. Hoffentlich trifft das Buch noch rechtzeitig genug ein, um auf Ihrem Weihnachtstische einen Platz finden zu können.
Der Buchbinder, berühmt durch seine Unpünktlichkeit, hat mich richtig im Stich gelassen, erst um 8 Uhr Abends hat er geschickt. Für den Fall, daß der 1. Halbband *braun* gebunden war, bitte ich diesen roten umtauschen zu dürfen.   (LA 270 f)

---

[8] Vorabdruck aus dem 2. Halbband des 1. Teils unter dem Titel »In Metz. Nach Aufzeichnungen Mr. Robinsons.« (vgl. RO 157 f).

Fontane an Friedrich Wilhelm Holtze   Berlin, 11. Januar 1874
Wer ist F. F., dem ich in der Foß'schen Zeitschrift eine so anerkennende Besprechung meines 1. Halbbandes verdanke?[9]   (E 61, 364)

Fontane an Otto Baumann   Berlin, 25. Januar 1874
Mal wieder ein Lebenszeichen von mir, dessen eigentlichstes Motiv Ihr in Kassensachen geschultes Herz unschwer erraten wird. Könnte ich 200 Rthl. erhalten und zwar so daß das erste 100 für Januar d. J., das zweite für den Februar gerechnet wird? So es Ihnen paßt, lassen wir dann von Monat zu Monat die ehemaligen Ratenzahlungen wieder folgen, wobei ich Sorge tragen werde, daß das Honorar mein Manuskript nicht überholt.   (FAP)

Fontane an Franz von Zychlinski   Berlin, 2. Februar 1874
Um vieles langsamer wie die beiden Armeen, bin ich nun, nachhinkend, auch vor Paris angekommen und zerniere drauf los, daß mir der Kopf summt und brummt, als flögen wirklich die »Zuckerhüte« an meinem Ohr vorüber. Wieder – wie schon bei Beaumont und Sedan – mache ich die unangenehme Wahrnehmung, daß die III. Armee sehr viel, die IV. (Maas-)Armee sehr wenig veröffentlicht hat. Es könnte fast so erscheinen, als wäre alles Literarische beim V. Korps gewesen, was im Hinblick auf die Zusammensetzung gerade dieses Truppenkörpers, etwas überaus Komisches hat. Die gebildeten Sachsen, Königreich wie Provinz, haben sich ausgeschwiegen. Könnten Sie mir, hochzuverehrender Herr General, nun wohl ein Weniges nachhelfen?
Zunächst das Marschtableau von Sedan bis Paris, das sich, aus Blume's Buch[10], nur vom 15. an (Pillers Cotterets) ergibt. Dann aber auch Einiges aus der Belagerung selbst. Viel geschah an dieser Stelle freilich nicht – das Hauptgefecht bestand wohl die 8. Division – aber auch das Wenige was geschah, muß doch am Ende erwähnt und die *genrehafte* Seite dieser Belagerungswochen betont werden.   (LA 271 f)

9 Vgl. dazu E 61, 364 f.
10 Wilhelm von Blume, »Feldzug 1870–1871. Die Operationen der deutschen Heere von der Schlacht bei Sedan bis zum Ende des Krieges«, 1872.

Fontane an Julius Rodenberg   Berlin, 10. Februar 1874
Der gestrige Tag, der, unerhört, mit sieben harten Gesellschaftsstunden abschloß – von 5 bis 9 ein feinstilisierter, großer Kaffee bei dem halbgenesenen Bleibtreu[11] in Charlottenburg [...]   (RO 14)

Fontane an Ludwig Pietsch   Berlin, 21. Februar 1874
Ihre Bemerkung gestern abend hat mich doch etwas verwirrt. Ich würde mit Ausdruck meines Bedauerns *dar*über, keine andere Art der Einführung für Ihre Briefe und Berichte gewählt zu haben, nicht zurückhalten, wenn ich wirklich das Gefühl hätte, daß das Geschehene ungehörig sei. Ich habe die Frage auf dem Heimwege nochmal ernst erwogen, um so ernster als ich gerade jetzt wieder mit dem Vormarsch der beiden Armeen gegen Paris beschäftigt bin und beständig Briefe, die damals von L. Schneider, Hassel, Kayßler, Strodtmann, Rudolf Lindau und anderen geschrieben wurden, in meinem Buche zu zitieren habe. Ich nenne diese Herren nirgends im Text; am Schlusse des Ganzen werden sie und ihre Bücher aufgeführt werden. Dies ist die Regel, von der Sie im ganzen Buche – wenn Sie von fremdländischer Literatur absehen – vielleicht nicht dreimal eine Ausnahme finden werden. Vielleicht steht der Frenzel-Fall – übrigens habe ich seinen Namen nicht entdecken können – ganz vereinzelt da. Auerbach, Scherenberg, Geibel, Dohm sind ungenannt geblieben; an andrer Stelle findet sich dann mal Rückert; man folgt darin einem unbestimmten Gefühl, das in einem Falle die Namensnennung anempfiehlt, im andern nicht. Von Klassifizierung ist dabei keine Rede.
Noch ein paar Worte. Ich darf sagen, ich schmücke mich nirgends mit fremden Federn, ohne jedesmal bestimmt zu erklären: Leser, hier kommen fremde Federn. Ich treibe einen wahren Mißbrauch mit Gänsefüßchen, mehr ist am Ende nicht zu verlangen. Der Stoff ist aus 100 Schriftstücken entlehnt, aus tausend Notizen zusammengetragen. Dies wird nirgends cachiert. Wenn ich nebenher noch kleine Verdienste habe, so brauche ich Ihnen nicht zu sagen, wo sie liegen. Auf dem Titelblatt steht: »Die Angabe der benutzten

---

11 Vermutlich Konsultation des Schlachtenmalers Georg Bleibtreu für das Kriegsbuch (vgl. RO 162).

Quellen erfolgt am Schlusse des Werks«. Daß dies nicht Redensart ist, beweist der Krieg von 66, der drei Seiten voll Quellenangaben bringt. Am wenigsten kann von Unterschlagung *Ihres* Namens (der sich übrigens S. 484 pflichtschuldigst vorfindet) die Rede sein, denn mit ebenso viel Freude wie Überzeugung wiederhole ich Ihnen das oft Gesagte, daß Ihr Buch das beste, frischeste, lesbarste unter allem Erschienenen ist.[12] Für das historische Genre wird es auch Nr. 1 bleiben, denn hinterher ist dergleichen nicht mehr zu machen.

Ich wünsche von Herzen, daß diese Zeilen die kleine Trübung verscheuchen, Sie selber aber geneigt machen mögen, sich ebenso in meine Lage hineinzudenken, wie ich es in die Ihrige tue.

(E 73 b, 28 f)

Fontane an Rudolf von Decker   Berlin, 10. Juni 1874

Ihnen für Ihre freundlichen Zeilen verbindlichst dankend, bin ich zugleich in der angenehmen Lage, Ihnen mitteilen zu können, daß die Partie etwas besser steht als sie scheint. Eine Manuskript-Menge, die ohngefähr der bisher abgesetzten gleichkommen wird, liegt bei mir bereit und Ende dieses Monats, spätestens Mitte Juli hoffe ich mit dem großen Abschnitt: »*Belagerung von Paris* bis zum 24. Dezember« fertig zu sein. Dann fehlt freilich noch »Orleans«, »Dijon« und »Amiens«, – aber alle diese Abschnitte sind viel kleiner als das Riesen-Kapitel »Paris.«

Ich hätte das bei mir lagernde M. S. schon abgeliefert, wenn ich nicht davon ausginge, daß es wahrscheinlich an Schrift mangelt. Ich habe nämlich noch keine Zeile Korrektur gemacht und kann dies auch nicht (drei, vier Bogen würden wenig helfen) bis vor Mitte Juli. Ebenso steht es mit den Karten. Ich entwerfe sie und mache alle nöthigen Bemerkungen dazu; aber ich kann mich in meiner andauernden Beschäftigung mit vielen 1000 Details, die ich in Verlauf meiner Arbeit beständig gegenwärtig habe, nicht durch ein tagtägliches Recurrieren auf Zurückliegendes vor vier, fünf Monaten Abgemachtes stören lassen. Dies – ich spreche dies kühnlich aus – geht nahezu über die menschliche Kraft. So will ich denn den

---

12 Ludwig Pietsch, »Von Berlin bis Paris. Kriegsbilder (1870/71)«, 1871.

Schluß des großen Kapitels »Paris«, das natürlich in 20 kleinere Kapitel zerfällt, erst abwarten, bevor ich, von Mitte Juli ab, die Korrektur und die Karten vornehme. 14 Tage lang beschäftige ich mich dann bloß *damit* und gehe, vom August ab, zur Fortsetzung der Arbeit über. Dieser 3. Halbband wird der stärkste; der 4. (Schluß) *höchstens* so stark wie der 1. Halbband.

Neun Wochen Krankheit, in denen ich keine Zeile schreiben konnte, haben mich in allen meinen Arbeiten zurückgebracht; ich hoff' es aber dadurch auszugleichen, daß ich alle Reisepläne vorläufig aufgegeben habe. Vielleicht geh ich Ende September auf 2, 3 Wochen an den Genfer See.

(FAP)

Fontane an Friedrich Wilhelm Holtze   Berlin, 10. Juni 1874

Das einzig leidliche Buch, das die Franzosen über die Le Bourget-Kämpfe geschrieben haben und das den Titel führt »Les trois journées du Bourget«[13] soll, wie mir Bath versichert, in Paris vergriffen sein. Ich suche es nun *hier*. Daß Sie es, hochgeehrter Herr Professor, haben, wage ich nicht zu hoffen, aber Sie könnten mir vielleicht eine freundliche Direktion geben. In der Königl: und Generalstabs-Bibliothek befindet es sich *nicht*. Die Stabsoffiziere von der 2. Gardedivision müßten es eigentlich haben, aber auch bei einzelnen dieser hab ich bis jetzt vergeblich angepocht. Bitte, helfen Sie.

(E 61, 365)

Fontane an Paul Heyse   Berlin, 28. Juni 1874

Vor einem halben Jahre habe ich an meinen leisen Gönner General von der Tann den 2. Halbband meines 70er Kriegsbuches und durch ihn dazu autorisiert, auch einen stattlichen Vollband desselben Buches an den Ministerialrat A. Eisenhart geschickt, letzteren ersuchend, das Buch S. M. dem Könige überreichen zu wollen. Weder Tann, der mich sonst nie im Stich gelassen, noch Eisenhart haben auf diese Zusendung geantwortet. Es ist nur zweierlei möglich: entweder sind die Bücher gar nicht angekommen oder in den Büchern ist das eine oder andere übel vermerkt worden. Dies

---

13 Auguste Ozou de Verrie, »Les trois journées du Bourget. La mort du Commandant Baroche«, 1871.

letztere würd' ich als das Wahrscheinlichere ansehn, wenn ich nicht das gute Gewissen hätte, die politische wie militärische Aktion Bayerns mit besonderer Vorliebe und Betonung behandelt zu haben. Gerade daraufhin schickte ich die Bücher. Vielleicht kannst Du über die Motive dieses Ignorierens das eine oder andere erfahren. Ist Dir der Weg dazu abgeschnitten, so hab' ich mir vorgenommen, an einen der beiden Herren direkt zu schreiben. Es ist ein bißchen peinlich, aber ich will diese Ungewöhnlichkeit des Verfahrens doch auch nicht wie etwas Selbstverständliches hinnehmen.

(HD 129)

Fontane an Otto Baumann   Berlin, 4. August 1874
Darf ich Sie freundlichst bitten, mir à Konto Band II, 100 Rthl. schicken zu wollen? Ich muß mein Vorhaben, diesmal die Summe auf ein Brett zu empfangen, durchbrechen, da mich die Vossin (der betreffende Herr wahrscheinlich verreist) im Stiche gelassen hat.

(FAP)

Fontane an seine Frau   Berlin, 4. September 1874
Habe sehr schönen Dank für Deine heut früh erhaltenen Zeilen. Ich werde – Gott sei Dank – in den nächsten dritthalb Wochen nicht übermäßig zu arbeiten haben, da ich vorläufig entschlossen bin mit dem Kapitel: »Weihnachten vor Paris« diesen Halbband abzuschließen. Vielleicht empfiehlt sich dies ohnehin mehr, als eine andre Einteilung des Stoffs. Zur Sicherheit werde ich aber noch drei, vier Karten zeichnen (denn die Kartenherstellung ist immer das zeitraubende) die sich schon auf den *nächsten* großen Abschnitt »Orleans« beziehen; sind wir dann in der Mitte, oder auch erst in der zweiten Hälfte des November zurück, so hab' ich immer noch Zeit zwei, drei Bogen vom Orleans-Kapitel zu schreiben, da ich schon jetzt übersehen kann, daß Deckers wieder nicht, vor Mitte Dezember, mit der Geschichte fertig werden. An *mir* liegt es nicht, was ich gestern dem Herrn Faktor in einer eindringlichen Rede auseinandergesetzt habe. Von den 40 Karten sind meinerseits 35 fertig; den Rest zeichne ich am Dienstag oder Mittwoch; die Herren Holzschneider, die wieder trödeln, haben aber erst *drei* geliefert, Du siehst also, daß es mit dem Fertigwerden gute Wege hat.

(FAP)

29. November – 5. Dezember 1874
Fontane. Aus »Eine literarische Selbstbiographie«
So deprimierend dieser Zwischenfall[14] war, so durfte er mich doch nicht abhalten, mein Glück noch einmal zu versuchen. Große Schlachten lassen sich ohne Kenntnis des Terrains nicht beschreiben, und so blieb mir nur die Wahl, entweder die sprüchwörtliche Scheu zu überwinden, die der Gebrannte vor dem Feuer hat, oder aber eine Darstellung dieses glänzendsten unsrer Kriege überhaupt aufzugeben. Ich tat das erstre und trat eine *zweite* Reise nach Frankreich an, die glücklicher verlief und über deren harmlosere Erlebnisse ich in einem zweibändigen Buche »Aus den Tagen der Okkupation« berichtet habe. Dasselbe läßt sich im übrigen als eine Studie zu dem umfangreichen Werke (»Krieg gegen Frankreich«) bezeichnen, mit dessen Abfassung ich noch jetzt beschäftigt bin.

(AZL 4)

Fontane an Rudolf von Decker   Berlin, 8. Dezember 1874
Von dem 2. Bande des 70er Kriegsbuches werden nun also 21 Bogen erscheinen. Mehr wäre besser gewesen. Aber Zeichner und Holzschneider haben uns im Stich gelassen. Der Schluß-Halbband wird dadurch etwas anschwellen, was geschäftlich, wie ich hoffe, von keinen erheblichen Unbequemlichkeiten begleitet ist.   (FAP)

Fontane an Otto Baumann   Berlin, 14. Dezember 1874
Sie würden mich Ihnen sehr verbinden, wenn Sie für den 3. Halbband, der hoffentlich in Bälde erscheint, die Honorar-Berechnung machen und mir, was ich noch zu empfangen habe, gefälligst zusenden wollten. Ich werde mir erlauben, dem Boten einige Holzstöcke mitzugeben, die ich mittlerweile durch Oberfeuerwerker Müller erhalten habe.   (FAP)

Fontane an Mathilde von Rohr   Berlin, 23. Dezember 1874
Freund Decker, der seit sechs Wochen nur noch »Amtliches« druckt, hat mich mit dem 3. Halbbande des Kriegsbuches im Stich gelassen und so bleibt mir nichts uebrig als diese Zeilen, zugleich

14 über den Fontane in »Kriegsgefangen« berichtet.

mit meinen herzlichsten wie ergebensten Glückwünschen an Sie gelangen zu lassen. In der Weihnachtswoche schreibe ich noch einmal, erzähle Ihnen vom Aufbau, von den Kindern und allerhand andrem noch. In sehr festlicher Stimmung bin ich leider nicht; ich bin unsagbar menschenmüde und müde des Strebens, das zu nichts führt. Könnt' ich, ich zöge mich morgen zurück. Ich komme mir mit meinen Schreibereien vor wie ein Clown im Circus. Möge Ihre Stimmung rosiger sein! (SJ III 156)

Fontane an Otto Franz Gensichen Berlin, 1. Februar 1875
Ihnen, wie für die freundliche Uebermittelung der beiden Zeitungsblätter, so nun auch für die gef. Zusendung der »Silhouetten« herzlich dankend, nur noch die Versicherung, daß ich mit *vielem Vergnügen* in der Vossin darüber berichten werde. Nur gönnen Sie mir 6,8 Wochen Frist, da ich – nach mehrmonatlicher Recensiererei aller Arten und Grade – durchaus eine Zeitlang ohne jegliche Unterbrechung an meine Kriegsbücher heran muß. (FAP)

Fontane an Otto Baumann Berlin, 28. Februar 1875
Sie würden mich Ihnen zu Dank verpflichten, wenn Sie mir à Conto des 4. und letzten Halbbandes – von dem übrigens drei, bis vier Bogen bereits im Satz stehen – 100 Rthl. schicken wollten.
Neues Manuskript erfolgt in zwei bis drei Wochen, bei welcher Gelegenheit ich die dazu gehörigen Karten-Skizzen gleich mit abliefern werde, damit zur Weihnachtszeit wenigstens dieses Hinderniß nicht im Wege steht. (FAP)

Fontane an Mathilde von Rohr Berlin, 20. April 1875
Ich selbst arbeite jetzt fleißig an dem letzten Halbbande meines Kriegsbuches und hoffe damit bis Mitte September zu Ende zu sein.
(SJ III 160)

Fontane an Otto Baumann Berlin, 1. Juni 1875
Darf ich Sie freundlichst bitten in Betreff der nun bald edirungsfähigen ersten Hälfte des II. Bandes die Berechnung machen und mir das Wenige, das ich noch gut haben werde, gütigst zugehen lassen zu wollen. (FAP)

Fontane an Hermann Kletke   Berlin, [18. Juni] 1875
Heute endlich hoffe ich Ihnen mit einiger Bestimmtheit die Einlieferung von einem beträchtlichen Quantum Stoff für die Sonntags-Beilage, und zwar noch *vor* Ihrer Abreise zusagen zu können. Ich habe zwar noch drei Kapitel[15] vor mir, hoffe aber damit bis etwa zum 27. d. M. fertig zu sein. Deckers tuen mir vielleicht wieder den Gefallen es rasch absetzen zu lassen, so daß ich mich Ihnen am 1. und 2. Juli entweder mit sämtlichen Fahnen oder doch mit einem guten Teile davon präsentieren kann. Dies Vorher-absetzen lassen des M. S. durch Deckers ist mir immer sehr wertvoll, weil sich die gemachten Fehler im Druck leichter erkennen und bei D[ecker]'s Splendidität in dieser Beziehung völlig ungeniert beseitigen lassen.
Die Kapitel-Überschriften leg ich auf einem besondren Zettel bei, damit Sie wenigstens einigermaßen wissen, was zu erwarten steht.
(Kl 54 f)

Fontane an Karl Eggers   Berlin, 10. Juli 1875
Besten Dank für Ihre liebenswürdigen und auf dem Felde guten Humors gewachsenen Zeilen vom 6., ebenso für das *zweite* schöngebundene Exemplar der »Tremsen«[16]. Ich werde *gewiß* und mit vielem Vergnügen darüber schreiben [...] Nur bitt' ich herzlich, mich mit meinem Kriegsbuche erst ins Klare kommen zu lassen, was freilich bis in den November hinein dauern wird. Dann weg »mit's Milletär« und wieder ein civiler Civilist.   (E 72, 312)

Fontane an Wilhelm Hertz   Berlin, 14. Juli 1875
[...] ich komme nächstens, so wie ich meine Garibaldi-Kapitel beendigt habe.   (WHH 179)

Fontane an Otto Baumann   Berlin, 22. Juli 1875
Darf ich Sie, à Conto des Honorars für den 4. und letzten Halbband, wohl um weitere 400 Rthl. bitten? Ich komme morgen Vor-

---

15 »Das Werdersche Corps und die Garibaldiner«, in der V. Z. vom 4. 7. 1875 an.
16 Plattdeutsche Gedichte, 1875.

mittag (Freitag) mit heran, um, für die Woche meiner Abwesenheit, das eine oder andre mit Herrn Goldiner zu besprechen und würde mich freuen, bei der Gelegenheit auch die vorgenannte Summe in Empfang nehmen zu können. (FAP)

Fontane an Otto Baumann   Berlin, 2. November 1875
Darf ich Sie abermals um 100 Rthl. à Conto des Buch-Honorars bitten? Auch wäre es mir lieb, wenn mit solchen Ratenzahlungen fortgefahren werden könnte. Ihre Zustimmung vorausgesetzt, bitte ich um die Erlaubniß, Ihnen an jedem 1. oder 2. meine Karte mit einer kurzen Notiz schicken zu dürfen. (FAP)

Fontane an Rudolf von Decker   Berlin, 11. März 1876
Was unser Kriegsbuch angeht, so liegt es *nur* noch an den Karten. Feuerwerkslieutenant Müller hat die Herstellung der Zeichnungen bis Ende Mai oder Juni (ich bin meiner Sache nicht ganz sicher) zugesagt, so daß die letzten Stöcke schwerlich vor Ende Juli fertig sein werden. Ende August oder Anfang September könnte dann die Ausgabe des Werkes erfolgen. Eine Beschleunigung wäre möglich, erscheint mir aber mit Rücksicht auf die saison morte nicht gerade wünschenswerth. (FAP)

Fontane an Mathilde von Rohr   Berlin, 22. August 1876
Wegen der Buch-Ueberreichungs-Angelegenheit erlaub' ich mir in einigen Wochen noch 'mal zu schreiben. Etwa Mitte September wird der letzte, stattliche Halbband, der umfangreichste und der schwierigste, ausgegeben werden. (SJ III 168)

Fontane an Mathilde von Rohr   Berlin, 1. November 1876
Ueber meinen Besuch bei Herrn v. Bülow hat wohl meine Frau schon geschrieben. Er war sehr gütig und ich nahm einen angenehmen Eindruck mit fort, was ich von den Berührungen, die ich jetzt mit den Menschen habe, im Allgemeinen nicht sagen kann. Er versprach mit Wilmowski zu sprechen. Ich erwarte nicht viel davon, da die ganze Geheime-Rathschaft in einer Art Verschwörung gegen mich ist. Sie finden es impertinent, daß jemand erklärt, ich ersehe kein Glück und keine große Ehre darin, langweilige, um

den äußersten Kleinkram sich drehende Berichte zu schreiben, und ziehe es vor das Leben eines Schriftstellers weiter zu führen. Wilmowski hat jetzt gerade meine Akademie-Angelegenheit mehrfach unter Händen gehabt, und wiewohl mir ein von ihm abgefaßtes, an Herrn v. Decker gerichtetes Schreiben vorliegt, in dem sich der Kaiser (d. h. also Herr v. W.) sehr anerkennend über mein Kriegsbuch ausspricht, so weiß ich doch nicht, ob er Lust haben wird, unter den gegenwärtigen Umständen für meine Person ein gutes Wort einzulegen. Ich werde darüber in den nächsten Tagen Gewißheit haben; Herr v. Bülow wollte mir das Resultat seiner Unterredung mit v. W. mittheilen. (SJ III 169)

Fontane an Mathilde von Rohr   Berlin, 10. November 1876
Eben war Geh. Leg. Rath v. Bülow bei mir. Er sagte mir, daß er mit Herrn v. Wilmowski gesprochen und diesen ohne Voreingenommenheit gegen mich, ihn auch bereit gefunden habe, mein Buch dem Kaiser zu überreichen. Er könne aber dafür kein Gnadengeschenk beantragen; das, was, laut Akten, sein Vorgänger v. Mühler für mich gethan habe, stünde *einzig* da, sei übertrieben und nicht zu rechtfertigen.
Er mag Recht haben; wiewohl *das* bestehen bleibt, daß Gnade eben Gnade ist und eben so gut einen Diamanten wie einen Amethyst gewähren kann.
Ich habe Herrn v. B. offen gesagt, daß unter diesen Umständen die Ueberreichung keinen Sinn habe, da ja das Buch selbst (durch Decker) längst in Händen des Kaisers ist. (SJ III 172)

Fontane an Mathilde von Rohr   Berlin, 21. März 1877
In den letzten 8 Tagen hatten wir einen lieben Besuch aus London. Ein Herr Schweitzer, mit dem wir, während unsrer Londoner Zeit, beinah täglich zusammen gewesen waren, war in Familienangelegenheiten hier. Er hätte damals gern meine Schwester Lise geheirathet; es wurde aber nichts daraus. So sehr uns dieser Besuch erfreute, so war er doch auch schmerzlich, denn er rief mir aufs Neue die Thatsache vor Augen, daß aus allen Menschen, auch aus den ärmsten und unbedeutendsten, mit denen ich längre Zeit auf meinem Lebenswege verkehrte, reputirliche Leute geworden sind

und daß ich fast als der einzige dastehe, aus dem nichts geworden ist. Sich ewig mit dem Ruhm und Namen trösten zu wollen, ist lächerlich; dazu müßten beide denn doch um einige Ellen höher sein. Ich habe mich redlich angestrengt und bin so fleißig gewesen, wie wenige, aber es hat nicht Glück und Segen auf meiner Arbeit geruht. Ein Buch wie dies 70er Kriegsbuch wäre sonst nicht *spurlos* vorübergegangen. Es hat so sein sollen; gut; ich murre nicht, und nehme die Loose wie sie fallen.
Aber ich wollte doch mitunter, ich hätte besser gewürfelt.

(SJ III 179 f)

Fontane. Aus »Kritische Jahre – Kritiker-Jahre« 1898
Silberne Hochzeit. Erscheinen des Schlußbandes meines Siebziger Krieges. Ärgernisse. Kränkungen. Und keiner nimmt für einen Partei; man ist immer ganz verlassen, sowie man in die Ecke gestellt wird. Während dieser Leidenszeit war auch der Schlußteil meines 70er Kriegs, an dem ich sechs Jahre gearbeitet, erschienen. Ein Buch, an das ich auch allerhand Hoffnungen geknüpft hatte. Der Kaiser hatte die Widmung angenommen, und mit äußerster Freude und verzeihlichem Stolz habe ich auch später oft erfahren, daß das aus vier starken Halbbänden bestehende Werk immer auf seinem Schreibtisch...

(NFA XV 396 f)

Autobiographisches

Christian Friedrich Scherenberg und das litterarische Berlin von 1840 bis 1860

Meine Kinderjahre. Autobiographischer Roman

Entstehung: seit November 1892
Erstausgabe: 1893 (Impressum 1894)

Fontane an Heinrich Jacobi Berlin, 23. Januar 1890
[...] ich soll durchaus eine Autobiographie schreiben, und mir sind daraufhin, pekuniär, sehr günstige Anerbietungen gemacht worden, namentlich von meiner Vossischen Zeitung, die sich ohnehin sehr generös gegen mich benommen und mich, wie einen alten Beamten, regelrecht und auskömmlich pensioniert hat. Aber können Sie sich denken (ein Fall, der in der Literaturgeschichte vielleicht noch gar nicht dagewesen ist), daß ich lieber über die Bredows als über mich selber schreibe, trotzdem mein Leben, in seinem bunten Wechselgange, *auch* ein sehr guter Stoff ist.
Vorläufig bin ich noch ganz in Schwanken und Unsicherheit. Es ist mir aber wahrscheinlich, daß ich, aller äußerlich klugen Berechnung zum Trotz, mich für die Bredow-Kapitel entscheiden werde. Denn abgesehen von der Bedeutung der Familie, neben der ein kleines Einzeldasein wie das meinige verschwindet, möchte ich auch – wie ich das schon mal in einem Briefe, ich weiß nicht mehr ob an den Landiner oder Friesacker Bredow ausgeführt habe – der Welt und der *Geschichtschreibung* zeigen, wie man solchen Stoff überhaupt zu behandeln hat, gründlich und doch nicht langweilig. Das klingt etwas anmaßlich, aber ich glaube, daß ich dies zu sagen berechtigt bin.   (BE II 263)

Fontane an Julius Rodenberg Berlin, 30. Oktober 1892
Es freut mich ungemein, daß Sie's, es sei, wie's sei, noch wieder mit mir wagen wollen. Als ich Ihnen das letzte Mal schrieb, erst wenig mehr als eine Woche, war ich noch ohne rechtes Vertraun zu meiner Wiederherstellung, es scheint aber seitdem, als wäre mir noch eine Frist gegönnt. Ist dem so, so werde ich mich am Schluß dieses Jahres, oder doch nicht viel später, mit etwas Autobiographischem bei Ihnen einstellen:

》*Aus meinem Leben*
I. Abschnitt. Meine Kinderjahre《

Es werden 12 Kapitel werden. Wir sprechen des weitren darüber, wenn ich die Freude habe, Sie zu sehn.

[...]

Erschrecken Sie nicht über die anscheinende Weitschweifigkeit, die – wenn ich nicht drüber hinsterbe – viele Bände in Aussicht zu stellen scheint. Ich habe vor, den »Kinderjahren« nur noch die »Schuljahre« folgen zu lassen. Bruchstücke sind besser als Ganzes.

(RO 56 f)

Fontane an Georg Friedlaender   Berlin, 1. November 1892
Gestern war es schon eine Woche, daß ich Ihren zweiten lieben Brief empfing und noch immer habe ich nicht geantwortet. Angesichts dieser Thatsache will ich mich wenigstens entschuldigen oder die Säumniß erklären. Es liegt daran, daß ich seit 8 oder 10 Tagen ins Schreiben gekommen bin, etwas das ich von mir total gebrochenen Mann nicht mehr erwartet hätte. Und zwar habe ich schon 4 Kapitel meiner *Biographie* (Abschnitt: Kinderjahre) geschrieben. Da mich dies Unterfangen sehr glücklich macht, so ist alle Correspondenz ins Stocken gerathen; ich trete aber recht bald *doch* an.

(FRI 195)

Fontane an Auguste Scherenberg   Berlin, 6. November 1892
Seit etlichen Wochen schreibe ich an meiner Biographie, deren erster Abschnitt die Swinemünder Kindertage behandelt. Da kommen denn etwa in der Mitte des Abschnittes zwei Kapitel vor, von denen das eine die Überschrift führt »Die Krauses«, das andere »Die Schönebergs und Scherenbergs«. Und zu Nutz und Frommen dieses letztgenannten Kapitels habe ich natürlich allerhand Fragen auf dem Herzen. Mit den Scherenbergs ginge es allenfalls ohne spezielle Anfrage, mit den Schönebergs aber steht es desto schlechter. Wo stammten sie her? War der alte Schöneberg, der Großvater des Sanitätsrates, der *erste* Schöneberg in Swinemünde, oder waren seine Eltern schon vor ihm eingewandert? Aus welcher Familie war seine Frau? Was begründete vorzugsweise seinen Reichtum oder sein Vermögen? Wie verlief das Leben seiner Söhne? Wie war seine

Stellung zu den anderen Honoratioren, von denen er sich durch mancherlei, besonders durch seine Solidität, wesentlich unterschied?
Ihre Güte wird mir das alles beantworten können.   (FR II 295 f)

Fontane an Otto Schöneberg   Berlin, 24. November 1892
Fräulein Auguste [Scherenberg] hat mir schon vorgestern Ihre freundlichen Aufzeichnungen gebracht, und so ist es denn höchste Zeit, Ihnen für so viel Liebenswürdigkeit zu danken. Vier Folioseiten schreiben ist immer eine Leistung. Ich freue mich sehr, diese Aufzeichnungen zu haben, die ich nicht bloß für meine Arbeit vorzüglich gebrauchen kann, sondern die mich auch menschlich und in Rückerinnerung an meine Knabenjahre lebhaft interessiert haben. Auch aus einer Art Eitelkeit. Denn alles, was Sie über die Stellung des Großvaters in der an Schwindel und Bummel so überreich gesegneten (übrigens dadurch nur um so interessanteren) kleinen Stadt sagen, stimmt genau mit den Eindrücken, die ich als kaum Zwölfjähriger empfangen habe. Das instinktive Ahnen war dem Erkennen weit voraus.   (FR II 296)

Fontane an Paul Schlenther   Berlin, 26. November 1892
Herzlichsten Dank![1] Hinein mischt sich freilich etwas von Verlegenheit, weil ich Ihnen mit meinem Immer wieder da sein etwas scharf zusetze. Dabei kann ich heute, wie doch noch vor wenig Wochen, nicht einmal Feierabend versprechen. Denn ich habe mich, kaum wieder Mensch, an die Beschreibung meiner Kinderjahre gemacht und bin schon, vielleicht unter dem Antrieb einer zur Eile mahnenden Stimme, beim zwölften Kapitel. Diese Kapitel spielen in meines Vaters Swinemünder Apotheke und können der Pharmakopoe beigelegt werden, wie manche Geschäftsfirmen ein Nadelbuch oder einen kleinen Kalender beilegen.   (LA 508)

Fontane an Georg Friedlaender   Berlin, 2. Dezember 1892
Dieser Brief kommt etwas spät und doch noch früher, als ich annahm; ich wollte nämlich den 1. Band meiner Biographie, der wohl

---

[1] für eine Anzeige von »Frau Jenny Treibel« in der V. Z.

auch der letzte sein wird, zunächst gerne beendigen, meine Gesundheit verschlechterte sich aber wieder so erheblich, daß ich abbrach und das letzte Kapitel vorläufig ungeschrieben ließ. Die dadurch gewonnene Zeit benutze ich zur Abtragung von Briefschulden; mit diesen Zeilen beginne ich.
[...]
Das Niederschreiben meiner biographischen Kapitel: »Meine Kinderjahre« (bis zu meinem 12. Jahre) hat mir Freude gemacht, ich bin aber wohl zu emsig dabei vorgegangen und empfinde nun die Nackenschläge. Fertig machen möchte ich es wohl noch, aber ich trau dem Frieden nicht recht; ich habe wieder ein Gefühl von Kälte und Leere im Kopf und der gute Schlaf ist auch wieder weg, wenn ich auch immer noch 5 Stunden herausrechne. Dazu kommt, daß ich aus alter Erfahrung weiß, das erste Niederschreiben ist immer ein Vergnügen, aber das Corrigiren! (FRI 201 f)

Fontane an Georg Friedlaender   Berlin, 26. Dezember 1892
Mit meinem neuen Buche: »Meine Kinderjahre« bin ich kurz vor Weihnachten fertig geworden; gleich nach Neujahr will ich mit der Korrektur beginnen, was noch ein hart Stück Arbeit ist, wahrscheinlich mühevoller als das Niederschreiben. Zugleich regen sich auch allerlei Bedenken; ich weiche ganz von dem Ueblichen ab und erzähle nur Kleinkram. Meine Ueberzeugung, daß das das Richtige sei, ist unerschüttert, aber daneben bleibt doch die Frage, ob ich's im Maß richtig getroffen habe und *wenn* richtig getroffen, ob das Publikum Lust hat, meinen Standpunkt gelten zu lassen. Dies alles wird mir die Korrektur erschweren. (FRI 205 f)

Fontane. Tagebuch   1892
Mitte September kehrten wir von »Villa Gottschalk« nach Berlin zurück. Es ging alles besser als ich erwartet hatte. Mein Zustand war zunächst noch recht schlecht, weil ich, infolge von Blutleere im Gehirn, in einem Schwindelzustand blieb, auch der Schlaf wollte sich nicht recht finden, aber allmählich begann ich mich zu erholen und war Anfang November so weit wiederhergestellt, daß ich mit dem Niederschreiben einer »Biographie« von mir, oder doch eines Bruchstückes, beginnen konnte. Ich wählte »meine Kinderjahre«

(bis 1832) und darf sagen, mich an diesem Buch wieder gesund geschrieben zu haben. Ob es den Leuten gefallen wird, muß ich abwarten, mir selbst habe ich damit einen großen Dienst getan.

(E 25, 188)

Fontane an Georg Friedlaender   Berlin, 10. April 1893
Gestern habe ich das letzte Kapitel meiner mit dem 12. Jahre bereits abschließenden Biographie durchcorrigirt und zur Abschrift gegeben und heute beginne ich, leichteren Herzens, an die Abtragung meiner Briefschulden zu gehn.   (FRI 214)

Fontane an Wilhelm Hertz   Berlin, 17. April 1893
Verzeihung, daß ich erst so spät antworte, trotzdem sich die Sache gleich nach unsrem Gespräch erledigte. Meine Frau sagte mir nämlich, mein Sohn Friedel habe schon am Tage vorher mit ihr darüber gesprochen und bei der Gelegenheit Zweifel ausgedrückt, ob ich ihm gerade dies Buch auch geben würde, worauf sie ihm versprochen habe, wenn überhaupt noch nöthig, seinen Anwalt bei mir zu machen. Aus diesen Worten meiner Frau lernte ich erst die Situation, will sagen Friedels Wünsche kennen. Ich glaube, daß er die Sache mehr vom Honorigkeits- als vom Geschäfts oder Vortheilsstandpunkt aus ansieht, aber gerade deshalb kann ich ihn nicht kränken. Haus Hertz wird sich hierin leicht und lächelnd zurecht finden; ohne Diplomatie geht überhaupt nichts und im eignen Hause gewiß nicht. Denn jeder wünscht leidlich zufriedne Gesichter zu sehn.   (WHH 348 f)

Fontane. Tagebuch   1893
In meiner im November begonnenen Arbeit fuhr ich fort; etwa im April war ich damit fertig, auch mit der Korrektur, und die Abschrift, die Emilie und Martha gemeinschaftlich machten, konnte beginnen.   (E 25, 188)

Fontane an Georg Friedlaender   Berlin, 22. Mai 1893
Mit meinem neuen Buche »Meine Kinderjahre« bin ich fertig
[...]   (FRI 219)

Fontane an Julius Rodenberg   Berlin, 21. Juni 1893
Das Memoirenstück (»Meine Kinderjahre«) ist fix und fertig, und Sie können jederzeit darüber verfügen, auch dran vorübergehn, wenn Ihnen Hanslick[2] – dessen Aufzeichnungen übrigens *sehr* reizend sind – des Guten gerade genug getan haben sollte. (RO 57)

Fontane an Julius Rodenberg   Berlin, 22. Juni 1893
Ich schicke das Manuskript, das ich vorhatte noch mal mußevoll durchzulesen, doch lieber gleich, einmal weil ich wegen des vielen, was für die nächsten Wochen vorliegt, mit der Zeit etwas knapp bin, zum zweiten aber deshalb, weil ich die gute Lesestimmung, in der Sie sich befinden, nicht gern ungenutzt vorübergehen lassen möchte. Solche Stimmung kann man immer brauchen.   (RO 58)

Fontane an Julius Rodenberg   Berlin, 3. Juli 1893
Ich antworte gleich, um Ihnen meinen Dank und meine Freude auszusprechen. Rechne ich alle mein Ängste zusammen, so schneide ich immer noch gut ab. Daß ich mich in allem füge, nein, dies ist ein dummes Wort, daß ich Ihnen in allem gern folge, brauche ich kaum noch erst zu versichern. Ich habe mit diesen Detailmalereien, dies wissen Sie so gut wie ich, natürlich was gewollt, etwas an und für sich Gutes und Richtiges gewollt: Abschilderung von Dingen, die bisher noch nicht geschildert wurden, ein Knabenleben in seinem ganzen Tun und Denken, und zwar auf dem Hintergrunde einer ganz bestimmten Zeit; aber was heißt in der Kunst »wollen«, es muß auch »erreicht« sein, und ich bezweifle keinen Augenblick, daß es mit dem »Erreichen« hier und da stark hapert. Ihr Urteil stimmt ganz mit dem, was mir Frau und Tochter, während sie die Abschrift machten, gesagt haben.   (RO 58 f)

Fontane an seine Tochter   Berlin, 9. Juli 1893
Ja, mit Rodenberg! Ich kann da nichts thun. An meiner Haltung liegt es nicht. Ich habe immer gerade so viel Courage, wie mir zu-

---

[2] In der »Deutschen Rundschau« waren von März bis Mai 1893 Jugenderinnerungen von Eduard Hanslick als Vorabdruck erschienen (vgl. RO 240).

ständig; die Verhältnisse haben mir jederzeit eine Bescheidenheitsrolle aufgezwungen, »ach, es war nicht meine Wahl«. Seine Bedenken, die Sache in aller Ausführlichkeit zu geben, sind wahrscheinlich berechtigt. Und doch kann ich es nicht bedauern, und bedaure es nicht, daß ich es so gemacht habe, wie's da liegt. Erst wollte man von den Ausführlichkeiten in »Vor dem Sturm« nichts wissen, jetzt höre ich nur noch: »gerade so, so war's richtig«. Wer seinen eignen Weg geht, begegnet immer Widerspruch; die Schablone gilt »und heilig wird sie Rodenberg bewahren.« Aber man muß es eben riskiren. Wer nicht wagt, gewinnt nicht. Vielleicht wird es auch als *Buch* nur sehr mäßiger Anerkennung begegnen, dennoch *mußte* es so sein. Es giebt, dabei bleibe ich, doch wenigstens einen Fingerzeig, wie man die Sache anzufassen hat. Das Operiren mit Größen und sich selber dabei als kleine Größe im Auge haben, immer Kunst, immer Literatur, immer ein Professor, immer eine Berühmtheit, – das alles ist vom Uebel. (SJ II 209 f)

Fontane an Julius Rodenberg   Berlin, 24. Juli 1893
Zunächst meinen herzlichen Dank, daß Sie sich noch einmal mit der immerhin langen Geschichte beschäftigt haben; einmal geht, zweimal ist hart. Und was das Schlimmste, nun auch alles noch umsonst. Denn es ist mir ganz unmöglich, auf Ihre Vorschläge einzugehn. Bei mäßigen Streichungen hätte ich mich, bei meiner aufrichtigen und Ihnen oft versicherten »Rundschau«-Passion, in der Sache zurechtgefunden, so kann ich es nicht und muß nun mein Heil woanders versuchen. Ich weiß, daß die Schilderungen breit und in ihrer Breite vielleicht anfechtbar, möglicherweise *sehr* anfechtbar sind, trotzdem ist diese unbarmherzige Kleinmalerei gerade das, worauf es mir ankam. Fällt sie weg, und Drittelung ist wie Wegfall, so ist mein Plan hin. Also Schicksal, nimm deinen Lauf; ich muß es eben wagen und abwarten, was meiner harrt. Journal, Blatt, Zeitung ist, wie Sie mehrfach freundlich hervorgehoben, freilich etwas andres wie Buch, aber zum Teil auch zum Guten – es vertut sich in dem stückweisen Erscheinen alles mehr. Das ist, bei den von mir zu tuenden Schritten, meine Hoffnung.

(RO 60 f)

Fontane an seine Tochter   Karlsbad, 27. August 1893
Heute hab' ich auch die ersten Fahnenabzüge von »Meine Kinderjahre« erhalten; ich graule mich vor der Korrektur. Denn wenn Stellen kommen, die mir nicht gefallen, so bin ich verstimmt, weil ich mich unfähig fühle, im Brunnendusel die Sache besser zu machen. (FA II 295)

[Poststempel: Berlin, 29. September 1893]
Fontane an Georg Friedlaender
Ich habe heute die Correktur meines Buches erledigt, was mich doch sehr angestrengt hat. (FRI 232)

Fontane an Moritz Lazarus   Berlin, 3. Oktober 1893
Ich sitze da eben beim Korrigieren oder richtiger bei der Korrektur und begegne dem Anruf »Mi fili«. Ist das die richtige Vokativbildung? bin ich so zu sagen der richtige Vokativus? Über Mi habe ich mich beruhigt, aber fili macht mir noch Sorge. Und doch ist mir als hätte ich in zurückliegenden Zeiten diesen Anruf dutzende von Malen gehört.
Es trifft sich, daß dies »Mi fili« auf der letzten Seite meines neu erscheinenden Buches steht und daß es unmittelbar hinterher heißt: »und so trat ich ohne Spur von eigentlichem Wissen in die Welt.« Damit hat es nun freilich seine Richtigkeit; ich möchte aber durch einen falschen Vokativ nicht gleich vor den Augen des Lesers den schlagenden Beweis führen. Bitte, schicken Sie mir eine Karte mit der richtigen Anrede. (LA 517 f)

Fontane an Auguste Scherenberg   Berlin, 27. November 1893
Ich hatte den 17. nicht vergessen; es war aber nicht möglich bis dahin Exemplare fertig zu stellen und so kommt das Buch um einen starken Posttag zu spät. Es ist aber doch immer noch das *erste* im Feld; die eigentliche Ausgabe beginnt erst in 3 oder 4 Tagen.
Bitte empfehlen Sie mich Ihrem Herrn Vetter Schoeneberg. In dem Kapitel die »Schönebergs und die Scherenbergs« wird er keine große Freude haben; was gut daran ist, kennt er, weil es aus seinen eigenen Mitteilungen stammt; er findet aber in dem Buch vielleicht

den Swinemünder Ton »von damals« getroffen, was mich außerordentlich erfreuen würde. (FAP)

1. Dezember 1893
Fontane. »An Otto Brahm« (Mit »Meine Kinderjahre«)

»Was? wie?
'ne Biographie?
Und Gott bewahre,
Bloß bis zum zwölften Jahre.
Was man nicht alles erleben kann!«
Nehmen Sie's trotzdem freundlich an. (HA 6, 547)

Fontane an seinen Sohn Friedrich   Berlin, 1. Dezember 1893
Mama will morgen zu W. Hertz und ich gebe ihr die 2 Bücher mit, die ich noch habe, eins für den Alten, das andre für Hans. Sie wird ihnen sagen, ich bäte, ihnen, Vater und Sohn, diese 2 Exemplare überreichen zu dürfen etc. etc. Will er dann noch Exemplare haben, so kann er sich ja bei Dir melden, vorläufig aber ist die Sache, glaub ich, durch diese 2 erledigt.
[...]
Von den 2 andern Exemplaren, die ich schon erhielt (im Ganzen 4) habe ich eins an Frl. Scherenberg geschickt, das andre gestern Abend an Brahm gegeben. (FAP)

Fontane an Julius Rodenberg   Berlin, 1. Dezember 1893
Anbei, in Druck, ein alter Bekannter von Ihnen. Daß Sie sich noch einmal damit beschäftigen sollen, dieser Gedanke liegt mir fern. Einverleibung in die Hausbibliothek, that will do.
Daß die Geschichte *nicht* in der »Rundschau« erschienen ist, ist mir – wenn ich von dem fatalen Geldpunkt absehe – schließlich sehr angenehm. Das Ganze ist ein Versuch, und Versuche muß man auf die eigne Kappe nehmen. Es kommt hinzu – und Hanslick[3], den ich mit immer erneutem Interesse lese, trägt das Seine dazu bei –, daß ich doch nachträglich in allerlei Zweifel hineingeraten

3 Vgl. Anm. z. Brief an J. Rodenberg vom 21. 6. 1893.

und nicht mehr so eingebildet auf diese »neue Art der Behandlung« bin. Zunächst bin ich neugierig, wie man's aufnehmen wird.

(RO 62)

Fontane an Wilhelm Hertz Berlin, 3. Dezember 1893
Die Zeit steht im Zeichen des jetzt leider stockenden Verkehrs, dafür aber auch in dem der fluthenden Biographie; Lübke, Pietsch sind kaum überwunden und schon sind 5 andre Richmond's in the field: Brugsch, Hanslick, Keller, Roquette, ich. Und wahrscheinlich viele andre noch. Gott gebe seinen Segen. (WHH 351)

[Poststempel: Berlin, 12. Dezember 1893]
Fontane an Georg Friedlaender
Mein Neustes gebe ich gleichzeitig zur Post; schreiben Sie mir, in Ihrer Güte, nicht gleich darüber, sondern erst wenn Sie meinen Brief haben.

(FRI 244)

Fontane. Tagebuch 1893
Zu Weihnachten erschienen meine »Kinderjahre« mit dem bekannten Erfolg meiner Bücher: tüchtig gelobt und mäßig gekauft.

(E 25, 189)

Fontane. Vorwort zu »Meine Kinderjahre« 1893
Als mir es feststand, mein Leben zu beschreiben, stand es mir auch fest, daß ich bei meiner Vorliebe für Anekdotisches und mehr noch für eine viel Raum in Anspruch nehmende Kleinmalerei mich auf einen bestimmten Abschnitt meines Lebens zu beschränken haben würde. Denn mit mehr als einem Bande herauszutreten, wollte mir nicht rätlich erscheinen. Und so blieb denn nur noch die Frage, »welchen« Abschnitt ich zu bevorzugen hätte.

Nach kurzem Schwanken entschied ich mich, meine Kinderjahre zu beschreiben, also »to begin with the beginning«. Ein verstorbener Freund von mir (noch dazu Schulrat) pflegte jungverheirateten Damen seiner Bekanntschaft den Rat zu geben, Aufzeichnungen über das erste Lebensjahr ihrer Kinder zu machen, in diesem ersten Lebensjahre stecke der ganze Mensch. Ich habe diesen Satz bestätigt gefunden, und wenn er mehr oder weniger auf Allgemeingültigkeit Anspruch hat, so darf vielleicht auch diese meine Kindheitsgeschichte als eine Lebensgeschichte gelten. Entgegengesetztenfalls verbliebe mir immer noch die Hoffnung, in diesen meinen Aufzeichnungen wenigstens etwas »Zeitbildliches« gegeben zu haben: das Bild einer kleinen Ostseestadt aus dem ersten Drittel des Jahrhunderts und in ihr die Schilderung einer noch ganz von Réfugié-Traditionen erfüllten Französischen-Kolonie-Familie, deren Träger und Repräsentanten meine beiden Eltern waren. Alles ist nach dem Leben gezeichnet. Wenn ich trotzdem, vorsichtigerweise, meinem Buche den Nebentitel eines »autobiographischen ›Romanes‹« gegeben habe, so hat dies darin seinen Grund, daß ich nicht von einzelnen aus jener Zeit her vielleicht noch Lebenden auf die Echtheitsfrage hin interpelliert werden möchte. Für etwaige Zweifler also sei es Roman! (NFA XIV 7)

Fontane an Hermann Scherenberg Berlin, 2. Januar 1894
Wenn ich das Glück gehabt habe, Ihnen mit meinen »Kinderjahren« eine Weihnachtsfreude zu machen, so haben Sie mir mit Ihrem so überaus liebenswürdigen Brief eine große Geburtstagsfreude gemacht. Solche Leser zu finden, ist das größte Schriftstellerglück. Gegen das Lob auf Löschpapier – ein paar glänzende Ausnahmen zugegeben – brüht man ab; aber solche Herzensstimmen unmittelbar aus dem Publikum heraus tun unendlich wohl. Lassen Sie mich, was Ihnen vielleicht einen kleinen Spaß macht, hinzusetzen, daß ich mit diesem Buche zum ersten Male das erlebt habe, was ich einen Erfolg nenne; denn den Swinemünder Weihnachtsmarkt habe ich literarisch beherrscht. Freilich nur ein Lokaltriumph, aber besser als der Absatz der üblichen tausend Exemplare auf fünfzig Millionen Deutsche. Das ist ein Tropfen im Ozean, jenes ein tüchtiger Schuß Kognak in einem Glase Wasser. (FR II 313)

Fontane an Wilhelm Hertz Berlin, 4. Januar 1894
Ihr Brief, so liebevoll eingehend in alles, hat mich gerührt; mit einer rechten Gutthat, von meinem egoistischen Standpunkt aus, haben Sie das neue Jahr begonnen. Wie wahr, was Sie über die von vornherein bevorzugte Stellung aller solcher Kinderbiographieen sagen.

Auch daß Sie das Pädagogische hervorheben, hat mir wohlgethan. Bestimmte Fragen zur Frage zu stellen, war mir, neben dem Zeit- und Sittenbildlichen, mit die Hauptsache. Nochmals schönsten Dank. (WHH 351 f)

Fontane an Siegfried Samosch   Berlin, 15. Januar 1894
Wie schon so oft, so haben Sie mir auch diesmal wieder durch Ihre Besprechung[4] meiner neusten Arbeit eine große Freude gemacht. Alles ist in hohem Maße liebenswürdig, schmeichelhaft, auch nachsichtig. Denn ich fühle wohl heraus, wie alles, was jenseits der Schilderung meiner beiden Eltern liegt, nicht recht gewirkt hat. Meine nächste Umgebung (Frau und Tochter) hat mir dies von Anfang an gesagt, und die liebevollste Kritik ist überall derselben Meinung gewesen, ich muß also da was versäumt oder – und das ist inmitten eines kleinen Erfolges doch auch wiederum eine Niederlage – nicht das Richtige gewollt haben. Ich sagte mir, »soweit deine Kenntnis reicht, ist das alltägliche Leben einer kleinen baltischen Stadt aus dem ersten Drittel dieses Jahrhunderts und desgleichen das alltägliche Leben eines norddeutschen Jungen aus derselben Epoche noch nicht geschildert worden«, und so ging ich los, im engsten Rahmen ein Zeit- und Kulturbild zu schaffen. Hiermit bin ich gescheitert. Es geht oft so, man will ein Rebhuhn schießen und schießt einen Hasen. Es muß einem genügen, nicht ganz leer heimzukommen. (BE II 322 f)

Fontane an Moritz Necker   Berlin, 7. Februar 1894
Ein Freund von mir, der des Vorzugs genießt, die »Neue Freie Presse« in sein Haus kommen zu sehen, hat mir heute die Nummer[5] geschickt, in der Sie so überaus freundliche Worte über mich und mein Buch geschrieben haben. Wenn solche Worte immer wohl tun, so doppelt da, wo man seine Person direkt ins Feuer führt. Gestatten Sie mir, Ihnen meinen herzlichsten Dank auszusprechen.

(E 5)

---

4 in der »National-Zeitung« vom 14. 1. 1894.
5 vom 1. 2. 1894.

Fontane an Moritz Necker   Berlin, 15. Februar 1894
Ob ich zu einer Fortsetzung meiner »Kinderjahre« komme? Die Lust ist da, gelegentlich sehr, aber die Gewißheit, daß man immer zahlreiche Personen verletzt, nimmt einem die Lust wieder.
(LA 522)

Fontane an seine Tochter   Berlin, 16. Februar 1894
Soll ich für eure Lektüre sammeln und Zeitungsausschnitte machen? Fast in jeder Nummer ist 'was (meist Unpolitisches) was gelesen zu werden verdient. Dann möchte ich Dir vorschlagen, daß Du Friedeln schreibst, er solle Dir – wenn auch vielleicht noch ungeheftet – die blos *zusammengefalteten* Druckbogen von meinem neuen Buche schicken. Du weißt, ich hüte mich wohl meine Bücher zu empfehlen, man erlebt dabei fast immer einen 'Reinfall, der Lächerlichkeit ganz zu geschweigen, aber von *diesem* kleinen Buche möchte ich sagen dürfen, daß es zur Krankenlektüre wie geschaffen ist, kurz, fidel und höchst unaufregend.
(SJ II 234)

Fontane an seinen Sohn Friedrich   Karlsbad, 19. August 1894
Habe Dank für Deine Karte, desgleichen für das Paket mit kl. Besprechungen; eine davon (Blätter für lit. Unterhaltung) war recht gut, weil sie den Versuch macht, die *Art* meiner Schreiberei zu charakterisieren. Inhaltaufzählungen, wenn auch wohlwollende, sind immer Blech. Hier prange ich massenhaft in den Schaufenstern (immer tapfer neben Tovote), geh aber jedesmal im Bogen drum herum, um nicht etwa ertappt zu werden. Publizität ist doch eine sonderbare Sache.
(BE II 353)

Von Zwanzig bis Dreißig. Autobiographisches

Entstehung: seit Ende 1894
Erstausgabe: 1898

Fontane an Otto Neumann-Hofer Berlin, 30. Januar 1895
Wie gern wäre ich Ihnen zu Diensten [...] Aber es ist ganz unmöglich, weil ich eine längere Arbeit an den »Pan« abzuliefern habe, ein Blatt, das demnächst erscheinen soll und von dem Sie vielleicht schon gehört haben. (FAP)

Fontane an Auguste Scherenberg Berlin, 1. Juni 1895
Bei meinen memoirenhaften Schreibereien bin ich jetzt, in einem riesigen Tunnel-Kapitel, bei Leo Goldammer angelangt. Ich will ihm doch ein paar Seiten widmen, weiß auch manches über sein Leben und seine Arbeiten, bin aber doch in Daten und Jahreszahlen unsicher. Könnten Sie mir mit gewohnter Güte dabei helfen? Wann war er geboren, wann starb er, wie waren seine letzten Jahre? Dazu mancherlei aus seinem Zusammenleben mit Ihrem Papa.
Vielleicht kommen Sie mal zu einer Plauderstunde. Bis 4 bin ich immer da und wenn ich eine Anmeldekarte erhalte, auch zu jeder andern Zeit. Nur am 2. Pfingsttag will ich ausfliegen. (FAP)

Fontane an Karl Eggers Berlin, 7. Juni 1895
In den letzten Tagen habe ich mich in einem Kapitel mit Kugler, Heyse und Ihrem Bruder Friedrich beschäftigt, bei der Gelegenheit auch wieder durchgelesen, was Seidel über den alten Freund sagt.[1]
(LA 556)

Fontane an Julius Rodenberg Berlin, 25. Juni 1895
Ich habe seit etwa einem Jahr, aber glücklicherweise mit Unterbrechungen, an einer Fortsetzung meiner Lebenserinnerungen gearbeitet, und dieser 2. Teil ist im Entwurfe nahezu fertig. Ihnen denselben in seiner Totalität anzubieten, so grausam bin ich nicht und

---

[1] Heinrich Seidel, »Von Perlin bis Berlin«, 1894.

auch nicht so töricht. Aber die das Mittelstück des Buches bildende Abteilung, die den Titel führt: »*Der Tunnel* über der Spree«, wäre vielleicht etwas für die »Rundschau«. Sie persönlich haben, glaub ich, ein Interesse für Dinge der Art, und das Publikum hat es wenigstens zum Teil. Der beiliegende Zettel gibt den Inhalt näher an. Umfang zwischen 4 und 5 »Rundschau«-Bogen, so daß es wohl durch drei Nummern laufen würde. Zeit des Erscheinens, wenn nur bis Ostern 96 oder selbst in den drei folgenden Monaten, April, Mai, Juni, stattfindend, wäre mir gleichgültig. Ich füge noch hinzu, daß ich – weil ich zu wissen glaube, daß die »Rundschau« für Nicht-Novellistisches nur sehr ungern höhere Honorare zahlt – mit einem Honorar von 300 Mark pro Bogen zufriedengestellt sein würde.

Der
Tunnel
über der Spree

Erinnerungen an das literarische Berlin der 40er und 50er Jahre

1. Kap. Der Tunnel, seine Mitglieder, seine Statuten und Einrichtungen.
2. Kap. Mein Eintritt in den Tunnel. – Strachwitz. – Kugler, Heyse, Eggers. – Richard Lucae. – Wollheim da Fonseca.
3. Kap. Leo Goldammer. – Heinr. Smidt. – Hugo v. Blomberg. – Schulrat Methfessel.
4. Kap. Louis Schneider.
5. Kap. Theodor Storm.
6. Kap. Wilh. v. Merckel.
7. Kap. George Hesekiel.
8. Kap. Bernhard v. Lepel.   (RO 75 f)

Fontane an Julius Rodenberg   Berlin, 27. Juni 1895
Ich habe das die Tunnelkapitel enthaltende Paket vorläufig beiseite gepackt – wie immer in den Wäschschrank meiner Frau – und will mich erst an die Korrektur machen, wenn ich, etwa Mitte Septem-

ber, aus Karlsbad zurückkomme. Bis Dezember bin ich dann damit fertig.
Die Kapitel selbst – soviel bitte ich schon heute bemerken zu dürfen – sind mehr menschlich als literarisch gehalten. Vor etwa einem halben Jahre erschien ein sehr wohlwollender Artikel über mich in einem Berliner Blatte. Darin hieß es: »Man sieht ihn täglich in der Potsdamer Straße, die Leute kucken ihm nach, und alles in allem wirkt er etwas ›vorgestrig‹.« In diesem Stil etwa sind auch etliche meiner Gestalten gehalten, z. B. Storm, den ich im übrigen riesig liebe und lobe.
(RO 76 f)

Fontane an Wilhelm Hertz   Berlin, 12. November 1895
Anbei, etwas verspätet, die beiden ersten mehr merkwürdigen als bewundrungswürdigen »*Pan*«-Nummern.
In meinem ersten Kapitel wird Sie vielleicht Natorp, und Wilh. Rose, im 2. Kapitel die sehr ausführlich behandelte Faucher-Figur ein wenig interessiren. Was Wilh. Rose angeht, so lebt wohl niemand mehr, der, wie *Sie,* beurtheilen kann, ob ich ihn richtig gezeichnet habe. Das ganze alte »ruppige« Berlin wird vor Ihrem Auge aufgehn.
(WHH 361)

Fontane an Wilhelm Hertz   Berlin, 19. November 1895
Herzlichen Dank für die mannigfache gute Gabe: Brief, Buch, Erinnerungen, die Sie in Ihrer Güte für mich gehabt haben. Die Rose-Notizen haben mich und meine Frau (die das alte Unthier auch noch gekannt hat) lebhaft interessirt. Ja, so war er; alles was er gesehn hatte, war dadurch, daß sein Auge darauf geruht, von hoher Wichtigkeit. Im Ganzen hat man ja in alten Tagen eine Neigung, alles Zurückliegende verklärt zu sehn, Menschen und Dinge, aber den alten Rose konnte ich an diesem Vorzug nicht theilnehmen lassen, weil diese 'raufgepuffte Nichtigkeit mit Gelehrsamkeits- und Sittlichkeitsallüren, mir ganz besonders schrecklich ist.
(WHH 361)

Fontane. Tagebuch   1895
Den Winter über arbeite ich an dem zweiten Bande meiner »Erinnerungen«, also Fortsetzung von »Meine Kinderjahre«. Einzelne Ka-

pitel dieser Erinnerungen werden im »Pan« gedruckt, so »In der Roseschen Apotheke«, das »literar. Berlin 1840« (Faucher) und »Bei Kaiser Franz«. (E 25, 192)

Fontane an Ernst Heilborn   Berlin, 7. Januar 1896
Ich werde das Kapitel über den »18. März«[2] nicht vergessen, kann aber vorläufig noch nicht heran, da die Winterbeschäftigung eines deutschen Schriftstellers immer mehr darauf hinausläuft, Autographen oder Widmungen in Bücher, die man schenkt, oder Sinnsprüche (gleich dutzendweise) für Preßball-Schönheiten oder dergleichen zu schreiben. Seit vielen Wochen füllt *dies* mein Leben aus. (E 21, 333)

Fontane an Julius Rodenberg   Berlin, 10. Februar 1896
Ich freue mich sehr, daß Sie mich noch im ersten Frühlingsheft unterbringen wollen; ein weiteres Hinausschieben hätte das Erscheinen des Buchs – eines leider ziemlich dicken Wälzers – zum Herbst mindestens erschwert. Erschrecken Sie übrigens nicht – »Doch dem war kaum das Wort entfahren, / Möcht' er's im Busen gern bewahren« –, erschrecken Sie nicht über das Wort »dicker Wälzer«. Der Tunnel bildet doch nur ein Drittel davon; außerdem können Sie die Geschichte, da die Kapitel alle selbständig sind, an jeder beliebigen Stelle abschneiden. Die ganze Tunnelei wäre übrigens schon in Ihren Händen, wenn nicht mein Privatsekretär (meine Frau) wegen Augenentzündung versagt hätte. So kann ich auch jetzt nur, bis Schluß der Woche, 4 Kapitel schicken, die aber eine gute Weile (durch zwei oder drei Nummern) vorhalten. Von dem, was dann noch folgt, sollen Ihnen nur noch zwei Kapitel zugemutet werden: Storm und Hesekiel, die vielleicht angetan sind, ein größeres Interesse zu wecken, Storm als Storm und Hesekiel als Kreuzzeitungsmann; ich schildere in dem betr. Kapitel (Hesekiel) das ganze damalige Kreuzzeitungsleben, übrigens ganz von der heitren und beinah schmeichelhaften Seite. Was auch durchaus der Wahrheit entspricht. (RO 80)

[2] erschien in der Zeitschrift »Cosmopolis«, für die das Kapitel gedacht war, erst im Mai 1898.

Fontane an Julius Rodenberg　　　　　　Berlin, 17. Februar 1896
Anbei nun endlich ein gut Stück »Tunnel«, fünf Kapitel. Es fehlen noch – aber ich wiederhole, erschrecken Sie nicht – vier Kapitel: Louis Schneider, Wilh. v. Merckel, George Hesekiel und Bernhard v. Lepel. Zwei davon erlasse ich Ihnen gewiß, und wenn es sein muß, drei. Die beiden Letztgenannten – das Hesekielkapitel behandelt mein ganzes Kreuzzeitungsleben – würde ich gerne noch in der »Rundschau« erscheinen sehn, finden Sie's aber zuviel, so mag auch eins genügen, und Sie wählen dann zwischen Hesekiel und Lepel.
Mit dem Wunsche, daß Ihnen die Art, wie ich die Sache angefaßt habe, leidlich sympathisch sein möge, wie immer in vorzügl. Ergebenheit [...]　　　　　　　　　　　　　　　　　　　　　　(RO 81)

Fontane an Ernst Heilborn　　　　　　　Berlin, 20. Februar 1896
Ich habe meine Zusage für Cosmopolis[3] nicht vergessen und trete eines schönen Tages mit dem betr. Kapitel an, aber ich kann keine Zeit bestimmen. Ich denke mir im Mai oder spätestens Juni.

(E 21, 333)

Fontane an Julius Rodenberg　　　　　　　Berlin, 2. März 1896
Herzlichen Dank für Ihre Karte, die mir einen Stein vom Herzen genommen; ich war doch in einer kleinen Sorge, ob Ihnen diese Behandlung unsres Lieblings[4] auch recht sein würde. Und doch konnte ich auf meine Schreibweise nicht verzichten, weil mir das Prinzip, nach dem ich dabei verfahre, so wichtig ist. Mein Interesse für Menschendarstellung ist von der Wahrheit oder doch von dem, was mir als Wahrheit erscheint, ganz unzertrennlich; ich muß mich im Guten und Bösen, im Hübschen und Nichthübschen über ihn aussprechen können; wird mir das versagt, so hört das Vergnügen für *mich* auf. Ich gehe aber noch weiter und behaupte: auch für andre. Das Zeitalter des Schönrednerischen ist vorüber, und die rosafarbene Behandlung schädigt nur den, dem sie zuteil wird. Freiweg!
Das Hesekiel-Kapitel schicke ich Ihnen Mitte März. Und dann genug des grausamen Spiels.　　　　　　　　　　　　　　　(RO 83 f)

3 Vgl. Anm. z. Brief an E. Heilborn vom 7. 1. 1896.
4 Theodor Storm.

Fontane an Julius Rodenberg   Berlin, 5. März 1896
Besten Dank für zwei Karten. Ewald[5] ist umgetauft, ein Wort, das
mich schockiert, weil ich nicht weiß, ob er vorher getauft war. Sie
kennen aber auch alle Welt, was mir riesig imponiert; ich, als alter
Berliner, kann nicht entfernt dagegen an.   (RO 84)

Fontane an Julius Rodenberg   Berlin, 13. März 1896
Selbstverständlich einverstanden, sogar mit Freudigkeit. Ich glaube
nämlich, daß, nachdem schon das Aprilheft allerlei kleines Gemüse
gebracht haben wird, ist es als ein Vorzug anzusehn, wenn nun –
und zwar ausschließlich – etwas Längeres kommt, das allenfalls als
eine pièce de résistance passieren kann. In dem Juniheft werd ich
dann freilich etwas breit auftreten, aber doch hinter dem Aprilheft
immer noch um ein gut Stück zurückbleiben. Ich lebe dabei zugleich
der Hoffnung, daß das Hesekiel-Kapitel – das Sie in zwei,
drei Tagen erhalten – ziemlich allgemein interessieren und bei keiner
Partei Anstoß erregen wird. Die Konservativen schließen, über
Verdienst hinaus, gut ab.   (RO 85)

Fontane an Julius Rodenberg   Berlin, 17. März 1896
Anbei nun George Hesekiel! Der Inhalt macht mir keine Sorge;
aber die Länge. Trifft es sich so, daß der Juni-Happen dadurch etwas
zu groß wird, so bitte ich von den kleineren Sachen was wegzulassen.
Ich habe diese vor den längeren Biographien – L. Schneider
und B. v. Lepel – nur deshalb bevorzugt, weil ich doch auch
durch die *Zahl* und *Mannigfaltigkeit* wirken wollte. Gerade daß
solche Käuze wie Goldammer, Wollheim etc. da waren, erschien
mir nicht unwichtig.   (RO 86)

Fontane an Paul Schlenther   Berlin, 19. März 1896
Gott und die Welt kommen in meinen für Rodenberg eingepackten
»Erinnerungen« vor, nur gerade Roquette nicht, was einfach
daran liegt daß er, aus Abneigung gegen alle Gesellschaften in denen
kritisiert wurde, nie Mitglied des Tunnels war.   (FAP)

---

5 Ernst Ewald, Historienmaler, 1. Kapitel des Abschnitts »Der Tunnel
über der Spree«.

Fontane an Georg Friedlaender   Berlin, 22. März 1896
Das Bücherpacket ist hoffentlich heil in Ihre Hände gelangt; entschuldigen Sie daß es so lange gewährt. Aber das Stormbuch habe ich bis in die letzten Wochen hinein gebraucht und ein paar gute Stellen daraus (natürlich von Storm selbst herrührend, – das Andre ist nicht viel) in meinem Aufsatz, der im Maiheft der Rundschau erscheinen wird, herübergenommen.[6]   (FRI 294)

Fontane an Julius Rodenberg   Berlin, 23. März 1896
Seien Sie herzlichst bedankt für so viel Freundliches. Ändern Sie, was not tut, ganz nach Ihrem Ermessen, das überall das richtige sein wird. Am meisten überrascht bin ich durch solche Kommißfehler wie die bei W. Hensel; ich lese das M. S. in den verschiedensten Entwicklungsgraden ungezählte Male, und schließlich läßt man solche Wiederholung, und noch dazu eine so triviale, doch stehn. Es ist die alte Geschichte von dem Maler, der, trotzdem er hundertmal vor seinem Bilde stand, nicht sah, daß die eine Hand 6 Finger hatte.
Bei dem Ausmerzungsprozeß bitte ich Sie ganz nach Neigung und Bedürfnis zu verfahren; die kürzeren biographischen Skizzen verfolgen den Zweck, die Buntheit der Gesellschaft zu zeigen, was doch, auf das Wesen des Tunnels hin angesehn, eine gewisse Bedeutung hat.   (RO 86 f)

Fontane an Julius Rodenberg   Berlin, 14. April 1896
Schönsten Dank für Ihre freundlichen Zeilen. Mir ist alles recht, und ich bitte Sie herzlich, ganz nach Ihrem Ermessen die Arrangements zu treffen.[7] Vielleicht empföhle es sich, statt »Heinrich Smidt« den Blomberg oder Methfessel, gleichviel welchen, zu nehmen, da sich's so trifft, daß zwischen der Tischgesellschaft bei Smidts und der Kneipgesellschaft in Großfürst Alexander (Hesekiel-Kapitel) eine große Ähnlichkeit herrscht. Im Buch kommt H. Smidt gleich mit zu Anfang und Hesekiel samt Lepel, der sein Widerspiel war, ganz an den Schluß des Abschnitts, so daß der Leser

6 »Es handelt sich um die Storm-Biographie von Paul Schütze (Berlin 1887)« (FRI 386).
7 Vgl. Brief an Rodenberg vom 17. 3. 1896.

Zeit hat, wieder zu vergessen; so dicht nebeneinandergestellt, könnte es vielleicht auffallen.
Aber ganz nach Belieben – ich lege kein Gewicht darauf und bin kein Königsberger Professor. (RO 88)

Fontane an Ernst Heilborn   Berlin, 3. Juli 1896
Ergebensten Dank für Ihre freundlichen Zeilen. Das Kapitel ist fertig wie das ganze Buch, das übrigens erst im Frühjahr 97 erscheinen soll.
Sie können mithin den »18. März« jederzeit haben, bitte aber doch, wenn's sein kann, mir eine Frist zu gewähren. Eine nochmalige Durchsicht ist nötig und kann vielleicht eine ganze Zahl von Tagen kosten, die ich gerade jetzt, wo ich mitten in einem Roman[8] stecke, nicht gut zur Verfügung habe. Bitte, lassen Sie mich in einer Zeile wissen, wann Sie's spätestens haben müssen und wieviel Seiten (hoffentlich nicht zu wenig) Sie dran setzen können. (FAP)

Fontane an Ernst Heilborn   Berlin, 7. Juli 1896
Besten Dank. Zum 20. also halte ich das M.S. bereit und freue mich aufrichtig, Sie am selben Tage begrüßen und den »18. März« in Ihre Hände legen zu können. (FAP)

Fontane an Ernst Heilborn   Berlin, 5. August 1896
Anbei die Correktur. Stört es nicht zu sehr, so würde ich gerne noch um eine »Revision« bitten, namentlich wegen der Bülow-Stelle auf Fahne 5 und wegen einer ganz verunglückten Stelle (durch meine Schuld) auf Fahne 8. (FAP)

Fontane an Ernst Heilborn   Waren, 29. August 1896
Das Erscheinen meines Aufsatzes[9] erst in der Oktobernummer und dann ganz und »ungedeelt«, ist mir *höchst angenehm*. (E 21, 334)

Fontane an Maximilian Harden   Berlin, 16. Oktober 1896
Überblick ich, was ich von Kapiteln habe, so finde ich zwei, die sich vielleicht eignen und zwischen denen Sie gütigst entscheiden mö-

---

8 »Der Stechlin«.
9 Vgl. Anm. z. Brief an Heilborn vom 7. 1. 1896.

gen. Das eine Kapitel würde ich nennen: »Mein Leipzig lob ich mir«, das andere: »Mein Onkel August«.
Das erstere ist ein Bild Leipzigs aus den ersten vierziger Jahren (Herwegh-Zeit), das andere ein Charakterbild meines Onkels und seiner Frau, in deren Hause ich meine Berliner Schuljahre und dann später meine Leipziger Tage verbracht habe, Charakterbild aber auch Räubergeschichte. Mein Onkel, Halbbruder meines Vaters, und auch Fontane benamset, war ein Ausbund von Liebenswürdigkeit und zugleich ein Ausbund von – Fragwürdigkeit, ein verwöhnter Liebling und dazu Schofelinski und Waschlapski in einer Person. *Nicht* Krapulinski, – dazu sah er zu gut aus und trug zu reine Vatermörder. Ich führe sein Leben (und das seiner Frau, die *noch* merkwürdiger war) bis zu Ende durch. Er starb natürlich in Amerika.
(E 56, 1097)

Fontane an Ernst Heilborn   Berlin, 1. November 1896
Ergebensten Dank für das Honorar für meinen Beitrag im Oktoberheft und für die freundlichen Worte, womit Sie die Anweisung begleitet haben. Sie haben die Güte, mich zu einer neuen Einsendung aufzufordern und wenn ich bei Durchsicht des Bandes, den ich etwa nach Jahresfrist herauszugeben gedenke, etwas Kurzes (4 höchstens 6 Seiten) finde, so erlaube ich mir bei Ihnen anzufragen. Aber das ist noch weit ausstehend.
(FAP)

Fontane an Auguste Scherenberg   Berlin, 13. November 1896
Heute erhielt ich einen Brief von Frl. Ottilie Goldammer, Tochter des Ober-Tribunalsrats, worin sie mir schreibt, unser Freund Leo Goldammer sei mit ihrem Vater garnicht verwandt gewesen, was sich auch schon in der andern Schreibweise des Namens (das eine blos d, das andere dt) zeige.
Ist dies richtig?*
Ich hätte 100 Taler gegen 10 Pf gewettet, daß unser Leo ein richtiger Vetter gewesen sei.
Und dabei bilde ich mir noch ein, ein sicheres Gedächtniß zu haben.

* Blos eine Zeile, ja oder nein.

(FAP)

Fontane. Tagebuch 1896

Im Winter 95 auf 96 beende ich den zweiten Band meiner »Erinnerungen« und übergebe den »Tunnelabschnitt«, der das Mittelstück und den Hauptinhalt des Bandes bildet, zum Abdruck an Rodenberg. Er nimmt es auch, schlägt aber wieder eine Volte und wie Gott den Schaden besieht, bringt er nicht das Ganze, sondern die Hälfte des etwa 8 Kapitel umfassenden Abschnitts. – Dies Verfahren und überhaupt seine gesamte, nur *seinen* Vorteil im Auge habende Haltung bestimmen mich, von ihm abzuspringen und mir andre Zeitschriften zu suchen. Ich beklage es *sehr*, mich dazu – beinah auch ehrenhalber – gezwungen zu sehen. Es hat sich so getroffen, daß er alles Beste, was ich geschrieben habe, in seiner »Deutschen Rundschau« veröffentlichen konnte und da er nach Kellers und Storms Tode eigentlich nur noch mich hatte, so mußte er mich danach behandeln und so entgegenkommend mit mir verfahren, wie er mit Keller verfahren ist; – das hat er aber nicht getan. Er war immer artig und verbindlich, aber ohne jede Rücksicht auf das Interesse des andern. Das wurde mir zuletzt zuviel. Gewiß hat ein Redakteur allem vorauf sein Blatt im Auge zu behalten und *das* zu tun, was dem Blatt dient; aber um seinem Blatte dienen zu können, muß er gelegentlich auch den Leuten dienen, die durch ihre Mitarbeit das Blatt recht eigentlich machen. Unterläßt er das und schafft er dadurch Unmut, so wenden ihm die Mitarbeiter den Rükken und die selbstsüchtige, sich überschlagende Klugheit wird ihm und seinem Blatte schädlich. Dazu kam noch, daß er sich nicht einmal auf hohe Honorare berufen konnte. Das literarische Ansehn seines Blattes sollte alles tun, so wie eine Zeit lang bei Wilh. Hertz das Firmaansehn alles tun sollte. Ja, eine Zeit lang geht das, aber mit einem Male ist der Kladderadatsch da. *Das* bleibt bestehn, daß ich den Bruch beklage (denn alle andern Blätter sind scheußlich), aber dieser Bruch wurde mir aufgezwungen. Die Klugen rechnen zuletzt doch nie ganz richtig. Ich habe nun infolge des Rückzuges von der Rundschau mit andern Blättern anzubändeln versucht und habe auch welche gefunden: Pan, Cosmopolis, »Über Land und Meer« (früher Hallberger, jetzt eine Aktiengesellschaft).
[...]
In Cosmopolis erschien ein längeres Kapitel von mir »Der

18. März« und wurde sehr gut aufgenommen, beiläufig auch gut bezahlt.
[...]
Nebenher beschäftigen mich Verse und die Korrektur des 2. Bandes meiner »Erinnerungen«.
(E 25, 193 f)

Fontane an Paul Schlenther   Berlin, 14. November 1897
Auch von mir noch eine Zeile. Hoch erfreut, daß Sie's mit »Mein Leipzig« etc. versuchen wollen. Sie können es abbrechen, wo's Ihnen paßlich scheint. Honorar nach den besseren oder besten Sätzen, die bei der Vossin üblich sind. Nur nicht Exceptionelles, das immer auch was Prätensiöses hat. Eine Mittelsperson (der Sohn) ist nicht nöthig. Es lagern so viele Korrekturfahnen bei mir, daß ich bitte die Ablieferung des M. S. bis etwa Donnerstag hinausschieben zu können.
(FAP)

Fontane an Paul Schlenther   Berlin, 2. Dezember 1897
Die Correcturfahnen für II. und III. habe ich eben an die Druckerei zurückgehen lassen.
Heute früh kamen beiliegende Zeilen aus Leipzig. Was antworte ich darauf? Hab ich überhaupt noch, andern Zeitungen gegenüber, ein Verfügungsrecht? Ich glaube kaum. Darf ich trotzdem auf die Sache eingehn, so ist es ein Geschenk, das mir die Vossin macht. Ihre Güte läßt mich morgen von der Zeitung aus wohl wissen, wie's damit steht.
(FAP)

Fontane. Tagebuch   1897
Dann nahm ich die Durchsicht meiner »Erinnerungen« wieder auf, von denen der Abschnitt »Mein Leipzig lob' ich mir« in der Vossischen Zeitung gedruckt wurde. Dies führte zu einer Korrespondenz mit alten Leipziger Figuren, so z. B. mit Fräulein Louise Neubert (so alt wie ich), der einzigen, die jene 41er Tage bis auf heut' überlebt hat. Zum Glück hatte ich nur Gutes geschrieben, so daß mir die üblichen Zurechtweisungen erspart blieben.
(E 25, 196 f)

Fontane an Paul Schlenther   Berlin, 12. Januar 1898
Seit gestern bin ich damit beschäftigt, das Manuskript zum 2. Bande

meiner »Erinnerungen« zusammenzustellen. »Mein Leipzig« etc. hab' ich gedruckt in reichlichen Exemplaren vor mir, aber der durch allerhand Kämpfe begleitete »Onkel August« sammt einigen Annexen fehlt noch. Darf ich Sie freundlichst bitten, die betreffenden Blätter[10] per Post an mich gelangen zu lassen, oder ist es bequemer wenn ich danach schicke? (FAP)

Fontane an Auguste Scherenberg   Berlin, 25. Januar 1898
Wieder, hochgeehrtes Fräulein, bin ich wegen der Adresse der Frau Leo Goldammer oder – wenn sie nicht mehr lebt – wegen Adresse sei's des Sohnes sei's der Tochter in Verlegenheit. In den Angaben des Wohnungsanzeigers kann ich mich nicht zurechtfinden. Die Tochter führt wahrscheinlich einen ganz andern Namen, und den Sohn kann ich nur finden, wenn ich sein Amt oder seine Lebensstellung kenne. Vielleicht können Sie aushelfen, wie so oft. Die *andern* Goldammers wollen nämlich den Bäcker abschütteln, und das ärgert mich. (FAP)

Fontane an Georg Friedlaender   Berlin, 3. Februar 1898
Seit Wochen liegt das Couvert mit Adresse und Groschenmarke in meinem Briefkasten und mahnt mich jeden Tag Ihnen zu schreiben und das zugesagte Buch (Neudruck meiner Gedichte) an Sie gelangen zu lassen. Nie kam ich dazu, weil ich ein Manuskript (den 2. Band meiner »Lebenserinnerungen« unter dem Titel »Von 20 bis 30«) abzuliefern hatte. (FRI 318 f)

Fontane an Friedrich Stephany   Berlin, 29. März 1898
Über Mehlisch-Sarre habe ich den Frankfurt am Mainer ganz vergessen. Mit der Sechspfünderkugel (ich habe lang und breit darüber geschrieben – »Herr Aptheker, wat kost't denn die Pille?«) hat es seine Richtigkeit.[11] Übrigens fangen die Erinnerungen an den 18. März an, scheußlich langweilig zu werden. Eine Unsumme von Nichtigkeiten türmt sich auf. Als historisches Ereignis war es eine

10 der V. Z., in der Teile vorabgedruckt worden waren.
11 In der V. Z. war am 8. 3. 1898 eine Folge von 17 anonymen Aufsätzen über die Ereignisse in Berlin im Jahre 1848 erschienen.

große Sache, als Heldenleistung urschwach. Scharmützel. Unsere Enkel werden erst die wirkliche Schlacht zu schlagen haben.

(FR II 461)

Fontane an Ernst Heilborn   Berlin, 19. April 1898
Anbei mit bestem Danke die Correkturfahnen zurück.
Um den keines Ueberfalls gewärtigen Leser wenigstens einigermaßen zu orientieren, habe ich noch ein paar Einleitungszeilen geschrieben, um namentlich den Anfang, die Gegenüberstellung von Hesekiel und Lepel (Falstaff und Donquixote) leidlich verständlich zu machen.
Darf ich von Ihrer Güte binnen Kurzem einen neuen Abzug oder vielleicht auch diesen alten zurückerbitten, da der Druck des *Buches* in spätestens 8 Tagen bis »B.v. Lepel« vorgerückt sein wird.

(FAP)

Fontane an Ernst Heilborn   Berlin, 25. April 1898
Ergebensten Dank für die Fahnen samt den freundlichen Begleitzeilen. Ihre Bedenken teile ich vollkommen. Wer ist Lepel? Und schließlich – für die Welt draußen – wer ist Fontane? Und einer wenigstens muß berühmt sein, der Beschriebene oder der Beschreiber. Versagen Beide, so heißt es: »wie heißt?« Trotzdem, ein paar freundliche Augen werden sich schon finden. Freilich, auch *zwei* Schwalben machen noch keinen Sommer.[12]   (LA 614)

Fontane an seinen Sohn Friedrich   [Dresden], 25. Mai 1898
Fl[eischel] wird es mir hoffentlich nicht übelnehmen, daß ich ihn bez. die Firma um das jus »Imprimatur« (muthmaßlich ein sehr zweifelhaftes Latein) gebracht habe. Mich bestimmte der Wunsch nach möglichst rascher Erledigung.   (FAP)

Fontane an Robert Bosse [Entwurf]   Juni 1898
Ew. Exzellenz bitte ich, im Beifolgenden mein eben erschienenes Buch »Von 20 bis 30« überreichen zu dürfen.

---

12 Vorabdruck des Lepel-Kapitels in der von Heilborn herausgegebenen Zeitschrift »Cosmopolis«, 10. Bd., Mai 1898.

Einzelne Kapitel, die sich weniger mit meiner Person, als ganz allgemein mit dem literarischen und politischen Berlin der 40er Jahre beschäftigen, geben mir den Mut dazu.
Das Beste, worüber das Buch verfügt, ist wohl seine heitere Grundstimmung. Aber daß ich diese meiner Erzählung geben konnte, *das* gerade verdanke ich Ew. Exzellenz Wohlwollen, das für den Rest meiner Tage die Sorge von mir nahm.[13] (LA 621 f)

Fontane an Georg Friedlaender   Dresden, 2. Juni 1898
Bei Schluß der Ferien oder noch früher, möchten wir an den Rhein, entweder an einen der reizenden kleinen Rheingauörter oder vielleicht nach Baden-Baden. Kommt dies zu Stande, so wird aus Karlsbad nichts. Ich bin aber keineswegs sicher, daß es so verläuft; meine Frau, zur Zeit in relativ sehr guter Verfassung, kann in dem Malaria-Berlin, zumal im Juli, leicht eine Leberattacke kriegen und dann müssen wir wieder an den Mühlbrunnen[14]. In meinem nächsten Briefe kann ich darüber vielleicht schon Bestimmteres schreiben. Oder sage ich lieber in meinem *zweit*nächsten, denn den nächsten – als Begleitschreiben zu meinem etwa in der Mitte des Juni erscheinenden Buche (Fortsetzung der »Kinderjahre«) – erhalten Sie sehr bald. (FRI 322)

Fontane an Otto Brahm   Dresden, 10. Juni 1898
Diese Zeilen werden Ihnen vielleicht nach irgend einem schönen und stillen Erdwinkel hin nachgeschickt; aber dafür wenigstens werde ich Sorge tragen, daß ein 700 Seiten dickes Buch (eben erschienen) in Nähe des Luisenthors angehalten und am Einbruch in Ihre friedlichen Sommergehege gehindert wird. (FAP)

Fontane an seinen Sohn Friedrich   [Dresden], 14. Juni 1898
Dem trojanischen Pferd, mit Briefen vollgestopft um Stadt und Land zu erobern, muß ich noch einen Brief folgen lassen, weil ich eine relativ wichtige Sache vergessen habe. Alle die auf den Briefadressen Genannten müssen ein *gebundenes* Exemplar kriegen.

13 durch eine Pension.
14 in Karlsbad.

Da mir nun – wenn überhaupt – wohl nur zehn gebundene Exemplare zustehn werden, so bitte ich auch gleich den Betrag für *weitere* zehn gebundene von den berühmten 200 Mark der Vossin abzuziehn. Es ist mir lieb, wenn das alles ganz scharf geschäftlich abgewickelt wird. (FAP)

Fontane an Ludwig Pietsch   Dresden, 15. Juni 1898
Anbei mein Neuestes (etwas dickleibig), das ich Ihnen zu Gnaden unterbreite. Vielleicht finden Sie auf einer der weinumsponnenen und vor Jahr und Tag so reizend beschriebenen Rüdesheimer Veranden – ich glaube, es war Rüdesheim – Lust und Zeit, einen Blick hineinzutun. (E 73 b, 57)

Fontane an Erich Schmidt   Dresden, 15. Juni 1898
Die Ferien rücken heran, und die Kofferplatzfrage wird immer ängstlicher und bedrohlicher. In solchem Moment noch mit einem Buche von *diesem* Umfange kommen, ist kaum zulässig; aber Ihre Güte wird es verzeihen. (FR II 468)

Fontane an Friedrich Spielhagen   Dresden, 15. Juni 1898
Gestatten Sie mir in Beifolgendem mein Neustes überreichen oder richtiger vielleicht (mit Rücksicht auf seinen Umfang) in's Haus wälzen zu dürfen. Denn in der Zeit der höchstens 20 Bogen-Bücher ist es ein Wälzer.
Einzelne der Tunnelkapitel wecken mit alten Erinnerungen vielleicht auch ein freundliches Interesse. (LA 622)

Fontane an seinen Sohn Friedrich   Dresden, 16. Juni 1898
Heute früh – am Wahl- und Schlachttage, der nach der Vossin auf lange hin über Wohl und Wehe der Menschheit entscheiden wird, nach meinem Dafürhalten aber zu den gleichgültigsten und wahrscheinlich auch langweiligsten Tagen der Weltgeschichte gehört – empfing ich Buch und Karte. Sei bestens bedankt. Ich fing gleich tapfer an zu lesen, habe wenigstens 150 Seiten bewältigt und bin bis jetzt noch keinem schrecklichen Druckfehler begegnet. Im Gegenteil, verhältnismäßig alles sehr gut; habe also alle Ursach, mit Bonde zufrieden zu sein. Auch der Einband gut (klappt vorzüglich

auf), und die Dicke des Ganzen stört nicht, weil jede einzelne Seite klar, gefällig, übersichtlich wirkt. Mama rührt mich dadurch, daß sie mit allem, was *sie* betrifft, einverstanden ist und an dem »Mächen mit de Eierkiepe«[15] und Ähnlichem keinen Anstoß nimmt, was ich anfangs fürchtete. Für einen *richtigen* Leser – und nur auf solche kann ich Rücksicht nehmen – ist gerade diese Jugendschilderung eine vollständige Verherrlichung.

(BE II 441 f)

Fontane an seinen Sohn Friedrich   Dresden, 21. Juni 1898
Theo hat mir 2mal geschrieben; sehr nett. Er findet, daß Heyse zu kurz gekommen ist, und Mama und Martha stimmten gleich mit ein. Sie alle (auch Theo) betrachten solche Schreiberei wie Sache der Freundschaft, der Courteoisie etc. Das geht aber nicht. Von Courteoisie ist in dem ganzen Buche nicht die Rede; *das* überlasse ich denen, denen dergleichen Spaß macht. Natürlich hat man auch in bestimmten Fällen Rücksicht zu nehmen, so ich, wie nicht bestritten werden soll, Heyse gegenüber. Aber solche Rücksichten *habe* ich auch genommen; ich habe nur Anerkennendes, Schmeichelndes, Huldigendes über ihn gesagt; noch weiter gehen konnte ich nicht, denn so klug, so fein, so geistvoll, so äußerlich abgerundet bis zur Meisterschaft er ist, so ist doch die Kluft zwischen ihm und mir *zu* groß, um meinerseits mit Ruhmesdithyramben über ihn losgehen zu können.

(BE II 443)

Fontane an Ludwig Pietsch   Dresden, 27. Juni 1898
Für zwei so überaus liebenswürdige Briefe, wie sie nur aus allen möglichen Gründen von Ihnen kommen können, meinen herzlichsten Dank. Buch und Verfasser können sich nichts Besseres denken, als von Ihnen unserm guten Berlin vorgestellt zu werden.[16]
Und nun die Fehler – und Storm. Ich werde, wie's so schön heißt: »Remedur schaffen«, sobald es geht. Was die Fehler angeht (ganz obenan die Juni-Schlacht-Geschichte), so bemerkte die holde Gattin: »ich begreife nicht, wie einem, der so lange daran herumdruckst, so was immer wieder passieren kann.« Ich schwieg klein-

---

15 Scherzname für die kleine Emilie.
16 Pietschs Besprechung in der V. Z. vom 29. 6. 1898.

laut, weil ich mich ja außerdem noch für einen »Historiker« halte. Beinahe im Ernst.
Bei Storm mache ich, sowie es zu einem Nachdruck kommt, eine Anmerkung und exerziere nach. Ich habe die reizenden Stellen über das Leben in Heiligenstadt noch lebhaft in Erinnerung. Daß der Hinweis darauf in dem Buche fehlt, kann ich nur damit entschuldigen, daß der Artikel in seinen Hauptteilen wohl schon zehn, mindestens sieben Jahre alt ist[17] und daß ich bei dem Abdruck in der Rodenbergschen »Rundschau« das Hineinarbeiten von Neuhinzugekommenem vertapert habe. Nochmals herzlichen Dank.

(E 73 b, 57 f)

Fontane an Ludwig Pietsch   Berlin, 29. Juni 1898
Gestern abend bin ich retourniert, heute früh avanciert. Seien Sie herzlichst bedankt. Es ist ein Kabinettstück, wobei ich mir bewußt bin, daß meine Freude darüber nicht bloß ein Kind empfangener großer Freundlichkeiten, sondern zugleich ein Kunstgefühlprodukt ist. Gelobt werden ist immer gut, aber den Ausschlag gibt doch das »Wie«. Ganz besonders dankbar bin ich Ihnen für den Hinweis, daß ich andern zu Leibe rücke, mir selbst aber auch. Und hätte ich meiner Neigung folgen können, so wäre ich noch ganz anders gegen mich losgegangen. Denn inmitten aller Eitelkeiten, die man nicht los wird, kommt man doch schließlich dazu, sich als etwas sehr Zweifelhaftes anzusehen: »Thou comest in such a questionable shape«.
Nochmals allerschönsten Dank. Ich rangiere es unter früher erfahrene Liebestaten ein, aber nicht unten oder in die Mitte, sondern obenan. (E 73 b, 59)

Fontane an Friedrich Stephany   Berlin, 29. Juni 1898
Vor dem Verfasser habe ich schon geknixt, aber auch bei Ihnen will ich mich für die hergeliehene Spalte bedanken. L. P[ietsch] hat sich selbst übertroffen, indem er, alles berührend, höchst liebe-

---

17 Fontane hatte nach Storms Tod 1888 einen Aufsatz über ihn begonnen, aber nicht zu Ende geführt.

voll über das Ganze schrieb und doch – so weit ich urteilen kann – alles Superlativische vermied. (LA 623)

Fontane an Friedrich Paulsen Berlin, 13. Juli 1898
Ihre freundlichen Zeilen – seit vierzehn Tagen bin ich vom »Weißen Hirsch« zurück – erhielt ich erst heute. Seien Sie herzlichst bedankt. Es ist eine Liebestat, so durch 700 Seiten durchzugehn. Allem, was Sie über Storm sagen, kann ich gern zustimmen, besonders auch dem, was Sie hinsichtlich des Heiratens in der durch Geburt vorgeschriebenen Sphäre bemerken. Als ich den Storm-Aufsatz schrieb (schon vor ungefähr zehn Jahren), dachte ich über Umgang, Verkehr, Heiraterei ganz anders, und zwar besser, *freier* als jetzt. Ich ärgerte mich über die Spießbürgerlichkeiten, über den ewigen Soupçon und das allzu niedrige Sich-selbst-Einschätzen der außeradeligen Kreise. Jetzt – eben erst in meinen ganz alten Tagen – bin ich, im Gegensatz dazu, zu zwei traurigen Überzeugungen gekommen: man muß jeden Versuch, sich unsren Adel (denn es paßt nur auf *unsren*) durch Freimut erobern zu wollen, aufgeben, und man darf zweitens von keinem Menschen in der Welt etwas annehmen. Wer mir, in unsrer Mark, eine Käsestulle vorgesetzt hat, dem bleibe ich auf Lebenszeit verpflichtet. Ein erbärmlicher Zustand. Und das nennt sich Kultur. – Haben Sie auch *darin* recht, daß mich das Gerlach-Buch[18] zu was Falschem bekehrt hat, so können wir uns mit unsren Freiheitswünschen nur alle begraben lassen. Das entsetzlichste aller Dogmen, die Stuartleistung von der Gottesgnadenschaft der Könige, steht mal wieder in üppigster Blüte (siehe die beiden Reden beim Abschiedsmahle des Prinzen Heinrich), und denke ich mir 500 000 Repetiergewehre dazu, so weiß ich nicht, was mit der Menschheitsentwicklung werden soll, wenn ich nicht auf die bei Hemmingstedt hereinbrechenden Fluten oder auf *ähnlich Elementares* warten darf. (BE II 443 f)

Fontane an Georg Friedlaender [Poststempel: Berlin, 18. Juli 1898]
So schlank Ihr Heftchen aus den »Tagen der Ueberschwemmung«, so dick der Wälzer, den ich gleichzeitig mit dieser Karte zur Post

18 Leopold von Gerlach, »Denkwürdigkeiten«, 1891/92.

gebe. Von den Tunnelgestalten wird die eine oder andre vielleicht ein kl. Interesse bei Ihnen wecken. Schlenther habe ich auch ein wenig vermißt. Es kommt darauf an, daß gesagt wird: »das Buch ist *so*.« Fehlt das, so ist alles andre todt. (FRI 324)

Fontane an Siegmund Schott Karlsbad, 17. August 1898
Seien Sie, hochgeehrter Herr, herzlichst bedankt für diesen neuen Beweis Ihrer freundlichen Gesinnungen für mich. Mit dem »Stellen wiedergeben« haben Sie's, glaub ich, wunderbar gut getroffen, weil sich ein Gesamtbild meiner werten Person daraus aufbaut, während sonst die Zitate so oft nur aufgenähte Knöpfe sind, die die Rolle der Schmockschen »Diamanten«[19] nolens volens übernehmen müssen. (BE II 445)

Fontane an seinen Sohn Friedrich Karlsbad, 4. September 1898
Was Du mir von Kritiken schicktest, habe ich durchgelesen oder richtiger überflogen, mit Ausnahme der sehr liebenswürdigen Worte, die der gute *Mauthner* für mich gehabt hat. Stellenweise zum Totlachen war Otto Leixner in der »Täglichen Rundschau«. An einer Stelle schreibt er: »Er (Th. F.) mußte fünf Jahre auf sein Bräutchen warten.« Danach muß Leixner ein Sachse sein; Gemütlichkeit ist gut, aber es darf nicht zu viel werden. (FA II 333)

Fontane. Vorwort zu »Von Zwanzig bis Dreißig« 1898
Von »Zwanzig bis Dreißig« – unter diesem Titel gebe ich hier Autobiographisches, und zwar im Anschluß an schon früher veröffentlichte Mitteilungen, die, mit meinem zwölften Lebensjahre abschließend, sich »Meine Kinderjahre« betitelten.
Es könnte danach beinahe scheinen, als ob ich, gewollt oder nicht gewollt, eine Lücke gelassen und einen Sprung über acht Jahre fort gemacht hätte. Dies ist aber nicht der Fall, weil ich vielfach auf die zwischenliegende Zeit von Zwölf bis Zwanzig zurückgegriffen habe. Noch häufiger freilich weit darüber *hinaus,* was denn auch schließlich diesem Buche seinen etwas unstatthaften Umfang gegeben hat. Ich sehe darin einen Übelstand und empfinde denselben

---

19 in Gustav Freytags Lustspiel »Die Journalisten«.

um so stärker, als ich wohl weiß, wie mißlich es ist, mit seinem Ich zu dauernd und zugleich zu weit und breit vor sein Publikum hinzutreten. Aber ich werde möglicherweise pardoniert, wenn ich an dieser Stelle schon verrate, daß ich, um ein bestimmtes Zuviel einigermaßen auszugleichen, von einer ursprünglich geplanten Weiterführung dieser meiner Erinnerungen Abstand genommen und vor mir selber diesen zweiten Teil auch zugleich als letzten proklamiert habe.

So blickt denn der momentan umdrängte Leser wenigstens in eine wolkenlose Zukunft und läßt diesen Blick ins Freie vielleicht mir und meinem Buche zugute kommen.

(NFA XV 7)

Fontane. Aus »Von Zwanzig bis Dreißig« 1898
Ich wende mich nun in diesem und einer ganzen Reihe folgender Kapitel den einzelnen Mitgliedern des Tunnels zu, die nach Namen und Beruf schon eingangs von mir aufgezählt wurden. Über einige, Scherenberg, Friedberg, Widmann, Orelli, Schramm, habe ich schon vor Jahren in meinem Buche: »Christian Friedrich Scherenberg« gesprochen, weshalb alle diese hier übergangen werden sollen. In betreff anderer, was ich hier auch vorauszuschicken habe, könnte es freilich auffallen, daß ich Berühmtheiten – fast mit alleiniger Ausnahme von Storm – verhältnismäßig kurz, Unberühmtere dagegen oder selbst völlig ungekannt Gebliebene mit einer gewissen Ausführlichkeit behandelt habe*. Manchem wird dies als eine Willkürlichkeit erscheinen. Ich bin aber durchaus wohlüberlegt dabei verfahren, davon ausgehend, daß die Berühmtheiten, sei's in eignen Memoiren, sei's in Kunst- und Literaturgeschichten, unter allen Umständen auf ihre Rechnung kommen, während die mit geringeren Chancen Ausgerüsteten um ebendeshalb hier einen Voranspruch erheben dürfen.

---

* Der den verschiedenen Personen zugeteilte Raum ist also sehr verschieden bemessen; aber ob kurz oder lang, überall bin ich darauf aus gewesen, *mehr das Menschliche als das Literarische zu betonen.* Daher die vielen kleinen Anekdoten und Geschichten, die sich allerorten eingestreut finden. Ich mag darin an mehr als einer Stelle zu weit gegangen sein; aber auch wenn dies der Fall sein sollte, scheint mir ein solches Zuviel immer noch ein Vorzug gegen die bloße Kunstbetrachtung. Wer diese haben will, leistet sich dies am besten selbst, wenn er an die ja jedem zugänglichen Werke mit eigenem Auge und Urteil herantritt. Also, so sagte ich, ich habe das *Menschliche* betont, was andeuten soll, ich bin an *Schwächen,* Sonderbarkeiten und selbst Ridikülismen nicht vorbeigegangen. All dergleichen gehört nun einmal mit dazu. »Das protestantische Volk« – so schrieb ich an anderer Stelle – »verlangt eben keine Heiligen und Idealgestalten, eher das Gegenteil; es verlangt Menschen, und alle seine Lieblingsfiguren: Friedrich Wilhelm I., der große König, Seydlitz, Blücher, York, Wrangel, Prinz Friedrich Karl, Bismarck sind nach einer bestimmten Seite hin, und oft nach mehr als *einer* Seite hin, sehr angreifbar gewesen. Der Hinweis auf ihre schwachen Punkte hat aber noch keinem von ihnen geschadet. Gestalten wie Moltke bilden ganz und gar die Ausnahme, weshalb auch die Moltke-Begeisterung vorwiegend eine Moltke-Bewunderung ist und mehr aus dem Kopf als aus dem Herzen stammt.« (NFA XV 164 f)

Fontane. »Als ich zwei dicke Bände herausgab«[20] [1898]

> »Zwölfhundert Seiten auf einmal,
> Und mit achtundsiebzig! beinah' ein Skandal.
> Konntest es doch auf viermal verteilen!«
> Ihr könnt es, – aber bei mir heißt es eilen.
> Allerorten umklingt mich wie Rauschen im Wald:
> »Was du tun willst, tue bald!« (HA 6, 329)

---

20 »Stechlin« und »Von Zwanzig bis Dreißig«.

Christian Friedrich Scherenberg und das litterarische Berlin von 1840 bis 1860

Entstehung: seit Sommer 1881
Erstausgabe: 1885

Fontane an Ignaz Hub   Berlin, 31. Dezember 1851
Sie haben auch an Scherenberg (wie ich durch diesen erfuhr) geschrieben. Da Sie von ihm selber vermutlich nichts erfahren würden (er ist ebensosehr Sonderling wie Poet), so leg ich diesen Zeilen einen biographischen Aufsatz bei, den ich vor anderthalb Jahren über meinen Freund und Landsmann (seine Familie lebt noch in Swinemünde) geschrieben habe.[1]   (BE I 72)

Fontane an Auguste Scherenberg   Berlin, 4. Juli 1881
Ich schicke morgen die letzten Kapitel (es sind im Ganzen 22) an die Vossin und würde mich freuen hinsichtlich der Geburtstage etc. noch etwas genauere Angaben machen zu können. Zu dem Behuf lege ich einen Fragezettel bei.   (FAP)

Fontane an Hermann Scherenberg   Berlin, 19. November 1881
Ihre Zustimmung und zugleich auch die des gesamten Familienbestandes vorausgesetzt, schreib' ich also den Aufsatz über Christian Friedrich Scherenberg. Ich rechne dabei ferner noch auf eine mir in jedem Anbetracht zugestandene Freiheit, Freiheit ebenso sehr im Hinblick auf die Zeit (heut oder in einem halben Jahr) wie im Hinblick auf mein abzugebendes Urteil. Denn so sehr ich nach allen Seiten hin von ihm eingenommen war, so hab ich doch seine Schwächen und Fehler auch jederzeit herausgefühlt. Sie waren indessen alle *so*, daß das Bild eher dadurch gewinnt als verliert. Das Langweiligste von der Welt ist bekanntlich die reine weiße, durch nichts gefärbte Vorzüglichkeit.
Sind Sie mit diesem allem einverstanden, so möcht ich freundlichst bitten, mir alles zuzustellen was an Material da ist, auch das Ge-

---
[1] Erschienen in der »Deutschen Reform« vom 16. u. 17. 7. 1850.

ringste, da gerade das Geringste mitunter das Beste ist. So weit ich's mir berechnen kann, werd ich, nach vorgängiger Sammlung und Gruppirung des Stoffs, etwa im Mai mit der eigentlichen Bearbeitung beginnen können. (FAP)

Fontane an Hermann Scherenberg Berlin, 8. Dezember 1881
Fräulein Auguste, die mir gestern eine Art Scherenbergschen Stammbaum in die Feder diktierte, war doch an einigen Stellen unsicher, weshalb ich mir erlaube, Ihnen das vorläufige Resultat zur Begutachtung zu unterbreiten.

Johann Theodor Scherenberg.
in erster Ehe vermählt mit Frl. Auguste Kojan.
    Eduard Theodor.
    Christ. Friedrich.
    August.
    Heinrich.
    Auguste. (Frau Pastor Kretschmer)
    Julius.
in zweiter Ehe vermählt mit Frl. Henriette Vilarette.*
    Emil.
    Eduard.
    Albert.
    Hermann.

Im wesentlichen wird das Vorstehende richtig sein, aber im Detail vieler kl. Abänderungen bedürfen.
1) Ist *Johann* richtig?
2) Ist Auguste Kojan richtig? Vielleicht war es ein anderer Vorname und vielleicht ist Kojan falsch geschrieben. Wer waren die alten Kojans? Und wo lebten sie?

* Auf jung verstorbene Kinder wird bei Beiden nicht Rücksicht genommen. (FAP)

Fontane an Hermann Scherenberg Berlin, 27. Februar 1882
In der vorigen Woche habe ich nun endlich die »große Tüte« vorgenommen und sämtliche Drucksachen und Briefe durchgelesen. Es ist ein ganz vorzügliches Material und meine Lust an dieser Arbeit hat sich wo möglich noch gesteigert. Sehr zu Statten kommt

mir, daß das Material zwar reich, aber nicht überreich ist; hat man *zu* viel, so wird man müde vom vielen Lesen und ist in beständiger Verlegenheit was man nehmen und weglassen soll. Aus beiliegendem Zettel wollen Sie gütigst ersehen, wie ich den Stoff einzuteilen gedenke. Das 5. Kapitel mit seinen neuen Unterabteilungen ist das Hauptkapitel und wird wahrscheinlich eine ganze Hälfte des Aufsatzes ausmachen.

Ich möchte mir nun nur noch erlauben ein paar Fragen zu stellen und lege zu diesem Behuf einen eigenen Fragebogen bei, mit der Bitte die Antworten gleich daneben schreiben zu wollen. Vieles liegt ja weit zurück, aber ich denke mir, daß Sie sowohl, wie namentlich auch Ihr Frl. Nichte vieles von dem nicht persönlich erlebten durch Erzählung wissen werden. Denn auch der verschwiegenste Vater kramt mal alte Geschichten aus. (FAP)

Fontane an Karl Fontane   Berlin, 21. November 1882
Ich arbeite vom 1. Januar 83 ab an einer für Hallberger bestimmten, im ersten Entwurf bereits fertigen, längeren Novelle[2] und nebenherlaufend an einer Scherenberg-Biographie. Bin ich mit diesen beiden Arbeiten bis zum 1. Oktober fertig, so kann ich noch von Glück sagen. (LA 361)

Fontane an Hermann Scherenberg   Ende 1882 [?]
Eben hab ich 8 Bände Tunnelprotokolle wieder an den »Verein« zurückgeschickt und, bei dieser Gelegenheit wieder ganz in die Scherenbergiana hineingeraten, halt' ich es für angezeigt, über den ganzen Stand der Sache mit wenig Worten zu berichten.

Den Stoff hab' ich nun *voll* beisammen und die Lust das Leben des alten Freundes nach dem Maße meiner Kraft darzustellen, ist unabgeschwächt. Wenn trotzdem bis zu Beginn der eigentlichen Arbeit noch ein gutes halbes Jahr (bis September) und bis zum *Schluß* der Arbeit ein ganzes vergehen wird, so bitt' ich mir darüber nicht zu zürnen. Als ich's übernahm hatt' ich vier lange Novellen (im Brouillon) im Kasten, und jeder einzelnen entsprach ein Engagement. Zwei davon *sehr* pressanter Natur. Es war unerläß-

---

2 »Graf Petöfy«.

lich, das alles erst abzuarbeiten. Die letzte Nummer ist nun an der Reihe. Bin ich damit zu Ende, so beginn ich das Lebensbild, auf dessen Darstellung ich mich aufrichtig freue.
Darf ich freundlichst bitten, auch Fräulein Nichte gelegentlich hiervon in Kenntnis setzen zu wollen. (FAP)

Fontane an Mathilde von Rohr   Berlin, 25. November 1883
Nur nicht an einem Menschen verzweifeln, auch nicht im *Stillen*. Seit 14 Tagen arbeite ich an *Christian Friedrich Scherenberg* und habe die Hälfte des Aufsatzes, freilich noch sehr unfertig, zu Papiere gebracht. Ich hoffe, daß diese erste Hälfte in den Weihnachtstagen, vom 24. bis 31. Dezember, und die zweite Hälfte in der Osterwoche 84 in der Vossischen erscheinen soll. Noch hab' ich die Zustimmung der Redaktion nicht erhalten, fürchte aber nicht daß man mir's abschlagen wird. Wenigstens wäre es das erste Mal. (FAP)

Fontane an Bernhard von Lepel   Berlin, 5. Dezember 1883
Während der letzten Wochen habe ich Deinen Namen oft niedergeschrieben; ich arbeite nämlich (endlich) an einem Scherenberg-Aufsatz, der ein kl. Buch wird. (FL II 371 f)

Fontane an Auguste Scherenberg   Berlin, 18. Dezember 1883
Die Vossin hat »ja« gesagt und am 30. Dezember soll Kapitel 1. erscheinen. So weit alles gut. Aber es fehlt noch viel; in Beifolgendem erlaube ich mir Ihnen einige Fragen vorzulegen. Einige davon werden Sie aus eigenem Wissen beantworten können, bei andern hilft wohl irgend ein alter Tunnelfreund nach. Vielleicht hat Exc. F[riedberg] die Güte oder wenn er zu beschäftigt ist die Frau Ministerin. An Lepel und Goldammer habe ich schon geschrieben, aber sie werden nicht viel wissen.
Erlaubt es Ihnen Ihre Zeit sagen wir Donnerstag den 20. gegen Abend etwa von 7 an auf ein halb Stündchen mit heran zukommen? Ich möchte Ihnen wegen des 2. Kapitels, das die Magdeburger Zeit behandelt, ein paar Fragen vorlegen dürfen. – Die ganze Geschichte wird übrigens sehr lang, ein kleines Buch, etwa 17 Kapitel. (FAP)

3.–15. Januar 1884
Fontane. Tagebuch [Tägliche gleichlautende Eintragungen:]
Gearbeitet: Scherenberg. (E 25, 121 ff)

27.–30. Januar 1884
1. Februar 1884
3.–7. Februar 1884
9. u. 10. Februar 1884
12. Februar 1884
14.–21. Februar 1884
23. u. 24. Februar 1884
26. Februar 1884
29. Februar 1884
1. März

Fontane. Tagebuch [gleichlautende Eintragungen:]
Gearbeitet: Scherenberg. (E 25, 126 ff)

Fontane an [Karl Bleibtreu?] Berlin, 25. Februar 1884
Empfangen Sie meinen herzlichsten Dank für Ihre freundlichen Zeilen, die mir endlich Gelegenheit geben einem Gerücht zu widersprechen, das sich ich weiß nicht aus welchen Mißverständnissen heraus entwickelt hat.
Ich habe mich brieflich und mündlich dahin geäußert, daß ich sowohl Orelli wie Widmann fremd gegenübergestanden hätte und daß mir beide trotz meines Respekts vor ihrem Wissen, Können und Thun nicht sonderlich sympathisch gewesen wären, aber *mehr* hab' ich weder ausgesprochen noch in meinem letzten Herzenswinkel gefühlt. Was speziell Orelli angeht, so weiß ich nicht blos durch Scherenberg und Sie, sondern auch noch von andrer Seite her, daß er ein tapfrer, dem Höchsten zustrebender, *edler* und zum Ueberfluß auch noch herzensguter Mann gewesen ist, ein Entschlossenheitsmensch und ein Kind zugleich. All dessen hab' ich nie ein Hehl gehabt. Und nun frag' ich Sie, wie könnt' ich auf die Idee kommen, eine kindische Sorte von Kriegführung gegen einen nach aller Welt Zeugniß ausgezeichneten Mann geradezu vom Zaune zu brechen! Was den in Ihrem Briefe berührten Punkt angeht, so geht er mich überhaupt nichts an und gehört auch nicht entfernt in

meinen Aufsatz hinein; *das* aber möchte ich bei der Gelegenheit und an *dieser* Stelle mit einem gewissen Nachdruck aussprechen dürfen, daß mein *großer* Respekt vor Orelli speziell auch in *dieser* Angelegenheit und seinem sans phrase-herrlichen Benehmen dabei wurzelt. Wer mich ein bischen kennt, wird wissen, daß dies auch gar nicht anders möglich ist.

So bitte ich Sie denn herzlichst, das verehrte Krause'sche Paar über diesen Punkt beruhigen zu wollen. Ich werde nicht *ein* Wort sagen, das Anstoß geben könnte, wobei ich freilich darauf rechne, daß ein Satz wie: »beide Herren waren herrschsüchtig und in ihren jungen Jahren von einem gewissen geistigen Hochmuth erfüllt« nicht Anstoß geben kann. Ich werde mich auf ein längres Citat aus dem »Tannhäuser« beschränken und daran anknüpfend, vor Mitteilung einiger höchst interessanter Briefe, Orellis *kritische Machtstellung* im Tunnel schildern. Grundton: er war sehr klug, sehr brav, sehr gut, aber er zeigte gern seine Ueberlegenheit und herrschte gern. Ich denke, dies werd' ich sagen dürfen, ohne Gefühle zu verletzen. Hinzufügen möcht' ich noch, daß ich nach reiflicher Ueberlegung zu dem Entschlusse gekommen bin, über das Jahr 50 (also die Zeit unmittelbar nach dem Erscheinen von Waterloo) in meinem Orelli-Widmann Kapitel gar nicht hinauszugehn. Die ganze Anordnung geschieht nämlich chronologisch, von Kapitel zu Kapitel rückt auch die Zeit vor, und nur das Jahr 50 betrachte ich als ein Plateau, auf dem eine längre Rast genommen und Umschau gehalten wird. Hier spreche ich nun von Scherenbergs Beziehungen zum Hofe, zur Militärwelt, zu L. Schneider, zu Schramm, zu Widmann-Orelli, zu St. Paul und zu mir selbst. Jedem Einzelnen ist ein besondres Kapitel gegönnt, aber in jedem schreitet die Erzählung nicht über das Jahr 50 hinaus. Eine Zeitlang war ich entschlossen, mit Rücksicht auf die besondre Bedeutung von Widmann-Orelli, hier eine Ausnahme machen und eine Art Gesammt-Biographie Beider geben zu wollen. Es stört mir aber die Klarheit des Aufbaus und so hab' ich diesen Plan wieder fallen lassen.

Aus all diesem wollen Sie gnädigst ersehn, wie ungerechtfertigt die Sorge vor Indiskretionen ist. (ZBZ)

Fontane. Tagebuch 2. März 1884
Gearbeitet: Scherenberg. Um 5 zu Bleibtreus hinaus in Scherenberg- und Orelli-Angelegenheiten. Ich erfahre manches Hübsche und bleibe bis nach 10. (E 25, 133)

3.–6. März 1884
Fontane. Tagebuch [tägliche gleichlautende Eintragungen:]
Gearbeitet: Scherenberg. (E 25, 133)

Fontane. Tagebuch 7. März 1884
Brief von Dr. Ludwig Schwerin über Orelli. (E 25, 133)

11. u. 12. März 1884
Fontane. Tagebuch [tägliche gleichlautende Eintragungen]
Gearbeitet: Scherenberg. (E 25, 134)

Fontane. Tagebuch 13.–15. März 1884
Besuch bei Frau Lina Duncker; mancherlei über Scherenberg und Lassalle erfahren. Viel spazieren gegangen. Fleißig an Scherenberg gearbeitet.
[...]
Begegnung mit Exz. Friedberg im Tiergarten; halbstündiges Gespräch über Scherenberg. (E 25, 134 f)

Fontane an seine Tochter Berlin, 16. März 1884
Mit meinem Scherenberg-Aufsatz bin ich nun Gott sei Dank bald zu Ende; zwölf Kapitel sind schon abgeschrieben. Mama unterhält wie gewöhnlich die Vorstellung, daß es *nie* fertig wird. Es sei ihr aber verziehn, da sie mir seit einigen Tagen wieder mit Todesverachtung vorliest [...]
Meine Scherenberg-Schreiberei bringt mich mit vielen neuen Leuten in Berührung; so war ich vorgestern bei Frau Lina Duncker, geschiedne Frau des Buchhändler *Franz* Duncker, der dann ein Gersonsches Putzfräulein heirathete, um dadurch 4 oder 6 Kinder nachträglich zu legitimisiren. Besser spät als gar nicht. – Auch mit Exc. Friedberg hab ich vorgestern im Thiergarten eine lange Scherenberg-Aussprache gehabt. (SJ II 57 f)

16.–31. März 1884
1.–3. April 1884
5.–7. April 1884
Fontane. Tagebuch [tägliche gleichlautende Eintragungen:]
Gearbeitet: Scherenberg. (E 25, 135 ff)

Fontane an Mathilde von Rohr Berlin, 30. März 1884
Mit meiner Arbeit bin ich nun beinah fertig, heut über 8 Tage denk'
ich ist alles abgethan und bleibt dann nur noch eine letzte Durchsicht. Ich habe dann gerade 5 Monate daran gesetzt, was nicht zuviel ist, denn es sind 23 Kapitel, also ein ganzes Buch.
Lepel hatte die Freundlichkeit mir auch sein Gedicht zu Kaisers
Geburtstag zu schicken; man sieht, daß es einer gemacht hat, der
das Dichten als Metier versteht, er hat die nöthige Kunst weg, aber
mit der Seele ist nicht viel los, es wirkt todt. Aber um Gottes willen
kein Wort darüber, ich bin froh daß ich wieder auf einem leidlichen
Fuß mit ihm stehe. *Mehr* kann ich auch kaum verlangen, unsre
Wege gehen überall zu weit auseinander. In meinem Aufsatze über
Scherenberg hab' ich seiner aber in aufrichtiger *Liebe und Dankbarkeit* gedacht und das Leben geschildert, das wir durch Jahr und
Tag hin in der Kaserne geführt haben. (SJ III 214)

Fontane an seine Tochter Berlin, 8. April 1884
Mein Scherenberg-Aufsatz ist endlich beendigt. Mama schrieb Dir
neulich: »zu Weihnachten sollte er fertig sein.« Eine von den bekannten Angaben. Zu Weihnachten sollten 6 Kapitel fertig sein;
es sind aber jetzt 24. Das vervierfachte Honorar zu empfangen,
wird Mama schließlich nicht unwillig sein. Auch *dieser* Aufsatz hat
das Gute für mich gehabt, daß er mich mit neuen Menschen in Berührung gebracht hat: mit Frau Lina Duncker (getrennte Frau von
Buchhändler Franz Duncker weil dieser 2 Nebenfrauen mit zusammen 5 Kindern hatte) Dr. Ludwig Schwerin, Amtsgerichtsrath
Possart und Professor v. Holtzendorff, die mir einen wesentlichen
Theil des Stoffes geliefert haben. Solche Bekanntschaften sind
immer sehr interessant, weil sie von vornherein auf etwas Nützlichem und Reellem etablirt werden und zu blos Redensartlichem
gar keine Zeit ist. Von Prof. v. Holtzendorff (München) erhielt ich

gestern einen Brief, in dem er, nach Scherenberg-Auskunftsertheilung, auch auf eine *seine* Familie betreffende Angelegenheit kommt [...] (SJ II 61)

Fontane. Tagebuch   26. Mai – 9. Juni 1884
Vom 26. Mai bis 9. Juni war ich wieder in Berlin und korrigierte die ersten 13 Kapitel meines Scherenberg-Aufsatzes für die Vossin. Am 6. Juni gab ich diese Kapitel an Stephany ab.   (E 25, 145)

Fontane an seine Frau   Thale, 16. Juni 1884
Hier noch zu arbeiten, habe ich aufgegeben; ich will aber doch etwas thun, und so bitte ich Dich, mir die letzten 10 Kapitel des Scherenberg-Aufsatzes, aber *blos Deine Abschrift*, zu schicken.

(SJ I 266)

Fontane an seine Frau   Thale, 18. Juni 1884
Von dem Scherenberg-Aufsatz werde ich wohl nicht mehr als die Hälfte (5 Kapitel) hier corrigiren; aber auch *das* ist ein Gewinn. Seit gestern pussle ich an meiner neuen Novelle³ (aber *nicht* die für die Gartenlaube⁴), und dies beschränkt mir die Zeit für die Scherenberg-Aufsatz-Correktur.   (SJ I 271)

Fontane an seine Frau   Thale, 23. Juni 1884
Ich habe Scherenberg corrigirt und lege einen Fragezettel für Menzel bez. für Fr. Krigar bei. Es ist mir lieber, *sie* beantwortet die Fragen, auch wenn die Beantwortung unvollkommen und selbst uncorrect ist; *er*, bei allem Respekt vor ihm, ist mir unerträglich feierlich in solchen Sachen, überhaupt in allen Sachen in denen er mitspielt.   (SJ I 276)

Fontane an Auguste Scherenberg   Berlin, 4. Juli 1884
Einen kl. Brief an Sie mit 2 Fragezetteln habe ich heute Nachmittag durch einen zufällig bei uns beschäftigt gewesenen Schlossergesellen zur Post gegeben. Nun kommt mir gegen Abend aber doch die

---

3 »Cécile«.
4 »Unterm Birnbaum«.

Sorge, ob er ihn auch richtig besorgt haben wird? Ich lasse deshalb dem 1. Brief diesen zweiten folgen und bitte um eine Zeile, wenn der Fragebrief nicht eingetroffen sein sollte. Denn die Sache pressirt jetzt. (FAP)

Fontane. Tagebuch [Juni/Juli 1884]
Am 28. Juni abends war ich wieder in Berlin. Schon unterwegs war es sehr heiß, und es folgten nun drei heiße Juliwochen. In der ersten hatte ich noch an meinem Scherenberg-Aufsatz zu korrigieren, was mich bei den Temperaturverhältnissen sehr angriff. (E 25, 146)

Fontane. Tagebuch [1. Hälfte Juli 1884]
Buchhändler Steffens in Dresden will meinen »Petöfy«; W. Hertz meinen »Christian Friedrich Scherenberg« in Verlag nehmen.
(E 25, 147)

Fontane an Wilhelm Hertz Berlin, 13. Juli 1884
Pardon, daß ich in 3 Tagen nichts habe von mir hören lassen; ich bin aber so grenzenlos matt und müd, daß ich vor allem ernsteren Anfassen einer Sache erschrecke. Glücklicherweise pressirt es nicht und so bitt' ich denn nochmals »um drei Tage Zeit«. Eh' ich abreise (wahrscheinlich nach Rügen) schreibe ich die nöthigen Zeilen.
(WHH 272)

Fontane an Bernhard von Lepel Berlin, 13. Juli 1884
Wenn Du als alter Greiner von Deinem Wildbad zurückkommst, seh' ich Dich hoffentlich. Inzwischen habe ich der Welt in einem Scherenberg-Kapitel ausführlich von Dir und unsren glücklichen Tagen in der Franz-Kaserne erzählt, Hertz will es als Buch drucken und zu Weihnachten werd' ich Dir dies jüngste Kind meiner Laune überreichen können. (FL II 376)

Fontane an Wilhelm Hertz Berlin, 14. Juli 1884
Hoffentlich finde ich nicht bloß Ihre äußre sondern auch innre Zustimmung, wenn ich für das etwa 20 Bogen-Buch, bei einer Auflage von 1000 bis 1200 Exemplaren, 1500 Mark erbitte. Begegnet dies Ihrem »ja« so habe ich eigentlich nur noch den Wunsch einer hüb-

schen Ausstattung, etwa im Stil des eben erschienenen aber noch nicht ausgegebenen Buches »*Heinrich v. Kleist*« meines kleinen Freundes O. Brahm hinzuzufügen. Alles andre regelt sich wohl nach altem Herkommen von selbst. (WHH 272)

Fontane an seine Frau Krummhübel, 21. Juli 1884
Hier höre ich mancherlei Freundliches über meinen Scherenberg-Aufsatz und nicht blos von Schwerin. In der »Täglichen Rundschau« hat Neumann-Strelas Aufsatz über mich gestanden; Grävenitz hat die Nummer; er soll ganz gut und sehr freundlich sein. Ein bischen sonderbar ist es, daß mir Stephany keine Zeile schreibt; auch das Paschathum eines Chefredakteurs muß seine Grenzen haben. Ich habe nach Kissingen hin an ihn geschrieben, eine große Freundlichkeit, denn ich bin wenigstens ein Dutzend Jahr älter als er, dann habe ich ihn in Berlin brieflich begrüßt, und drittens und letztens ist nun ein Aufsatz von mir zum Abdruck gebracht, wie ihn die Zeitung doch nicht jeden Tag bringen kann, weil nicht viele da sind, die 7 Monate lang an einem solchen Essay arbeiten. Aber die guten Herren glauben immer, daß wenn sie einem das Salz aufs Brot bezahlen, sie hätten einen königlich belohnt. Nun vielleicht wird auch *das* noch anders. Neugierig bin ich auch auf die Haltung der Scherenberge. Die Familie nicht zufrieden zu stellen, *da*ran bin ich von meinen Wanderungen her gewöhnt und lege kein Gewicht mehr drauf. (SJ I 283 f)

Fontane an seine Frau Krummhübel, 29. Juli 1884
In einem Vierteljahr sollen zwei Bücher⁵ von mir erscheinen, – es ist also die höchste Zeit, daß damit angefangen wird. (SJ I 290)

Fontane an seine Frau Krummhübel, 8. August 1884
Findest Du wohl noch Zeit und *Lust* (aber nur *dann*; denn ich will Dich in Deiner Reconvalescenz nicht mit solchen Geschichten quälen) den Scherenberg-Aufsatz auf *halbe* Bogen zu kleben*, so

---

5 »Scherenberg« und »Graf Petöfy«.
* *nicht* auf Quartoblätter

wie ichs in der Regel mit den »Wanderungen« mache? Wenn Du, Friedel und George euch drin theilt, so kann es nicht lange dauern. Es ist aber keine Lebensfrage, da ich durchaus nicht weiß, ob ich *hier* noch zum Corrigiren komme; bleib' ich bei Kräften u. Stimmung, so schreibe ich lieber an meiner Novelle weiter.[6]

(SJ I 292)

Fontane an Ludovica Hesekiel　　　　　Krummhübel, 9. August 1884
Es ist kaum eine Woche, daß ich auf einem Nachmittagsspaziergange mit dem verehrten Dr. Schwerin'schen Ehepaar ein langes Hesekiel-Gespräch hatte und ihnen zu ihrem ersichtlichen Ergötzen von alten Kreuz-Ztngs-Tagen erzählte, zahlreiche Hesekiel-Anekdoten einstreuend. Alles was ich sagte, war von Zuneigung und mehr noch von Interesse diktirt und ich schloß damit »daß ich mich auf meine Hesekiel-Biographie mehr freute als vor Jahr und Tag auf meine Scherenberg-Biographie, was auch ganz natürlich sei, weil das Hesekielsche Leben bunter und mannigfacher und namentlich reicher an humoristischen Zwischenfällen verlaufen sei«.

Den andern Tag traf bei Schwerins ein Brief von Frl. Jenny Hirsch ein, der mittheilte, wie die von mir verehrte und geliebte Familie Hesekiel durch ein paar Bemerkungen in meinem Scherenberg-Aufsatze verletzt und betrübt worden sei. Aber gestern Abend erst erfuhr ich von diesem Briefe, sonst würden diese Zeilen eher geschrieben worden sein.

Meine hochverehrte Freundin, wie ist es möglich, speziell in einem Schriftstellerhause möglich, daß so harmlose Bemerkungen so schief angesehn werden konnten! Wenn *das* schon kränkt und verletzt, was soll dann die Familie Scherenberg mit mir anfangen? Die muß mich dann zu Galgen und Rad verurtheilen. Von ihm, meinem Helden Chr. Friedrich Scherenberg, erzähle ich in beinah jedem Kapitel tolle Sachen: im 1. ist er faul und bummlig, im 2. kümmert er sich nicht um seine Frau, was sie schließlich mit Untreue vergilt, im 3. lebt er von Thiergarten-Pilzen, im 4. übersetzt ihm Frau Friedberg die französ. Stücke, für die er das Honorar einsteckt, weiter-

---

6 »Graf Petöfy«.

hin nenne ich ihn zweideutig und undankbar, schildre seinen krassen Egoismus und beschuldige ihn der Komödiantenrei, nachdem ich vorher von einem guten Theile seiner gefeierten Dichtungen gesagt habe »sie hätten mich wie Beobachter an der Spree-Poesie berührt«. Und nun vergleichen Sie damit was ich über Ihren Papa, meinen lieben alten Hesekiel gesagt habe! Was wirken soll, muß ächt und wahrhaftig sein und wenn man einen Menschen andern Menschen menschlich näher bringen will, so muß man diesen Menschen menschlich zeichnen, also auch seiner »Menschlichkeiten« nicht vergessen. Es ist ganz unmöglich, daß einer meine Scherenberg-Biographie liest, ohne dabei zu empfinden: das war ein hervorragender Dichter und ein aparter, vornehmer und liebenswürdiger Mensch, und dieser Eindruck wird durch das Hervorheben seiner zahllosen Schwächen eher gesteigert als gemindert werden. Ich kann nicht glauben, daß Sie anders über diese Dinge denken. Mein Herzenswunsch war, wie schon Eingangs erwähnt, der Scherenberg-Biographie eine Hesekiel-Biographie folgen zu lassen, wenn Sie aber an solchen absolut harmlosen Kleinigkeiten (die aber doch andrerseits ganz und gar zur Charakteristik dienen) Anstoß nehmen, so ist das Schreiben einer Hesekiel-Biographie für mich eine Unmöglichkeit. Vielleicht werden Sie sagen »ein wahres Glück«. Aber darin haben Sie Unrecht. Denn wer soll es sonst thun? Die Leute, die dergleichen unternehmen, sind mit der Laterne zu suchen und auch *dann* noch nicht zu finden. Und *wenn* Sie einen finden sollten, wer bringt die Kenntniß, die Erfahrung, die Liebe mit, die mir zur Verfügung steht?! Ich hoffe, Sie werden mir schließlich in allem zustimmen.

(SJ IV 156 ff)

Fontane an seine Frau   Krummhübel, 9. August 1884
Am Abend war ich nach längrer Zeit mal wieder bei Schwerins; er theilte mir einen Brief von Frl. Jenny Hirsch mit, worin es hieß, die sämmtlichen weiblichen Hesekiels seien betrübt und verletzt über die Art, wie ich in meinem Scherenberg-Aufsatze ihres Vaters gedacht hätte. Dies ist Unsinn, besonders wenn man daneben hält, wie ich meines eignen Helden: »Scherenberg« gedacht habe. Sie sind doch ganz kleiner Stil, so recht ächte sächsische Naturen. Immer Kuchen und Blümchenkaffe, oder was dasselbe sagt: dünn

und süß. Ich habe nun heut an Ludchen geschrieben, *sehr* liebevoll, aber auch sehr decidirt. Was haben solche Kaffetitscher für Anschauungen von Literatur! Und daß hunderte solcher Blaustrümpfe mit Sechser-Moral und Dreier-Patriotismus unsre Literatur »besorgen«, à Elle 3 Mark, *das* ist der Fluch unsrer Literatur. Es ist alles ohne Saft und Kraft. (SJ I 294)

Fontane an Ludovica Hesekiel Berlin, 3. September 1884
Am Tage meiner Abreise aus Krummhübel (vorgestern) kamen mir beim Einpacken meiner Manuskripte etc. auch die Blätter wieder zur Hand, auf denen sich, mit Oblaten aufgeklebt, behufs anzustellender Correcturen mein Scherenberg-Aufsatz befindet. Ein Zufall, wenn es einen Zufall giebt, fügte es, daß die einzige Stelle, auf die mein Auge fiel, *die* war, die vom »gefrühstückten Hesekiel« handelt und ich fand selbst, daß die Stelle wenig freundlich klingt. Es stand sofort bei mir fest, daß ich Ihnen dies schreiben müsse und so spreche ich Ihnen denn rückhaltslos aus, daß ich es bedaure einen solchen faux pas gemacht zu haben. Ich hätte dies früher gethan, wenn mir die Einsicht meines Unrechts früher gekommen wäre, aber noch bei Eintreffen Ihres Briefes glaubte ich mich vollkommen im Recht und sah auf Ihrer Seite nur Humorlosigkeit und Empfindelei. Davon bin ich nun zurückgekommen. Wie mein Satz da steht, wirkt er so, daß Sie Anstoß daran nehmen durften. Freilich fürchte ich, daß Sie diesen Anstoß auch genommen haben würden, wenn ich im *Ausdruck glücklicher gewesen wäre,* aber dies darf mich nicht abhalten mein aufrichtiges Bedauern über einen in seinem Hange nach Präcision literarisch verfehlten Satz auszusprechen. Es ist grundschlecht herausgekommen, vielleicht gerade deshalb, weil mein dem ganzen Hause Hesekiel in einem selten hohen Grade zugethanes Herz mich nicht genugsam zur Vorsicht mahnte. Seiner Frau (nach Bismarck) sagt man die tollsten Dinge, weil einen die Frau ja kennt und weiß wie's gemeint ist. Aus welchem zufälligen Bismarck-Citat ich aber nicht abzuleiten bitte, daß ich des Glaubens wäre wirklich materiell »tollste Dinge« gesagt zu haben, und *hier* werden unsre Ansichten wohl auseinandergehn.

(SJ IV 158 f)

Fontane an Wilhelm Hertz Berlin, 6. September 1884
Seit ein paar Tagen bin ich aus Schlesien zurück und will übermorgen früh – wenn mir nicht das Theater einen Strich durch die Rechnung macht – nach Rügen. Um dadurch nicht neue Hinausschiebungen entstehen zu sehen, erlaube ich mir in Beifolgendem die ersten 9 Kapitel des Scherenberg-Buches nach nochmaliger sorgfältiger Durchsicht an Sie gelangen zu lassen. Eh die Hälfte davon gedruckt sein kann, bin ich wieder zurück, denn ich will Rügen nur kennen lernen, nicht Aufenthalt daselbst nehmen. Und so denk ich denn für die Tage vom 15. bis 20. die Einsendung von weitren sechs oder sieben Kapiteln versprechen zu dürfen. Und dann schnell hinterher den Rest. (WHH 273)

Fontane an Wilhelm Hertz Berlin, 7. September 1884
Besten Dank und mit allem einverstanden.
In etwa 8 Tagen denke ich von Rügen wieder zurück zu sein und melde mich dann. Ich habe so vielerei vor, Altes und Neues, daß mir eine kl. Vertagung durchaus willkommen ist. (WHH 273)

Fontane. Tagebuch [September 1884]
Ich blieb nur etwa 5 Tage in Berlin, wo ein Gastspiel stattfand, fing meinen Scherenberg für die Buchausgabe an zu korrigieren und ging dann am 7. September nach Stralsund und Rügen, wo ich eine Woche blieb. (E 25, 148)

Fontane. Tagebuch [Herbst 1884]
Der Druck meines Scherenberg-Buches beginnt, geht aber sehr langsam vonstatten. (E 25, 149)

Fontane an Wilhelm Hertz Berlin, 25. September 1884
Anbei nun endlich der gesammte Rest Scherenberg. Die vier, meist noch handschriftlichen Kapitel, 10 bis 13, bilden ein besondres Convolut.
Anfänglich wollt' ich bitten, mich der Correktur ja selbst der Revision zu überheben, denn sein Eignes immer wieder zu lesen, strapaziert nicht blos sondern verdummt auch, ich muß es aber doch drauf ankommen lassen, viele Kapitel, namentlich die bisher noch

ungedruckten, erheischen es. Sehr froh aber wäre ich wenn ich die Revisionsbogen *so* fix und fertig erhielte, daß ich mein Auge nur aufs *Ganze*, die Neu-Gruppirung des Stoffs etc. zu richten hätte.

(WHH 274)

Fontane an Wilhelm Hertz Berlin, 26. September 1884
Mit bestem Dank anbei das unterzeichnete Contrakt-Exemplar zurück.
Also Ruppin![6a] Süße, liebe, langweilige Heimath.
Wenn ich noch einen kl. Wunsch äußern darf: dem Brahm'schen Buche nicht *zu* ähnlich![7] (WHH 274)

Fontane an Wilhelm Hertz Berlin, 30. September 1884
Der splendidere Druck kommt mir *höchst* erwünscht; ich hatte nur vergessen, eigens darum zu bitten. 14 Bogen ist zu dünn, auch werden etwa 27 Zeilen auf der Seite besser aussehn als 33. (WHH 274)

Fontane an seinen Sohn Friedrich Berlin, 10. Oktober 1884
Deine Bemerkungen über den Scherenberg-Aufsatz sind alle ganz gut, am besten die über das ewige »unerachtet«. Natürlich ist es besser, man wechselt mit solchen Wörtern. Einklammerungen sind immer störend, aber mitunter doch gut, d. h. von zwei Übeln das kleinere, indem sie das leichtere Verstehn unterstützen. »war, war«, »hatte, hatte« usw. schreibe ich immer mit Absicht, doch läßt sich auch manches dagegen sagen. (HD 209)

Fontane an Wilhelm Hertz Berlin, 24. Oktober 1884
Aus Ruppin habe ich seit Tagen nichts erhalten, wahrscheinlich weil jetzt die pressanten Wochen anfangen. Mir nicht ängstlich; bis Ende Januar haben wir Zeit vollauf. (WHH 275)

Fontane an Mathilde von Rohr Berlin, 28. Oktober 1884
Darf ich von Ihrer Güte zwei, drei Scherenberg-Kapitel zurück erbitten? An dem Ganzen liegt mir nichts, aber *die* Kapitel von seiner Bekanntschaft mit Lassalle an bis zu seinem 80. Geburtstag (wo er

6a Dort wurde »Scherenberg« gedruckt.
7 Vgl. Brief an Wilhelm Hertz vom 14. 7. 1884.

dann verstimmt aus dem Tunnel ausscheidet) *diese* Kapitel, wahrscheinlich nur drei, hätte ich gern.
Es sind nämlich manche Personen, die viel Freundlichkeit für Scherenberg gehabt haben, vergessen worden, und deren Namen und einige kurze Notizen über sie, möchte ich gern noch anbringen. Schlimmstenfalls muß ich mir das Manuskript aus der Druckerei zurückfordern, aber das stiftet allemal Confusion. (SJ III 216)

Fontane an Auguste Scherenberg Berlin, 4. November 1884
Schönsten Dank! Ich werde alles benutzen. Ob in rechter und ausreichender Weise, wage ich im Voraus nicht zu bestimmen, aber es soll wenigstens nichts vergessen werden. (FAP)

Fontane an Auguste Scherenberg Berlin, 6. Dezember 1884
Könnten Sie uns morgen (Sonntag) Abend wohl eine Stunde schenken, etwa von 6 oder 6 ½ an? Ich habe doch noch viele Fragen, nachdem ich nun die Stellen gefunden habe, wo ich die verschiedenen Freundschafts- und Familien-Notizen anbringen kann. Die meisten Notizen sind kurz, die über »Tante Emilie« aber wird sehr lang – wohl eine ganze Seite – weil ich bei der Gelegenheit einleitend eine Art Scherenbergschen Stammbaum (alle Geschwister des Papas) und abschließend alles Schoeneberg – Rautenbergsche geben will. (FAP)

Fontane an Auguste Scherenberg Berlin, 10. Dezember 1884
Ergebensten Dank für »Waterloo« und die sechs Zeilen. Letztre sind allerliebst, voll guter Laune wie aus seiner besten Zeit.
Und nun die Abänderung am Schluß, die Friedberg wünscht und wahrscheinlich auch *Sie*!
Glauben Sie mir, ich würde – selbst meiner gegenteiligen Meinung zum Trotz – auch in *diesem* Punkte gerne nachgeben und mich abermals Ihren Wünschen gern zu Diensten stellen. Aber ich *kann nun nicht mehr*! Die Ruhe, die Nervenkraft, die dazu gehört immer wieder ein und dieselbe Sache vorzunehmen und daran zu ändern, zu basteln und zu pusseln, diese Nervenkraft hab' ich nicht. Ich fange nun an nervös zu werden und es muß bleiben wie es ist. Pardon, aber noch einmal: ich kann nun nicht mehr. (FAP)

Fontane an Hermann Scherenberg   Berlin, 10. Dezember 1884
Ganz ergebensten Dank, ebenso für die Raschheit wie für die Vollständigkeit Ihrer freundlichen Antwort.
Nur noch zweierlei.
Ist der Name Couriol (Conriol) richtig? Ich war nicht sicher »n« oder »u«. Letzteres freilich wahrscheinlicher.
Dann:
In welchem Jahre starb Ihr Bruder *Julius*? Oder lebt er noch, seinem Bruder Christian Friedrich in Kraft und Dauerbarkeit nacheifernd.
Sehr hat mich das Geschlechtsregister von 1477 interessirt, *so* sehr, daß ich auch dafür noch eine Stelle gesucht und gefunden habe, wo ich es als Anmerkung anbringen kann.
(FAP)

Fontane an Bernhard von Lepel   Berlin, 16. Dezember 1884
Für Deine freundlichen Worte über den Scherenberg-Aufsatz sei bestens bedankt, er hat im Allgemeinen gefallen (selbst Exc. Friedberg, dem ich letzten Sonntag in die Arme lief, war leidlich zufrieden) sonst aber ist von Lob und Anerkennungeinstecken, wie in jungen Jahren, gar keine Rede mehr. Ignorirtwerden ist die Regel und wird etwas gesagt, so ist es Tadel. Es wäre gleichgültig, wenn das Gesamt-Resultat nur günstiger wäre; mehr Geld oder mehr Reputation hätte herauskommen müssen, aber beides ist mediocre geblieben. Es wäre zum verzweifeln, wenn nicht das *eine* Gute: das des »Gutbezahltwerdens« wäre! Sonderbar, das Publikum läßt einen im Stich, aber der alte Feind der schriftstellernden Menschheit, der Buchhändler, thut seine Schuldigkeit. Natürlich ist nicht W. Hertz gemeint; er ist ein ehrlicher und anständiger Mensch, aber vor dem Verhungern würde *er* mich nicht geschützt haben.
(FL II 377)

Fontane an Auguste Scherenberg   Berlin, 17. Dezember 1884
Sie haben ganz Recht, das ist viel zu teuer. Das alte Leiden in Deutschland, wo der zu hohe Preis der Bücher das Kaufen fast zur Unmöglichkeit macht. Im Uebrigen bezweifle ich nicht, daß ich Ihnen zwei sehr hübsch gebundene Exemplare (ich hatte schon welche in Händen) à 5 Mark pro Exemplar vom Dresdner Verle-

ger her besorgen kann. Ich bin sehr gern dazu bereit und bitte Sie nur, es mich umgehend auf einer Postkarte wissen zu lassen. Die Bücher können dann bis Sonnabend spätestens Sonntag hier sein.
(FAP)

Fontane an Mathilde von Rohr   Berlin, 8. Januar 1885
Mein »Scherenberg-Buch« wird wohl Mitte Februar fertig sein, – so wie ich ein Exemplar habe, bitt' ich es Ihnen überreichen zu dürfen.
(SJ III 217)

Fontane. Tagebuch   12.–22. Januar 1885
Der Druck meines Scherenberg-Buches wird beendet.   (E 25, 151)

Fontane an Wilhelm Hertz   Berlin, 23. Januar 1885
Freund Buchbinder[8] – als Landsmann muß er sich meine Freundschaft gefallen lassen – schickte mir gestern Titel und Inhalt zu dem Scherenberg-Buch. Ich finde das Titelblatt nicht sehr gelungen. Nach meinem Geschmack müßte das
Christian Friedrich Scherenberg
viel größer und dicker sein (dies wäre mir das Liebste) ist das aber gegen die Mode, so glaub ich muß die zweite resp. dritte Zeile
das literarische Berlin
etwas kleiner und gedrängter auftreten. Ich rufe Ihre Hülfe dabei an, da mein bloßer gegen B. geäußerter Wunsch wohl nicht viel helfen wird.
Darf ich auch noch anfragen, ob gleich *gebundene* Exemplare auf dem Büchermarkt erscheinen sollen? Ist dies der Fall, so warte ich deren Erscheinen ab und lasse meinerseits keine Exemplare extra binden.
(WHH 276)

Fontane an Wilhelm Hertz   Berlin, 25. Januar 1885
Es freut mich sehr, daß ich mit meinem Geschmack hinsichtlich des Titelblatts nicht allein stehe. Morgen früh werden wohl neue Proben aus Neu-Ruppin eintreffen. – Paßt es Ihnen mir das Honorar

[8] E. Buchbinder als Drucker des Scherenberg-Buches in Neuruppin.

per Post zu schicken? Ist es gegen den Brauch, so komme ich selbst oder meine Frau spricht vor, denn ich opfre nicht gern einen Arbeits-Vormittag. Wie viele hat man denn überhaupt noch? Da wird man zeitökonomisch. (WHH 276 f)

Fontane an Wilhelm Hertz   Berlin, 27. Januar 1885
Empfangen Sie meinen herzlichen Dank für das Scherenbergbuch-Honorar (1500 Mark) desgleichen für alle freundlichen Worte womit Sie die Zusendung begleitet haben. Mögen sich die guten Wünsche erfüllen, und sich geneigte und nicht *zu* wenige Leser für das neue Buch finden. Hoffentlich steht uns nicht in der politischen Welt ein Ereigniß bevor, das, wenn es mit der Ausgabe des Buches zusammenfiele, es wahrscheinlich mit in den Orkus nehmen würde. So hofft und bangt jeder. Und doch muß es Einen, welche, viele treffen! (WHH 277)

Fontane an Auguste Scherenberg   Berlin, 14. Februar 1885
Das »Buch« ist noch immer nicht da; so wie es erschienen ist, laß ich es Sie wissen. (FAP)

Fontane an Wilhelm Hertz   Berlin, 16. Februar 1885
Was macht »Scherenberg?« Kommt er bald? (WHH 278)

Fontane an Wilhelm Hertz   Berlin, 25. Februar 1885
Ich habe dem Doppelredakteur mit dem vielversprechenden Namen[9] (ob ihn St[ilke] darauf hin engagirt hat?) das 3. und 4. Kapitel geschickt; ob er's »aktuell« genug finden wird, muß ich abwarten. Von Honorar natürlich keine Rede; die Liebe würde sich sofort in gährend Drachengift verkehren. Ueberhaupt wirkt die ganze Geschichte nicht sehr kauscher; entweder will man mit Ihnen oder mit mir anbändeln oder man will einfach Geld sparen und sich noch das Ansehn des Wohlwollens und der Protektion geben[10]. Wie schlimm muß es liegen, wenn *ich* solche Sprache führe, der ich wirklich nicht nach dem Schoflen und Mesquinen suche.

9 Oskar Bulle.
10 Vgl. dazu WHH 526.

Darf ich hieran noch gleich die herzliche Bitte knüpfen: »nur kein Rezensions-Exemplar an die Post schicken.« Irgend ein Schaf an dieser Zeitung ist ein geschworner Feind von mir (ich habe keine Ahnung wer) und rächt sich durch Unverschämtheit bei Besprechung meiner Bücher. Wenn er sich dies Vergnügen weiter machen will, kann er die Bücher wenigstens bezahlen. Er wird sich aber hüten.

(WHH 278)

Fontane an Wilhelm Hertz   Berlin, 19. März 1885
Ich wähle die Rohrpost, um die Verspätung in meinem Dank einigermaßen wiedereinzubringen. Als das Packet gestern kam, war ich nicht da, und am Abend mußte ich ins Theater. Das Buch macht sich ja trefflich, namentlich auch die gebundenen Exemplare, für die ich noch im Besondren danke. Nun denn »Glückauf.«

(WHH 278 f)

Fontane an Wilhelm Hertz   Berlin, 24. März 1885
Fräulein Auguste Scherenberg hat mich gestern gebeten, den Empfang ihrerseits, von 10 *gebundenen* Exemplaren vermitteln zu wollen, was – ich habe schon mal dergleichen für sie besorgt, bei Steffens in Dresden, – so viel heißen soll, wie Empfang zu ermäßigtem Preise.
Wenn Sie dem freundlichst die Hand bieten, was ich kaum bezweifle, so möcht' ich Sie ganz ergebenst ersuchen, die 10 Exemplare sammt Rechnung an *mich* gelangen zu lassen. Ich spedire dann alles weiter, ziehe das Geld ein und laß es an Sie gelangen.
Ungelegenheiten können daraus nicht erwachsen, denn trotzdem sie (Frl. Scherenberg) eine Dichtertochter ist, ist sie doch in Geldsachen höchst exakt, was ich schon ein paarmal, auch in dem Fall mit Steffens in Dresden, erprobt habe.
[...]
Zugleich bitte ich noch, in einem Sonder-Packet, um fünf gebundene Exemplare für *mich*, blos um des Einbands willen. Ich erlaube mir für diese fünf Einbände 5 Mark beizuschließen und bitte dem die zwei Packete bringenden Boten meinerseits fünf ungebundene Exemplare, wohl verpackt, zurückgeben zu dürfen.

(WHH 279)

Fontane an Elisabeth Friedlaender   Berlin, 26. März 1885
Am 30. Dezember früh, als Ihre mich so freudig überraschenden Zeilen hier eintrafen (denn wie konnte ich denken, daß mein Geburtstag ein »historischer Tag« sei) hätte ich mir's nicht träumen lassen, daß ein Vierteljahr bis zur Beantwortung einer so liebenswürdigen Zuschrift vergehen würde. Mein Wunsch war damals, dem »Petöfy«, dem Sie so viel Huld erwiesen, ein zweites, unmittelbar in Sicht stehendes Buch nach Ihrem idyllischen Hause hin folgen zu lassen, aber der Herr Verleger hat, ganz gegen Erwarten, eine Retardirung beliebt, und so sind aus drei Wochen, auf die ich rechnete, drei Monate geworden. Seit vorgestern nun, so hoff' ich, ist das Buch in Ihren Händen und bittet um Nachsicht. Es ist ein Stück Berliner Welt darin abgeschildert, und Ihr Herr Gemahl wird viele der auftretenden Gestalten kennen, vor allem Excellenz Friedberg, vielleicht auch dessen Frau.   (FRI 5)

Fontane. Tagebuch   22. Februar – Ende April 1885
Gesellschaftlich all die Zeit über wenig erlebt; Korrespondenz mit Pastor Windel in Meran, mit Dr. Friedländer in Schmiedeberg, denen ich mein Anfang März erschienenes Buch »Christian Friedrich Scherenberg und das literarische Berlin von 1840–60« schickte. Dasselbe Buch auch an Minister v. Puttkamer und Geh. R. v. Bitter geschickt. Die Kritik nimmt es freundlich auf.   (E 25, 154)

Fontane an Ernst Schubert   Berlin, 17. April 1885
Ganz durch eine Novellenarbeit[11] absorbirt, die spätestens morgen (eigentlich am 15.) in Leipzig eintreffen mußte, bin ich, nach glücklich expedirtem Paket, erst in dieser halben Stunde dazu gekommen, Ihre Besprechung meines Scherenberg-Buches zu lesen. Ich finde sie brillant, ebenso voll Leben und Frische wie voll Wohlwollen gegen mich und beklage es aufrichtig, daß statt ihrer ein Elaborat erscheinen wird, das feierlich und gelehrt einsetzt und mir unter griechischen und lateinischen Citaten, aus meinem *eignem* Buch den Beweis führen will, daß Scherenberg kein Egoist gewesen sei. Gerade das Gegentheil. Du lieber Himmel! Da habe ich mei-

---

11 »Unterm Birnbaum«.

nen Pappenheimer doch besser gekannt. Ja, man hat mitunter Pech und dahin zähle ich, daß ich durch eine Kette von Rücksichten, kleinen gesellschaftlichen Verpflichtungen etc. etc. gezwungen war, für meinen Antagonisten oder doch mindestens für meinen Besserwisser und moralischen Kopfwascher zu plaidiren. Der betr. Herr, Dr. L. Schwerin, ist ein vortrefflicher, gescheidter, liebenswürdiger Mann, voll Anerkennung und Güte gegen mich, aber publicistisch ein reines Kind trotz seiner 70 Jahre, sonst hätte er mich nicht in die Lage bringen dürfen, diesen seinen Sonderbarkeits-Artikel[12] bei der Vossin unterzubringen. Nachdem er aber das absolut Tolle, das darin liegt, nicht selber eingesehn hatte, gab es keine Rettung mehr; ich konnte nun nicht mehr sagen »nein«, weil er geglaubt haben würde, ich hätte gegen ihn gesprochen, vielleicht gar intriguirt.

(RK 72)

Fontane an Paul Schlenther   Berlin, 19. April 1885
Empfangen Sie meinen herzlichen Dank für Ihren reizenden Artikel über mich in der »Nation«. Die ganze Familie hat sich daran erfreut und erheitert, namentlich auch über die kleinen Stiche, die so geschickt und liebenswürdig beigebracht werden, daß sie nur prikkeln, nicht schmerzen. Überall bin ich mit Ihnen einverstanden, auch darin, daß ich den von Scherenberg unberührten Leser, die scherenbergfreie Seele so frei und schuldlos entlasse, wie sie an mein Buch herantrat. Desgleichen einverstanden, was die »Methode« angeht: sie *nicht* haben, ist ein Vorzug, aber auch ein Verbrechen.

(E 12, 1373)

Fontane an Paul Heyse   Berlin, 24. April 1885
Habe Dank für Deine freundlichen Worte über Jung-Bismarck und das Scherenberg-Buch.
[...]
Und nun Scherenberg! Es ist ja alles richtig, was Du schreibst, aber ich konnte nicht gut anders. Ich erhielt eine Fülle von Briefmaterial und tat meine eignen Erinnerungen hinzu. Und nun ging es los. Hätte ich *nicht* aus der Erinnerung heraus geschrieben, so hätt'

12 Vgl. RK 72.

ich's überhaupt nicht schreiben können; ich vermied, auch nur *eine* Zeile aus seinen großen Epen zu lesen. Ich glaube, wir denken gleich darüber. Es ist alles nicht ohne eine gewisse Größe der Anschauung, mitunter auch der Empfindung, geschrieben, dabei geistreich und eigenartig; im letzten aber perhorreszier' ich doch diese ganze Art von Kunst. Es ist alles von Grund aus geschmacklos, und was Wildenbruch Anno 85 im Drama ist, war Anno 45 Scherenberg im Epos. Immer das Maul voll genommen, keine Spur von Einfachheit und Klarheit. Die Gedichte sind *viel* besser und einige von solcher Potenz, daß alles aufhört und ihm seine sonstigen Sünden vergeben werden. Und nun lebe wohl.

(FH 158 f)

Fontane an Mathilde von Rohr Berlin, 24. April 1885
Das Andre[13] ist mein Scherenberg-Buch. Ich hätte Ihnen dasselbe geschickt, gerade *Ihnen*, die Sie stets so voll Theilnahme für meine Arbeiten sind, unterließ es aber, weil mir in der Erinnerung war, Sie hätten das Buch bei W. Hertz bestellt. Ist das nicht der Fall, so bitte ich um die Ehre, es Ihnen noch schicken zu können. Das Publikum ist durch die Arbeit zufriedengestellt, ob auch die Familie, ist mir zweifelhaft. Schadet auch nichts. Ich bin daran gewöhnt.

(SJ III 218)

Fontane an Auguste Scherenberg Berlin, 24. April 1885
Beim Ordnen meiner Papiere, finde ich noch eine Anzahl Schriftstücke, die verkramt waren und Ihnen deshalb nicht rechtzeitig wiederzugegangen sind. Desgleichen die quittirte Rechnung von W. Hertz über 10 gebundene Exemplare. Der Ordnung halber schließe ich noch eine Gesamtrechnung bei, derselben die von W. Hertz bewilligten Rabattpreise von 4 Mark 65 und 3 Mark 65 zu Grunde legend.

(FAP)

Fontane an Wilhelm Hertz Berlin, 14. Mai 1885
Besten Dank für das Blatt aus der Nat. Ztg., das mir, ohne Ihre Güte, nicht zu Gesicht gekommen wäre. Scherenberg kann lachen, daß er, zwanzig Jahre nach seinem Verschwundensein aus d. Welt,

---

13 Vgl. den Kontext des Briefes.

noch mal Gegenstand einer Controverse wird. Das belebt ihn wieder. Und wenn ich nicht irre, hat Goethe mal den Satz ausgesprochen »wer, nachdem er zu den Todten geworfen, noch mal ausgebuddelt wird, der lebt *nun* noch lange Zeit.«
Daß Franz Duncker so warm für seinen alten Freund eintritt, freut mich, auch ist die Charakteristik, die er von ihm giebt, und daß er mit den Reactionärs nur die Bewunderung für Fr: II. und Anno 13 gemein hatte, durchaus richtig. Dennoch kann ich der ganzen Geschichte nicht recht froh werden, überall der Pferdefuß des Parteimanns, und was Fr. Duncker von A. M.[14] sagt: »sein Aufsatz erhebe sich nicht auf den Standpunkt des Historikers« das gilt auch von seinem eignen (Dunckers) Aufsatz. Was soll das heißen: »Waterloo und Leuthen werden sich dauernd im Gedächtniß der Nation *erhalten*«. Als ob sie noch lebten! Nicht Scherenberg, aber speziell seine großen Epen sind todt und werden es bleiben. Daß *ich* Scherenberg einen Lyriker genannt hätte, ist mir nie eingefallen.
(WHH 280)

Fontane an Ernst Schubert   Berlin, 22. Mai 1885
Heute spukt ja nun auch der Anfang der Scherenberg-Kritik in der Zeitung, der Ihre freundlicheren und Gott sei Dank ungelehrteren Worte (namentlich ohne griechische Zitate) zum Opfer fielen. Es können Sachen *zu* gut sein und meines lieben Freundes Dr. Sch. Kritik gehört ein bischen dahin.[15]   (RK 73 f)

Fontane an Wilhelm Hertz   Berlin, 26. September 1885
Besten Dank für das reizende Werder-Buch[16] und die freilich weniger reizende Scherenbergbuch-Kritik[17]. So stellt sich die conservative Presse zu Scherenberg und mir, die wir doch als zwei »Saulen« der ganzen alten Pastete angesehn werden. Mit »Post« und »Kreuz-Ztng« bin ich fertig, wie sie mit mir, und nun kommt auch noch mein Freund Pindter und läßt mir meinen Stil und meine

---

14 Vgl. WHH 527.
15 Vgl. Brief an Ernst Schubert vom 17. 4. 1885.
16 Karl Werder, Vorlesungen über Shakespeares »Macbeth«, 1885.
17 »Norddeutsche Allgemeine Zeitung« vom 5. 7. 1885.

Schreibweise durch einen seiner Myrmidonen corrigiren. Nun meinetwegen. »Leg's zu dem Uebrigen.« Aber die Sehnsucht irgendwo Kohl zu baun und ein paar Pflaumen am Spalier zu ziehn, wird immer größer. Und hätte ich ein klein wenig mehr Glück gehabt, so wäre ich schon dabei. (WHH 280 f)

Fontane an Auguste Scherenberg   Berlin, 10. November 1885
Nachträglich ist mir eingefallen, daß ich, glaub' ich, die Besorgung eines Exemplars (»Scherenberg«-Buch) vergessen habe. Brauchen Sie's noch, so stehe ich mit einer Bestellung bei W. Hertz gern zu Diensten. (FAP)

Fontane an Wilhelm Hertz   Berlin, 25. November 1885
Auguste Scherenberg, das alte Poetenkind, möchte noch gern einen Scherenberg-Band zu ermäßigtem Preise haben – und hat mich um meine Vermittlung gebeten. Darf ich, unter Beifügung einer quittirten Rechnung bittend, ganz ergebenst darum ersuchen; ich sende dann gleich den Betrag durch den Ueberbringer. (WHH 281)

Fontane an Auguste Scherenberg   Berlin, 11. Dezember 1885
Das Exemplar ist seit längerer Zeit besorgt und liegt, sammt einem halben Jahrgang der »Berliner Illustrirten Zeitung« zum Abholen bereit. Es eilt aber nicht damit, denn es nimmt uns keinen Platz weg. Also ganz nach Zeit und Gefallen. Sie sollten nur erfahren, daß es da ist. (FAP)

Fontane an Karl Eggers   [1885?]
Darf ich Ihnen in Beifolgendem das jüngste Kind meiner Laune präsentiren und zu nachsichtiger Beurtheilung empfehlen! (FAP)

Fontane an Wilhelm Hertz   Berlin, 28. Januar 1886
Fräulein Scherenberg (wohl die beste Kundin in Bezug auf »Papa« trotz des starken Rabatts) bittet noch wieder um ein Exemplar: Scherenberg. Darf ich, wenn Ihre Güte es gelegentlich schickt, bitten, eine quittirte Note beizulegen. (WHH 284 f)

Fontane an Wilhelm Hertz   Berlin, 31. Januar 1886
Frl. Scherenberg werde ich, Ihre Zustimmung voraussetzend, auffordern, in Zukunft einfach bei Ihnen vorzusprechen und unter Nennung ihres Namens um ein Rabatt-Exemplar zu bitten.
Sich zu legitimieren wird sie nicht nöthig haben, sie ist unverkennbar, auch wenn man sie nie gesehen hat und Sie werden ein ganz apartes und intressantes, wenn auch etwas schussliges Menschenexemplar (an der Grenze von »Hundefrölen«) in ihr kennen lernen.
(WHH 285)

Fontane an Wilhelm Hertz   Berlin, 19. Januar 1887
Besten Dank für die Revue Critique.[18] Es ist wirklich alles Mögliche, kein Name falsch gedruckt, der Inhalt mit merkwürdiger Präcision und Correktheit wiedergegeben, – nach *der* Seite hin imponirt es mir geradezu, aber von Kritik keine Rede. Freilich auch nicht zu verlangen. Wer soll in Frankreich Scherenberg kennen oder ihn gar erst durchlesen!
(WHH 288 f)

Fontane an Moritz Lazarus   Kissingen, 3. August 1889
Daß Sie vor Scherenbergs Werken bewahrt geblieben sind, ist ein Glück. Ich habe mein kleines Buch über ihn mit großer Liebe und aufrichtiger Verehrung geschrieben, aber *alles aus der Erinnerung von* 1846 bis 1849 heraus, wo die Sachen entstanden und im Tunnel zum Vortrag kamen. Eine innere Stimme sagte mir: »Liest du das alles noch mal durch, so bist du verloren und *er* erst recht.« Als das Buch fertig war, habe ich dann noch mal scheu in seine Dichtungen hineingekuckt. Nicht zu lesen, trotzdem er etwas, ja vielleicht viel von einem großen Dichter hatte und ein geistreicher Mann war. Nur solche verdrehte Schweizerschraube wie Orelli konnte das alles schön finden. In grausamer Weise läßt er einen nach drei Seiten hin im Stich. Nichts hat Form (trotz meist sehr guter Komposition). Lyrischer Ton vakat und Geschmack erst recht. Er wiegt hundert Durchschnittspoeten auf und ist doch mehr eine höchst interessante Zeiterscheinung als ein erquicklicher Dichter. Ohne Wohllaut geht es nicht.
(FR II 205)

18 Vgl. WHH 530.

Fontane an Georg Friedlaender   Berlin, 14. Dezember 1891
Also Holtei, wenn Sie viel Zeit dran setzen wollen (wovon ich aber abrathe, keiner dankt's einem) – sonst Scherenberg. Er ist *auch* ein sehr dankbarer Stoff und daß er ärmer ist, ist eigentlich ein Vorzug. Wer die Wahl hat, hat die Qual. Bei Scherenberg, unter Zugrundelegung meines Buches (und eine andre Quelle giebt es nicht und wird es nie geben) ist von »Auswahltreffen« gar keine Rede; sechs, acht Situationen sind in den Vordergrund gestellt und wenn Sie diese excerpiren, mit wenigen Zeilen die Verbindung herstellen, und vier oder fünf der besten Dichtungen (aber nichts aus den großen Epen, die eigentlich – trotz viel geradezu Genialem – alle schwülstig und langweilig sind) einschalten, so ist die Sache in kürzester Frist gemacht.
(FRI 164)

Fontane an Wilhelm Hertz   Berlin, 17. September 1893
Darf ich von Ihrer Güte ein Exemplar meines Scherenberg-Buches erbitten? Ich möchte es nach Karlsbad schicken, wo ich die Bekanntschaft eines ungemein liebenswürdigen Herrn, des Professors Victor Meyer (Nachfolger von Bunsen) gemacht habe. Dieser aus der Köpnickerstraße stammende Victor Meyer, der beiläufig schon mit 22 ordentlicher Professor war, ist durch den klugen aber schiefgewickelten *Orelli* auf Christenthum hin trainirt worden (was nicht alles vorkommt!) und hat bei der Gelegenheit auch Scherenberg kennen gelernt. Er nahm ein Interesse an dem Orellischen, das ich in das Buch hineingestopft habe, weshalb ich's ihm schicken möchte.
(WHH 349 f)

Fontane an Georg Friedlaender   Berlin, 21. September 1893
Mein Scherenberg-Buch habe ich an *Victor Meyer* geschickt, der mir heute in einem liebenswürdigen kleinen Briefe dankt.
(FRI 233)

Fontane an Gustav Keyßner   Berlin, 2. April 1895
Alles Operiren mit Unendlichkeit und Unsterblichkeit ist bedenklich; es ist unglaublich, welche »Umwertungen« sich oft schon in einem lumpigen halben Jahrhundert vollziehn. 1855 hieß Ernst

Scherenbergs Onkel (Christian Friedrich Scherenberg) der »pommersche Shakespeare« und sein »Waterloo« schlug Messiade und Iliade aus dem Felde; jetzt, nach 40 Jahren, ist er so gut wie vergessen. Ein Buch, das ich über ihn geschrieben habe, hat ihn auch nicht retten können.
(E 16, 175 f)

Fontane an Wilhelm Hertz   Berlin, 13. Juli 1896
Darf ich Ihre Güte um ein Exemplar »Scherenberg« (wenn möglich gebunden) angehn. Ich habe an das Cultusministerium (de la Croix) über Scherenberg berichten müssen und möchte diesen Bericht durch Hinweis auf ein paar charakteristische Züge, die sich in dem Buche vorfinden, unterstützen. Natürlich handelt sich's um eine Unterstützung des ganz mittellos zurückgebliebenen Fräuleins Scherenberg.
(WHH 364)

Fontane an Robert Bosse [Entwurf]   Berlin, 1897 [?]
Ich erlaube mir, im Beifolgenden Ew. Exzellenz mein Buch respektvollst zu überreichen, das von allen diesen Dingen handelt und dabei – neben den Briefen Friedbergs, die den Charakter des Ministers so liebenswürdig zeichnen – vor allem auf S. 226 auf eine kleine Geschichte Ew. Exzellenz freundliche Aufmerksamkeit hinzulenken, eine kleine Geschichte, die, so klein sie ist, den Charakter des Vaters und der Tochter kennzeichnet. Beide gütig, aber *er* stets unter Wahrung seiner Bequemlichkeit, *sie* mit Drangebung ihrer selbst.
(So war ihr Lebenslauf.)
Was die Bedeutung Scherenbergs angeht, so muß sich die Familie mit der Versicherung trösten, daß »wer den besten seiner Zeit genügt, für alle Zeiten gelebt habe«. Mitte der 50er Jahre hieß Scherenberg der »pommersche Shakespeare«, jetzt weiß die junge Welt kaum als Notiz, daß er mal ein Mittelpunkt und Gegenstand der Bewunderung war. Es konnte dies rasche Verblassen nicht ausbleiben, die ganze Sache, so famos und geistreich sie war, war eine Geschmacksverirrung, wovon übrigens Einzelne schon damals eine Vorstellung empfingen. Mein verstorbener Freund Bernhard von Lepel war durch viele Jahre hin ein rabbiater Scherenberg-Schwär-

mer. Aber eines Tages kam er doch zu mir und sagte: »lieber Fontane, ich habe da gestern die Beschreibung der Schlacht von Waterloo vom alten Müffling gelesen, – *dagegen* kann unser Scherenberg doch nicht an.«
(LA 592)

Romane und Novellen

Geschwisterliebe. Novelle

Entstehung: 1839
Erstdruck: In »Berliner Figaro«, Jg. 9, 1839

Fontane. Aus »Von Zwanzig bis Dreißig« 1898
Als ich wieder unten war, atmete ich auf und sah nach der Uhr. Es war erst vier. Das war mir viel zu früh, um schon wieder direkt nach Hause zu gehn, und da mich der von mir einzuschlagende Weg an dem Hause der d'Heureuseschen Konditorei vorbeiführte, drin – was ich aber damals noch nicht wußte – hundertundfünfzig Jahre früher der Alte Derfflinger gewohnt hatte, so beschloß ich, bei d'Heureuse einzutreten und den »Berliner Figaro«, mein Leib- und Magenblatt, zu lesen, darin ich als Lyriker und Balladier schon verschiedentlich aufgetreten war. Eine spezielle Hoffnung kam an diesem denkwürdigen Tage noch hinzu. Keine vierzehn Tage, daß ich wieder etwas eingeschickt hatte, noch dazu was Großes – wenn das nun vielleicht drin stünde! Gedanke, kaum gedacht zu werden. Ich trat also ein und setzte mich in die Nähe des Fensters, denn es dunkelte schon. Aber im selben Augenblicke, wo ich das Blatt in die Hand nahm, wurden auch schon die Gaslampen angesteckt, was mich veranlaßte, vom Fenster her an den Mitteltisch zu rücken. In mir war wohl die Vorahnung eines großen Ereignisses, und so kam es, daß ich eine kleine Weile zögerte, einen Blick in das schon aufgeschlagene Blatt zu tun. Indessen dem Mutigen gehört die Welt; ich ließ also schließlich mein Auge drüber hingleiten, und siehe da, da stand es: »Geschwisterliebe, Novelle von Th. Fontane.« Das Erscheinen der bis dahin in mal längeren, mal kürzeren Pausen von mir abgedruckten Gedichte hatte nicht annähernd solchen Eindruck auf mich gemacht, vielleicht weil sie immer kurz waren; aber hier diese vier Spalten mit »Fortsetzung folgt«, das war großartig. Ich war von allem, was dieser Nachmittag mir gebracht hatte, wie benommen und mußte es sein; vor wenig mehr als einer halben Stunde war ich bei Natorp zum »Herrn« und nun hier bei d'Heureuse zum Novellisten erhoben worden. Zu Hause angekommen, berichtete ich nur von meinem glücklich bestandenen Examen,

über meinen zweiten Triumph schwieg ich, weil mir die Sache zu hoch stand, um sie vor ganz unqualifizierten Ohren auszukramen. Auch mocht' ich denken, es wird sich schon 'rumsprechen, und dann ist es besser, du hast nichts davon gemacht und dich vor Renommisterei zu bewahren gewußt. (NFA XV 10f)

James Monmouth

Entstehung: 1853
Erstdruck: in »Argo. Belletristisches Jahrbuch für 1854«, 1854

Fontane an Bernhard von Lepel   Berlin, 11. August 1853
Ich mußte überaus fleißig an meiner Novelle (James Monmouth) arbeiten [...] (FL II 71)

Tuch und Locke

Entstehung: 1853
Erstdruck: In »Argo. Belletristisches Jahrbuch für 1854«, 1854

Fontane an Paul Heyse   Berlin, 4. November 1878
Der eine früher, der andere später.[1] Ganz ohne geht es nicht mehr, zumal wenn man mit »Tuch und *Wolle*«, wie Frau Geh. R. Flender meine 54er Argo-Novelle zu nennen pflegte, so hoffnungsvoll vorgespukt hat. Lies nachsichtig und schreibe mir ein freundliches Wort. Aber betone auch, was fehlt. Denn schließlich dürste ich doch noch mehr nach Wahrheit als nach Lob. (FH 131 f)

[1] Bezieht sich auf »Vor dem Sturm«.

Vor dem Sturm. Roman aus dem Winter 1812 auf 13

Entstehung: seit Januar 1862
Erstausgabe: 1878

Fontane an Wilhelm Wolfsohn   Berlin, 10. November 1847
Letschin im Oderbruch, Kirchdorf mit 3500 Seelen (?) und Residenz zweier dort stationierter Gensdarmen, hängt durch Vermittelung eines sogenannten Rippenbrechers von Postwagen nur lose mit der zivilisierten Welt zusammen. Es ist ein zweites Klein-Sibirien; die Lebenszeichen einer Welt da draußen sind selten, aber – sie kommen doch vor. – Wenn ich vorhin den Postwagen als die Brücke bezeichnete, die der verstorbene Staatsminister Nagler zwischen dem Diesseits und Jenseits schlug, so war das zwar Wahrheit, aber nicht die *ganze* Wahrheit. Der geistige, mithin der bedeutsamere Verkehr wird durch ein altes Weib unterhalten, das nicht unähnlich der Norne im Scottschen »Piraten«[1] allsonnabendlich ein Felleisen in die Apotheke wirft und in Nacht und Grauen gespensterhaft verschwindet. Das alte Weib trägt einen geflickten Rock und Schmierstiefel, ihr »guten Abend« klingt wie das Donnerwetter eines Bootsknechts – ihre Reise geht auch nicht durch die Lüfte, sondern knietief durch dicksten Dreck, dennoch erscheint sie allen Hausbewohnern stets wie ein Engel vom Himmel, reizend wie Schillers Mädchen aus der Fremde. Die stets Erwartete, immer Gesegnete (was ich nicht auf interessante Leibeszustände zu beziehen bitte) ist die Küstriner Bücherfrau, die allwöchentlich im Dienst ergraute Journale wie altbackenen Kuchen aus ihrem Füllhorn auszuschütten pflegt.   (BE I 17 f)

Fontane an seine Frau   Berlin, 17. Juni 1862
Geht übrigens alles gut, so daß nicht Krankheit oder irgend eine andre große Störung dazwischen kommt, so muß ich bis zum 1. Oktober mit dem Hauptinhalt meines *zweiten* Bandes[2] fertig sein.

---

[1] Walter Scott, »The Pirate«, Roman, 1822.
[2] der »Wanderungen« (»Das Oderland. Barnim. Lebus.«).

Ich werde dann in eine Art Verlegenheit kommen, was ich arbeiten soll. Den Roman anfangen, dazu hab' ich nicht innerliche Ruhe genug, auch ist die Frucht noch nicht reif; es können noch Jahre vergehn eh' ich ihn anfange, aber dann auch hintereinander weg, sonst kommt man immer wieder in neue Schwankungen und verwirft im nächsten Sommer was man in diesem geschrieben hat. Dabei fällt mir ein, daß ihr den »reineren Stil« den ich vor Göthe voraus habe, so bereitwillig anerkannt habt. Ich habe lachen müssen und dachte: »es ist doch was.« (FAP)

Fontane an Friedrich Wilhelm Holtze   Berlin, 6. Dezember 1865
Der beiliegende Zettel ist, wie es die Weihnachtszeit mit sich bringt, abermals ein Wunschzettel. Sie werden nicht alles haben, aber doch einiges, und in betreff des Restes wird mir Ihr Rat zur Seite stehn. Ich möchte, wie Sie aus dem Zettel ersehn werden, eine Darstellung des Winters 12 auf 13 versuchen; die Form wird frei sein, der Inhalt soll es aber mit den Tatsachen genau nehmen. Vielleicht nennt mir Ihre Güte noch dies und das, was ich zu meinem Zweck gebrauchen kann. Alles Biographische wäre mir sehr willkommen; doch mache ich mir wenig aus den Biographien der Berühmtheiten und ziehe die Biographien verhältnismäßig kleiner Leute (Biographien, die allerdings sehr rar sind) weit vor. Mit andern Worten: auf Schilderungen des *Kleinlebens* in Dorf und Stadt kommt es mir an; – die großen historischen Momente laß ich ganz beiseite liegen oder berühre sie nur leise. *Briefe, die damals von in Berlin und in der Mark lebenden Leuten* geschrieben wurden, würden mein *bestes* Material sein. Vielleicht haben Sie einiges oder kennen es doch. (BE I 329 f)

Fontane an Wilhelm Hertz   Berlin, 21. Januar 1866
An dem Dreibändigen wird rüstig gearbeitet und bis jetzt mit wirklicher Freude. Mög es so bleiben. (WHH 128)

Fontane an Wilhelm Hertz   Berlin, 15. März 1866
Leider verfehlte ich Sie heute Mittag; ich hatte zerlei auf dem Herzen. Das eine bezieht sich auf die Geld- resp: Vorschußfrage. Paßt

es Ihnen, wenn ich alle Vierteljahre (Ostern, Johanni etc) um 100 rtl. bitte? Da ich auf 2 Jahre Arbeit rechne, so würde dadurch der Vorschuß-Prozentsatz, den Sie freundlichst bewilligten, vielleicht um 100 rtl. überschritten; doch denk' ich mir, daß es Ihnen darauf auch so sehr nicht ankommen wird. Wichtiger ist wohl das, daß sich meine Frau zu Rückzahlung verpflichtet, für den Fall daß ich drüber hinsterbe. Und doch ist diese Verpflichtung selbstverständlich auch ausführbar ohne besondre Schwierigkeit, da, selbst wenn die Arbeit Bruchstück bliebe, sie immer als solches (in Feuilleton-Kapiteln) gedruckt werden könnte. Die *Art* der Arbeit und ihr Inhalt gestatten das. (WHH 128)

Fontane an Wilhelm Hertz Berlin, 19. März 1866
In den nächsten Tagen bitte ich nochmals mit Ihnen die Sache durchsprechen zu dürfen; vielleicht findet sich eine andre Form (d. h. eine solche, die Ihnen mehr Sicherheit giebt) als die neulich gewählte. – Ich las am Sonntag die bewußten Zeilen meiner Frau vor, worauf diese erklärte: das könne sie nicht unterschreiben, weil sie gar keine Sicherheit habe, danach auch handeln zu können. Ich mußte Ihrer Auseinandersetzung Recht geben. Sie meinte nämlich: »gesetzt Du stirbst, nachdem Du von Herrn Hertz 600 rtl. empfangen hast; Dein Roman ist $^2/_3$ oder $^3/_4$ fertig, also unbrauchbar; ich würde nun also in die Lage kommen die 600 rtl. innerhalb 3 Monaten zurück zahlen zu müssen. Wovon? Du weißt, daß ich vor Empfang meines kleinen Erbes kein Geld habe; dies Erbe aber ist nicht eher da, als ein bestimmter Todesfall eintritt. Meine Anverwandte ist aus einer Langlebe-Familie; sie ist jetzt 76, aber sie kann 90 Jahre alt werden, in welchem Falle ich erst 12 Jahre nach Deinem Tode das Geld bezahlen könnte.«
Dies leuchtete mir sofort ein. Mein Plan geht nun dahin, daß Sie mir vielleicht eine niedrigere Vorschuß-Summe aussetzen und daß ich im zweiten Jahre suche wo anders her den Rest zu nehmen. Näheres mündlich. (WHH 129)

Fontane an Friedrich Wilhelm Holtze Berlin, 26. März 1866
Sie haben vielleicht auch schon von dem vielgenannten kleinen Bronze-Wagen gehört, der, in der Neumark gefunden, jetzt das

Prachtstück des sog: Zieten Museums in Neu-Ruppin ist. Unser dortiger Freund hat darüber geschrieben; einiges (von Lisch[3] und Grimm) soll sich in den Jahrbüchern des Mecklenburg: Vereins Jahrgang XVI, andres in den *Märkischen Forschungen* von Schwartz'[4] eigner Hand) von 1865 befinden.

Gern hätte ich *beides*; würde mich aber auch schon freuen, wenigstens in die Märkischen Forschungen einen Blick thun zu können. Um Sie geneigter zu stimmen (nicht als ob Sie nicht immer ein allergeneigtester gewesen wären) stelle ich Ihnen *Märk: Forsch*: II und III mit herzlichstem Danke zurück. (E 61, 362)

Fontane an Wilhelm Hertz [17. Juni 1866]
Ich bin Ihnen für Ihren heutigen Besuch ganz besonders dankbar. Was Sie mir am Mittwoch vor 8 Tagen sagten, deprimirte mich ein wenig; das schlimmste Urtheil bleibt immer: »es interessirt mich nicht«; davon ist gar kein Appell möglich. Heute vor 8 Tagen hoben Sie mich wieder etwas, aber ich wußte aus Ihren sehr wohl gemeinten Rathschlägen nicht recht 'was zu machen; Sie proponirten mir flott zu tanzen, während ich doch fühlte, daß ich einen Klumpfuß und eine schwache Lunge habe.

Heute haben Sie mir einen wirklichen Dienst geleistet und ich konnte Ihnen beinah Punkt für Punkt zustimmen. Die wichtigsten Punkte schienen mir folgende zu sein:

1. man muß die Dinge nicht zu gut machen wollen; das giebt nur Unfreiheit und Peinlichkeit.

2. man muß nicht *alles* sagen wollen, dadurch wird die Phantasie des Lesers in Ruhestand gesetzt und dadurch wieder wird die Langeweile geboren.

3. Man muß Vordergrunds- Mittelgrunds- und Hintergrunds-Figuren haben und es ist ein Fehler wenn man *alles* in das volle Licht des Vordergrundes rückt.

4. Die Personen müssen gleich bei ihrem ersten Auftreten so gezeichnet sein, daß der Leser es weg hat, ob sie Haupt- oder Neben-

---

[3] G. C. Friedrich Lisch, »Bronzewagen von Frankfurt a. O. und Räder von Friesack«.
[4] Wilhelm Friedrich Schwartz, »Aus der Gräflich Zietenschen Sammlung.«

personen sind. Auf das räumliche Maß der Schildrung kommt es dabei nicht an, sondern auf eine gewisse Intensität, die den Fingerzeig giebt.

Alle diese Punkte sind wichtig und das Hervorheben derselben enthält einen begründeten Hinweis auf vorhandene Schwächen. Ob ich es, da das Ganze fertig in mir lebt, hier und da noch ändern kann, ist freilich eine andre Frage. Das Ganze (womit ich mich nicht rechtfertigen will) ist mehr oder weniger auf eine derartige Behandlung hin angelegt.

Und darüber sei mir noch ein Wort gestattet. Ich habe mir nie die Frage vorgelegt: soll dies ein Roman werden? und wenn es ein Roman werden soll, welche Regeln und Gesetze sind inne zu halten? Ich habe mir vielmehr vorgenommen, die Arbeit *ganz nach mir selbst*, nach meiner Neigung und Individualität zu machen, ohne jegliches bestimmte Vorbild; selbst die Anlehnung an Scott betrifft nur ganz Allgemeines. Mir selbst und meinem Stoffe möchte ich gerecht werden. Ohne Mord und Brand und große Leidenschaftsgeschichten, hab ich mir einfach vorgesetzt eine große Anzahl märkischer (d. h. *deutsch-wendischer,* denn hierin liegt ihre Eigenthümlichkeit) Figuren aus dem Winter 12 auf 13 vorzuführen, Figuren wie sie sich damals fanden und im Wesentlichen auch noch jetzt finden. Es war mir nicht um Conflikte zu thun, sondern um Schilderung davon, wie das große Fühlen das damals geboren wurde, die verschiedenartigsten Menschen vorfand und wie es auf sie wirkte. Es ist das Eintreten einer großen Idee, eines großen Moments in an und für sich sehr einfache Lebenskreise. Ich beabsichtige nicht zu erschüttern, kaum stark zu fesseln, nur liebenswürdige Gestalten, die durch einen historischen Hintergrund gehoben werden, sollen den Leser unterhalten, wo möglich schließlich seine Liebe gewinnen; aber ohne allen Lärm und Eclat. Anregendes, heitres, wenns sein kann geistvolles Geplauder, wie es hierlandes üblich ist, ist die Hauptsache an dem Buch. *Dies* hervorzubringen meine größte Mühe. Daher zum Theil auch die ewigen Correkturen, weil nicht die Dinge sachlich, sondern durch ihren Vortrag wirken. Ich möchte etwas Feines, Graziöses geben; ob ich es erreiche, steht dahin. Nur das bitt ich Sie schließlich freundlich zu erwägen: wenn Dinge durch eine gewisse Eleganz des Vortrags wirken sollen, so muß es eben kein Stotternder sein, der vorträgt. Mein M. S. aber stottert. Wenn das alles einst rund und nett an Sie herantreten und ununterbrochen, glatt hinfließen wird, wird Ihnen manches besser gefallen. (WHH 129 ff)

Fontane an Wilhelm Hertz   Berlin, 11. August 1866
Sie dürfen nicht glauben, daß mein Feuer für den Roman niedergebrannt ist. Im Gegentheil. Aber eben weil ich so sehr daran hänge, weil ich diese Arbeit als ein eigentlichstes Stück Leben von mir ansehe, so duldet diese Arbeit kein getheiltes Herz. An ein der Sache Fremdwerden ist gar nicht zu denken. Es ist nun 10 Jahre, daß ich mich mit dem Stoff trage und wenn ich nach abermals 10 Jahren (was Gott verhüten wolle) erst an die Fortsetzung der Arbeit herantreten könnte, so würde das weder meinen Eifer erlahmt, noch die Ausführung alterirt haben. Das Feuer flackert nie hoch auf, aber es brennt still weiter; Vertagungen, Unterbrechungen ändern nichts.

Ich wünsche das Kriegsbuch[5] zu schreiben, einmal weil ich das Schleswigholstein Buch[6] dadurch erst zu einem rechten Abschluß bringe, zweitens weil ich eine Lust und ein gewisses Talent für solche Arbeiten, drittens weil ich einen erheblichen pekuniären Vortheil davon habe, aber die Sache ist *mir keine Herzenssache*. Wird das Buch geschrieben – gut, wird es nicht geschrieben – auch gut; es geht der Welt dadurch von meinem Eigensten, von meiner Natur (wohl oder übel) nichts verloren; der Roman aber darf nicht ungeschrieben bleiben. Die Welt würde es freilich verschmerzen können, *aber ich nicht*. So liegt die Sache. Ich möchte das Kriegsbuch schreiben, weil der Roman, wenn Gott mich leben läßt, doch *unter allen Umständen* geschrieben würde. (WHH 133)

Fontane an Bernhard von Lepel   Berlin, 11. Dezember 1868
Da wir morgen schwerlich zu einem Gespräch kommen, so schreibe ich lieber noch einmal.[7]

5 »Der deutsche Krieg von 1866«.
6 »Der Schleswig-Holsteinsche Krieg im Jahre 1864«.
7 Lepel hatte vorgeschlagen, bei der Schiller-Stiftung eine Unterstützung für Fontane zu beantragen.

Wäre ich arm und elend, so würd' ich mich aller Bedenken entschlagen, wenn ich sie überhaupt noch hätte. Aber ich bin nicht arm und elend, ich kann arbeiten, von dieser meiner Arbeit mich anständig erhalten und so lange dies der Fall ist, hab' ich nach gewissen Anstands-Gesetzen und Ehrenpflichten zu leben. Diese sagen mir: *es geht nicht*.

Drei Fälle wären auch in meiner jetzigen Lage denkbar, wo ich ohne Weiteres »ja« sagen würde. Ich will sie herzählen.

1. Wenn ich so bedeutend und so populair wäre, daß mir die Schillerstiftung aus *freien Stücken* ein Geschenk machte.
2. Wenn ich gewiß sein dürfte, daß ein *Freundes*-Antrag wenigstens sofort einer beinah allgemeinen Zustimmung begegnete.
3. Wenn ich mir sagen dürfte: Du hast etwas Großes vor; das *muß* geschrieben werden; ob man Dich freudig oder unfreudig unterstützt, ist, mit Rücksicht auf die Bedeutung dieser Arbeit, ganz gleichgültig.

Von diesen drei Fällen liegt aber keiner vor; 1 wirst Du zugeben, 3 weiß ich am besten; bliebe noch Fall 2. Hier könnt' ich mich irren; aber nach nüchternster Betrachtung der Sachlage, will es mir doch scheinen, als müßte ein derartiger Antrag von Dir einer starken Fläue begegnen. – Wenn mir ein Privatmann 1000 rth geben wollte, würd' ich sie ohne Weitres nehmen und meinen Roman mit Lust und Liebe fertig schreiben. Ich hebe dies schließlich nur noch hervor, um Dir zu zeigen, daß ich in Bezug auf Geldnehmen, wie Du ja auch weißt, ganz und gar nicht kitzlich bin, eben weil ich ganz und gar keine Goldene-Kalb-adoration kenne, aber Geld, das zögernd gegeben wird, an dem ein Etwas haftet das mich verletzt, das nehm ich nicht, so lang ich es nicht nehmen *muß*.

(FL II 332 f)

Fontane an Ludwig Burger   Berlin, 22. Dezember 1868
Bis Ende März wird mich unser Buch[8] noch *ganz und gar* in Anspruch nehmen.
[...]
Von Ostern ab kehr' ich dann zu einer Arbeit zurück, die ich im Sommer 66 reponirte.   (RK 41 f)

8 »Der deutsche Krieg von 1866«.

Fontane an Mathilde von Rohr   Berlin, 3. Januar 1869
Das Lebensbild der Gräfin Schwerin[9] hat meine Frau mit dem größten Interesse gelesen; ich habe es nur durchblättert, was ich nicht zu mißdeuten bitte. Sie wissen, ich lese eigentlich immer nur Bücher, die mir bei der Arbeit, die ich vorhabe, direkt dienen müssen. Nun ist es gar keine Frage, daß mir solche Arbeiten, bei denen mir das »Lebensbild« von Wichtigkeit sein wird, nahe bevorstehn (beispielsweise wenn ich mich wieder an meinen Roman mache) und deshalb war mir der Empfang des Buches von hohem Werth; ich kann aber nicht gut, ohne andern Zweck als den literarischer Unterhaltung, an die ernste Lektüre eines umfangreichen Buches gehn und deshalb bin ich noch im Rückstand. Ihre Güte und Nachsicht werden mir hierin zustimmen.   (SJ III 82)

Fontane an Wilhelm Hertz   Berlin, 26. April 1870
Ich schreibe heute wegen meines Romans. Die Arbeiten für den 3. Band der Wanderungen nahen sich ihrem Ende, ich sehe wenigstens Land, in etwa 8 Wochen hoff' ich mit allem fertig zu sein und möchte dann die Sommer- und Herbstesmonate an eine ernste Förderung meines so lange beiseit geschobenen Romanes setzen. Ich halt' es aber zuvor für anständig bei Ihnen anzufragen, ob Ihnen in den 4½ Jahren, die seit Niederschreibung des Contracts[10] vergangen sind, die Sache nicht etwa leid geworden ist. Ich glaube der Contract setzt keine Zeitpunkte fest; natürlich war aber nicht auf 5 Jahre und mehr gerechnet und so scheint es mir denn nur in der Ordnung bei Ihnen anzufragen, ob alles noch weitre Geltung haben soll oder nicht?   (WHH 140)

Fontane an seine Frau   Berlin, 11. Mai 1870
Nun höre. Die Partie steht so. Ich nehme bis übers Jahr drei große Summen ein: 600 Taler für den dritten Band meiner »Wanderun-

---

9 »Vor hundert Jahren. Ein Lebensbild«, Erinnerungen der Gräfin Sophie von Schwerin, geb. Gräfin Dönhoff, 1863 herausgegeben von ihrer Schwester Amalie von Romberg.
10 Vertrag mit Wilhelm Hertz vom 4. 11. 1865 über den Druck des Romans unter dem Titel »Lewin von Vitzewitz«, den Hertz auf Fontanes Anfrage bestätigte.

gen«, 1200 Rtl. für meinen Roman, 400 Rtl. vom Ministerium des Innern (Hahn). Macht zusammen 2200 Taler. Dabei sind weder die berühmten 200 Taler von Hertz noch Schillerstiftungsgelder noch Einnahmen für Pensionäre noch Zinsen, die doch am Ende auch 100 Rtl. betragen, mitgerechnet.
Es verbliebe also nur noch, daß wir uns die drei großen Posten näher ansehn.
[...]
Bliebe noch der Roman. Hertz, in einem durch mich angeregten Briefwechsel, hat sich aufs neue freudig zu den Festsetzungen des Kontrakts bekannt. Die Geldangelegenheit wäre dadurch geregelt, und nur das eine verbliebe noch: *den Roman auch zu schreiben.* Dies unterschätz ich nun keineswegs. Aber Du magst mir glauben: ich werd es leisten. Ein gut Stück ist fertig, und wenn ich vom 1. Juli bis 1. Januar, also in 180 Tagen, auch täglich nur 4 Seiten schreibe, werde ich zu Neujahr im großen und ganzen fertig sein. Wenn dann auch 2 Monat Krankheit kommen, so bleiben immer noch 4 Monat, eh das Jahr um ist. Ich bin also guten Muts und werd es zwingen.
[...]
Vier Monate lang wirst Du mich immer nur besuchsweise hier haben; ich werde mich in Stille und Einsamkeit verfügen und dort meinen Roman schreiben.

(BE I 354 ff)

Fontane an seine Frau Berlin, 23. Mai 1870
Auch noch ein Wort über die Pensionsfrage. Wie ich Dir mehrmals geschrieben habe: es ist nicht nötig [...] Bist Du aber entschlossen, sie ernsthaft anzufassen, so hat dies [...] meine vollständige Billigung, ich freue mich darüber, und gebe Gott seinen Segen dazu [...] Werd ich [...] durch das Pensionswesen in meiner Arbeit behindert, so bleibt allerdings nichts andres übrig, als daß ich viel fort bin und bis zum Schluß meines Romanes nur besuchsweise bei Dir einspreche. Vielleicht gewinnst Du mich dabei wieder etwas lieber und findest, daß ich doch nicht ganz so verworfen bin. Der Plan mit dem Pensionat ist mir deshalb so lieb, weil er Dir auch Gelegenheit bietet, Dich in die Verhältnisse einzuleben, die bei meinem Tode, an den man mit 50 doch denken muß, wahrschein-

lich eintreten würden. Allerdings kann *ich* nie und nimmer ein richtiger Pensionsvater werden [...] (E 75, 82)

Fontane an seine Frau   Berlin, 8. Juni 1870
Auch hab' ich nicht viel zu melden; ich arbeite wie ein Pferd (nur mit mehr Heiterkeit) und gehe Abends 1 bis 2 Stunden spazieren.
(FAP)

Fontane an Mathilde von Rohr   Berlin, 26. Juni 1870
Ihr heute früh eingetroffener, wie immer liebenswürdiger Brief, hat mich in eine gewisse Aufregung gesetzt und innerhalb meiner Reise- und Arbeits-Pläne starke Aenderungen hervorgerufen. Im Großen und Ganzen (kleine Abänderungen vorbehalten) ging mein Plan dahin: den Juli, oder vielleicht auch erst den August *mit ganzer Familie*: Frau, Mädchen, 2 Kinder, in Heringsdorf zuzubringen, und mich dann zwei Monatelang in Rottstiel, im Walde zwischen Ruppin und Rheinsberg, behufs emsigster Arbeit zu vergraben. Das Verlockende, das nun in Ihrem heutigen freundlichen Anerbieten liegt, veranlaßt mich meinen alten Plan fallen zu lassen und folgendes, hoffentlich unter Ihrer Zustimmung und ohne Unbequemlichkeiten und Verlegenheiten für Sie, an die Stelle zu setzen.
1. ich setze Warnemünde an die Stelle von Heringsdorf und treffe spätestens, und zwar fünf Mann hoch, in der Mitte Juli in Warnemünde ein;
2. die Familie Fontane verläßt W. etwa am 7. August; Frau und Kinder kehren nach Berlin zurück; das Haupt der Familie folgt Ihrer freundlichen Einladung und schreibt in Dobbertin ein Dutzend Romankapitel.
Mein Zusammentreffen mit Ciesielskis ist hoffentlich weder eine Störung für diese noch für Sie; für mich ist es eine solche gewiß *nicht,* wenn ich nur sicher bin die *Vormittage* für mich zu haben. Dies wäre allerdings unerläßlich; denn ohne Arbeit geht es nicht.
(SJ III 94 f)

Fontane an Mathilde von Rohr   Berlin, 8. Juli 1870
Wir wollen also Dinstag reisen, hoffen 2¾ in Rostock und 4 Uhr in Warnemünde zu sein. Dann ist hoffentlich noch Zeit eine

Wohnung zu suchen und zu finden; wär' es aber möglich, daß Sie schon *vorher* etwas Gutes entdeckten, so würde uns das vielen Trubel und manches Unbehagen ersparen.
[...]
Wir brauchen genau die linke Hälfte Ihrer Zeichnung (also auch Architekt! ich gratulire) sammt einer Giebelstube oder Kammer für Luise; vor allem brauche *ich* aber einen leidlich geschützten Balkon, von dem ich *ganz allein*, als Selbstherrscher aller Reußen, Besitz ergreifen kann. An schönen Tagen, die man doch immer erhofft und auf die man nun nach gerade eine Art Anspruch hat, gedenke ich halbe Tage lang, jedenfalls des Vormittags, auf solchem Balkon zu sitzen und zu arbeiten. (SJ III 96)

Fontane an seine Frau Berlin, 22. August 1874
Mit dem *Parisius*schen Roman[11] bin ich nun durch; er ist gut bis zuletzt; ich wollte, der meinige würde nicht schlechter.
[...]
Betrüblich hat mich nur das eine gestimmt: solch' Buch kommt und geht und lebt nicht viel länger als ein Leitartikel oder eine Theaterrezension. Die Frage *muß* sich einem aufdrängen: verlohnt es sich, dergleichen zu schreiben? Seit 20 Jahren redet man auf mich ein: »schreibe deinen Roman«; ich will froh sein, wenn er nicht schlechter wird als dieser, und doch läßt sich's nicht leugnen: es ist wie ein in den Teich geworfener Stein, plumps, ein paar Ringe, und nach fünf Minuten ist alles wieder still und glatt. Was gibt mir ein Recht anzunehmen, daß ich es besser machen oder mehr Glück haben werde! Meine »Wanderungen« haben den einen großen Vorzug, als etwas relativ Originelles dazustehn, während Romane, selbst gute, im Dutzend verschwinden. (FAP)

Fontane an Mathilde von Rohr Berlin, 20. April 1875
Zum Winter hin will ich dann endlich wieder meinen Roman vornehmen oder ein halbes Dutzend Wanderungs-Kapitel schreiben, zu denen ich den Stoff gesammelt habe. (SJ III 161)

11 Ludolf Parisius, »Pflicht und Schuldigkeit«, 1871.

Fontane an Wilhelm Hertz Berlin, 14. Juli 1875
In einer mit Stadtgerichtsrath Lessing geführten Correspondenz hat sich dieser schließlich bereit erklärt, den alten Hammel: meinen Roman, der nicht leben und nicht sterben kann, etwa im ersten Halbjahr 1877 in seiner Vossin zum Abdruck zu bringen. Natürlich bedarf es dazu Ihrer Zustimmung, die ich hiermit nachsuche. Den Vor-Abdruck überhaupt haben Sie mir gestattet, wohl aber ist es denkbar, daß Ihnen die Vossin nicht gerade angenehm ist. Ich bitte Sie herzlich, selbst wenn dies der Fall sein sollte, ein Auge zudrücken zu wollen. Sie wissen so gut wie ich, daß es nur vier, fünf Blätter in Deutschland giebt, die Romane bringen, und daß der arme Schriftsteller also heilsfroh sein muß, überhaupt ein Unterkommen gefunden zu haben. Sagen Sie »nein«, so bricht die ganze Geschichte zusammen und ich muß meinen »Vitzliputzli«, wie Sie ihn, glaub ich, nannten, als Fragment der Nachwelt überliefern.
Für den Fall Ihrer Zustimmung, will ich gleich noch eins bemerken. Wir haben vor elf, zwölf Jahren den Roman auf circa 1200 Seiten und danach das Honorar auf 1200 Thaler berechnet. Ich nehme an, daß Sie, unter Beibehaltung derselben Honorirungs-Norm (1 Thaler pro Seite) mit einem Kürzer-werden durchaus einverstanden sind, sagen wir 800 bis 1000 Seiten, die einzelne Seite noch um zwei, drei Zeilen beschnitten. (WHH 178)

Fontane an Wilhelm Hertz Berlin, 14. Juli 1875
Eben im Besitz Ihrer freundlichen Zeilen, eile ich Ihnen zu danken. Den Rath eines Vor-Abdrucks (Vordruck ist vielleicht besser) haben Sie mir, in großmüthiger Stimmung, vor vier, fünf Jahren selbst gegeben; nur die Vossin machte mir Sorge, da ich mich zu entsinnen glaube, daß Ihnen, bei Gelegenheit der »Kinder der Welt«[12], schon die Spenersche nicht angenehm war. Im Uebrigen ist es meine tiefste persönliche Ueberzeugung, die ich jetzt, wo ich Ihre freundliche Zusage habe, ohne Furcht vor Mißverständnissen aussprechen darf, daß in Folge dieses Vor-Abdrucks auch nicht drei Exemplare weniger verkauft werden. Vielleicht im Gegentheil. Das Beste müssen ja doch die Leihbibliotheken thun.

12 Paul Heyse, 2 Bde., 1873.

Ich betrachte die Sache nun als nach beiden Seiten hin (W. Hertz und Lessing) geordnet und könnte aufathmen. Thu es auch. Dennoch ist es ein Athemzug, als hätt ich nur einen halben Lungenflügel. Von all dem Bittern was darin liegt, mit 55 Jahren unter Ach und Krach eine kümmerliche Jahres-Einnahme zusammenzuschreiben, will ich nicht sprechen; aber es bleibt so viel andres noch übrig, das ich bereits greifbar schrecklich vor mir sehe: Brotneid, Collegen-Bosheit, Witzelei und – Druckfehler. Das Letzte (ich spreche hierbei nur von der Zeitung) ist das Schlimmste. Ich verdanke der Vossin viel, und bin ihr, trotz politischen Gegensatzes, aufrichtig attachirt. Aber es haftet ihr doch immer noch ein gewisses Commiß-thum an, womit ich mich nun mal nicht aussöhnen kann. Charakteristisch für meine Stimmung ist es vielleicht, daß wenn mich jemand auffordern würde, eine Flasche Wein mit ihm auf die erfolgte glückliche Abmachung hin zu trinken, ich ihn bitten würde, den Thaler lieber in eine Armenbüchse zu stecken.

(WHH 179)

Fontane an Wilhelm Hertz   Berlin, 10. März 1876
Vor etwa 3 Wochen hab' ich meine Roman-Arbeit wieder aufgenommen, freilich nur um sie vorläufig wieder bei Seite zu schieben. Sind Sie einverstanden damit, daß es *vier* Bändchen zu je 15 Bogen werden? Dies entspräche am besten der Eintheilung des Stoffs. Machen wir *zwei* Bände, jeder Band aus zwei Büchern bestehend, so werden die einzelnen Bände ein wenig zu stark. Doch würd' ich dies immer noch besser finden als drei ungleiche Bände, dick und dünn durcheinander.

(WHH 182)

Fontane an Wilhelm Hertz   Berlin, 16. Juni 1876
Darf ich Sie morgen, zu ungewohnter Stunde (noch vor 11) überfallen? Ich möchte Sie um die eingesiegelten Papiere bitten, die durch Ihre Güte, seit Jahren in Ihrem Arnheim[13] eine Sicherheitsstätte gefunden haben. Wir plaudern dann auch wohl über meine »neuste Entwicklungsphase«. Daß ich mit 56 immer noch nicht zur

---

13 Geldschrank (vgl. WHH 480).

Ruhe bin, empfindet niemand schmerzlicher als ich selbst. Aber es ging nicht anders.

(WHH 182)

Fontane an Friedrich Wilhelm Holtze   Berlin, 21. Juni 1876
Nach einer ganzen Reihe von Jahren komme ich wieder mit einer Bücher-Bitte. Die Kriegsbeschreibung liegt hinter mir[14] und ich will mich wieder meinem märkischen Roman zuwenden, bei dem ich 1864 unterbrochen wurde.[15] Ich brauche dazu allerlei Material, von dem Einiges ganz gewiß in Ihren Händen ist. Darf ich persönlich mit Ihnen Rücksprache nehmen und wann? Ich bitte Sie freundlichst, eine Ihnen bequem liegende Stunde dafür bestimmen zu wollen.

(E 61, 367)

Fontane an Wilhelm Hertz   Berlin, 24. Juli 1876
Die alte Seeschlange, mein Roman, wird wieder sichtbar. Nach so vielen Anfragen, die ich in dieser Sache schon an Sie gerichtet habe, komme ich abermals mit einer solchen.
Das Daheim, in Folge zufällig geführter Unterhaltungen, hat mir Anträge gemacht, von denen ich – übrigens nicht nach der Geldseite hin – gern profitiren möchte. Der Abdruck in der Vossin war mir immer contre coeur; ich wich nur einer force majeure. Ich bitte Sie genehmigen zu wollen, daß ich von unsrem, auch wohl geschäftlich als schlimmste Nummer anzusehenden, weil das Buch-Interesse am meisten abmindernden Lokalblättchen, zu der minder schlimmen Nummer »Daheim« über springen darf. Die Vossin selbst, wie ich annehme, wird nichts dagegen haben, da sie bei der ganzen Abmachung mehr mir als sich einen Gefallen erweisen wollte.

(WHH 182 f)

Fontane an Mathilde von Rohr   Berlin, 22. August 1876
Hab ich das Glück eine mir passende Redaktion zu finden, stürmen mir die Buchhändler das Haus, um nach Erscheinen meines ersten Romans, sich eines zweiten à tout prix zu versichern, so wird alles gut gehen; kommen umgekehrt Angst und Sorge, fällt

---

14 »Der Krieg gegen Frankreich 1870–1871«.
15 durch die Arbeit an den Kriegsbüchern und an den »Wanderungen«.

der Roman ins Wasser, so geh ich, von der Sorge ganz abgesehn, einer streit- und kämpfereichen Zukunft entgegen.
[...]
Mein Roman, nach einem neuerdings getroffenen Abkommen, wird im »Daheim« zuerst erscheinen, später als Buch bei W. Hertz. Ich erhalte vom Daheim 1000 Thlr, von Hertz dieselbe Summe. Bis zum Juli 77 hoffe ich fertig zu sein. (SJ III 166 ff)

Fontane an Julius Rodenberg　　　　　　Berlin, 7. September 1876
Ich arbeite jetzt an meinem Roman und möchte gern ein gut Stück vorwärtsgekommen sein, eh ich mich wieder unterbreche. (RO 17)

Fontane an Friedrich Wilhelm Holtze　　　　　19. Oktober 1876
Ich habe einen Band Riedel[16], einen Band ›Spenersche Zeitung‹ und das kleine Buch von George noch zurückbehalten, den erstgenannten Band bringe ich aber sehr bald, freilich nur, um eine neue Bitte: das letzte Quartal der ›Spenerschen‹ von 1812, daran zu knüpfen. Die Zeitungen, so kärglich es damals mit ihnen bestellt war, geben doch immer das beste Bild. George[17], der mir sehr wertvoll ist, darf ich wohl noch ein paar Monate behalten.

(A 1, 338)

Fontane an Wilhelm Hertz　　　　　　Berlin, 31. Oktober 1876
Sie hatten vor vier, sechs Wochen die große Freundlichkeit, mir, à Conto meines Romans, eventuell eine Vorschußzahlung bis zur Höhe von 250 rtl. in Aussicht zu stellen. Ich hatte damals keine Ahnung davon, daß ich sobald in die Lage kommen würde, das entsprechende Gesuch wirklich an Sie zu richten. Es hängt dies mit folgendem Vorkommniß zusammen.
Ich habe heute meine Entlassung[18] erhalten. An und für sich höchst erfreulich. Am Schlusse des Schreibens heißt es: »Wir ersuchen Sie, das für die Monate November und Dezember bereits

---

16 Adolf Friedrich Riedel, »Codex diplomaticus Brandenburgensis«, 1838–1868.
17 »Erinnerungen eines Preußen aus der Napoleonischen Zeit«, 1840.
18 aus der Sekretärsstellung bei der Akademie.

empfangene Gehalt, an unsre Kasse zurückzuzahlen.« Ich glaube, daß solche Zurückzahlungen überhaupt nicht oft gefordert worden sind; zu dem vorliegenden Fall möcht' ich noch bemerken, daß ich meine kurze Beamtenlaufbahn mit »zwei Monaten ohne Gehalt« (März und April d. J.) begonnen habe. In Bitterkeiten will ich mich hier nicht ergehn.

Es handelt sich nunmehr um Wiederablieferung von fast 400 rtl. die ich nur zu kleinerem Theile habe. Das Fehlende muß ich aufbringen und stelle zu diesem Behuf die ganz ergebenste Bitte, mir den Vorschuß in der ganzen freundlichst bewilligten Höhe (eine kleinere Summe würde die Verlegenheit nicht beseitigen) gewähren zu wollen.

Ein paar Stunden nach Eintreffen dieser Zeilen bin ich bei Ihnen, um Ihre Antwort zu hören. Möge sie so lauten, daß ich vor neuen Briefen, Gott weiß wohin, bewahrt bleibe und endlich, diesen widerwärtigen Zwischenfällen entrückt, an meine Arbeit – das Einzige noch was mich aufrecht hält – zurückkehren kann.

(WHH 183 f)

Fontane an Mathilde von Rohr　　　　Berlin, 1. November 1876
Vor etwa zehn, zwölf Tagen empfing ich den Besuch von einem jungen Herrn v. Rohr, einem Bruder von Hans. Er gefiel mir sehr; dem Bruder sehr ähnlich, aber dabei etwas specifisch Rohr'sches, die lange Nase, überhaupt das Gestreckte. Ich hätte nun wohl die Verpflichtung ihm einen Gegenbesuch zu machen, auch ihn zu einem Thee- und Plauderabend einzuladen. Ich kann aber weder das eine noch das andre. Bei Tage sitz' ich an meinem Schreibtisch, fleißig bei der Arbeit, am Abend bin ich im Theater, oder lese oder mache einen 2 stündigen Dauerlauf am Rande des Thiergartens. Ich bin aus allem Verkehr heraus und werde in diesem ganzen Winter weder eine Gesellschaft besuchen noch Freunde einladen. Am Sonnabend soll Theos Geburtstag mit jungen Herrn und Damen gefeiert werden; ich werde mich dieser Herrlichkeit aber entziehn und am selben Tage nach Küstrin und Frankfurt reisen, wo ich mir, meines Romans halber, Verschiedenes ansehen muß.

Ja, der Roman! Er ist in dieser für mich trostlosen Zeit mein einziges Glück, meine einzige Erholung. In der Beschäftigung mit ihm vergesse ich, was mich drückt. Aber wenn er überhaupt noch zur Welt kommt, so werde ich, im Rückblick auf die Zeit in der er entstand, sagen dürfen: ein Schmerzenskind. Er trägt aber keine Züge davon; er ist an vielen Stellen heiter und nirgends von der Misere angekränkelt. Dies letztre kann ich mit voller Bestimmtheit behaupten. Ich glaube auch sagen zu dürfen, *Ihnen* wird er gefallen und die Hoffnungen, die Sie in Ihrer großen Güte immer daran geknüpft haben, werden nicht ganz unerfüllt bleiben. Ich empfinde im Arbeiten daran, daß ich *nur* Schriftsteller bin und nur in diesem schönen Beruf – mag der aufgeblasene Bildungs-Pöbel darüber lachen – mein Glück finden konnte. (SJ III 171 f)

Fontane an Friedrich Wilhelm Holtze   Berlin, 8. November 1876
Ein Kapitel meines Romans, an dem ich jetzt fleißig arbeite, führt mich nach *Goeritz*, einem kleinen Nest am rechten Oderufer, das, wie alle märkischen Nester doch sein bischen Geschichte hat. Es hatte so etwas wie eine Bischofskirche – aehnlich wie Lebus und Fürstenwalde – und war später vielbesuchter Wallfahrtsort. Kirche und Kapelle wurden zerstört, diese zur Reformationszeit, jene schon früher.
Ich finde diese Notizen in einer Topographie von Mark Brandenburg, weiß aber nichts daraus zu machen, weil diese Angaben zu mager sind. Wo findet man nun wohl Näheres? Ich habe an *Wohlbrück* »Geschichte des Landes Lebus« [19] gedacht; wahrscheinlich aber giebt es noch andre Quellen. In eine Correspondenz möchte ich Sie nicht gern verwickeln; ich komme noch im Lauf der Woche und frage persönlich an. (E 61, 368)

Fontane an Theodor Storm   14. Januar 1877
Mein Roman wird im »Daheim« erscheinen, aber erst (frühestens) vom 1. Juli ab. Ich arbeite mit großer Lust daran, die selbst dadurch nicht getrübt wird, daß ich schon jetzt im Geiste die tadelnden Kritiken lese, tadelnd *das*, was ich selbst als schwach oder

---

19 Siegmund Wilhelm Wohlbrück, »Geschichte des ehemaligen Bistums Lebus und des Landes seines Namens«, 3 Tle., 1829–1832.

tadelnswert erkenne und doch nicht ändern kann. Schinkel, als ihm in der Schule Blumen und Vögel als Vorlageblätter gegeben wurden, sagte: »Ja, das ist ganz gut, aber Blumen und Vögel sehen doch noch anders aus.« Dies Gefühl werd ich dem meisten gegenüber, was produziert wird, nicht los und hab es sehr stark auch im Hinblick auf meine eigenen Pappenheimer. (A 1, 355)

Fontane an Mathilde von Rohr   Berlin, 21. März 1877
Was melde ich Ihnen aus meinem Hause? Meine Frau hat das vorige Jahr in so weit verwunden, daß sie mir keine Vorwürfe mehr macht, ja sogar in rührender Weise einräumt, ich hätte, meiner ganzen Natur nach, nicht anders handeln können. So ist denn der Friede, Gott sei Dank, wieder da, aber nicht die Freude. Denn wir erleben nichts Freudiges mehr, nichts das aufrichtete und einen hellen Schein in das Leben trüge. Die Kinder sind alle gut und machen uns Ehre; wir sind dankbar dafür und erkennen darin eine Gnade; auch *das* könnte ja noch anders sein. Aber so eine rechte Freudenbotschaft will doch nicht mehr über unsre Schwelle. Es ist alles wie verhext. Und so gedeiht langsam, langsam, unter Sorgen und Kümmernissen mein Roman. Ich bin nun mit der Hälfte fertig; nach einem halben Jahre wird er beendigt sein, ein wahres Schmerzenskind. Dann wird er gedruckt werden und alles wird sein wie zuvor; ich habe kein Glück mit Büchern und die ungeheure Summe fleißiger Arbeit (von was andrem red' ich nicht) wird mir nicht angerechnet.   (SJ III 178 f)

Fontane an Hermann Kletke   Berlin, 18. Juni 1877
Ich werde diesen Sommer, so nötig es mir auch wäre, wieder nicht verreisen; ich habe kein Geld und muß außerdem die Zeit zusammennehmen, um endlich, wohl oder übel, der Welt meinen Roman präsentieren zu können.
(Kl 55)

Fontane an Mathilde von Rohr   Berlin, 8. Juli 1877
Lepeln hab ich seit fast drei Wochen nicht gesehn; er war auf einer Vettern-Reise und schrieb mir von Selbelang aus einige freundliche Zeilen. Schlechterweise habe ich sie nicht mal beantwortet; aber ich komme auch zu Nothwendigerem nicht, weil alles Dichten und

Trachten auf *ein* Ziel gerichtet ist. Erst wenn der Roman beendigt ist, werde ich wieder Mensch. (SJ III 180)

Fontane an seine Frau[20] Thale, 10. August 1877
Gestern abend acht Uhr bin ich bei leidlichem Wohlsein, mit Koffer, Rockbündel und Unsterblichkeitspaket, hier angekommen [...]
Ob ich hier werde arbeiten können, muß sich morgen zeigen; aber wenn es auch weniger wird, als ich hoffe: es war doch wohl ein glücklicher Gedanke, hierher zu gehen. Ich hätte mich in der Berliner Luft den ganzen Sommer über nicht mehr erholt. (FA I 245 f)
[...]
Morgen vormittag will ich mich nun an die Arbeit machen; ich hoffe die kürzeren Kapitel in einem Tag, die längeren in zwei zu absolvieren. Sowie ich mit drei oder fünf Kapiteln fertig bin, schicke ich ein kleines Paket [zur Abschrift]. (A 1, 356)

Fontane an seine Frau Thale, 14. August 1877
Meine Tage sehen sich für so ähnlich wie die Pflaumen; mir ist das sehr angenehm, aber von Berichten ist keine Rede mehr: Frühstück, kleine Luftschnoperung, Arbeit, Diner, Waldkater, Tour de Force und müde nach Haus. Ich muß sagen, je gleichförmiger, desto besser.
[...]
Mittwoch d. 15.
Trotz meines Schnupfens bin ich mit der Correktur des schwierigen 3. Kapitels doch fast durchgekommen, was mich sehr erfreut; ich werde danach in einer Woche 4 Kapitel leisten können und in drei Wochen zwölf. Das ist alles was ich verlangen kann. Kommen keine Störungen, so bin ich danach bis 12. September mit der Correktur fertig und kann spätestens am 20. alles an Koenig schicken. Leider bin ich nach gerade in meinen Berechnungen fast noch mißtrauischer geworden als Du selbst; ich muß jeden gesunden Tag wie ein Geschenk nehmen und nicht als mein Pflichtteil. (FAP)

20 Vermutlich sind beide hier zitierten Stellen aus einem Brief. Die vorliegenden Texte geben darüber keine zuverlässige Auskunft.

Fontane an seine Frau   Thale, 19. August 1877
Der Mensch wird in seinen Hoffnungen immer bescheidner; jetzt steht meine Hoffnung auf 8 oder 10 Tage in Neuhof, vielleicht Ende September. Ich freue mich wie ein Kind darauf mal eine Woche lang die Feder aus der Hand legen zu können. Dann kommt der Herbst, dessen frischerer Luftton mich hoffentlich wieder so weit kräftigt, daß ich meinen 4. Band fertig machen und der Welt zeigen kann: »ich hab' es wenigstens gekonnt«. An was andres denk' ich nicht mehr. Der neue Roman gestaltet sich zwar mehr und mehr und seit heute früh erfreut es mich, daß eine Hauptgestalt darin ganz allmälig die Gestalt unsres lieben kleinen Merckel angenommen hat; aber wie vieles muß anders werden, wenn das Gedachte, Geschaute, Geplante auch wirklich faßbar ins Leben treten soll.   (FAP)

Fontane an seine Frau   Thale, 20. August 1877
Die Hälfte meiner Zeit hier ist nun um und die fünf längsten Kapitel sind durchcorrigirt, ich hoffe also jedenfalls bis auf zehn, vielleicht bis auf zwölf zu kommen; dann seh ich Land. Ich denke Dir am Donnerstag sieben Kapitel schicken zu können.
[...]
Bitte schicke mir doch all die Blätter, die Theo über Fichte abgeschrieben hat und meine eigenen Notizen wenn welche da sind; sie müssen dann bei Theos Abschrift liegen; ich muß die betr. Kapitelstelle danach umarbeiten [...]   (FAP)

Fontane an seine Frau   Thale, 21. August 1877
Die gestrige strapaziöse Partie, von 4½ bis 9½, ist mir sehr gut bekommen. Heute hab' ich das sechste Kapitel corrigirt; es ist nun noch *ein* sehr langes, das morgen an die Reihe kommt und zwei Tage kosten wird. Dann hoff' ich jeden Tag ein Kapitel zu bezwingen. Ich schicke Dir *kein* Manuskript. Du könntest es *frühstens* am 23. haben; das gäbe dann bis zum 31. eine Woche. Nun ist zwar eine Woche wichtig, aber doch nicht so, daß ich diesen ängstlichen Schickungsprozeß durchmachen möchte. Ich werde also alles persönlich mitbringen. Ich bin der Pfeffelsche Invalide mit der Tabakspfeife.   (FAP)

Fontane an seine Frau[21] Thale, 25. August 1877

Habe Dank für Deine freundlichen Zeilen vom dreiundzwanzigsten, zu deren Beantwortung ich gestern nicht kam. Ich hatte mich vorgestern abend erkältet, war außerdem mit meinem Tagespensum nicht recht von der Stelle gekommen, so daß ich mich zu der Nachmittagsstunde, wo ich sonst die Briefe schreibe, todmatt aufs Bett warf und auch wirklich schlief, trotzdem ein Ochse, mit Pfundstiefeln an den Beinen, in der Stube über mir seinen Nachmittagsspaziergang machte. Heute geht es mir wieder besser. Ich habe vor, das Leben, das ich hier führe, soweit wie möglich in Berlin fortzusetzen. Ich will früh aufstehen, eine Stunde gehn, dann frühstücken, dann arbeiten bis um drei, dann nach Tisch wieder zwei Stunden gehn und ohne Abendbrot, nur Tee und Milch trinkend, mich um neun niederlegen. Gesellschaften besuch ich nicht mehr, wenigstens nicht am Abend. Um Deinetwillen, die Du geselliger bist als ich und den Rückzug von den Menschen schmerzlich empfindest, tut es mir leid, aber ich kann es nicht ändern. Geht es uns mal wieder besser, so werd ich mich freuen bei Bier und Butterbrot einen Plaudergast zu haben.

(HD 158)

[...] so hoff ich bis auf 14 Kapitel zu kommen. Ich bin dann über den Berg. Übernimm *Du* Dich nur nicht beim Abschreiben; unter einem Monat kannst Du es nicht leisten, denn einige Kapitel sind ziemlich ebenso lang wie das letzte des II. Bandes. – Erlaubt es Deine Zeit, so wär es mir lieb, du nähmst in den nächsten Tagen den I. Band vor und schriebst die Blätter ab, die von mir mit *Bleistift* oder auch mit Tinte, aber auf schon *gebrauchte Bogen* geschrieben sind.

(A 1, 356)

Fontane an seine Frau Thale, 27. August 1877

Mit meinem Befinden geht es leidlich, natürlich immer erkältet, aber darauf lege ich kein Gewicht; der Aufenthalt hat mir unzweifelhaft wohlgetan, wär' es auch nur, daß ich im Stande gewesen

---

21 Vermutlich sind beide hier zitierten Stellen aus einem Brief. Die vorliegenden Texte geben darüber keine zuverlässige Auskunft.

bin, diese ziemlich schwere Correktur-Arbeit zu bewältigen; in Berlin hätt' ich es noch lange nicht gekonnt. (FAP)

Fontane an seine Frau   Thale, 29. August 1877
Der Zug geht um 5¼ und es ist bei Corrigirung meines berühmten Borodina-Kapitels, das die späteren Kritiker meines Romans, meine Frau miteingeschlossen, wohl für überflüssig erklären werden, 4¾ geworden; ich habe also nur noch Minuten. (FAP)

Fontane an seine Frau   Thale, 30. August 1877
Ich bin diese letzten Tage, wo ich meine Eßstunde auf 3 Uhr verlegt hatte, noch sehr fleißig gewesen. Dennoch bin ich nur bis Kapitel 13 gekommen; es war doch viel mehr Arbeit noch als ich dachte. Aber auch mit diesem Resultat bin ich sehr zufrieden.

(FAP)

Fontane an Hans Hertz   Berlin, 29. Oktober 1877
Ein ziemlich starkes Papier wird, so denk ich, über die Mißlichkeit eines allzu dünnen Bändchens hinweghelfen, als welches sich unter andern Umständen, d. h. also bei dünnerem Papier, Band I. allerdings präsentiren würde. Ich hatte mir diesen Band, und ich nehme an ziemlich richtig, auf 180 Seiten berechnet. Er wird aber, bei 31 Daheim- oder Hiltl-Zeilen pro pagina, auf 140 Seiten zusammenschrumpfen. Diese Differenz in unsrer Berechnung ergiebt sich daraus, daß der seinerzeit als Norm angenommne G. Freytag-Roman nicht die »Verlorene Handschrift« mit 34, sondern »Soll und Haben« mit 29 Zeilen (à 15 Sylben) pro Seite war. Auf den ganzen Roman berechnet, macht dies einen Unterschied von über 150 Seiten.
Im Uebrigen kann ich nur wiederholen, daß ich, für meine Person, die Festhaltung der Vier-Bändchen-Eintheilung, dick oder dünn, freudig begrüßen würde. (WHH 185)

Fontane an Wilhelm Hertz   Berlin, 30. Oktober 1877
Mit dem »Soll und Haben« hab ich mich geirrt, wofür ich Indemnität erbitte. Immer wenn man seiner Sache ganz sicher zu sein glaubt, steht man vor einer Blamage. Zu einiger Beruhigung ge-

reicht es mir, daß Hertz jr. es mit den 34 Zeilen auch nicht richtig getroffen hat. Es liegt mir ein Exemplar der »Verlorenen Handschrift« aus dem Jahre 64 vor, also muthmaßlich dieselbe Edition, die wir seinerzeit vor Augen hatten. In dieser finden sich 28 Zeilen auf der Seite. Mir ein tröstlich Bild, das hoffentlich nicht als dissolving view zerfließt. (WHH 186)

Fontane an Wilhelm Hertz Berlin, 31. Oktober 1877
Auch schriftlich noch ein Wort des Dankes. Gutes darf man ja zweimal sagen. Möge der Erfolg des Buches Ihrer freundlichen Gesinnung gegen mich entsprechen. (WHH 186)

Fontane an Wilhelm Hertz Berlin, 12. November 1877
In der Umbrechungs-Angelegenheit find' ich mich, unbekannt mit der ganzen, wie mir scheinen will ziemlich complicirten Prozedur, nicht gut zurecht. Ich weiß nicht ob ich erst Fahnen und dann Bogen, oder blos Bogen zu gewärtigen habe. Es ist aber auch von keinem großen Belang, da sich die Correcturen im Wesentlichen auf Streichung einiger Zeilen (mir schweben ein paar solcher Stellen vor) beschränken werden. Natürlich ziehe ich Fahnen *und* Bogen vor. (WHH 186 f)

Fontane an Wilhelm Hertz Berlin, 21. Dezember 1877
Pardon, daß ich Ihnen in der Unruhe dieser Weihnachtstage auch noch meinerseits mit einer Bitte beschwerlich falle. Ich kann es aber, um nicht eventuell in Verlegenheit zu gerathen, nicht weiter hinaus schieben. Darf ich zum 2. oder 3. Januar, oder doch in der ersten Januarwoche, à Conto meines seit zwölf Jahren in der Luft schwebenden, Gott sei Dank jetzt bis zu den Schlußkapiteln vorgerückten Romans, abermals einen Vorschuß von 300 Thalern empfangen? Ich hoffe mich dann, mit dem was ich noch vom »Daheim« erhalte, bis Ende Mai durchzuschlagen.
In Ihrer gef. Antwort bitt' ich freundlichst der früher von mir empfangenen 1000 Mark, die noch immer ein süßes Geheimnis für meine Frau sind, *nicht* erwähnen zu wollen. Ich will ihr davon erst erzählen, wenn mal ein Glück kommt. Also vielleicht nie.

(WHH 187)

Fontane an Friedrich Wilhelm Holtze   Berlin, 12. Januar [1878]
Ihrem Kataloge entnehme ich, daß Sie »*H. Bauer's* Denkschrift[22] über die Erschießung des Kämmerers Schulz in Kyritz« besitzen. Sie würden mich Ihnen zu besondrem Dank verpflichten, wenn Sie das Büchelchen noch im Laufe des Vormittags herauslegen wollten, so daß mein Jüngster[23] es vielleicht um 12½ schon in Empfang nehmen kann. Verzeihen Sie diese Dringlichkeit, aber ich sitze fest.
(E 61, 369)

Fontane an Mathilde von Rohr   Berlin, 29. Januar 1878
Heute Nachmittag war Diner bei Stockhausens, von dem ich eben *allein* nach Hause komme, da meine Frau darin gewilligt hat Frau Stockhausen und Frau Zöllner ins Belle-Alliance-Theater zu begleiten, wo heute ein neues Stück von dem norwegischen Dichter Ibsen oder Ipsen gegeben wird. Dies Allein-sein und die gute Tradition nach einem Diner nicht mehr zu arbeiten, gönnen mir eine freie Stunde und so eile ich Ihnen für Ihren letzten Brief auch meinerseits noch aufs herzlichste zu danken. Man bedarf von Zeit zu Zeit solchen freundlichen Zurufs; denn im Ganzen sind die Menschen mehr geneigt einem Unerfreuliches und Tadelndes als Wohlthuendes und Aufrichtendes zu hinterbringen. Ich persönlich darf mich allerdings über Böswilligkeit wenig beklagen, gehe dafür aber in temperirten, lauwarmen Verhältnissen durch die Welt, in denen Lob und Tadel gleich fern von mir bleiben. Auch *das* kann unbequem werden und man freut sich einer anrufenden Menschenstimme. Doppelt wenn sie so freundlich klingt wie die Ihrige. Außer Ihnen habe ich noch eine fast allzu gütige Verehrerin: Frau Geheimeräthin Roland, die mir vorgestern einen Huldigungs-Besuch gemacht hat; im Uebrigen läßt sich der Beifall halten. »Ja, es ist ganz nett, es ist ganz hübsch; aber es ist doch fast zu fein und die Namen sind so sonderbar, und der Pastor wird doch fast ridikülisirt (was durchaus nicht der Fall ist) und die Bauern im Kruge können mich nicht interessiren.« Und dergleichen mehr. Ich nehme

---

22 H. Bauer, »Denkschrift über die Hinrichtung des Kämmerers Karl Friedrich Schulze und des Kaufmanns Karl Friedrich Kersten durch die Franzosen in Kyritz am 8. April 1807«, 1845 (vgl. E 61, 369).
23 Friedrich Fontane.

diese Sprache keinem übel; man thut sein Bestes und sucht seinem Publikum zu gefallen, aber zuletzt – wenigstens gilt das von mir – schreibt man doch sich selber zu Liebe, will *sich* ein Genüge thun und kann weder verlangen noch erwarten, daß sich der eigne Anspruch und Geschmack in jedem Augenblick mit dem des Lesers deckt. Man muß zufrieden sein, wenn das Publikum im Ganzen genommen seine Zustimmung ausspricht; und darauf rechne ich einigermaßen. Offen gestanden beschäftigt mich die praktische Frage, ob ich im Stande sein werde, meinen zweiten Roman[24] unter günstigeren Bedingungen, will sagen nach Abschluß besserer Contrakte zu schreiben, mehr als die Beifalls-Frage. Diese Fragen fallen nämlich keineswegs zusammen; man kann sehr gelobt werden ohne äußren Erfolg und man kann umgekehrt diesen äußren Erfolg haben den heftigsten und berechtigsten Angriffen zum Trotz. Mir scheint solch Erfolg nun mal schlechterdings nicht zu Theil werden zu sollen; und ich muß mich darin finden, thu es auch. Meine alte Merington (die Mutter) sagte schon vor zwanzig Jahren in London zu mir: »Sie werden immer zu leben haben, aber immer sehr wenig; Naturen, wie die Ihrige, bringen es äußerlich zu nichts.« Es scheint, daß die alte Frau Recht behalten soll.

(SJ III 181 f)

Fontane an Otto Franz Gensichen   Berlin, 11. Februar 1878
Empfangen Sie, etwas verspätet, meinen besten Dank für freundliche Übersendung Ihrer »Phryne«.
Ich stecke jetzt in meinen letzten Romankapiteln; bin ich damit endlich fertig, so gehe ich an die Lektüre Ihres Schauspiels.[25]

(FAP)

Fontane an Hans Hertz   Berlin, 11. Februar 1878
Besten Dank für Ihre freundl: Benachrichtigung. Aus dem Achtel-Bogen wäre vielleicht gut ein Viertelbogen zu machen, um Platz für das Inhaltsverzeichniß (17 Zeilen, also nur *eine* Seite) zu gewinnen.

(WHH 188)

24 »Allerlei Glück«.
25 Eine Stellungnahme Fontanes ist nicht nachweisbar.

Fontane an Ludovica Hesekiel   Berlin, 19. Februar 1878

Sie haben mir und dem ganzen Hause durch Ihren liebenswürdigen Brief eine große Freude gemacht, denn solche frohe Botschaften fliegen einem nur selten zu, am seltensten von Collegen. Männlich oder weiblich macht keinen Unterschied. Gleichgültigkeit, Besserwissen und Neid sind die drei Grazien, die, wie das Leben jedes Strebenden, so auch das meine begleiten, und Worte wie die Ihrigen klingen fast wie eine Stimme aus einer andern Welt. So wenig ist man daran gewöhnt. Ich will nicht undankbar sein; ein paar Zuschriften ähnlichen Inhalts sind mir zugegangen, sämmtlich von Damen (eine darunter von meiner alten Freundin Mathilde v. Rohr, von der Sie gewiß einmal durch George oder auch durch mich selber gehört haben) im Ganzen aber ist es geradezu tragikomisch, mit welcher äußersten Nüchternheit solche Lebensarbeit hingenommen wird, am meisten natürlich von den Freunden. Neun von zehn lesen es überhaupt nicht; der zehnte liest es, schweigt sich aus, und wartet mit seinem Urtheil bis die »Kritiken« gesprochen haben. Ein Haus[26], in dem ich viel verkehre, dem ich, wie kaum einem zweiten zu Dank verpflichtet bin, und das ich in all seinen Mitgliedern aufrichtig liebe und verehre, hat, um wenigstens ein Beispiel zu citiren, auf das »Daheim« abonnirt und könnte nun also lesen. Der Chef des Hauses sagte mir aber neulich: »Lieber F., wir sind nun doch übereingekommen, bis zum Erscheinen des Buches zu warten.« Er denkt nämlich: Zeit gewonnen, alles gewonnen; er ist 70, seine Frau desgleichen; sterben sie mittlerweile, so haben sie wenigstens den Trost, daß *dieser* Kelch an ihnen vorübergegangen ist. Das klingt alles outrirt und ist es auch; wenn Sie aber ganz kleine Abzüge machen, so trifft es doch den Nagel auf den Kopf.

Was bis jetzt im »Daheim« gestanden hat, ist etwa das 1. Bändchen; drei andere folgen. Nach etwa zwei, drei Nummern werden Sie einem Kapitel beggnen, das in einer gewissen ironischen Beurtheilung des Voraufgegangenen, die Ueberschrift trägt: »Es geschieht etwas.« Von da ab beginnt dann allmälig der eigentliche Roman; alles andre war Exposition, Vorführung der Puppen behufs respektvoller Verbeugung vor einem hohen Publikum. Je mehr

---

[26] der Familie Karl Hermann von Wangenheim.

dem Ende zu, je mehr Aktion und je mehr Drucker. Doch will ich damit nicht gesagt haben, daß es von Stufe zu Stufe besser würde; vielleicht ist das Idyllische das Gelungenste. Die Darstellung des Kleinlebens war mir immer besonders sympathisch; auch zeigt sich dabei das eigentliche künstlerische Können. Was aber auch kommen möge, Gutes oder Böses, Palmen oder Schwerterklang, begleiten Sie es auch weiterhin mit so freundlichen Gesinnungen wie die waren, die Sie gegen mich ausgesprochen haben. (SJ IV 144 f)

Fontane an Wilhelm Hertz   Berlin, 10. April 1878
Ich bin vor Arbeit kein Mensch mehr; aber in etwa 8 Tagen ist es endlich endlich abgethan. Dann eile ich auch zu Ihnen; lautre Motive, nur aus Freundschaft. (WHH 188)

Fontane an seine Schwester Elise   Berlin, 22. April 1878
Ueber unser Ergehn wird Dir Emilie geschrieben haben; es hat sich vieles gebessert, und ich würde für meine Person – denn ich will nicht mehr viel vom Leben – zufrieden sein, wenn ich mit meiner großen nun endlich abgeschlossenen Arbeit wenigstens ein »Etablirtsein« auf diesem Gebiet erreichte. Die Tagesruhmfrage ist mir gleichgültig, aber auch die Tägliche-Brotfrage, die mich mitunter ängstigt, hängt daran. (SJ II 334)

Fontane an Wilhelm Hertz   Berlin, 9. Mai 1878
Der Roman ist [in] zwei, drei Wochen fertig und ebenso lange beschäftigen mich Pläne für neue Arbeiten. Am liebsten ging ich wieder an etwas Umfangreiches, an eine heitre und soweit meine Kräfte reichen humoristische Darstellung unsres Berliner gesellschaftlichen Lebens; ich will aber, eh ich diesen zweiten Roman[27] in Angriff nehme, doch erst die Wirkung des ersten abwarten. Und so möcht' ich denn einen Novellenband (*zwei* längere Novellen) zwischenschieben. Eine davon[28], nach eben empfangener Zusage, wird Lindau in seinem »Nord und Süd« veröffentlichen, die zweite[29]

27 »Allerlei Glück«.
28 »Grete Minde«.
29 Vermutlich »Schach von Wuthenow«.

denk' ich im »Daheim« – das mir durch seinen Zaun-König[30] schließlich sehr verbindliche Dinge hat zuzwitschern lassen – zu vorläufigem Abdruck zu bringen. Bliebe nur noch für die Buch-Ausgabe zu sorgen. Könnten Sie sich entschließen zu Weihnachten 79 diesen Novellenband zu publiciren, und mir, bei 1500 Exemplaren, ein Honorar von 500 rtl. für denselben zu bewilligen? Ausdehnung des Bandes 250 bis 300 Seiten, ein Drittel der Länge meines gegenwärtig im Druck befindlichen Romans.   (WHH 189)

Fontane an Ludovica Hesekiel   Berlin, 28. Mai 1878
Haben Sie besten Dank für diese wiederholt freundlichen Worte, die Sie an mich gerichtet haben. Wenn ich auch im Allgemeinen ganz zu W. Scott stehe, der zu sagen pflegte: »Lob erfreut mich nicht, aber Tadel ärgert mich«, so giebt es doch glänzende Ausnahmen, wo entweder das Lob selbst, oder derjenige der es ertheilt, oder endlich die Situation in der wir uns befinden, uns sehr anders über die Lobfrage denken läßt. Und das ist mein Fall. Ich will – an Punkt 1 und 2 mit Hut in Hand vorübergehend – nur bei Punkt 3 einen Augenblick verweilen. Meine Situation ist in der That eine kritische. In Jahren, wo die meisten Schriftsteller die Feder aus der Hand zu legen pflegen, kam ich in die Lage sie noch einmal recht fest in die Hand nehmen zu müssen, und zwar auf einem Gebiet, auf dem ich mich bis dahin nicht versucht. Mißglückt es, so bin ich verloren. Ich habe meine Schiffe verbrannt, und darf – wenn ich auch keine Siege feire – wenigstens nicht direkt unterliegen. Meine Arbeit muß zum Mindesten so gut sein, daß ich auf sie hin einen kleinen Romanschriftsteller-Laden aufmachen und auf ein paar treue, namentlich auch zahlungsfähige Käufer rechnen kann. Gott sei Dank, so viel scheint ja erreicht zu sein. Martha schreibt mir heute von Rostock aus: »Man findet Deinen Roman nicht spannend, aber interessant« und selbst Koenig in Leipzig ließ sich, als ich ihm den 4. Band schickte, dahin vernehmen »daß es, wenn alles wie der Schlußband wäre, ein ›Durchschläger‹ geworden sein würde.« Das Wort war mir neu und amüsirte mich. Ihnen aber und meinem Dobbertiner Stiftsfräulein[31] werd' ich vor allen andern

30 Redakteur Dr. Robert König.
31 Mathilde von Rohr.

dankbar bleiben, weil ich von Ihnen Beiden die ersten warmen Worte hörte.
Daß mir nichts lieber sein kann, als von Ihnen in der Kreuz-Ztng. besprochen zu werden, brauch' ich Ihnen nicht erst zu versichern. Sie verstehen diese Dinge aus dem Grunde, und bringen, was die Wenigsten thun, ein Herz dafür mit. Für die Sache, und ein bischen auch für die Person.
(SJ IV 146 f)

Fontane an Wilhelm Hertz   Berlin, 11. Juni 1878
Zwei Briefe Doktor Koenigs – die letzten; aber doch schon alt – erlaub ich mir beizuschließen, den einen Eitelkeits und Trostes halber, den andern weil er einen praktischen Werth hat. Ich hoffe, daß Ihnen der Oktober auch als bester Zeitpunkt für die Ausgabe des Buchs erscheint.
(WHH 190)

Fontane an seine Frau   Berlin, 12. Juni 1878
Zwei Briefe leg' ich bei, die Dich mehr erfreuen werden, als mein eigner deutscher Aufsatz. Namentlich die Zeilen von *Hertz* sind *sehr* freundlich. Zu meinen kleinen, beinahe zu meinen großen Glücken zählt es, daß dieser Mann, was sonst auch seine Schwächen sein mögen, in seinen freundlichen Gesinnungen gegen mich und meine Arbeiten so treu aushält. Bei meiner großen Reizbarkeit, die ich beklage, aber nun nicht mehr ablegen kann, würd' ich mit einem mäkligen, sich immer nüchtern und ablehnend verhaltenden Buchhändler gar nicht auskommen können.
(FA I 257)

Fontane an seine Frau   Berlin, 22. Juni 1878
Ob ich morgen schreibe, weiß ich nicht; ich sitze mitten in den Correkturfahnen und habe nur bis 2 Uhr Zeit.
(FAP)

Fontane an seine Frau   Berlin, 10. August 1878
Am Mittwoch kam ein mächtiges Paket aus Leipzig, am Donnerstag ein kleineres aus Fehrbellin. Jenes enthielt mein Romanmanuskript[32]; mit eigentümlichen Empfindungen hab' ich es auf den Boden schaffen lassen. So wird man auch selber 'mal beiseite ge-

---

32 nach dem Vorabdruck in der Zeitschrift »Daheim«.

schafft, Müh' und Arbeit liegen zurück, und niemand kümmert sich mehr drum. Auch nur einen Augenblick darüber traurig sein zu wollen, wäre lächerlich. (FA I 265)

Fontane an Wilhelm Hertz   Berlin, 15. September 1878
Nach langer Zeit 'mal wieder ein Lebenszeichen von mir, das Sie hoffentlich schon aus Böhmen oder der Schweiz retournirt vorfindet. Ich schreibe wegen zweierlei: einmal um mir von Ihrer Güte noch 100 rtl. à Conto meines Honorars zu erbitten, dann um Ihnen zu melden, daß die nächste Nummer des »Daheim« die beiden Schlußkapitel des Romanes bringen wird. *Alle* Fahnen sind von mir durchcorrigirt. Wir stehen also wohl vor der Frage: *wann* das Buch erscheinen soll? Ich habe den Wunsch »zu Weihnachten«, weiß aber auch was möglicherweise dagegen spricht und ordne mich deshalb Ihrer etwa anders lautenden Entscheidung selbst ohne »inwendiges Raisonniren« unter. Ich komme morgen Mittag, um mir mündlich Bescheid zu holen. (WHH 191)

Fontane an Wilhelm Hertz   Berlin, 2. Oktober 1878
Die Titelblätter, anstatt sie direkt an Teubner zu schicken, erlaub ich mir diesen Zeilen beizuschließen, da ich mir ein paar Correkturen erlaubt habe [...] (WHH 191)

Fontane an Wilhelm Hertz   Berlin, 9. Oktober 1878
Die kl: Aenderungen, die ich mir erlaubt, unterbreit' ich nunmehr Ihnen zu Gutheißung oder Verwerfung. Ich habe meine Frau die Copie machen lassen, damit ich mich nicht in eigener Handschrift zwischen W. Scott und W. Alexis stelle.[33]
Das Journal-Verzeichniß, auf der Rückseite des zweiten Blattes, bedarf keines Commentars. Im Wesentlichen werden wir wohl über Werth und Unwerth der in Schafe und Böcke getheilten Blätter gleich urtheilen. An die Herren der Links-Columne, kann ich – mit Ausnahme von Müller-Grote, den *Sie* vielleicht freundlichst übernehmen – persönlich heran, so daß ich mir erlauben würde, die Sendung, wenn paßlich, mit einigen Zeilen meinerseits zu begleiten.

---

[33] in der Verlagsanzeige (vgl. WHH 484).

Der Herr von der Kölnischen heißt etwas anders; ich werde seinen Namen aber noch genauer erfahren.
[...]
Noch eins. Durch Zufall hab ich in Erfahrung gebracht, daß an zwei Stellen, von denen ich es am wenigsten erwartet hätte, mein Roman mit besondrem Interesse gelesen worden ist: am Rhein und im Posenschen. Was den Rhein angeht, so bedeutet es wohl nicht viel, Posen aber, über das ich gut unterrichtet bin, ist wichtig. Ich kann mir den Erfolg an dieser Stelle *nachträglich* auch sehr gut erklären. Die Weichsel-, Warthe- und Netze-Gegenden werden nämlich gerade vom *Oderbruch* aus colonisirt und alle reichen Bauerssöhne aus dem Dreieck Wrietzen–Küstrin–Frankfurt gehen ins Posensche, um dort »Rittergutsbesitzer« zu werden. Diese lesen natürlich gern von Manschnow und Gorgast und werden sich abquälen herauszukriegen, wer unter Vitzewitz, Pudagla, Drosselstein etc. eigentlich zu verstehen sei. *Dies* bildet immer das Haupt-Interesse. Räthsel lösen. Alles andre ist Nebensache. (WHH 192)

Fontane an Wilhelm Hertz   Berlin, 20. Oktober 1878
Treff' ich Sie, so möcht' ich um 100 rtl. freundlichst gebeten haben; wir finden dann auch wohl Zeit wegen der Bücher u. Briefe zu sprechen. (WHH 193)

Fontane an Paul Lindau   Berlin, 23. Oktober 1878
Auch noch eine Nachschrift! In etwa zehn bis zwölf Tagen wird mein Roman ausgegeben, Arbeit und Inhalt meines Lebens. Darf ich darauf rechnen, daß Sie ihn noch im Laufe des Novembers lesen und besprechen?!« Liegt aber zuviel vor, so warte ich bis Neujahr. Sagen Sie mir, wenn es dazu kommt, derb die Wahrheit, schenken Sie mir nichts (ja, ich *bitte* darum), aber sagen Sie mir auch was Nettes. (BE I 458)

Fontane an Wilhelm Hertz   Berlin, 1. November 1878
Vielleicht empföhle es sich, ein paar Exemplare schon nächsten Montag (4.) an befreundete Redaktionen gelangen zu lassen. Ich denke dabei namentlich an zwei, an die »Gegenwart« und an die Kreuz-Ztng. Beide *sehr* wichtig. Geschäftliche Verlegenheiten kön-

nen daraus nicht entstehn, da Lindau, selbst wenn er gleich liest und schreibt (wie er mir, vor einigen Tagen, in einem sehr liebenswürdigen Briefe versprochen hat[34]) doch *frühstens* in der, am 16. oder 17. November erscheinenden Nummer, die Besprechung des Romanes bringen kann. Wahrscheinlich noch eine Woche später. Aehnliches gilt von »Ludovika« [Hesekiel]. Zu dieser steh ich so, (event. zu Dr. Heffter), daß ich den Tag des Erscheinens nahezu bestimmen kann.[35]
Gleich gute Beziehungen unterhalte ich auch zur Kölnischen, wo mir der Redakteur des Feuilletons gewogen ist. Auch *diesem* könnte ich sagen: bringen Sie's dann und dann und zwar nicht *vor* dem 15. oder 18. oder welchen andren Tag Sie bestimmen.

(WHH 193 f)

Fontane an Wilhelm Hertz Berlin, 4. November 1878
Ihrer Zustimmung mich versichert haltend, hab ich in unsrem Arrangement einige Kleinigkeiten geändert. Meine Briefe an Frenzel und Spielhagen hab ich wieder zerrissen; es giebt Leute, denen man auch nicht aus ländläufiger Höflichkeit schöne Worte sagen darf; sie nehmen gleich alles zu feierlich. So hab ich *Karten* geschrieben, ebenso an Jacobi und Marquardt. An unsren geliebten Münchener Freund, der schließlich doch der beste und der vornehmste bleibt, ein paar Zeilen. Alles das erfolgt anbei.

Aber ich habe mir noch ein paar andre Aenderungen erlaubt, oder proponire sie wenigstens. Ich bitte danach nicht um 16 sondern um 18 Exemplare und zwar

                12 Frei-Exemplare
                 1 K. Bölsche
                 1 Lindau
                 1 Rodenberg
                 1 Blumenthal
                 1 Heffter
                 1 Kletke

34 Statt Paul Lindau besprach Ludwig Pietsch den Roman in der »Gegenwart«, 24. 4. 1880. Vgl. WHH 485.
35 »Kreuzzeitung«, 12. 12. 1878, und im »Wochenblatt der Johanniter-Ordens-Balley Brandenburg«, 20. Jg., 15. 1. 1879 (anonym).

Vergleichen Sie die Listen, so werden Sie finden, daß einer (Spielhagen) auf Ihre Liste hinübergeschoben ist, während ich dafür drei: Blumenthal, Heffter und Kletke, auf meine Liste herübergenommen habe. Den beiden erstren möcht ich das Buch mit einem Briefe von *mir* aus schicken, dem letztren (Kletke) überreich' ich es persönlich, um den diffizilen Pietsch-Punkt mit ihm zu besprechen.

(WHH 194 f)

Fontane an Wilhelm Hertz　　　　　　　　Berlin, 5. November 1878
Wir haben uns nicht ganz verstanden. Es kommt aber, wie ich zugestehe, bei dem Quängeln und Abändern nichts heraus und so nehm' ich alles wie es liegt. Will sagen, ich nehme an, daß Sie die Exemplare für *Heffter* (Kreuz-Ztng) *Blumenthal* (Tageblatt) *Pietsch* (Vossin) *direkt* an diese Herren gelangen lassen. Habe ich hierin Recht, so bitte ich um eine einzige Zeile, die mir dies bestätigt, damit ich an die drei Herren schreiben und das Eintreffen des Buches annonciren kann.
[...]
Nach dem Inhalte meines gestrigen Abendbriefes wollte *ich* gern die drei vorgenannten Exemplare besorgen, da sowohl mit Heffter (Kreuz-Ztg) wie mit Kletke (Vossin), und zwar »Ludovika's« [Hesekiel] und L. Pietsch' halber, diffizile Fragen zu berühren resp. zu regeln sind. Es muß nun aber auch *so* gehn. Im Letzten ist ja all dergleichen irrelevant.　　　　　　　　　　　　　　(WHH 195)

Fontane an Wilhelm Hertz　　　　　　　　Berlin, 5. November 1878
1. Es ist nun alles wundervoll in Ordnung. Heffter und Blumenthal erhalten morgen früh ihre Exemplare mit einem Liebesbrief. Das Exemplar für Kletke überbring' ich selbst; ich bin Ihnen sehr dankbar, daß Sie mich »Trinius« gegenüber einer Verlegenheit überhoben haben.
[...]
3. Den »Frankfurter Fall« hab ich mir noch überlegt. Alles in allem, es ist nicht so schlimm. Ist der Buchhändler noch derselbe, den wir vor etwa fünfzehn Jahren (nachher Besuch des Kunersdorfer Schlachtfeldes) aufsuchten, so darf ich sagen, einen größeren Lederschneider nie gesehn zu haben. Eng, klein, ängstlich. Wenn erst »Ludchen« [Ludovika Hesekiel] gesprochen hat und der Land-

pastor sein Ohr spitzt, welches sag ich nicht, so wird alles anders werden. Ich kenne Barnim und Lebus und beide werden mir meine Treue lohnen. Es ist *der* Theil unsrer Provinz, wo das meiste Geld und das stärkste Selbstbewußtsein zu Hause ist. Das giebt ein gutes Publikum. Dazu freut sich jeder, seinen Namen gedruckt zu sehn. Denken Sie an Niquet.

4. Ihr Gedanke mit Schulrath Klix ist brillant. Und ist es nicht Klix, so irgend ein andrer x. Glückt es, *diese* Seite des Romans zur Geltung zu bringen, so haben wir ein »Zeichen der Zeit« und damit vielleicht gewonnen Spiel. Ich muß dabei einen Augenblick verweilen. Der große Zug der Zeit ist *Abfall*; aber man hat es nach gerade satt; die Welt sehnt sich aus dem Häckelismus wieder heraus, sie dürstet nach Wiederherstellung des Idealen. Jeder kann es jeden Tag hören. Und es ist ernst gemeint. Da kommt nun *dieses* Buch, das dem in tausend Herzen lebendigen Gefühl Ausdruck leiht. Hätt' ich es gewollt, hätt ich auch nur einen Tropfen »fromme *Tendenz*« hineingethan, so wär es todt, wie alles zurechtgemachte. Aber es steckt in dem Buche ganz gegen mein Wissen und Willen; ich *finde* es jetzt zu meiner Ueberraschung darin und doch liegt eigentlich kein Grund zur Ueberraschung vor, denn alles was ich gegeben habe, ist nichts als der Ausdruck meiner Natur. Ich hoffe, daß es auch so wirkt. Trifft dies zu, so ließe sich sagen: »seht, der Wind dreht sich; die alten Götter leben noch. Unsinn. Das Christenthum ist nicht todt; es steckt uns unvertilgbar im Geblüt und wir haben uns nur darauf zu besinnen. Jeder der sich prüft, wird einen Rest davon in sich entdecken. Und diese Reste müssen Keime zu neuem Leben werden.« Was sagen Sie zu dieser Nachmittagspredigt?

5. Muß ich Geh. R. Hahn ein Exemplar überreichen oder thuen Sie es? Geschähe es durch Sie, so würd ich bitten meinerseits ein Billet beilegen zu dürfen, in dem ich etwas sagte: »Herr H. schickt das Buch; lassen Sie michs durch ein paar Worte begleiten etc.«

(WHH 195 ff)

Fontane an Mathilde von Rohr   Berlin, 5. November 1878
Heute früh hat mir Hertz Exemplare geschickt. Das erste davon erhalten *Sie*, weil ich mich, in Bezug auf diesen Roman, niemandem

so verpflichtet fühle wie Ihnen. Sie haben mich seit zehn Jahren und länger dazu ermuthigt, mich immer wieder darauf hinverwiesen und das danke ich Ihnen. Ob er Ihnen in allen Stücken gefällt, ist eine andre Frage, die neben jener verschwindet. Im Uebrigen denk' ich, daß Ihnen so im Zusammenhange manches berechtigter erscheinen wird als vorher. Wenigstens dient alles einem Zweck, alles ist wohl überlegt und steht nicht blos da, um die Seiten zu füllen.

[...]

Im Buchhandel erscheinen die Bücher erst in etwa acht Tagen.

(SJ III 186)

Fontane an Ludovica Hesekiel   Berlin, 6. November 1878
Der große Augenblick ist nun da; eben hab ich den Roman an Dr. Heffter geschickt. Ich hatte vor, Ihnen denselben direkt zugehen zu lassen, auf eine vorgängige Anfrage hat mir Dr. H. aber geantwortet, es wäre der Weg über die Kreuz-Ztng der für mich bessere, da ich auf *die* Weise auch in die vielgelesene »Bücherschau« käme. Ich hatte von dem Ganzen den Eindruck, daß er den indirekten Weg doch für den richtigeren halte und so hab ich danach gehandelt.

Thuen Sie nun was Sie können und seien Sie meines Dankes und meiner Bereitwilligkeit zu kl. liter. Gegendiensten im Voraus versichert. Wenn ich noch einen Wunsch aussprechen darf, so ist es der: nicht zu viel Parallele mit Scott, W. Alexis, Hesekiel. Alle drei müssen natürlich genannt werden, aber es thut einem wohler die *unterscheidenden* Merkmale hervorgehoben zu sehn, als die Aehnlichkeiten. Ich glaube, daß der Papa auch mitunter unter diesen »Einrangirungen« gelitten hat. Am meisten W. Alexis; denn zwischen ihm und Scott ist *innerlich* absolut gar keine Verwandtschaft.

(SJ IV 147)

Fontane an Hermann Kletke   Berlin, 6. November 1878
Den Roman, wenn Sie ihn würdig erachten, bitt ich der berühmten »Kletkesiana« einzuverleiben; Pietsch hat ein zweites Exemplar er-

halten* und wird, Ihre Zustimmung und seinen guten Willen vorausgesetzt, einiges in der Vossin darüber sagen.[36] Daß ihm das Buch besonders gefällt, erwart' ich nicht; es ist ganz unmodern, etwas fromm, und etwas kirchlich, immer wird gepredigt und Gott sei Dank *noch* häufiger zu Mittag gegessen. Dazu literarische Gespräche und dann und wann eine Eruption im Stil von »Mit Gott für König und Vaterland«. An Zola, der einen unterirdischen Pariser Käseladen mit genialer Bravour zu beschreiben weiß, erinnert nichts. Und das spricht mir mein Urteil. Denn Pietsch ist für Zola. Vielleicht aber lobt er mich aus Commiseration.

* Ein drittes werd' ich gelegentlich bei Lessings überreichen, trotzdem ich eine Stimmung dafür wohl nicht voraussetzen darf. (Kl 58)

Fontane an Ludwig Pietsch   Berlin, 6. November 1878
Wilhelm Hertz schreibt mir, daß er Ihnen meinen Roman gesandt habe. Ich halt es doch für in der Ordnung, der Buchhändlersendung noch diese Zeilen folgen zu lassen, mit der Bitte, in der Vossin[37], eventuell auch in der Schlesischen ein paar freundliche Worte darüber sagen zu wollen, immer vorausgesetzt, daß Ihnen die Richtung des Ganzen nicht zu sehr gegen den Strich ist. (E 73 b, 35)

Fontane an Ludwig Pietsch   Berlin, 10. November 1878
Ihre Zeilen haben mir heute früh eine große Freude gemacht. Ich dachte, Sie würden aus Freundlichkeit ein freundliches Wort haben; nun zu hören, daß Ihnen das Ganze, oder doch wenigstens die Tonart des Ganzen wohltut, ist mir ein Herzenstrost. Denn ich weiß wohl, welch feines Ohr Sie haben. Außerdem, was alles von Hoffen und Bangen an solcher Arbeit hängt, brauch ich Ihnen nicht zu sagen. Verwöhnt hat mich das Leben nicht, wenigstens nicht durch Erfolge, aber auch die bescheidenste Position will immer neu erstritten sein. Die Geschichte von Hopfens »Pinsel Mings«[38] ist nur halb wahr. (E 73 b, 35 f)

36 V. Z. 22. 11. 1878.
37 Vgl. Anm. z. Brief an Hermann Kletke vom 6. 11. 1878.
38 Vgl. E 73 b, 36.

Fontane an Wilhelm Hertz   Berlin, 15. November 1878
Die Kritik in der »Post«, die ich vielleicht schon als was Gutes hinnehmen muß, konnte die bekannte Kurmethode: Heilung des Körpers durch geistige Erhebung, nicht eintreten lassen. Von Lübke hatte ich gestern einen Brief; der Roman war noch nicht in seinen Händen. Er wird im »Schwäb: Merkur« – für Würtemberg wichtig – über »Vor dem Sturm« schreiben, *nicht* für die Augsb. A. Ztg. mit deren Redaktion er sich überworfen hat. Wenn dies beklagenswerth bleibt, so wird es reichlich balancirt durch einen fulminanten Artikel, der in einer der nächsten Nummern von »Ueber Land und Meer« über mich erscheinen wird. L[übke] schickte mir gestern den Fahnen-Abzug. Ich würd' ihn diesen Zeilen beilegen, wenn ich Auerbach wäre. Da ich es leider nicht bin, so muß die Naivetät innerhalb gewisser Anstandsgrenzen bleiben.

(WHH 197)

Fontane an Ludwig Pietsch   Berlin, 22. November 1878
Seien Sie herzlichst bedankt[39]. Am Kaffeetisch wurde ich gleich mit den Worten empfangen: »Eingehender und liebevoller« – und dann kam noch ein drittes Wort, das ich, weil es mich angeht, verschweigen muß – »ist nie über dich geschrieben worden.« Es war eine glückliche Stunde, und wenn es Ihnen eine besondere Freude gemacht hat, das Kind des »starken Mannes« nicht als 18 Jahre lang unerkannte Baronin abschließen zu sehen, so hat es mir eine riesige Freude gemacht, daß Sie meine Absicht hier ganz und gar erraten haben. Die Natur adelt; alles andre ist Unsinn, und eine der mir degoutantesten Erscheinungen ist es immer gewesen, gerade in den Romanen liberaler und allerliberalster Schriftsteller, den Hauslehrer oder die Gouvernante, wenn sie heldisch-siegreich auftreten, sich schließlich immer als Graf oder Gräfin entpuppen zu sehen. Wenn auch nur von der Bank gefallen. Nochmals besten Dank. (E 73 b, 38)

Fontane an Wilhelm Hertz   Berlin, 24. November 1878
Daß Jul. Schmidt, über den sich heute Lindau nicht allzu glücklich hermacht – denn es wirkt alles wie aus persönl. Gereiztheit her-

39 für die Rezension in der V. Z. vom 22. 11. 1878.

vorgegangen – den Roman besprechen will, ist mir eine *große* Freude. Sein Wort, wenn ich mich unter unsern Kritikern umsehe, hat doch das größte Ansehn; seine Belesenheit ist enorm und sein Stil wundervoll. Bismarck soll gesagt haben »er schriebe am besten.« Dem wird zuzustimmen sein; Frenzel kommt ihm nah, ist aber weniger knapp und worauf ich ein großes Gewicht lege, weniger humoristisch. Gerade diese Stellen sind bei J. Sch. immer brillant. Lindau schreibt auch reizend und ist nicht ohne Grazie, aber es ist doch die Grazie einer Dame von der Opera comique. Das Roth ist aufgelegt um die Zeichen der Decadence zu verdecken.

Ihr Passus über das »Central-Organ für Seifensieder« wie Blumenthal das Sylvester Frey'sche »Mehr Licht«[40] genannt hat, hat mich höchlichst amüsirt, namentlich der Verzicht auf die »Laus« in diesem Blatt. Familie Bleibtreu, die dahintersteckt, wird es *mir* vielleicht übelnehmen und Uebereinstimmung vermuthen, aber es ist doch am besten *so*. – Wegen des »Bär« werd' ich noch erst anfragen; im Allgemeinen werden Bücher darin *nicht* besprochen, am wenigsten wohl Romane. Allerdings entsinn ich mich ganz dunkel einer Ausnahme.

Ich komme noch 'mal auf Jul. Schmidt zurück. Es schadet gar nichts, wenn er auf die Schwächen des Buches stark hinweist, wenn nur das Ganze nicht zu kurz kommt, will sagen nicht lau und flau behandelt wird. *Das* ist der Tod; *nicht* ein energischer, aber wohlmeinender Tadel. Ich denke mir, *eines* wird er anerkennend hervorheben und dies Eine ist mir die Hauptsache. Das Buch ist der Ausdruck einer bestimmten Welt- und Lebens-Anschauung; es tritt ein für Religion, Sitte, Vaterland, aber es ist voll Haß gegen die »blaue Kornblume« und gegen »Mit Gott für König und Vaterland«, will sagen gegen die Phrasenhaftigkeit und die Carikatur jener Dreiheit. Ich darf sagen – und ich fühle das so bestimmt, wie daß ich lebe, – daß ich etwas in diesem Buche niedergelegt habe, das sich weit über das herkömmliche Romanblech, und nicht blos in Deutschland erhebt, und nichts hat mich mehr gereizt, als daß einer meiner *besten Freunde* (Name später mündlich) so thut, als ob es so gerade nur

[40] Wochenschrift für Literatur und Kunst.

das landesübliche Dutzendprodukt wäre. Daß es gerade *das nicht* ist, wird Jul. Schmidt gewiß sagen. Denn es *ist* es nicht. Pardon für diesen langen Brief; aber in eigener Sache hat man immer viel zu sagen. (WHH 198 f)

Fontane an Wilhelm Hertz Berlin, 27. November 1878
Ihre liebenswürdigen Zeilen hätten eine promptere Beantwortung erheischt; ich steckte aber in einem Kapitel[41], das durchaus erst beendet werden mußte. Meine Bemerkung über Frey-Bleibtreu zielte nicht entfernt darauf hin, daß mir ein Exemplar-Opfer auf dem Altar von »Mehr Licht« erwünscht gewesen wäre; ganz im Gegentheil. Ich schüttete nur mein Herz über Mutter Bleibtreu aus, die – in Bewunderung ihres Jungen hypersoupçonnös – annehmen wird, daß ich mit dahinterstecke. Schadet aber gar nichts.
[...]
Ueber Julian Schmidt sind wir einig; nur nicht über seinen Stil. Er schreibt klar, knapp, kernig (mitunter – aber dann absichtlich – knorrig) und verfügt, ohne eigentlich ein Humorist und homme d'esprit zu sein, doch über so viel von beiden, um seiner Schreibweise dadurch eine *sehr* schmackhafte Zuthat zu geben. Vielleicht um so schmackhafter und wirkungsvoller, je seltener er damit hervortritt. Und daran knüpft sich in natürlicher Verbindung der Wunsch, daß Ihnen die Suppe schmecken möge. (WHH 199 f)

Fontane an Ludovica Hesekiel Berlin, 27. November 1878
Wenn es noch nicht zu spät ist, möcht' ich Sie freundlichst gebeten haben, den Hieb gegen die Daheim-Leute recht sanft zu führen, trotzdem die guten Herren *keinen* Anspruch darauf haben. Indessen sie bilden sich, glaub ich, ein, besonders freundlich, rücksichtsvoll und generös gegen mich gewesen zu sein, und so möcht' ich nicht gern als ein Undankbarer vor ihnen erscheinen. Zusammenhänge zwischen dem Kritiker und dem Opferthiere, das er, belorbeert oder nicht, zum Altare führt, werden leicht geahnt. Im Uebrigen will ich nicht leugnen, daß ich dem Daheim, von *alter* Zeit her, ein ganz klein wenig verpflichtet bin.[42] (SJ IV 148 f)

[41] von »Grete Minde«.
[42] Vgl. SJ IV 398 f.

Fontane an Wilhelm Hertz [November 1878]
Roquette, sonst etwas nüchtern, hat mir beinah enthusiastisch über meinen Roman geschrieben und will ihn in der *Augsb. Allg. Ztg* besprechen.[43] Er ist nur nicht ganz sicher, ob die »Augsburgerin«, zu der er übrigens alte aber doch immer nur zeitweilige und vorübergehende Beziehungen unterhält, diese seine Kritik auch nehmen wird. Bei der Wichtigkeit der »Augsburgerin«, worin ich Ihnen ganz zustimme, entschließen Sie sich vielleicht zu einer kurzen Anfrage bei dem Ihnen, denk' ich, halbbefreundeten Chefredakteur[44], ob er wohl geneigt sei, die Roquettesche Kritik über d. Roman zu bringen? (WHH 199)

Fontane an Wilhelm Hertz Berlin, 1. Dezember 1878
Daß Sie den Brief P. H[eyse]'s[45], sehr geehrter Herr Hertz, selbst copirt haben, hat mich gerührt, und muß ich mich für diese besondre Gutthat eigens noch bedanken. – Ich hatte beim Lesen denselben angenehmen Eindruck wie beim Hören; er ist so graziös, so witzig, so wohlwollend, daß er einem eben alles sagen kann. Nur eine ganz kleine Natur kann sich dagegen auflehnen. Nur in Einem – und zwar in einem Hauptpunkt – hat er entschieden Unrecht. Der Schwerpunkt des Buches liegt nicht im »Landschaftlichen« wenn er diesem Worte auch die allergrößte Ausdehnung geben und *alles* Deskriptive darunter verstehen will; der Schwerpunkt liegt vielmehr in der *Gesinnung*, aus der das Buch erwuchs, und *wenn* es einen bescheidenen Erfolg erringen sollte, so werden Kapitel wie das 4te des ersten Bandes, im 2. Bande das Zwiegespräch zwischen Berndt und Kniehase, bez. zwischen Berndt und Othegraven, im 3. Bande das Prinz Ferdinand- und das Bninski-Kapitel und im letzten Bande die Kapitel, die dem Frankf. Ueberfall unmittelbar folgen, die wahre Ursach davon sein. Alle aber haben mit dem »Landschaftlichen« gar nichts zu schaffen. Morgen Abend schreib

---

43 Erschienen am 5. 12. 1878.
44 Dr. Otto Braun (WHH 488).
45 an Wilhelm Hertz vom 27. 11. 1878 enthielt eine ausführliche Besprechung von Fontanes Roman (vgl. Brief an Paul Heyse vom 9. 12. 1878).

ich an Paul; den eben behandelten Differenzpunkt berühr ich aber mit keinem Wort, – es würde blos kleinlich erscheinen. (WHH 200)

Fontane an Wilhelm Hertz   Berlin, 2. Dezember 1878
Eben wollt' ich, wohl oder übel, in Beantwortung eines Sylvester Freyschen Briefes ein Exemplar einsiegeln, als Ihre freundlichen Zeilen kamen. Ich freue mich, die Sache so friedlich beigelegt zu sehn.[46] Meine Beziehungen zu dem Blatt[47] beschränken sich übrigens darauf, daß ich die Aufforderung zur Mitarbeiterschaft, mit einem kurzen »mit Vergnügen« beantwortet habe. Daß ich, wenigstens vorläufig, nicht daran denke, brauch ich wohl nicht erst zu versichern. Es ist so recht ein Blatt für drei mir furchtbare, weil *überall* auftauchende Namen: W. Jensen, F. Dahn und Karl Emil Franzos. Und sie spuken auch wirklich darin, gleich von der ersten Nummer an. (WHH 201)

Fontane an Wilhelm Hertz   Berlin, 4. Dezember 1878
Besten Dank für das Exemplar. Ich hab es, Ihre Zustimmung voraussetzend, vorläufig bei Seite gelegt. *Jetzt* es schicken, sähe wie eine Mahnung oder noch schlimmer wie Vorspann und Nachhülfe aus. Ich denke, wir warten den nächsten Sonnabend ab; bringt es H[effter] dann nicht[48], oder ist es zu dummes Zeug, so sparen wir's uns überhaupt. (WHH 201 f)

Fontane an Wilhelm Hertz   Berlin, 6. Dezember 1878
Das Pentagramma macht mir Pein.
Das »G.« der Augsburgerin[49] kann nur Gutzkow sein, mein geschworner Feind. Und ich kann es ihm nicht verdenken, denn ich habe ihn schwer gekränkt. Er wird sich also revanchiren. Thut er's nicht, komm ich mit einem blauen Auge davon, so ist mein

---

46 Vgl. Brief an Wilhelm Hertz vom 24. 11. 1878.
47 »Mehr Licht«.
48 in der »Kreuzzeitung«.
49 Rezension des Romans in der »Augsburger Allgemeinen Zeitung« vom 5. 12. 1878 durch Otto Roquette. Vgl. Brief an Wilhelm Hertz vom November 1878.

Buch entweder sehr gut oder mein Feind sehr edel. Edler als ich ihn vorläufig taxiren kann. Denn er hat zeitlebens alles auf seine Person gestellt. So bin ich denn auf Abschlachtung gefaßt. Ist es *sehr* schlimm, so les' ich es jetzt, wo ich inmitten einer Novelle[50] stecke, und zwar an der wichtigsten Stelle, lieber *nicht*. Dabei muß ich bemerken, daß ich gegen Tadel, selbst gegen starken oder meinem Gefühl nach ungerechten Tadel, gar nicht sehr empfindlich bin, nur *Nichtachtung* kränkt mich tief. Wird dem Buche und seinem Verf. die Existenz-Berechtigung zugesprochen, wird in den Hauptsachen eine *Kraft* anerkannt, so genügt mir das völlig. Nur unter die Masse geworfen zu werden, von der zwölf aufs Dutzend gehn, ist mehr als meine Geduld aushält. (WHH 202)

Fontane an Wilhelm Hertz   Berlin, 9. Dezember 1878
Die Frommen kochen auch mit Wasser. Eigentlich ist hier gar nicht gekocht, sondern nur verdünnt. Ein Tropfen Urtinktur (Tinctura Pietschii) mit 100 Tropfen. Aber die Homöopathen nehmen wenigstens Spiritus zum Verdünnen; davon hab ich hier nichts gemerkt. Aqua pura. Aqua fontana geht meinetwegen nicht. (WHH 202 f)

Fontane an Paul Heyse   Berlin, 9. Dezember 1878
Sei herzlich bedankt für all das Freundliche, was Du zu W. Hertz über meinen Roman gesagt hast[51], also bedankt für den *ganzen* Brief; denn freundlich und wohlwollend ist er eben überall und am meisten vielleicht da, wo Du meine Schwächen persiflierst. Wie reizend, was Du über Lewin sagst und daß Du ihm das »Zusammenbrechen« eigentlich nicht zugetraut hättest. Ich lachte herzlich. Es ist alles so gesagt, daß auch der empfindlichste Autor über ein solches Geziepwerden sich freuen muß. Prickelt und kitzelt es doch mehr, als es schmerzt. Manches – die Liebesverhältnisse, meine Schwäche, geb ich preis – könnt ich vielleicht entschuldigen oder selbst rechtfertigen, aber ich mag nicht in unsres alten Freundes Eggers Fehler verfallen, der in ähnlichen Fällen immer unter supe-

---

50 »Grete Minde«.
51 Vgl. Anm. z. Brief an W. Hertz vom 1. 12. 1878.

riorem Lächeln versicherte: »Lieber Freund, du hast mich mißverstanden; gerade *das* wollt ich; ich halte es für die gelungenste Stelle etc.« Nur *eines* laß mich fragen. Meinst Du nicht auch, daß neben Romanen, wie beispielsweise »Copperfield«, in denen wir ein Menschenleben von seinem Anbeginn an betrachten, auch solche berechtigt sind, die statt des Individuums einen vielgestaltigen Zeitabschnitt unter die Loupe nehmen? Kann in solchem Falle nicht auch eine Vielheit zur Einheit werden? Das größre dramatische Interesse, soviel räum ich ein, wird freilich immer den Erzählungen »mit *einem* Helden« verbleiben, aber auch der Vielheitsroman, mit all seinen Breiten und Hindernissen, mit seinen Porträtmassen und Episoden, wird sich dem Einheitsroman ebenbürtig – nicht an Wirkung, aber an Kunst – an die Seite stellen können, wenn er nur nicht willkürlich verfährt, vielmehr immer nur solche Retardierungen bringt, die, während sie momentan den Gesamtzweck zu vergessen scheinen, diesem recht eigentlich dienen. Nicht Du, sondern andre haben mir gesagt, daß der Roman schwach in der Komposition sei; ich glaube ganz aufrichtig, daß umgekehrt seine Stärke nach dieser Seite hin liegt. Und hier hätten wir denn wieder unsren alten Eggers. Die Natur ist stärker als die Vorsätze. Homo sum, sagt selbst Ebers.[52] (BE I 463 f)

Fontane an Wilhelm Hertz Berlin, 10. Dezember 1878
Mit großem Interesse habe ich in dies Fragment Ihrer geschäftlichen Correspondenz hineingesehn. Ich gestehe, ich bewundre den Eifer und die Umsicht und kann nur den lebhaftesten Wunsch haben, daß all diesen Anstrengungen, diesem energischen »aus der Taufe heben« auch ein wünschenswerther Erfolg werden möge. Nochmals besten Dank. An Paul H[eyse] habe ich erst gestern geschrieben, einen langen Brief, den er hoffentlich gut aufnimmt. [...]
Den Herrn von der *Kieler* Ztng. kenn ich recht gut; ich lernte ihn in diesem Herbst in Forsteck bei Düsternbrook im Meyerschen Hause kennen.[53] (WHH 203)

[52] Georg Ebers, »Homo sum«, Roman, 1878.
[53] Vgl. WHH 489.

Fontane an Wilhelm Hertz   Berlin, 11. Dezember 1878
Ludovica's Kritik in der heut: Kreuz-Ztng. befriedigt mich, trotz einiger Ridikülismen (so z. B. W. Alexis als Rembrandt, der er gerade *nicht* ist) vollkommen. Auch Heffter[54] hat durch guten Platz und namentlich durch eine aparte, mit großen Lettern gedruckte Ueberschrift das Seine gethan. Ich packe nun also das Exemplar ein und wenn Sie dieses Billet erhalten, erhält Heffter sein Buch.

(WHH 203)

Fontane an Ludovica Hesekiel   Berlin, 11. Dezember 1878
Roma locuta est, würde Bamme sagen, und es gleichmäßig auf Sie und auf die Kreuz-Ztng beziehn. Haben Sie herzlichsten Dank; abgesehn von der großen Freundlichkeit gegen mich, die aus jeder Zeile spricht, ist es auch so sehr geglückt und liest sich so frei und gut. Und das ist eigentlich die Hauptsache. Es giebt so viele lobende Kritiken, denen man die Herzensqual des Kritikers anmerkt, und das ist schrecklich. Vieles hat mich noch im Detail gefreut, so z. B. daß Jeetze, eine mit Vorliebe gezeichnete Figur, zu seinem Rechte kommt, und daß Ihnen das Kapitel »durch zwei Thore« gefallen hat; es ist lange nicht das beste, aber gewiß das poetischste des Buches. Ich fürchtete schon, daß die Besprechung zu spät kommen könnte und war heute um so freudiger überrascht. Der 11te, wo der »Weihnachtsmarkt« anfängt, ist gerade ein besonders glücklich gewählter Tag, und daß unser Freund Heffter eine besondre Ueberschrift spendirt und dadurch die Aufmerksamkeit noch mehr darauf hingelenkt hat, ist ein kleiner Liebes- und Freundschaftsakt.
Wenn Sie nach Berlin kommen und bei unserem Haus-Geheimrath[55] vorsprechen, so, bitte, schrecken Sie vor den zwei weitren Treppen nicht zurück und geben mir dadurch Gelegenheit Ihnen meinen Dank mündlich zu wiederholen. Am besten wär es freilich, Sie ließen es uns den Tag vorher wissen, damit wir auch da sind. In den Weihnachtswochen ist das unsicher, und selbst *ich* muß zuletzt aus meinem Dachsbau heraus, um die üblichen 2 Paar Handschuhe

---

54 als Redakteur der »Kreuzzeitung«.
55 Geh. Hofrat Karl Herrlich, der mit Fontane im gleichen Hause wohnte (vgl. SJ IV 399).

bei Wolter zu kaufen. Außerdem habe ich eine *märkische* (keine Rellstabsche Berliner-)Weihnachts-Wanderung vor. (SJ IV 149)

Fontane an Wilhelm Hertz Berlin, 16. Dezember 1878
Besten Dank für das Zeitungsblatt, das ich Ihnen morgen Abend bestimmt wieder zustelle, gleichviel ob mir Lübke einen Abdruck schickt oder nicht. Er pflegt sonst so prompt in solchen Dingen zu sein. Ich will ihm morgen danken und möchte beim Schreiben der betr: Zeilen seine Besprechung[56] noch gern zur Hand haben.
(WHH 204)

Fontane an Ludovica Hesekiel Berlin, 16. Dezember 1878
Mit Ihrer Kritik über mein Buch haben Sie nicht blos mir eine große Freude gemacht, sondern auch Hertz, der bekanntlich schwer zufrieden zu stellen ist. Ich lege Ihnen abschriftlich Anfang und Ende eines Briefes bei, den er an mich richtete. Reizend war es, daß Sie gerade die Stelle von der Gesinnung und den Profilen citirten; das lesen alle die mit einer besondren Passion, die eine Gaudy'sche Nase haben. Und das sind die meisten. (SJ IV 150)

Fontane an Wilhelm Hertz Berlin, 17. Dezember 1878
Heute früh traf, wie erwartet, auch von Lübke ein Zeitungsblatt bei mir ein und ich schicke nun mit bestem Dank Ihr Exemplar d. »Schw[äbischen] Merk[ur]« zurück. – Im Ganzen genommen bewundre ich die Promptheit der Redaktionen; vieles wirkt zwar ein bischen müd und matt, ähnlich abgespannt wie die Menschen am Schluß einer Abendgesellschaft zu sprechen pflegen, aber man sieht doch überall den guten Willen. Von dem Bericht in den Hamb. Nachr. hab ich etwa diesen Eindruck. Darf ich das Blatt behalten? Einen Schatz repräsentirt es nicht. (WHH 205)

Fontane an Wilhelm Hertz Berlin, 29. Dezember 1878
Besten Dank für das heute früh durch Ihre Güte erhaltene Zeitungsblatt, das ich diesen Zeilen wieder beischließe. Mein »Referendarius«[57] hat den Ungeschmack, sich das Tageblatt zu halten;

---

56 in der »Schwäbischen Chronik«, Sonntagsbeilage des »Schwäbischen Merkur« vom 15. 12. 1878.
57 Sohn Theodor Fontane.

so war ich in die süßen Geheimnisse desselben schon eingeweiht. Ich habe am 1. Januar ein gebundenes Exemplar meines Romans zu verschenken; dürfte ich Ihnen wohl ein ungebundenes schicken und dafür ein gebundenes unter Erlegung des Betrages in Empfang nehmen? Ich spare dadurch ein paar Mark und kann überhaupt meinen Zweck nur auf *diese* Weise erreichen. Denn wer bindet noch Bücher bis zum 1. Januar! (WHH 206)

Fontane an Julius Rodenberg Berlin, 31. Dezember 1878
Haben Sie herzlichsten Dank für Ihre freundlichen Worte, die, gestern, an meinem Geburtstage, geschrieben, mir heute den letzten Jahrestag verschönen. Die Welt spricht immer von dem Neid der Fachgenossen; wenn ich meine Erfahrungen, ganz besonders die während der letzten 6 Wochen eingesammelten, befrage, so gestaltet sich's umgekehrt: *wirklich* Erquickliches ist mir nur von meiner Kollegenschaft gesagt worden: P. Heyse, O. Roquette, L. Pietsch, W. Lübke. Und nun *Sie*. Unser alter Hesekiel pflegte zu erzählen, L. Tieck habe den Lieblingssatz gehabt: »Meine Herrn, ein 3bändiger Roman ist immer eine respektable Leistung, selbst wenn er nicht viel taugt.« Ich glaube, daß wir, die wir die schweren Drangsale solcher Arbeit kennen, alle sehr Ähnliches empfinden und deshalb mit ganz andrem Ernst an die Lektüre derartiger Schöpfungen gehn. Verwandt mit diesem Ernst ist die Liebe, und ist *die* erst da, so ist man durch; denn das liebevolle Auge wird in einem umfangreichen und fleißigen Werke immer Dinge finden, die Anspruch auf ein freundliches Zunicken haben. Nur so kann ich mir die Tatsache erklären, daß einem die *Nebenbuhler* herzlich die Hand schütteln, die *Fremden* (das große Publikum), einen Mittelkurs haltend, halb flau-, halb wohlgesinnt bleiben, die *Freunde* aber allemal durch Ignorierung, Nüchternheit und Nörgelei glänzen. Wahrscheinlich macht jeder dieselben Erfahrungen, und man hat dann nur den Trost, daß sich in allem diesem ein Gesetz vollzieht. Von einer schreienden Undankbarkeit und Rücksichtslosigkeit aber, und damit will ich schließen, sind *die*, denen man die doch mitunter sehr teuren Bücher, in »freundschaftlicher Huldigung«, wohl gar mit einem Widmungsvers, überreicht. Es ist, als

ob sie einen Haß gegen den Absender und Verfasser faßten; er steigt nicht, er sinkt. Nichts wird so niedrig taxiert wie Bücher. Gott besser's! (RO 20 f)

Fontane an Wilhelm Hertz   Berlin, 8. Januar 1879
»Die Braut von Messina«[58] ist schuld, daß Ihnen erst heute für die gef. Mittheilung der Geibelschen Briefstelle danke, die mich *sehr* erfreut hat. So zutreffend Pauls [Heyse] Urtheil – ich hatte vor drei Tagen auch noch einen direkten Brief von ihm – über mein Buch ist, so, glaub ich, empfindet er seiner ganzen Natur nach die Mängel etwas stärker als nöthig und legt etwas zu wenig Gewicht auf *das*, was die Seele des Ganzen ist. In letztrem Punkt liegt der Unterschied zwischen seinem und Geibels Urtheil. Dieser kann dem, was ich eigentlich wollte: Verherrlichung der Vaterlandsliebe über die bloße, mehr oder weniger geschraubte »Loyalität« hinaus und Verherrlichung christlichen Sinnes und Lebens auf Kosten christlicher Bekenntnißformeln, gerechter werden als jener. Denn er empfindet ähnlich wie ich.

Die »Kölnische« [Zeitung] schließ ich mit bestem Danke diesen Zeilen bei. H. Kruse hatte mir schon die Nummer vom 30. Dezember, in der es zuerst stand[59], geschickt und Gelegenheit genommen, übrigens in sehr liebenswürdiger Weise, mich an zwei unrecensirt gebliebene Stücke von ihm zu mahnen. (WHH 207 f)

Fontane an Wilhelm Hertz   Berlin, 14. Januar 1879
Die Besprechung des Romans in »Mehr Licht«[60] hab ich erst heute, durch Ihre Zeilen darauf aufmerksam gemacht, gelesen. Es ist »toll genug«. Nur die Stelle, daß der Erzähler nicht mitsprechen darf, weil es gegen das »epische Stilgesetz«[61] sei, erscheint mir als reine Quackelei. Gerade die besten, berühmtesten, entzückensten Erzähler, besonders unter den Engländern, haben es *immer* gethan. Dies

---

58 Aufführung vom 7. 1. 1879, Fontanes Rezension V. Z. 9. 1. 1879.
59 Rezension des Romans.
60 Eugen Zabel, 1. Jg., Nr. 15.
61 eine von Friedrich Spielhagen vertretene Theorie (vgl. »Vermischte Schriften«, 1864, und »Beiträge zur Theorie und Technik des Romans«, 1883).

beständige Vorspringen des Puppenspielers in Person, hat für mich einen außerordentlichen Reiz und ist recht eigentlich *das*, was jene Ruhe und Behaglichkeit schafft, die sich beim Epischen einstellen soll. Die jetzt modische »dramatische« Behandlung der Dinge hat zum Sensationellen geführt. (WHH 209)

Fontane an Wilhelm Hertz   Berlin, 15. Januar 1879
Ihre Briefe machen mich immer antwortelustig, vielleicht weil ich überhaupt ein Papeler bin, und ich genire mich nur, immer gleich wieder »bei der Hand« zu sein, weil ich Sie dadurch in eine immerhin zeitraubende Correspondenz verwickle. So schwankte ich heute »que faire?« und würde muthmaßlich aus purer Rücksichtnahme geschwiegen haben, wenn nicht der Abend Einliegendes gebracht hätte. Es ist Ludovica [Hesekiel] »encore une fois«; Hofrath Herrlich, jetzt »Geheimer«, war von der Kreuz-Ztgs-Rezension so entzückt, daß er etwas aus derselben Werkstatt haben wollte. Und da ist es nun. Ich find' es gut genug; jedenfalls hält es mit Zabel gleichen Schritt. Die Kritik hat mich merkwürdig artig und rücksichtsvoll behandelt und so möcht ich nicht gerne undankbar erscheinen; aber schließlich, aufs Gewissen gefragt, muß ich doch sagen, es ist alles ungeheuer unbedeutendes Zeug. Als Ausnahmen, aber doch auch nur zu guter Hälfte, kann ich blos Pietsch u. Roquette gelten lassen. Kritiken, die den Lebenspunkt eines Dinges treffen, scheinen gar nicht mehr geschrieben zu werden. Keiner geht mehr aufs Ganze; immer Details, immer Einzelnheiten; man sieht, es wird geblättert, nicht gelesen. Ich erwarte *keine* Antwort.
(WHH 209)

Fontane an Ludovica Hesekiel   Berlin, 15. Januar 1879
Zweimal so 'was zu schreiben[62], ist ein vierfacher Liebesdienst; und so multiplicirt es sich weiter: dreimal wäre neunmal. Ich kleid' es scherzhaft ein, aber es ist ernsthaft gemeint. Haben Sie besten Dank; es ist *sehr* gütig, *sehr* freundlich; was in dem vorletzten Absatz steht, geradezu beschämend. Dazu alles dem »Johanniter-

---

62 Vgl. Anm. z. Brief an W. Hertz vom 1. 11. 1878.

Blatt« vorzüglich angepaßt, im Ausdruck, wie in ganz bestimmten
Hinweisen. (SJ IV 151)

Fontane an Friedrich Wilhelm Holtze   Berlin, 28. Januar 1879
Am Sonnabend war meine Tochter auf einem Ball, lauter junge
Offizier-Tanzbeine. Die »Kriegsbücher« und die »Wanderungen«
waren eine wundervolle Ball-Unterhaltung. Aber überraschend
blieb mir dies allgemeine und glänzende Bewandertsein doch. Das
Räthsel sollte sich lösen. Gestern war ich bei Bath und erfuhr nun
nicht blos von acht Exemplaren »Vor dem Sturm«, sondern auch
von Ihren das ganze Gebiet umfassenden wohlwollenden Gesinnungen für mich. (E 61, 373)

Fontane an Julius Rodenberg   Berlin, 29. Januar 1879
Eben habe ich Mm. über meinen Roman sprechen hören[63] und ich
eile, ihm, bez. *Ihnen*, herzlich dafür zu danken. Es ist mild und gerecht, mit einem, wie es sein soll, bemerkbaren Vorklingen des
erstren, und damit ist alles gesagt. Nichts Gelungenes, das nicht
von Ihrem freundlichen Auge bemerkt worden wäre, nichts Schwaches, das nicht der bekannte Mantel freundlich zugedeckt hätte.
Sie lösen die Gentleman-Aufgabe, *wohltuend* zu loben und zu
tadeln (jenes ebenso schwer wie dieses) und Ihren Ausstellungen
Worte zu leihn, vor denen sich auch der Eigensinnigste und Selbstgerechteste jedes Widerspruchs begeben muß. Wie fein die Bemerkung, daß das, was ein Epos sein solle, hier im wesentlichen eine
Aneinanderreihung von Balladen sei. Es trifft nicht nur den schwachen Punkt, es *erklärt* ihn auch, ja, glorifiziert ihn halb. »Wir vermissen nicht den äußeren Zusammenhang, wohl aber fehlt zuweilen
der organische, der künstlerische« – durch diese wenigen Worte
haben Sie mich in meinem bisherigen Widerstande besiegt. Denn
im Vertrauen gesagt, ich nahm bis dahin das »Schwach in der
Komposition« für eine bloße Schablonenbemerkung; selbst Heyse,
auf den ich begreiflicherweise viel gebe, hatte mich nicht bekehren
können. *Ihnen* ist es geglückt.

---

63 Mit »Mm.« unterzeichnete Rezension Julius Rodenbergs in der
»Deutschen Rundschau«, Februarheft 1879.

Was Renate angeht, so haben Sie mir aus der Seele gesprochen, und ich wünschte nur, daß die des breiteren gezeichnete Figur auf alle meine Leser ähnlich wirkte wie Ihre Skizze des Charakters auf *mich*. – Auch in dem Schlußpassus stimmen wir zusammen; es ist ein Unsinn, uns einreden zu wollen, die Welt sei so schofel und erbärmlich, wie unsre Komödien- und Romanschreiber sie darstellen. Ich kenne Gott sei Dank bloß leidlich anständige Menschen. Es kann nicht ausbleiben: eine bessere, wahrere Zeit bricht auch in literarischen Dingen an. Viel werd ich davon nicht mehr sehn; aber es ist schon ein Vorzug, in dem Glauben an sie sein Tagewerk beschließen zu können.

(RO 21 f)

Fontane an Wilhelm Hertz　　　　　　　　　　Berlin, 30. Januar 1879
In der »Deutschen Rundschau« las ich gestern eine Besprechung meines Romans. Sie rührt von Rodenberg selber her und zählt zu dem wenigen Guten, was bis jetzt über das Buch gesagt ist. Vielleicht ist es das Beste. Seine Skizzirung des Charakters von Renaten, die sein Liebling ist (auch meiner) ist ganz ausgezeichnet und vielleicht besser als die Figur selbst. Ebenso sind die abschließenden Allgemein-Betrachtungen mir ganz aus der Seele gesprochen. Das Feinste und Zutreffendste ist aber der Tadel, den er ausspricht; *das* laß ich mir gefallen; die Schwächen liegen genau da, wo die Vorzüge liegen, und wenn einerseits das Balladen- und Wanderungskapitel-hafte dem Buche Frische, Fleisch und Leben leiht, so hebt es doch partiell die Kunstform des Ganzen auf. Ich habe das früher nicht zugeben wollen, jetzt geb' ich es wenigstens *halb* zu.

(WHH 210)

Fontane an Mathilde von Rohr　　　　　　　　Berlin, 3. Februar 1879
Mit dem Roman geht es gut; die »Deutsche Rundschau« (Rodenberg) hat eine *sehr* hübsche Kritik gebracht. Mög' uns eine 2. Aufl. beschieden sein; wir können es brauchen.　　　　　　(SJ III 188)

Fontane an Wilhelm Hertz　　　　　　　　　　Berlin, 23. Februar 1879
Heute Mittag, unmittelbar nach der Todtenfeier (Hiltl, Brachvogel, Gutzkow) hatt' ich ein Gespräch mit Frenzel. Er wundert sich, daß Julian Schmidt die zugesagte Besprechung noch nicht geschrie-

ben hat und will eventuell selber schreiben. Dies ist nun *sehr* freundlich von K. Fr[enzel], umschließt aber doch eine Gefahr. Sein kritisches Ansehn ist ohngefähr dasselbe und seine nicht unfreundlichen Gesinnungen gegen mich, geben mir eine halbe Gewißheit, daß er mich nicht geradezu abschlachten wird. Dennoch, alles in allem, scheint mir J[ulian] Schm[idt] der wünschenswerthere. Nach dem, was ich so hier und da gehört habe, blickt er, weil ihm Kern und Gesinnung gefällt, mit *Vor*liebe auf das Buch; ob das Buch einer solchen auch bei Fr. begegnen wird, ist doch noch fraglich. In den Fragen, auf die es letztgültig ankommt, wird er zwar sehr ähnlich denken wie Schmidt, aber er wird vielleicht weniger geneigt sein, um – wenn ich selber so etwas sagen darf – gewisser innerlicher Vorzüge willen über die vorhandenen künstlerischen Mängel gnädig hinwegzusehn. Nun schadet die Hervorhebung solcher zwar keineswegs, aber dann muß das Danebenstehende *sehr* warm gehalten sein. Und hohe Temperaturgrade sind nicht gerade Frenzels Sache. Vielleicht, daß Sie Schmidt zu etwas Eile bestimmen können.
(WHH 211 f)

Fontane an Wilhelm Hertz Berlin, 28. Februar 1879
Besten Dank für die freundliche Mittheilung; ich habe Frenzel gleich davon in Kenntniß gesetzt.
Ihr Dialog im Lapidarstil mit Julian Schmidt hat mich sehr amüsirt; aus seinem »ja, ja« glaub ich schließen zu dürfen, daß er entweder *sehr* bald schreibt oder noch lange nicht. Mittelkurs ausgeschlossen.
(WHH 212)

Fontane an Wilhelm Hertz Berlin, 5. März 1879
Der Schubart, der auf dem Hohen-Asperg saß und Friedrich dem Einzigen sang[64], ist es wohl nicht. »Als ich ein Knabe noch war« kratzte er mit der Lichtschere in abgetropftes Talg, – *dieser* hat es bequemer gehabt. Mit dem Maaße von Lob könnt' ich zufrieden sein, wenn sich's nicht beständig widerspräche. Le Pour et le Contre führen einen Dialog, und während seine Linke mich strei-

---

64 C. F. D. Schubart, »Friedrich der Einzige«, Hymnus auf Friedrich d. Großen, 1786. Anspielung auf die Rezension des Romans durch F. K. Schubert, »Blätter für literarische Unterhaltung«, 27. 2. 1879.

chelt, schlägt mich seine Rechte. Der Löwe Lob und der Tadel Krokodil fressen sich bis auf die Schwänze auf und es bleibt nichts übrig. Und nichts ist zu wenig.
Ich bin neugierig auf Julian Schmidt, dessen Kritik – wenn der Teufel sein Spiel treibt – mit Lindaus Besprechung vielleicht am gleichen Tage erscheint. Frau Lindau hat mich am Sonntag Abend, wo ich in einer Gesellschaft ihr Nachbar war, durch drei Bretter gelobt. Sie hat mir dabei gefallen und ich halte sie mehr denn je für eine kluge Frau. Wie leicht ist man doch zu fangen! Und die Catone am ehsten. (WHH 213)

Fontane an seine Frau Berlin, 29. Mai 1879
Besuch bei Frau v. W[angenheim] hab' ich nun heute wirklich gemacht. Sie war sehr nett und mittheilsam [...]
Zum Schlusse wurde mir mitgetheilt, daß das Prof. v. Treitschke'sche Paar für meinen Roman schwärmt, besonders *er*, was mir natürlich noch um ein Grad lieber ist als *sie*. »Das sei doch mal ein deutscher Roman, an dem man seine Freude haben könne.« Hat mir natürlich sehr wohl gethan. Es läppert sich schließlich doch so 'was zusammen. Im Urtheil *solcher* Männer: Droysen, Treitschke, Julian Schmidt, Geibel etc hab' ich bisher am besten abgeschlossen. (SJ I 79)

Fontane an seine Frau Berlin, 18. Juni 1879
Ich habe meinen Roman mit einer artigen Karte an Spielhagen geschickt; nun denke Dir, daß ich empfindlich bei ihm anfragen sollte, warum er noch keine Notiz davon genommen. (SJ I 97)

Fontane an Wilhelm Hertz Berlin, 13. September 1879
Dürft' ich Sie freundlichst bitten mir das beif. Exemplar von »Vor d. Sturm« gegen ein gebundenes umtauschen und den Betrag in Rechnung stellen zu wollen. (WHH 222)

Fontane an Ludwig Pietsch Berlin, 24. April 1880
Eben beim Frühstück hat mir meine Frau Ihre Besprechung meines Romans[65] vorgelesen; man hat nicht immer so süße »Einstippe«.

[65] »Gegenwart«, Bd. 17, 24. 4. 1880.

Seien Sie aufs herzlichste dafür bedankt. Sonderbar zu sagen, daß mein Dank durch die beständig nebenher laufende Bewunderung in seinem Vollgefühl gehemmt wurde. »Du könntest das nicht« so klang es immer leise mit und deprimierte mich ein wenig. Welcher freundliche Herzenszug und welche grundgesunde Natur gehören dazu, zweimal dasselbe Buch zu besprechen[66] und *so* zu besprechen. Keine Spur von Ermüdung oder gar Widerwilligkeit: in Wohlwollen, in Lust und Liebe sprudeln die Worte.

Besonders dankbar bin ich Ihnen auch dafür, daß Sie auf die Schwächen des Buches hingewiesen haben. Ich war mir derselben selbst bewußt und wollt es deshalb ein »Zeit- und Sittenbild aus dem Winter 12 auf 13« nennen. Hertz aber meinte, »dann kaufe es niemand«. Ich bin überzeugt, daß er darin unrecht gehabt hat, auch in Bezug auf den äußeren Erfolg. »Isegrimm«[67] stelle ich *sehr* hoch. Ich halte es in der ersten Hälfte für das Beste und Bedeutendste, was Willibald Alexis geschrieben hat, überhaupt für bedeutend und jedenfalls für viel bedeutender als Scott, ein paar Ausnahmestellen (Jenny Deans ect.) zugegeben. Ob es Willibald Alexis aber in dem Zeitton getroffen hat, ist mir zweifelhaft. Ein jeder wird glauben müssen, es sei alles so ernst und düster und fanatisch gewesen. Ich selbst würd es glauben, wenn ich ein Fremder wäre. Meine Eltern aber und die gesamten Swinemünder Honoratioren (unter denen ich meine Jugendeindrücke empfing) haben mir immer nur erzählt, wie kreuzfidel man damals gewesen sei. Alles entente cordiale mit den lieben kleinen Franzosen, alles verliebt und alles lüderlich. Was Alexis schildert, existierte auch, aber es war die Ausnahme. Übrigens haben Alexis und ich aus derselben Quelle geschöpft. Marwitz: Memoiren[68]. *Er* hat aus Marwitz den Isegrimm gemacht, *ich* den Vitzewitz. Auch darin zeigt sich der Unterschied unsrer Naturen. Er war Melancholikus, ich bin ganz Sanguiniker. Nochmals, teuerster Pietsch, vielen, vielen Dank, dem sich die ganze Familie anschließt. (E 73 b, 42 f)

---

66 Vgl. Anm. z. Brief an Pietsch vom 22. 11. 1878.
67 Roman, 1854.
68 »Aus dem Nachlasse Friedrich August Ludwigs von der Marwitz«, 1851.

Fontane an Wilhelm Hertz Wernigerode, 31. August 1880
Für das Freiexemplar von »Vor dem Sturm« das ich natürlich vergnüglichst acceptire, meinen besten Dank. (WHH 237)

Fontane an Wilhelm Hertz Berlin, 27. September 1880
Eben erhalte ich von meinem famösen Freunde Wichmann eine »Cartolina postale« aus Rom, auf der es unter anderm heißt: »er werde nun endlich meinen Roman bei W. Hertz bezahlen und habe seinem Freunde K. etc. Ordre gegeben u. s. w.«
Alles in allem ist mir aber klar, daß er sich gewundert hat, den Roman nicht als ein Geschenk von mir empfangen zu haben, was er auch in der That einigermaßen erwarten durfte. So schick' ich Ihnen denn einen meiner »Eilenden« mit einem 20 Markstück, das hoffentlich ausreicht, und bitte den Namen Wichmanns in Ihrem oder seinem Schuldbuch zu streichen.
Diese Angelegenheit war die brennendste.
Außerdem aber bitt' ich freundlichst dem Ueberbringer eine kl. Rechnung mitzugeben, auf der das nach Frankfurt a. O. hin geschickte gebundene Exemplar und der Band »Gedichte« den ich nach Wernigerode hin empfing, verzeichnet steht. Ich könnte Weihnachten schlecht bei Kasse sein und möcht' es deshalb lieber jetzt abmachen. (WHH 239)

Fontane an Wilhelm Hertz Berlin, 9. April 1881
Darf ich Sie freundlichst bitten, ein recht hübsches *gebundenes* Exemplar meines Romans einpacken und wo möglich heute noch unter umstehender Adresse zur Post geben zu lassen. Den ungefähren Betrag erlaub ich mir beizuschließen. Ich bin seit einer Stunde von Fürstenwalde zurück, von dem aus ich gestern eine große Partie um den Schermützel herum, an den Markgrafensteinen vorbei, bis nach Groß-Rietz (Minister Woellner unter Fr. W. II.) machte, und möchte mich gegen meine liebenswürdigen Begleiter: Roggatz und Frau, natürlich Apotheker, gerne nach meiner schwachen Kraft erkenntlich zeigen. Literarisches wird zwar nicht geschätzt, aber ich kann doch nicht silberne Leuchter oder eine Pfefferkuchenkiste schenken. So denn faute de mieux »Vor dem Sturm«. (WHH 246)

Fontane an Hermann Wichmann   Berlin, 26. Dezember 1881
Hertz hat noch keine Bücher geschickt, ich habe aber in einer benachbarten Buchhandlung noch eins aufgetrieben und gebe es gleichzeitig mit diesen Zeilen zur Post. Möge Ihnen vom Inhalt das Eine oder Andere leidlich gefallen.   (E 2, 21)

Fontane an seine Frau   Thale, 16. Juni 1883
Nur ein paar Worte. Heute wurde wieder ein Versuch mit einer Table d'hôte gemacht, weil ein alter 75jähriger Geh. R. Rath aus Danzig mit Mutterchen und Tochter angekommen war. Es war sehr öd und langweilig. Nach Tisch aber trat er an mich heran und fragte mich, ob ich nicht auch Lafontaine[69] hieße? Anfangs ging es mir bei dieser Frage, wie es mir mit meinem Roman »Vor dem Sturm« geht, den ich auch immer vergesse, geschrieben zu haben. Kurzum, ich konnte mich momentan auf »Lafontaine« nicht besinnen, auch war die Frage nicht sonderlich geschickt gestellt; aber bald rückte sich's zurecht und er gab sich als Tunnelbruder »Wilhelm Müller«, seinem bürgerlichen Namen nach aber als Geh. R. Jacobi zu erkennen.   (SJ I 202 f)

Fontane an seine Frau   Thale, 17. Juni 1884
An Anna Iwens werde ich natürlich schreiben. Man liest dergleichen immer wieder gern, aber die »Blume« ist doch weg. Auch Lob ist werthlos. Ich habe noch keine 6 Kritiken über mich gelesen, von denen ich sagen möchte: »*Das* ist was.« Das Beste war, glaub ich, *das,* was Rodenberg mal über meinen Roman schrieb.[70]   (SJ I 267)

Fontane an Otto Franz Gensichen   Berlin, 30. Januar 1890
Von meinen Erzählungen soll eine Gesamt-Ausgabe[71] erscheinen, darunter auch der dicke 4bändige Roman. Nun möchte ich gern, die von Ihnen mit nur zu gutem Recht monierten Fehler korrigie-

---

69 Tunnelname Fontanes.
70 Vgl. Anm. z. Brief an J. Rodenberg vom 29. 1. 1879.
71 »Gesammelte Romane und Novellen«, 12 Bde. Bei Emil Dominik, Deutsches Verlagshaus, Bd. 1-9; bei Friedrich Fontane Bd. 10-12, 1890 bis 91.

ren, so zu sagen den Fleck tilgen. Nun mit dem Fleck ist es leicht[72], aber da war noch ein zweiter[73], den ich wieder vergessen habe. Wissen Sie's noch? Mir geschähe ein Dienst damit, wenn Sie mir's noch mal auf eine Karte schreiben wollten. (FAP)

Fontane an Otto Franz Gensichen   Berlin, 23. April 1891
In diesen Tagen habe ich versucht, den bewußten *Fleck*-Fleck[74] aus meinem Roman zu tilgen, kam aber zu spät und erfuhr durch Freund Dominik, letzte Woche sei der Druck der Gesammtausgabe schon über das betr. Kapitel hinausgegangen. Glücklicherweise birgt Berlin nur Einen, der den Schnitzer merkt und der weiß nun, daß wenigstens der gute Wille da war, den Fehler zu corrigieren.

(RK 93)

Berlin, 14. August 1893
Fontane an Theodor Hermann Pantenius
Ich versuche, die freundlich intendierte Frage wegen W. Scott und W. Alexis gleich hier zu beantworten. Wie mit meinem Lernen auf der Schule, so sieht es auch mit meinem Lesen sehr windig aus, am schlechtesten auf dem Gebiet der Belletristik. Vergleiche ich mich mit andern, so muß ich sagen, ich habe gar nichts gelesen. W. Scott las ich als Junge von 13 oder 14 Jahren, dann (1865 in Interlaken) noch mal die ersten Kapitel von »Waverley« mit ungeheurem Entzücken, aber damals war der I. Band von »Vor dem Sturm« schon geschrieben und der Rest im Entwurf fertig. Das Erscheinen fällt über 12 Jahre später. W. Alexis las ich erst Ende der 60er Jahre und schrieb einen langen Essay darüber, den Rodenberg im »Salon« brachte[75]. Beide Schriftsteller sind mir *sehr* ans Herz gewachsen – in vielen Stücken (trotzdem er neben W. Scott nur ein Lederschneider ist) stell ich W. Alexis noch höher –, und beide, trotzdem ich

---

72 Der 1801 verstorbene Schauspieler Fleck erscheint in Fontanes Roman 1813 noch auf einer Soiree (3. Bd., 5. Kap.).
73 Als Generaldirektor der »Königlichen Schauspiele« tritt Freiherr von der Reck auf, der es in Wirklichkeit nie war.
Beide Fehler wurden nicht getilgt.
74 Vgl. Anm. z. Brief an O. F. Gensichen vom 30. 1. 1890.
75 Juli bis September 1872.

den einen als Junge und den andern erst als Funfziger las, haben meine spätere Schreiberei beeinflußt, aber nur ganz allgemein, in der *Richtung*. Bewußt bin ich mir im einzelnen dieses Einflusses nie gewesen. Am meisten Einfluß auf mich übten historische und biographische Sachen; Memoiren des Generals v. d. *Marwitz*[76] (dies Buch ganz obenan), *Droysen*[77], Leben Yorcks, *Macaulay* (Geschichte u. Essays), *Holbergs*[78] dänische Geschichte, *Büchsels*[79] »Erinnerungen eines Landgeistlichen« und allerlei kleine von Pastoren und Dorfschulmeistern geschriebene Chroniken oder Auszüge daraus. Bis diesen Tag lese ich dergleichen am liebsten.

(BE II 309 f)

Fontane an Georg Friedlaender   Berlin, 9. Dezember 1894
Im Ganzen genommen stehe ich mau und flau zu Auszeichnungen derart[80]; diese aber hat doch einen Eindruck auf mich gemacht, trotzdem ich recht gut weiß, wie dergleichen gemacht wird und auch diesmal gemacht worden ist. Erich Schmidt ist mein besonderer Gönner; *der* nahm es in die Hand und versicherte sich zunächst Mommsens, der – wegen »Vor dem Sturm« – auch ein kleines *liking* für mich hat. Da sagte dann keiner mehr »nein« und alle 51 »ja« kamen glücklich zu Stande; – sie sprangen nach. Aber trotzdem ist es eine Freude; vor strenger Kritik kann überhaupt nichts bestehn.

(FRI 275 f)

Fontane an Wilhelm Hertz   Berlin, 20. März 1895
Eben erhalte ich Brief und Packet[81]; seien Sie für Beides bestens bedankt. Mit dem Briefe, den ich aufhebe, natürlich einverstanden.

(WHH 358)

76 Vgl. Anm. z. Brief an Ludwig Pietsch vom 24. 4. 1880.
77 »Das Leben des Feldmarschalls Grafen York von Wartenburg«, 3 Bde., 1851.
78 Ludwig Holberg, »Dänische Reichs-Historie ins Deutsche übersetzt«, 2. Aufl. 1757/59.
79 Carl Büchsel, »Erinnerungen aus dem Leben eines Landgeistlichen«, 3 Bde., 1861 ff.
80 Verleihung des Ehrendoktors durch die Philosophische Fakultät der Berliner Universität am 8. 11. 1894.
81 mit Exemplaren der Wohlfeilen Ausgabe von »Vor dem Sturm«.

Fontane an Wilhelm Hertz Berlin, 31. Oktober 1895
Schönsten Dank für die Bücher[82], die sich ganz vorzüglich präsentiren.
(WHH 360)

Weihnachten 1895
Fontane. »An Hans Sternheim« (Mit einem Exemplar von »Vor dem Sturm«)

> Wannsee, Westend, ist alles bloß Kietz,
> Kaufe dir was wie Hohen-Vietz,
> Aber nicht so poetisch wie Hansen-Grell,
> (Vom Hausvogteiplatz – *den* laß ziehn).
> Werde klug und werde hell,
> Werde wie Vitzewitzens Lewin
> Vor allem werde nicht wie Bninski,
> Forscher Kerl, aber Lukrinski. (A 1, 376)

Fontane an Ernst Gründler Berlin, 11. Februar 1896
Seien Sie herzlichst bedankt für Ihren lieben Brief, der mir eine *große* Freude war. In weit zurückliegenden Zeiten sagte mir mal mein verstorbener Freund George Hesekiel: »sieh, F., das mit Orden und Titel und Hof- und Ministerialauszeichnung ist ganz gut, aber es haftet ihm so viel Tabulaturmäßiges an; wenn aber eine Bürgerschaft, eine Genossenschaft von Intimeren einen auszeichnet, *das* macht immer einen Eindruck auf mich«. Ich glaube, er hat Recht und Ihr Brief hat mir diesen Ausspruch ins Gedächtnis zurückgerufen. Gegen sogenannte »Kritiken«, wenn sie nicht sehr gut sind, d. h. also von der langweiligen Lob- und Tadelfrage ganz absehn, bin ich total abgestumpft, weil sie eben »tabulaturmäßig« sind, ein Brief wie der Ihrige aber ist eine wirkliche Erquickung. – Das Buch ist schon aus dem Winter 63/64, und ich schrieb abends und nachts die ersten Kapitel – die, glaube ich, auch die besten geblieben sind –, während die östreichischen Brigaden unter meinem Fenster vorüberfuhren, und wenn zuletzt die Geschütze kamen, zitterte das ganze Haus, und ich lief ans Fenster und sah auf das wunderbare Bild. Die Lowries, die Kanonen, die Leute hingestreckt

---

82 Wohlfeile Ausgabe von »Vor dem Sturm«.

auf die Lafetten und alles von einem trüben Gaslicht überleuchtet. Ich wohnte nämlich damals in der Hirschelstraße (jetzt Königgrätzer) an der Ecke der Dessauer Straße, die Stadtmauer (von den Jungens schon überall durchlöchert) stand noch, und unmittelbar dahinter liefen die Stadtbahngeleise, die den Verkehr zwischen den Bahnhöfen vermittelten. Dann lag das Buch zwölf Jahre still, während welcher Zeit ich die Kriege von 64, 66 und 70 beschrieb und erst im Jahre 76 nahm ich die Arbeit wieder auf. Es war eine sehr schwere Zeit für mich; das Gedicht, das Lewin schreibt: »Tröste dich, die Stunden eilen«, gibt meine Stimmung von damals wieder. Alles besserte sich indessen wirklich. (FAP)

Fontane an Ernst Gründler   Berlin, 22. Februar 1896
Das Vorbild zu dem Ladalinskischen Haus war mir der Salon der Gräfin Schwerin (ihre Schwester, Frau von Romberg wohnte in einem neumärkischen Cammin) in der Wilhelmstraße, schräg gegenüber dem Auswärtigen Amt. (LA 575 f)

Fontane an Wilhelm Hertz   Berlin, 10. Januar 1897
Besten Dank für Ihre freundlichen Zeilen in Sachen Siepmanns.
Natürlich sage ich immer »ja« und nun gar *hier*, wo glaub ich ein »nein« gar nicht zulässig. Was Siepmann – der von v. Brüsewitz »Gestreckte« hieß auch Siepmann – später für seine Bristolianer daraus macht, grämt mich wenig; ich habe Kollegen, die sich, noch dazu auf 200 Meilen Entfernung, um sogenannte »Verstümmelungen« (die meist keine sind) ängstigen, nie begriffen. Ich freue mich nur der kleinen Auszeichnung, die doch immerhin in solchem Gewähltwerden liegt.[83] (WHH 366)

Fontane an Friedrich Paulsen   Berlin, 29. November 1897
Allerschönsten Dank für die freundlichen Worte, die Sie erneut für meinen vaterländischen Roman, den ersten den ich schrieb, (ich begann ihn 63 auf 64 als die nach Schleswig-Holstein gehenden östreichischen Batterieen auf der Verbindungsbahn, Königgrätzerstraße, an mir vorüberrasselten) gehabt haben. In Jahresfrist hoffe

---

83 Vgl. zu diesem Brief WHH 568.

ich Ihnen einen Roman[84] von beinah gleicher Dicke, der, statt im Oderbruch, in einem Ostwinkel der Grafschaft Ruppin spielt, überreichen zu können. (LA 612)

Fontane an Wilhelm Hertz Berlin, 25. Januar 1898
Darf ich Sie ganz ergebenst um
1 Exemplar von »Vor dem Sturm« (gebunden) und um
3 Exemplare (geb.) von meinen Gedichten
bitten? Vielleicht kann Ueberbringerin alles gleich mitbringen. Aber nur wenn es so paßt. (WHH 370)

Fontane an Wilhelm Hertz Berlin, 12. April 1898
Seien Sie schönstens bedankt für die 1000 Mark und die so liebenswürdigen Begleitzeilen. Daß der Wind dem »Sturme« günstig sein soll, was könnte mir lieber sein? (WHH 372)

Grete Minde. Nach einer altmärkischen Chronik

Entstehung: seit April 1878
Erstausgabe: 1880

Fontane an Paul Lindau Berlin, 6. Mai 1878
Und nun gleich noch eine zweite Frage.
Ich habe vor, im Laufe des Sommers eine altmärkische Novelle zu schreiben. Ort: Salzwedel; Zeit 1660; Heldin: Grete Minde, Patrizierkind, das durch Habsucht, Vorurteil und Unbeugsamkeit von seiten ihrer Familie, mehr noch durch Trotz des eigenen Herzens, in einigermaßen großem Stil, sich und die halbe Stadt vernichtend, zugrunde geht. Ein Sitten- und Charakterbild aus der Zeit nach dem Dreißigjährigen Kriege. Würden Sie geneigt sein, diese Novelle zu bringen? auch dann noch, wenn die Länge derselben ein Servieren in *zwei* Nummern, was Sie nicht lieben, erheischen oder

---

84 »Der Stechlin«.

wenigstens wünschenswert machen sollte. Viel unter fünf Bogen
kann es nicht werden. (BE I 446)

Fontane an Wilhelm Hertz　　　　　　　　　　Berlin, 10. Mai 1878
Besten Dank. Ich hatte nur nach der Roman-Analogie[1] von 1500
Exemplaren gesprochen. Ist die Zahl zu hoch gegriffen, so setzen
wir sie selbstverständlich herab, wobei ich mich vorweg Ihrem
beßren Wissen unterordne. Die Consequenzen für die Honorarfrage ergeben sich daraus von selbst. Leider. Denn alle diese Vor-
Anfragen verfolgen ja nur den Zweck, mich, in meinen Jahres-
Einnahmen, bis zu einer bescheidnen Höhe hin, sicher zu stellen.
Drei Novellen sind besser als zwei, aber *eine* würde vielleicht noch
wieder besser sein als drei. Ich hätte der für »Nord und Süd« bestimmten (ein brillanter historischer Stoff) gern diese größere Ausdehnung gegeben; aber mit Rücksicht auf Lindau, der ein geschwo-
rener Feind von dem »Fortsetzung folgt« ist, hab ich mich, gegen
Gefühl und bessere Einsicht, zu Comprimirung entschlossen. Halten Sie, nach Ihren Erfahrungen, das Erscheinen eines solchen kleinen einbändigen Romans – denn ein solcher würd' es werden –
für etwas Glückliches, so sprech' ich noch mit Lindau, der kein
Uebelnehmer ist, darüber, suche mir ein andres Blatt und gebe der
Arbeit die ursprünglich von mir gewollte Gestalt.　　(WHH 189 f)

Fontane an Friedrich Wilhelm Holtze　　　　　Berlin, 15. Mai 1878
Die Städtebeschreibungen von Tangermünde und Salzwedel, so
wie Wohlbrücks »Geschichte der Altmark«[2] (ein unendlich fleißi-
ges und unendlich langweiliges Buch) hab' ich mittlerweile erhalten; meine Wünsche mindern sich also. Von Voß [Vossische
Zeitung] oder Spener [Spenersche Zeitung] würde mir die Zeit
vom 1. Juli 1805 bis 1. Juli 1806 genügen. Oder giebt es Bücher,
die in tagebuch- oder memoirenartigen Aufzeichnungen, diese
Epoche behandeln?[3]

---

1 »Vor dem Sturm«. Fontane hatte dem Verleger einen Band mit drei
Novellen vorgeschlagen (vgl. A 3, 524).
2 Sigmund Wilhelm Wohlbrück, »Geschichte der Altmark«, 1855.
3 für »Schach von Wuthenow«.

Sehr bedauerte ich, Sie nicht zu treffen. Nochmals besten Dank für die Bücher, die ich, durch Ihre Güte und Nachsicht, Jahr und Tag behalten durfte. (E 61, 369)

Fontane an seinen Sohn Theodor   Wernigerode, 11. Juli 1878
Ein Bild unsres Daseins hier zu geben, ist nicht schwer: wir leben, sind glücklich und frieren. Das wird nun wohl Onkel Zöllner als untereinander unvereinbar ansehn; es ist aber doch so, denn aus dem Frieren erwächst einem eine beständige Berechtigung zum schlafen, was wir denn auch zu allen Tageszeiten ausführen, ohne deshalb unsre Nacht zu verkürzen. Im Gegenteil, wir betrachten den Tagesschlaf als die Vorübung, um dann eine lange Nachtruhe als desto virtuosere Leistung folgen zu lassen. Nach diesem allen wird es Dich überraschen, zu hören, daß ich, eine Parforcetour unternehmend, anderthalb Tage von hier fort war, um in Tangermünde Kirche, Burg und Rathaus anzusehn. Du weißt, daß meine neue Arbeit (Novelle) dort ihren Schauplatz hat. Die Reise war recht nett, trotzdem ich fünfmal umsteigen mußte. Wie leben doch die Leute in solcher Stadt. Mir war, als wär' ich in *Reykjavik* gelandet; Gott sei Dank hatte ich während der Nacht nicht den *Krabla* in der Nähe. Nichts belief mich. (FA I 262)

Fontane an seine Frau   Berlin, 11. August 1878
Meine Novelle hab' ich angefangen und sehe wenigstens, daß es geht. Bleibt mir Kraft und Gesundheit, so muß es etwas Gutes werden. Zugleich hoff' ich, den Leuten zu zeigen, daß ich auch, wenn der Stoff es mit sich bringt, eine »psychologische Aufgabe« lösen und ohne Retardierung erzählen kann. (DRA 217)

Fontane an seine Frau   Berlin, 16. August 1878
Hierbei fällt mir ein, daß mein Dir gestern mitgeteilter Reiseplan wieder eine Abänderung erfahren hat, mit der Du gewiß sehr einverstanden bist. Wir bleiben im September, der ja immer schön zu sein pflegt, ruhig in Berlin und ich suche meine Novelle in *erster* Fassung zu beenden. Anfang Oktober gehen wir dann auf 8 oder 10 Tage nach Dresden oder, wenn es das Wetter erlaubt, nach Wehlen oder Spandau. Dies hat viele Vorzüge; bin ich mit meiner

Arbeit im Brouillon fertig, so macht mich das ruhiger im Gemüt, außerdem kürzt ein Hin- und Herschieben dieses Ausfluges bis in den Oktober hinein, den Winter ab. (FAP)

Fontane an Klara Stockhausen Berlin, 10. September 1878
Längst hätt' ich geschrieben und Ihnen für alles das Liebe und Freundliche, das Sie uns in diesen Wochen mehr denn je bewiesen haben, von Herzen gedankt, wenn ich nicht in der Weißgluthitze der Arbeit gewesen wäre. Seit gestern Abend hat nun »Grete Minde«, meine neue Heldin, Ruhe, ruht, selber Asche, unter der Asche der von ihr aus Haß und Liebe zerstörten Stadt, und ohne Säumnis eile ich nunmehr, wie's auch andre Leute zu tun pflegen, um vom Begräbnis zu freundlicheren Dingen überzugehen. Und dazu gehört eine Unterhaltung mit Ihnen. (LA 308 f)

Fontane an Paul Lindau Berlin, 15. September 1878
Meine für »Nord und Süd« bestimmte Novelle ist im Brouillon fertig, etwa ebensolang wie Wilbrandts, eher kürzer. Wollte Gott, daß sie an Wert ihr wenigstens annähernd gleich käme. (E 35a, 244)

Fontane an Paul Lindau Berlin, 23. Oktober 1878
»Grete Minde« lagert seit zwei Monaten, und noch in *dieser* Woche nehme ich die Überarbeitung auf. Das meiste ist so gut wie fertig, etwa ein Drittel aber *sehr* unfertig. Werd ich nicht krank – den üblichen Wintertribut, den man in der Regel mit der Torfrechnung zugleich zahlen muß, hab ich noch *nicht* gezahlt –, so denk ich Ihnen die Novelle spätestens Ende November schicken zu können. Ich würde mich freuen, das neue Kalenderjahr damit eröffnet zu sehen. Es ist ein brillanter Stoff; möcht ich ihm einigermaßen gerecht geworden sein. Übrigens nichts spezifisch Märkisches, trotzdem ich mir die Szenerie (Tangermünde etc.) der Lokaltöne halber, die so wichtig sind, zweimal angesehen habe. Es ist ein »Charakterbild«. (BE I 457 f)

Fontane an Paul Lindau Berlin, 24. November 1878
An der Novelle für »Nord und Süd« korrigiere ich schon seit einer Woche; ich hoffe ganz bestimmt, sie Ihnen bis zum *15. Dezember*

schicken zu können. Ist das noch *in time* für die Januar-Nummer? Ich denke mir ja, wenn Sie sicher sind, sie bis zu dem genannten Termin (15.) zu bekommen. Am 7. Dezember würd' ich darüber eine *ganz* bestimmte Erklärung abgeben können. Eigentlich sollt' ich wegen des großen Hallohs, das ich wegen einer ganz gleichgültigen Sache mache, um Entschuldigung bitten, aber ich habe mich in die Vorstellung hineingelebt, am 1. Januar 79 mich in »Nord und Süd« auftauchen zu sehn und würde von dieser Vorstellung nur schmerzlich Abschied nehmen.

[...]

Ich erwarte nur eine Zeile Nachricht, wenn es mit dem 15. nicht geht und ich also bis zum Februar warten muß. (E 35a, 245)

Fontane an Friedrich Wilhelm Holtze   Berlin, 10. Januar 1879
Mehrere Bücher, die ich noch von Ihnen habe, erfolgen mit *Nächstem* zurück, denn die Arbeit, zu der ich diese Tangermundensiana brauchte, ist in acht Tagen fertig. (LA 322)

Fontane an Wilhelm Hertz   Berlin, 14. Januar 1879
In drei Tagen bin ich mit meiner für »Nord u. Süd« bestimmten, längren Novelle fertig [...] (WHH 208)

Fontane an Paul Lindau   Berlin, 26. Januar 1879
Die Novelle, deren letzte Seiten meine Frau eben abschreibt, erhalten Sie in etwa 8 Tagen, da ich auch die Abschrift noch wieder überarbeiten und allem den letzten Schliff geben muß. Ich hab es gearbeitet wie seinerzeit Verse, als ich solche noch schrieb.

(E 35a, 246)

Fontane an Mathilde von Rohr   Berlin, 3. Februar 1879
Unter allen Umständen ist es mir eine Freude, eine Viertelstunde mit Ihnen plaudern zu können. Aber wo anfangen? In Gedanken und selbst in Gesprächen hab ich, während der letzten Monate, Dobbertin öfters vor Augen gehabt. In meiner neusten Arbeit kommen ein paar Kapitel vor, worin Sie namentlich die alte Domina v. Quitzow wiedererkennen werden; es sind vollständige Stifts- und Kloster-Kapitel. (SJ III 186 f)

Fontane an Gustav Karpeles   Berlin, 5. Februar 1879
Mich nimmt noch immer meine für »Nord und Süd« bestimmte
Novelle *total* in Anspruch. Auch die Korrektur der Abschrift, bei
der ich jetzt bin, ist noch wieder eine wochenlange Arbeit. Ich bin
nun mal ein Bastler und Pußler und kann es nun nicht mehr los
werden. Aber etwa am 15. bin ich wirklich fertig.   (FR I 410 f)

Fontane an Julius Grosser   Berlin, 6. März 1879
Es versteht sich von selbst, daß ich Riehl den Vortritt gönne.
Schon aus Klugheit, um hinterher einigermaßen selber willkommen
zu sein. Was sich von einer leisen Verstimmung mit einmischt,
richtet sich nicht gegen den Verleger, noch weniger gegen den Herausgeber
und ist nur eine stumme Klage über das Thatsächliche.
Was ich in diesem Fall unter dem »Thatsächlichen« verstehe, darüber
schweig ich am besten.
Vielleicht können Sie nun das Ganze in die Mai-Nummer bringen
aber ich werfe das nur so hin und will nicht neue Verwegenheiten
heraufbeschworen haben.   (FAP)

Fontane an Julius Grosser   Berlin, 28. März 1879
Firma Schottländer hat mich aufgefordert, nach Durchsicht der
Fahnen dieselben an Sie gelangen zu lassen. Dem komm ich hiermit
nach.
Auf Fahne 14 ist der Theilungsstrich angegeben.   (FAP)

Fontane an Mathilde von Rohr   Berlin, 3. Juni 1879
Den Schluß von »Grete Minde« werden Sie nun wohl auch empfangen
haben; mög' er Ihnen gefallen.   (SJ III 190)

                       Berlin, 6. Mai [versehentlich für Juni] 1879
Fontane an seine Frau
Am Mittwoch war ich bei Wangenheims. Mit der Böhmer erschien
auch Windel [...]
Gegen mich persönlich war er sehr gnädig, was ich zum Theil auch
»Grete Minde« verdankte, die er den Tag vorher gelesen hatte.
[...]

Heute Vormittag war ein Klingeln ohne Ende. Erst ein Buch von R. Genée, gescheidter aber unbequemer und wenig angenehmer Mann; dann Brief und Aufsatz-Packet von Wichmann, der in seinem märkischen Schlaubergerthum fortfährt; dann Billet von Frau v. Heyden, Einladung mit Martha zum Sonntag; dann Brief von Pietsch, den ich beischließe; dann *vier*stündiger Besuch, von halb zwölf bis halb vier, vom Redakteur Dominik, der im Auftrage Hallbergers kam. Natürlich alles Folge von »Grete Minde«, speziell auch von den kleinen Notizen darüber in der Vossischen. So erfreulich dies nun alles ist, so traurig ist es doch auch. Vor allem aber ist es *nicht im Geringsten* schmeichelhaft. Denn man bilde sich doch nicht ein, daß diese Huldigungen dem Talente gölten, daß dahinter die klare und freudige Erkenntniß steckte: »dies ist *wirklich* ein Poet.« Gott bewahre. Die Huldigung gilt nur dem kleinen Erfolg, und um allerhand dumme Weiber, die mit Hülfe von Keil, Dummheit und Compagnie ganz andre Erfolge haben wie ich, reißt man sich auch noch ganz anders. Es ist alles allergröblichstes Geschäft. Alles was mir Dominik erzählte, war mir lehrreich und interessant, über vieles hab' ich auch herzlich gelacht, weil ich kein dummsteifer Moralist und Weltverbesserer bin, aber wenn ich sagen sollte, daß mir diese Einblicke ins Metier wohlgethan hätten, so müßt' ich lügen.

(SJ I 84 ff)

Fontane an seine Frau Berlin, 11. Juni 1879
Was Grete Minde angeht, so verlangst Du zuviel; ich kann nicht täglich ein Bewunderungstelegramm empfangen. Im Ganzen muß ich mit diesem Novellen-Debüt *sehr* zufrieden sein. An Heydens hab ich es noch nicht gegeben, werd' aber nächstens. Es versteht sich von selbst, daß die Freunde die einzigen sind, die es entweder noch nicht gelesen haben, oder wenigstens sich wieder aufs schweigen legen. Ich bin jetzt so weit, und Du wirst es mir vielleicht glauben, daß es mich amüsirt. Z[öllner] sagte nach halber, d. h. in Wahrheit nach Viertel- oder Sechszehntel-Lesung »is ganz hübsch, Noel«[4]. Ich will ihm auch *dafür* schon dankbar sein, weil sich doch eine Art von Freundlichkeit darin ausspricht. Er meldet sich;

---

[4] Ellora-Name Fontanes.

er giebt ein Lebenszeichen. Au fond ist es aber doch *besonders* traurig. Es erwächst nämlich alles aus der Vorstellung, daß ich mit einem Dreier abzuspeisen bin; Ludowika schreibt eine Novelle, Frau v. Below schreibt eine Novelle, Noel schreibt eine Novelle. Novelle ist Novelle, d. h. gar nichts, etwas unsagbar Gleichgültiges und Ueberflüssiges. Daß dies ein Kunstwerk ist, eine Arbeit, an der ein talentvoller, in Kunst und Leben herangereifter Mann fünf Monate lang unter Dransetzung aller seiner Kraft thätig gewesen ist, davon ist nicht die Rede. Es ist so furchtbar *respektlos*, und bestärkt mich in meinen Anschauungen von dem innerlichst niedrigen Standpunkt unsrer sogenannten »regierenden Klassen«. Man spricht immer von Bourgeoisthum; unsre Bourgeois' sind lange nicht mehr die schlimmsten; der niedrige Geist des Bourgeoisthums steckt jetzt in der Militair- und Ober-Beamten-Schicht. Stellung, Orden, Titel, Vermögen, Hofgesellschaft – alles andre ist Kaff. Nun gut; ich setze Verachtung gegen Verachtung, und sage: erst recht Kaff! Uebrigens ist es zum Todtlachen, daß gerade Z., so lang ich ihn kenne, immer von »Fahne hoch halten« und »Wahrung der ideellen Interessen« spricht. Alles Larifari. Ich wiederhole, meinen Verbittrungsstandpunkt hab ich längst aufgegeben; aber wahr ist wahr. Ich seh die Dinge wie sie liegen; von Verranntheit und Schwarzseherei keine Spur. (SJ I 89 f)

Fontane an seine Frau   Berlin, 15. Juni 1879
In »Grete Minde« Angelegenheiten empfing ich einen sehr interessanten Brief von Stadtgerichtsrath Ludolf Parisius[5], den ich Dir morgen oder übermorgen schicken werde. Erwarte aber nicht zuviel davon; er enthält ein freundliches Wort; *das* aber, um was es sich handelt, hat mit meiner Novelle nur mittelbar zu thun.

(SJ I 95)

Fontane an Otto Schroeder   Berlin, 16. Juni 1879
Wie für Ihren ersten, so auch für diesen zweiten Brief meinen allerschönsten Dank; es thut ja schon wohl aufmerksam gelesen zu werden. Vielleicht ist der »aufmerksame *Leser*« überhaupt der

[5] Vgl. SJ IV 202.

schmeichelhafteste, viel schmeichelhafter als der »wohlwollende«, den in der Regel der Teufel holen mag. Mein Dank erfährt auch durch etwas Bockigkeit, auf die Sie diesmal stoßen werden, keine Abzüge. Die ersten 4 Zeilen werd' ich wohl so nehmen wie Sie sie proponieren. Ich fand das Lied in »v. Erlachs Volkslieder der Deutschen; Mannheim 1834«, eine Rückert, Tieck und Uhland gewidmete Sammlung. Es heißt darin S. 26

> Den liebsten Bulen den ich hab,
> Der liegt beim Wirth im Keller,
> Er hat ein hölzins Röcklin an
> Und heißt der Moskateller, –

eine Version, die hinter Ihrer zurückbleibt. Ueber »hölzins Röcklin« und »hölzens Röcklein« ließe sich streiten, doch geb' ich dem moderneren den Vorzug. Es wirkt für unser Ohr natürlicher, ungesuchter. »Han« für »hab« ist eine entschiedene Verbesserung, denn nicht blos, daß »der Reim« gewahrt bleibt, das fünffache Schluß-n in einer Zeile ist eine sprachlich-musikalische Schönheit. Moskateller ist out of question; das o wirkt roh, ordinär.

Daß ich die Nominativ-Form nahm – was mir poetisch gleich ungerechtfertigt erschien – geschah mit Rücksicht auf die *Wiederholung* im Munde des Puppenspiel-Direktors. Hier wollte mir der Accusativ nicht recht passen und so transponierte ich's. Wenn mich mein Gedächtnis nicht täuscht, erst bei der »Correktur«, zu deren berechtigten Eigenthümlichkeiten es ja gehört, daß dem Ganzen zu gute kommende Verbesserungen mit Verschlechterungen im Einzelnen erkauft werden.

Die drei Schlußzeilen kann ich aber nicht acceptiren. Ich habe über »Aechtheit« und »Urform« von Volksliedern – mit denen ich mich zwar nicht wissenschaftlich, aber aus poetischer Neigung von Jugend auf beschäftigt habe, namentlich mit den englischen und schottischen – *höchst* ketzerische Ansichten; könnt' ich aber auch widerlegt und zur Gläubigkeit an diese oder jene Form bestimmt werden, so würden doch auch die bewiesensten Formen noch immer keine bindende Kraft für mich haben. Denn ich citire ja alles nur um Ton und Stimmung willen, die mirs in *dieser* Zeile rathsam machen der überlieferten Form mich anzuschließen, und in *jener*

Zeile mir anempfehlen, mich von ihr zu entfernen. Wer eine feine Zunge für derlei Dinge hat, wird in der Regel das Alte beibehalten, weil es fast immer das Bessere ist. Denn das Aeltere ist *an sich* schon auf dem Wege das Bessere zu sein. Aber wer andere als wissenschaftliche Zwecke verfolgt, darf sich auch andrerseits nicht die Hände binden lassen und muß es vor allem vermeiden, seinen überfeinten Geschmack in Widerspruch mit dem Geschmack des Publikums zu bringen, für das er schreibt, selbstverständlich vorausgesetzt daß es sich um ein *gutes* Publikum handelt. Die mannigfachen sogenannten »Aechtheitszüge« alter Lieder sind mitunter sehr schön, aber mitunter auch ganz und gar nicht. Die Menschen irrten damals gerade so gut wie jetzt, und die falschen Naivetäten, die nichts sind als Blunder und Ungeschicklichkeiten, such' ich zu beseitigen. Womit ich aber nicht behauptet haben will, in dem vorliegenden Fall etwas Gutes an die Stelle gesetzt zu haben. Nur *das* behaupte ich, daß der sogenannte »gebildete Leser« über meine Version ungestört wegliest, bei der ächten Lesart aber ein lautes oder stilles »Nanu« auf der Lippe hat. Und von Rechts wegen.

(E 17, 180 f)

Fontane an Wilhelm Hertz Wernigerode, 18. Juli 1879
Gleichzeitig mit diesen Zeilen, oder vielleicht schon früher, wird Ihnen »Grete Minde«, mein Jüngstes, zu gef. freundlicher Notiznahme zugegangen sein. Ich würde mich sehr freuen, wenn die Novelle – ähnlich etwa wie vor zwei, drei Jahren Storms »Aquis submersus« – als ein hübsches kleines Weihnachtsbuch erscheinen könnte. Wie denken Sie darüber? Zu kurz für solche Separat-Publikation erscheint mir die Arbeit *nicht* und ich würde nur dann die Lust dazu begraben, resp. vertagen, wenn Sie mir schrieben: aussichtslos!

(WHH 216)

Fontane an Wilhelm Hertz Wernigerode, 21. Juli 1879
Besten Dank für Ihre freundlichen Zeilen. Ich lasse nun den Grete Minde-Weihnachtsplan fallen; es wird mir nicht schwer, da *ich* wenigstens, für meine Person, gelernt habe, daß man mit nichts Einzelnem die Welt erobert. Im Ganzen freilich beinah noch weniger,

weil beim Ganzen wieder Subtraktionen zu berechnen sind. Denn nicht alles glückt. (WHH 217)

Fontane an Wilhelm Hertz Berlin, 8. September 1879
Die Kritik in der Magd. Ztng.[6], für deren freundl. Uebersendung ich bestens danke, kannte ich schon von Wernigerode her, wo sie gleichzeitig mit mir eintraf und mir dort sozusagen die Stätte bereitete. Man liest nämlich dort nur die »Magdeburger« und schwört auch darauf. So kam man denn »um das Rhinoceros zu sehn.« Ich sah wieder mit Schaudern, welche Macht die Zeitungen haben. Und daneben haben sie wieder gar keine!
[...]
An den Verf. der Kritik hab ich damals gleich geschrieben und mich bedankt. Wenn sich etwas durch Höflichkeit erringen ließe, so wär ich wenigstens Goethe. (WHH 221)

Fontane an Ludwig Pietsch Berlin, 13. September 1879
Ihre freundliche Absicht, bei Paetels in Betreff »Grete Minde« eine Frage zu stellen, bitte ich *dringend* aufgeben zu wollen. Es ist mit dem Verleger, den man hat, wie mit der Frau, die man hat, – man muß sich eben mit ihnen einzurichten suchen. Ich kann wegen eines bloßen »es wäre mir lieb, wir warteten bis nächstes Jahr« nicht gleich die Zelte abbrechen. Außerdem weiß ich aus vieljähriger Erfahrung nachgerade nur zu gut, daß es Unsinn ist, von zuletzt doch nur kleinen Einzelheiten irgendetwas zu erwarten. Mit neunundfünfzig hat man überhaupt gar nichts mehr zu erwarten als Rückzug. *Sie* sind noch nicht neunundfünfzig und mögen also das Hoffnungs- und Lebensbanner, was ein und dasselbe ist, hochhalten.

(E 73 b, 40)

Fontane an Wilhelm Hertz Berlin, 30. Juli 1880
Anbei mit bestem Danke das eine Contract-Exemplar zurück. Ich freue mich im voraus nicht blos des Erscheinens, sondern auch der hübschen Ausstattung. (WHH 234)

6 von Wilhelm Jensch.

Fontane an Wilhelm Hertz   Wernigerode, 9. August 1880
Soll mit dem Druck von »Grete Minde« begonnen werden? Mir ist
jeder Tag recht, aber vielleicht läßt sich's auch noch 14 Tage hinausschieben, dann bin ich wieder in Berlin.   (WHH 235)

Fontane an seine Frau   Wernigerode, 12. August 1880
Von Herrn Hertz empfing ich heut einen sehr liebenswürdigen
Brief, zugleich aus Weimar den 1. Correkturbogen von »Grete
Minde«. Mir brummt der Kopf.   (SJ I 149)

Fontane an Wilhelm Hertz   Wernigerode, 22. August 1880
Ich lebe hier unendlich still und einfach, aber frische Luft und ein
freier Blick in die Landschaft und die Kehrseite dessen was die Berliner »Hetzjagd« nennen, sind eigentlich das Beste, was man haben
kann. Ich arbeite bis um drei, esse, geh spatzieren und bereite mich
bei saurer Milch und Kreuz-Zeitung auf 9 Uhr vor, wo die Frage
diskutirt und jedesmal bejaht wird, ob man wohl mit Anstand zu
Bette gehn könne?
[...]
Mit dem Druck von »Grete Minde« geht es gut von statten; ich erwarte morgen den 4. Bogen.
[...]
Ich trage auf diesem 2. Bogen noch folgende ganz ergebenste Wünsche vor:
1. Fontanes Gedichte. Unter meiner Adresse hierher. Ich muß sie,
wohl oder übel, dem Fräulein v. Graevenitz schenken.
2. Fontanes »Vor dem Sturm« *(gebunden)* an Herrn Hof-Traiteur
Schwartz in Frankfurt a. O. mit dem gef. Bemerken: »Im Auftrage
des Verf:, der in den nächsten Tagen schreibt.«
3. Fontanes »Vor dem Sturm«. Ungebundenes Exemplar. In meine
Berliner Wohnung.
1. und 2. bitt ich freundlichst mir in Rechnung stellen und später
von dem Honorar für »Grete Minde« abziehn zu wollen. Bei 3.
frag' ich an, ob sich nicht vielleicht ein Austausch gegen drei Exemplare von »Havelland 2. Aufl:« (die ich noch wohl verpackt
habe) ermöglicht?   (WHH 236 f)

Fontane an Hans Hertz   Berlin, 20. September 1880
Ich glaube auch, daß wir mit dem kleinen Buche – es macht sich wirklich sehr hübsch – noch vier, fünf Wochen warten müssen.
(WHH 238)

Fontane an Wilhelm Hertz   Berlin, 2. November 1880
Das kleine Buch ist sehr hübsch und ich habe den herzlichen Wunsch, daß es das Publikum einigermaßen auch finden möge.
(WHH 240)

Fontane an Wilhelm Hertz   Berlin, 15. November 1880
Herzlichen Dank für das schöne Buch, das gerade noch zeitig genug kam, um meiner Frau, deren Geburtstag gestern war, mit aufgebaut werden zu können. Eben dieser Geburtstag ist auch Schuld, daß ich heute erst meinen Dank ausspreche.
(WHH 240)

Fontane an Wilhelm Hertz   Berlin, 22. Dezember 1880
Darf ich Sie freundlichst bitten, dem Ueberbringer noch 5 gebundene »Grete Mindes« für den Weihnachtstisch einhändigen und den Betrag in Empfang nehmen zu wollen.
Zugleich besten Dank für die Zeitungs-Notizen; ein paar davon, so z. B. die Grenzboten-Zeilen[7], haben mich erfreut. (WHH 241)

Fontane an Mathilde von Rohr   [Dezember 1880?]
Apropos Novelle. Grete Minde ist vor einigen Wochen bei Hertz erschienen und die Kritik nimmt sich der kl. Arbeit wieder freundlich an. Aber ich habe in literar. Dingen kein Glück, und werde schließlich wieder froh sein müssen, wenn sich die Auflage einigermaßen verkauft. Und ich bin an Nicht-Erfolge so gewöhnt, daß ich's kaum noch anders wünsche.
(SJ III 197)

Fontane an Wilhelm Hertz   Berlin, 20. Januar 1881
Ich hab auch noch für gelegentliche Zuschickung von Rezensionen zu danken. Die letzte (Nordd. alg. Ztg.)[8] war sehr freundlich. Wenn es nur was hülfe!
(WHH 242)

7 vom 16. 12. 1880 (anonym).
8 Nicht zu ermitteln.

Fontane an Wilhelm Hertz   Berlin, 29. Januar 1881
Freund Lübke hat vor, über »Grete Minde« ein Artikelchen für die
Augsburger Allgemeine zu schreiben[9] und frägt bei mir an, ob
diese Zeitung schon ein Rezensions-Exemplar erhalten habe?
Höchst wahrscheinlich »ja«, doch möcht' ich mich dessen zuvor
versichern und erlaube mir deshalb die Anfrage weiter zu schicken.
Die »Augsburgerin« spielt ja immer noch ihre Rolle, so gleichgültig
die ganze Rezensirerei im Großen und Ganzen auch geworden ist.
[...]
Lübke *selbst hat* ein Exemplar; es handelt sich also nur um die bekannten Honneurs vor d. Chefredakteur.   (WHH 242)

Fontane an seine Frau   Norderney, 24. August 1883
Die Sache mit Paul Heyse hab ich mir inzwischen anders überlegt.
Es liegt mir offengestanden an der Ehre da auch mit eingepackt[10]
und als deutscher Novellist proklamirt zu werden, nicht das Geringste. Es ist mir zu wenig. Und um etwas zu erzielen, das mir absolut gleichgültig ist, soll ich an Hertz schreiben und ihn bitten, *mir
zu Gefallen* die Erlaubniß zu geben, *mir* zu Gefallen dem gar kein
Gefallen damit geschieht. Ich werde dies, wenn ich erst wieder in
Berlin bin auch ganz offen an Paul schreiben und er wird nicht unglücklich darüber sein.   (SJ I 246 f)

Fontane an Hans Hertz   Berlin, 23. Oktober 1883
Darf ich Sie freundlichst bitten, Ihrem Papa für die liebenswürdige
Bereitwilligkeit mit der er den Abdruck von »Grete Minde« im
P. Heyseschen Novellenschatz gestattet hat, meinen aufrichtigen
Dank aussprechen zu wollen.   (WHH 271)

Fontane an seine Frau   Krummhübel, 28. Juli 1884
Jeden 3. oder 4. Tag bin ich bei Schwerins zu Tisch [...]
Sie sprechen immer sehr liebevoll von Dir, weshalb ich ihnen gestern von meiner Akademie-Sekretärschaft etc etc erzählte und dann
hinzu setzte, daß Du, nachdem ich »Grete Minde« geschrieben, ge-

---

9 Zusammen mit der Rezension von »Ellernklipp« in der »Augsburger
Allgemeinen Zeitung«, 21. 11. 1881.
10 in Heyses »Deutschen Novellenschatz«.

sagt hättest: »ich begreife nun, daß Du so handeln mußtest, wie Du gehandelt hast« was beide nicht blos rührte, sondern auch zu einem Toast und zu speziellen Grüßen an Dich führte. (SJ I 287 f)

Fontane an Wilhelm Hertz Berlin, 10. Februar 1887
Die Nachricht war mir eine große Freude[11], vielleicht noch größer als Sie annehmen. Von der Einnahme will ich schweigen, wiewohl auch *das* sein Angenehmes hat; Hauptsache bleibt, daß es das ganz daniederliegende Gefühl wieder ein bischen auffrischt. Meine nun grade durch 40 Jahre hin immer gleich gebliebenen Nicht-Erfolge, auf allen Gebieten, bei allen Firmen, würden mich längst um einen letzten Rest von Selbstvertrauen gebracht haben, wenn nicht die mir – ich bekenne zu meinen Staunen – bewilligten hohen Journal-Honorare, mich bei einigem Muth erhalten hätten. Denn das Geld ist doch auch ein Werthmesser, wenn auch freilich nicht der einzige. [...]
Mit einiger Befangenheit schreibe ich noch diese Nachschrift.
Wilhelm Lübke (ich unterschlage das »von« um Sie möglichst gut zu stimmen) schreibt mir so freundschaftlich liebenswürdig wie wirklich nur Lübke schreiben kann und theilt mir mit, daß er einen Tusch in der A[ugsburger] Allg. Ztg. vorhabe[12]. Er steht gut mit der Zeitung und hat schon oft mein Lob eingeschmuggelt. Diesmal aber fügt er hinzu: die ganze Prozedur würde erleichtert, wenn Sie Veranlassung nehmen wollten das Buch in der A. A. Ztg. zu annonciren. Ich weiß nun nicht, ob Ihnen das paßt und noch weniger, Sie sich das Geringste davon versprechen, – vielleicht ist aufs *Praktische* hin angesehn, die ganze Kritik keine halbe Annonce werth. Aber angefragt wollte ich wenigstens haben, um dann an L. ein ja oder nein schreiben zu können. (WHH 290 f)

Fontane. Tagebuch 1. Januar – Ende Februar 1887
Von W. Hertz erfuhr ich zu meiner Freude, daß sich eine 2. Auflage meiner »Grete Minde« vorbereitete. (E 25, 166)

11 über eine 2. Auflage von »Grete Minde«.
12 Wilhelm von Lübke, »Theodor Fontane als Erzähler«, »Augsburger Allgemeine Zeitung« vom 16./17. 6. 1887.

Fontane an Frau Geh. Ob. Reg. Rat Stöckhardt 7. Juni 1887
(Mit einem Exemplar »Grete Minde«)

> Der dies schrieb, er kommt zu bitten:
> Daß, wie seine »Grete Minde«,
> Die geliebt, gehaßt, gelitten,
> Auch er selber Gnade finde. (HA 6, 541)

Fontane an seine Frau Rüdersdorf, 22. Juli 1887

Auf den »Nordhäuser« bin ich neugierig; hoffentlich war es ein milder und abgelagerter wie der, den wir mal oben im »Braunschweiger Forsthaus« mit Spangenbergs zusammen tranken. Auch schon wieder *long ago*. Damals fing meine Novellencarrière an und ich reiste in Grete Minde-Angelegenheiten nach Tangermünde.

(SJ I 332)

Fontane an Wilhelm Hertz Rüdersdorf, 22. Juli 1887

Seebad Rüdersdorf! So kommt der Mensch 'runter, *der* See statt der *See*! Wenn es Sie und Böhlau[13] – diesen auf dem Tochter- oder Schwesterwege novellistischen Mitsünder – nicht allzu sehr stört, möchte ich herzlich bitten 8 oder 10 Tage stop zu sagen; ich muß die betr: Grete Minde-Notiz erst heraussuchen und wenn ich sie nicht finde, und wann fände man je aufgehobene Zettel wieder, mich an Parisius[14] wenden, von dem jene interessante Notiz herrührte. (WHH 292)

Fontane an Wilhelm Hertz Berlin, 6. August 1887

An Ludolf Parisius, der in diesem Augenblicke in Grund i. H. weilt, habe ich geschrieben und hoffe jeden Tag auf Antwort; so wie ich sie habe, schicke ich das Vorwort[15] ein.

Eine neue Grete Minde-Bitte ergiebt sich aus beifolgendem Briefe des Dr. Rackwitz an mich, dessen 4. Seite, mit seinem *matter of fact* Angaben, Sie vielleicht zur Gewährung der darin ausgesprochenen Bitte bestimmt. Es scheint mir so zu liegen, daß er von seinem Zeitungsherrn eine bescheidne Summe Geldes erhält und damit *alles*

---

13 Drucker von »Grete Minde« in Weimar.
14 Vgl. WHH 532.
15 Vgl. WHH 532 u. Brief an W. Hertz vom 9. 8. 1887.

bestreiten muß; braucht er für Honorar – und wenn es noch so wenig wäre – nichts auszugeben, so bedeutet das einen neuen Hut für seine Frau oder eine Sonntagspartie nach dem Kyffhäuser. Der Hörselberg mit Frau Venus wird ihm wohl auch bei günstigsten Jahreseinnahmen verschlossen sein. Glauben Sie sein Gesuch ablehnen zu müssen, so bitte ich herzlich die Zeilen so abfassen zu wollen, daß ich sie meinem Briefe an ihn beilegen kann. (WHH 292)

Fontane an Wilhelm Hertz Berlin, 8. August 1887
Ihre Güte wird mir freundlichst verzeihn, wenn ich, todtmüde von Arbeit (ich muß bis zum 12. für Dominik's neues Blatt ein paar Quizow-Artikel fertig schaffen[16]) mich darauf beschränke, für Brief, Erlaubniß und Geld – 500 Mark für 2. Aufl. Grete Minde – herzlich zu danken. Die Quittung in einer Parenthese ist etwas ungewöhnlich, aber Sie werden lächeln und verzeihn. (WHH 293)

Fontane an Wilhelm Hertz Berlin, 9. August 1887
Verlegenen Gesichtes trete ich heute an, mit der Bitte, die gute »Grete Minde« nun doch *ohne* Vorwort erscheinen zu lassen. Alle Bemühungen sind gescheitert und sie durch weitre Wochen hin fortzusetzen, *so* viel ist die Geschichte nicht werth. Parisius, krank und elend, diktirte vom Bett aus seiner Frau zwei Briefe in die Feder, einen an mich, einen zweiten an Eugen Richter, der mir, zu leichterer Ausfindigmachung des berühmten kleinen Grete Minde-Artikels in der Vossischen, ein Parisiussches Buch schicken sollte. Das Buch kam auch, aber, nach endlosem Suchen, hatte Eugen Richter statt des 2. Theils drin die richtige *Jahreszahl* (weiter auch nichts) steht, den 1. Theil geschickt, drin gar nichts steht. Und so muß ich es denn aufgeben. Es aus eigner Kraft zu schreiben, was ich in besten Stunden auch könnte, dazu bin ich ganz außer Stande, weil ich mich seit 4 Wochen an einem mühevollen Quitzow-Essay ganz nervenkrank gearbeitet habe. Verzeihen Sie, mit gewohnter Nachsicht, die Umstände und Störungen, die ich verursacht habe.
(WHH 293 f)

---

[16] »Quitzöwel« in der von Emil Dominik herausgegebenen Zeitschrift »Zur guten Stunde«, 1887/88.

Fontane an Wilhelm Hertz   Berlin, 15. Oktober 1887
Ergebensten Dank für die Frei-Exemplare von »Grete Minde« die Ihre Güte gestern mir sandte. Daß das beabsichtigte Vorwort fehlt, ist mir immer wieder leid, aber es ließ sich nicht thun, da der betr: kl. Artikel nicht zu finden und der Verf: L. Parisius krank im Harz war.   (WHH 294)

Fontane an Wilhelm Hertz   Berlin, 4. November 1887
Schon vor vier, fünf Tagen erhielt ich den einliegenden Brief. Es scheint Bestimmung, daß ich Sie alle halbe Jahr einmal wegen der armen Grete Minde zu inkommodiren habe. Darf ich Herrn Jean de Néthie schreiben: ja. An Honorar ist natürlich gar nicht zu denken, die Franzosen decken sich ihr Lesebedürfniß selbst und wenn unserein dazu kommt, von drei Redakteuren, drei Rigolette's[17] (Erinnrung aus unsren jungen Tagen: Eugen Sue) und einer Rigolboche gelesen zu werden, so kann man von Glück sagen.
(WHH 294)

Fontane an Pol de Mont   Berlin, 12. Dezember 1887
Vorläufig ist heute durch meinen jüngsten Sohn[18], der Buchhändler ist, ein Exemplar von »Grete Minde« welche Novelle diesen Herbst eine 2. Auflage erlebte, zur Post gegeben worden.   (E 85, 469)

Fontane an Wilhelm Hertz   Berlin, 18. Oktober 1888
Darf ich von Ihrer Güte 2 gebundene »Grete Minde« erbitten?
(WHH 304)

Fontane an seinen Sohn Friedrich   1. August [1892?]
Könntest Du mir wohl noch im Laufe des Vormittags bz. des Tages 2 gebundene Exemplare von »Grete Minde« besorgen; ich muß eine verschenken.   (FAP)

---

17 Gestalt aus dem Roman von Eugène Sue »Les Mystères de Paris«, 1842/43.
18 Friedrich Fontane.

L'Adultera. Novelle

Entstehung: seit Ende 1879
Erstausgabe: 1882

Fontane an Paul Lindau   Berlin, 14. Januar 1880
Ich schreibe heute wegen einer Novelle, mit der ich im Brouillon
eben fertig bin ... Es wird niemand gefeiert, noch weniger gelästert,
und wenn ich bemüht gewesen bin, das *Leben* zu geben, wie es liegt,
so bin ich nicht minder bemüht gewesen, das *Urteil* zu geben, wie
es liegt. Das heißt im Letzten und nach lange schwankender Meinung, freundlich und versöhnlich.
So viel über den Stoff. Ausdehnung etwa dieselbe wie Grete Minde,
vielleicht ein Blatt weniger, wahrscheinlich ein paar mehr ...
(E 35 b, 56)

Fontane an Mathilde von Rohr   Berlin, 15. Januar 1880
Seit gestern bin ich mit meiner Novelle fertig, leider auch nur wieder im Brouillon, und eile nun aufgesammelte Briefschulden abzutragen.   (SJ III 192)

Fontane an Gustav Karpeles   Berlin, 14. März 1880
Haben Sie besten Dank für Ihre freundlichen Zeilen. Es ist alles
unvergessen, und Sie haben sogar das Aussuchen. Ich habe im zweiten Halbjahr 79 hintereinander weg drei Novellen[1] geschrieben,
mit deren Durcharbeitung – was leider immer länger dauert als das
Niederschreiben – ich jetzt beschäftigt bin. Eine, ganz moderner
Stoff, ist fix und fertig[2], und Lindau[3] will sie bringen.   (BE II 21)

Fontane an seine Frau   Berlin, 21. März 1880
Morgen hoff' ich endlich wieder an meiner Novelle weitercorrigieren zu können; gestern und heute war es mir unmöglich und ich
mußte gröbere Arbeit vornehmen.
(SJ I 111)

[1] Außer »L'Adultera« »Schach von Wuthenow« und »Ellernklipp«.
[2] »L'Adultera«.
[3] in »Nord und Süd«.

Fontane an seine Frau   Berlin, 23. März 1880
[...] die Novelle muß doch endlich fertig werden. Ich darf sagen, ich sehne mich nach etwas Ruhe. (SJ I 112)

Fontane an Julius Grosser   Berlin, 26. März 1880
Ich bin krank, eigentlich schon seit Wochen, was mir den Abschluß meiner Arbeit sehr erschwert.
Ich möchte mir darauf hin folgenden Vorschlag erlauben.
Ich schicke Ihnen – das Fest soll noch ungestört an Ihnen vorübergehn – die ganze Geschichte in zierlicher und leicht lesbarer Reinschrift am Dienstag früh, Sie thun einen Blick hinein und schicken, wenn das Ganze im Wesentlichen Ihre Billigung gefunden hat, die erste Hälfte, die schon wieder übercorrigiert und fix und fertig ist, nach Breslau, die zweite Hälfte aber an mich zurück, deren Correktur ich dann mit vollkommener Muße vornehmen kann.
All dies hat natürlich nur einen Sinn, wenn ich eine Chance habe, noch in die *Mai*nummer zu kommen. Kann dies nicht sein, muß ich, weil schon andere Zusicherungen vorliegen, bis Juni oder Juli warten, so pressiert auch die Einsendung meines Manuskripts nicht und ich kann meine Leber-Affektion in aller Seelenruhe durchmachen.
Ich will Sie nicht in eine Correspondenz verwickeln, am wenigsten am Oster-Sonnabend, und bitte nur um eine ganz kurze Benachrichtigung, ob ich zum Dienstag schicken soll oder nicht. (FAP)

Fontane an Julius Grosser   Berlin, 29. März 1880
Inzwischen habe ich das Aprilheft von Nord und Süd erhalten. Meine Anfrage erledigt sich dadurch und ich schicke nun in 8 Tagen das Ganze. (FAP)

Fontane an Julius Grosser   4. oder 5. April 1880
Besten Dank für Ihre Zeilen vom 2. d. und alles Freundliche, was Sie darin aussprechen, alles Gute, was Sie darin hoffen. Mög es sich erfüllen. Der Gegenstand, an dem es offenbar werden soll, erfolgt anbei. Daß es ein Bogen mehr geworden ist, als ich anfangs berechnete, das wird verziehen werden, wenn das Ganze nur verzeihlich ist. Der Titel »L'Adultera« bezieht sich nicht auf meine Heldin,

sondern auf einen berühmten Tintoretto dieses Namens, mit dem die Geschichte (im 2. Kapitel) beginnt und auf der letzten Seite schließt. Die Beziehungen ergeben sich von selbst. Ich bedurfte dieses Apparats, um die Geschichte nicht bloß aufhören, sondern auch kunstgemäß (Pardon) abschließen zu lassen. – Ich habe den einzelnen Kapiteln, auf Rat meiner Familie, nur Zahlen gegeben; Überschriften seien »altmodisch«. Für den Fall aber, daß Sie anders darüber denken, leg ich meine Überschriften bei. Mir ist das eine so recht wie das andere. (A 3, 540)

Fontane an seine Frau   Berlin, 5. April 1880
Ich bin auch ein bischen erkältet, ein bischen überarbeitet und ein bischen gastrisch. Die Erkältung stammt von Krigars Geburtstag her, wo drei Fenster und 6 Thüren aufstanden; überarbeitet hab ich mich, um endlich, gestern Abend noch, die berühmte Novelle einsiegeln zu können und das Gastrische stammt von einem Plumpudding her. (SJ I 119)

Fontane an seine Frau   Wernigerode, 11. August 1880
Heute früh goß es noch wie mit Mollen, aber jetzt hat sichs aufgeklärt (es ist heute der 4. Tag, und ich denke, die schönen Augusttage müssen nun kommen. Es sind jetzt ja die Sternschnuppennächte, an die mein Freund Van der Straaten so anzügliche Bemerkungen knüpfte. (SJ I 146)

Fontane an Wilhelm Friedrich   Berlin, 17. Februar 1881
Wegen der »Adultera« hatte ich den Tag vor Eintreffen Ihrer freundlichen Zeilen mit W. Hertz hierselbst gesprochen. Er empfindet, wie ich selbst, daß der Titel als *Buch*titel zu schreiig ist, und so sind wir überein gekommen, die »Adultera« mit einer andern Novelle zusammen, unter einem erst zu bestimmenden, bescheidneren Titel erscheinen zu lassen. (FAP)

Fontane an Salo Schottländer   Berlin, 31. August 1881
L'Adultera ist noch frei, Herrn W. Hertz hab' ich die Novelle noch nicht angeboten und einen Antrag W. Friedrich's in Leipzig (Verleger des »Magazins«) abgelehnt.

Ich würde mich sehr freuen, wenn Sie folgende Bedingungen acceptabel fänden.
Auflage 1700, Honorar 1500 Mark, an mich zurückfallendes Verfügungsrecht nach Ablauf von fünf Jahren.
Die Honorarforderung hab ich, unter Zuschlag von 300 Mark, nach dem berechnet, was mir, bei ⅔ Umfang und 1100 Exemplaren, durch Herrn W. Hertz für Grete Minde und Ellernklipp (in Westermann erschienen) bewilligt worden ist.
Im Fall Ihnen ein vorgängiger Abdruck in einem Ihrer Blätter erwünscht sein sollte, würd' ich einem solchen nichts entgegenzustellen haben. (FAP)

Fontane an Salo Schottländer   Berlin, 3. September 1881
Ich bin mit allem einverstanden, meine Mehrforderung hatte eine stärkere Auflage zur Voraussetzung, daß Sie bei 1200 über 1000 Mark nicht hinausgehen können, ist mir vollkommen einleuchtend. – Es ist mir eine Freude die Sache reguliert und eine Anknüpfung vielleicht auch für die Zukunft gewonnen zu sehn. Ihre Güte sorgt nun wohl für einen Contract oder einen Brief, der die Stelle desselben vertritt. Ebenso seh ich über Ausstattung, Zeit des Erscheinens etc. Ihren Bestimmungen entgegen. (FAP)

                                            Berlin, 5. September 1881
Fontane an [Paul Lindau oder Julius Grosser]
Schottländer wird L'Adultera als Buch bringen. Ich freue mich dieser Anknüpfung. (FAP)

Fontane an Salo Schottländer   Berlin, 9. September 1881
Nach Inhalt unseres voraufgegangenen Briefwechsels müßte der Contract etwa folgendermaßen lauten:
1. S. Schottländer druckt zwölfhundert Exemplare.
2. Für diese zwölfhundert erhält Fontane nach Beendigung des Drucks tausend Mark.
3. Nach fünf Jahren fällt das Verfügungsrecht an F. zurück.
                                                              (FAP)

Berlin, 11. September 1881

Fontane an den Verlag Salo Schottländer

Unter Ausdruck meiner Freude darüber, daß die Wolke so rasch vorüberzog, anbei der unterzeichnete Contract.

Was den Titel angeht, so proponier' ich Wiederherstellung der alten und ursprünglichen Ueberschrift:

Melanie Van der Straaten.

Zu »L'Adultera« ließ ich mich bestimmen, weil das Spiel mit dem L'Adultera-*Bild* und der L'Adultera-*Figur* eine kleine Geistreichigkeit, ja was mehr ist: eine rundere Rundung in sich schliest. In dieser Gegenüberstellung und Parallele lag etwas Verlockendes, das mich anderweite Bedenken zurückdrängen ließ. Aber freilich, diese Bedenken sind mir immer wiedergekommen und haben ihren Grund darin, daß es mir aufs äußerste widerstand und noch widersteht, einer noch lebenden und trotz all ihrer Fehler sehr liebenswürdigen und ausgezeichneten Dame[4], das grobe Wort »L'Adultera« ins Gesicht zu werfen. Es ist zwar alles verschleiert, aber doch nicht *so*, daß nicht jeder die Gestalt errathen könnte. Vielleicht lassen wir auch dem *Buche* den neuen Titel. Ich geb aber hierin gerne nach, denn man kann nicht immer seinen Sentiments gehorchen, auch seinen besten nicht. (FAP)

Fontane an Salo Schottländer Berlin, 30. Oktober 1881

Wie steht es mit L'Adultera? Nicht als ob ich ungeduldig würde, ganz im Gegenteil, es ist mir sehr recht, wenn Sie erst nach Monaten damit vorgehen. Tret' ich diese Weihnachten doch ohnehin schon mit *zwei* Sachen[5] heraus, was für meine Verhältnisse sehr viel ist. (FAP)

Fontane an Salo Schottländer Berlin, 29. Dezember 1881

Seit den Weihnachtstagen bin ich krank, dies mag es entschuldigen, daß die Bogen noch nicht zurück erfolgten. Ich denke aber spätestens bis zum Januar die gute Hälfte und zwei Tage später den Rest schicken zu können. (FAP)

4 Therese Simon, gesch. Ravené, geb. von Kusserow.
5 »Wanderungen durch die Mark Brandenburg« IV. Teil und »Ellernklipp«.

Fontane an Wilhelm Hertz   Berlin, 2. Januar 1882
Zugleich mit diesen Zeilen schick ich einige Correkturbogen von
»L'Adultera« (die in »Melanie van der Straaten« umgetauft wurde)
an Schottländer in Breslau, der in 4 oder 6 Wochen diese Novelle
als Buch bringen will. Die Abmachungen darüber datiren schon aus
dem Spätsommer. Ich stand damals auf dem Punkt, Ihnen die ganze
Geschichte mitzutheilen, aber ich ließ es, weil ich fürchtete, daß
diese Mittheilungen von Ihnen verkannt werden könnten. Und vielleicht werden Sie mir darin Recht geben. Schottländer, gleich in
seinem ersten Briefe hervorhebend, daß er, in solchem Weiterbe-
nutzungs-Falle, die Hälfte des Nord und Süd-Honorares als Honorar für die Buch-Ausgabe zu zahlen pflege, bot mir, auf diese Rechnung gestützt, 1000 [Mark]. Ich hätt' also meine Mittheilungen
hiermit beginnen müssen, was einer Pression so ähnlich gesehn
hätte wie ein Ei dem andern. Und hiervor erschrak ich. So sagt'
ich denn zu, neben dem verdoppelten Honorar auch noch durch die
Betrachtung bestimmt, daß Ihnen an erneuten *der*artigen Versuchen
mit mir schwerlich viel gelegen sein könne. Denn ich habe nun mal
kein Glück, und die »Wanderungen« sind nichts als die Ausnahme
von der Regel.   (WHH 258 f)

Fontane an Salo Schottländer   Berlin, 2. Januar 1882
Ich hoffte heut' oder doch spätestens morgen die Correkturbogen
schicken zu können, bin aber bei Bogen 6, also noch vor Zurück-
legung des halben Weges, stecken geblieben. Mein Unwohlsein
(Kopfaffektion) ist noch nicht gehoben, und ich muß mich in Acht
nehmen, wenn ich nicht in eine ernste Krankheit fallen will. Seien
Sie versichert, daß mir diese Störung aus mehr als einem Grunde
sehr ungelegen kommt. – Darf ich bei dieser Gelegenheit gleich bemerken, daß ich erwartet hatte, »Melanie« würde mehr van der
Straaten-[6] als rubehnhaft gekleidet erscheinen, – ihr Gewand ist
sehr einfach[7]. Indeß, ich lege kein Gewicht darauf und bitte nur
auf Eines, was sich vielleicht noch abändern läßt, hinweisen zu dürfen. Es ist dies *das,* daß ganz wie bei Zeitungsdruck, in manchen

---

[6] Vgl. Brief an den Verlag Salo Schottländer vom 11. 9. 1881.
[7] i. e. die Ausstattung der Buchausgabe.

Zeilen die Wörter »in drangvoll fürchterlicher Enge« stehn und dann wenige wieder, aber wie sperrbeinig und mit eingestemmten Ellenbogen. (FAP)

Fontane an Salo Schottländer   Berlin, 8. Januar 1882
Ergebensten Dank für Ihre gefl. Zuschrift vom 4. d. M. Gleichzeitig mit diesen Zeilen geb' ich sämmtliche Correkturbogen zur Post und habe nur noch den Wunsch, daß die Correktur recht genau gemacht werden möge, damit ich bei der Revision rasch drüberhin komme. Ihre Freundlichkeit wird schon Sorge dafür tragen. (FAP)

Fontane an Wilhelm Hertz   Berlin, 16. Januar 1882
Zu dem Dank für den Band »Gedichte«, der mir am Sonnabend noch sehr à propos kam, hab' ich heute *den* für gef. Uebersendung der Magdeb. Ztgn.[8] hinzuzufügen. Der Kritiker meint es sehr gut mit mir und was er an L'Adultera tadelt, mag meinetwegen als Tadel fortbestehn. Ich gebe zu, daß man diesen öden Sittlichkeitsstandpunkt haben darf, unter Umständen (wenn man mehr Zelot als Mensch ist) ihn haben *muß*. Aber über »Ellernklipp« hätt' er sich etwas wärmer aussprechen können. Freilich um das zu können, muß man selber nach Wernigerode gehn und auf einem Waldhügel oder einer Graswalze sitzend, die Geschichte von dem rothblonden, nicht zum Glücke geborenen Kinde lesen. In der Hetzjagd der Weihnachtswochen kommt dergleichen zu kurz. Aber man muß schon zufrieden sein, einer wohlwollenden Gesinnung zu begegnen. (WHH 260)

Fontane an Otto Marquardt   Berlin, 23. März 1882
Eben bringt mir mein Sohn, noch dazu ein werdender Buchhändler, der sich vielleicht einmal an seines Vaters Werken ruinirt, eine Besprechung meiner L'Adultera ins Haus, die das Fremdenblatt heute früh, glaube ich, gebracht hat.[9] Es sind sehr freundliche Worte, die mir um so angenehmer sind, als sich sittlicher und kirchlicher Rigorismus auch anders zu der Frage stellen können

---

8 Rezension von Wilhelm Jensch vom 11. 1. 1882.
9 »Berliner Fremdenblatt« vom 23. 3. 1882 (vgl. LA 353).

(vielleicht müssen) und in der einen oder anderen Kritik mutmaßlich auch stellen werden ... (LA 353)

Fontane an Salo Schottländer   Berlin, 27. März 1882
Dr. E. Engel, Herausgeber des »Magazins f. d. Lit.: d. In- und Auslandes« ließ mich vorgestern wissen, daß er noch kein L'Adultera-Exemplar erhalten habe. Mir ist der Gedanke gekommen, daß vielleicht mein letzter Brief mit Dank und Quittung gar nicht in Ihre Hände gelangt ist. Vielleicht läßt Ihre Freundlichkeit mich ein Wort darüber wissen, vielleicht überhaupt ein Wort darüber, wie's mit Rezensions-Exemplaren und Zusendungen an diese oder jene Person gehalten werden soll. Was Dr. E. angeht, so kann ich ihm leicht ein Exemplar aus meinem Vorrat schicken.
[...]
Die mir gütigst zugesagten 2 Extra-Exemplare hab' ich noch nicht erhalten. (FAP)

Fontane an Wilhelm Rösler [?][10]   Thale, 15. Juni 1882
Verhältnißmäßig spät, erst wenige Tage vor meiner Abreise von Berlin, erfuhr ich durch Fr. Stephany, daß ich *Ihnen* für die überaus freundliche Kritik über »L'Adultera« zu Dank verpflichtet bin. Ich wollte gleich schreiben, kam aber nicht dazu, zum Theil, weil ich ganz herunter war. Das erste Stadium der Wiedergenesung benutz' ich zur Abtragung mannigfacher Briefschulden, darunter in erster Reihe auch dieser Dankesbrief an Sie. Kindische, auch wohl böswillige Angriffe, die sich in der »Post« damals gegen meine Novelle richteten, machten mir Ihre, meinen Intentionen gerecht werdende Besprechung doppelt werth. (FAP)

Fontane an Otto Brahm   Thale, 23. Juni 1882
Heute früh erst ist mir das durch Ihre Güte für mich bestimmte Zeitungsblatt[11] zugegangen. Sind Sie selbst P. Schlenther (von dem

---

10 Handschriftliche Eintragung Friedrich Fontanes auf der Briefabschrift. Als Adressat des Briefes wurde bisher Ludwig Schwerin angenommen. Danach handelt es sich vermutlich um eine Rezension im »Berliner Fremdenblatt«.
11 »Tribüne« vom 16. 6. 1882 mit einer Rezension Paul Schlenthers.

ich schon früher einiges in der Tribüne gelesen habe), oder aber ist er ein selbständiges Ich, das leibhaftig als ein allerwirklichster Paul Schlenther neben Ihnen wandelt – gleichviel, ich bin, so oder so, dem Träger dieses Namens *sehr* zu Danke verpflichtet. Das nenn ich kritisieren! Es wird mir nichts geschenkt oder wenigstens nicht viel, und die schwachen, angreifbaren und namentlich auch die sehr in *Frage* zu stellenden Seiten meiner Arbeit werden herausgekehrt. Aber nebenher läuft doch zweierlei: das Anerkenntnis, daß man es mit einem ordentlichen und anständigen Menschen, und zweitens das Anerkenntnis, daß man es mit einem sein Metier ernsthaft übenden, anständigen Künstler zu tun hat. Den Künstler nehm ich noch mehr für mich in Anspruch als den Dichter. Also nochmals besten und aufrichtigsten Dank. Ich bin nun seit beinah vierzig Jahren Schriftsteller, aber unter den mehr als tausend Kritiken, die sich mit mir beschäftigt haben, sind keine zehn, vielleicht keine sechs, die dieser gleichkommen, und ist nicht eine, die dieser den Rang abläuft. Was über Ruben oder Rubehn gesagt ist, was ferner über meine Manier, alles sprungweis zu behandeln und die Stationen, wo Seidel getrunken wurden, sozusagen durch Schnellfahren wieder einzubringen – alles ist richtig, alles unterschreib ich. Ganz vorzüglich ist auch der Schluß, wenn auch vielleicht nicht in der Motivierung. Der Grund der Anfechtung liegt genau da, wo für andre (z. B. mal im Magazin) der Grund einer besondern Anerkennung gelegen hat. Wenige haben den Mut und die Kraft, sich, behufs Zeugnisablegung, die Dinge des Lebens so anzusehn, wie sie liegen; die Mehrheit kann aus dem Konventionalismus nicht heraus und hält an elenden, längst Lüge gewordenen Phrasen fest. Die Minorität andrerseits gefällt sich darin, zu *sehr* damit zu brechen, zu gründlich damit aufzuräumen und dadurch, ich will nicht sagen, das Recht ihrer Tendenz und der Äußerung derselben, aber doch die Fähigkeit, das einfach Tatsächliche zu sehen und zu schildern, einzubüßen. (BE II 64 f)

Fontane an Friedrich Bruckmann   Berlin, 7. Dezember 1882
Empfangen Sie meinen ergebensten Dank für Ihre freundliche Zuschrift vom gestrigen Tage. Leider kann ich Ihnen etwas in Ihrem Sinne Günstiges nicht vermelden; ich stecke noch *der*artig in ver-

wandten Arbeiten wie diese zuletzt von mir *erschienene*[12], daß an ein Uebergehn »ins andre Lager« vorläufig nicht zu denken ist. Ich bitte deshalb sagen zu dürfen: liegen die Dinge so, daß ein paar Jahre früher oder später für Ihr Vorhaben[13] keine Bedeutung haben, so bleib ich Ihnen als ein »Held der Zukunft« in Sicht, liegt es aber anders, werden Sie wartensmüde, so find ich es nur zu natürlich, wenn auf einen so unsicheren Passagier verzichtet wird. (FAP)

Fontane. »An Clementine v. Weigel« 1882
(Mit »L'Adultera«)

> Auf der Reise
> Wird alles besser, glücklicherweise,
> Vielleicht auch dieses Buches Moral,
> »Wo der Mensch nicht hinkommt mit seiner Qual«.

(HA 6, 531)

Fontane an seine Tochter Berlin, 5. Mai 1883
Frau Gude – *keine* geborne Gräfin Wachtmeister wie ich früher glaubte, sondern eine Baronesse Anker – sagte mir viel Verbindliches über L'Adultera, was mir aufs Neue bestätigte, daß die Geschichte für natürliche und anständige Menschen keine Spur von Bedenklichem enthält; sie nehmen es einfach als *das*, als was ich es gegeben habe: ein Stück Leben, ohne jede Neben-Absicht oder Tendenz. Wär' ich nur 10 Jahre jünger, so wäre ich auch sicher, daß ich damit durchdringen und in *so* weit sogar besser als Turgenjew und Zola (wenn auch selbstverständlich mit geringrem äußerm Erfolge) reussiren würde, als meine Schreibweise von zwei Dingen völlig frei ist: von Uebertreibungen überhaupt und vor allem von Uebertreibungen nach der Seite des Häßlichen ist. Ich bin kein Pessimist, gehe dem Traurigen nicht nach, befleißige mich vielmehr alles in jenen Verhältnissen und Prozentsätzen zu belassen, die das Leben selbst seinen Erscheinungen giebt. (SJ II 48)

12 »L'Adultera«.
13 Vermutlich erneute Anfrage wegen der illustrierten Geschichte Brandenburg-Preußens.

Fontane an Paul Lindau   Berlin, 3. November 1886
Als ich vor beinah 8 Jahren mein »L'Adultera« wohl oder übel schrieb, lag mir vorwiegend daran, ein Berliner Lebens- und Gesellschaftsbild zu geben, das Zuständliche, die Scenerie war mir Hauptsache. Damals, glaub' ich, hatte das auch eine Berechtigung; aber 8 Jahre haben viel geändert, uns weitergeführt, und heute sind die Gestalten, die Charaktere die Hauptsache.   (E 35 b, 62)

Fontane an seine Frau   Rüdersdorf, 10. Juli 1887
Die Aehnlichkeit[14] mit »Irrungen, Wirrungen«, auch mit L'Adultera, Cécile und Stine ist mitunter außerordentlich groß, aber der Geist, aus dem heraus wir schreiben, ist ganz verschieden. Er beherrscht diese Welt ganz anders wie ich und ich stehe was wissen, Eingeweihtsein, Anschauungen etc. angeht wie ein Waisenknabe neben ihm, aber in diesem blos halben Wissen und in dem Gezwungensein dichterisch nachzuhelfen, stecken auch wieder meine Vorzüge.   (SJ I 325 f)

Fontane an Georg Friedlaender   Berlin, 28. März 1889
Wie geht es im eignen Hause? Was machen Frau und Kinder? Was Treutler, was Bergel? Was die Verschwornen von der Gegenpartei? Was der Prinz? Was Münchhausens? Was das Brautpaar *Korn-Stobbe*? Was die schöne Frau von Arnsdorf?
[...]
Mich interessirt dabei nicht der Klatsch, sondern blos die Frage: »was wird?«
[...]
So gut wie mit der Frau *Ravené*, die als Frau *Simon* ein neues, besseres Leben anfing, – so gut schließt es nicht immer ab. Ja der Frau Ravené-Fall ist ein Ausnahmefall.[15]   (FRI 104 f)

14 von Paul Lindaus Roman »Arme Mädchen«, 1888.
15 Der Fall der Frau Therese Ravené, Gattin eines Berliner Großindustriellen, die Ende 1874 mit dem Königsberger Bankier Gustav Simon geflohen war und zwei Jahre später ihn geheiratet hatte, war die Stoffgrundlage für Fontanes Roman »L'Adultera«. Vgl. Brief an Salo Schottländer vom 11. 9. 1881 mit Anm.

Fontane an Paul Pollack   Berlin, 10. Februar 1891
Seien Sie schönstens bedankt für Ihre liebenswürdigen Zeilen, besonders auch für die Bedenken, die Sie gegen »L'Adultera« äußern. Aus solchen Bedenken spricht oft mehr als aus Anerkennungen die echte und rechte Teilnahme, und diese Teilnahme ist das Beste, was der Arbeit und einem selber werden kann.
Dem von Ihnen geäußerten Bedenken bin ich Anfang der 80er Jahre, wo die Novelle erschien, vielfach begegnet, und ich habe mich nie dagegengestellt. Dennoch bin ich unbekehrt geblieben und würde es jetzt geradeso schreiben wie vor 10 Jahren. Ich glaube, beide Parteien haben recht, und der Streit ist nichts als das Resultat zweier gegenüberstehender Kunstanschauungen. Soll die Kunst den Moralzustand erhalten oder bessern, so haben *Sie* recht, soll die Kunst einfach das Leben widerspiegeln, so habe *ich* recht. Ich wollte nur das letztre. Die Geschichte verlief so, und die Dame, um die sich's handelt, sitzt unter einer Menge von Bälgen, geliebt und geachtet, bis diesen Tag oben in Ostpreußen.   (BE II 284)

Fontane an Joseph Viktor Widmann   Berlin, 27. April 1894
Meine L'Adultera-Geschichte hat mir damals, als sie, ich glaube 1880, zuerst in Lindaus Nord und Süd erschien, viel Anerkennung, aber auch viel Ärger und Angriffe eingetragen. Seitens der Lobredner hieß es: »Da haben wir wieder einen Berliner Roman«, aber die Philister und Tugendwächter, deren Tugend darin besteht, daß sie die Tugend *nicht* bewachen, sondern sie nur immer weiter behaupten, auch wenn sie längst weg ist – diese guten Leute beschuldigten mich, neben andrem, der Indiskretion. Sie gingen davon aus – und dies erklärt manches –, ich sei so was wie ein eingeweihter Hausfreund in dem hier geschilderten Ravenéschen Hause gewesen. Dies war nun aber ganz falsch. Ich habe das Ravenésche Haus nie betreten, habe die schöne junge Frau nur einmal in einer Theaterloge, den Mann nur einmal in einer Londoner Gesellschaft und den Liebhaber (einen Assessor Simon) überhaupt nie gesehn. Ich denke, in solchem Falle hat ein Schriftsteller das Recht, ein Lied zu singen, das die Spatzen auf dem Dache zwitschern. Verwunderlich war nur, daß auch in bezug auf die Nebenpersonen alles, in geradezu lächerlicher Weise, *genau* zutraf. Aber das erklärt sich

wohl so, daß vieles in unsrem gesellschaftlichen Leben so typisch ist, daß man, bei Kenntnis des Allgemeinzustandes, auch das einzelne mit Notwendigkeit treffen muß. (BE II 338 f)

Ellernklipp. Nach einem Harzer Kirchenbuch

Entstehung: seit August 1878
Erstausgabe: 1881

Fontane an Gustav Karpeles   Wernigerode, 8. Juli 1879
Ich werde also die Novelle schreiben und sie Ihnen seinerzeit vorlegen; es genügt mir, daß der Stoff im Großen und Ganzen Ihre Zustimmung hat, verderb' ich ihn, oder richtiger vielleicht purificire ich ihn nicht genug, so werde ich mich nicht wundern, ihn abgelehnt zu sehn. Mit andern Worten: Sie haben die Vorhand, ohne Ihrerseits irgendwie gebunden zu sein. Es wird übrigens schwerlich zu großen Geschmacks- und Meinungsverschiedenheiten kommen. (FAP)

Fontane an seine Frau   Dresden, 24. September 1879
Arbeiten konnt' ich glücklicherweise und habe heute das erste, wichtige – weil *ton*angebende – und ziemlich lange Kapitel beendet. (SJ I 107)

Fontane an Heinrich Proehle   Berlin, 26. September 1879
[...] ich arbeite an einer Harzer Novelle [...] (FAP)

Fontane an seine Tochter   Berlin, 14. November 1879
In Mamas Namen Dir und den lieben Wittes allerschönsten Dank für Briefe und Kiste. Die Rostocker eröffneten heute den Reigen, die Neuhöfer schlossen ab, in der Mitte ragten Heydens auf, die fünf Mann hoch erschienen. Alles dies würde Dir Mama vermelden, wenn sie nicht seit Sonntag und jedenfalls seit Montag krank

wäre, so daß ich an Pancritius schreiben mußte, der denn auch erschien und vorläufig Chinin verordnete.
[...]
Unter diesen Umständen hatte ich denn heute pro cura und nahm als Vertreter der Firma die Gratulationen[1] entgegen. In den Pausen arbeitete ich an dem Hauptkapitel meiner neuen Novelle, oder wie Mama dem Chevalier vertraulich mittheilte »war mit einer Katastrophe beschäftigt«. Hoffentlich beschränkt sich alles Katastrophische für den Lauf des nächsten Jahres auf diese meine Novelle [...] (SJ II 23)

Fontane an Gustav Karpeles   Berlin, 15. Januar 1880
Ich gehe jetzt an die Correktur meiner seit Jahresfrist geschriebenen Novellen[2]. Eine davon erhalten Sie ganz bestimmt. Leider ist das Corrigiren immer noch schwerer als das Schreiben und kostet mehr Zeit. (FAP)

Fontane an Gustav Karpeles   Berlin, 16. Januar 1880
Ganz ergebenste Mitteilung, daß ich heute Mittag das Honorar aus Braunschweig erhalten und die Quittung, mit meinem Dank, eben dahin zurückgeschickt habe. Ich hatte mir 60 oder 70 Mark mehr herausgerechnet, weil ich mir, nicht die Bilder, aber die Croquis als Eigenleistung anrechnete; natürlich kann es mir aber nicht einfallen, solchen disputablen Punkt durchfechten zu wollen, und so ist denn die Sache zu meiner vollkommenen Zufriedenheit erledigt.
(FAP)

Fontane an Julius Rodenberg   Berlin, 12. Februar 1880
Sie haben mich sehr beschämt. Mir einen so liebenswürdigen, so vertrauensvollen und so langen Brief zu schreiben ist eine wahre Liebestat. Und ich darf sagen, ich fühle mich nun Ihrer freundschaftlichen Gesinnung, über jeden Zweifel und jede Schwankung hinaus, ein für allemal sicher. Dies ist mir wertvoll, denn ich habe durchaus das Bedürfnis des Friedens, des In-Übereinstimmung-

1 zu Emilie Fontanes Geburtstag.
2 »Ellernklipp« und »Schach von Wuthenow«. Karpeles erhielt »Ellernklipp« zum Vorabdruck in »Westermanns Monatsheften«.

Seins mit denen, deren moralischer Unterstützung man bedarf, auch wenn man sie nie sieht.

Ich mußte Ihnen dies noch aussprechen, und um so nachdrücklicher und herzlicher, als es praktisch und äußerlich zu keiner rechten Annäherung, oder sagen wir: zu keinem lebendigeren Zusammenwirken kommen kann. Ich bin dabei der verlierende Teil. Und dies schreib ich mit voller Überzeugung nieder. Es ist nicht gleichgültig für mich, ob ich die »Rundschau« habe, aber es ist absolut gleichgültig für die »Rundschau«, ob sie mich hat. Und daran ist nichts zu ändern. Sie verfügen über alle besten Kräfte, so sehr, daß der einzelne daneben nichts bedeutet und doppelten Anspruch auf Übergangenwerden hat, wenn er auch seinerseits gezwungen ist, Ansprüche zu erheben, die ihm nicht erfüllt werden können. Dieser Ansprüche sind zwei: ich kann nicht lange warten, und ich muß als Minimum eine Neun-Zehntel-Gewißheit haben, daß meine Arbeit angenommen wird. Und so sind denn meine Chancen für ein Erscheinen in der »Rundschau« gering. Aber das schadet nichts. So wichtig mir diese Mitarbeiterschaft sein würde, so sind mir doch Ihre freundschaftlichen Gesinnungen wertvoller. Und mich dieser versichert halten zu dürfen ist mir ein Resultat dieser unsrer Korrespondenz.

(RO 22 f)

Fontane an Gustav Karpeles   Berlin, 14. März 1880

Haben Sie besten Dank für Ihre freundlichen Zeilen. Es ist alles unvergessen, und Sie haben sogar das Aussuchen. Ich habe im zweiten Halbjahr 79 hintereinander weg drei Novellen geschrieben, mit deren Durcharbeitung – was leider immer länger dauert als das Niederschreiben – ich jetzt beschäftigt bin. Eine, ganz moderner Stoff, ist fix und fertig, und Lindau will sie bringen[3]. Bleiben noch zwei, zwischen denen ich Sie freundlichst bitte Ihre Wahl zu treffen. Es sind:

1. »*Schach von Wuthenow*« [...]
2. »*Ellernklipp*«. Nach Aufzeichnungen eines Harzer Kirchenbuches. Spielt unmittelbar nach dem Siebenjährigen Kriege in einem Harzdorf. Eifersucht des Vaters gegen den Sohn. Der Sohn

---

[3] »L'Adultera« in »Nord und Süd«.

fällt als Opfer, bis zuletzt auch der Alte den Visionen seiner Schuld erliegt. Hauptfigur: ein angenommenes Kind, schön, liebenswürdig, poetisch-apathisch, an dem ich beflissen gewesen bin, die dämonisch-unwiderstehliche Macht des Illegitimen und Languissanten zu zeigen. Sie tut nichts, am wenigsten etwas Böses, und doch verwirrt sie regelrechte Verhältnisse. Sie selbst, ohne den Grundton ihres Wesens zu ändern, verklärt sich und überlebt das Wirrsal, das sie gestiftet.

Bitte, wählen Sie zwischen diesen beiden Novellen, und lassen Sie mich freundlichst wissen, wofür Sie sich entscheiden. Ich nehme dann *die* zuerst vor, und Sie haben sie bis Ende Mai.   (BE II 21 f)

Fontane an Gustav Karpeles   Berlin, 21. März 1880
Besten Dank für Ihre freundlichen Zeilen. Ich glaube, daß Sie richtig gewählt haben, oder sag ich bescheidener »von zwei Übeln das kleinere«. Das kürzere gewiß. Die andre Novelle liegt zur Hälfte nach der kulturhistorischen Seite hin.

Ein paar Punkte muß ich aber doch vorher noch zur Sprache bringen, damit, wenn das Schiff vom Stapel soll, nicht plötzlich Hindernisse kommen.

Die Novelle ist etwa vier Bogen lang, eher ein paar Seiten weniger. Ich erbitte dafür, um nach dieser Seite hin keine Schwierigkeiten zu schaffen, vierhundert Taler. Empfange auch den Abzug des Ganzen, in welcher Gestalt ich es später (aber es pressiert nicht) als Buch herausgebe. Macht das Arrangement der Nummer Kürzungen nötig, so laß ich sie mir bis zur Reduzierung auf drei und einen halben Bogen gefallen. Ich bin darin gar nicht peinlich. Bliebe noch der Ablieferungstermin. Ich bin, dies darf man sagen, ein sehr fleißiger Mann, sehne mich beständig nach neuen Arbeiten und werde deshalb an etwas im wesentlichen Fertigen nicht länger herumbasteln als nötig ist. Dennoch weiß ich aus Erfahrung, daß das Korrigieren viel, viel länger dauert als das Schreiben. Hab es erst eben wieder bei der für »Nord und Süd« bestimmten Arbeit gesehn. Ich kann danach nur sagen: ich werde mich aufs äußerste beeifern, bis Ende Mai fertig zu sein; aber bestimmt versprechen kann ich es nicht. Ohnehin ist es mit den Wochen, die den Ferien vorausgehn, also das Arbeitsjahr abschließen, wie mit den Wirt-

schaftskassen der Frauen vom 27. ab. Es ist nichts mehr drin. Nur, Kraft ist noch schwerer zu schaffen als Geld.
Darf ich über diese Punkte ein paar beruhigenden Worten entgegensehen? (FR II 4 f)

Fontane an Gustav Karpeles   Berlin, 3. Juni 1880
»Ellernklipp« liegt in verschiedenen Kapiteln links und rechts auf meinem Tisch; ich bin sehr fleißig dabei, komme aber nur langsam von der Stelle, da sich das Theater in Gastspielen überschlägt. Andre Störungen fahren auch dazwischen, Einladungen auf Güter und Schlösser, die ich acceptieren muß und auch *gern* acceptiere, da der Besuch mir jedesmal reiche Ausbeute verspricht. So werd ich in spätestens 14 Tagen bis an die Nordspitze von Ostfriesland (dicht bei Norderney) kommen und dann die Gelegenheit benutzen, das etwa nur noch 20 Meilen entfernte Amsterdam etc. zu besuchen. Ein lang von mir gehegter Wunsch! Ich bin dann aber entschlossen bei meiner Rückkehr bestens nach zu exercieren *und nicht eher in den Harz zu gehn, als bis ich die Novelle an Sie abgeliefert habe.*
Im Harz will ich dann die Novelle »*Eleonore*« schreiben, die ich Ihnen früher einmal in lapidarer Charakteristik als *Adelheid*-Novelle vorgestellt habe. Ich lasse sie, zu leidlicher Cachierung, in *Hannover* spielen, das ich dann auch auf meiner Reise nach Ostfriesland besuchen und um seinen »Lokalton« nach Möglichkeit befragen will.
Ich proponiere Ihnen dann diese Novelle nochmals in aller Form und Feierlichkeit, aber nicht eher als bis »Ellernklipp« in Ihren Händen ist. (FAP)

Fontane an Graf Philipp zu Eulenburg   Berlin, 1. Juli 1880
Nach Lützburg, so ich nicht Contreordre erhalte, werd' ich wohl zwischen dem 20. und 24. reisen. Ich werde hier wegen einer Arbeit gedrängt. Das ist Ursach der Verzögerung. (FR II 12)

Fontane an seine Frau   Wernigerode, 8. August 1880
Ich lebe hier still weg; an die Correktur geh ich erst, wenn ich von Karpeles einen zusagenden Brief habe. Schreibt er »nein«, was ich

für sehr gut möglich halte, so mag die Novelle lagern. Es wird sich schließlich schon wer finden. (SJ I 142)

Fontane an seine Frau Wernigerode, 10. August 1880
Eine halbe Stunde nach dem Packet kam der einliegende Brief, der mich doch sehr glücklich macht. Ich bin nun diese große Sorge los, die noch viel größer war als ich Dir sagen mag. Ich bilde mir ein friedfertig und für einen alten Herrn und anerkannten Schriftsteller keineswegs unbescheiden in meinen Forderungen zu sein; dennoch steht es, ohne jegliches Verschulden meinerseits, so, daß ich eigentlich gar keine Blätter zur Verfügung habe. Bei der »Gartenlaube« kann ich mich nicht melden und auffordern wird man mich nicht, die »Daheim«-Leute haben sich nüchtern und ungentil gegen mich benommen[4], »Nord und Süd« hat weder durch Lindaus noch durch Schottländers (halb ridiküle) Haltung irgend etwas Ermuthigendes für mich, und Rodenberg ist ein Esel, mit dem ich fertig bin, wenn er sich nicht befleißt, ganz andre Saiten aufzuziehn. Es mußte mir also an dem Zustandekommen mit Westermann außerordentlich viel gelegen sein. (SJ I 145)

Fontane an seine Frau Wernigerode, 12. August 1880
Ich habe heute mit »Ellernklipp« angefangen; es geht langsam, aber ich will es nicht übertreiben, weil ich sonst ganz herunterkomme.
(SJ I 150)

Fontane an Gustav Karpeles Wernigerode, 18. August 1880
Eben als Ihre freundlichen Zeilen eintreffen, wollt ich schreiben und mich entschuldigen, daß ich erst zehn bis zwölf Tage später mit meiner Novelle vor Ihnen erscheinen kann. Es hapert mitunter mehr, als man, in Hoffnungsduselei, annehmen zu müssen glaubte. Volle acht Tage habe ich gebraucht, um das in Abschrift vor mir liegende erste Kapitel in Ordnung zu bringen. Und ein paar Stellen genügen mir auch *jetzt* noch nicht und müssen, nach erneuter Abschrift, wieder unter die Feile.
Nun müssen Sie aber nicht fürchten, daß das so weitergeht. Das

---

4 bei den Verhandlungen über »Vor dem Sturm«.

erste Kapitel ist immer die Hauptsache und in dem ersten Kapitel die erste Seite, beinah die erste Zeile. Die kleinen Pensionsmädchen haben gar so unrecht nicht, wenn sie bei Briefen oder Aufsätzen alle Heiligen anrufen: »Wenn ich nur erst den Anfang hätte.« Bei richtigem Aufbau muß in der ersten Seite der Keim des Ganzen stecken. Daher diese Sorge, diese Pusselei. Das Folgende kann mir nicht gleiche Schwierigkeiten machen, und so denk ich, ich verspreche nicht zuviel, wenn ich sage: »Ich werd es am 31. d. M. eingeschrieben zur Post geben.« (BE II 27)

Fontane an Wilhelm Hertz   Wernigerode, 31. August 1880
Ich bin seit 14 Tagen hier sehr fleißig gewesen, was auch Grund dieser verspäteten Zeilen ist; es liegt mir nämlich die nochmalige Durchsicht einer Novelle ob, die ich vorigen Sommer hier entwarf und gleich darauf niederschrieb; – solche »Durchsicht« (allerdings immer die Hauptsache; *das* wodurch man sich vom Riffraff unterscheidet) ist jedesmal eine Höllenarbeit, viel viel schwerer und anstrengender als das erste Niederschreiben, das eigentlich ein Vergnügen ist. (WHH 237)

Fontane an Gustav Karpeles   Wernigerode, 10. September 1880
Es ist nun hoffentlich alles in ihren Händen, und ich erwarte nur *dann* eine Zeile, wenn dies *nicht* der Fall sein sollte. (FR II 21)

              Wernigerode, 11. September 1880
Fontane an Detlev von Liliencron
Verzeihung, daß ich Ihre freundlichen Zeilen erst so spät beantworte; – ich hatte mich in dieses Harztal zurückgezogen, um meine Arbeit zu beenden, und wollte mich dabei nicht gern unterbrechen, am wenigsten durch Verselesen, was, nach meinem Dafürhalten, nicht die leichteste, sondern umgekehrt eine allerschwerste Lektüre ist. (BE II 28)

Fontane an Mathilde von Rohr   [Dezember 1880?]
Essen ist *zu* schlecht. Ich konnte in ganz Wernigerode kein geniesbares Cotelette auftreiben und lief immer auf den *Bahnhof* hinaus, um einigermaßen meinen leiblichen Bedarf zu decken. Uebrigens

trug ich selbst ein wenig die Schuld. Alles ißt nämlich um 1 Uhr in den Hôtels, und bei solcher Table d'Hôte, schlecht wie sie ist, kann man wenigstens bestehn. Um 1 Uhr zu essen, war mir aber unmöglich, ich hätte dann nur bis 12 Uhr arbeiten können und wäre mit meiner Novelle sitzen geblieben. (SJ III 197)

Fontane an Wilhelm Hertz   Berlin, 20. Februar 1881
Anbei das eine der beiden Contract-Exemplare, die Sie die Güte hatten mir gestern zu schicken, mit meiner Unterschrift und meinem Danke zurück. Zugleich die Versicherung, daß mich Ihre Begleit-Zeilen aufrichtig erfreut haben und daß ich es zu den Glück- und Erfreulichkeiten meines Lebens zähle, neben Ihrer Geneigtheit es mit mir zu wagen, in Ihnen auch immer eines wohlwollenden und anerkennenden Lesers sicher gewesen zu sein. In unsren modernen Zeiten werden sich nicht allzu viele Schriftsteller dieses Vorzuges rühmen dürfen. (WHH 242 f)

Fontane an Gustav Karpeles   Berlin, 3. März 1881
Gestern abend spät hab ich die Korrekturbogen nach Braunschweig hin zur Post gegeben, habe auch gleichzeitig um Revision gebeten, eine Bitte, die mir hoffentlich erfüllt werden kann.
Ich schreibe heut, um einen Seufzer auszustoßen über die »Verbesserungen«, denen ich ausgesetzt gewesen bin. Ich hoffe, daß wir für die Zukunft, zunächst also für die zweite Hälfte der Novelle, den berühmten Modus vivendi finden werden. Ich opfre Ihnen meine »Punktums«, aber meine »Unds«, wo sie massenhaft auftreten, müssen Sie mir lassen. Ich begreife, daß einem himmelangst dabei werden kann, und doch müssen sie bleiben, nach dem alten Satze: von zwei Übeln wähle das kleinere.
Warum müssen sie bleiben? Es stört, es verdrießt usw. Und doch! Ich bilde mir nämlich ein, unter uns gesagt, ein Stilist zu sein, nicht einer von den unerträglichen Glattschreibern, die für alles nur *einen* Ton und *eine* Form haben, sondern ein wirklicher. Das heißt also ein Schriftsteller, der den Dingen nicht seinen altüberkommenen Marlitt- oder Gartenlaubenstil aufzwängt, sondern umgekehrt einer, der immer wechselnd seinen Stil aus der Sache nimmt, die er behandelt. Und so kommt es denn, daß ich Sätze schreibe,

die vierzehn Zeilen lang sind und dann wieder andre, die noch lange nicht vierzehn Silben, oft nur vierzehn Buchstaben aufweisen. Und so ist es auch mit den »Unds«. Wollt ich alles auf den Undstil stellen, so müßt ich als gemeingefährlich eingesperrt werden. Ich schreibe aber Mit-Und-Novellen und Ohne-Und-Novellen, immer in Anbequemung und Rücksicht auf den Stoff. Je moderner, desto Und-loser. Je schlichter, je mehr sancta simplicitas, desto mehr »und«. »Und« ist biblisch-patriarchalisch und überall da, wo nach dieser Seite hin liegende Wirkungen erzielt werden sollen, gar nicht zu entbehren. Im Einzelfall – dies gesteh ich gern zu – kann es an der unrechten Stelle stehn, aber dann muß der ganze Satz anders gebildet werden. Durch bloßes Weglassen ist nicht zu helfen. Im Gegenteil. Ich habe die Hoffnung, daß Sie diesem allen ein freundliches Gehör schenken. (BE II 30 f)

Fontane an seine Tochter   Berlin, 3. Juni 1881
»Ellernklipp« schick ich Dir, so wie wir ein paar Exemplare haben. Westermann scheint es wie Gold behandeln zu wollen, aber schwerlich wenn es ans Bezahlen geht. Es wird alles furchtbar geschäftlich abgemacht und innerliches Engagement und aus diesem Engagement heraus ein generöses Handeln sind unbekannte Dinge. Der Gewöhnlichkeit gehört die Welt. Es tangirt mich aber nicht, so lang ich ein Bett und ein Glas Thee habe. (SJ II 35 f)

Fontane an Gustav Karpeles   Berlin, 11. Juni 1881
Ich möchte »Ellernklipp« zu gleich minimaler Erhöhung meines Ruhms und meiner Kassenbestände gern zu Weihnachten erscheinen lassen. Ist es nöthig, dazu noch erst eine Erlaubnis bei Westermanns einzuholen? (FAP)

Fontane an Wilhelm Hertz   Berlin, 14. Juni 1881
Es liegt mir sehr daran, wie vorige Weihnachten »Grete Minde« so diese Weihnachten »Ellernklipp« – eine in den 2 letzten Heften von Westermann erschienene Novelle – wenn nicht zu der Welt so doch zu meiner Freude in ein paar Schaufenstern zu sehn. Sind Sie nicht abgeneigt? Der Umfang ist derselbe, vielleicht ein halber Druckbogen (kl. Format) mehr. (WHH 247)

Fontane an Wilhelm Hertz   Berlin, 16. Juni 1881
Der unterzeichnete Vertrag kommt um ein paar Stunden später in Ihre Hände, als er eigentlich sollte; ich war aber gestern Abend so angegriffen, daß ich nicht einmal diese paar Zeilen leisten konnte.
Besten Dank für die freundlichen Worte, die Sie mir ausgesprochen haben. In dem Vertrage finde ich die Worte »in von Hertz zu bestimmender Ausstattung«, – ich darf dies doch so auslegen »in derselben Gestalt, oder wenigstens in keiner dahinter zurückbleibenden, wie Grete Minde.« Ihr Briefzusatz »Druck in Weimar«[5] scheint mir darauf hinzudeuten.
                                                              (WHH 248)

Fontane an Gustav Karpeles   Berlin, 16. Juni 1881
Ellernklipp wird zu Weihnachten bei Hertz erscheinen; er war zu meiner Freude gleich bereit. Denn von »Gesucht*werden*« ist bei mir keine Rede, so daß immer noch erst ein petitum gestellt werden muß. Unbequem genug.
Ich möchte nun wohl die Kapitel-Ueberschriften wiederherstellen und wenn auf der Braunschweiger Druckerei der betr. Bogen noch existiren sollte, so wär' ich sehr dankbar, wenn ich ihn durch Ihre freundl. Vermittlung zurückerhalten könnte. Oder soll ich selber schreiben?
[...]
Aus dem Gedächtniß die Ueberschriften wiederherzustellen, würde mir zwar einigermaßen glücken, aber mühsam und nicht so gut.
                                                              (FAP)

Fontane an Wilhelm Hertz   Thale, 24. Juni 1881
Jeden Tag in Berlin erwartete ich den nun beigeschlossenen Zettel und schob deshalb meinen Dank für Ihre freundlichen Zeilen vom 19. hinaus. Erst im Moment der Abreise, gestern früh, erhielt ich ein Briefchen von Dr. Karpeles, Redakteur d. W.schen Monatshefte, und *in* dem Briefchen die Kapitel-Ueberschriften, die wieder herzustellen mir doch sehr gerathen erscheint. Ich bin immer, auch im Leben, für Ruhepunkte; Parks ohne Bänke können mir gestohlen werden.
                                                              (WHH 248)

5 Hofbuchdruckerei Böhlau.

Fontane an seine Frau   Thale, 29. Juni 1881
Bitte laß durch Friedel oder Mathilde das alte M. S. von Ellernklipp heraussuchen und schreibe mir die *erste* Zeile jedes Kapitels ab. Ich kann mich nämlich mit den Ueberschriften nun schließlich doch nicht zurecht finden, weil die berühmten drei Sternchen ***** mannigfach auch *in* den Kapiteln selbst vorkommen und nur *die* zu beseitigen sind, die Westermann an Stelle der Kapitel-Ueberschriften *hinzu*gethan hat.   (SJ I 161 f)

Fontane an seine Frau   Thale, 8. Juli 1881
Sag auch ein Wort über *ihre*[6] Worte über Ellernklipp. *Ich* ging nur in aller Kürze drüber hin; *Du* kannst das besser thun.   (SJ I 163)

Fontane an Wilhelm Hertz   Berlin, 30. September 1881
Besten Dank für Ihre freundl. Zeilen; möge sich das mit dem »Erstling« im neuen Geschäfte[7] erfüllen.   (WHH 250)

Fontane an Wilhelm Hertz   Berlin, 21. Oktober 1881
Schönsten Dank für die Exemplare, die mir Ihre Güte hat zugehen lassen, zur Hälfte sogar in Einband. Ich denke mir, daß es der erste Vogel ist, der aus der Wieder-Behren-Straße[8] auf- und ausfliegt, und erfüllt mich dabei der Wunsch, daß es ein Glücksvogel sein möge. Ein Glücksvogel für alle Zukunft und ganz ins Allgemeine hinein, denn der Gedanke mit diesem »Ellernklipp« in die Reihe der Erfolg-Helden allerpersönlichst eingereiht zu werden, liegt mir sonnenfern. Ich bin zufrieden, wenn sich's weiterläppert.

(WHH 251)

Fontane an Wilhelm Hertz   Berlin, 24. November 1881
Beifolgend erlaub ich mir 11 Briefe zu übersenden. An die Herren Dr. E. Engel hier und Dr. W. Jensch, Magdeburg, bitt ich ganz ergebenst noch je ein »*Ellernklipp*«-Exemplar mit beischließen zu

6 Mathilde Lübke, Frau von Wilhelm Lübke.
7 nach dem Umzug des Hertzschen Geschäftes in die Behrenstr. 17.
8 Das Geschäft von Wilhelm Hertz war früher schon einmal in der Behrenstraße (7) gewesen. Vgl. Anm. z. Brief an W. Hertz vom 30. 9. 1881 u. WHH 513.

wollen; ich hab es, Sicherheits halber, gleich auf den betr: Couverts bemerkt.

Die Exemplare, die mir Ihre Güte gegen gebundene umtauschen will, schick' ich mit Nächstem oder vielleicht kann ich sie Ihrem Boten mitgeben, wenn ich über kurz oder lang die Exemplare des 4. Bandes[9] empfange. (WHH 254)

Fontane an Wilhelm Hertz   Berlin, 26. November 1881
Ihrer gütigen Erlaubniß folgend, schicke ich anbei
4 Havelland
2 Oderland
2 Ellernklipp
und würde mich freuen dafür zu empfangen
3 gebundene Havelland
3 gebundene Oderland
6 gebundene Ellernklipp,
so daß ich danach mit 12 und unter Einschluß von sechs gebundenen Bänden »*Spreeland*« mit 18 Einbänden in Ihrer Schuld wäre. Dazu dann noch der Betrag für 4 ungebundene »Ellernklipp«. Ich erlaube mir 30 Mark beizuschließen, da ich nicht genau weiß, wie sich die Rechnung stellen wird.

Die Kritik in dem Secessionistenblatt »Tribüne« war furchtbar. An Lob war es mir vollkommen genug, so daß ich nicht in Verdacht kommen kann, aus Eitelkeit aigrirt zu sein. Aber welch dummer, nichtssagender Quatsch, wie gänzlich ohne Gefühl und Verständniß! Und solche dumme Jungen führen jetzt überall das große Wort. Es ist zum Weinen.

Eben bringt ein Dienstmann das Buchpacket. Es sieht *sehr* gut aus, hat auch das richtige Volumen*. Allerbesten Dank!
Da ich leider kein Papiergeld habe, päck ich drei kleine Goldstücke ein und lege sie vorn in den einen Band von »Ellernklipp«, – so verbirgt sich's am besten**.

* Ich meine: der einzelne Band, *nicht* das Packet.
** In die *Mitte* des Bandes S. 80. (WHH 254 f)

[9] der »Wanderungen«.

Fontane an Wilhelm Hertz Berlin, 27. November 1881
Was König und Engel angeht, so bitt ich »Ellernklipp« fortzulassen und die von mir gemachte Blaustiftnotiz zu durchstreichen oder eine Zubemerkung zu machen.
Durch ein »Zuviel« derart entwerthet man nur Arbeit und Gabe. Dr. E. hat außerdem schon (im Sommer) ein Westermann-Exemplar von mir bekommen, so daß ihm sein muß, als soll' er allerpersönlichst von »Ellernklipp« herabgestürzt werden.
[...]
Mit diesen Zeilen zugleich geb ich ein Exemplar an Prinz Friedrich Karl zur Post, bei dem ich am Donnerstag (in Dreilinden) zu Tische war. Sehr gnädig, sehr liebenswürdig. Vielleicht daß ich in Hesekiels seit 7 Jahren erledigte Hof-Toast-Stelle einrücke. (WHH 255 f)

Fontane an Wilhelm Hertz Berlin, 28. November 1881
Ueber Nacht ist mir noch eingefallen, daß es vielleicht gerathen sei, das für die immerhin wichtige »Schlesische *Zeitung*« bestimmte Exemplar mit einem Privatbrief an Herrn v. Koschkull, der glaub ich Gerant der Zeitung ist und im letzten Sommer in lose Beziehungen zu mir trat, zu begleiten.
Ist das Exemplar für die »Schlesische Zeitung« schon fort, so bitt ich freundlichst meinen Brief unter Beifügung einiger Zeilen, die diese Nachsendung erklären, an die genannte Redaktion gelangen lassen zu wollen. Es macht das eine kleine Mühe, die sich jedoch in diesem Falle – so wenig ich sonst von Rezensionen etc. halte – vielleicht verlohnt. (WHH 256)

Fontane an Hermann Kletke 2. Dezember 1881
Es war eine Teekesselei von mir, daß ich an Stilke[10] wegen einer Besprechung meiner Novellen schrieb und dadurch Stilke, Sie und schließlich mich selbst in Verlegenheit brachte. Ich revoziere also feierlichst und bitte Sie freundlichst »Ellernklipp« in denselben Abgrund stürzen zu wollen, in dem ein Teil der Geschichte ohnehin

---

10 Georg Stilke, Verleger der »Gegenwart«. Dort Rezension von Theophil Zolling am 25. 2. 1882, der von E 90, 72 ff, als Empfänger dieses Briefes vermutet wird.

schon begraben liegt. Ich begreife mich nachträglich nicht, wie ich so töricht sein und die Summe vieljähriger Erfahrungen ignorieren konnte. Besprechungen helfen überhaupt nicht viel und die wenigen, *die* helfen, müssen frei geboren sein. Auch der leiseste Zwang macht das Wort tot oder nimmt ihm doch seine zündende, seine lebengebende Kraft. (Kl 63)

Fontane an Wilhelm Hertz   Berlin, 9. Dezember 1881
Freund R. Koenig vom »Daheim« schickt mir eben die einliegende Karte. Bei der relativen Wichtigkeit des D. hielt ich es doch für gut, dieselbe an Sie gelangen zu lassen. – Besten Dank für die gef. Zusendung der Literatur-Zeitung; es ist doch so was wie eine Kritik[11], – in dieser Weihnachtsquatschzeit immerhin ein Labsal.
(WHH 256 f)

Fontane an Wilhelm Hertz   [Ende 1881 ?]
Ergebensten Dank für die verschiedenen Zusendungen, unter denen die heutige – bei dem Ansehn der Nat. Ztng.[12], namentlich auch in literarischen Dingen – einen wirklichen Werth für mich hat. Das andre ist Kaff.
Die Worte im Fremdenblatt rühren, glaub ich, von Fräulein Bertha Glogau her. Erscheint es Ihnen passend, daß ich ein paar Dankesworte an die Dame richte? Ich möchte nicht gern eine gebotne Artigkeit unterlassen, aber doch auch nicht gerne zu viel thun. Bei *Gelegenheit* empfang' ich vielleicht einen Avis. (WHH 257 f)

Fontane an Wilhelm Hertz   Berlin, 16. Januar 1882
Zu dem Dank für den Band »Gedichte«, der mir am Sonnabend noch sehr à propos kam, hab' ich heute *den* für gef. Uebersendung der Magdeb. Ztng.[13] hinzuzufügen. Der Kritiker meint es sehr gut mit mir und was er an L'Adultera tadelt, mag meinetwegen als Tadel fortbestehn. Ich gebe zu, daß man diesen öden Sittlichkeits-

---

11 von Paul Schlenther am 10. 12. 1881.
12 Besprechung von »Ellernklipp« durch Karl Neumann-Strela am 31. 10. 1881.
13 Rezension von Wilhelm Jensch am 11. 1. 1882.

standpunkt haben darf, unter Umständen (wenn man mehr Zelot als Mensch ist) ihn haben *muß*. Aber über »Ellernklipp« hätt' er sich etwas wärmer aussprechen können. Freilich um das zu können, muß man selber nach Wernigerode gehn und auf einem Waldhügel oder einer Graswalze sitzend, die Geschichte von dem rothblonden, nicht zum Glücke geborenen Kinde lesen. In der Hetzjagd der Weihnachtswochen kommt dergleichen zu kurz. Aber man muß schon zufrieden sein, einer wohlwollenden Gesinnung zu begegnen. (WHH 260)

Fontane an Alfred Friedmann   Berlin, 19. Februar 1882
Empfangen Sie meinen aufrichtigsten Dank für Ihre feine, liebenswürdige, von Satz zu Satz den Poeten und »den der's versteht« verratende Besprechung meines »Ellernklipp«[14]. Es nimmt meinem Danke gar nichts – es kommt ja nur auf die subjektive Wahrheit, auf das Wohlwollen und die Wärme an, mit der man besprochen wird –, wenn ich Ihnen offen bekenne, daß ich nur halb und bedingungsweise mit Ihnen einverstanden bin. Rodenberg sagte mal über mich: »Immer wenn er aus dem Modernen in die Historie hineingerät, gerät er auch ins Balladeske.« Das war sehr fein und sehr richtig. Dies Balladeske herrscht auch in »Ellernklipp« vor; aber das Balladeske, das hintergründlich-verschwommen, ossianisch-nebelhaft sein *kann*, braucht es nicht zu sein und ist es nicht immer. Auf Storm (den ich übrigens *sehr* hoch stelle) würde, meiner Meinung nach, Ihre Charakteristik meiner Figuren passen; Storm deutet in »Eekenhof«, »Renate«, »Aquis submersus« nur an und *will* nur andeuten, mein Heidereiter aber erhebt die Prätension, ein so faßbarer Kerl zu sein, wie nur je einer über die Heide gegangen ist. Ebenso hab ich in Hilde, und zwar bis in *die kleinsten Details gehend*, ein vornehm-bleichsüchtig-languissantes Menschenkind und den halb rätselhaften Zauber eines solchen schildern wollen. Ich hege das Vertrauen zu Ihnen, daß Sie dies offne Bekenntnis eines Dissenses gut aufnehmen und darin eher eine Bestätigung als eine Abschwächung meines Dankes erblicken werden. (BE II 61 f)

14 im »Magazin für die Literatur des In- und Auslandes« vom 18. 2. 1882.

Fontane an Alfred Friedmann   Berlin, 23. Februar 1882
Meine letzten Zeilen haben Sie doch nicht ganz *so* aufgenommen, wie ich's wohl gewünscht hätte; Sie können die Vermuthung nicht unterdrücken, daß mich's doch ein wenig verdrossen habe, den nebelnden Romantikern zugezählt zu werden. Das kann nun aber schon *des*halb nicht sein, weil ich von den echten Romantikern, und oft auch gerade von den nebelnden, eine furchtbar hohe Meinung habe. Viele Romantiker gefallen mir *nicht*, aber das liegt an ihrer dichterischen Impotenz überhaupt, nicht an ihrem Romantizismus. Also noch einmal, nichts von Verdruß, auch keine Spur. Ich schrieb Ihnen das, was ich geschrieben habe, nur, um unter aufrichtigem und ungeschmälertem Dank, offen und aufrichtig *den* Punkt zu bezeichnen, wo wir mit unsrer Anschauung auseinander gehn. Ich lebe der Überzeugung, daß Sie dieser wiederholten Versicherung Glauben schenken werden.

(BE II 62 f)

Fontane an Wilhelm Hertz   Berlin, 27. Februar 1882
Wenn ich nicht irre – Ihr Herr Sohn, mit dem ich seinerzeit darüber correspondirt, wird es entscheiden können – hab ich noch 4 Spreeland-Exemplare zu gut. Trifft es zu, so würd' es mich freun, wenn ich 4 gebundne »Ellernklipp's« statt dessen erhalten könnte, trifft es aber nicht zu, so bitt' ich freundlichst, mir diese 4 Exemplare in Rechnung stellen zu wollen, ein Ausdruck, den ich ungern gebrauche, weil es durch Ihre Güte in der Regel nicht geschieht.

(WHH 262)

Fontane. »Ein Stück Autokritik«[15]   4. März 1882
In Ihrer Besprechung[16] meines »Ellernklipp« fragen Sie: Warum heiratet Hilde den Heidereiter, da sie doch »einen Willen hat«. Ich könnte hierüber eine neue psychologische Novelle mit philosophisch-didaktischem Anstrich schreiben; aber erschrecken Sie nicht. Nur soviel. Ich glaube, daß die Frage, die Sie stellen, durchaus berechtigt ist, und glaube zweitens, daß es Talente gibt, die diesen

---

15 veröffentlicht in der »Gegenwart«, Nr. 9.
16 Besprechung Theophil Zollings in der »Gegenwart« vom 25. 2. 1882.

Fehler, wenn es einer ist – denn die Berechtigung zur Frage läßt allenfalls auch noch eine Beantwortung zu meinen Gunsten zu –, vermieden hätten. Aber das eine fühl ich sicher, daß *ich*, wenn ich den Fehler hätte vermeiden wollen, einen größeren begangen hätte. Jeder bleibt im Bann einer besonderen Beanlagung und Schulung, namentlich wenn er sich die letztere selbst gegeben, d. h. also sie ganz und gar auf seine Beanlagung hin eingerichtet hat. Ich war, von meinem 16. Lebensjahre an, Balladenschreiber, habe mich später daraufhin einexerziert und kann deshalb, meiner Natur und Angewöhnung nach, von der Ballade nicht los. Die Ballade liebt Sprünge; ja diese Sprünge sind ihr Gesetz, ihre Lebensbedingung. Sie geht davon aus: Lücken und Unbestimmtheiten, selbst wenn sie sich bis zum Fehler steigern, sind immer noch besser als Plattheiten und Alltäglichkeiten, die viel mehr als Nacht und Dunkel der Tod der Poesie sind. Dies balladeske Gefühl leitet mich bei allem, was ich schreibe, und ich fühle deutlich, daß ich mich, trotz der Salto mortales, die diese Führung mit sich bringt, doch keiner anderen anvertrauen darf. Aber freilich an dem für die Erzählungsliteratur geltenden Gesetz, das mir sehr wahrscheinlich entgegensteht, wird dadurch nichts geändert [...] (A 3, 591 f)

Fontane an Wilhelm Hertz　　　　　　　Berlin, 15. Februar 1884
Bestens dankend für die fromme Besprechung von »Ellernklipp« die Ihre Güte mir in voriger Woche zugehen ließ, bitte ich freundlichst wie ergebenst mir 5 Exemplare (gebunden) meiner Gedichte gütigst zugehn lassen und in Rechnung stellen zu wollen. Es wird jetzt Mode in Cotillons damit zu wirthschaften, daher die enorme Zahl 5. (WHH 271 f)

Fontane an Wilhelm Hertz　　　　　　　Berlin, 12. Dezember 1887
Darf ich wohl gelegentlich um ein »Ellernklipp«-Exemplar bitten? Ein Literaturprofessor in Antwerpen Pol de Mont, der die Schwäche hat über meine Balladen viel, leider vlämisch, zu schreiben, will sich jetzt an »Grete Minde« und »Ellernklipp« machen. Grete Minde habe ich ihm schon geschickt, aber von Ellernklipp habe ich kein Exemplar mehr. (WHH 295)

Fontane an Pol de Mont Berlin, 13. Januar 1888
Morgen gebe ich noch eine zweite Novelle: »Ellernklipp« an Sie zur Post, ein Pendant zu »Grete Minde« und zur selben Zeit geschrieben. (E 85, 470)

Fontane an Georg Friedlaender Berlin, 4. Juli 1893
Ackermann in Herischdorf scheint eine merkwürdige Biele; er scheint zu denken, daß ich Lust haben könnte »Ellernklipp« zum 2. Mal zu schreiben. (FRI 223)

Schach von Wuthenow. Erzählung aus der Zeit des Regiments Gensdarmes

Entstehung: seit August 1878
Erstausgabe: 1882 (Impressum 1883)

Fontane an Mathilde von Rohr [18. Februar 1860]
Möge uns Frl. v. Crayn noch lange erhalten bleiben; man kann aber bei 75 freilich nicht wissen und so würd' ich Ihnen sehr dankbar sein, wenn Sie Tag und Stunde festsetzen wollten, wo die Begegnung stattfinden kann. Maler Wisniewsky ist Schuld[1], daß ich mir diese Begegnung nicht mehr anders denken kann, als wie zwei steif dastehende Personen die sich über dem noch steifer daliegenden Prinzen Louis Ferdinand die Hand reichen, gerührt sind und wenig sprechen. (SJ III 8)

Fontane an Mathilde von Rohr Berlin, 29. Januar 1862
An Frl. v. Crayn schreib' ich heute noch. (SJ III 24)

Fontane an Mathilde von Rohr Berlin, 18. Dezember 1872
Sie haben lange nichts über Ihre Aufzeichnungen geschrieben; neulich als ich etwas vom »tollen Quast« las, wurde ich wieder an

1 Vgl. SJ IV 324.

Schack, Frl. v. Crayn und dadurch auch an Ihre Aufzeichnungen erinnert. Bitte, geben Sie es nicht auf. (SJ III 137)

Fontane an Friedrich Wilhelm Holtze Berlin, 15. Mai 1878
Von Voß [Vossische Zeitung] oder Spener [Spenersche Zeitung] würde mir die Zeit vom 1. Juli 1805 bis 1. Juli 1806 genügen. Oder giebt es Bücher, die in tagebuch- oder memoirenartigen Aufzeichnungen, diese Epoche behandeln? (E 61, 369)

Fontane an Mathilde von Rohr Berlin, 15. Mai 1878
Vor Jahr und Tag hatten Sie die Freundlichkeit, mir »Lebens-Erinnerungen« in halb biographischer halb novellistischer Form zu schicken (darunter beispielsweise eine Lebensskizze von Frl. v. Crayn) die ich damals mit größtem Interesse gelesen habe. Während der letzten Tage hab' ich unter meinen Papieren danach gesucht, habe aber nichts finden können, so daß ich annehmen muß, Ihnen diese vielleicht nur zur Durchsicht empfangenen Aufzeichnungen wieder zurückgeschickt zu haben. Ist dem so, so würd' ich Ihnen sehr dankbar sein, wenn Sie mir diese kleinen Lebensbilder noch einmal zugehn lassen wollten. (SJ III 184)

Fontane an seine Frau Berlin, 11. August 1878
Jetzt lese ich die Memoiren von Sophia Schwerin, aus denen ich doch viel lerne (mehr, als ich erwartete), und werde, wenn ich damit fertig bin, die von Harnisch und Kügelgen[2] folgen lassen. Ich brauche nämlich Züge aus diesen Büchern zu einer *zweiten* Novelle, die folgen soll, wenn ich mit »Grete Minde« fertig bin.

(A 3, 605)

Fontane an Mathilde von Rohr Berlin, 11. August 1878
Vielleicht daß diese Zeilen gleichzeitig mit meinem Töchterlein bei Ihnen eintreffen, und doch stehen sie in gar keiner Beziehung dazu. Es ist eine rein literarische Frage, oder allenfalls auch eine historische, die mich heute schreiben läßt. Ich lese jetzt fleißig in Frau

---

[2] Christian Wilhelm Harnisch, »Mein Lebensmorgen. Zur Geschichte der Jahre 1787–1822«, 1865; Wilhelm von Kügelgen, »Jugenderinnerungen eines alten Mannes«, 1870.

v. Rombergs »Sophie Schwerin«³, finde darin S. 27 den Namen v. Schack, und wollte hiermit gehorsamst anfragen, ob dieser v. Schack derselbe ist, der in dem Leben Fräulein v. Cr. . . 's die Hauptrolle spielt? Ich denke mir, Frau v. Romberg wird die Frage mit ja oder nein beantworten können. Vielleicht fügt Frau v. R. aus ihren Erinnerungen wenigstens annähernd genau hinzu, *in welchem Jahre* der ganze traurige Vorfall stattfand. Dies ist wichtiger für mich, als Sie glauben können. Das Berliner Leben unmittelbar *nach* der Schlacht bei Jena – ich meine etwa von 1808 bis 10 wo das königliche Paar aus Ostpreußen wieder in der Hauptstadt eingetroffen war – war *total anders* als in den Jahren, die der Jenaër Affaire unmittelbar vorausgingen. Das Colorit der einen Zeit paßt nicht für die andre; Stimmungen, Anschauungen, alles hatte sich geändert. Nun ist es zwar wahr, daß ich die *eine* Zeit, sagen wir 1804 bis 6, gerade so gut schildern könnte wie die *andre* (1808 bis 10); jede der beiden Epochen läßt sich gut verwenden, jede hat, novellistisch angesehn, ihre besondren Vorzüge. Aber um mit *freudevoller Sicherheit* zu schildern, muß ich doch beim Schildern die Gewißheit haben: die Dinge vollzogen sich wirklich zu *dieser* Zeit und zu keiner andern. Beunruhigt mich fortwährend der Gedanke: »Du schilderst jetzt 1805, es ist aber vielleicht 1809 gewesen«, so lähmt das meine Kraft. Es schadet nichts, wenn man Fehler macht, man muß es nur nicht wissen, *daß* man sie macht und muß nicht, unter der Arbeit schon, durch die Vorstellung davon geängstigt werden. Frau v. R.'s Buch interessirt mich übrigens aufs höchste, vielleicht weil ich es jetzt mit mehr Muße lese als früher. Wie fein beispielsweise die ganze Betrachtung auf S. 9. (SJ III 185 f)

Fontane an Hermann Kletke Berlin, 5. Oktober 1878
Eine Novelle, an der ich arbeite, spielt im Frühjahr und Sommer 1806; es wäre mir, wegen des Lokaltons, von großem Wert, wenn ich die Vossin aus jener Zeit her durchblättern könnte. Weggegeben wird sie nicht, so frag ich ganz ergebenst an, ob ich mich mor-

---

3 Erinnerungen der Gräfin Sophie von Schwerin, die von deren Schwester, Amalie von Romberg, 1863 herausgegeben wurden (vgl. A 3, 604 u. SJ IV 354).

gen (Sonntag) Vormittag wohl auf der Redaktion einfinden und in einem der Zimmer derselben, gleichviel in welchem, nachschlagen darf. Ich hoffe, weil Sonntag, dabei niemand zu stören. Ich möchte nur herzlichst gebeten haben, daß Sie Ordre erteilen, mir den Zutritt zu den betr. Bänden und hinterher zum Platznehmen an einem der Tische zu gestatten. (Kl 57)

Fontane an Friedrich Wilhelm Holtze   Berlin, 9. März 1879
Was mir in diesem Augenblick zur Verfügung steht ist: [...] Beneckendorff[4] (der v. Schacksche Bericht) [...]   (E 61, 374 f)

Fontane an Friedrich Wilhelm Holtze   Berlin, 20. März 1879
Das Buch hab ich gestern gleich an bestimmter Stelle deponirt, auch die Memoiren der Markgräfin[5]. [...] Den alten Rest – lauter Raritäten um die sich, außer mir, wohl kaum ein Mensch noch kümmert – darf ich wohl noch einige Zeit behalten. Es handelt sich um eine historische Novelle aus 1805 auf 6.   (E 61, 375)

Fontane an Mathilde von Rohr   Berlin, 3. Juni 1879
Ein paar Wochen will ich mir dort [in Wernigerode] Erholung gönnen und blos laufen und klettern, dann aber hoff' ich fleißig sein und endlich die bewußte Fräulein v. C. ... Novelle schreiben zu können. Alles ist vorbereitet und der Stoff längst in Kapitel eingetheilt; das erste Kapitel hab ich schon zwei-, dreimal geschrieben, aber immer wieder verworfen. Die Einleitung, wie ich sie *jetzt* habe, scheint mir aber die richtige zu sein. Der Anfang ist immer das entscheidende; hat mans darin gut getroffen, so muß der Rest mit einer Art von innerer Nothwendigkeit gelingen, wie ein richtig behandeltes Tannenreis von selbst zu einer graden und untadeligen Tanne aufwächst. (SJ III 190)

Fontane an seine Frau   Berlin, 17. Juni 1879
Ich will nur bummeln und die neue Novelle weiterbringen. (SJ I 96)

4 »Karakterzüge aus dem Leben König Friedrich Wilhelm I. nebst verschiedenen Anekdoten. Hrsg. von Beneckendorff«, 1788–1798.
5 »Memoires de Frédérique Sophie Wilhelmine, margrave de Bareith, Soeur de Frédéric le Grand. Depuis l'année 1706 jusqu'à 1742«, 1810.

Fontane an seine Frau   Berlin, 28. Juni 1879
Diese Nacht bin ich erst um 2½ zu Bett gegangen; es war heller
Tag als ich einschlief. Ein Buch »*v. Nostitz* Leben und Briefwechsel«[6] das ich für meine Fräulein v. Crayn-Novelle brauche, hielt
mich so lange wach. Es bietet mir vorzügliches Material. (SJ I 105)

Fontane an Gustav Karpeles   Berlin, 30. Juni 1879
Übermorgen früh, spätestens am Donnerstag, will ich auf sechs
Wochen in den Harz. In diesen sechs Wochen möcht ich zwei Novellen im Brouillon fertig schaffen, um sie dann in den Wintermonaten salonfähig oder, weil das an den furchtbaren Payne erinnert, druckfähig zu machen. Eine ist für Hallberger[7], die andere
für Westermann[8] bestimmt.   (FR I 415 f)

Fontane an Gustav Karpeles   Berlin, 14. März 1880
Haben Sie besten Dank für Ihre freundlichen Zeilen. Es ist alles unvergessen, und Sie haben sogar das Aussuchen. Ich habe im zweiten
Halbjahr 79 hintereinander weg drei Novellen geschrieben, mit
deren Durcharbeitung – was leider immer länger dauert als das
Niederschreiben – ich jetzt beschäftigt bin. Eine, ganz moderner
Stoff, ist fix und fertig, und Lindau will sie bringen[9]. Bleiben noch
zwei, zwischen denen ich Sie freundlichst bitte Ihre Wahl zu treffen.
Es sind:
1. »*Schach von Wuthenow*« spielt im Sommer 1806: Zeit des Regiments Gensdarmes. Inhalt: Eitlen, auf die Ehre dieser Welt gestellten Naturen ist der Spott und das Lachen der Gesellschaft derartig unerträglich, daß sie lieber den Tod wählen, als eine Pflicht erfüllen, die sie selber gut und klug genug sind, als Pflicht zu erkennen, aber auch schwach genug sind, aus Furcht vor Verspottung
nicht erfüllen zu wollen.

6 »Aus Karls von Nostitz, weiland Adjutanten des Prinzen Louis Ferdinand von Preußen und später russischen Generallieutnants, Leben und
Briefwechsel«, 1848 (vgl. SJ IV 205 u. A 3, 606).
7 Herausgeber der Zeitschrift »Über Land und Meer«, in der Fontane
»Schach von Wuthenow« veröffentlichen wollte.
8 »Westermanns Monatshefte«: »Sidonie von Borcke«.
9 »L'Adultera«.

2. »*Ellernklipp*« [...]
Bitte, wählen Sie zwischen diesen beiden Novellen, und lassen Sie mich freundlichst wissen, wofür Sie sich entscheiden. Ich nehme dann *die* zuerst vor, und Sie haben sie bis Ende Mai. (BE II 21 f)

Fontane an Mathilde von Rohr   Berlin, 6. Juni 1881
Im Harz hoff ich zwei Novellen[10] schreiben, d. h. entwerfen zu können, im Winter korrigier ich dann beide und namentlich auch den Schack-Frl.-v.-Crayn-Stoff, der nun schon 2 Jahre im Brouillon in meinem Kasten liegt. (BE II 41)

Fontane an Mathilde von Rohr   Wernigerode, 25. August 1881
Die v. Crayn-Novelle nehm ich nun in diesem Winter vor und denke doch mit der Correktur bis spätestens zum Mai fertig zu sein. (SJ III 204)

Fontane an Julius Grosser   Berlin, 31. Januar 1882
Ich habe sechs oder sieben Novellen im Brouillon fertig und muß nun erst an das Glatt- und Saubermachen dieser im Kasten liegenden Dinge gehn, bevor ich mich Neuem zuwende. Darf ich Ihnen eine dieser Novellen proponieren? Sie heißt »*Schach von Wuthenow*«, spielt in der Zeit von 1805 auf 6 und schildert den *schönsten* Offizier der damaligen Berliner Garnison, der, in einem Anfalle von Übermut und Laune, die liebenswürdigste, aber *häßlichste* junge Dame der damaligen Hofgesellschaft becourt. *So,* daß der Skandal offenbar wird. Alles tritt auf die Seite der Dame, so daß sich v. Schach anscheinend freudig zur Hochzeit entschließt, nachdem er vorher durch allerlei Kämpfe gegangen. Die Kameradschaft vom Regiment Gensdarmes aber lacht und zeichnet Karikaturen, und *weil er dies Lachen nicht ertragen kann,* erschießt er sich unmittelbar nach dem Hochzeitsmahl, an dem er in heitrer Ruhe teilgenommen. Alles ein Produkt der Zeit, ihrer Anschauungen, Eitelkeiten und Vorurteile. Übrigens alles Tatsache. (BE II 56)

10 »Schach von Wuthenow«, »Storch von Adebar«.

Fontane an Julius Grosser[?]   Berlin, 4. Februar 1882
Also zunächst »Schach v. Wuthenow«. Vor Mitte Juni werd' ich zur Überarbeitung nicht kommen, aber dann soll auch die Sommerfrische damit begonnen werden.   (RK 61)

Fontane an Karl Zöllner   Berlin, 7. Juli 1882
Ich habe bis heute, vom 27. Juni an, wie ein Pferd gearbeitet und keinen Menschen gesehn. Seit heut Mittag bin ich mit der 1. Correktur fertig; die zweite wird mich noch ungefähr 14 Tage hier festhalten. Dann will ich nach Norderney, vorher aber nach Holland.
(SJ IV 81)

Fontane an Mathilde von Rohr   Berlin, 13. Juli 1882
Den Geburtstag hab ich mal wieder vergessen und versäumt, Ihre Güte aber wird auch meine verspäteten Glückwünsche nicht refüsiren.
[...]
Unter meinen Geburtstagswünschen kann ich diesmal auch den mich selbst mitangehenden aussprechen, daß Ihnen die nun bald erscheinende Fräulein v. Crayn-Novelle einigermaßen gefallen möge. Manches wird Ihnen zu lang und zu breit ausgesponnen erscheinen, *ist* es vielleicht auch, aber ich wollte mit der Geschichte zugleich ein Zeitbild geben, ja recht eigentlich zeigen, daß der Hergang aus speziell *dieser* Zeit erwuchs. Daß ich alles *frei* behandelt habe, versteht sich von selbst. Und nun hab ich nur noch den Wunsch, daß Sie's *nicht* von Tag zu Tag lesen, sondern dann erst, wenn das Ganze vorliegt. Dies wird nicht sehr lange dauern. Ich denke daß der Druck etwa am 1. August beginnen und etwa am 15. spätestens am 20. enden wird. – Meiner Frau geht es gut; ich bin von Ueberarbeit sehr herunter und will in 8 Tagen nach Norderney, leider nicht um auszuruhn, sondern um weiter zu arbeiten.
(SJ III 206)

Fontane an seine Frau   Berlin, 19. Juli 1882
Ich glaube nicht, daß Du mit Deiner Ausstellung hinsichtlich Schachs Recht hast. Wär es so, so wär es schlimm, denn damit steht und fällt die ganze Geschichte. Leg es Dir noch einmal zurecht.

Darauf, daß es *thatsächlich* geschehen ist und auch aus *dem* Grunde geschehen ist, den ich als Hauptgrund anführe, *dar*auf leg ich kein Gewicht. Es zeigt aber doch wenigstens *so* viel, daß dergleichen bei einem im Ganzen genommen durchaus gesund organisirten Menschen vorkommen *konnte*. Ich geh aber einen Schritt weiter und find' es vollkommen erklärlich. Er hat mit der Mutter getechtelmechtelt (was *auch* mitwirkt) und hat hinterher in einem unbewachten Moment die mindestens in Frage gestellte Schönheit Victoirens über ihre große Liebenswürdigkeit und einen gewissen ihr verbliebenen Reiz vergessen. Nun soll er sie heirathen. Er schwankt, endlich will er's, weil er's wollen *muß:* die Mutter verlangt es, sein eignes Rechtsgefühl verlangt es, der *König* verlangt es. Dies Letztre giebt den Ausschlag, er muß nun *unbedingt*. Zugleich empfindet er, daß *er,* der eitle, stolze Mann, der ohne die Bewunderung der Welt und seiner Kameraden nicht leben kann, sich für immer zur Lächerlichkeit verurtheilt sieht, wenigstens erscheint es ihm so, und nicht aus noch ein wissend, erschießt er sich, nachdem er durch den Trauakt seinen faux pas rectificirt hat. Mir leuchtet das Ganze vollkommen ein, mindestens doch so wie der Tod des Hofmanns, der sich erschoß, weil er sich bei der Whistparthie mit 2 Kaisern und einem Könige, das Mindeste zu sagen »unanständig aufgeführt hatte.« Die Furcht vor dem Ridikül spielt in der Welt eine kolossale Rolle.

Ich erwarte Dich nun also Sonnabend und werde meinerseits wohl Montag oder Dienstag reisen. Ich werde nämlich die ersten sechs Kapitel doch noch *hier* corrigiren und *dann* erst abreisen.

[...]

Auch Stephany war gestern sehr liebenswürdig und wird die Korrektur so zu sagen selber in die Hand nehmen. »Wer einen Fehler stehn läßt, wird gehängt.«

Mir geschieht dadurch ein großer Dienst, denn Du kannst denken, daß ich danach seufze, nun endlich was *andres* vor Gesicht zu kriegen. (SJ I 165 f)

Fontane an seine Schwester Elise   Berlin, 26. Juli 1882
Gestern Abend 10 Uhr hat Friedel mein Manuskript auf die Zeitung getragen [...] Ich habe nicht kommen können, vielmehr 4 Wochen lang in Schwebehitze wie ein Pferd gearbeitet. (SJ II 340)

Fontane an Emilie Zöllner　　　　　　　　Berlin, 26. Juli 1882
Meine Frau wird Ihnen von meinem Arbeits-Martyrium erzählen. Es ist nun mal mein Schicksal, immer mitten aus einem Kriegsbuch oder einer Novelle heraus, direkt ins Coupé zu springen. Bis gestern Abend 10 Uhr ging es wie mit Dampf. Nochmals Pardon.

(SJ IV 81)

Fontane an seine Frau　　　　　　　　Norderney, 6. August 1882
Nur ein paar Worte! Wollt' ich mich auf Details oder gar auf Beschreibungen einlassen, so würde der Brief ein Buch. Schreibt man jeden Tag, so läßt sich die Sache tagebuchartig abmachen, läßt man sich den Stoff aber eine Woche lang ansammeln, so geht es nicht mehr.
An der Spitze steht das Wetter. Die Vögel fallen aus der Luft (aber nicht todt) und die greisigsten Greise erinnern sich nicht, *solchen* August erlebt zu haben. Mir, bei meiner Arbeit, ist es ziemlich gleichgültig, so oder so, aber doll ist es. Ich schreibe diese Zeilen mit klammen Fingern, und so ist es nun seit länger als einer Woche. Zuletzt hat man nur den alten Trost: »es muß sich alles alles wenden« und eigentlich denk ich schon mit Schrecken an die Tage, wo man hier wieder schmoren wird.
[...]
Die Novelle macht mir noch furchtbar viel Arbeit; aber ich habe mich nun drin ergeben; an manchen Tagen sitz' ich bis 4 und selbst bis 5 Uhr fest auf meinem Zimmer. Ein Glück, daß ich wenigstens arbeiten *kann*; ich könnte ja auch ganz herunter sein.

(SJ I 166 f)

Fontane an seinen Sohn Theodor　　　　Norderney, 6. August 1882
1. Kann man sagen: »oh, ces pauvres et malheureux Carayons« mit andern Worten, ist der männliche Plural von malheureux auch malheureux?
2. Kann Frau v. Carayon sagen: »an mir, als an einer ›*Roturière*‹, konnt' er vorbeistolzieren etc.« Oder ist dies Femininum ganz ungewöhnlich? Es kommt hier hinzu, sie ist nicht so zu sagen eine Roturière *durch sich*, sondern nur als Tochter ihres Vaters, der ein roturier war. Kann man *nicht* »roturière« sagen, so, bitte, schreibe

ein paar freundliche Worte an den »Herrn Faktor (Name nicht nötig) der Voss. Zeitung« und bitte ihn, daß in dem 15. Kapitel, etwa in der Mitte, das Wort »roturière« gestrichen und durch »Bourgeoise« ersetzt wird. Lieber ist es mir aber, die Sache bleibt wie sie ist, wenn es nur *irgend* geht. (FAP)

Fontane an seine Frau　　　　　　　　　　Norderney, 9. August 1882
[...] zehn Kapitel corrigirt [...]
Neugierig bin ich auf den Effekt oder *Nicht*-Effekt, den meine Novelle gemacht haben wird. Ist sie mal wieder in den Brunnen gefallen, so ist es mir blos zum Lachen; natürlich muß ich meine Arbeiten an den Mann bringen, weil ich sonst nicht leben kann, *so* weit ist also die Erfolgfrage für mich von einer gewissen praktischen Bedeutung, und es verbietet sich mir aus *diesem* Grunde, mich absolut gleichgültig dagegen zu stellen; in allem Uebrigen aber hab' ich mich von der schafsköpfigsten Schafsköpfigkeit des großen Publikums, am meisten aber der sogenannten »Gebildeten« *der*maßen überzeugt, daß Herr v. Thiemus[11] immer mehr mein Ideal wird.
[...]
Mit der Correktur bin ich so gut wie durch; morgen noch das Kapitel »Hochzeit« und die beiden Schluß-Briefe. (SJ I 170 ff)

Fontane an seine Frau　　　　　　　　　　Norderney, 14. August 1882
Vom Kurhause [...] ging ich an den Strand und dämmerte so von Bank zu Bank. Als ich an der Hauptstelle war, wo viele Hunderte von Korbhütten stehn, in denen man die Strandluft genießt, fühlt ich mich von hinten her gepackt und der kleine jüdische Maler-Professor Michael stand vor mir, der vorigen Winter nahe daran war, von dem Orlando furioso Toberentz wegen »Verläumdung« todtgeschossen zu werden. Er schleppte mich bis an seine Korbhütte, wo ich nun der Frau Professorin und ihrem 19jährigen Sohne, einem jungen Studenten der für »Gegenwart« und »Magazin« Kritiken schreibt, vorgestellt wurde. Die Frau Professorin begrüßte

---

11 Vgl. zu dem mehrfach von Fontane zitierten Herrn von Thiemus, der sich über *einen* Leser freute, SJ IV 199 f.

mich sehr herzlich, zeigte mir die neuste Nummer der Vossin, und sagte: »Eben hab' ich von Ihnen gelesen; sehen Sie, hier; es ist so spannend, man kennt ja alle Straßennamen«. Dann brach das Gespräch glücklicherweise ab, und wir gingen, mit Herrn v. Behr zu sprechen, »zu interessanteren Thematas über«. Die Strandpromenade mit den drei Herrschaften dauerte nun wohl noch anderthalb Stunden, und die Gutmüthigkeit und Freundlichkeit der Frau Professorin gefiel mir. Ich kam dadurch so zu sagen auf meine Kosten. Aber das Urtheil: »es ist so spannend; man kennt ja fast alle Straßen-Namen« hat doch einen furchtbaren Eindruck auf mich gemacht. Nicht als ob ich der Frau zürnte; wie könnt' ich auch! Im Gegentheil, es ist mir bei aller Schmerzlichkeit in gewissem Sinne angenehm gewesen, mal so naiv sprechen zu hören. Im Irrthum über die Dinge zu bleiben, ist oft gut; aber klar zu sehn, ist oft *auch* gut. Das ist nun also das gebildete Publikum, für das man schreibt, und der 19jährige junge Sohn (der mir übrigens gefallen hat) geht nebenher und kritisirt G. Freytag, A. Glaser, und natürlich auch mich in »Gegenwart« und »Magazin«, also in den vornehmsten und angesehensten Blättern, die Deutschland hat. Alles macht einen wahren Jammer-Eindruck auf mich, und wenn ich nicht arbeiten *müßte*, würd' ich es in einem gewissen Verzweiflungszustande in dem ich mich befinde, doch wahrscheinlich aufgeben. Ersieh *daraus*, wie groß mein Degout ist, denn meiner ganzen Natur nach bin ich auf die *Freude des Schaffens* gestellt. (SJ I 175 f)

Fontane an seine Tochter Berlin, 24. August 1882
Habe Dank für Deinen lieben Brief und die freundlich eingehende Beschäftigung mit dem armen Schach. Wenn Du fürchtest, das Aussprechen von Bedenken könnte mich verstimmen, so ist das eine Sorge, die mich in Verlegenheit bringt und beinah traurig macht, um so mehr als George seinen letzten Brief an mich mit einer ähnlichen Betrachtung resp. Entschuldigung schloß. Wenn ich *so* reizbar, *so* kindisch-eitel wäre, so thät' ich am besten, ich ginge in die Ecke und schösse mich todt. *So* eitel und empfindsam bin ich aber nie gewesen, bin ich jetzt nicht, und werd' ich nie werden. Ja, ich darf es geradezu aussprechen, daß ich einen klugen, wohl motivirten und vor allem *liebevollen* Tadel, einen Tadel der das Talent

und die Schreibeberechtigung in jedem Wort anerkennt, und *nun* erst zu Aeußerung seiner Bedenken übergeht, daß ich solchen Tadel lieber habe als uneingeschränktes Lob, gegen das ich immer mißtrauisch bin. Gegen die moderne Dumme-Jungens-Kritik, wo Laffen oder aber, wenn talentvoll, höchst fragwürdige Gestalten mir beibringen wollen, was Anstand, Moral und gute Sitte ist, gegen *solche* Kritik bin ich freilich empfindlich, aber nicht ihres Tadels, sondern ihrer Unart und Unverschämtheit halber. Macht man mir aber eine aufrichtige Verbeugung, nimmt man den Hut ab, und begrüßt mich herzlich oder wenigstens mit Manier, so kann man mir hinterher *alles* sagen. Und wenn ich dies Recht schon Fremden zugestehe, so meiner Frau und meinen Kindern erst recht. Wenn hiervon vielleicht ein paar Ausnahmen existiren, so muß man sich diese erst ansehn; Verschrobenheiten, auch wenn sie wohlmeinend sind, machen mich nervös und ungeduldig. Das hat aber mit Empfindelei *gar* nichts zu thun.

Der Punkt, den Du berührst, ist sehr wichtig. Wir sprechen das später mal durch. Es hängt alles mit der Frage zusammen: »wie soll man die Menschen sprechen lassen?« Ich bilde mir ein, daß nach dieser Seite hin eine meiner Forcen liegt, und daß ich auch die Besten (unter den *Lebenden* die Besten) auf diesem Gebiet übertreffe. Meine ganze Aufmerksamkeit ist darauf gerichtet, die Menschen *so* sprechen zu lassen, wie sie *wirklich* sprechen. Das Geistreiche (was ein bischen arrogant klingt) geht mir am leichtesten aus der Feder, ich bin – auch darin meine französische Abstammung verrathend – im Sprechen wie im Schreiben, ein Causeur, aber weil ich vor allem ein Künstler bin, weiß ich genau, wo die geistreiche Causerie hingehört und wo *nicht*. In Grete Minde und Ellernklipp herrscht eine absolute Simplicitätssprache, aus der ich, meines Wissens, auch nicht einmal herausgefallen bin, in L'Adultera und Schach v. Wuthenow liegt es umgekehrt. Deshalb kann ich moderne Salon-Novellen meistens nicht lesen, weil alles was gesagt wird, so langweilig, so grenzenlos unbedeutend ist; will ich aber eine geistreiche Frau schildern, oder wohl gar einen Mann wie Bülow, nun so muß auch 'was herauskommen. Natürlich kann es des Guten zuviel werden und wenn Bülow alle 21 Kapitel hindurch spräche, so wär' es einfach nicht auszuhalten; von Kapitel 8 an hören diese Geistreichigkeiten aber ganz auf oder kehren nur noch sehr vereinzelt wieder. Und so denk ich, sind sie hinzunehmen, um so mehr als mir durchaus daran lag auch wirklich ein Zeitbild, ein Stück Geschichte zu geben. Ohne ein bestimmtes Maaß von »Voraussetzungen« läßt sich überhaupt nicht schreiben, und je geschulter die Menschen werden, je größer wird der Kreis dessen, worüber man plaudern darf.

(SJ II 45 ff)

Fontane an seine Frau   Berlin, 28. August 1882

Seit gestern hab ich mancherlei erlebt, lauter Kleinigkeiten, aber meine Tage vergehen so still, daß auch Kleinigkeiten was bedeuten. Im Theater hatte ich meinen alten Eckplatz wieder, amüsierte mich über Herrn Johannes, der genau so aussieht wie Graumann (wodurch mir die jüdische Abstammung dieses letztren bewiesen ist), und ging mit Adami nach Haus. Er sagte mir *sehr* Verbindliches über meine Novelle, die er aus aufgesammelten Nummern hintereinanderweg gelesen habe, und war also für mich eigentlich die »erste Stimme aus dem Volk«. Auf Details geh ich weiter nicht ein, denn wie ich den Tadel in der Regel dämlich finde, so auch das Lob. *So* wie Rodenberg, Zolling, Keck und ähnliche Leute können doch nur sehr wenige kritisieren. Heute ging ich zu Stephany. Er war sehr nett, auch sehr anerkennend, aber doch auch wieder sehr reserviert, was, glaub ich, mit zum Geschäft gehört. Auch war er noch ganz unter dem Eindruck eines gestrigen (Sonntag) Erlebnisses. Der hiesige märkische Geschichtsverein, und Stephany mit demselben, hatte nämlich gestern eine Exkursion nach Ruppin hin gemacht, und in der Einladung zu dieser Exkursion war ausgesprochen worden: »Fahrt über den See bis *Schloß Wuthenow*, das neuerdings durch Th. F. eine so eingehende Schilderung erfahren hat.« Durch diese Einladung hatte das Comité nun eine Art von Verpflichtung übernommen, den Teilnehmern »Schloß Wuthenow« zu zeigen, ein Schloß, das nicht bloß nicht existiert, sondern überhaupt nie existiert hat. Denn Wuthenow war nie Rittergut, sondern immer Bauerndorf. Einige der Teilnehmer haben aber bis zuletzt nach dem Schloß gesucht, »wenigstens die Fundamente würden doch wohl noch zu sehen sein«. Der Vorstand des Vereins, Magistratssekretär Ferdin. Meyer und Spezialfreund Stephanys, hat die Novelle von

Nummer zu Nummer verschlungen, und *dieser* wurde durch Stephany mehrfach vorgeschoben, wenn der Gang der Unterhaltung es erheischte, mir etwas Verbindliches zu sagen. Ich bin mit diesem Ersatzmann ganz zufrieden, denn es ist ein gescheiter, historisch brillant beschlagener und außerdem liebenswürdiger Mann. Von Lessing war nicht die Rede; er hat also bis jetzt entweder geschwiegen oder getadelt. Grämt mich nicht. (SJ I 187 f)

Fontane an seine Frau   Berlin, 30. August 1882
Heute Nachmittag war viel Besuch. Gleich nach 5 beide Kahle's. Sie blieben anderthalb Stunden, und wir sprachen das Blaue vom Himmel.
[...]
Wir berührten, in Veranlassung meiner Novelle, auf die sie sich flüchtig eingepaukt hatten (das Einzige, was ich ihnen vorwerfe; *diese* Form der Klugheit ist mir unbequem) eine Menge diffiziler Thematas. Alles frei von der Leber weg. Schach sei genau Lehndorff, mit dem einzigen Unterschiede, daß sich dieser nicht todt geschossen habe und auch nicht todt schießen werde. (SJ I 190 f)

Fontane an Moritz Lazarus   Berlin, 4. Oktober 1882
Freundliche Leser, die sich sogar melden, sind so selten, daß ich sofort an die Vossin schrieb, um Ihnen ein Exemplar schicken zu können. Ich habe es auch erhalten. Die ganze Frage ist aber seit gestern in ein neues Stadium getreten: Die Novelle wird nun *doch* noch zu Weihnachten erscheinen und sprech' ich darauf hin die Bitte aus, Ihnen und Ihrer verehrten Frau Gemahlin, statt eines Zeitungs-Exemplares *jetzt*, in 4 Wochen das *Buch* überreichen zu dürfen. (FAP)

Fontane an Eduard Engel   Berlin, 2. November 1882
Empfangen Sie meinen schönsten Dank für Ihre freundlichen, an W. Friedrich gerichteten Zeilen, die mir denn auch ein sehr angenehmes Anerbieten des genannten Herrn eingetragen haben. Angenehm in bezug auf die Summe (1000 Mark), die er mir bewilligt, und angenehm in bezug auf die Raschheit, mit der er vorgehen will. Er schreibt aber nichts über die Zahl der zu druckenden Ex-

emplare, nichts über eine evtl. 2. Auflage, und sowenig kleinlich ich in derlei Dingen bin (schon deshalb nicht, weil man sich durch Annahme oder Betonung zweiter Auflagen eigentlich immer lächerlich macht), so *müssen* solche Dinge doch vorher geregelt werden, sonst sind Streitigkeiten oder wenigstens stille Vorwürfe beinah unausbleiblich.

Zum dritten und letzten hab ich auch noch gefordert, daß nach 5 Jahren das Verfügungsrecht über die Novelle wieder an mich zurückfalle. Schottländer[12] hat mir dies bewilligt, ob es auch W. Friedrich tun wird, muß ich abwarten. Ich kann jedenfalls von dieser Forderung nicht abgehen, da mir daran liegen muß, *das, was ich geleistet, mal zusammenzufassen*. Ich glaubte diesen Platz bei Hertz gefunden zu haben, und mit Kummer hab ich mich von ihm losgerissen. (BE II 85 f)

Fontane an Wilhelm Friedrich   2. November 1882
[...] lebhaften Wunsch, dieselben[13] als eine 1. und 2. Auflage vor dem Publikum erscheinen zu sehn. An eine solche Festmachung über die Zahl der zunächst zu druckenden Exemplare würde sich dann, wenn meine Wünsche gelten sollen, eine Bestimmung hinsichtlich einer *wirklichen* 2. Auflage zu knüpfen haben. Ich bin zu alt und aller Ungeschäftlichkeit unerachtet auch zu erfahren, um mich über alle solche Dinge großen Illusionen hinzugeben, aber »man kann's nicht wissen«, sagte eine alte Judenfrau, die ein kleines Kreuz heimlich auf der Brust trug, und »man kann's nicht wissen«, sag auch *ich*. (A 3, 617)

Fontane an Wilhelm Friedrich   Berlin, 4. November 1882
Es freut mich sehr, die Sache so schnell und nach meinen Wünschen arrangiert zu sehn. Daß die Bestimmungen über eine zweite Auflage (über die 1500 hinaus) der Zukunft vorbehalten bleiben, ist mir wenig ängstlich und nur der einschränkende Passus »in seine gesammten Werke aufnehmen zu können« bedrückt mich ein

---

12 für »L'Adultera«.
13 Vorschlag Fontanes an den Verleger, 1250 oder 1500 Exemplare zu drucken.

wenig. Ihre Güte läßt mir gewiß noch eine Zeile zugehn, in der Sie das Beengende des angezogenen Passus beseitigen. Es wäre doch immerhin möglich, daß es zu Herausgabe »meiner gesammten Werke« so sehr ich eine solche für die Zukunft wünsche, *nie* käme, welches Nicht-Ereigniß mich alsdann, dem strikten Wortlaute des Contraktes nach, um das Verfügungsrecht nach 5 Jahren bringen würde. Die Thüre zur Freiheit stünde dann zwar auf, aber die Hände wären mir gefesselt. Bitte, zerstreuen Sie diese kleine Wolke.

Anbei das Manuskript. Sehr lieb wär es mir, wenn ich die Revisions-Bogen nicht einzeln, sondern etwa 3 oder 4 zu gleicher Zeit erhielte. Da ich die Arbeit, vor drei Monaten erst, aufs genaueste durchgesehen habe (im Druck hab ich noch keine Zeile davon gelesen) so scheint es mir nicht sehr wahrscheinlich, daß ich noch viel zu ändern finden werde. Möglich aber wäre es doch, daß mir eine Stelle total mißfiele, für welchen Fall ich schon *heut* um Erlaubnis bitte, auch auf dem Revisionsbogen noch ändern zu können.

[...]

Wegen eines neuen Titels mache ich Ihnen morgen verschiedene Vorschläge, trotzdem ich den gegenwärtigen für den natürlichen und deshalb besten halte. (FAP)

Fontane an Wilhelm Friedrich Berlin, 5. November 1882
Die Titelfrage hat mich seit gestern beschäftigt; der beste ist und bleibt *der*, den ich der Novelle von Anfang an gegeben habe; die jetzt vorherrschende Mode, statt Name oder Ort eine *Sach*bezeichnung eintreten und dadurch den Inhalt erraten zu lassen, find ich nicht glücklich. Aber ich unterwerfe mich und stelle folgende zur Auswahl:
1806; Vor Jena; Et dissipati sunt; Gezählt, gewogen und hinweggetan; Vor dem Niedergang (Fall, Sturz). Als zweiter Titel würde immer folgen: Erzählung aus den Tagen des Regiments Gensdarmes.
»1806« ist gut. Daß es an Rellstabs »1812«[14] erinnert, ist kein Un-

---

14 Ludwig Rellstab, »1812«, Roman, 1834.

glück. »Vor Jena« wäre noch besser; ich glaube jedoch, daß ein Hesekielscher Roman[15] diesen Titel bereits führt. »Gezählt, gewogen und hinweggetan« ist auch gut, aber etwas zu lang, etwas zu feierlich und etwas zu anmaßlich. Namentlich dies Element der Anmaßlichkeit, nicht der persönlichen, sondern der Zeitanmaßlichkeit, möcht ich vor allem vermeiden. Denn schließlich war die Zeit lange nicht *so* schlecht, wie sie gemacht wird, und die ganze Geschichte läuft au fond darauf hinaus, daß die Landwehrrüpel und die dummen Jungen, die lieber Held spielen als Regeln lernen wollten, mehr Glück gehabt und hinterher auch noch die Geschichtsschreibung besorgt haben, wobei sie dann natürlich nicht zu kurz gekommen sind. Stünd ich anders zu dieser Frage, so könnt ich leicht etwas von »Falscher Ehre« etc. in dem Titel zum besten geben; aber zu solcher Bravade kann ich mich nicht verstehen.

Ich freue mich, daß das Buch doch noch zum Weihnachtsfest dasein soll. Mir mit »Erfolgen« zu schmeicheln, hab ich längst verlernt, aber andrerseits weiß ich doch auch, daß ich ein kleines Publikum habe, das *fest* zu mir hält und nun seit Jahren daran gewöhnt ist, in der Woche vor Weihnachten 3 oder 4 Mark an seinen »vaterländischen Schriftsteller« zu setzen. Haben mir die betr. Geschäftsleute nichts vorgelogen, so zählt das Publikum doch immer nach hunderten. Mögen mich die Tatsachen schließlich nicht Lügen strafen!

[...]

»Gezählt, gewogen und hinweggetan« ist doch wohl am besten. Im Falle Sie derselben Meinung sind, würd ich in das vorletzte Kapitel (Brief Bülows an Sander) diese Worte aufnehmen und dadurch den Titel eigens noch rechtfertigen.

(BE II 87 f)

Fontane an Wilhelm Friedrich [Berlin, 8. November 1882]
Besten Dank für das Circular, das Ihre Güte mir hat zugehen lassen. Es ist mir *sehr* angenehm, daß Sie's bei dem alten Titel haben bewenden lassen, von allem andren abgesehn, wird auch *Verwirrung* dadurch vermieden. Uebrigens war mir nachträglich,

---

15 Johann Georg Ludwig Hesekiel, »Vor Jena«, Roman, 1859.

gleich nach Absendung meines letzten Briefes, noch etwas relativ Gutes eingefallen: »Vanitas Vanitatum.« (FAP)

Fontane an Wilhelm Friedrich   Berlin, 9. November 1882
Zugleich mit diesen Zeilen geb ich Bogen 1 und 2 zur Post. Es ist mir *sehr* angenehm, daß es so rasch geht; wenn schon denn schon. Auch das Format etc. sagt mir sehr zu; bei dieser Verteilung des Stoffs kommen doch ungefähr 250 Seiten heraus. Und das ist genug.
Wie halten wir's nun mit einer letzten Revision?
Kann ich mich auf den Herrn Correktor ganz und gar verlassen oder nimmt Ihre Freundlichkeit die Bogen noch mal unter Sicht, so ist es mir ganz recht, wenn *ich* sie nicht wiedersehe. Steht es aber anders, so bitt ich *sehr* darum, sie mir noch einmal zugehn zu lassen. (FAP)

Fontane an Wilhelm Friedrich   Berlin, 12. November 1882
Besten Dank für Brief und Karte. Bin mit allem einverstanden und der Schmerz von Leihbibliothek und Publikum wird nicht groß sein, statt 30 Bogen 16 Bogen zu erhalten. Namentlich leuchtet mir auch *das* ein, daß in der Hast des geschäftlichen Lebens – eine Hast, die sich in der Weihnachtszeit noch verdoppelt – nach 3 mal 24 Stunden schon die Details einer solchen Anzeige vergessen sind. Und so denn *en avant*.
Verzeihen Sie die Eil; aber es ist höchste Zeit, wenn Brief und Correkturbogen noch mitsollen. Einen gef. Ueberblick über die letztren (*nach* der Correktur) erlaub ich mir Ihnen nochmals ans Herz zu legen. (FAP)

Fontane an Wilhelm Friedrich   Berlin, 17. November 1882
Gleichzeitig mit diesen Zeilen geb ich die letzten 3 ½ Correkturbogen samt Inhaltsverzeichnis (und zwar unter Adresse der *Druckerei*) zur Post. Morgen früh wird alles in rechten Händen sein. Schneller, wie schon gestern ausgesprochen, ließ es sich nicht tun.
Bitte, lassen Sie Ihr Auge noch über die Correktur hingleiten, namentlich auch die des letzten halben Bogens. (FAP)

Fontane an Wilhelm Friedrich   Berlin, 20. November 1882
Am Dienstag oder Mittwoch werden nun also Exemplare da sein. Ich bin im Unklaren darüber (was auch nichts schadet und keinen Augenblick von mir beklagt wird) wie Sie's mit der Versendung an einzelne Firmen hier (z. B. Gsellius) und namentlich mit der Versendung an die *Redaktionen* halten wollen, wenn letztere überhaupt noch in sagen wir nächster Woche stattfinden soll. Ich bemerke deshalb nur zweierlei so ganz ins Allgemeine hinein: 1. daß der Hauptabsatz meiner Bücher zur Weihnachtszeit so viel ich weiß immer bei Gsellius stattgefunden hat, so vorwiegend, daß das andre (für Berlin) daneben verschwindet. Vielleicht können Sie aus dieser Notiz doch Nutzen ziehen. 2. würd' es sich vielleicht empfehlen, wenn ich einige der für Redaktionen bestimmten Exemplare mit einem kleinen Briefe begleitete, so z. B. die Exemplare für: Gegenwart, Nord und Süd, Rodenberg'sche Rundschau, Westermann, Ueber Land und Meer, Vom Fels zum Meer, Kreuz-Ztg. Voss. Ztg. Nat. Ztg. Berl. Tageblatt, Deutsches Tageblatt, Tägliche Rundschau, Tribüne etc.
Sind diese Mitteilungen verfrüht, so schadet es nichts, besser als wie verspätet.   (FAP)

Fontane an Wilhelm Friedrich   Berlin, 22. November 1882
Das Paket und 500 Mark à Conto meines Honorars sind glücklich hier eingetroffen; besten Dank für Beides. Ich habe mittlerweile telegraphisch um weitere 10 Exemplare gebeten, womit ich, selbst nach Erledigung verschiedener Redaktionen und bei denselben beglaubigter Kritiker, auszukommen hoffe. Was noch, von Leipzig aus, zu erledigen bleibt, notir' ich auf einem besondren Bogen.
Alles wäre nun also gut im Gange, und nur in Ausfindigmachung des richtigen Zeitpunktes für Uebergang aus dem hohen Preis in den niedren, scheint mir noch eine Schwierigkeit zu liegen. Schieben Sie den Zeitpunkt *so* weit hinaus, daß sich in plausibler Weise von inzwischen »veränderten Verhältnissen« sprechen läßt, so müssen auch viele *Privat*personen den hohen Preis bezahlen, von dem nebenherlaufenden nicht unwichtigen Umstande ganz abgesehn, daß viele, *wegen* dieses hohen Preises, lieber gar keinen bezahlen d. h. also das Buch ungekauft lassen werden. Lassen Sie

besagten Zeitpunkt aber *rasch* eintreten, sagen wir in 14 Tagen, so erscheint mir der Ausbruch einer Doppel-Emeute unvermeidlich. Und zwar werden an dieser Auflehnung nicht blos die Leihbibliotheken und die bis dahin am tapfersten vorgegangenen Sortimenter, sondern auch *die*jenigen im Publikum teilnehmen, die am 1. Dezember sagen wir fünf Mark bei Gsellius zahlen mußten und am 11. in Erfahrung bringen, daß eine ihnen befreundete Familie, am Tage vorher nur drei Mark oder 2 ½ Mark für dasselbe Buch an selber Stelle gezahlt habe.

So stellt sich *mir* die Sache dar; ich wünsche von Herzen, daß Sie durch diese Scylla und Charybdis gut hindurchsteuern.

Die Bogen, die ich beilege, sprechen für sich selbst. (FAP)

Fontane an Mathilde von Rohr   Berlin, 22. November 1882

Auch von mir, mein gnädigstes Fräulein, Gruß und Empfehlung und erneuten Dank für den *Stoff,* der in beifolgendem Buch seinen wohlgemeinten, wenn auch unvollkommenen Ausdruck gefunden hat. Wenn die Novelle vielleicht ein kleines Glück macht (auf großes zu hoffen, hab ich längst verlernt) so schieb' ich es darauf, daß es mir mit Allem gut gegangen ist, was von *Ihnen* kam.

(SJ III 206)

Fontane an Wilhelm Friedrich   Berlin, 23. November 1882

Besten Dank für die weitren zehn Exemplare, die mir *sehr* a propos kamen. Es ist nun so ziemlich alles unterwegs; was noch fehlt, ist von keiner großen Bedeutung. Ueber 16 Exemplare von 26 hab ich Rechenschaft zu geben, sie erfolgt auf dem zweiten Blatt.

Für mich *persönlich* bitt ich noch um abermals 10 Exemplare, mit denen ich – selbst den Weihnachtstisch mit eingerechnet – unzweifelhaft auskomme. Ihre Güte wird der Sendung eine kleine Note beilegen und ich werde sie umgehend berichtigen; ich bitte eigens darum; Geschäft ist Geschäft.

In einem eben empfangenen Briefe heißt es: »Schicken Sie (ich) doch ein Exemplar an Dr. Ziel; die ›Gartenlaube‹ hat von jetzt an einen Theil für größere Besprechungen reservirt.« Sie werden am besten wissen, wie's damit steht.

[...]

Exemplare
die von mir verschickt wurden.

1.	Voss. Ztng. (Lessing, Stephany, Kletke)	3.
2.	Kreuz-Ztg. (Dr. Heffter, Adami, L. Hesekiel)	3.
3.	Schles. u. Magdeb.Ztg. (v. Koschkull, Dr. Jensch)	2.
4.	Deutsche Rundschau (Paetel, Dr. Rodenberg)	2.
5.	Nord u. Süd (Schottländer, J. Grosser)	2.
6.	Ueber Land und Meer (Dr. Zoller)	1.
7.	Emdener u. Ostfries. Ztng. (Fr. Sundermann)	1.
8.	»Bär« (Emil Dominik)	1.
9.	Johanniterblatt (Geh. R. Herrlich)	1.
10.	Augsb. Allg. Ztng. (W. Lübke)	1.
11.	Gegenwart (Theophil Zolling)	1.
		18.

Dies sind 18; einige davon (Paetel, Schottländer) sind aber anfechtbar, und so wird es wohl das Beste sein, wir lassen es gerade aufgehn und nehmen die 18 als 16. Die Rechnung ist nicht leicht zu machen, da auch unter den an Freunde verteilten Exemplaren wieder solche sind, die sich als Rezensions-Exemplare ansehn lassen.
Die Liste, nach der nun schließlich verfahren ist, weicht an ein paar Stellen von der gestern mitgeteilten ab. Es fehlen die Namen: Osc. Blumenthal, O. Brahm und P. Schlenther, alle drei sehr gescheite, fixe Kerle, aber mir doch schließlich zu jung, um ihnen gegenüber den Liebenswürdigen zu spielen. Und so hab ich denn die schon geschriebenen Briefe wieder zerrissen. Schlenther wird wohl ohnehin das für die »Tribüne« bestimmte Exemplar zur Besprechung erhalten. Nur an Dr. Osc. Blumenthal möcht ich *Sie* noch gebeten haben, ein Exemplar zu schicken, aber am besten ohne *persönliche* Adresse, sondern blos: An die Redaktion d. Berl. Tageblatts. Wie hat sich denn Gsellius gestellt? Vielleicht hab ich ihn überschätzt. [...]

Redaktionen
an die noch (von *Leipzig* aus) zu schicken bleibt.
1. an die National-Ztg.
2. an die Kölnische Ztg.

3. an die Hamburg. Nachr.
4. an Hamb. Corresp.
5. an Rostocker Ztg.
6. an Stettiner Ztg.
7. an Danziger Ztg.
8. an Königsberger Hartungsche Ztg.
9. an die Posener Ztg.
10. an die Augsb. Allg. Ztg.
11. an Schwäb. Merkur.
12. an Frankf. Ztg.
13. an Elsaß-Lothr. Ztg.
14. an Fränk. Kurier.
15. an Halleschen Kurier (Schwetschke), (heißt jetzt, glaub ich anders.)
16. an Westermannsche Monatshefte.
17. an Speemanns' »Vom Fels zum Meer.«
18. an die Nordd. Allg. Ztng. (Berlin.)
19. an die »Tribüne« (Berlin.)
20. an Bodenstedts »Tägliche Rundschau.« (Berlin.)
21. an das »*Deutsche* Tageblatt.« (Berlin.)

An die freiconservative »Post« (hier in Berlin) bitt ich *kein* Exemplar zu schicken. Bei früherer Gelegenheit *zu* quatsch gegen mich gewesen!

In Betreff der sächsischen bez. *Leipziger* Blätter, wissen Sie besser Bescheid als ich. Nur das »*Daheim*« ist mir persönlich wichtig.

[...]

Verschiedene Zeitungen tauchen *zwei*mal auf, namentlich die wichtigsten. Das hängt so zusammen, daß z. B. die Augsb. Allgem. Ztg. nur *dann* eine Kritik von einem ihrer Berichterstatter aufnimmt, wenn auch *ihr* (der Zeitg) ein bes. Exemplar zugegangen ist.

Exemplare
die durch mich ausgegeben wurden, respektive noch auszugeben *sind*.

1. an Direktor Lessing (Vossin)	1.
2. an Friedrich Stephany (Vossin)	1.
3. an Dr. H. Kletke (Sonntagsblatt d. Vossin)	1.

4. an Dr. W. Heffter (Redakt. der † Ztg.) 1.
 5. an Hofrath Adami (Red. d. »Zuschauers«) 1.
 6. an Ludovica Hesekiel (Referentin d. † Ztg.) 1.
 7. an Prof. W. Lübke (Augsb. Allg. Ztg.) 1.
 8. an Dr. Julius Rodenberg (Rundschau) 1.
 9. an Gebrüder Paetel (Rundschau) 1.
10. an Emil Dominik (»Bär«) 1.
11. an Dr. Th. Zolling (Gegenwart) 1.
12. an Julius Grosser (Nord u. Süd) 1.
13. an Dr. Paul Schlenther (Tribüne) 1.
14. an Dr. Otto Brahm (verschied. Blätter) 1.
15. an Dr. Oscar Blumenthal (Tageblatt) 1.
16. an Friedr. Sundermann (Ostfriesische Blätter) 1.
17. an Hallberger (Ueber Land und Meer) 1.
18. an Dr. W. Jensch (Magdeb. Ztg.) 1.
19. an v. Koschkull (Schles. Ztg.) 1.
20. an Schottländer (versch. schles. Blätter) 1.

(Verbleiben für mich persönlich nur sechs Exemplare von 26, die aber vorläufig ausreichen werden.)

Von diesen umstehend verzeichneten 20 Exemplaren entfallen je 3 auf die Vossin und auf die Kreuz Ztg.; dies ließ sich aber nicht umgehn; beide muß ich cajolieren, denn beide (wiewohl politisch ganz entgegengesetzt) umfassen mein allereigentlichstes Publikum; die Kreuzzeitungs-Leute halten wegen meiner Kriegsbücher, märkischen Wanderungen etc. große Stücke von mir, die Leser der Vossin wegen meiner Theater-Berichterstattung und sonstiger mannigfach geübter Kritik. Ein paar Namen werden Ihnen auffallen; es sind das aber gerade die wichtigsten, so z. B. Emil Dominik und Fr. Sundermann; beide stehen ganz decidirt zu mir, besonders der erstre, in dem für Berlin *sehr* wichtigen »Bär«. (FAP)

Fontane an Julius Grosser   Berlin, 23. November 1882
Der arme Schach, alles Unheils eingedenk, das er in diesem Sommer angerichtet hat, präsentirt sich Ihnen hier reumüthigst. Meine Danksagungen für die freundlichen, im Novemberheft von Nord und Süd mir gespendeten Worte, begleiten ihn.
[...]

Ist es paßlich, an Lindau und Schottländer auch noch ein Exemplar zu schicken? Oder sind das Ueberflüssigkeiten, die mir blos 2 Exemplare kosten? (FAP)

Fontane an Ludovica Hesekiel   Berlin, 23. November 1882
Gestatten Sie mir Ihnen und den lieben Ihrigen in Beifolgendem das jüngste Kind meiner Laune präsentiren zu dürfen. Und sehen Sie's gnädig an, insonderheit auch *dann*, wenn vielleicht, von der Kreuz-Ztng aus, der Wunsch einer Besprechung des Buchs geäußert werden sollte. Sie dürfen es flottweg auch tadeln; Ihre Liebenswürdigkeit giebt mir die Gewißheit, daß selbst dieser Tadel noch angenehmer und schmeichelhafter ausfallen wird als das mit Widerstreben abgegebene Lob einiger Neidhammel. (SJ IV 153)

Fontane an Friedrich Sundermann   Berlin, 23. November 1882
Seit vielen Wochen lieg ich mit einem Briefe, der Ihnen noch einmal aussprechen sollte, wie hocherfreul. mir die Begegnung mit Ihnen gewesen ist, im Anschlag. Es kam aber nicht dazu, weil die Herausgabe zweier Bücher[16] meine Zeit und Kraft ganz in Anspruch nahm. Nun ist eins davon[17] eben erschienen und ich säume nicht länger Ihnen dasselbe mit meinen besten Grüßen und herzlichen Wünschen für Ihr und der Ihren Wohl zu übersenden. (LA 363)

Fontane an Julius Grosser   Berlin, [23. oder 24.] November 1882
Ihnen und G. Stilke mich bestens empfehlend, bitt ich Ihnen in Beifolgendem meine Novelle »Schach v. W.« überreichen zu dürfen. Eine Besprechung, wenn Ihre Güte dazu bereit sein sollte, pressiert nicht und ist mir *nach* dem Fest ebenso willkommen wie vorher. (FAP)

Fontane an Wilhelm Friedrich   Berlin, 26. November 1882
Besten Dank für die Bücher. Den Betrag geb ich gleichzeitig zur Post. (FAP)

---

[16] »Wanderungen« (»Ruppin«, 4. Auflage) und »Schach von Wuthenow«.
[17] »Schach von Wuthenow«.

Fontane an Wilhelm Friedrich   Berlin, 4. Dezember 1882
Ich habe wegen des »Schach« noch ein Wort vergessen, und dies nachzuholen, *deshalb* schreib ich. Existieren gebundene Exemplare? und *wenn* sie existieren, sind einige davon versandt worden? Ich nehme vorläufig an, sie existieren *nicht*, und knüpfe daran die Frage bez. den Vorschlag, ob Sie nicht etwa 100 Exemplare *so rasch wie möglich binden* lassen und an Gsellius, Weber und Spaeth (letztre Handlung, Königstr. 52, wird mir als gsellius-ebenbürtig gerühmt) je nach Verlangen schicken wollen? Pardon, wenn ich mich in solche Dinge, die mich nichts angehn und in Betreff deren ich wenig weiß, einmische; Sie werden aber keine Zudringlichkeit darin erkennen und mir glauben, daß ich nicht blos mir und dem Buche, sondern auch Ihnen von Nutzen zu sein wünsche. Meine Geschäftskenntniß ist null, aber meine Berliner *Lokal*kenntniß ist *nicht* null, und aus dieser Lokalkenntniß heraus glaub ich ganz äußerlich, ohne jedes fachmäßige Eingeweihtsein zu wissen, daß allweihnachtlich (wie ich Ihnen glaub ich vor 3 Wochen schon schrieb) eine bestimmte Zahl von Menschen bei Gsellius, und vielleicht auch bei Spaeth (aber da *weiß* ich es nicht) vorspricht, die mit Vergnügen, ja mit einer Art *Erwartung* davor, ein Buch von mir zu kaufen wünscht. Mein Publikum ist nicht groß, aber *das*, das ich überhaupt habe, hält in großer Treue zu mir. Diese Getreuen zahlen aber gern 1 Mark mehr für ein gebundenes Exemplar, da ein *un*gebundenes eigentlich gar kein Weihnachtsgeschenk ist, oder doch nur ein halbes. Dies wollt' ich Ihnen gern geschrieben haben. Unerläßlich aber, wenn Sie darauf eingehn, erscheint mir eine vorgängige Anfrage bei den betr. Firmen, sonst sitzen Sie vielleicht mit 100 gebundenen Exemplaren da, und kein Mensch will sie haben.   (FAP)

Fontane an Eduard Engel [?]   Berlin, 7. Dezember 1882
Für die Besprechung bedank ich mich erst, wenn ich sie gelesen habe; man darf auch das Beste nicht im Sacke kaufen.   (FAP)

Fontane an Ludovica Hesekiel   Berlin, 10. Dezember 1882
Haben Sie herzlichen Dank für Ihre Besprechung meines Schach in der gestrigen Kreuz-Zeitung[18], die ganz meinen Wünschen und Erwartungen entsprach; *Sie* selbst konnten sich nicht anders dazu stellen und noch weniger die Zeitung. Mein Dank ist um so größer und aufrichtiger, als es mir, nach Absendung des Buches, schwer auf die Seele gefallen ist, Sie überhaupt um eine solche Sache gebeten zu haben. Ich mußte das nicht thun, und *hätt'* es wohl auch nicht gethan, wenn mich nicht das Historische, das Zeitbildliche darin und andrerseits Adami's[19] schon *vorher* (nach dem ersten Abdruck in der Vossin) eingeheimstes Lob dazu verführt hätte. Es soll aber nicht wieder vorkommen. (SJ IV 154)

Fontane an Wilhelm Jensch   Berlin, 13. Dezember 1882
Ergebensten Dank für die freundliche Besprechung[20] meines Schach, die mir Ihre Güte hat zugehen lassen. Urtheile von Nicht-Zeitungsleuten und ganz besonders aus der Schulwelt-Sphäre (wo schließlich doch allein, oder fast allein, das Wissen, das Verständniß, die Liebe für die Sache sitzt) sind mir immer besonders werthvoll und ich zähl es zu den Glücklichkeiten meines Lebens, daß mir speziell aus drei Kreisen, aus dem der Offiziere, der Prediger und der Professoren und Doktoren am meisten Anerkennung zu Theil geworden ist. Von wenigen aber *so* freundlich und andauernd wie von Ihnen.
Band I. und III.[21] schick' ich in den nächsten Tagen, vielleicht schon morgen. (FAP)

Fontane an Mathilde von Rohr   Berlin, 3. Januar 1883
Ein längerer Brief von Ihnen, den ich schon etwa Mitte Dezember erhielt, hat mich sehr beglückt. Sie sprachen sich darin über meinen Schach aus und in einer Weise, die weit über meine Erwartungen hinausging. Alles Lob thut wohl; an *Ihrer* Zustimmung aber mußte

---

18 vom 10. [! erschien am Abend vorher] 12. 1882.
19 als Schriftleiter der V. Z.
20 »Magdeburgische Zeitung« vom 7. 12. 1882.
21 der »Wanderungen« [?].

mir in diesem Falle ganz besonders gelegen sein, schuld' ich Ihnen doch den ganzen Stoff; ohne *Ihre* Erzählung existirte auch die meinige nicht.

Mit dem Beifall, den Schach im Publikum und in der Presse gefunden hat, kann ich zufrieden sein, *eine* der Kritiken (im »Magazin f. d. Literatur des In- und Auslandes«) geb' ich gleichzeitig mit diesen Zeilen zur Post. Fast noch wichtiger ist mir *das*, daß mir Landgerichts-Direktor Lessing, der reiche Besitzer der Voss. Ztng., einen liebenswürdigen Brief geschrieben, mir seinen Dank ausgesprochen und für nächsten Sommer, 83, etwas ähnlich Novellistisches von mir eingefordert hat, aber über dies schließlich doch immer nur bescheidene Maaß von Glück und Anerkennung werd' ich schwerlich hinauskommen. [...] ich werde immer einen mäßigen Anstands-Erfolg erzielen; aber nie mehr. Auch bei Schach wird sich dies wieder zeigen; die 1. Auflage war schnell da, aber darüber hinaus wird es wohl nicht kommen. Der Buchhändler und das Publikum wenden sich schnell andern Göttern zu. Alles lebt nur auf 8 Tage. (SJ III 207 f)

Fontane an Wilhelm Friedrich Berlin, 19. Januar 1883
Als ich vor drei, vier Tagen schrieb, verfolgte ich nur den Zweck, erstens überhaupt ein Lebenszeichen und zweitens Ausweis über den Verbleib bez. die Wirkung der Rezensionsexemplare zu geben. Ich danke bestens für Ihre freundlichen Zeilen, bitte jedoch – wenn Sie nicht etwas besonders Schönes von Kritiken haben, was ich übrigens stark bezweifle –, von jedem Austausch dieser Nichtigkeiten Abstand nehmen zu wollen. Entweder sind es nur Notizen oder längere Redensarten, die in ihrem Lob wie Tadel gleichmäßig blechern auftreten. Das Lob in der Regel *noch* dümmer als der Tadel. Die gesamte deutsche Presse verfolgt, mir wie andern gegenüber, beständig den Zweck, einen bestimmten Schriftsteller an eine bestimmte Stelle festnageln zu wollen. Es ist das das Bequemste. *Mein* Metier besteht darin, bis in alle Ewigkeit hinein »märkische Wanderungen« zu schreiben; alles andre wird nur gnädig mit in den Kauf genommen. Auch bei »Schach« tritt das wieder hervor, und so lobt man die Kapitel: Sala Tarone, Tempelhof und Wuthenow. In Wahrheit liegt es so: Von Sala Tarone hab ich als Tertia-

ner nie mehr als das Schild überm Laden gesehn, in der Tempelhofer Kirche bin ich *nie* gewesen, und Schloß Wuthenow existiert überhaupt nicht, hat überhaupt nie existiert. Das hindert aber die Leute nicht zu versichern: »ich hätte ein besondres Talent für das Gegenständliche«, während doch *alles*, bis auf den letzten Strohhalm, von mir erfunden ist, nur gerade *das* nicht, was die Welt als Erfindung nimmt: *die Geschichte selbst.* (BE II 93 f)

Fontane an Wilhelm Friedrich Berlin, 10. Mai 1883
Empfangen Sie meinen besten Dank für die Zusendung von 500 Mark, die gestern und heut hier eintrafen. Zugleich lassen Sie mich bei dieser Gelegenheit den Wunsch aussprechen, daß die Resultate hinsichtlich Schach's nicht allzusehr hinter Ihren Erwartungen zurückgeblieben sein mögen.
(FAP)

Fontane an Paul Heyse 31. Mai 1883
[Entwurf]
Die berühmte Schlittenfahrt der Gensdarmes siehe S. 178 etc. in Vehse[22], Band V. (A 3, 606)

Fontane an seine Frau Thale, 18. Juni 1883
Daß Frau L[essing] gnädig war, ist mir immer sehr erbaulich. Auch freut es mich daß Sch. v. W. in gutem Andenken steht.
(SJ I 204)

Fontane an Wilhelm Friedrich Berlin, 13. Juli 1883
Schon seit dem 30. v. M. bin ich wieder aus dem Harz, in dem ich, nach des Winters qualvoller Länge, regelmäßig eine Sommer-*Vor*kur durchzumachen pflege, nach hier zurückgekehrt und stehe jetzt auf dem Sprunge nach Norderney. Daß man sich in seinem vermögenslosen Zustand und bei dem Jammererträge seiner Feder einen solchen Luxus immer noch gönnen kann, ist eigentlich ein Mirakel. Und das führt mich zu dem Ausdruck meines lebhaftesten Bedauerns über den abermaligen Mißerfolg meiner Anstrengungen,

---

[22] Karl Eduard Vehse, »Geschichte der deutschen Höfe seit der Reformation«, 48 Bde., 1851–60. Vgl. A 3, 606.

den ich nun, durch Ihre Zahlenangaben, schwarz auf weiß habe. Wer von uns beiden der beklagenswertere dabei ist, ist schwer zu sagen, ich möchte aber leider beinah sagen dürfen, *ich*. Sie sind jung, und was Ihnen A. heute nicht leistet, leistet Ihnen B. morgen; aber am Ende eines Lebens auf eine 40jährige vergebliche Zappelei zurückzublicken ist ein schlechtes Vergnügen. Tausendmal hab ich mir gelobt, gleichgültig dagegen zu sein (au fond *ist* es gleichgültig), aber wenn einen dann die Zahl 510 anstarrt, 510 auf 60 Millionen Deutsche, die über die Welt hin wohnen, so kriegt man ein Zittern, und das Herz sinkt einem, um nicht einen drastischeren Ausdruck zu wählen.

(BE II 113 f)

Fontane. »Wanderungen« 1892
Aber bei solchen von den verschiedensten Seiten herrührenden Beiträgen blieb es nicht, sie war auch persönlich ein wahres Anekdotenbuch und eine brillante Erzählerin alter Geschichten aus Mark Brandenburg, besonders in bezug auf adlige Familien aus Havelland, Priegnitz und Ruppin. Den Stoff zu meinem kleinen Roman »Schach von Wuthenow« habe ich mit allen Details von ihr erhalten[23] [...] (NFA IX 427 f)

Fontane an Emmy Seegall Berlin, 22. Juli 1895
Ich kann Ihre freundliche Frage nicht mit voller Sicherheit beantworten, auch die besten Nachschlagebücher sagen nichts. Ich glaube, es giebt 2 Antworten. Nach der einen heißt es einfach »diabolische Schönheit« im Gegensatz zum hübschen harmlosen Milchsuppengesicht, im andern Falle heißt es: in der Jugend ist alles hübsch, auch: der Deibel. In diesem Falle aber, der der glaub ich gewöhnlichere ist, mischt sich nicht die geringste Vorstellung vom »Diabolischen« mit ein. Mit dem Wunsche, daß Sie durch etwas Seraphines ganz außer Frage gestellt sind, in vorzüglicher Ergebenheit.

(E 70, 240)

---

23 Vgl. Brief an Mathilde von Rohr vom 22. 11. 1882 u. vom 3. 1. 1883.

Graf Petöfy. Roman

Entstehung: seit Sommer 1880
Erstausgabe: 1884

Fontane an seine Frau   Wernigerode, 10. August 1880
Während der letzten 3 Tage, wo ich auf den Thiebault[1] und Vehse[2] wartete, hab ich an meiner neuen Novelle gearbeitet und mich in Wien hineingelebt. Ich kenne jetzt in der Altstadt jede Gasse und weiß ganz genau, wo meine Personen wohnen. Dies lokale sich Einleben bedeutet furchtbar viel; das andre findet sich schon, selbstverständlich wenn man einen Stoff als *Keim* des Ganzen hat.
(SJ I 145 f)

Fontane an seine Frau   Berlin, 23. August 1882
Vom Oktober an will ich [...] meine Zeit zwischen »Graf Petöfy« (Hallberger) und dem Scherenberg-Aufsatz theilen.   (SJ I 182)

Fontane an seinen Vetter Karl Fontane Berlin, 21. November 1882
Ich arbeite vom 1. Januar 83 ab an einer für Hallberger bestimmten, im ersten Entwurf bereits fertigen, längeren Novelle und nebenherlaufend an einer Scherenberg-Biographie. Bin ich mit diesen beiden Arbeiten bis zum 1. Oktober fertig, so kann ich noch von Glück sagen.
(LA 361)

Fontane an Mathilde von Rohr   Berlin, 3. Januar 1883
In den nächsten Tagen fang' ich nun an meine Novelle »Graf Petöfy« (für »Ueber Land und Meer« bestimmt) zu corrigiren; es wird wohl – selbst wenn ich leidlich gesund bleibe – bis in den Mai hinein dauern.
(SJ III 209)

---

[1] Dieudonné Thiébault, »Frédéric le Grand [...] ou mes Souvenirs de Vingt Ans de Séjour à Berlin«, 1827.
[2] Karl Eduard Vehse, »Geschichte der deutschen Höfe seit der Reformation«, 1851–60.

Fontane an seine Frau   Thale, 8. Juni 1883
Das 3000 Mark Packet ist heute früh gesund hier eingetroffen [...]
Heute von 8 bis 2 hab ich sehr fleißig gearbeitet: einen ganzen Aufsatz[3] geschrieben; morgen will ich dem Packet den Bauch aufschneiden und irgendein Kapitel vornehmen [...]   (SJ I 192 f)

Fontane an seine Frau   Thale, 9. Juni 1883
Auch meine 12 Romankapitel habe ich heute vorgenommen, aber nur erst so obenhin, General-Revue; morgen beginnt die Detail-Arbeit.   (SJ I 194)

Fontane an seine Frau   Thale, 15. Juni 1883
Besten Dank, auch für das was Du ohne Noth als »Quatsch« bezeichnest, es ist alles ganz verständig und wahrscheinlich, mit einigen Einschränkungen, auch richtig. Ich kann liebevollen Tadel sehr gut vertragen, ja er braucht noch nicht mal liebevoll (wie es der Deine ist) zu sein; nur Tadel der nicht blos unliebevoll, sondern auch unvverständnißvoll und eigentlich unehrlich ist, *den* kann ich nicht vertragen, am wenigsten dann, wenn er sich auch noch mit Anmaßung oder doch wenigstens mit Ueberlegenheits-Allüren paart. Ueberlegenheit: Wer hat *die?* Die ganz Wenigen, die sie vielleicht haben dürften, die wissen wie schwer Kunst ist und machen, im Letzten und Innersten bescheiden, keinen Gebrauch davon. Ich habe jetzt den ersten Band Zola durch. Hundert Tollheiten, Unsinnigkeiten, Widersprüche hab' ich notirt, dabei ist das Ganze seinem Geist und Wesen nach tief anfechtbar (*nicht* vom Moral-Standpunkt aus) und doch bin ich voll Anerkennung und vielfach auch voll Bewunderung. Wenn mich einer *so* tadeln wollte, wie ich Zola tadle, so wollt' ich ihm den Droschkenschlag aufmachen[4]. Die Hand ihm küssen, ist mir, bei der Unsicherheit der Hände, um einen Grad zu viel. Einiges von Deinen Ausstellungen wird sich erledigen, aber nicht viel. Egon und Franziskas Verhältniß spukt schon in den ersten 12 Kapiteln stark vor; er macht sich nicht viel

---

3 Vgl. SJ IV 222.
4 Vgl. Fontane über Zola, HA »Aufsätze, Kritiken, Erinnerungen« 1. Bd., 915 ff u. SJ IV 221.

aus ihr, aber sie liebt *ihn* vom ersten Augenblick an, was sich darin zeigt (und dies ist durch die ganze Arbeit durchgeführt) daß sie in seiner Gegenwart immer nervös ist und sofort in eine pointirte, halb leidenschaftliche Sprechweise verfällt. Im Uebrigen weiß ich sehr wohl, daß ich kein Meister der Liebesgeschichte bin; keine Kunst kann ersetzen, was einem von Grund aus fehlt. Daß ich aber den Stormschen »Bibber« *nicht* habe, das ist mein Stolz und meine Freude: Storm ist ein kränkliches Männchen und ich bin gesund trotz meiner äußren Kränklichkeiten. »Her« und »hin«, »wurd'« etc. das sind Bagatellen. Alles hängt natürlich an den Charakteren Franziskas und des alten Grafen; Du stellst Dich zu Beiden nicht richtig, was aber freilich partiell wenigstens meine Schuld sein mag. Im Ganzen schilderst Du den Charakter F.'s richtig, *aber so soll sie sein*. Und was den alten Grafen angeht, so will er nichts als unter »Beobachtung aller Dehors« eine geistreiche pikante Person um sich haben. Er berechnet nicht klug genug, daß dies seinem im Ehrenpunkte schließlich doch sehr diffizilen Charakter gegenüber, auf die Dauer nicht geht, und *an diesem Rechenfehler geht er zu Grunde*. Einen Tugendspiegel heirathen zu wollen, davon ist er weit ab. Du sagst »Du seiest großes Publikum«, dies aber drückt Deine Stellung solchen Dingen gegenüber nicht scharf genug aus. »Großes Publikum« bist Du *deshalb* nicht, weil Du en détail einen sehr feinen künstlerischen Sinn hast, aber Du bist allerdings wie die meisten Frauen eine conventionelle Natur. Im Leben ist dies ein Glück, aber zu Beurtheilung von Kunstwerken, deren Zweck und Ziel ist, sich *über das Conventionelle zu erheben*, zur Beurtheilung solcher Kunstwerke reicht natürlich der Conventionalismus nicht aus. Er ist das Gegentheil ihrer selbst. So richtig Du alles verstanden hast, so seh ich doch, daß Du meinen Intentionen gar nicht gefolgt bist und nicht blos die Geschichte, sondern auch die beiden Hauptpersonen mit einer der landläufigen Novellenliteratur entnommenen Alltags-Elle ausmißt. Natürlich werden das die *andern* Leser erst recht thun. Du wirst es aber begreiflich finden, wenn ich sage, daß dies gar keinen Eindruck auf mich machen kann; das Kunst- und Erkenntniß-Vermögen jener »andern« (the Million) liegt eben weit hinter mir. Leider bin ich äußerlich nicht in der Lage, dies alles vornehm leicht nehmen zu dürfen, aber wenn ich nur noch 7 Jahre lebe, was doch möglich, so werd' ich *doch* durchdringen. In einigen Köpfen fängt es bereits an zu tagen. (SJ I 200 ff)

Fontane an seine Frau   Thale, 16. Juni 1883
Heute hab' ich die ganzen 12 oder 13 Kapitel, die hier noch lagern, Revue passiren lassen; sie sind zum Theil leidlich gut in Ordnung, aber es ist doch dem Umfange nach noch *sehr* viel, nicht viel weniger als das, was Du schon abgeschrieben hast.
Eben jetzt (6 Uhr Abends) erhalt' ich Deine Karte, die mich sehr erfreut. Natürlich wird sich furchtbar viel gegen die Sache sagen lassen, wobei ich die Klugschmuse, die die Sittlichkeit, die höhere Deutschheit und drei Kunstphrasen gepachtet haben, noch gar nicht mit in Rechnung stelle. Nein, nein, auch aus feinem aesthetischen Gefühl heraus, wird sich manches, *vieles*, zwar nicht ohne Weitres verwerfen (dazu ist es viel zu sehr überlegt und immer wieder durchgesiebt) aber doch *anzweifeln* lassen. Gewiß. Und doch darf ich erhobenen Hauptes die Frage stellen: wer ist denn da, der dergleichen schreiben kann? Keller, Storm, Raabe: drei große Talente, – aber sie können *das* gerade nicht. Ich kenne nur drei, die's könnten: Heyse, Hopfen, Spielhagen. Heyse würd' es vielleicht besser machen, aber schwächlicher, Hopfen vielleicht besser aber verrückter, Spielhagen vielleicht besser aber spielhagenscher. Und so denk' ich denn, man nehme es wie es ist, tadle was nichts taugt und freue sich an dem was gelungen ist.   (SJ I 203 f)

Fontane an seine Frau   Thale, 22. Juni 1883
Morgen über 8 Tage will ich reisen; ich denke, daß mir der Aufenthalt gut gethan und mir wenigstens die Kräfte gegeben hat, in Berlin 3 Wochen lang stramm arbeiten zu können.   (SJ I 208)

Fontane an seine Frau   Thale, 25. Juni 1883
Vormittag halt' ich mit Gewissenhaftigkeit meine Correcturstunden.   (SJ I 211)

Fontane an seine Frau   Thale, 27. Juni 1883
Vor einer Stunde erhielt ich Deinen lieben Brief und beantworte ihn diesmal Vormittags schon, weil ich mit meiner Arbeit doch

nicht recht von der Stelle komme. Seit vier, fünf Tagen hab ich nämlich Nachbarschaft, ein junges Leipziger Paar das um 6 aufsteht, und 6¼ beginnt ihr Kind zu schreien, so daß ich regelmäßig um meinen Morgenschlaf komme. Das heißt meist so viel als wie: der Tag ist hin. Sieben hätte mir dies eigentlich ersparen müssen, andrerseits, wenn sich Gäste finden, die mit Kind und Mädchen wenigstens 8 Wochen hier bleiben wollen, so kann er sie meinetwegen nicht fortschicken; es wäre Blödsinn, wenn ich so was auch nur erwarten wollte. Zudem sind es artige, nette Leute. Nur »meine Ruh ist hin, mein Herz ist schwer.« Idealzustände können nicht länger dauern, als 3 mal 24 Stunden. Alles in allem war es sehr hübsch, und für manches was mir störend durch den Kopf geht, kann ich den Aufenthalt hier nicht verantwortlich zu[!]machen. Es sitzt »diefer« und ist überhaupt nicht wegzuschaffen. Man hat sich zu resigniren, und sich, nachdem man mit seiner Resignation fertig ist, doch noch wieder an der Betrachtung aufzurichten »daß man's wunderbar gut getroffen hat«. »Denn wenn es *kostbar* gewesen, ist es Müh und Arbeit gewesen«; den meisten wird noch ganz anders eingeheizt als wie mit »Müh und Arbeit«. Also nur vorwärts.

(SJ I 212 f)

Fontane an seine Frau Emden, 18. Juli 1883
Wenn Du Wangenheim's siehst, so frage doch, ob Tyrol oder noch besser Steyermark, nicht ein paar bevorzugte Heilige, so zu sagen Spezial-Heilige hätte, gleich viel männlich oder weiblich. Ich brauche solchen steirischen Spezial-Heiligen für meine Petöfy-Novelle. In der Picardie giebt es z. B. einen Heiligen »der heilige Firmin«, der sonst nirgends vorkommt, und solche Lokal-Größen giebt es überall. Wenn Du was erfährst bei v. W.'s, so schreibe mir den Namen in Deinem nächsten Brief.

(SJ I 218)

Fontane an seine Frau Norderney, 21. Juli 1883
Das berühmte Packet ist glücklich angekommen und wie eine Gans von hinten her ausgenommen worden; gestern habe ich scharf, heute nur am Vormittage gearbeitet. Diese Vormittage gedenke ich aber durch Früh-aufstehn zu verlängern; ich kann mich dann am Nachmittage mit um so größerer Gewissensruhe dem Nichtsthun hingeben.

(SJ I 222)

Fontane an seine Frau   Norderney, 26. Juli 1883
Es ist nicht ganz leicht von hier aus Briefe zu schreiben, wenn man von 8 bis um 2 Uhr arbeitet und in diesen sechs Stunden ich kann nicht sagen sein Pulver verschießt wohl aber seine Nerven verbraucht; am Nachmittage bin ich dann ganz kraftlos und wenn ich mich am Strande erholt und so zu sagen die welken Nerven wieder frisch gebadet habe, bin ich am Abend einfach müde. Sehr angenehmer Zustand, aber wenig angethan um Briefe zu schreiben, Briefe ohne Stoff, an denen also die Frische (die nicht da ist) das Beste thun muß.   (SJ I 227)

Fontane an seine Frau   Norderney, 29. Juli 1883
Draußen gießt es wieder wie mit Mollen; ein entsetzlicher, unsagbar langweiliger Aufenthalt, denn ich habe auch nichts zu lesen. Aber schließe daraus nicht, daß ich unzufrieden mit dem Aufenthalt überhaupt bin. Auch in dieser seiner gräßlichsten Gestalt ist er mir noch immer eine Wohlthat und dadurch trotz aller Freudlosigkeit eine Freude. *Die Luft ist himmlisch* und ihr allein verdank' ich es, daß ich meine Arbeit fertig kriege. In Berlin läg' ich längst krank auf der breiten Seite.   (SJ I 233)

Fontane an seine Frau   Norderney, 5. August 1883
Ich bin hier nicht hergegangen, um großes Vergnügen zu haben. Wenn ich es gefunden hätte oder noch fände, so wäre es mir sehr lieb, aber es ist nicht die Hauptsache. Die Hauptsache für mich ist die wundervolle Luft und die Bewegung in dieser Luft, die mich denn auch so gekräftigt hat, daß ich trotzdem ich nur 7 Stunden schlafe und mich weder körperlich noch geistig *wohl fühle* (was wieder was andres ist als Nervenkräftigung) meine schwierige Correktur-Arbeit habe machen können, mit der ich in Berlin nie fertig geworden wäre. Morgen beginn ich mit Durchsicht Deiner Abschrift.   (SJ I 236)

Fontane an seine Frau   Norderney, 8. August 1883
Du beklagst Dich über meine Weitschweifigkeit. Ja, was ist darauf zu sagen? Eigentlich auch nichts, was nicht schon längst gesagt wäre. Alles in allem ein wundervoller Stoff, um *aufs Neue* in Weit-

schweifigkeit zu verfallen. Du weißt, daß ich auf solche Kritiken immer gleich eingehe und so bestreite ich auch diesmal nichts oder doch nicht viel. Es ist aber doch ein Unterschied, ob ich nervös und dröhnig nach einem gleichgültigen Wort suche oder ob ich weitschweifig bin d. h. über den linken Hinterfuß eines Flohs eine Abhandlung schreibe. Das Dröhnen ist unter allen Umständen eine Tortur für die Hörer und sans phrase ein Fehler, eine Ungehörigkeit; die Weitschweifigkeit aber die ich übe, hängt doch durchaus auch mit meinen literarischen Vorzügen zusammen. Ich behandle das Kleine mit derselben Liebe wie das Große, weil ich den Unterschied zwischen klein und groß nicht recht gelten lasse, treff ich aber wirklich mal auf Großes, so bin ich ganz kurz. Das Große spricht für sich selbst; es bedarf keiner künstlerischen Behandlung um zu wirken. Gegentheils, je weniger Apparat und Inscenirung, um so besser. Ich kann also unter Einräumung des Thatsächlichen den Fehler, der in dem »Auspulen« stecken soll nur sehr bedingungsweise zugeben. »Wär' ich nicht Puler, wär' ich nicht der Tell.« Daß diese Pul-Arbeit vielen langweilig ist und immer war, davon hab' ich mich in meinem Leben genugsam überzeugen können; ich hab' aber nicht finden können, daß all diese Dutzendmenschen, die durch die Nase gähnten, interessanter waren als ich. Dann und wann find' ich einen, freilich selten, der Geschmack an mir findet, und da dies in der Regel keine schlechten Nummern sind, so muß ich mich trösten. Herwegh schließt eins seiner Sonette (»An die Dichter«) mit der Wendung:

> »Und wenn einmal ein *Löwe* vor Euch steht,
> Sollt Ihr nicht das *Insekt* auf ihm besingen.«

Gut. Ich bin danach Lausedichter, zum Theil sogar aus Passion; aber doch auch wegen Abwesenheit des Löwen. (SJ I 237 f)

Fontane an seine Frau   Norderney, 12. August 1883
Daß Du mit meinen Kapiteln (vielleicht hat es sich inzwischen schon wieder geändert) einverstanden bist, freut mich sehr. Ach, wenn es nur erst eingepackt und auf dem Wege nach Stuttgart wäre.   (SJ I 239)

5 bei der Redaktion von »Über Land und Meer«.

Fontane an seine Frau   Norderney, 13. August 1883

Heute früh erhielt ich Deine dritte Karte, die von Sonnabend dem 11. Es freut mich, daß Du im Ganzen mit der Arbeit einverstanden zu sein oder sie wenigstens als Arbeit zu aestimiren scheinst. Ich glaube der Schluß des 12. Kapitels (das in *dem* Moment eintreffende Bouquet und Karte von Egon) ist ein guter Coup. Du hast Dich übrigens wieder mit Ruhm bedeckt; Du mußt es ja in 3 höchstens 4 Tagen abgeschrieben haben. *Das* könnte *ich* nun wieder nicht!
Nun die Komme- oder Nicht-Komme-Frage.
Mein Plan war so: Uebermorgen (Mittwoch) bin ich mit der Bleistift-Correktur durch und am Sonnabend oder Sonntag mit der *ganzen* Geschichte. »Dann (wie Menzel sagt) höre ich auf.« Es fehlen dann nur noch ein paar Namen etc. wegen deren ich in meinen Büchern zu Haus nachschlagen muß. Und so wollte ich denn am Montag oder Dienstag der nächsten Woche in Berlin eintreffen.
Ist es Dir nun aber wegen allerlei Häuslichkeiten lieber, ich komme später, so hab ich nichts dagegen, es auch *so* zu machen. Ich erbitte mir in diesem Falle die 12 Kapitel, deren Bewältigung mich dann wohl bis Schluß des Monats hier festhalten wird. Der Kostenpunkt ist nicht wichtig; ich lebe nämlich (unberufen) jetzt sehr billig und brauche täglich, alles in allem, nur 2 Thlr. In Thale beinah 4, wenn ich die Trinkgelder am Schluß mit einrechne. Freilich leb ich dafür hier wie ein Proletarier oder wie Studenten vor 40 Jahren lebten. Jetzt leben sie besser. Es bezieht sich dies aber nicht auf alle Dinge; manches ist ganz gut und besser als ich es zu Hause haben kann.
Triff nun hiernach Deinen Entscheid. Ich darf sagen, es ist mir ganz gleich, die Vorzüge und Nachtheile balanciren sich, so daß das den Ausschlag giebt: was am besten paßt. Ich lebe hier alles in allem etwas »unterm Stand«, bin einsam und langweile mich kolossal, aber ich habe Luft, Bewegung, Ungestörtheit und kann arbeiten. In Berlin hab ich mehr Comfort, Bequemlichkeit, Unterhaltung, aber Canal, Menschen und ganz unberechenbare Störungen, die ich nie brauchen kann aber speziell auch jetzt nicht.   (SJ I 240 f)

Fontane an Emilie Zöllner   Norderney, 17. August 1883
Von mir ist nichts zu melden; ich arbeite und schlucke Ozon. Ohne letztres würd' es mit erstrem schlecht aussehn. Luft ist kein leerer Wahn. Das wußte schon Marie Beaumarchais.   (SJ IV 84)

Fontane an seine Frau   Norderney, 26. August 1883
Den beiliegenden Bleistiftszeilen, die gestern auf der »Marienhöhe« geschrieben wurden, bitt' ich noch weniger Gewicht wie gewöhnlich beilegen zu wollen; ich weiß ja, daß diese ewige Düsterstimme aus dem Keller halb langweilig oder sagen wir dreiviertel langweilig und ein viertel lächerlich ist, aber man hat sich aller guten Vorsätze unerachtet nicht immer in der Gewalt. Von Natur bin ich das Gegentheil von einem Heulhuber, aber wenn man von 6 oder 7 stündiger Arbeit schachmatt und furchtbar nervenangegriffen ist, so laufen solche Betrachtungen auch wenn man nicht will leicht mit drunter.   (SJ I 248)

Fontane an seine Frau   Norderney, 30. August 1883
Wir haben beide ziemlich schwere Wochen hinter uns: *Du* Langeweile mit Unbehagen, *ich* Einsamkeit mit Ueberarbeit. Und doch war es gut so, der große Kampf mußte *dort* ausgekämpft und die große Novelle mußte *hier* zu Ende gebracht werden.

Diese letztre ist nun *wirklich* zu Ende, ja, nach der gründlichsten Correktur (Du wirst Dich wundern wie Dein schönes Manuskript aussieht) hab' ich diese 35 endgültig durchcorrigirten Kapitel in drei Tagen auch *noch* mal durchgelesen, wobei sich natürlich immer noch wieder kleine, mitunter auch große Fehler vorfanden, so daß diese letzte General-Durchsicht, die Parade vor dem Höchst-Commandirnden, nicht vergeblich war. Ich habe nur noch fünf oder 6 Wort- oder Namens-Correkturen zu machen z. B. also wie heißt in Körners Zriny die jugendliche Heldin? wer war 1874 erste Liebhaberin am Théatre français? (ich habe geschrieben Rose Cheri, aber die war es 1840, ist also jetzt Großmutter) ferner kann man sagen: l'homme de verre? (als Uebersetzung von »Glasmensch«) wie hieß die Insel der Phäaken? giebt es eine Taubensorte die »Kröpfer« (statt »Kropftauben«) heißt. Dies glaub' ich sind sie *alle*. Jedes Kapitel hat seinen Umschlag mit der Aufschrift »Fertig«

und nur die 6 wo die vorstehenden Fragen noch zu erledigen sind, haben auf dem Convolut das noch zu entscheidende oder zu ersetzende Wort.
[...]
Kann ich die 6 kleinen Correkturen gleich nach meiner Ankunft oder doch spätestens am Montag machen, so schicke ich denselben Tag noch das Manuskript-Packet an Dominik.
Die Arbeit ist nun ganz was sie sein soll und liest sich wie geschmiert. Alles flink, knapp, unterhaltlich, so weit espritvolles Geplauder unterhaltlich sein kann; wer auf plot's und große Geschehnisse wartet, ist verloren. Für solche Leute schreib' ich nicht. Ich fühle, daß nur ein feines, vielleicht nur ein *ganz* feines Publikum (der Thiemus'sche *eine* Leser![6]) der Sache gerecht werden kann, aber ich kann um dem großen Haufen zu genügen nicht Räubergeschichten- und Aventüren-Blech schreiben. Natürlich giebt es auch *höhere* Räubergeschichten und vielleicht sind *diese* das Roman-Ideal. Aber weder die Lust noch das Talent dazu liegt in mir. Und nun genug davon. (SJ I 248 f)

Fontane. Tagebuch   21. März 1884
Korrektur von »Graf Petöfy« gelesen. (E 25, 136)

Fontane. Tagebuch   27. März 1884
Korrektur von »Graf Petöfy« aus Stuttgart. (E 25, 137)

Fontane. Tagebuch   11. April 1884
Korrektur aus Stuttgart. (Petöfy) [...] Korrektur gelesen.
(E 25, 140)

Fontane. Tagebuch   13. April 1884
Korrektur gelesen und nach Stuttgart geschickt. (E 25, 141)

Fontane. Tagebuch   23. April 1884
Korrektur von »Petöfy« zur Post. (E 25, 142)

6 Vgl. SJ IV 199 f.

Fontane an seine Frau   Thale, 10. Juni 1884
George's Brief ist sehr nett; daß ich keine Liebhaber schildern
kann, ist nur allzu wahr. Aber wer kann alles? Nur sehr wenige.
(SJ I 258)

Fontane an seine Frau   Thale, 11. Juni 1884
In der Nat.Ztng. fand ich eben die beiliegende Notiz. Török ist
Petöfy und die Buska ist Franziska, – sie wird aber wohl weniger
geistreich sein und gewiß irgend einen Egon heirathen.
[...]

[Wortlaut des Zeitungsausschnitts:]
Graf *Török*, der Gatte der ehemaligen Schauspielerin Johanna Buska, ist
in Wien im 72. Lebensjahr gestorben. Der ungarische Reiter-General ver-
mählte sich bekanntlich im Mai 1880 zum zweiten Male, und der Ehe mit
der Hofburgschauspielerin Buska ist ein Sohn entsprossen. Seit seiner
Vermählung mit Frl. Buska, so schreibt die »N. Fr. Pr.«, zog sich Graf
Török vom gesellschaftlichen Leben fast ganz zurück und lebte zumeist
nur seiner Familie. Nur dem Theatervergnügen huldigte er wie seit jeher
auch jetzt, und es wurde nur selten auf einer der Wiener Bühnen eine No-
vität aufgeführt, bei welcher nicht das bekannte Paar Török-Buska in
einer Loge erschienen wäre. Zum letzten Male sah man den General im
Theater an der Wien bei einer Wohlthätigkeits-Vorstellung dieses Früh-
jahrs, in welcher seine Gemahlin mitwirkte. Nicht lange darauf wurde
Török plötzlich von einem Schlaganfalle getroffen, von welchem er sich
nicht mehr erholte.
(SJ I 260)

Fontane an seine Frau   Thale, 13. Juni 1884
Mete's Brief ist wieder brillant [...] Was sie über »Petöfy«
schreibt, ist richtig; höher potenzirte Menschen von Geist und Wissen sprechen *beständig* so, wie der alte Graf, Franziska, Phemi und
Pater Feßler sprechen. Die Trivialität unsrer Schmierer (die Weiber an der Spitze) hat es zum Axiom erhoben, daß in Novellen und
Romanen nur Blech vorkommen darf. Das ist aber nicht blos trost-
los langweilig, sondern auch einfach unwahr. Denke Dir doch, wir
sind mit Martha im Bade, Frau Keßler-Kahle ist auch da, und Windel und Frau v. Wangenheim kommen zu einer Kaffe- oder Thee-
Plauderstunde hinzu. Da wird noch viel kühner, intrikater und
geistreicher gesprochen.
(SJ I 262 f)

Fontane an seine Frau   Thale, 17. Juni 1884
An Hallberger's schreibe ich morgen. Die Nüchternheit ihres Briefes ist wieder kolossal. Vergleiche damit die Kroener'schen Briefe, die ich diesen Zeilen beischließe. So furchtbar oft quält mich der Gedanke: »*fordertst* Du nicht zu viel? zu viel an Kunstleistung, an Gesinnung, an Freundschaft, an Form und Artigkeit, an Geld.« Wenn man dann aber erlebt, daß einem das *alles* sehr wohl erfüllt werden kann, ohne daß ein Mirakel geschieht, so sieht man sehr deutlich, daß unsereins (denn ich glaube wir sind beide darin gleichgeartet) *nicht* zu viel fordert und daß nur Kümmerlichkeit und Ruppigkeit, auch Hochmuth und Charaktergemeinheit einem das versagen, was einem zukommt.   (SJ I 267)

Fontane an seine Frau   Thale, 18. Juni 1884
Der Brief von Zoller ist mir natürlich sehr wichtig. Ob ihnen »Petöfy« sehr gefallen hat, bleibt fraglich, aber es kann ihnen wenigstens nicht mißfallen haben und die Vorstellung wird wohl – bei den Feineren wenigstens – Platz gegriffen haben, daß es, wenn nichts weiter, so doch eine »Arbeit« ist.   (SJ I 270)

Fontane an seine Frau   Thale, 21. Juni 1884
Wegen des »Petöfy« werde ich mich mit Theo mündlich auseinandersetzen; auch George kommt am Schlusse seines Briefes auf den guten alten Grafen zurück. Alles in allem scheint ihn die Geschichte kalt gelassen zu haben, was sein gutes Recht ist. Die Kinder entschuldigen sich immer gegen mich, wenn ihnen etwas von meinen Arbeiten nicht sonderlich gefällt; sie gehen darin weiter als nöthig. Einen ehrlichen, verständig motivirten Tadel kann ich von *jedem* ertragen, am leichtesten aber von Personen, die mir nicht nur persönlich zugethan sind, sondern auch ein gutes Vertraun zu meinem Talente haben. Es ist lächerlich, anzunehmen, daß alles was man schaffe, wunderschön und unsagbar interessant sei. Man macht es, so gut man kann und freut sich, wenn es Verständigen gefällt, gefällt es aber mal weniger, so muß man dies ruhig hinnehmen. Auch kann man sich mit der Verschiedenheit des Geschmackes trösten; unter meinen Balladen und Feldherrn-Liedern ist jede einzelne Nummer mal als »Beste« erklärt worden. Nur immer sein Bestes thun, *d*arauf kommt es an.

Fontane. Tagebuch [1. Hälfte Juli 1884]
Buchhändler Steffens in Dresden will meinen »Petöfy«; W. Hertz meinen »Christian Friedrich Scherenberg« in Verlag nehmen.
(E 25, 147)

Fontane an seine Frau Krummhübel, 26. Juli 1884
Ebenso habe ich noch immer keinen Brief von F. W. Steffens[7] in Dresden, den ich um ein paar Petöfy-Exemplare (zur Durchsicht) gebeten habe. Schickt er keine, so muß ich demnächst an Hallbergers schreiben.
(SJ I 286)

Fontane an seine Frau Krummhübel, 29. Juli 1884
In einem Vierteljahr sollen zwei Bücher[8] von mir erscheinen, – es ist also höchste Zeit, daß damit angefangen wird. (SJ I 292)

Fontane an seine Frau Krummhübel, 8. August 1884
Morgen will ich an Scherz und Lübke schreiben und die letzten Petöfy-Kapitel lesen. Denn es ist nun Zeit, daß mit dem Druck der beiden Bücher Ernst gemacht wird.
(SJ I 290)

Fontane an Ludovica Hesekiel Berlin, 16. November 1884
Empfangen Sie meinen herzlichen Dank für Ihre feine, liebenswürdige und auch im Tadel und Bedenken – denn all diese Dinge *sind* »bedenklich« – durchaus zutreffende Besprechung meines »Petöfy«.[9] Nach den mir schmerzlichen, wenn auch freilich durch mich verschuldeten Mißverständnissen dieses Sommers[10], eine doppelt große Liebesthat! Ich hoffe daß diese Störungen beseitigt sind, wenigstens ist aus dem Scherenberg-*Buch* alles weggelassen worden, was Anstoß geben könnte.

Noch einmal, Ihre Kritik war mir eine große Freude, zunächst weil sie so freundlich und schmeichelhaft ist (wer ließe sich nicht gerne loben) aber mehr noch, weil sie so *gut* ist. Es giebt wenige, die bei

---

7 in dessen Verlag »Graf Petöfy« erschien.
8 »Graf Petöfy« und »Christian Friedrich Scherenberg«.
9 »Kreuzzeitung« vom 16. 11. 1884.
10 Vgl. SJ IV 401.

Wahrung ihres Standpunkts, anerkennende, geschmackvolle Worte zu schreiben verstehn. Eigentlich kenn' ich nur einen – Rodenberg. *Der*, der Ihrer Besprechung einen ächten Kreuz-Zeitungssatz hinzugefügt hat, gehört jedenfalls nicht dahin. Er hat es freilich auch nicht gewollt. Aber es fragt sich, ob er es aus sachlichen und persönlichen Gründen nicht hätte wollen *müssen*! Was kommt bei diesem öden Standpunkt heraus? Der sichre Untergang dessen, das gewahrt, gerettet werden soll. Ein neuer Beweis wohin der starre Protestantismus führt. Aber sagen Sie nichts davon auf der Redaktion. Ich bin friedebedürftig. (SJ IV 159)

Fontane an Ernst Schubert   Berlin, 14. Dezember 1884
Durch Freund Stephany weiß ich, *wem* ich für die Besprechung meines »Petöfy«[11] verpflichtet bin. Empfangen sie meinen herzlichen Dank. Sie haben für alles, was mir leidlich gelungen, ein freundliches Auge gehabt und haben mir im Besonderen dadurch einen großen Dienst geleistet, daß sie den kitzlichen Punkt, den »Pakt« zwischen Franziska und Petöfy gar nicht berührt haben. Schon im Roman selbst, wo man Raum und Gelegenheit hat mit Hülfe von mal dunklen mal helleren Andeutungen eine Sache zum Bewußtsein des Lesers zu bringen, schon im Roman selbst, sag' ich, war dies überaus schwierig; als nackt hingestellte Thatsache wär' es in einer Besprechung tödtlich für mich gewesen. Nochmals besten Dank, daß sie dies zu meinen Gunsten empfanden.
[...]
Mit dem Hieb gegen den Verleger[12] natürlich *sehr* einverstanden! Ich find' es »doll«. Und noch dazu ein feiner Sachse.   (RK 71)

Fontane an seinen Sohn Friedrich   Berlin, 23. Dezember 1884
Von Steffens habe ich für ein paar Freunde einige »Petöfy«-Exemplare besorgt; das einzige bewährte Mittel zum Absatz meiner Bücher – ich muß sie selber kaufen.   (FA II 113)

---

11 Rezension von Ernst Schubert, V. Z. 13. 12. 1884 (anonym).
12 wegen Reklametexten, die in den fortlaufenden Text eingestreut waren.

Fontane. Tagebuch   12.–22. Januar 1885
F. W. Steffens schickt mir die über »Graf Petöfy« erschienenen Kritiken, – alles jammervoll, das Lob öde, der Tadel unsinnig, böswillig. O Kritik in Deutschland, im Lande der Kritik!

(E 25, 151 f)

Fontane an Wilhelm Friedrich   Berlin, 16. März 1885
Eine große Freude war mir Conrad Telmann's Besprechung meines Romans in der letzten Nummer des Magazins.[13] Ich spreche nach drei Seiten hin meinen Dank dafür aus und bitte den Löwenanteil an den freundlichen Haupt-Attentäter in Mentone bei sich darbietender Gelegenheit gelangen zu lassen.   (FAP)

Fontane an Elisabeth Friedlaender   Berlin, 26. März 1885
Mein Wunsch war damals, dem »Petöfy«, dem Sie so viel Huld erwiesen, ein zweites, unmittelbar in Sicht stehendes Buch[14] nach Ihrem idyllischen Hause hin folgen zu lassen [...]   (FRI 5)

Fontane an seine Frau   Rüdersdorf, 18. Juli 1887
Ich danke Dir, daß Du mir Meten auf 2 Tage geschickt hast; sie war lieb und unterhaltend wie immer, Scheherezade, vielleicht findet sich auch noch ein Geheimrath Veit für sie; Petöfy nenne ich nicht, er endigt mir zu tragisch, sonst wäre mir ein Schloß am Arpa-See noch lieber für sie, als eine Villa am Rhein.   (SJ I 330)

Fontane an seinen Sohn Friedrich   Kissingen, 11. Juli 1890
Daß Stilke so tapfer bestellt und sich selbst bis an Petöfy heranwagte, rührt mich und freut mich. Möge es auch eine Ecke so weiter gehen.   (E 70, 239)

---

13 »Magazin für die Literatur des In- und Auslandes« vom 14. 3. 1885.
14 »Christian Friedrich Scherenberg«.

Fontane. »Zu ›Graf Petöfy‹« 31. Januar 1891
(Zur Tombola »Pressefest«)

> Etwas politisch, etwas kirchlich,
> Etwas Dichtung, etwas wirklich,
> Etwas Ungarn, etwas Prater
> Und vor allem viel Theater.
>
> Immer berlinische Geschichten –
> Will auch andres mal berichten,
> Schenk' auch mal einen andren Wein,
> *Ungrisch, ungrisch* soll er sein! (HA 6, 546)

Unterm Birnbaum

Entstehung: seit Februar 1883
Erstausgabe: 1885

Fontane, Tagebuch 26. Mai – 9. Juni 1884
Vom 26. Mai bis 9. Juni früh war ich wieder in Berlin [...] Während dieser Zeit hatte ich auch eine Korrespondenz mit Herrn A. Kroener wegen einer für die »Gartenlaube« zu schreibenden Novelle. Es scheint, daß wir einig werden. (E 25, 145)

Fontane an seine Frau Thale, 10. Juni 1884
An Kroener habe ich geschrieben unter Beilegung von *vier* Novellenstoffen; ich habe also noch einen zugelegt. (SJ I 258)

Fontane an seine Frau Thale, 17. Juni 1884
An Hallberger's schreibe ich morgen. Die Nüchternheit ihres Briefes ist wieder kolossal. Vergleiche damit die Kroener'schen Briefe, die ich diesen Zeilen beischließe.
[...]
Die Kroener'schen Briefe brauche ich nicht mehr; bitte, bewahre sie aber gut auf. Vielleicht empföhle es sich, für solche Skripturen

335

eine eigne Mappe anzuschaffen. Andrerseits, es verlohnt sich kaum noch. Aus der Art und dem Resultate der Unterhandlungen wirst Du ersehn, daß ich gar nicht so furchtbar anspruchslos bin. Ich bin zeit meines Lebens anspruchslos gewesen, weil ich's sein *mußte*. Ich habe immer ein Auge für die Thatsächlichkeiten gehabt, und die Thatsächlichkeiten schrieben mir Bescheidenheit vor. Ebenso ist es mit meiner gesellschaftlichen Stellung. Wie man über Dichter denkt, erhellt sehr gut aus der ausgeschnittnen Zeitungsstelle, die ich hier beiklebe. Danach habe ich mich immer benommen, denn man kann die Menschen nicht von heut auf morgen bekehren. In meinem *Herzen* aber hat es mir nie an Selbstgefühl gefehlt. Was wäre auch wohl sonst aus mir geworden? Andre (merkwürdigerweise Dich ausgenommen) haben immer nur gezweifelt und gelächelt. Gott, und in der Regel was für Nummern! (SJ I 267 ff)

Fontane an Georg Friedlaender   Krummhübel, 18. August 1884
Erfüllen sich unsre Wünsche – ich spreche unbeauftragt für Haus Graevenitz mit – so haben wir morgen (Dienstag) ein Rendez-vous bei Exner, das uns dann hoffentlich zu weitrem Geplauder über das »Kriegsbuch« Ihrerseits[1] und die »Kriminal-Novelle« meinerseits Gelegenheit giebt. (FRI 1)

Fontane an seinen Sohn Friedrich   Krummhübel, 24. August 1884
Noch einmal eine geschenkte Woche! Ich bin sehr froh darüber, denn diese geschenkte Woche – wenn sie nicht irgendwo Unheil birgt – man soll den Tag nicht vor dem Abend loben – wird mich erst zu rechtem Genuß meines Krummhübler Aufenthalts kommen lassen. Bisher gehörte jeder Vormittag der Arbeit, auch morgen (Montag) habe ich noch zu tun, dann aber bin ich mit meiner neuen Novelle so weit fertig, wie ich hier überhaupt kommen wollte und werde versuchen ein paar Partieen zu machen. (FAP)

Fontane. Tagebuch   [Oktober 1884]
Ich beginne Mitte Oktober (um dieselbe Zeit erscheint bei F. W.

---

[1] Friedlaender beabsichtigte, seine Erinnerungen an den Krieg 1870/71 aufzuschreiben (vgl. FRI 327).

Steffens in Dresden mein Roman »Graf Petöfy«) meine für die »Gartenlaube« bestimmte Novelle: »Fein Gespinnst, kein Gewinnst« zu schreiben und beende sie Ende November im Brouillon. (E 25, 149)

Fontane. Tagebuch 6.–11. Januar 1885
Gearbeitet: Korrektur von »Fein Gespinnst«. (E 25, 151)

Fontane. Tagebuch 12.–22. Januar 1885
Gearbeitet: Korrektur von »Fein Gespinnst« usw., jeden Tag ein Kapitel. (E 25, 151)

Fontane. Tagebuch 23. Januar 1885
Gearbeitet: Korrektur. (E 25, 152)

Fontane. Tagebuch 24. Januar 1885
Gearbeitet: Korrektur. (E 25, 152)

Fontane. Tagebuch 26. Januar – 8. Februar 1885
Während dieser vierzehn Tage führe ich die Korrektur meiner Novelle weiter. (E 25, 152)

Fontane. Tagebuch 22. Februar – Ende April 1885
In diesen zehn Wochen, die ich, gegen Wintergewohnheit, bei wenigstens leidlicher Gesundheit zubringe, beende ich die Korrektur meiner Novelle: »Es ist nichts so fein gesponnen« und schicke sie am 22. April an die Redaktion der Gartenlaube. Kroener schickt mir umgehend das Honorar und schreibt überaus liebenswürdig und anerkennend. Kleines Labsal. (E 25, 154)

Fontane an Wilhelm Friedrich Berlin, 16. März 1885
Ende des Monats bin ich mit einer für Kroener (»Gartenlaube«) bestimmten Arbeit fertig [...] (FAP)

Fontane an Ernst Schubert Berlin, 17. April 1885
Ganz durch eine Novellenarbeit absorbirt, die spätestens morgen (eigentlich am 15.) in Leipzig eintreffen mußte, bin ich, nach glück-

lich expedirtem Paket, erst in dieser halben Stunde dazu gekommen, Ihre Besprechung meines Scherenberg-Buches zu lesen.
(RK 72)

Fontane an Georg Friedlaender   Berlin, 22. April 1885
Am Freitag schicke ich endlich meine Novelle fort, an der ich ein halbes Jahr lang unausgesetzt gearbeitet habe, – dann athme ich auf und beginne mit Abtragung der hoch aufgesummten Briefschulden.
(FRI 6)

Fontane an Georg Friedlaender   Berlin, 24. April 1885
Die kl. »Novelle«[2] habe ich noch nicht gelesen, denn erst seit gestern, wo die meinige nach Leipzig hin abging, bin ich wieder Mensch und kann aufathmen; aber heut noch mache ich mich an die Lektüre derselben.
[...]
Wir leben jetzt mitten im Frühling und ich kann mir noch gar nicht denken, daß ich in 5 oder 6 Wochen schon wieder bei Exner Kaffe trinken und die schöne Marie zu Pferde[3] sehn soll. Vorläufig bin ich von 6monatlicher unausgesetzter Novellenarbeit, immer dieselbe Geschichte, kolossal angegriffen.
(FRI 7)

Fontane an Paul Heyse   Berlin, 24. April 1885
Das Manuskript ist seit gestern zur Post, und heute sitze ich und schreibe Briefe, lange, schwere Schulden abtragend.
(FH 157)

Fontane an Mathilde von Rohr   Berlin, 24. April 1885
Nach langer Zeit mal wieder ein paar Zeilen von mir; gestern habe ich meine für d. »Gartenlaube« bestimmte Novelle zur Post gegeben und benutze die 24 Stunden, in denen ich aufathme, Briefschulden abzutragen.
(SJ III 217)

Fontane an seinen Sohn Friedrich   Krummhübel, 4. Juli 1885
Ich erhalte jetzt jeden 3. Tag Korrekturbogen von der Gartenlaube. Ich denke mir, Anfang September wird es wohl los gehn. (FAP)

2 eine Novelle Friedlaenders, die nicht gedruckt wurde. Vgl. Brief an G. Friedlaender vom 28. 4. 1885.
3 Vgl. FRI 329.

Krummhübel, 7. September 1885
Fontane an seinen Sohn Friedrich
Wie zu Anfang Juni genieße ich eine vollkommene Stille, damals noch keiner hier, jetzt alle wieder verflogen. Der Genuß wäre noch größer, wenn mir nicht meine jetzt zu corrigirende Arbeit viel Müh' und Sorge machte. Und dabei dankt es einem keiner so recht. Das Hingehuschelte ist ebenso gut. (FAP)

Fontane. Tagebuch Anfang Juni – 8. Oktober 1885
Im August und September brachte die »Gartenlaube« meine Novelle »Unterm Birnbaum«; Anfang Oktober sprach mir Buchhändler Müller-Grote seinen Wunsch aus, die Novelle zu verlegen und spätestens Mitte November wird sie erscheinen. Andere Beziehungen zu Westermann, Über Land und Meer und Bazar zerschlugen sich wieder. (E 25, 157)

Fontane an Georg Friedlaender Berlin, 8. November 1885
Mein Buch (die Novelle) erscheint in den nächsten Tagen; sobald es da ist, schicke ich es Ihnen. (FRI 24)

Fontane an Georg Friedlaender Berlin, 16. November 1885
Anbei nun der »Birnbaum« in bequem lesbarer Gestalt. Daß keine schöne, herzerquickliche Gestalt darin ist, wer dies auch gesagt haben mag, ist richtig und keine üble Bemerkung, das Schöne, Trostreiche, Erhebende schreitet aber gestaltlos durch die Geschichte hin und ist einfach das gepredigte Evangelium von der Gerechtigkeit Gottes, von der Ordnung in seiner Welt. Ja, das steht so fest, daß die Predigt sogar einen humoristischen Anstrich gewinnen konnte. (FRI 25)

Fontane an seinen Sohn Friedrich Berlin, 16. November 1885
»Unterm Birnbaum« ist nun erschienen; Honorar und 20 Exemplare (darunter sogar 10 gebundene) sind in meinen Händen und man sieht, es geht alles prompt und flink. Möchte auch der Verkauf flink gehn, aber es wird wohl nicht der Fall sein, und dann schwindet die letzte Hoffnung. Macht mich übrigens nicht unglücklich. (FA II 131 f)

Fontane an seine Tochter　　　　　　　Berlin, 10. Dezember 1885
Das Wichtigste, was ich Dir mitzutheilen habe, ist zugleich ein Verwunderliches: von Müller-Grote's kein Lebenszeichen.
[...]
Nun habe ich vorgestern früh – ich *suchte*, artiger Mann der ich bin, nach einer Annäherung – ihm mein Menzelgedicht[4] geschickt und ein freundliches Briefchen dazu, worin ich ihn um abermals 10 Exemplare[5], gegen in Rechnungstellung, ersuche. Darauf habe ich weder einen Dank, noch eine Antwort, noch die 10 Exemplare erhalten. Alles einigermaßen überraschlich. Hast Du den Schlüssel dazu?　　　　　　　　　　　　　　　　　　　　(SJ II 85)

Fontane an seinen Sohn Friedrich　　　Berlin, 11. Dezember 1885
Habe Dank für Deine freundlichen, mich sehr interessierenden Mitteilungen über den Groteschen Verlag und seine Weihnachsnovitäten. Ich fürchte nur, daß sich das alte Lied wiederholen und alles gehen wird, nur meine Novelle nicht. Ich muß mich drin finden. Gott hat mir ein Talent gegeben, dafür muß ich dankbar sein; Erfolg hat er mir nicht gegeben und darüber darf ich nicht murren. Jedem fehlt etwas und mir nun gerade das. Ich bin verständig genug, es nicht für eine Hauptsache zu halten; vieles andre ist wichtiger. Meine Schicksale nach dieser Seite hin haben etwas geradezu Komisches, und es bleibt immer dasselbe.　　　　　(FA II 132)

Fontane an seinen Sohn Friedrich　　　Berlin, 22. Dezember 1885
Die Vossin brachte heute früh eine vorzügliche Besprechung meines »Birnbaum« von L[udwig] P[ietsch], die freilich auf den Absatz keinen Einfluß haben wird.　　　　　　　　　　　　　(FA II 134)

Fontane an Ludwig Pietsch　　　　　　Berlin, 23. Dezember 1885
Sie haben mir durch Ihre beschämend freundliche Besprechung meiner Novelle[6] schon am Weihnachtsvorabend eine Weihnachtsfreude gemacht. Daß sich etwas von Wehmut mit in diese Freude

---

4 »Auf der Treppe von Sanssouci«.
5 Von »Unterm Birnbaum«; war in der Groteschen Sammlung von Werken zeitgenössischer Schriftsteller als 23. Band erschienen.
6 23. 12. 1885.

hineinmischt, steigert sie nur. Sie sind ja jünger als ich und stehen auch noch forsch und fest im Leben, aber auch Sie werden vielleicht empfinden, daß neue Menschen um uns her geboren wurden, die zu neuen Göttern und Götzen beten. Ich komme aus diesem Gefühl nicht mehr heraus und bin vereinsamt. Und es ist gerade an den glücklichen Tagen wie heute, daß einem dies am lebhaftesten vor die Seele tritt. Mit einer Art Schauder denkt man an die Möglichkeit, daß man rankehaft alt werden und dem Mitleidsobol einer von Pietät und ähnlichen Schnurrpfeifereien emanzipierten Jugend verfallen könnte. Die paar Alten sollten deshalb, soweit es Charakter und Verhältnisse zulassen, zusammenhalten. Über diese Allgemeinbetrachtungen vergeß ich aber die Hauptsache: die Besprechung. Alles Lob schmeckt und geht einem glatt runter, aber neben diesem süßen Alltagslob gibt es doch noch ein Festtagslob, das einen erquickt, stärkt, erhebt. Kein Zucker, sondern Wein. Sie haben Menzel und Turgenjew genannt, und zu beiden blicke ich als zu meinen Meistern und Vorbildern auf. Es ist die Schule, zu der, soweit meine Kenntnis reicht, nur noch Rudolf Lindau gehört. Heyse (so groß sein Talent) nicht, weil er nicht richtig empfindet. Keller und Storm, beide von mir verehrt, sind Erscheinungen für sich. Hopfen wäre famos, wenn er nicht nebenher auch noch Hopfen wäre. Er hat zuviel von sich selbst. Hasige Hasen schmecken nicht.

(E 73 b, 46)

Fontane. Tagebuch　　　　　　18. November – 31. Dezember 1885
Die Novelle »Unterm Birnbaum« erscheint bei Müller-Grote und macht selbstverständlich gar keinen Eindruck. Absatz womöglich noch schlechter als bei Hertz.
[...]
Ich schicke Bücher nach Schmiedeberg (Friedländer), Arnsdorf (Frau Richter), Breslau (Frau von Bülow) und Krummhübel (Frau Schreiber, Lehrer Lösche, Exners) und erhalte von allen Antwortsbriefe.

(E 25, 159 f)

Fontane an seine Tochter　　　　　　Karlsbad, 4. September 1893
Es ist schade, daß Müller-Grote nicht mehr Humor besitzt, sonst veranstaltete er vielleicht von »Unterm Birnbaum« eine neue Auflage, und bemühte sich, alte Scharten auszuwetzen.　　(FA II 298)

Cécile. Roman

Entstehung: seit Juni 1884
Erstausgabe: 1887

Fontane an seine Frau   Thale, 21. Mai 1868
Der heutige Vormittag war durch den Fremdenbesuch sehr interessant. Von 8 bis um 1 kamen fünf Züge, im ganzen vielleicht 1000 Menschen. Wenn die Coupétüren geöffnet wurden und alles in weißen Kleidern auf den Kies sprang (ein Perron ist nicht), so sah es aus, als würde der Sommer ausgegossen.
Die Touristen zu beobachten war außerordentlich amüsant. Ich unterschied verschiedene Gruppen.
Da waren zuerst die ganz jungen Leute, lauter »*Kraftmeier*«. Sie stiegen aus, würdigten das Hotel[1], als einer Stätte der Verwöhnung, keines Blicks, rückten sich den Spitzhut, der einen Eichenzweig und bei einigen sogar einen Gemsbart trug, kriegerisch zurecht, zogen den Rock aus und nahmen die Roßtrappe sofort im Sturm.
Eine andre Gruppe bildeten die *Renommisten,* die See-Befahrnen, die Neunmalklugen. Sie kehrten nicht ein, aber sie sahen sich das Hotel wenigstens an, oder vielmehr sie ließen ihren Trupp halten, um jeden einzelnen auf diese Sehenswürdigkeit aufmerksam zu machen. Diese Renommisten hatten nämlich sozusagen Offiziersrang; sie waren Rottenführer und standen immer an der Spitze eines Trupps, den sie kommandierten. Unglücklich der arme Harzer Guide, der sich einem solchen Rottenführer näherte, um ihm und seinem Trupp seine Hülfe anzubieten. Mit souveränem Lachen, wie es nur der aufschlagen kann, der seinen Baedeker in der Tasche führt, ging es an solchem Unglücklichen vorüber, Karte in Hand, auf den Hexentanzplatz los.
Eine dritte Gruppe waren die *Elegants*. Sie standen immer als liebenswürdige Schwerenöter an der Spitze weiblicher Heerscharen. Wie man auf 500 Schritt die große Trommel hört, wenn irgendwo

[1] Hotel Zehnpfund.

zum Tanze aufgespielt wird, so hörte man auf weiteste Entfernung immer nur die eine Wendung »meine Damen«. Die also Angeredeten hatten alle Ursach, sich der häufigen Wiederkehr dieser Wendung zu freun. Diese Damentrupps mit männlicher Führerschaft kehrten ein und genossen ein Bierchen, Schokolade, auch Bouillon mit Ei. Wenn die Damen zum Aufbruch mahnten, so lächelte der Führer verführerisch, wie wenn er sagen wollte: »Meine Damen, was is mich Roßtrappe; Liebe, Liebe is mich nötig.« Brachen sie dann aber wirklich auf, so sah man die hellen Sommertoiletten, blau und rot garniert, die Berge hinaufklimmen, und alle 20 Schritt fuhr die linke Hand kokett nach hinten, um den jetzt modischen großen Popoknoten zu revidieren oder wieder in Ordnung zu bringen.

Eine vierte Gruppe, und mit dieser will ich schließen, waren die *Dicken*. Kurzbeinig, kurzhalsig, apoplektisch, rot und schweißtriefend tänzelten sie über den Kiesweg in das Hotel hinein, setzten gleich mit Sodawasser ein und erzählten von Touren, die sie vorhätten, daß einem trotz der Hitze ganz kalt werden konnte. Jeder hatte vor, »den Harz heute abzumachen«; fast alle hatten eine rote Blume im Knopfloch. Wie viele von ihnen heute bleiben werden (in jedem Sinne), steht dahin.

Genug von dieser Touristenflut. Heute bei Tisch aß ein alter famoser Obristlieutenant mit, ein Mann wie Below vor 10 oder 12 Jahren. Als ein alter Bekannter ihn fragte, wie's ihm gehe, antwortete er: »Gut genug; wenn man 33 Jahre Kavallerist gewesen ist, ohne physisch, moralisch und pekuniär *absolut* ruiniert zu sein, kann man von Glück sagen. Dies ist mein Fall.« (BE I 335 ff)

Fontane an seine Frau　　　　　　　　　　Thale, 11. Juni 1883
Gestern war hier ein großer Tag. Ich wurde gebeten, statt um 2 allein zu essen, um 1½ an der Table d'hôte zu erscheinen, was ich natürlich nicht ablehnte. Ich saß mit an der Familienecke, hatte den alten Sieben (der natürlich viel jünger ist als ich; Wrangel) neben mir, seine Tochter, die junge Frau, vis à vis. Der Rest der Gesellschaft bestand aus Gutsbesitzern aus der Nähe mit ihren Frauen u. Kindern, lauter nette Leute, die Kinder reizend, besonders als sie Champagner getrunken hatten und Courage kriegten. Nach Tisch

setzten wir uns auf die Veranda und blieben hier von 3 bis 9 und dann noch zwei Stunden von 9 bis 11 in einem kl. Salon, wo Thee getrunken wurde. Die Gesellschaft selbst hatte sich mittlerweile verändert, der alte Sieben, der nach dem Rechten sehen mußte, trat vom Schauplatz ab, dafür traten nun die »Honoratioren von Thale« ein, die wohl daran gewöhnt sind, ihren Sonntag Nachmittag auf der Siebenschen Veranda zuzubringen. Ich stelle Dir diese Herrschaften vor: Rittmeister a. D. Schulz und Frau, technischer Blechhüttenbetriebsdirektor Clauß, kaufmännischer Blechhüttenbetriebsdirektor Stoelting, Dr. med. N. N. und Frau, und Sieben's Schwiegersohn und Frau. Das Beobachten und Schlüsse-ziehn ist, wie Du weißt, meine Wonne. Der konnt' ich mich nun acht Stunden lang hingeben. Endresultat *sehr* günstig. Ich schimpfe immer über Preußen; aber *so* was leistet doch nur Norddeutschland und allenfalls Skandinavien. In England ist schon viel zu viel Schein, gesellschaftlicher Lug und Trug. Alle vorgenannten Personen waren nicht nur sehr gebildet, sondern auch von guter Haltung und fein und liebenswürdig in ihrem Wesen. Der Doctor ein reizender gemüthlicher Kerl aus Nordhausen, seine Frau schlicht, gütig, anmuthig, der Rittmeister (ein Hüne, Kerl wie Niemann, aber noch größer und stattlicher) ehemaliger Berliner Don Juan, der jetzt leider seine frühren Triumphe mit tic douloureux und Kuren in Aachen bezahlen muß, seine Frau hübsche blonde Migränen-Dame mit viel Geld, die beiden Direktoren (Junggesellen) weitgereiste Leute, der Siebensche Schwiegersohn junger Kaufmann aber mit »Abiturienten-Examen« und beinah Reserve-Lieutenant. Mit dem Sieben'schen Sohn – außer dem verheiratheten Schwiegersohn (Pardon, Schwiegersöhne sind immer verheirathet) ist auch noch ein unverheiratheter Sohn hier – sprach ich über England, mit Herrn Stelting über Paris, Pariser Architektur, verändertes Pariser Leben, Zola, Nana, Brüssel und die berühmte Viers'sche oder Wierssche (skandalöserweise kann ich nicht mal sicher den Namen angeben, Heyden kennt ihn aber natürlich) Gemäldesammlung, und entwarf mir davon ein so vorzügliches Bild, daß ich Lust kriegte, Brüssel um dieser Sammlung willen wiederzusehn; mit Herrn Clauß Gespräche über Wien und Italien, mit dem Rittmeister über Prinz Friedrich Karl und Berliner Militair-

verhältnisse, mit dem Doctor über Magnetismus und Spiritismus, – und das alles war nicht blos Gequatsche, sondern *so* gut wie solche Gespräche nur sein können. Wie dumm ist es, sich zu überheben; hinterm Berge wohnen auch immer Leute. Mit dem Schwiegersohn und seiner jungen Frau will ich in den nächsten Tagen nach Quedlinburg. Dieser Schwiegersohn ist erst seit 7 Monaten und der Nordhauser Doktor erst seit 3 Monaten verheirathet, beide Paare sehr glücklich und sehr zärtlich, aber in sehr angenehmer Weise.
(SJ I 195 ff)

Fontane an Emilie Zöllner   Berlin, 5. Juni 1884
Meine eigentliche Sommerfrische soll diesmal vom 1. oder 10. *Juli* ab in Krummhübel genommen werden und diese Sommerfrische mit einem 3 oder 5 tägigen Far niente in Pilgramshain beginnen zu können, wäre sans phrase wundervoll gewesen, im *Juni* läßt sich's aber nicht thun. Ich *muß* die letzten drei Juni-Wochen in Thale zubringen, weil ich dort – im ersten Entwurf – eine Novelle niederschreiben will, deren erste Hälfte in Thale, im Hôtel Zehnpfund, spielt. Ich muß dazu das *Lokal* vor Augen, aber als Zweites, eben so Wichtiges auch unbedingte Ruhe haben, nicht blos äußerliche, sondern namentlich auch innerliche. *Die* hat man aber immer nur in der Einsamkeit, als Solo-Krebs. Einmal hab' ich es bei meiner guten lieben Rohr in Dobbertin versucht, aus dem harmlosesten und freundlichsten Freundeskreise heraus, etwas zu schreiben, aber ich bin damit gescheitert. Die Menschen, unter denen man lebt, stellen sich zwischen einen und das Papier darauf man schreiben will. Natürlich klingt all dergleichen kindisch und doch ist es eine Thatsache.
(SJ IV 85 f)

Fontane an seine Frau   Thale, 9. Juni 1884
Seit Potsdam, wo Hofprediger Strauß mit Frau u. Tochter einstieg, bin ich bis diesen Augenblick 7½ in einer unausgesetzten Conversation geblieben, erst legte der Straus seine Eier, dann bei Tische General Willerding u. Oberamtmann Wannschaffe, dann ein Ostpreuße aus Insterburg (also aus Pancritius Vaterstadt) dann die Familie Sieben, dann ich – ich genieße diese Plaudereien, sehr wählerisch bin ich nicht, aus allem saug' ich meinen Honig und jeden-

falls werde ich stundenlang der *ewigen Produktion* entrissen, was das Beste und Wohlthuendste ist. (SJ I 258)

Fontane an seine Frau   Thale, 16. Juni 1884
Es ist kalt und meine Finger sind so klamm, daß das Schreiben eine Mühe ist. Ein Glück, daß Arbeit gar nicht auf dem Programm steht, sonst sähe es schlimm aus. Gestern hatten wir Concert, aber keine Zuhörer, das schlechte Wetter hatte die Leute zu Haus gehalten und »Vater Sieben«, statt einen Vortheil zu haben, schloß mit einem Verlust von 42 Mark ab. Während des Concerts hatte ich auf meiner Veranda geladenen Besuch:
Hofprediger Dr. Strauß,
Frau Hofprediger Dr. St., geb. v. Alten,
Fräulein Tochter.
Es war sehr nett; *sie* erschien in einem kirschrothen Sammtjacquet mit einem drei fingerbreiten türkisch-orientalischen Collier drauf, ganz wie ein breiter *Gold-Kragen*, und ähnlich dem Schmuck den einige der G. Richterschen Aegypterinnen tragen. Es sah sehr schön aus und Frau Friedrich Raspe (Sieben's Tochter) die mir gerade mit ihrem Manne Gesellschaft leistete, kriegte bei dem Erscheinen der *so* ornamentierten geb. v. Alten einen ordentlichen Schreck. She was evidently shrinking together. Die geb. v. Alten gefällt mir übrigens ganz gut; sie ist sehr nervös, und hat – wenn ich mich nicht verrechne – ein kleines liking für mich, was ja immer captivirt. Der Verkehr zwischen dem Ehepaar ist ein sehr netter, durchaus nicht pappstofflich, und erinnert an den Ton, in dem *wir* mit einander verkehren. Also das höchste Lob. (SJ I 265 f)

Fontane an seine Frau   Thale, 18. Juni 1884
Seit gestern pussle ich an meiner neuen Novelle (aber *nicht* die für die Gartenlaube²) und dies beschränkt mir die Zeit für die Scherenberg-Aufatz-Correctur. (SJ I 271)

Fontane an Friedrich Stephany   Thale, 18. Juni 1884
Trotz der barbarischen Kälte lebe ich glückliche Tage, doppelt glücklich dadurch, daß ich mir seit vielen Jahren zum ersten Male

2 »Unterm Birnbaum«.

wieder eine wirkliche Ruhe gönne. Noch habe ich keinen Strich geschrieben, und so soll's bis Ende Juni bleiben. Zu dem Behagen trägt auch die Gesellschaft bei. Die Durchschnitts-Table d'hôte ist von altersher mein Schrecken. Trifft man's aber gut, so kann es reizend sein. Sechs Mann hoch bilden wir hier eine scharfe Ecke: ein General, ein Amtsrat, ein Bankier, dazu der Wirt, ein ostpreußischer Industrieller und ich. Der Ostpreuße heißt Blechschmidt, ein guter Kerl, aber von Mutter Natur seinem Namen in einer merkwürdigen Weise angepaßt. Desto origineller ist der General, der sich wie alle »a. D.-Leute« dreimal den Tag den Strick um den Hals spricht. Wär' er ein bißchen feiner und ein bißchen weniger eitel, so wär' er ganz Nummer I. So aber kann ich ihm nur II a geben. Zu diesen sechs Herren kommen drei Damen, eine Gräfin R., deren Dame d'honneur, ein Fräulein v. H., und eine Oberstabsarztfrau aus Potsdam, Jugendfreundin der Gräfin. Diese letztere, zweiunddreißig Jahre alt, ist eine Schwiegertochter des alten Fürsten von H., der mehrere Kebsinnen hatte, mit deren Hilfe er, wenn nicht den Ruhm, so doch das Blut des Hauses fortsetzte. Durch diesen physiologischen Vorgang entstanden auch die R., und der älteste dieses Namens heiratete ein strammes (das ist immer die Hauptsache) bürgerliches Madel, das nun als »Gräfin R.« an unsrem Tisch sitzt. Sie quietscht vor Leben und Vergnügen, und wenn der alte General auf der Höhe seiner Zweideutigkeiten steht, verklärt sich ihr fideles Gesicht. Wenn Sie noch hierher kommen sollten, so bin ich ganz sicher, daß es Ihnen gefallen wird, gleichviel ob Sie hier in Hubertusbad oder in Hotel Zehnpfund Ihr Quartier nehmen. Man ist gut aufgehoben, gut bedient und gut verpflegt, ohne durch einen anspruchsvollen Baden-Baden-Ton ennuyiert zu werden. (FR II 91 f)

Fontane an seine Frau   Altenbrak, 19. Juni 1884
Nach 3stündigem Marsch traf ich hier in Altenbrak ein und will nun über Treseburg zurück, nachdem ich mit dem »*Herrn Praeceptor*« einer klassischen 80jährigen Figur (Kopf genau wie Roquette aber 6 Fuß groß und in tiefstem Baß sprechend) zwei Stunden lang geplaudert habe. Alles wundervoll, phantastisch-humoristische Märchenwelt: *Er,* seine »am Zittern« leidende, beständig weinende

Frau und seine entzückende Tochter, Förstersfrau, 30 Jahr alt, mit
5 strammen Jungens.
Alles wundervoller Stoff für meine neue Novelle (*nicht* die Gartenlauben-Novelle) die sich mir heut auf dem 3stündigen Marsch in allen Theilen klar ausgestaltet hat. Es kann nun also damit los gehn, – ich glaube was ganz Feines. (SJ I 271 f)

Fontane an seine Frau   Thale, 20. Juni 1884
Der Tag war sehr schön [...] Das Beste war, daß ich mit meiner Arbeit plötzlich von der Stelle kam; bis dahin hatte ich nur die Tendenz und ein paar Einzelscenen, mit einem Male aber ging die ganze Geschichte klar vor mir auf, namentlich auch in ihren schwierigsten Partieen, und heute früh hab ich denn auch alles in 14 Kapiteln niedergeschrieben. D. h. ganz kurz, jedes Kapitel ein Blatt. Aber es lebt doch nun und strampelt. (SJ I 272)

Fontane an seine Frau   Thale, 22. Juni 1884
Heute Abend werde ich Schmerlen essen, meiner neuen Novelle zu Liebe, worin »beim Praeceptor« Schmerlen gegessen werden.
(SJ I 275)

Fontane. Tagebuch   [2. Hälfte Juli – Anfang September 1884]
In der zweiten Hälfte des Juli ging ich nach Krummhübel [...]
Am Vormittag arbeitete ich an meiner Novelle »Cécile« [...]
(E 25, 147 f)

Fontane an seine Frau   Krummhübel, 24. Juli 1884
Vormittags arbeite ich ein wenig; ich ordne, gruppire, erfinde, nur das *Gestalten* glückt nicht, es ist als ob mir alle Kraft dazu abhanden gekommen wäre und nicht wiederkommen wolle. Nun, es muß auch so gehn. (SJ I 285)

Fontane an seine Frau   Krummhübel, 28. Juli 1884
Ich arbeite jeden Tag und schreibe im Laufe des Vormittags 6 Seiten in einem *sehr* unfertigen Zustande nieder, aber selbst diese 6 unfertigen Seiten greifen mich an und zeigen mir, daß ich noch immer nicht auf meinem frühren Normalstand oder aber überhaupt in der Decadence bin. (SJ I 287)

Fontane an seine Tochter   Krummhübel, 18. August 1884
In *dieser* Woche will ich noch fleißig sein; jeden Morgen schreibe ich 8 bis 10 Blätter d. h. was man so schreiben heißt.   (SJ II 69)

Fontane an seinen Sohn Friedrich   24. August 1884
[...] morgen (Montag) habe ich noch zu tun, dann aber bin ich mit meiner neuen Novelle so weit fertig, wie ich hier überhaupt kommen wollte.   (A 4, 570)

Fontane an Adolf Glaser   Berlin, 25. April [1885?]
Gestern endlich ist die Novelle, die mich den Winter über beschäftigt hat³, an Kroener abgegangen und da der deutsche Schriftsteller bekanntlich nur *die* Form der Erholung kennt, die sich Wechsel der Arbeit nennt, so habe ich heut schon die für Sie bez. Westermanns bestimmte aus dem Stall gezogen. Eh ich nun aber ans Aufputzen und Striegeln gehe, möchte ich gern noch einmal hören, daß Sie die Sache auch bestimmt wollen, sonst sitze ich schließlich mit meiner Herrlichkeit da. Stoff: Ein forscher Kerl, 25, Mann von Welt, liebt und verehrt – nein, verehrt ist zu viel – liebt und umkurt eine schöne junge Frau, kränklich, pikant. Eines schönen Tages entpuppt sie sich als reponirte Fürstengeliebte. Sofort veränderter Ton, Zudringlichkeit mit den Allüren des guten Rechts. Conflikte; tragischer Ausgang. Das die Geschichte in 22 Kapiteln; ich taxire den Umfang auf 6 Bogen, wenn mehr, nur ein ganz Geringes. Honorar: 500 Mark pro Bogen, zahlbar nach Empfang des Manuskripts. Ablieferungstermin nicht genau zu bestimmen, nach meiner Berechnung Mitte September. Ihre Güte wird diese Zeilen gelegentlich in Braunschweig vorlegen und sehe ich dann einem entscheidenden nein oder ja entgegen. Hoffentlich ein ja!
[...]
Noch ein Punkt: ich muß es Herbst 86 als Buch erscheinen lassen dürfen.   (FAP)

Fontane an seine Frau   Krummhübel, 8. September 1885
Meine Stimmung ist heute viel besser als gestern und vorgestern,

3 »Quitt«.

trotzdem ich durch Hektor schon um 5 Uhr wach geblafft wurde. Besondres Glück ist mir auch nicht passirt – wenn ich nicht ein großes Stück alten Pflaumenkuchen, gestern erstanden, dahin rechnen soll – und so finde ich keinen andren Grund für mein Wohlbefinden, als daß ich heute Vormittag ein ganzes Kapitel durchcorrigirt habe; sonst dauert es immer 3 Tage und mitunter, die langen, auch 5.
[...]
Es hat mich amüsirt, daß mein »schweres Manuskript« 2 Mark Ueberfracht veranlaßt hat. Also vorläufig nur Kosten; »die Woche fängt jut an.« (SJ I 303 f)

Fontane an seine Frau Krummhübel, 12. September 1885
Das Wetter ist toll, Regen und Sturm, glücklicherweise nicht allzu kalt [...]
Mir ist das Wetter nicht unangenehm, überhaupt ist mir jedes Wetter recht, wenn nur keine Malaria herrscht. Und davor bin ich hier sicher. Meine Correkturarbeit setze ich fort [...] (SJ I 307)

Fontane an seine Frau Krummhübel, 13. September 1885
Es ist 2 und ich bin angegriffen vom Corrigiren; unter den schwierigen Kapiteln war es das letzte; was nun noch kommt, ist verhältnißmäßig leicht. (SJ I 309)

Fontane an seinen Sohn Theodor Berlin, 21. September 1885
Ich habe während meiner Sommerfrische eine lange Novelle durchkorrigirt, von deren Ertrag ich diesen Winter zu leben hoffe.
(BE II 141)

Fontane. Tagebuch Anfang Juni – 8. Oktober 1885
Am 1. Juni ging ich nach Krummhübel [...] schrieb dann bis Mitte Juli Verse, darunter ein langes Bismarckgedicht[4], und begann dann mit der Korrektur meiner Novelle »Cécile«, welche schwierige Arbeit bis zum 17. oder 18. September andauerte, an welchem Tage ich nach mehr als 3½ monatiger Abwesenheit nach

---

4 »Zeus in Mission« (vgl. HA 6, 1062).

Berlin zurückkehrte. Mein diesmaliger Aufenthalt war sehr angenehm, noch angenehmer als der von 84. Ich hatte sehr viel Anregung [...] gesundheitlich tat es mir wohl, und ich traf in leidlich guter Verfassung wieder in Berlin ein. Einige Tage widmete ich noch der Novellenkorrektur, dann begann ich Prolog, Toast und Verse zum großen Koloniefest, 200jährige Jubelfeier, zu schreiben.

(E 25, 156 f)

Fontane. Tagebuch 18. November – 31. Dezember 1885
Ich fahre fort mit der Korrektur meiner Novelle »Cécile« und komme damit bis zur Hälfte. (E 25, 159)

Fontane an Wilhelm Hertz Berlin, 19. Januar 1886
Vor einigen Tagen besuchte mich ein Herr v. Puttkamer, Redakteur der mir unbekannten Wochen- oder Monatsschrift »Das Universum« und bat mich um einen Roman oder eine längere Novelle. »Die Honorarfrage komme gar nicht in Betracht.« Süßer Klang. Aber vielleicht Sirenenlied, um den armen Schiffer zu verderben. Ich möchte deshalb nicht eher »ja« sagen, als bis ich über die Zahlungslust und Zahlungsfähigkeit des »Universums« völlig beruhigt bin. Das Universum ist ein mißliches Pfandobjekt; was nutzt einem eine Anweisung auf den gestirnten Himmel? Herr v. Puttkamer und sein Journal sind in *Dresden* zu Haus; ist es Ihnen vielleicht möglich in Erfahrung zu bringen, wie groß und wie zuverlässig der betr. Arnheim[4a] ist? Ich kann einige Bedenken nicht los werden.

(WHH 284)

Fontane an Adolf Kröner Berlin, 22. Januar 1886
Darf ich, bei dieser sich mir bietenden Gelegenheit, noch mit einer Frage kommen? Das »*Universum*«, eine in Dresden erscheinende, mir bis dahin unbekannte Monatsschrift, hat mich um eine größere Novelle gebeten, mit dem imposanten Zusatze: »Honorarfrage gleichgültig«. Ich habe denn auch zugesagt und dem betr: Herrn die Novelle (»Cécile«) versprochen, mit deren Inhaltsangabe ich Sie, glaub' ich, 2 mal inkommodirt habe. So weit alles gut. Aber wie steht es mit der Zahlungsfähigkeit derer, denen die »Honorarfrage gleichgültig« ist? Wenn es nicht gegen Ihre Prinzipien ver-

4a Geldschrank.

stößt, eine solche Frage wenigstens andeutungsweise zu beantworten, so bitte ich darum. (E 58, 463 f)

Fontane an Wilhelm Hertz   Berlin, 28. Januar 1886
Sehr schönen Dank für die mir äußerst willkommenen Mittheilungen, um so willkommner als ich mittlerweile bereits abgeschlossen, aber doch eine kleine Angst im Herzen hatte. (WHH 284)

Fontane an Wilhelm Hertz   Berlin, 31. Januar 1886
Auch für diese zweite Benachrichtigung in Sachen des »Universums« meinen herzlichen Dank. Ich werde nun ja wohl leidlich sicher gehn. (WHH 285)

Fontane an seinen Sohn Friedrich   Berlin, 3. Februar 1886
Mama ist fleißig bei der Abschrift meiner neusten Novelle; sie wird in einer neuen Monatsschrift, die den Titel führt »Das Universum« erscheinen, und zwar schon im März- oder Aprilheft. Die Bedingungen sind günstig, das liter. Ansehn nicht bedeutend, was mir aber gleichgültig ist, weil ich nicht die Erfahrung gemacht habe, daß bei berühmten Firmen und Redaktionen mehr herauskommt als bei kleinen. (BD)

Fontane an Wilhelm Hertz   Berlin, 13. Februar 1886
Ergebensten Dank. Es trifft sich komisch, daß sich der Taunus[5] zum Richter über das Universum macht. Und doch hat er vielleicht Recht. Gleichviel, ich habe nochmals Anfragen in die Welt gesandt, um, *wenn* ich 'reinfalle, mein Trauerspiel wenigstens mit dem Trostwort: »Cardinal, ich habe das Meine gethan« abschließen zu können. Wenig aber doch 'was! (WHH 285)

Fontane an seinen Sohn Friedrich   Berlin, 29. März 1886
Ich will Dir doch für Deine Karte herzlich danken; Du bist in Oldenburg besser unterrichtet als ich hier, denn ich wußte noch gar nicht, daß der Anfang der Novelle schon erschienen sei. Ich freue mich, daß es Dir gefallen hat, auch ist deine Bemerkung sehr rich-

5 Dr. Braun in Wiesbaden.

tig, daß der nebenherlaufende Bummelton einiger Figuren, also besonders auch der beiden Berliner, die Gewitterschwüle des Hauptthemas steigern soll.
Am Sonnabend habe ich die letzten fünf Kapitel eingesandt, und ich bin nun erwartungsvoll, ob man sich prompt legitimieren wird. Ich hoffe es. (E 63, 731)

Fontane. Tagebuch 1. Januar – 28. April 1886
Meine Arbeit bis Ende März war Fortsetzung und Schluß meiner Novellenkorrektur (Cécile). Das Honorar wird mir zu meiner Freude prompt ausgezahlt. (E 25, 161)

Fontane an Georg Friedlaender Berlin, 9. April 1886
Im »Universum« (den Westermannschen Monatsheften verwandt) erscheint jetzt meine neuste Arbeit, an der ich schon in Krummhübel herumcorrigirte und dann den ganzen Winter durch bis jetzt, – eine riesig mühevolle Arbeit und vielleicht nicht mal geglückt. Meine Frau wenigstens betont ziemlich unverblümt eine starke Langweiligkeit. Aber schließlich, *was* ist interessant? Doch am Ende nur das, was fleißig und ordentlich ist. Alles andre ist Schwindel oder nicht besser als Polizeibericht. Im Gegentheil; *der* hat wenigstens die Phrasenlosigkeit. (FRI 32 f)

Emilie Fontane an Mathilde von Rohr Berlin, 10. März 1887
Eine Novelle meines Mannes »Cécilie« hat in einem in Dresden erscheinenden Journal: »Universum« gestanden u. mein Mann hoffte es Ihnen bereits zu Weihnachten überreichen zu können. Aber eine neue Kränkung wartete seiner. Hertz, aus unerklärlichen Gründen, *lehnte die Arbeit ab*, die von Kennern als eine der feinsten meines Mannes angesehen wird u. so liegt sie nun ruhig im Kasten. Natürlich ermutigen solche Erlebnisse meinen armen Mann nicht zu neuem Schaffen u. was er nie ausgesprochen hat, thut er jetzt: brauchte ich es nicht zum Lebensunterhalt, ich schriebe keine Zeile mehr. (FAP)

Fontane an Mathilde von Rohr Berlin, 19. April 1887
W. Hertz wird mir zwar schon zuvorgekommen sein und Ihnen ein »Cécile«-Exemplar geschickt haben, aber auch eins aus des Ver-

fassers, Ihres dankbaren alten Freundes Hand soll nicht fehlen. Möge die Geschichte leidlich Gnade vor Ihren Augen finden; moralisch ist sie, denn sie predigt den Satz: »sitzt man erst mal drin, gleichviel ob durch eigne Schuld oder unglückliche Constellation, so kommt man nicht mehr heraus. Es wird nichts vergessen.«

(SJ III 225)

Fontane an Paul Schlenther   Berlin, 19. April 1887
Darf ich Ihnen in Beifolgendem mein Neuestes überreichen! Vielleicht finden, will sagen nehmen Sie Gelegenheit in »Nation« oder »Frankf. Ztg.« ein paar freundliche Worte darüber zu sagen, freundliche, die deshalb durchaus nicht lobende zu sein brauchen.[6] In der Vossin einen Schuß abzufeuern, will ich L[udwig] P[ietsch] bitten.   (FAP)

Fontane an Emil Dominik   Berlin, 24. April 1887
Wie geht es mit dem Buch? Ich bin schon glücklich, wenn ich höre: nicht schlecht.
L. P[ietsch] denke ich wird nächstens eine kleine Kritik loslassen. Vielleicht folgt dann Schlenther, W. Lübke will in der Augsb. Allg. schreiben.   (FAP)

Fontane an Josephine von Heyden   Berlin, 27. April 1887
Meine Frau hatte vor, Ihnen gestern mein Buch zu überbringen; es kam etwas dazwischen und so trat Martha, ohne daß ich davon wußte, für die Mama ein. *Hätte* ich davon gewußt, so würde ich nicht ermangelt haben, dem Buch ein paar Briefzeilen mit auf den Weg zu geben, denn es ist ein Unterschied zwischen Frau und Tochter; die Frau hat den Rang eines »Botschafters«, die Tochter nicht. Ich wollte mich in dieser Sache doch mit einem Wort entschuldigt haben.   (FAP)

Fontane an Paul Schlenther   Berlin, 2. Juni 1887
Erst gestern abend, wo Dr. Brahm eine Stunde bei uns verplauderte, habe ich in Erfahrung gebracht, daß ich die freundliche Be-

6 Schlenthers Rezension V. Z. 27. 5. 1887.

sprechung »Céciles« in der Vossin[7] Ihrer Güte verdanke. Jede Zeile bekundet Wohlgeneigtheit gegen Buch und Verfasser, am meisten vielleicht da, wo der Schwächen und angreifbaren Punkte gedacht wird. So z. B. der Längen und Breiten in der Quedlinburger Lokalbeschreibung. Dabei hat Ihre Güte darauf verzichtet, den Leser wissen zu lassen, daß das Buch von solchen »Quedlinburgereien« (J. Wolff, deutungsreich, ist aus Quedlinburg, nicht bloß Klopstock) wimmelt. In einem Punkte sind Sie mir, glaub ich, nicht ganz gerecht geworden. »Cécile« ist doch mehr als eine Alltagsgeschichte, die liebevoll und mit einem gewissen Aufwande von Kunst erzählt ist. Wenigstens *will* die Geschichte noch etwas mehr sein; sie setzt sich erstens vor, einen Charakter zu zeichnen, der soweit meine Novellenkenntnis reicht (freilich nicht sehr weit) noch nicht gezeichnet ist, und will zweitens den Satz illustrieren, »wer mal ›drinsitzt‹, gleichviel mit oder ohne Schuld, kommt nicht wieder heraus«. Also etwas wie Tendenz. Auch das, wenigstens in dieser Gestaltung, ist neu. Mein Dank wird durch diese Bemerkung nicht beeinträchtigt.

(BE II 159)

Fontane. Tagebuch   1. März – 6. Juli 1887
Im März oder April erscheint Dominik und nimmt meine Novelle »Cécile« in seinen Verlag. Es verkehrt sich sehr angenehm mit ihm, Fortfall aller Kleinlichkeit und Sechserwirtschaft. In 14 Tagen oder doch spätestens in drei Wochen war das Buch fertig und stand in den Schaufenstern. Die Aufnahme beim Publikum ziemlich gut; Dr. Ed. Engel schreibt mir einen Brief voll Anerkennung, Paul Schlenther bringt eine Kritik in der Vossin, das Freundlichste sagt Lübke in der Augsb. Allg. Ztg. in einem längeren Artikel »Th. Fontane als Erzähler«.[8]

(E 25, 166 f)

Fontane an seine Frau   Rüdersdorf, 16. Juli 1887
Gleichzeitig mit Deiner Karte kamen Brief und Karte von Stephany und in einem anderen Couvert eine in den »Grenzboten« erschiene[ne] Cécile-Kritik. Letztre ganz ausgezeichnet. Ich habe sie

---

[7] vom 27. 5. 1887.
[8] »Augsburger Allgemeine Zeitung« vom 16. u. 17. 6. 1887.

erst halb gelesen, deshalb schließe ich sie diesen Zeilen nicht bei. Wenn man damit die Rüpeleien und Ueberheblichkeiten in der »Post« vergleicht! Tadle man mich doch, aber zum Hämisch- und Gehässigsein gebe ich Niemandem Veranlassung, weder durch meine Person noch durch meine Produktion.

(SJ I 329 f)

Fontane an Friedrich Stephany   Rüdersdorf, 16. Juli 1887
Wem verdanke ich die famose Kritik in den Grenzboten?[9] Ist Ihnen der Verfasser erreichbar, so bitte ich dringend, ihm in meinem Namen zu danken. Gott, sich so liebevoll, eingängig und nicht bloß wohlwollend, sondern auch fein im Ausdruck behandelt zu sehn, ist eine wahre Herzstärkung. Wer die Sachen *so* anfaßt, *den* Ton hat, der könnte einem selbst den schärfsten Tadel versüßen.

(BE II 169)

Fontane an seinen Sohn Theodor   Krummhübel, 8. September 1887
Sei schönstens bedankt für Deinen lieben Brief, dem ich in vielen Stücken zustimmen kann, freilich nicht in allen. In der Parallele, die Du zwischen »Irrungen, Wirrungen« und »Cécile« ziehst, stehe ich ganz auf Deiner Seite. Die langen Auseinandersetzungen über die Askanier werden nicht viel Freunde gefunden haben, und hinsichtlich meiner künstlerischen Absicht, den »Privatgelehrten« als eine langweilige Figur zu zeichnen, wird man mir mutmaßlich sagen, »meinem Ziele nähergekommen zu sein als nötig«. Als ich an »Cécile« arbeitete, begegneten mir allerhand Ödheiten in den Berliner und brandenburgischen Geschichtsvereinen, und weil diese Ledernheiten zugleich sehr anspruchsvoll auftraten, beschloß ich, solche Gelehrtenkarikatur abzukonterfeien. Ich hätte es aber lieber nicht tun sollen, die Novelle wäre dadurch um etwas kürzer und um vieles besser geworden.

(BE II 171)

Fontane an Paul Schlenther   Krummhübel, 9. September 1887
Als ich noch in Rüdersdorf war – beiläufig in seiner Art auch ein idealer Aufenthalt – schickte mir Stephany ein Grenzbotenheft mit

---

9 Adolf Stern, 46. Jg., 3. Quartal, 1887.

einer längeren, überaus freundlichen Besprechung meiner Cécile. Waren Sie der liebenswürdige Attentäter? Oder Brahm? Wenn keiner von Ihnen beiden, so weiß ich nicht mehr, auf wen ich raten soll[10]. Ich habe keinen, der sich, wie Auerbach sagte »eines Veteranen annimmt«. Dann und wann findet sich wohl einer, aber das ist dann auch meist danach, guter Mensch und schlechter Musikante. (LA 422)

Fontane an seine Tochter   Berlin, 16. Februar 1894
Sehr hat mich amüsiert, was Du in Deinem letzten Briefe über Eginhard und die Askanier schriebst. Ja, so kommt man 'runter oder auch 'rauf, je nachdem. Der Stoff ist etwas Gleichgültiges und die Sensation – und nun gar die sensationelle Liebesgeschichte – etwas Gemeines. Nur Goethe oder ähnliche dürfen sich den Spaß erlauben. (SJ II 234)

Fontane an Colmar Grünhagen   Berlin, 10. Oktober 1895
Ich freue mich auf »Thaubadel« und mehr noch auf den »Schlesischen Adel vor 100 Jahren im Lichte der öffentlichen Meinung«[11]. Hoffentlich kommt er bei dieser Beleuchtung gut fort, denn wie ich eine Vorliebe für die Schlesier überhaupt habe, so speziell für den schlesischen Adel. Er ist gewiß, nach bestimmten Seiten hin, sehr anfechtbar, aber grade diese Anfechtbarkeiten machen ihn interessant und mir auch sympathisch. Es sind keine Tugendmeier, was mir immer wohltut. Ich war nie ein Lebemann, aber ich freue mich, wenn andere leben, Männlein wie Fräulein. Der natürliche Mensch will leben, will weder fromm noch keusch noch sittlich sein, lauter Kunstprodukte von einem gewissen, aber immer zweifelhaft bleibenden Wert, weil es an Echtheit und Natürlichkeit fehlt. Dies Natürliche hat es mir seit lange angetan, ich lege nur *darauf* Gewicht, fühle mich nur *da*durch angezogen, und dies ist wohl der Grund, warum meine Frauengestalten alle einen Knacks weghaben. Gerade dadurch sind sie mir lieb, ich verliebe mich in sie, nicht um

10 Vgl. Anm. z. Brief an Friedrich Stephany vom 16. 7. 1887.
11 Arbeiten von C. Grünhagen.

ihrer Tugenden, sondern um ihrer Menschlichkeiten, d. h. um ihrer Schwächen und Sünden willen. Sehr viel gilt mir auch die Ehrlichkeit, der man bei den Magdalenen mehr begegnet als bei den Genoveven. Dies alles, um Cécile und Effi ein wenig zu erklären.

(BE II 382)

Irrungen, Wirrungen. Roman

Entstehung: seit Sommer 1882
Erstausgabe: 1888

Fontane an seine FrauBerlin, 19. Juli 1882
Uebrigens hab ich heute Vormittag eine neue Novelle entworfen; wieder *sehr* diffizil, sehr intrikat.(SJ I 166)

Fontane. Tagebuch12. Dezember 1882
Novellenstoff aufgeschrieben (›Irrt, wirrt‹) [...](A 5, 529)

Fontane an seine FrauThale, 22. Juni 1883
In Nordernei will ich [...] meine neue Novelle schreiben.

(SJ I 208)

Fontane an seine FrauNorderney, 29. Juli 1883
Im September wollt' ich, seefrisch, meine neue Novelle schreiben und fürchte nun durch diesen fatalen Zwischenfall[1] darum zu kommen.(SJ I 232)

Fontane. Tagebuch.9. April 1884
Gearbeitet; meine neue Novelle »Irrungen – Wirrungen« wieder in Angriff genommen; die Kapitel geordnet.(E 25,140)

---

1 privater Ärger, vgl. Kontext des Briefes.

Fontane, Tagebuch	11. u. 12. April 1884
[tägliche Eintragungen:]	14.–17. April 1884
	19. April 1884
	21. u. 22. April 1884
	25. April 1884
	27. April 1884
Gearbeitet: Irrungen usw.	(E 25, 141 ff)

Fontane. Tagebuch 28. April – 9. Mai 1884
Bis zum 2. Mai an meiner Novelle (Irrungen usw.) gearbeitet; dann stelle ich wegen Unwohlseins die Arbeit ein und beginne große Partien in die Umgegend von Berlin, zum Teil Ausflüge im Interesse meiner Novelle. Montag, den 5. Mai, Ausflug nach der Jungfernheide, um das Hinkeldey-Kreuz aufzusuchen; Dienstag, den 6., nach dem Rollkrug und dem neuen Jacobi-Kirchhof Mittwoch, den 7. (Bußtag) mit Zöllners nach »Hankels Ablage« an der wendischen Spree. (E 25, 143)

Fontane. Tagebuch 11. Mai 1884
Sehr heiß; herumgepusselt. (E 25, 144)

Fontane an seine Frau Hankels Ablage, 12. oder 13. Mai 1884
Ueber die Geschichte von Hankels Ablage bin ich bereits informirt, damit aber hat es sein Ende. Die Menschen gefallen mir, aber die Thiere... Hoffen wir indeß; draußen schlägt eben die Nachtigall und widerlegt meinen Pessimismus. Ich bin angegriffen, müde, aber das schadet nichts, wenn ich nur jeden Tag 2 frische Stunden habe. (SJ I 251 f)

Fontane an seine Frau Hankels Ablage, 13. Mai 1884
Heute Vormittag, bei gelegentlich niederfallendem Regen, habe ich meine »Rate« geschrieben. Und mit Rücksicht darauf, daß es eine sehr schwierige Situation war, kann ich leidlich zufrieden sein. Ich möchte nicht eher hier fort, als bis ich mit dem Entwurf des Ganzen fertig bin und so werd' ich wohl am Sonnabend nur zum Theater in die Stadt kommen und am Sonntag 3 Uhr wieder nach hier hinaus fahren. (SJ I 252)

Fontane an seine Frau   Hankels Ablage, 14. Mai 1884
Trotz starken Abattu-seins hab' ich auch heute wieder mein Kapitel geschrieben nach dem alten Goethe-Satze: »Gebt ihr euch einmal für Poeten, So kommandirt die Poesie.« Daß es gleich gut wird, ist schließlich auch nicht nöthig und eigentlich von *dem* der täglich sein Pensum arbeitet auch nicht zu verlangen. Es wird wie's wird. In der Regel steht Dummes, Geschmackvolles, Ungeschicktes neben ganz Gutem und ist Letztres nur überhaupt da, so kann ich schon zufrieden sein. Ich habe dann nur noch die Aufgabe es herauszupulen. Dies ist zwar mitunter nicht blos mühsam, sondern auch schwer, es giebt einem aber doch eine Beruhigung zu wissen »ja, *da* ist es, suche nur und finde.« Meine ganze Produktion ist Psychographie und Kritik, Dunkelschöpfung im Lichte zurechtgerückt. Ein Zufall hat es so gefügt, daß ich diese ganze Novelle mit halber und viertel Kraft geschrieben habe. Dennoch wird ihr dies schließlich niemand ansehn.   (SJ I 253 f)

Fontane an seine Frau   Hankels Ablage, 15. Mai 1884
Auch heute habe ich wieder ein Kapitel geschrieben.   (SJ I 255)

Fontane an seine Frau   Hankels Ablage, 25. Mai 1884
Mein letztes Kapitel (eigentlich ist es eins aus der Mitte heraus) hab' ich heute glücklich beendet [...]   (SJ I 256 f)

Fontane. Tagebuch   12.–26. Mai 1884
Vom 12. bis 26. Mai, runde 14 Tage, blieb ich in Hankels Ablage und schrieb acht Kapitel zu meiner Novelle »Irrungen – Wirrungen«, wodurch ich dieselbe im ersten Entwurf zum Abschluß brachte.   (E 25, 144)

Fontane an seine Frau   Krummhübel, 9. Juni 1885
Ich arbeite hier den ganzen Tag; aber dies arbeiten ist doch auch unnatürlich, es ist eine Art hot-house Produktion, die, wenn sie andauerte, mich gerade so ruiniren würde, wie Berlin und sein Kanal. Ein Unterschied ist aber doch: am Kanal hab' ich Hunger und verdiene nichts, hier habe ich keinen Hunger und verdiene. Namentlich auch für meine Familie ein wesentlicher Unterschied. (FAP)

Fontane. Tagebuch   1. Januar – 28. April 1886
Im April beginne ich die Korrektur meiner Novelle »Irrungen-Wirrungen«.
(E 25, 161)

Fontane. Tagebuch   29. April – 15. September 1886
Bis Mitte Mai fahre ich mit der Korrektur von »Irrungen – Wirrungen« fort [...]
(E 25, 162)

Fontane. Tagebuch   16. September – 31. Dezember 1886
Meine Hauptbeschäftigung bis Neujahr war die Korrektur meiner Novelle »Irrungen–Wirrungen«, womit ich auch gerade fertig wurde.
(E 25, 164 f)

Fontane an seine Tochter   Berlin, 1. Juli 1887
Uebermorgen hoffe ich mit der Novelle, bei der ich wenigstens wieder »Geduld« bewiesen habe, fertig zu sein [...]   (SJ II 87)

Fontane. Tagebuch   1. März – 6. Juli 1887
Vom März an begann ich die Korrektur meiner für die Vossin bestimmten Novelle: »Irrungen – Wirrungen«. Erst am 5. Juli bin ich ganz damit fertig und kann sie einsiegeln; leider ist Stephany verreist, und so verzögert sich der Abdruck, wenn er überhaupt noch erfolgt.
[...]
Emilie leidlich bei Weg und viel mit Abschreiben beschäftigt, erst »Irrungen–Wirrungen« [...]   (E 25, 166 f)

Fontane an seine Frau   Rüdersdorf, 9. Juli 1887
Mein Befinden ist gut, nur der Kopf sehr benommen, so daß ich froh bin, relativ leichte Arbeit zu haben. Ich denke jeden Tag ein Kapitel im Rohbau fertig zu kriegen, rechne ich dann noch 14 Tage für die Korrektur, so denke ich bis etwa 7. August fertig zu sein. Weitre Pläne mag ich noch nicht machen; alles ist so sehr in der Schwebe, zunächst muß das mit der Vossin[2] in Ordnung kommen; liegen Verstimmungen gegen mich vor, so habe ich nicht Lust für

2 Vgl. Brief an Emil Dominik vom 14. 7. 1887.

den September um Urlaub zu bitten; ich würde dann in Berlin bleiben und nur wochenweis hier nach dem »Seebad« übersiedeln. Aber kein Kopfzerbrechen *darüber!*
[...]
Gelesen habe ich noch keine Zeile, auch keine Zeitung, habe auch kein Verlangen danach. Ich sitze viel am Waldrand und kucke auf die Felder, Gehöfte, Baumgruppen. Aber meine Freude daran ist doch viel geringer als sonst. Früher beobachtete ich das alles künstlerisch liebevoll und verwandte es im Geist für diese oder jene Arbeit. Aber die Gleichgültigkeit des Publikums dagegen, das Einsehn, daß es einem nichts hilft und daß man in der Müller-Schultzeschaft stecken bleibt (wenigstens nach Meinung der Leute) hat mir die Lust an allem verdorben, ich fechte, wie eine gute alte Truppe, nur noch Anstands- und Ehrenhalber, wenn auch die Ehrenausbeute mehr als zweifelhaft ist.

(SJ I 321 f)

Fontane an Friedrich Stephany   Rüdersdorf, 13. Juli 1887
Es tut mir leid, daß sich das Spiel mit der Novelle so lange verzögert hat, es könnte nun schon halb zu Ende sein; ich kann mir aber keinen Vorwurf machen, alles blieb so mitternächtig ruhig, daß ich Gespenster sah und mich mit meinem M. S. unterm Arm nicht recht heraustraute. Mit nach captatio benevolentiae schmeckenden Bemerkungen über die Novelle behellige ich Sie nicht; Schicksal nimm deinen Lauf; die Würfel fallen und ich muß abwarten 12 oder 0. An Fleiß habe ich es nicht fehlen lassen, ich habe weit über ein Jahr daran gearbeitet und wie! Vielleicht würd' es sich – wenn es nicht schon zu spät ist – empfehlen, einfach die Überschrift zu machen:

Irrungen, Wirrungen.
Von Theodor Fontane.

»Roman« sagt gar nichts und »Berliner Roman« ist schrecklich und schon halb in Mißkredit. »Eine Berliner Alltagsgeschichte« ist, glaub' ich, nicht übel, aber man könnte es nur dem 1. Kapitel vordrucken und dann in der Folge gar keine weitere Bezeichnung. Wiederholt man diese Bezeichnung nämlich, so wirkt sie höchst prätensiös.   (LA 420)

Fontane an Emil Dominik   Rüdersdorf, 14. Juli 1887

Ihren liebenswürdigen Brief vom 4., den ich noch in Berlin empfing – erst seit dem 7. bin ich hier –, hätte ich viel früher beantwortet, wenn ich nicht gewünscht hätte, vorher über die Schicksale meiner für die Vossin bestimmten Novellen[3] aufgeklärt zu sein. Stephany kam und kam nicht (er war diesmal 8 Wochen fort statt der herkömmlichen 6), und da sich, in seiner Abwesenheit, weder Lessing noch der stellvertretende Redakteur Dr. Liepmann bei mir meldeten, so kam mir der Soupçon: »Gott, die fangen wohl an, mau zu werden.« Hätte sich dieser Soupçon nun bestätigt, so hätte ich mir erlaubt, Ihnen die Novelle anzubieten, wiewohl ich weiß, daß man Arbeiten (auch ungelesene), die von andern eben zurückgewiesen wurden, nicht gleich wieder ins Feuer schicken soll. Es ist wie mit einer geschlagenen Truppe, der Führer hat die Courage verloren, und der Truppe selbst sitzt »der Dod um der Nase«. Nun, um's kurz zu machen, meine Befürchtungen waren ungegründet, Stephany bei seiner Rückkehr (meine Frau suchte ihn auf; ich war schon fort) sehr liebenswürdig, und so wird denn wohl der Abdruck am Sonntag oder Dienstag früh beginnen. In einem Betracht bin ich froh darüber, weil das beßre Publikum der Vossin so recht in der Lage ist, den berlinschen »flavour« der Sache – worauf ich mich schließlich doch wohl am besten verstehe – herauszuschmecken, auch hat das rasche Aufeinanderfolgen der Kapitel große Vorteile; andrerseits sag ich mir: »Gott, wer liest Novellen bei die Hitze, wer hat jetzt Lust und Fähigkeit, auf die hundert und, ich kann dreist sagen, auf die tausend Finessen zu achten, die ich dieser von mir besonders geliebten Arbeit mit auf den Lebensweg gegeben habe.« Den Geldpunkt lasse ich dabei noch unerwähnt; ich kriege nun, weil es schon ein über 4 Jahr altes Abkommen ist, 400 Mark pro Nord-und-Süd-Bogen, während mir Kröner für meine neueste, im vorigen Jahr in Krummhübel geschriebene Arbeit[4] 600 Mark zahlt. Es ist mir dies aber gleichgültig, was ich mit Nachdruck hervorhebe, damit Sie nicht unter ironischem Lächeln sagen: »Donnerwetter, der ist teuer geworden.« Unter 400 möchte ich

---

3 »Irrungen, Wirrungen« und »Stine«.
4 »Quitt«.

nicht mehr sinken, aber was darüber ist, ist mir angenehm, ohne Gegenstand der Begehrlichkeit zu sein. Wenn Sie die Arbeit lesen, Sie machen ja dergleichen möglich, und wenn's auch Geschäfte hagelt, bin ich neugierig, Ihre Meinung darüber zu hören, und ob Sie's als Fluch oder Segen ansehn, an der Geschichte vorbeigeschrammt zu sein. Nie hätte ich geglaubt, daß Ihnen die Bilderfrage je Sorge machen könnte; hoffentlich hat die Reise nach München alles erledigt. (BE II 166 ff)

Fontane an seine Frau   Rüdersdorf, 14. Juli 1887
Meine berühmte Novelle wird nun wohl am Sonntag oder Dienstag beginnen; ich habe nur das *eine* Gefühl: »Gott, wer soll es bei *der* Hitze lesen« aber selbst wenn man das wenigste erwartet, erwartet man immer noch zu viel. Sei's. Es geht auch so. (SJ I 328)

Fontane an Friedrich Stephany   Rüdersdorf, 16. Juli 1887
Seien Sie schönstens bedankt für Ihren Brief und die *erste* Kritik über »Irrungen, Wirrungen«; ich kann nur sagen, ich wünsche von Herzen, daß die Kritiken, die folgen werden, nicht unfreundlicher ausfallen mögen. Vor dem Publikum – vielleicht weil ich es nach *der* Seite hin zu wenig kenne – graule ich mich nicht sonderlich, des Hauses Lessing aber »und aller, die ihm anverwandt und zugetan sind«, wünschte ich wohl sicher zu sein. Ja, Sie haben es vorzüglich getroffen: »Die Sitte gilt und muß gelten«, aber daß sie's muß, ist mitunter hart. Und weil es so ist, wie es ist, ist es am besten, man bleibt davon und rührt nicht dran. Wer dies Stück Erb- und Lebensweisheit mißachtet – von Moral spreche ich nicht gern; Max Ring spricht immer von Ehre –, der hat einen Knacks fürs Leben weg. Ja, das wär es ungefähr.

Wenn ich Tugendphilister dergleichen schreiben konnte, so ist das die ewig alte Geschichte: Rotköppe mit Sommersprossen und einer riesigen Sirupsstulle im Mund verschlingen Heldengeschichten, und Leute, die keine Fliege an der Wand töten können, sind literarisch von einer Beilfertigkeit, um die sie Krauts beneiden könnte. So bin ich zum Schilderer der Demimondeschaft geworden, ich hab es durch Intuition, um nicht blasphemisch zu sagen »von oben«. Schließlich ist es aber nicht so wunderbar damit, erstlich hat man doch auch in grauer Vergangenheit in dieser Welt rumgeschnüffelt, und zweitens und hauptsächlichst, alles, was wir wissen, wissen wir überhaupt mehr historisch als aus persönlichem Erlebnis. Der »Bericht« ist beinah alles, alles ist Akten- oder Buch- oder Zeitungswissen, auch in den intimsten Fragen. Ich bilde mir ein, über den Alten Fritzen einen Essay aus dem Stegreif schreiben zu können, und manche sollen wirken, als ob ich bei Kunersdorf oder Torgau oder auf der Terrasse von Sanssouci mit dabeigewesen wäre; ich war aber glücklicherweise nicht mit dabei, sonst wäre ich längst tot, und der Mensch ist nun doch mal dumm genug, leben zu wollen. – Wann der Abdruck beginnt, ist mir gleich, und bedaure ich nur, durch unangebrachte Zurückhaltung eine Konfusion angestiftet zu haben. Den Korrekturfahnen sehe ich entgegen.

(BE II 168 f)

Fontane an Friedrich Stephany   Rüdersdorf, 18. Juli 1887
Sonnabend erhielt ich den Bürstenabzug der ersten 6 Kapitel. Weil ich doch an Sie schreiben wollte, so verzeihen Sie, daß ich die Fahnen beischließe, statt sie direkt an die Setzerei zurückzuschicken. Ich habe eine Passion für alte zerschossene Fahnen, aber daß ich mich *dieser,* in deren Zeichen die Vossin siegt, besonders gefreut hätte, kann ich nicht sagen. Wenn ich das mit den Abzügen vergleiche, die einem von Teubners oder Metzger und Wittig in Leipzig oder aus der Druckerei der »Gartenlaube« zugehen, so wirken die der Vossin, das Mildeste zu sagen: altmodisch. Eigentlich liegt es viel schlimmer und beleidigt einen geradezu in seiner schriftstellerischen Ehre. Man mutet es einem Schriftsteller nicht mehr zu, *so* mit Steinen gemischte kleine Rosinen auszusuchen. Ich bin eigentlich außer mir. Bis zum Verrücktwerden, bis zum tic douloureux habe ich durch $^5/_4$ Jahre hin immer wieder gelesen, gefeilt, poliert und wieder gelesen, nun endlich, endlich bin ich fertig, ein Stein fällt mir von der Brust, ich atme auf, ich bin frei. Da kommt die Nachricht: »Es ist doch besser...« Gut, gut, also noch mal, ich söhne mich mit dem Gedanken aus und freue mich fast nun zum ersten Male freien Auges und freien Geistes über meine Arbeit, über der ich bis dahin nur gedruckst habe, hinfliegen zu können. Und nun kommt *das*! Ein Glück, daß ich mich hier in diesen 10

Tagen erholt habe; hätte ich es in Berlin lesen müssen, so fühle ich deutlich, daß ich krank geworden wäre. Das wäre mir über die Nervenkraft gegangen. Und nun der Ärger dazu! Seien Sie mir nicht böse, daß ich mein Herz so ausschütte, aber es wird soviel Bittres dabei wach, die ganze Wut drüber, wie in zurückliegenden Zeiten die Schriftsteller behandelt wurden und noch froh sein mußten, von einem Ruppsack von Buchhändler (die immer an den unglaublichsten Orten drucken ließen) 10 Taler für eine Novelle zu kriegen oder Schillers Werke statt Zahlung. All das wurde durch diese Fahnen mir wieder heraufgezaubert. Und doch hätte ich es runtergewürgt und geschwiegen, denn ich bin sehr für Frieden, wenn ich nicht deutlich fühlte, daß Kraft und Fähigkeit, *unbefangen* (worauf es doch ankommt) an die Korrektur heranzutreten, mir völlig bei solchen Bürstenabzügen verlorengeht. Macht das, was ich wünsche, Doppelarbeit, nun, so macht es Doppelarbeit, es wird den Herrn Setzern und Korrektoren, und ein wahres Glück, daß es so ist, alles bezahlt, und die Generalkasse der Vossin wird an diesem Plus nicht scheitern. Aber während die Setzer und Drucker in ihren Verbänden längst alles durchgesetzt haben, was sie wünschen, möchte man den Schriftsteller immer noch in seinem weißen Sklaventum festhalten.

Ihre Güte wird mir diese Sprache verzeihn.   (BE II 169 ff)

Fontane an Friedrich Stephany   Rüdersdorf, 26. Juli 1887
Ich fürchte nun doch Anstoß gegeben zu haben und hoffe nur noch von dieser blauen Tinte das Beste. Wenn Sie mit bewährter wohlwollender Gesinnung gegen mich, sich einen Augenblick in meine Lage versetzen, so werden Sie meine Nervosität begreiflich finden. Und das Begreifliche ist nach einem französischen Sprichwort auch immer das Entschuldbare. Denken Sie, daß ich 20 mal hintereinander »und« korrigieren mußte. Natürlich schwankt die Redensart meiner verschiednen Berliner Figuren, ganz so wie es im Leben ist, zwischen »un« und »und«, aber so lange die Welt steht, hat noch kein Berliner »und« gesagt, am wenigsten 20mal. Und doch hätte *das* noch gehen mögen. Aber dann schreibt Lene einen Brief an Botho und schreibt »emphelen« und Botho, der sich dar-

über freut, macht ein Strichelchen an den Rand, und ich meinerseits schreibe als Sicherheitskommissarius an den Rand »emphelen«, ich glaube mit Ausrufungszeichen, und nach all diesen Vorsorglichkeiten steht richtig da »empfehlen« in furchtbarer Setzerkorrektheit, die hier leider so inkorrekt war wie möglich. Denn alle kleinen Betrachtungen Bothos, als er den Brief gelesen hat, drehen sich um dies falsche »h« und in einem Schlußkapitel, als er die Briefe verbrennt, kommt er darauf zurück, und doch »empfehlen« statt »emphelen«. Und ähnliches mehrfach, um nicht zu sagen vielfach. Ich werde nun durch »Korrekturausbleiben« bestraft. Glückt es (was ja möglich), so bin ich freilich der Strafe froh. (FAP)

Fontane an seine Frau Rüdersdorf, 28. Juli 1887
Diese Zeilen kamen heut früh und erfreuten mich sehr. Mein Calcül war also richtig: er leidet unter dem Hochmuth und der Tyrannei der Herrn Setzer und ihrer alten Häupter, die theils voll Abneigung gegen die sich klüger dünkenden Schriftsteller sind, theils sich hinter dem bekannten »es war doch früher nicht so« verschanzen. Auch daß er L[essing] die drei Kapitel gezeigt, ist mir sehr angenehm.
[...]
Correktur habe ich gestern Abend bekommen, drei Kapitel, bis Kapitel 9. *Dies*mal sah es anders aus. (SJ I 334)

Fontane an Friedrich Stephany Rüdersdorf, 1. August 1887
Ich schulde Ihnen noch meinen Dank für Ihren liebenswürdigen Brief u. für die »Wandlung der Dinge«. Die Fahnen erscheinen jetzt, als ob sie zum Kaiser in's Palais sollten. Eigentlichste Veranlassung meines Schreibens heut ist die Bitte, sobald sich's thun läßt einigen Mammon an meine, glaub' ich, ziemlich abgebrannte Frau gelangen zu lassen, sagen wir 500 Mk. Wenn das Finanzministerium der Ztg. nicht besserer Berechnung u. Vertheilung halber 1000 Mk. vorzieht. Der Preis der ganzen Geschichte, hoffentlich geht kein Schaudern durch's Land, wird sich auf ungefähr 3000 Mk. stellen. Ich rechne 7½ Nord u. Süd-Bogen à 400 Mark. Etwaige Differenzen können nur ganz gering sein. (FAP)

Fontane an Hermann Löwinson   Berlin, 6. August 1887
Empfangen Sie meinen besten Dank, der etwas verspätet eintrifft, weil ich heute Mittag erst aus einer Berliner Sommerfrische »Seebad Rüdersdorf« nach hier zurückgekehrt bin. Ich hatte hinsichtlich der Löwengruppe gleich meine Bedenken und schrieb es lediglich nach einer ohngefähren Berechnung nieder. Wenige werden den Fehler bemerkt haben, den ich nichtsdestoweniger froh bin, dank Ihrer freundlichen Zeilen, in der Buchausgabe berichtigen zu können.[5]   (RK 90)

Fontane an seine Frau   Krummhübel, 24. August 1887
Grüße Friedel und bitte ihn, die beiden Kapitel an Dominik zu geben. Ich habe nun hoffentlich eine Weile Ruhe.   (SJ I 336)

Fontane an seinen Sohn Theodor   Krummhübel, 8. September 1887
Sei schönstens bedankt für Deinen lieben Brief, dem ich in vielen Stücken zustimmen kann, freilich nicht in allen. In der Parallele, die Du zwischen »Irrungen, Wirrungen« und »Cécile« ziehst, stehe ich ganz auf Deiner Seite.
[...]
Auch darin hast Du recht, daß nicht alle Welt, wenigstens nicht nach außen hin, ebenso nachsichtig über Lene denken wird wie ich, aber so gern ich dies zugebe, so gewiß ist es mir auch, daß in diesem offnen Bekennen einer bestimmten Stellung zu diesen Fragen ein Stückchen Wert und ein Stückchen Bedeutung des Buches liegt. Wir stecken ja bis über die Ohren in allerhand konventioneller Lüge und sollten uns schämen über die Heuchelei, die wir treiben, über das falsche Spiel, das wir spielen. Gibt es denn, außer ein paar Nachmittagspredigern, in deren Seelen ich auch nicht hineinkucken mag, gibt es denn außer ein paar solchen fragwürdigen Ausnahmen noch irgendeinen gebildeten und herzensanständigen Menschen, der sich über eine Schneidermamsell mit einem freien Liebesverhältnis *wirklich* moralisch entrüstet? *Ich* kenne keinen und setze hinzu, Gott sei Dank, daß ich keinen kenne. Jedenfalls würde ich ihm aus dem Wege gehn und mich vor ihm als vor einem gefähr-

5 Vgl. RK 90.

lichen Menschen hüten. »Du sollst nicht ehebrechen«, das ist nun bald 4 Jahrtausende alt und wird auch wohl noch älter werden und in Kraft und Ansehn bleiben. Es ist ein *Pakt,* den ich schließe und den ich schon um deshalb, aber auch noch aus andern Gründen ehrlich halten muß; tu ich's nicht, so tu ich ein Unrecht, wenn nicht ein »Abkommen« die Sache anderweitig regelt. Der freie Mensch aber, der sich nach *dieser* Seite hin zu nichts verpflichtet hat, kann tun, was er will, und muß nur die sogenannten *»natürlichen Konsequenzen«,* die mitunter sehr hart sind, entschlossen und tapfer auf sich nehmen. Aber diese »natürlichen Konsequenzen«, welcher Art sie sein mögen, haben mit der Moralfrage gar nichts zu schaffen. Im wesentlichen denkt und fühlt alle Welt so, und es wird nicht mehr lange dauern, daß diese Anschauung auch *gilt* und ein ehrlicheres Urteil herstellt. Wie haben sich die Dinge seit den »Einmauerungen« und »In-den-Sack-Stecken« geändert, und sie werden sich weiter ändern. Empörend ist die Haltung einiger Zeitungen, deren illegitimer Kinderbestand weit über ein Dutzend hinausgeht (der Chefredakteur immer mit dem Löwenanteil) und die sich nun darin gefallen, mir »gute Sitte« beizubringen. Arme Schächer! Aber es finden sich immer Geheimräte, sogar unsubalterne, die solcher Heuchelei zustimmen. (BE II 171 f)

Fontane an Paul Schlenther Krummhübel, 14 September 1887
Seien Sie schönstens bedankt für die doppelte Guttat: Urlaub und Urteil. Ich bleibe nun also bis Sonntag, um unter der Berliner Devise: »Die Woche fängt gut an« vom Montag ab wieder ins Geschirr zu gehn.
Ihre freundlichen Worte über »Irrungen, Wirrungen« haben mir sehr wohlgetan, da bis jetzt nur wenige den Mut gehabt haben, sich ehrlich zu den darin niedergelegten Anschauungen zu bekennen. Die meisten, soweit sie nicht Heuchler sind, warten, gestützt »auf des Mutes bessren Teil«, erst ab, wie der Hase läuft. Nur alle Mitglieder meiner Familie, die doch vielleicht am ehesten die Nase rümpfen könnten, haben sich rückhaltlos für den »Alten« erklärt. Mein alter Theo in Münster an der Spitze, der mich in seiner Mischung von Tugend und natürlicher Verwegenheit (alle Natur ist verwegen) geradezu gerührt hat. (FR II 139)

Fontane an seine Frau Berlin, 20. September 1887
Der Brief an die Zeitungsexpedition betraf – auf Aufforderung derselben – die Honararberechnung für »Irrungen Wirrungen«. Es macht 3050 Mark. Da solche Berechnungen mit Sylbenzählung immer um Kleinigkeiten variiren können, so habe ich selbstverständlich – auch schon um der Abrundung willen – 3000 Mark gefordert. Ich bin nun neugierig, wie sich die »Prinzipalschaft« benehmen und ob sich Lessing einen kleinen Liebesbrief abringen oder die Sache durch Zahlung als erledigt ansehen wird. Ein Glück für mich, daß die 3 Zeitungsnummern alle *lebhaft* auf meiner Seite stehen: Stephany, Schlenther, Pietsch.
[...]
Die Dame, Frau Poggendorf, die mich zum Rendezvous bestellte, war heute früh 9½ hier und blieb eine halbe Stunde. Ich bin nicht klug aus ihr geworden und weiß nicht ob sie unglücklich oder verrückt oder eine Schwindlerin ist. Sie ist 46 und muß mal *sehr* hübsch gewesen sein.[6] (SJ I 338 f)

Fontane an Paul Schlenther Berlin, 20. September 1887
Eben, während ich diese Zeilen schrieb, war eine Dame von sechsundvierzig bei mir, die mir sagte, »sie sei *Lene*; ich hätte ihre Geschichte geschrieben«. Es war eine furchtbare Scene mit Massenheulerei. Ob sie verrückt oder unglücklich oder eine Schwindlerin war, ist mir nicht klargeworden. (FAP)

Fontane. Tagebuch [Ende 1887]
Fr. W. Steffens in Leipzig nimmt »Irrungen, Wirrungen« in Verlag; Ende Januar 88 soll es erscheinen. (E 25, 170)

Fontane an Georg Friedlaender Berlin, 10. Februar 1888
Schon wieder im Feld! Und diesmal mit den viel angefochtenen »Irrungen, Wirrungen«. Daß sie (die Irrungen) sich siegreich durcharbeiten, ist mir bei der entsetzlichen Mediokrität deutscher Kritik und deutschen Durchschnittsgeschmacks nicht wahrscheinlich. Ist auch nicht nöthig. Man muß es nehmen, wie's fällt. Und vielleicht hat man ja auch Unrecht. Aber ich glaub es nicht. (FRI 87)

6 Vgl. Brief an Paul Schlenther vom 20. 9. 1887.

Fontane an Wilhelm Hertz   Berlin, 10. Februar 1888
Darf ich Ihnen anbei mein Neustes überreichen? Ich hätte kaum den Muth dazu, wenn Ihnen nicht Ihr Herr Sohn zur Seite stünde, von dem ich gehört habe, daß er sich zu dieser Arbeit mehr zustimmend als ablehnend verhält. Und so mag er vertheidigend einspringen, wenn die Situation es nöthig macht.   (WHH 295)

Fontane an Ludwig Pietsch   Berlin, 10. Februar 1888
Das jüngste Kind meiner Laune wird Ihnen wohl schon 2 Stunden vor Eintreffen dieser Zeilen zugegangen sein. Wenn Ihre Güte Veranlassung nehmen wollte, der Welt zu versichern, daß der Roman selbst nicht zu den *großen* »Irrungen« zählt und jedenfalls nicht die Absicht hatte, die »Wirrungen« auf dem Gebiete der Sittlichkeit zu vergrößern (eher das Gegentheil), so würde ich Ihnen zu erneutem Danke verpflichtet sein.
[...]
Wenn Sie ein paar freundl. Worte sagen, so, wenn's sein kann, in der Schlesischen[7], woran mir, wegen meiner schlesischen Beziehungen, *sehr* liegt. In der Vossin wird wohl Schlenther schreiben[8], vorausgesetzt, daß Stephany nicht andre Beschlüsse faßt.   (BE II 180)

Fontane an Emil Schiff   Berlin, 15. Februar 1888
Es erschiene mir wenig artig, wenn ich auf Ihren so liebevoll eingehenden Brief nicht ein paar Worte antworten wollte. Zunächst natürlich meinen besten Dank. Und nun die Dialektfrage! Gewiß wäre es gut, wenn das alles besser klappte, und die realistische Darstellung würde neue Kraft und neue Erfolge daraus ziehn. Aber – und indem ich dies ausspreche, spreche ich aus einer vieljährigen Erfahrung – es ist sehr schwer, dies zu erreichen, und hat eine wirkliche Vertrautheit des Schriftstellers mit allen möglichen Dialekten seines Landes zur Voraussetzung. Ich griff früher, weil ich mich dieser Vertrautheit nicht rühmen darf, zu dem auch von Ihnen angeratenen Hilfsmittel und ließ durch Eingeweihte, die übrigens auch nicht immer zur Hand sind, das von mir Geschriebene ins

7 Pietschs Rezension erschien in der »Schlesischen Zeitung« vom 5. 5. 1888.
8 Paul Schlenthers Besprechung V. Z. 1. 4. 1888.

Koloniefranzösische oder Schwäbische oder Schlesische oder Plattdeutsche transponieren. Aber ich habe dabei ganz erbärmliche Geschäfte gemacht. Alles wirkte tot oder ungeschickt, so daß ich vielfach mein Falsches wiederherstellte. Es war immer noch besser als das »Richtige«. Kurzum, so gewiß Sie im Prinzip recht haben, tatsächlich danach zu verfahren, wird sich nur selten ermöglichen lassen. Es bleibt auch hier bei den Andeutungen der Dinge, bei der bekannten Kinderunterschrift: »Dies soll ein Baum sein.« Mit gewiß nur zu gutem Rechte sagen Sie: »Das ist kein Wienerisch«, aber mit gleichem Rechte würde ein Ortskundiger sagen (und ist gesagt): »Wenn man vom Anhaltischen Bahnhof nach dem Zoologischen fährt, kommt man bei der und der Tabagie *nicht* vorbei.« Es ist mir selber fraglich, ob man von einem Balkon der Landgrafenstraße aus den Wilmersdorfer Turm oder die Charlottenburger Kuppel sehen kann oder nicht. Der Zirkus Renz, so sagte mir meine Frau, ist um die Sommerszeit immer geschlossen. Schlangenbad ist nicht das richtige Bad für Käthes Zustände; ich habe deshalb auch Schwalbach noch eingeschoben. Kalendermacher würden gewiß leicht herausrechnen, daß in der und der Woche in dem und dem Jahre Neumond gewesen sei, mithin kein Halbmond über dem Elefantenhause gestanden haben könne. Gärtner würden sich vielleicht wundern, was ich alles im Dörrschen Garten a tempo blühen und reifen lasse; Fischzüchter, daß ich – vielleicht – Muränen und Maränen verwechselt habe; Militärs, daß ich ein Gardebataillon mit voller Musik vom Exerzierplatz kommen lasse; Jacobikirchenbeamte, daß ich den alten Jacobikirchhof für »tot« erkläre, während noch immer auf ihm begraben wird. Dies ist eine kleine Blumenlese, eine ganz kleine; denn ich bin überzeugt, daß auf jeder Seite etwas Irrtümliches zu finden ist. Und doch bin ich ehrlich bestrebt gewesen, das wirkliche Leben zu schildern. Es geht halt nit. Man muß schon zufrieden sein, wenn wenigstens der Totaleindruck der ist: »Ja, das ist Leben.« (FR II 147 f)

Fontane an seinen Sohn Theodor　　　　　　Berlin, 17. Februar 1888
Das gefeierte und verurteilte Buch ist nun da und präsentiert sich Dir im beifolgenden. Wirke für dasselbe; daß Münster die Stätte dafür, ist mir freilich nicht wahrscheinlich. Vor acht Tagen war ich

noch in Furcht, daß man über das Buch herfallen werde, um es zu verschlingen, aber nicht im guten Sinne; heute schon bin ich in Furcht, daß nicht Huhn nicht Hahn darnach kräht. Es ist ein sonderbares Metier, die Schriftstellerei, und Du kannst mir danken, daß ich Dir zugerufen habe: bleibe davon! Nur die, die durchaus weiter nichts können und deutlich fühlen, daß sie, wohl oder übel, nun mal an diese Stelle gehören und *nur* an diese, nur *die* dürfen es wagen. Einfach, weil sie müssen und weil ein andres Leben sie erst recht nicht befriedigen würde. Wer aber fühlt, daß er auch Beine abschneiden oder Bahnhofswölbungen berechnen oder einen neuen Stern oder ein neues Alkaloid entdecken kann, der bleibe von den Künsten fern. (FAP)

Fontane. Tagebuch 1. Januar – 3. März 1888
Ende Januar oder Anfang Februar erscheint »Irrungen – Wirrungen« bei F. W. Steffens. Die Zeitungen schweigen sich darüber aus, an der Spitze die Vossin. Erst ärgere ich mich darüber, nun ist es überwunden und ich lache. Viele Privatbriefe drücken ihre Zustimmung aus. Ich habe den »Einen Leser«, den sich Thiemus[9] immer wünschte und dessen er, wie er meinte, nicht sicher sei.

(E 25, 171)

Fontane an Paul Schlenther Berlin, 1. April 1888
Der Dank für diese Liebesthat soll doch nicht bis morgen früh warten. Es hieße das an dem Institut der Rohrpost unerlaubt vorübergehn.
In der ersten Hälfte war ich nicht sicher über den freundlichen Spender, aber die *Schluß*hälfte können nur Sie geschrieben haben.
Welche Osterfreude! Vater, Mutter, Tochter, alles gerührt, – wenn man will, ein etwas lächerliches Bild, aber wie so vieles Lächerliche gut und erfreulich. Fünfzig Jahre lang habe ich mich nur bei Nullgrad-Erfolgen, ohne Lob und ohne Tadel hingequält und mich mit dem Gedanken, ohne rechte Sonne hingehn zu müssen, vertraut gemacht: da sieht der nur noch auf Stunden Gestellte den

---

9 Vgl. zu dem mehrfach von Fontane zitierten Herrn von Thiemus, der sich über *einen* Leser freute, SJ IV 199 f.

Ball am Horizont und ruft mit dem bekannten Seligen: »Verweile doch usw.« Eine Liebesthat, eine Osterfreude.
Nochmals besten Dank. (FAP)

Fontane an Friedrich Stephany Berlin, 1. April 1888
Herzlichen Dank für die Osterfreude, die Sie mir heute früh bereitet haben. Und wenn es schon überhaupt wohltut, so selten Hübsches und Nettes, so Schmeichelhaftes über sich zu lesen, wie *dann* erst, wenn es völlig als Überraschung auftritt und wie Platen sagt: »als Erfüllung auftritt, wo man zu wünschen aufgehört.« Ich ging nämlich davon aus, daß die Parole gegeben sei »schlimm genug, daß wir damit reingefallen sind, aber es noch loben – unmöglich.« Und nun alle diese Befürchtungen umsonst und *so* umsonst! Schlenther hat nie besser und liebenswürdiger geschrieben.[10] Und wenn ich das sage, so sage ich es nicht, weil mich das Lob kaptivierte. Lob zu hören, ist freilich immer angenehm, das hängt nun mal mit der Ichheit zusammen, aber für einen leidlich verständigen Menschen fällt doch die Qualität mehr ins Gewicht als die Quantität und das oft persiflierte Verlangen der Frauenherzen »sich verstanden zu sehn«, – für den Schriftsteller hängt an der Erfüllung *dieses* Wunsches sein höchstes Glück. (LA 427)

Fontane an Paul Lindau Berlin, 22. April 1888
Ihre Güte hat es gewollt, und so schicke ich gleichzeitig mit diesen Zeilen den kleinen Roman. Möge er leidlich vor Ihrem Urteile bestehn. (BE II 190)

Fontane an seinen Sohn Theodor Berlin, 9. Mai 1888
Er [Otto Brahm][11], Schlenther und ein junger Max v. Waldberg (früher auch ein Zwangloser), dazu Schiff und Mauthner, haben sämtlich sehr ausführlich und sehr anerkennend über »Irrungen, Wirrungen« geschrieben, so daß ich ohne Übertreibung sagen kann: ich verdanke meine verbesserte Stellung oder doch mein momentanes Ansehn im deutschen Dichterwald zu größrem Teile den

---

10 Kritik in der V. Z. vom 1. 4. 1888.
11 »Frankfurter Zeitung« vom 20. 4. 1888.

»Zwanglosen«[12]. Die Jugend hat mich auf ihren Schild erhoben, ein Ereignis, das zu erleben ich nicht mehr erwartet hatte.

(BE II 194)

Fontane. Tagebuch 8. Juli – 15. Juli 1888
Über »Irrungen – Wirrungen« gingen mir drei hübsche Kritiken zu, eine (nur kurz) von Dr. Ad. Glaser in Westermann, eine von Dr. Rob. Hessen im D. Wochenblatt[13] und eine dritte von Dr. Otto Pniower in Rodenbergs Deutscher Rundschau[14]. Alles in allem habe ich Ursach' diesmal mit der Kritik zufrieden zu sein; an die feindlichen Blätter muß man gar keine Exemplare einsenden. (E 25, 175)

Fontane an Otto Pniower Berlin, 4. September 1888
Ihre Besprechung[15] zu lesen war mir eine große Freude, zunächst natürlich, weil man sich gern etwas Angenehmes sagen läßt. Aber ich darf hinzusetzen, auch deshalb, weil ich, losgelöst von meiner Person, über das Ganze hin so viel feine Bemerkungen ausgestreut finde, Bemerkungen, die den Kritiker von Beruf erkennen lassen. In *dieser* Beziehung wenigstens hat sich in unsrer Tagesliteratur vieles zum Bessren geändert, und Kritiker, wie wir deren jetzt ein halbes Dutzend haben (Namen will ich nicht nennen), existierten in meinen jungen Jahren entweder gar nicht oder gehörten den Universitäts- und Wissenschaftskreisen an. In der Journalistik verwechselte man in grausamer Weise witzig sein und Kritiker sein. Ein jammervoller Standpunkt, der übrigens auch in Politik und Kirche galt. Jetzt ist Ernst in die Sache gekommen, und ein Streben nach Wahrheit ist da. Es beglückt mich, diesen Wechsel der Dinge noch erlebt zu haben. (FR II 160)

Fontane an seine Frau Berlin, 2. Oktober 1888
Heute früh kam Hans Hertz, um mir Antwort auf einen langen Brief zu bringen, worin ich dem Alten, hinsichtlich der Rezensions-

12 eine seit 1884 tagende Abendgesellschaft, zu der außer Schlenther und Max von Waldberg z. B. Fontanes Söhne George und Theodor, außerdem Otto Brahm, Emil Schiff, Fritz Mauthner gehörten.
13 »Westermanns Monatshefte« 64, 1888; »Deutsches Wochenblatt« vom 16. 8. 1888.
14 Jg. 14, September-Heft 1888.
15 Siehe Anm. 13.

Exemplare, dasselbe Prinzip, wonach schon Steffens auf meinen Rath gehandelt, zur Nacheiferung empfohlen hatte: also Uebergehung aller *der* Zeitungen, die sich in feindlicher Stellung gegen mich gefallen, Kreuz-Ztng., Post und Börsen-Courier an der Spitze. Hans Hertz sagte mir, man sei gewillt darauf einzugehn, was mir sehr lieb, aber doch eigentlich auch nur in der Ordnung ist. Was habe *ich* oder was hat *Hertz* davon, wenn mir in der Post, dem feindseligsten und großmäuligsten dieser Blätter, versichert wird: ich wandle auf Abwegen. Und nun denke Dir Kayßler dabei, der in der verloddertsten Maitressenwirthschaft steckte und vielleicht noch nicht draus 'raus ist. Hans Hertz brachte mir auch das Honorar und Mete wird morgen 800 Thaler zu Herrn Sternheim bringen und außerdem die 100 an ihn zurück, die er Dir nach der Brotbaude schickte. (SJ I 350)

Fontane an Otto Arendt Berlin, 6. Dezember 1888
Ergebensten Dank für gef. Zusendung der letzten Nummer, mit der so freundlichen Otto Girndtschen Besprechung meines Buchs; ich habe dem Herrn Verf. in ein paar Zeilen dafür gedankt.
Sie sollen sehen, daß ich noch 'mal ein strammer Mitarbeiter werde, denn eigentlich ist es Ihr Wochenblatt in das ich hineingehöre, fast *das* Blatt. Ihre Haltung Bismarck und dem Immediatbericht gegenüber kann Ihnen nicht hoch genug angerechnet werden. Das sind die Anfänge *der* Freiheit, nach der ich nun 40 Jahre lang seufze: verehren, bewundern und *doch* eine Meinung und den Muth eines gelegentlichen »nein« haben; so muß es sein. (FAP)

Fontane an Maximilian Harden Berlin, 24. Dezember 1888
Vielleicht kommt dieser Dank noch am Heiligabend in Ihre Hände, was mir eine rechte Freude wäre, worin sich freilich wider meinen Willen ausspricht, ich sähe diesen Dank wie etwas Weihnachtliches an. So steht es nun aber nicht und wünsche ich vielmehr lebhaft, daß der Weihnachtsbaum Ihnen ganz andere Dinge bringen möge. Ihre Besprechung meines Buches[16] (Irrungen, Wirrungen) ist so ziemlich das Liebenswürdigste, was über mich gesagt worden ist,

16 die dann in der »Nation« vom 28. 12. 1888 erschien.

und altmodisch in vielem, bin ich's auch darin, daß mir das persönlich Liebenswürdige noch mehr gilt als das dreimal unterstrichene Lob, als die schmeichelhafteste Anerkennung, an der es Ihre Güte ja auch nicht hat fehlen lassen. Nochmals besten Dank.

(E 56, 1092)

Fontane an [von Huhn?] [1889?]
Die heutige Morgenpost brachte mir unter Kreuzband die Kölnische Zeitung und in ihr eine schmeichelhafte, mir also höchst erquickliche Besprechung meines neusten Romans. Ich habe auf Sie geraten und bedanke mich, meinem Sentiment folgend, aufs herzlichste bei Ihnen. Wenn ich aber damit in die Irre gehen sollte, so bitte ich, den Satz gelten zu lassen, daß ein falsch adressierter und deshalb unsicher wie eine Taube hin und her suchender Dank mir immer noch eine bessere Situation schafft als ein unterlassener.

(FAP)

Fontane an seinen Sohn Friedrich   Kissingen, 8. Juli 1890
Sei so gut, wo möglich umgehend, mir ein gebundenes Exemplar von »Irrungen, Wirrungen« zu schicken, ich will es einer sehr netten, in Paris lebenden Dame, Frau Banquier Oppenheimer, überreichen.

(FAP)

Fontane an seinen Sohn Friedrich   Kissingen, 11. Juli 1890
Habe Dank für das Buch, das ich gleich an Madame Henri Oppenheimer gelangen ließ; vielleicht sorgt sie bei ihrer Rückkehr für Verbreitung in Paris. Viel deutsche Konkurrenz würde ich daselbst nicht zu besiegen haben; denn ich glaube nicht, daß deutsche Novellisten – mit Ausnahme von G. Keller und Sacher-Masoch – in Paris gelesen werden.

(FAP)

Fontane. »Tombola ›Pressefest‹«   31. Januar 1891
(Zu »Irrungen, Wirrungen«)

    Ein'ge Kapitel, wohlgetan,
    Spielen an der Görlitzer Bahn.
    Ein Kuß – was ist er, wenn Züge brausen
    Vorüber an Schmöckwitz und Wusterhausen?

> Eine Geschichte von Botho und Lene,
> Wohl zu beherzigen nota bene;
> Höchst moralisch – meo voto –
> Ist die Geschichte von Lene und Botho. (HA 6, 545 f)

Fontane. »Hr. v. Hesse–Wartegg« Kissingen, 19. Juni 1891
(In sein Exemplar von »Irrungen, Wirrungen«)

> Kissingen tut allerlei Gutes,
> Man wagt ins Theater sich guten Mutes
> (Ich selbst bin schon 3mal solch Held gewesen)
> – Und selbst »Irrungen, Wirrungen« werden gelesen.[17]

(HA 6, 547)

Fontane an Georg Friedlaender Berlin, 1. August 1894
Einen Beleg für die Mißlichkeit menschlichen Urtheils hat mir in diesen Tagen auch wieder ein persönliches Erlebniß gegeben. In den »*Velhagen & Klasingschen* Monatsheften« ist ein ziemlich langer Artikel über mich erschienen, sogar mit Bild von meinem jungen Freunde Ismael Gentz, Verf. des Artikels mein Freund und Gönner Theodor Hermann Pantenius.
[...] meine Berliner Romane, so wahr und zeitbildlich sie seien, seien mehr oder weniger unerquicklich, weil die darin geschilderten Personen und Zustände mehr oder weniger *häßlich* seien. Ich halte dies alles für grundfalsch; [...] Rienäcker und Lene mögen dem einen oder andern nicht gefallen, aber sie sind nicht »häßlich«, ganz im Gegentheil, ich glaube sie sind anmuthend, herzgewinnend. Und das alles schreibt ein Mann, der sehr klug ist, selber sehr ausgezeichnete Romane geschrieben hat und es sehr gut mit mir meint. Wenn man dergleichen beständig erlebt, so wird man ängstlich und gelangt, als Letztes, zu dem Berolinismus: »was soll der Unsinn!« A. hat Recht, B. auch und C. noch mehr. »Aergre Dich nicht, wundre Dich nur« sagt ein holländisches Sprichwort; aber man

---

17 »Randbemerkung: ›erklären! Der Roman wurde gerade 1891 viel gelesen und auch in Kissingen gekauft‹«. (HA 6, 1052).

darf sich auch nicht mal wundern. Man muß alles ruhig hinnehmen. (FRI 267 f)

Fontane an seine Tochter   Berlin, 17. September 1895
Hier ist schon wieder alles im alten Geleise, nur statt der Petroleum-Funzel brennt ganz feudal eine Gasflamme aus einem großen Glasteller heraus und der verblakte Flur wird neu gestrichen. Am feudalsten ist freilich Friedel, der gestern früh 6 Uhr (Hoffart will Zwang leiden) mit seinem Freunde Meyer auf Jagd gefahren ist und zwar auf Meyerschem Jagdgrund, dicht bei Hankels Ablage. Bei Lichte besehn, stecken darin mehr »Irrungen und Wirrungen« als in meinem ganzen Roman. (SJ II 247)

Stine

Entstehung: seit Juli 1881
Erstausgabe: 1890

Fontane an Gustav Karpeles   Wernigerode, 30. Juli 1881
Übrigens hab ich in diesen Tagen, mitten unter andern Arbeiten, eine kleine Novelle entworfen, die vielleicht als Remplaçant dienen kann. Ich schreib Ihnen bei Gelegenheit darüber. (BE II 52 f)

Fontane an Gustav Karpeles   Krummhübel, 2. Juli 1885
Schon vor etwa 3 Jahren habe ich Dr. Kürschner eine Novelle versprochen, die auch, seit fast eben so langer Zeit, im Brouillon im Kasten liegt, ich bin aber noch immer nicht dazu gekommen, sie fertig zu machen, was leider immer viel länger dauert, als das erste Niederschreiben. (FAP)

Fontane an Josef Kürschner   Berlin, 26. September 1885
Die Gelegenheit benutze ich, um wegen einer Novelle (Titel: »Stine«) hinsichtlich deren wir vor etwa 3 Jahren ein Abkommen

trafen aufs neu bei Ihnen anzufragen. Ich habe in der zwischenliegenden Zeit vier, fünf Novellen geschrieben, d. h. im Rohzustand aufs Papier geworfen, und bin nun dabei, diese Dinge fertigzumachen. Darunter ist auch »Stine«. Daß wir über diese Novelle uns einigten, ist aber so lange her, daß ich nicht den Mut habe, sie Ihnen ohne weiteres und wie selbstverständlich zuzustellen; Sie können über alles heut anders denken wie damals. Ich unterbreite Ihnen die Sache also nochmals zu neuer, freier Entschließung. Stoff: Lebensbild aus der Berliner Gesellschaft; Länge: 3 Bogen (ein paar Seiten mehr oder weniger); das Honorar von 400 Mark per »Nord- und Süd«-Bogen empfange ich umgehend nach Eingang des Manuskripts. Der bloßen Möglichkeit, meine Arbeit, weil sie nicht genügend oder nicht paßlich befunden worden ist, zurückgesandt zu sehn, muß ich überhoben sein. Ich erbitte mir hierüber, wenn Ihre Entschließungen sich nicht überhaupt geändert haben, noch eigens Ihre Zusicherung. (FAP)

Fontane an Friedrich Bruckmann Berlin, 5. Juni 1886
Was meine Novelle betrifft, so eilt es nicht, darüber etwas abzumachen, da ich vor Herbst 87 nicht daran denken kann, sie niederzuschreiben. Auch darüber habe ich D[ominik] ein paar kurze Mitteilungen gemacht. (FAP)

Fontane an Friedrich Stephany Rüdersdorf, 1. August 1887
Ich habe hier viel Interessantes erlebt, schade, daß ich zu alt bin, großen Nutzen daraus zu ziehen. Außerdem denke ich gar nicht daran, die Berliner Novellenschreiberei – von der die Leute in ihrer Dämlichkeit glauben, ich wäre nun ein für allemal darauf eingeschworen – noch fortzusetzen. *Eine* erscheint freilich noch, weil sie bereits fertig im Kasten liegt. (FAP)

Fontane an Emil Dominik Berlin, 3. Januar 1888
Ich wollte Ihnen »Stine« schicken, aber als es so weit war, sah ich, daß die Novelle noch nicht abgeschrieben war. Meine Frau wird sich nun an die Arbeit machen, und in etwa 14 Tagen hoffe ich Ihnen das M. S. zustellen zu können. Es ist mir sehr angenehm, daß Sie die Geschichte vorher durchsehn und sich »ja« oder »nein«

noch mal überlegen wollen. Geht es einem so schlecht oder ist man noch so unklar über sich selbst, daß an »ja« oder »nein« alles Glück der Erde oder wohl gar Leben und Sterben hängt, so erschrickt man vor solcher Durchsicht, hat man das Angststadium aber hinter sich, so kann es einem nur lieb sein, wenn diffizile Geschichten vorher, dem Publikum gegenüber, auf ihre Präsentationsmöglichkeit geprüft werden. »Stine« ist das richtige Pendant zu »Irrungen, Wirrungen«, stellenweise weniger gut, stellenweise besser. Es ist nicht ein so breites, weite Kreise umfassendes Stadt- und Lebensbild wie »Irrungen, Wirrungen«, aber an den entscheidenden Stellen energischer, wirkungsvoller. Die Hauptperson ist nicht Stine, sondern deren ältere Schwester: Witwe Pittelkow. Ich glaube, sie ist eine mir gelungene und noch nicht dagewesene Figur. Also in 14 Tagen. (BE II 177)

Fontane an Joseph Kürschner Berlin, 20. Januar 1888
Eine Novelle »Stine«, die für Vom Fels zum Meer zu akzeptieren Sie schon vor etwa 5 Jahren die Güte hatten, ist nun endlich fertig, der Stoff erfüllt mich aber im Hinblick auf die Forderungen, die unsre Wochen- und Monatsschriften stellen und stellen müssen, mit so großen Bedenken, daß ich nicht den Mut habe, Ihnen die Novelle ohne weitres zu schicken, vielmehr Sie bitte, von der Abmachung Abstand nehmen zu wollen. Ich bin ein alter Herr und leidlich beleumundet, werde also nie etwas schreiben, dessen ich mich vor mir selber zu schämen habe, trotzdem weiß ich, daß sich der Durchschnittsgeschmack und die Durchschnittskritik gegen mich auflehnen und daß ich – wenigstens mit Arbeiten wie »Stine« – kein Schriftsteller für den Familientisch mit eben eingesegneten Töchtern bin. Und weil ich dies weiß, spreche ich, bevor ich einem Refus begegne, den ich unter allen Umständen vermeiden möchte, noch einmal die Bitte aus, mich aus dem Quasi-Kontrakt entlassen und mir die freie Verfügung über »Stine« (die mehr in ein Zeitungsfeuilleton paßt) zurückgeben zu wollen.

Hat das Schreckenshaupt, das ich Ihnen hier mit aller Geflissentlichkeit noch einmal entgegenhalte, aber nichts Abschreckendes für Sie, wollen Sie die Bekanntschaft der Novelle machen, so müssen Sie sie nicht bloß sehn, sondern auch coûte que coûte – was sich

natürlich nicht auf das Honorar bezieht, denn das ist abgemacht – drucken wollen.
Wie Sie sich auch entscheiden mögen, jeder Entscheid ist mir gleich recht. Wollen Sie's wagen, gut, wollen Sie's nicht wagen, auch gut, weil es mich aus einem Unsicherheitszustand befreit, aus dem Gefühle des Gebundenseins mit doch schließlicher Aussicht auf Ablehnung. (BE II 178)

Fontane. Tagebuch 1. Januar – 3. März 1888
Ich arbeite fleißig und halte mich leidlich bei Gesundheit. Erst korrigiere ich »Stine«, Dominik lehnt es aber ab: »es sei doch zu brenzlich«. Mag wohl sein. Dann korrigiere ich Balladen, schreibe auch ein paar neue und entwerfe andre. Meist nordische Stoffe. Dann korrigiere ich »Plaue a. H.«, damit ich – wenn es gedruckt ist – an die Herausgabe von »Fünf Schlösser«, Fortsetzungsband der Wanderungen, gehen kann. (E 25, 171)

Fontane an Paul Schlenther Berlin, 26. April 1888
Seien Sie schönstens bedankt für Ihre Karte von Hankels Ablage aus, die mich sehr erheitert hat; auch Gruß und Empfehlung, wenn ich bitten darf, an Dr. v. Waldberg. Denken Sie sich – also wie gut, daß keine Lene dabei war – daß Sie nur durch einen in 12. Stunde veränderten Schlachtplan der Begegnung mit dem liebenswürdigen Familienanhang eines »Zwanglosen« entgangen sind: Herr und Frau Sternheim samt einer Tochter wollten hinaus und vertauschten erst ganz zuletzt Hankels Ablage mit Grunewald und Paulsborn.
[...]
An »Stine« (so heißt die Novelle) bin ich noch nicht herangegangen, weil es mich so sehr drängt, *das* fertig zu schreiben, was ich jetzt gerade unter der Feder habe: »Frau Commerzienräthin oder Wo sich Herz zum Herzen find't«[1], eine humoristische Verhöhnung unsrer Bourgeoisie mit ihrer Redensartlichkeit auf jedem Gebiet, besonders auf dem der Kunst und der Liebe, während sie doch nur einen Gott und ein Interesse kennen: das goldene Kalb.

1 »Frau Jenny Treibel«.

Erst etwa am 10. Mai bin ich mit dieser neuen Arbeit fertig, dann corrigire ich gleich die schwache Stelle in Stine, was vier, fünf Tage dauert. Da nun aber Stephany möglicherweise bald fort will (ihm nach dieser Campagne zu gönnen) und vielleicht vorher für Stoff – auch in seiner Abwesenheit gesorgt sehn möchte, so erlaube ich mir einen Zettel beizulegen, der das enthält, was ich in diesem Winter theils neu geschrieben theils fertig gemacht habe. Über *diese* Dinge kann er oder sein Stellvertreter zu jeder Zeit verfügen. Ich glaube, daß alles für die Zeitung paßt, soll heißen nach keiner Seite hin Anstoß geben kann.
(FAP)

Fontane an Paul Schlenther [Juni 1888?]
Vielleicht ist es das Beste, Ihre Güte schickt den Brief an den Chef nach Warmbrunn oder wo sonst er im Gebirge weilen mag; er kann dann ersehn, daß ich mehr befreit als gedrückt oder gar gekronken bin und wenn er mir in seiner Güte dann *doch* einen kl. Liebesbrief stiften will, so soll er mir was Nettes aus dem Gebirge schreiben und die arme Novelle Novelle sein lassen.
(FAP)

Fontane an Paul Schlenther Berlin, 4. Juni 1888
Zwei große Pakete gehen morgen in die Welt, das eine an Dr. Liepmann, mit, wenn ich nicht irre, durch Stephany schon akzeptierten Sachen mannigfachster Art, das andre an Sie mit der höchst fragwürdigen »Stine«. »Thou comest in such a questionable shape.« Meine Hoffnungen auf Annahme – selbst wenn Ihre Empfehlung, was doch auch noch unsicher, der Arbeit zur Seite stehen sollte – sind sehr gering, aber alle Tage geschieht das Unwahrscheinlichste, und das Wahrscheinlichste läßt einen im Stich. Und so mögen denn die Würfel fallen. Schlimm ist es für mich, daß mir die sogenannten »Familienblätter«, in denen sub rosa ganz anders geschweinigelt wird, verschlossen sind. Auch der Mut der relativ Kühnsten reicht dazu nicht aus. Schließen Sie aus diesen Worten aber nicht, daß ich in »Stine« was ganz besonders Schreckliches biete. Bei Lichte besehn, ist es noch harmloser als »Irrungen, Wirrungen«, denn es kommt nicht einmal eine Landpartie mit Nachtquartier vor. Und darauf läuft doch die eigentliche Untat hinaus!
(BE II 198)

Fontane an Paul Schlenther   Berlin, 13. Juni 1888
Besten Dank für Ihre freundlichen Zeilen. Es kann mir nichts Besseres passieren, als »Stine« gerade jetzt an Stephany geschickt zu sehn, wo Warmbrunn und Kynast und Prinz Heinrichs Viererzug und die Leuchtfeuer auf den Bergen für die denkbar beste Stimmung Sorge tragen. Einen Bericht über die Ermordung Wallensteins, der sich, glaub ich, auch dort im Archiv befindet, wage ich unter den Erheiterungsmitteln nicht mit aufzuzählen.

Was Sie schreiben, ist alles nur zu richtig. Stine, als Figur, bleibt weit hinter Lene zurück, und da sie Hauptheldin ist und dem Ganzen den Namen gibt, so hat das Ganze mit darunter zu leiden. Davon wäscht mich kein Regen ab, und auch der Umstand, daß die Pittelkow und der alte Graf Haldern zu den besten Figuren meiner Gesamtproduktion gehören, kann die Sache nicht wieder ins gleiche bringen. Ich habe dabei nur einen Trost: je länger ich lebe, je klarer wird es mir, es ist auch gar nicht nötig, daß einem ein Ding in allen Teilen glückt. Es ist nur wünschenswert. Geht dieser Wunsch aber nicht in Erfüllung, und dies ist die Regel, und selbst die Großen und Größten sind diesem Gesetz unterworfen, so muß man schon zufrieden sein, wenn dem mühe- und liebevoll Geschaffenen die Existenzberechtigung zugesprochen wird. Das ist schon sehr viel, und dies habe ich ja auch mit meiner Stine erreicht.
Ich möchte noch ein Wort sagen dürfen. Ich schreibe alles wie mit einem Psychographen (die grenzenlose Düftelei kommt erst nachher) und folge, nachdem Plan und Ziel mir feststehn, dem bekannten »dunklen Drange«. Es klingt ein bißchen arrogant, aber ich darf ehrlich und aufrichtig sagen: es ist ein natürliches, unbewußtes Wachsen. Wenn nun bei diesem Naturprozeß eine sentimentale und weisheitsvolle Lise wie diese »Stine« herauskommt, so muß das einen Grund haben, denn im ganzen wird man mir lassen müssen, daß ich wie von Natur die Kunst verstehe, meine Personen in der ihnen zuständigen Sprache reden zu lassen. Und nun spricht diese Stine im Stine-Stil statt im Lene-Stil. Warum? Ich denke mir, weil es eine angekränkelte Sentimentalwelt ist, in die sie, durch ihre Bekanntschaft mit Waldemar, hineinversetzt wird. Und so wird die Sentimentalsprache zur Natürlichkeitssprache, weil das Stück Na-

tur, das hier gegeben wird, eben eine kränkliche Natur ist. Dadurch geht freilich ein Reiz verloren, und an die Stelle von Seeluft tritt Stubenluft, aber der psychologische Prozeß, Vorgang und Ton sind eigentlich richtig. Diese Verteidigung oder Erklärung hat aber nur das Ganze im Auge, versucht eine Rechtfertigung der Himmelsrichtung, nicht eine Rechtfertigung des speziell eingeschlagenen Einzelweges, von dem ich nach wie vor selbst überzeugt bin, daß er geschickter und gücklicher hätte gewählt sein können.

(BE II 201 ff)

Fontane an Paul Schlenther   Berlin, 17. Juni 1888
O Chefredakteur! Einflußreiche Stellung im modernen Leben, im übrigen Hundeposten. Suchen Sie für Überreichung von »Stine« eine möglichst stille Woche aus, vielleicht die übernächste, wenn Kammer und Reichtstag wieder nach Hause geschickt sind. Beiläufig: den Charakter Stines werde ich noch – so gut so was nachträglich geht – zu motivieren suchen. Meine Frau hat mir einen guten Rat gegeben, ein Einschiebsel von nur drei Zeilen, das aber doch erheblich helfen wird. (FR II 154 f)

Fontane an Paul Schlenther   Berlin, 22. Juni 1888
Eben kommt das Paket. Es ist ganz ehrlich, wenn ich Ihnen versichere: »Eigentlich ist es mir lieb, es wieder in Händen zu haben.« Mit dem Gelde stehe ich nicht so schlecht, daß ich das Honorar dringend bedürfte, und das Gefühl, daß der Welt durch den Nichtabdruck in der Vossin etwas Herrliches, ihr (der Welt) Wohltuendes vorenthalten würde – dies Gefühl habe ich erst recht nicht. Es gibt 10 oder, wenn es hoch kommt, 100 Menschen in Deutschland, die von der Erkenntnis und der freundlichen Gesinnung sind, die Männer wie Sie oder der kleine Brahm oder der liebenswürdige M. v. Waldberg solcher Arbeit entgegenbringen – das große Publikum, nun es ist nicht nötig, Worte darüber zu verlieren. Ich hätte wieder das sittliche Hallo mitanhören müssen, Familie Müller hätte sich wieder über »Schneppengeschichten« beschwert[2], und selbst bei Familie Lessing[3] hätten alle wohlwollenden Gesinnungen für

2 wie bei »Irrungen, Wirrungen« (vgl. A 5, 544).
3 Müller und Lessing hatten Hauptanteile am Besitz der V. Z.

mich nicht ausgereicht, mir ein Bedauern über den armen alten Mann, der sich sowenig der Pflicht seiner Jahre bewußt ist, zu ersparen. Und so mag es denn so wohl sein. Schließlich werde ich es ja wohl noch irgendwem »anschmieren« können, und was dann hinter meinem Rücken geredet wird, schadet nicht viel; nur bei der Vossin und Familie Lessing, wo persönliche Beziehungen existieren, steht es anders damit. Sie aber seien nochmals schönstens bedankt für Ihr treues Zu-mir-Stehn und – ich bitte das sagen zu dürfen – beglückwünscht für Ihr freies Drüberstehn. Denn daß der alte sogenannte Sittlichkeitsstandpunkt ganz dämlich, ganz antiquiert und vor allem ganz lügnerisch ist, *das* will ich wie Mortimer auf die Hostie beschwören. (BE II 203 f)

Fontane an seine Frau Brotbaude, 18. Juli 1888
Wichtig ist mir noch die Stephany-Geschichte[4]. Für alle Fälle lege ich den Brief an St. doch bei. *Ist* er schon zurück, so läßt sich mit Hülfe des Briefes die Sache doch vielleicht noch arrangiren, wenn Du 10 Zeilen an St. schreibst, Deinen und meinen Brief an ihn (durch *Ida*) schickst und in *Deinen* Zeilen ihn bittest, Dir gleich, durch Ueberbringerin, Bescheid zugehn zu lassen. Aengstige Dich aber dieser Dinge halber nicht, wird es nicht gedruckt, so ist es auch noch so. (SJ I 344 f)

Krummhübel, 16. August 1888
Fontane an seinen Sohn Friedrich[5]
Das mit der Verlegerei meiner Sachen geht nicht. Ranke, G. Freytag, ja selbst Wolff und Ebers hätten sagen können: »ich etablire meinen Sohn mit Hülfe eines Werkes von mir«. Alle brachten in solchem Falle Ruhm und Vermögen mit, der Erfolg war garantirt, und das berühmte Buch eines berühmten und zugleich feschen Mannes erschien bei einem Sohne, der sich dadurch sofort glänzend in die Geschäfts- und Literaturwelt eingeführt sah. Wenn Du meine »Stine« verlegst, so heißt es: »Der arme Kerl, der Fontane. Früher war er bei Decker, Hertz, Grote, dann kam er an Friedrich

---

4 Vgl. A 5, 584 ff.
5 Vgl. Briefe Fontanes an seinen Sohn Friedrich vom 23. 1., 28. 1., 15. 2. u. 19. 2. 1890.

und Steffens, und jetzt, nachdem mehrere Redaktionen seine Schweine-Novelle zurückgewiesen haben, ist er gezwungen, das Zeug bei seinem Sohn herauszugeben, einem Buchhändler-Commis, der sich auf die Weise sonderbar introducirt. Eine Rücksichtslosigkeit von dem Alten. Und dieser sonderbare Vater hat sich immer für ›was Besondres gehalten‹«.

Mit dem Verlage meiner andern Berliner Novellen liegt es ähnlich, wenn auch nicht voll so schlimm. Die Hauptsache aber ist die: Geld nehmen von meinen Kindern, thu ich nicht und Dir 6 Bände zum Geschenk machen, wäre eine bis zur Ungerechtigkeit gesteigerte Bevorzugung.

In Erwägung jedoch, daß ich in unsrem neulichen Gespräche Dir halbe Versprechungen gemacht und Dir »Stine« – wenn Du mittlerweile zu andrem Gelde, als dem Witteschen kommen solltest – zugesagt habe, bin ich gern bereit, Dir zur Auslösung meines Versprechens, ein Aequivalent zu bieten und so sollst Du denn, von morgen ab, allerdings gegen Zurückerstattung der 1000 Mark an Onkel Witte, 1500 Mark von mir zu freier Verfügung haben. Du kannst damit machen was du willst, weil es mir nur darauf ankommt, Dir den Beweis zu geben, daß ich, wie meinen Kindern überhaupt, so speziell auch Dir gegenüber, alles zu thun willens bin, was ich irgendwie kann. Aber auf Geschäftsgeschichten, und nun gar auf Geschäfte von so zweifelhaftem Charakter und Erfolg, kann ich mich nicht einlassen. Ich wünsche Dir, wenn Du bei Deinen Plänen bleibst – und es ist durchaus nicht meine Absicht, Dich à tout prix davon abzubringen – daß dies kleine Stammkapital, durch das Vertrauen Deiner Freunde oder durch sonstige Glücksfälle, rasch wachsen möge und würde ich mich glücklich schätzen, wenn Du nach Jahr und Tag zu mir sagen könntest: »sieh, Papa, Du und Ihr alle habt mir nicht recht getraut, aber es war nicht so schlimm; sieh hier, *das* ist mein Jahresgewinn«.

(FAP)

Fontane an seine Frau   Berlin, 2. Oktober 1888
Wie danke ich Gott, daß ich mit Stückeschreiben nie 'was zu thun gehabt habe, nein, da doch lieber unsittliche Novellen, die im Kasten bleiben.

(SJ I 349)

Fontane an seine Frau   Kissingen, 29. Juni 1889
Ich habe noch keine Zeitung erhalten, auch keinen Korrekturbogen.
                                                            (FAP)

Fontane an Maximilian Harden   [Ende Dezember 1889]
Aus einem Paket, das eben abgehen sollte, nehme ich die nun beigeschlossenen wertvollen Zeilen wieder heraus, um mich als »prompter Geschäftsmann« – im allgemeinen freilich meine schwache Seite – zu legitimieren. Die arme Stine ist ein Pechvogel und der entsprechende Stern steht vielleicht auch über ihrer papierenen Existenz.
                                                       (E 56, 1093)

Fontane an seinen Sohn Friedrich   Berlin, 23. Januar 1890
Dominik, der gestern Abend eine Stunde hier war, hat mich über den Stand der Sache[6] unterrichtet; ich schreibe Dir in der Angelegenheit auch noch, wenn ich irgend kann am Sonnabend, wahrscheinlich aber erst am Dienstag, da Sonntag u. Montag wegen Tolstois Stück in Wegfall kommen.
                                                        (E 70, 237)

Fontane an seinen Sohn Friedrich   Berlin, 28. Januar 1890
Ich sitze noch immer so in Briefschulden und Besuchsverpflichtungen, daß ich Dir auch heute nur ganz kurz die Hauptpunkte schreiben kann. Also:
1. Du erhältst »Stine« statt der kleinen Novellen.
2. Das Honorar, nach »Irrungen, Wirrungen« berechnet (denn »Stine« ist kürzer) empfängt Theo.
3. Theo empfängt auch das im Steffensschen Contract vorgesehne Honorar, wenn von »Irrungen, Wirrungen« eine 2. Auflage nöthig werden sollte.
Das, denke ich, genügt für heute. Du siehst, ich thue was ich kann.

---

6 Friedrich Fontane hatte die Freigabe von »Irrungen, Wirrungen« für die von Emil Dominik veranstaltete Gesamtausgabe davon abhängig gemacht, daß ihm die Verlagsrechte für »Stine« vom Vater übertragen wurden (vgl. Gotthard Erler, Die Dominik-Ausgabe. In: Font.-Bl. I 7, 1968, S. 354–357 sowie Brief Fontanes an seinen Sohn Friedrich vom 16.8.1888).

Geld nehme ich von Dir nicht an, – es fällt theils direkt an Theo, theils in eine Art Familienfond, über den ich mich mit Theo benehme. (FAP)

Fontane an seinen Sohn Friedrich   Berlin, 15. Februar 1890
Ich habe es gestern überschlagen; ich denke, im Wesentlichen stimmt alles. Mir ist, als hätte ich Theo'n, was Stine betrifft in die dauernden Autorrechte, und nicht blos bis 95, eingesetzt. An einer andern Stelle heißt es, glaub ich, besser: »Autorrecht« als »Verlagsrecht«. Aber das alles sind Bagatellen, die leicht beglichen werden können. (FAP)

Fontane an seinen Sohn Friedrich   Berlin, 19. Februar 1890
Ich habe mir gestern Abend Deine verschiedenen Scripta noch mal vorlesen lassen. Ich finde alles in der Ordnung, nur könntest Du in dem Contract mit Theo § 4 vielleicht ganz weglassen. So mir recht ist, habe ich ihm in meinem Briefe die ganze Stine mit Haut und Haaren und an keine bestimmte Zeit geknüpft, vermacht, was Dir – so nehme ich an – ganz gleich sein wird. Denn praktisch hat das alles, nach der Wahrscheinlichkeitsrechnung, gar keine Bedeutung und nur »Möglichkeiten« sind es, die Abmachungen erheischen, um späterem Streit aus dem Wege zu gehn.
Ich hatte noch eine Stelle notirt, nachträglich erscheint mir aber das von Dir gebrauchte Wort »Verlagsrecht« besser als das von mir vorgeschlagene »Autorrecht« was, wenn angenommen, überhaupt eine Neuformulierung des ganzen Satzes im Geleit haben müßte. Besonders wichtig erscheint mir, daß Du – vielleicht auch Theo gegenüber, doch weiß ich nicht, ob es da auch so nöthig ist – den Abmachungen mit Dominik, auch da, wo Du dieselben so zu sagen blos citirst, überall einen scharfen, präcisen Ausdruck giebst.

(FAP)

Fontane an Maximilian Harden   Berlin, 24. April 1890
Darf ich mir erlauben, Ihnen anbei meine »Stine« zu präsentieren? Für einen Siebziger ist manches darin zu »forsch« und beinahe genierlich; ich hab's aber (vor etwa fünf Jahren) nun mal geschrie-

ben und kann's nun aus bloßen Altersrücksichten nicht unterdrücken; dazu müßt' es doch noch viel schlimmer sein. (E 56, 1093)

Fontane an Theodor Wolff   Berlin, 28. April 1890

Ja, das ist eine kitzlige Sache – so ganz genau weiß ich es selber nicht. Schuld an diesem Nichtwissen ist, daß ich meine Geschichten oft jahrelang lagern lasse, was mit den Zwischenschüben, die nun eintreten, allein schon ausreicht, Unsicherheiten zu schaffen. Sind nun aber die auf Lager gelegten Geschichten auch nicht einmal ganz fertig, so wird eine völlige Konfusion geboren, und Ostern und Pfingsten fallen nicht bloß auf einen Tag, sondern Pfingsten rangiert auch wohl mal vor. Ich glaube, daß es *so* hergegangen ist. Schon Anfang der achtziger Jahre habe ich die ersten Kapitel von »Irrungen, Wirrungen« geschrieben, aber nur bis zu der Stelle, wo Botho zum Abendbesuch kommt und getanzt wird, während der alte Dörr das Kaffeebrett schlägt. Dann kamen jahrelang ganz andere Arbeiten, und etwa 1885 schrieb ich »Stine« bis zu dem Hauptkapitel, wo der alte Graf und die Pittelkow in dem »Untätchen«-Gespräch aufeinanderplatzen.

Dann wieder ganz andere Arbeiten, bis ich, etwa ausgangs 1886, »Irrungen, Wirrungen« fertig schrieb und dann – mit abermaligem starkem Zwischenschub – etwa 1888 »Stine« fertig machte.

Diese vielen Pausen und Zwischenschiebereien sind schuld, daß sich manches wiederholt. Am deutlichsten tritt dies bei den Ulkereien mit den Namensgebungen hervor. Sarastro, Papageno, Königin der Nacht, das war, glaub, ich, ein ganz guter Einfall, den wir auf 1885 oder vielleicht etwas früher festsetzen können. Als ich nun ausgangs 1886, also nach mehr als anderthalb Jahren, wieder »Irrungen, Wirrungen« aufnahm und fertig machte, hatte ich meinen Sarastro usw. ganz vergessen und machte nun den Witz noch mal, indem ich der ganzen Demimondegesellschaft die Namen aus Schillers »Jungfrau« gab. Hätte ich den Sarastro noch im Gedächtnis gehabt, so hätte ich das vermieden. Und so ist es mit vielen andern Einzelheiten. Es ließ sich aber nicht mehr herausschaffen.[7]

(FAP)

---

7 Vgl. zur problematischen Chronologie in diesem Brief A 5, 530 f.

Fontane an Georg Friedlaender Berlin, 29. April 1890
In den nächsten Tagen schicke ich Ihnen »Stine«, einen eben erschienenen kleinen Roman von mir. (FRI 124)

Fontane an Georg Friedlaender Berlin, 1. Mai 1890
»Stine« schicke ich morgen oder übermorgen [...] (FRI 126)

Fontane an Georg Friedlaender Berlin, 2. Mai 1890
Nach langem Schweigen bricht es nun wie eine Fluth über Sie herein. Anbei »Stine«, die den einen Vorzug hat, wenigstens kurz zu sein. Es sind noch 'mal Gestalten aus dem Berliner Volksleben, aber nun ist es auch genug davon und ich will mit jüngeren Kräften auf diesem Gebiete nicht länger concurriren. (FRI 127)

Fontane an Theodor Wolff Berlin, 24. Mai 1890
Heute abend erst bringt mir mein Sohn Ihre schon vor 4 Tagen erschienene, überaus freundliche Besprechung[8] meiner »Stine«. Ich eile nun, Ihnen zu danken. Es ist gewiß alles so, wie Sie sagen: es ist so hinsichtlich der Mischung von Romantischem und Realistischem, und es ist so hinsichtlich der Parallele zwischen Lene und Stine. Lene ist berlinischer, gesünder, sympathischer und schließlich auch die besser gezeichnete Figur. Auf die Frage »Lene« oder »Stine« hin angesehen, kann Stine nicht bestehen, darüber habe ich mir selber keine Illusionen gemacht, das Beiwerk aber – mir die Hauptsache – hat in »Stine« vielleicht noch mehr Kolorit. Mir sind die Pittelkow und der alte Graf die Hauptpersonen, und ihre Porträtierung war mir wichtiger als die Geschichte. Das soll gewiß nicht sein, und der eigentliche Fabulist muß der Erzählung als solcher gerechter werden, aber das steckt nun mal nicht in mir; in meinen ganzen Schreibereien suche ich mich mit den sogenannten Hauptsachen immer schnell abzufinden, um bei den Nebensachen liebevoll, vielleicht *zu* liebevoll, verweilen zu können. Große Geschichten interessieren mich in der Geschichte; sonst ist mir das Kleinste das Liebste. Daraus entstehen Vorzüge, aber auch erheb-

---

8 im »Berliner Tageblatt« v. 20. 5. 1890.

liche Mängel, und diese so nachsichtig berührt zu haben, dafür
Ihnen nochmals schönsten Dank. (BE II 275)

Fontane an Georg Friedlaender　　　　　　Berlin, 27. Mai 1890
Vor ungefähr 5 Wochen habe ich in rapider Reihenfolge drei Briefe
an Haus Friedländer gerichtet, den dritten Brief in Begleitung
meiner »Stine«. (FRI 128)

Fontane an seinen Sohn Friedrich　　　　Kissingen, 29. Juni 1890
Das erste Buch, das ich hier bei Weinberger im Schaufenster sah,
war »Rembrandt als Erzieher«[9] Ich wollte eben eine Lache darüber aufschlagen, da sah ich, daß dicht daneben »Stine« stand –
und das Lachen verging mir. (FA II 237)

Fontane an Maximilian Harden　　　　Krummhübel, 20. August 1890
Ich [...] hause nun hier seit drei Wochen unter so viel Schönheit
und Glück, wie man nur irgendwie fordern kann. Glücklichstes
Weltvergessen! Wenn die Welt aber schließlich in solcher Gestalt
an einen herantritt, wie gestern in der »Nation«[10], so glaubt man
doch wieder an die beste der Welten und freut sich ihrer Lebenszeichen. Allerherzlichsten Dank; Sie wissen immer so was besonders Nettes und Treffendes zu sagen und Dinge zu sehn, woran die
andern vorbeikucken. Es ist richtig, daß meine Nebenfiguren
immer die Hauptsache sind, in »Stine« nun schon ganz gewiß, die
Pittelkow ist mir als Figur viel wichtiger als die ganze Geschichte.
(E 56, 1093 f)

15. November 1890
Fontane. »An Kommerzienrat Feldheim« (Mit »Stine«)

> Hier an der Spree, da mocht' es gehen,
> Solche Leutchen gehen hier aus und ein,
> Aber wie wird »Stine« bestehen
> An den Borden von Main und Rhein? (HA 6, 545)

9 von Julius Langbehn (1890 anonym erschienen).
10 Hardens Rezension in der »Nation«, Nr. 45, August 1890.

Fontane. »Stine« 1890

> Will dir unter den Puppen allen
> Grade »Stine« nicht recht gefallen,
> Wisse, ich finde sie selbst nur soso,
> Aber die Witwe Pittelkow!
>
> Graf, Baron und andere Gäste,
> Nebenfiguren sind immer das Beste,
> Kartoffelkomödie, Puppenspiel,
> Und der Seiten nicht allzuviel.
> Was auch deine Fehler sind,
> Finde Nachsicht, armes Kind! (HA 6, 326)

Fontane an Paul Heyse Berlin, 5. Dezember 1890
Mit meiner Geschichte »Stine«, die vor etwa einem halben Jahre erschien, wollte ich Dich nicht behelligen, weil ich annehme, daß Dir die Richtung und vielleicht auch der Ton darin unsympathisch ist. Bei »Quitt« fallen diese Bedenken fort, und ich bin herzlich froh darüber. Denn wiewohl ich in meiner Vorliebe für das, was man ziemlich dumm die »neue Richtung« nennt (ist sie doch uralt), unerschüttert geblieben bin, sah ich mich doch schließlich durch eben diese Vorliebe in so fragwürdige Gesellschaft versetzt, daß mir angst und bange wurde. (BE II 279)

Fontane an Pol de Mont Berlin, 21. Februar 1891
Gestatten Sie mir mit diesen Zeilen einen vor zwei, drei Monaten von mir erschienenen Roman zur Post geben zu dürfen, nur als ein Zeichen meiner Hochachtung, frei von nebenherlaufenden Wünschen. (E 85, 471)

Quitt. Roman

Entstehung: seit Juni 1885
Erstausgabe: 1890 (Impressum 1891)

Fontane. Tagebuch Ende April – Ende Mai 1885
Kröner macht mir einen Besuch und wünscht für 86 eine neue Novelle, Pendant zu der von 85.[1] Ich verspreche ihm eine solche. Zugleich Verhandlungen über »Sidonie von Borcke«. (E 25, 155)

Fontane an seine Frau Krummhübel, 3. Juni 1885
Ich habe gestern viel gearbeitet, ohne daß es mir sauer geworden wäre. Erst den kl. Aufsatz über Lepel, dann, am Nachmittag und Abend, habe ich die neue Novelle entworfen, so weit man etwas entwerfen kann, zu dem noch überall das Material fehlt. Von der ersten Hälfte gilt dies halb, von der zweiten – die bei den Mennoniten in Amerika spielt – ganz. Natürlich kann ich mir auch alles erfinden und die ganze Geschichte aus dem Phantasie-Brunnen heraufholen, aber besser ist besser. Ich habe nicht die Frechheit drauf los zu schreiben, ohne Sorge darum, ob es stimmt oder nicht. Wenn Du Müller–Grote (*ihn*) sehen solltest und zufällig daran denkst, so frage ihn doch »an wen ich mich wohl am besten zu wenden hätte, um über die *Mennoniten* überhaupt und speziell über die nach Amerika (Kansas und Dakota) hin ausgewanderten, was Gutes zu erfahren.« Ich denke mir, man müßte nach *Dirschau* hin schreiben; in der dortigen Gegend sind nicht blos die billigen Kalbsbraten sondern auch die Mennoniten zu Haus. Ja, es früge sich wirklich, ob man nicht bei Schreiber (alles heißt jetzt Schreiber oder Schreiner) anfrüge und ihn beauftrage, statt eines Schinken ein Mennoniten-Traktätchen von Dirschau mitzubringen. Er braucht dort blos in einem Buchladen anzufragen »Sagen Sie, haben Sie nicht Bücher und Schriften über die Mennoniten-Colonien in Amerika, bez. *wer* könnte darüber Auskunft geben?« Denn die Mennoniten haben ein Oberhaupt, eine Art Bischof, an *diesen*

---

[1] »Unterm Birnbaum«.

(wenn ich seinen Namen erst weiß) würde ich mich wenden und bin sicher, daß ich gute Auskunft erhalten würde. Du mußt Dir das Ganze so denken, wie die Herrnhuter Missions-Berichte, hinsichtlich deren Du ja Bescheid weißt.
[...]
Nach Tisch plauderte der Schulmeister beinah zwei Stunden mit mir, ein ganz netter Mann, der mir auch den Novellenstoff in aller Seelenruhe vortrug. Ich verschwieg ihm aber, daß ich vorhätte darüber zu schreiben. Auch die Formation des Gebirges hat er mir mit großer Klarheit auseinandergesetzt, besser als ein geognostischer Professor. (SJ I 297 f)

Fontane an seine Frau   Krummhübel, 8. Juni 1885
Mit meiner neuen Arbeit geht es rüstig weiter [...]   (SJ I 299)

Fontane. Tagebuch   Anfang Juni – 8. Oktober 1885
Am 1. Juni ging ich nach Krummhübel und bezog meine alte Wohnung bei Frau Schreiber; den 13. Juni kam Emilie nach, am 10. oder 11. George, nahm aber eine abgetrennte Wohnung. Ich entwarf in den ersten 8 Tagen meine neue Novelle [...]   (E 25, 156)

Fontane an seine Tochter   Krummhübel, 17. Juni 1885
Dieser Brief sollte »unterwegs« in einen Postkasten gesteckt werden; dieser »Unterwegs-Postkasten« kam aber nicht und so genießen diese Zeilen des Vorzugs in meiner Brusttasche bis auf die Kleine-Koppe geschleppt worden zu sein. Denn das Denkmal, das die Graf Schaffgotsch'schen Förster ihrem durch einen Wilddieb erschossenen Kameraden gesetzt haben, steht nur 500 Schritt unter der Kleinen-Koppe auf einem Felsenvorsprung, der das ganze Hirschberger Thal mit seinen Bergen, Kuppen, Städten, Dörfern, Parks und Schlössern beherrscht. Sehr schön, auch für meine Arbeit wundervoll zu verwenden, um so mehr als sich hoch oben schon alpine Sterilität, Krüppelkiefer, Knieholz und Moorgründe mit wucherndem Huflattig mit einmischen.
[...]
Das Material für meine Novelle habe ich nun zusammen. Auf dem Denkmal steht »ermordet durch einen Wilddieb«. Ich finde dies zu

stark. Förster und Wilddieb leben in einem Kampf und stehen sich bewaffnet, Mann gegen Mann, gegenüber; der ganze Unterschied ist, daß der eine auf d. Boden des Gesetzes steht, der andre nicht, aber dafür wird der eine bestraft, der andre belohnt, von »Mord« kann in einem ebenbürtigen Kampf keine Rede sein. (SJ II 75 f)

Fontane an seinen Sohn Friedrich   Krummhübel, 21. Juli 1885
Und nun eine geschäftliche Frage. Könntest du nicht in *Dirschau* bei der dortigen besten Buchhandlung anfragen, ob sie wohl *Menoniten*-Litteratur hätte, d. h. also, Bücher und Büchelchen, die teils den in der Weichselniederung lebenden Menoniten-Gemeinden *konfessionell* dienen (Katechismus, Gesangbuch etc.) teils das gesamte Menonitentum, auch das nach Amerika hin verpflanzte, sozial, topographisch und historisch behandeln. An umfangreichen Werken liegt mir nicht; am meisten würden meinen Zwecken sogenannte »Missions-Berichte« dienen, wie sie die Herrnhuter von allen Ecken der Welt her veröffentlichen und wie sie, seitens andrer kleiner Religionsgenossenschaften (Quäker, Methodisten etc.) auch veröffentlicht werden. Ich denke mir, daß auch die *Menoniten* (speziell die amerikanischen, an denen mir vorzugsweise liegt) mit solchen Berichten nicht zurückbleiben werden. Das Beste wird wohl am Ende sein, Du schreibst diese meine Briefstelle wörtlich ab. (FAP)

Fontane an seinen Sohn Friedrich   2. August 1885
Ich werde nun an den Mennonitenprediger Mannhardt schreiben, der mir gewiß Auskunft geben wird. (A 5, 612)

Fontane an seinen Sohn Friedrich   Berlin, 11. Dezember 1885
Neuerdings habe ich wieder mit *Kröner* korrespondiert, weil ich die Novelle, die er wünscht, vor Neujahr 1887 (statt Sommer 1886) nicht abliefern kann. Der Verkehr mit ihm ist höchst angenehm; immer perfekter Gentleman in Gesinnung und Form. Von diesem Schwaben könnten unsere Berliner viel lernen, die alle mehr oder weniger sonderbar sind, entweder großmäulig oder benglig oder pfiffig oder rüplig oder gar mit Gelehrsamkeitsallüren. Das sind die Schlimmsten. (FA II 133)

Fontane an Georg Friedlaender　　　　　　　　Berlin, 9. April 1886
Was macht das Notizbuch von Förster *Frey*? Diesen Sommer will ich nun ernstlich anfangen und die Geschichte niederschreiben.
(FRI 32)

Fontane an Adolf Kröner　　　　　　　　　　Berlin, 12. Mai 1886
Seien Sie schönstens bedankt für diesen neuen Beweis Ihrer Güte gegen mich. Fast tat es mir schon leid, meinen Brief geschrieben zu haben, denn ich bin alt genug, um zu wissen, daß man den Bogen nie überspannen darf, er bricht dann nicht blos, der Schütze kriegt auch noch persönlich einen Knax weg. Und das ist immer sehr fatal. Ihr freundliches Entgegenkommen hat mich davor bewahrt. Eins möcht ich bei der Gelegenheit noch sagen dürfen: so redlich ich mich quäle, es will mir nicht gelingen, mehr als eine solche Arbeit im Jahr zu vollenden, und das ist dann – neben meinem kleinen Gehalt bei der Vossin – meine Jahreseinnahme. Seide läßt sich nicht dabei spinnen und ich bleibe Dachstubenpoet, trotzdem die Honorare fast so hoch liegen wie meine Wohnung. Und nun die Novelle selbst! Ganz liebelos wird sie nicht verlaufen, der Held in seinem Dakota oder Minnesota-Dorf (wenigstens Minne im Lokalnamen) verliebt sich in ein schönes Mennonitenkind und wie das Leben selbst, so verliert er auch das Letzte seines Lebens – *sie*. Trotzdem kann ich nicht wohl von einer »Liebesgeschichte« sprechen, denn das ganze Liebes- und Braut-Verhältnis bleibt im Idyll, im Gefühlvollen stecken – von glühenden Küssen, so daß gleich die ganze Stube warm wird, keine Spur.
(FAP)

Fontane an Georg Friedlaender　　　　　　Krummhübel, 24. Juni 1886
Mit der »Arbeit am Fenster« geht es leidlich; ich habe heute das 4. Kapitel geschrieben, alles noch roh, aber es ist doch da; »der Stil wird angeputzt« sagte mal ein Berliner Baumeister.　(FRI 38)

Fontane an Georg Friedlaender　　　　　　Krummhübel, 22. Juli 1886
Wenn wir nicht Contre-Ordre erhalten, so kommt meine Tochter am Sonnabend, sagen wir 12 Uhr zu Ihnen, ist Ihr Tischgast und holt unter Ihrer und Frau Gemahlin freundlicher Assistenz die Fon-

tanesche Mama vom Bahnhof, welche letztre dann wohl am liebsten, nach viertelstündiger Bahnhofsplauderei, nach hier weiterfahren wird. *Ich* kann nicht mit dabei sein, weil ich den Sonnabend-Vormittag noch brauche, um mit der Krummhübler Hälfte meiner Novelle (2. Hälfte in *Kansas*, Amerika) abzuschließen. (FRI 43)

Fontane an Georg Friedlaender   Krummhübel, 6. August 1886
In der Eil gestern habe ich vergessen auf den Partie-Punkt zu antworten. Komme ich mit meiner Arbeit innerhalb der nächsten vier, fünf Tage so viel weiter, daß ich Land sehe, so machen wir's Ausgang der nächsten Woche, vielleicht Freitag Abend fort und Sonnabend zurück. (FRI 44)

Fontane an Georg Friedlaender   Krummhübel, 20. August 1886
Also morgen (Sonnabend) 3 Uhr hoffentlich auf Wiedersehn. Bringen Sie gute Nachrichten mit: von *Toeche*, von *Stephany* (vielleicht schon den Artikel) und von sich selbst durch sich selbst. Zugleich bitte ich noch dem »Universum«-Packet[2] die 3 oder 5 Bändchen »Gertrud und Linart«[3] (oder Linhardt) zupacken zu wollen; das betr. Kapitel ist zwar schon geschrieben, aber das Richtige für das vorläufig blos Angenommene muß noch hinein. (FRI 4)

Fontane an Elisabeth Friedlaender   Krummhübel, 5. September 1886
War *das* ein Sommer! Ein wahres Mirakel, daß ich meine lange Novelle habe schreiben können. (FRI 51)

Fontane. Tagebuch   29. April – 15. September 1886
[...] am 15. [Juni] reisen Martha und ich nach Schlesien, bleiben 16. und 17. in Schmiedeberg und treffen am 18. in Krummhübel ein, wo wir bei Frau Schiller mieten. Fünf oder sechs Wochen lang sind wir allein und essen bei Exners, dann kommt Mama, und eigene Wirtschaftsführung beginnt, bis wir in der ersten September-

---

2 mit dem Roman »Cécile«.
3 Johann Heinrich Pestalozzi (1746–1827), »Lienhard und Gertrud«, Roman, 4 Bde., 1781–1787 (zur Bedeutung für »Quitt« vgl. FRI 338).

woche, am 2., 4. und 8. unsern Rückzug antreten. Der Verkehr mit Friedländers, Grossers (auf Hohenwiese), Schwerins, Richters, Ebertys, Grävenitzens war meist sehr angenehm und riß die ganze Geschichte heraus, sonst war der Aufenthalt ziemlich erbärmlich, was teils in dem abnormen Sommer, kalt, schwül, heiß, teils in der von allen »perfumes of Arabia« umflossenen Wohnung seinen Grund hatte. Wir waren schließlich froh, als wir abreisen und wieder Berliner Glut und Berliner Kanalluft einatmen konnten. Das Beste war, daß ich, aller Unbilden unerachtet, 10 Wochen lang unausgesetzt arbeiten und meine neue für die Gartenlaube bestimmte Arbeit im ersten Entwurf beendigen konnte. (E 25, 162 f)

Fontane an Adolf Kröner Berlin, 29. Dezember 1886
Morgen ist mein Geburtstag, zu dem mir nichts Besseres als Ihr Weihnachtsbrief aufgebaut werden konnte. Nur das Eine, daß mir Herr v. Perfall mit seinem totgeschossenen Förster »samt Aufzeichnungen« den Vorsprung abgewinnt, ist beklagenswert, alles andre grämt mich nicht und begegnet nirgends bei mir einem Widerstreben oder auch nur Bedenken. Kürzungen, Änderungen, Einschränkungen der französischen Brocken, Wegfall der letzten Kapitel, an nichts nehme ich Anstoß, auch nicht daran, daß bis zu Beginn des Druckes vielleicht noch zwei Jahre vergehen werden. Alles leuchtet mir in seiner Berechtigung so sehr ein, oder ist mir, wo ich anders drüber denke (wie die Schlußkapitel und das Französische) doch so begreiflich, daß mir ein Feilschen über alle diese Punkte, die doch schließlich nicht das Leben der Sache treffen, nur kleinlich vorkommen würde. So denn also abgemacht. Ich beginne Ende März oder Anfang April die Korrektur, setze sie bis Mitte Juni (Reisezeit) fort und frage dann bei Ihnen an, ob ich das Korrigieren und Fertigmachen auf zehn, zwölf Sommerwochen – während welcher Zeit ich eine neue Novelle schreiben würde – unterbrechen darf. Bis spätestens über ein Jahr ist das druckfertige M. S. unter allen Umständen in Ihren Händen. (LA 409 f)

Fontane an Emil Dominik Rüdersdorf, 14. Juli 1887
[...] ich kriege nun, weil es schon ein über 4 Jahre altes Abkommen ist, 400 Mark pro Nord-und-Süd-Bogen, während mir Kröner

für meine neueste, im vorigen Jahr in Krummhübel geschriebene Arbeit 600 Mark zahlt. (BE II 167)

Fontane an Georg Friedlaender Berlin, 16. Juni 1888
Ich werde, während des Juli, wohl wieder in der Nähe von Berlin unterkriechen, irgendwo an der Stettiner Bahn hin. Da bleib ich denn bis Anfang August, dann 8 Tage in Berlin, und dann am 10. oder 12., wenn sich die großen Wasser verlaufen, nach Krummhübel. Ich will da eine *Frey*novelle, die ich schon vor 2 Jahren schrieb, korrigiren. (FRI 92)

Fontane an seine Tochter Berlin, 6. Juli 1888
Ich hoffe die nächste Woche in einer mir zu gönnenden Trägheit hinzubringen. Es sind nur noch ein paar Briefe zu schreiben, am 8. an die Rohr, und ein paar Besuche zu machen, darunter einer bei Zychlinski. Sonst ist alles abgearbeitet und ich bin ordentlich neugierig auf der Brotbaude das Packet zu öffnen und die Blätter wieder vor Augen zu haben, die ich vor 2 Jahren bei Frau Schiller beschrieb. Was wird nach wieder 2 Jahren sein? (SJ II 106)

Fontane. Tagebuch 8.–15. Juli [!] 1888
Außerdem sah ich meinen Roman »Quitt« durch und ordnete alles übersichtlich, kam aber im einzelnen zu keinen rechten Verbesserungen. (E 25, 174 f)

Fontane an seine Frau Brotbaude, 19. Juli 1888
[...] das große 5000 Mark-Packet ist angekommen und ich habe gleich gestern ausgepackt und sortirt; mit der eigentlichen Arbeit will ich warten, bis der Schnupfen vorüber ist. (SJ I 345)

Fontane an Georg Friedlaender Brotbaude, 19. Juli 1888
Ihre Charakteristik des alten *Zoelfel*[5] – ich entsinne mich mehr seiner schwarzen Perücke als seiner selbst – hat mich sehr erheitert, ebenso der katholische Cantor mit seinem Adamsapfel. (FRI 94)

5 Vgl. FRI 348.

Fontane an seine Frau   Berlin, 30. September 1888
Heute habe ich ein Kapitel von »Quitt« durchcorrigirt, was mein
Herz ordentlich erleichtert hat.   (SJ I 348)

Fontane an seine Frau   Berlin, 8. Oktober 1888
Mein 2. Gedicht für Béringuier geht morgen ab; nun wünsche ich
aber vor *solchen* Zwischenfällen gesichert zu sein, damit ich mich
endlich wieder an meinen Roman für Kroener machen kann.
                                                        (SJ I 351)

Fontane an seine Frau   Berlin, 14. Oktober 1888
Mit meiner Correktur von »Quitt« geht es ganz leidlich vorwärts,
doch will ich es nicht berufen, man sitzt dann mit einem Male
wieder fest; könnt' ihr's [ich's?] bis Neujahr schaffen, so wär es mir
sehr lieb.   (SJ I 353)

Fontane an Julius Rodenberg   Berlin, 25. November 1888
Ich korrigiere jetzt an einer Arbeit, auch ein starker Band, für
Kroener, womit ich Ende Januar fertig zu sein hoffe.   (RO 29)

Fontane. Tagebuch   1. September – 31. Dezember 1888
Ich beginne mit der Korrektur meines für die »Gartenlaube« bestimmten Romanes »Quitt«, mit welcher Korrektur ich um Neujahr halb zu Ende bin.   (E 25, 176)

Fontane an Georg Friedlaender   Berlin, 28. März 1889
Nun habe ich endlich meine Krummhübler Geschichte in die Welt
hinausgeschickt und bin seit vier, fünf Tagen wieder ein Mensch,
der einen alten Onkel besuchen (ich habe hier einen 89jährigen
Bruder meiner Mutter), ein Buch mußevoll lesen und lange Briefschulden abtragen kann.   (FRI 104)

Fontane an seinen Sohn Theodor   Berlin, 16. April 1889
Gleich nach Eurer Abreise von hier habe ich mal einen Brief geschrieben; seitdem nicht wieder. Das ist eine lange Zeit, die ganz
der Korrektur jener Geschichte gehört hat, um derentwillen Du seit
Jahr und Tag Abonnent der »Gartenlaube« bist, es leider auch

noch bleiben mußt, und abermals auf Jahr und Tag, wenn Du des Genusses der Lektüre nicht verlustig gehn willst. *Kröner* schrieb mir, »vor Ablauf eines Jahres ginge es nicht; dies sei Annahmebedingung«, worauf ich natürlich antwortete: »Die Annahme (gleichbedeutend mit Honorarempfang) sei mir wichtiger als der Zeitpunkt des Erscheinens«, und so wird denn Frühjahr oder Sommer 90 herankommen, eh Krummhübel und die Welt erfährt, wie die Geschichte mit Förster Frey, den ich in einen Opitz umgetauft, eigentlich gewesen ist. In der Tat ist mir der Zeitpunkt der Publikation ziemlich gleichgültig. Wenn man mehr als 20mal ein Buch, ein Werk veröffentlicht und immer – in jungen Jahren oft in lächerlicher, weil ganz unmöglicher Weise – die Hoffnung eines großen Erfolges, der dann stets ausblieb, daran geknüpft hat, so verlernt man es schließlich, sich mit dem Gedanken an das große Los zu tragen und freut sich, daß einem bei dem nun 50jährigen Nachlaufen nach dem Rade des Glücks, vor längerer oder kürzerer Zeit schon, ein Pflock, ein Nagel zugefallen ist. Eine Speiche, wie's im Sprichwort eigentlich heißt, ist schon zu viel. (FAP)

Fontane. Tagebuch   1. Januar – 1. Juli 1889
Meine Korrekturarbeit an »Quitt« setze ich fort und bin damit Ende April fertig. Kröner (Gartenlaube) akzeptiert, und ich erhalte in sehr anständiger Weise mein Honorar. (E 25, 177)

Fontane an seine Frau   Bayreuth, 27. Juli 1889
Eben habe ich die letzten drei Fremdenlisten gekauft und durchgesehen: Zwei Drittel sind Engländer und Amerikaner; Amerikaner noch mehr als Engländer, viele aus Denver, wo die zweite Hälfte meines schlesischen Romans spielt. (FA II 221)

Fontane an Georg Friedlaender   Berlin, 11. November 1889
Die *Frey*-Geschichte wird wohl mit dem neuen Jahr in der »Gartenlaube« anfangen, oder doch nicht viel später, wenigstens habe ich in voriger Woche schon die Korrekturfahnen in Händen gehabt. Leider wird mir die Geschichte sehr gekürzt und hier und da auch wohl verunstaltet werden; aber dagegen ist nichts zu machen und so gräme ich mich nicht weiter darüber. (FRI 117)

Berlin, 15. November 1889
Fontane an die Redaktion der »Gartenlaube«
Ergebensten Dank für den Roman in seiner Urform, wie für die freundlichen Zeilen, womit Sie die Fahnensendung begleitet haben.
Was die vorzunehmenden Kürzungen und Aenderungen angeht, so wiederhole ich meine ganz ergebenste Bitte, frei schalten zu wollen, ohne mir die Sache noch 'mal vorzulegen. Von einer nachträglichen, auch nur stillen Klage meinerseits kann gar keine Rede sein; es muß doch schließlich immer was heraus kommen, was, so weit der Urstoff es ermöglicht, 300,000 Abonnenten, oder wie viel ihrer sein mögen, ein Genüge thut, und aus der Schüssel, aus der 300,000 Deutsche essen, ess' ich ruhig mit. Ich bin so alt, daß ich von nichts tiefer überzeugt bin, als von der Wacklichkeit des Urtheils, also auch des eignen, vielleicht das eigne in erster Reihe, und so kenne ich denn, was diese Dinge angeht, kein Härmen und Grämen. Außerdem bin ich von dem immer Wiederlesen derselben Geschichte (da reichen keine 20 mal) schon ganz drehig. – Aber einen *Wunsch,* der den Blaustift vielleicht hier und da in seiner todbringenden Schnelle hemmt, möchte ich am Schlusse aussprechen dürfen. Die Kürzungen werden wohl meist das Mittelstück der 2. Hälfte treffen und wirklich ist da vieles zu breit gerathen; ans Herz gewachsen sind mir in all diesen Kapiteln der 2. Hälfte nur zwei Gegenüberstellungen:
der Gegensatz zwischen L'Hermite und Lehnert, die Beide ihren Mord auf der Seele haben, und
der Gegensatz zwischen Martin Kaulbars und Lehnert, als spezifischer Schlesier und 3mal geaichter Märker.
Diese Gegensätze haben eine Bedeutung und sind auch, glaub ich, wirkungsvoll.
Außerdem, wenn's sein kann, räumen Sie unter den französischen Brocken nicht *zu* sehr auf. Vieles wird ohnehin fallen und nimmt dann die Brocken mit in den Orkus; an ein paar Stellen sind sie aber doch von Wichtigkeit, so da wo L'Hermite, auf Lehnerts Fragen, in zwei, drei französ: Worten immer knapp die Antwort giebt. Wird das übersetzt, so ist der Effekt weg. Da haben Sie meine kleinen Wünsche; aber diese Wünsche heben von dem Eingangs Ge-

sagten nichts auf und wenn sie *nicht* erfüllt werden können, so findet sich unschweren Herzens darein Ihr [...]   (E 58, 464 f)

Fontane an Adolf Kröner   Berlin, 16. Januar 1890
Ich habe Ihnen, hochgeehrter Herr, für so vieles zu danken, nicht nur für eine Gratulationskarte, sondern auch für die Haltung der Gartenlaube während dieser meiner »großen Zeit«, in der ich, nach fünfzigjähriger fast pennsylvanischer Absperrung vom Welt- und Literaturgetriebe, plötzlich meiner Nation als *Theodorus victor* gezeigt worden bin. Eine merkwürdige Rolle für mich.[6]

(FR II 238)

Fontane an Georg Friedlaender   Berlin, 28. Januar 1890
Wie wirkt »Quitt«? Ich habe, seit der Roman in der Gartenlaube steht, noch keine Zeile davon gelesen.   (FRI 120)

Fontane an Hauptmann Lehnert   Berlin, 18. März 1890
Leider sieht es mit meinen Aufklärungen über »Lehnert« sehr windig aus. In Schlesien (Krummhübel) führte der Held meiner Geschichte, der verheiratet und ein ganz gemeiner Kerl war, den prosaischen und dadurch ihm zuständigen Namen »Knobloch«, den ich für *meinen* stark idealisierten Helden natürlich nicht brauchen konnte, weshalb ich, wie gewöhnlich beim Beginn eines Romans, auf die Namensuche ging. Den richtigen, brauchbaren zu finden ist oft recht schwer und dauert wochenlang, weil man die schon akzeptierten immer wieder verwirft. So bin ich schließlich bei Lehnert angelangt und glaube noch jetzt, daß es eine gute Wahl war. Aber weiter weiß ich nichts zu sagen; historisch oder lokal fundiert ist der Name durchaus nicht. Sein guter Klang war für mich entscheidend.
(BE II 266 f)

Fontane an Georg Friedlaender   Berlin, 1. Mai 1890
[...] besten Dank für die freundlichen Worte über »Quitt«; es ist mir sehr lieb, daß meine Behandlung des Stoffs keinen Anstoß

---

[6] Rudolf von Gottschall hatte in der »Gartenlaube« zu Fontanes 70. Geburtstag geschrieben.

gegeben zu haben scheint; das ist mir schon genug. Die kl. Besprechung von *Dr. Baer*[7] war sehr nett. (FRI 126)

Fontane an Georg Friedlaender   Berlin, 2. Mai 1890
Wie sich »Quitt« in der Gartenlaubengestalt eigentlich ausnimmt, davon habe ich keine Ahnung. In der ersten Hälfte, bis zu dem Moment also, wo Lehnert plötzlich aus seinem Hause verschwunden ist, hat die Redaktion, so viel ich aus den Kapitelzahlen ersehen konnte (*gelesen* habe ich im Abdruck keine Zeile), wahrscheinlich nichts oder nur sehr wenig geändert, desto mehr in der zweiten Hälfte. Hier ist kaum mehr als die Hälfte der Hälfte gegeben, wie ich wiederum aus den Zahlen ersehe. Im Manuskript waren es glaube ich 34 Kapitel und in der Gartenlaube sind es, wenn ich nicht irre, nur 26. Für die große Mehrheit der Leser wird die Geschichte durch diese starken Kürzungen nur gewonnen haben und selbst der Kenner wird das von mir Geschriebne sehr wahrscheinlich zu lang und hier und da auch zu langweilig finden. Was heißt aber langweilig? Davor darf man nicht erschrecken. In diesem Punkte ist Goethe neben *Wilkie Collins* ein Nachtwächter. Und so glaube ich denn, daß bei den starken Streichungen auch alle meine Finessen gefallen sind. Eine Finesse lag für mich beispielsweise darin, daß ich das Menonitenhaus in Nogat-Ehre wirklich im Stil von »*A happy family*« behandelte, d. h. Feindliches, diametral Entgegengesetztes *friedlich* daselbst zusammenführte: *Monsieur L'Hermite,* der den Erzbischof von Paris erschießen ließ, *Lehnert,* der einen Förster erschoß, und *Mister Kaulbars* und Frau, brave, klugschmusige, neunmalweise märkische Leute, die in ihrem preußischen Sechs-Dreier-Hochmuth *alles* besser wissen. Ich fürchte, daß von diesem kunstvollen Gegensatz nicht viel übrig geblieben ist. (FRI 127)

Fontane an Georg Friedlaender   Berlin, 29. Mai 1890
Wenn wir uns wiedersehn, worauf ich Anfang August mit so viel Sicherheit wie einem mit 70 noch zusteht, rechne, so haben wir reichen Stoff für die Debatte: Richter, Reuß, Stoeckhardt [...], Bergel und Bruder, unser Adel und unsre Frommen, und wenn Zeit

---

[7] im »Wanderer im Riesengebirge« (vgl. FRI 356).

übrig bleibt auch Quitt und Stine. Doch bin ich auf Literaturgespräche nicht versessen, namentlich wenn sie eignes Fabrikat betreffen; was da ist, ist da und um noch was für die Zukunft zu lernen, dazu ist man zu alt. (FRI 129)

Fontane. Tagebuch 1890 [Sommer]
Ich korrigiere fleißig 14 Tage lang und arrangiere das Nötige zur Herausgabe von »Quitt« bei Wilh. Hertz. (E 25, 180 f)

Fontane an Adolf Kröner Berlin, 28. Juli 1890
Ganz ergebensten Dank für das Manuskript von »Quitt« das Ihre gütige Weisung an mich gelangen ließ. (E 58, 465)

Fontane an Wilhelm Hertz Berlin, 2. August 1890
Wie für Ihre Geneigtheit das Buch zu bringen, danke ich Ihnen auch für Ihre freundlichen Zeilen vom gestrigen Tage.
Das Manuskript, gute Fahnen wie die »Gartenlaube« sie mir geschickt hat, erlaube ich mir von Krummhübel aus in 2 Hälften an Sie gelangen zu lassen,
1. Hälfte (die im schles: Gebirge spielt) gleich am Dinstag oder Mittwoch,
2. Hälfte (die in einer Menonitenkolonie in Amerika spielt) gegen Ende der Woche, weil ich in dieser zweiten Hälfte doch einige Streichungen vornehmen will. Es wird immer noch ein stattlicher Band, bis zu 400 Seiten. (WHH 325 f)

Fontane an Wilhelm Hertz Brotbaude, 8. August 1890
Es schien mir doch besser, alles lieber gleich auf einmal zu schikken.
Corrigirt habe ich nicht viel, aber doch gerade genug, um die Bitte um Zusendung von Correkturbogen trotz alledem und alledem auszusprechen. Ich drücke mich gern von dieser Mühe, aber leider geht es nicht anders, denn so sehr man sich im Ganzen genommen auf die korrekte Wiedergabe von glattem Druck verlassen kann, so mißlich wird es, wenn man hier und da schriftliche Aenderungen gemacht hat. Confusionen und Sinnentstellungen reißen dann ein und man verwünscht es schließlich, überhaupt Correkturen gemacht zu haben. (WHH 326)

Fontane an seinen Sohn Friedrich   Brotbaude, 23. August 1890
Von »Quitt« habe ich die ersten Korrekturbogen erhalten, es wird sehr forsch, in Berlin bei Starcke, gedruckt, was mir imponiert.
(HD 237)

[Berlin], 21. Oktober 1890
Fontane an Max von Bredow oder dessen Frau
In etwa 3 Wochen erscheint ein Buch von mir, das ich bitten wollte, Ihnen überreichen zu dürfen. Meine letzten Publikationen waren so so – nicht in meinen Augen (sonst hätte ich sie nicht geschrieben), aber doch in den Augen vieler vortrefflicher Leute –, nun aber erscheint eine Geschichte, die ganz zweifelsohne ist und die ich wenigstens ohne Verlegenheit und Bedenken überallhin präsentieren kann. So bitte ich denn, mich Mitte November wieder melden zu dürfen.
(E 18 b)

Fontane an Wilhelm Hertz   Berlin, 22. Oktober 1890
Besten Dank für den Prospekt, der sich sehr forsch und vornehm ausnimmt. Die beiden alten Freunde[7a], Zeugen einer andern Zeit, nebeneinander! Möge nun das Publikum das Seine thun.
(WHH 326)

Fontane an Wilhelm Hertz   Berlin, 17. November 1890
Herzlichen Dank und noch eine Extra-Verbeugung für die 10 gebundenen. Alles nimmt sich ja vorzüglich aus und nur das Publikum hat noch das Seine zu thun. Wird es? (WHH 327)

Fontane an Heinrich Kruse   Berlin, 17. November 1890
Verzeihung, daß ich so spät erst meinen Dank ausspreche. Ich stecke im Abschluß einer Arbeit, was auch Grund ist, daß ich die neuen Gedichte noch nicht gelesen.
(FAP)

Fontane. Tagebuch   1890
Ende November erscheint mein Roman »Quitt« bei Wilhelm Hertz; die Welt nimmt wenig Notiz davon, nicht einmal Kritiken erschei-

---

7a Paul Heyses »Weihnachtsgeschichten« und Fontanes »Quitt« wurden im Verlagsprospekt zusammen angekündigt. (Vgl. WHH 547).

nen. Es muß auch so gehn. Dagegen kommt »Irrungen–Wirrungen« immer mehr in Aufnahme, auch »Stine« und »Graf Petöfy« gehen leidlich. (E 25, 181)

Fontane an Paul Heyse Berlin, 5. Dezember 1890
Ich weiß nicht, ob Freund Hertz Dir schon mein Neustes geschickt hat, aber ob »ja« oder »nein«, ich gebe ein Exemplar zur Post, um Dir bei der Gelegenheit noch einmal für all die Liebe danken zu können, die Du mir, wie so oft schon vorher, auch besonders anläßlich meines 70. Geburtstages bewiesen hast. (BE II 279)

Fontane an Frau von Bredow-Landin [Berlin], 6. Dezember 1890
Gestatten Sie mir, Ihnen und Herrn Gemahl in Beifolgendem mein jüngst erschienenes Buch überreichen zu dürfen. Es sollte schon Mitte November in ihren Händen sein, aber ich steckte damals in einer neuen Arbeit[8], deren Abschluß sich verzögerte. Nun liegt alles hinter mir. In dem Roman »Quitt« lege ich den Hauptakzent auf das friedliche Leben in einer von mir als »a happy family« bezeichneten Mennonitenkolonie zu Nogat-Esern (Indian Territories, Nordamerika), wo ich, neben allem möglichen dorthin verschlagenen Volke, namentlich auch einen atheistischen Franzosen und einen Märker, »aus dem Glin« gegenüberstelle. Diese Gegenüberstellung ist mein besonderer Stolz. (E 18 b)

Fontane an Wilhelm Hertz Berlin, 7. Dezember 1890
Darf ich mir von Ihrer Güte, eventuell gegen Buchung, noch 5 gebundene Quitt-Exemplare erbitten? Damit komme ich dann aus.
(WHH 328)

Fontane an Paul Schlenther Berlin, 21. Dezember 1890
Herzlichen Dank.[9] Wie reizend, wie liebenswürdig; das, was sich sehen lassen darf, in die glücklichste Beleuchtung gerückt, das Schwache so gestellt, daß es keinen Kauflustigen, wenn es deren noch gibt, abschrecken würde. Neu-Ruppiner und Alt-Franzos, nie

---

8 »Unwiederbringlich«.
9 Schlenther hatte den Roman in der V. Z. vom 21. 12. 1890 besprochen.

bin ich netter, schmeichelhafter und zutreffender charakterisiert worden. Aber der Franzose, je älter ich werde, kommt immer mehr heraus. Hoffentlich; denn die Kaulbarse[10] sind gute Leute, aber gräßlich.
(E 30)

Fontane an Georg Friedlaender   Berlin, 8. Januar 1891
Ich gebe gleichzeitig mit diesen Zeilen ein Exemplar von »Quitt« zur Post; sollte was dazwischen kommen, so jedenfalls morgen. Schlenther hat sehr hübsch darüber geschrieben, sonst habe ich noch nicht recht was gelesen, was übrigens auf den Verkauf des Buchs kaum einen Einfluß hat.
(FRI 141)

Fontane an seine Tochter   Berlin, 17. Februar 1891
Die kl. Kritik über »Quitt« ist ganz gut[11], die Sache mal von einer ganz andren Seite beleuchtet, – der Staat soll seine Rechtsanschauungen dadurch modificiren lassen, was er wohl bleiben lassen wird. Das einzig Anzügliche in der Kritik ist der Hohn- und Schreckens-Ausruf: Dostojewski und Fontane! Ich schrieb an Brahm, es klänge etwa wie: »Egmont und Jetter!« Natürlich lache ich darüber, ich gönne den Berühmtheiten ihre dickere Berühmtheit und freue mich der Gesundheit und Natürlichkeit meiner Anschauungen. *Das* habe ich vor der ganzen Blase voraus und bedeutet mir die Hauptsache.
(SJ II 167 f)

Fontane an Hermann Pantenius   Berlin, Ende Februar 1891
[Entwurf]
Schon vor drei Wochen wollte ich nach Lektüre des Januarheftes ein paar Zeilen an Sie richten und Ihnen aussprechen, mit welcher großen Freude ich im Januarhefte der Monatsblätter die Novelle Twerdianski gelesen habe. Es unterblieb damals, und ich habe nun einen schönen Dank für die Besprechung meines Romans hinzuzufügen[12]. Ich stehe längst auf dem Standpunkt, an einem wohlwol-

10 d. h. Märker.
11 Bruno Wille in der »Freien Bühne für modernes Leben« (hrsg. v. Otto Brahm) vom 13. 2. 1891.
12 Paul von Szczepański in »Velhagen und Klasings Neuen Monatsheften«, Heft 6, Februar 1891.

lenden und wohlmotivierten Tadel mehr Freude zu haben als an einem Lob, dem man selten das rechte Vertrauen entgegenbringt. Eine Kritik noch wieder zu kritisieren, ist geschmacklos, und wenn man so viel Freundliches bringt, auch undankbar. Ich möchte nur sagen dürfen, daß das Liebevolle, die Detailmalerei, die Vorliebe für das Kleine an und für sich immer ein Vorzug bleibt und daß ein Fehler nicht in der Sache, sondern im Maße der Sache liegt. Zu breit, fängt etwas an langweilig zu werden, so nützen alle Vorzüge nichts, aber im Prinzip bleiben es doch Vorzüge. (LA 485 f)

Fontane an Julius Rodenberg Berlin, 2. Juli 1891
Allerschönsten Dank für das Juliheft. Was W. Bölsche sagt[13], ist sehr liebenswürdig und sehr fein, und ich entdecke mich auf einer gedanklichen Höhe, von der ich mir nichts hatte träumen lassen. Denn so sorglich ich schreibe, so untendenziös; mein Fleiß gilt nur der künstlerischen Ausarbeitung; außerhalb der Kunst liegende Fragen und Probleme kenne ich nicht. Ich habe ihm, unter aufrichtig herzlichem Dank, dies auch ausgesprochen. (RO 46)

Fontane an Siegfried Samosch Berlin, 18. September 1891
Das Aufgehen der anderen Geschichte[14] wie ein Rechenexempel, ganz ohne Bruch, ist gewiß ein Fehler. (BE II 303)

Fontane an seinen Sohn Friedrich 1. August [1892?]
Die Geschichte mit Hertz (»Quitt«) siehst Du nicht im richtigen Licht; Dir erscheint die ganze Verlagsfrage immer noch als eine *Rang*streitigkeit, es ist aber einfach eine *Geld*frage. Wäre es das nicht, so könntest Du den ganzen Hümpel meiner Werke flottweg und bis auf die letzte Zeile verlegen. (FAP)

Fontane an seinen Sohn Friedrich Zillerthal, 11. August 1892
»Petöfy« soll also möglicherweise übersetzt werden, mir sehr lieb und recht; ich glaube aber, daß z. B. »Quitt« (schon wegen der ge-

13 in einer Sammelbesprechung »Neue Romane und Novellen«, »Deutsche Rundschau«, 17. Jg., Heft 10, 1891.
14 »Quitt«. Vorher ist von »Unwiederbringlich« die Rede.

lungenen Figur des L'Hermite) besser zur Übersetzung geeignet wäre. Außerdem ist die Schilderung der schlesischen Gebirgswelt eigenartig und könnte wohl französische Leser interessieren. Vielleicht läßt Du ein Wort in diesem Sinne fallen. Mich persönlich mit den betr. Herren in Verbindung zu setzen, dazu fehlen mir noch immer die Kräfte. Und sie werden auch wohl nicht wiederkommen. Die Decadence ist da. (FA II 275 f)

Fontane an Georg Friedlaender Berlin, 27. Dezember 1893
Unsre Anna, die gewissenhaft die »Norddeutsche Allgemeine« liest brachte mir vorgestern das Blatt mit einer aus dem Riesengebirgs-Boten entlehnten Notiz. Danach ist ja in Amerika mal wieder der richtige Mörder von Förster Frey (*alias* Opitz) entdeckt worden. Ich glaube, es war Knobloch und der ist ja wohl todt. (FRI 247)

Fontane an Friedrich Paulsen Berlin, 25. April 1898
»Quitt« das arme Buch, das vergessen bei Wilhelm Hertz lagert, hat nun doch noch eine Zukunft. Denn »*ein* Leser« so sagte mir mal der alte Herr v. Thimus, als er seine mehrbändige Geschichte der Musik geschrieben, – »ist unter Umständen schon viel.« Wenn ich Ihnen – diese Furcht überfällt mich eben – diese Thiemus'sche Geschichte schon mal erzählt haben sollte, so verzeihen Sie gütigst.
(LA 614 f)

Unwiederbringlich. Roman

Entstehung: seit Februar 1885
Erstausgabe: 1891 (Impressum 1892)

Fontane. Tagebuch 26. Januar – 8. Februar 1885
Am 6. Februar interessanter Brief (Novellenstoff) von Frau Geh. Rätin Brunnemann[1] aus Meran. (E 25, 153)

[1] Vgl. Brief an Julius Rodenberg vom 21. 11. 1888.

Fontane an Adolf Kröner Berlin, 12. Mai 1886
Und nun die Novelle selbst.² Ganz liebelos wird sie nicht verlaufen.
[...]
Erscheint Ihnen das zu wenig, so kann ich Ihnen einen neuen brillanten Stoff³, den Sie, glaub ich, noch nicht kennen, vorschlagen, er hat aber, so schön er ist, gar keine äußerliche Aktion und bewegt sich in dem Herzensverhältniß dreier Menschen zu einander. Auch ist das vielleicht mißlich, daß der Held und Liebhaber ein Mann von 43 mit fast schon erwachsenen Kindern ist. (FAP)

Fontane an seine Tochter Berlin, 1. Juli 1887
In Rüdersdorf will ich einige lange märkische Kapitel schreiben, in Krummhübel die neue, in Schleswig u. Kopenhagen spielende Novelle. (SJ II 88)

Fontane an seine Frau Rüdersdorf, 24. Juli 1887
Wenn Du kommst, so bringe doch auch meine neue, erst in der Kapitel-Eintheilung fertige Novelle mit, die den Titel führt: »*Unwiederbringlich*«. Ich glaube, sie liegt auf dem Schreibtisch am Fenster in einem Convolut das obige Ueberschrift trägt. Sonst wohl auf dem andern Spieltisch. Packe es aber sehr gut ein, zusammengeknifft, am besten in eine kleine Handtasche, geht es verloren, so bin ich außer Stande, diese Anfänge noch mal heraus zu doktern. Ich werde mit meinem Plaue-Aufsatz⁴ muthmaßlich vier, fünf Tage eher fertig als ich annahm und will diese Tage dazu benutzen, mich hier auf Spaziergängen noch wieder ganz in den Stoff hinein zu leben und Vorarbeiten zu machen. Ich kann es dann in Krummhübel schneller und besser schreiben. (SJ I 333 f)

Fontane an seine Frau Krummhübel, 24. August 1887
Ich habe diese Tage über wieder sehr fleißig gearbeitet, wie unter anderm auch die beigeschlossenen zwei Kapitel (3. und 4.) bestätigen werden. Ich habe mich nun darin gefunden, daß die Geschichte

---

2 »Quitt«.
3 Vermutlich »Unwiederbringlich«.
4 »Fünf Schlösser«.

ziemlich lange dauert, es »nebenher« fertig machen wollen, war eine falsche Annahme. (SJ I 335)

Krummhübel, 16. September 1887
Fontane an seinen Sohn Friedrich
In drei, vier Tagen muß alles fertig sein[5] und mache ich mich dann sofort an die in Schleswig-Holstein und Kopenhagen spielende Novelle. (HD 224)

Fontane. »Zum 24. Dezember 1887«

> Der neue Roman, ich hab' ihn fertig,
> Wenn auch nicht in allen Stucken,
> Er ist noch deiner Abschrift gewärtig, –
> Dann kann ihn Kröner drucken.
>
> »Unwiederbringlich« sein Titel ist,
> Unwiederbringlich ist vieles,
> Doch lassen wir das zum Heiligen Christ
> Und gedenken wir – *unsres* Zieles. (HA 6, 420)

Fontane. Tagebuch [Ende 1887]
Während des Vierteljahres vom 1. Oktober bis 31. Dezember 1887 war ich sehr fleißig, fühlte mich auch meistens wohl. Ich schrieb den in Schleswig-Holstein und auf Seeland spielenden Roman »Unwiederbringlich«, ein Stoff, den ich Frau Geheimrätin Brunnemann verdanke. Am 23. Dezember war ich mit der ersten Niederschrift fertig. (E 25, 169)

Fontane an Mathilde von Rohr Berlin, 6. Mai 1888
Daß ich meist bei Wege war, ist meiner Arbeit sehr zu statten gekommen und ich habe seit dem Spätherbst 2 große Arbeiten[6] geschrieben. (SJ III 227)

---

5 vier Kapitel für »Quitzowel« (»Fünf Schlösser«).
6 Wahrscheinlich »Unwiederbringlich« und »Stine«.

Fontane an Julius Rodenberg   Berlin, 21. November 1888
Den Stoff der Novelle gebe ich Ihnen in der Beilage.
[...]
Vor drei, vier Jahren schrieb mir Frau Geh. R. Brunnemann, geb. v. Meyerinck (Schwester der mal so schönen Geh. R. Böhm, die Ihnen gewiß bekannt ist), einen langen Brief aus Italien und darin – angeregt durch eine Novelle[7] von mir – folgende Familiengeschichte.
Baron Plessen-Ivenack, auf Schloß Ivenack in Strelitz, Kavalier comme il faut, Ehrenmann, lebte seit 18 Jahren in einer glücklichen Ehe. Die Frau 37, noch schön, etwas fromm (die Strelitzer tun es nicht anders). Er Kammerherr. Als solcher wird er zu vorübergehender Dienstleistung an den Strelitzer Hof berufen. Hier macht er die Bekanntschaft eines jungen pommerschen Fräuleins, v. Dewitz, eines Ausbundes nicht von Schönheit, aber von Piquanterie. Den Rest brauche ich Ihnen nicht zu erzählen. Er ist behext, kehrt nach Ivenack zurück und sagt seiner Frau: sie müßten sich trennen, so und so. Die Frau, tödlich getroffen, willigt in alles und geht. Die Scheidung wird gerichtlich ausgesprochen. Und nun kehrt der Baron nach Strelitz zurück und wirbt in aller Form um die Dewitz. Die lacht ihn aus. Sie steht eben auf dem Punkte, sich mit einem ebenso reichen, aber unverheirateten Herrn aus der Strelitzer Gesellschaft zu verloben. Der arme Kerl, er hat die Taube auf dem Dach gewollt und hat nun weder Taube noch Sperling. Alles weg. Er geht ins Ausland, ist ein unglücklicher, blamierter und halb dem Ridikül verfallener Mann. Inzwischen aber ist die älteste Tochter, die beide Eltern gleich schwärmerisch liebt, herangewachsen, es spielen allerhand Szenen in der Verwandtschaft, Versöhnungsversuche drängen sich, und das Ende vom Liede ist: es soll alles vergessen sein. Zwei Jahre sind vergangen. Die Frau willigt ein, und unter nie dagewesener Pracht, darin sich der Jubel des ganzen Landes Strelitz mischt, wird das geschiedne Paar *zum zweiten Male getraut*. Alles steht Kopf, der Hof nimmt teil, Telegramme von Gott weiß woher, Musik und Toaste. Plötzlich aber ist die wieder Getraute, die wieder Strahlende, die wieder scheinbar Glückliche von der Seite ihres Mannes verschwunden, und als man nach ihr sucht,

---

7 Vermutlich »Graf Petöfy«.

findet man sie tot am Teich. Und auf ihrem Zimmer einen Brief, der nichts enthält als das Wort: *Unwiederbringlich.*
Dies ungefähr das, was mir Frau Brunnemann in Damenstil und Damenhandschrift schrieb. »Ich könne damit machen, was ich wolle – ich hätte es zu freier Verfügung.« (Sie ist eine Cousine des Hauses.) Ich bin aber doch kluger Feldherr gewesen, was ihr nachträglich *sehr* lieb zu sein scheint, und habe die Geschichte nach Schleswig-Holstein und Kopenhagen hin transponiert, so daß sie jetzt zu kleinerem Teil auf einem Schloß in der Nähe von Glücksburg, zu größrem in Kopenhagen und auf der Insel Seeland spielt. Solche Transponierung ist nicht leicht. Ich ging sämtliche deutsche Höfe durch, nichts paßte mir, als ich aber Nordschleswig und Kopenhagen gefunden hatte, »war ich raus«. Nur Strelitz selbst wäre vielleicht doch noch besser gewesen und hätte meiner Geschichte den Ton des politisch Satirischen gegeben; nun klingt nordisch Romantisches mit durch. Geschrieben habe ich die Geschichte jetzt vorm Jahr, in den Wochen und Monaten, die dem Tode meines Sohnes folgten. Ich habe mich unter der Arbeit bei Trost und Frische gehalten. Natürlich ist nichts fertig, aber die Geschichte ist doch da, und was fehlt, ist nur Korrektur. Freilich immer das Mühsamste und Zeitraubendste. (RO 27 ff)

Fontane an Julius Rodenberg   Berlin, 25. November 1888
Was nun die Novelle angeht – eigentlich ist es ein 1bändiger Roman –, so wünsche ich nur, daß die große Leinwand, wenn sie sich vor Ihnen entrollt, in der Wirkung nicht allzusehr hinter der Skizze zurückbleiben möge. Ein bißchen ist dies ja immer der Fall. Wie viele Stücke haben mich schon entzückt, wenn mir der Herr Verf. den Inhalt bei der Luisen- oder Rousseau-Insel erzählte, und was war es nachher!
Im übrigen – was Ihnen, wenn ich Sie recht verstanden, eher angenehm als unangenehm sein wird – ist es noch eine weit aussehende Sache damit.
[...]
Dann will ich mich an die Korrektur von »Unwiederbringlich« machen, was aber gewiß 4 Monat in Anspruch nehmen wird und mit kleinen Unterbrechungen wohl noch mehr. Dann kommt das zweite

Lagern und erst im Herbst die letzte Durchsicht. Das alles ist Ihnen doch recht, und *wenn* recht, so erwarte ich keine Antwort auf diese Zeilen. Ich melde mich erst wieder im Januar oder Februar, und zwar mit der Bitte um eine Empfehlung an Prof. Georg Brandes in Kopenhagen. Es kommen nämlich Sachen in meiner Erzählung, die 1859 spielt, vor, die durchaus einer vorherigen Gutheißung nach der persönlichen und politischen Seite hin bedürfen. Daß ich bemüht war, mich zu informieren, brauche ich Ihnen nicht erst zu versichern, aber es ist, zu meinem Leidwesen, nicht viel dabei herausgekommen. Brandes wird das alles aber wissen. Vielleicht steht mir dann eine mühevolle Umarbeitung bevor. (RO 29 f)

Fontane. Tagebuch 1. Januar – 1. Juli [!] 1889
Im übrigen fahre ich in der Korrektur meines Romans »Unwiederbringlich« fort und habe beim Erscheinen der neuen (3.) Auflage meiner Gedichte viel Schreiberei. Zum Arbeiten komme ich wenig, da mein bevorstehender 70. Geburtstag, der gefeiert werden soll, mich ängstigt und bedrückt. Endlich am 30. ist der große Tag; Deputationen, Blumen, Gedichte, 400 Briefe und Telegramme. Alles verläuft glatt und glücklich und jedenfalls besser, als ich zu hoffen gewagt hatte. (E 25, 180)

Fontane an Julius Rodenberg Berlin, 7. Juni 1889
Ihre Güte hat mir einen Platz für meinen Roman »Unwiederbringlich« in Ihrer »Rundschau« zugesagt, und ich habe den herzlichen und aufrichtigen Wunsch, in diesen ehrenvollen Platz einrücken zu können, aber zerlei macht mir doch noch Sorge, so daß ich ganz ergebenst anfragen möchte:
1. bin ich – etwa wie wenn ich Gottfried Keller oder Ossip Schubin wäre – der Annahme meines Romans unter allen Umständen sicher, auch wenn Ihnen einiges mißfallen oder zu breit erscheinen sollte?
2. Darf ich auf ein Honorar von 450 Mark pro Rundschaubogen rechnen?
Was Punkt 2 angeht (der mir übrigens, so wichtig er ist, an Wichtigkeit hinter Punkt 1 zurücksteht), so bitte ich sagen zu dürfen, daß ich dabei meinen lebhaften Wunsch, in der »Rundschau« zu erscheinen, schon mit in Rechnung gezogen und in Folge davon von

den mir seit etwa fünf Jahren bei Vossin, Universum, Gartenlaube bewilligten Romanhonoraren erhebliche Abzüge (bis zu einem guten Drittel) gemacht habe. (RO 31 u. 33)

Fontane an Julius Rodenberg   Berlin, 9. Juni 1889
Seien Sie herzlichst bedankt für Ihren liebenswürdigen Brief. Der meinige präsentierte sich Ihnen erst in seiner dritten Form, so schwer ist es, solche Sachen zur Sprache zu bringen; man möchte sich vor allen Weiterungen sichern und seine Mühe gut bezahlt sehn, muß aber doch andrerseits auch auf der Hut sein, alles zu vermeiden, was nach Prätension, lächerlichem Glauben an sich selbst und Renommisterei (die sonderbarerweise beim Geldpunkt am meisten hervortritt) schmecken könnte. Nochmals schönsten Dank. Ich bin mit allem einverstanden, ganz besonders auch damit, daß der coup d'œil de l'aigle über dem Ganzen sein wird, und das wird sich auch nicht ändern, wenn der Adler niederschießen und ein Lamm, drin doch vielleicht ein junger Wolf steckt, entführen und in unwirtbarer Schlucht verschwinden lassen sollte. Diese Worte bringen mich anscheinend in einen Widerspruch mit meinem vorigen Brief, aber wenn überhaupt, so doch nur halb. Eine Mutter zu sehn, die mit erfahrener Klugheit über dem Benehmen der Tochter wacht, ist ein Vergnügen und für die Tochter ein Glück, aber die strikteste Notwendigkeit der Überwachung und Mahnung (»sitz grade«) muß vorliegen, sonst ist es mit dem Glück und der Erfreulichkeit vorbei. Pardon, daß mich einen Augenblick die Furcht anwandelte, Sie könnten rigoröser sein als nötig. Ich weiß jetzt, daß dies nicht der Fall sein wird.
[...]
Noch eine Nachschrift. Jede Redaktion erschrickt freilich vor Gedichten, aber in einer Art von gutem Gewissen frage ich *doch* an, ob ich Ihnen nicht 4 Balladen auf einen Hümpel schicken darf?
[...]
Das letztre[8a] stammt aus dem Roman, der, durch Ihre Güte, für die »Rundschau« bestimmt ist. (RO 33 ff)

8a »Wie Herr Herluf Trolle begraben wurde.«

Fontane an Julius Rodenberg   Berlin, 11. Juni 1889
Ich hoffe, den Roman im Mai k. J. abliefern zu können, und würde
ganz zufrieden sein, wenn am 1. Oktober 90 der Abdruck seinen
Anfang nähme.   (RO 38)

Fontane an seine Tochter   Kissingen, 15. Juli 1889
Es macht uns glücklich, daß die Nachrichten von Dir – wenn nicht
noch die letzten Tage sich blamiren – andauernd gute sind und die
Hoffnung erfüllt uns, daß Du Deine Berliner Wintertage, wenn nicht
in felsenfester Gesundheit, so doch bei leidlichem Wohlsein verbringen wirst. Hoffentlich kann ich von mir dasselbe sagen, denn
ich werde meine Kräfte nicht blos bei meiner Arbeit (die Korrektur
des für die Rundschau bestimmten Romans) sondern auch für den
30. Dezember und seine Environs gebrauchen.   (SJ II 139 f)

Fontane an Julius Rodenberg [Entwurf]   [Berlin, Anfang 1890]
Ich schreibe noch mal, aber Sie brauchen mir nicht zu antworten.
Es wäre grausam, einen vollbeschäftigten Redakteur in eine bloße
Meinungsaustauschkorrespondenz verwickeln zu wollen. Es ist
alles so, wie Sie's schreiben, von Verstimmung keine Rede; den
Roman, über dem hoffentlich glückliche Sterne stehen, erhalten Sie
(hoffentlich nicht später als um Ostern, selbst auf die Gefahr hin,
daß sich die Bedenken erneuern) gleich nach beendeter Durchkorrigierung, also mutmaßlich gegen Ostern, und erfüllt mich nur der
Wunsch, daß sich die Bedenken nicht erneuern. Sie sind ein ausge-
zeichneter Redakteur, neben vielen anderen Tugenden auch mit
feinstem kritischen Gefühl ausgerüstet, dazu wohlwollend. Was
will man noch mehr? Alle gelegentlichen Differenzen entstehen aus
der Frage: wie weit hat der (gültige) Schriftsteller, besonders der,
der sein Elend zu hohen Jahren gebracht hat, ein für alle mal recht?
Wenn die Antwort kurz und prompt lautete »nie« und dies »nie«
konsequent durchgeführt würde, so könnte man sich verhältnismäßig leicht beruhigen. Diese konsequente Durchführung existiert
aber, wenigstens soweit meine Wahrnehmungen reichen, *nicht*. Das,
wodurch zwar nicht das Urteil, aber doch die Handlungsweise der
Redaktionen und nun gar erst der Verleger bestimmt wird, ist al-

lein die Machtstellung, die der Autor einnimmt. Ist er ganz auf der Höhe, so wird alles genommen und jede Summe gezahlt. Und so kommt es denn doch zu einem Parteimaß. Julius Wolff, Ebers, die Hillern, Ossip Schubin, Wildenbruch, Sudermann, die beherrschen unsere Zeit oder haben doch Epochen gehabt, wo sie über der Kritik standen oder doch außerhalb, wo deshalb sich anmelden und angenommen werden eins war. Der Rest kommt vor die Hunde.

Daß einem angesichts dieser Tatsache mitunter etwas weh ums Herze wird, werden Sie begreiflich finden, aber weh ums Herze ist etwas ganz anderes als Verstimmung. Es hilft nichts, die Würfel fallen, wie sie fallen sollen.
(RO 38 f)

Fontane. Tagebuch [Februar/März] 1890
Im Februar oder März nehme ich die Korrektur von »Unwiederbringlich« wieder auf und schreibe lange essayartige Aufsätze über Wilhelm Gentz, Gentzrode und Mathilde von Rohr. Die beiden erstgenannten mache ich nun fertig.
(E 25, 180)

Fontane an seine Tochter Berlin, 9. Juni 1890
Es war eine sehr unruhige Woche [...] Dazu fleißig an meinem Roman korrigirt.
(SJ II 158)

Fontane Tagebuch [August/September] 1890
Ich nehme die Korrektur von »Unwiederbringlich« wieder auf und komme fast völlig damit zustande. Emilie macht gleichzeitig die Abschrift.
(E 25, 181)

Fontane an Julius Rodenberg Berlin, 18. November 1890
Meine Frau hat schon oben auf der schlesischen »Brotbaude« die ganze Geschichte nach vorgängiger Glattmachung (so wenigstens glaubte ich) abgeschrieben, und ich lebte der Hoffnung: alles überstanden. Aber als ich es nun wieder vornahm, war von »glatt« noch keine Rede, und das Basteln ging wieder los. 28 Kapitel von den 34 sind nun endlich aber ganz fertig, und diese 28 kann ich bis Schluß der Woche schicken. Bis etwa 2. Dezember das Ganze. Entscheiden Sie nun, was Sie vorziehn.
(RO 40)

Fontane an Julius Rodenberg   Berlin, 19. November 1890
Was du tun willst, tue bald. Und so schicke ich denn heute schon die ersten 24 Kapitel. Sie werden gleich an dem ersten sehn, daß die letzte Durchsicht noch eine große Arbeit war, denn von der saubren Abschrift ist zum Schmerze meiner Frau wenig übriggeblieben. Täusche ich mich nicht, so ist zweierlei gut: die eigentliche, mir überlieferte Geschichte und das Kolorit. Für letztres wird ein auch im Norden so Befahrener wie Sie ein Auge haben. Der Rest empfiehlt sich Ihrer Nachsicht.
Und nun die Einteilung. Sie können nach Kapitel 6 (Seite 59) einen Einschnitt machen, aber auch nach Kapitel 10 (Seite 99). Der Schluß von Kapitel 6 und die dort gesprochne Waiblingersche Strophe sind eine Art Dreh- und Entscheidungspunkt der Geschichte (der Schluß des Ganzen rekurriert darauf), aber der Einschnitt bei Kapitel 10 hat auch seine Vorteile und würde dann lokaliter das Ganze in 4 Teile teilen: 1. Schloß Holkenäs (Schleswig), 2. Kopenhagen, 3. Schloß Fredericksborg und 4. wieder Holkenäs.   (RO 40 f)

Fontane an Julius Rodenberg   Berlin, 21. November 1890
Ergebensten Dank. Eigentlich hätte derselbe heut früh beim Frühstück sich einstellen sollen, es war aber gestern ein sich lang ausdehnender Gesellschaftstag, der mich nicht zum Schreiben kommen ließ. –

Titel:
Unwiederbringlich.

Die noch fehlenden 10 Kapitel, in denen die Schläge fallen, die vielleicht ein bißchen zu lange auf sich warten lassen, werden in der ersten Dezemberwoche in Ihren Händen sein, spätestens bis zum 8.
          (RO 41)

Fontane an Paul Lindenberg   [1890]
Anbei das letzte Stück. Daß dieser letzte Happen nur die halbe Größe der voraufgegangenen hat, ist recht gut. Kürze hat immer was Versöhnliches.   (E 52 a, 55)

Fontane an Julius Rodenberg Berlin, 2. Dezember 1890
Anbei nun der Rest; möge er hinter Ihren freundlichen Erwartungen nicht zu sehr zurückbleiben; die Schläge fallen ja eigentlich erst hier, das läßt mich hoffen. Aber mitunter irrt man sich auch und sucht seine Tugenden an falscher Stelle. (RO 41)

Fontane. Tagebuch [Dezember] 1890
Wieder in Berlin, mache ich mich an die weitere Korrektur von »Unwiederbringlich«, womit ich etwa Anfang Dezember fertig bin und es an Rodenberg abliefere, der mir seine Zustimmung ausspricht. (E 25, 181)

Fontane an Frau von Bredow-Landin [Berlin], 6. Dezember 1890
Gestatten Sie mir, Ihnen und Herrn Gemahl in Beifolgendem mein jüngst erschienenes Buch[8] überreichen zu dürfen. Es sollte schon Mitte November in ihren Händen sein, aber ich steckte damals in einer neuen Arbeit, deren Abschluß sich verzögerte. Nun liegt alles hinter mir. (E 18 b)

Fontane. Tagebuch 1891
In der Deutschen Rundschau erscheint vom 1. Januar an mein Roman »Unwiederbringlich« und wird gut aufgenommen. (E 25, 182)

Fontane an Julius Rodenberg Berlin, 3. März 1891
Anbei die Korrektur, glücklicherweise mit wenig Änderungen.
Es wäre wohl gut, wenn in die nächste Nummer alles bis Schluß von Kapitel 26 hineinkönnte, dann ließ sich im Maiheft der gesamte Rest bringen, der ungefähr dieselbe Ausdehnung hat wie von XIX bis XXVI. (RO 44)

Fontane an Julius Rodenberg Berlin, 14. April 1891
Ein süßerer Happen, Biskuit mit Schweizerhonig, ist mir noch nicht in den Mund gesteckt worden. Den edlen Gebern sei Dank dafür. Ich stand heute recht elend auf, fühle mich aber nach Ihrem

---

8 »Quitt«.

Briefe wohler, was Sie glauben werden. Zu allem wandelt mich freilich auch eine Sentimentalität an, und eine gewisse Rührung ist das prädominierende Gefühl. Ein lebelang, oder doch jedenfalls seit 1876, wo ich meine Akademie-Stellung aufgab, habe ich einer Anerkennung wie dieser zugestrebt, und es wollte nicht kommen – die Widerhaarigkeit der Freunde, namentlich dieser, war zu groß. Nun, im Erfüllungsmomente »muß wohl ein armer Teufel sterben«. Aber die Ohren steif halten! Ein Baurat, Freund meines Freundes Lucae, empfing, auf dem Sterbebett, den Roten Adlerorden, und sein letztes Wort, den Orden in der Hand, war: »Ich habe nicht umsonst gelebt.« Da ist meine Situation doch besser. Nochmals *sehr* herzlichen Dank.
[...]
Wie recht hat C. F. Meyer9 mit seinem Wort von der »schweren Maschine«. Mitunter, zwischen Berlin und Hannover, geht es glatt, aber dann keucht die Lokomotive wieder den Brenner hinauf, Abgründe links und rechts. (RO 45)

Fontane an seine Tochter   Berlin, 25. Juli 1891
[...] bin um 10 wieder zu Haus, gestern etwas später, weil ich in der Nähe von Blankenstein Brahm und Sternfeld traf, mit denen ich noch eine halbe Stunde flanirte; sie schossen mir Beide Liebenswürdigkeiten in den Leib – bei Brahm etwas Seltenes – und während Sternfeld von »Vor dem Sturm« schwärmte (er scheint, bei einem Juden doppelt hoch anzurechnen, ein preußisch historisches Interesse zu haben) orakelte Brahm von »Unwiederbringlich« und wunderte sich, wo ich das alles her hätte. In Deutschland darf man blos schreiben: »Grete liebte Hans, aber Peter war dreister und so hatte Hans das Nachsehn«; wer darüber hinaus geht, fällt auf und meist auch ab.
[...]
Soll ich Dir »Unwiederbringlich« noch schicken? Es ist nun am Ende doch besser, Du wartest das Buch ab. (SJ II 190)

---

9 Rodenberg hatte Fontane einen Brief C. F. Meyers an ihn mitgeteilt, in dem C. F. Meyer »Unwiederbringlich« sehr rühmt. Vgl. den ausführlichen Text FR II 259 u. RO 228. »Schweizerhonig« bezieht sich auf C. F. Meyer.

Fontane an Wilhelm Hertz   Berlin, 4. August 1891
Uebermorgen will ich noch mal fort, um ein paar Wochen auf
Foehr zuzubringen »das – wie's in der Bade-Anzeige heißt – für
schwache Constitutionen besonders geeignet sei«. Das lacht einen
an, weil man mit allem Heldischen selbst in seinen Wünschen ge-
brochen hat.
Angesichts dieses Ausfluges, habe ich die betr: Rundschau-Hefte
noch mal durchgelesen, um sie Ihnen vorher schon druckfertig
schicken zu können. Glücklicherweise habe ich nur Weniges gefunden, was zu ändern wünschenswerth war. Ihre Güte legt dem
Correktor wohl die Blaustiftstellen besonders ans Herz, sonst hat
die eben beendete nochmalige Durchsicht mehr Schaden als Vortheil gestiftet.   (WHH 334 f)

Fontane an Siegfried Samosch   Berlin, 18. September 1891
Dio non paga il sabato – wundervoll, erst als Satz überhaupt und
dann in der Anwendung auf meinen Roman. – Beide Ausstellungen,
die Sie machen, sind nur zu begründet, und die liebenswürdige
Form, worin Sie Ihre Bedenken kleiden, machen mir den Tadel
beinah noch werter als das Lob. Es ist ganz richtig, daß der Gräfin
Tod doch sehr stark auch auf den Grafen fällt und daß das eine
härtere Strafe ist, als seine kleine Techtelmechtel-Schuld verdient.
Zu meiner Rechtfertigung kann ich vielleicht sagen: es ist alles
nach dem Leben gezeichnet; die Geschichte hat gerade so am Strelitzer Hofe und dann auf einem P.schen Gute gespielt. Ich habe es
nur transponiert. Aber ob nach dem Leben oder nicht, die Kunst
hat eben ihre eignen Gesetze.   (BE II 302 f)

Fontane. Tagebuch   1. Juni – 31. Oktober 1891
Ende Oktober erscheint die 4. Auflage meiner »Gedichte«, vierzehn
Tage später mein Roman »Unwiederbringlich«.   (E 25, 186)

Fontane an Paul Schlenther   Berlin, 10. Januar 1892
Gleich nachdem alles geordnet war – hoffentlich geordnet – ging
es an die Lektüre[10]. Der verspätete Morgenkaffee, den ich dabei

---

10 Rezension in der »Nation« vom 2. 1. 1892.

schlürfte, schmeckte wundervoll, nicht des Kaffees Verdienst, sondern des Zubrods von Ihrer freundlichen Hand. In einer guten Kritik sieht man sich wie in einem Spiegel. Eigentlich weiß man nicht, wie man aussieht, und am wenigsten, was mit einem los ist. Und nun sieht man sich: »also so; nu ganz nett, beinah besser als ich dachte.«
Seien Sie herzlichst dafür bedankt. Wie schön ist das Wort von Jacob Grimm, das ich noch nicht kannte. Ja, da sitzen die Musikanten.
Bewundert, neben anderm, habe ich die knappe Inhaltsangabe, namentlich die ersten sechs Zeilen, bis »kein neues Glück dafür gewonnen.« Lindau war seinerzeit auch ein Virtuos in der Wiedergabe von Stücken, aber er brauchte immer sechs Spalten. Tempi passati. (E 12, 1375 f)

Fontane an Julius Rodenberg   Berlin, 13. Januar 1892
Ich bilde mir nun ein, ein sehr artiger Mann zu sein, noch ein Restbestand aus der französischen Erbschaft, und dabei passiert mir's immer wieder, gegen die gebotenste Artigkeit zu verstoßen. Da haben im Januarheft der »Rundschau« feine und höchst liebenswürdige Worte über mich und mein Buch gestanden[11], Worte, die natürlich von Ihnen herrühren und auf die ich auf der Stelle antworten und danken wollte. Und nun sind 14 Tage darüber vergangen. Rein verbummelt. Ein bißchen hängt es wohl damit zusammen, daß am 30. mein Geburtstag ist, dann Silvester, dann Neujahr, und so ging es bis zum 4. weiter. Da war mir's entrückt und alles vergessen. Erst heute der Entdeckungstag und mit ihm mein verspäteter Dank. (RO 53)

Fontane an Wilhelm Hertz   Berlin, 11. Dezember 1894
Besten Dank für »Grevinde Holk«, das zweite Buch von mir, das ich in einer fremden Sprache vor mir liegen sehe.[12] Meine geliebten Engländer, für die ich meinerseits so viel gethan, lassen mich aber immer noch im Stich.

---

11 Anonyme Rezension unter der Rubrik »Literarische Notizen«.
12 Übersetzung ins Dänische. Das erste in eine fremde Sprache übertragene Buch Fontanes war »Kriegsgefangen«. (Französische Ausgabe im Verlag Perrin, Paris 1892).

Herr Jes Thaysen hatte auch mir ein Exemplar geschickt, begleitet von einem Briefe, drin es hieß »daß der Kopenhagener Verleger gleich nach dem Erscheinen bankrutt gemacht habe«. Wäre ich ein Graf und so reich wie die Agrarier arm sind, so würde ich ihm Schadenersatz anbieten. Einen Inseldänen an mir scheitern zu sehn, erfüllt mich mit Schmerz. (WHH 355)

*Frau Jenny Treibel
oder »Wo sich Herz zum Herzen find't.«
Roman*

Entstehung: seit Ende 1887
Erstausgabe: 1892 (Impressum 1893)

Fontane an seinen Sohn Theodor   Berlin, 9. Mai 1888
Schon längst hätte ich Dir mal wieder geschrieben, wenn ich nicht, und zwar mit immer steigendem Eifer, mit der Zuendeführung meines neuen Romans beschäftigt gewesen wäre. Nun ist er, im Brouillon fertig, vorläufig beiseite geschoben. Titel: »Frau Kommerzienrätin oder Wo sich Herz zum Herzen findt«. Dies ist die Schlußzeile eines sentimentalen Lieblingsliedes, das die 50jährige Kommerzienrätin im engeren Zirkel beständig singt und sich dadurch Anspruch auf das »Höhere« erwirbt, während ihr in Wahrheit nur das Kommerzienrätliche, will sagen viel Geld, das »Höhere« bedeutet. Zweck der Geschichte: das Hohle, Phrasenhafte, Lügnerische, Hochmütige, Hartherzige des Bourgeoisstandpunkts zu zeigen, der von Schiller spricht und Gerson meint. Ich schließe mit dieser Geschichte den Zyklus meiner Berliner Romane ab, es sind 6 im ganzen, und habe vor, wenn mir noch ein paar Jahre vergönnt sind, mit einem ganz balladesken historischen Roman, der um 1400 spielt[1], abzuschließen. Die Leute mögen dann sehn, daß ich

---

1 »Die Likedeeler«.

auf Zoologischen Garten und Hankels Ablage[2] nicht eingeschworen bin und daß ich imstande bin, meine Personen ebensogut eine Simplizitätssprache wie die Bummel- oder Geistreichigkeitssprache des Berliner Salons sprechen zu lassen. Ich sage: »Die Leute mögen dann sehn«, ja, »sie mögen«, aber sie werden nicht, denn das Quantum von Gleichgültigkeit, das die Menschen allem entgegentragen, was nicht Modesache ist, ist kolossal. (BE II 191)

Fontane an seinen Sohn Friedrich   Berlin, 27. Januar 1891
Ich begreife, daß Du den Wunsch hast, meine Bücher zu verlegen; Du mußt aber auch begreifen, daß *ich* den Wunsch habe, bei meinem alten Verleger zu bleiben. Ich will kein Geld von Dir oder irgendeinem meiner andern Kinder in die Tasche stecken und kann andrerseits die Geschichte mit den Extrafonds nicht zur Norm und Regel erheben; dazu reicht mein sonstiger Etat nicht aus.
All das habe ich Dir schon früher gesagt, und Du mußt mir, nachdem ich es unter Drangebung oder Beschneidung meiner Prinzipien an Entgegenkommen nicht habe fehlen lassen, eine fortgesetzte Debatte darüber ersparen.
Ich hatte Dir noch eine Berliner Geschichte zugedacht, aber dies ist auch das Äußerste, was ich leisten kann und will. Im übrigen nur das noch: Es wäre ja fürchterlich, wenn die gesunde Basis eines Verlagsgeschäfts immer ein bücherschreibender Vater sein müßte. Gott sei Dank ist leicht das Gegenteil zu beweisen. (BE II 281 f)

Fontane. Tagebuch   1891
Meine Hauptarbeit von Februar bis April ist die Korrektur meines kleinen Romans: »Frau Jenny Treibel«, – ich komme aber leider nicht ganz damit zustande, weil beständiger Blutandrang nach dem Kopf mich daran hindert; so beschließe ich, das Fertigmachen der Arbeit bis nach der Kissinger Reise zu verschieben. (E 25, 183)

Fontane. Tagebuch   1. Juni – 31. Oktober 1891
Anfang Juli treffen wir wieder in Berlin ein, und Emilie beginnt die Abschrift meines Romans »Frau Jenny Treibel«; ich mache mich an die Niederschrift verschiedener kleinerer Arbeiten. (E 25, 185)

2 Anspielung auf »Irrungen, Wirrungen«.

Fontane an Julius Rodenberg   Berlin, 2. Juli 1891
Heute habe ich vom »Universum« – das die Tugend guten Zahlens hat –, einen Brief mit einer Roman-Anfrage gekriegt. Nun habe ich zwei beinah fertig[3], die beide auch für die »Rundschau« passen würden, weshalb ich anfrage, ob Sie die eine oder andre haben wollen? Die verbleibende biete ich dann dem »Universum« an. Natürlich ist mir »Rundschau« für alles, was ich schreibe, lieber, auch wenn ich ein etwas geringeres Honorar bekomme, als mir das »Universum« schon mal (für meinen Roman »Cécile«) bewilligt hat; ich kann aber die »Rundschau« nicht überschwemmen, das würde ridikül wirken. *Einer* der Romane für nächstes Jahr indes, das ginge vielleicht.   (RO 47)

Fontane an Julius Rodenberg   Berlin, 5. Juli 1891
Ergebensten Dank für Ihre freundlichen Zeilen. Es war mir hinterher leid, Sie mit meiner Anfrage mehr oder weniger inkommodiert zu haben, denn die Reisezeit ist da und mit ihr der Punkt, wo man die Geschäftlichkeiten zu allen Teufeln wünscht.
[...]
An das »Universum«, das an meinem Überfall schuld war, habe ich hinhaltend geschrieben. Im Herbst regeln wir die Sache, Sie treffen die Wahl, und je nach der getroffenen Wahl mache ich dem »Universum« meine Vorschläge. Bis dahin will ich noch auf vier, fünf Wochen ins schlesische Gebirge.   (RO 47)

Fontane an seine Tochter   Berlin, 25. Juli 1891
Mama schreibt Roman ab; es oder er scheint ihr nicht recht zu gefallen; ich kenne das schon und es schadet auch nicht viel; Romane, die beim Abschreiben zugleich die Verstimmung tilgen, also nebenher noch eine Art »Mottentod«, – *die* giebt es nur selten. Meine Bücher verlangen ein freies Gemüth.   (SJ II 191)

Fontane an Julius Rodenberg   Berlin, 4. August 1891
Im September wollte ich dann den für die »Rundschau« bestimmten kleinen Roman, mit dessen Abschrift meine Frau jetzt beschäf-

---

3 »Frau Jenny Treibel« und »Mathilde Möhring«.

tigt ist, nochmals durchsehn und zur Überreichung an Sie fertigmachen. Das fiele dann ungefähr in die Zeit Ihrer *Rückkehr* von der Sommerfrische. Ich nehme an, daß dieses Arrangement mit einer Zeitverschiebung von 4 bis 6 Wochen Sie nicht stören wird; nur wenn Ihnen, was nicht wahrscheinlich, sehr daran liegen sollte, sich schon *vor* Ihrer Septemberreise schlüssig zu machen, würde ich meinen Aufenthalt in Föhr zu Schlußdurchsicht des Manuskripts benutzen. Erhalte ich keine Antwort, so nehme ich an, daß Sie mit Unterbreitung des M. S. in den Oktobertagen einverstanden sind.

(RO 48 f)

Fontane an Julius Rodenberg Berlin, 26. Oktober 1891
Wo diese Zeilen Sie auch finden mögen – die ergebenste Anfrage, ob ich meinen kl. Berliner Roman, an dessen Schlußkapiteln ich etwa noch 3 Tage zu korrigieren habe, jetzt einsenden darf und unter welcher Adresse? Mit Betrachtungen, Aufschlußgebungen und allem, was darauf berechnet ist, die Arbeit in die möglichst günstige Beleuchtung zu rücken, behellige ich Sie heute noch nicht
[...] (RO 49)

Fontane an Julius Rodenberg Berlin, 29. Oktober 1891
Herzlichen Dank für Ihre freundlichen Zeilen. Ich richte es nun so ein, daß das Paket mit der Bezeichnung »postlagernd« (furchtbares Wort; o wie seufze ich nach all dem Fremdländischen zurück) am Montag oder Dienstag in Fulda eintrifft, damit Sie's am Mittwoch früh in Empfang und Angriff nehmen können. Möge mir der alte Bonifacius hülfreich zur Seite stehn; ich denke mir die Stadt mit ihrer Stille und ihren Glocken als einen guten Leseort. Sie sehen, ich berechne alle Chancen. (RO 49 f)

Fontane. Tagebuch 1. Juni – 31. Oktober 1891
Anfang September kam ich zurück [von Wyck] [...] Ich mache mich nun an die Korrektur der Romanabschrift, und nach fast noch zweimonatlicher Arbeit schicke ich den Roman am 31. Oktober an Freund Rodenberg nach Fulda, wo sich derselbe vorübergehend aufhält. (E 25, 185)

Fontane an Julius Rodenberg   Berlin, 19. November 1891
Empfangen Sie meinen herzlichen Dank, für alles, was Sie mir so gütig geschrieben. Ich soll nun also wieder in der »Rundschau« erscheinen, was mir, neben vielem andrem, ein Behagen und eine Beruhigung gibt. Diese Worte drücken es nicht ganz aus, aber doch beinah. Wie ich Ihnen schon nach Fulda hin schrieb – vielleicht, weil auch »postlagernd«, ist Ihnen der Brief gar nicht zu Händen gekommen –, ist die Stelle, *wo* etwas gesagt wird, von der allergrößten Wichtigkeit. Zum Beispiel kleine Frivolitäten, Anzüglichkeiten, selbst Zynismen – was hab ich vornehmen, klugen, geistreichen Frauen gegenüber nicht alles nach *der* Seite hin pekziert, ohne zu verletzen! Selbst die Frommen haben es mir verziehn oder gar zum Guten angerechnet, wenn sie nebenher gut, brav, ehrlich waren. Und andrerseits, wie viele Verlegenheiten und Abfälle habe ich erlebt, wenn die Ohren, vor denen ich sprach, nicht die richtigen waren. Erschien meine Geschichte in einer Tageszeitung, so wäre sie nur noch halb, was sie ist. Vor diesem Sinken um 50% haben Sie mich bewahrt. Ich freue mich aufrichtig, Sie zu sehn und meinen Dank und meine Freude durch gewünschte Opferungen »schönster Stellen« (wofür man sie ja jedesmal hält) bezeugen zu können.   (RO 50)

Fontane an Julius Rodenberg   Berlin, 23. November 1891
Anbei die ersten 8 Kapitel, also gerade die Hälfte; die zweite Hälfte schicke ich morgen vormittag.
Die Korrekturen und Striche habe ich nicht unter Schmerz, sondern mit Vergnügen gemacht. Es wird wohl immer so sein und ist damit, wie wenn man einen Witz macht oder eine Anekdote erzählt – alles hängt von der Aufnahme ab, die's findet. Wird gelacht, so hatte man recht, sieht man lange Gesichter, so hatte man unrecht und schließt sich diesem Urteil auch selber an. Es war vielleicht gar nicht so schlecht, aber mit einem Male kommt es einem albern und geschmacklos vor. Also morgen den Rest.
[...]
Bei »England expects« habe ich jetzt *die* Fassung genommen, die sich im Büchmann findet. Früher habe ich auch immer *so* zitiert,

wie's bei B. steht, und so wird es wohl *die* Form sein, die in Deutschland die geläufigste ist. Und darauf kommt es an. (RO 51)

Fontane an Julius Rodenberg Berlin, 23. November 1891
Anbei, hochgeehrter Herr, die Schlußhälfte. Ich lege auch Ihre Notizblätter wieder bei, damit Sie bequem kontrollieren können, ob alles besorgt ist. Es ist aber nicht nötig, weil alles ganz zuverlässig nach Ihren mir immer einleuchtender gewordenen Vorschlägen geordnet ist. Selbst hinsichtlich der »Sitte« bin ich erschüttert. Sicherlich entspricht die frühere Fassung mehr der Ausdrucksweise der Schmolke, aber darin liegt doch noch nicht die Rechtfertigung, und ich räume ein, daß diesem ewigen Operieren mit Sitte und wieder Sitte, mal als Moral- und mal als Lokalbezeichnung, etwas Kommißhaftes anklebt.

Nur ob Droschkenpferde aus Seideln trinken können, diese Frage ist noch offen, weil ich in der Eile keinen Sportsman auftreiben konnte.

Und nun auf guten Stapellauf und glückliche Fahrt. (RO 51 f)

Fontane an Julius Rodenberg [Berlin, 24. November 1891]

Frau Jenny Treibel
oder
»Wo sich Herz zum Herzen findt«
von
Th. F.

Frau u. Tochter, mit denen ich Sonntag abend noch die Titelfrage durchsprach, finden »Frau Kommerzienrat Treibel« besser und sind für Fortfall des zweiten Titels. Ich weiß nicht, ob sie recht haben.

(RO 52)

[Poststempel: Berlin, 25. November 1891]
Fontane an Julius Rodenberg
Besten Dank. Also »Frau Jenny Treibel« und Doppeltitel; ich halte es auch für das Bessere. Auch Frau u. Tochter haben sich bekehrt; Mann und Vater haben leicht unrecht, aber wenn ein Dritter kommt und Partei nimmt, dann ist das was andres; sie sind jetzt ganz *Ihrer* (bez. meiner) Meinung. (RO 52)

Fontane an Wilhelm Hertz   Berlin, 30. Dezember 1891
Herzlichsten Dank für Ihre freundlichen Zeilen[4]; all das Schmeichelhafte, was darin liegt, empfinde ich stark und die Mittheilung, daß ich das Buch, noch eh es geschrieben war, meinem Sohne versprochen habe, kommt mir einigermaßen schwer an. Ich bin ganz und gar, und werde mich auch schwerlich darin ändern, gegen Geschäftsbeziehungen zwischen Sohn und Vater, habe aber, um nicht zu verletzen, nachgeben müssen. Schließlich muß ich ja auch einräumen, daß diese Frage, so gut wie jede andre, ihre zwei Seiten hat und daß ich die Gefühle meines Sohnes begreife. Und comprendre c'est pardonner bez. capituler.   (WHH 337)

Fontane an seine Tochter   Berlin, 10. März 1892
Wäre ich 10 oder 15 Jahre jünger, so könnte ich noch ein Seitenstück zu Jenny Treibel schreiben, in dem ich den anspruchsvollen und eingebildeten Durchschnittsphilister unter die Lupe nehmen würde.   (SJ II 199)

Fontane an seinen Sohn Friedrich   7. Juli 1892
Es ist mir sehr recht, wenn der Druck jetzt schon beginnt: Fleischel, dem ich mich empfehle, macht wohl die Korrektur, schon des Englischen wegen, das in dem einen Kapitel vorkommt. Das Honorar, welches ich Dir überlasse entweder ganz oder geteilt zu zahlen, bitte ich bei Herrn Sternheim einzuzahlen. Möchte die Firma Freude an dem Buche haben. Mir geht es nicht gut, die Kräfte wollen nicht wiederkommen, im Gegenteil.   (A 6, 527)

Fontane an seinen Sohn Friedrich   Zillerthal, 30. September 1892
Daß Du von Jenny Treibel einen so guten Absatz erwartest, freut mich, aber Du bist in diesen Dingen Optimist. Mögest Du recht behalten.   (FA II 279)

Fontane an Otto Brahm   Berlin, 22. Oktober 1892
Anbei mit schönsten Grüßen »Jenny Treibel«, der Sie vielleicht – über meine Säumigkeit im Lesen und Kritisiren hinwegsehend – ein

---

[4] Hertz hatte Fontane angeboten, »Frau Jenny Treibel« zu verlegen. Der Roman erschien im Verlag des Sohnes Friedrich Fontane.

paar freundliche Worte widmen. Ich spreche diesen Wunsch noch mehr als Verleger- wie als Buchvater aus. (FAP)

Fontane an seinen Sohn Friedrich   Berlin, 22. Oktober 1892
Anbei die Begleitbriefe für die Exemplare für:
1. Dr. O. Brahm – 2. Dr. Jul. Rodenberg – 3. Elwin Paetel.
Es wäre mir lieb, wenn die beiden letzteren gedruckte [gebundene] Exemplare erhielten. Schlenther erhält sein Exemplar durch Mete, die heute einen Besuch dort machen will, Lessings und Frau Stephany durch Mama.
An Pietsch, der mir eben einfällt, werde ich auch ein paar Zeilen schreiben und Dir gelegentlich persönlich einhändigen. Heute geht es nicht mehr, weil ich zur Gratulation zu dem 92jährigen Onkel muß. (FAP)

Fontane an Julius Rodenberg   Berlin, 22. Oktober 1892
Gestatten Sie mir, Ihnen in Beifolgendem »Jenny Treibel« in Buchform zu überreichen, unter nochmaligem Ausdruck meines Dankes für die voraufgehende Veröffentlichung in Ihrer »Rundschau«. Man wird durch nichts dem guten Publikum besser empfohlen.
Für eine neue Arbeit wage ich eine gleiche Empfehlung via »Rundschau« kaum zu erbitten, denn meine Kräfte sind hin, und ob sie mir wiederkehren, ist mindestens zweifelhaft. Aber wenn, dann!
(RO 56)

Fontane an Paul Schlenther   Berlin, 26. November 1892
Herzlichsten Dank!⁵ Hinein mischt sich freilich etwas von Verlegenheit, weil ich Ihnen mit meinem Immer wieder da sein etwas scharf zusetze. (LA 508)

Fontane. Tagebuch   1892
1892 war ein recht bitteres Jahr für mich. Wie die ersten Wintermonate vergingen, habe ich vergessen. In der »Rundschau« (so nehme ich an, bestimmt weiß ich es nicht mehr) erschien wahrscheinlich mein Roman »Jenny Treibel«.
[...]

5 für die Anzeige des Romans in der V. Z.

Während des Sommers erschien »Jenny Treibel« als Buch, und in Paris wurde eine französische Übersetzung meines »Kriegsgefangen« publiziert und sehr günstig aufgenommen; aber nichts davon machte mir Freude.
(E 25, 187)

Fontane an Georg Friedlaender   Berlin, 27. Februar 1893
Daß Jenny Treibel zwei so verschiedne Verehrer gefunden hat, freut mich; die Zustimmung von Graf R[oedern] ist mir schmeichelhaft, die von Richter erheitert mich, wie alles, was von ihm kommt. Und daß er sich in dem Commerzienrath wieder erkannt haben will! Meine Tochter sagt sehr richtig, Treibel ist gebildeter und geistvoller, aber Richter ist viel origineller. Und so schließt er schließlich doch noch siegreich ab.
(FRI 211)

Fontane an Paul Schlenther   Berlin, 7. November 1897
Gestern Abend waren Brahm und Hauptmann bei uns und wenn sie sich eben so gut amüsiert haben wie ich mich, so kann ich zufrieden sein. Hauptmann um 8 von uns erwartet, kam schon, wahrscheinlich aus Rücksicht auf den Urgreis, um 6½, was nun eine merkwürdige Situation heraufbeschwor. Er traf nur Corinna[6] an in Tête à Tête mit einer Gräfin Wachtmeister, was gerade diffizil genug war [...]
(LA 611)

Von vor und nach der Reise.
Plaudereien und kleine Geschichten

Erstausgabe: 1894

Fontane an Hermann Kletke   Berlin, 10. Oktober 1880
Der kl. Aufsatz[1], der heut in der Voss. Ztg. von mir steht, ist Veranlassung zu diesen Zeilen. Ich möchte nicht, daß Sie des Glaubens wären, ich hätte meine Ihnen gemachte Zusage vergessen.
(Kl 62)

6 Fontanes Tochter Martha.
1 »Nach der Sommerfrische«, zuerst V. Z. 10. 10. 1880.

Fontane. Tagebuch 13. April 1884
Gearbeitet: »Der Karrenschieber«, Novellette nach einer Lazarusschen Erzählung. (E 25, 141)

Fontane an »Westermanns Monatshefte« Berlin, 17. Mai 1885
Sie sind viel zu gütig; bei Lichte besehn, bin ich Ihnen mehr zu Danke verpflichtet, als Sie mir. *Ihnen und L[indau] kann ich es nie vergessen, daß Sie mir's leicht gemacht haben, mich noch in meinen alten Tagen in der Novellistik zu etabliren!* Solche Neuetablirung ist, wie Sie wissen, immer schwer; das Publikum nagelt einen fest, der und der ist blos da und dazu da, und ich war dazu da, Kapitel über die Mark und dann und wann eine Ballade zu schreiben. Ich schicke Ihnen jedenfalls etwas und zwar bis zum 1. Juli. Ja, Sie sollen das Aussuchen haben und sich Ihrerseits entscheiden, ob Sie eine Novellette, ein märkisches oder dänisches oder schottisches Kapitel wollen.
Die *Novellette*, 4 bis 5 Seiten Ihrer Zeitschrift würde heißen: *»Eine Frau in meinen Jahren.«*
Das märkische Kapitel, eben so lang würde heißen: *»Die Grafen von Kamecke.«*
Das dänische: *Roeskilde.*
Das schottische: *Lochleven.* (Schloß darin Maria Stuart gefangen saß.)
Das Honorar spielt keine Rolle; wir werden uns leicht darüber einigen, wenn Sie gewählt haben. (LA 389 f)

Fontane an Unbekannt Berlin, 25. Januar 1887
Vor vier, fünf Jahren, als noch Dr. Lohmeyer das »Familienblatt« leitete (*wenn* er es leitete) habe ich der damaligen Redaktion eine kl. Geschichte versprochen: »Eine Frau in meinen Jahren«, die sogar bereits angekündigt wurde. Selbige kleine Geschichte, die all die Zeit über im Kasten gelegen, habe ich jetzt mit drei, vier andern fertig gemacht und möchte sie drucken lassen. Ihnen sie zum zweiten Mal anzubieten, widerstreitet meiner Neigung, weil es etwas so ganz Kleines ist (nur 4 bis 5 Seiten von »Nord und Süd« Format) und so möchte ich Sie freundlichst gebeten haben, mich aus dem Versprechen zu entlassen. Wahrschenlich hätte nach meinem »Contrakt-

bruch« nicht Huhn noch Hahn gekräht, ich habe aber in einem gleichen Falle mal Unannehmlichkeiten gehabt und der Gebrannte scheut das Feuer. Daß ich Ihnen mit etwas andrem, Längrem, gern zu Diensten stünde, brauche ich wohl nicht erst hinzuzufügen. (FAP)

Fontane. Tagebuch 1. Januar – Ende Februar 1887
Ich begann mit Korrektur dreier kleiner Arbeiten für die »D. Ill. Zeitung«: Onkel Dodo, Im Coupé und Eine Frau in meinen Jahren. Als ich mit der Korrektur fertig war, erfuhr ich, daß mein Freund Dominik von der Redaktion zurückgetreten und das Blatt selbst so gut wie verkracht sei. So müssen die kleinen Arbeiten vorläufig lagern; ich arbeitete mittlerweile an der Korrektur von »Stine«. (E 25, 165)

Fontane an Emil Dominik Rüdersdorf, 4. Juli 1887
Von Novellistischem geb ich Ihnen ein paar Kleinigkeiten zur Auswahl, weil ich, solange die märk. Kapitel laufen, nicht gern mit einer größeren Arbeit daneben auftauchen möchte. Es sieht so gnietschig aus. (BE II 168)

Fontane an Georg Friedlaender Berlin, 12. Oktober 1887
Die ganze vorige Woche und auch diese noch bis zu dieser Stunde stand im Dienst von »Zu guter Stunde«, weil ein längeres Warten auf M. S. nicht mehr möglich war.[2] (FRI 81)

Fontane. Tagebuch [Ende 1887]
[...] in der Weihnachtsnummer[3] erschien [...] »Eine Frau in meinen Jahren«. (E 25, 169 f)

Fontane. Tagebuch 4. März – 8. Juli 1888
Ich war all die Zeit über fleißig und brachte früher geschriebene Sachen in Ordnung: »Wohin?«, »Im Coupé«, »Der Karrenschieber von Grisselsbrunn«, »Der letzte Laborant«, »Plaue a. H.«[4] und »Stine« (welche Novelle ich nochmals durchkorrigierte). (E 25, 172)

2 »Eine Frau in meinen Jahren«.
3 der von Emil Dominik herausgegebenen Zeitschrift »Zur guten Stunde«.
4 »Fünf Schlösser«.

Fontane. Tagebuch 8. – 15. Juli 1888
Am 15. erscheint [...] auch mein »Der letzte Laborant«.

(E 25, 174)

Fontane an Georg Friedlaender Berlin, 12. November 1888
Herzlichen Dank für Ihren lieben langen Brief; Sie schreiben noch Briefe, die Meisten schicken einem Telegramme, die nur zufällig in Briefform aufgegeben werden; von Ihren Briefen hat man nicht blos Anschauungen über dies und das, sondern oft auch das »dies und das« selber. So die Geschichte von der alten Jerschke. Wenn Sie sie nicht schon Ihrem im Schoße der Zukunft ruhenden Novellenschatz einverleibt haben, so möchte ich Sie bitten, mir den Stoff zu überlassen[5], ja vielleicht schenken Sie mir noch einen zweiten dazu. Ich will nämlich im Laufe des nächsten Jahres, vielleicht schon im Frühjahr, ein kleines Büchelchen herausgeben, das den Titel führen soll:

Von, vor und nach der Reise

drin ich kleine Geschichten der Art zusammenstellen möchte; das Meiste hab ich, aber etwa 2 Nummern fehlen noch, und da nähme ich gern was aus Ihrem Vorrath. Aber es muß Ihnen leicht werden, es zu opfern, sonst nicht; ich nehme dies aber beinah an, da Sie ja nicht blos der »reiche Mann« in Ihrem schon gegenwärtigen Besitzstande sind, sondern Ihr Vermögen alle Vierteljahr auch noch durch eine Gebirgsfahrt vermehren.

(FRI 100 f)

Fontane an Georg Friedlaender Berlin, 22. Mai 1893
So will ich mich denn lieber zunächst der Edirung eines kleinen Sammelbandes zuwenden, der den Titel führen soll:

Von, vor und nach der Reise.
Plaudereien u. kleine Geschichten
von
Th. F.

Es sind etwa 10 Geschichten, von denen die meisten in der »Vossischen« und in »Zur guten Stunde« gestanden haben; einige aber lie-

---

5 Vgl. FRI 350.

gen noch unfertig in meinem Kasten und eine existirt blos in der Ueberschrift: »Pohl's Begräbniß«. Hinsichtlich dieser rufe ich nun Ihre Hülfe an. Ich weiß nur so viel: Pohl lag oben im Sterben, so zu sagen »heimlich«, und heimlich wurde er auch, als er todt war, zu Thale geschafft. Ich entsinne mich, daß das alles sehr phantastisch war, habe aber alle Details vergessen. Könnten Sie mir da aus der Noth helfen? Es genügt für mich, wenn ich für die Hauptsituationen die bloßen Ueberschriften habe; das Ausmalen leiste ich dann schon aus eignen Kräften, trotzdem diese sich sperren und auch nicht mehr recht wollen. Zum Theil liegt es wohl daran, daß man im ersten Moment, wo einem eine Geschichte entgegentritt, am meisten von ihr getroffen wird und am fortbildungslustigsten ist; sucht man die Geschichte später wieder hervor, so ist nur noch eine halbe Wirkung da und auch nur noch eine halbe Lust, etwas daraus zu machen. Vielleicht können Sie mir aus Ihrem großen Vorrath noch eine zweite Geschichte[6] ablassen; je neuer sie mich berührt, je leichter wird es mir, sie zu gestalten.
(FRI 219 f)

Fontane an Georg Friedlaender Berlin, 30. Mai 1893
Herzlichen Dank.
Eine ausführlichere Beantwortung behalte ich mir vor, heute nur ein paar nöthige Worte hinsichtlich der *Pohl*-Frage. Der Anfang ist gut und der Schluß ist gut (der Blick per Teleskop von der Koppe aus auf das weiße Denkmal (es ist doch weiß?) in Hirschberg), nur das Mittelstück, von dem ich mir anfänglich am meisten versprach, läßt noch viel zu wünschen übrig. Das ist das Herabschaffen des todten Pohl von der Koppe zu Thal. Ich denke mir, daß es in derselben Nacht stattfand, möglichst still und verschwiegen, um die nach dem Spiel der Harfenistinnen tanzenden Paare nicht zu stören. Aber wie war nun, etappenweise, dieser Transport bergab? Es gibt ein berühmtes Gedicht von Platen »Klagelied Kaiser Otto des Dritten«, wo sie den jugendlichen todten Kaiser, von Rom her, nordwärts über die Alpen tragen. So was muß sich auch von Pohl I. erzählen lassen. Wo machten sie Rast? Wie war die Begleitung? Stockduster oder mit Stocklaternen? Wie ging es weiter als sie unten waren? *etc.etc. Ohne*

---

6 Vermutlich »Gerettet« (vgl. FRI 370).

diese Dinge bringe ich die Forsche nicht recht 'raus. Der Zauber steckt immer im Detail. Also bitte, richten Sie *hier*auf Ihr Auge. Von dem allem aber weiß man muthmaßlich in Schmiedeberg und bei zu Thal wohnenden Personen ebenso viel, wie oben auf der Koppe, die zum 100. Mal zu besteigen ich Ihnen, der Sie in Ihrer Güte so was vorhaben, gern ersparen möchte.

Alle diese Geschichten könnten in ihrer Darstellung wundervoll werden, wenn ich noch was von der Frische hätte, die mir bis März 92 zu eigen war. Aber seitdem ist es abgeschnitten. Was bildlich an mich herantritt, das kann ich immer noch beschreiben und auch Einfälle fliegen mir an, so wie es aber arbeiten, nachdenken und componiren gilt, so lassen mich meine Kräfte im Stich. Ich bedaure es, aber klage nicht darüber; alles hat seine Zeit und bis 72 leidlich im Stande gewesen zu sein, ist immer schon ein großer Vorzug.   (FRI 221)

Fontane an Georg Friedlaender Berlin, 9. Juni 1893
Nur ein paar Worte, die den Zweck verfolgen, Sie vor Bemühungen in meinem Interesse zu bewahren. Ich habe heute Vormittag die Pohl-Geschichte niedergeschrieben, nur ganz kurz, blos 8 Seiten, im Druck höchstens 5. Diese Kürze ist mir ganz recht; je kürzer, je besser. Es fallen damit meine Fragen zu Boden; für die Geschichte mit dem Fernrohr bin ich Ihnen sehr dankbar, diese gab mir einen guten *Schluß* und das ist immer die Hauptsache.   (FRI 222)

Fontane an Georg Friedlaender Berlin, 13. Juni 1893
Die Geschichte mit Pohl verwirrt mich nicht sehr. Ich lasse es stehn, wie es da steht, und jeder Mensch wird meine Geschichte (Nachttransport mit Fackeln) der ledernen Wirklichkeit vorziehn. Der junge Pohl, aber auch nur er, wird ausrufen: »ja, das war ja aber alles anders«, wenn Sie ihm dann aber sagen: »Pohl, seien Sie kein Schaf; es macht Reklame und Sie kommen vielleicht täglich auf 100 Tassen Kaffe mehr« so wird er sich beruhigen.   (FRI 222)

Fontane an Julius Rodenberg Berlin, 16. Juli 1893
Anbei 4 ganz kleine Geschichten aus dem schlesischen Gebirge. Daß sie eine Woche früher, als versprochen, bei Ihnen eintreffen, wird kein Schaden sein.   (RO 59)

Fontane an Joseph Viktor Widmann   Berlin, 15. Februar 1894
L'Adultera und Kriegsgefangen Ihnen senden zu dürfen, ist mir eine
große Freude und binnen wenigen Wochen werden beide Bücher bei
Ihnen eintreffen, in Begleitung eines dritten, das Anfang März ausgegeben wird. Dies rasche Folgen auf meine Weihnachtspublikation
muß einen etwas ängstlichen Eindruck machen, es ist aber nicht so
schlimm damit; es sind ältre kleine Geschichten (ganz kurz) aus den
70 und 80er Jahren.   (RK 94)

Fontane an seinen Vetter Carl Fontane   Berlin, 3. März 1894
Ungebührlich spät finde ich mich mit dem neusten Kind meiner
Laune bei Dir ein; beurteile es milde, erst die Verspätung, dann das
Buch.   (FAP)

Fontane. Tagebuch   1894
Etwa Anfang Mai erscheint mein Sammelband kleiner Erzählungen
unter dem Titel: »Von, vor und nach der Reise«. Kein Mensch kümmert sich darum, doch wohl noch weniger als recht und billig. Natürlich sind solche Geschichtchen nicht angetan, hunderttausend
Herzen oder auch nur eintausend im Fluge zu erobern, man kann
nicht danach laufen und rennen, als ob ein Extrablatt mit vierfachem
Mord ausgerufen würde, aber es müßte doch ein paar Menschen geben, die hervorhöben: »ja, wenn das auch nicht sehr interessant ist,
so ist es doch fein und gut; man hat es mit einem Manne zu tun, der
sein Metier versteht, und die Sauberkeit der Arbeit zu sehn, ist ein
kleines künstlerisches Vergnügen.« Aber – eine sehr liebenswürdige
Plauderei meines Freundes Schlenther abgerechnet – habe ich nur
das fürchterliche Blech, das sich »Kritik« nennt, zu sehen gekriegt.
Diese Sorte von Kritik macht zwischen solchem Buch und einem
Buche von Kohut oder Lindenberg nicht den geringsten Unterschied,
von Respekt vor Talent und ernster Arbeit ist keine Rede, das eine
ist nichts und das andre ist nichts. Das ist nun freilich richtig, »vorm
Richterstuhl der Ewigkeit« ist kein Unterschied zwischen Lindenberg
und mir, jeder ist Sandkorn, aber mit dieser Ewigkeitselle darf man
in der Zeitlichkeit nicht messen und die, die's tun, sind bloß Lodder-
leute, die zwölf Bücher (alle ungelesen) an einem Abend besprechen.
                                                   (E 25, 190 f)

Fontane an Friedrich Stephany Berlin, 4. Juni 1894
Ich gebe – meine Frau besteht darauf; ich persönlich würde es kaum riskieren – gleichzeitig mit diesen Zeilen ein neuestes Buch von mir zur Post. Vielleicht haben Sie's auch schon in Berlin, seitens des Verlegers, erhalten. Eine ganz kleine Geschichte (»Eine Frau in meinen Jahren«), die in Kissingen spielt, interessiert Sie vielleicht ein wenig; auch die Schlußgeschichten, alle aus der *Krummhübler* Gegend, wecken vielleicht angenehme Reiseerinnerungen. (BE II 347)

Fontane an [Egon Fleischel?] [Ende Juli 1894?]
Es wäre mir sehr lieb, wenn ich von diesen anderthalb Bogen noch eine Superrevision[7] erhielte. Ich habe selbst noch allerlei hineinkorrigirt. (FAP)

Fontane an seinen Sohn Friedrich Berlin, 11. Dezember 1894
Eben bekomme ich noch einen Spätbrief von meiner Freundin Myriam Chapy, die mir mitteilt, daß sie einige Stücke aus »Von, vor und nach der Reise« übersetzt habe.
Ich habe da wieder einen Fehler gemacht, verspreche Dir aber, Dir und der Firma, daß es nicht wieder vorkommen soll. Ich habe Mama gebeten, daß sie bei jedem Briefe derart, also bei jedem Briefe der von »Übersetzenwollen« spricht, mich darauf aufmerksam macht, daß ich in dieser Hinsicht keine Bestimmungen zu treffen habe. Du kennst meine Meinung darüber, die dahin geht, daß es praktisch, also auf den Geldpunkt angesehn, ganz gleichgültig ist; es ist aber, wie ich wohl weiß und ebenfalls schon ausgesprochen habe, ganz gegen geschäftliche Ordnung und auch gegen eine der Firma schuldige Politesse. Daß es trotzdem ein paarmal vorgekommen ist, liegt daran, daß ich immer noch ganz altmodisch fühle und in diesem altmodischen Gefühl vergesse, daß inzwischen gesetzliche Bestimmungen, die man früher nicht kannte, in Kraft getreten sind.
Myriam Chapy schreibt mir auch von »Cécile« und »Effi Briest«. Auch daran bin ich leider schuld. Aber da – weil sie noch keine Zeile geschrieben hat, also nichts Fertiges vorliegt – kann ich leicht einen Riegel vorschieben. Ich werde ihr offen sagen, daß ich über meine

---

[7] Vermutlich für die Buchausgabe von »Von vor und nach der Reise«.

Machtvollkommenheit hinausgegangen sei und daß sie sich an Eure
Firma wenden müsse. (HD 248)

Effi Briest. Roman

Entstehung: seit Sommer 1890
Erstausgabe: 1895

Fontane an Adolf Kröner Berlin, 28. Juli 1890
Zugleich frage ich an, ob ich Ihnen im Winter oder um nächste
Ostern herum einen neuen Roman schicken darf? Er spielt im ersten
Drittel auf einem havelländischen adligen Gut, im zweiten Drittel in
einem kleinen pommerschen Badeort in der Nähe von Varzin und im
letzten Drittel in Berlin. Titel: Effi Briest. Es handelt sich, ganz im
Gegensatz zu »Quitt« und »Unterm Birnbaum« nur um Liebe, also
stofflich eine Art Ideal. Ob auch sonst? nicht blos Ihre Gerechtigkeit, sondern auch ihre Milde wird zu Gericht sitzen. (E 58, 465)

Fontane an Georg Friedlaender Berlin, 19. Mai 1892
Gleichzeitig mit diesen Zeilen wird wohl ein dickes Manuskriptpacket bei Ihnen eintreffen, das ich freundlichst bis Sonnabend aufzubewahren bitte. Verzeihen Sie, daß ich Ihnen damit ohne vorgängige Anfrage ins Haus komme, aber ich wußte mir nicht anders zu
helfen. Die Werthangabe ist übrigens unrenommistisch, wenn der
Kurs meiner Papiere nicht in rasches Sinken kommt. Möge mir dies
erspart bleiben; so seine Decadence in Zahlen ausgedrückt zu sehn,
muß was Trauriges haben. (FRI 180)

Fontane an Georg Friedlaender Berlin, 21. September 1892
Ich vergaß neulich zu melden, daß das Werthpacket glücklich angekommen ist; es fehlt nun blos noch der, der die 6000 Mark auch
wirklich dafür zahlt; da ich unfähig bin die Sache durchzucorrigiren,
so wird er sich wohl auch nicht finden, was mir um Frau und Tochter
willen leid thut. (FRI 185)

Fontane. Tagebuch 1892
Ich begann an meinem Roman »Effi Briest« zu korrigieren, kam aber nicht weit damit [...] (E 25, 187)

Fontane an Georg Friedlaender Berlin, 22. Mai 1893
Mit meinem neuen Buche »Meine Kinderjahre« bin ich fertig und sollte nun zu Correktur des Romans übergehn, der mit der Aufschrift: »*Werthangabe* 6000 Mark« monatelang in Ihrem Schranke lagerte, ich vertage es aber, weil ich doch außer Stande bin die Sache bis zum 1. September, wo Rodenberg sie haben will, fertig zu machen. (FRI 219)

Fontane an Julius Rodenberg Berlin, 21. Juni 1893
Es liegt nun also so: der Sommer wird mir mit einer Karlsbader Kur hingehn, und nicht viel vor Herbst werde ich dazu kommen, das Durchkorrigieren des Romans in Angriff zu nehmen. Bleibe ich dann leidlich bei Gesundheit, so wird die Publikation – vorausgesetzt, daß es Ihnen so paßt – am 1. April beginnen können. (RO 57)

Fontane an Julius Rodenberg Berlin, 26. Juli 1893
Es ist alles so, wie Sie's schreiben; von Verstimmung keine Rede. Den Roman, über dem hoffentlich glücklichere Sterne stehn, erhalten Sie gleich nach beendeter Durchkorrigierung, also mutmaßlich gegen Ostern künftigen Jahres. (RO 61)

Fontane an seine Tochter Karlsbad, 4. September 1893
Es ist recht kalt hier, so daß wir heizen lassen und dadurch freilich erst recht in einen Erkältungszustand hineingerathen. Dabei Correktur machen, ist schwierig; ich werde auch, wenn ich mit der Hälfte durch bin, eine Pause eintreten lassen und die Sache erst in nächster Woche an meinem Schreibtisch wieder aufnehmen. (SJ II 226)

Fontane an Julius Rodenberg Berlin, 9. November 1893
Mitte Februar, oder auch noch eine Woche früher, schicke ich Ihnen das M. S. Es ist dann so weit fertig, daß Sie sich mühelos darin zurechtfinden und Ihre Entschlüsse fassen können. Akzeptieren Sie's, so bleibt das Fertige (mutmaßlich ²/₃) in Ihren Händen, und ich er-

halte den Rest zur Fertigmachung zurück. Titel: »Effi Briest«, für mein Gefühl sehr hübsch, weil viel e und i darin ist; das sind die beiden feinen Vokale. (RO 62)

Fontane an Georg Friedlaender   Berlin, 29. November 1893
Dies ist der dritte Wochentag und auch der dritte Briefschreibetag; ich erhole mich dabei, nachdem ich mich an meinem Roman (das mächtige alte Packet, das auch mal bei Ihnen lagerte) ganz dumm corrigirt habe. Hoffentlich zeigt sich in den Briefen die Nachwirkung davon nicht allzu sehr. (FRI 241)

Fontane. Tagebuch   1893
Nach Erledigung dieser Arbeit[1] mache ich mich an die Korrektur meines schon vor drei Jahren geschriebenen Romans: »Effi Briest«, bereite auch einen Sammelband kleiner Erzählungen vor.
(E 25, 189)

Fontane an seine Tochter   6. Januar 1894
Ich sitze [...] so sehr in der Arbeit und habe so wenig Kräfte noch zur Verfügung, daß ich mit den Minuten rechne und meinen Vormittag um nichts zu verkürzen suche. Am 15. muß ich mein M. S. abliefern, dann kann ich wieder Mensch sein [...] (SJ II 227)

Fontane an Karl Zöllner   Berlin, 19. Januar 1894
Leider kann ich auch in den nächsten Tagen noch nicht vorsprechen und berichten, da vieles zusammenfällt, was meine Zeit wegfrißt: am Sonntag ein Stiftungsfest der »Zwanglosen« und dazwischen allerhand literarisch Pressantes, Ablieferung von Manuskript an Rodenberg und dergleichen. Ich erzähle Dir davon. (SJ IV 121)

Fontane an Julius Rodenberg   Berlin, 22. Januar 1894
Mit dem Korrigieren von »Effi Briest« – leider erst *erste* Korrektur – bin ich nun bis Kapitel 24 fertig. Ich frage nun an, ob es bei dem zwischen uns verabredeten 10. oder meinetwegen selbst 8. Februar bleiben soll? Ich nehme an, »ja«, da, wenn die »Rundschau« mit

[1] »Meine Kinderjahre«.

dem 1. April nicht begönne, die Buchausgabe für Weihnachten (also Anfang November) sich schwer ermöglichen würde. Und daß dies möglich bleibt, daran liegt mir doch sehr.

Von der Beschaffenheit des Manuskripts erzähle ich Ihnen heute nichts, dazu ist noch Zeit, wenn ich es Ihnen schicke. In druckfertigem Zustande werden wohl bis zu genanntem Termin nur die ersten 12 Kapitel sein, aber das genügt ja auch für den ersten Ansturm; bei dem unfertig Verbleibenden kann es sich zunächst nur darum handeln, ob es stofflich keinen Anstoß gibt. »Stil wird angeputzt.« Bei den Architekten gilt dies als Schrecknis und niedrigster Grad, bei uns ist es schließlich alles. (RO 63)

Fontane an Julius Rodenberg Berlin, 26. Januar 1894
Als ich Ihre freundlichen Zeilen vom 23. erhielt, schien mir alles erledigt; nachträglich ist mir aber eingefallen, daß ich wenigstens versuchen kann, aus der mir übrigens ganz angenehmen Hinausschiebung bis zum 1. Mai einen kleinen Vorteil zu ziehn.

Sind Sie damit einverstanden, daß ich das M. S., auf diese 4 Wochen Aufschub gestützt, erst am 8. März statt am 8. Februar einsende? Bis dahin kann vielleicht alles in Ordnung sein; etwas zu 99/100 Fertiges liest sich schlechter als etwas ganz Unfertiges mit 3000 Fehlern im großen und kleinen. Etwas ganz Unfertiges liest man nur auf den Stoff hin, das aber, was schon rein handschriftlich »ganz fertig« aussieht, wird auch als solches gelesen.

Nehmen Sie das alles aber bloß als Vorschlag oder Anfrage; schließlich ist es auch kein Unglück, wenn Sie den 8. Februar festhalten. (RO 63 f)

[Poststempel: Berlin, 14. Februar 1894]
Fontane an Julius Rodenberg
Ich habe den Termin nicht vergessen,

> Ich flehe nur um 3 Stunden Zeit,
> Noch das 9. Kapitel, dann ist es so weit,

und werde Sorge tragen, daß gegen 12 Uhr das Manuskript in Ihren Händen ist. (RO 64)

Fontane an Moritz Necker Berlin, 15. Februar 1894
Verzeihung, daß ich erst heute auf Ihre liebenswürdigen Zeilen vom 8. d. antworte; ich hatte an Rodenberg ein mächtiges Manuskript abzuliefern (heut geschehen), was mein bißchen Arbeitskraft ganz aufsog. (LA 521)

Fontane an Julius Rodenberg Berlin, 15. Februar 1894
Wenn Sie diese Zeilen erhalten, wird das Manuskript bereits in Ihren Händen sein. Es zerfällt, auf den Grad des Fertigseins hin angesehn, in drei Teile:
Zunächst Kapitel I bis IX, druckfertig.
Dann Kapitel X bis XXV in Reinschrift, aber unfertig.
Dann Kapitel XXVI bis XXXVI, erste Niederschrift, nur auf den *Stoff* hin anzusehn.
Hinsichtlich der Geschichte selbst mache ich mir keine Sorgen, aber sie wird Ihnen, weil nur 5 Nummern zur Verfügung stehn, ein wenig zu lang sein. Indessen, Ihre Zustimmung zu der Arbeit vorausgesetzt, kann es nicht allzu schwer sein, darüber hinzukommen. Es werden 12 Bogen sein (geht es darüber hinaus, was ich aber nicht glaube, so verpflichte ich mich zu Streichungen), und diese 12 würden sich auf die 5 Nummern am besten so verteilen: 3, 2, 2, 2, und wieder 3. Drei Bogen geht ja über das herkömmliche Maß um etwas hinaus, aber ich bin nicht schuld, daß ich in die Aprilnummer nicht mehr hineinkann. (RO 64 u. 66)

Fontane an seine Tochter Berlin, 16. Februar 1894
Seit gestern Mittag lagert das Manuskript bei Rodenberg und ich kann nun aufathmen und Dir mal wieder einen Brief schreiben, was leicht und schwer ist. (SJ II 231)

Fontane an Julius Rodenberg Berlin, 2. März 1894
Seien Sie schönstens bedankt für Ihre liebenswürdigen Zeilen, die mich natürlich sehr beglückt haben. Ich bin auch nicht ängstlich wegen der Schlußkapitel, trotzdem alles noch wie Kraut und Rüben durcheinanderliegt. Ausstellungen im einzelnen zu beherzigen, werden Sie mich jeden Augenblick bereit finden. (RO 66)

Fontane an Georg Friedlaender   Berlin, 14. Mai 1894
Wir sind derweilen hier allein und basteln meinen Roman fertig.
Rodenberg hat ihn angenommen und mir sehr Verbindliches darüber gesagt. Es ist das bekannte alte Postpacket, das mit der Bezeichnung »6000 Mark« auch bei Ihnen so lange lagerte. Ich dachte damals nicht, daß es (und ich mit) zum Leben wiedererstehen würde.   (FRI 258)

Fontane an Julius Rodenberg   Berlin, 28. Mai 1894
Ich bin nun, bis auf ein paar Bagatellen, fertig; paßt es Ihnen, wenn ich Ihnen am Mittwoch vormittag den Roman zusende, oder soll das M. S. lieber bei mir lagern, bis Sie's im Spätsommer brauchen?   (RO 66)

Fontane an Julius Rodenberg   Berlin, 29. Mai 1894
Anbei nun also das Manuskript, das in seiner korrigierten Gestalt hoffentlich nicht schlechter wirkt als vorher. Alle von Ihnen gewünschten Änderungen, auch die stilistischen – z. B. hatte, hatte, war, war –, sind gemacht worden, und nur an einer Stelle, wo von Lethe die Rede ist und ich Friesack als eine sich vielleicht auftuende Vergessenheitsquelle bezeichne, habe ich stehnlassen. Im Zusammenhange klingt es besser als hier im Zitat.
Nur an drei Stellen sind noch Korrekturen oder richtiger Einfügungen zu machen, so z. B. Angabe der Rolle, die Effi in Wicherts »Schritt vom Wege«[2] spielte. Zwei Sachen ähnlichen Charakters kommen noch hinzu; alles andre ist in Ordnung.
Möge das Publikum sich ähnlich freundlich stellen wie Sie.
                                                                 (RO 67)

Fontane. Tagebuch   1894
Im Mai liefere ich auch meinen Roman »Effi Briest« an Rodenberg ab, der sich sehr freundlich darüber äußert; vom 1. Oktober an wird er in der »Rundschau« erscheinen.   (E 25, 191)

2 Ernst Wichert, »Ein Schritt vom Wege«, Schauspiel, 1873. Effi spielt die Rolle der Ella.

Fontane an Julius Rodenberg   Berlin, 30. Mai 1894
So weit gestern. Eben kommen Ihre freundlichen Zeilen – herzlichen Dank dafür.
Ende August bin ich voraussichtlich in Karlsbad.
Ich möchte noch hinzufügen dürfen, daß ich »immer 6 Kapitel pro Heft« für beste Einteilung halten würde. Es paßt, glaub ich, nicht bloß räumlich, sondern auch inhaltlich.   (RO 67)

Fontane an Friedrich Stephany   Berlin, 30. Mai 1894
Das Manuskript ist eben abgeschickt [...]   (BE II 343)

Fontane an Emilie Zöllner   Karlsbad, 19. August 1894
Von unsren Erlebnissen hier, wird zunächst meine Frau erzählen; aber auch ich werde mir nicht die Freude eines längeren Schreibebriefs versagen, wenn ich die Correkturbogen erledigt habe, die gleich am ersten Tage hier eintrafen. Das ist der Schatten, der unsereins begleitet und ein Glück daß er da ist.   (SJ IV 123)

Fontane an Karl Zöllner   Karlsbad, 21. August 1894
Die Correkturbogen sind fort und so habe ich einen freien Vormittag, d. h. eine freie Stunde, denn es ist beinah 11 wenn man mit Frühstück und Zeitung fertig ist und um 12 hat man schon wieder an seine Mittagstoilette zu denken.   (SJ IV 123)

Fontane an Georg Friedlaender   Karlsbad, 29. August 1894
Ihre Zeilen aus Saßnitz waren eine rechte Freude; man kann nicht leicht wo besser sein und wenn einem Karlsbad nicht »vorgeschrieben« ist, so weiß ich nicht, ob Saßnitz nicht über Karlsbad geht. Allerdings ist hier mannigfacher für einen gesorgt, aber die Scenerie, die Kreideklippe, Wald und See geben, ist schöner. Das Saßnitzer Hôtel hieß in meiner Erinnerung »Fahrenheit« und darauf anspielend, kommt in meinem neusten Roman – dessen eines Kapitel auf Rügen spielt – ein kleiner Wortwitz vor, der nun traurig in der Luft schwebt, da das Hôtel Fahrenberg heißt. Ja, man wird mich in Verdacht haben, daß ich die Umtaufe, um mein Witzelchen anzubringen, absichtlich vollführt habe. Und das ist das Unangenehmste von der Sache.   (FRI 270)

Fontane an seine Tochter Berlin, 30. September 1894
Daß Dir meine liebe »Effi« so gefällt, freut mich. (SJ II 235)

Fontane an Julius Rodenberg Berlin, 11. Dezember 1894
Sie, in Ihrer Güte, stellen sich gegen den »furchtbaren Leser«. Aber der furchtbare Leser hat recht. Meine Frau hat wahrscheinlich einen Fehler beim Abschreiben gemacht und die berühmten Gänsefüßchen, die schon viel Unheil angerichtet haben, übersehn. Ich ließ mir das Ur-Manuskript vom Boden holen, und da stand es denn alles ganz richtig.
Crampas sagt:
»Junge Frauen glauben vieles nicht.«
Worauf *Effi* antwortet:
»Und dann glauben sie wieder vieles, was sie besser nicht glaubten.«
Aus diesen zwei Sätzen hat meine Frau (oder vielleicht auch der Setzer) einen gemacht, so daß Crampas *beides* sagt. Und nun war die Konfusion geboren. Schließlich muß ich Herrn Jul. Weiß (an den ich schreiben werde) noch dankbar sein. (RO 68 f)

Fontane an Julius Rodenberg Berlin, 1. März 1895
Eben erhalte ich das Märzheft, und ohne hineingekuckt zu haben – oder doch nur auf die ersten Seiten meines lieben Max Müller, dem ich eine alte Liebe treu bewahre –, will ich doch sofort Gelegenheit nehmen, Ihnen noch einmal zu danken, daß Sie der armen Effi Briest nicht bloß eine Stätte gegeben, sondern ihr auch so viel Liebe bewiesen haben und ganz ohne »wenn« und »aber«. (Ro 70)

Fontane an Hans Hertz Berlin, 2. März 1895
Seien Sie schönstens bedankt für Ihre liebenswürdigen Zeilen, die mir, weil von einem starken Gefühl eingegeben, eine große Freude gemacht haben.
Ja, die arme Effi! Vielleicht ist es mir so gelungen, weil ich das Ganze träumerisch und fast wie mit einem Psychographen geschrieben habe. Sonst kann ich mich immer der Arbeit, ihrer Mühe, Sorgen und Etappen, erinnern – in *diesem* Falle gar nicht. Es ist so

wie von selbst gekommen, ohne rechte Überlegung und ohne alle Kritik. Meine Gönnerin Lessing (von der Vossin) erzählte mir auf meine Frage: »Was macht denn *der*?« (ein Offizier, der früher viel bei Lessings verkehrte und den ich nachher in Instetten transponiert habe[3]), die ganze Effi-Briest-Geschichte, und als die Stelle kam, 2. Kapitel, wo die spielenden Mädchen durchs Weinlaub in den Saal hineinrufen: »Effi komm«, stand mir fest: »*Das* mußt du schreiben.« Auch die äußere Erscheinung Effis wurde mir durch einen glücklichen Zufall an die Hand gegeben; ich saß im Zehnpfund-Hotel in Thale, auf dem oft beschriebenen großen Balkon, Sonnenuntergang, und sah nach der Roßtrappe hinauf, als ein englisches Geschwisterpaar, er 20, sie 15, auf den Balkon hinaustrat und 3 Schritt vor mir sich an die Brüstung lehnte, heiter plaudernd und doch ernst. Es waren ganz ersichtlich Dissenterkinder, Methodisten. Das Mädchen war genau so gekleidet, wie ich Effi in den allerersten und dann auch wieder in den allerletzten Kapiteln geschildert habe: Hänger, blau und weiß gestreifter Kattun, Ledergürtel und Matrosenkragen. Ich glaube, daß ich für meine Heldin keine bessere Erscheinung und Einkleidung finden konnte, und wenn es nicht anmaßend wäre, das Schicksal als etwas einem für jeden Kleinkram zu Diensten stehendes Etwas anzusehen, so möchte ich beinah sagen: das Schicksal schickte mir die kl. Methodistin.

(WHH 356 f)

Fontane an Siegmund Schott   Berlin, 10. Juli 1895
Ergebensten Dank für Ihre freundlichen Zeilen. Von einem mir so wohlgesinnten Manne in einer so hervorragenden Zeitung besprochen zu werden[4], kann mir nur hoch erfreulich sein und werde ich mir erlauben, Ihnen den Roman, gleich nach seinem Erscheinen (etwa Anfang Oktober) zustellen zu lassen. Ich mache mir noch heute die dazu nöthige Notiz. Sollte es nun aber – ich mißtraue meinem Gedächtniß und meinem Notizzettel – doch vergessen werden, so bitte ich Sie freundlichst, ein kleines Mahnwort an mich gelangen zu lassen. Hoffentlich ist es nicht nöthig.   (FAP)

3 Armand Léon von Ardenne.
4 »Allgemeine Zeitung« (München) vom 14. 12. 1895.

Fontane an Siegmund Schott   Berlin, 25. Juli 1895
Unter Ausdruck meines Bedauerns, daß ich nicht die Freude hatte, Sie begrüßen zu können, die ergebenste Mittheilung, daß der Buchabdruck ganz dem in der »Rundschau« entspricht.
Das Buch selbst werde ich nicht vergessen.   (FAP)

Fontane an seine Tochter   Karlsbad, 22. August 1895
Anna wird, wie Du, in Deyelsdorf gute Tage haben, aber, arbeitsgewohnt wie sie ist, sich vielleicht etwas langweilen; alles liegt auf den Schultern der Einquartirung, *die* hat eine große Aufgabe; es ist wie wenn der Kaiser nach Lowther-Castle kommt, alles tritt in eine höhere Phase. Mit Effi Briest zu debütiren, *das* gieb auf, – ohne Stimmung und vollste Muße muß es abfallen.   (SJ II 242)

                                            Berlin, [Herbst?] 1895
Fontane an Otto von Glasenapp [Entwurf]
Ich bedaure aufrichtig, zu einer Verstimmung Anlaß gegeben zu haben, noch dazu – selbst von meinem Standpunkt aus – in mancher Beziehung mit Recht. Ich hätte so billige Namenswitze, wie beispielsweise mit dem Namen »Grasenapp«, besser unterlassen sollen, hinterher ist man immer klüger. Natürlich liegt mir daran, den sogenannten »Lokalton«, so gut man's eben kann, zu treffen, daher das Vorführen pommerscher Adelsnamen, teils direkt, teils in durchsichtiger Verkleidung. Ich hätte aber, wie ich gern einräume, besser getan, wenn ich das in dem Namen »Güldenklee« hervortretende Prinzip konsequent durchgeführt hätte. Die Güldenklees sind ausgestorben, und den allerdings sehr wünschenswerten Lokalton mit Namen solcher ausgestorbenen Familien zu wahren, hätte für meinen Zweck ausgereicht und ist besser, als wie mit den Namen noch lebender Familien zu operieren; es hätte keinen Anstoß gegeben.
So weit also »pater peccavi«. Wenn Sie aber, hochgeehrter Herr Oberst, annehmen, daß ich, in einer Art märkischer Voreingenommenheit, mich in kleinen Anzüglichkeiten und Unliebsamkeiten über pommersche Familien hätte ergehen wollen, so tun Sie mir wirklich Unrecht. Es ist ja gewiß ein Unterschied da; die märkischen Herren sind, glaube ich, gutmütiger, brüderlicher, sogar, so

komisch es klingt, freiheitlicher, sie haben etwas von den alten Clan-Häuptlingen, die Herren und Genossen zugleich waren, aber ich habe mich zu viel mit Landesgeschichte, dazu auch mit der schwedisch-dänisch-skandinavischen, beschäftigt, als daß ich nicht wissen sollte, was Pommern und sein Adel bedeutet. Effi, wenn sie nach dem schönen Schmiedeberg oder Hirschberg oder Hildesheim oder gar Münster hin verschlagen worden wäre, hätte da noch weniger gehabt als in Kessin. Das lag nicht an Hinterpommern, sondern daran, daß Fremde Fremde bleibt und daß es – nach meinen Erfahrungen – überhaupt nicht viele Menschen gibt, mit denen man glücklich leben kann.
Ihre Güte, hoffe ich, wird mir dies alles glauben und mich von einem märkischen Chauvinismus gern freisprechen. (LA 565 f)

Fontane an Anna Witte Berlin, 18. Oktober 1895
Da ist nun also Effi. Schenken Sie ihr die Liebe, die sie menschlich so sehr verdient. Von dem Manne, den eine Freundin von mir einen »alten Ekel« genannt hat, wage ich nicht zu sprechen. Männer – und nun gar wenn sie Prinzipien haben – sind immer »alte Ekels«. Darin muß man sich finden. (E 62, 393)

Fontane an Georg Friedlaender Berlin, 18. Oktober 1895
Heute nur Effi Briest zu freundlicher Entgegennahme. (FRI 289)

Fontane an Emma Lessing Berlin, 18. Oktober 1895
Rückkehr hier, was ich geschrieben habe,
zur ursprünglichen Spenderin dieser Gabe. (FAP)

Fontane an Erich Schmidt Berlin, 22. Oktober 1895
Effi hätte sich Ihnen eigentlich schon in dem Morgenkostüm, in dem sie zuerst auftritt, beim Frühstück präsentieren sollen, aber wenn man um 2 Uhr zu Bett geht – auch nach der schönsten und spätesten Gesellschaft lese ich, um mich dem Alltag wiederzugeben, noch die Vossin von A bis Z –, kann man nicht um 7 schon wieder einen Roman einpacken. Die Kraft zu solchen Rapiditäten

hat nur der Kaiser. Übrigens bin ich über die Sachlage beruhigt; – Ihre Gesinnungen sichern Effi zu jeder Tageszeit ein freundliches Willkommen. (BE II 382 f)

Fontane an Clara Kühnast Berlin, 27. Oktober 1895
Ja, Effi! Alle Leute sympathisieren mit ihr, und einige gehen so weit, im Gegensatze dazu, den Mann als einen »alten Ekel« zu bezeichnen. Das amüsiert mich natürlich, gibt mir aber auch zu denken, weil es wieder beweist, wie wenig den Menschen an der sogenannten »Moral« liegt und wie die liebenswürdigen Naturen dem Menschenherzen sympathischer sind. Ich habe dies lange gewußt, aber es ist mir nie so stark entgegengetreten wie in diesem Effi-Briest- und Innstetten-Fall. Denn eigentlich ist er (Innstetten) doch in jedem Anbetracht ein ganz ausgezeichnetes Menschenexemplar, dem es an dem, was man lieben muß, durchaus nicht fehlt. Aber sonderbar, alle korrekten Leute werden schon bloß um ihrer Korrektheiten willen mit Mißtrauen, oft mit Abneigung betrachtet. Vielleicht interessiert es Sie, daß die *wirkliche* Effi[5] übrigens noch lebt, als ausgezeichnete Pflegerin in einer großen Heilanstalt. Innstetten, in natura[6], wird mit nächstem General werden. Ich habe ihn seine Militärcarrière nur aufgeben lassen, um die wirklichen Personen nicht zu deutlich hervortreten zu lassen.

(BE II 383 f)

Fontane an Moritz Necker Berlin, 29. Oktober 1895
Seien Sie herzlich bedankt für alles Freundliche, was Sie über mich, mein Schaffen und meine Effi gesagt haben.[7] Wie's bei jeder Kritik sein soll, so auch hier: der Beurteilte wird sich erst durch seinen Kritiker über sich selber klar. Daß das »Milieu« bei mir den Menschen und Dingen erst ihre Physiognomie gibt, ist gewiß richtig, auch *das*, daß ich immer sehr spät erst zur eigentlichen Geschichte komme. Ein anderes dagegen ist, was Sie natürlich nicht wissen konnten, leider *nicht* richtig: die freundliche Annahme, daß ich

5 Elisabeth von Ardenne.
6 Vgl. Anm. z. Brief an Hans Hertz vom 2. 3. 1895.
7 Rezension in der »Neuen Freien Presse« (Wien) vom 26. 10. 1895.

meine Hauptleser unter denen hätte, die das von mir gewählte Milieu ausmachen. Es sollte freilich so sein und es gehört zu den kleinen Bekümmernissen meines Lebens, daß es *nicht* zutrifft. Ich bin immer ein Adelsverehrer, ein liebevoller Schilderer unseres märkisch-pommerschen Junkertums gewesen, meine Leser aber wohnen zu Dreivierteln in der Tiergartenstraße etc. und zu einem Viertel in Petersburg und Moskau, ja bis nach Odessa hin. Bei meinen Lieblingen, den Junkern – von denen ich übrigens, aber nicht aus persönlichen Gründen neuerdings abgeschwenkt bin – stehe ich auf dem Index: Warum? Das ist eine lange Geschichte. Seien Sie nochmals schönstens bedankt. (E 5)

Fontane an Paul Schlenther   Berlin, 11. November 1895
Ich habe das Buch wie mit dem Psychographen geschrieben. Nachträglich, beim Korrigieren, hat es mir viel Arbeit gemacht, beim ersten Entwurf gar keine. Der alte Witz, daß man Mundstück sei, in das von irgendwoher hineingetutet wird, hat doch was für sich, und das Durchdrungensein davon läßt schließlich nur zwei Gefühle zurück: Bescheidenheit und Dank. Letzterer, als ich Ihre Kritik[8] gelesen, nahm eine Doppelgestalt an, und zu dem Dank gegen den lieben Gott gesellte sich der Dank gegen den lieben Schlenther. Verbeugung gegen Jenseits und Diesseits. (BE II 385 f)

Fontane an Marie Uhse   Berlin, 13. November 1895
Seien Sie schönstens bedankt für die mich hoch erfreuenden freundlichen Worte, die Sie für Effi Briest und für mich selbst gehabt haben. Es ist eine Geschichte nach dem Leben, und die Heldin lebt noch. Ich erschrecke mitunter bei dem Gedanken, daß ihr das Buch – so relativ schmeichelhaft die Umgestaltung darin ist – zu Gesicht kommen könnte. (FAP)

Fontane an Georg Friedlaender   Berlin, 19. November 1895
Seit vier, fünf Wochen gehe ich ganz in Effi Briest-Angelegenheiten auf, denn wenn mir ein Mann von Namen und Ansehn eine lange, liebevolle Kritik schickt, so muß ich ihm dafür danken. Ich habe

---

8 V. Z. 8. 11. 1895.

auf die Weise schon wenigstens ein Dutzend ziemlich lange Briefe geschrieben; das ist auch Ursach, daß ich in den zurückliegenden Monaten so wenig habe von mir hören lassen. (FRI 290)

Fontane an Joseph Viktor Widmann   Berlin, 19. November 1895
Herzlichen Dank für Ihre Besprechung[9]. Sie werden aus eigener Erfahrung wissen, daß einem *die* Kritiker am liebsten sind, die das betonen, worauf es einem beim Schreiben angekommen ist. Es geht das, für einen leidlich vernünftigen Menschen, weit über das bloße Lob hinaus, das, wenn nicht *Leben* drin ist, überhaupt sehr leicht langweilig wird. Ich habe das diesmal reichlich erfahren. Obenan in Schrecknis stehen die, die einem die ganze Geschichte noch mal erzählen und nur gerade das weglassen, worauf es einem angekommen ist. Sie sind der erste, der auf das Spukhaus und den Chinesen hinweist; ich begreife nicht, wie man daran vorbeisehen kann, denn erstlich ist dieser Spuk, so bilde ich mir wenigstens ein, an und für sich interessant, und zweitens, wie Sie hervorgehoben haben, steht die Sache nicht zum Spaß da, sondern ist ein Drehpunkt für die ganze Geschichte. Was mich ganz besonders gefreut hat, ist, daß Sie dem armen Innstetten so schön gerecht werden. Eine reizende Dame hier, die ich ganz besonders liebe und verehre, sagte mir: »Ja, Effi; aber Innstetten ist ein ›Ekel‹.« Und ähnlich urteilen alle. Für den Schriftsteller in mir kann es gleichgültig sein, ob Innstetten, der nicht notwendig zu gefallen braucht, als famoser Kerl oder als »Ekel« empfunden wird, als Mensch aber macht mich die Sache stutzig. Hängt das mit etwas Schönem im Menschen- und namentlich im Frauenherzen zusammen, oder zeigt es, wie schwach es mit den Moralitäten steht, so daß jeder froh ist, wenn er einem »Etwas« begegnet, das er nur nicht den Mut hatte auf die eigenen Schultern zu nehmen. (BE II 386 f)

Fontane an Ernst Heilborn   Berlin, 24. November 1895
Seien Sie schönstens bedankt für all das Freundliche, was Sie für mich und die arme Effi gehabt haben. Sie sind, wie ich zu meiner Freude sehe, auch einverstanden damit, daß ich, in den intrikaten

---

9 im Berner »Bund«.

Situationen, der Phantasie des Lesers viel überlasse; dies anders zu machen wäre mir ganz unmöglich, und ich würde totale Dunkelheiten immer noch einer Gasglühlichtbeleuchtung von Dingen vorziehen, die, selbst wenn ihre Darstellung geglückt ist (ein sehr selten vorkommender Fall), immer noch mißglückt wirken.
Daß Sie den Menschen betonen, ist mir das schmeichelhafteste; schließlich steckt da doch alles andre drin. (BE II 387)

Fontane an Maximilian Harden Berlin, 1. Dezember 1895
Ergebensten Dank für Ihre freundlichen Zeilen und das Schmeichelhafte über Effi Briest. Es gibt ein Raimundsches Stück, wo der Held in rührender Weise von der »Jugend« Abschied nimmt, die er im Hintergrund als ein reizendes Balg in rosafarbenem Tüll verschwinden sieht. So nehme ich Abschied von Effi; es kommt nicht wieder, das letzte Aufflackern eines Alten. (E 56, 1096)

Fontane an Siegmund Schott Berlin, 22. Dezember 1895
Bild und Strophe kommen etwas später als sie sollten, aber doch hoffentlich noch zu guter Zeit. Mit der Bitte, mich der freundl. ersten Entdeckerin von Effi Briest am Himmel (in vieler Augen ist es wirklich so) der »Deutschen Rundschau« bestens empfehlen zu wollen [...] (FAP)

Fontane. Tagebuch 1895
Im Oktober 94 hat der Abdruck von »Effi Briest« in der Deutschen Rundschau begonnen und schließt März 95 ab. Erfolg gut.
[...]
Im Herbst erscheint »Effi Briest« als Buch und bringt es in weniger als Jahresfrist zu 5 Auflagen, – der erste wirkliche Erfolg, den ich mit einem Romane habe. (E 25, 192 f)

Fontane an Hermann Wichmann Berlin, 2. Januar 1896
Mein Brief und ein paar Tage später mein Buch, – Beides ist hoffentlich in Ihre Hände gelangt. (E 2, 37)

Fontane an Friedrich Spielhagen Berlin, 11. Februar 1896
Schon vor Wochen fand ich in einem Blatt überaus freundliche Worte über »Effi Briest«, die, wenn ich recht verstand, von Ihnen

herrühren mußten. Der Citirende hatte sich aber so unklar ausgedrückt, daß ich meiner Sache doch keineswegs sicher war. Nun erhalt' ich heute früh dasselbe Citat in solcher Fassung, daß jeder Zweifel ausgeschlossen ist und so säume ich denn nicht länger, Ihnen allerherzlichst für so viel Liebenswürdigkeit zu danken. Es ist doch hocherfreulich, daß sich schließlich immer wieder herausstellt: das Beste haben die Kollegen voneinander. Der gute Hiltl sagte mir mal, als ich (schaudernd) noch rezensiren mußte: »Das mit dem ewig uns vorgeworfenen Beifallsneid ist der reine Unsinn. Wir wissen es blos besser als die da unten.« Nochmals herzlichen Dank! (FAP)

Fontane an Friedrich Spielhagen   Berlin, 12. Februar 1896
Herzlichen Dank. Natürlich – welch ein erbärmlicher Zustand im Bereich unserer »höheren Journalistik« – ist es mir von hohem Interesse das Manuskript zu lesen.[10]   (LA 574)

Fontane an Friedrich Spielhagen   Berlin, 15. Februar 1896
Vorgestern Abend im engsten Zirkel: Frau, Tochter, ich, ging es also an die Vorlesung.[11] Wir waren alle sehr hingenommen davon, am meisten ich; man muß doch schließlich von Fach sein, nicht um folgen (das können die andern auch) aber um voll würdigen zu können. Ich bin überall mit Ihnen einverstanden. »Zu Anfang des Jahrhunderts war das, was Goethe in den ›Wahlverwandtschaften‹ giebt, Natur« – oder so ähnlich. Unbedingt ist es so gewesen. Gar nicht von der sentimentalen Schönrednerei zu sprechen, der wir in jedem alten Stamm- und Tagebuch begegnen, auch die Art, wie Eltern und Kinder mit einander verkehrten, war, von unsrem heutigen Standpunkt aus, etwas Gekünsteltes.
Nicht minder wie hinsichtlich dieser Frage, bin ich in Bezug auf die Technik des Romans mit Ihnen in Uebereinstimmung. Was mich aufrichtig freut. Das Hineinreden des Schriftstellers ist fast immer vom Uebel, mindestens überflüssig.[12] Und was überflüssig ist, ist

10 Vgl. Brief an Julius Rodenberg vom 18. 2. 1896.
11 Vgl. Brief an Julius Rodenberg vom 18. 2. 1896.
12 zu Spielhagens Theorie der »Objektivität« vgl. seine »Beiträge zur Theorie und Technik des Romans«, 1883.

falsch. Allerdings wird es mitunter schwer festzustellen sein, wo das Hineinreden beginnt; der Schriftsteller muß doch auch, als *er*, eine Menge thun und sagen, sonst geht es eben nicht, oder wird Künstelei. Nur des Urtheilens, des Predigens, des klug- und weiseseins muß er sich enthalten. Vielleicht liegt es so wie mit Finanzfragen; nachdem man sich für Handelsfreiheit begeistert, erkennt man widerwillig, daß es ohne einen kleinen Schutzzoll nicht geht.
Ich habe wegen eines langen Aufsatzes über den selig entschlafenen »Tunnel«[13] in den nächsten Tagen mit Rodenberg zu korrespondiren und könnte dabei sehr gut wegen Ihres Essays anfragen. Ich thu es, – so Sie mich in einer Zeile wissen lassen »los« – von Herzen gern. Mache ja dabei auch ein glänzendes Geschäft. Aber freilich, ich traue dem Frieden nicht. Ich halte es nicht für wahrscheinlich, daß er »ja« sagt. Denn erstens gehört er zu denen, die gleich stramm stehn und den Zeigefinger an die Bise legen, wenn der Name Goethe blos genannt wird, und zweitens wird es ihm gegen den Strich sein, mich mit meinem Roman so frisch, fromm, frei neben den Halbgott gestellt zu sehn. Daß »Effi Briest« in der Rundschau stand, kommt vielleicht als Erschwerungsmoment hinzu.

(FAP)

Fontane an Julius Rodenberg   Berlin, 18. Februar 1896
Ich hätte nun aber heute doch geschrieben, und zwar als Diplomat in einer sehr feinen Sache.
Spielhagen – in welcher Veranlassung, darüber mal mündlich – hat mir einen Essay geschickt:

Einst und jetzt
(»Die Wahlverwandtschaften« u. »Effi Briest«)
Eine literarische Studie.

Bei dieser Studie hat er immer, auf allgemeine Bildung hin angesehn, ein »Rundschau«-Publikum im Auge gehabt, und doch bezweifelt er selbst, daß Sie Lust haben könnten, es zu bringen. Ich fürchte (weiß es nicht, aber *Sie* werden es wissen), daß auch kleine

---

[13] Vorabdruck des Kapitels »Der Tunnel über der Spree« aus »Von Zwanzig bis Dreißig« in der »Deutschen Rundschau«, April/Juni 1896.

persönliche Verstimmungen bei diesen Zweifeln mitgewirkt haben. Gleichviel, ich habe ihm geschrieben, daß ich bei Ihnen anfragen wolle, erfolge dann ein Refus, so verdünne er sich durch die Mittelsperson.

Ich würde nun die »Studie« diesem Briefe gerne gleich beigelegt haben, unterlaß es aber, um Ihnen heute nur kurz zu sagen, was ungefähr drinsteht. Sie kommen auch bequemer dabei weg.

1. Zu Anfang des Jahrhunderts machte man's *so*, Ende des Jahrhunderts macht man es *anders*. Die Technik hat eben Fortschritte gemacht. (Richtig, aber anzüglich.)

2. Zu den Eigentümlichkeiten der früheren Schreibweise gehörte, wie »Die Wahlverwandtschaften« zeigen, das beständige Mithineinreden des Dichters. Goethe konnte freilich auch anders schreiben (»Götz«, »Egmont«), aber in seiner späteren Prosa gefiel er sich in diesem Dichtermonologhalten.

3. In »Effi Briest« kommt dergleichen auch vor. Aber doch viel weniger.

4. »Wahlverwandtschaften« sind eben der Roman aus dem Anfang des Jahrhunderts, »Effi Briest« aus dem Ende.

5. Auf die Technik hin angesehn, ist das, was man jetzt macht, besser.

Presse ich nun diese kurzen Angaben noch wieder weiter zusammen, so läuft es darauf hinaus:

a. Na, der alte Goethe war schließlich auch kein Herrgott, und

b. Goethe ist Goethe, und Fontane ist Fontane. Aber »Effi Briest« steht uns näher und interessiert uns mehr.

Nach meiner Meinung liegt es nun so, daß a. alle Goetheverehrer verletzt und b. mich, ungewollt, in ein komisches Licht stellt.

Beides ist schlimm. Und doch ist in der Sache was Richtiges. Wir sind in einem Goethe-Bann und müssen draus heraus, sonst haben wir unser »Apostolikum« in der Literatur.

Ich nehme an – denn es ist ein *zu* heißes Eisen –, Sie werden »nein« sagen, und bitte Sie nur, Ihren Brief an mich so einzurichten, daß ich ihn abschriftlich an Spielhagen gelangen lassen kann. Der Umstand, daß »Effi Briest« in der »Rundschau« stand, ist eine weitre Erschwernis.   (RO 81 ff)

Fontane an Friedrich Spielhagen   Berlin, 20. Februar 1896
Eben erhalte ich in einem längeren Briefe, der sich eingangs mit meiner Tunnelarbeit[14] beschäftigt, Rodenbergs Antwort. Sie lautet: »Lassen Sie mich Ihnen in aller Aufrichtigkeit sagen, daß es für Spielhagens Aufsatz keinen ungeeigneteren Ort geben könnte als die ›Rundschau‹. Sie wissen (jetzt kommt ein Effi Briest-Lob)... und wissen auch, daß sich das Publikum ebenso gestellt hat. Aber gerade der maßgebende Teil des Publikums würde eine solche Publikation nicht billigen, und am meisten verwundert würden diejenigen sein, die den Roman in der Rundschau gelesen haben. Offen gestanden, schon der bloße Versuch einer solchen Zusammenstellung hat für mich etwas Widerstrebendes.«
Der Versuch ist gemacht. Daß er abgeschlagen, überrascht mich nicht. Vielleicht sind wir auch beide einig darin, daß gerade Rodenberg nicht gut anders konnte. Seine Natur ist friedlich, und Ihre Studie wirft einer erdrückenden Majorität den Fehdehandschuh hin. Ich bin neugierig, wie sich an dem Vortragsabend Ihre Zuhörer zu der großen Frage stellen werden. Denn – meine Person ganz aus dem Spiel – bleibt doch der Satz übrig: »The great old man ist in manchen Stücken antiquiert.«   (FAP)

Fontane an Otto Pniower   Berlin, 21. Februar 1896
Seien Sie herzlichst bedankt für Ihre freundlichen und schmeichelhaften Worte[15]. Vieles ist mir über »Effi« gesagt worden, aber, wie das immer ist, Worte, die mir eine Herzensfreude gemacht hätten, *solche* haben doch nur wenige gefunden. Schlenther eröffnete den Reigen, *Sie* schließen ihn, denn nun wird kaum noch was kommen; dazwischen krabbelt viel Mittelwertiges herum, und von der Majorität der Fälle schweigt des Sängers Höflichkeit. – Daß Sie vor einem Gelehrtenpublikum gesprochen, kann mir nur lieb sein. Denn zu denen, die sich zuletzt um einen kümmern, gehören die Gelehrten. Es kann auch kaum anders sein. Sie denken – und meist mit Recht – niedrig von der Gattung und gehen erst 'ran, wenn sie

14 Vgl. Anm. z. Brief an F. Spielhagen vom 15. 2. 1896.
15 Anzeigen in der »Deutschen Literaturzeitung«, Nr. 8, 1896.

von einem Vertrauensmann geführt werden. Nochmals besten Dank. (FAP)

Fontane an Friedrich Spielhagen   Berlin, 21. Februar 1896
Meinem herzlichen Dank will ich nur folgende kurze Angaben – freilich immer noch in bloßen Andeutungen – hinzufügen.
Innstetten ist ein Oberst Baron v. A., früher Husar, jetzt Dragoner.
Effi ist ein Fräulein, wenn ich recht berichtet bin, aus der Gegend von Paretz, *nicht* aus der Mark, sondern aus jenem Teil des Magdeburgischen, der am östlichen Elbufer liegt. Soviel ich weiß, lebt die Dame noch, sogar ganz in Nähe von Berlin.
Mir wurde die Geschichte vor etwa 7 Jahren durch meine Freundin und Gönnerin Lessing (Vossische Zeitung) bei Tisch erzählt. »Wo ist denn jetzt Baron A.?« fragte ich ganz von ungefähr. »Wissen Sie nicht?« Und nun hörte ich, was ich in meinem Roman erzählt. Übrigens, glaube ich, wußte Frau Lessing den Namen der Dame nicht genau. Alles spielte, um auch das noch zu sagen, am Rhein, nicht in Pommern. Das ist das wenige, was ich weiß. Übrigens sagte mir Geh. Rat Adler (der Architekt), »Gott, das ist ja die Geschichte von dem A.« Er hatte es doch rausgewittert.
[...]
Die ganze Geschichte ist eine Ehebruchsgeschichte wie hundert andre mehr und hätte, als mir Frau L. davon erzählte, weiter keinen großen Eindruck auf mich gemacht, wenn nicht (vergl. das kurze 2. Kapitel) die Szene bez. die Worte: »Effi komm« darin vorgekommen wären. Das Auftauchen der Mädchen an den mit Wein überwachsenen Fenstern, die Rotköpfe, der Zuruf und dann das Niederducken und Verscwinden machten *solchen* Eindruck auf mich, daß aus *dieser* Szene die ganze lange Geschichte entstanden ist. An dieser *einen* Szene können auch Baron A. und die Dame erkennen, daß *ihre* Geschichte den Stoff gab. (BE II 394 f)

[Poststempel: Berlin, 29. Februar 1896]
Fontane an Julius Rodenberg
Herzlichen Dank für alles. Ich beklage, daß Ihnen die Sp[ielhagen]-Geschichte soviel Mühe oder Gêne machen mußte, konnt es

aber nicht gut vermeiden, Ihnen mit dem Antrag zu kommen. Wenn ich Sie spreche, sprechen wir uns darüber aus. (RO 83)

Fontane an Hermann Wichmann Berlin, 16. April 1896
Zu den Rosen nun Lorbeer! Seien Sie schönstens von mir und Effi bedankt. Die Blüten haben sich hier völlig erholt, und stehen in einer Vase vor mir. (FAP)

Fontane an Maximilian Harden Berlin, 19. April 1896
Seien Sie für diese schmeichelhafte Form einer Effi-Briest-Besprechung schönstens bedankt, desgleichen für den ganzen Artikel. Mit allem, was sich gegen den geschäftigen Müßiggang in der höfischen Sphäre richtet, bin ich einverstanden, aber mit der Duellfrage werden wir so bald nicht fertig werden; es wird jetzt immer auf England hingewiesen, dessen alles mit Moneten begleichende Zustände mir auch keineswegs als ein Ideal erscheinen. (E 56, 1097)

Fontane an Hermann Wichmann Berlin, 24. April 1896
Ja, die nicht verbrannten Briefe in »Effi«! Unwahrscheinlich ist es gar nicht. Dergleichen kommt immerzu vor. Die Menschen können sich nicht trennen von dem, woran ihre Schuld haftet. Unwahrscheinlich ist es nicht, aber es ist leider trivial. Das habe ich von allem Anfang an sehr stark empfunden, und ich hatte eine Menge anderer Entdeckungen in Vorrat. Aber ich habe nichts davon benutzt, weil alles wenig natürlich war, und das gesucht Wirkende ist noch schlimmer als das Triviale. So wählte ich von zwei Übeln das kleinere. (FR II 386 f)

Fontane an Friedrich Spielhagen Waren, 25. August 1896
Ihr Roman (»Zum Zeitvertreib«)[16] begleitete mich schon im Mai nach Karlsbad, wo ich ihn rasch hintereinanderweg mit dem größten Interesse gelesen hab. Meine Frage, »ob der Titel glücklich gewählt sei«, ließ ich gleich nach der Lektüre fallen, weil ich empfand, daß das, was dem Leser seinen Standpunkt anweisen soll, nicht besser ausgedrückt werden kann. Ich füge gleich noch hinzu,

---

16 Fr. Spielhagens Roman verarbeitet gleichfalls die Ardenne-Affaire. Im Hinblick auf Fontanes eigenen Roman wird die Passage hier abgedruckt.

daß ich die frappante Lebenswahrheit in der Schilderung unserer Berliner Gesellschaft überall stark und zustimmend empfunden habe.

Wenn ich Ihnen dies damals, wo Sie, wenn ich nicht irre, beim Abschluß einer Arbeit oder doch beim Abschluß von Verhandlungen über eine neue Arbeit waren, nicht gleich schrieb, so geschah es, weil mir der Roman doch auch kleine Bedenken hinterlassen hatte. Diese Bedenken gipfeln in der persönlichen oder sag ich lieber richterlichen Stellung, die Sie zu der von Ihnen geschilderten Gesellschaft einnehmen. Ich finde das Maß von Verurteilung, soweit von einer solchen überhaupt gesprochen werden kann, nicht scharf genug. Schließlich gestaltet sich alles doch so, daß man mit dieser »Gesellschaft«, trotz all ihrer Anfechtbarkeit, doch immer noch mehr sympathisiert als wie mit dem armen Professor, der ein Schwachmatikus und dabei sehr eitel ist und allen Anspruch darauf hat, ungefähr so behandelt zu werden (allenfalls mit Ausnahme des Totgeschossenwerdens), wie er behandelt wird. Warum erwehrt er sich dieser Leute nicht? Noblesse oblige, aber Wissen und Bildung obligieren auch und ein gutes Herz und eine gute Frau noch mehr. Der Professor tut einem leid, aber darüber hinaus kommt man nicht; tu l'as voulu. So wird das dramatische Interesse der Hergänge geschädigt. Mein zweites Bedenken, allerdings in einem innigsten Zusammenhange mit dem schon Gesagten, richtet sich gegen das, was ich die *politische* Seite des Buches nennen möchte. Der Roman unterstützt, gewiß sehr ungewollt, die alte Anschauung, daß es drei Sorten Menschen gibt: Schwarze, Weiße und – Prinzen. Der Adel spielt hier die Prinzenrolle und zeigt sich uns nicht bloß in den diesem Prinzentum entsprechenden Prätensionen, sondern – und das ist das etwas Bedrückliche – beweist uns auch, daß diese Prätensionen im wesentlichen berechtigt sind, vom Adelsstandpunkt aus ganz gewiß und vom Standpunkt draußenstehender Dritter aus wenigstens beinah. Ich erschrecke immer, wenn in fortschrittlichen Zeitungen geklagt wird, daß wieder ein Adliger bevorzugt oder aus einem Garderegiment der letzte Bürgerliche gestrichen worden sei. Durch das Hervorkehren dieser Dinge nährt man nur jene Überheblichkeitsgefühle, die man ausrotten möchte. (BE II 407 f)

Fontane an Unbekannt 21. September 1896
Statt der »Gedichte« schicke ich vorläufig »Effi Briest«, meinen
letzten, zu Weihnachten vorigen Jahres erschienenen Roman.
(E 70, 240)

Fontane an Friedrich Paulsen Berlin, 16. März 1897
Ein richtiges cerveau enrhumé, dran ich seit einer Woche laboriere,
soll mich doch nicht abhalten, Ihnen aufs herzlichste für Ihren liebenswürdigen und für mich und meine »Effi Briest« so schmeichelhaften Brief zu danken. (LA 596 f)

Fontane an Georg Hirschfeld Berlin, 3. Januar 1898
Empfangen Sie, hochgeehrter Herr, meinen schönsten Dank für
Ihre Geburtstagswünsche, verspätet oder nicht. Sie fehlten ja mit
der denkbar besten Entschuldigung, denn Effie Briest ist immer
besser als ein 78. Geburtstag. (FAP)

Die Poggenpuhls. Roman

Entstehung: seit 1891
Erstausgabe: 1896

Fontane an Georg Friedlaender Berlin, 10. Januar 1892
Ich stecke sehr in Unruhe [...]
Dazu kommen Schreibereien, kleine literarische Fehden (aber manierlich und beinah ritterlich, Gott sei Dank) Abschluß eines kleinen Romans, Druckbeginn einer neuen Auflage der »Wanderungen« in *Heften,* all das in dieser Woche noch. (FRI 166 f)

Fontane an Wilhelm Hertz Berlin, 14. Januar 1892
Mit der Arbeit, von der ich neulich schrieb – sie heißt »die Poggenpuhls«, arme adlige Majorin mit drei Töchtern; ein Titel auf den
ich stolz bin – mit der Arbeit bin ich fertig [...] (WHH 338)

Fontane. Tagebuch [Sommer] 1894
Ich mache mich nun an die Korrektur eines kleineren Romans, den ich ziemlich gleichzeitig mit »Effi Briest« schrieb und der den Titel führt »Die Poggenpuhls«; Pantenius will ihn bringen, doch kennt er ihn noch nicht und die Sache bleibt vorläufig unsicher.

(E 25, 191)

Fontane an Hermann Wichmann Berlin, 7. Juli 1894
Als Ihr famoser Brief kam, wollte ich gleich antworten; nun sind aber doch etliche Wochen vergangen, da mir daran lag, erst eine Arbeit zu beenden. Das ist nun geschehn, und ich habe Spielraum.

(BE II 349)

Fontane an Karl Zöllner Karlsbad, 21. August 1894
Die Korrekturbogen sind fort und so habe ich einen freien Vormittag [...] (LA 538)

Fontane. Tagebuch 1895
Im Sommer (95) schickte ich die mittlerweile beendeten »Poggenpuhls« an Pantenius, – sie wurden abgelehnt, weil der Adel in dem Ganzen eine kleine Verspottung erblicken könne – Totaler Unsinn. Es ist eine Verherrlichung des Adels, der aber, so viel kann ich zugeben, klein und dumm genug empfindet, um das Schmeichelhafte darin nicht herauszufühlen. Gott besser's. Aber er wird sich die Mühe kaum geben. Unter Umständen »kämpfen Götter selbst vergebens«. Die Poggenpuhls werden dann später, Winter 95 auf 96, in »Vom Fels zum Meer« gedruckt. (E 25, 193)

Fontane an Egon Fleischel Karlsbad, 3. Juni 1896
Besten Dank für Ihre freundlichen Zeilen und Correkturbogen 1 und 2. Daß Sie das »fuseln« (statt fusseln) entdeckt und beseitigt, freut mich besonders. Überhaupt haben die Stuttgarter[1] in dem

---

[1] Redaktion der Zeitschrift »Vom Fels zum Meer« im Spemann-Verlag, Stuttgart. (Unklar allerdings die spätere Erwähnung der »Krönerianer«).

M. S. grausam herum gewirtschaftet. An einer Stelle hieß es (S. S. 22) »antwortete er mit einem Ausdruck, den ich nur als sardonisch bezeichnen kann« etc; aus Kameradschaftlichkeit gegen Toeche[2] aber haben die Krönerianer das geändert, weil es allerdings eine Verhöhnung der Militärwochenblatthonorare (worüber alle Militärs seit lange empört sind) markiren sollte. So was macht doch aber einen elenden Eindruck.
[...]
Darf ich von Bogen 2 um Revision bitten. (FAP)

Fontane an seinen Sohn Friedrich   Karlsbad, 9. Juni 1896
Möchten die »Poggenpuhls« so gute Tage haben wie »Jenny Treibel«.
Empfiehl mich Fleischel; er proponirt mir gütigst auf S. 22[3] Wiederherstellung meines ursprünglichen Manuskriptausdrucks, aber wiewohl dieser (in Stuttgart gefallene) Ausdruck sicherlich besser war, so bedeutet die Sache doch nicht viel; außerdem ist es ganz gut, daß dem schon halbtoten Toeche nicht noch, als ob er der tote Percy wäre, ein Falstaffscher Sauhieb versetzt wird.

(BE II 400 f)

Fontane an seinen Sohn Friedrich   Karlsbad, 13. Juni 1896
Gleichzeitig mit dieser Karte gebe ich die letzten Bogen der »Poggenpuhls« zur Post. Auf der letzten Seite stand noch eigens »Ende«. Das habe ich gestrichen, weil, wenn weiter nichts kommt, jeder sieht: »ja, nun ist es aus«. Es amüsierte mich aber das muthmaßlich von Freund *Dobert* hinzugefügte Wort »Ende« doch sehr, weil sich darin eine ganz richtige Kritik ausspricht. Kein Mensch kann annehmen, daß *das* ein Schluß ist und so war es nöthig, dem Blatt-Leser zu versichern: »ja, Freund, nun ist es aus; wohl oder übel.« Ergeh es Dir gut, empfiehl mich Deinen Herren besonders Fl[eischel], der sich mit der Correktur gequält hat. (E 77, 126)

---

[2] Besitzer des Militärverlages Mittler u. Sohn, in dem das »Militärwochenblatt« erschien.
[3] Vgl. Brief an Egon Fleischel vom 3. 6. 1896.

Fontane an Paul Schlenther　　　　　　　Berlin, 4. November 1896
An Überschüttung mit Briefen, wiewohl ich mich ein wenig gebessert, sind Sie gewöhnt. Aber nun auch mit Büchern. Erst ein Neffe, nun ich selbst. Lassen Sie Ihr Auge freundlich auf diesem Neusten ruhn. Es hat zwei Tugenden. Erstens ist es kurz, und zweitens wird nicht drin geschossen. Nach »Fritzchen«[4] und »Freiwild«[5] eine kleine Abwechselung.　　　　　　　　　　　　　　(BE II 413 f)

Fontane an Ernst Schubert[?]　　　　　　　　　　　　[1896?]
Die Güte der Deutschen Verlagsanstalt hat vor einigen Tagen die Nummer 17 (eine Ibsen-Nr.) von »Ueber Land und Meer« an mich gelangen lassen, worin ich neben viel anderm Guten, auch einer sehr freundlichen Besprechung[6] meines jüngst erschienenen Romans (die Poggenpuhls) begegnet bin. Nicht recht wissend, wem ich für diese Aufmerksamkeit einen Dank abzustatten habe, gestatten Sie mir denselben Ihnen, hochgeehrter Herr, auszusprechen.　　(FAP)

Fontane an Heinrich Josef Harwitz　　　　Berlin, 6. November 1896

　　Hin ist die Zeit der Herbstzeitlose,
　　Nun kommt der Winter und seine Moose,
　　Genehmigen Sie zum Feste Jul's
　　(Sechs Wochen zu früh) »Die Poggenpuhls«.

　　Es würde mich freuen,
　　　　hochgeehrter Herr,
wenn Ihnen die kleine Geschichte, die ich mir zu überreichen erlaube, eine kleine Freude machen könnte. Sie (die Geschichte) spielt dicht an der Potsdamerstraße und im Hirschberger Tal; begegnet also bei Ihnen einem allerkundigsten Auge. Inhalt nicht vorhanden, aber der Ton ist vielleicht getroffen.　　　　　　　　(E 38, 399 f)

Fontane an Paul Schlenther　　　　　　　Berlin, 8. November 1896
Man kann nicht sagen: »Wer rasch dankt, dankt doppelt.« Im Gegenteil. Der eigentliche Danker ist doch der, der nach Jahren an-

---

4 Einakter von Hermann Sudermann, 1896.
5 Schauspiel von Arthur Schnitzler, 1896.
6 von Paul von Szczepánski (Bd. 2, 1896/97).

tritt, nach einer Periode, wo das landesübliche Undankunkraut Zeit gehabt hat, alles zu überwachsen. Ich riskiere die Raschheit aber doch. Seien Sie also herzlichst bedankt für diese Sonntagsfreude[7]. Und dabei ist es so wichtig, daß dies die erste Stimme ist. Nun werden sich auch andere finden, die es kunstvoll in seinem Bummelstil und realistisch trotz Abwesenheit von Jack dem Aufschlitzer finden. Aber ohne diesen avis au lecteur (und hoffentlich auch au critique) sähe es vielleicht windig damit aus. Seien Sie nochmals herzlich bedankt. Ich habe von dem allen immer einen doppelten Genuß: die freundliche Gesinnung, das Lob an sich und dann das Treffen, das jedesmalige Finden dessen, worauf es einem ankam. Und ich möchte beinah sagen, dies beglückt einen am meisten. (LA 584 f)

Fontane. Tagebuch 1896
Anfang November erschienen die Poggenpuhls; Schlenther, in gewohnter Freundlichkeit, begrüßte sie mit schmeichelhaften Worten.
(E 25, 195)

Fontane an Friedrich Spielhagen   Berlin, 24. November 1896
Ergebensten Dank für Ihr Neustes[8]; ich freue mich, es zu lesen und berichte Ihnen darüber.
Gestatten Sie mir, diese Zeilen auch mit dem jüngsten Kinde meiner Laune zu begleiten. Ich säumte bisher damit, weil das Buch, wenn auch sehr ungewollt, fast wie ein Protest gegen die von Ihnen festgestellte Romantechnik[9] wirkt, eine Technik hinsichtlich deren ich Ihnen gegenüber und hinter Ihrem Rücken immer wieder und wieder ausgesprochen habe, daß ich sie für richtig halte. So steh ich auch noch dazu. Mitunter aber gestaltet sich's doch anders, und hier ist solch Fall gegeben. Das Programmmäßige, das Schema-Aufstellen für die hinterher auftretenden Personen und nun gar das Abbrechen der Erzählung, um an Stelle derselben in Briefen fortzufahren, ist gewiß ein Fehler, aber ich möchte sagen dürfen, daß

---

7 Rezension der »Poggenpuhls« in der V. Z. vom 8. 11. 1896.
8 »Mesmerismus. Alles flieht. Zwei Novellen«, 1897.
9 Friedrich Spielhagen, »Beiträge zur Theorie und Technik des Romans«, 1883.

ich dadurch größere Fehler (wenn es bei 'was ganz Kurzem bleiben sollte) vermieden habe. Natürlich, Regel ist Regel, das bleibt Paragraph 1, aber der alte Witz, daß die Gesetze nur dazu da sind, um durchbrochen zu werden, enthält doch auch einen Gran Wahrheit.

(FAP)

Fontane an Friedrich Spielhagen   Berlin, 28. November 1896
Wäre ich doch auch noch von dem Kraftüberschuß, um nach einem Reisetag, oder wenn auch 24 Stunden später, eine Nacht hindurch lesen zu können, noch dazu die »Poggenpuhls«, die, wenn sie auch tausend Vorzüge hätten, doch auf *den* verzichten müssen, ein großes Erregungsmittel zu sein. Sie sind immer frisch und wach, ich bin immer müde, und das Schlafenkönnen ist die beste, jedenfalls die glücklichste meiner Gaben.
So kommt es denn, daß die »Poggenpuhls« schon gelesen sind (und mit wie freundlichem Auge!) und »Mesmerismus« noch nicht. Ich weiß nur, zu meinem Trost, daß er sich auch in Briefen bewegt.

(FAP)

[Poststempel: Berlin, 16. Dezember 1896]
Fontane an Georg Friedlaender
Die »Poggenpuhls« gebe ich gleichzeitig mit dieser Karte zur Post; Aufnahme bis jetzt mäßig. Kann auch kaum anders sein. Das Lesepublikum hat andre Ideale.   (FRI 306)

Fontane an Georg Friedlaender   Berlin, 4. Januar 1897
An den »Poggenpuhls« habe ich, über Erwarten, viel Freude. Daß man dies Nichts, das es ist, um seiner Form willen so liebenswürdig anerkennt, erfüllt mich mit großen Hoffnungen, nicht für mich, aber für unsre liter. Zukunft.   (FRI 307)

Fontane an Ernst Heilborn   Berlin, 16. Januar 1897
Herzlichen Dank. Daß kundig-freundliche Beurteiler wie Sie, wie Schlenther über die Stofflosigkeit hinwegsehen und *das*, woran mir lag, liebevoll betonen würden – das wußte ich. Aber Sie haben gütigen Auges noch mehr entdeckt, mehr, als mir selber recht klar

war, und dafür danke ich Ihnen noch ganz im besondren.[10] Es ist gewiß richtig, daß das Kolonistische, die Familie, die Sippe, der Clan in alles, was ich schreibe, hineinspielt, und es ist zweimal richtig, daß viele meiner Figuren nach dem Bilde meines Vaters – mit dem ich übrigens selbst viel Ähnlichkeit habe, nur daß er naiver war – gearbeitet sind. Sie haben mich sehr erfreut. (BE II 414)

Fontane an Siegmund Schott   Berlin, 14. Februar 1897
Der heutige Sonntagmorgen führte sich sonntäglich ein und brachte mir Ihre liebenswürdige Besprechung[11], eine Fülle von Freundlichkeiten, die fast noch mehr dem Menschen als dem Schriftsteller zugute kommen. Etwas, womit ich sehr einverstanden bin: allem vorauf der Mensch! Das Buch ist kein Roman und hat keinen Inhalt, das »Wie« muß für das »Was« eintreten – mir kann nichts Lieberes gesagt werden. Natürlich darf eine Literatur nicht auf den Geschmack ganz, ganz alter Herren aufgebaut werden. Aber so nebenher geht es. (BE II 416)

Fontane an Friedrich Spielhagen   Berlin, 16. Februar 1897
Sie beschämen mich – und dies ist nicht mal das richtige Wort; es ist noch mehr – durch die immer erneuten Beweise Ihrer großen Güte gegen mich.[12] Es hat mich alles außerordentlich erfreut und, wie ich ehrlich hinzusetzen darf, nicht nur, weil ich so gut dabei fortkomme, sondern weil ich, ganz losgelöst von meiner Person, den Gedanken, der zum Ausdruck kommt, so richtig finde, so richtig, daß ich nicht begreifen kann, wie unsere Realisten nicht *instinktiv* auf die Hülfen verfallen sind, die der Humor ihnen leisten würde. Freilich mancher Boden versagt seiner Natur nach manche Pflanze. (FR II 419)

10 Rezension in der »Nation«, 14. Jg., 1896/97.
11 »Münchner Allgemeine Zeitung« vom 12. 2. 1897.
12 Rezension Fr. Spielhagens in seinen »Streifblicken über den heutigen deutschen Roman«, später aufgenommen in die »Neuen Beiträge zur Theorie und Technik der Epik und Dramatik«, 1898.

Der Stechlin. Roman

Entstehung: seit Anfang 1895
Erstausgabe: 1898 (Impressum 1899)

[1875]
Fontane. Aus »Wanderungen durch die Mark Brandenburg«
»Wie still er da liegt, der Stechlin«, hob unser Führer und Gastfreund an, »aber die Leute hier herum wissen von ihm zu erzählen. Er ist einer von den Vornehmen, die große Beziehungen unterhalten. Als das Lissaboner Erdbeben war, waren hier Strudel und Trichter und stäubende Wasserhosen tanzten zwischen den Ufern hin. Er geht 400 Fuß tief und an mehr als einer Stelle findet das Senkblei keinen Grund. Und Launen hat er und man muß ihn ausstudieren wie eine Frau. Dies kann er leiden und jenes nicht, und mitunter liegt das, was ihm schmeichelt, und das, was ihn ärgert, keine handbreit auseinander. Die Fischer, selbstverständlich, kennen ihn am besten. Hier dürfen sie das Netz ziehen und an seiner Oberfläche bleibt alles klar und heiter, aber zehn Schritte weiter will er es nicht haben, aus bloßem Eigensinn, und sein Antlitz runzelt und verdunkelt sich und ein Murren klingt herauf. Dann ist es Zeit, ihn zu meiden und das Ufer aufzusuchen. Ist aber ein Waghals im Boot, der es ertrotzen will, so gibt es ein Unglück, und der Hahn steigt herauf, rot und zornig, der Hahn, der unten auf dem Grunde des Stechlin sitzt, und schlägt den See mit seinen Flügeln, bis er schäumt und wogt, und greift das Boot an und kreischt und kräht, daß es die ganze Menzer Forst durchhallt von Dagow bis Roofen und bis Alt-Globsow hin.« (NFA IX 317)

Berlin, 19. November 1895
Fontane an Joseph Viktor Widmann
Zu »Lacrimae Christi«. Ich glaube, es gibt Strudel in stehenden Gewässern. Ich kenne zwei kleine Seen in unserer Mark, in denen sich Springflut und Trichter bilden, wenn in Italien und Island die Vulkane losgehen. Auch aus anderen Veranlassungen kommt es vor. (BE II 387)

Fontane an Paul Schlenther   Berlin, 21. Dezember 1895
Ich bin bei zwei letzten Kapiteln eines kleinen politischen Romans, den ich noch vor Weihnachten beenden möchte, also in großer Aufregung und knausriger Zeitausnutzung.   (FAP)

Fontane an seinen Sohn Theodor   Berlin, 25. Dezember 1895
Der Grund, warum ich Dir den zugesagten längeren Brief nicht stiftete, war einfach der, daß ich seit vier oder fünf Wochen wie toll gearbeitet und in dieser verhältnismäßig kurzen Zeit einen ganzen Roman niedergeschrieben habe. Ist man mal im Zuge, so darf man sich nicht unterbrechen, man kommt in die entsprechende Stimmung fast nie wieder hinein und hat für die Arbeit, die einen gerade beschäftigt, einen schweren Schaden davon.   (BE II 388)

Fontane an Carl Robert Lessing   Karlsbad, 8. Juni 1896
Im Winter habe ich einen politischen Roman geschrieben (Gegenüberstellung von Adel, wie er bei uns sein *sollte* und wie er *ist*). Dieser Roman heißt: »*Der Stechlin*«.
Es ist dies der ganz in Nähe von Meseberg gelegene See, den Ihr Herr Sohn gewiß kennt und Sie vielleicht auch. – Um diesen See handelt es sich, trotzdem er nur zu Anfang und zu Ende mit etwa 5 Zeilen vorkommt. Er ist das Leitmotiv. Und nun kommt die Hauptsache: drei Kapitel, grad in der Mitte des Buches, beschäftigen sich mit einer Reichstagsersatzwahl im Kreise »Rheinsberg-Wutz« (Wutz ist Lindow), und ein Adliger, der alte Herr v. Stechlin, und ein Fortschrittler stehen sich gegenüber. Der Fortschrittler siegt. Soweit möchte alles gehn. Aber dieser siegende Fortschrittler – wie fern lag mir, als ich das schrieb, jeder Gedanke an eine Kandidatur Ihres Herrn Sohnes –, dieser siegende Fortschrittler ist der semitische Rechtsanwalt Katzenstein aus Gransee!! Da können Sie sich nun denken, wie mir zumute wurde, als vor etwa 4 Wochen der Landwirt Gotthold Lessing von Meseberg auf dem Plane erschien! Daß ich meine Geschichte ändern müsse, stand mir sofort fest, und ich glaube, daß es mir gelungen ist. Ich lasse jetzt den Kampf zwischen dem alten Stechlin und einem *Sozialdemokraten* spielen und beginne, nach stattgehabter Wahl, das nächste Kapitel etwa so: »Die Würfel waren inzwischen anders, als man erwartet,

gefallen, denn weder der alte Stechlin noch der Sozialdemokrat waren gewählt worden – der Kandidat der Fortschrittspartei hatte gesiegt.« Dann nimmt die Erzählung ihren Fortgang. Ich hoffe, daß ich dadurch alles, was der Familie Lessing fatal sein könnte, beseitigt habe. Von »Fortschritt« ist keine Rede mehr. Vorher auch nicht. Übrigens hat die Geschichte dadurch gewonnen. Wenn ich die Ehre habe, Sie wiederzusehn, erzähle ich, Ihre Zustimmung vorausgesetzt, weiter davon. (BE II 398 f)

Fontane an Carl Robert Lessing Karlsbad, 19. Juni 1896
Die Romangeschichte machte mir doch Sorge, und ich bin froh, daß Sie keine Verstimmung darüber äußern. Denn wie ich es auch anfangen möge, ich werde, trotzdem es nicht zutrifft, dem Verdachte nicht entgehn, das Buch in einem gewissen Vossischen-Zeitungs-Sinne geschrieben zu haben, was doch Ihnen und Ihrem Herrn Sohne vielleicht nicht ganz angenehm sein könnte. Mir persönlich ist das *Grafschafts*urteil gleichgültig; ich bin seit Anno 70 daran gewöhnt, meine schließlich, als Untergrund, immer noch vorhandene Adelsvorliebe mit Soupçon behandelt zu sehn, bloß weil ich das Lied nach meiner Façon und nicht nach einem mir vorgelegten Notenblatt blase. (BE II 403)

Fontane an Marie Sternheim 12. Juli 1896
Eigentlich wollt ich Ihnen noch für Berlin einen kleinen Liebesbrief [...] stiften, ich kam aber nicht dazu, weil mich meine gegenwärtige Schreiberei, in der sogar eine Gräfin Melusine vorkommt, ganz in Anspruch nahm. (A 8, 444)

Fontane an Georg Friedlaender Berlin, 6. August 1896
Zur Zeit nimmt mich mein Buch (Roman) mit schwierigen Korrekturen ganz in Anspruch. (FRI 299)

Fontane an Georg Friedlaender Berlin, 14. August 1896
Wie immer, wenn ich die Freude habe einen Brief von Ihnen zu empfangen, wollte ich auch diesmal gleich antworten. Aber es sind wieder 4 Wochen darüber hingegangen. Grund auch der alte: ich steckte mal wieder in einer Arbeit, die mich jeden Vormittag fest

an meinen Schreibtisch nagelte. Und liegen diese Arbeitsstunden zurück, so bin ich so matt, daß sich Briefschreiben verbietet. Der Hochsommer ist übrigens, wie ich mich mal wieder überzeugt habe, zum arbeiten am besten geeignet, auch dann noch, wenn man mal von der Hitze leidet, denn es ist die einzige Zeit im Jahr, wo man so gut wie gar nicht gestört wird. Alles ist verreist; so wird man weder eingeladen, noch empfängt man Besuche, noch braucht man sie zu erwiedern, was aber noch wichtiger ist, die mich im Winter umbringende Fülle der Gleichgültigkeitsbriefe bleibt aus, ja nicht einmal die kleinen Pensionsfräuleins schreiben und bitten um ein Albumblatt. Diese furchtbare Dichter-Repräsentationscorrespondenz ist ein vollkommenes Schreckniß für mich, denn wenn ich sie verdrießlich erledigt habe, bin ich nur noch bei halber Kraft und Lust und in diesem lädirten Zustande muß ich dann an meine eigentliche Arbeit heran. All das fällt im Sommer fort und ich habe zu meiner Freude von dieser Stille profitiren können. (FRI 299 f)

Fontane an seinen Sohn Friedrich   Waren, 9. September 1896
Wir haben uns nun doch noch für »zulegen« entschlossen und wollen bis nächsten Mittwoch oder Donnerstag bleiben. Keiner versäumt was und je länger ich bummle, desto besser für mich. Ich werde mich, wenn ich erst wieder zurück bin, an meinem Roman – den in einem Blatt vorher drucken zu lassen, ich so gut wie aufgegeben habe – doch noch genugsam quälen müssen. (HD 262)

Fontane an Georg Friedlaender   Berlin, 2. November 1896
Mit meiner Romandurchsicht bez. Feilung will es nicht mehr recht gehn, die Nerven wollen ausspannen oder an andrer Stelle arbeiten und so gehören diese Tage der Abtragung von Briefschulden.
(FRI 304)

Fontane. Tagebuch   1896
Ich habe nun infolge des Rückzuges von der Rundschau mit andern Blättern anzubändeln versucht und habe auch welche gefunden:

Pan, Cosmopolis, »Über Land und Meer« (früher Hallberger, jetzt eine Aktiengesellschaft).
[...]
Wichtiger war die Anbändelung mit »Über Land und Meer«, – die Redaktion will von Oktober 97 an meinen neuesten Roman »Der Stechlin« bringen, unter beinah glänzenden Bedingungen. Honorar mehr als doppelt so hoch wie das der »Rundschau«. An diesem Stechlin-Roman arbeite ich schon von 1895 an durch das ganze Jahr 96 hin und beende ihn – freilich erst im ersten Entwurf – im Herbst 96. Gleich danach beginne ich die Überarbeitung, an die ich wenigstens noch ein halbes Jahr zu setzen habe. (E 25, 194)

Fontane an Ernst Heilborn Berlin, 12. Mai 1897
Ob ich was habe, weiß ich selber nicht. Ich stecke so drin im Abschluß eines großen, noch dazu politischen (!!) und natürlich märkischen Romans, daß ich gar keine andern Gedanken habe und gegen alles andre auch gleichgültig bin. In solchem krankhaften Zustande kann man nicht einmal blättern und suchen, denn alles, worauf das Auge fällt, ist von vornherein verurteilt, wenigstens soweit Eignes in Betracht kommt.
Leider bleibe ich noch drei, vier Monat in diesem Zustand, dann aber bin ich wieder frei und melde mich als ein Genesener und wieder freudig zu Diensten Stehender. (BE II 424)

Fontane an Adolf Hoffmann Berlin, Mai/Juni 1897
Die Honorarfrage kann kaum zu Meinungsverschiedenheiten zwischen uns führen, und der Stoff, soweit von einem solchen die Rede sein kann – denn es ist eigentlich bloß eine Idee, die sich einkleidet –, dieser Stoff wird sehr wahrscheinlich mit einer Art Sicherheit Ihre Zustimmung erfahren. Aber die Geschichte, das, was erzählt wird. Die Mache! Zum Schluß stirbt ein Alter, und zwei Junge heiraten sich; – das ist so ziemlich alles, was auf 500 Seiten geschieht. Von Verwicklungen und Lösungen, von Herzenskonflikten oder Konflikten überhaupt, von Spannungen und Überraschungen findet sich nichts.
Einerseits auf einem altmodischen märkischen Gut, andrerseits in einem neumodischen gräflichen Hause (Berlin) treffen sich verschie-

dene Personen und sprechen da Gott und die Welt durch. Alles Plauderei, Dialog, in dem sich die Charaktere geben, und mit ihnen die Geschichte. Natürlich halte ich dies nicht nur für die richtige, sondern sogar für die gebotene Art, einen Zeitroman zu schreiben, bin mir aber gleichzeitig nur zu sehr bewußt, daß das große Publikum sehr anders darüber denkt und Redaktionen – durch das Publikum gezwungen – auch.

Und so sehe ich denn Ihrer Entscheidung nicht so hoffnungsvoll entgegen, wie ich wohl möchte. Vielleicht daß der beigelegte Briefbogen mit Inhaltsangabe meine Chancen wieder um einiges steigert. Ein »Ja« oder »Nein« aber in die Zukunft legen ist gerade das, was man bei Verhandlungen wie diese so gern vermeiden möchte.

[...]

Titel: »Der Stechlin«. Inhalt: In einem Waldwinkel der Grafschaft Ruppin liegt ein See, »Der Stechlin«. Dieser See, klein und unbedeutend, hat die Besonderheit, mit der zweiten Welt draußen in einer halb rätselhaften Verbindung zu stehen, und wenn in der Welt draußen »was los ist«, wenn auf Island oder auf Java ein Berg Feuer speit und die Erde bebt, so macht der »Stechlin«, klein und unbedeutend, wie er ist, die große Weltbewegung mit und sprudelt und wirft Strahlen und bildet Trichter. Um dies – so ungefähr fängt der Roman an – und um *das* Thema dreht sich die ganze Geschichte ...

(BE II 424 ff)

Fontane an Georg Friedlaender   Neubrandenburg, 21. Juni 1897
Herzlichen Dank für Ihren lieben Brief, aber auch (leider) nur wenig mehr, da mich mein neuer Roman mit seinen letzten Kapiteln ganz in Anspruch nimmt. Am 15. August soll er in Stuttgart[1] sein und da heißt es denn sich 'ranhalten, da die Korrektur von etwa 600 Seiten auch noch ein hübsches und schwieriges Stück Arbeit ist.

(FRI 313)

Fontane an seine Tochter   Neubrandenburg, 13. Juli 1897
Mama sitzt fest am Schreibtisch und packt Blatt auf Blatt; ich bewundre den Fleiß, aber nicht die Stimmung; sie leidet unter einer

---

[1] bei der Redaktion der Zeitschrift »Über Land und Meer«.

kolossalen Langenweile, deren zu Tage treten weder schmeichelhaft noch fördersam für mich ist, auch nicht durch die Resignation in die sie sich kleidet. Denn diese Resignation hat weniger von einer weichen Wehmuth als von einer stillen aber starken Verzweiflung. Schriebe ich *noch* einen Roman – allerdings undenkbar – so würde ich einen Abschreiber nehmen, coute que coute. (SJ II 266 f)

[Poststempel: Neubrandenburg, 16. Juli 1897]
Fontane an seine Tochter
Die 46 (!) Kapitel ruhen bereits verpackt im kleinen schwarzen Koffer; klingt wie Sarg, was hoffentlich nichts Schlimmes bedeutet. Mama hat sich hinsichtlich ihrer Stellung zu dem Ganzen wieder berappelt und das Desperationsstadium hinter sich. Sprich also nicht zu ihr über *das*, was ich Dir darüber geschrieben.

(SJ II 267)

Fontane an Emilie Zöllner   Berlin, 28. Juli 1897
Noch immer war ich nicht bei Ihnen, was mich schwer bedrückt. Ich bin aber seit vielen Wochen blos noch Arbeitsmaschine und *muß* es sein, wenn ich – wie versprochen – bis zum 15. August meine große und wohl letzte Arbeit nach Stuttgart hin abliefern soll. Ich sitze jeden Tag bis 3 an meinem Schreibtisch und bin dann hinterher so abgespannt, daß ich nicht mal mehr die Kraft zu einem Besuche bei einer so lieben Freundin und – bei solcher Gelegenheit aufbringen kann.
Ich bitte Sie herzlich mir diese große Versäumniß nicht zum Schlimmen anrechnen und mich selbst mit einer Nothlage entschuldigen zu wollen. (SJ IV 134)

Juli/August 1897
Redaktion von »Über Land und Meer« an Fontane
[Das Telegramm, mit dem die Redaktion Fontanes Manuskript annahm, hatte folgenden Wortlaut:]
Hochverehrter Herr Doktor, intensiv mit allen Ihren Menschen mitlebend, vor allem mit dem alten Freiherrn, am Schlusse im Innersten erschüttert, danken wir Ihnen dafür, daß »Über Land und Meer« ein solches Werk veröffentlichen darf. (A 8, 448)

[Berlin, Juli/August 1897]
Fontane an die Redaktion von »Über Land und Meer«
Ihr Telegramm hat mich sehr beglückt. »Verweile doch, du bist so schön« – ich darf es sagen, denn ich sehe in den Sonnenuntergang. Herzlichen Dank.
(A 8, 448)

Fontane an James Morris   Berlin, 19. August 1897
Seit einem Monat bin ich aus Neubrandenburg wieder zurück, und am nächsten Montag will ich, wie alljährlich, mit meiner Frau nach Karlsbad. Ich sehne den Augenblick herbei, denn die hier seit meiner Rückkehr aus Mecklenburg verbrachten Wochen waren infolge von Hitze und schlechter Luft sehr unerquicklich. Dabei hatte ich scharf zu arbeiten, so daß ich zuletzt erschöpft zusammenbrach.
(FR II 428)

Fontane an seinen Sohn Friedrich[?]   2. September 1897
In Stuttgart will man, in »Über Land und Meer«, auch mein Bild[2] bringen, dasselbe, wo ich an meinem Schreibtisch sitze. Zu diesem Bilde sollte ich eine kl. Autobiographie schreiben, was ich aber wegen meines Nervenzustandes ablehnen mußte. Außerdem widersteht mir die sonderbare Form der Selbstberäucherung.
(A 8, 449)

Fontane an Ernst Heilborn   Berlin, 23. September 1897
Schönsten Dank für Ihre freundlichen Zeilen. Wie gerne käme ich mit 'was, sei's Prosa, seien's Verse. Aber die Scheuer ist leer und das Feld draußen ist Brache. Zu meiner großen Freude habe ich einen umfangreichen Roman noch fertig gekriegt – fast gegen eignes Erwarten – aber nun ist es auch vorbei. Die Kräfte sind hin und selbst wenn's nicht so wäre, so würden sie durch die Vorstellung »Du stehst nah vor 78« gelähmt werden. Ranke, als er 80 wurde, sagte vergnügt die Hände reibend »nun werd' ich eine Weltgeschichte schreiben«, – famos, aber doch gewagt. Bringe ich noch was zu Wege, so gehört es Ihnen.
(LA 610)

2 Der ersten Folge des Abdrucks war ein Bild Fontanes beigegeben.

Fontane an Paul Schlenther Berlin, 25. September 1897
Ihr Abonnement auf den »Stechlin«[3] schmeichelt mir, aber ängstigt mich auch. Ich bin abergläubisch und ziemlich durchdrungen davon, daß man – ich denke dabei an die jetzt durch alle Zeitungen gehende Notiz – eine Sache »bereden« kann. In einer Droschke zweiter Klasse fahre ich am liebsten.
(E 12, 1384)

Fontane an Friedrich Spielhagen Berlin, 11. Oktober 1897
Herzlichen Dank für die zwei neuesten Bücher[4], die heute früh schon meldeten, was inzwischen angekommen. – Ich freue mich sehr auf die Lektüre, auf die Kritiken und Essays ebenso wie auf den Roman, und ich schreibe Ihnen, sobald ich alles gelesen. Aber das wird freilich bis in den November hinein dauern, da jetzt Fahnen – leider keine eroberten, sondern erst solche, die erobern sollen (und das ist immer mißlich) – mir beinah den Verstand und jedenfalls die Ruhe rauben. Dazu gehöre ich zu den Unglücklichen, die nach zwei, drei Stunden mit der Kraft ihrer Nerven fertig sind.
(FR II 431)

Fontane an Georg Friedlaender Berlin, 25. Oktober 1897
Endlich – das Manuskript nach Stuttgart hin ist nun endgültig abgeliefert – komme ich dazu, Ihnen zu schreiben und zu danken.
(FR I 315)

Fontane an James Morris Berlin, 26. Oktober 1897
Ich habe lange nicht von mir hören lassen; Grund war eine große Arbeit (wohl meine letzte, wenigstens *der* Art), die ich, nach Stuttgart hin, an eine dort erscheinende Zeitschrift abzuliefern hatte. Das liegt nun seit drei Tagen alles glücklich hinter mir.
(BE II 429)

Fontane an Ludwig Pietsch Berlin, 26. Oktober 1897
Bei meiner Rückkehr aus Karlsbad schon vor vier Wochen und mehr, fand ich Ihre Karte vor und wollte gleich schreiben, bin aber

---

3 in der Zeitschrift »Über Land und Meer«.
4 »Neue Beiträge zur Theorie und Technik der Epik und Dramatik« und »Faustulus«, Roman.

vor mich quälender und durchaus nicht zu erledigender Arbeit (dicker Romanwälzer) nicht dazu gekommen. In meinen Jahren erhebt jeder neue Tag den Finger mit der Drohung: »Du! Du! Nur kein Aufschieben. Was du tun willst, tue bald, heute noch.«

(E 73 b, 53 f)

Fontane an Friedrich Paulsen   Berlin, 29. November 1897
Allerschönsten Dank für die freundlichen Worte, die Sie erneut für meinen vaterländischen Roman[5], den ersten den ich schrieb, (ich begann ihn 63 auf 64 als die nach Schleswig-Holstein gehenden östreichischen Batterieen auf der Verbindungsbahn, Königgrätzerstraße, an mir vorüberrasselten) gehabt haben. In Jahresfrist hoffe ich Ihnen einen Roman von beinah gleicher Dicke, der, statt im Oderbruch, in einem Ostwinkel der Grafschaft Ruppin spielt, überreichen zu können. Er ist auch patriotisch, aber schneidet die Wurst von der andern Seite an und neigt sich mehr einem veredelten Bebel- und Stöckertum, als einem alten Zieten- und Blüchertum zu.

(LA 612)

Fontane. Tagebuch   1897
Von Neujahr an bis Ende Mai beschäftigt mich mein Roman »Der Stechlin«; ich schreibe noch einige Kapitel, vor allem nimmt mich die Überarbeitung ganz in Anspruch.
[...]
Wie schon vorher in Berlin, so war ich auch in der Sommerfrische wieder sehr fleißig, um endlich mit der Überarbeitung meines Stechlinromanes zustande zu kommen. Endlich war es so weit, und ich konnte das Manuskript an die Redaktion von »Über Land und Meer« einsenden. Es wurde da sehr freundlich aufgenommen, und man schrieb mir Schmeichelhafteres, als sonst wohl Redaktionen und Verleger zu schreiben pflegen.
[...]
Schon nach Karlsbad hatten mich die Korrekturfahnen aus Stuttgart verfolgt; nach Berlin zurückgekehrt, steigerte sich das, und ich hatte bis gegen Weihnachten hin unausgesetzt damit zu tun.

(E 25, 195 f)

5 »Vor dem Sturm«.

Fontane. Tagebuch 1898
Beim Eintritt ins neue Jahr war mir noch ganz leidlich. Aber es dauerte nicht lange; Husten, Asthma und was das Schlimmste war, eine totale Nervenpleite stellten sich ein. Das ging so durch zwei Monate; ein Glück, daß die gesamte Stechlinkorrektur bereits hinter mir lag. (E 25, 197)

Fontane an Gustav Keyßner Berlin, 14. Mai 1898
Dreifach habe ich Ihnen zu danken: für Brief, Kritik, Essay. Zu meiner Freude habe ich überall wahrgenommen, wie gleich wir in allen von Ihnen berührten Fragen empfinden, ganz besonders in den künstlerischen. Allem stimme ich zu, was Sie über die Vorgänge in der bayrischen Kammer sagen, am meisten da, wo Sie mit den Herren Kohl und Lerno und deren Anschauungen über das »Schöne« ins Gericht gehn. Wir haben, auch vom Zentrum und den assistierenden Orthodoxen ausgehend, im Reichstag dieselben Debatten gehabt und sind da denselben Anschauungen, demselben Quatsch begegnet. In andern Ländern ist es, trotzdem die Romanen ein angeboren feineres Gefühl für derlei Dinge haben, nicht viel besser; aber *das* ist gewiß, daß es bei den Deutschen ganz besonders schlimm steht. Mein neuer dickleibiger Roman, dessen Sie so freundlich erwähnen, beschäftigt sich fast ausschließlich mit dieser Frage; Dynastie, Regierung, Adel, Armee, Gelehrtentum, alle sind ganz aufrichtig davon überzeugt, daß speziell wir Deutsche eine hohe Kultur repräsentieren; ich bestreite das; Heer und Polizei bedeuten freilich auch eine Kultur, aber doch einen niedrigeren Grad, und ein Volk- und Staatsleben, das durch diese zwei Mächte bestimmt wird, ist weitab von einer wirklichen Hochstufe.

(BE II 438)

Fontane an [?] Distel Berlin, 29. Juni 1898
Wäre ich nicht mit Abschluß eines Romans, den ich bis Mitte des Monats abliefern soll, beschäftigt, so hätte ich Ihnen längst geschrieben. (FAP)

Fontane an Georg Friedlaender [Poststempel: Berlin, 7. Juli 1898]
Ich stecke bis über die Ohren in der Correktur meines »*Stechlin*«;
vor grad einem Jahr hatte ich den Roman für den *Blatt*-Abdruck,
jetzt ihn, für sein Erscheinen als *Buch*, zu corrigiren. Hundearbeit!
(FRI 323)

Fontane an Georg Friedlaender   Berlin, 14. Juli 1898
Herzlichen Dank für Ihren lieben und so überaus interessanten
Brief. Ich antworte gleich, weil ich zu meiner Freude Zeit habe, was
jeden Augenblick aufhören kann, denn schon heute sah ich den
ersten Korrekturbogen meines *Stechlin*-Romans entgegen und morgen kommen sie gewiß. Geht es damit erst los, so bin ich viele Wochen lang daran gebunden.   (FRI 323)

Fontane an Erich Sello   Karlsbad, 23. August 1898
Herzlichen Dank. In 8 oder 10 Tagen schreibe ich Ihnen ausführlich und bitte mich bis dahin gütigst entschuldigen zu wollen. Ich lebe hier nämlich in einer *Doppel*hitze und bin ganz kaduck.
(E 27, 23)

Fontane an Erich Sello   Karlsbad, 26. August 1898
Zu meiner großen Freude bin ich mit den letzten drei, vier Korrekturbogen meines zum Herbst erscheinenden Romans (wohl der letzte – »laß, Vater, genug sein des grausamen Spiels«) früher fertig geworden, als ich annahm [...]   (LA 630)

Fontane an Georg Friedlaender   Karlsbad, 29. August 1898
Wir sind schon seit dem 12. hier. Alles reizend wie immer; aber ich habe trotzdem etwas gelitten und zwar durch die kannibalische Hitze, bei der ich die Korrektur meines Roman's abschließen mußte. Dazu schließlich auch noch unbequeme Magenstörungen, so daß ich etwas 'runter gekommen bin.   (FRI 325)

Fontane an seinen Sohn Theodor   Karlsbad, 29. August 1898
Unter den Karten, die Dich in der Schweiz aufsuchten, war keine von mir (der »Stechlin« hielt mich in Banden), aber den in seine Würzburgerstraße Zurückgekehrten will ich begrüßen. (FA II 332)

Fontane an seinen Sohn Friedrich   Karlsbad, 4. September 1898
Daß auch der »Stechlin« so gut verkauft wird, erfreut mich natürlich, ängstigt mich aber auch wieder. Ich habe gestern und heute vier von den Aushängebogen gelesen und dabei den angenehmen Eindruck gehabt, daß Hayns Erben[6] ihre Sache ganz gut gemacht haben (für noch vorhandene Mängel im Ausdruck habe ich den Schuldigen woanders zu suchen); aber so angenehm mich das äußerliche Wohlgelungensein berührt hat, so hat sich mir doch auch wieder die Frage aufgedrängt: »Ja, wird – ja, *kann* auch nur ein großes Publikum darauf anbeißen?« Ich stelle diesmal meine Hoffnungen auf die Kritik. Finden sich Wohlwollende, die der Welt versichern: »ja, das ist was ganz Besondres«, so glauben es die Leute. Ob auch aus *eigner* Kraft, will mir zweifelhaft erscheinen. Trösten muß mich vorläufig die Erwägung, daß ich persönlich keine Emotionen mehr davon haben kann, weil ich jede Zeile, jede Pikanterie, jeden kleinen Ulk längst auswendig weiß.   (FAP)

Fontane. »Als ich zwei dicke Bände herausgab«[7]   [1898]

>»Zwölfhundert Seiten auf einmal,
>Und mit achtundsiebzig! beinah' ein Skandal.
>Konntest es doch auf viermal verteilen!«
>Ihr könnt es, – aber bei mir heißt es eilen.
>Allerorten umklingt mich wie Rauschen im Wald:
>»Was du tun willst, tue bald!«   (HA 6, 329)

---

6 Druckerei in Potsdam.
7 »Der Stechlin« und »Von Zwanzig bis Dreißig«.

Pläne und Entwürfe

Zwei nicht identifizierte Arbeiten

Argo.
Belletristisches Jahrbuch für 1854

Heinrich IV. erste Liebe [Epos]
Du hast recht getan [Roman]

1840

Fontane an Theodor Storm   Berlin, 14. Februar 1854
In meinem 15. Jahre schrieb ich mein erstes Gedicht [...] Zwei
Jahre später, als ich schon Apotheker war, leimte ich ein kleines
Epos zusammen: Heinrich IV. [...]   (BE I 146)

Fontane. Aus »Von Zwanzig bis Dreißig«   1898
In ebendiesem Sommer vierzig war ich sehr fleißig. Wie dies möglich war, ist mir in diesem Augenblick ziemlich unfaßlich. Den Tag
über treppauf, treppab, so daß von Muße für Nebendinge keine
Rede sein konnte, dazu nachts wenig Schlaf, weil nur allzuhäufig
geklopft und geklingelt und ellenlange Rezepte durch eine kleine
Kuckluke hineingereicht wurden. Ich weiß also wirklich nicht, wo
die Zeit für mich herkam. Aber sie fand sich trotzdem. Ich kann es
mir nur so erklären, daß meine geschäftliche Tätigkeit in zwei sehr
verschiedene Hälften zerfiel und daß auf vier Wochen »Frontdienst«
immer vier Wochen in der »Reserve« folgten. Der Frontdienst
nahm mich jedesmal völlig in Anspruch, kam ich dann aber in die
Reserve, das heißt ins Laboratorium, wo jede Berührung mit dem
Publikum aufhörte, so besserte sich die Situation sehr wesentlich.
Hier paßte mir alles vorzüglich, und schon der hohe gewölbte
Raum heimelte mich an; was mir aber ganz besonders zustatten
kam, das war eine für mich wie geschaffene Beschäftigung, die meiner, durch einen glücklichen Zufall, hier harrte.
Dieser Zufall war der folgende.
Der alte Wilhelm Rose hatte geschäftliche Beziehungen nach England hin, und diese Beziehungen trugen ihm – immer natürlich mit
der Elle von damals gemessen – enorme Bestellungen auf einen
ganz bestimmten Artikel ein. Dieser Artikel hieß Queckenextrakt
oder Extractum Graminis. Jeder Eingeweihte wird nun lachen, weil
er eben als Eingeweihter weiß, daß es keinen gleichgültigeren und
beinah auch keinen obsoleteren Atikel gibt als Extractum graminis.

In England aber muß es damals Mode gewesen sein, statt unsrer uns nach Marienbad und ähnlichen Plätzen führenden Brunnenkuren eine Queckenextraktkur durchzumachen – nur so läßt es sich erklären, daß wir große Fässer davon nach London, ganz besonders aber nach Brighton hin zu liefern hatten. Alles drehte sich um diesen Exportartikel. Mir fiel die Herstellung desselben zu, und so saß ich denn, tagaus tagein, mit einem kleinen Ruder in der Hand, an einem großen eingemauerten Zinnkessel, in dem ich, unter beständigem Umherpätscheln, die Queckensuppe kochte. Schönere Gelegenheit zum Dichten ist mir nie wieder geboten worden; die nebenherlaufende, durchaus mechanische Beschäftigung, die Stille und dann wieder das Auffahren, wenn ich von der Eintönigkeit eben schläfrig zu werden anfing – alles war geradezu ideal, so daß, wenn zwölf Uhr herankam, wo wir unser Räuberzivil abzulegen und uns für »zu Tisch« zurechtzumachen hatten, ich die mir dadurch gebotene Freistunde jedesmal zum Niederschreiben all dessen benutzte, was ich mir an meinem Braukessel ausgedacht hatte. Bevor der Herbst da war, hatte ich denn auch zwei größere Arbeiten vollendet: eine Dichtung, die sich »Heinrichs IV. erste Liebe« nannte, und einen Roman unter dem schon das Sensationelle streifenden Titel: »Du hast recht getan«.

Der Stoff zu der erstgenannten epischen Dichtung war einer Zschokkeschen Novelle[1], der Roman einem Ereignis entnommen, das sich eben damals in einem abgelegenen Teile von Mark Brandenburg zugetragen hatte. Folgendes war der Verlauf: Eine schöne Amtsratstochter, an einen Oberförster verheiratet, lebte seit ein paar Jahren in einer sehr glücklichen Ehe. Da mit einem Male stellte sich ein mauvais sujet bei ihr ein, ein Mann von kaum dreißig, der früher als Gärtner oder Jäger in ihres Vaters Diensten gestanden und mit dem sie damals ein Liebesverhältnis unterhalten hatte. Der forderte jetzt Geld, überhaupt Unterstützung von ihr, weil er arm und elend sei. Sie gab ihm denn auch, was sie hatte. Dies wiederholte sich mehrere Male, und weil ihre Mittel zuletzt erschöpft waren und sie nicht mehr aus noch ein wußte, der Strolch aber immer zudringlicher wurde, so beschloß sie, der Sache ein

---

[1] Heinrich Zschokke, »Florette oder die erste Liebe Heinrichs IV.«, 1818.

Ende zu machen. Sie lud ihn in den Wald zu einer neuen Begegnung ein, zu der er auch kam, und zwar bewaffnet, weil er der Sache nicht recht mehr trauen mochte. Ganz zuletzt aber, als er sich wieder in der Liebhaberrolle zu versuchen trachtete, war er unvorsichtig genug, das Gewehr beiseite zu stellen. Im selben Augenblicke griff sie danach und schoß ihn über den Haufen. Dann ging sie zurück, um ihrem Manne zu sagen, wie's stünde. Dieser war mit allem einverstanden und sagte ruhig: »*Du hast recht getan.*« Der Spruch der Gerichte, vor die die Sache kam, lautete auf etliche Jahre Gefängnis, ein Urteil, das der König in kurze Festungshaft in Glatz oder Kosel umwandelte. Nachdem die junge Frau hier Gegenstand allgemeiner Huldigung gewesen war, kehrte sie in die Oberförsterei zurück, von ihrem Manne im Triumph eingeholt. – So die Geschichte, die mich begeistert hatte; der Naturalist steckte mir schon im Geblüt. Was ich geschrieben, schickte ich an ein zu jener Zeit vielgelesenes Blatt, das, glaub' ich, der »Volksfreund« hieß, erhielt es aber mit dem Bemerken zurück, »es ginge nicht; es sei zu anzüglich.« Ich beruhigte mich dabei und deponierte das Manuskript, weil ich bald danach Berlin verließ, in die Hände eines Bekannten von mir. Wie mir berichtet worden, ist dann alles viele Jahre später, während ich im Auslande war, irgendwo gedruckt worden, eine Sache, die mir mit einem andern Romane noch ein zweites Mal passiert ist. Es war diese zweite Arbeit die Übersetzung einer sehr guten Erzählung der Mrs. Gore. Titel: »The money-lender«.[2]
Ein armer Anfänger kann seine Sachen, sie seien gut oder schlecht, nie recht anbringen, weil er nicht Bescheid weiß; hat dann aber ein Geschäftskundiger, der mitunter in ziemlich sonderbarer Weise zu solchem Manuskripte gekommen ist, die Sache in Händen, so ist es für *den* wie bar Geld; kriegt er nicht viel, so kriegt er wenig.
»*Du hast recht getan*« hatte für mich noch ein Nachspiel oder dergleichen, um dessentwillen ich überhaupt in solcher Ausführlichkeit bei der Geschichte verweilt habe.
Sommer zweiundneunzig, also *zweiundfünfzig Jahre* nach Niederschreibung jener Jugendarbeit, saß ich in einer Sommerwohnung in

---

[2] Fontanes Übertragung: »Abednego der Pfandleiher. Nach dem Englischen der Mrs. Gore« (vor 1851 entstanden; vgl. NFA XV, 465 f).

Schlesien, den schönen Zug des Riesengebirges als Panorama vor mir. Eines Morgens traf »eingeschrieben« ein ziemlich umfangreiches Briefpaket ein, augenscheinlich ein Manuskript. Absender war ein alter Herr, der, zur Zeit als Pensionär in Görlitz lebend, in seinen besten Mannesjahren Bürgermeister in jener Stadt gewesen war, in deren Nähe die vorerzählte Tragödie gespielt und in deren Mauern die Prozeßverhandlung stattgefunden hatte. Während seiner Amtsführung war ihm die Lust gekommen, sich eingehender mit jener Cause célèbre zu beschäftigen, und was er mir da schickte, war das den Akten entnommene Material zu einem, wie er mit Recht meinte, »märkischen Roman«. In den Begleitzeilen hieß es: »Ich schicke *Ihnen* das alles; denn Sie sind der Mann dafür, und ich würde mich freun, den Stoff, der mir ein sehr guter zu sein scheint, durch Sie behandelt zu sehn.«

Man stelle sich vor, wie das auf mich wirkte. Die Beantwortung des Briefes war nicht leicht, und ich schrieb ihm ausweichend, »ich sei zu alt dafür.« Wenn aber dem liebenswürdigen Herrn diese »Mitteilungen aus meinem Leben« in Blatt oder Buch zu Gesicht kommen sollten, so wird er aus ihnen den eigentlichen Grund meiner Ablehnung ersehn. Ihm diesen eigentlichsten Grund zu schreiben, war *damals* unmöglich; es hätte auf ihn wirken müssen, wie wenn man einen freundlichen Anekdotenerzähler undankbar mit dem Zurufe: »Kenn' ich schon« unterbricht. (NFA XV 24 ff)

Burg an der Ihle [Epos][1]

Ende 1840

Fontane. Aus »Von Zwanzig bis Dreißig« 1898

[...] bereits am 30. Dezember früh – es war mein Geburtstag, den ich dadurch feierte – verließ ich Burg in einer bis Genthin gehenden Fahrpost. Diese Postwagenstunden sind mir unvergeßlich geblieben; ich verbrachte sie nämlich mit zwei Schauspielerinnen,

1 Vgl. NFA XX, 657 ff und 828 f.

von denen die ältere, die wohl schon Ende Dreißig sein mochte, mich entzückte. Sie fühlte mit der solchen Damen eigenen Klugheit rasch eine gewisse Metierverwandtschaft heraus, nahm mich ganz als bon enfant und erheiterte sich über die Maßen, als ich ihr aus einem in den zurückliegenden Wochen geschriebenen Epos »Burg an der Ihle« den ersten Gesang mit einem gewissen humoristischen Pathos vortrug. Ich schwärmte damals wie für Lenau so auch für Anastasius Grün, und in starker Anlehnung an die »Spaziergänge eines Wiener Poeten« hatte ich meinen Aufenthalt in Burg in den denkbar stattlichsten und zugleich von kleinen Nichtsnutzigkeiten strotzenden achtfüßigen Trochäen besungen. Unter meinen Manuskripten existieren diese Trochäen noch, hellgrün gebunden und mit einer breiten Goldborde eingefaßt; ich habe aber doch nicht den Mut gehabt, sie noch wieder durchzulesen. (NFA XV 66)

Karl Stuart [Tragödie]

1847 – 1852 (?)

Fontane an Wilhelm Wolfsohn Berlin, 10. November 1847
Mit heiligem Eifer würd ich mich unverzüglich an die Gestaltung eines Dramas machen, das bereits im Geiste in mir lebt, wenn ich nicht zwischen heut und drei Wochen wieder hinterm Tische stünde und dem Publikum statt fünffüßiger Jamben Dekokte u. a. m. zu bieten hätte. (BE I 21)

Fontane an Bernhard von Lepel Bethanien, 17. November 1848
Genug davon; ich bin eines guten Ausgangs so gewiß, daß ich in den letzten Tagen wieder Ruhe genug gewonnen habe, um bei meinen historischen Studien fortzufahren. Du weißt, zu welchem Zweck ich sie mache, und da ich über die Anlage des Ganzen allgemach ins klare zu kommen und darüber einig zu sein wünsche, was ich nehme und was nicht, so flücht ich mich mit einer Fülle von Zweifeln und Bedenklichkeiten zu Dir, um mir Deinen Rat als Ariadnefaden in diesem Labyrinth zu erbitten.

Ich will die englische Revolution dramatisch behandeln: bewegende Ideen, Leben, Handlung, Charaktere und die Seele der Tragödie – *die Schuld* – ist da, aber der Stoff ist so reichhaltig, das eine so sehr die Folge irgendeines andren Vorhergegangenen, daß ich nicht recht weiß, wo ich meine Springstange zum kecken Wagnis einsetzen soll. Bis gestern wollt ich mit dem Jahre 40 beginnen und Karln durch allerhand Verirrungen, Schwächen und Trübsale hin bis aufs Schafott geleiten – sein Tod sollte die erste Hälfte meines Dramas beschließen. Die zweite Hälfte sollte den Charakter und das Regiment Cromwells zur vollsten Anschauung bringen, die gewaltige, aber schuldbelastete Seele, den freudlosen Ruhm, den Rachedämon eines bösen Gewissens zeigen und dartun, wie kein Zweck die Mittel heiligt, weil die *ganze* Reinheit eines Zweckes der menschlichen Natur widerspricht. – In der ersten Tragödie wäre Karls *Schwäche* und als ihre hervortretendste Tat – die Hinrichtung Straffords der Kern gewesen, um den sich alles andre vor und nachher gruppiert hätte; in der zweiten hätte das Schuldbewußtsein Cromwells den Mittelpunkt abgegeben.

Beide Anschauungen hab ich als alteweiberhaft beiseite geworfen; ein abgeschlagener Kopf ist lange nicht die Spitze, das non plus ultra eines Verbrechens – den ganzen Charakter, die ganze Richtung eines Menschen müssen wir ins Auge fassen und danach die Schuld oder die Berechtigung seines Handelns ermessen. Nicht das Schafott Straffords baute dem Könige sein eignes, sondern sein Hochmut, sein Nichtverstehn alles dessen, was die Zeit forderte, sein Eigensinn, mit Schwäche wunderlich gepaart, seine Doppelzüngigkeit, seine Volksverräterei, sein lächerliches Hinüberschielen nach den angemaßten u. dann eingebüßten Prärogativen der Krone. Unter seinen Verbrechen nimmt die Einwilligung in die Hinrichtung Straffords einen Platz ein, aber diese eine Tat ist nicht *seine Schuld* überhaupt. – Dasselbe gilt von Cromwell. Nicht daß es gegen die gute Sitte war, einen König zu enthaupten, selbst nicht der Ehrgeiz, der ihn an Königs Statt die höchste Macht erstreben ließ – alles das war es nicht, was jene Tat zum Verbrechen stempelte, sondern das Bewußtsein, daß eben nicht *der ganze Wille eines Volkes,* sondern der *Fanatismus* und die *Ruhmsucht* einer *Partei* zu Gerichte saß und die *Furcht* jeder andern sich dienstbar zu machen wußte. Nicht *daß* der König starb, sondern *wie* und *durch welche Mittel* er starb, schließt das Verbrechen in sich. Das gewaltsame Niederdrücken der öffentlichen Meinung, die Herrschaft einer Partei auf Kosten des ganzen Volkes, derselbe schnöde Egoismus wie der des König Karl, nur mit Talent und unerbittlicher Strenge gehandhabt – das *war die Schuld*, nicht jene eine blutige Tat, die, von einem ganzen Volke in hoher Entrüstung begangen und gutgeheißen, großartig in der Geschichte dastehen würde. Nochmals: nicht daß ein Tropfen königlichen Blutes floß, nein, nur die *Selbstsucht*, die ihn fließen machte, die *Unfreiheit*, die statt der *Freiheit* – wie es groß gewesen wäre – seinen Kopf forderte – diese waren das Verbrechen. Also von *religiösen* Skrupeln wegen der Gottesgnadenschaft, wegen der Unverletzlichkeit einer Majestät würde keine Rede sein, nur immer von Übergehung der wahren Gerichtsinstanz – von Übergehung des Volkswillens.

Nachmittag
Soweit heut früh. Ich habe das Geschriebene nochmal durchgelesen; es fehlt ihm Klarheit, manches steht in Widerspruch zueinander, namentlich bezieht sich dieser Tadel auf das, was ich an verschiedenen Stellen über Cromwell gesagt habe. Du wirst das milde beurteilen; in meinem Kopfe liegt alles noch chaotisch durcheinander, und da ich buchstäblich gar keinen Umgang, keinen geistesverwandten (ich beziehe das nicht auf die Konfusion) Freund in meiner Nähe habe, so ist mir die Gelegenheit genommen, durch Gedankenaustausch, durch *notgedrungenes* Anspannen eigner Geisteskräfte und durch Beiseitestecken guter Einfälle des Gegners mir selber klarer zu werden. Zudem hab ich auch für die Cromwell-Tragödie, als mir vorläufig ferner liegend, nur den Stoff im großen ganzen ins Auge gefaßt und, ohne über den Gang der Szenen oder die Nebenpersonen nur irgendwie einen bestimmten Plan gefaßt zu haben, bis jetzt nur instinktmäßig herausgefühlt: »Da liegt etwas, da ist etwas zu machen.«
Anders verhält es sich mit meinem Karl Stuart. Ich werde mich da in folgendem klarer machen können und Dir vielleicht die Möglichkeit eines Urteils an die Hand geben. Der historische Gang ist in seinen wesentlichen Zügen folgender. Schon unter den Tudors (Heinrich VII., Heinrich VIII. u. Elisabeth) begann die Krone in

ähnlicher Weise zu operieren wie die Hohenzollern z. B. in der Person des Großen Kurfürsten. Die Prärogative sollten auf Kosten der Volksfreiheit wachsen. Mit der Thronbesteigung der Stuarts wurde dies Verlangen immer drohender, Jakob I. gründete die »Sternkammer« und den »hohen Gerichtshof« oder brachte doch beide Institute in Flor, und jede Selbständigkeit in religiösen und politischen Dingen wurde hier, unter dem Schein des Rechts, mit »organisierter Willkür« bestraft. Nur die Schablone des Hofes galt; was da nicht hineinpaßte, war todeswürdig. Es war so eine Art deutscher Einigkeit *um jeden Preis«*. So standen die Sachen, als 1625 Karl Stuart seinem Vater Jakob folgte. Er wäre als Privatmann liebenswürdiger gewesen als sein Vorgänger; als König blieb er noch hinter ihm zurück. Der Hang nach Kron-Prärogativen, der alte Glaube an Unfehlbarkeit und Gottesgnadenschaft, die ganze Unverschämtheit eines absoluten Herrschers besaß er in demselben Maße wie sein Vater, aber obschon minder despotisch, obschon edler und mutiger als dieser, fehlte ihm doch die Kraft und kluge Beharrlichkeit desselben, die ihm 20 Jahre lang den Thron unangefochten gelassen hatte. Karl war gutmütig; er wollte nicht nur leben, sondern auch leben *lassen*, er hatte nichts dagegen, daß es dem Volke gut erginge, er wollte sogar was dafür tun. Aber sein Grundsatz war: *manches für* das Volk, *nichts durch* das Volk. Er wollte ihm *geben*, und sie sollten's nicht schlecht haben, aber von *Fordern*, von Bestehn auf wohlerworbenen Rechten durfte keine Rede sein. Dazu kam noch ein erbärmlicher Schacher und manche gefährliche Laune. Der Schacher hatte seinen Grund in des Königs kläglichen Finanzen; so verkaufte er von Zeit zu Zeit früher abgeluchste Volksrechte gegen bare Zahlung wieder. Zu den Launen gehörte eine Bevorzugung verhaßter, volksfeindlicher Höflinge und vor allen eine Bevorzugung der Katholiken auf Kosten der immer mächtiger werdenden Puritaner. So standen die Sachen gleich in den ersten Jahren seiner Regierung; 3 Parlamente wurden aufgelöst; da sie nicht nach der Pfeife des Königs tanzen wollten und ihre Forderungen immer stürmischer wurden, beschloß er, hinfort ohne Parlament zu regieren und die Steuern (das einzige, was ihm ein Parlament wünschenswert machte) nötigenfalls mit Gewalt einzutreiben. Gleichzeitig hoffte er die Volkspartei dadurch zu schwächen, daß er ihren talentvollsten Führer, Thomas Wentworth, zu seinem ersten Minister (später zum Grafen *Strafford*) ernannte.

Jetzt, mein lieber Lepel, bitt ich Dich, genau darauf zu achten, ob es angemessen sein wird, von dieser Ernennung des Thomas Wentworth zum Minister an bis zu seinem durch das »lange Parlament« dekretierten Tode fünf Akte spielen zu lassen, oder ob es besser sein dürfte, gleich in medias res zu gehn und mit dem berühmten Anfang des langen Parlaments selber anzufangen. Wähl ich den ersten Weg, so erhalt ich zwei Trauerspiele, eines mit dem Tode Straffords, das andre mit dem des Königs schließend. Entscheid ich mich für die letzte Fassung, so stirbt Strafford (ersichtlich mehr durch des *Königs* als durch *eigne* Schuld) im zweiten Akt, und der König büßt im fünften die ganze Reihenfolge seiner Vergehn mit dem Tode. – Zweimal 5 Akte geben mir für den Stoff fast zuviel Raum; in eine einzige 5aktige Dichtung aber ist es fast unmöglich, eine solche Menge von Ereignissen und Charakteren hineinzudrängen; ich gebe dann überwiegend die *Wirkungen*, während ich *Ursachen* nur anzudeuten vermag.

Angenommen ich ginge den letztren Weg, so würde gleich die erste Szene den König, die Königin und den Grafen Strafford bringen. Die *katholische* Königin, die erklärte Feindin des ehrlich-episkopalen Strafford, stürzt in höchster Aufregung in das Zimmer des eben friedlichen Betrachtungen hingegebenen Königs, sie fließt über von Bitterkeiten gegen den Minister, dessen Herrschsucht die selbst Herrschsüchtige nicht ertragen kann. Sein fester, gerader Sinn, seine Unparteilichkeit, seine stets gleiche Strenge gegen die Übergriffe der Papisten sowohl wie gegen die der Puritaner bieten der Königin auch heute wieder Gelegenheit zu ebenso leidenschaftlichen wie ungerechten Angriffen. Karl, der den Wert seines Ministers kennt, gleichzeitig aber die böse Laune seiner Frau so sehr wie eine Steuerverweigerung des Parlaments fürchtet, sucht zu beruhigen; Strafford erscheint. Die Königin entfernt sich; sie haßt seinen Anblick. Strafford nimmt Gelegenheit, sich zu rechtfertigen; entwickelt vor dem Könige die Grundsätze seines Handelns, die, *wenn man nicht die Vergangenheit des ehemaligen Thomas Wentworth kennt,* als solche keinen Schatten auf ihn werfen. Er schildert seine schwere Stellung der *katholischen* Königin und dem neu zusammentretenden *puritanischen* Parlamente gegenüber. In der Mitte stehend, nennt ihn die Königin einen »round-head«, während das Parlament einen Papisten in ihm wittert. Er fühlt, daß es der ganzen Macht des Königs bedürfen wird, ihn gegen den doppelten Sturm zu schützen. – In einer zweiten Szene, die vermutlich in einem Bierhause oder aber in einer Puritaner-Versammlung spielen würde, würd ich Gelegenheit haben, das *Renegatentum* des *Wentworth* und die gerechten Vorwürfe, die sich daran knüpfen, hervorzuheben, aber auch nur diese eine Szene, also eine *Erzählung*, eine vielleicht durch Leidenschaften entstellte *Geschichte*, keine dem Zuschauer lebendig vorgeführte *Tat* würde das im zweiten Akte auszusprechende und zu vollziehende Todesurteil Straffords zu rechtfertigen imstande sein. Und doch bedarf es dieser Rechtfertigung aus doppelten Gründen; einesteils um über die Schuld des sich selbst *untreuen* Strafford, andrerseits um über das gute Recht des zu Gericht sitzenden Parlaments keinen Zweifel zu lassen. Der Zuschauer hat bis dahin nur einen verständig sprechenden, innerhalb gewisser Gesetze sich gerecht erweisenden Minister gesehn und muß in seinem Todesurteil durch das Parlament einen durch nichts motivierten Übergriff, in der Einwilligung des Königs aber eine niederträchtige Schwäche sehn, während das Ganze doch nur die Nemesis war, die ihn für sein ehrgeizerzeugtes Abspringen von der Sache des Volkes ereilte. Das Publikum, diesen Umstand nicht kennend, würde, statt in seinem Tode eine Sühne zu erblicken, nur eine Ungerechtigkeit – nichts *andres* als die Undankbarkeit des Königs sehn und nun zu der kindischen Ansicht gelangen, daß *diese eine Tat* es war, die den Tod des Königs unerbittlich forderte.

Die letzten 3 Akte würden den Bürgerkrieg enthalten; die ganze Fülle von Unehrenhaftigkeit, Treubruch, Schwäche, Landesverrat – alles, um den über Bord gegangenen Absolutismus aufrechtzuerhalten, würde, mit Harmlosigkeit, tugendhaftem Wandel und männlicher Ergebung wunderbar gemischt, darin zur Anschauung kommen, um schließlich als fluchwürdiger Egoismus eines schwachen, aber unendlich zähen Mannes durch die ebenso schnöde Selbstsucht einer stärkeren Natur gerichtet zu werden.

Entschiede ich mich für 2mal 5 Akte, so würde, kurz gesagt, der Bürgerkrieg, in jener oben angedeuteten Weise aufgefaßt, die zweite

Hälfte der Arbeit – sozusagen die *Wirkungen* bilden, während die erste Hälfte nach klarer Darlegung der *Ursachen* zu streben und nur noch den Tod Straffords als des zuerst getroffenen Trägers einer egoistischen, dem Geiste der Zeit widerstrebenden Weltanschauung zu bringen hätte.

Nur 2mal 5 Akte würden mich in den Stand setzen, dem Ganzen das richtige Maß an Klarheit und Folgerichtigkeit zu geben, würden ausreichend sein, um die mannigfachen, lebensvollen Bilder eines unvergleichlichen Volks- und Kriegslebens vor dem Zuschauer zu entrollen; und dennoch verhehl ich mir nicht, daß es mit 10 Akten ein übles Ding ist und daß unter Umständen aller Kürze der Preis gebührt. – Für heute genug; nimmst Du Interesse an meinem Vorhaben, so lies in Deinen Büchern nach, es bedarf ja keiner strengen Studien, um über ästhetische Fragen, wie ich sie Dir vorgelegt habe, ein motiviertes Urteil abzugeben. (JF 506 ff)

Fontane an Bernhard von Lepel   Bethanien, 22. November 1848
Nun aber zu einem Gebiet, auf dem wir freundnachbarlich beieinander wohnen. Daß Dir mein Stoff, mein Plan gefallen und, was noch mehr sagen will, daß Du (hoffentlich nicht bloß aus alter Freundschaft) Vertrauen in meine Kraft setzt, hat mir wahrhaft kindische Freude gemacht. Ich weiß, es ist eine große Aufgabe, die ich mir gestellt habe, aber ich hoffe zu Gott, ich werde sie lösen. Seit mindestens 3 Jahren trag ich mich mit diesem Stoff, und nicht nur Mangel an Muße, auch Zweifel in meine Kraft ließen mich nicht dazu kommen. Da las ich neulich:

> Denn nur der *große Gegenstand* vermag
> Den tiefen Grund der Menschheit aufzuregen,
> Im engen Kreis verengert sich der Sinn,
> *Es wächst der Mensch mit seinen größern Zwecken,*

und als ich das las, da stand mir meine Aufgabe vor der Seele – da war es beschlossen. Lieber Lepel, ich denke mir, wenn es jetzt nichts wird, wird es niemals. Wenn mir der Himmel jetzt nicht unerwartet einen Strich durch die Rechnung macht, so wird mir's so gut nie wieder geboten. Ich habe Zeit vollauf, keine Nahrungssorgen, blicke vertrauensvoll in die Zukunft, habe eine Braut und einen

Freund, fühle den Pulsschlag der Welt, wenn ich will, und ziehe mich ungestört in meine vier Pfähle zurück, wenn ich mit dem *Geiste* stillheimlich *betrachten* will, was mein *Auge* da draußen *gesehn*. Alle *äußern* Bedingungen sind erfüllt; bring ich auch die *innern* mit? Das wird der Ausgang lehren. Nur soviel ist gewiß, was mir jetzt noch an Kraft fehlt, das kommt auch nicht. Ich bin alt genug, um eine gute Frucht zu tragen; nach zehn Jahren scheint manches vielleicht reifer, aber der Wurm sitzt drin. Schließe aus dieser Sprache nicht, daß ich mir einbildete, über den Berg zu sein; die Zweifel in meinem vorigen Briefe waren aufrichtig. Laß Dir sagen, wie ich arbeite, wie emsig ich stöbre und suche, und überzeuge Dich, daß ich nicht gewillt bin, die Sache between sleep and awake abzumachen. Ich mache wirkliche Studien; außer allgemeinen Geschichtswerken, deren kurze Besprechungen den großen Vorteil der Übersichtlichkeit haben und einem das Gerippe gleichsam an die Hand geben, schöpf ich *Charaktere* aus den Werken von Hume, Clarendon, Brodie, d'Israeli, Godwin und Guizot, Werke, von denen viele es bis zu einem 6. Bande und drüber hinaus gebracht haben. Wie gewissenhaft ich zu Werke gehe, magst Du daraus schließen, daß ich mir, um eine Puritaner-Szene *äußerlich* richtig auszustatten, 3 dicke Scottsche Romane verschrieben habe, in denen den Covenantern und Independenten besondre Aufmerksamkeit gewidmet wird. Zu gleichem Zweck gedenk ich alte Gemälde und Kupferstiche durchzublättern und weiß nur noch nicht recht, wo das Erforderliche hernehmen. Überhaupt werd ich, um still arbeiten zu können, vorher wie ein Droschkenpferd die Stadt durchlaufen müssen und würde schon froh sein, wenn vielleicht Deine Konnexionen mir die Tür von diesem und jenem berühmten Vieh öffnen wollten. So brauch ich z. B. zur Verteidigungsrede Straffords (beiläufig eine glänzende Szene, woran Du Deine Freude haben sollst) das Hochverratsgesetz aus den Zeiten König Eduards III. Wo das hernehmen? Bis jetzt hab ich in den Geschichtswerken nichts davon gefunden, und doch brauch ich's, als wollt ich selbst meine Unschuld daraus beweisen.

Verzeihe mir, lieber Lepel, alle diese Abschweifungen. Es schmeckt ein bißchen nach Renommisterei, und es ist auch nicht viel was Beßres. Aber Deine Zustimmung zu meinem Unternehmen verdoppelte die Herzensfreude, die ich immer im Hinblick auf meine Arbeit empfinde, und ließ mich in einer Art Taumel über die Grenzen der Bescheidenheit hinausgehn.

Wend ich mich jetzt zu dem vielen Beherzigenswerten, was Dein Brief mir brachte. Ja, alter Freund, Du hast recht; ich schwatz es Dir nicht nach, wenn ich mich als einen abgesagten Feind aller Bi- und Trilogien erkläre; sie waren stets gegen meinen Geschmack, und schon seit 4 oder 5 Tagen stand es fest bei mir, *ein* Trauerspiel und nicht zwei. Du weißt, daß Mangel an Taten, in den ersten Akten, mich meine Bedenklichkeiten aussprechen ließen; ich konnte mich nicht entschließen, einen Strafford *mit zum Tode zu verurteilen* (denn ich sitze geradezu unter seinen Richtern), von dem nichts Todeswürdiges vorläge außer der Anklage, »er sei todeswürdig«. Aber der Ausweg ist gefunden oder *bot* sich vielmehr (und das ist die Seele!) meinen erstaunten Blicken dar. Um kurz zu sein, es wird im ersten Akt nicht *gesprochen,* sondern *gehandelt.* Die Geschichte stößt mich mit der Nase darauf. Als im Jahre 1740 Charles I. mit den Schotten einen unehrlichen Vergleich geschlossen hatte, zitierte er den Strafford, diese einzig kräftige Verkörperung seines Regierungsprinzips (unwillkürlich fällt mir der Prinzip-Reiter Heinrich 74. ein), aus Irland nach London; – Strafford erschien, krank an Körper, aber eiserner und entschlossener denn je. Er verflucht die halben Maßregeln, der Donnerer ist mit ihm eingezogen, und auf die Häupter des halb verdutzten, halb wütenden Volkes fährt Schlag auf Schlag. Ich sage Dir, Lepel, *es regnet Handlung* – ich bin durch. Zeit und Raum zwingen mich zur Kürze. Was Du über das *Hervortreten* Straffords sagst, ist wahr; es wird sein Tod weder das *einzige* noch das *größte* unter all den Vergehen Karls I. sein, die in meinem Stück zur Geltung kommen sollen, aber wenn auch nicht das *größte,* es wird doch das *hervortretendste* Verbrechen bleiben. Darüber sind wir einig. Was Du mir betreffs des Charakter Straffords rätst, so kann ich das nicht gebrauchen; ich befinde mich in der überaus glücklichen Lage, nur flottweg zu nehmen, was sich mir *bietet.* Es liegt alles *unverbesserlich* fertig da. Es ist etwas Schönes, der Kunst und der Geschichte gleichzeitig gerecht werden zu können. Straffords Charakter liegt mir klar vor der Seele; es ist der echte Mensch; die kleinen Widersprüche und vor allen der eine *große* Widerspruch seines Lebens, das ist eben – der Mensch, Straffords Charakter, was auf den ersten Blick lächerlich erscheinen mag, erinnert mich an Hamlet. Herz und Geist ist bei beiden ursprünglich gesund, aber trotz richtiger Erkenntnis machen sich beide etwas weis und glauben dann selbst daran, der eine aus Schwäche, der andre aus Ehrsucht. Auch das noch laß Dir sagen. Die Charaktere sind viel anders als Du denkst; was wir zumeist über jene Zeit lesen, sind die Urteile Clarendons und Humes, die beide überwiegend royalistisch, natürlich im englischen Sinne, sind. Neuere, vortreffliche Werke kritisieren jene alten und geben für ein Republikanerherz überraschende Resultate. Dabei tragen diese Werke den Stempel der Wahrheit (außer dem der königl. Bibliothek) und führen mich keineswegs zur Verkleinerung des Königs und andren Bedauerlichkeiten. (JF 517 ff)

Fontane an Bernhard von Lepel Bethanien, 19. Juni 1849
Ich habe Dir mancherlei zu erzählen z. B. von einem famosen Stück (Deborah[1]) das ich gesehn, und worin ich die Thränenströme armsdick vergossen habe. Aber ich kann Dir noch mehr erzählen: »ich meißle wieder!« und wenn ich – was ich freilich nicht wünschen mag – noch 8 Tage auf Dich warten müßte, so würd' ich Dir die größre Hälfte des 1ten Akts als ein geschlossnes Ganzes vorbrüllen können. (FL I 175)

Fontane an Bernhard von Lepel Bethanien, 5. Juli 1849
Dein Absagebrief, am vorigen Freitag, kam mir sehr zupaß. Ich war mit meinem Achtel fertig, und auch nicht, und da ich's nicht liebe, à la Scherenberg, meinen Vortrag mit den Worten einzuleiten: »Es ist nur erst so hingeworfen, der wahre Jakob kommt später«, so war mir die 8tägige Frist ganz angenehm. Das Wort »Frist« führt mich auf Kopfabschlagen. Vielleicht ist es wirklich eine solche Armesünderfrist gewesen, und Du schlägst meinem Karl Stuart eher den Kopf herunter, als es in der Ordnung ist. Denke daran, mein lieber Lepel, und laß den armen Kerl wenigstens so lange leben, als ich ihn selber leben lasse – bis zum 5. Akt.

[1] Volksstück von Salomon Hermann von Mosenthal.

Das wichtigste ist mir immer – der *Eindruck*. Daß ich keine schlechten Verse geschrieben und nicht gequatscht habe, weiß ich selber ebenso gut, wie mir's irgendwer sagen kann. Aber wie's wirkt, ob's packt, anregt, die Menschenseele beschäftigt und spannt – *das* will ich wissen. Etwas bedaure ich jetzt schon: diese erste Szene ist um 100 Zeilen zu lang. Das ist nichts Unwesentliches; wenn Kürze die Seele des Witzes ist, so ist sie's fast nicht minder im Drama.

> Wenn *kurze* Reden darin gleiten,
> Dann fließt die Handlung munter fort.

Gelegentlich werd ich Dir die Arbeit dalassen; Du magst dann drin rumstreichen. Ganze Situationen kann ich nicht opfern; es scheint mir wenigstens alles nötig; aber jede einzelne überflüssige Zeile, wenn auch ein Bildchen oder Gedänkchen dadurch verlorenginge, werd ich Dich dringend bitten aufs Korn zu nehmen. (JF 528 f)

Fontane an Bernhard von Lepel　　　　　　Bethanien, 16. Juli 1849
Ich habe Dich mit Fragen ordentlich zu bestürmen. – Damit Du dies und jenes besser oder leichter beantworten kannst, hab ich beschlossen, diesen Zeilen eine Abschrift meines Achtel-Akts, die freilich erst gemacht werden soll, beizulegen. Außer der menschenfreundlichen Absicht, Dir das Ratgeben zu erleichtern, hab ich, bei Übersendung des Manuskripts, freilich auch den Wunsch, mal einen Mann von Fach darüber urteilen zu hören. Schon aus früheren Briefen weißt Du, um was es mir vorzugsweise zu tun ist; ich will den *Eindruck* kennenlernen, den es macht. Erst wenn ein solcher überhaupt vorhanden oder wohl gar ein günstiger ist, verlohnt es sich, die Feile ans einzelne zu legen. (JF 530)

Fontane an Bernhard von Lepel　　　　　　Bethanien, 17. Juli 1849
Nun zu Karl Stuart. Meine erste Frage stellte ich Dir schon bei meiner Anwesenheit in Bellevue. »Können Figuren wie der Kommissionsrat Frosch, wie Liborius, wie Mengler in einer Tragödie bestehn oder nicht?« Ich bin in Kunstgesetzen schlecht bewandert und laß in solchem Falle gewöhnlich ein Dutzend Kuns*twerke* an mir die Revue passieren, um beim Anblick des Werkes das *Gesetz* kennenzulernen. Das hab ich auch in diesem Falle getan und mußte die

damals an mich selbst gerichtete Frage mit »*nein*« beantworten. Es finden sich in allen Shakespeareschen Trauerspielen humoristische Gestalten, aber es ist doch ein ander Ding damit. Der Narr im »Lear«, der Mercutio in »Romeo und Julie«, Polonius, Osrick und der Totengräber im »Hamlet« – das sind auch Figuren, die uns mal ein Lachen abnötigen, aber hinter ihren Scherzen oder hinter ihrer höfischen Kriecherei, die belustigend auf uns wirkt, steht immer der *Ernst*. Wenn der Totengräber sein Lied singt und scharfsinnig auseinandersetzt, daß jede Tat aus 3 Dingen bestünde: aus Tun, Handeln und Vollbringen; wenn er in so humoristischer Weise, halb ein Schalk und halb ein Dummkopf, weiterquatscht, so lachen wir auch, aber das ist nicht das Lachen, womit wir Menglern begrüßen. Während wir lachen, schütteln wir mit dem Kopf, ernste Gedanken drängen sich uns auf: wir stutzen bei dem Gleichmut, mit dem dieser alte Bursche Totenköpfe auf die Bühne wirft; wir fühlen, daß wir alle Gewohnheitstiere sind und uns an Halsabschneiden (mit Ausnahme des eigenen) ebensogut wie an Brotschneiden gewöhnen können. (Beiläufig bemerkt, dies ist nicht bloß so hingesprochen; unser Dr. Wilms kennt z. B. keine größere Freude, wie Leichen, mit Hülfe eines großen Messers, zu köpfen; er meint, er nähme es mit dem besten Scharfrichter auf, und wollte 10 Louisdors bezahlen, wenn er an dem lebendigen Windisch-Grätz seine Kunst zeigen könnte.) Doch wieder zur Sache. Von Polonius und Osrick gilt dasselbe wie von diesem Totengräber. Während wir über ihren höfischen Diensteifer, über dieses völlige Aufgehn und Unterordnen in die Wünsche und Ansichten von König und Prinz lachen, können wir doch den Gedanken nicht zurückdrängen: wie hohl, wie lügnerisch, wie unwürdig dieses Hofgetriebe! »*Der* Menschheit ganzer Jammer faßt uns an« und stimmt uns zu Ernst und Nachdenken.

Die Gestalten, die ich zu geben gedachte, entbehren nicht jedes Hintergrundes, sie sind auch pars pro toto, sie repräsentieren was, und der *Zahl* nach repräsentieren sie viel: ich dachte nämlich zwei Urphilister, zwei politik-begeisterte Kleinstädter, freilich höchstens 4 Minuten lang, auf die Bühne zu bringen. Es sind Kaufleute, Gebrüder Cottonmill, oder so ähnlich, aus York, die in Geschäften nach London kamen und neugiergestachelt, auch von dem Wunsche beseelt, in York tapfer nachher zu renommieren, eine Kneipe, eine Art *Oppositionshalle*, aufsuchen, um dort die Hampdens, die Cromwells usw. von Angesicht zu Angesicht zu sehn. Ich malte mir die Kerle *so:* beide Brüder sind gleich gekleidet bis auf den Regenschirm unterm Arm, nur der eine kleinere, dünnere, ängstlich im Diskant sprechende ist in allem die Miniaturausgabe des älteren. Seine Aufgabe besteht in weiter nichts als »pechschwarz« zu sagen, wenn der »große Bruder« schwarz gesagt hat. Sie führen, mit dem Ausdruck borniertier Neugier in ihrem ganzen Wesen, ein Gespräch mit dem Wirt der Taverne, der nun Gelegenheit hat, in wenigen Worten die Personen (und *den Kern ihres Strebens*) zu schildern, die gleich darauf vor dem Zuschauer (und nun gewissermaßen wie Bekannte) erscheinen. Cromwell, durch einen der ihm eigentümlichen groben, aber schlagenden Scherze, beseitigt nachher diese Philister, und die Hauptfiguren treten wieder in den Vordergrund. –

Gegen meine Idee, gegen das *Was*, läßt sich, glaub ich, nichts sagen, ich erspare mir, durch die kurzen, prosaischen Sätze des Wirtes, manche gedehnte Auseinandersetzung im Dialoge der Hauptpersonen selbst. Aber aufs *Wie* kommt es mal wieder an. Ich werde mich handeln lassen, ich werde das Bild etwas blasser malen müssen; soviel zur Charakteristik des Philisteriums durchaus *notwendig* ist, soviel werd ich geben dürfen, aber auch kein Strichelchen mehr; die Grenze innezuhalten wird mir schwer werden.

Eins muß ich noch hervorheben. Es gibt *ein* famoses Trauerspiel mit einer komischen, ans Burleske streifenden Figur. Es ist Goethes »Egmont« mit dem feigen Schneider *Jetter.* Der alte Goethe, der sich aber schon in jungen Jahren aufs *Maß* (nicht nur bei Wein und Weibern) verstand, wußte eben jene Grenze innezuhalten, und er gab *keine* Karikatur, sondern ein lebensvolles Bild. Ich glaube, hienach wird mein Streben auch gerichtet sein müssen; nochmals, es ist schwer. – Schreibe mir darüber, mein lieber Lepel, es liegt mir sehr viel daran.

[...]

Mittwoch. Nach dieser kleinen Abschweifung, von netto einem Bogen, zurück zu Karl Stuart. Ich habe, außer der Zulässigkeit des Burlesken in der Tragödie, wegen dieser zweiten Szene des ersten

Akts noch andre Bedenken. Fast möcht ich glauben, daß die Puritaner »Mitglieder des Vereins gegen Alkoholvergiftung« gewesen seien; dann aber ist es nicht rätlich, 3 Häupter dieser Partei in einer Kneipe auftreten zu lassen. Es ist unglaublich schwer, über solche Dinge *Bestimmtes* zu erfahren; die Menschen wissen nichts und die Bücher auch nicht. Die Scottschen Romane sind nur ...

(JF 533 ff)

Fontane an Bernhard von Lepel   Bethanien, 8. August 1849
Im Gegensatz zu neulich, wo ich kein Ende finden konnte, werd' ich mich heute kurz zu fassen wissen.
Ich danke Dir aufrichtig für die Mühe, die Du Dir mit meinem Carl Stuart gegeben hast, und bedaure nur, daß ich verhältnismäßig wenig von den Andeutungen und Correcturen gebrauchen kann.
Was zuerst die Correcturen angeht, so hast Du freilich die schwachen Stellen alle herausgefühlt, aber ich kann (mit Ausnahme der einen Zeile: »und aufgerichtet sehn schon Tausende«) nicht sagen, daß mir Deine Ersatzmänner für meine Krüppel, besonders gefielen. Es gilt mir aber auch schon was, daß Du mir genau gezeigt hast, wo geändert werden muß. – Zwei Stellen hab' ich noch hervorzuheben: bei der einen hast Du meine Absicht nicht erkannt, die andre hast Du geradezu mißverstanden. Strafford sagt, als eine Art Betheurung,

> »so sicher wie an meine Schuld ich glaube,
> und an Vergebung meiner Schuld.«

Dieser Satz ist weiter nichts wie das Geständniß der Sündhaftigkeit überhaupt; in *dem* Sinne, wie es im Vaterunser heißt: Und vergieb uns unsre Schuld, wie auch u.s.w. Strafford meint keineswegs eine *besondre* Schuld, deren er sich bewußt ist, sondern seine Schuld, seine Sündhaftigkeit überhaupt. Die Leute waren damals religiöser wie wir, das Christenthum und seine Sätze steckte ihnen in Fleisch und Blut, drum ließ ich den Strafford gerade *diese* Betheurung sprechen.
Dann heißt es zum Schluß:

> »Mir ging dies Lachen auch durch meine Seele.«

Dies »*auch*« steht da, weil der König unmittelbar vorher, seinem Behagen in der Bemerkung Luft machte:

> »Des alten Graubart ungeschlachtet Wort
> *Ging wie ein Becher Wein mir durch die Seele.*«

Du hast das übersehn, und mußtest dann freilich auf Aendrung bedacht sein.

(FL I 196 f)

Fontane an Bernhard von Lepel   Bethanien, 16. August 1849
Einmal: ich bin jetzt mit meiner zweiten Szene endlich im klaren. Mein neuer Plan ist ein wesentlicher Fortschritt. Du weißt aus meiner ellenlangen Abhandlung über die Zulässigkeit humoristischer Figuren, daß ich wegen dieser Szene immer, und zwar vielfach, in Sorge war. Kaum hatt ich mich dahin belehrt, daß die Sache nicht überhaupt zu verwerfen sei, so mißtraute ich meiner Fähigkeit zu glücklicher Lösung gerade *solcher* Aufgabe und fühlte gleichzeitig, daß das stattfindende Frage- und Antwortspiel doch unter allen Umständen nicht imstande sein würde, dem Zuschauer ein klares Bild, sozusagen eine spezifizierte Rechnungsablegung aller der Klagen, Zweifel, Drohungen und Befürchtungen zu geben, welche damals in den Gemütern Alt-Englands lebten. – Mein neuer Plan macht mir die Sache leicht. Ich gebe 3 Bürger: 1. einen Urphilister, einen Fanatiker der Ruhe, der auch dann noch von *Vertrauen* schwafelt, wenn sich ihm sein Vertrauensmann bereits als Räuberhauptmann in den Weg wirft, 2. einen Wühler von Fach oder mindestens das Mißtraun auf der einen, die Klugscheißerei auf der andern Seite – beides in Blüte, 3. einen Mann der Mitte, einen Hansemann, dessen Ansichten in dem Spruch zusammenfallen: in Geldsachen hört die Gemütlichkeit auf. – No. 2, der eigentliche politische Zinngießer, bricht seine unverdaute Weisheit ordentlich armsdick aus sich heraus und gibt dabei, rasch hintereinanderweg, das Sündenregister der Partei: Stuart, Laud, Strafford. Als er eben über den »*neuverschriebenen*« Strafford, der den Karrn aus dem Dreck ziehn soll, herfällt, tritt Cromwell ein, bald darauf auch Hampden, der nun, in der Dir bekannten Weise, die Verhaftung Straffords meldet.
Die Vorteile bei dieser Behandlung des Stoffs sind groß, und für

mich doppelt. Einmal erfährt der Zuschauer hierbei, *warum* die englische Luft des Jahres 1640 revolutionsschwanger war (was nach meinem frühren Plan kaumhin zur Anschauung gekommen wäre), andrerseits komm ich durch dies Manöver um die Zeichnung von Figuren, an denen ich als Charakterzeichner leicht hätte Schiffbruch leiden können. (JF 538 f)

Fontane an Bernhard von Lepel   Bethanien, 3. September 1849
Im Lapidarstyl geht es, trotz kleiner Unterbrechungen, tapfer weiter; vielleicht in 8 Tagen schon, kann ich Dir endlich (dies *schon* u. *endlich* macht sich gut) einen ganzen Akt zu Füßen legen. Die übrigen, so denk ich, werden alle kürzer werden, einige wesentlich. Die Freude, die ich jetzt bei der Arbeit habe, kann ich Dir gar nicht beschreiben. Ich fühle mich jetzt wie ein Schachspieler, der mit seinem Gegner lange in hartem, heißem Kampf lag; jetzt mit einem mal übersieht er das ganze Spiel: den Springer hier – den Läufer dorthin, matt; die Sache ist abgemacht, man schiebt nur noch, der Plan ist fertig, der Sieg gewiß. So verhalt' ich mich den *Schwierigkeiten* gegenüber, die mir lange die glückliche Lösung streitig gemacht haben. Es ist mit meinem Trauerspiel wie mit der Festung Rastatt: der Erfolg ist nur eine Frage der *Zeit*. Wenn ich von Erfolg spreche, so heißt das natürlich nur soviel wie Beendigung, Abschluß, Erreichung dessen, was in meine Hand gelegt ist. Die Beendigung jeder Arbeit ist ein Erfolg, eine Folge unsres Nachdenkens und unsrer Mühen. Der Erfolg dann draußen in der Welt, wer möchte den bestimmen?! Man wagt sich kaum bis zur Kühnheit des Hoffens.

(FL I 205)

Fontane an Bernhard von Lepel   Berlin, 18. Oktober 1849
Ich dachte am Sonntag meinen 1ten Akt vorzulesen; bist Du nicht da, so unterlaß' ich es vielleicht. (FL I 217)

Fontane an Bernhard von Lepel   24. Oktober 1849
Um den 1ten Akt Carl Stuarts bist Du gekommen. Einen zwischen uns gäng und geben Witz zu citiren: Du magst nun sehn, wie Du fertig wirst. Die Aufnahme im Tunnel war günstig genug: Bürger, Immermann und Fouqué (der Ausreißer) so zu sagen, 3 Leute von Fach, schienen die Aufführung wie etwas sich von selbst Verstehen-

des zu betrachten. Allgemein fand man es spannend, interessant; Vorwurf und Charaktere bedeutend; die Handlung, namentlich zum Schluß des Aktes, frisch und belebt. Nur Orelli öffnete, beim Paletot-Anziehn, während ein Arm bereits im Aermel steckte, die Schleusen seiner Gelehrsamkeit zu meinem Nachtheil. Er hielt eine Rede, daß der *stehend* um ihn versammelte Tunnel das Maul aufsperrte und mit einem halb pfiffigen, halb dämlichen Gesicht endlich ein vertraulich-bedeutungsvolles: »*er hat Recht*« mir zuflüsterte. Ich erklärte ganz naiv: mir wäre noch nicht klar was man wolle; man möchte noch mal anfangen. Schließlich, nach unseligen Mühn, *glaub* ich folgendes verstanden zu haben: »es fehlen in dem Stück die Conflikte der einzeln Personen *mit sich selbst, die Seelenkämpfe und Krämpfe* aus denen die *große That* erst als Resultat hervorgehn muß.« *Ist dies* der Tadel, so trifft er weder mich noch mein Stück; ich brauche weder, noch kann ich meine Helden wie Epilepsie-Befallene, aus ihren Krämpfen gar nicht 'rauskommen lassen, und das richtige Kampf und Krampf-Maaß wird schließlich dem Stücke nicht fehlen. Schon Hin und Herschwanken ist ein Kämpfchen, und davon finden wir beim *Carl Stuart* schon im 1ten Akt zur Genüge. Im 2ten Akt besteht er einen ganz gehörigen, schweren Kampf, als er gedrängt durch die Königin und doch voll Liebe und Bewunderung für Strafford, des Letztern Todesurtheil unterschreiben soll. Im 3ten Akt *sträubt* sich seine Seele gegen Proklamirung des Bürgerkriegs; – da ist wieder Kampf. Der 4te Akt nun gar, der fast weiter nichts wie ein Monolog, eine lange Selbstbetrachtung, eine Seelen-Secirung Cromwells ist, bringt soviel gewünschten Kampf und Krampf mit sich, daß der Gallerie, die leibliche Secirungen wo möglich verlangt, vor Langerweile ganz wehmüthig werden dürfte. – Genug davon! die Hauptsache bleibt, daß mich diese Betrachtungen gar nicht gestört haben. (FL I 220 f)

Fontane an Friedrich Witte Berlin, 1. Mai 1851
Zum Drama komme ich nicht eher, als bis ich Ruhe habe; unter Nahrungssorgen läßt sich so was nicht machen, wenigstens *ich* kann es nicht.
Zudem fehlen mir Menschen, mit denen ich meine Stoffe (zumal die dramatischen) durchplaudern könnte. (BE I 66)

Fontane an Bernhard von Lepel   Berlin, 7. Januar 1852
Mein Stück krystallisirt immer weiter in mir; geb' Gott, daß es
nicht Krystalle sind, die Luft und Licht nicht vertragen können und
gleich schmelzen, so wie sie aus dem Keller auf's Papier kommen.
(FL I 408)

Fontane an Paul Heye   Berlin, 13. März 1860
[...] Merckel dringt darauf, daß Lepel »Lieder aus Rom« schrei-
ben und ich den »Karl Stuart« beenden solle, das spricht Bücher.
(BE I 283)

Arabella Stuart[1]

1848 (?)

Fontane an Heinrich Kruse   Berlin, 25. November 1888
Ich werde mit Stephany sprechen und wenn ich seine Zusage habe,
mit Vergnügen über Arabella Stuart schreiben. Vor grade vierzig
Jahren habe ich den Stoff selbst mal behandeln wollen, aber episch[1],
angeregt durch einen Roman, wenn ich nicht irre, von Mr. James.
(E 13, 2 f)

Waldeck

1849

Fontane an Wilhelm Wolfsohn   Berlin, 11. Dezember 1849
An die Waldeck-Arbeit[2] hab ich nicht den Mut mich heranzuma-
chen, weil es Wochen kostet und so unsicher ist. Erst wenn ich von

---

1 Vermutlich ein nicht ausgeführtes Epos. Vgl. dazu und zu »Mr. James«
NÜ 127.
2 Vgl. dazu BE I 478.

einem Buchhändler oder Redakteur die bestimmteste Zusicherung hätte, würd ich mit Lust und Liebe arbeiten können. Schreibe mir recht bald darüber. Aber nur *Bestimmtes* frommt mir.

(BE I 40)

Barbarossa [Epos]

1851

Fontane an Friedrich Witte   Berlin, 3. Januar 1851
Wenn ich's nur zu einem kleinen, ganz mäßigen Jahrgehalt bringen könnte! Mir lebt ein bedeutender Stoff im Kopfe und verlangt Gestaltung. Der Gegenstand ist groß, würdig und spannend, die Form (und das will beim *Epos* viel sagen, wenn man nicht Lust hat, zu der *abgedudelten* Nibelungenstrophe zu greifen) ist gefunden: einfach, allbekannt, aber zufällig zum Epos noch nie verwandt.

(FR I 18)

Fontane an Bernhard von Lepel   Berlin, 7. Januar 1851
Du willst Bestimmtes, Neues hören. So vernehme denn das große Wort, daß ich ein *Epos*, ein richtiges, wirkliches, großes Epos zu schreiben gedenke. Stoff: Barbarossa. Du entsinnst Dich, daß das ein alter Plan ist, aber jetzt erst fühl ich meine Flügel insoweit gewachsen, daß ich mich mit einer Aussicht auf Erfolg an die Sache wagen kann. Vor 3 Jahren hatt ich die *Begeistrung*; ich bilde mir ein, jetzt auch die *Kraft* dazu erobert zu haben. Viel ist dadurch gewonnen, daß ich die *Form habe*. Ich entschied mich damals für die Terzine und hatte doch – bei aller Bewundrung dieser Form – das Gefühl davon, daß ich ihr nicht gewachsen und schon um deshalb mein Bankrutt wahrscheinlich sei. Jetzt hab ich's; – und zwar ohne der abgeleierten Nibelungenstrophe meine Honneurs zu machen. – Es versteht sich von selbst, daß ich mich nur im Besitz voller Muße an diese Arbeit mache. Ich gedenke zu dem Zweck als 300-Rtl.-Kandidat aufzutreten.

(BE I 56 f)

Fontane an Friedrich Witte   Berlin, 19. März 1851
Daß dies Versmaß für derartige Stoffe trefflich ist, werden Sie mir zugeben. Namentlich beseitigt meine Art der Behandlung jede Spur von Monotonie. Ich wollte ein Epos »Barbarossa« in solchen Strophen schreiben, bin aber von dem Stoff ganz zurückgekommen. Es ist mir durchaus nicht möglich, mich für den alten Rotbart zu begeistern. Alle meine Sympathien sind auf Seite seiner Gegner. Er war ein Stück Haynau und verfuhr mit Mailand, wie dieser mit Brescia. Die lombardischen Städte hatten damals so gewiß recht, wie sie noch heute recht haben. Für Barbarossa mit Wärme eintreten, hieße die gegenwärtige österreichische Politik mittelbar billigen oder gar verherrlichen. Es ist aber ein schöner Zug der Neuzeit, daß man von dem Papierrecht nicht mehr viel wissen und das ewige an seine Stelle setzen will.   (FR I 30)

Gustav Adolf [»Volksbuch«]

1851

Fontane an Friedrich Witte   Berlin, 1. Mai 1851
Noch etwas ist im Werke. Ich soll ein Volksbuch »Gustav Adolf« schreiben und bin seit 2 Tagen mit mir einig darüber, daß es geschieht. Noch in dieser Woche fang ich an. Der Ertrag kann sehr verschieden ausfallen, mindestens 100 Taler, vermutlich aber das Doppelte.   (BE I 66)

Fontane an Bernhard von Lepel   Berlin, 14. Juni 1851
Mit dem »Gustav Adolph« wirds wohl nicht werden. Ich war neulich bei Hahn und fiel mit meinen ersten Capiteln (ohngefähr 1 Druckbogen) ziemlich stark ab. Die Ausstellungen von Hahn's Seite waren alle richtig und begründet, ein Geständniß was ich nicht oft ablege, nur in Einem unterschätzt er mich, in Bezug auf meinen Styl. Dieser ist freilich ganz anders wie der seine, aber doch nicht geradezu zu verwerfen. Vielleicht gegentheils. Aber die Hahn'-

sche Schreibweise ist nun mal vollgültige Münze; was Wunder wenn er seinem Prägestempel den Vorzug giebt! (FL I 322)

Fontane an Bernhard von Lepel Berlin, 18. Juni 1851
Der erste Bogen »Gustav Adolf« wird heute an die betreffende Pfaffenkommission zur Begutachtung eingesandt. Der Abfall ist sicher, indes der Geschmack ist launenhaft, und ich halt es für unerläßlich, auch ohne Aussichten – den Versuch zu wagen. (JF 612)

Darnley [Tragödie]

1851

Fontane an Bernhard von Lepel Berlin, 21. August 1851
Antworte nur bald: ich hab auch wieder einen neuen Stoff und Plan zur Tragödie. – Du lachst! immer Empfängnis und nie – ein gesunder Junge. (JF 623)

Fontane an Bernhard von Lepel Berlin, 26. Oktober 1851
[...] arbeite vorläufig an Deinem Roman nicht weiter [...]
Ich halte nämlich die Sache für völlig verfehlt, für verfehlter als Dein Stück. Dies harte Urteil ist das Resultat vielfachen Nachdenkens und Erwägens auf der Rückfahrt hieher. Ebenso gewiß wie ich Dir dafür dankbar bin, daß Du mir meinen »Darnley«-Plan als völlig unhaltbar verworfen hast (denn eine im Kopfe lebende Skizze opfert man lieber als 5 fertige Akte), ebenso bestimmt rechne ich darauf, daß Du mir diese Tadel-Beharrlichkeit nicht übel deutest. (JF 632 f)

Inschriften-Sammlung

1853

Fontane an Friedrich Witte   Berlin, 3. Oktober 1853
Nun noch eins. Ich arbeite jetzt an Zusammenstellung eines großen Werks: Volksgeist und Volksleben in seinen (des Volks) *Inschriften.* Dies ist nicht etwa der Titel, sondern nur die *Sache.* Ich suche nun Stoff. Allerhand Schritte und Vorkehrungen sind bereits getan, doch vorläufig nur innerhalb der Provinz Brandenburg. Ich ersuche Dich dringend, in Rostock eine Art Filial zu errichten und dort in meinem Interesse zu sammeln. Nicht Du selbst; was ich Dir zumute, sind nur ½ Dutzend Briefe oder Visiten bei Rostocker (und Umgegend) *Geistlichen.* Die Inschriften hierzulande, wenn man sie als einen Ausdruck des *Volksgeistes* (im Gegensatz zu den *gelehrten* Inschriften an Museen, Bibliotheken usw.) faßt, finden sich nur in Kirchen und auf Kirchhöfen. Dahin hab ich die Augen und Schritte zu richten. Steh mir nach Deiner Kraft bei. Volks*lieder* haben wir gesammelt; dies kann eine Sammlung von Volks*sprüchen, Sentenzen, Epigrammen* werden. Nur das Gemeine (Zotige; kommt nämlich öfter vor) und absolut Dumme ist ausgeschlossen. Das wirklich Poetische, das Derbe, Kernige, der Humor und Witz, auch Kuriosa sind überaus erwünscht. *Plattdeutsches* sehr willkommen. Als einen Nachtrag denk ich die Grabinschriften berühmter Männer zu geben, die (wenn von Fachdichtern herrührend) eigentlich nicht hierher gehören, aber ein allgemeines Interesse haben und sich paßlich anschließen.
(BE I 138 f)

Fontane an Theodor Storm   Berlin, 11. Oktober 1853
Dann entsinnen Sie sich wohl meines projektierten Inschriftenwerkes. Wär es Ihnen nicht möglich, durch ein Wort oder auch eine Zeile hie und da meinen Zwecken Förderliches flüssig zu machen, namentlich Plattdeutsches wäre mir unendlich erwünscht. Ein paar brauchbare Zeilen hab ich in den Kalendern gefunden.
(BE I 141 f)

Schill
Wolsey

1854

Fontane an Theodor Storm Berlin, 12. September 1854
Gearbeitet hab' ich einiges, doch steht von Schill[1] und Wolsey[2] noch nichts auf dem Papier. Es werden auch noch vierzehn Tage vergehn.

(FR I 127)

Havelock-Biographie

1858

Fontane an Wilhelm von Merckel London, 18. Februar 1858
Von Fournier hab' ich den bewußten Brief in außerordentlich liebenswürdiger Fassung erhalten. Ich habe natürlich akzeptiert und denke in 14 Tagen mit dem Büchelchen (1 bis 2 Bogen) fertig zu sein.

(LA 105)

Fontane an Wilhelm von Merckel London, 3. Juni 1858
Die Havelock-Biographie wird nicht gedruckt werden. Gestern erhielt ich einen Brief von Fournier, der mir dies mitteilte. »Havelock sei ein Baptist gewesen, was das Comité nicht gewußt habe.« Es scheinen aber noch andre Gründe mitgewirkt zu haben; Ihr Schwager wird sie (die Gründe) kennen, und es wäre mir lieb, das »Warum« zu erfahren. Geärgert hat's mich weiter nicht; nur tut mir's leid, daß ich mich gerade in *den* 8 Tagen damit gequält habe, wo mir die Lungenentzündung halb fertig in der Brust kochte. Ich habe Fournier gebeten, das M. S. an Sie zu schicken; wenn Sie hinein-

---

1 Möglicherweise Romanplan, aus dem »Vor dem Sturm« hervorging.
2 Erzählungsfragment.

blicken, werden Sie sehn, daß die Sache ganz interessant ist, nicht gerade Havelock, aber die ganze anglo-indische Geschichte. Das unangenehmste bei der ganzen Sache war mir, daß Fournier, aus gutem Herzen, das M. S. erst Hertz, dann Schneider zum Verlage angeboten und schließlich sogar sein Heil bei der Kreuz-Ztng. versucht hat; natürlich überall Abfall und dazu (aller Wahrscheinlichkeit nach) noch Verwunderung, daß Fontane in London Baptistengeschichten übersetzt. Daß ich's aus purer Rücksicht und Courtoisie getan habe, fällt natürlich keinem ein. Es geht jetzt alles schief; dies ist nur eins unter vielem. (BE I 237 f)

Fontane an Wilhelm von Merckel London, 13. Juli 1858
Die Havelock-Geschichte wird hoffentlich *wirklich* vergessen.
(BE I 244)

Fontane an Wilhelm von Merckel [London, 20. November 1858]
Aehnlich wie Fournier, der letzten Sommer mit meinem Havelock Manuskript hausieren ging und mich dadurch, beim besten Willen mir zu helfen, lächerlich machte, hat nun Friede Eggers durch einen gutgemeinten Gang zu Herrn v. Jasmund mich leidlich blamirt. (FAP)

Brandenburgisch-preußisches Geschichtenbuch
1868

Fontane an Wilhelm Hertz Berlin, 8. August 1868
Es handelt sich um ein Verlagsanerbieten, um ein Buch zu dem mir Idee und Plan kamen, als ich Anfang Mai in den Gartenanlagen des Hotel Zehnpfund saß und von der Sonne beschienen abwechselnd im Waverley und in den »Erzählungen eines Großvaters« las.[1] Es schoß mir durch den Kopf, daß uns ein solches Buch, wie

[1] Walter Scott, »Waverley«, 1814; »Tales of a Grandfather«, 1828.

das letzte durchaus fehle und daß unter gewissen Bedingungen und Voraussetzungen ein brandenburgisch-preußisches Geschichtenbuch derart großes Glück machen müsse, auch wirklich verdienstlich sei. Es ist ein Unternehmen, das wenn es Ihnen und Ihrer ministeriellen Freunde Beifall fände, mit einer Art von Wahrscheinlichkeit zu ähnlich glänzenden Resultaten führen müßte, wie der brandenburgische Kinderfreund. (Vielleicht heißt er jetzt anders.) Ich verhehle mir dabei keinen Augenblick, daß von der ministeriellen oder deutlicher zu sprechen, daß von Geh. Rath Stiehls Protektion des Unternehmens *alles abhängt* und daß, wenn diese Protektion *nicht* in Aussicht gestellt würde, es sich – Ihre Geneigtheit überhaupt vorausgesetzt – weder für Sie noch für mich verlohnen würde, ein solches Buch ins Leben zu rufen. *Ohne* Protektion würde es ein Unternehmen sein, das günstigstenfalls auf eine Aufnahme wie etwa meine Wanderungen zu rechnen hätte, *mit* Protektion könnte es ein glänzendes Geschäft für Sie und eine andauernde, bescheidne Einnahmequelle für mich werden. Daß ich das Zeug habe das Buch zu schreiben und auch gut zu schreiben, darin setze ich, vielleicht unbescheidnerweise, nicht den geringsten Zweifel. Es müßte eine Art Stoffbuch werden, ein in schlichtester Form gegebener Balladen-Extrakt unsrer Geschichte. Alles Weitschichtige, Gründliche, zudringlich Belehren-wollende müßte ausgeschlossen werden; nur was erhebt, erheitert, unter[hält] und Geschichten erzählend schließlich doch die Geschichte selb[er] giebt, ihr bestes Theil, ihr Kernstück nur *dies*, unter Ausschluß von allem was nach Tabelle schmeckt, müßte Aufnahme finden. – Ich komme morgen, etwa um 6 Uhr, in Ihre Nähe und hole mir selber Antwort. Ich kann dann auch noch einige Details geben. (WHH 135 f)

Allerlei Glück [Roman]
Seit 1878

Fontane an seine Frau   Berlin, 8. August 1878
Mir geht es gut, trotz eines kolossalen Schnupfens. Eigentlich sollte ich sagen *parceque* statt *quoique,* denn je toller die Nase, desto besser die Nerven. Von arbeiten ist freilich dabei nicht viel die Rede, aber ich pussele weiter und lebe mich mit meinen Figuren, mit ihrer Erscheinung und ihrem Charakter ein. Dies ist sehr wichtig und kommt einem später zugute.   (HD 165 f)

Fontane an Gustav Karpeles   Berlin, 3. April 1879
Am meisten am Herzen liegt mir mein neuer Roman. Könnten Sie darüber mit den Chefs der Firma sprechen? Zeitroman. Mitte der siebziger Jahre; Berlin und seine Gesellschaft, besonders die Mittelklassen, aber nicht satirisch, sondern wohlwollend behandelt. Das Heitre vorherrschend, alles Genrebild. Tendenz: es führen viele Wege nach Rom, oder noch bestimmter: es gibt *vielerlei Glück,* und wo dem einen Disteln blühn, blühn dem andern Rosen. Das Glück besteht darin, daß man *da* steht, wo man seiner Natur nach hingehört. Selbst die Tugend- und Moralfrage verblaßt daneben. Dies wird an einer Fülle von Erscheinungen durchgeführt, natürlich ohne dem Publikum durch Betonungen und Hinweise lästig zu fallen. Das Ganze: der Roman meines Lebens oder richtiger die Ausbeute desselben.
Vor drei Jahren kann er nicht fertig sein, und ich suche nun eine gute Stelle dafür. Unter fünftausend Talern kann ich ihn nicht schreiben, die mir zur größeren Hälfte von einem Blatt oder Journal, zur kleineren für die Buchausgabe gezahlt werden müßten. Wie fängt man das an? Kann ich es *nicht* kriegen, nun so muß die Welt sehen, wie sie ohne meinen Roman fertig wird.   (FR I 413)

Fontane an seine Frau   Berlin, 31. Mai 1879
Lesend und schreibend – namentlich viel an meinem Romane pusselnd – verbring ich die späten Stunden.   (SJ I 80)

Fontane an Mathilde von Rohr   Berlin, 3. Juni 1879
An meinem Roman[1] erleb ich viel Freude; allerbeste Leute – freilich meist Männer – interessiren sich dafür und sagen mir allerhand Freundliches. Ich schriebe gern einen *zweiten,* der, in Bücher und Kapitel eingetheilt, und in seinen Scenen und Personen skizzirt, längst vor mir liegt. Aber unsre deutschen Buchhändler-, Verkaufs- und Lese-Zustände lassen es mir leider fraglich erscheinen, ob ich je zur Ausarbeitung kommen werde. Ich kann dieselbe nur vornehmen, wenn ich eine Einnahme von 5000 Thlr ganz sicher habe, 3000 für den Abdruck in einem Journal und 2000 für die 1. Auflage des Buchs. Aber wo das hernehmen? Ich habe nicht solche Erfolge aufzuweisen, und werde sie, nach der ganzen Art meines Talentes, wahrscheinlich *nie* aufzuweisen haben, daß sich Redaktionen und Buchhändler veranlaßt sehen sollten, mir solche Forderung ohne Weitres zu bewilligen. Und doch sind die Summen noch niedriger berechnet, als mir nach der jetzt üblichen *Novellen*-Honorirung, wie selbstverständlich zufallen müßte. Wieder unter Sorgen und Aengsten es schreiben, wie den ersten Roman, *das* thu ich sicherlich nicht.   (SJ III 190 f)

Fontane an seine Frau   Berlin, 9. Juni 1879
Gestern Abend machte ich mich noch ernstlich an Stanleys Reise[2] durch Afrika und habe auf den beiden Riesenkarten die ganze Reise von Ort zu Ort verfolgt, wozu einem ein angehängtes Itinerarium (Reise-*über*sicht) von nur etwa 30 Seiten gute Gelegenheit giebt. Ich weiß nun ganz genau über den Gang im Großen und Ganzen Bescheid, und kann, mit Uebergehung alles Nebensächlichen, die *Hauptsachen im Detail* leicht nachholen. Es war eine sehr mühevolle Arbeit, und ich kam erst nach 2 zu Bett, ganz ermattet von der Gedächtniß-Anstrengung. Aber ich hab es *gern* gethan, einmal weil man dabei viel lernt, zweitens weil es mir für meine Roman-Hauptfigur einen ganz vorzüglichen Stoff bietet.   (SJ I 88 f)

1 »Vor dem Sturm«.
2 Vgl. SJ IV 199.

Fontane an seine Frau   Berlin, 11. Juni 1879
[...] mir wird immer erst wieder wohl wenn ich von 10 bis 3 Uhr
Nachts mit meinem Freunde Stanley um den Victoria-Nyanza-See
herumfahre und in der Schilderung seiner Erlebnisse die Stimme
der Natur zu hören glaube.   (SJ I 91)

Fontane an seine Frau   Berlin, 27. Juni 1879
Die Stoffe wachsen mir seit 8 Tagen unter den Händen, und immer
neue Bogen werden in die ohnehin dicken Packete eingeschoben.
Der Roman kriegt nun schon ein *zweites* Packet, aber auch die beiden Novellen³, die ich in Wernigerode wenigstens entwerfen
möchte, empfangen jeden Tag neuen Succurs.   (SJ I 103)

Fontane an seine Frau   Rüdersdorf, 24. Juli 1887
Das »braune Roß«! Natürlich hab ich mal einen Roman (»Allerlei
Glück« 3 bändig, der nun ad acta gelegt ist) mit dem »braunen
Roß« Krausenstraße, angefangen; ein Kleinstädter liegt im Fenster,
aber ein junger, und geht dann zu Kroll.   (SJ I 333)

Sidonie von Borcke [Novelle]

1879 – 1882

Fontane an Friedrich Wilhelm Holtze   Berlin, 19. Juni 1879
Eben habe ich den ganzen Kantzow¹ dreimal durchblättert um
etwas über *Sidonie v. Borcke*, die sog: »Bernsteinhexe« zu finden,
die vor gerade 40 Jahren von dem famösen Meinhold² sonderbar
zugerichtet wurde. Etwas Aehnliches beabsichtige ich nun auch,

---

3 »Schach von Wuthenow« und »Sidonie von Borcke«.
1 Kantzow, »Pommeriana oder Ursprunck Altheit und Geschichte der
Völker und Lande Pommern, Cassuben, Wenden, Stettin, Rhügen in 14
Büchern, aus dessen Hs. hrsg. von H. G. L. Kosegarten«, 1816.
2 Wilhelm Meinhold, »Sidonia von Bork, die Klosterhexe«, 1847/48.

aber doch anders. Wo nun den Stoff hernehmen? In meiner Noth wende ich mich an Sie. Es sind drei Dinge, deren ich bedarf:
1. die *Geschichte* selbst; *wo* steht sie, da sie Kantzow nicht zu haben scheint;
2. eine Familiengeschichte der Borckes; existirt sie? Ich glaube ja;
3. »Aus der pudagla'schen Matrikel« (»Uth der pudglauischen Matrikel«): 57 Urkunden von 1292– 1439.

Natürlich schmeichle ich mir nicht, daß Sie diese Raritäten haben, aber Ihre Vertrautheit mit der einschlägigen Literatur, insbesondere auch Ihre nahen Beziehungen zu verschiedenen historischen Vereinen, werden es Ihnen vielleicht möglich machen, mir einen Rath u: eine Richtung zu geben. (E 61, 376)

Fontane an Friedrich Wilhelm Holtze   Berlin, 22. Juni 1879
Von sehr unerwarteter Seite her, ist mir Hülfe gekommen; ich habe die betr: Geschichte in Barthold und Micraelius[3] gefunden. Die Hauptsache ist also in meinen Händen. Auch wegen Pudagla zieh ich zurück; ich glaube Meinhold hatte die Geschichte nach Pudagla hinverlegt; sie spielt aber historisch zu *Marienfließ* bei Stargard. So denn herzlichst Pardon, daß ich Sie umsonst inkommodirt habe. Was ich noch durch Ihre Güte empfangen habe – darunter namentlich 2 Bände Vehse[4] – erfolgt mit Nächstem zurück, zugleich mit allerschönstem Danke. (E 61, 376)

Fontane an Mathilde von Rohr   Berlin, 29. Juni 1879
Nur ein paar Worte, eine ergebenste Anfrage. Ist vielleicht Ihnen oder Fräulein v. Bülow oder einer andern Dame des Klosters das Stift Marienfließ in Pommern derart bekannt, daß Sie mir eine Empfehlung oder auch nur einen Rath geben könnten, um Zutritt zu demselben zu gewinnen. Es liegt mir nur an der *Lokalität*, ich will keiner der Damen beschwerlich fallen und wenn ich einen Gärtner oder Schulmeister fände, der mich umherführte, so wäre mir dies das Liebste. Es bleibt aber immer fraglich, ob man solch

---

3 Joh. Micraelius, »Sechs Bücher vom alten Pommernlande«, 1640.
4 Karl Eduard Vehse, »Geschichte der deutschen Höfe seit der Reformation«, 1851–1860.

Individuum auftreibt, und eine Art sichren Rückhalt möcht ich haben, eh ich die ziemlich teure Reise – es ist so weit wie Dobbertin – unternehme. Mein Aufenthalt an Ort und Stelle würde nur zwei Stunden dauern und sich auf Besichtigung des Refektoriums, der Kirche, des Parks etc. beschränken.
Darf ich umgehend einer freundlichen Zeile von Ihnen entgegensehn? Der Boden brennt mir hier unter den Füßen, denn ich will fort in den Harz, muß aber vorher diese kleine pommersche Reise abgemacht haben.
[...]
Die Priorin des Stifts Marienfließ heißt v. Schenk. (SJ III 191 f)

Fontane an Gustav Karpeles   Berlin, 30. Juni 1879
Übermorgen früh, spätestens am Donnerstag, will ich auf sechs Wochen in den Harz. In diesen sechs Wochen möcht ich zwei Novellen im Brouillon fertig schaffen, um sie dann in den Wintermonaten salonfähig oder, weil das an den furchtbaren Payne erinnert, druckfähig zu machen. Eine ist für Hallberger[5], die andere für Westermann bestimmt. Ich möchte nun über diese »andre« vorher gern ein Wort zu Ihnen gesprochen und Ihren Rat erbeten haben. Überschrift: *Sidonie v. Borcke*. Sidonie v. B., Priorin zu Marienfließ in Pommern, schön, gescheit, encouragiert, aber zugleich auch hochmütig, intrigant und herrschsüchtig, in Un- und Aberglauben gleich tief versunken, ist durch höfischen Einfluß und unter Geltendmachung alter Beziehungen, wo sie Herzogsbraut oder Herzogsgeliebte war (bleibt dunkel), Priorin des vorgenannten, eben in ein protestantisches Stift umgewandelten Klosters geworden. Sie nah an fünfzig, aber wundervoll konserviert, groß, stattlich, königlich. Ihr Erscheinen im Kloster drückt den Rest der alten und jungen Damen zur Nullität herab. Nur einige versuchen Widerstand, werden besiegt, um schließlich *doch* zu triumphieren.
Der Inhalt der Novelle ist nun eine Schilderung des Erscheinens Sidoniens im Kloster, die sofort das l'État c'est moi antezipiert. Streng und rücksichtslos und übermütig gegen ihre Umgebung, versagt sie sich selber nichts und ist, en petit comité, je nach Laune,

---

5 »Schach von Wuthenow«.

Berechnung und Bedürfnis abwechselnd ältere Maria Stuart, ältere Elisabeth, ältere Katharina. Bachanale, Fuchsjagden und Verschwörungen wechseln ab mit halb geglaubtem und halb verlachtem Hokuspokus, mit Schönheitsmitteln und Reuanfällen, mit abergläubischen Beschwörungsformeln und aufrichtigem Bangen und Beten. Dementsprechend sind die Figuren, die sie heranzieht, die ihr dienen. Bis endlich das Maß voll ist, und die durch sie gekränkten und beleidigten Elemente des Landes grausam ihre Revanche nehmen. Als sie merken, daß ihre Gegnerin *zu* stark, *zu* klug, *zu* mutig ist, um ihr siegreich beizukommen, haben sie den genialen Gedanken, ihr aus dem Hokuspokus, mit dem sie gespielt, eine Schlinge zu drehn und die relativ Arglose plötzlich auf Hexentum hin zu verklagen. Und dieser Anklage, die durch eine Reihe von Zufälligkeiten unterstützt wird, erliegt sie. Die bösen Geister, mit denen sie gespielt, packen sie ernsthaft und würgen sie. Aller Ein- und Fürsprache benachbarter Fürsten unerachtet, erleidet die Tochter des ältesten und stolzesten pommerschen Geschlechtes einen schimpflichen Tod.
Hier haben Sie, hochverehrter Herr, die Skizze. Über das, was der Stoff wert ist, der außerdem glücklich für mich liegt, bin ich mir vollkommen klar und ich werde mir seine Behandlung nicht entgehen lassen. Aber ich kenne Publikum und, pardon, unter Umständen auch Redaktionen! »Liebe. Liebe ist mich nötig« ist einerseits der Hauptchorgesang, aber diese ganze Liebe muß auf dem Patentamt eingeschrieben sein. Man könnte sagen: so *viel* wie möglich, aber auch so *dünn* wie möglich. Das wäre vielleicht das Ideal. Von diesem Ideal bin ich nun aber ziemlich weit entfernt. Es geht ein paarmal in der Geschichte ziemlich scharf her, und deshalb frage ich bei Ihnen an, ob Ihnen der Stoff zusagt oder nicht. Ich habe so viel Stoffe, daß mich Ihr »nein« keinen Augenblick in Verlegenheit bringen würde. Daß ich Ihnen und den Lesern übrigens keine Tollkirschen vorsetzen würde, brauch ich wohl nicht erst zu versichern.
(FR I 415 ff)

Fontane an Wilhelm Hertz Wernigerode, 18. Juli 1879
Und nun bangen Gemüthes zu den Geschäften.
Ich fing das Corrigiren im Juni an, mußt' es aber unterbrechen,

weil ich von Ueberarbeit ganz herunter war. Nun sollt' es hier mein Erstes sein. Stattdessen kam ich, aus reiner Angst ob ich auch noch schwimmen könne (denn in Berlin war ich damit gescheitert) ins Novelle-schreiben hinein, und möchte mich jetzt, wenn's irgend geht, bis zum 15. August bei dieser Schreiberei nicht gern unterbrechen. Dann hoff' ich mit dem ersten Entwurfe fertig zu sein. Ich fühle aber selbst, daß dies Ihre Geduld auf die Probe stellen heißt, und bitte deshalb ein Compromiß vorschlagen zu dürfen, dahin gehend, daß ich bis zum Schluß d. M. ungefähr die Hälfte schicke. Die zweite Hälfte dann in der zweiten Hälfte des August.
(WHH 216)

Fontane an Wilhelm Hertz Wernigerode, 30. Juli 1879
Ich komme nochmals mit einer Entschuldigung und einer Bitte um Stundung; aber nun auch wirklich zum letztenmal.
Es geht mit meiner Novelle besser, als ich vor 14 Tagen dachte; den Kapiteln nach ist $2/3$, dem Umfange nach $3/4$ fertig, so daß ich *spätestens* am 10. August die letzte Zeile des Entwurfs zu schreiben denke. (WHH 217)

Fontane an Mathilde von Rohr Berlin, 6. Juni 1881
Im Harz hoff ich zwei Novellen[6] schreiben d. h. entwerfen zu können, – im Winter corrigir' ich dann beide und namentlich auch den Schack-Frl. v. Crayn-Stoff[7], der nun schon 2 Jahr im Brouillon in meinem Kasten liegt. (SJ III 202)

Fontane an Mathilde von Rohr Wernigerode, 25. August 1881
Heute nun bitt ich zuerst meinen Dank für Ihre freundlichen Zeilen vom 9. August, für den beigeschlossenen Brief Ihres Herrn Neffen und für den »Lupold v. Wedell«[8] aussprechen zu dürfen. Meine Frau hat mir den größeren Theil dieses Romans und jedenfalls alles auf Sidonie v. Borcke Bezügliche vorgelesen. In Collision mit Brachvogel werd' ich nicht kommen, *er* nämlich schildert ihr ganzes Le-

---

6 »Sidonie von Borcke« und »Storch von Adebar«.
7 »Schach von Wuthenow«.
8 Albert Emil Brachvogel, »Ritter Lupolds von Wedel Abenteuer«, 1874.

ben, ich hingegen fange mit *dem* an, womit er aufhört: mit ihren letzten, in Marienfließ zugebrachten Jahren, denen dann ihr Feuertod (*nicht* ihre Enthauptung) folgte. (SJ III 202)

Storch von Adebar [Novelle]

1881 – 1882

Fontane an Mathilde von Rohr   Berlin, 6. Juni 1881
Im Harz hoff ich zwei Novellen[1] schreiben d. h. entwerfen zu können, – im Winter corrigir' ich dann beide [...] (SJ III 202)

Fontane an Gustav Karpeles   Thale, 24. Juni 1881
Und nun zu dem »sequens«, womit es übrigens noch gute Wege hat. Ich möcht es nur, in diesem Sommer noch, im Brouillon niederschreiben können. Fertig ist es nicht vor Jahresfrist, weil ich zwei andre Arbeiten, eine für Hallberger[2], eine andre für meine gute Vossin[3], die auch den Novellendurst gekriegt hat, vorher beenden muß. Es handelt sich um eine *politische* Novelle, etwas ganz Neues und Eigenartiges, das einigermaßen an den Adelheid-v.-Mühler-Stoff erinnert, den wir mal durchgesprochen haben; weicht aber auch wieder ab, ist viel reicher in den Figuren und vermeidet die Briefform. Der Titel soll sein: »*Storch von Adebar*«, und die Tendenz geht dahin, den pietistischen Konservatismus, den Friedrich Wilhelm IV. aufbrachte und der sich bis 1866 hielt, in Einzelexemplaren (Potsdam) auch noch vorhanden ist, in seiner Unechtheit, Unbrauchbarkeit und Schädlichkeit zu zeichnen. Die Hauptträgerin dieses Konservatismus ist die »Störchin« und ihr eigentliches Opfer ihr Gatte, der alte Storch, ein guter, kreuzbraver Kerl, der, in andern Zeiten und unter anderm Einfluß, sich und andern zur Freude ge-

---

[1] »Sidonie von Borcke« und »Storch von Adebar«.
[2] »Graf Petöfy«.
[3] »Schach von Wuthenow«.

lebt hätte und nun an dem Widerstreit seiner Natur und des ihm Eingeimpften tragikomisch zugrunde geht. Ich habe alle diese Dinge erlebt, diese Figuren gesehn und freue mich darauf, sie künstlerisch gestalten zu können. Die Gegenfigur zu Storch ist Graf Attinghaus, sein Gutsnachbar und vieljähriger Freund, ein idealisierter Bennigsen. Wie denken Sie darüber? Ich lege Ihnen einen »Theaterzettel« bei, aus dem Sie den Rest erraten mögen. Honorarbedingungen wie bei »Ellernklipp«.

(BE II 42 f)

Fontane an seine Frau Thale, 30. Juni 1881
Ich will mich bei meiner Arbeit nicht übernehmen und so rück ich nur langsam fort [...]

(SJ I 162)

Fontane an seine Frau Thale, 8. Juli 1881
Auch Jul. Grosser von »Nord u. Süd« hat geschrieben; er kann über 300 Mark nicht hinausgehen und ich werd' es acceptiren, weil ich *muß*. Ganz besonders auch deshalb, weil mir grade für *diese* Arbeit *kein* Blatt, auch nicht Rundschau u. Westermann, so sehr paßt wie Nord u. Süd.

(SJ I 163)

Fontane an Gustav Karpeles Wernigerode, 30. Juli 1881
Der Storch ist weg. Seine Geschichte lautet kurz wie folgt. Ich traf Anfang Juni Grosser in der Tiergartenstraße, promenierte mit ihm und kam auch auf meinen Storch, den ich ihm anbot. Er war sehr mit einverstanden und »wollte mir schreiben«. Er schrieb aber *nicht*, so daß ich annahm, er habe sich's überlegt. Aus dieser Annahme heraus schrieb ich an *Sie*. Hätt ich in den nächsten Tagen nun eine zusagende Zeile von Ihnen empfangen, so hätte der gute Storch nächstes Frühjahr auf Ihrem Dach genistet. Aber da Karpeles im Antworten geradeso säumig war wie Grosser, so stellte sich der Urzustand der Dinge wieder her. Vierzehn Tage nämlich nach Abgang meines Briefes an Sie tauchte Grosser aus der Versenkung wieder auf, schrieb mir allerlei Freundliches, und die Sache war abgemacht. Eine Woche später traf auch Ihre freundliche Zusage bei mir ein, die mich sehr erfreut hat und Ihnen nicht geschenkt werden soll, wenn auch der Storch für diesmal außerstande ist, Nutzen davon zu ziehen. Ich würde bei der größeren Verbreitung und Lebens-

kraft, die Westermann hat, diesen Ausgang leise beklagen müssen, wenn ich nicht andrerseits ein ziemlich starkes Gefühl davon hätte, daß Nord und Süd ein geeignetes Publikum für solche Novellen aufweist. Überhaupt ist Nord und Süd – an dem nur seine Schwindsüchtigkeit ängstlich ist; aber Schwindsüchtige sind ja so oft nett und liebenswürdig – in seinem Ton und seinem Publikum am günstigsten für mich gelegen. Sein Ton hat etwas in gutem Sinne Lindausches, trotzdem sich Lindau nicht allzuviel drum kümmert, und sein Publikum ist berlinisch, residenzlich, großstädtisch, eine Sorte Menschen, die mir wichtiger und sympathischer ist als die marlittgesäugte Strickstrumpfmadame in Sachsen und Thüringen. Es ist sonderbar, wie sehr verschieden doch immer noch die Blätter sind, die man als gleichartig anzusehen gewohnt ist. Die Rundschau hat einen stark doktrinären Anflug, und Westermann neigt ein bißchen mehr als nötig nach Über Land und Meer hin. Das heißt: Geschmack und Stimme des Publikums werden ängstlicher behorcht als nötig. Als nötig vom Schriftstellerstandpunkt aus. Ich laß aber auch den andern gelten.

Rebekka Gerson v. Eichroeder ist ein reizendes Geschöpf und viel, viel mehr eine Verherrlichung des kleinen Judenfräuleins als eine Ridikülisierung. Dies tritt sogar so stark hervor, daß es mich etwas geniert. Ich kann es aber nicht ändern. Die ganze Geschichte würde von Grund aus ihren Charakter verlieren, wenn ich statt Rebekkchens eine Geheimratsjöhre einschieben wollte. Noch weniger geht ein reiches Bourgeoisbalg. Reiche Jüdinnen sind oft vornehm (worauf es hier ankommt), Bourgeoisbälger nie. (BE II 51 f)

Fontane an Salo Schottländer Berlin, 7. November 1881
Empfangen Sie meinen ganz ergebensten Dank für das Honorar von 750 Mark wie auch für die beiden Separathefte die mir Ihre Güte hat zugehen lassen. Ich beginne in diesem Monat noch mit einer für »Nord und Süd« bestimmten Novelle, deren stark das Politische streifender Inhalt – Uebrigens von liberalerer Richtung als man mir zuzutrauen geneigt sein möchte – mich reizt. Der Abschluß wird freilich noch eine Zeitlang auf sich warten lassen, sagen wir bis Juni 82. (FAP)

Fontane an Julius Grosser Berlin, 31. Januar 1882
Mit dem Storch steht es schlecht. Die wilden Gänse sollen zwar schon über unsre Stadt hingeflogen sein, und möglich, daß auch die Störche bald folgen, nur nicht meiner. In Substanz ist er da, aber die Substanz ruht noch im Ei und wird noch lange ruhn.
(BE II 56)

Fontane an Julius Grosser[?] Berlin, 4. Februar 1882
1883 geht es so dann an die Ausbrütung des Storchenei's. (RK 61)

Buch über Kaiser Wilhelm I.

Illustrierte Geschichte Brandenburg-Preußens
1882

Fontane an Friedrich Bruckmann Berlin, 21. Januar 1882
Empfangen Sie meinen ergebensten Dank für Ihre geehrte Zuschrift vom 19., wenn ich mich auch außer Stande sehe, dem gefälligen Antrage[1], den mir dieselbe bringt, zu entsprechen. Wer hätte nicht Liebe und Verehrung für unsren fast 85jährigen Kaiser, aber sein Leben zu beschreiben, schriftstellerisch, [ist] keine sehr lohnende Aufgabe. Was irgendwie gesagt werden kann, *ist* hundertmal gesagt, und es zum hundertundeinten Male zu sagen, hat, um mich milde auszudrücken, nichts Verlockendes. Es tritt dies *so* stark hervor, daß Sie der daraus entstehenden Schwierigkeit auch nicht leicht Herr werden werden. Die Könner werden es nicht wollen, und die Woller [?] werden es nicht recht können.
(FAP)

Berlin, 28. Januar 1882
Fontane an den Verlag Friedrich Bruckmann
Mein voriger Brief war kaum zur Post, als mir einfiel, daß ich Ihnen eine geeignete Persönlichkeit für das Kaiser Wilhelms-Buch hätte in Vorschlag bringen können. Es ist das der Dr. Georg Horn in Pots-

1 ein Buch über Kaiser Wilhelm I. zu schreiben.

dam, der mir alle dafür nötigen Eigenschaften in sich zu vereinigen, außerdem aber alle wünschenswerten, mehr nach der geschäftlichen Seite hin liegenden Garantieen zu bieten scheint. Wenn Sie's für angezeigt halten, so bitt' ich Sie, sich in Ihrem Schreiben auf mich zu berufen. Eventuell bin ich gern bereit, nähere Auskunft über seine Person zu geben.

Ueber Ihren zweiten gefl. Vorschlag ließe sich reden, wenn ich um 10 Jahre jünger oder um 5 Jahre älter wäre. *Jetzt* geht es nicht. Ich stecke mitten in Arbeiten, die zu vollenden mein sehnlichster Wunsch ist und die zeitweilig bei Seite zu schieben, mir meine hohen Semester nicht erlauben. Einen Augenblick hab ich geschwankt, und habe meinen Entscheid vom Honorar abhängig machen wollen, bin aber schließlich doch zu dem Entschlusse gekommen, bei meinen alten Göttern auszuharren. In Potsdam lebt übrigens (oder lebte wenigstens) eine zweite Größe: der Kunstschriftsteller *Hermann Riegel*, der bei Rümpler in Hannover Bücher herausgegeben hat, und wahrscheinlich ganz geeignet wäre, diese Arbeit zu übernehmen. (FAP)

Fontane an Friedrich Bruckmann Berlin, 1. Februar 1882
Ihre Güte beschämt mich, schafft mir aber auch eine kleine Verlegenheit. Wenn ich nicht die Disposition über meinen Lebensrest ändern will, kann ich nicht »ja« sagen. Was ich noch thun möchte, muß ich *jetzt* thun oder nie. Dennoch läßt sich vielleicht irgend'was für die Zukunft vereinbaren. Man kann nicht Novellen schreiben bis in alle Ewigkeit hinein. Man soll es auch nicht. Ueber kurz oder lang wird mir das Gefühl kommen: »nun ist es genug. Was *Du* auf diesem Gebiete zu sagen hast, hast Du gesagt«. Und von diesem Augenblick an werd' ich gern der Ihrige sein. Glauben Sie wirklich, daß ich der rechte Mann für die Sache[2] bin, so wird Ihnen das Hinausschieben des Unternehmens auch nicht schwer ankommen, um so weniger, als es sich nur um drei, vier Jahre dabei handeln kann. Ich stehe dann gern zu Diensten und würde mich aufrichtig freuen, mein literarisches Leben mit einem *solchen* Werke abschließen zu können. Allerdings wäre Grundbedingung dabei,

---

2 eine illustrierte Geschichte Brandenburg-Preußens.

daß Sie auf einen bloßen bestellten Text, der sich um zufällig Vorhandenes herumzuschlängeln hat, verzichteten. Ich würde vielmehr irgend eine bestimmte Schreib- und Auffassungsweise mit Ihnen vereinbaren und danach entweder ein historisches, oder ein ausschließlich cultur- und kunsthistorisches, oder aber ein novellistisch-anekdotisches Buch schreiben. Alles durcheinander »manschen« geht nicht. (FAP)

Berlin, 9. September 1888
Fontane an den Verlag Friedrich Bruckmann
Ergebensten Dank für Ihre geehrte Zuschrift vom 6. d. M. in der Ihre Güte noch einmal anfragt. Um neue Fristen zu bitten, geht nicht an und so möchte ich in Sie dringen, wenn ein solches illustrirtes Werk[3] geschaffen werden soll, Umschau zu halten, wer wohl statt meiner eintreten kann. Gerne, wenn ich durch Sie dazu aufgefordert werden sollte, bin ich bereit, Ihnen Personen zu nennen, die wohl geeignet wären die Arbeit zu machen. Ich persönlich kann es nicht mehr; noch auf Jahr und Tag hinaus bin ich engagiert und dann bin ich mittlerweile 70 geworden und zu alt, um etwas so Umfangreiches noch zu unternehmen. Junge Geschichtslehrer, wie sie jetzt an unsren Schulen zur Auswahl stehn, machen das alles rascher und besser. (FAP)

Parallelwerk zu den »Wanderungen durch die Mark Brandenburg«

1883

Fontane an Karl Zöllner Berlin, 4. November 1883
Die vielen Wochen, in denen ich mit halbem Dampf (und oft mit weniger) gearbeitet habe, hab' ich zum Pusseln und Zusammen-

---

3 Vgl. Anm. z. Brief an Friedrich Bruckmann vom 1. 2. 1882.

tragen von Stoff für ein 4bändiges Parallelwerk zu meinen »Wanderungen« benutzt.
Dreiviertel oder mehr – denn es ist schon ein »alter Schaden« – hab' ich glücklich beisammen, aber an einzelnen Stellen hapert's. Sprächst Du wohl mal mit Droysen darüber, wo sich mir
1. Rochus v. Lynar,
2. Lampertus Distelmeyer und
3. Die Schlacht bei Warschau

voll erschließen würden?
Ich glaube, daß Droysen's eigne Werke viel darüber bringen.
In Betreff der Schlacht bei Warschau hab' ich mal so was gehört. Er soll hinsichtlich derselben eine Art Entdecker gewesen sein.

(LA 380)

Lassalle-Kapitel

1884

Fontane. Tagebuch 3. März 1884
Entwurf zu einem Lassalle-Kapitel. (E 25, 133)

L. P. – Novelle

1884 [?]

Fontane. Arbeits-Notiz [undatiert]
Die L. P.-Novelle muß einen *sachlichen* Titel bekommen, nicht einen persönlichen. (E 73 b, 17)

Gesamtausgabe der »Berliner Romane«

1888

Fontane an Moritz Lazarus Krummhübel, 9. August 1888
Können Sie vielleicht an guter, nicht zu strenge urteilender Stelle erfahren, welches Rufes sich der junge Leipziger Verleger F. W. Steffens erfreut. *Ich* bin *sehr* mit ihm zufrieden, möchte aber, wegen eines größeren Planes[1], gern sichergehn. (BE II 209)

Fontane an Moritz Lazarus [Berlin], 22. August 1888
Es handelt sich um meine Berliner Novellen, die ich gern in ihrer Gesamtheit herausgeben möchte. Wird aber wohl nichts werden. Die reichen Buchhändler sind alle zu »sittlich«. (BE II 467)

Mathilde Möhring

1891

Fontane an Julius Rodenberg Berlin, 4. August 1891
Ich will übermorgen nach Föhr und – wenn ich überhaupt zum Arbeiten komme – etwas Neues dort (im ersten Entwurf) zu Ende führen. (RO 48)

Fontane. Tagebuch 1. Juni – 31. Oktober 1891
Dazwischen beschäftigen mich drei andre Arbeiten: Mathilde Möhring, St. Neumann, und die Poggenpuhls. Die erste dieser 3 (an der ich schon in Wyck fleißig gearbeitet hatte) beende ich Ende September im Brouillon, die beiden andern nehme ich mit in den Winter hinüber. (E 25, 185 f)

---

1 Vgl. dazu BE II 467.

Die Likedeeler

Plan zu einer Chronik: 1878 – 1882
Entwurf zu einer Novelle: 1882
Entwurf zu einem Roman: 1895

Fontane an seine Frau   Norderney, 9. August 1882
[...] eine neue wundervolle Novelle concipirt und aufs Papier geworfen [...]   (SJ I 170)

Fontane an Friedrich Stephany   Rüdersdorf, 1. August 1887
[...] das Nächste, was ich schreibe, spielt Anno 1400 u. endet mit der Enthauptung von 99 Seeräubern. Auch nicht übel.   (FAP)

Fontane an seinen Sohn Theodor   Berlin, 9. Mai 1888
Ich [...] habe vor, wenn mir noch ein paar Jahre vergönnt sind, mit einem ganz balladesken historischen Roman, der um 1400 spielt, abzuschließen. Die Leute mögen dann sehn, daß ich auf Zoologischen Garten und Hankels Ablage nicht eingeschworen bin und daß ich imstande bin, meine Personen ebensogut eine Simplizitätssprache wie die Bummel- oder Geistreichigkeitssprache des Berliner Salons sprechen zu lassen. Ich sage: »Die Leute mögen dann sehn«, ja, »sie mögen«, aber sie werden nicht, denn das Quantum von Gleichgültigkeit, das die Menschen allem entgegentragen, was nicht Modesache ist, ist kolossal.   (BE II 191)

Fontane an Hans Hertz   Berlin, 16. März 1895
Mein verstorbener Freund Hesekiel war wegen Gnadengaben aus der Hand königlicher Herrschaften immer in Streit mit mir. »Lieber Fontane, Du faßt das ganz falsch auf. Du betonst immer den Dank, den Du schuldest. Ich sehe in solchen Gaben nur die Anwartschaft auf eine zweite, höhere Gabe, beinah die Verpflichtung dazu.«
Dessen bin ich in diesem Augenblick eingedenk, wo ich meinen Dank für die in Ihrem letzten Briefe enthaltenen Freundlichkeiten dadurch spende, daß ich neue Freundlichkeiten von Ihnen erbitte.

Ich will einen neuen Roman schreiben (ob er fertig wird, ist gleichgültig), einen ganz famosen Roman, der von allem abweicht, was ich bisher geschrieben habe, und der überhaupt von allem Dagewesenen abweicht, obschon manche geneigt sein werden, ihn unter die Rubrik »Ekkehart« oder »Ahnen« zu bringen. Er weicht aber doch ganz davon ab, indem er eine Aussöhnung sein soll zwischen meinem ältesten und romantischsten Balladenstil und meiner modernsten und realistischsten Romanschreiberei. Den »Hosen des Herrn von Bredow« käme diese Mischung am nächsten, bloß mit dem Unterschiede, daß die »Hosen« wie es ihnen zukommt, was Humoristisches haben, während mein Roman als phantastische und groteske Tragödie gedacht ist.

Er heißt »Die Likedeeler« (Likedealer, Gleichteiler, damalige – denn es spielt Anno 1400 – Kommunisten), eine Gruppe von an Karl Moor und die Seinen erinnernden Seeräubern, die unter Klaus Störtebeker fochten und 1402 auf dem Hamburger Grasbrook *en masse* hingerichtet wurden. Alles steht mir fest, nur eine Kleinigkeit fehlt noch: das Wissen. Wie eine Phantasmagorie zieht alles an mir vorbei, und eine Phantasmagorie soll es schließlich auch wieder werden. Aber eh es dies wieder wird, muß es eine bestimmte Zeit lang in meinem Kopf eine feste und klare Gestalt gehabt haben. Dazu gehört genaustes Wissen. Wo nehme ich das nun her? Ich glaube, daß man in den Hamburger Archiven ein reiches Material aus jenem großen Prozeß her beherbergt, und wenn es sein müßte, würde ich mich selbst an derartig Archivalisches machen. Aber ich denke mir, daß die Hamburger Historiker all dies längst extrahiert und in ihren Geschichtswerken niedergelegt haben. Reichen nun Ihre Hamburger Beziehungen und Einflüsse so weit, daß Sie zunächst in Erfahrung bringen können, wie's damit steht, und zweitens, wenn dergleichen da ist, in welchen Schriften und Büchern? Weiß ich erst, ob und wo dergleichen zu finden ist, so zweifle ich nicht, daß sich mir die Erlangung ermöglicht, trotzdem unsere Bibliothek ein elendes Institut ist und wohl auch noch lange bleiben wird. Dafür sind wir das Volk der Denker und Dichter. In Wahrheit sind wir das Volk für zweieinhalb Silbergroschen.

(WHH 357 f)

Fontane an Friedrich Wilhelm Holtze   Berlin, 16. März 1895
Ich trage mich mit einem schon vor länger als 10 Jahren in Ostfriesland aufgepickten Stoff, der, an den Ort »*Marienhafe*« anknüpfend, die Leiden und Freuden, Leben, Tod und Höllenfahrt der Vitalienbrüder oder »Likedeeler« (Likedealer, Gleichteiler, also damalige Kommunisten) unter ihrem vielgenannten Führer Klaus Störtebeker behandelt.

Der Stoff in seiner alten mittelalterlichen Seeromantik und seiner sozialdemokratischen Modernität – »alles schon dagewesen« – reizt mich ganz ungeheuer, ich kann aber nicht eher an die Arbeit gehn, als bis ich mich mit soviel Wissen, wie ich vertragen kann, vollgesogen habe.

Wo nehme ich nun die Literatur dazu her? Zweierlei, und zwar Dinge, Schilderungen, die den Anfang und den Ausgang der Tragödie bedeuten, hoffe ich mir in Emden und in Hamburg verschaffen zu können, in Emden, wo sich Aufzeichnungen über den damaligen friesischen Häuptling von Marienhafe namens Tem Broke etc. befinden, und in Hamburg, wo 1402 oder 3 die ganze Likedeeler-Gruppe enthauptet wurde, Störtebeker, was er sich in Tapferkeit ausbedungen, *zuletzt*.

Also Anfang und Ende, was immer sehr wichtig, ist da. Aber wo finde ich ein Buch, das mir – natürlich nur mit Rücksicht auf das Hansagebiet – ein Zeitbild gibt, historisch und kulturell! Ich habe an Lappenbergs »Geschichte der Hansa«[1] gedacht. Habe ich Glück, so finde ich darin die ganze Likedeeler-Geschichte und zugleich auch den Zeithintergrund in allen Tönen. Klöden, in den »Quitzows«[2], spricht öfters von »Grotuff«[3], aus dem er zitiert. Wer war das?

(BE II 369)

---

[1] G. F. Sartorius, Freiherr von Waltershausen, »Urkundliche Geschichte des Ursprungs der deutschen Hanse«, hrsg. v. Johann Martin Lappenberg, 2 Bde., 1830.
[2] Karl Friedrich Klöden, »Die Mark Brandenburg unter Kaiser Karl IV. bis zu ihrem ersten Hohenzollerschen Regenten, oder: Die Quitzows und ihre Zeit«, 4 Teile, 2. Auflage 1846 (1. Aufl. 1836/37).
[3] »Die lübeckischen Chroniken in niederdeutscher Sprache. Chronik des Franciscaner Lesemeisters Detmar, nach der Urschrift und mit Ergänzungen aus andern Chroniken hrsg. von Ferdinand Heinrich Grautoff«, 2 Teile, 1829/30.

Fontane an Friedrich Wilhelm Holtze   Berlin, 22. März 1895
Seien Sie doppelt bedankt, erst für die freundlichen und so reichen Angaben, dann für Ihre Geneigtheit, mir auch die Bücher selbst zur Verfügung zu stellen.
Es trifft sich dabei so glücklich, daß ich *das,* was Ihnen nicht zu Händen ist, durch einen Zufall bereits besitze: Raumers Taschenbuch mit dem Voigtschen Aufsatz[4]. Auch Koppmanns Hansarecesse habe ich in Händen.
Und so möchte ich Ihre Güte denn um folgende Nummern angehen:
  1. »Zeitschrift für Hamburgische Geschichte«, Bd. 2 (1842).
  2. Koppmann, Klaus Störtebeker in Geschichte und Sage, in den »Hansischen Geschichtsblättern« 1877 (1879) und
  3. Das Störtebeker- oder Vitalienbrüdervolkslied in Liliencrons historischen Volksliedern der Deutschen (1865).

Vielleicht läßt Ihre Güte auf einer Karte mich wissen, wann ich schicken und die Bücher mir abholen lassen darf.
Erstaunt bin ich immer, wie wenig Brauchbares man in den Büchern unserer Historiker aus der Zeit unserer Väter, Großväter und Urgroßväter findet. Die Anordnung ist miserabel und von Kunst des Aufbaues keine Rede. Alles wie Kraut und Rüben durcheinander, aber immer mehr Kraut als Rüben. Ich kann es mir nur aus der Abwesenheit jedes Gefühls für Poesie erklären. Dadurch geht jedes Unterscheidungsvermögen für interessant und uninteressant, für wichtig und unwichtig verloren. Wichtig in meinen Augen ist immer nur der Hergang und die ihm vorausgehende oder ihm folgende Leidenschaft. Also das Menschliche. Das bloß Aktenmäßige ist immer langweilig. Wie haben die beiden Westnationen das doch immer besser verstanden! (FR II 345 f)

Fontane an Hans Hertz   Berlin, 31. März 1895
An diesem Vorabend des Bismarck-Tages beschäftigt mich unpatriotischerweise mein neuer Freund Klaus Störtebeker mehr als der ihm nicht ganz unverwandte Altreichskanzler. Beide waren

---

4 Johannes Voigt, »Die Vitalienbrüder«. In: »Raumers historisches Taschenbuch«, NF Bd. 2, 1841.

»Stürzebecher« und ein Schrecken ihrer Feinde. Selbst mit Religion und Kirche haben sich beide befaßt, wenn es gerade vorteilhaft war. Nur war Bismarck nie »Likedeeler«; er behielt immer möglichst viel für sich. Zur Strafe dafür kriegt er jetzt so viel Geschenke, daß er sie nicht unterzubringen weiß. Am meisten scheint er sich über die japanische Vase zu ärgern.

Also Störtebeker! Ich komme, auf Ihre Erlaubnis hin, mit neuen Bitten, nachdem mich mein Freund, der Amtsrichter Dr. Holtze – der Sie durch Guttaten seinerseits entlasten sollte –, total im Stiche gelassen hat. Er schrieb mir 6, 8 Bücher auf und erbot sich mit jener großartig stilisierten Artigkeit, deren nur die Familie Holtze fähig ist, mir alles schicken zu wollen, was ich von diesen Büchern brauchte. Da nannte ich denn 3 Sachen. Aber ich habe in beinah 14 Tagen keine Antwort empfangen und keine Bücher. So muß ich denn doch wieder bei Ihnen anklopfen und erlaube mir, 3 Zettel beizulegen, auf denen meine Wünsche verzeichnet stehn. Hoffentlich macht es Ihnen nicht zuviel Umstände. (WHH 359)

Fontane an Hans Hertz Berlin, 4. April 1895
Herzlichsten Dank für die Bücher und die freundlichen Begleitzeilen. Das Störtebekerlied ist sehr famos, und ich habe was davon. Das, was vom Volk kommt (im Gegensatz zum Ratsherrn oder gar zum Assessor), ist immer mehr oder weniger brauchbar; furchtbar wird die Welt erst mit der Aktenschmiererei, mit dem Kommissionsbericht und der – Enquête. (WHH 360)

Fontane an Friedrich Wilhelm Holtze Berlin, 12. April 1895
Schönsten Dank für den Sammelband, in dem ich den Aufsatz über die Totentanzsprüche sehr gut brauchen kann.
Was Störtebeker und die Likedeeler angeht, so habe ich jetzt alles, ein angenehmer Zustand, der mir aber doch die Verpflichtung auferlegt, mich vor Ihnen zu entschuldigen.
Als ich auf meinen letzten Brief keine Antwort erhielt, sagte ich mir: »Dr. Holtze hat entweder deinen Brief nicht gekriegt oder du seine Antwort nicht. Anfragen darüber sind ausgeschlossen. Also laß es laufen und benutze Dr. Holtzes Notizen, um dir die darauf verzeichneten Bücher anderwärtig zu verschaffen.« So wandte ich

mich an meinen Freund und Gönner Hans Hertz, der mir aus der hiesigen Königlichen und der Hamburger Stadtbibliothek alles besorgt hat.

Ich hielt es für das Angemessenste, Ihnen dies offen zu schreiben. Mein Dank für Ihre freundliche Wohlgeneigtheit und für die Direktiven, die mir Ihr erster Brief gab, bleibt derselbe. Ich habe mehr als ein halbes Dutzend Bücher durchzulesen. Voigts Aufsatz[5] (in Raumers »Taschenbuch«), wiewohl etwas altmodisch und kraut- und rübenhaft geschrieben, enthält doch das weitaus Beste. Lappenbergs Mitteilungen[6] sind knapp, klar, übersichtlich und *dadurch* verdienstlich. Im ganzen aber sieht man mit Schaudern, wie ein Buch vom andern abgeschrieben wird.

Meine Bewunderung und Liebe für die Historiker, drin mir mein Leben vergangen ist, ist mir in den letzten Jahren überhaupt stark erschüttert worden. (FR II 349 f)

Fontane an Paul Schlenther Berlin, 22. Juli 1895
Wenn man gar nichts feststellen kann, hat man immer noch den Indizienbeweis. Und danach kann ich denn für fünf Bände »Störtenbeker«[7] – daran sich möglicherweise noch fünf weitere schließen (aber nicht meine) – niemand anders verantwortlich machen als Sie und Ihre Güte. (FR II 352)

Fontane an [?] Distel Berlin, 29. Juni 1898
Wie gütig, wie liebenswürdig mir in meinen Vitalienbrüdernöthen so brüderlich hilfreich beizuspringen. Ich glaube, das ist just das Buch, das ich brauche, wenn ich auch dreiviertel *nicht* finde; so wird es mir doch Licht genug geben, um mich in dem großen Dunkel mit einiger Sicherheit weiter tappen zu können. (FAP)

---

[5] Vgl. Anm. z. Brief an F. W. Holtze vom 22. 3. 1895.
[6] J. C. M. Laurent, »Klaus Stortebeker. Mit Zusätzen von Herrn Archivarius Dr. Lappenberg«. In: »Zeitschrift des Vereins für hamburgische Geschichte«, Bd. 2, 1844.
J. M. Lappenberg, »Nachträgliches über Klaus Stortebeker«, ebd.
[7] Vgl. FR II 352.

Sommerbriefe aus dem Havellande[1]

Fontane an Julius Rodenberg Berlin, 21. Juni 1893
In den nächsten Wochen möchte ich noch ein paar »Sommerbriefe aus dem Havellande« schreiben, etwa 5 und höchstens doppelt so viele (»Rundschau«-)Seiten umfassend. Könnten Sie sich entschließen, diese Briefe – lediglich Plaudereien über allerhand Tagesfragen in Kunst und Politik – im September- oder Oktoberheft zu bringen? Den Termin weiter hinauszuschieben verbietet sich, weil die Briefe noch mit in ein kleines, zu Weihnachten erscheinendes »Reisegeschichtenbuch« hinein sollen. (RO 57 f)

Zwei nicht identifizierte Arbeiten

Berlin, 27. November 1888
Fontane an einen französischen Übersetzer
Der Empfang Ihrer liebenswürdigen Zeilen vom 23. d. M. war mir eine Ehre und große Freude. Daß Ihnen Graf Fantonc keine Korrekturbogen zugehen ließ, beklage ich als einen Mangel an Rücksicht gegen *Sie*; meine Novelle, soweit ein rascher Einblick mich belehren konnte, hat aber kaum darunter gelitten, – das Entscheidende liegt doch immer im Ganzen, in dem eigentlichen Leben des Kunstwerks, und ist dies Leben am Leben geblieben, so ist alles gut. Und daß es so ist, dafür haben *Sie* gesorgt. Meine Damen, Frau und Tochter, mit deren Französisch es besser steht als mit dem meinigen, sind entzückt, wie Sie's getroffen haben. Daß es Ihnen mit Denta glücken möge, sei mir gestattet als herzlichen Wunsch an den Schluß dieses Briefes zu stellen. Ihre Landsleute sind freilich durch das, was sie selbst schaffen, verwöhnt, trotzdem, denk ich, müßt es auch für Franzosen und selbst für Pariser ein Interesse haben, zu sehn, wie die deutschen Käuze dergleichen machen.

(E 63, 734 f)

[1] Vgl. dazu RO 240 f.

Fontane an Marie Uhse   Berlin, 24. November 1895
Zu neuem Danke bin ich Ihnen verpflichtet. Ich habe, seit ich das Buch schrieb – damals eine lange, mühevolle Arbeit – nie wieder hineingesehen und darf sagen, daß Sie mir die Geschichte, von der ich nicht mehr viel wußte, wieder aufgebaut haben. Es war, wie wenn man Städte wiedersieht, in denen man vor 30 Jahren glücklich gelebt hat. Nochmals herzlichen Dank.   (FAP)

Argo. Belletristisches Jahrbuch für 1854

Fontane an Theodor Storm   Berlin, 8. März 1853
Wir haben ein literarisches Unternehmen vor, zu dem es ungemein erwünscht sein würde, eine Kraft wie die Ihrige heranziehn zu können. Näheres verspar' ich mir, da die ganze Angelegenheit zuvor noch ihrem Abschluß entgegensieht.   (FR I 61)

Fontane an Paul Heyse   Berlin, 18. März 1853
Im Hannoverschen existiert ein Sprichwort, das lautet: »Wer beharrlich dem Glücksrade nachläuft, findet doch mal 'ne Nabe.« Demzufolge hab' ich es zum Redakteur gebracht, und zwar zum Herausgeber eines »Belletristischen Jahrbuchs«, das anderweitig noch nicht getauft ist, den Familienrat aber (aus 6 Vätern bestehend) auch in bezug auf einen hübschen, christlichen Namen Tag um Tag beschäftigt. Wenn ich nicht sehr irre, hat Dir Schwiegerpapa Kugler bereits das Wesentliche mitgeteilt; indessen könnten die inzwischen abgeschlossenen Verhandlungen teilweise doch einen andern Ausgang genommen haben, als wir anfänglich erwarteten, so daß Du mir erlauben mußt, auf das Unternehmen noch mal zurückzukommen. Die Rütli-Versammlungen – eine Schöpfung unseres Eggers, der nach wie vor sich mit Vereinegründen beschäftigt –, führten alsbald den Wunsch nach einem *Organ* herbei, und wir machten Versuche, eine Vierteljahrsschrift oder dem Ähnliches zustande zu bringen. Aufsätze und Kritiken, zumeist über Dinge, die unser Beisammensein verhandelte, sollten den

Hauptinhalt bilden. Die Sache scheiterte, weil sich kein unternehmungslustiger Buchhändler fand. Beiläufig bemerkt, haben wir bei der Gelegenheit mal wieder recht erkannt, daß Berlin der eigentliche Sitz des Buchhändlerphilisteriums ist. Endlich erklärten Gebrüder Katz in Dessau, sie wollten um der berühmten Namen willen auf das Unternehmen eingehn, wenn wir uns entschlössen, demselben die Form eines novellengespickten Jahrbuchs zu geben. Wir bissen an, und haben nun die Verpflichtung übernommen, bis *spätestens* Ende Juni 20 Bogen Manuskript zu liefern. Das Manuskript wird durch mich zusammengetrommelt (daher Redakteur) und soll bestehn aus 10 Bogen in Novellen, 5 Bogen Verse und ebensoviel Aufsatz, Abhandlung, Kritik u. dgl. m. Für die beiden letzten Kategorien ist gesorgt, womit nicht gesagt sein soll, daß nicht auch nach *der* Seite hin Beiträge von einem gewissen Paul Heyse willkommen sein würden – um was wir Dich aber beschwören, das ist eine Novelle, eine Erzählung, eine Schilderung römischen Lebens (nicht in einer Reihenfolge von Briefen, sondern mehr in *einem* abgerundeten Aufsatz), und hab' ich Auftrag, Dir im voraus den Rütli-Dank für jede, auch die kleinste Deiner Zusendungen auszusprechen. Das beste wird sein (denn ich zweifle fast, daß Du Dich unsertwegen besonders inkommodieren wirst), Du schickst an Kugler eben ein, was Du hast, und überläßt seinem Geschmack und Urteil, zu denen Du ja Vertrauen hast, die Auswahl. Die Gesellschaft, in der Du Dich befinden würdest, ist folgende: Kugler, Merckel, Borman, Lepel, Eggers, Storm (wie ich hoffe), Goldammer (vielleicht) und meine Wenigkeit. An Stoff ist da: ein halb Dutzend *guter* Balladen (namentlich eine lange und schöne, »Thomas Cranmers Tod« von Lepel), »Cornelius«, eine Biographie von Eggers, »Der letzte Zensor«, eine echt Merckelsche Erzählung von Merckel, »Die Shakespeare-Bühne« von Kugler, altenglische Balladen mit einem längeren Vorwort von Fontane und noch einiges andere, so daß dem Raume nach für die gute Hälfte gesorgt ist. Überhaupt, es wird sich schon machen, und nur die »Novelle« macht uns noch Sorge; – nimm *Du* diese von uns! Honorar 16 RT. per Bogen, setz' uns in den Stand, Dir einen 50-Taler-Schein wohlverpackt übersenden zu können. Ablieferungstermin *spätestens* die letzten Tage des Juni.

(FH 15 f)

Fontane an Theodor Storm Berlin, 19. März 1853

Ich sprach Ihnen – wenn ich nicht irre – von einem belletristischen Unternehmen, das vorbereitet werde und dessen Abschluß ich nur noch erwartete, um mich mit der Bitte um Beteiligung an Sie wenden zu können. Dieser Abschluß ist inzwischen erfolgt, und unter Redaktion von Kugler und mir wird spätestens Anfang Oktober ein »belletristisches Jahrbuch« (ein bestimmterer Titel ist noch nicht gefunden) erscheinen, das laut Übereinkunft mit unsrem Buchhändler aus 10 Bogen Novellen, Erzählungen, Biographie und dergl. m., 5 Bogen Verse (namentlich Balladen) und 5 Bogen verschiedener Aufsätze bestehen soll. Für die zwei letztgenannten Fächer ist im wesentlichen der Stoff bereits vorhanden (womit keineswegs gesagt sein soll, daß uns nicht einige poetische Arbeiten, namentlich Lyrisches, von Ihnen aufs höchste willkommen sein würde); was uns aber fehlt und der ganzen Richtung derer nach, von denen das Unternehmen ausgegangen ist, *fehlen muß*, das sind Novellen – *Ihre* starke Seite. Wenn ich von »Novellen« spreche, so bitt ich's damit nicht wörtlich zu nehmen, ich verstehe darunter vielmehr jede Art poetischer Erzählung, und ob Sie den Stoff der Sage, der Chronik oder dem eignen Erlebnis entnehmen, gilt uns völlig gleich. Ich sehe Ihrer Erklärung hierüber, hoffentlich Ihrer Zusage, mit nächstem entgegen und darf Ihnen nicht verschweigen, daß unser gesamtes Comité (Kugler, v. Merckel, v. Lepel, Schulrat Bormann, Dr. Eggers und meine Wenigkeit) eine herzliche Freude haben würde, Sie an unsrem Streben: ein tüchtiges belletristisches Jahrbuch herzustellen, mitwirken zu sehn. Wir würden Ihnen zwischen 1 und 3 Bogen Raum bewilligen können. Honorar pro Bogen 16 Taler. *Spätester* Ablieferungstermin: Mitte Juni.

Gestatten Sie mir, an die vorstehende ergebenste Aufforderung noch ein zweites Gesuch zu knüpfen. Ich weiß nicht, wie nah Sie dem Verf. des »Quickborn«[1] stehn, aber wenn mich nicht alles täuscht, so kennen Sie ihn wenigstens. Aus der Vorrede zu seinem Buch hab ich ersehn, daß er nicht nur ein famoser Dichter, sondern nebenher auch ein feiner, über jedes Kleinste sich Rechenschaft gebender Kopf ist und gewiß imstande wäre, uns über Volkspoesie, über die

---

[1] Gedichtsammlung von Klaus Groth, 1852.

Vorzüge des Plattdeutschen und überhaupt über alle jene Fragen, die ihn vorzugsweise beschäftigt zu haben scheinen, einen ebenso schätzenswerten wie interessanten Aufsatz zu schreiben. Könnten Sie, ihm gegenüber, wohl unser Vermittler sein? Ich seh auch in bezug auf diesen Punkt Ihrem Entscheid mit Spannung entgegen und würde nicht säumen, mich brieflich an Klaus Groth zu wenden, von dem Augenblick an, wo ich Ihren Rat dazu in Händen hätte.

(BE I 122 ff)

Fontane an Friedrich Eggers [Berlin, Frühjahr 1853]
Nachdem ich durch hunderttausend Schnurrpfeifereien endlich glücklich hindurch bin, muß nun das »Jahrbuch« mit Macht in Angriff genommen werden. Ich komme zu Dir mit zweierlei Anfragen, einmal mit solchen, die sich direkt an Dich richten, zweitens mit Vorstellungen die eigentlich für Kugler bestimmt sind, die ich aber im Hinblick auf seine Krankheit jetzt (persönlich) vorzutragen unterlasse. Da Du indeß den Stand der Sachen in 242 tagtäglich übersiehst, so bitt' ich Dich die betreffenden Fragen an K. sobald zu richten, als es ohne Nachteil für ihn geschehen kann.
Zunächst Deine eigne Mitarbeiterschaft! Wie steht's damit?! Deine beiden Concurrenz-Balladen hab' ich durchgelesen zum Theil mit *großer* Befriedigung aber doch nicht mit durchgängiger. Mir scheint (trotz Kugler) »Heralda« besser zu sein; es ist reicher an Schönheiten. Der Grundgedanke im »Radgar« ist vortrefflich, doch tritt er nicht schlagend genug hervor. Meine Anfrage an Dich geht nun dahin, ob Du dich – vorausgesetzt daß wir uns über einzelne Schwächen einigen – zu einer kleinen Umarbeitung des einen oder andern Gedichtes verstehen würdest.
Ferner: wie steht's mit einer Künstler-Biographie?! Kriege einen Lebenden beim Schopf, oder lasse die Todten auferstehn, gleichviel! nur schaffe irgend was. Ich seh einer bestimmten Erklärung über diesen Punkt von Dir entgegen, damit ich ohngefähr berechnen kann, wie sich's mit dem Raume macht.
Nun also für Kugler.
Zuerst, wie gefällt ihm der Titel

Ascania,
belletristisches Jahrbuch u.s.w.

Weil wir nämlich alle zwischen Elbe und Oder zu Hause sind, die wir uns an dem Buche betheiligen, so sucht' ich nach einem Wort das dies *Landsmannschaftliche* ausdrücken möge. Ich fand nichts, bis mir plötzlich obiges Wort durch den Kopf schoß. Es hat eine doppelte Bedeutung: einmal weil das Buch in *Dessau* erscheint, dann weil die Mark Brandenburg ursprünglich Besitzthum der *Askanier* war. Jedenfalls ist es ein hübsches Wort. Weiter! Ich bin doch (zum Theil um dem Buche den Charakter eines *nord-deutschen* Musen-Almanachs zu leihn) der Meinung, daß es gut wäre noch ein paar gute Poeten mit heranzuziehn, namentlich auch *Lyriker*, damit wir nicht in unsrem Balladenfett ersticken. Ich proponiere zuvörderst *Paul* [Heyse] den Römer, der irgend was 'rausrücken muß; er wird doch in Jahr und Tag ein Paar Liedchen geschrieben haben! 2. *Otto Roquette* (dessen Breitschlagung *Du* übernehmen würdest) 3. *Claus Groth*, an den ich mich wenden werde, sobald ich durch Storm seine Adresse erfahren 4. *Scherenberg*, der doch nun 'mal – und trotz meiner Opposition, mit vollem Recht sein Publikum hat und eine gewisse Monotonie unsrer Arbeiten mit Glück unterbrechen würde. Lepel oder ich müßten ihn angeln. Auch von *Storm* hoff' ich noch kleine Sachen los zu eisen. Kann ich mir von K. die Merckelschen Opera vielleicht holen lassen?!

(FAP)

Fontane an Theodor Storm Berlin, 2. Mai 1853
Nun unser Buch. Es wird zunächst aus Novellen bestehn, und zwar von: Th. Storm, W. v. Merckel, Paul Heyse, Franz Kugler, Leo Goldammer und einem unbekannten Sechsten, der noch erst zu finden ist. Kennen Sie einen solchen? Sie würden mich durch Fingerzeige Ihnen auf das allerentschiedenste verpflichten, denn es bleibt noch Raum zum Füllen übrig. Zweitens: Balladen. Und zwar zuerst ein paar Bogen altenglische, übertragen von meiner werten Person. Dann gemeine deutsche (Balladen nämlich) von: Kugler, Merckel, Lepel, Fontane, vielleicht auch Eggers. Lyrisches – wenn er uns nicht im Stich läßt – von Paul Heyse; und schließlich Aufsätze, bestehend aus einer Kuglerschen Arbeit »Über die Shakespeare-Bühne« sowie aus einer Reihenfolge »Londoner Briefe« von mir. Das wär's! Über Bilder verlautet noch nichts Bestimmtes. Gute

können wir nur brauchen, und solche verteuern ein solches Unternehmen um ein Bedeutendes. (BE I 128 f)

Fontane an Friedrich Eggers Kränzlin, 27. Juli[?] 1853
Nur wenige Worte auf einem letzten Schnipsel Briefpapier. – Ich bin hier blitzwenig zum Arbeiten gekommen und wollte mich auch nicht dazu zwingen. Die Plackerei wird früh genug wieder beginnen. Auf der andern Seite hab ich meiner Ztng. versprechen müssen irgend etwas einzusenden und ich möchte in Ermangelung von selbstständig Producirtem wohl die Uebersetzung aus dem Englischen (Jagdgeschichten am Cay) dazu benutzen, die Du vor 3–4 Monaten mal mit nach Rostock nahmst und die – wenn ein Bericht Fritz Witte's richtig ist – wahrscheinlich noch nicht abgedruckt worden ist. – Du würdest mich Dir *sehr* verbinden, wenn Du's so einrichten könntest, daß am Sonntag dem 24ten die Geschichte in Deinen Händen ist.
Ich habe Tag um Tag einige Zeilen von Dir erwartet und will mein tägliches Getäuschtsein gern verschmerzen, wenn Du nur die versprochenen Sachen an Katz eingesendet hast. – Morgen gedenk' ich an Kugler zu schreiben.
War Storm da? Hast Du meinen Brief mit dem Storm-Aufsatz und dem Gelde richtig erhalten? (FAP)

Fontane an Friedrich Witte Berlin, 3. Oktober 1853
Diese »Uns« oder »Wir« sind Kugler, Bormann, Merckel, Lepel, Eggers, Adolf Menzel (P. P. Rubens), Paul Heyse und ich. Heyse kehrt morgen mit den Kuglerschen Damen zurück; 4 Wochen war er in Dürkheim (Rheinpfalz). Wir sind unendlich gespannt auf ihn. Die vorstehenden 8 bilden die Besatzung der »Argo« und nennen sich Argonauten. Wir versammeln uns alle Sonnabend, es geht reihum. Die »Argo« erscheint innerhalb der nächsten 14 Tage; ich denke, Du wirst nicht unter den letzten Käufern sein; mit Freiexemplaren (jeder eins) steht es so schlecht, daß ich auf »freundschaftliche Überreichung« verzichten muß. Bin sehr neugierig, was Du zu dem Buche sagen wirst. Eins ist es gewiß – anständig. Die Langweiligkeit, die damit so leicht Hand in Hand geht, ist, soweit

ich's beurteilen kann, glücklich vermieden. Doch über ein Kleines magst Du selber urteilen.

Auf Paul Heyse freuen wir uns sehr. Italien und die Jahre haben hoffentlich jene Schnabbrigkeit beseitigt, die für alte Knaben gelegentlich verletzend war. Seine Taschen sind voller Arbeiten, meist Dramatisches. Seine Novelle »La Rabbiata« [L'Arrabiata] (in unserm Buch) ist ein kleines Meisterstück wie »Die Brüder«.

(BE I 137)

Fontane an Theodor Storm   Berlin, 4. Januar 1854

Einiges die Argo Betreffende bring' ich mit. An Kritiken herrscht völliger Mangel, doch existieren bereits ein paar Dutzend Notizen. Gutzkow hat auch abgeschossen und uns viel Spaß gemacht. Der Buchhändler ist zufrieden. Hier sind *alle* Exemplare, die da waren, verkauft worden. Ein neuer Beweis, wie gleichgültig die Anzeigen und namentlich die *Kritiken* sind. Dennoch gehören derlei Dinge mit zur Vollständigkeit, und wenn andre Leute keine schreiben, müssen wir zuletzt selbst dran denken. Am meisten Anklang haben bis jetzt La Rabbiata [L'Arrabiata], Chlodosinda und der Frack des Herrn v. Chergal[2] gefunden. Erst in zweiter Reihe erweist man meiner Prosa die Ehre. Der poetischen Beiträge – mindestens gleichberechtigt – ist (mit Ausnahme der plattdeutschen Lieder) bisher kaum Erwähnung geschehn. Es ist ein Jammer und wird's bleiben.

(FR I 103 f)

Fontane an Theodor Storm   Berlin, 14. Februar 1854

Für die Abschrift der »Argo«-Kritik herzlichen Dank. Ich legte sie, in dem am selben Tage stattfindenden Rütli, nicht vor, weil ich mich überzeugt hielt, daß der Ablesung des Gesäures eine Verstimmung folgen würde. Wenn wir über die Straße gehn und der dummste Mensch ruft uns zu: alter Schafskopf!, so ärgern wir uns; unser gutes Gewissen, daß wir zu den klügsten Leuten der Christenheit zählen, ist nicht mächtig genug, uns diesen Ärger zu ersparen. Selbst die übliche Expektoration »Ochse«, zu der auch der Geistreichste in so dringenden Fällen zu greifen pflegt, stellt die gute

---

2 Anagramm von (Ernst Ludwig von) Gerlach, Argo-Beitrag von Wilhelm von Merckel.

Laune nur kümmerlich wieder her. Ich zweifle nicht, daß der Rütli seine Indignation in eine ähnliche summarische Antikritik zusammengefaßt hätte, glaube aber nicht, daß Merckel und Lepel – die so unverfroren als »anspruchsvolle Mittelmäßigkeiten« eingeführt werden – ihrer Verstimmung sofort Herr geworden wären. Übrigens sieht man's der ganzen Besprechung an, daß der Kritiker das Buch nur *an*-, aber nicht *durch*gelesen hat. Ein absichtliches Frontmachen gegen das Berlinertum schimmert ebenfalls deutlich hindurch. Diese Feindschaften sind unser Stolz und das Beste, was uns bis jetzt zuteil geworden ist. (BE I 145)

Fontane an Theodor Storm　　　　　　　　　Berlin, 27. März 1854
Vor allem freu ich mich herzlich, daß der Frühling, der immer bloß als Prinz oder König herhalten muß, nun auch mal die Wunderdoktorrolle übernommen und wieder einen leidlich fixen Kerl aus Ihnen gemacht hat. Wenn die »Argo« 2. Jahrgang davon profitieren sollte, will ich's dem Potsdamer Frühling doppelt hoch anrechnen; versteht sich, nachdem sich der Mensch Fontane zuvor herzlich über das gefreut hat, was hinterher dem Redakteur zugute kommt.
(FR I 109)

Fontane an Theodor Storm　　　　　　　　　Berlin, 4. Juni 1854
Zu Ihrer Erbauung leg' ich Ihnen ein Stück Brief bei, worin die Argo besprochen wird. Der Verfasser ist mein Schwager, ein gescheiter, vielseitig gebildeter Arzt[3]. Partei für mich nimmt er, wie Sie sehn werden, gar nicht; denn er übergeht alle meine Beiträge mit Ausnahme seines einen Lieblingsstückes. Was ergibt sich daraus? Wer überhaupt ein Talent hat und *berechtigt* ist zu schreiben, der schreibe flott und unbeirrt drauf los. Er wird immer Personen und zwar Leute von Bildung finden, die sich daran erfreun.

(FR I 117)

Fontane an Theodor Storm　　　　　　　　　Kränzlin, 20. Juni 1854
Ob es die Argo zu einem zweiten Jahrgang bringen wird, steht noch dahin. Ich erwarte jeden Tag einen Brief von Katz[4], der mir des-

---
[3] Dr. Hermann Müller, Halbbruder von Emilie Fontane.
[4] Verleger des ersten Bandes.

sen Entschließung mitteilen soll. Es wäre immerhin schade, wenn wieder ein Unternehmen einschlafen sollte, das wohl verdiente, an Stelle Gruppescher Musenalmanache[5] und Hellerscher »Vergißmeinnichte«[6] seinen Platz zu behaupten. Ich selbst würde freilich nur auf dem Titelblatte zu finden sein. Hat sich denn Mommsen eigentlich über seine Geneigtheit zur Mitarbeiterschaft ausgesprochen? (FR I 119 f)

Fontane an Theodor Storm　　　　　　　　　　Berlin, 25. Juli 1854
Ob die »Argo« erscheint, entscheidet sich in den nächsten Tagen. Ich *soll* an Schindler schreiben. Auf Ihre neue Arbeit bin ich sehr gespannt. Gebe Gott, daß Potsdam mit Husum konkurrieren kann. Lassen Sie mich's recht bald lesen. (BE I 156)

Fontane an Friedrich Eggers　　　　　　　　Berlin, 11. August 1854
Gestern erhielt ich einen Brief, von Kugler, dessen Inhalt Dir inzwischen mündlich mitgetheilt worden sein wird. K. hat in vielen Stücken gewiß Recht, namentlich wenn er hervorhebt, daß Schindler Persönlichkeiten wie P. Heyse gegenüber (und wir selbst können Kugler's Person und Namen noch hinzufügen) wohl coulanter und gleichzeitig spekulativer hätte sein können; indeß alles das bereitwilligst zugegeben, wär es doch schade, wenn, nachdem so viel überwunden worden ist, an dieser praktisch unwesentlichen Sache (daß wir nöthigenfalls nämlich den Schaden zu decken haben) die ganze Geschichte scheitern sollte. Ich bin anfänglich, wie Du weißt, gegen ein Wiedererscheinen der Argo unter diesen mehr oder minder poplichen Bedingungen gewesen, nachdem nun aber mal die Sache wieder in Angriff genommen und meinerseits in einem Dutzend Briefen Wind hinter die Affaire gemacht worden ist, sollt' es mir leid thun, wenn der mit bester Kraft und bestem Willen unternommene Anlauf schließlich doch zu keinem Sprung über den Graben führen sollte. Thu in der Sache was Du kannst, scheitert aber alles so laß mich's bald wissen, damit ich aufhöre den andern Mitarbeitern die Pistole auf die Brust zu setzen. (FAP)

5 O. F. Gruppe (Hrsg.), »Musenalmanach«, 1851–56.
6 Robert Heller, Mitarbeiter an dem Taschenbuch »Rosen und Vergißmeinnicht«.

Fontane an Theodor Storm [Berlin, August 1854]
Von Schindler erhalt' ich, gleichzeitig mit Ihrem Briefe, einige gute Nachrichten hinsichtlich der Argo. Ich würde den Brief beipacken, wenn ich nicht ersähe, daß Sie unsern Heinrich morgen erwarten. Katz scheint (unsre Exemplare *vielleicht* nicht einmal eingerechnet) 450 verkauft zu haben. In diesem Falle würden die Argonauten schließlich noch ein gutes Geschäft machen, da schon zweihundert Exemplare die Kosten (350 Taler) decken. (FR I 124)

Fontane an Friedrich Eggers London, 2. August 1856
Wenn eine neue »Argo« erscheint (aber nicht »Tafelrunde« um Gottes Willen nicht) so schick mir ja einen Correctur-bogen, ich habe namentlich die *Ueberschrift* der Douglas-Ballade in Erwägung zu ziehn. (FAP)

Fontane an Henriette von Merckel London, 12. Dezember 1856
Die »Argos« sind also überreicht. Sie liegen seit gestern oder vorgestern in ihrer ganzen Stattlichkeit auf dem runden Tisch des gräflichen Empfangszimmers[7], und als ich ihrer ansichtig wurde, kamen mir die vergoldeten Deckel vor wie stattliche Leichensteine, unter denen der Inhalt für immer begraben ruht. Sie kennen ja solche Empfangszimmertische; sehn sie nicht aus wie Kirchhöfe, sind sie's nicht? Dann und wann tritt ein einsamer Wandrer heran, liest: »Argo, belletristisches Jahrbuch, geboren 1854, gestorben in demselben Jahre«, und er tritt schmunzelnd beiseit und denkt: sei ihm die Erde leicht. Was ist ihm Hekuba? was ist ihm Argo? sein gleichgültiges Herz hat keine Ahnung davon, daß Immermann drei Jahre lang diesen Toten betrauert hat. – Sie wollen aber wissen, was der Gesandte gesagt hat. Ja, das weiß nur Gott und die Gräfin. Ich weiß es nicht. Der Gesandte dankte mir, während sein Auge auf die Thüringerin von Meyerheim fiel, und damit ist es aus. Es kann auch nicht anders sein. Die Leute haben keine Zeit, keine Freude daran und kein Verständnis dafür. Die Zeit findet sich, *muß* sich finden, wenn eine große Lust an solchen Dingen da ist, aber auch nur dann; da müssen die Nächte zur Hülfe genommen

7 des preußischen Gesandten Graf Bernstorff.

werden, denn der Tag gehört durchaus (wie ich mich überzeugen kann) dem Geschäft und den Mühseligkeiten der Repräsentation. Es tut mir doch leid, daß der Brief verlorengegangen ist, den ich im Sommer über diesen Gegenstand an Ihren Herrn Gemahl richtete. Es gibt Minister und Diplomaten, die froh sind, sich in das Sanktuarium ihrer Studierstube zurückziehn zu können, die einen scharfen Sinn für die Wissenschaft und einen feinen für die Kunst haben, aber sie sind rar. Was die Seelen der großen Majorität erfüllt, sind ganz andre Dinge: ob das Gut daheim einen Plus-Ertrag liefern wird, ob eine Einladung von der Königin zu erwarten steht oder nicht, ob die Gräfin links oder rechts sitzen wird, ob die engl. Zeitungen nicht endlich Miene machen werden, Count *of* B. statt bloß Count B. zu drucken u. dgl. m. Ich schreibe das nicht, um es zu verspotten; es kann nicht anders sein; diese Dinge sind zum Teil (der Gutsertrag nun schon ganz gewiß) von wirklichem Belang, und es gehört eine aparte geistige Höhe dazu, über diese Dinge fort zu sein oder auch nur andren Dingen ein Recht *daneben* einzuräumen. Sie sehn, daß die »Argos« hier keine Chancen haben; wahrscheinlich ist die Sache ein für allemal tot, oder aber die Gräfin wird mal hinwerfen, daß die Bilder, »ich habe die Namen vergessen«, doch ganz allerliebst seien. Ich bin wahrhaftig nicht böse darüber. Es ist noch lange nicht so schlimm wie jene furchtbare Minute, wo mich eine Berliner schöngeistige Dame aufforderte, in ihrem Zirkel meine Novelle: »Tuch und Wolle« [»Tuch und Lokke«] vorzulesen.

(BE I 196 f)

Fontane an Friedrich Eggers   London, 16. August 1857
Nun ein paar Worte in Argo-Angelegenheiten. Lepel hat noch nicht geschrieben und wird auch nicht, wie ich ihn kenne. Druckt was euch recht scheint; übrigens hab' ich mich vor 6 oder 8 Wochen in einem Briefe an Lepel ganz klar über die Sache ausgesprochen. Giebt es denn wieder ein Frei-Exemplar? Hoffentlich. Für mein Honorar bitt' ich noch um Zusendung zwei andrer Exemplare; was am Gelde fehlt ist Frau v. Merckel (die noch ein paar Thaler von uns hat) wohl so freundlich hin zuzulegen. Du bist dann so gut aus allen dreien – ich behandle das Frei-Exemplar in jugendlichem Leichtsinn bereits als ein Faktum – ein Packet zu machen und an

Metzel mit der Bitte abgehen zu lassen, die Weiterbeförderung gütigst zu veranlassen. Wenn es wieder ein paar Extra-Bilder giebt, wie z. B. im vorigen Jahre das Menzel'sche »Tempi passati« so packe sie bei; ich möchte gern meinem Album, das hier großartig im Drawing-room liegt, ein bischen aufhelfen. Was helfen die Verse?

> Am *Bilde* hängt,
> Nach *Bildern* drängt
> Sich die bequeme, müde Welt

Da ich bekanntlich das Apostel- und Märtyrer-Geschäft nicht betreibe, so mach' ich die Mode mit. Gott sei Dank glaub ich an die Unverwüstlichkeit der menschlichen Natur und bin stets der Ueberzeugung, daß sich die Heilung von selber macht. Diese Bemerkungen führen mich auf das goldbedruckte Blatt, dessen Wappenlöwen Du meiner Frau wie einen Talisman mit auf die Reise gegeben hast, es ist wirklich zum forchten. Wenn es dennoch was Schönes ist, so muß ich bekennen, daß mir der Initialen-Verstand noch nicht aufgegangen ist. Schadet auch nichts, unter der grassirenden Illustrations-Krankheit, steht der Initialen-Schwindel obenan, es ist ein Verhältniß wie zwischen Rötheln und Scharlachfieber. Wohl dem der nicht illustrirt wird und dreimal Heil demjenigen, der der Initiale entgeht. Mit Entsetzen entsinn' ich mich der Speckterschen Illustrationen zum Klaus Groth. Als bloße, selbstständige Bilderchen allen Respekt davor; als Darstellungen die das Verständniß unterstützen, *die Situation klären* sollen, – wenigstens überall da wo eine Schwierigkeit vorlag, keinen Schuß Pulver werth! Ich habe diese berühmten Leute in Verdacht, daß sie oftmals das kaum *lesen*, sicherlich aber nicht verstehn, was sie illustriren sollen. Das alles bezieht sich natürlich nicht auf unsren Maler Müller[8], den ich, trotz der mir vorliegenden Initiale, sehr respektire wie Du weißt. Gerade weil er geistreich ist und ein feines poetisches Verständniß hat, wär er als Illustrator vielleicht ebenso verwendbar, wie er als Maler, milde ausgedrückt, unverwendbar ist. (FAP)

---

8 Tunnelname von Hugo von Blomberg.

Fontane an Wilhelm von Merckel   London, 23. Oktober 1857

Als ich vor ohngefähr 3 Wochen Ihren lieben Brief erhielt, dacht' ich nicht daß eine so lange Zeit bis zur Beantwortung desselben vergehen würde. Meine »Briefe aus Manchester« indeß haben mehr Zeit und Arbeit in Anspruch genommen, als ich anfänglich erwartete und dadurch die laufenden Geschäfte so aufgestaut, daß die Abwicklung der letztren noch eine neue Woche voll Abhaltung zu jenen Arbeitswochen hinzufügte.

Auf Ihre reizende Darstellung des passirten Bilder-Unglücks (passirt durch unsre eigne Schuld) hat meine Frau, wenn ich nicht irre, schon vor 14 Tagen geantwortet. Ich komme daher gleich zu den »Geschäften« zu Argo, Honorar, Bachmann, Geldangelegenheiten, neue Beiträge u. dgl. m. Die 7 Taler Argo-Honorar möcht' ich wohl zum Ankauf eines *gebundenen Exemplars* verwandt sehn, das ich vorhabe dem Grafen Bernstorff, wie im vorigen Jahr zu überreichen. Ich hatte das mit Eggers schon so abgemacht. Rascher indeß komm' ich unzweifelhaft zum Ziel, wenn ich *Sie* freundlichst ersuche, sich der Sache anzunehmen. Ich schrieb vor ohngefähr 6 Wochen an Eggers: ich erwartete 2 Argo-Exemplare, ein Frei-Exemplar (ungebunden) wie im vorigen Jahr und ein gebundenes für den Betrag meines Honorars. Wenn das letztre nicht ausreichen sollte, so bät' ich 1 oder 2 Taler hinzulegen. Das Ganze dann, wie gewöhnlich als Packet, zu Metzel. Eggers antwortete: er werde alles besorgen, allerdings würde ich wieder ein Frei-Exemplar erhalten etc. Hat er nun in letztrem Punkt geirrt, so bitt' ich das 2. Exemplar von dem Bachmannschen Gelde zu bezahlen. Sie haben gewiß die Freundlichkeit, unsren Eggers entweder an seine Zusage zu mahnen, oder noch besser die Sache stillschweigend abzumachen.

[...]

Einen *Beitrag für die Argo 1859* glaub' ich schon zu haben, auch kommt wohl im Laufe von 6 oder 7 Monaten dies oder das hinzu, die Götter begnaden einen wohl mal, auch mitten im Londoner Nebel, mit einem passablen Einfall und einer mußevollen Stunde. Das bereits fertige Gedicht heißt »Prinz Louis Ferdinand«, ob es was taugt, müssen andre beurteilen. Auch die Ballade »Lord Atholl« würde dem neuen Jahrgang zu keiner Schande gereichen. Ich fand dies Gedicht neulich in meiner Briefmappe und las es nach dritthalb Jahren wieder zum ersten Male durch. Ich muß sagen, ich find' es nicht schlecht. Die Strophen, die dem eigentlichen Schluß vorausgehn, sind matt und die Ballade fällt an dieser Stelle ab, sonst aber ist sie weder im Gedanken noch in der Darstellung zu verachten. Natürlich will ich sie durch diese Verteidigungsrede niemand empfohlen und am allerwenigsten sie in die »Argo« eingeschmuggelt haben. – Übrigens muß ich doch noch eins erzählen. Neulich kam mir hier ein Jahrgang (ich glaube der letzte) des Düsseldorfer Albums in die Hände. Im Durchblättern ärgerte ich mich. Unter den Bildern waren viele, die denen der »Argo« durchaus ebenbürtig sind. Ich fühlte, daß diese albumhafte Argo doch nichts ist als eine Nachtreterei. Der erste, bilderlose Jahrgang stand auf eignen Füßen. Indessen es war und ist nicht zu ändern und so sollte man keine Worte mehr darüber verlieren.

(FAP)

Fontane an Paul Heyse   Berlin, 2. Mai 1859
Die Notiz oder Bitte in betreff des »Walchensee«, womit ich meinen letzten Brief abschloß, bitt' ich Dich heut als nicht gemacht anzusehn. Die Argo verfügt überhaupt nur über 96 Spalten, und wenn Eggers wieder »neues Leben aus Ruinen« blühen läßt, vielleicht nur über 86. Das sagt alles; Dein »Walchensee« würde gewiß 80 von den 86 füllen. Irrt' ich aber auch hierin, so stellen sich andere Bedenken ein, die mir's zur Pflicht machen, meinen letzten Zeilen einen Laufzettel folgen zu lassen – es ist nämlich sehr leicht möglich, *daß* gar *keine Argo* erscheint. Lepel fügte indes in seinem allertrockensten Ton hinzu: »Ich hoffe, daß er uns bezahlt; ich kriege 2 Taler.« Bei Dir ist der Geldpunkt schon von mehr Belang; indes Dein Zentaur wird vom Pferdeausfuhrverbot nicht betroffen und wird um seiner guten Qualitäten willen überall ein Unterkommen finden.

Eigentlich hätt' ich Dir dies letztere gar nicht schreiben und Deinen Glauben an die Argo nicht erschüttern sollen. Aber es steht nun mal da, ist auch vorläufig bloß Vermutung, vages Gerücht, und enfin, Du bist ein Mann. So mag's denn drum sein.

(FH 58)

Fontane an Paul Heyse   Berlin, 13. Mai 1859

So schlimm war es nicht gemeint! – Wenn wir statt der Zuaven bei Kroll, die Zuaven regimenterweise hier eintreffen sehen sollten, oder wenn ihre Flügelhörner auch nur in bedenklicher Weise am linken Rheinufer entlang erklängen (lauter Dinge, die sehr leicht möglich sind), so würde die Argo freilich nicht erscheinen, da wir aber *noch nicht* soweit sind und Trewendt spätestens innerhalb 4 Wochen sich entscheiden muß, ob der Druck beginnen soll oder nicht, so ist das Erscheinen der Argo wahrscheinlicher als ihr Ausbleiben. Lepel hat mir übrigens die Leviten gelesen, daß ich aus der Schule geplaudert habe.

Die Walchensee-Frage ist nun doppelt erledigt, *Du willst* nicht und – wie ich schon neulich schrieb – *wir könnten* auch nicht. Storm hat noch eine Novelle geschickt, die etwa 9 bis 10 Spalten füllen wird, dazu aller Wahrscheinlichkeit nach 5 Spalten Eggerssche Bilderbeschreibung, würde nur gerade noch Raum genug übriglassen für die portugiesische Romanze, die Schack so freundlich sein will herzugeben, und für 1 oder 2 Dutzend Deiner Ritornelle und Rispetti. Wir lasen sie im letzten Rütli, einige gefielen sehr; bei andern konnte man nicht recht mit. Jedenfalls sei bestens bedankt auch für diesen Beitrag. »Oh, wohl dem hochbeglückten Haus, wo *das* ist kleine Gabe.« Erst morgen (Sonnabend) werd' ich Gelegenheit haben, den Rütli mit dem Inhalt Deiner Briefe bekannt zu machen. Lepel mag dann selbst auf Dein freundliches Anerbieten wegen der »Sepolcri« antworten.   (FA 59 f)

Fontane an Paul Heyse   Berlin, 18. Juni 1859

Vom Erhabenen bis zur Argo ist nur ein Schritt. Trewendt war vor 3 Wochen hier und sagte: »Kommt es zum Kriege, so kommt die Argo *nicht*.« Also, das eine oder andere wird der Welt erspart. Seit vorgestern ist es kaum noch zweifelhaft, was wir haben und nicht haben werden. Also keine Argo für diesmal! Sowie sich aber die großen Wasser verlaufen haben werden, wird die Argo mit dem Ölzweig ausfliegen und der Welt verkünden, daß wieder Frieden und der »Rütli« noch am Leben sei. Dies letztere ist doch am Ende die Hauptsache. Dabei fällt mir ein, daß Du vielleicht Ursach' hast, Dich über die Redaktion der Argo zu beklagen, die immer Bettelbriefe schreibt und nachher nichts von sich hören läßt. Ich muß dazu eigens bemerken, daß ich nicht zur Redaktion der Argo gehöre und daß die Sache vielleicht noch schlimmer stünde, wenn ich nicht dann und wann als Hilfsarbeiter (aus freien Stücken) fungiert hätte. (FH 62 f)

Fontane an Wilhelm Hertz Berlin, 1. Juni 1863
Der beigeschlossene Brief[9] von einem sichren aber unbekannten Ehlemann in Dresden, spricht auch für sich selbst. Was thu ich? oder richtiger was *kann* ich thun? Mir erscheint der Brief als eine große Unverschämtheit von Anfang bis Ende, die ich nur gewillt bin hin zu nehmen, wenn ich durchaus *muß*. Er kann die ganze Geschichte für sechs Dreier verkaufen, wenn er will; aber ich denke, ich brauch es mir nicht gefallen zu lassen, daß er auf ein Jahrbuch von 1854 ohne weitres 1863 setzen will. (WHH 91)

Fontane. Aus »Von Zwanzig bis Dreißig« 1898
Er [Franz Kugler] war, durch Jahre hin, teils um seiner selbst, aber wohl mehr noch um Heyses willen, dessen Aufblühen er mit fast väterlicher Liebe verfolgte, ein ziemlich regelmäßiger Besucher des Tunnels, der ihm manche Beisteuer verdankte, Beisteuern, über die die verschiedenen Jahrgänge der »Argo«, eines Jahrbuches, das von 1854 bis 1857 erschien, wohl am besten Auskunft geben dürften. Ob all das in dem Jahrbuch Erschienene – das, von mehreren kunst- und literaturgeschichtlichen Untersuchungen abgesehen, die für die Kuglersche Produktion ganz charakteristischen Überschriften: »Kleopatra«, »Cyrus (ein Fragment)«, »Friede«, »Das Opfer«, »Götterjugend« etc. trug –, ob all diese Sachen im damaligen Tunnel zur Vorlesung gekommen sind, vermag ich nicht mehr mit Sicherheit festzustellen. (NFA XV 170)

Fontane. Aus »Von Zwanzig bis Dreißig« 1898
Storm kam Weihnachten 1852 von Husum nach Berlin, um sich hier, behufs Eintritts in den preußischen Dienst, dem Justizminister vorzustellen. Er sah sich im Ministerium wohlwollend und entge-

9 Vgl. WHH 441.

genkommend, in literarischen Kreisen aber mit einer Auszeichnung empfangen, die zunächst dem Dichter, aber beinahe mehr noch dem Patrioten galt. Denn alle anständigen Menschen in Preußen hatten damals jedem Schleswig-Holsteiner gegenüber ein gewisses Schuld- und Schamgefühl. In unserem Rütli-Kreise – »Rütli« war eine Abzweigung des Tunnels – wurden die Storm zuteil werdenden Huldigungen allerdings noch durch etwas Egoistisches unterstützt. Wir gingen nämlich gerade damals mit dem Gedanken um, ein belletristisches Jahrbuch, die »Argo«, herauszugeben, und wünschten uns zu diesem Zwecke hervorragender Mitarbeiter zu versichern. Dazu paßte denn niemand besser als Storm, der auch wirklich ins Netz ging und uns eine Novelle zusagte. Wir sahen uns dadurch in der angenehmen Lage, zum Weihnachtsfeste 1853 Storms Erzählung »Ein grünes Blatt« – die neben der gleichzeitig in unserem Jahrbuche erscheinenden Heyseschen »L'Arrabbiata« kaum zurückstand – bringen zu können. Die Zusage zu diesem Beitrage hatten wir schon bei des Dichters Anwesenheit in Berlin empfangen, aber das Nähere war einer Korrespondenz vorbehalten worden, die sich dann auch bald nach seiner Rückkehr in sein heimatliches Husum entspann. (NFA XV 192 f)

Fontane. Aus »Von Zwanzig bis Dreißig« 1898
Es kam übrigens noch ein andres hinzu, was unser Gespräch gerade bei diesen Merckelschen Réunions immer wieder beleben mußte. Das war der Umstand, daß uns um ebenjene Zeit, Anfang der fünfziger Jahre, die Herausgabe der »Argo« beschäftigte, von der wir uns alle viel versprachen, niemand aber mehr als unser liebenswürdiger Wirt selbst. Und das konnte kaum anders sein. Ein lebelang war er herzlich bemüht gewesen, sein Talent zu bekunden, hatte sich aber durch seine Scheuheit an jedem Erfolge behindert gesehn; er war eben nicht der Mann des Umherschickens von Manuskripten oder gar des Sichbewerbens um redaktionelle Gunst. Und so kam er denn zu nichts. Aber daß es so war, *das* zehrte doch an seinem Leben. Und nun mit einem Male sollte das alles in ein Gegenteil verkehrt und er, der sich immer bescheiden zurückgehalten, in den Vordergrund gestellt und sogar ein Pilot unserer »Argo« werden. Denn er war ausersehn, unsrem Schiff auf dem Titelblatt den

Spruch für seine Fahrt in die weit ausgespannten Segel zu schreiben. Das geschah denn auch buchstäblich. Er war wie trunken davon, und ich sage wohl nicht zuviel, wenn ich jene Zeit die glücklichste seines Lebens nenne. Jeder Plan, jeder Beitrag wurde bei Tische durchgesprochen, und wenn dann das Mahl zu Ende ging und die mit zierlich eingeschliffenen Bildern ausgestatteten, ganz altmodischen Ungarweingläser herumgereicht wurden, die schon vom Großvater her in der Familie waren, und dazu ein Wein, der an Alter hinter den Gläsern kaum zurückstand, so tranken wir auf »gute Fahrt«. (NFA XV 299 f)

Vereinzelte Beiträge

Deutsches Dichteralbum

Fontane an Friedrich Witte   Berlin, 1. Mai 1851
Durch den hiesigen Buchhändler aufgefordert, geb ich jetzt eine ziemlich umfangreiche Anthologie[1] heraus (30 Bogen). Ende Mai beginnt der Druck. Ich erhalte 150 Taler Honorar.   (BE I 66)

Fontane an Friedrich Eggers   London, 16. August 1857
An den Buchhändler Bachmann hab ich vor einigen Tagen ein Ding geschickt das sich Vorrede[2] nennt, aber auf jeden andern Namen ebenso gut hören würde. Ich hatte so recht das Gefühl: »Na, etwas muß doch am Ende gesagt werden und es ist ziemlich gleichgültig was.« Eigentlich sollt' ich mich *so* ausdrücken: »Es schadet nichts, wenn in einer Vorrede gar nichts steht; sie muß nur Fläche haben, aber um Gottes willen keine Tiefe.« Nun bin ich zwar darüber ganz beruhigt und weiß daß in meiner Vorrede kein Maikäfer ertrinken wird, aber das Schlimme ist, daß sie an ein paar Stellen so thut als sei es was mit ihr. Dies ist vielleicht lächerlicher, als gestattet werden kann und ich bitte deshalb den Rütli freundlichst mir seine Meinung über das Machwerk zu sagen, auch wo möglich Vorschläge zu machen. Bachmann wird Dir und Immermann ein paar Abzüge schicken; bringt dann in nächster Sitzung die Sache zur Berathung.   (FAP)

Fontane an Wilhelm von Merckel   London, 18. August 1857
Nur ein paar Worte heut, um das Auftauchen einer Vorrede zu erklären, die Ihnen mein feister Bachmann wahrscheinlich in diesen Tagen zuschicken wird. Sie erhalten dieselbe keineswegs, um sich an dieser Leistung zu erquicken, sondern nur in der Absicht daß es Ihnen und den übrigen Rütlionen gefallen möge, mir Ihre Meinung

---

[1] »Deutsches Dichteralbum«, 1852.
[2] Vorrede zur 4. Auflage des »Deutschen Dichteralbums«, hrsg. von Theodor Fontane, 1858.

darüber zu sagen. Es ist mit solchen Vorreden immer ein vert – –
Ding; man dreht sich in ihnen gemeinhin den Strick, dran man hinterher gehängt wird. Vielleicht wird es das beste sein, blos Anfang
und Ende zu nehmen und die Äußerungen über Claus Groth etc.
fortzulassen. (FAP)

Fontane an Friedrich Eggers [London], 31. August 1857
Anbei der zugesagte Aufsatz. Daß er einen Tag später eintrifft, bitt'
ich zu verzeihn, wenn Deine strenge Gewissenhaftigkeit so viel über
sich vermag.
Die Ansichten des Rütli über das Vorwort zum Album acceptir'
ich dankbarst. Was oder richtiger *wie* Du mir bei der Gelegenheit
schreibst, könnte bei einem Dritten die Vorstellung erwecken, als
hätt' ich jenes Vorwort lächerlicherweise für eine literarische Großthat angesehn und müßte erst darauf aufmerksam gemacht werden,
daß es eigentlich ein kümmerliches Machwerk sei. Ueberhaupt
scheinst Du schlechter Laune gewesen zu sein; die einzelnen Streitpunkte zu beleuchten könnte zu nichts führen, Du bist ein Charakter und ich bin eigensinnig. Andre müssen zwischen uns entscheiden.
Möge Dir der Aufsatz einigermaßen genügen [...] (FAP)

Fontane an Wilhelm von Merckel London, 23. Oktober 1857
Das »Album«[3] sollte bald nach Michaelis erscheinen, wie alle
Weihnachtsbücher. Vierzehn Tage nach der Versendung – so steht
im Contract – sollte die Zahlung des Honorars (100 Tlrt) erfolgen. Ich denke dieser Zeitpunkt muß jetzt da sein; doch kann ich
das von hier aus nicht controlliren. Anfragen mag ich bei dem
Kerl[4], der gewiß ein Knöderjahn ersten Ranges ist, auch nicht und
so denk' ich, wart' ich ruhig ab. Wenigstens kann ich nicht gut
vor Anfang Dezember mich nach dem Stand der Angelegenheit erkundigen. Einige Thaler wird er vermutlich für das Binden von
Büchern in Abrechnung bringen, wiewohl ich ihm eine starke
Porto-Gegenrechnung einreichen könnte, was ich indeß nicht will.

3 »Deutsches Dichteralbum«, hrsg. v. Theodor Fontane, 3. Auflage.
4 Otto Janke.

Ueber die Verwendung des Geldes erlaub' ich mir Ihnen erst dann meine Wünsche vorzutragen, wenn es bereits in Ihren Händen ist. Sonst arrangiert man vielleicht ein gängereiches Diner – aus nichts, oder zankt sich um einen Schatz den man nie hebt. Das hartnäckige, längre Schweigen der berühmten Firma Bachmann, läßt mich eben nicht das allerbeste erwarten. Mein alter Freund Otto Janke hat mich ohnehin warnen lassen.

(FAP)

Männer der Zeit[1]

Fontane. Tagebuch   5. Mai 1860
Gearbeitet. G. Rose. Hülsen.   (NFA XXIII/2, 330)

Fontane an Unbekannt[2]   Berlin, 16. August 1860
Die C. B. Lorck'sche Buchhandlung in Leipzig, die, seit etwa Jahresfrist, unter dem Titel »Männer der Zeit« ein biographisches Lexikon herausgiebt, hat mich aufgefordert, ihr, wenn irgend möglich, auch eine Lebensskizze von Ew. Hochwohlgeboren einzusenden. Ich bin natürlich nur dann fähig, dem gegen mich ausgesprochenen Wunsche der Verlagshandlung nachzukommen, wenn Ew. Hochwohlgeboren geneigt sein sollten, mich durch Einsendung des nöthigen Materials dabei zu unterstützen. Ich erlaube mir eigens hervorzuheben, daß es sich bei der Lorck'schen Unternehmung, im Gegensatz zum Brockhause'schen Conversations-Lexikon, nicht nur um Angaben äußerlicher Fakten handelt, sondern daß namentlich alles das doppelt willkommen geheißen wird, was durch belebende Züge, durch Details und kritische Beleuchtung über die bloße Aufzählung von Daten und Thatsachen hinausght.

(FAP)

1 Artikel für »Männer der Zeit. Biographisches Lexikon der Gegenwart«, 1862 (vgl. dazu NFA XXIII/2, 329 ff).
2 Vermutlich hat Fontane gleichlautende Briefe an verschiedene Persönlichkeiten geschrieben.

Fontane an Wilhelm Hertz [9. Juli 1861]
Zwei Bitten, beide mit Rücksicht auf meinen verehrten Grafen Bernstorff, bis jetzt Gesandter in London, vom nächsten Monat ab Ihr Nachbar und — Minister des Auswärtigen.
1) Ich habe eine B[ernstorff]sche Biographie geschrieben, die in dem Lorck'schen Werke »*Männer der Zeit*« erschienen ist, wahrscheinlich in einem der Hefte zwischen Heft XV und Heft XX. B. möchte die Arbeit gern sehn, einiges ändern und andres hinzu fügen. Meine Bitte geht nun dahin, daß Sie mir zu Liebe, der ich dem Grafen sehr gern diesen kleinen Dienst erweisen möchte, gleich nach Leipzig hin schreiben und durch Ihren dortigen Commissionair, unter Androhung von Strafen wenn er sich nicht sputet, das betreffende Heft anschaffen lassen. Es liegt mir sehr daran, es in ein paar Tagen zu haben; die kleinen Kosten kommen natürlich auf mein Conto. (WHH 39 f)

Reiterbilder[1]

Fontane an Wilhelm Hertz Berlin, 16. März 1879
Ich habe mich beschwatzen lassen 17 preußische Prinzen- und Generals-Texte für die Lüderitz'sche Kunsthandlung *(Rudolf Schuster)*[2] zu schreiben. Das Geld lockte mich ein wenig, trotzdem ich dieses traurige Artikel-Fabriciren – eine Theater-Rezension ist »hohe Kunst« daneben – ein für allemal abgeschworen habe.
Nun kommt mir aber die Sorge: ist R. Schuster auch ein sicherer Mann? oder heißt es nicht vielleicht auch in *diesem* Falle:

> Vor Köckeritz und Itzenplitz,
> Vor Quitzow, Kracht und *Lüderitz*,
> Behüt' uns liebe Herregott!

1 Vgl. WHH 494.
2 Inhaber der Lüderitzschen Kunsthandlung, in der die »Reiterbilder« erschienen.

Ich habe von R. Schuster persönlich einen guten Eindruck gehabt, aber ob seine Börse mit seiner Person gleich rangirt, ist am Ende die Frage. Auf meine Diskretion dürfen Sie rechnen. (WHH 213 f)

Fontane an seine Frau   Berlin, 26. Mai 1879
In einer Stunde muß ich wieder ins Theater; ich hab es nun herzlich satt und sehne mich nach ein paar Tagen, wo ich mich mit meinen Generalsbiographieen beschäftigen kann, trotzdem dies auch ein sehr mäßiges Vergnügen ist. (SJ I 77)

Fontane an seine Frau   Berlin, 28. Mai 1879
Seit gestern sitz' ich bei meine[n] Feldherrn; heute war Moltke dran, und Brachvogel[3] hat mich wieder geradezu zur Verzweiflung gebracht. Es liegt *da*ran, daß das, was er sagen will, an und für sich nicht schlecht, mitunter sogar ganz gut ist. Es ist also zum einfachen Wegwerfen so zu sagen zu schade, und doch ist es in der furchtbaren Wuschelform, die er der Sache gegeben hat, gar nicht zu brauchen. Einem andern Menschen aber seine schiefen und verwachsenen Gedanken orthopädisch gerade zu rücken, ist eine wahre Hundearbeit. (SJ I 78 f)

Fontane an seine Frau   Berlin, 1. Juni 1879
Du wirst diese Zeilen erst übermorgen erhalten, da niemand da ist, sie zur Post zu bringen; ich will aber doch schreiben, einmal um die Stille zu benutzen, dann um morgen einen ganz freien Tag für meine »alten Generale« zu haben. So legt sich jeder die Pfingstfeiertage nach seiner Art zurecht; Mathilde ist in Tivoli, Friedel im Zoologischen, Martha bei Schreiners; – ich möchte mit allen Dreien nicht tauschen und ziehe den Platz an meinem Schreibtisch vor.

(SJ I 81)

Fontane an seine Frau   Berlin, 2. Juni 1879
Ich habe heute früh den »Großen Kurfürsten« absolvirt, der sich Dir, in einigen Tagen, mit der Bitte um Abschrift vorstellen wird.

3 Albert Emil Brachvogel, der ursprünglich vom Verleger mit der Aufgabe betraut war und (nach seinem Tod im November 1878) seine Vorarbeiten hinterlassen hatte (vgl. SJ IV 195).

Es ist der einzige, den ich im Brouillon gearbeitet, und der Dir noch nicht unter Händen war. Hab ich Glück, so werd' ich [...] noch in dieser Woche fertig [...] (SJ I 84)

Fontane an seine Frau　　　　　　　　　　　　Berlin, 8. Juni 1879
Hab' ich Glück, so werd ich morgen mit meinen »Feldherrn« fertig, spätestens übermorgen. (SJ I 88)

Fontane an seine Frau　　　　　　　　　　　　Berlin, 9. Juni 1879
Mit meinen »Feldherrn« werd' ich morgen fertig; beim alten *Zieten* sind nicht zwei Zeilen unverändert stehen geblieben. (SJ I 89)

Fontane an seine Frau　　　　　　　　　　　Berlin, 15. Juni 1879
Morgen ist großer Geschäftstag: 1. Lüderitzsche Kunsthandlung; Ablieferung des Manuskripts [...] (SJ I 95)

Fontane an seine Frau　　　　　　　　　　　Berlin, 17. Juni 1879
Gestern hab ich meine »Männer« abgegeben [...] (SJ I 96)

Fontane an seine Frau　　　　　　　　　　　Berlin, 20. Juni 1879
Herr Rud. Schuster hat mir seine besondre Zufriedenheit ausgesprochen und mir die bedungenen 1200 Mark eingehändigt. Ich gebe die Zahl ihrer Stattlichkeit halber absichtlich in Mark.
(SJ I 99)

Allgemeine Äußerungen über Dichtung, Dichten und Schriftstellerei

Fontane. »Einem Freunde ins Stammbuch« 1838

>Als noch in mir der eitle Glaube lebte:
>Die Liebe sei der Urquell aller Freuden,
>Die Hoffnung sei ein Trost in allen Leiden
>Und Poesie mein ganzes Sein durchschwebte;
>
>Da fand ich dich, der nur nach Prosa strebte,
>Da sah ich dich im Phlegma fröhlich weiden
>Und wahrlich; Freund, ich lernte dich beneiden,
>Wie gern ich auch in höhren Sphären schwebte.
>
>Du sahst mein Kämpfen, sahst der Seele Ringen,
>Da gabst du hilfreich mir die Freundeshand
>Und deiner Liebe lohnte das Gelingen.
>
>Mein Sentiment erkrankte und verschwand,
>Ich lernte ihm ein Schwanenlied zu singen,
>Und mit der Zeit beglückt mich noch – Verstand.
>
>(HA 6, 437)

Fontane. »An Dr. Adler« 1841

>Eine Frage noch, die lange
>Schon auf meiner Lippe schwebt
>Und vor einer Antwort bange
>Ängstlich stets zurückgebebt.
>
>Nun denn, schlechte Verse machen,
>Die nicht einen Heller wert,
>Die kaum wert, darob zu lachen,
>Das ist nicht mein Steckenpferd.
>
>Kann ich nicht ein Herz bewegen,
>Sprechen nicht mit Geist zum Geist,
>Will ich mir ein Handwerk legen,
>Das mit Recht dann Handwerk heißt.
>
>Fehlt von eines Dichters Wesen
>Jede Spur mir und Idee,

> Will ich, ohn' viel Federlesen
> Schaffen ein Autodafé.
>
> Daß ein Lied, das nie erwärmte,
> Mir doch noch die Hände wärmt
> Und wofür sonst niemand schwärmte,
> Eine Motte noch umschwärmt. (HA 6, 439 f)

[1841?]

Fontane. »Dem Dr. Adler« (Bei Übersendung einiger Gedichte)

> Verfolgt vom Jäger flüchtet die Gazelle
> Bis zu des Felsens himmelhohem Knauf
> Und steht verzweifelnd an des Todes Schwelle;
> Denn, ach, der Abgrund hemmt den flücht'gen Lauf.
>
> Ihr folgt der Jäger wie mit Zauberschnelle,
> Sein Hifthorn ruft die Seinen schon zu Hauf,
> Da – statt des Abgrunds, an des Todes Stelle –
> Nimmt sie der Alpenkönig schützend auf.
>
> So jagt die Prosa mich; ich bin verloren!
> Hier gähnt der Abgrund der Alltäglichkeit,
> Dort soll der Pfeil der Prosa mich durchbohren.
>
> O wärest du zu retten mich bereit,
> Ein Alpengeist von Gott heraufbeschworen,
> Da wär' in Lust gewandelt all mein Leid. (HA 6, 440)

Fontane an Wilhelm Wolfsohn [Dresden, 1842]
Ich soll Dir schreiben, Dir Geschichten erzählen, so wunderbar romantisch wie aus Tausendundeiner Nacht, denn ich lebe ja inmitten des poetischen Dresdens, inmitten des Elbflorenz, das einen Baron Lorenz gebar und einen Hofrat Winkler großgezogen. Aber ach, mir fehlt die Poesie, die Scheherezade, die mir die »märchenhafte Zauberwelt« erst wahrhaft erschließt, und solang ich mit Prosa behaftet, o mehr – von ihr durchdrungen bin, werd ich blind sein für die Reize, die Kunst und Natur vereint mir bieten. Du darfst mir jetzt mit Recht zurufen:

Dein Sinn ist zu, dein Herz ist tot,

und ich selbst lebe der Hoffnung, erst in Zukunft würdigen zu lernen, was mir die Gegenwart schon beut.
[...]
Von Braun von Braunthal hab ich einen blonden Ziegenbart, von Adolf Bube eine Ballade, von Tieck aber ein früheres Dienstmädchen gesehn, die etwas sehr klassisch und durchaus nicht novellistisch war. Wenn ich diese Glücksumstände erwäge und hinzurechne, daß ich täglich den Dresdner Anzeiger mit ähnlichen Gedichten lese, wie z. B.

> Wasser trinkt wohl niemand gern,
> Drum herbei von nah und fern,
> Bier, Bier, Bier,
> Her zu mir! (welch kategorischer Imperativ!),

so begreif ich's kaum, daß ich binnen acht Tagen noch zu keinem Liede begeistert worden bin. (BE I 3 ff)

Fontane an Bernhard von Lepel   Berlin, 27. Juli 1846
An Verseschreiben ist jetzt gar nicht zu denken; und doch hab ich eine Menge Stoff schon aufgespeichert, so viel, daß ich ihn neulich zu Papier brachte, weil ich, trotz allen Vertrauens zu meinem Gedächtnis, doch *solche* Kraft bezweifelte. In den ersten Monaten des nächsten Jahres soll mit Gottes und der Musen Hülfe das Beste aus dem Rohstoff sauber verarbeitet werden. (BE I 14)

Fontane an Wilhelm Wolfsohn   Berlin, 10. November 1847
Nun aber ein weniges von der Poeterei. In meinem Eifer, vielleicht darf ich sagen, in meiner Begeisterung – bin ich der alte; in dem, was ich leiste, hab ich die Leipziger Staffel hoffentlich weit hinter mir. Es fehlt mir möglicherweise jetzt die Unbefangenheit und Natürlichkeit, mit der ich damals Schlechtes und Gutes in friedlicher Gemeinschaft aufs Papier kritzelte, dafür aber hat sich ein gewisses Bewußtsein, eine Kenntnis dessen, worauf es ankommt, eingestellt, die vielleicht keinen besseren Poeten, aber zweifellos bessere Verse schafft. – Du würdest mich in *dieser* Beziehung sehr verändert fin-

den; ich bin jetzt von meinem *Recht* durchdrungen, ein Gedicht zu machen; das mag Dir andeuten, daß ich ein anderer geworden bin. Du lächelst vielleicht; Du frägst, worauf sich dieses Selbstvertrauen stützt, und lächelst wieder, wenn ich sage, *das fühlt sich.* Ich könnte Dir erzählen, daß ich mit dem Cottaschen Morgenblatt auf dem besten Fuße stehe, könnte Dir mitteilen, daß man in mich dringt, meine Sachen zusammenzustellen und rauszugeben – indessen wiederhol ich Dir, es ist nicht diese Anerkennung von außen, sondern die tief innere Überzeugung, daß ich einen Vers schreiben kann, was mein Fiduzit erweckt. Diese Überzeugung läßt mich ruhig und bedachtsam handeln; ich laufe mir nicht nur nicht die Beine ab, um einen Buchhändler zu ergattern, sondern ich danke sogar für diejenigen, die mir unter der Hand angeboten werden. Was gut ist, bleibt gut, und das andre mag fallen, wenn es vor der eignen, gereifteren Kritik nicht mehr bestehen kann. – Das Lyrische hab ich aufgegeben, ich möchte sagen blutenden Herzens. Ich liebe eigentlich nichts so sehr und innig wie ein schönes Lied, und doch ward mir gerade die Gabe für das Lied versagt. Mein Bestes, was ich bis jetzt geschrieben habe, sind Balladen und Charakterzeichnungen historischer Personen; ich habe dadurch eine natürliche Übergangsstufe zum Epos und Drama eingenommen und diesen Sommer bereits ein episches Gedicht in neun (kleinen) Gesängen geschrieben, das hier auf die Berliner Herzen seines Eindrucks nicht verfehlte und Dir vielleicht mit nächstem im Morgenblatte zu Gesicht kommen wird, wenn nicht die größere Ausdehnung des Gedichts seine Aufnahme unmöglich macht. Titel: »Von der schönen Rosamunde«. – Mit heiligem Eifer würd ich mich unverzüglich an die Gestaltung eines Dramas[1] machen, das bereits im Geiste in mir lebt, wenn ich nicht zwischen heut und drei Wochen wieder hinterm Tische stünde und dem Publikum statt fünffüßiger Jamben Dekokte u. a. m. zu bieten hätte. Es erbaut mich diese Aussicht wenig, aber sie macht mich nicht unglücklich. Ich habe den Wunsch, Poet von Fach zu sein, lange und für alle Zeit begraben. Nach meiner Meinung muß ein Dichter allemal *Dilettant* sein und bleiben; sowie der Fall mit der melkenden Kuh eintritt, ist es mit der Poesie Matthäi am letz-

---

[1] »Karl Stuart«.

ten. In zwei Jahren hoff ich selbständig, d. h. Apothekenbesitzer, Gatte und resp. Familienvater zu sein; trotz vieler Sorgen, die von dem Augenblicke an auf mich einstürmen werden, hoff ich doch in meinen Grundfesten unerschüttert zu bleiben und, wenn auch langsam, so doch sicher ein Ziel zu erreichen, das sich jedes ernste Streben stecken muß.

Ich wundere mich nicht, wenn diese Sprache Dich stutzig macht; soviel aber hoff ich von Deiner Freundschaft und guten Meinung von mir, daß Du das Vorstehende nicht als die Herzensergießungen eines arroganten Schlingels betrachten wirst.

Betrachte meinen Brief wie die Beichte eines Freundes dem Freunde gegenüber, und mache mir die unendliche Freude, ihn recht bald in gleicher Weise beantwortet zu sehn. (BE I 19 ff)

Fontane an Bernhard von Lepel Berlin, 7. April 1849
Wie steht es mit Deiner Arbeit? Ich habe seit 4 Wochen keine Zeile geschrieben; es ist Mannigfaches, was hemmend auf mich wirkt, doch haben die politischen Kämpfe und Wirren nur geringen Teil daran. Hypochondrische Anfälle, halb melancholisches Brüten, halb leidenschaftliches Auffahren gewinnen immer mehr Macht über mich, so daß ich mitunter überhaupt an mir verzweifle, und an dem Poeten nun schon ganz unbedingt. Sonst setzte ich meine Hoffnung auf Reisen und Zerstreuung, aber auch damit ist es nichts mehr; Du könntest mir in diesem Augenblick einen syrakusischen Spaziergang (mit Benutzung unterschiedlicher Dampfwagen) anbieten, ich ginge auf diesen Vorschlag nicht mal ein. Ich komme erst wieder zu mir, wenn ich verheiratet bin. Teils ist mir die Liebe eines Weibes wahrhaftiges Bedürfnis für Leib und Seele, teils muß ich der Frage überhoben sein, die ich, aus Liebe zu meiner Braut, tagtäglich an mich richte: nun, wie lange dauert's noch? Nimmt dies Warten kein Ende? Wird dieser Wunsch erfüllt oder jene Hoffnung betrogen werden? Ein Mädchen verlobt sich doch nicht, um eine altjüngferliche Braut zu werden, und wenn die meinige auch Gott sei Dank zart genug ist, mich mit solchen Anfragen nicht zu quälen, so weiß man doch am Ende, was in solchem Herzen vorgeht und was dieser und jener Blick zu bedeuten hat. Ich hätte in der Tat nicht den Mut, auf ein halb Jahr in die weite Welt zu gehn und

Stoffe zu sammeln, während das Mädchen, das ich zu lieben vorgebe, das vierte Jahr schwinden sieht, ohne dem Ziele näher zu sein wie am ersten Tage. Man muß dann wenigstens gemeinschaftlich tragen; aber zu lachen und Terzinen zu baun, während ein liebendes Herz *weint und bricht,* das geht nicht.

Ich habe jetzt mal wieder den Plan, fürs liebe Geld zu schreiben, nicht um große Summen dabei einzustreichen – nein, so sanguinisch rechne ich nicht mehr –, nur um meine Einnahmen in etwas zu verbessern. Hätte mich nicht eine unglaubliche Leistungsfähigkeit, da, wo sie füglicherweise zu entbehren wäre, in diese Geldkalamitäten gestürzt, so würd ich auf solche Korrespondenten- oder Übersetzergelüste wahrlich gar nicht gekommen sein, so aber will ich mich doch ein wenig umtun. Vielleicht kannst Du mir dabei auch behülflich sein, ich würde nämlich noch lieber im Deutschen, Englischen, Geographie und namentlich Geschichte Privatstunden geben, und es wäre doch möglich, daß Du mich so glücklich machen könntest, mir einen Unglücklichen zu überantworten. Wo nicht, will ich mich mal nach Leipzig hin wegen Korrespondenzen und ähnlicher Strohdreschereien wenden. (BE I 30 f)

Fontane an Wilhelm Wolfsohn   Berlin, 11. Dezmber 1849
In Politik würde ich sehr gern weitermachen, aber ich müßte schreiben können, wie mir der Schnabel gewachsen ist, drum brauch ich *preußische* Zeitungen. (BE I 40)

Fontane an Gustav Schwab   Berlin, 18. April 1850
Und nun wieder zurück zu mir. Eine Nachschrift Ihres Briefes: »Ich kenne Ihre Titel nicht«, wird mir zur Aufforderung, Ihnen, hochgeehrter Herr, eine flüchtige Skizze meines Lebens zu geben. Die Summe davon ist, im voraus bemerkt, kein Titel noch irgend sonstwas.

Ich bin 30 Jahr alt, im märkischen Sande geboren, an der Ostsee großgezogen und meines Standes – Apotheker. Warum ich das bin? Mein Vater sprach: »Car tel est notre plaisir«; zudem war er selbst Apotheker; ein andrer Grund liegt nicht vor. Mit 16 Jahren trat ich in die Lehre; mein Lehrherr war human; meine eigensten Neigungen stießen nicht geradezu auf Widerstand, so hielt ich aus. Zwanzig Jahr alt, kam ich nach Leipzig. Mit jener nur der Jugend eigenen Unverwüstlichkeit setzte ich es durch, bei Tage Geschäftsmann, bei Nacht ein Mittelding von Student und Literat zu sein. Burschenschafter sowie Schriftsteller siebenten Ranges wurden mein Umgang. Zahlungsunfähige Buchhändler standen im Hintergrunde und tauschten gegen jammervolle Schmeichelein wahre Massen von pathetischen Freiheitsgedichten ein. Einer, mein besondrer Protektor, bot mir die Redaktion eines belletristischen Blattes an, und ich, ehrlich genug, um auch andre für ehrlich zu halten, schlug ein, kündigte meine Stellung und war fest entschlossen, wie fast jeder Zweiundzwanzigjährige, der das Leipziger Pflaster tritt, »unter die Literaten zu gehn«. Gnädige Götter hatten es anders bestimmt. Mein Protektor war ein Lump und brach sein Wort; ich bin ihm dankbar dafür. Augenblicklich freilich war die Verlegenheit groß. Wiedereintreten in eine eben aufgegebene Stellung, das ließ ein verzeihlicher Dünkel nicht zu; was war zu tun? Ich beschloß, Medizin zu studieren, kehrte ins elterliche Haus zurück und saß, zu Absolvierung des Abiturientenexamens, emsig über Cicero und Tacitus, Mathematik und Algebra, nur dann und wann einen Blick in »Hamlet« oder »Macbeth« werfend, um meine gelangweilte Seele an andrer Speise zu erquicken. Wohl möglich, daß jetzt bereits »Doktor, praktischer Arzt und Geburtshelfer« an meinem Klingelschilde stünde, wenn mich nicht das Gesetz allgemeiner Wehrpflichtigkeit beim Schopf genommen und in ein Garderegiment gesteckt hätte. Diese Unterbrechung meiner Studien entschied über mein Studium überhaupt. Ich gab alles weitre Ankämpfen gegen mein Schicksal auf und beschloß, reumütig in die Arme der edlen Apothekerkunst zurückzukehren. – Mit diesem Entschlusse wurde mir eine Ruhe zuteil, die bald anfing, auf meine poetischen Arbeiten den besten Einfluß zu üben. Eine trotz meiner Grenadierschaft nach England unternommene Reise kam dazu; ich sah und erlebte was, und allmählich alles bloße Pathos über Bord werfend, brachte ich es endlich bis zu wirklichen Gedichten. Der »Wener-« und »Wettersee«, »Tower-Brand«, »Ein Jäger« u. mehre andre sind aus jener Zeit.

Doch ich werde zu breit; faß ich die letzten 5 Jahre kurz zusammen. Ich habe sie mit Rezept- und Versemachen ehrlich hingebracht. Wurde mir's mit dem Tag und Nacht gequälten Leben in der Apotheke zuviel, so ging ich ein Vierteljahr aufs Land, und die in der Stadt aufgespeicherten Stoffe vornehmend, war ich im Hause meiner Eltern und Freunde ein gerngesehner Gast. Es kamen freilich auch trübe, *sehr* trübe Stunden, und der heimatliche Boden wäre schwerlich noch unter meinen Füßen, wenn ich nicht inzwischen mich verlobt und aus inniger Liebe zu meiner Braut jeden übereilten Schritt unterlassen hätte.

So liegen die Sachen noch. Ich habe längst erkannt, daß es sich um das *Sein* und nicht ums *Scheinen* handelt. Der Hochmut ist jetzt ferne von mir, über den Apotheker hinauszuwollen. Aber es geht auch damit nicht: meine Vermögenslosigkeit macht mir den Ankauf einer Apotheke unmöglich, so daß ich, nachgerade den Hafen ersehnend, angefangen habe, mich nach andrem umzutun. Von meiner Feder leben *kann* ich weder, noch *will* ich es; auch glaub ich, es sind nicht die Schlechtesten, die dies ehrliche Geständnis ablegen. Mein Streben geht nach einer subalternen Stellung im Unterrichtsministerium. Trügen meine Aussichten wieder, so sei es drum; ich bin seit Jahren daran gewöhnt, meine Hoffnungen hinauszutragen.

Ich schließe. Von meinem persönlichen Jammer lebt wenig in meinen Gedichten. Gott sei Dank! Die Ferne hat den Reiz, und gerade vom Pillenmörser aus ist das Sichanklammern an die Percys und Douglasse psychologisch richtig.

(BE I 42 ff)

Fontane an Friedrich Witte   Berlin, 1. November 1850

Denken Sie sich, daß ich jetzt eine wahre Wut habe, Zeitungsredakteur zu werden! Ich schreibe jetzt gar nicht für politische Zeitschriften, aber nicht etwa, weil ich keine Neigung dafür hätte, sondern umgekehrt, weil mir für das Übermaß der Neigung der Kampfplatz, der Spielraum fehlt. Zum Korrespondenzartikelfabrikanten bin ich verdorben, dies Neuigkeiten-Aufpicken und In-3-Zeilen-citissime-Weiterschaffen mag recht verdienstlich (in doppelter Bedeutung) sein, mir aber kommt es ein bißchen wie unter meiner Würde vor; es scheint mir auch dieser Klatsch mehr für alte Weiber als für Männer gemacht. Mit einem Wort, ich will kein Neuigkeitskrämer, sondern ein Mensch von Meinung und Urteil sein. In einem Moment gleich dem jetzigen an der Spitze eines einflußreichen Blattes stehn *heißt an der Spitze einer Armee stehn.* (BE I 48 f)

Fontane an Bernhard von Lepel   Berlin, 7. Januar 1851
Vielleicht kieg ich eine kleine Stellung bei der Konstitutionellen Zeitung. – Ich muß bekennen, daß ich dem Zeitungskram am liebsten Lebewohl sagte und die nächsten 10 Jahre, das beste Teil unsrer Kraft, an eine *ordentliche* Arbeit setzte, aber was kümmern sich unsre Zeiten und unsre Menschen um ein Gedicht, selbst um ein *gutes* Gedicht. Sie meinen, es kann ungeschrieben bleiben, und es ist nichts dagegen zu sagen. Man faselt immer von dem »Sich-Bahn-Brechen der Genies«; man lasse ein Genie hungern und es verquient ebenso wie der erste beste Flickschneider. Chatterton vergiftete sich, um nicht zu verhungern; Otway verhungerte wirklich. Kein Mensch zwingt sein Schicksal und auch die Genies nicht; wenn uns was glückt, so denken wir, wunder! was wir für Kerle sind, und doch sind wir nur Lieblingspuppen in der großen Lenkerhand, die uns einen Flitter mehr anhängt und, um des Flitters willen, uns öfter über die Bühne führt. – Du wirst das Vorstehende nicht mißverstehn. Es soll damit gesagt sein: Wenn ein Genie nicht durchdringt, was ist dann erst von Talenten u. Talentchen zu erwarten! Das höchste Maß der Kraft unterliegt im Kampf – was unsereins?! Glück, Glück!

Vor Unwürdigem kann dich der Wille, der ernste, bewahren;
   Alles Höchste, es kommt frei von den Göttern herab.

Die klugen Leute, die da meinen, alles sei in unsre Hand gelegt und der Mensch *könne, was er wolle,* sie mögen das Gedicht eines gewissen Schiller lesen u. sich bescheiden, meinetwegen auch beschei-en, wenn sie's nicht glauben wollen. (BE I 55 f)

Fontane an Friedrich Witte   [Berlin?], 1. Juli 1851
Ich habe Ihnen so lange nicht geschrieben und habe doch verhältnismäßig wenig Stoff zur Hand. Meine Tage verfließen gleichmäßig; ob ich durch einen politischen oder belletristischen Artikel,

durch eine Rezension oder ein Dutzend-Buch mein Dasein kümmerlich friste, ist unwesentlich – es ist das das Aktenschreiben des Juristen, das Rezeptemachen des Apothekers; – weder dem einen noch dem andern fällt es ein, über seinen mehr oder minder mechanischen Erwerb ein Wort zu verlieren. Für mich ist die Sache nur deshalb von einiger Bedeutung, weil »Sein oder Nichtsein« noch immer die Frage ist. Jede Einnahme ist sozusagen noch ein Ereignis; bin ich der Sorge ums tägliche Brot erst quitt, hab ich erst einen sicheren Markt für meine Ware (zumeist Grünzeug), so verlohnt sich's in der Tat nicht, über eine bloß ihren Mann nährende Büchermacherei noch irgendwelche Worte zu machen. Nur wer wirklich was *schafft,* hat ein Recht, darüber zu reden; man geht mit Interesse in die Ateliers wahrer Künstler, aber man besucht keinen Flickschneider, um sich den neusten Boden anzusehn, den er einer alten Hose eingesetzt hat. (JF 614 f)

Fontane an Friedrich Witte [Berlin?], 17. August 1851
Vorerst hab' ich die Ehre, mich Ihnen als Respektsperson, will sagen als neugebackenen Vater vorzustellen. Am Donnerstag abend 11½ Uhr schenkte mir meine liebe Emilie einen krebsroten, aber doch ganz allerliebsten Jungen. Kind und Mutter sind wohl, und letztere insonderheit glücklich. Ich bin es wahrlich auch; aber es drückt mich von Zeit zu Zeit doch danieder, wo es eigentlich mit uns hinaus will. Fest entschlossen bin ich, mich nicht zu verkaufen und werde mich weder durch Not noch durch Tränen davon abbringen lassen; schlimmstenfalls muß ich sehen, als Abschreiber oder überhaupt als *Hand*arbeiter mein Brot zu verdienen. (E 6, 44)

Fontane an Bernhard von Lepel Berlin, 29. August 1851
Je älter ich werde, je mehr komm ich dahinter, daß es mit der Popularität zwar eine schöne Sache sei, aber auch nur *mit der wahren.* Eine Bürgersche »Lenore« ist populär im vollsten u. schönsten Sinne des Worts, aber von allen seinen Gedichten (verschiedne, die bloß Übersetzungen aus dem Englischen sind, darunter z. B. »Der Abt und der Kaiser«, natürlich ausgenommen) *eigentlich auch nur diese.* Platen sagt sehr richtig, »populär sein heißt nicht bloß für Handwerksburschen schreiben«, und wer nicht die Kraft und Fä-

higkeit besitzt, jene echte und hohe Volkstümlichkeit zu erlangen (deren Kriterium eigentlich darin besteht, daß das Kunstwerk, vom König bis zum Bettler, jedem nach seiner Art genügt), wer mehr oder minder im Sumpf der versifizierten Anekdote steckenbleibt (z. B. unzählige Balladenfabrikanten der Wiener Schule, ja sogar *Schwab* u. viele andre gepriesne Namen), der kann die Konkurrenz mit den gedankenhaften Leuten nicht aushalten. Wirkliche Musterbilder echter Popularität sind Uhland und Wilhelm Müller; ich stelle beide deshalb auch wesentlich höher als Rückert und Platen; – sowie die Volkstümlichkeit aber anfängt, *Manier* zu werden oder wohl gar (und das ist ihr gewöhnliches Schicksal) in Plattheit auszuarten, so sehnt sich der gebildetere Geschmack ordentlich aus der Mehlsuppe heraus und beißt in eine Platensche Ode hinein, wie in ein Stück strammes, nahrhaftes Muskelfleisch.   (JF 624 f)

Fontane an Bernhard von Lepel   Berlin, 4. September 1851
Daß Du mein Edinburger Projekt, wenn auch nur teilweise, gutheißt, freut mich. Auf der andern Seite überrascht es mich, daß auch Du tust, als hätt ich noch die Wahl. Es geht doch nun mal hier nicht. Zwar rufen alle (Ernst Schultze, Merckel, Hesekiel, Eggers und nun auch *Du*): es müsse gehn, und ging' es nicht, so trüg ich die Schuld; aber das ist leichter behauptet als bewiesen. Ich grapsche ordentlich nach jeder kleinen Arbeit, die voraussichtlich mir einen Speziestaler einbringt – aber es mißglückt entweder, oder es reicht nicht aus. Freilich trag ich die Schuld, aber in ganz andrem Sinne, wie's die Leute meinen. Die Hindernisse liegen nicht in meiner Faulheit oder ähnlichen schlechten Eigenschaften, sondern in meinem Charakter, und zwar in seinem besten Teil. Ebenso gewiß wie ich zum Lügen verdorben bin, wie meine gute Natur gar keine Unwahrheit zuläßt, selbst wenn ich wollte – ebensowenig taug ich zum Schachern und Feilschen oder überhaupt zum literarischen Geschäftsmann. Man kann das, namentlich im Hinblick auf meine Verhältnisse, bedauern – mich selber kann dieser Mangel verdrießen, aber, sei dem, wie ihm wolle, im Tiefsten wurzelnde Eigenschaften legt man nicht ab wie alte Handschuhe. – Wenn Dir's nicht langweilig ist, ein andermal mehr darüber [...]   (JF 629 f)

Fontane an Bernhard von Lepel   Berlin, 8. September 1851
Das Dir neulich mitgetheilte Gruppesche Urteil, der die ersten
3 Seiten (soviel las ich ihm vor) besser als die 2 andern Sachen, aber
doch immer noch nicht »gut« fand, wird Dich hoffentlich nicht
captiviren. An mir ist es spurlos vorübergegangen, weil ich – und
ich wiederhole Dir, daß ich im Hinblick auf mein *Gesamtes,* jetzt
recht sehr kleinmüthig bin – die Ungerechtigkeit fühle, die in der
Indifferenz gegen jene Sachen liegt. Ich fühle mehr und mehr wie
viel mir fehlt, und namentlich will mir der Hebbelsche Ausspruch
gar nicht aus dem Kopf: »mit *Duplikaten* ist unsrer Literatur
nicht geholfen«. Dennoch lehnt sich mein Selbstgefühl mit Recht
auf und nimmt eine vornehme Miene an, wenn die Leute Lust kriegen, Einen all und jedem Piepmatz, jeder beliebigen Rohrdommel
unterzuordnen.   (FL I 374 f)

Fontane an Bernhard von Lepel   Berlin, 3. November 1851
Da ich bei Dir ein warmes Interesse an meinen Schicksalen voraussetzen darf, so erfahre denn, daß es mir, *pekuniär,* seit 8 Tagen
ganz leidlich geht: ich erteile Unterricht im Deutschen, Geschichte
und Geographie, und wiewohl das, vor der Hand, kaum täglich 8
Ggr. abwirft, so ist's doch eben ein Anfang, und hab ich Zusicherungen seitens des Schulrats Bormann in Händen, die mir mehr in
Aussicht stellen. Eben wollt ich dieser Tirailleur-Notiz das Gros
meiner Börsennachrichten folgen lassen, als mir noch rechtzeitig
einfällt, daß ich Dir bereits die Anzeige von meinem »Geworben-
sein« (um kein schlimmres Wort zu gebrauchen) gemacht habe. Ich
kann Dir aufs Wort versichern, daß ich dieser 30 Rtl. nicht froh
werde und ein Gefühl im Leibe habe, als hätt ich gestohlen. Meine
Handelweise entspricht zwar den Diebstählen aus Not, es ist das
Sechserbrot, das der Hungrige aus dem Scharren nimmt – aber es
ist immer gestohlen. Wie ich's drehn und deuteln mag – es ist und
bleibt Lüge, Verrat, Gemeinheit. Die Absolution, die mir die hün-
dische Verworfenheit dieser Welt und *dieser Zeit* angedeihn läßt,
kann mir nicht genügen. Der feiste Ernst Schultze sprach zu seiner
Frau: Jotte doch, das bißchen Überzeugungsopfer; da müssen andre
Leute ganz andre Geschichten opfern!« Schreibtafel her! ruft Hamlet. Wenn unsre Zeit mal eine Überschrift braucht, so bitt ich die-

sen großen Worten zu ihrem Recht zu verhelfen. Und *das* Volk will Freiheit, will Republik! Vivat Louis Schneider! Er hat recht: uns frommt nur noch die Knute. (JF 635)

Fontane an Ignaz Hub Berlin, 31. Dezember 1851
Indem ich Ihnen zunächst für die Auszeichnung danke, die Sie mir, durch Aufnahme einzelner Sachen von mir in Ihr Balladenbuch[2], zuteil werden lassen, komme ich in Nachstehendem Ihrem Wunsche nach und gebe Ihnen einige biographische Notizen, von denen ich selber wünschte, daß sie reichhaltiger und interessanter wären.
Ich bin am 30. Dezember 1819 zu Neuruppin (Mittelmark) geboren, verlebte das beste Teil meiner Kinder- und Knabenjahre zu Swinemünde an der Ostsee, wohin meine Eltern im Jahre 1827 übersiedelt waren. Dreizehn Jahre alt, kam ich nach Berlin auf die Gewerbeschule und trat drei Jahre später bei dem Apotheker *Rose* (einem Bruder der beiden berühmten Professoren *Heinrich* und *Gustav* Rose) in die Lehre. Die sogenannten Konditionsjahre verbrachte ich in Dresden (Struvesche Apotheke) und Leipzig, und war namentlich der Aufenthalt an letzterem Ort und die Verbindungen, die ich daselbst anknüpfte, wohl nicht ohne Einfluß auf mein späteres völliges Quittieren der Pharmazie. Ihnen im *Vertrauen* gesagt (da ich *stets* der Meinung war, man könne vom *Dichten* nicht leben und Pillendrehen sei nicht um ein Haar prosaischer als Artikelschreiberei fürs Geld), würd ich bis an mein sanftseliges Ende Apotheker geblieben und innerhalb der Literatur immer nur als Dilettant aufgetreten sein, wenn ich Vermögen genug gehabt hätte, mir ein Apothekengeschäft zu kaufen. Daran war indes (alle anderen Bedingungen, wie Examina usw., waren längst erfüllt) gar nicht zu denken, und so ward ich eines schönen Tages nolens volens »Dichter« von Fach. Seit 1849 beschäftigt und nährt mich die Büchermacherei in gutem und schlechtem Sinne, wie's gerad fällt, und nur der *Poesie* (das darf ich ohne Eitelkeit und Sentimentalität sagen) gehören die Weihestunden. Vor einem Jahre hab ich mich verheiratet, lebe in bescheidenen, aber glücklichen Verhältnissen

---

2 »Deutschlands Balladen- und Romanzendichter«, 1846.

und freue mich des *un*erwarteten Glücks, meine Umsattlung nicht bereuen zu müssen.

Von mir erschienen sind:
1. »Männer und Helden«. Berlin bei A. W. Hayn 1850
2. »Von der schönen Rosamunde«; ein episches Gedicht. Dessau bei Moritz Katz 1850.
3. Gedichte. Berlin bei W. Ernst (Gropiussche Buchhandlung) 1851
4. »Dichter-Album«. Berlin bei Otto Janke 1852 (Zweite Auflage).

(BE I 71 f)

Zwischen 28. April und 5. Mai 1852

Fontane. Englisches Tagebuch

Von Sonntag dem 2ten Mai an im Hotel de l'Europe gegessen. Für 2½ Shilling (25 Sgr.) wie bei uns für 10 Sgr. Lauter Franzosen und Italiener, Tisch-Conversation französisch; natürlich dagesessen wie ein Schuljunge. Was einem deutschen Dichter alles passirt! Wenn ich nur leichtfertiger und frecher wäre! Der französische Arzt, der algierische Engländer. Am Sonntag in die Kirche, ziemlich deutlicher Vortrag; *lauter* Weiber und 8–10 Stallknechte und Bediente. Mehre Abende mit Mr. du Rieux verplaudert. »Ooch Schuster!« oder feiner: *Anch'io sonso pittore*. Unsre Werke ausgetauscht; erhabner Augenblick.

(E 15, 1390 f)

Fontane. Englisches Tagebuch 7. Mai 1852
Am 7. Mai. Ins Gesandschaftshotel. Herrn *Alberts* gesprochen. Harmloser Mensch, natürlich mit der unvermeidlichen Wohlthätermiene. Oft ist mir als sei ich verwechselt und trüge weiße Strümpfe, Kniehosen und rothe Livree wie der schönste Bediente. O deutscher Dichter pack' ein!

(E 15, 1392)

Fontane an Bernhard von Lepel London, 10. Mai 1852
Nur abwarten können, nur Muße zum lernen und Muße zum schreiben, und – es wird kommen. Was mir schon seit Jahr und Tag alle Kraft raubt, mich dumm und einfältig macht, das ist das ewige Gehetztsein; Ruhe! und ich werde wieder Verfügung über die bescheidne Potenz haben, die mir der Himmel verlíehn.
Und der Dichter?! Laß die Todten ruhn! Es war mir aus tiefster Seele gesprochen, was ich noch kurz vor meiner Abreise zu Hahn

sagte: »diesem Leben in der Kunst entsagen zu müssen, ist ein Schmerz den ich nie verwinden werde.« (Daß ihn die Kunst verwindet, ändert nichts in der Sache.) Aber wenn ich ihm entsagen soll und muß, so wird es mir um vieles leichter in einem fremden Lande, wo ich ohnehin zu tauben Ohren sprechen würde und durch keinen Wettstreit, durch keine Siege und Triumphe dieses oder jenes Nebenbuhlers angestachelt werde das Verbotne, das Unmögliche zu versuchen. Ein schärfrer Poëtenstachel als die Liebe war zu allen Zeiten der Ehrgeiz, und dieser Stachel fehlt unter Fremden.
(FL II 8)

Fontane an seine Frau London, 13. Mai 1852
Dein Unwohlsein, wenn ich zwischen den Zeilen richtig gelesen habe, wurzelt wohl zum guten Teil in Verstimmung. Ich müßte mich sehr irren, wenn Du nicht wieder auf Klagen über die »Jammerpartie« gestoßen sein solltest, und hab ich recht, so bitt ich Dich, nimm es damit so leicht wie möglich. Ich bin solchen Anzüglichkeiten gegenüber jetzt sehr ruhig: einmal, weil ich Dich leidlich sicher in Händen habe, dann aber, weil ich im Innersten überzeugt bin, solche alten Leute *haben ganz recht*. Jeder will sein Kind zunächst glücklich und geborgen sehn; gesellt sich dann Auszeichnung und Ruhm dazu – tant mieux. Den *bloßen* Ruhm betrachten sie mit Mißtraun, sie fühlen wie instinktmäßig, daß er weder seinen Träger noch dessen Umgebung glücklich macht; *das bloße Rühmchen aber ist ihnen bloß lächerlich,* und noch einmal: sie haben ganz recht. Wenn ich indes auf meine Dichterschaft selber jetzt mit bloßem Hohn herunterblicke und von keinem Menschen verlange, daß er drei bedruckte Blättchen Papier als Deckmantel für alle sonstigen Mängel betrachte, so verfüg ich doch neben dieser leicht wiegenden Poeterei über ein Etwas, das schwerer in die Waage fällt, und das ist – meine Liebe zu Dir. Ich darf wohl sagen, daß ich Dir dieselbe zu allen Zeiten und in allen Stücken gezeigt habe, und *hierauf lege Gewicht*. Ich bin weit darüber hinweg, daß ein Poet ein ganz andrer Kerl sei wie ein Tuchfärber oder ein Leinenfabrikant, aber es gibt, unbestritten, sehr viele wohlhabende Leute, die ihre Frauen trotz allen Wohllebens *nicht* glücklich machen, und – dessen sei eingedenk! (BE I 89 f)

Fontane an seine Frau   London, 14. Juni 1852
Ich bin sehr überrascht, daß meine Briefe stets solchen kläglichen Eindruck auf Euch machen [...] Ich bin nicht in der Laune, hier auf meinem Stübchen den Prahler zu spielen, und fühle in Demut, daß man ohne Gottes Beistand immer verloren ist, aber nach *menschlicher* Berechnung liegt kein Grund vor, warum ich zum Verhungern ausersehn sein soll. Ich weiß, wieviel mir fehlt, aber ich weiß auch, daß ich in der langen Reihe derer, die von ihrer Feder und ihren Kenntnissen leben, lange nicht der dummste und erbärmlichste bin, und ich seh deshalb keinen Grund ein: warum immer nur *ich* den fleischgewordenen Hunger (der dann am besten sich selbst anknabberte) repräsentieren soll. Es hat etwas Beleidigendes, einem Menschen auch gar nichts zuzutraun.
[...]
Ich habe mich allgemach an den Gedanken gewöhnt: den Poeten in den Koffer zu packen und fest zuzuschließen. Da mag er ausschlafen bis auf beßre Zeiten. – Ich zweifle nicht daran, daß der *Mensch* um so viel besser fährt, je mehr er sich den *Poeten* vom Halse zu halten weiß.   (BE I 106 ff)

Fontane an seine Frau   London, 12. Juli 1852
Wenn ich doch in den nächsten Monaten ein klein bißchen Glück hätte! Ich habe die innigste Überzeugung, daß hier sehr viel zu machen ist, nur muß man eben rein für Geld und Erwerb leben, und Kunst und Wissenschaft Kunst und Wissenschaft sein lassen. Ich kann Dir heilig versichern, daß ich auf diesem Punkte angekommen bin; ich hab es satt, mich von jedem Lappsack anqualstern zu lassen, nur weil er zehn Taler mehr in der Tasche hat. Ich habe, was ich nie zuvor hatte, jetzt vor allen Dingen und ausschließlich den Wunsch, zu *erwerben*. Ob es mir glücken wird, steht leider sehr dahin, aber in mir sind wenigstens keine Hindernisse. Das ist der gemeine, aber vorteilhafte, d.h. profitable Einfluß der englischen Luft.
                                                                                              (HD 19)

Fontane an seine Frau   [London, Anfang August] 1852
[...] *ich habe auch nicht die geringste Sehnsucht, nach Berlin zurückzukehren. Muß ich zurück, so werd' ich dem sauren Apfel auch sein*

Süßes – was er unbestreitbar hat und was ich *der Art* hier nie finden werde – wieder abzugewinnen wissen. Aber noch in der letzten Minute werd' ich hier bemüht sein, mich von der ledernen Gnade meiner Heimat zu emanzipieren. Denn *alles* ist Gnade: Die Stellung bei der Zeitung, jeder abgedruckte Artikel, jede Audienz (mit Schauder denk' ich daran zurück), der Tunnel (seit Empfang der 100 Taler), die Freundschaft, die Anerkennung – alles, alles. Es fällt mir zentnerschwer auf den Leib, wenn ich d'ran denke, daß ich vielleicht in vier Wochen schon all' das Unerträgliche wieder zu ertragen habe. Nun, wie Gott will! Aber strampeln will ich dagegen, so lang' ich irgend kann. (FA I 25 f)

Fontane an seine Frau London, 13. August 1852
Was K. schreibt, ist allerdings richtig von der ersten bis zur letzten Zeile, und ich gehe sogar noch weiter: »Ich bin lieber deutscher Schriftsteller als englischer Apotheker« – und nur, was ich bisher erduldet und erfahren habe, hat mir die deutsche Schriftstellerei – wenigstens die meine – so unleidlich gemacht.
[...]
Ich werde bei meiner Rückkehr nach Berlin mich *ganz* an meine Zeitungsschreiber-Karriere dran geben und versuchen, was Fleiß und Ausdauer vermag. Sollte aber alles umsonst sein, so bin ich allerdings gewillt, es mit einem »Laden« hier zu versuchen, und ich will mich heut' zu vergewissern suchen, auf wie viel Unterstützung ich in solchem Falle hierorts zu rechnen hätte. (FA I 28)

Fontane an Friedrich Witte Berlin, 18. Oktober 1852
Seit dem 25. bin ich zurück, und, um die alte Redensart wieder loszulassen: meine Reise liegt wie ein Traum hinter mir. Ich bin nicht sehr traurig darüber, daß es mit England nichts wurde; ich würde mich dort bei aller Bewunderung, die ich dem *Ganzen* zolle, nie heimisch gefühlt haben, denn der einzelne, auf den man dort zumeist angewiesen ist und in dem einzig und allein der dauernde Reiz des Lebens liegt, läßt dort viel zu wünschen übrig, ja, ich muß es sagen, mehr noch denn hier.
Dazu kommen die Schwierigkeiten einer fremden Sprache. Es ist lächerlich zu behaupten, daß man irgendeine Sprache in 6 Monaten

oder gar in 4 Wochen lernen könne, man lernt freilich sprechen, man versteht alles, man kann selbst Reden halten über Cobden und Lord Derby, aber das ist nicht das, was unsereins unter Innehabung einer Sprache versteht. Wir verstehen darunter die völlige Gewalt über dieselbe, und diese zu haben erfordert Jahre; ja, ich wage die Behauptung, daß es von Hunderten immer nur einer zu dieser Meisterschaft bringt, auch wenn er 30 Jahre in Frankreich oder England lebt. Wir Schreiber aber bedürfen dieser Meisterschaft über die Sprache, um uns überhaupt wohl zu fühlen, wir müssen uns mit Leichtigkeit in Assonanzen und Alliterationen ergehen können, wir müssen imstande sein, unser Ohr mit dem Wohllaut eines neuen Reimes zu kitzeln, wir müssen mit der rechten Hand 6 Antithesen und mit der linken 12 Wortspiele ins Publikum schmeißen können, und wo wir das *nicht* können, wo wir's nicht einmal verstehen, wenn's andere tun, da ist nicht unser Boden, da ist nicht unsere Lebensluft, und Heimweh befällt *uns* doppelt. (BE I 116 f)

Fontane an Friedrich Witte   Berlin, 3. Oktober 1853
Ich schrieb Dir vor Jahren: bringe Beckers Weltgeschichte oder Puchtas Pandekten in Verse, erheuchle keine Gefühle (denn das ruiniert) und mache Dich soviel wie möglich an den formellen Teil unsrer Kunst, beherrsche die Technik. Du hast's getan, und wenn immer Du kein Platen, Rückert u. selbst kein Lepel bist, so kann man doch mit gutem Gewissen von Dir sagen: Du verstehst Deinen Vers zu machen. Aber nun, mein lieber Witte, geht's weiter. Und wunderbar, soviel das ist (wenn man's vor sich hat), was Du jetzt überwunden hast, sowenig ist es doch wieder, und es fehlt dem besten Techniker, wenn er weiter nichts ist als das, eben noch alles – es fehlt der *Dichter*. Zeige jetzt, ob Du auch das bist, das in Dir hast und aus Dir entwickeln kannst. Hüte Dich vor Reminiszenzen, vor dem Nachpfeifen anderer Klänge und Weisen. Es gibt nur *ein* Präservativ: das eigentliche Dichtertum selbst, der Beruf. Hier ist der Probierstein. Wer Gedichte *macht* (gleichviel ob lyrisch, episch oder dramatisch, wiewohl es in der Lyrik am schlimmsten ist), wird immer in die Tonart eines Vorgängers verfallen. Das echte Talent ist immer selbständig. Suche die Muse nicht, warte ab, bis sie Dich

sucht; die Zeit der Exerzitien ist vorbei, wir verlangen jetzt Gedichte von Dir, aber Gedichte verlangen ein volles Herz, die wärmste Hingabe. Habe das, und Du wirst auch Deinen eignen Weg, Deinen eignen Ton gefunden haben. (BE I 136)

1853

Fontane. Aus »Unsere lyrische und epische Poesie seit 1848«
Es gibt neunmalweise Leute in Deutschland, die mit dem letzten Goetheschen Papierschnitzel unsere Literatur für geschlossen erklären. Forscht man näher nach bei ihnen, so teilen sie einem vertraulich mit, daß sie eine neue Blüte derselben überhaupt für unwahrscheinlich halten, am wenigsten aber auch nur die kleinsten Keime dazu in den Hervorbringungen der letzten zwanzig Jahre gewahren könnten. Wir kennen dies Lied. Die goldenen Zeiten sind immer *vergangene* gewesen. Wollten jene Herren, die so grausam über alles Neue den Stab brechen, nach der eigensten Wurzel ihres absprechenden Urteils forschen, sie würden sie in selbstsüchtiger Bequemlichkeit und in nichts Besserm finden. Gerechtigkeit gegen Zeitgenossen ist immer eine schwere Tugend gewesen, aber sie ist doppelt schwer auf einem Gebiete, wo das wuchernde Unkraut dem flüchtigen Beschauer die echte Blüte verbirgt. Solche Blüten sind mühsam zu finden, aber sie sind da. Was uns angeht, die wir seit einem Dezennium nicht müde werden, auf dem dunklen Hintergrunde der Tagesliteratur den Lichtstreifen des Genius zu verfolgen, so bekennen wir unsere feste Überzeugung dahin, daß wir nicht rückwärts, sondern vorwärts schreiten und daß wir drauf und dran sind, einem Dichter die Wege zu bahnen, der um der Richtung willen, die unsere Zeit ihm vorzeichnet, berufen sein wird, eine neue Blüte unserer Literatur, vielleicht ihre höchste, herbeizuführen.

Was unsere Zeit nach allen Seiten hin charakterisiert, das ist ihr *Realismus*. Die Ärzte verwerfen alle Schlüsse und Kombinationen, sie wollen Erfahrungen; die Politiker (aller Parteien) richten ihr Auge auf das wirkliche Bedürfnis und verschließen ihre Vortrefflichkeitsschablonen ins Pult; Militärs zucken die Achsel über unsere preußische Wehrverfassung und fordern »alte Grenadiere« statt »junger Rekruten«; vor allem aber sind es die materiellen Fragen, nebst jenen tausend Versuchen zur Lösung des sozialen Rätsels, welche so entschieden in den Vordergrund treten, daß kein Zweifel bleibt: die Welt ist des Spekulierens müde und verlangt nach jener »frischen grünen Weide«, die so nah lag und doch so fern.

Dieser Realismus unserer Zeit findet in der *Kunst* nicht nur sein entschiedenstes Echo, sondern äußert sich vielleicht auf keinem Gebiet unsers Lebens so augenscheinlich wie gerade in ihr. Die bildende Kunst, vor allem die Skulptur, ging hier mit gutem Beispiel voran. Als *Gottfried Schadow* die Kühnheit hatte, den Zopf in die Kunst einzuführen, nahm er ihr zugleich den Zopf. So wurde der »*Alte Dessauer*«, an dessen Dreimaster und Gamaschen wir jetzt gleichgültig vorübergehen, zu einer Tat von unberechenbarer Wirkung. Jener Statue zur Seite stehen *Schwerin* und *Winterfeldt* in antikem Kostüme, und wahrlich, wenn es Absicht gewesen wäre, das Ridiküle der einen Richtung und das Frische, Lebensfähige der andern zur Erscheinung zu bringen, die Zusammenstellung hätte nicht sprechender getroffen werden können. Seit fünfzig Jahren sind wir auf dem betretenen Wege fortgeschritten in Malerei, Skulptur und Dichtkunst, und es war ein Triumphtag für jene neue Richtung, von der wir uns eine höchste Blüte moderner Kunst versprechen, als die Hülle vom Standbild Friedrichs des Großen fiel und der »König mit dem Krückstocke« auf ein jubelndes Volk herniederblickte. Dieser »*Alte Fritz*« des genialen *Rauch* ist übrigens nicht das Höchste der neuen Kunst; er gehört jenem Entwicklungsstadium an, durch das wir notwendig hindurch müssen; es ist der nackte, prosaische Realismus, dem noch durchaus die poetische Verklärung fehlt.

Wir haben bei der Skulptur (in der Malerei wurden wir als besonders charakteristisch *Adolf Menzel* und den Amerikaner *Emanuel Leutze* zu nennen haben) mit vollem Vorbedacht so lange verweilt, einmal um an bekannten Beispielen darzutun, wie bedeutsam und in die Augen springend das Grundstreben unserer Zeit sich bereits auf einzelnen Kunstgebieten geltend gemacht hat, andererseits um verstanden zu werden, wenn wir in bezug auf die Dichtkunst ausrufen: Was uns zunächst nottut, ist ein Meister Rauch unter den Poeten. Er, als der entschiedenste, wennschon nicht höchste Ausdruck einer neuen Kunstrichtung, fehlt uns noch, aber es fehlt uns nicht die Richtung überhaupt. Die moderne Kunst ist auf allen Gebieten dieselbe, und ihre Unterschiede sind nur quantitativer Natur, wie sie durch ein verschiedenes Maß von Kraft und Talent bedingt werden. Wir haben im Roman einen *Jeremias Gotthelf,* im Drama einen *Hebbel,* in der Lyrik einen *Freiligrath.* Bevor wir indes dazu übergehen, diesen Realismus teils an den einzelnen Erscheinungen unserer modernen Literatur nachzuweisen, teils darzutun, was wir auf diesem Gebiete unter Realismus verstehen, sei uns noch gestattet, ein Art Genesis desselben zu geben.

Der Realismus in der Kunst ist so alt als die Kunst selbst, ja, noch mehr: *er ist die Kunst.* Unsere moderne Richtung ist nichts als eine Rückkehr auf den einzig richtigen Weg, die Wiedergenesung eines Kranken, die nicht ausbleiben konnte, solange sein Organismus noch überhaupt ein lebensfähiger war. Der unnatürlichen Geschraubtheit *Gottscheds* mußte, nach einem ewigen Gesetz, der schöne, noch unerreicht gebliebene Realismus *Lessings* folgen, und der blühende Unsinn, der während der dreißiger Jahre dieses Jahrhunderts sich aus verlogener Sentimentalität und gedankenlosem Bilderwust entwickelt hatte, mußte als notwendige Reaktion eine Periode ehrlichen Gefühls und gesunden Menschenverstandes nach sich ziehen, von der wir kühn behaupten: sie ist da. Aus dem Gesagten ergibt sich von selbst eine nahe Verwandtschaft zwischen der Kunstrichtung unserer Zeit und jener vor beinahe hundert Jahren, und, in der Tat, die Ähnlichkeiten sind überraschend. Das Frontmachen gegen die Unnatur, sie sei nun Lüge oder Steifheit, die Shakespeare-Bewunderung, das Aufhorchen auf die Klänge des Volksliedes – unsere Zeit teilt diese charakteristischen Züge mit den sechziger und siebziger Jahren des vorigen Jahrhunderts, und es sollte uns nicht schwerfallen, die Persönlichkeiten zu bezeichnen, welche die *Herder* und *Bürger* unserer Tage sind oder zu werden versprechen. Das klingt wie Blasphemie und ist es doch keineswegs. Man warte ab, was sich aus unsern jungen Kräften entwickelt, und überlasse es dem Jahre 1900, zwischen uns und jenen zu entscheiden. Aber, gesetzt auch, daß die poetische Kraft und Fülle derer, die wir für berufen erachten, das angefangene und wieder unterbrochene Werk der hervorragenden Geister des vorigen Jahrhunderts fortzusetzen, sich als zu schwach für solche Aufgabe erweisen sollte, so sind wir doch entschieden der Meinung, daß unser Irrtum sich lediglich auf die Personen beschränken wird und daß neben diesen notwendig sich Talente entwickeln müssen, die bei gleicher dichterischer Begabung den Göttinger Dichterbund und selbst die Heroen der Sturm- und Drangperiode um soweit überflügeln werden, als sie ihnen an klarer Erkenntnis dessen, worauf es ankommt, voraus sind. Es ist töricht, Autoritäten im Glanze unfehlbarer Götter zu erblicken. Dem Guten folgt eben das Bessere. Unsere Zeit weiß mehr von Shakespeare, als man vor hundert Jahren von ihm wußte, und selbst Tieck und Schlegel werden sich nächstens Verbesserungen gefallen lassen müssen. Der alte Isegrim Wolf stach den Voß aus, und es ist keine Frage, daß man sich auf englische und spanische Volksgesänge heutzutage besser versteht als zu den Zeiten Bürgers und Herders. Man weiß mehr von den Sachen, und mit dem Wissen ist größere Klarheit und Erkenntnis gekommen; einem kommenden Genius ist vorgearbeitet; er wird sich nicht zersplittern, nicht rechts und links umherzutappen haben; er wird seine Stelle finden, wie sie Shakespeare fand. Das ist der Unterschied zwischen dem Realismus unserer Zeit und dem des vorigen Jahrhunderts, daß der letztere ein bloßer Versuch (wir sprechen von der Periode nach Lessing), ein Zufall, im günstigsten Falle ein unbestimmter Drang war, während dem unserigen ein fester Glaube an seine ausschließliche Berechtigung zur Seite steht.

Es dürfte vielleicht eben hier an der Stelle sein, mit wenigen Worten auf das Verhältnis hinzuweisen, das die beiden Träger unserer sogenannten klassischen Periode jener Richtung gegenüber einnehmen, die wir in Vorstehendem nicht Anstand genommen haben entschieden als die unserige zu bezeichnen. Beide, *Goethe* wie *Schiller,* waren entschiedene Vertreter des Realismus, solange sie, »unangekränkelt von der Blässe des Gedankens«, lediglich aus einem vollen Dichterherzen heraus ihre Werke schufen. »Werther«, »Götz von Berlichingen« und die wunderbar-schönen, im Volkstone gehaltenen Lieder der Goetheschen Jugendperiode, soviele ihrer sind, sind ebenso viele Beispiele für unsere Behauptung, und Schiller nicht minder (dessen Lyrik freilich den Mund zu voll zu nehmen pflegte) stand mit seinen ersten Dramen völlig auf jenem Felde, auf dem auch wir wieder, sei's über kurz oder lang, einer neuen reichen

Ernte entgegensehen. Die jetzt nach Modebrauch (und auf Kosten des ganzen übrigen Mannes) über alle Gebühr verherrlichten »Räuber« gehören dieser Richtung weniger an als »Fiesko« und »Kabale und Liebe«; denn der Realismus ist der geschworene Feind aller Phrase und Überschwenglichkeit; keine glückliche, ihm selber angehörige Wahl des Stoffs kann ihn aussöhnen mit solchen Mängeln in der Form, die seiner Natur zuwider sind. – Im übrigen blieben ihm unsere großen Männer nicht treu fürs Leben; Schiller brach in seinen letzten Arbeiten vollständig mit ihm, und Goethe (der in der Form ihn immer hatte und immer bewahrte) verdünnte den Realismus seiner Jugend zu der gepriesenen Objektivität seines Mannesalters. Diese Objektivität ist dem Realismus nahe verwandt, in gewissen Fällen ist sie dasselbe; sie unterscheiden sich nicht im Wie, sondern im Was, jene ist das Allgemeine, dieser das Besondere; die »Braut von Korinth« hat Objektivität, das jede Herzensfaser erschütternde »Ach neige, du Schmerzensreiche« hat Realismus. Wir werden bald Gelegenheit finden, uns des weitern hierüber auszulassen. An dieser Stelle nur noch die Beantwortung der Frage: war der »Torquato Tasso« (die Vollendung der Dichtung in ihrem Genre wird niemand bekämpfen) oder gar die »Jungfrau von Orleans« ein Fortschritt oder nicht? Wir beantworten diese Frage mit einem bloßen Hinweis auf Lessing oder auf Shakespeare, der übrigens (weil er als Poet und nicht als Kritiker dichtete) das Prinzip, um das es sich hier handelt, in minder ausschließlicher Reinheit vertritt. Der »Nathan«, diese reifste Frucht eines erleuchteten Geistes, der – gleichviel ob Dichter oder nicht – wie keiner, weder vor ihm noch nach ihm, wußte, worauf es ankommt, liefert uns den sprechenden Beweis, daß dreißig Jahre voll eifervollen Studiums, voll Nachdenkens und Erfahrung außerstande gewesen waren, die Anschauungen von einer ausschließlichen Berechtigung des Realismus innerhalb der Kunst im Herzen unserer großen kritischen Autorität zu erschüttern, und, wenn es irgendwo gestattet ist, auf Autoritäten zu schwören, so dürfte hier die Stelle sein. Wir wiederholen, auch der »Nathan« ist auf dem Boden des Realismus gewachsen, und, weil wir nicht eben überrascht sein würden, diese unsere Behauptung selbst von halben Richtungsgenossen angezweifelt zu sehen, zögern wir nunmehr nicht länger, unsere Ansicht darüber auszusprechen, was wir überhaupt unter Realismus verstehen.

Vor allen Dingen verstehen wir *nicht* darunter das nackte Wiedergeben alltäglichen Lebens, am wenigsten seines Elends und seiner Schattenseiten. Traurig genug, daß es nötig ist, derlei sich von selbst verstehende Dinge noch erst versichern zu müssen. Aber es ist noch nicht allzu lange her, daß man (namentlich in der Malerei) *Misere* mit Realismus verwechselte und bei Darstellung eines sterbenden Proletariers, den hungernde Kinder umstehen, oder gar bei Produktionen jener sogenannten Tendenzbilder (schlesische Weber, das Jagdrecht u. dgl. m.) sich einbildete, der Kunst eine glänzende Richtung vorgezeichnet zu haben. Diese Richtung verhält sich zum echten Realismus wie das rohe Erz zum Metall: die Läuterung fehlt. Wohl ist das Motto des Realismus der Goethesche Zuruf:

> Greif nur hinein ins volle Menschenleben,
> Wo du es packst, da ist's interessant,

aber freilich, die Hand, die diesen Griff tut, muß eine künstlerische sein. Das Leben ist doch immer nur der Marmorsteinbruch, der den Stoff zu unendlichen Bildwerken in sich trägt; sie schlummern darin, aber nur dem Auge des Geweihten sichtbar und nur durch seine Hand zu erwecken. Der Block an sich, nur herausgerissen aus einem größern Ganzen, ist noch kein Kunstwerk, und dennoch haben wir die Erkenntnis als einen unbedingten Fortschritt zu begrüßen, daß es zunächst des Stoffes, oder sagen wir lieber des *Wirklichen,* zu allem künstlerischen Schaffen bedarf. Diese Erkenntnis, sonst nur im einzelnen mehr oder minder lebendig, ist in einem Jahrzehnt zu fast universeller Herrschaft in den Anschauungen und Produktionen unserer Dichter gelangt und bezeichnet einen abermaligen Wendepunkt in unserer Literatur. Ein Gedicht wie die in ihrer Zeit mit Bewunderung gelesene »Bezauberte Rose« könnte in diesem Augenblicke kaum noch geschrieben, keinesfalls aber von Preisrichtern gekrönt werden; der »Weltschmerz« ist unter Hohn und Spott längst zu Grabe getragen; jene Tollheit, die »dem Felde kein golden Korn wünschte, bevor nicht Freiheit im Lande herrsche«, hat ihren Urteilsspruch gefunden, und jene Bildersprache voll hohlen Geklingels, die, anstatt dem Gedanken Fleisch und Blut zu geben, zehn Jahre lang und länger nur der bunte Fetzen war, um die Gedankenblöße zu bergen, ist erkannt worden als das, was sie war. Diese ganze Richtung, ein Wechselbalg aus bewußter Lüge, eitler Beschränktheit und blümerantem Pathos, ist verkommen »in ihres Nichts durchbohrendem Gefühle«, und der Realismus ist eingezogen wie der Frühling, frisch, lachend und voller Kraft, ein Sieger ohne Kampf.

Wenn wir in Vorstehendem – mit Ausnahme eines einzigen Kernspruchs – uns lediglich negativ verhalten und überwiegend hervorgehoben haben, was der Realismus nicht ist, so geben wir nunmehr unsere Ansicht über das, was er ist, mit kurzen Worten dahin ab: Er ist die Widerspiegelung alles wirklichen Lebens, aller wahren Kräfte und Interessen im Elemente der Kunst; er ist, wenn man uns diese scherzhafte Wendung verzeiht, eine *»Interessenvertretung«* auf seine Art. Er umfängt das ganze reiche Leben, das Größte wie das Kleinste: den Kolumbus, der der Welt eine neue zum Geschenk machte, und das Wassertierchen, dessen Weltall der Tropfen ist; den höchsten Gedanken, die tiefste Empfindung zieht er in sein Bereich, und die Grübeleien eines Goethe wie Lust und Leid eines Gretchen sind sein Stoff. Denn alles das ist *wirklich.* Der Realismus will nicht die bloße Sinnenwelt und nichts als diese; er will am allerwenigsten das bloß Handgreifliche, aber er will das *Wahre.* Er schließt nichts aus als die Lüge, das Forcierte, das Nebelhafte, das Abgestorbene – vier Dinge, mit denen wir glauben, eine ganze Literaturepoche bezeichnet zu haben. Der Realismus wünscht nicht »totgeschossen zu werden«, wie Heine in einem seiner berühmtesten Liedchen; er wünscht nicht wie Freiligrath »gelehnt an eines Hengstes Bug« zu stehen; er beschwört nicht wie Lenau »den Blitz, ihn zu erschlagen«; er nennt den Gram nie und nimmer wie Karl Beck »den roten Korsaren im stillen Meere der Tränen«; er hält nichts von Redwitzschen »Harfensteinen« und belächelt jenen unerreichten Freiheitssänger aus der Herweghschen Schule, der »sich *blind* zu sein wünschte, um nicht die Knechtschaft dieser Welt tagtäglich mit Augen sehen zu müssen.« Der Realismus hält auch nichts von dem, was unserm Interesse völlig fremd geworden ist. Der ganze La Motte-Fouqué ist ihm mit Haut und Haaren noch nicht das kleinste Uhlandsche Frühlingsliedchen wert, und ein deutscher Kernspruch ist ihm lieber als alle Weisheit des Hariri. Ob König Thor den Hammer schwingt oder nicht, ist ihm ziemlich gleichgültig, und Sesostris und Rhampsinit, ja selbst die »Kraniche des Ibykus« mit der Schilderung griechischen Bühnenwesens oder die »Braut von Korinth« mit ihrem wunderbar verzwickten Problema sind nichts weniger als angetan, dem Realismus seine heiterste Miene abzugewinnen. Noch einmal: er läßt die Toten oder doch wenigstens das Tote ruhen; er durchstöbert keine Rumpelkammern und verehrt Antiquitäten nie und nimmer, wenn sie nichts anderes sind als eben – alt. Er liebt das Leben je frischer je besser, aber freilich weiß er auch, daß unter den Trümmern halbvergessener Jahrhunderte manche unsterbliche Blume blüht.

Wir wenden uns nunmehr zu den Erscheinungen selbst und schikken nur noch zwei unerläßliche Bemerkungen voraus. Zunächst bitten wir, dem begrenzenden Zusatz unserer Überschrift »seit 1848« außer der Absicht, an bestimmter Stelle einen Strich ziehen zu wollen, keine weitere Bedeutung unterzuschieben. Wir sind durchaus nicht der Meinung, daß die Vorgänge des Jahres 1848 richtunggebend auf unsere schönwissenschaftliche Literatur eingewirkt haben, und können uns höchstens zu der Ansicht bequemen, daß sie der Gewitterregen waren, der die Entfaltung dieser oder jener Knospe zeitigte. Aber die Knospen waren da. Wir würden vergeblich geschrieben haben, wenn dem Leser nicht unsere Ansicht dahin entgegengetreten wäre, daß der Realismus kam, weil er kommen mußte, und daß die Extravaganzen innerhalb der Kunst selbst den Keim und die Notwendigkeit einer gesunden Reaktion mit sich führten. Ein rein äußerlicher Grund ließ uns jene Bezeichnung »seit 1848« wählen, und zwar der Wunsch, bei den Einzelbesprechungen nicht auf Persönlichkeiten und Produktionen rekurrieren zu müssen, die bereits seit Jahren der Kenntnisnahme des Lesers vorliegen und seine Sympathien oder Antipathien gefunden haben.

Und noch eine zweite Bemerkung. Wenn wir in Vorstehendem den Realismus als den charakteristischen Zug unserer Zeit und unserer Kunst bezeichnet haben, so erwarte man doch keineswegs von uns, daß wir nun bei Aufzählung der einzelnen Produktionen bemüht sein werden, jene im großen und kleinen unleugbar vorhandene

Wahrnehmung auch in den kleinsten Erscheinungen nachzuweisen. Am allerwenigsten sind wir geneigt, uns mit einer zurechtgeschnittenen Schablone an die Arbeit zu machen und ohne weiteres zu verwerfen, was nicht in dieselbe hineinpaßt. Wir wissen, daß immer noch vieles geschrieben wird, was sich geflissentlich vom Realismus fernzuhalten sucht, und sind durchaus nicht gewillt, uns gegen das Maß von Talent (auch wenn wir seine Richtung nicht gutheißen können) zu verschließen, das aus manchen dieser Dichtungen ganz unbestreitbar hervorleuchtet. Wir werden also in Nachstehendem nicht loben und tadeln, je nachdem uns aus den verschiedenen Produktionen unsere eigene Richtung entgegentritt oder nicht, sondern wir werden, eingedenk der Wahrheit, daß alles Schematisieren und Rubrizieren doch erst in zweiter Reihe steht, mit gespanntem Ohre auf das Wort des Genius lauschen und, ehe wir uns weitere Fragen vorlegen, vor allem immer die *eine* beantworten, ob wir's mit einem *Dichter* zu tun haben oder nicht. Denn noch einmal: der Weg, den wir einschlagen, ist *viel*, aber er ist nicht *alles;* gewichtiger bleibt immer die Frage: *wer ihn betritt*. Die »Jungfrau von Orleans« und »Wilhelm Tell« schreiten nicht auf unsern Wegen einher, aber wer unter uns hätte den Mut, bedeckten Hauptes vor dem Genius stehen zu bleiben, der jene Werke schuf?
Und so denn ans Werk! (NFA XXI 1, 7 ff)

Fontane an Theodor Storm Berlin, 14. Februar 1854
Nun ein paar Worte über mich, die Ihnen für Ihren Aufsatz vielleicht einige Anknüpfungspunkte bieten. Von Kindesbeinen an hab ich eine ausgeprägte Vorliebe für die Historie gehabt. Ich darf sagen, daß diese Neigung mich geradezu beherrschte und meinen Gedanken wie meinen Arbeiten eine einseitige Richtung gab. Als ich in meinem 10. Jahre gefragt wurde, was ich werden wollte, antwortete ich ganz stramm: Professor der Geschichte. (Dies ist Familientradition, die es erlaubt sein mag zu zitieren.) Um dieselbe Zeit war ich ein enthusiastischer Zeitungsleser, focht mit Bourmont und Duperré in Algier, machte 4 Wochen später die Julirevolution mit und weinte wie ein Kind, als es nach der Schlacht bei Ostrolenka mit Polen vorbei war. Seitdem sind 23 Jahre vergangen, doch weiß ich noch alles aus *der* Zeit her. – Dann kam ich

aufs Gymnasium. Als ich ein 13jähriger Tertianer und im übrigen ein mittelmäßiger Schüler war, hatt ich in der Geschichte solches Renommee, daß die Primaner mit mir spazierengingen und sich – ich kann's nicht anders ausdrücken – fürs Examen durch mich einpauken ließen. Zum Teil war es bloßer Zahlen- und Gedächtniskram, doch entsinne ich mich andrerseits deutlich eines Triumphes, den ich feierte, als ich meinen Zuhörern die Schlachten von Crécy und Poitiers ausmalte. 13½ Jahre alt, kam ich auf die hiesige Gewerbschule, wo gar kein Geschichtsunterricht war und ich mich aus diesem und hundert andern Gründen unglücklich fühlte. Meine Neigung blieb indes dieselbe. In meinem 15. Jahre schrieb ich mein erstes Gedicht, angeregt durch Chamissos »Salas y Gomez«. Natürlich waren es auch Terzinen; Gegenstand: die Schlacht bei Hochkirch. Zwei Jahre später, als ich schon Apotheker war, leimte ich ein kleines Epos zusammen: Heinrich IV.; und das Jahr darauf schrieb ich meine erste Ballade, die ich vielleicht, ohne Erröten, noch jetzt als mein Machwerk ausgeben könnte. Die Ballade hieß »Vergeltung«, behandelte in 3 Abteilungen die Schuld, den Triumph und das Ende des Pizarro und wurde, unter Gratulationen von dem betreffenden Redakteur, in einem hiesigen Blatte[3] gedruckt. In meinem 20. Jahre kam ich nach Leipzig, was mir damals gleichbedeutend war mit Himmel und Seligkeit. Es kam die Herwegh-Zeit. Ich machte den Schwindel gründlich mit, und das Historische schlug ins Politische um. Dem vielgeschmähten Tunnel verdank ich es, daß ich mich wiederfand und wieder den Gaul bestieg, auf den ich nun mal gehöre. Das Gedicht »Tower-Brand« (siehe meine »Gedichte«) machte eine Art Sensation (ich schrieb es nach meiner *ersten* englischen Reise noch voll von Londoner Eindrücken) und entschied gewissermaßen über meine Richtung. Was ich nach jener Zeit schrieb, liegt in den »Gedichten«, in den »Männen und Helden«, in der »Rosamunde« und in den neusten »Argo«-Beiträgen zum größten Teil Ihrer Beurteilung vor. Meine Neigung und – wenn es erlaubt ist, so zu sprechen – meine Force ist die Schilderung. Am Innerlichen mag es gelegentlich fehlen, das Äußerliche hab ich in der Gewalt. Nur sowie ich die Geschichte als Ba-

---

[3] »Berliner Figaro«, März 1840.

sis habe, gebiet ich über Kräfte, die mir sonst fremd sind, wie jener, dem auf heimatlicher Erde die Seele wieder stark wurde. – Das Lyrische ist sicherlich meine schwächste Seite, besonders dann, wenn ich aus mir selber und nicht aus einer von mir geschaffenen Person heraus dies und das zu sagen versuche. Diese Schwäche ist so groß, daß einzelne meiner frühsten Balladen (»Schön-Anne«; »Graf Hohenstein« u. einige andre) nichts andres sind als ins Balladische transponierte lyrische Gedichte. Namentlich ist das zweitgenannte ganz subjektiv, was ich *so* schrieb, weil ich nicht anders konnte. Daß das Ding nichts taugt, ist gleichgültig; ich will nur zeigen, wie ich verfuhr.

(BE I 146 f)

Fontane an Theodor Storm Kränzlin, 20. Juni 1854
Theodor Mommsen geht von Zürich nach Breslau, wie ich vor drei Tagen in der Vossischen las. Ich ging am liebsten nach Mexiko oder würde Pfeifenträger bei Omer Pascha, denn es behagt mir die Pfennigwirtschaft eines deutschen Zeitungs- und Balladenschreibers ganz und gar nicht mehr. Der Bibelspruch: Sehet die Lilien auf dem Felde an usw. bewahrheitet sich zwar an mir jeden Tag, denn der himmlische Vater ernähret mich wirklich, aber »fragt mich nur nicht wie« schließt Heine sein Lied und ich diesen Brief.

(E 7, 1476 f)

14. Januar 1855
Fontane. »An Schallehn« (Mit einem Exemplar »Rosamunde«)

> Freund, gekommen sind die Zeiten,
> Wo die Dichter sich selber verbreiten;
> Wen es sehnert nach Honneur,
> Werde sein eigner Colporteur.

(HA 6, 450)

Fontane an Paul Heyse Berlin, 4. Februar 1855
Wenn ich zum Schluß nun von mir selber reden darf, so laß Dir sagen, daß es mir gut geht, wenigstens um vieles besser, als ich's vor Jahren erwartet hätte. Ich muß mich barbarisch quälen und habe dabei nicht nur das Gefühl, daß es oftmals meine physischen,

sondern viel häufiger noch meine geistigen Kräfte, richtiger das Maß meines Wissens übersteigt. Aber der alte fromme Spruch, daß Gott einen stärker macht, als man eigentlich ist, wenn er sieht, daß sich das arme Vieh erbärmlich, aber ehrlich quält, ist doch eine Wahrheit, und wenn mir auch – ohne falsche Bescheidenheit – mein Schwatzen und Schreiben nicht genügt, so muß ich doch selber einräumen, daß beides erträglicher ausfällt, als ich mir's vorher zugemutet hätte.

(BE I 158)

Juli 1855

Fontane. »Gratulation an ›Nord und Süd‹« (Zum hundertsten Heft)

[1. Fassung]

> Ach, ich bin der Verse müd'
> Aus dem Album-Stammbuch-Fache,
> Doch für *dich,* o »Nord und Süd«, –
> Das ist eine andre Sache.
>
> Was du hast, das halte fest;
> Aber nie dir selbst genügen,
> Eh' nicht weithin Ost und West
> Auch sich deinem Banne fügen.
>
> Denke, daß es nimmer frommt,
> Sich in sicherm Traum zu lullen,
> Vorwärts bis die Stunde kommt
> Mit dem Hefte von *drei* Nullen.
>
> Ach, der Arme, der dies schrieb,
> Wird dann längst vergessen schlafen,
> Aber Lindau? Lindau blieb,
> Lindau, Bregenz, Friedrichshafen.

[2. Fassung]

> Du warst so sanft, du warst so gut,
> Unstrenge bei jungen Jahren,
> Und deiner Launen Übermut –
> Ich hab' ihn nie erfahren.

> Du brachtest, eh' ich mir's noch versah,
> Den Graus meiner *»Grete Minde«,*
> Du brachtest sogar *»L'Adultera«,*
> Was ich mit Rührung empfinde.
>
> Nie warst du drakonisch, nie Lykurg,
> Und unter verschiedenem Titel
> Ertrugst du geduldig Mark Brandenburg,
> Kapitel über Kapitel.
>
> Ergeh es dir gut durch alle Zeit
> In Wachen, Traum und Schlummer
> Und denke meiner in Freundlichkeit
> Bei deiner *tausendsten* Nummer! (HA 6, 534 f)

Fontane an den »Rütli« London, 6. Februar 1856
Was mein Leben angeht, so paßt es zu dem Eurigen und zu meiner eignen Vergangenheit wie die Faust aufs Auge. Meine Frau wundert sich täglich, daß ich es aushalte; aber es ist nichts dabei zu verwundern. Vor drei Tagen kamen unsre Sachen an und wurden in der Küche mit einem ähnlichen Jubel ausgepackt, wie ihn die Krimoffiziere empfanden, als sie nach einer ganzen Winterkampagne wieder des ersten reinen Hemdes ansichtig wurden. Vergraben unter Servietten und Nachtmützen meiner Frau lag auch die »Argo«. Es war immer noch der *erste* Jahrgang. Ich blätterte drin und las die ersten fünf Strophen von »Lady Gray«; ich kann nicht sagen, daß sie mir als etwas Fremdes entgegentraten, ich kann auch nicht sagen, daß ich das Gefühl hatte: »So etwas wirst du nie wieder schreiben oder könntest du jetzt nicht schreiben«, nein, ich empfand nur so recht die Gedoppeltheit (wenn das reicht) unsres Daseins, und wie man so, ohne sich besonders vor sich zu entsetzen, als sein eigner Doppelgänger umherläuft. Ich sagte mir ganz trocken: »Ja, ja, ganz richtig, das schriebst du damals, als du noch *so* warst und noch *so* sein wolltest; seitdem hast du jene Seite deines Wesens eingesperrt und eine andre, die sonst vernachlässigt wurde, hervorgezogen. Es wird schon wieder die Reihe an jene kommen. Sei nur ruhig und bewahre den Schlüssel gut.« ... Wenn ich sagen sollte, daß ich nach dem eingesperrten Liebling nicht dann und wann Sehnsucht

empfände, so müßt ich lügen; aber diese Sehnsucht ist von keiner Reue darüber begleitet, daß es so ist, wie es ist. Es wird mir dabei recht klar, daß es für einen Menschen von Ambition nichts Niederdrückenderes gibt als die Abhängigkeit der Armut und daß es sich, selbst wenn man ein Poetenherz im Leibe hat, doch eher ohne Balladen, aber mit Geld, als wie mit Balladen, aber ohne Geld leben läßt. Ich muß zugestehn, daß mein gesunder Sinn seine schwachen Stunden hat und daß ich nicht immer dieser Meinung bin, aber ich habe in obigem Satz die Majorität meiner Stimmen und zugleich das Vernünftige (dessen sich auch die Poeten weniger schämen sollten, als sie gelegentlich tun) nach meiner Weise ausgedrückt. Das Gefühl der Unabhängigkeit ist etwas Höheres und Manneswürdigeres als die künstlerische Befriedigung. Die letztre *kann* man entbehren; jene Unabhängigkeit *sollte* man wenigstens nicht entbehren können. Was ich hier schreibe, das gilt alles nur von mir und von jener großen Armee überhaupt, deren Soldaten *Talent,* aber keine *Mission* haben. Es gibt Leute, denen die Lösung der Aufgabe, die ihnen geworden, mehr am Herzen liegen muß als die Frage, ob sie am ersten April die Miete bezahlen können oder nicht. Zu diesen Erwählten gehör ich nicht. Ich habe kein Recht auf eine Ausnahmestellung, und es ist der Reiz und der Segen meines gegenwärtigen Lebens, daß der kleine Jammer mich nicht mehr bedrückt, an dem ich schwerer getragen habe, als mein immer lachendes Gesicht vor der Welt zugestehen wollte. Es gibt aber freilich noch etwas Bessres. Wenn man die Wahl hat zwischen Austern und Champagner, so pflegt man sich in der Regel für beides zu entscheiden.

(DRA 116 f)

Fontane an die »Ellora« London, 14. Februar 1856
Dove hat mir sagen lassen, ich möchte nicht länger als zwei Jahre in London bleiben; jeder Deutsche, der diesen Rat verachte, werde entweder dumm oder verrückt. Der Mensch schmeichelt sich immer, und so nehm ich das Mildere an, das zugleich meinen natürlichen Anlagen am meisten entspricht. So arbeitet man denn hier wie ein Arsenikarbeiter oder ein Mitglied der Aufládergilde, die da wissen: mit fünfundvierzig ist es vorbei. Ich bin jetzt sechsunddreißig. Also mit achtunddreißig ist es vorbei. Adieu dann Balladen

und stolze Mitarbeiterschaft am Literaturblatt. Dann ist die Zeit da, wo ich in jeder Debatte unterliege, gleichviel ob ich mit Lazarus oder Blesson kämpfe. Es gäbe ein Rettungsmittel – Flucht. Aber ihr kennt den Traumzustand, wo man fliehen will vor einem langen, langen Messer und doch wie angewurzelt steht. Ihr habt von dem Vöglein gehört, das in den Zauberkreis der Schlange gebannt ist. Ich werde hier verwunschen bleiben, bis eine deutsche Prinzessin, die ich noch nicht näher bezeichnen kann (vielleicht werd' ich Balladenvorleser bei der Fürstin von Schwarzburg-Rudolstadt), mich aus diesem Zauberschlaf weckt.

(FR I 143 f)

Fontane an Friedrich Eggers London, 25. April 1856
Deine Mitteilungen über die letzte Tunnel-Konkurrenz haben mich wieder ganz in das Treiben und all die kleinen Kämpfe und großen Aufregungen hineinversetzt, die das Leben bei uns so reizvoll machen. Ich wünsche aufrichtig, nach Jahren wieder unter den Kämpfenden zu sein; aber ich muß doch gleichzeitig bekennen, daß ich es eher für eine gnädige, segensreiche Schickung als für ein Unglück ansehe, daß ich auf so lange Zeit außerhalb dieser Aktionen gestellt bin. Als ich noch direkt unter Euch war, sah ich meine damals doch auch nur literarische Beschäftigung mit der Politik schon als ein besondres Glück an, als ein frisches, stärkendes Bad, als ein Schutzmittel gegen alle Einseitigkeit und die bei uns so häufige Überschätzung der Kunst auf Kosten des *Lebens*. Hier hab ich nun das Leben; die Dinge selbst, nicht mehr bloß ihre Beschreibung, ihr Zeitungsschatten tritt an mich heran, und jede Stunde belehrt den armen Balladenmacher: daß jenseits des Berges auch Leute wohnen.

(BE I 166)

Fontane an seine Frau London, 5. Juli 1856
Ich wünsche recht *sehr,* daß Du ein gesundes Kind zur Welt bringst; das Geschlecht ist, vorläufig, gleichgültig, und alles wird dankbar akzeptiert. Nur keine allzu elenden Würmerchen; es ist eine Art Ehrensache. Also nimm Dich zusammen und tu das Deine. Man schreibt mir sonst auf den Grabstein: seine Balladen waren strammer als seine Kinder.

(FA I 57)

Fontane an seine Frau   London, 19. Juli 1856
Wenn Gott mich gesund erhält (dies ist das allerwichtigste), so ist mir vor meiner Zukunft nicht bange. Wenn ich tüchtig arbeiten will, so tüchtig, wie ich hier es muß, so komm ich auch in der Heimat erträglich durch. Literatur-Machen ist mir ein Greul, aber Stundengeben, in Dingen, die ich verstehe, ist mir eine Freude. Unter »Literatur-Machen« versteh ich natürlich bloß das Schreiben fürs tägliche Brot und das Rumhökern mit soundso vielen Manuskripten unterm Arm. Mein gesunder Sinn lehnt sich auf gegen diese Schmadderei.   (BE I 169)

Fontane an seine Frau   London, 1. November 1856
Ich hatte die Schattenseite meiner Finanzzustände wohlweislich zuerst gemalt; nun kommt die Lichtseite [...] Also Du siehst – Not ist nicht. Dazu kommen die Zeitungseinnahmen. Ich weiß freilich nicht, ob sich die Sache mit der Kreuzzeitung fixieren wird oder nicht, doch hoff ich es. Zerschlägt sich's und zerschlägt sich's ebenso, daß ich für eine englische Zeitung (mit Burows Hülfe) den russischen Artikel besorge, so ist immer noch nicht verspielt. Aufsätze, die ich von hier aus schreibe, werden immer ihren Abnehmer finden. Nur leugne ich nicht, daß ich zum Aufsatzschreiben weniger Neigung habe als zum sogenannten »Korrespondieren«. Früher war es gerade umgekehrt. Dieser Wechsel meines Geschmacks hat, glaub ich, bloß im Geldpunkt seinen Grund. Ein Aufsatz, wenn er irgendwelchen neuen Gedanken enthält, will hin und her erwogen sein und kostet unverhältnismäßig viel Zeit und Mühe; ein Korrespondenzartikel ist verhältnismäßig leicht geschrieben, man berichtet entweder eine neue Tatsache, oder man zieht Schlüsse aus gegebenen Fakten, beides macht sich rascher und ist drum profitabler. Dazu kommt noch, daß der Zeitungsbedarf ungleich größer ist als der schönwissenschaftliche; eine Zeitung, in ihrem *politischen* Teil, kann täglich einen Artikel von mir bringen, in ihrem *Feuilleton* höchstens wöchentlich einmal.   (BE I 192 f)

Fontane. »An die Poesie«　　　　　　　　　12. November 1856

> Poesie, das liebe Hexchen,
> Lebt nicht länger mehr mit mir,
> Legt nur dann und wann ein Klexchen
> Still vor meine Stubentür.
>
> Wenn ich morgens dann erwache
> Und das Klexchen liegen seh',
> Denk' ich, das ist ihre Rache,
> Weil ich jetzt mit andern geh'.
>
> Dummes Ding, sie will's nicht fassen,
> Daß ich tu' nur, was ich muß,
> Sollt' mich lieber laufen lassen
> Ohne Vorwurf und Verdruß.　　　　　　　(HA 6, 322)

Fontane an Henriette von Merckel　　　London, 12. Dezember 1856
In Ihr Lob meines »Letzten York« stimm ich begreiflicherweise von Herzen ein [...] Wenn Sie, hochverehrte Frau, an die Besprechung dieser Ballade den Wunsch knüpfen, daß ich hier eines schönen Tages ein Drama schreiben und heimlich und flink, wie mit einer telegraphischen Depesche, bei Ihnen resp. an den Toren des Schauspielhauses anklopfen solle, so zeigt mir das nur, welche heitren Vorstellungen Sie von meinem hiesigen Tun und Treiben, leider irrtümlicherweise, haben. Ich darf in aller Aufrichtigkeit sagen, daß der beste und schönste Teil meines Lebens hier Mühe, Arbeit und Plackerei ist und daß alles, was nicht direkt dahin gehört, Krankheit, Ärger und Sorge heißt. Muße fehlt ganz, und Freude und Unterhaltung, die oft einen halb geschäftsmäßigen Charakter haben, sind rar. Ich fürchte sehr, daß die Welt um jenes Dutzend Dramen kommen wird, die als mikroskopische Keimchen in mir ruhn; ich werde wohl immer zu schanzen und zu büffeln haben, und es schadet auch nicht. Sagt doch mein Balladenheld: »Und wie es fällt, so nimmt er's hin.« Sollten mir die Götter indes eine Sinekure mit 1200 Rtl. für die nächste Zukunft vorbehalten haben, so werde ich Ihnen dankbar sein, aber aller Wahrscheinlichkeit nach auch dann – keine Dramen schreiben. In Zeiten, wo man bei der Polizei an-

fragen muß, ob sie einem diesen oder jenen alten Markgrafen zu künstlerischer Verarbeitung gestatten und in der 3. Szene des 3. Akts einen halben Freiheitsgedanken erlauben will, in solchen Zeiten, unter der Direktion von Hülsen-Teichmann-Düringer (Schafskopp), *kann* man allerdings immer noch ein Shakespeare sein, aber es wird einem doch wirklich zu sauer gemacht, besonders in Erwägung des Umstandes, daß man mutmaßlich keiner ist. Es ist das Recht des Genies, jede Schwierigkeit zu überwinden, und es gibt kein Bevormundungssystem, das den göttlichen Funken wie ein Bartholsches Schwefelholz austreten könnte; wenn der Konstabel vor »sechs Büchern preußischer Geschichte« steht und den nahenden Dramatiker andonnert: Zurück, so steht er wenigstens nicht vor den sechstausend Büchern Weltgeschichte, und wer über Stoffmangel klagt, beweist sich von vornherein als Stümper; das Genie überwindet selbst Teichmann und Düringern, aber – *ich bin kein Genie*. In Erwägung dessen werd ich einen bescheidneren Kurs innehalten. (BE I 197 ff)

Fontane an Henriette von Merckel   London, 27. Dezember 1856
Man weiß nicht, wie man sich zu mir stellen soll. Ich zweifle, daß der Gesandte meine Gedichte gelesen hat; wenn er sie gelesen hat, so zweifle ich, daß er sie versteht, das heißt, daß er ihre Schwächen erkennt und ihre Vorzüge würdigt, und drittens, wenn er sie versteht, so weiß er doch nicht, welchen Ton er mir gegenüber anschlagen soll. Die, wenn ich mich so ausdrücken darf, reservierte Vertraulichkeit, die Vertrauen erweckend entgegenkommt und doch unüberschreitbare Grenzen zieht, ist eine schwere Kunst und wenige verstehn sie zu üben. In meinem Falle kommt noch manches hinzu. Herr Alberts weiß, daß ich Apotheker gewesen bin und durch ihn der Gesandte auch. Anstatt zu sagen: »Tausendwetter der Mensch muß notwendig Talent haben, weil er Apotheker war, 14 lange Jahre, und dies und das aus sich gemacht hat«, statt dessen heißt es: »er kann unmöglich was Reelles leisten, denn er ist ja eigentlich nur ein Apotheker.« Die Menschen zu bekehren ist meist unmöglich, denn es gehören allerhand Gaben des Geistes und Charakters dazu, sich bekehren zu lassen; im günstigsten Fall aber bedarf es vieler Jahre dazu. Ich glaube, ich sehe ziemlich klar in die-

sen Sachen und mache mir weder Illusionen noch verbittere ich mich gegen Zustände und Personen. Die Hauptsache ist, die Menschen sind egoistisch und geben sich keine Mühe, auf das Wesen und die Ansprüche eines Andern einzugehn. Dies kann den Anschein von Indifferenz gegen geistige Dinge, von mangelhafter Befähigung oder von überfirnißtem Vandalismus gewinnen, aber mit – Unrecht. Es kann jemand von der Argo keine Notiz nehmen oder er kann die unzureichendsten Urteile darüber fällen und doch ein sehr befähigter, klar blickender Mann sein. Der ganze Kreis, in dem wir stecken, verwechselt mehr oder minder die Fähigkeit, gute Verse zu machen, mit Fähigkeit überhaupt. Ich habe bei Kugler's vornehme und ausgezeichnete Leute wie halbe Esel behandeln sehn, bloß weil sie das Kunstblatt nicht hielten, Deborah[4] ein gutes Stück nannten und die »Hermen« von Heyse noch nicht gelesen hatten. Etwas davon steckt in uns allen. Die geistreichen und Bücher-machenden Leute überschätzen wir und uns einspinnend in bestimmte Kreise, gelegentlich wie der Strauß den Kopf in den Sand steckend, merken wir nicht zur Genüge, welche Kräfte noch um uns her wirksam sind, Kräfte, die, wenn sie wollten, auch Bücher machen könnten, aber sie – wollen nicht. (E 22, 1431)

Fontane an seine Frau London, 8. Januar 1857
Du fragst, wie mir meine Arbeit zusagt. Ich danke für gütige Nachfrage und Patient befindet sich den Umständen nach wohl. Dies ist nicht Spaß, sondern Ernst. Ich bin eigentlich nach der Seite hin ganz befriedigt und lerne endlich einmal das schöne Gefühl kennen, in einem Berufe heimisch zu sein. Das Dichten ist eine herrliche Sache, und ich werde mich nie den Eseln zugesellen, die hinterher das Feld bespotten, auf dem sie Fiasko gemacht haben. Aber nur *große dichterische* Naturen haben ein Recht, ihr Leben an die Sache zu setzen. Ich bin gewiß eine dichterische Natur, mehr als tausend andre, die sich selber anbeten, aber ich bin keine *große* und keine *reiche* Dichternatur. Es drippelt nur so. Der einzelne Tropfen mag ganz gut und klar sein; aber es ist und bleibt nur ein Tropfen, kein Strom, auf dem die Nationen fahren und hineinsehn

---

4 Volksschauspiel von Salomon Hermann von Mosenthal, 1849.

in die Tiefe und in das himmlische Sonnenlicht, das sich drin spiegelt. Ich bin eine gute Sorte Sonntagsdichter, der sein Pensum Wochenarbeit zu machen und dann einen Reim zu schreiben hat, wenn ihm Gott einen gibt, der aber die Welt weiter nicht kränkt, wenn er's unterläßt. Ich glaube, daß ich über meinen gegenwärtigen Beruf nicht immer so vorteilhaft denken werde wie in diesem Augenblick, aber zunächst wenigstens bin ich zufrieden. (FA I 81)

Fontane an seine Frau London, 25. Februar 1857
Wir haben sehr viel zu besprechen. Wenn man mir nämlich gar keine Zusicherungen macht, wenn man sich weigert, mir einen dreijährigen Aufenthalt zu garantieren oder einen solchen wenigstens als beabsichtigt und höchst wahrscheinlich hinzustellen, so geb ich die ganze Geschichte auf. Karrieremachen ist doch nicht. Es geht nicht, man ist zu alt und viel zu selbständig, um jetzt noch von der Pieke auf zu dienen und hat (von tausend andern Dingen abgesehn) in Wahrheit nicht das Zeug dazu, um gleich als Hauptkerl irgendwo etabliert zu werden. Natürliche Fähigkeiten reichen nicht dazu aus, ohne Sach- und Detailkenntnis geht es nicht. So bleibt einem denn nur die Publizistik, da ich fest entschlossen bin, das Martyrium des Gedichte- und Stückeschreibens nicht auf mich zu nehmen. Ich werde dann ein alter Wentzel werden, oder ein ähnliches Möbel und mein Schicksal wird die alte Geschichte sein aller jener Tausende, die auf den Wolkenberg wollten, um schließlich den Grabhügel als Abschlagszahlung zu kriegen. Ich bin kaum traurig darüber. (HD 68 f)

Fontane an seine Frau London, 18. März 1857
Ich habe jetzt den Poeten aus- und den Zeitungsmenschen angezogen; als letztrer hoff ich mich ohne besondre Mühe durchzuschlagen.
[...]
Zum Arbeiten komm ich kaum; eine fieberhafte Unruhe (am meisten *vor* Tisch) steckt seit Monaten in mir und läßt mich bei nichts aushalten; alles dauert mir zu lange, ich möchte sprechen, aber um's Himmels willen nicht schreiben.

[...] in der Tat, ich brauchte gar nicht zu arbeiten, wenn ich ein halb Dutzend Menschen zur Hand hätte, *die klüger sind als ich*. Das Beste, was ich weiß, hab ich durch Umgang, Erzählung, Lektüre gelernt. Jetzt muß ich *schreiben*, um mir über die Dinge klar zu werden; statt der lichtgebenden Debatte ein – Artikel, und das gefällt mir nicht, weil es verhältnismäßig langweilig ist. Freilich würd es mir in Deutschland nicht besser ergehn; man wächst sich aus den Kinderschuhen heraus und sieht den Kreis derer immer kleiner werden, von denen man Weisheit lernen kann. (BE I 208 ff)

Fontane an Wilhelm von Merckel London, 1. Dezember 1857
Ich kann nicht leugnen, daß ich jetzt, wie aus vielen andern Gründen, auch um der politischen Vorgänge willen gern in Berlin sein möchte. Darunter versteh ich natürlich nicht: bei Clausing oder Stehely sitzen und den ersten besten Weißbier- oder Kaffeephilister große Politik machen hören. Nein, an einer der *Quellen* möcht' ich sitzen, und dieser Wunsch umschließt insofern nichts Besondres und Unerreichbares, als der augenblickliche politische Strom, der bei uns fließt, aus vielen Quellen gespeist wird, die untereinander Kenntnis von sich haben und das »Knabe an der Quelle Spielen« durch ihre Zahl erleichtern, ohne doch den Stoff zu zersplittern. Oder um ein andres, vielleicht bessres Bild zu nehmen: wir haben jetzt viele Heerlager statt des einen Hoflagers. Dadurch ist die Zugänglichkeit zu dem großen Geheimnisschatz gewachsen, ohne daß der Schatz selber vermindert worden wäre. Denn eifersüchtig bewachen sich die Lager untereinander, und jedes kennt aufs genauste die Pläne des andern, so daß vor *einem* Zelte sitzen so viel heißt, wie die Geheimnisse *aller* Zelte kennen. Daß mich bei Wünschen, wie ich sie eben geäußert habe, nicht bloße Neugier leitet, brauch ich Ihnen nicht lange zu versichern. Es sind dies vielmehr Dinge, zu denen mich die Gedoppeltheit meiner Natur mit Kräften, die sich einander unterstützen, hindrängt. Poet und Politiker operieren hier Hand in Hand, und wenn ich anfange klar zu sehn in dem Gewirr der Fäden, weiß ich kaum, was mich mehr erfreut, der *dramatische* Stoff, der da vor mir liegt, oder der Einblick in ein Stück *Geschichte*.
(FR I 188 f)

Fontane an seine Mutter London, 27. Juni 1858

Wie es uns geht? Gut und schlecht. Wenn der Mensch bloß eine Freß- und Verdauungsmaschine wäre, so ließe dies Leben hier nichts zu wünschen übrig [...]

Aber der »zivilisierte Mensch« ist ein sehr kompliziertes Ding und hat eine Unzahl kleiner, feiner Bedürfnisse, auch wenn er weder raucht noch Billard spielt. Was ich hier auf die Dauer nicht ertragen kann, das ist das Alleinstehn, die geistige Vereinsamung. Wie schön, wie segensreich könnte dieser Aufenthalt sein, und wie wenig ist er es. Wie vieles könnt ich lernen, sehn, arbeiten, und wie wenig ist es verhältnismäßig, was ich sehe, lerne und arbeite. Mir zuzurufen: »Ändre es, lern und arbeite *mehr*«, ist leicht gesagt, aber schwer getan. Ich befinde mich seit Jahr und Tag in der Position eines Menschen, der, mit verdorbnem Magen und belegter Zunge, an einen reichbesetzten Tisch gesetzt wird, mit der Aufforderung: »Nun iß!« Es geht aber nicht. Man erkennt an, daß die Speisen gut sind, aber man wendet sich gleichgültig oder voll Ekel davon ab, weil die Organe verstimmt sind, die gesund sein müssen, wenn sie das Genießenswerte genießen sollen. Ganz so geht es mir hier. Die Organe sind verstimmt, die frisch sein müßten, um zu arbeiten und zu genießen. Ich bin müde, abgespannt und beinah ohne Streben, weil ohne Hoffnung. Es fehlt mir aller Zuspruch, alle Aufmuntrung, alles Mitbestreben, alles, was wohltut, erfreut, erhebt, begeistert. Lau und flau gehen die Tage dahin. Wer mir sagen wollte: »Die Schuld ist dein, du bist verwöhnt, empfindlich, kränklich; eine stärkere Natur überwände das alles« etc., dem antwort ich bloß: »Mach es mir vor.« Es kann es keiner. Ich las neulich sehr wahr und richtig in einem Buch: »Es ist ein Unsinn, einen Dichter zu erwarten, wo niemand hört, und einen Maler, wo niemand sieht; die Indifferenz der Umgebung ist der Tod aller Kunst, alles Strebens überhaupt; nur wo ein Interesse ist und ein Wettkampf der Kräfte, da kämpft man mit und freut sich der eignen Kraft.« Von solchem Interesse existiert hier nichts, und die Heimat ist zu fern. Die Verbindung mit ihr ist zu lose und locker. Was man sagt, verhallt wie in der Wüste. Nach 6 Monaten vernimmt man per Zufall, daß ein befreundetes Ohr das Wort gehört und sich daran erfreut hat, aber nun ist es zu spät, um noch eine Aufmuntrung zu sein. Kurz und gut, wir haben hier zu essen und zu trinken, aber es fehlt das geistige Bad, ohne dessen Frische das Gemüt krank wird und verdorrt. Wir sind eine Pflanze im fremden Boden; es nutzt nichts, daß man alle Sorten von Mist um sie herpackt, sie geht doch aus, weil sie nun mal an andres Erdreich gewöhnt ist, und wenn es auch nur der vielverschriene märkische Sand wäre. (SJ I 40 f)

Fontane an Wilhelm von Merckel London, 13. Juli 1858
Es ist sehr liebenswürdig von Ihnen, daß Sie so schnell geantwortet haben, und doppelt liebenswürdig mit Rücksicht auf den frischen, heitren Ton, den Sie anschlagen und der wie die Kraft so auch gewiß die Absicht hat, mich meiner Verstimmung zu entreißen und mir die Seele wieder mit etwas Hoffnung und Freude zu füllen.
Das ist Ihnen auch gelungen (und schönen Dank dafür), soweit es hier gelingen kann. Das Leiden meines Lebens hier, *die* Seite meiner Existenz, die viel mehr als Herz und Lungenflügel der Hülfe bedarf, ist nämlich nicht das Gefühl von Unglück, Trauer oder auch nur ernstlicher Verstimmung, sondern das Gefühl des *Gelähmtseins* aller Kräfte. Ich bin wie nasses Stroh, die besten Zündhölzer wollen nicht recht helfen – es brennt nicht. Ihre Briefe sind mir unter aller geistigen Anregung, die ich hier habe, das bei weitem liebste und wohltuendste, aber selbst *sie* sollten und könnten mich noch mehr erfreun, als sie's tun; der ganze innre Organismus ist wie gestört. Ich bin wie ein alter kranker König, der am offnen Fenster in seinem Sessel sitzt und eine entzückende Landschaft überblickt – er sieht sie nicht; die Vögel singen unten – er hört sie nicht; ein Bote bringt ihm die Nachricht, daß sein Heer geschlagen sei – er horcht auf und nickt mit dem Kopf; die Dinge haben allen Unterschied und alles Maß für ihn verloren, groß und klein wiegt gleich schwer auf der trägen Waage seines Gefühls und seiner Vorstellungen, und nur wenn abends eine leise Melodie erklingt, die ihn an Jugend und Streben und Liebe und Kampf erinnert, kommt ein flüchtiges Leben über ihn, und seine Augen leuchten wieder. Aber nicht lange. Ich hörte heute früh solche Melodie, als ich Ihren Brief las; aber die Apathie kehrt schnell zurück. All dies mag sich lesen wie ein Blatt aus dem Tagebuch einer hysterischen Frau, aber es ist keine lächer-

liche Empfindsamkeit, was mich so schreiben läßt, es ist ein wirklicher, guter, ehrlicher Krankheitszustand, wie ihn dies Klima, dies Bier, diese Geistesöde und dieser äußerste Mangel an Zuspruch, Teilnahme, Anerkennung hervorgebracht haben. Wenn ich meinem Arzte ein Bild meines Zustandes geben sollte, ich könnte ihm nichts andres sagen als wie – der innerliche Mensch ist gelähmt. Aus all diesem geht hervor, daß mir Schottland nicht viel und nicht nachhaltig helfen kann; ich bedarf der *Heimat*, wiewohl es durchaus nicht Heimweh ist, woran ich laboriere. (BE I 242 f)

Fontane an Wilhelm von Merckel   London, 20. September 1858
Es ist wahr, ich habe in meinem letzten Briefe noch von was Apartem gesprochen und habe hervorgehoben, daß es mir zum Schreiben (gleichviel, ob Prosa oder Verse) an aller Ermutigung und belebenden Anregung gebricht. Ich bin auch jetzt noch der Meinung, daß ich zu dieser Klage vollauf berechtigt bin. Ja es tragen diese Dinge unter Umständen wesentlich mit zu meiner Verstimmung bei. Lassen Sie mich zu Vergleich und Beispiel greifen. Von dem Einfluß, den es hat, wenn man an einem Stiftungsfeste vor 120 Menschen ein Gedicht vorliest, das *einschlägt*, von diesem und ähnlichen Einflüssen, die gewiß ebenso wohltätig wie unbestreitbar sind, will ich nicht sprechen; ich will eine Prosaarbeit herausgreifen und daran meine Bemerkungen knüpfen. Vor ohngefähr 4 Jahren schrieb ich eine Kritik über Scherenberg. Vorverhandlungen im Rütli. Vorlesung der Kritik; Kritik über die Kritik. Änderungen. Vorlesung der veränderten Arbeit in einer Ellora-Sitzung. Nochmals Rütli-Debatte. Druck. Briefliche (für den Druck bestimmte) Erwiderung Paul Heyses auf einzelne Sätze meiner Kritik etc. Diese *Wichtigkeit*, mit der die ganze Angelegenheit behandelt wurde, mochte, namentlich in Erwägung der 300 Abonnenten, etwas Lächerliches haben, aber gleichviel, ob lächerlich, ob nicht, der Reiz alles Schreibens liegt nun mal darin, daß sich der Schreiber an bestimmte Persönlichkeiten wendet, d. h. an Eggers oder Merckel oder Lübke denkt, und nicht das gestaltlose Publikum, das nicht lacht, nicht weint, nicht lobt, nicht tadelt, wie eine dicke Wolke vor Augen hat. Nun nehmen Sie, im Gegensatz dazu, meine Briefe »aus

Manchester«. Sie füllen fast ein Buch, der behandelte Gegenstand ist neu und ist ziemlich gründlich, wie ich glaube, nicht ohne ein paar Gedanken und jedenfalls mit großer Vorliebe von mir behandelt worden. *Nie* hab ich ein Wort darüber gehört, wie man diese Briefe aufgenommen hat. Ein oder 2 Monate vor seinem Tode schrieb Kugler an den Rand eines Briefes: »Schönen Dank für Deine Berichte aus Manchester; sie sind für *mich* geschrieben.« Das tat mir wohl; aber ich frage Sie, ist es nicht etwas wenig, wenn man in der Fremde über eine lange, mit Vorliebe gemachte Arbeit weiter nichts hört als das *eine* Wort? Ich weiß wohl, daß es immer so geht, daß Platen und Heine selbst wenig oder nichts über ihre Sachen erfuhren, mit Ausnahme einer *tadelnden* Rezension, die ihnen dann und wann ein guter Freund zutrug; aber die Erwägung, daß es beßren Leuten nicht besser ergangen ist als mir, ist doch wirklich kein großer Trost. Sie sind freundlich genug, an einer Stelle Ihres Briefes zu schreiben: »*Sie* haben doch am wenigsten Ursach, sich über Mangel an Anerkennung zu beklagen«, und es ist wahr, ich glaube, daß das bißchen Anerkennung, das ich gefunden habe, meinem Talent und meiner Leistungsfähigkeit vollauf entspricht. Aber diese Anerkennung dringt einesteils nicht hierher, ich seh und höre seit Jahren nichts davon, andrerseits ist es doch ein Jammer, daß man dieser da sein sollenden Anerkennung zum Trotz sich immer noch ohne eigentlichen Buchhändler, ohne alle Sicherheit auf Angenommenwerden behelfen muß. Mit meinem Katz stand ich wenigstens auf solchem Fuß, daß er am Ende, wenn ich wenig Geld verlangte, so ziemlich tat, was ich wünschte; aber das ist nun vorbei, und von hier aus ähnliche Beziehungen anzuknüpfen scheint mir unmöglich. Dies führt mich auf Metzel.

Weihnachten schon versprach er mir seine Advokatur nach *der* Seite hin. »*Decker bleibt uns immer noch;* ich werde zunächst nach einem andern aussehn, der besser zahlt; erinnern Sie mich an die Sache, wenn ich sie in der Masse der Geschäfte vergessen sollte.« So schrieb er ohngefähr. Seit der Zeit, in vollen 9 Monaten, hab ich von Metzel eigentlich nur *einen* Brief und dann, vom Harz aus, ein Urlaubspapier mit einigen Begleitzeilen erhalten. Ich beantwortete die letztren und benutzte die Gelegenheit, sein Fürwort bei Decker zu erbitten; wofür? wissen Sie; ich habe Ihnen damals meine Pläne (3 Bände) mitgeteilt. Vor 2 oder 3 Wochen – nach Rückkehr von Schottland – hab ich nochmals leise angetippt; natürlich vergeblich, keine Antwort. Metzel hat jetzt als Oberkoch in der politischen Hexenküche (die Gestalten von Königen, Regenten, Mitregenten, Stellvertretern etc. tauchen beständig aus dem Kesselwrasen auf) so viel zu tun, daß es lächerlich wäre, wenn ich ihm mit meinen au fond wirklich kümmerlichen Angelegenheiten dazwischenfahren wollte; ich hab es also aufgegeben, mich durch beständiges Purren und Pochen hörbar, aber auch unbequem zu machen, und werde deshalb versuchen, auf andren Wegen zum Ziele zu kommen. *Vielleicht* können Sie mir dabei behülflich sein. Um was es sich handelt, wissen Sie. Direkte Anfragen, die fast immer abschlägig beschieden werden, möchte ich Sie bitten *nicht* zu tun; aber es wäre doch möglich, daß mal ein zufälliges Gespräch eine Anfrage ratsam machte, und dann möcht ich wohl, Sie gedächten meiner. Drei Bände à 100 Rtl.; c'est tout. Wahrscheinlich würd ich es so einrichten, daß die noch zu schreibende »schottische Reise« auch noch mit hineinkäme, wenn die Darstellung nicht wesentlich länger wird, als ich erwarte. – Nun an dieser Stelle noch ein paar Worte über meine Stellung zum Grafen B[ernstorff], zu Metzel etc. Ich soll hier tätig sein in der englischen Presse, aber ich erhalte keine Instruktion, und daß ich sie *nicht* erhalte, ist noch wieder das Beste, denn in dem Moment, wo sie hier einträfe, würde sie schon wieder falsch geworden sein. Immer von der Hand in den Mund. Vielleicht ist das die Politik der *Neuzeit*, die auch Richelieu adoptieren würde; nur tun, was der Augenblick gebieterisch fordert, kein Fechten für weite und große Ziele, nur immer für die Existenz. Ich würde mich noch unwohler darin fühlen, wenn ich irgendein Gebiet sähe, wo es besser wäre. In poetischen Dingen z. B. ist es so traurig, daß, wenn man mich fragte, was ich vorzöge: »Preistragödien zu schreiben oder Leitartikel«, ich ohne Besinnen für das letzte stimmen würde. Nur zum allerkleinsten Teil ist dies ein Hieb gegen Paul [Heyse]; ich finde sein Stück[5] – und zwar aus Mangel an Nerv und Muskel, wiewohl die Anlage, das *Verstandeswerk*, gut ist – allerdings völlig verunglückt, aber ich habe nicht den Mut,

---

5 »Die Sabinerinnen«, vgl. BE I 494.

irgendwen dafür verantwortlich zu machen; *wir alle* tragen die Schuld, die Zeit ist so ledern, so öde, so leer, Krieg, Omar und das Niederbrennen alexandrinischer Bibliotheken – die eignen unsterblichen Werke mit eingeschlossen – sind so nötig, daß man den einzelnen nicht hart beurteilen darf, der ein schwindsüchtiges Theaterstück schreibt. Unsre ganze Zeit kommt mir vor wie Pauls »Romulus«, einer der gottvoll gelungensten Lehrer höhrer Töchterschulen, die je gezeichnet worden sind. Ich komme in meinem nächsten Briefe auf das ganze Stück zurück. Die Welt seufzt nach großen Taten, wie ausgedörrtes Land nach Regen. Diese Taten brauchen nicht bloß Taten des Schwertes zu sein, aber es scheint mir, daß die blutige Pflugschar erst wieder über die Erde gehen muß, eh eine neue große Ernte reifen kann. Es war immer so, und unter allen Schafsköpfen sind die die größten, die da glauben, daß Art von Art läßt und daß die »happy family«, wo Maus und Katze in einem Käfig zusammen spielen, das Bild der Zukunftsmenschheit sei. Es wird wieder donnern und blitzen, und zwar ganz gehörig. Wer jetzt tätig sein will innerhalb künstlerischen Lebens, der lerne sich bescheiden, der sei liebevoll tätig im kleinen und einzelnen, der pflege und forsche mehr, als daß er strebe und zu den Wolken fliege. Die Zeit gibt einer harmlosen Taube nicht Zeit, ihren Flügelschlag zur Kraft eines Adlers auszubilden. Nur wer ein fix und fertiger Adler, wenn auch ein junger, ist, der versuch es, vielleicht ist er es, auf den wir warten, denn wer mag sagen, von wannen wir das Heil zu erwarten haben. Es ist wahrhaftig manches da, was einen an die Zeiten des »Herodes« (ich meine den wirklichen) erinnern könnte. Da wären wir glücklich bei Lepel angelangt. Aber auch über ihn schreib ich erst das nächstemal. Er doktort inzwischen Ghaselen zusammen und glaubt, daß er der Kreuz-Ztng. eins gewischt hat, wenn er 7 oder 14mal auf Kaperei (oder ein ähnliches Wort, ich hab's vergessen) gereimt hat. Oh, Unschuld. Ich bin nicht zufrieden hier mit meinem Leben und wünschte tausenderlei anders, *das* aber segne ich und stimmt mich zum herzlichsten Dank gegen mein Geschick, daß ich aus *dem* heraus bin, was ich mit einem Wort das »Theodor-Stormsche« nennen möchte, aus dem Wahn, daß Husum oder Heiligenstadt oder meiner Großmutter alter Uhrkasten die Welt sei. Es steckt Poesie darin, aber noch viel mehr Selbstsucht und Beschränktheit. Die Erkenntnis bezahlt man teuer, aber zuletzt doch nie *zu* teuer. (BE I 246 ff)

Fontane an seine Mutter London, 6. November 1858
Als ich vorgestern an Sommerfeldt schrieb, wußt' ich schon von dem Sturze Manteuffels; Du magst daraus, daß ich darüber *schwieg,* am besten abnehmen, daß es mich nicht wie ein Schrekkensschlag getroffen hat. Gegentheils, ich bin ganz ruhig darüber. Aus frühren Briefen weißt Du, daß mein Verbleiben hier – und wenn es bis in die aschgraue Pechhütte gedauert hätte – auch nicht segensreich auf die Gestaltung meiner Verhältnisse *daheim* eingewirkt haben würde. Wer weitab lebt, wird meist vergessen oder wenigstens übergangen; es ist wie bei den Hunden, die nächststehenden schnappen die Bissen weg. Nach Jahren, wenn ich darum petitionirt hätte, hätte man mir vielleicht einen ihrer ledernen Subalternposten in irgend einem Ministerium bewilligt; ich zieh' es aber, selbst einschließlich aller Sorgen und Gefahren, durchaus vor, als Lehrer, Artikelschreiber und Stundengeber mich arm aber unabhängig durchzuschlagen. *Du,* als das Kind einer andren Zeit, hast noch die hohen Vorstellungen von »Beamtenschaft« »sichrem Brot« etc ich versichre Dich aber, daß es damit nichts ist und daß es sich mit diesen Dingen gerade so verhält wie mit der Premierleutnant- und Hauptmannschaft; die alten Vorstellungen gelten nicht mehr; Einfluß, Ansehn, Auskommen, Selbständigkeit etc. liegen ganz wo anders. Diese Ueberzeugung hat sich seit *Jahren* (nicht erst seit Kurzem) bei mir festgesetzt. (SJ I 46)

Fontane an seine Frau München, 2. März 1859
Paul [Heyse] sprach zwar auch von einer »Audienz« als von etwas ganz Bestimmtem, doch hab ich nicht Lust, mich darauf zu klemmen. Auch würd es (wenn sich nicht ein glückliches Ohngefähr ereignet) seine Schwierigkeiten haben, da ich dem Könige zuvor Fontanes sämtliche Werke überreichen müßte, was sich, wenn überhaupt, vor Ablauf von 8 oder selbst 14 Tagen schwerlich tun lassen würde, denn all die bei Katz erschienenen Sachen (»Rosamunde«, »Argo«, »Sommer in London«) sind so gut wie verschwunden.
(BE I 268)

Fontane an Paul Heyse   Berlin, 28. November 1859
Über unser Leben hier, Sorgen und Hoffnungen, wird wohl meine Frau berichtet haben. Ich bin völlig »freier Schriftsteller«, was gleich nach »reisender Schauspieler« kommt. Das Schreiben ginge schon, aber – das Drucken! Alle Posten bei den hiesigen Zeitungen sind besetzt, und nur ausnahmsweise kann man gastieren. Selbst die Kreuz-Ztng., die mich, d. h. meine Feuilletonartikel, am anständigsten behandelt und mir gern zeigt, daß ihr an meiner Mitarbeiterschaft gelegen ist, bringt doch zuwenig, um von derartigen Arbeiten leben zu können. 300 Rtl. pro Jahr ist schon viel, und man braucht – 1000 Rtl. Vossin, Morgenblatt helfen nach, aber sie können das Defizit nicht völlig decken, da mir nach einem völligen Bruch mit unsrem guten Eggers* gerade das Feuilleton *der* Zeitung fehlt, für die ich jahrelang, d. h. bis zum Regierungsantritt unsres Anakreon, ausschließlich geschrieben habe. Ich möchte bei der Gelegenheit doch bei Dir angefragt haben, ob Du mich nicht als ständigen Mitarbeiter bei der neuen (Braterschen) Ztng. einführen könntest, von der ich vor einem Vierteljahr viel hörte und die hoffentlich noch existiert. Zu dem gewöhnlichen Feuilletongeschwätz möcht ich mich nicht gern hergeben, aber kritische Arbeiten, Besprechungen belletrist. und historischer Bücher von einigem Belang, Aufsätze über englisches Leben, Kunst, Literatur, das würden allenfalls die Dinge sein, mit denen ich mich gern beschäftigte. Können mir die Aufgaben jedesmal *gestellt* werden, nun dann – tant mieux. Das bloße: »Wir wollen sehn, wollen einen Versuch machen« oder »bitte, wollen Sie uns einige Ihrer ›geschätzten‹ Arbeiten vorlegen etc.« nützt mir natürlich gar nichts. An den Mann bringt man die Sachen schließlich immer, aber das Hausierengehn per Post ist es, was ich vermeiden möchte. *Noch* hab ich's nicht getan, aber ich fürchte, daß der Moment kommen könnte, und möchte gern vorbaun.

---

* Dieser Bruch bezieht sich zunächst auf geschäftlich-literarischen Verkehr; im übrigen krepelt man so freundschaftlich weiter, nicht warm, nicht kalt.

(BE I 278 f)

Fontane an Mathilde von Rohr [16. April 1861]
Ihre freundlichen Zeilen haben mich sehr beschämt; aber ein paar Punkte darin, erscheint es mir wie Pflicht noch einmal zu besprechen.

Sie gehen davon aus: »ich läse nicht gerne vor«; von dieser Seite aus aber dürfen Sie die Sache nicht ansehn, wenn Sie mir nicht wirklich bitter Unrecht thun wollen. Hätt' ich die Tenzonen *absichtlich* nicht mitgebracht, um der Vorlesung überhoben zu sein, so wär ich schlechtweg ein grober, rücksichtsloser und undankbarer Mensch, und Ihre mich beschämenden Worte, daß Sie nichts hätten fordern sollen, was mir ein Opfer kostet, kann ich, trotz der großen Freundlichkeit die in diesen Worten liegt, nicht acceptiren. Ich lese nicht sehr gern vor, aber auch nicht sehr ungern; wenn ich's aber auch wirklich ungern thäte (was nicht der Fall ist) so würd' es doch immer meine allergebotenste Pflicht und Schuldigkeit sein, diese Unlust nie und nimmer einer Dame gegenüber zu zeigen, die mir, von dem ersten Augenblick an wo ich die Ehre hatte sie näher kennen zu lernen, in ununterbrochener Reihenfolge Liebes und Gutes erwiesen hat. Ich bin nicht *sehr* dankbar, aber ich bin doch auch nicht geradezu undankbar und am wenigsten hätt' ich Lust, es unter rücksichtslosen Formen zu sein. Noch einmal: die ganze Geschichte war was man so gemeinhin ein »Pech« nennt; außerdem aber, wie ich gern zugeben will, eine Folge davon, daß ich solche Dinge leicht nehme und davon ausgehe: »ach, es wird sich schon machen, so oder so.« In der Regel glückt es auch, aber mitunter geht alles schief. Wären meine Balladen zufällig zur Hand gewesen (worauf ich sicher gerechnet hatte) so wäre ja alles noch ganz passabel abgelaufen. – Und nun noch eins. Sicherlich rechne ich die schönen, heitren, zwanglosen Abende bei Ihnen nicht zu den »Gesellschaften«, sie sind mir in jeder Beziehung eine Freude, eine Erquickung, *genau das was mir gefällt,* mehr kann ich nicht sagen. Aber ich gehe weiter, ich wollte auch die »Gesellschaften« selbst durchaus nicht in Anklagezustand versetzt haben, denn sie sind nöthig und unter Umständen doch auch interessant. Ich meinte in meinen letzten Zeilen nur, daß es für einen Menschen der vorzugsweise auf Arbeit und zwar noch dazu auf *geistiges Produciren* angewiesen ist, *sehr schwer* ist zugleich die Pflichten die die Gesellschaft im weitesten Sinne, oder wenn Sie wollen der *Umgang* überhaupt auferlegt, zu erfüllen. Man wird immer mal Dinge vergessen die man nicht vergessen sollte, oder einen Gang nicht machen, der gemacht werden müßte. Nicht nur für mich selbst, sondern für die ganze *Gattung* bitt' ich um Nachsicht. (SJ III 12 f)

Fontane an Mathilde von Rohr Berlin, 29. Januar 1862
Der Gang zu Frau v. Merckel wurde unmöglich, weil wir von halb fünf bis nach halb acht die Ihnen bekannten Damen zum englischen Kaffe bei uns hatten, was mir, wie so oft, ganz entfallen war, und woran ich erst gestern Mittag durch meine Frau erinnert wurde.
Sie denken vielleicht: »wie kann man dergleichen vergessen« oder »wie kann man sich in derlei Dingen irren« – leider passirt mir das sehr oft und ich bekenne Ihnen, ich weiß mich innerlich dabei ohne alle Schuld. *Ordentlich* kann ein Mensch nur eins sein, man ist entweder ein Gesellschaftsmensch der all die gesellschaftlichen Pflichten stricte zu erfüllen hat, oder man ist ein Künstler, Schriftsteller etc. der vor allem seiner Arbeit gehört. Muß man nun *beides* sein, so entsteht Ueberanstrengung und Verwirrung als unausbleibliche Folge. Pardon! (SJ III 24)

Fontane an seine Frau Berlin, 23. Juni 1862
Du fragst, ob Du mir fehlst? Allerdings fehlst Du mir [...] Es würde dies noch viel mehr der Fall sein, wenn ich nicht gerade in diesen Wochen wieder gesehn hätte, daß unsereins ein vollständiges Hetzleben führt und daß, wie es Frauen gibt, die sich beständig fragen: was kochst du heute?, unsereins die Fieber erzeugende Frage nicht los wird: was arbeitest du heute? Der innerliche Mensch ist immer in einer Art Aufregung und Aktion, immer in der Angst: wie wird das werden? welches Buch brauchst du? an wen mußt du noch schreiben? wer weiß etwas davon? wie komponierst du dies, wie gruppierst du das etc. etc. Dies ist die *Aufregung* bei der Arbeit; aber diese Aufregung ist lange nicht das Schlimmste; das Schlimmste ist die Sorge: wird es auch nicht dummes Zeug sein? oder das bestimmte Gefühl: »So geht es nicht, das ist albern, das ist verbraucht« und in Folge davon die Notwendigkeit, oft schon

mit angegriffenen Nerven etwas andres, Neues an die Stelle des Alten zu setzen. (BE I 302)

Fontane an Wilhelm Hertz Berlin, 5. Oktober 1862
Anbei den Embryo einer Biographie. Ich sehe das sardonische Lächeln mit dem Sie die Umschreibung resp. die Verleugnung der Apothekerschaft hinnehmen werden; doch haben mich meine Erfahrungen seit 10 Jahren vielfach gelehrt, daß es gerathen ist, über diesen dunklen Punkt ohne weitre Lichtverbreitung hinzugehn.
Sind Sie der Ansicht, daß das Ding zu kurz ist, so erbitt' ich's mir zurück, um noch ein paar Notizen einschieben zu können. Doch glaub ich umgekehrt, es ist eher schon zu lang. (WHH 79)

Fontane. Aus »Zum 14. November 1862«[6]

> Ich hab nur eine Viertelstund',
> Du kennst davon den guten Grund,
> Es wartet die Stern- und preußische Zeitung
> Auf kürz're oder läng're Verbreitung
> All dessen, was ich seit Tag und Nacht
> Über Kunst gedacht und – nicht gedacht. (HA 6, 411)

Fontane. Selbstbiographie 1862[?]
Theodor Fontane wurde am 30. Dezember 1819 zu Neu-Ruppin geboren. Er besuchte das Gymnasium seiner Vaterstadt, dann die Gewerbschule in Berlin, da er vorhatte Naturwissenschaften, besonders Chemie zu studiren. 1841–43 lebte er in Leipzig und Dresden, dann kehrte er nach Berlin zurück, wo er von da ab seinen Wohnsitz nahm und sich literarisch beschäftigte. Er gewann Zutritt in das Kuglersche Haus und wurde befreundet mit Paul Heyse, Otto Roquette, Theodor Storm, Scherenberg und den andern Mitgliedern jenes Kreises. 1852 ging er auf ein halbes Jahr nach England, dem von 1855 an, ein längrer, beinah vierjähriger Aufenthalt in London folgte. 1859 kehrte er nach Berlin zurück. Er redigiert seitdem den englischen Artikel an der Neuen Preußischen Zeitung.
(WHH 437)

6 Emilie Fontanes Geburtstag.

Fontane an Wilhelm Hertz   Berlin, 3. September 1863

Gehört er [der Schriftsteller] zu denen, die (wie talentvoll sie immerhin sein mögen) den Grundsatz haben: »es kommt auf eine Hand voll Noten nicht an« so wird er natürlich gegen einen Druckfehler oder sonstigen Fehler ganz gleichgültig sein und nicht zwei Abende lang sich den Kopf zersinnen, um ein hübsches und passendes Motto für dies oder das Kapitel zu finden. Ist der Schriftsteller aber exakt bis zum Peinlichen und meinetwegen Kleinlichen, so wird er – und wenn er zehnmal geglaubt hat mit der Sache fertig zu sein – immer noch wieder etwas finden, das er ändern, bessern, erweitern möchte und dies Verlangen wird natürlich zu kleinen Unbequemlichkeiten für den Drucker führen.

Ich habe nicht das Gefühl, nach dieser Seite hin geradezu mißbräuchlich operirt zu haben, gebe aber zu, daß ich an der »immerbesser Machungs wollen«-Krankheit bis zu einem gewissen Grade laborire. Gebe auch zu, daß das bei Arbeiten, die zuletzt doch nur mit Luise Mühlbach in einen Topf geworfen werden, etwas lächerliches hat, dennoch aber kann man nun mal aus seiner Haut nicht heraus und einzelne Leser giebt es und wird es immer geben, die gerade das was mit dieser langweiligen Peinlichkeit zusammenhängt, als das beste des Buchs, nämlich als den Trieb auch im Kleinen und Kleinsten möglichst *perfekt* zu sein, freundlich anerkennen werden.   (WHH 94 f)

Fontane an Wilhelm Hertz   [21. oder 22. November 1864]

Dr. Wolfsohn, der Herausgeber der »Russischen Revue«, außerdem ein alter Bekannter von mir, hat vor, einen längeren Artikel über mich und meine Bücher zu schreiben. Ich würde mich sehr freuen, wenn Sie ihm von dem ganzen Fontane, der bei Ihnen erschienen ist, ein Exemplar schicken wollten, also

> 1. Balladen.
> 2. Wanderungen I.
> 3. Wanderungen II.

Da die »Revue« ihren Hauptabsatz in Petersburg und den Ostsee-Provinzen hat, wo meine besten Freunde wohnen, so denke ich werden Sie gegen die Opferung dieser drei Exemplare nichts einzuwenden haben.   (WHH 121)

Fontane an Mathilde von Rohr   Berlin, 18. Januar 1867
Das neuste ist, daß sich der Kronen-Orden bei mir eingefunden hat, richtiger am Sonntag (beim Ordensfest) mir überreicht werden wird. Mit der Zeit kommt alles, Orden – Titel – Tod.

(SJ III 66)

Fontane an Theodor Storm   Thale, 22. Mai 1868
Vor 8 Tagen habe ich mich hieher in diese Harzestille zurückgezogen, wohlweislich zu einer Zeit, wo der Berliner diese Gegenden noch nicht unsicher macht und seine Butterstullen-Papiere noch nicht in den Bodekessel wirft. Es führt mich die Absicht hierher zu ruhn, zu athmen und mit Beschämung sei es gesagt auch zu dichten. Ich nahm nur drei Bücher mit: die Psalmen vom alten David, die Erzählungen eines Großvaters vom alten Scott und die Gedichte von Theodor Storm. In allen dreien hab ich tüchtig gelesen, gestern Abend 2 Stunden lang in Theodor Storm und als mir (ich weiß nicht zum wievielsten Male in meinem Leben) beim Lesen von »Im Herbste 1850«, »Ein Epilog 1850« und vor allem von »Abschied 1853« wieder die dicken Wonnethränen übers Gesicht liefen, da nahm ich mir vor Ihnen diesen Brief zu stiften und endlich mal den Zoll schuldigster Dankbarkeit gegen Sie zu entrichten. Ja, lieber Storm, Sie sind und bleiben nun mal mein Lieblingsdichter und ich bin dessen ganz gewiß, Sie haben auf der ganzen weiten Welt keinen größeren Verehrer als mich. An der immer mehr oder weniger stupiden Verehrung der blöden Menge kann Ihnen wenig gelegen sein (das ist schon mehr Schindler-Sache) und nichts ist rarer als die Verehrung Berufener, als die Liebe der Concurrenten. Unter diesen pflegen 99 von 100 immer ähnlich zu denken wie Louis Schneider, der einem jungen, Verse-anbietenden Poeten anwortete: »meinen kleinen Bedarf mach' ich mir selber.« Was mich angeht, so bin ich minder glücklich angelegt. Meine eigne Mache deckt *nicht* meinen Bedarf, ich habe noch spezielle Bedürfnisse die ich zu befriedigen außer Stande bin, die ich aber immer befriedigt fühle, wenn ich 3 oder 5 oder 10 Seiten (nicht mehr) in Theodor Storm lese. Je älter ich werde, je mehr überzeug ich mich, daß ebenso fein nuancirt wie die *Begabungen* der Producirenden auch die *Geschmacksbedürfnisse* der Genießenden sind und daß die sogenann-

ten großen Poeten die Bedürfnisse gewisser Naturen durchaus nicht decken. Damit ist durchaus nichts gegen die Großen gesagt, sie bleiben die Großen; Bürger ist kein Schiller, Heine ist kein Goethe, Storm ist kein Wieland und doch decken Bürger–Heine–Storm mein Herzensbedürfniß unendlich mehr als das große Dreigestirn. Nicht einmal für die Schönheit des »Königs von Thule« ist mir das volle Verständniß aufgegangen. Vielleicht (beiläufig bemerkt) ist dies Gedicht um eine Nuance klassischer in Styl und Ausdruck, als einem romantischen Stoffe wohlthut. Ich könnte auch noch andre Gründe geben. Aber ganz geht mir das Herz auf, wenn von Heine ich lese: »sie mußten beide sterben, sie hatten sich viel zu lieb« oder wenn ich lese: »so soll es wie ein Schauer dich berühren und wie ein Pulsschlag in dein Leben gehn«. Es giebt für mich keinen lyrischen Dichter, der meine Empfindung *so oft* träfe wie Sie.
Es war mir Bedürfniß Ihnen dies einmal zu schreiben. Wenn die Poeten-Eitelkeit dadurch wächst (viel ist an uns nicht mehr zu verderben) so lassen Sie sie wachsen. Im Allgemeinen entzieht uns diese Zeit auch das bescheidenste Maß von Anerkennung, deren bekanntlich alle Kunst bedarf, um zu leben. Ich würde mich freun, wenn mein Dank der Wassertropfen wäre, der einem neuen Keime Frische und Gedeihen gäbe. (E 72 a, 429 f)

Fontane an Mathilde von Rohr   Berlin, 5. November 1869
Lepeln sehen wir selten. Die Verhältnisse tragen die Schuld. Er wartet, aus Zartheit und Rücksicht, eine Einladung ab, um mich nicht in der Arbeit zu stören und die Einladung erfolgt allmonatlich höchstens einmal, weil mir eben die Verpflichtung obliegt *immer* zu arbeiten. Vielleicht daß es über kurz oder lang ein wenig besser damit wird; wenigstens wünsche ich es von ganzem Herzen. Das immer arbeiten-müssen macht egoistisch wie alles Ausschließliche; es ist bürgerlich respektabel und verdirbt *doch* den Charakter. Ein liebenswürdiges Bummeln, wenn es ohne schwere Pflichtverletzung geschehen kann, berührt wohlthuender als die ewige unerbittliche Correktheit. (SJ III 86)

Fontane an seine Frau   Berlin, 4. Dezember 1869
Ich kann, nach menschlicher Berechnung, nur durch zwei Dinge frei werden: durch irgendeine Verwendung im Auswärtigen Amt

(die ich, grade jetzt, nicht für unmöglich hielt) oder dadurch, daß mir ein *großer* literarischer Erfolg, etwa ein in 7 Auflagen erscheinender Roman, eine vollständige freie Bewegung wiedergibt; – treten diese Fälle *nicht* ein, so bleibt mir nichts übrig als auszuhalten, mich nach der Decke zu strecken und Gott zu bitten, daß es nicht schlimmer wird. Du solltest doch nun nachgerade die Menschen kennen! Die Kinder in der Schule lernen meine Gedichte, Frau Jachmann donnert meinen »Archibald Douglas«, und in der Literaturgeschichte von Heinrich Kurz hab ich mein Kapitel, aber wenn ich heute noch Bote beim Kammergericht würde, mit 30 Rtl. fixem Monatsgehalt und 10 Taler zu Weihnachten, so würden die besten Freunde sagen: nun, er ist jetzt in k. Dienst, er hat ein Fixum, kann sich Bewegung machen und seiner Frau eine jährliche Pension von 40 Talern hinterlassen.

[...]

Jetzt klingelt es. Bormann ist eine lebendige Predigt in derselben Tonart, die dieser Brief anschlägt. Denkst Du noch daran, wie ich ihm 1850 auf 51 als »Rosamunde-Dichter« meine Aufwartung machte! Als Dichter ging ich hinein, als verhungerter Seminarlehrer kam ich wieder heraus.   (BE I 342)

[Ende 1869?]

Fontane. »Es soll der Dichter mit dem König gehn«

»Ein Dichter will ich werden. Nur das Hohe
Sei Gegenstand für jene heil'ge Lohe,
Die mich durchglüht.« – So war des Jünglings Flehn;
»Ich will nicht Staub von Akten und Pandekten,
Ich will nicht Streit von Kirchen, Rassen, Sekten«,
Es soll der Dichter mit dem König gehn.

Und hoch, auf einem quietschetön'gen Bocke,
Sitzt er im vierten oder fünften Stocke
Und schreibt und schreibt; da läßt der Wirt sich sehn,
Er kommt um Miete (leider keine Mythe),
Doch war nicht Thoas auch ein rauher Skythe? –
Es soll der Dichter mit dem König gehn.

Ein jeder seiner Helden trägt die Krone,
Heinrich der Finkler und die drei Ottone
Sind ihm verfallen, eh sie sich's versehn.
Und nun Mathilde, Heinrich und Canossa
Und nun der ew'ge, alte Barbarossa, –
Es muß der Dichter mit dem König gehn.

Er schreibt und schreibt; doch sich verkaufen?
Das Glück war niemals mit den Hohenstaufen,
Auch er muß diese Wahrheit jetzt verstehn.
Nun denn, so werd' ich preußisch-patriotisch,
Ich will doch sehn, und muß es sein, zelotisch, –
Es muß der Dichter mit dem König gehn.

Und nun geschieht's. Es rauscht in ganzen Wettern,
Auf ihn hernieder hört man's schmettern;
Er ist ein Gott, er kann gedruckt auf tausend Blättern stehn.
Ein Hofbeamter bringt ihm die Tantiemen;
Erst will er nicht, doch tut er sich bequemen. –
Es soll der Dichter mit dem König gehn.

Und endlich kommt der größte aller Tage;
Bei zwei Behörden schwankt die stille Waage,
Ob Titel oder Orden soll geschehn:
Hofrat ist schon zu viel für solche Masse.
Gebt ihm den Kronenorden vierter Klasse, –
Es soll der Dichter mit dem König gehn. (HA 6, 384 f)

Fontane an Karl Zöllner   Berlin, 25. März 1870
Bei ruhigerem Blute steht es für mich fest, daß es ganz unmöglich ist, die Schillerstiftung mit meiner Angelegenheit zu inkommodiren. Empfinge ich irgendwoher und zwar andauernd 300 Thlr jährlich, so wäre meine Finanzlage geordnet; eine solche Summe kann und wird man mir aber nicht bewilligen, einmal weil man meinen literarischen Anspruch, andrerseits weil man meine Bedürftigkeit bezweifeln wird. Das erstre vielleicht, das zweite *ganz gewiß* mit Recht. Es bleiben mir, so lange mich Gott bei leidlicher Gesundheit erhält, immer noch 1700 bis 1800 Thlr jährlich, und

wer solche Einnahme hat, kann zwar in erhebliche Verlegenheiten gerathen, kann sich gezwungen sehn seine ganze Lebensweise zu ändern, aber die Schillerstiftung wird es ablehnen müssen, in angegebener Weise d. h. bis zu genannter Höhe, helfend beizuspringen. Eine einmalige Hülfe von 100 oder 150 Thalern ist nun aber ganz und gar out of question. Ich würde mich dadurch in einer sehr bedenklichen Weise klein machen und diese Summe durch Einbuße an Stellung vor der Welt, so wie vor dem Zeitungs- und Buchhändlerthum hinterher hoch bezahlen müssen. Vor meinem Zeitungschef aber hätte ich mich unsterblich blamirt. Ich habe nun 'mal lediglich *die* Erfahrung im Leben gemacht, daß einen nichts so sehr schädigt als das Renommé der Kümmerlichkeit. Wie so vieles, muß man auch das im Stillen abmachen. Aide toi! bleibt immer noch der beste Schlachtruf. (SJ IV 20 f)

Fontane an Mathilde von Rohr Berlin, 15. April 1870
Das Arbeiten wird mir immer schwerer, und das Bücherschreiben bis in die Nächte hinein, um dann nach Jahresfrist 300 Taler in Empfang zu nehmen, hat einen Groll und eine Bitterkeit gegen literarische Tätigkeit in mir erzeugt, wovon ich Ihnen keine Beschreibung machen kann. (BE I 346)

Fontane. Tagebuch-Brief an seine Frau 4. Mai 1870
Ich hatte nun noch Zeit und machte zwischen 7 und 8 einen Morgenspaziergang. Es war ein wenig windig, und als ich auf den Hafenplatz kam, wankte mir ein höchst fragwürdiges Paar entgegen, *er* in einem grünlichen Überzieher, dritte Garnitur und dito Hut, *sie* in Morgenhaube unterm Hut, einem Sommermäntelchen, das Geschwisterkind von dem Deinigen zu sein schien, und in Bambuschen, so groß wie meine Filzschuhe, die teils aus Filz, teils aus Tuchecken zu bestehen schienen. Der Wind machte es, daß sich diese beiden Torfkähne in ihren ganzen Gräßlichkeiten präsentierten. Es waren Grimms. Das Damenkostüm erinnerte lebhaft an die Garderobe von Frl. v. Rohr, wenn sie in der Schummerstunde ihre Einkäufe machte. Die Begegnung, das kann ich wohl sagen, machte einen Eindruck auf mich. Die ganze Bettelhaftigkeit unsrer Zustände stand auf einen Schlag vor mir. *Ich* kann und darf so gehn.

Wer bin ich? ein armer, titelloser Schriftsteller, den einige kennen und viele nicht kennen. Da ist von Repräsentation keine Rede.

(E 75, 78 f)

Fontane an seine Frau Berlin, 13. Mai 1870

Ebenso wie es nutzlos ist, an *George* Abhandlungen über Sparsamkeit zu schreiben, so ist es auch nutzlos mit Dir über gewisse Punkte zu streiten; Frauen haben die Tugend, immer auf ihr erstes Wort zurückzukommen und Du hast diese Gabe eminent. Dennoch füg' ich meinen ersten Zeilen noch ein paar Worte hinzu. Man bleibt immer der Einfaltspinsel, der da glaubt das überzeugende Wort könnte gesprochen werden.

Ich bin beim alten [Rose] 4½ Jahr, in England 4 Jahr, bei der Kreuzzeitung 10 Jahr gewesen; aus Leipzig und aus Bethanien *mußte* ich fort, wiewohl ich gern länger geblieben wäre, – wo liegt denn nun da der ungeheure Hang nach Freiheit und Wechsel[?] Allerdings hab' ich diesen Hang, aber ich hab' ihn unter Controlle meines *Urteils und Verstandes,* die überhaupt die Regulatoren meiner Lebens- und Handelweise sind. Soll es mich nicht ärgern, ja das Wort »ärgern« ist viel zu schwach, wenn Du nun so tust, als hätte ich aus Verlangen nach Veränderung und in Folge eines kleinen Streites eine *gesicherte* Lebensstellung aufgegeben? Ich habe eine nach außen hin leidlich aussehende, aber in ihrem Kern perfide Stellung aufgegeben, die mich *jetzt* halb ernährte und nach 10 Jahren – nach langem geduldigen Einstecken von Kränkungen, die sicher nicht ausgeblieben wären – *gar nicht mehr* ernährt haben würde. *Das* war das Bestimmende für meine Handelweise, ein ruhiger Calcül, und über diesen wichtigen Punkt gehst Du hinweg.

Natürlich kann ich mich auch verrechnet haben, aber mutmaßlich wird es *nicht* der Fall sein und Du wirst hoffentlich (natürlich ohne Erfolg) wieder 'mal einsehen können, daß neben der Gnade Gottes, unsre Existenz mehr auf meiner Frische und Schaffensfreudigkeit als auf Deiner Unken-Prophetei beruht, die bis jetzt – der Beweis liegt offenkundig da – noch jedesmal zu Schanden geworden ist und hoffentlich auch wieder zu Schanden[6a] (FAP)

6a Hier bricht die Vorlage ab.

Fontane an Mathilde von Rohr   Berlin, 13. Mai 1870

Meine Frau ist seit dem 21. April in London; die Reise war glücklich, die Ueberfahrt (von Calais aus) ein Vergnügen, der Aufenthalt ist eine Freude und Erhebung. Ich gönne ihr diese schönen, poetischen, sorglosen Wochen, nachdem sie einen durch meine 10 wöchentliche Krankheit langweiligen und sorgenvollen Winter hinter sich hat; das berühmte Reskript aus dem Cultusministerium – übrigens nicht von Mühler, sondern von Lehnert unterzeichnet – war nicht dazu angethan, die ohnehin gedrückte Stimmung wieder aufzurichten.

Dies führt mich auf Ihren freundlichen Vorschlag, die bewußte Visite bei Lehnert zu machen. Ich will mich nicht in hochtrabenden Redensarten ergehn, und will Ihnen gern zugestehn, daß Hunderte und darunter beßre Leute als ich, diesen Gang machen würden; *ich* kann es nicht. Sie müssen denken: des Menschen Wille ist sein Himmelreich. Ich bisse mir lieber den kleinen Finger ab. Auf *solche* Erfolge hab ich zeit meines Lebens verzichtet. Und glauben Sie mir, es geht auch so. Zudem, was hätte ich von einer lumpigen Bewilligung auf 1 oder höchstens auf 3 Jahr. Wenn man sich nicht entschließen kann mir zu sagen: wir bewilligen Dir aus *freien Stücken*, in Anerkennung alles dessen was Du der specifisch vaterländischen Literatur in Prosa und in Versen geleistet hast, 300 Thlr jährlich auf Lebenszeit, wenn man sich nicht entschließen kann *endlich* diese Anstandssprache zu mir zu sprechen, so will ich ihre 300 Thlr nicht, so kann mir das ganze Cultusministerium mit seiner »altpreußischen« Sechsdreier-Tradition gewogen bleiben.

Ich schreibe Ihnen dies in Lebhaftigkeit der Empfindung, aber eben so gewiß in aller Heiterkeit. Den Gram und Groll über diese Dinge hab' ich längst hinter mir; was soll ich mich jetzt noch groß über diese mesquine 300 Thaler-Affaire kümmern, wo ich es für gut befunden habe, den ausgebliebenen 300 noch die 1000 Thlr meiner ganzen Kreuzzeitungs-Stelle nachzuwerfen und ein ganz neues Leben anzufangen. Lepel hat Ihnen vielleicht schon davon geschrieben. An demselben Vormittage, an dem meine Frau abreiste, setzte ich mich hin, um den Absagebrief zu schreiben. Die unmittelbare Veranlassung war unbedeutend, daß Maß war aber voll und so lief es über. Die Unfreiheit, die Dürre, die Ledernheit des Dienstes fingen an mir unerträglich zu werden, vor allem aber empörte mich mehr und mehr der Umstand, daß man nie und nimmer für gut fand, die wichtige *Pensionsfrage* auch nur leise zu berühren. Ich sagte mir also, das geht noch so 10 Jahr, dann sehnt man sich nach einer jüngeren Kraft, behandelt Dich schlecht und zwingt Dich Deine Stelle zu quittiren; *dem,* komme lieber zuvor, *jetzt* kanns noch glücken; und danach hab ich gehandelt. Bis in den Sommer des nächsten Jahres bin ich in meinen Einnahmen gedeckt; das Weitere wird sich finden. (SJ III 91 ff)

Fontane an Mathilde von Rohr   Berlin, 10. Juni 1870
Ihre freundlichen Worte in Betreff meiner augenblicklichen Situaation haben mir sehr wohl gethan; ich weiß ja, wie gut Sie es mit mir meinen und daß Ihnen mein Wohlergehn eine Freude, meine Sorge selbst eine Sorge ist. Aber so gewiß ich das weiß, so gewiß mögen Sie mir auch glauben, daß die Mehrzahl der Menschen (nicht alle) meine Lage ganz verkennen. Meine Lage ist blos freier, angenehmer, heitrer, produktiver, als sie war, aber nicht um ein Haar schlechter. Sie mögen es daraus ersehn, daß ich noch nicht den kleinsten Schritt gethan habe, mir eine *neue* Stelle zu erobern; *ich will gar keine.* Bis in den nächsten Sommer hinein bin ich gedeckt, wahrscheinlich auch noch länger. Sollte sichs dann zeigen, daß es so nicht weiter geht, daß meine Kräfte erlahmen etc, etc, nun, so werd' ich mich bemühn eine Stelle von 500 bis 600 Thlr, bei *leichtem* Dienst, zu erhalten und Sie mögen mirs glauben: ich werde sie finden. *So* schlecht stehen die literarischen Dinge nicht mehr in Deutschland, daß ein Mann von Wissen, Lebenserfahrung, Sprachkenntniß, Talent und *Fleiß*, sich schließlich nicht seinen Lebensunterhalt erwerben könnte. Es wird mir von jetzt ab besser gehn, nicht schlechter, und das ganze Cultusministerium (gegen das ich einen schweren, wohlbegründeten Haß habe) kann mir mit seinem Bettelgelde gestohlen werden. Wenn ich auf *diesen* Punkt zu sprechen komme, verliere ich jedesmal alle Contenance.

(SJ III 93 f)

Fontane an Mathilde von Rohr Berlin, 5. Januar 1872

Wenn ich Ihnen für jeden Ihrer Briefe zu Dank verpflichtet bin, so ganz besonders für den letzten, der, neben seinen Glückwünschen zum neuen Kalender – und neuen Lebensjahr, noch so viel Freundliches, vielleicht *zu* viel (denn man bleibt ein Egoist) enthält. Zwei Punkte haben mir ganz besonders wohlgethan: das Zeugniß, daß wir uns in der wirklich höchst schwierigen L[epel] Frage[7] korrekt und anständig benommen haben, und zweitens die gütig-liebenswürdige Art, in der Sie mir das Epheu- und Tulpenbaum-umrankte Zimmer, dazu die gothischen, immer gastlichen Parterre-Räume zu freundlicher Verfügung stellen. Es ist leider zu weit, sonst hätten Sie vor mir gar keine Ruhe und ich würde alle 6 Wochen einmal auf drei Tage erscheinen, um die verbrauchten Nerven durch Ruhe, frische Luft und Rothwein wiederherzustellen. Es fehlt mir in den langen Winter-Monaten ein solcher Erholungspunkt, der nicht weiter entfernt sein dürfte als Potsdam. Ich hab es oft hin und her erwogen, wie es wohl zu machen wäre, aber bei mir müssen sich die Dinge immer *finden*, suche ich sie auf, so scheitre ich in der Regel. Ein liebenswürdiges Pfarrhaus, wo ich, wenn ich einträfe, eine freundliche Giebelstube fände und nach einer halbstündigen Begrüßung gleich an die Arbeit gehen könnte, das wäre mein Ideal; aber wo dergleichen finden? Greift man nur ein weniges fehl, ist die Frau dumm oder prätensiös, werden Gäste geladen, die man ja gerade vermeiden will, sind die Bälge quarrig oder ungezogen, oder rauchen die Oefen (was in unbenutzten »Fremdenstuben« fast immer der Fall ist) so ist man verloren und man hat mehr Schaden von der Sache als Vortheil. Viel hängt auch von der Arbeit ab, die man gerade vorhat; meine »Wanderungen« oder ein Romankapitel lassen sich in Cremmen oder Tremmen schreiben, aber Kriegsbücher nicht, weil ich beständig nachschlagen und eine ganze Bibliothek um mich her haben muß.

[...]

Ich gehe jetzt einer scharfen Theater-Campagne entgegen, da Frau Jachmann nicht nur *Abschiedsrollen*, sondern zwei andre brunhildehafte Damen, die sich beide um die Stellung der Jachmann

---

7 Vgl. SJ IV 345.

bewerben, auch eine Menge *Antritts*rollen geben, noch dazu theilweis im Opernhause, wo man sich *immer* erkältet. Was Ihnen meine Frau neulich über diese Dinge geschrieben hat, ist doch nur von einer sehr fraglichen Richtigkeit. Ich werde immer als »generös«, als ein kleiner »Grand Seigneur« geschildert, der eine Neigung hat 10 Thlr auszugeben, wenn er kaum 5 eingenommen hat. Ich bestreite, daß das richtig ist. Es kann mir, bei einem gewissen lebhaften Empfinden was ich habe, dergleichen in einem Einzelfall begegnen, aber im *Ganzen* bin ich keineswegs der schlechte Rechner und unpraktische Mensch als der ich immer ausgegeben werde. Meine Frau sieht blos die 500 Thlr die ich aufgebe, sie berechnet sich aber nicht, *wie viel ich verliere,* damit ich diese 500 Thlr gewinnen kann. Es ist sehr wahrscheinlich, daß mich das Theater in diesem Winter daran hindert etwa bis Monat April 15 Bogen zu schreiben; ich will froh sein, wenn ich es bis dahin auf 5 bringe; macht eine Differenz von 10 Bogen in drei bis vier Monaten. *10 Bogen tragen mir aber allein schon 500 Thlr ein,* da ich 50 Thlr Honorar pro Bogen erhalte. Sie sehen also, daß diese Dinge immer ihre zwei Seiten haben und daß wenn der eine Theil Recht hat, der andre noch nicht Unrecht zu haben braucht. Daß sich vieles auch für *Beibehaltung* einer solchen Stellung sagen läßt, weiß ich sehr wohl und hab' ich *nie* bestritten. Ich bestreite nur, daß meine Entschlüsse in solchen Dingen in der Regel falsch seien; bisher – Sie kennen ja mein Leben seit 20 Jahren – sind sie *immer richtig* gewesen; Gott aber ist mein Zeuge, daß ich dies nicht meiner superklugen Weisheit und Berechnung, sondern lediglich *seiner Gnade zurechne;* an Gottes Segen ist alles gelegen. Es giebt nichts, wovon ich *so* durchdrungen wäre; die menschlichklügsten Pläne scheitern, wenn sie scheitern sollen und so bin ich, auch bei dem wohlerwogensten das ich thue, immer davon erfüllt, daß es mir eben so gut zum Nachtheil wie zum Vortheil ausschlagen kann. In nichts hat man den Sieg, den Erfolg in der Tasche. (SJ III 114 f)

Fontane an Mathilde von Rohr   Berlin, 17. März 1872
Nun, mein gnädiges Fräulein, zu all jenen liebenswürdigen Stellen Ihrer beiden Briefe, wo Sie sich, in gewohnter Güte und Vorsorge, mit meinem Wohl, und wenn man mit 52 davon noch reden darf,

mit meiner Zukunft beschäftigen. Sie knüpfen an den Prinzen Georg an, an Cultus-Ministerium (Geh. R. Keller), an v. Decker und Hertz. Lassen Sie mich auf alles kurz antworten.
Zuerst der Prinz. Glauben Sie mir, mein gnädigstes Fräulein, mein Leben muß nun schon so weiter gehn und ich werde nach wie vor auf die beiden alten Hauptfaktoren unsres Daseins angewiesen sein: auf Gott und das eigne Thun. Man fährt dabei schließlich auch wirklich am besten. Mir kann kein Kaiser und am allerwenigsten ein doch immerhin ziemlich wackliger Prinz helfen. Sie sollen selbst entscheiden: wir haben im vorigen Jahre (erschrecken Sie nicht) 3000 Thlr ausgegeben; 300 Thlr davon hab ich an Scherz zurückgezahlt und 200 Thlr hab ich, neben andrem, auf meiner französischen Reise verausgabt. Bleiben noch 2500 Thlr. Diese bleiben nun aber auch *wirklich*; davon geht nichts ab; nun nennen Sie mir irgend einen König oder Prinzen, der die Lust oder – den besten Willen vorausgesetzt – auch nur die Fähigkeit haben könnte, mir drittehalbtausend Thaler jährlich auszuzahlen. Sie kennen unsre Verhältnisse zu gut, als daß Sie nicht selbst wissen sollten daß dies ein Unding ist. Ueber 300 Thlr giebt es nicht; über 400 gewiß nicht und auch *diese* Summen werden an civile Personen nie aus prinzlichen oder königlichen Chatoullen sondern immer aus ministeriellen Fonds gezahlt. Die Hohenzollern (was ihnen kein Vorwurf sein soll) haben nach dieser Seite hin – immer von Militairpersonen abgesehn – *nie* etwas gethan; Friedrich der Große schickte an die Karschin 2 Thlr, andre schicken eine Bronze-Medaille im Werthe von 1 Thlr; ich persönlich habe, von wenigen Fällen abgesehn, nie etwas andres extrahirt als ein prinzliches oder herzogliches Schreiben, an dem nichts golden war als der Rand des Briefpapiers. Nicht mal eigenhändig geschrieben waren solche Briefe; Cabinetsekretair-Arbeit und der Namenszug von Serenissimus unleserlich druntergefludert. Ich weiß, daß ich mich Ihnen gegenüber durchaus offen über alle solche Dinge äußern kann, weil *Sie* eben wissen, daß ich mich über dies und viel andres noch nie gegrämt habe. Ich habe von derlei Schritten, wenn ich sie dann und wann unternahm, nie etwas erwartet, und finde es im Allgemeinen ganz in der Ordnung, daß man sich kühl gegen die ganze Klasse von nicht recht vorwärtskommenden Kunst- und Literatur-Menschen verhält, aber

nachdem ich dies alles eingeräumt und den sogenannten »hohen Herrschaften« die besten Zeugnisse ihres Verhaltens ausgestellt habe, soll man mich nun auch – wenn Sie mir diesen Ausdruck gütigst verzeihn wollen – in Ruhe lassen* und von mir kein ferneres Anklopfen an Thüren fordern, von denen ich aufs bestimmteste weiß, daß das bekannte Berliner Schild »Mitglied des Vereins gegen Bettelei« neben dem Klingelzuge hängt. Nennen Sie mir *ein* Beispiel, wo durch derartiges Pochen und Purren etwas *Ordentliches* d. h. also eine Stellung mit drittehalbtausend Thalern herausgekommen wäre; wenn Sie an Stellungen denken, wie etwa Olfers eine inne hatte, so würde man mich die Treppe hinunterwerfen (und mit Recht) wenn ich meine Hände so hoch ausstrecken, *solche* Prätensionen erheben wollte. Kleinere Stellungen aber sind umgekehrt unter meiner Würde und passen weder zu meinen Jahren, noch zu meinen Talenten, noch meinen Bedürfnissen. Was soll ich mit einer 6 oder 800 Thlr Stellung? Das ist gut für jemand mit 25, nicht mit 52 Jahren.

Nun das Cultusministerium. Gegen das ganze Ministerium habe ich einen wohlbegründeten Haß. Seit lange hätte es eine Art von moralischer Verpflichtung gehabt (namentlich wenn Sie daran denken, wie wenig man mir meine 4jährige Mission in England gelohnt und gedankt hatte) etwas *Reelles*, Dauerndes für mich zu thun; statt dessen haben sie sich jeden Tropfen abbetteln lassen. Bethmann-Hollweg war ein steifbockiger, unliebsamer alter Herr, Mühler ein dünkelhafter, halb-verdreht gewordener Egoist, seine Frau (die man mitrechnen muß, denn *sie* war Minister) ein Gräuel, Stiehl ein wichtigthuerischer Grobian und selbst Lehnert ein wunderbarer Heiliger. Wie ich Ihnen schon früher schrieb, ich mag mit diesem Ministerium nichts zu thun haben; eh ich nicht *muß*, tret ich über jene Schwelle nicht mehr; die Leute wissen, daß ich existire, sie wissen auch, daß mir eine Anerkennung für meine klar-

---

* Ich fürchte nicht, daß Sie mir diese etwas derbe Wendung, die mir aus der Feder gelaufen ist, übelnehmen werden. Sie wissen ja, daß ich *nie* persönlich bin, weder im sprechen noch im schreiben; so bitt ich denn auch diese Worte als ganz *allgemein* gesagt anzusehn, ohne alle bestimmte Adresse. Ich habe beim Schreiben an alle die (darunter auch meine Frau) gedacht, die dann und wann mit Aehnlichem in mich dringen.

vorliegende Gesammtthätigkeit willkommen sein würde; wollen sie also etwas thun, so mögen sie es thun auf eigne Veranlassung oder in Folge eines Anstoßes von außen her; aber *ich* werde diesen Anstoß nicht mehr geben. An den perfiden, nichtsnutzigen Reskripten dieses kümmerlichen, schusterhaften Ministeriums würge ich noch. Mich an Herrn Falk zu wenden, hab ich keine Veranlassung; auch beschäftigen ihn ganz andre Fragen.

»Spielhagen erhält hundert Thaler für den Bogen.« Antwort: ich glaub es nicht. Ein 3 bändiger Roman besteht wenigstens aus 60 Bogen, macht 6000 Thaler ... Ich muß mich hier unterbrechen, um sans phrase meinen Irrthum einzuräumen. Ja, diese Summe *kann* er kriegen. Er lebt so, daß er eine Jahreseinnahme von 6000 Thlr haben mag; aber ich glaub es nicht, daß ihm sein Buchhändler Janke diese Summe giebt. Janke ist ein Knauser, wie alle Buchhändler. Spielhagen wird schwerlich mehr erhalten wie 2000 Thlr, vielleicht *die* kaum, aber er läßt seine Romane in der Regel vorher in zwei großen Zeitungen *gleichzeitig* drucken, in Wien und in New-York, oder in Köln und Baltimore a tempo. *Dadurch* kommen die großen Summen heraus. Sollt' ich aber in dem allem auch Unrecht haben, so dürfen Sie nicht vergessen, daß Spielhagen neben mir ein Heros ist. Ich würde mich schließlich zwar besinnen mit ihm zu tauschen, weil ich ein halbes Dutzend vaterländ. Gedichte und Balladen geschrieben habe, von denen ich bestimmt glaube, daß sie länger leben werden als Spielhagens Romane, aber all das ändert nichts an der augenblicklichen Thatsache, daß er, neben Auerbach, der angesehenste deutsche Romanschriftsteller der Gegenwart ist, während ich in allem nur so mitschwimme und auch nicht ein einziges Prosa-Buch geschrieben habe, das über den succes d'estime hinausgewachsen wäre. Unter diesen Umständen muß ich mit den Deckerschen 50 Thlr pro Bogen sehr zufrieden sein.

Nun Hertz. Sie wissen, daß ich ihn in mehr als einer Beziehung *sehr* gelten lasse. Er ist gescheidt, espritvoll, bürgerlich-respektabel und nach *seiner* Art sogar gütig gegen mich; er hält mich für einen sogenannten »guten Kerl«, preist meinen Charakter als ein Unicum und behandelt mich auch danach: freundlich, schmeichlerisch; er cajolirt mich. Er cajolirt mich, aber mit *zugemachter* Hand und in allen Geld- und Honorarfragen nimmt er einen kümmerlich-altmodischen Standpunkt ein. Sein Charakter zeigte sich mal recht wieder bei der Balladen-Frage. Sie wissen, daß ich ihm das ganze Zeug abkaufen wollte und darauf hin eine Anfrage an ihn richtete. Wär' er nun ein bischen gentil, ein bischen unternehmend, so hätte er (Sie wissen, wie er von meinem Balladenbuch eingenommen ist; er sagt es mir bei jeder Gelegenheit) antworten müssen: »stampfen wir die Geschichte ein; ich mache eine neue, total veränderte Auflage.« Solche Antwort würde mich so erfreut haben, daß ich jede Honorarforderung für dies eigentlich völlig neue Buch sehr wahrscheinlich unterlassen haben würde; aber nicht einmal zu *solcher* Antwort konnte er sich entschließen. Da mag lieber das Beste was ich geschrieben habe, vergilben und verregnen; – eh nicht das letzte Exemplar weg ist, keine neue Auflage; zugleich aber auch kein Verkauf des noch vorhandenen Restes en bloc, »denn (so etwa sagt er) willst Du Dir jedes einzelne Exemplar *voll* bezahlen lassen, so ist das im höchsten Maße unanständig, denn ich habe dem armen Kerl überhaupt nur 100 Thlr Honorar gegeben, überlass' ich ihm den ganzen Rest aber für 50 oder 100 Thlr (die *ich* (Fontane) gern dafür zahlen würde) so stellt er für die neue Auflage möglicherweise Forderungen, die ich (Hertz) nicht gern bewilligen möchte.« Um diesem Dilemma zu entgehn, hat er die ganze Sache hinausgeschoben, so daß ich nicht recht weiß, ob er will oder nicht will.

(SJ III 177 ff)

Fontane an Mathilde von Rohr   Berlin, 30. März 1872
Ein paar Tage früher oder später war ich bei einer andern Dame aus dem Hause Itzenplitz zum Diner, natürlich bei der alten Exc. Meding. Die Gesellschaft war sehr interessant zusammengesetzt; außer verschiedenen Familienmitgliedern: Putlitz und Frau, Leopold v. Ranke, Prof. Adler (frisch von Jerusalem zurück), Oberst v. Krosigk u. a. m., die ich vergessen habe. Ich saß während der zweiten Hälfte der Tafel unmittelbar neben Putlitz (vorher Frl. v. Meding zwischen uns) und es schien mir, daß ein wenig sondirt werden sollte, ob ich wohl Lust hätte bei der Spenerschen Ztng, sei es im politischen Teil, sei es im Feuilleton, einzutreten [...] es kam aber zu nichts. Später erfolgten – durch Dr. Wehrenpfennig

– direkte Anfragen; die Sache mußte aber scheitern, da man nichts Rechtes für mich hatte und eigentlich nur wünschte, ich möchte für die Spenersche schreiben. Das hat aber keinen Sinn. Mein Geschriebenes drucken zu lassen, und zwar zu besten Honoraren, hab ich keine Schwierigkeiten; mir kommt es darauf an Geld zu kriegen *ohne* zu schreiben. *Das* ist das Geheimniß schriftstellerischen Wohlergehens. Wer noch schreibt, ist entweder ein Genie, was ich leider nicht bin, oder ein – Cadet. (SJ III 123)

Fontane. Aus »Willibald Alexis« 1872
Wenn mit Recht gesagt worden ist: »Besser als an Eichbäumen erkennt man an den *Strohhalmen*, von wo der Wind weht«, so gilt ein Gleiches von Liedern und Gedichten. Das Kleine charakterisiert oft rascher und durchschlagender als das Große, und wenn ein umfangreiches Werk, an dem äußerliche Erlebnisse und ganze Bibliotheken mitgearbeitet haben, uns in Zweifel über die eigentlichste Beanlagung seines Verfassers lassen mag, so schließt ein Lied uns das Geheimnis seines Wertes oder Unwertes auf. Hier sprechen Selbständigkeit und Nachahmung, Innerlichkeit und Phrase, Reichtum und Armut am deutlichsten zu uns und gestatten Rückschlüsse auf eine vorhandene Kraft oder Ohmacht. Selbstverständlich soweit die *Poesie* in Betracht kommt. Ein schlechter Lyriker mag im übrigen ein Newton oder ein Moltke sein. Zudem muß man auf diesem Gebiet vom äußern Erfolg absehen. Das Tiefste hat das kleinste Publikum. (NFA XXI/1, 161)

Fontane an Maximilian Ludwig Berlin, 2. Mai 1873
Es war mir eine aufrichtige Freude, Ihre Zeilen zu empfangen, und die Art, wie Sie für Ihre Rollen und dadurch auch für den Dichter derselben eintreten, weiß ich hoch zu schätzen. Ich respektiere jede ehrliche Ansicht, zumal wenn sie auch das noch hat, was unserer Zeit zu allermeist fehlt – Pietät. Vielleicht überrascht es Sie, daß ich dies gerade betone; aber ich *habe* Pietät. Freilich weil ich sie habe, hab ich auch einen tiefen Groll gegen alles, was diese Pietät fordern möchte und nach meinem Gefühl keinen Anspruch darauf hat.
Eine literarische Fehde können wir nicht führen, wiewohl darin, wenigstens für mich, viel Verlockendes, viel Anregendes und Be-

lehrendes liegen würde. Statt dessen lieber das Bekenntnis, daß ich das Mißliche aller Kritikerei sehr wohl fühle und an den zwei Tagen, wo ich meine Rezensionen schreibe und – lese, immer in nervöser Aufregung bin, weil ich unter der Wucht der Frage stehe: kannst du das Gesagte – das ja immer nur der *unvollkommene* Ausdruck eines Gefühls, oft widerstreitender Empfindungen ist –, kannst du es auch verantworten? Sie mögen daraus ersehen, daß ich es nicht leicht nehme und mitunter da, wo das Publikum glaubt, ich kalauere oder mache einen Bummelwitz, am allerwenigsten.

Meine Berechtigung zu meinem Metier ruht auf einem, was mir der Himmel mit in die Wiege gelegt hat: Feinfühligkeit künstlerischen Dingen gegenüber. An diese meine Eigenschaft hab ich einen festen Glauben: hätt ich ihn nicht, so legte ich heute noch meine Feder als Kritiker nieder. Ich habe ein unbedingtes Vertrauen zu der Richtigkeit meines Empfindens. Es klingt das etwas stark, aber ich habe es und muß es darauf ankommen lassen, wie dies Bekenntnis wirkt. Meine Empfindung verwirft »Uriel Acosta«[8] und ist umgekehrt nicht nur durch alles Shakespearische hingerissen, sondern sogar auch durch die »Räuber«. Detail-Blödsinn schadet nichts, wenn nur das Ganze richtig gedacht und gefühlt ist. Dabei weiß ich mich völlig frei von Namenanbetung und Literaturheroen-Kultus.

An die Richtigkeit meiner Empfindung glaub ich, aber der Versuch, diese Empfindung hinterher zu erklären, wodurch erst eine »Kritik« entsteht, dieser Versuch mag unendlich oft mißlingen. So leg ich auf die Motivierung meines Urteils über »Acosta« kein Gewicht, aber die empfindungsgeborene Überzeugung von der unbedingten Verwerflichkeit dieses Stücks, an dem nur einige Nebenrollen gelungen sind, halte ich aufrecht. (BE I 388 f)

Fontane an Paul Lindenberg   Berlin, 31. Dezember 1873
Ihrem Wunsche kann ich leider nicht willfahren. Außer gelegentlichen Notizen, die aber selten über 10 Zeilen hinausgegangen sind, existirt nichts Biographisches von mir. Ich habe bisher weder den inneren Drang gehabt derartige Aufzeichnungen zu machen, noch

---

[8] Trauerspiel von Karl Gutzkow, 1846.

bin ich dazu aufgefordert worden. Das Wesentliche, was ich erlebt, steht übrigens in meinen Büchern, von denen einige meine Reise-, Kriegs- und Wander-Schicksale erzählen. (BD)

Fontane an Mathilde von Rohr Berlin, 12. Januar 1874
Herzlichsten Dank für diesen neuen Beweis Ihrer großen Güte gegen mich. Aber es geht wieder nicht.

1. Sie mögen sich aufs festeste davon überzeugt halten, daß ich die Stelle *nicht* erhalten würde; kein Mensch, mit Ausnahme von Frl. v. Rohr und Frau v. Wangenheim, geht auch nur 10 Schritt in meinem Interesse. Nun räume ich Ihnen ja gern ein, daß, wenn ich in diesem Augenblick anfinge mich auf Connexionen-Jagd einzurichten, ich in Jahr und Tag auch Connexionen haben und nach 5 oder 15 Niederlagen schließlich irgend eine Stelle erlangen würde. Aber Sie sehen ein, daß ich das nicht kann. Ich habe eben Besseres zu thun, als alle Tage den schwarzen Frack anzuziehn und Prinzen, Minister und Geh. Räthe zu belaufen.

2. Alle solche Stellen, wie Sie sie gütigst für mich im Auge haben, kann ich, aus finanziellen Gründen, gar nicht gebrauchen. Sie denken dabei an Max Duncker etc. aber dieser eben Genannte war Professor, Geh. Rath, und eine Art hoher Beamter des Kronprinzlichen Hofes. *Solchem* Manne giebt man dann allerdings, innerhalb der Sphäre um die es sich handelt, eine allerbeste Stelle mit 2000 oder 2500 Thlr Gehalt; *ich* würde 500 bis 800 Thlr erhalten, die ich selbstverständlich nicht brauchen kann. Wollte man mir aber auch die für subalterne Stellungen in Preußen unerhörte Summe von 2000 Thlr geben, so würde mir damit nicht geholfen sein, da ich, trotz aller Einfachheit und Sparsamkeit, 3000 Thlr gebrauche. Solche Stellungen hat der preuß. Staat nicht für Leute *meines Schlages*, denn man haßt die Schriftsteller die sich mit Journalistik abgeben, oder man verachtet sie; kommt dergleichen aber wirklich mal vor, so geschieht es immer nur dann, wenn der Betreffende irgend einem Minister persönlich große Dienste geleistet und sich überhaupt als ein sogenannter »fixer Kerl« ausgezeichnet hat. Ich habe aber keine Dienste geleistet und bin weder ein »fixer Kerl« noch kann oder will ich einer werden. Also lassen Sie mich ruhig weiter pusseln. Man kann mir nur durch eine Geld-

Unterstützung, durch ein Jahrgehalt helfen, das mitunter Leuten meines Schlages bewilligt worden ist; aber dann waren in der Regel doch auch ihre Verdienste größer, oder erschienen wenigstens so. Ich habe nie das freilich zweifelhafte Glück gehabt mit irgend etwas zu blenden, alles hat mittelmäßig gewirkt und mein Bestes (die Balladen) gerade am allermittelmäßigsten. Also es fehlt mir der »Titul« auf solche Auszeichnung. Jedenfalls kann ich sie nicht nachsuchen. Dies ist nicht Eigensinn, sondern nur der Ausdruck meiner Natur. Ich kann nicht anders. (SJ III 147 f)

Fontane an Mathilde von Rohr Berlin, 26. März 1874
Unser Leben bewegt sich im alten Gleise, nur fängt es an sich mehr und mehr zu vereinfachen, was seit lange meinen Wünschen und Plänen entspricht. Weder meine Gesundheit, noch meine Neigungen, noch meine Verhältnisse konnten sich länger mit dieser täglichen Gesellschafts-Rennerei vertragen. Ich will nur bei den »Verhältnissen« stehn bleiben; die dicke[n] Bücher wollen doch am Ende geschrieben sein und wenn man 14 Tage lang krank ist und dann 14 Tage lang täglich in Gesellschaft geht, so überkommt einen mit einem Male eine nur zu begründete Angst: »wohin soll das führen?« Ich hab es also seit etwa 6 Wochen so eingerichtet, daß ich nur Donnerstags und Sonntags in Gesellschaft gehe, und merke bereits, trotzdem ich all die Zeit über nicht gesund gewesen bin, daß es einem doch außerordentlich hilft. Die Abende sind nämlich deshalb die Hauptsache, weil sie eine Art Endlosigkeit haben, man kann sie bis 2, 3 Uhr ausdehnen und das Gefühl was einem aus der Vorstellung erwächst: Du hast jetzt, wenn Du willst, 7 Arbeitsstunden vor Dir, ist außerordentlich angenehm und förderlich. An solchen großen Arbeiten, wie ich sie beständig vorhabe, wo man auf verschiedenen Tischen 10 Karten und 20 Bücher aufgeschlagen hat, kann man nicht viertelstundenweis herumbasteln; dazu sind die Vorbereitungen zu groß. Ich habe übrigens die Freude gehabt, daß alle Freunde mir ausnahmslos zugestimmt und meine Beschlüsse in Bezug auf gesellschaftliches Leben und Treiben gebilligt haben. Man unterhält die Leute und hinterher heißt es dann noch: »mein Gott, er kommt auch nicht von der Stelle.« (SJ III 149 f)

Fontane an seine Frau Berlin, 2. September 1874
Seit zwei oder drei Tagen habe ich nicht an Dich geschrieben, woraus Du ersehen magst, in welcher Hetzjagd ich lebe. Mitunter thu ich mir selber leid; gestern Abend hatt' ich die Empfindung: von einem Menschen, der mitunter an einem Tage 1 Kritik und 7 Briefe schreiben, 2 Correkturbogen durchsehn, Fahnen lesen, Karten zeichnen, Holzstöcke revidiren, Schauspielerinnen empfangen, Zeitungen überfliegen, Bücher lesen, und schließlich doch vor allem auch welche *schreiben* soll (und zwar, dem Umfange nach, *was* für welche) von solchem Menschen kann man nicht gut verlangen, daß er auch noch voll Zartheiten und Aufmerksamkeiten ist. Er *muß* zerstreut und abgezogen sein, weil beständig 15 verschiedene Dinge an seiner Seele zerren und ihn nervös machen. Nun giebt es ja einzelne Gottbegnadete, die es dann schließlich *doch* leisten und nicht blos große Feldherrn und Staatsmänner sondern auch große Gatten und Väter sind, aber sie sind rar, müssen *sehr* gute Nerven und wie Muhamed, die Kraft von 30 Männern haben. Das ist für alle Theile sehr angenehm, aber wie der kleine Korff sagte: »Landwehr – Train-Assistenz-Arzt – kommt selten vor.« (ZBZ)

Fontane an Karl und Emilie Zöllner Venedig, 7. Oktober 1874
Die Gesichter, die jedesmal geschnitten werden, wenn 2 Berliner sich auf einsamem Reisepfad begegnen, sind klassisch. Jeder einzelne sagt etwa »i, macht den Schwindel auch mit.« Früher sollen sich Landsleute bei ähnlichen Begegnungen weinend in die Arme gestürzt sein. An der tomba di Giulietta (längre Zeit Wassertrog) trafen wir Adolphe Thiers nebst Frau und Schwägerin. Die beiden bedeutendsten Kriegsschriftsteller der Neuzeit standen neben einander und grüßten sich. Meine Lage war die günstigere: *ich* wußte, wen ich neben mir hatte; *er* ist hingegangen ohne Ahnung des Glücks, das ihm die Stunde bot. (SJ IV 43 f)

Fontane an Mathilde von Rohr Berlin, 24. November 1874
Seit 4 Tagen wieder hier, eile ich um Ihnen ein Lebenszeichen von uns zu geben. Sieben schöne Wochen, die wir in Venedig, Florenz, Rom u. Neapel zubrachten, liegen hinter uns; unsre Erwartungen sind fast noch übertroffen worden, dennoch sind wir froh nun

wieder in der Heimath zu sein und unsrer Arbeit, unsren Kindern und Freunden leben zu können. In der Jugend, wo man noch flügger, noch weniger verwachsen mit dem Boden ist auf dem man geboren wurde, kann einem in der Fremde und ganz besonders in einer so schönen Fremde, der Wunsch kommen, sich auf lange niederlassen und das Herrliche ganz genießen, das Lernenswerthe ganz lernen zu wollen. Man hat dann noch eine freie Wahl und kann sein Leben, sein Studium, seine Interessen an irgend ein Schönes setzen, das einem irgendwo entgegentritt. In spätren Lebensjahren ist das nicht mehr möglich; man ist dann nicht blos mit einer Frau (wenigstens in der Regel) sondern auch mit einer bestimmten Lebensaufgabe verheirathet, die einem nun nicht mehr erlaubt willkürlich dies und das zu thun, sondern einen mit wohlthuender Gewalt in das vorgeschriebene Geleise pflichtschuldiger Thätigkeit zurückzwingt. Vor 30 Jahren hätten mich nicht zehn Pferde von Neapel weggekriegt und ich würde Kopf und Kragen daran gesetzt haben, mein Leben, oder doch ein bestes Stück davon, dem Studium Pompejis und seiner ausgegrabenen, wunderbaren Schätze zu widmen. *Jetzt* konnte mir dieser Wunsch nicht mehr kommen, kaum der Gedanke. All dieser Herrlichkeit gegenüber empfand ich deutlich, und nicht einmal schmerzlich, daß meine bescheidene Lebensaufgabe nicht am Golf von Neapel, sondern an Spree und Havel, nicht am Vesuv sondern an den Müggelsbergen liegt und inmitten aller Herrlichkeit, die nur eben bildartig gesehn und dann in den Kasten der »Anschauungen« hineingethan sein wollte, zog es mich an die schlichte Stelle zurück, wo meine Arbeit und in ihr meine Befriedigung liegt. Wenn es Zweck des Reisens ist, sich zu enthusiasmiren und innerhalb des Enthusiasmus sich glücklich zu fühlen, so kann man nicht früh genug auf Reisen gehn, handelt es sich umgekehrt um jene gerechte Würdigung, die verständig gewissenhaft abwägt zwischen Daheim und Fremde, zwischen Altem und Neuem, so kann man seinen Wanderstab nicht spät genug in die Hand nehmen. (SJ III 153 f)

[Zwischen 29. November und 5. Dezember 1874]
Fontane. Aus »Literarische Selbstbiographie«
1841 ging ich nach Leipzig, wo ich in freundschaftliche Beziehun-

gen zu Max Müller, Wilhelm Wolfsohn und zu Robert Blums Schwager, dem, nach vieljährigem Aufenthalt in Amerika, jüngst zu Charlottenburg verstorbenem Dr. Georg Günther, trat. Es war die Herwegh-Zeit, und das Interesse für Politik und Poeterei, ganz besonders aber für die Verschmelzung beider, ließ alle andern Studien in den Hintergrund treten. Baldmöglichster Eintritt in das literarische Leben erschien mir als wünschenswertestes Ziel, und nur ein glücklicher Zufall bewahrte mich vor Übernahme einer kleinen Redaktion, die mir wenig Auszeichnung und desto mehr Enttäuschungen eingebracht haben würde.
Ich ging 1844 nach Berlin zurück, um in einem der Garderegimenter mein Jahr abzudienen.
[...]
Während dieser Zeit entstanden bereits viele der Gedichte, die später in meine bei W. Hertz erschienene Balladensammlung übergegangen sind, so beispielsweise der Tower-Brand, der Wener- und Wetter-See. B. v. Lepel, seit lange Mitglied der literarischen Sonntagsgesellschaft »Tunnel«, führte mich in ebendieselbe ein. Ich wurde, auf zehn Jahre hin, ein eifriges Mitglied derselben. Die Bekanntschaften, die ich hier anknüpfte, die sich immer freundschaftlicher gestaltende[n] Beziehungen zu Franz Kugler, Paul Heyse und Friedrich Eggers, später auch zu Scherenberg, Theodor Storm und Hugo v. Blomberg, ließen den nur vertagten Wunsch einer literarischen Laufbahn immer wieder lebendig werden; aber erst 1849 gestatteten die Verhältnisse die Ausführung desselben. Zu Weihnachten des genannten Jahres erschienen bereits zwei kleine dichterische Arbeiten von mir: »*Männer und Helden;* acht Preußenlieder« und »*Von der schönen Rosamunde,* ein Balladenzyklus«, in denen die Gesamtheit meiner späteren Produktion vorgezeichnet liegt. Alles, was ich seitdem in Versen und Prosa geschrieben habe, hat dieselben zwei Ausgangspunkte und dreht sich um Märkisch-Preußisches oder um Englisch-Schottisches. Ich folgte hierin dem Zuge meines Herzens, doch darf ich nicht übersehn, daß dieser Zug auch von außen her, durch Erlebnisse teils persönlicher, teils allgemeiner Natur, unterstützt wurde. Ich rechne dahin einen mehrjährigen, ohne mein Dazutun herbeigeführten Aufenthalt in England, ganz besonders aber die drei glorreiche[n] Kriege von 1864,

66 und 70, die, wie von selbst, auf Ausbildung und Betonung des patriotischen Elements hinwiesen.

Mein Aufenthalt in England dauerte von 1855 bis 59; in verschiedenen Büchern habe ich darüber berichtet. 1860 trat ich bei der Kreuz-Zeitung ein und übernahm die Redaktion des englischen Artikels. 1870, kurz vor Ausbruch des Krieges, schied ich aus dieser Stellung aus, um unbehinderter meinen literarischen Arbeiten leben zu können. Diese gestalteten sich mehr und mehr derart, daß behufs immer wiederkehrender, nicht zu umgehender Reisen eine freiere Verfügung über meine Zeit ganz unerläßlich wurde. Im September 70 folgte ich unsren Armeen nach Frankreich, beging die Unvorsichtigkeit, mich, von Toul aus, in jenseits unsrer Etappen und unsres Einflusses gelegene Distrikte zu begeben, und wurde in *Dom Remy,* das ich, um des Geburtshauses der Jeanne d'Arc willen, aufgesucht hatte, von Franctireurs gefangengenommen. Man schleppte mich, quer durch Frankreich, bis auf die Insel Oléron, die ich – endlich durch den Einfluß des Ministers Cremieux befreit – nach zweimonatlicher Internierung wieder verlassen durfte. In meinem Buche »Kriegsgefangen« habe ich die begleitenden Abenteuer erzählt.

So deprimierend dieser Zwischenfall war, so durfte er mich doch nicht abhalten, mein Glück noch einmal zu versuchen. Große Schlachten lassen sich ohne Kenntnis des Terrains nicht beschreiben, und so blieb mir nur die Wahl, entweder die sprüchwörtliche Scheu zu überwinden, die der Gebrannte vor dem Feuer hat, oder aber eine Darstellung dieses glänzendsten unsrer Kriege überhaupt aufzugeben. Ich tat das erstre und trat eine *zweite* Reise nach Frankreich an, die glücklicher verlief und über deren harmlosere Erlebnisse ich in einem zweibändigen Buche »Aus den Tagen der Okkupation« berichtet habe. Dasselbe läßt sich im übrigen als eine Studie zu dem umfangreichen Werke (»Krieg gegen Frankreich«) bezeichnen, mit dessen Abfassung ich noch jetzt beschäftigt bin.

Es erschienen von mir:
Männer und Helden. Acht Preußenlieder. Berlin 1850.
Von der schönen Rosamunde. Ein Balladenzyklus. Dessau 1850. 2. Auflage 1853.
Gedichte. Berlin 1851.

Argo. Ein Jahrbuch für 1854. Herausgegeben in Gemeinschaft mit Franz Kugler.
Ein Sommer in London. Dessau 1854.
Aus England. Studien über englische Kunst, Theater, Presse. Stuttgart 1860.
Jenseit des Tweed. Berlin 1860.
Balladen. Berlin 1860.
Wanderungen durch die Mark Brandenburg. Berlin. W. Hertz.
I. Teil (Grafschaft Ruppin). 1862. 2. Aufl. 1865. 3. Aufl. 1875.
II. Teil (Oderland). 1864. 2. Aufl. 1868.
III. Teil (Havelland). 1873.
Der schleswig-holsteinsche Krieg. Berlin. v. Decker. 1866.
Der Krieg gegen Österreich.[8a] 2 Bde. Berlin v. Decker. 1870.
Der Krieg gegen Frankreich. I. Band (Der Krieg gegen das Kaiserreich). Berlin. v. Decker. 1874.
Kriegsgefangen. Berlin. v. Decker. 1871.
Aus den Tagen der Okkupation. 2 Bde. Berlin. v. Decker. 1872.
Gedichte. 2. Auflage Berlin. W. Hertz 1875. (AZL 2 ff)

Fontane an Mathilde von Rohr   Berlin, 28. Dezember 1874
Die Feiertage sind uns in Saus und Braus vergangen, auch in *momentaner* Freudigkeit, aber doch eigentlich ohne rechtes Behagen. Ein solches finde ich nur noch in der Arbeit und in allerstillstem Freundschafts- und Plauder-Verkehr. Wie es am 1. Feiertage war, wo ich von 12 Uhr Mittags an bis 12 Uhr Nachts *unausgesetzt* Visiten oder Besuche empfangen mußte, während ich eigentlich alle Hände voll zu thun und eine pressante Arbeit abzumachen hatte, – eine solche Gesellschaftlichkeit, die mich beständig an Erfüllung meiner Pflichten hindert, kann kein reches Behagen aufkommen lassen, auch wenn die einzelnen Störungen von den an und für sich liebsten und besten Menschen ausgehn. (SJ III 157 f)

Fontane an Wilhelm Hertz   Berlin, 18. Februar 1875
Nie haben die Blätter, die bei S. Hirzel erscheinen, es anders mit mir gemacht. Grenzboten, Im neuen Reich (von dem ich freilich

---

8a »Der deutsche Krieg von 1866«.

nicht weiß, ob es Hirzelscher Verlag ist) und nun auch ... aber da seh ich eben, daß der mir zugeschickte Bogen nicht einem wissenschaftlichen Fachblatte, wie ich vermuthete, sondern ebenfalls dem »neuen Reich« angehört, – also Grenzboten und Im neuen Reich, alles was auf G. Freytag und Julian Schmidt schwörte oder noch schwört, haben immer nur souverain und von oben 'runter zu mir gesprochen[9]. Tadel kann schmeichelhaft sein, aber dies de haut en bas ist immer beleidigend und genau das, was ich weder im Leben noch in der Kritik ertragen kann. Ein jeder Mensch erobert sich nach oben oder unten zu eine bestimmte Stellung und wer 5 Grad über Null steht darf ärgerlich sein, wenn er auf 5 Grad unter Null hin behandelt wird. Die Differenz ist nur zehn Grad, bedeutet für das Individuum aber doch eine Welt. Wer schreibt nur diese Notizen? Ich muß dort, von alter Zeit her, einen sehr matten Freund haben.

(WHH 176 f)

Fontane. Aus »Gustav Freytag, Die Ahnen« 1875
Was soll ein Roman? Er soll uns, unter Vermeidung alles Übertriebenen und Häßlichen, eine Geschichte erzählen, an die wir *glauben.* Er soll zu unserer Phantasie und unserem Herzen sprechen, Anregung geben, ohne aufzuregen; er soll uns eine Welt der Fiktion auf Augenblicke als eine Welt der Wirklichkeit erscheinen, soll uns weinen und lachen, hoffen und fürchten, am Schluß aber empfinden lassen, teils unter lieben und angenehmen, teils unter charaktervollen und interessanten Menschen gelebt zu haben, deren Umgang uns schöne Stunden bereitete, uns förderte, klärte und belehrte.
Das etwa soll ein Roman.
[...]
Dies führt uns, nach allem, was wir vorstehend über die Aufgabe des Romans gesagt haben, zu der zweiten, weitergehenden Frage: »Was soll der *moderne* Roman? Welche *Stoffe* hat er zu wählen? Ist sein Stoffgebiet unbegrenzt? Und wenn *nicht,* innerhalb welcher räumlich und zeitlich gezogenen Grenzen hat er am ehesten Aussicht, sich zu bewähren und die Herzen seiner Leser zu befriedigen?«

[9] Anonyme Besprechung der 2. Auflage der »Gedichte«.

Für uns persönlich ist diese Fragenreihe entschieden. Der Roman soll ein Bild der Zeit sein, der wir selber angehören, mindestens die Widerspiegelung eines Lebens, an dessen Grenze wir selbst noch standen oder von dem uns unsere Eltern noch erzählten. Sehr charakteristisch ist es, daß selbst Walter Scott nicht mit »Ivanhoe« (1196), sondern mit »Waverley« (1745) begann, dem er eigens noch den zweiten Titel »Vor sechzig Jahren« hinzufügte. Warum griff er nicht gleich anfangs weiter in die Geschichte seines Landes zurück? Weil er die sehr richtige Empfindung hatte, daß zwei Menschenalter etwa die Grenze seien, über welche hinauszugehen, als Regel wenigstens, *nicht* empfohlen werden könne. Seine besten Erzählungen liegen innerhalb des 18. Jahrhunderts oder am Eingang desselben. Der Erfolg ließ ihn später die Grenzpfähle weiter rückwärts stecken, aber nur wenige Male, wie in »Kenilworth« und »Quentin Durward«, erreichte er die frühere Höhe.

Noch einmal also: Der moderne Roman soll ein Zeitbild sein, ein Bild *seiner* Zeit. Alles Epochemachende, namentlich alles Dauernde, was die Erzählungsliteratur der letzten 150 Jahre hervorgebracht hat, entspricht im wesentlichen dieser Forderung. Die großen englischen Humoristen dieses und des vorigen Jahrhunderts schilderten *ihre* Zeit; der französische Roman, trotz des älteren Dumas, ist ein Sitten- und Gesellschaftsroman; Jean Paul, Goethe, ja Freytag selbst (in »Soll und Haben«) haben aus *ihrer* Welt und *ihrer* Zeit heraus geschrieben.

So die Regel. Aber, wie schon angedeutet, die Regel erleidet Ausnahmen. Wir zählen dahin den *dramatischen* Roman, den *romantischen* Roman und unter Umständen (aber freilich mit starken Einschränkungen) auch den *historischen* Roman. Diese haben das Vorrecht, die Frage nach dem Jahrhundert ignorieren und ihre Zelte allerorten und allerzeiten aufschlagen zu dürfen. Gehen wir auf diese drei Gruppen etwas näher ein.

Zuerst der *dramatische* Roman. Er unterliegt denselben Gesetzen, denen das *Drama* unterliegt; denn in anderer Form will er dasselbe. Er will keine *Bilder* geben, weder Bilder unsrer eignen noch irgendeiner andern Zeit, und legt das Interesse nicht in das bunte und unterhaltliche Treiben mannigfacher, sondern in die großen Impulse weniger Gestalten. An die Stelle der äußeren Hergänge der durch Zeit und Ort bedingten Sondererscheinungen tritt die *Leidenschaft*, die, von Anbeginn der Zeiten, immer dieselbe war. Haß-, Ehrgeiz- und Eifersuchttragödien sind das Eigentum *aller* Jahrhunderte, und wer darauf aus ist (auch im Roman) uns nicht der Zeiten Beiwerk, sondern den erschütternden Konflikt zu geben, der unausbleiblich ist, wo sich die wüste Begehrlichkeit eines allmächtigen Despoten und das unbeugsame Rechtsgefühl eines sittenstrengen Vaters gegenübertreten, der hat es frei, sich seinen Odoardo am Hofe des Tarquinius oder seinen Brutus am Hofe des Prinzen von Guastalla zu suchen. Die Frage nach dem »Wo« und »Wann« geht unter in dem allgemein Menschlichen des »Was«.

Der *romantische* Roman, dem alten Epos verwandt, hat gleicherweise das Recht der Einkehr in alle Jahrhunderte. Ob er Ernstes oder Heiteres behandelt, im einen wie im andern Falle durchklingt es ihn märchen- und legendenhaft, und dem realen Leben abgewandt, wird es für ihn zu etwas Gleichgültigem, in welcher vor- oder nachchristlichen Zeit er seine Zauber walten, seine Wunder und Aventüren sich vollziehen läßt. Wenn es beim dramatischen Roman das Ewige der *Leidenschafts*welt ist, was der Zeitenfrage spotten darf, so ist es beim romantischen Roman das Ewige der *Phantasie*welt, die, wie ein Traumbild, über der wirklichen schwebt und den Gesetzen derselben nicht unterworfen ist. Was zu *keiner* Zeit geschah, darf in *jeder* geschehen.

Auch der *historische* Roman ist an die Scottschen »Sixty years ago« nicht unter allen Umständen gebunden und darf die Historie rückwärts durchmessen, so weit sie reicht. Aber er wird es nur in ganz besonderen Fällen dürfen – die Mehrzahl der geschichtlichen Romane ist einfach ein Greuel. Er wird es dürfen, wenn sein Verfasser als ein nachgeborener Sohn vorausgegangener Jahrhunderte anzusehen ist. Diese Fälle sind häufiger als man denkt. Es gibt ihrer, die, während sie das Kleid unserer Tage tragen, in Wahrheit die Zeitgenossen Sickingens oder Huttens sind und der Sprache des Hans Sachs oder der Landsknechtlieder sich näher verwandt fühlen als einem Singakademie-Vortrag oder dem Schillerschen Kampf mit dem Drachen. Namentlich aus dem 16. Jahrhundert haben wir nicht wenige unter uns, die nun eine beständige Sehnsucht, ein Heimweh nach *ihrer* Welt und *ihrer* Epoche haben. Dies Heimweh nimmt alsbald die Form eines begeisterten Studiums, eines Forschens und Suchens an, um ihrer verlangenden Seele von dem Versäumten und Verlorenen wenigstens das Mögliche zurückzuerobern. Sie wandeln unter den Lauben mittelalterlicher Städte und erquicken sich an den Sprüchen, die an den Querbalken hoher Giebelhäuser stehen, sie sammeln Spottbilder und Volksballaden, Pamphlete und fliegende Blätter, lesen Urkunden und Pergamente und bringen es schließlich dahin, in einer untergegangenen oder nur noch in schwachen Resten bewahrten Welt besser zu Hause zu sein als in derjenigen, die sie äußerlich umgibt. Solche rückwärts gewandten Naturen haben natürlich, so es sie dazu drängt, ein unbestreitbares Recht, auch aus *ihrem* Jahrhundert heraus Romane zu schreiben, Romane, die nun in gewissem Sinne aufhören, eine Ausnahme von der Regel zu sein, indem sie faktisch Zeitläufte schildern, die für uns zwar untergegangen, für den verschlagenen Sohn eines voraufgegangenen Jahrhunderts aber recht eigentlich die Gegenwart seines Geistes sind.

So haben wir denn Ausnahmen konstatiert, und zwar den *dramatischen*, den *romantischen* und innerhalb gewisser scharf innezuhaltender Grenzen auch den *historischen* Roman.

(NFA XXI/1, 239 ff)

Fontane an Otto Franz Gensichen   Berlin, 2. April 1876
Haben Sie allerschönsten Dank für Ihre so überaus freundliche Beurteilung meiner opera omnia.[10] Ich will wünschen, daß ich in der Literaturgeschichte ähnlich günstig fortkomme. In dem gegen den Schluß hin stehenden Satze, daß ich nur ein paar Saiten auf meiner Guitarre, diese aber auch in der Gewalt hätte, haben Sie's, wenn es gestattet ist sein eignes Lob zu contrasignieren, vorzüglich getroffen. Neue Töne noch zu lernen, verbietet nicht blos die Natur, sondern auch das »zu alt«. Spiel und Tanz ist vorbei.   (FAP)

Fontane an seine Frau   Berlin, 4. August 1876
Gestern Abend, als ich von einem Diner bei Gropius' nach Hause kam, fand ich Deinen Brief vor, für den ich Dir bestens

10 Gensichen hatte eine Studie über Fontane im »Salon« 1876 veröffentlicht.

danke. Es war mir recht lieb, daß ich ihn ausnahmsweise am Abend statt am Morgen erhielt; ich hätte ihn, unmittelbar »vor der Schlacht«, nicht mit derselben Andacht gelesen. Ich wünsche von ganzem Herzen, Dir und mir, daß Deine ruhig-vertrauensvolle Stimmung anhält; glaube mir doch, was auch kommen mag, wir werden durch die bescheidenen Erträge meines Fleißes und meines Talents in anständigen Verhältnissen weiterleben können. Kommt es *doch* anders, nun so geschieht es, weil wir – um ein schönes Wort der Schrift zu citieren – »verworfen« wurden. An wem Gott solches Gericht vollstrecken will, der ist verloren, er mag anfangen was er will und auch dem »ersten Ständigen« würde der Unbestand menschlicher Dinge bald klar gemacht werden. Sieht man aber von solchen Gerichten ab, denen gegenüber es nichts anderes gibt als Unterwerfung, so bleibt der Satz bestehen: »wer für sein Brot arbeitet, der findet es auch.« (FAP)

Fontane an seine Frau   Berlin, 7. August 1876
Am Sonnabend arbeitete ich fleißig [...] Schon am Tage vorher, was ich Dir vielleicht schon schrieb, hatte ich ein andres Briefpaket ebenfalls nach Leipzig abgehen lassen. Es enthielt meine »Biographie« für das Brockhaussche Konversationslexikon. Im Grunde genommen, habe ich nun alles Irdische erreicht: geliebt, geheiratet, Nachkommenschaft erzielt, zwei Orden gekriegt und in den Brockhaus gekommen. Es fehlt nur noch zweierlei: Geheimer Rat und Tod. Des einen bin ich sicher, auf den andern verzicht' ich allenfalls. Er kann mir aber auch noch beschieden sein. (FA I 237)

Fontane an seine Frau   Berlin, 15. August 1876
Eine Fülle neuer Arbeiten ist angefangen, und mir ist nicht so zumut, als würde ich mit nächsten in den Skat gelegt werden. Im Gegenteil. Die Unsicherheit bleibt, es wäre lächerlich, sie fortdemonstrieren zu wollen, aber sie erschreckt mich nicht. Unsicher oder nicht, *der* Satz bleibt schließlich bestehen, daß ein Mann von Talent und Wissen, der fleißig ist und zu schreiben versteht, imstande ist, sein täglich Brot zu verdienen. Hat er es mal knapper, nun so muß es knapper gehn; aber immer werden auch wieder hellere Tage kommen, die für Ausgleich sorgen. Es ist bisher ge-

gangen, gut gegangen, und ich sehe nicht ein, warum es nicht weiter gehen soll. Die einzige Gefahr liegt bei Dir. Nimm mir die Stimmung, und ich bin verloren. Ich beschwöre Dich, daß Du dessen eingedenk bist und das Deine tust, mich schwimmfähig zu erhalten.

(BE I 435)

Fontane an seine Frau   Berlin, 18. August 1876
Ich bin nun wieder auf mich selbst gestellt[11] und freue mich dessen. Es hat etwas Komisches, diese einfache und alltägliche Tatsache zu einem abnormen und schrecklichen Ereignis heraufpuffen zu wollen. Tausende von Künstlern, Schriftstellern, Wissenschaftsmenschen leben hier in Berlin von der Hand in den Mund, gerade wie ich, und wenigstens viele Hunderte von ihnen leben auskömmlich und ohne Klage. Ich selber habe viele Jahre so gelebt. Was ist geschehn, daß die sonst gutstehenden Kurse meiner literarischen Existenz plötzlich so tief sinken konnten? Eine Panik, ein Gespenst, weiter nichts. Ein wiedergeholtes *Vertrauen* stellt auch die alten Kurse wieder her.

(FA I 243)

Fontane an Mathilde von Rohr   Berlin, 22. August 1876
Wenn diese Zeilen bei Ihnen eintreffen, wird die Handschrift Ihnen wie fremd erscheinen, *so* lange ist es her, daß ich nichts habe von mir hören lassen. Ob meine Frau aufmerksamer gewesen ist, weiß ich nicht (wenn ich es auch hoffe) da sie seit vollen 6 Wochen bei ihrer Freundin in Schlesien verweilt. Diese Reise war unerläßlich, um sie der tiefen Verstimmung zu entreißen, die sich ihrer, in Folge meiner eingereichten Entlassung bemächtigt hatte. Ist sie auch jetzt noch keineswegs andrer Meinung, so sieht sie doch das Geschehene *etwas* ruhiger, *etwas* billigdenkender an. Ob es vorhalten wird, muß abgewartet werden. Es ist ganz und gar eine Geldfrage. Hab ich das Glück eine mir passende Redaktion zu finden, stürmen mir die Buchhändler das Haus, um, nach Erscheinen meines ersten Romans[12], sich eines zweiten à tout prix zu versichern, so

---

11 Rücktritt als Sekretär der Akademie der Künste in Berlin (Entlassungsbescheid am 2. August).
12 »Vor dem Sturm«.

wird alles gut gehn; kommen umgekehrt Angst und Sorge, fällt der Roman ins Wasser, so geh ich, von der Sorge ganz abgesehn, einer streit- und kämpfereichen Zukunft entgegen. Meine Frau, die große Meriten hat und in vielen Stücken vorzüglich zu mir paßt, hat nicht die Gabe des stillen Tragens, des Trostes, der Hoffnung. In dem Moment, wo ich ertrinkend nach Hülfe schreie und wo ein freundlich ausgestreckter Finger mich über Wasser halten würde, hat sie eine Neigung ihre Hand nicht rettend unterzuschieben, sondern sie wie einen Stein auf meine Schulter zu legen. Bescheiden in ihren Ansprüchen, ist sie in ruhigen Tagen eine angenehme, geist- und verständnißvolle Gefährtin, aber eben so wenig wie sie die Stürme in der Luft ertragen kann, ebenso wenig erträgt sie die Stürme des Lebens. Sie wäre eine vorzügliche Predigers- oder Beamten-Frau, in einer gut und sicher dotierten Stelle geworden; auf eine Schriftsteller-Existenz, die, wie ich einräume, sich immer am Abgrund hinbewegt, ist sie nicht eingerichtet. Und doch kann ich ihr nicht helfen. Sie hat mich als Schriftsteller geheirathet und muß sich schießlich darin finden, daß *ich*, trotz Abgrund und Gefahren, diese Art des freien Daseins den Alltagscarrièren mit ihrem Zwang, ihrer Enge und ihrer wichtigthuerischen Langeweile vorziehe. *Jetzt*, wo ich diese Carrièren allerpersönlichst kennen gelernt habe, mehr denn je.

[...]

Bei der Vossin trete ich wahrscheinlich am 1. Oktober wieder ein. Zerschlägt sich dies aber, so hoffe ich über kurz oder lang eine Feuilleton-Redaktion übernehmen zu können. Erhält mich Gott gesund, so werde ich bald wieder fest im Sattel sein. Aber auch selbst Entbehrungen, wenn sie meiner harren sollten, sind mir nicht so schrecklich wie äußere und innere Unfreiheit. *Sich* angehören, ist der einzig begehrenswerthe Lebens-Luxus. Die moderne Menschheit ist so herunter, daß sie eine Plüsch-Ameublement vorzieht. Ich habe mit solchen Jammerprinzen nichts zu schaffen.

(SJ III 166 ff)

Fontane an Karl Zöllner   Berlin, 22. November 1876
Halte mich nicht für einen Eigensinn, wenn ich die Trauerfahne der Einsamkeit hochhalte. Ich muß über diesen Punkt mal ein-

gehender mit Dir sprechen. Ich brauche *jede* Stunde nicht blos Geldes wegen, sondern ebenso sehr meiner Reputation halber.
Ich bin nicht so blind, daß ich nicht erkennen sollte wie seltsam mich die Menschen ansehn; mein Barometerstand ist sehr gesunken. Ich muß mich erst wieder legitimiren, zum mindesten aber die Anstrengungen dazu machen. Deshalb will ich ein Jahr lang ganz mir und meiner Arbeit gehören. Die Geburtstage habe ich mir als Ausnahmefälle vorbehalten. (SJ IV 71)

Fontane an Mathilde von Rohr   Berlin, 30. November 1876
In meinem Hause sieht es etwas besser aus; die Stimmung meiner Frau klärt sich auf, das Gewölk verzieht sich; ich habe so eine Vorahnung, daß, wenn nicht neue Schläge kommen, das Schlimmste überstanden ist. Sie trinkt, seit Anfang dieser Woche, Karlsbader, wovon ich mir, da der Trübsinn zu großem Theil eine Folge von Leberaffektionen ist, viel verspreche. Aber sie scheint sich endlich auch in ihrem Urtheil anders zu dieser unglückseligen »Secretair«-Frage[13] stellen zu wollen. Sie hört jetzt von den verschiedensten Seiten her, daß es, mit alleiniger Ausnahme des Gehalts, nicht blos eine untergeordnete, unerquickliche Stellung sei, sondern daß man sich auch nicht im Geringsten beflissen gezeigt hat, mir diese Unerquicklichkeiten minder fühlbar zu machen. *Dies konnte ich aber verlangen.* Einem jungen Assessor, der sich eben verheirathen möchte oder einem armen Teufel mit vielen Kindern und wenig Brot, kann man schließlich alles Mögliche zumuthen; ich war aber weder das eine noch das andre, sondern ein Mann der aus einer freien, ihn vollkommen glücklich machenden Thätigkeit heraustrat, um nunmehr durch Uebernahme eines leichten, ehrenhaften und gut dotirten Amtes bequemer und im Hinblick auf die Zukunft sorgenloser leben [zu] können. Danach ist man mir aber nie begegnet. Ohne daß man unartig oder beleidigend gegen mich gewesen wäre, was ich mir einfach verbeten haben würde, hat man mich doch nie wie einen etablierten deutschen Schriftsteller, sondern immer wie einen »matten Pilger« behandelt, der froh sein könne,

---

13 Fontane hatte die Stellung als Sekretär bei der Akademie der Künste in Berlin gekündigt.

schließlich untergekrochen zu sein. Immer die unsinnige Vorstellung, daß das Mitwirthschaften in der großen, langweiligen und so weit ich sie kennen gelernt habe total confusen Maschinerie, die sich Staat nennt, eine ungeheure Ehre sei. Das »Frühlingslied« von Uhland oder eine Strophe von Paul Gerhard ist mehr werth als 3000 Ministerial-Reskripte. Nur die ungeheure Eitelkeit der Menschen, der kindische Hang nach Glanz und falscher Ehre, das brennende Verlangen den alten Wrangel einladen zu dürfen oder eine Frau zu haben, die Brüsseler Spitzen an der Nachtjacke trägt, nur die ganze Summe dieser Miserabilitäten verschließt die modernen Herzen gegen die einfachsten Wahrheiten und macht sie gleichgültig gegen das was allein ein ächtes Glück verleiht: Friede und Freiheit. Je älter ich werde, je mehr empfinde ich den Werth dieser beiden; alles andre ist nichts; jedenfalls bin ich froh meinen Kopf noch rechtzeitig aus dieser dreimal geknoteten Sekretair-Schlinge herausgezogen zu haben. Ich passe nicht für dergleichen, am wenigsten aber passe ich zum Bücher-Ueberreichen und zum Antichambriren und Petitioniren in Geheimraths-Zimmern, blos um irgend eine goldene Medaille oder ähnliches Zeug zu erreichen. Ich habe nun einen Strich darunter gemacht. Eh mich nicht die bittre Noth dazu treibt, laß ich mich, in kindischer Nachgiebigkeit, und meiner eigensten Natur zum Trotz, auf solche Thorheiten nicht weiter ein. Ich habe diese Kränkungen satt. Die letzte war die größte.
Nur in aller Kürze will ich Ihnen davon erzählen. Ich gebe dabei, dem Inhalte nach, die Worte des Herrn v. B[ülow] wieder, der mir, wie ich nur wiederholen kann, seinerseits mit Freundlichkeit und Wohlwollen begegnet ist. Das Endresultat ist das folgende: Herr v. Wilmowski hat den Kaiser gefragt, ob er (der Kaiser) einen Grund habe, mir besondres wohlzuwollen. Diese etwas sonderbare Frage hat S. M. einfach verneint, wohl aber seine Mißstimmung über meine Amtsniederlegung zu erkennen gegeben. C'est tout! Am andern Tage stand in der Zeitung, daß der Wittwe des Schauspielers Pohl (7. Ranges) seitens Sr. M. eine Pension von jährlich 500 Thlr bewilligt worden sei. Zwölf Jahre habe ich an diesen Kriegsbüchern Tag und Nacht gearbeitet; sie feiern, nicht in großen aber in empfundenen Worten, unser Volk, unser Heer, unsren König und Kaiser; ich bereiste 1864 das gegen uns fanatisirte Däne-

mark, war 1866 in dem von Banden und Cholera überzogenen Böhmen, und entging in Frankreich, nur wie durch ein Wunder, dem Tode. Unabgeschreckt, weil meine Arbeit das Wagniß erheischte, kehrte ich an die bedrohlichen Punkte zurück. Dann begann meine Arbeit. Da steht sie, wenn auch weiter nichts, das Produkt großen Fleißes, ihrem *Gegenstande* nach aber das Einzige repräsentirend, dem gegenüber man eine Art *Recht* hat das Interesse des Kaisers, als des persönlichen Mittelpunkts, des Helden dieser großen Epopöe (ich spreche nur vom Stoff) zu erwarten. Und eben dieser Held und Kaiser, gefragt »ob er einen Grund habe dem Verfasser dieses umfangreichen Werkes wohlzuwollen oder gnädig zu sein« verneint diese Frage. Firdusi, als er dem Schach Mahomet sein Helden-Epos brachte, erhielt 200,000 *Silber*münzen zum Geschenk und schenkte, in bittrem Unmuth, die ganze Summe einem Badeknecht zu Gasna, denn er hatte geglaubt 200,000 *Gold*münzen erwarten zu dürfen. Ich bin kein Firdusi. Aber der Unterschied zwischen Firdusi und mir ist doch nicht so groß, daß Herr v. Wilmowski sagen dürfte: »Herr F. hat durch meinen Amtsvorgänger die Summe von 400 Thalern erhalten; nach einem so »exorbitanten Geschenk« ist es mir nicht möglich für dies neue, größere, sieben Jahre später erscheinende Werk abermals eine Auszeichnung zu beantragen. Ich will indessen S. M. fragen.« Und nun erfolgte jene berühmte Frage. Wie ich selber zum Beamten verdorben bin, so hab ich auch kein Gefühl für solche dürre Beamtenhaftigkeit; sie ist lähmend und erscheint mir einfach als Philisterei. Wenn man mir von »Wittwen und Waisen« und von dem ganzen Ernst des Staatshaushalts sprechen will, der weder für die poetischen Quisquilien eines Firdusi, noch am allerwenigsten für die Prosa-Kapitel eines Fontane Geld übrig hat, so lache ich dazu. Für ein einziges niederländisches Genrebild sind 140,000 Francs gezahlt worden und wenn man will, so fliegt das Geld nur so. Mir gegenüber wollte man einfach nicht. Eh bien, es muß auch *so* gehn. Aber freilich hat es mehr zu meiner Erbitterung als zu meiner Erbauung gedient.
[...]
Wenn es sich zwanglos machen ließe, so hätt' ich gar nichts dagegen Herr v. B[ülow] erführe, wie sehr mich dies Wilmowskische Verfahren indignirt hat. Es ist möglich daß Herr v.

W[ilmowski] »keinen besondren Groll« gegen mich hat, aber so viel ist gewiß, daß er sich auf »besondres Wohlwollen« auch nicht eingelassen hat. Es ist ganz gut, wenn die Herren gelegentlich hören, daß man von ihrer Halbgottschaft auch weiter nicht tief durchdrungen ist. Ich kann an diesen Kümmerlichkeits-Standpunkten nichts Erhabenes entdecken. (SJ III 173 ff)

[etwa 1876]
Fontane. Aus »William Dean Howells, A Foregone Conclusion«
Man muß annehmen, daß auch *dies* gewollt ist und daß der Dichter zeigen wollte, nicht dem liebenswürdigen Träumer, sondern dem herben, schlagfertigen Manne gehört die Welt, nicht *jener* führt die Braut heim, sondern *dieser*.
Aber gewollt oder nicht gewollt, ich bin damit nicht recht einverstanden. Abgesehen davon, daß auch im praktischen Leben diese Regel tausend Ausnahmen erleidet, daß auch das Träumerische, das Poetische, das Schwankende um des Zaubers willen, der dem allem anhaftet, häufig den Sieg erringen und den »Praktikus« mit einer langen Nase heimschicken – abgesehen von diesen Ausnahmen bleibt doch bestehn, daß ein Unterschied ist zwischen Realwelt und Buchwelt, zwischen Wirklichkeit und Dichtung. In der Dichtung ist es nun mal so, daß wir den Liebenswürdigeren über den Unliebenswürdigeren siegen sehn wollen; soll aber umgekehrt die Männlichkeit, die Herbigkeit siegen, was ich auch passieren lassen will, so muß sie so auftreten, daß wir ihren Sieg in der Ordnung finden: *so* in der Ordnung, daß wir dem Sieger schließlich seinen Sieg auch gönnen. (AZL 152)

Fontane an Mathilde von Rohr Berlin, 21. März 1877
Wie lange ist es, daß ich nicht habe von mir hören lassen; in diesem Jahre wohl noch keine Zeile! Ich weiß aber, daß Sie diese Versäumnisse freundlich entschuldigen, theils mit Rücksicht auf meine Zeit, theils mit Rücksicht auf meine Stimmung.
Diese ist die alte, herzlich schlechte, die nun schon seit einem Jahre bei mir in Permanenz erklärt ist. Es ist so, daß ich mitunter darüber lachen muß. Es könnte freilich noch schlechter sein, im Großen und Ganzen aber darf ich sagen, daß ich seit Jahresfrist nur Nieder-

lagen, Kränkungen, Fehlschläge erlebe und daß ich mich nach einem bischen Glück und Sonnenschein sehne wie ein Verdurstender nach einem Glase Wasser. Beständig werden Ansprüche an mich erhoben, ich soll geben, schenken, unterstützen, ich soll die Bücher andrer Leute lesen, ich soll Vorstellungen ansehn, Gelegenheitsgedichte machen, Polterabende leiten, auf »Dichterhallen« und kleine Blätter abonniren, auch wohl unbezahlte Beiträge liefern, ich kann mich aber nicht entsinnen, daß es irgend einem einfiele, *mir* zu Willen zu sein, mir einen Gegendienst zu leisten. Die alten Freunde meiner Familie verharren in ihrer Güte, über die Beziehungen die ich *menschlich* unterhalte, kann ich nicht klagen, aber die *literarischen* sind traurig, niederdrückend und entsprechen dem Bilde das ich entworfen habe. (SJ III 177 f)

Fontane an seine Frau   Thale, 23. August 1877
Seit vorgestern geht es mir besser, aber auch jetzt hab' ich nicht das Gefühl eines gesunden; es sind geschenkte Tage; diese Tage werden sich hoffentlich zu Monaten ausdehnen, aber das Gefühl, daß das Ganze eine gekünstelte Geschichte sei, verläßt mich nicht und mit diesem Gefühl werd' ich mich einleben müssen. Hätt' ich in Schöneberg ein Haus und einen Garten und könnt' ich, je nach Gefallen, heute ein Kapitel schreiben und morgen nach Mist schmeckende Riesen-Erdberen ziehn, so würd' ich gesund werden, aber Dienst und Arbeit, auch wenn ich keine Romane schriebe, würden mir meine schwachen Zustände überall fühlbar machen. Ich müßte Geld haben und das hab ich nicht. Da liegt der Schlüssel. (FAP)

Fontane an Mathilde von Rohr   Berlin, 15. Mai 1878
Ich sammle jetzt Novellenstoffe, habe fast ein ganzes Dutzend, will aber mit der Ausarbeitung nicht eher vorgehn, als bis mir noch mehr zur Verfügung stehn. Es liegt für mich etwas ungemein Beruhigendes darin über eine Fülle von Stoff disponiren zu können, etwa wie man mit einer Extra-Summe auf der Brust leichter auf Reisen geht, wie wenn man schon zwischen Berlin und Jüterbog an zu rechnen fängt und von der Frage gequält wird: wird es auch reichen?
Hätt' ich doch das alles gegenwärtig, was Sie mir im Laufe vieler

Jahre von den Veltheims, Hüneckens, Rohrs und vielen vielen andren erzählt haben. Stoff über Stoff. Vielleicht thun Sie in alter Freundschaft ein Uebriges und machen noch jetzt einige Aufzeichnungen; es kann alles *ganz kurz* sein, denn der eigentliche Keim zu einer Novelle kann in vier Zeilen stecken. Sogenannte »interessante Geschichten«, wenn es Einzelvorkommnisse sind, sind gar nicht zu brauchen; es kommt immer auf zweierlei an: auf die Charaktere und auf ein nachweisbares oder poetisch zu muthmaßendes Verhältniß von Schuld und Strafe. Hat man *das*, so findet der, der sein Metier versteht, alles andre von selbst. Die Nebendinge lassen sich erfinden, aber die Hauptsache muß gegeben sein; diese Hauptsache ist aber in der Regel ganz kurz, während die Nebendinge in die Breite gehn. (SJ III 184 f)

Fontane an Eduard Hallberger   Berlin, 19. November 1878
Wenn ich bisher nur ein einziges Mal Gelegenheit nahm, Ihnen eine kleine Arbeit von mir zu gef. Aufnahme in Über Land und Meer zu übersenden, so hat dies einzig und allein in der ganzen Art und Richtung meiner Schriftstellerei seinen Grund. Erwägen Sie gütigst, daß ich zwölf Jahre lang, die besten Jahre meines Lebens, nur Kriegsbücher geschrieben; vorher aber, von einigen Dichtungen abgesehn, nur »märkische Wanderungen« und dem Ähnliches veröffentlicht habe. Publikationen, in betreff deren ich immer wieder die Wahrnehmung machen mußte, daß sie meinen heimatlichen Blättern sehr willkommen, den Blättern draußen im Reich aber ziemlich gleichgültig waren. So blieb ich im Lande und nährte mich redlich. Erst jetzt, in meinen allerreifsten Jahren, wenn dieser Euphemismus gestattet ist, bin ich in den Orden der Erzähler eingetreten und habe, wie Sie vielleicht gütigst bemerkt haben, eben einen 4bändigen Roman[14] herausgegeben. Seien alle guten Götter mit ihm. Das nächste Jahr, so mir nicht ein Strich durch die Rechnung gemacht wird, soll der Novelle gehören; eine (für Lindau)[15] ist fertig, drei andre sind skizzirt[16]; ich werde mich freuen, Ihnen eine davon später vorlegen zu dürfen. (BE I 460)

14 »Vor dem Sturm«.
15 »Grete Minde«.
16 »Ellernklipp«, »L'Adultera«, »Schach von Wuthenow«.

Fontane an Wilhelm Hertz   Berlin, 8. April 1879
Besten Dank für das schöne Buch[17]; ich hab es eben durchblättert und angelesen; was mich immer wieder bezaubert – freilich erst seitdem ich alt geworden bin – ist die kolossale Simplicität des Ausdrucks. Selbstisch wie man ist, denkt man dabei an sich und vergleicht diese schlichten Worte mit dem was man selbst als 24jähriger geleistet hat. Strotzender Unsinn, der was sein wollte! Ein geringer Trost, daß es in der Zeit lag, und daß nur fein-erzogene Leute vor diesen Abirrungen bewahrt blieben.   (WHH 215)

Fontane. Aus »Albert Emil Brachvogel, Narziß«   14. Mai 1879
So hoch ich ein ernstes Studium in der Kunst stelle, so sehr ich davon durchdrungen bin, daß auch die glänzendste Begabung eines solchen bedarf, so muß doch die Mühe stets und immer der zurückliegende, halb schon wieder vergessene Weg sein, an dessen Ende das heitre Ziel steht. Das Ziel aber, an dem ich Herrn Kahle, wenn nicht in der Mehrzahl, so doch in vielen seiner Rollen erblicke, ist mir nicht heiter genug. Er steht da und trocknet sich die Stirn. Ich empfinde noch die Anstrengung mit, am meisten aber fühl' ich in einer mich störenden Weise das Bestreben heraus, diesmal es nun ganz gewiß treffen und die höchsten Aufgaben endlich lösen zu wollen. So hoch ich dies seinem Charakter anrechnen muß, so doch nicht seiner Kunst. Diese leidet darunter. Man soll dem Geheimnisse der Kunst nachgehn, aber nicht zu weit. Das Letzte bleibt eben immer und überall ein Verschleiertes, das wir ahnen, aber nicht schauen sollen. Wer dagegen verstößt, schädigt sich und die Sache, der er dienen will. Von Sir Josua Reynolds wird erzählt, daß ihn der Ruhm Tizians nicht habe schlafen lassen und daß er drei, vier Bilder des großen Meisters nur erstanden habe, um durch schichtweises Ablösen ihrer Farbe hinter das Geheimnis einer großen, verlorengegangenen Technik zu gelangen. Und es gelang ihm auch. Er wußt' es nun oder glaubte doch, es nun zu wissen. Aber die Porträts, die nach dieser Zeit von ihm gemalt wurden,

---

[17] Gustav von Loeper, »Goethes Briefe an Sophie La Roche und Bettina Brentano«, 1879, erschienen bei Hertz (vgl. WHH 495).

blieben nicht nur hinter Tizian, sondern auch hinter ihm selbst zurück. Er hatte bei dem zu tiefen Suchen, statt zu finden, schließlich doch nur verloren. Wär' er dem Detail der Geheimnisse nicht nachgegangen, sondern hätt' er sich gläubig dem erobernd Geheimnisvollen des Ganzen überlassen, so wär' er dem Tizianischen näher gekommen. (NFA XXII/1, 780)

Fontane an seine Frau   Berlin, 14. Juni 1879
Heute Vormittag war wieder derselbe Herr hier[18] [...]
Er bot mir die Redaktion des »Bär« an, der wieder mal in andre Hände übergeht, weil es ein *zu* unprofitables Geschäft ist. Ich lehnte natürlich rund ab aus einem halben Dutzend guter Gründe. Ich will nur noch Roman und Novelle schreiben und mich auf *diesem* Gebiet legitimiren. Hätt ich Lust gehabt, mich an eine vorgeschriebene Aufgabe festnageln zu lassen, so wäre das Anerbieten von Klasing das hundertmal Acceptablere gewesen. Weltgeschichte schreiben, selbst vom Standpunkte des bezahlten »kleinen Doktors« aus, ist immerhin 'was, ich hätte bei der Gelegenheit Rom und Griechenland gesehn, und mich, zu meiner persönlichen Erbauung, in den größten Stoff hinein vertieft, der überhaupt existirt; aber Kuhdorf und Kuhschnappel immer wieder zu beschreiben, blos aus »Patriotismus« und damit der »Bär« sein Dasein fristet, ist mir doch eine zu lumpige Aufgabe. Ueberhaupt hab ich diesen ganzen patriotischen Krempel satt, ja mehr »I am sick of it«. Man hat mir *zu* schlecht mitgespielt, und ich liebe nur da, wo man mich wieder liebt. In Anbetung glücklich zu ersterben, ist nicht meine Sache. Das überlass' ich Kammerfrauen und Predigtamts-Candidaten.

(SJ I 92 f)

Fontane an seine Frau   Berlin, 15. Juni 1879
Vielleicht sollte man überhaupt zufriedener sein, auch ich, der ich doch eigentlich nicht zu den Unzufriedenen gehöre. Aber ich ertappe mich jetzt beständig auf großen und kleinen Verbittertheiten, mindestens auf innerlichen Kopfschüttelungen. Ich habe nun mit zwei großen und ernsten Arbeiten[19] Glück gehabt und doch auch

---

18 Emil Dominik.
19 »Wanderungen« und »Vor dem Sturm«.

wieder gar kein Glück. Und dies zieht sich durch meine ganze literarische Laufbahn von Anfang an. Denke an meine »Männer und Helden«, die mich auf einen Schlag zu einer kleinen Berühmtheit machten; an drei, vier Stellen wurden sie zu gleicher Zeit gedruckt, der Tunnel hatte gejubelt, in Theatern und öffentlichen Lokalen wurden sie gesungen und G. Schwab bedauerte in einer Vorrede[20], »daß er die Bekanntschaft dieser Lieder im »Morgenblatt« zu spät gemacht habe, um sie noch in seine Sammlung aufnehmen zu können.« Seitdem sind sie volksthümlich geworden und die Lieder vom alten Zieten und Derfflinger stehen in allen Anthologieen. Und nun vergleiche damit, was ich davon gehabt habe. Ich meine nicht an Geld, nein auch an Ehre, Namen, Anerkennung. Die wenigsten wissen, daß ich diese Sachen geschrieben habe. Dies Schicksal begleitet mich nun durch dreißig Jahre. Die Sachen von der Marlitt, von Max Ring, von Brachvogel, Personen die ich gar nicht als Schriftsteller gelten lasse, erleben nicht nur zahlreiche Auflagen, sondern werden auch wo möglich ins Vorder- und Hinter-Indische übersetzt; um mich kümmert sich keine Katze. Es ist *so* stark, daß es zuletzt wieder ins Lächerliche umschlägt. Und das rettet mich, sonst würd' ich leberkrank. (SJ I 93 f)

Fontane an Wilhelm Hertz   Wernigerode, 18. August 1879
Was Sie mir über Paul [Heyse] schreiben, betrübt mich, aber menschlich fast mehr als literarisch. Sie wissen, wie hoch ich ihn stelle; er ist zwar nicht im Einzelnen (die »Novellen in Versen« und Aehnliches, worin er excellirt, abgerechnet) der beste, aber im *Ganzen* ist er der am reichsten Beanlangte untere allen Lebenden. In Deutschland. Nichtsdestoweniger hab ich den Eindruck: was er leisten konnte, *hat* er geleistet. Er kann über das, was schon da ist, nicht hinaus. Wohlhabend ist er auch. Also warum nicht Gärtner werden, Erdbeer- und Spargel-züchter! *Mir* würd' es schwer werden; aber so lächerlich es klingen mag, ich darf – vielleicht leider – von mir sagen: »ich fange erst an.« Nichts liegt hinter mir, alles

---

20 zu »Fünf Bücher deutscher Lieder und Gedichte von Albrecht von Haller bis auf die neueste Zeit. Mustersammlung mit Rücksicht auf den Gebrauch in Schulen«, 3. Aufl. 1848.

vor mir; ein Glück und ein Pech zugleich. Auch ein Pech. Denn es ist nichts Angenehmes, mit 59 als ein »ganz kleiner Doktor« da zu stehn. Aber genug der Confessions. (WHH 220)

Fontane an Wilhelm Hertz   Berlin, 18. Oktober 1879
Was den halbverjährten Zwischenfall angeht, den ich wieder hervorgeholt habe, so bitt' ich sagen zu dürfen, daß ich ja nun durch zwanzig Jahre hin weiß, was ich an Ihnen habe. In mitunter sehr pressanten Lagen haben Sie mir immer nicht blos treu, sondern auch mit einer unendlich wohltuenden Leichtigkeit (nichts schmerzlicher als in solchen Momenten eine »schwere Hand«) zur Seite gestanden. Ich vergesse so was nie. Aber, Pardon, Sie haben mich mitunter auch leiden lassen, wenn auch sicherlich ohne Absicht. Ein, zwei Fälle abgerechnet. Aber da mocht' ich schuld sein.
Und nun noch ein Wort über die Stimmung, die mich jetzt beherrscht, und aus der auch wohl mein Brief hervorging. Bis in hohe Semester hinauf, bin ich – durch das Leben ohnehin nicht verwöhnt – über vieles weggekommen, aber seit einiger Zeit, insonderheit seit den schweren Unbilden, die mir vor jetzt drei Jahren bereitet wurden – die schwerste durch die Doppelgestalt Kaiser Wilhelm-Wilmowski – hat sich meiner eine wahre Wuth bemächtigt und ich bin fest entschlossen mich lieber in meine Grafschaft Ruppin, in ein zweistubiges Tagelöhnerhaus zurückzuziehen, als irgendwie Kränkendes noch länger ruhig hinzunehmen. Und wer nichts, gar nichts mehr vom Leben will, der kann allenfalls ein solches Programm mit nur einem Paragraphen entwerfen und vielleicht auch durchführen.[21] (WHH 223 f)

Fontane an Hermann Kletke   Berlin, 3. Dezember 1879
Ihre freundlichen Zeilen haben mich beinah erschreckt. Wer bloß obenhin sieht, der könnte Gutes aus dem allem herauslesen, ich bekenn' Ihnen aber offen, daß ich am Horizont dieses blauen Himmels allerhand Gewölk stehen sehe. Romancier und Novellist an der Vossischen werden[22], das klingt schmeichlerisch und verlok-

21 Vgl. zu diesem Brief den Brief an Mathilde von Rohr vom 30. 10. 1876 sowie WHH 500.
22 Vgl. Kl 137.

kend genug; die Vossische Zeitung ist ein großes und reiches Blatt, sehr angenehm für seine Mitarbeiter, weil nie nörglig und kleinlich und last not least im Besitz eines Leserkreises, der, wieviel sich sonst auch gegen *Zeitungs*-Abdruck sagen läßt, für *meine* Arbeiten, nach Stoff, Anschauung und Behandlung, wie geschaffen ist. *Ich werde von jedem meiner Leser verstanden*, auch von dem beschränkten und nur halbgebildeten. Dies ist ein ungeheurer Vorteil, dessen ich zum Beispiel, wenn ich für den süddeutschen Halberger schreibe, ganz und gar verlustig gehe.

Aber nun kommt die Kehrseite. Der Novellenkattun, weil so viel von ihm gebraucht wird, wird immer schlechter werden, und das Publikum – schon in einer unglaublichen Geschmacks-Decadence begriffen – wird die Fähigkeit gut von schlecht zu unterscheiden, immer mehr einbüßen. Und wer dann die Zeche bezahlen muß, das sind *die*, die keine Fabrik begründet, vielmehr bei stiller, ehrlicher Arbeit ausgedauert haben. Ihre Existenz hängt daran, daß man noch die Lust und die Fähigkeit hat, den größren Wert ihrer Arbeit zu erkennen; von dem Augenblick an aber wo alles einfach nach der Elle geht und wo es heißt: »*dies* ist ein Stück Novelle und *das* ist ein Stück Novelle«, von diesem Augenblick an sind sie verloren. Ich kann mit einem Durchschnitts- und Massen-Fabrikanten weder jetzt noch später konkurrieren, muß ganz andre Preise halten und sehe daraus Verwickelungen entstehn.

Ich bitte Sie herzlichst, bei etwa stattfindenden Besprechungen mit den »Besitzern«, diesen Punkt im Auge behalten zu wollen. Bei aller Neigung denselben zu Wunsch und Willen zu sein, bin ich doch ganz außer Stande, auf andre Honorarbedingungen, als die in meinem Briefe gestellten, einzugehen. Ich kann in einem Jahre nur zwei Novellen schreiben, und davon muß ich leben. Wollen Sie noch gütigst 500 rthl Buchhändler-Honorar und mein Theater-Gehalt bei Ihrer Zeitung hinzurechnen, so haben Sie meine Jahres-Einnahme und werden finden, daß sie bescheiden genug ist. Können mir meine Forderungen nicht bewilligt werden, so schadet das gar nichts, weil ich, oder so lang ich der Geneigtheit der Journale sicher bin; ich möchte nur aus speziell *diesen* Verhandlungen, wenn sie resultatlos verlaufen sollten, keine Verstimmungen auf Seiten der Zeitungs-Herren entstehen sehn. (KL 59 f)

Fontane an Hermann Kletke Berlin, 6. Dezember 1879
Die berühmte Roman- und Novellenfrage[23] beschäftigt mich sehr, aber nicht angenehm. Muß es denn sein? Muß denn durchaus nachgesprungen werden? Ich verspreche mir gar nichts von der Sache, selbst *dann* nicht einmal, wenn man gewillt sein sollte, die größten Opfer dafür zu bringen. Denn wo soll es denn her kommen? Kresse wächst über Nacht und in jedem Augenblick kann man eine ergiebige Morchelzucht anlegen; aber wo wollen sie denn (ich schreibe »sie« mit Absicht klein, weil ich mir denke daß »Sie« das Mißliche der Sache so gut einsehen wie ich) wo wollen sie, frag ich, die Leute hernehmen, die zwei große Zeitungen mit gutem Stoff ausrüsten? Schon die Monats- und Wochenschriften sind in Verlegenheit und zwingen es nur durch hohe Honorare. Trotzdem werden in Deutschland im ganzen Lauf des Jahres, nicht drei gute Romane und nicht zehn gute Novellen geschrieben. Wollen Sie, was zwischen No 1 und 2 liegt, noch gnädig mithinzurechnen, so können Sie die von mir gegebenen Zahlen verdoppeln. *Aber dann sind Sie auch total fertig.* Und wie soll aus verhältnismäßig so Wenigem der ausreichende Stoff für wenigstens 4 große Zeitungen (Kölnische u. [Berliner] Tageblatt mitgerechnet) und für ein Dutzend Welt-Journale genommen werden! (KL 60 f)

Fontane an Mathilde von Rohr Berlin, 15. Januar 1880
Letzten Freitag erschien ein Diener von Excellenz Graf Redern und sagte mir, der Graf würde sich freuen mich am Montag zwischen 9 und 11 zu sehen; es sei in einer literarischen Angelegenheit. Meine Frau war wüthend über dieses Citirtwerden, ich beruhigte sie aber und sagte ihr, daß sie dreierlei nicht vergessen dürfe: 1. sei er über achtzig, 2. sei er Oberstkämmerer und Graf, und 3. bewohne er das schönste Palais in ganz Berlin. Kurzum Montag kam und ich ging. Er war sehr gnädig und ich kann die gute halbe Stunde, die ich bei ihm war, nicht zu den verlorenen zählen. Er ließ mich Einblicke in die Stellung eines höher potenzirten märkischen Edelmanns gewinnen, die mich wirklich lebhaft interessirten. Vielleicht bin ich auch ein dankbareres Publikum als nöthig. Er proponirte mir schließlich,

23 Vgl. Kl 137.

ich solle seine Biographie schreiben. Natürlich war ich gleich gewillt, es *nicht* zu thun, ich bat mir aber Bedenkzeit aus und versprach ihm eine schriftliche Antwort. Die hab ich denn gestern Abend zur Post gegeben. Ich hab' in dem Verkehr mit Hof und Hofleuten ein Haar gefunden; sie bezahlen nur mit »Ehre«, und da diese ganze Ehre auch noch nicht den Werth einer altbackenen Semmel für mich hat, so wird es mir nicht schwer darauf zu verzichten. (SJ III 193 f)

Fontane an seine Frau   Berlin, 21. März 1880
Heute früh traf der einliegende Brief von Karpeles ein. Ich habe mich darüber gefreut, aber doch mäßig; denn ich sehne mich eigentlich nur noch nach Ruhe, Stille, Einsamkeit. Dies Mitrennen in dem großen Ameisenhaufen macht mir keinen Spaß mehr. Ich sehne mich nach einem *wirklichen* Erfolg; kann ich *den* nicht haben, so langweilt mich das literarische Sechsdreierthum mehr als es mich erfreut. (SJ I 110 f)

Fontane an seine Tochter   Wernigerode, 8. August 1880
Ich lebe hier still und einsam und langweilig und glücklich. Es wäre das Glück noch größer, wenn mich nicht der Novellen-Schacher und die kleine, kümmerliche Rolle, die man dabei spielt, beständig ärgerte. Vielleicht aber hab ich Unrecht und vergesse zu sehr, daß ein Leben ohne solche Kriegführung, ohne solchen Kampf widerstreitender Interessen gar nicht möglich ist. Andrerseits ist mir *so* viel gewiß, daß ich durch meine persönliche Haltung einen Anspruch darauf hätte, gleichsam als Ausnahmefall, dieser Häßlichkeiten und Unwürdigkeiten überhoben zu sein. (SJ II 28)

Fontane an Hermann Wichmann   Berlin, 2. Juni 1881
Allen geht es gut. Meine Frau kränkelt, aber doch weniger als in den letzten Jahren, und ich selber sitze wie immer an meinem Schreibtisch, sehe wenig Menschen und schreibe Kritiken, Novellen, Wanderungen. Also der alte. (BE II 36)

Fontane an Mathilde von Rohr   Berlin, 6. Juni 1881
An einem Abend, ich weiß nicht mehr an welchem, waren wir bei Graf Egloffsteins, wo furchtbar viel Gräflichkeit und Christlichkeit

versammelt war. Es ging noch ganz leidlich ab, und eine alte Gräfin Dohna, ferner eine Frau v. Burgsdorff gefielen mir ganz gut, trotzalledem mache ich dergleichen höchst ungern mit. Es ist reine Zeitvergeudung. Wie's in solchem Zirkel überhaupt aussieht, das weiß ich, und im *Besonderen* lernt man herzlich wenig dazu. Führen mich bestimmte literarische Zwecke in solche Häuser, so nehm ich das Unbequeme nicht blos geduldig mit in den Kauf, so fühl' ich es auch gar nicht; die stündliche Wahrnehmung, daß ich *das* erreiche, was ich erreichen will, erhält mich bei guter Laune. Ich kriege, wie die Berliner sagen »meinen Preis heraus«. Fehlen diese Zwecke aber, so krieg ich ihn *nicht* heraus und ärgre mich meine Zeit so nutzlos veranlagt zu haben. Dazu kommt noch ein kleiner Neben-Aerger, der, je älter ich werde, immer stärker wird. In der Regel verlaufen die Dinge so, daß man zwar mit exquisiter Artigkeit behandelt, dem Ganzen aber doch ein Ton und Wesen gegeben wird, aus dem man die einem zu Theil werdende bedeutende gesellschaftliche Auszeichnung erkennen soll. Dies ist mir nun im höchsten Maße langweilig und ridikül; ich empfinde nichts von einer Auszeichnung, bin vielmehr so kolossal arrogant mir umgekehrt einzubilden, die Leute müßten froh sein mich kennen gelernt zu haben. Denn erstlich hab ich doch auch so was wie einen Namen oder Nämchen, was aber viel wichtiger ist, ich habe viel erlebt und gesehen und kann darüber, wenn mir nur einer zuhören will, was aber freilich selten der Fall ist, in eingehender, bilderreicher und espritvoller Weise sprechen. Es ist nichts Auswendiggelerntes, nichts Schablonenhaftes in mir, ich bin *ganz selbstständig* im Leben, Anschauung und Darstellungsart, und halte mich deshalb für interessant und apart. Aber die Menschen wollen im Ganzen genommen wenig davon wissen. Es geht mir mit meinem Wesen, Charakter und gesellschaftlichen Auftreten wie mit meinen Büchern, einige sind sehr davon eingenommen, aber die große, große Mehrheit läßt mich im Stich.

Ich habe mich auf der letzten halben Seite aus meinem eigentlichen Thema herausverirrt, – ich wollte von meinem Selbstgefühl den sogenannten vornehmen Kreisen gegenüber sprechen und habe mich schließlich als Selbstgefühls-Mensch überhaupt decouvrirt. In solchen Bekenntnissen macht man sich ja leicht lächerlich und ich werde dieser Gefahr wohl nicht ganz entgangen sein; aber etwas kann vielleicht mit meinem Selbstgefühl versöhnen: das heitre Zugeständniß all der Niederlagen, die dasselbe beständig erlebt.

Es ist nun aber Zeit von andrem zu sprechen. Erst von der Familie. Mit meiner Frau geht es leidlich; daß sie den Schmerz nicht verwinden kann arm zu sein, ist ein alter Schaden, auf den ich unmöglich noch viel Gewicht legen kann; verglichen mit den Verhältnissen, aus denen heraus ich sie geheirathet habe, lebt sie jetzt wie in Abrahams Schooß. Ich kann momentane Geldverlegenheiten, die bei Lichte besehen kaum welche sind*, nicht als ungeheures Lebens-Unglück ansehn; wir haben seit Anno 55 also seit 26 Jahren alljährlich über 2000, eine kurze Zeit lang gegen 3000 und als Durchschnitt 2000 bis 2700 Thaler ausgegeben, – ich kann dies unmöglich ein jämmerliches Leben nennen. In Wahrheit leben wir, bei gleichzeitig äußerster Bescheidenheit, auf einem großen Fuß, in *dem* Sinne auf einem großen Fuß, daß wir uns nichts versagen, was uns *sehr* wünschenswerth erscheint. Wenigstens paßt das auf mich. Natürlich wünscht sich ein vernünftiger Mensch nur das Zulässige, das Mögliche, das Wohlmotivirte.

* Es kommt vor, aber *sehr* selten, daß wir keine 50 Mark im Hause haben. Ich brauchte nun blos an irgend einen Verleger, am einfachsten und leichtesten aber an den mir befreundeten Kassen-Rendanten der Vossischen Zeitung zu schreiben und würde *auf der Stelle* jede beliebige Vorschuß-Summe ausgezahlt erhalten. Ich unterlasse dies aber aus *Klugheit und Feinfühligkeit,* und bestreite, daß man einen solchen Zustand der Dinge, den man jeden Moment ändern kann, als »Geldverlegenheiten« bezeichnen darf.

(SJ III 199 f)

Fontane an Gustav Karpeles   Thale, 24. Juni 1881
Wenn Westermann manierliche Schriftsteller braucht, so brauchen die manierlichen Schriftsteller noch viel mehr Westermann. Denn während dieser unter einem Dutzend – *mehr* freilich sind im ganzen Deutschland nicht herauszubringen – das Aussuchen hat, hat das Dutzend Schriftsteller nur unter einem Vierteldutzend von Journalen die Wahl: Westermann, Rundschau, Nord und Süd. Alles andre steht auf erheblich niedrigerer Stufe und fällt mehr oder weniger ins Vulgäre. Und wie verhält sich's nun mit der großen Drei-

heit? Für Nord und Süd hat Bürger eigens die Zeilen gedichtet: »Lenore, ach mit Beben, / Ringt zwischen Tod und Leben«, und mit meinem Freunde Rodenberg, trotzdem ich ihm – sehr gegen meine Natur und Neigung – die Cour gemacht habe, weil ich sein Journal für sehr gut und ihn selbst für einen sehr guten Redakteur halte, hab ich nie auf einen grünen Zweig kommen können. Sie ersehen daraus, wieviel Westermanns für mich bedeuten. Ich halte dabei mit nichts zurück, indem ich der Hoffnung lebe, daß Sie, um solcher Confessions willen, mir keine Daumschrauben ansetzen werden.

(BE II 41 f)

1881

Fontane. Aus »Die gesellschaftliche Stellung des Schriftstellers in Deutschland«

[II]

[Die Paul-Heyse-Situation]

Exemplifizieren wir – selbstverständlich nur aus der Reihe solcher, die auch Jahre haben und vollkommen etwas sind –, und nehmen wir eine allerbeste Nummer. Vielleicht *die* beste: *Paul Heyse.*

Heyse ist jetzt einundfünfzig Jahre, er hat auch einen Orden (von dem er keinen Gebrauch macht), der ihm den persönlichen Adel verleiht. Also, wenn man so will: *v. Heyse.*

Er wurde viel als eine Art Wunderkind angesehn und darf mit Platen sagen: »Und schon als Jüngling hab ich Ruhm genossen.« Mit dreiundzwanzig wurde er nach München berufen und gehörte dem illustren Kreise an – Emanuel Geibel, Heinrich v. Sybel, Justus v. Liebig, Moriz Carrière, Wilhelm Heinrich Riehl –, den König Max um sich versammelte. Seine Werke sind bekannt. Er hat ungefähr hundert Novellen geschrieben, darunter Perlen unserer Literatur. In den »Erzählungen in Versen« steht er unübertroffen da. Die Zahl seiner Dramen beläuft sich auf beinah zwanzig, einige darunter haben große Bühnenerfolge erzielt. Im Lyrischen hat er Entzückendes geleistet. Weniger die Romane. Jede Form der Dichtung hat er erfolgreich kultiviert, nicht jede mit gleich mächtigem Erfolg, aber jede mit Meisterschaft. Er steht in meinen Augen an Wissen, Talent, Erscheinung und Haltung unübertroffen da.

So viel ist tatsächlich gegeben. Und nun sei damit seine gesellschaftliche Stellung verglichen. Sie ist gewiß eine sehr gute, aber ich wage den Ausspruch, daß diese gesellschaftliche Stellung dieselbe wäre, wenn er gar kein Schriftsteller wäre; ja, es existieren Kreise, in denen er als Nicht-Schriftsteller günstiger stände. Heyse ist vermögend, er hat ein Haus und macht ein Haus, dazu seine eminenten gesellschaftlichen Gaben: all das sichert ihm eine gesellschaftliche Stellung; aber ich behaupte, daß diese gesellschaftliche Stellung dieselbe wäre, wenn er nie ein Sonett, ein Drama, eine Novelle geschrieben hätte. Es wird ihm auf all das hin nichts zugute getan. Ein Beweis dafür ist nicht ganz leicht zu führen, aber er ist doch schließlich zu führen. Man denke sich eine Gesellschaft, in der sich ein gleichaltriger Durchschnitts-Unterstaatssekretär, zwei Durchschnitts-Ministerialdirektoren, fünf Obersten von der Garde, Geheimrat Friedrich Theodor v. Frerichs, Generalsuperintendent Rudolf Kögel, Geheimrat Ernst v. Leyden, Geheimrat Maximilian Wolfgang Duncker, ein paar Parlamentarier, ein Durchschnittsoberst oder auch -generalmajor und ein Professor – der entweder ein stoffliches Buch über Staatsrecht oder über Leberkrankheiten geschrieben hat – befinden: ich sage, man denke sich eine solche Gesellschaft. Und nun wird zum Souper gegangen. Es handelt sich darum, wer die Dame vom Hause zu Tisch führen und ihr später zur Linken und Rechten sitzen wird. Ich glaube, der Unterstaatssekretär oder der Generalsuperintendent wird die Dame führen und an ihrer rechten Seite sitzen, der älteste Ministerialdirektor zur Linken, ein anderer vis-à-vis: in einiger Entfernung würde Heyse kommen. Warum? Soweit ich die Personen kenne, ist ihnen Heyse sämtlich überlegen, sogar sehr bedeutend; er gehört der Literaturgeschichte an, seine Werke sind in ein halb Dutzend Sprachen übersetzt, er ist um die ganze Erde herum bekannt – dennoch rückt er in die zweite Linie. Woran liegt das? Ich will nicht behaupten, daß es nicht einen Unterstaatssekretär oder Ministerialdirektor gäbe, der einem Dichter überlegen wäre oder wenigstens überlegen sein könnte, bis zu diesem Tag aber ist mir ein solcher noch nicht vorgestellt worden oder ich ihm. Es gibt keine andere Erklärung, als man hat keine rechte Achtung vor dem, was ein Dichter vertritt. Kunst ist Spielerei, ist Seiltanzen.

Man werfe mir nicht vor, daß ich aus persönlichem Engagiertsein, aus Fachgenossenschaft heraus dem Dichter- und Künstlertum eine besonders erhabene, eine exzeptionelle Stellung anweisen möchte; nur eine gerechte möchte ich ihm anweisen. Wer sich im staatlichen und bürgerlichen Leben wirklich auszeichnet, wer seinem Volk in Wahrheit ein Retter und Rater ist, wer es durch Entdeckungen und Erfindungen beglückt, dem weis ich einen höchsten Rang an, und die Dichter und Künstler – nur die über alle Völker hin verteilten etwa sechs, höchstens zehn Namen machen eine Ausnahme (bekannte große Männer von Dante bis Goethe ausgenommen) – haben hinter diese praktischen Förderer des Generis humani zurückzutreten. Es kann einer so herrlich dichten, wie er will: er wird klein neben denen, die den großen Gedanken der Glaubens- und Gewissensfreiheit durchfechten. Er verschwindet vor allem auch neben denen, die durch Dampf, Lichtbild und elektrische Leitung die Welt umgestaltet haben, ebenso hinter jenen, die dem Gesetz ein neues Leben einhauchen, die Staaten aufbauen und Sedanschlachten schlagen. Ja, ich gehe weiter und räume selbst allen denen einen Vorrang ein, auf die nur ein Abglanz jener Herrlichkeit gefallen ist. Es ist nicht nötig, Moltke zu sein, es genügt, Goeben zu sein, und es ist nicht nötig, Goeben zu sein, es genügt, als einfacher Batteriechef die Batterie kommandiert zu haben, die bei Vionville in Erkenntnis der Situation und voll Todesverachtung in die Front fuhr und der fast schon durchbrochenen Linie neuen Halt und neue Widerstandskraft gab. Auch das bloße Glück (denn was glückte ohne Glück?) soll dabei angerechnet und nicht lange gefeilscht werden: Verdienst oder Glück? Aber wenigstens dies Glück muß ich fordern. Fehlt das, tritt der Durchschnitt, das Landläufige an die Stelle, so weiß ich nicht, worauf sich die Bevorzugung einer in Diensten stehenden oder einer vorgeschriebenen oder einer unfreien Tätigkeit vor einer freien stützen, wodurch sie sich rechtfertigen will.

Es sind zwei junge Männer, Assessoren oder Premierleutnants. Einer bleibt im Dienst und in seinen Akten, avanciert bis zum Chefpräsidenten. Der andere scheidet aus und erhebt sich zum Range eines gefeierten Dramatikers oder Romanschriftstellers. Ist es anzunehmen, daß die Beschäftigung mit der Literatur und das Selbsttätigsein auf diesem Gebiet Geist und Charakter mehr lähmt und hindert als Aktendurchsicht und Entscheidung aus den Akten? Grillparzer, Hebbel, Wilbrandt waren Juristen, Mediziner, Philologen, und jeder hatte Freunde. Die Freunde neben ihnen hielten aus und stiegen von Stufe zu Stufe, während Grillparzer die »Medea«, Hebbel die »Judith« und Wilbrandt die »Messalina« schrieb. Bis zum Regierungsrat hin blieb eine Gleichberechtigung, mit einem Male aber begann ein Abgrund zwischen ihnen zu gähnen, und diesseits stand der Ministerialrat und jenseits der Dichter von »Medea« oder »Judith« oder »Messalina«. Die Kunst ist Spielerei, sie stört und ist eigentlich ridikül. Die Beschäftigung wenn nicht mit dem Höchsten, so doch mit dem Feinsten ist lächerlich, in vieler Augen auch verächtlich. Sie hat nicht einmal Hausrecht, sie zählt gar nicht mit.

Ein junger Chamisso, Sohn Adelberts, trat beim zweiten Garderegiment ein, das damals der alte Möllendorf kommandierte, ein trefflicher alter Herr – derselbe, der am 18. März das Malheur hatte, von einem Volkshaufen gefangengenommen zu werden. Es entspann sich zwischen dem Obersten und dem Avantageur folgendes Gespräch:

v. M.: »Also Chamisso! Was war Ihr Herr Vater?«
v. Ch.: »Dichter.«
v. M.: »Was?«
v. Ch.: »Dichter.«
v. M. (halb wohlwollend, halb aigriert): »Dichter? Nu gut, gut. Er muß doch aber auch was *Wirkliches* gewesen sein.«
v. Ch. (verlegen): »Mein Vater war auch Landwehroffizier.«
v. M. (beruhigt und beruhigend): »Na sehn Sie!«

So wurde mir seinerzeit im Kuglerschen Hause, das dem Chamissoschen nahestand, erzählt, und wenn es nichtsdestoweniger erfunden sein sollte, so behaupte ich, daß es sich damals jeden Tag ereignen konnte und vielleicht auch heute noch.

Mir selber erging es vor einigen Jahren nicht besser, ja sogar noch schlimmer, weil es mich persönlicher traf. Ich saß im Vorzimmer des Kultusministers und wartete. Mit mir ein Professor der Theologie. Der Bote ging hin und her und tat endlich die unvorsichtige, blamable Frage: »Gehören die Herren zusammen?« »Nein«, sagte

der Professor indigniert und mit einem Ton, mit einem Ton ...
O daß ich diesen Ton vor Gericht stellen könnte! Hätt ich Zeit gehabt, ich hätt in den Werken des Herrn die Stellen über Demut und Liebe nachgeschlagen.

[III]

[Die Würde-Position]

Es ist keine glückliche, keine gesellschaftlich bevorzugte Stellung, die Dichter und Schriftsteller in unserer Gesellschaft einnehmen, auch die besten und anerkanntesten nicht.

Im vorstehenden habe ich versucht, einerseits das Tatsächliche festzustellen, andererseits den Grund dafür zu finden, und bin zu dem Resultat gekommen: es fehlt an dem Respekt vor der Sache, und weil die Sache keinen Respekt einflößt, so fällt auch nicht viel auf die, die Träger dieser Sache sind. Ein Kunstreiter, ein »Starker Mann«, ein Prestidigitateur mag persönlich so respektabel sein, wie er will, er kann es, rein von Metier wegen, zu keiner eigentlichen Respektabilität bringen. Nicht ganz so schlimm steht es mit dem Schriftsteller, aber doch immer noch schlimm genug; er teilt ungefähr das Schicksal des Provinzmimen. Und um wie vieles besser auch Schriftsteller und Schriftstellerinnen dastehen mögen, ihre Stellung erinnert wenigstens an die der Bohèmes.

Es fehlt an Respekt vor der Sache, sagt ich. Aber dies erschöpft die Frage nicht. Es liegt der Grund auch in andrem noch, und zwar zu nicht unerheblichem Teil in den Schriftstellern *selbst*. Unser Unglück ist zu gutem Teil auch unsere Schuld.

Auch hier ist der Beweis nicht leicht zu führen, aber ich versuch es. Ich gehe dabei von einem Satz aus, den vielleicht manche bestreiten, [dem] andre dagegen – und ich glaube eine Majorität – zustimmen werden. Dieser Satz lautet: Alle bildenden Künstler und alle Musiker werden, aufs ganze hin angesehn, viel, viel besser behandelt als die Dichter und Schriftsteller. Ist dies richtig (und ich für meine Person halt es für richtig), so muß die schlechte Position der Schriftsteller notwendig mit irgendeiner Manier dieser Leute als Personen zusammenhängen, da doch wohl nur wenige Menschen existieren werden, die geneigt sein könnten, der Dichtung als solcher einen niedrigeren Rang als den andern Künsten anzuweisen.

Es kommt ferner zugunsten der Dichterwelt hinzu, daß sie – mit selbstverständlich Hunderten von Ausnahmen – die Gebildeteren, Intelligenteren und Anspruchsloseren zu sein pflegen. Der Schöpfer eines guten Dramas ist ein Ausbund von Bescheidenheit neben dem Schöpfer einer guten fünfaktigen Oper.
Also in den Personen steckt es. Aber wo? Worin? Wo fehlt es uns als Personen, uns, die wir uns – unter bereitwilligstem Zugeständnis von abermals hundert Ausnahmen – im großen und ganzen als die Gebildeteren, Intelligenteren und namentlich auch Anspruchsloseren hinstellen zu dürfen glauben? Wer unter Stückeschreibern und Opernkomponisten gleichmäßg seine Bekannten und Freunde hat, wird mir zustimmen. Also noch einmal: Wo steckt es? Es liegt darin, daß wir so schlecht zu repräsentieren verstehen. Alle Schriftsteller, sie mögen herstammen, woher sie wollen (ganz besonders auch die von jüdischer Extraktion), wirken wie *Berliner*, d. h. mehr oder weniger faselantenartig. Lebhaft, reizbar, eitel, immer sprechend, immer mit sich beschäftigt, wie sie wohl wirken, ist etwas Theaterhaftes über sie gekommen, das der Entwickelung der *Würde* höchst ungünstig ist. Nun halt ich von dieser Würde zwar nicht viel und bin ganz einverstanden, daß ich auf diesem Gebiet der Hochbindigkeit und der verschluckten Elle nicht exzelliere, aber indem ich mich zu dieser freieren Form und Haltung bekenne, darf ich doch auch des Satzes von den *Défauts de ses vertus* nicht vergessen und noch weniger des Satzes von den natürlichen Konsequenzen. Es ist nicht nötig, ja nicht einmal wünschenswert, daß man das Prinzip der Hochbindigkeit und der verschluckten Elle zu seinem Lebensideal erhebt, es ist angenehmer, kluger, feiner, sich der Hochbindigkeit und aller Feierlichkeitsallüren zu enthalten. Wer lebhaft, gescheit, geweckt, frei ist, hat – wenn ihm sein Amt diese Feierlichkeitsallüren nicht gerade vorschreibt – diese Feierlichkeitsallüren beinahe nie, ja stellt sich geradezu feindselig neben dieselben. Aber für diesen frischen, franken Ton müssen wir zahlen und müssen es ertragen, daß, sowie sich's um Repräsentation, um Würde, um Rangverhältnisse etc. etc. handelt, noch mehr über uns hinweggesehen, uns ein noch niedrigeres Rangverhältnis angewiesen wird, als es, wenn wir nur stiff und steif und fein säuberlich aufgereckt sein wollten, vielleicht der Fall sein würde.

Und danach könnte denn unsere Stellung als beinah unverbesserlich erscheinen, unverbesserlich durch anderer und durch eigene Schuld. Aber dem ist doch nicht so. Die Macht der alten Mächte schwindet rasch dahin und erlöst die Gesellschaft aus dem Bann überkommener Anschauungen. Das ist das eine, das ohne persönliches Zutun für uns wirkt. Nebenher aber können wir auch mit dem Ton »Fahrender Leute« mehr und mehr brechen und uns aus dem bequemen Künstlertum befreien lernen. Wir können uns ohne Verzicht auf Freiheit, Quickheit, Witz in eine ruhigere, würdigere, minder eitle Haltung und Lebensform hineinleben lernen, können es lernen, uns aus dem Berlinischen (das ein vollkommener Schriftstellertypus ist) etwa ins Westfälische oder Neuvorpommersche zu transponieren. In diesen beiden Landesteilen herrscht das Statuarische vor, der Natur-Geheimrat alten Stils, der Gymnasialdirektor alten Stils. Der Natur-Geheimrat ist in diesen Landesteilen und zum Teil auch im Ostpreußischen zu Haus. Unsere ganze Literatur aber hat eine Neigung zu Julius Stettenheim und Paul Lindau hin, und wir werden uns sehr gebessert haben, wenn wir in unserer Haltung mehr bei Friedrich Harkort und Heinricht Kruse angelangt sein werden.

[IV]
[Schlußbetrachtung]
Es ist keine gesellschaftlich bevorzugte Stellung, die Dichter und Schriftsteller einnehmen, auch die besten und anerkanntesten nicht. Oder richtiger: an diesen besten und anerkanntesten tritt das, was dem Stande versagt wird, am deutlichsten hervor.
An dieser Tatsache wird sich nicht herumdeuten lassen, sie ist da. Aber wenn ich bis dahin die Schuld in der Gesellschaft suchte, so drängte sich mir doch andererseits die Frage auf, ob die Schuld nicht vielleicht auch in uns selber zu suchen sei. Ich folge dabei einem mir angeborenen Hange, in allen Streitsachen immer auch in mir selber oder in dem, womit man sich persönlich identifiziert – also in Stand, Familie, Nationalität –, die Schuld zu suchen. Und wer suchet, der wird finden.
So fand ich denn auch – und ließ der ersten Hälfte dieses Aufsatzes eine zweite Hälfte folgen, worin ich als einen Grund für uns ver-

weigerte Würden, für unser Zurückstehen in der Welt der Repräsentation anführte, daß es uns in unserem persönlichen und Standesauftreten an Würde fehle, ja beinah fehlen müsse, weil das Metier als solches der Ausbildung dessen, was man Würde nenne, ungünstig sei.

Die Schriftstellerei, so etwa führte ich aus, habe etwas Kritisches, etwas in gutem Sinne Freigeistiges, und wem es obliege, die Welt darzustellen, der müsse drüber stehen, wenn er diese Welt darstellen wolle. Wer einen auf den Hochstelzen des Bürokratismus umherstolzierenden Geheimrat, einen Minister, einen Gymnasialdirektor alten Stils, einen Landbaron, einen Kürassier-Rittmeister in all ihren Eigentümlichkeiten, in ihren guten und schlechten Seiten in aller Wahrheit und Lebendigkeit darzustellen versteht, der kann dies nur, nachdem er sie sich zuvor *zu eigen* gemacht, d. h. sie geistig sich unterworfen hat, und wer diese Herrschaft geübt und mit den Lebensformen gespielt hat, der verlernt es, diesen Lebensformen einen hohen Wert beizulegen. Er gelangt nicht gleich, aber doch allmählich auf den Standpunkt der Italiener, die von ihrem Papst oder ihrem König sagen: »Il *fa* il papa, il *fa* il re.« Dies Leben wird aufs Schauspiel hin angesehn, in dem eine au fond ganz gleichgültige Rollenverteilung stattgefunden hat; es *ist* niemand dies oder das, er agiert oder fingiert es nur. Es ist nicht zu leugnen, daß die Schriftstellerei zu verwandten Anschauungen verhilft. Es ist ein Vorzug, aber der Ausbildung von dem, was man Würde nennt, ist es nicht günstig. Und wer selber keine Würde zeigt, dem wird man nicht Würden schenken. Es ist damit wie bei den Orden: wer beständig über Orden spottet und achselzuckt, dem wird man sie nicht geben. Er stellt sich außerhalb dieser Welt und kann nicht verlangen, innerhalb derselben gefeiert zu werden.

Also den Schriftstellern fehlt es an Würden, weil es ihnen an Würde fehlt. Und ich schrieb eine Menge Namen nieder, an denen ich meinen Satz mir selber und meiner Umgebung beweisen wollte.

Ich drang aber nicht durch und sah mich vielmehr nur eines alten Fehlers, der »Gerechtigkeitsphilisterei«, bezichtigt, die von jeher darin bestanden habe, aus reiner Gerechtigkeit gegen andere ungerecht gegen Nächststehende zu sein. Es wäre möglich, daß ein Gran von Wahrheit in meiner Anklage sei, aber was sei schließlich damit

bewiesen? Einem auf den Sand geworfenen Fisch dürfe man doch aus seinem momentanen Nichtschwimmenkönnen unmöglich einen Vorwurf machen. Und doch sei der Schriftsteller in keiner besseren Lage, wenn man von ihm ohne weiteres Repräsentationskünste verlange.
Einem in der Wüste Großgezogenen sei doch kein Vorwurf daraus zu machen, wenn er nicht schwimmen könne. Die Künste der Repräsentation zu lernen [Lücke im Typoskript]

Der Vogel, der fliegen solle, dem dürfe man die Flügel nicht beschneiden, und die Würdigkeit lerne sich nur da, wo Würde bewiesen werde. Ganz würdelose Eltern seien selten, einfach deshalb, weil ihnen der Respekt der Kinder diese Würde aufzwänge, gleichsam anerzöge. Genauso sei es innerhalb der Gesellschaft; wem ein Respekt, verdient oder nicht, entgegengebracht werde, der lebe sich zuletzt in die Respektrolle hinein; wem aber umgekehrt dieser Respekt versagt werde, der habe einen schweren Stand, dem werde die Kunst der Repräsentation um vieles schwerer gemacht.
So würde sich's erklären lassen, hieß es weiter, wenn ein solches Repräsentationsmanko da wäre. Aber wär es denn da? Der Einzelfall sei zugestanden, im großen und ganzen aber könne er nicht zugestanden werden. Die Feierlichkeitsallüren, die Hochbindigkeit, die heruntergeschluckte Elle seien Sachen von sehr zweifelhaftem Wert, und die Gymnasialdirektor- und Konsistorialratswürde alten Stils habe ihre Schrecken verloren. Es sei dies alles an die Grenze der Lächerlichkeit gerückt. Und darin liege kein Rückschritt, sondern ein Fortschritt. Was tüchtig wäre, könne diese altmodischen Feierlichkeitsallüren, diese Geschwollenheiten und Truthahnskollerei füglich entbehren. Unter allen Umständen aber verteilten sich die Würdigkeitsallüren (Repräsentationsgaben) – gleichviel nun, ob man hoch oder niedrig über sie denke – ganz gleichartig unter den Menschen. Und wie sich, im ganzen genommen, in jeder Gesellschaftsschicht eine gleiche Zahl von Höflichen und Unhöflichen, von Buckligen und Geradegewachsenen finde, so sei's auch mit der Würde, und die Schriftsteller seien bei der Verteilung dieser Gottesgabe nicht schlechter weggekommen als Beamte, Professoren und Geschäftsleute. Oder war etwa der verstorbene Minister, der die

große Reform durchsetzte, sehr würdig? Oder ist es sein ehemaliger Kollege, vor dessen Sarkasmen selbst ein noch Berühmterer erschrickt? Oder war es der Minister mit dem vorgestreckten Bauch? Oder ist es der kleine große Professor, der mit seinem Kaiser gleichen Schritt hält – an Jahren und fast auch an Ruhm? Oder war sein Kollege Thomas Babington Macaulay würdig? Ist es der Bankier..., auf den sich Titel und Orden häufen? Ist es der Pastor, der seine gesalbten Korkzieherlocken olympisch schüttelt?
Überall nein. Die Feierlichkeitsallüren sind außer Kurs gekommen und sind nicht mehr nötig, um Macht und Einfluß zu haben und gesellschaftlich ein Ansehen zu genießen. Auf der Rangleiter mögen die Stufen bleiben, wie sie sind, aber die, denen ein Rang nicht gegeben wird, sondern die sich nach dem Maß ihrer Kraft diese oder jene Stufe geben, denen bewillige man das, was ihnen zukommt, und mache sich frei von der unselig kümmerlichen Vorstellung, daß zwei Litzen und drei Sterne einen Alltagsmenschen über einen Mann von geistiger Bedeutung stellen. (AZL 179 ff)

Fontane an Wilhelm Hertz Berlin, 27. Februar 1882
Ach, wie bevorzugt sind doch Lieutenants, 6 Fuß hohe Rittergutsbesitzer und all die andern aus der Familie Don Juan, und wie nehm' ich alles zurück, was ich, als ich selber noch tanzte, zu Gunsten lyrischer Dichtung und zu Ungunsten hübscher, lachender und gewaschener Herzenssieger gesagt habe. Der Bücher- und Literaturwurm, und wenn er noch so gut und auch so gescheidt ist, ist doch immer nur eine Freude für sich selbst, für sich und eine Hand voll Menschen. Die Welt geht drüber weg und lacht dem Leben und der Schönheit zu. Die Ausnahmen sind selten und oft blos scheinbar. Heyse's Triumphe sind immer noch mehr seiner Persönlichkeit als seinem Dichterthum zuzuschreiben. (WHH 262)

Fontane an Wilhelm Hertz Berlin, 28. März 1882
Es ist eine Lieblingsbeschäftigung von mir, im Gespräch mit den Meinen auf die relative Gleichgültigkeit von Kunst, Wissen, Gelehrsamkeit insonderheit von Lyrik und Epik (also mich selbst persiflirend) hinzuweisen und die Vorzüge zu feiern, vielleicht zu übertreiben, deren sich die schönen, lachenden Menschen erfreuen,

denen die Herzen ihrer Mitmenschen immer wieder und wieder zufallen. Als junger Mensch dacht' ich gerade entgegengesetzt, Hübschheit war nichts, Talent, Genie war alles, Bruno Bauer erschien mir bemerkenswerther als Fürst Lichnowsky. (WHH 263)

23. Mai 1882

Fontane. »Zur Hochzeit von Frau Lise Mengel, geb. Witte« (Mit je einem Exemplar »Wanderungen«, »Kriegsgefangen« und »Aus den Tagen der Okkupation«)

> Eingelullt und eingesungen
> Dafür sorgen die »Wanderungen«,
> Bleibt ein kleiner Rest von Bangen,
> Wird er ehstens »Kriegsgefangen«,
> Und das *Glück* schreibt heute schon
> »Aus den Tagen der Okkupation«. (HA 6, 532)

Fontane an seine Frau   Norderney, 11. August 1882

Sehr interessant war mir die Begegnung mit Apotheker Hübner [...] Von mir und meinen Schicksalen wußt' er kein Sterbenswort, so daß mir wieder Schwager Weber's Wort einfiel: »Dein berühmter Bruder, den keiner kennt«. Niemals bin ich richtiger beurtheilt worden; Endresultat von 45 Arbeitsjahren. (SJ I 172)

Fontane an seine Frau   Norderney, 17. August 1882

Ich sehe klar ein, daß ich eigentlich erst bei dem 70er Kriegsbuche und dann bei dem Schreiben meines Romans[24] ein *Schriftsteller* geworden bin d. h. ein Mann, der sein Metier als eine *Kunst* betreibt, als eine Kunst, deren *Anforderungen* er kennt. Dies letzte ist das Entscheidende. Goethe hat einmal gesagt: »die Produktion eines anständigen Dichters und Schriftstellers entspricht allemal dem Maaß seiner *Erkenntniß*.« Furchtbar richtig. Man kann auch ohne Kritik mal was Gutes schreiben, ja vielleicht etwa *so* Gutes, wie man später *mit* Kritik nie wieder zu Stande bringt. Das alles

---

24 »Vor dem Sturm«.

soll nicht bestritten werden. Aber das sind dann die »Geschenke der Götter«, die, weil es Göttergeschenke sind, sehr selten sind, *einmal* im Jahre, und das Jahr hat 365 Tage. Für die verbleibenden 364 entscheidet die Kritik, das Maaß der Erkenntniß. In *poetischen* Dingen hab ich die Erkenntniß 30 Jahre früher gehabt als wie in der Prosa; daher les ich meine Gedichte mit Vergnügen oder doch ohne Verlegenheit, während meine Prosa aus derselben Zeit mich beständig genirt und erröthen macht. (SJ I 178 f)

Fontane an seine Frau Berlin, 23. August 1882
Rechte Lust hab ich zu nichts mehr; man kann in der Kunst ohne eine *begeisterte* Zustimmung der Mitlebenden oder wenigstens eines bestimmten Kreises der Mitlebenden nicht bestehn. Ringt man sich erfolglos ab, bringt man es nie über den ledernen succès d'estime hinaus, empfindet man jeden Augenblick: es ist ganz gleichgültig, ob du lebst oder nicht lebst, und es ist womöglich noch gleichgültiger, ob du einen Roman unter dem Titel »Peter der Große«, »Peter in der Fremde« oder »Struwelpeter« schreibst, alle bestehen aus denselben 24 Buchstaben und alle kommen in die Leihbibliothek und werden à 1 Sgr. pro Band gelesen und nach Gutdünken und Zufall abwechselnd gut und schlecht gefunden – auf *dieser* Alltags- und Durchschnitts-Stufe stehenbleiben ist traurig, lähmt und kann selbst *meine* Hoffnungsseligkeit nicht zu neuen Großthaten begeistern. Man ist also blos wie der Soldat auf dem Posten, wie der Wereschaginsche Russe im Schipka-Paß[25], erst umwirbelt, dann bis an die Knie im Schnee und dann – ganz. Der einzige Trost, der einem bleibt, ist *der*: es liegen viele im Schipka-Paß. Es war immer so, ist so, und wird so bleiben. (SJ I 182 f)

Fontane an seine Frau Berlin, 28. August 1882
Mit Tante Pine soll es zu Ende gehn. Ich möchte doch *so* nicht sterben. Nicht einer, der ihr auch nur eine halbe ehrliche Thräne nachweint. Viele Thränen darf man nicht verlangen, sind auch nicht nöthig, aber doch ein paar. Drei Leser, wenn man ein Buch geschrieben hat, und drei Thränen wenn man stirbt. (SJ I 188 f)

25 Vgl. SJ IV 219.

Fontane an Wilhelm Friedrich   Berlin, 28. November 1882
Die Neigung solche »Bilder aus Berlin« oder einen »illustrierten Führer durch Berlin« etc. etc. zu publiciren, liegt seit einigen Jahren in der Luft. Vor etwa 5 Jahren machte mir Herr Schloemp, ich glaube in Leipzig, ein derartiges Anerbieten und seitdem drei, vier andre. Darunter auch eine große süddeutsche Firma, ich glaube Bruckmann, doch bin ich meiner Sache nicht ganz sicher, weil ich mit Br. über mehrere Gegenstände von sehr *verwandter* Art: Mark, Hohenzollern etc. correspondiert habe. Nur soviel ist gewiß, es ist Mode-Thema, das jeden, der derartiges vorhat, bei mir anfragen läßt: »That's the man« denkt jeder. Aber ich werde dergleichen nie schreiben, oder sag ich lieber mit mehr Vorsicht und Bescheidenheit: höchst unwahrscheinlicher Weise! Es ist mir einfach zu langweilig, und da ich mich bei meiner Produktion immer nur durch meinen Geschmack und meine Lust habe bestimmen lassen, so werde ich mich nicht leicht in Schloß, Thiergarten oder Museum literarisch verirren. Eine alte, von Niemandem gekannte Dorfkirche zu beschreiben, macht mir noch jetzt einen kleinen Spaß, 1000 mal Beschriebenes aber zum 1001ten Mal dem Publikum vorführen, widersteht mir.

Gestatten Sie mir noch etwas hinzuzusetzen. Ich weiß ganz bestimmt, daß dergleichen *viele* Male, versucht worden ist, und *nie* ist es zu Stande gekommen. Das muß einen Grund haben, da es gewiß an glänzenden Anerbietungen nicht gefehlt hat, wenigstens wurde mir eine gemacht, die (Namen und Details hab ich vergessen) *sehr* glänzend war. Ja, es *hat* einen Grund, und dieser Grund ist *der,* daß die wenigen, die's können, nicht Lust haben, an eine mühsame und literarisch wenig erbauliche Sache ihre Zeit und Kraft zu setzen, und daß andrerseits die vielen, die's für viel Geld wohl machen möchten, weder den dazu nötigen Namen noch am allerwenigsten das dazu nötige Talent besitzen. Ich bin hiervon *so* stark durchdrungen, daß ich mir das zudringliche Wort erlauben möchte: »geben Sie's auf!« Lindau würd' es können, ebenso Rodenberg (deutsche Rundschau) und W. Lübke in Stuttgart, – aber ich glaube nicht, daß sich wer von diesen Dreien dazu versteht. Lindau würd' ein Vermögen fordern, ebenso Hopfen, und beide würden *sehr* lange mit dem M. S. warten lassen. Rodenberg und

Lübke wären beide zuverlässig, würden aber dergleichn, *wenn* sie's schrieben, immer zu Nutz und Frommen der mit ihnen liirten Firmen schreiben. (FAP)

Fontane. Aus »Alexander Kielland, Arbeiter« [um 1882]
Es ist beklagt und für ein Zeichen unserer Dekadenz erklärt worden, daß sich der Feuilletonismus in jeden Literaturzweig eingedrängt habe; Zola ist noch einen Schritt weitergegangen und hat das Reportertum zum Literaturbeherrscher gemacht. Und eine gute Strecke Weges gehe ich dabei mit ihm. Ich erkenne in dem Heranziehen des exakten Berichts einen ungeheuren Literaturfortschritt, der uns auf einen Schlag aus dem öden Geschwätz zurückliegender Jahrzehnte befreit hat, wo von mittleren und mitunter auch von guten Schriftstellern beständig »aus der Tiefe des sittlichen Bewußtseins heraus« Dinge geschrieben wurden, die sie nie gesehen hatten. Von dieser unwahren Weise, die sich nur die wenigen erlauben durften, die so geartet waren, daß sie eine erträumte Welt an die Stelle der wirklichen setzen konnten, hat uns das Reportertum in der Literatur auf einen Schlag befreit, aber all dies bedeutet nur erst den Schritt zum Besseren. Will dieser erste Schritt auch schon das Ziel sein, soll die Berichterstattung die Krönung des Gebäudes statt das Fundament sein oder wenn es hochkommt seine Rustika, so hört alle Kunst auf, und der Polizeibericht wird der Weisheit letzter Schluß. Wenn Zola den berühmten Gang in die Pariser Käsekeller oder in die Bildergalerie oder zum Wettrennen nach Longchamps oder Compiègne macht, so sind das Meisterstücke der Berichterstattung, an die sich hundert ähnliche Schilderungen anreihen, aber ihre Zusammenstellung macht noch kein Kunstwerk. Auch selbst ein geschickter Aufbau dieser Dinge rettet noch nicht, diese Rettung kommt erst, wenn eine schöne Seele das Ganze belebt. Fehlt diese, so fehlt das Beste. Es ist dann ein wüst zusammengeworfenes, glänzendes Reich, das ebenso rasch auseinanderfällt und stirbt. (NFA XXI/1, 472 f)

Fontane an Alfred Friedmann Berlin, 2. Januar 1883
Sie machen sich von meinem Tun und Treiben, von meinem ganzen Lebenszuschnitt eine total falsche Vorstellung. Ich bin, wenig-

stens in meinen Lebensverhältnissen, das absolute Gegenteil von einem modernen Schriftsteller. Ich kenne ¾ unsrer Blätter nicht mal dem Namen nach, geschweige kenne ich die Redakteure und Mitarbeiter. Ich bezahle meinen Beitrag, bin aber noch nie in dem Verein »Presse« gewesen; Verkehr mit Schriftstellern, oder auch nur mit *einem* von ihnen, hab ich schon seit 25 Jahren nicht. Die wenigen, mit denen ich damals einen Zirkel bildete, sind tot oder verflogen: Dr. Eggers, Franz Kugler, H. v. Mühler (der spätre Minister), Scherenberg, Strachwitz, H. v. Blomberg, P. Heyse, Th. Storm, W. Lübke. Ich bin ein vollständiger Anachoret und kenne unsre besten Leute nur so, wie ich die königl. Prinzen kenne, d. h. ich habe sie mal irgendwo gesehn. Rechnen Sie hinzu, daß ich alt (63) und in meiner Art zu arbeiten sehr schwerfällig bin, so werden Sie's verzeihlich finden, wenn ich mit kleinen literarischen Gefälligkeiten immer im Rückstand bin. Es fehlt mir nicht an gutem Willen, aber an Zeit und Kraft. Wollen Sie mich damit gütigst entschuldigen. (BE II 89 f)

Fontane an Mathilde von Rohr   Berlin, 3. Januar 1883
Ein *wirklicher* Erfolg war mir nie beschieden und wird mir auch nicht mehr beschieden werden. Ich muß mich einrichten mit Lebenslotterie-Gewinnen von 50 Thalern. Je länger ich das Leben beobachte, je deutlicher seh' ich, daß dem Einzelnen mit einer eisernen Consequenz des Schicksals das Eine gegeben, das Andre versagt wird; der eine spekulirt immer glücklich, der andre immer unglücklich; der eine liebt immer glücklich, der andre immer unglücklich; der eine reist dreimal um die Welt ohne Unfall, der andre trifft es bei jeder Ausfahrt so, daß ein Rad bricht oder ein Pferd durchgeht oder doch wenigstens daß es mit Mollen gießt. Und nach diesem Unwandelbarkeits-Gesetz ist auch über mein Bücher-Glück und Unglück ein für allemal entschieden: ich werde immer einen mäßigen Anstands-Erfolg erzielen; aber nie mehr.
[...]
Die Festtage, trotzdem uns nichts eigentlich quälte und drückte, waren nicht recht froh. Meine Frau schob es darauf, daß ich *alle die Festtage durch* bis zum 31., wo ich dann um 7 Uhr ins Theater (Sylvester-Vorstellung) stürzte, angestrengt arbeiten mußte; aber

das ist Täuschung. Der eigentliche Grund, der keine rechte Lustigkeit aufkommen läßt, ist der, daß in unsren sämmtlichen Herzen keine Lustigkeit existirt; alles ist unter dem Druck von irgend etwas Lästigem, Unangenehmen; die Kinder – mit alleiniger Ausnahme von Friedel, der einen gütigen, theilnahmevollen, liebenswürdigen Charakter hat – sind, im letzten Winkel ihres Herzens, alle über »die kleinen Lebensverhältnisse« verstimmt; alle drei sagen sich beständig »Gott, es ist doch aber auch ein Pech, daß *wir* gerade so arme Eltern haben müssen«; sie übersehen das tausendfältig Gute, das sie haben, und kommen zu keiner ächten und tiefen Anerkennung meiner Bestrebungen, weil ihnen die relative Resultatlosigkeit dieser Bestrebungen unbequem ist. Meine Frau ist darin viel verständiger und viel liebenswürdiger geartet (überhaupt die Beste von der ganzen Gesellschaft, mich mit eingerechnet) und leidet nur ihrerseits wiederum unter ihrer großen körperlichen Gebrechlichkeit. Ich, trotz aller Arbeit (oder vielleicht *durch* die Arbeit) bin der einzig oft wirklich Heitre [...] (SJ III 207 f)

Fontane an seine Frau   Thale, 11. Juni 1883
Wenn ich jetzt solche jungen Paare sehe, was ja öfters vorkommt, thust Du mir nach 33 und fast kann ich sagen nach 38 Jahren, noch nachträglich aufrichtig leid. Wie gut haben es diese Leute und wie schlecht hast *Du* es gehabt. *Von mir* red' ich nicht; Poetenverrücktheit und Poetendünkel helfen einem über alles weg. Aber die armen Frauen! Hunger, Noth und Sorge, kleine Kinder, keine Aussichten (oder höchstens auf neue) und von der Welt mit einem Blick des Mitleids oder auch wohl mangelnder Achtung gestreift. Schließlich hat sich ja alles leidlich wieder zurechtgerückt und Du würdest jetzt ein schlechtes Geschäft machen, wenn Du mit der »Frau Doktorn« in Thale tauschen wolltest, aber der Anfang war schwer.
(SJ I 197)

Fontane an seine Frau   Thale, 12. Juni 1883
In Anschauungen bin ich sehr tolerant, aber Kunst ist Kunst. Da versteh ich keinen Spaß. Wer nicht selber Künstler ist, dreht natürlich den Spieß um und betont Anschauung, Gesinnung, Tendenz.
(SJ I 198)

Fontane an seine Frau   Thale, 14. Juni 1883
Ich bin absolut *einsam* durchs Leben gegangen, ohne Klüngel, Partei, Clique, Coterie, Club, Weinkneipe, Kegelbahn, Skat und Freimaurerschaft, ohne rechts und ohne links, ohne Sitzungen und Vereine. Der Rütli mit 3 Mann kann kaum dafür gelten. Ich habe den Schaden davon gehabt, aber auch den Vortheil, und wenn ich's noch einmal machen sollte, so macht' ich's wieder so. Vieles büßt man ein, aber was man gewinnt ist mehr.   (SJ I 199)

Fontane an seine Frau   Thale, 16. Juni 1883
Es ist immer dasselbe Lied: wer durchaus Schriftsteller werden *muß*, der werd' es, er wird schließlich in dem Gefühl an der ihm einzig passenden Stelle zu stehn auch seinen Trost, ja sein Glück finden, aber wer nicht *ganz* dafür geboren ist, der bleibe davon. Das kleine bischen Respekt das man einflößt, ist nicht Achtung sondern Furcht. Der Schriftsteller ist so zu sagen »Preß-Detective«.   (SJ I 203)

Fontane an seine Frau   Thale, 29. Juni 1883
Immer die Vorstellung, daß ein Dichter, ein Maler oder überhaupt ein Künstler etwas Besondres sei, während die ganze Gesellschaft (und so war es *immer*) auf der niedrigsten Stufe steht, so niedrig, daß die Meisten übergelegt werden müßten. Von dieser Regel giebt es nur sehr wenig Ausnahmen, Scott z. B., aber Byron ist schon wieder entsetzlich. Man muß den Künstlern gegenüber, wenn es wirkliche Künstler sind, Verzeihung üben und fünfe gerade sein lassen, aber ihre Mischung von Blödsinn, Sittenfrechheit und Arroganz auch noch zu *feiern,* ist mir widerwärtig. Schon die bloßen Redensarten »meine Kunst ist mir heilig« (namentlich bei Schauspielerinnen) bringen mich um.   (SJ I 216)

Fontane an seine Frau   Norderney, 19. Juli 1883
Erst in die Apotheke. Hier traf ich Herrn Apotheker Ommen in Person, einen stattlichen Friesen von Bildung, Manieren und Distinktion. Eine Inselgröße. Ich bat um ein Fläschchen Esprit de Menthe und bestellte mir für heut ein großes Oxycroceum-Pflaster. Bei der Gelegenheit nannte ich ihm meinen Namen und begann diesen wie gewöhnlich zu buchstabiren. Er lehnte dies aber mit

einer verbindlichen Handbewegung ab und sagte nur, halb fragend halb sich verneigend »Theodor Fontane« mit Betonung des Vornamens. Als ich nun meinerseits nickte und so zu sagen meinen Prinzen-Stern zeigte, murmelte er allerlei dunkle Huldigungsworte, so daß ich die Apotheke mit dem Gefühl verließ, den größten Triumph meines Lebens erlebt zu haben. Und dies ist nicht etwa scherzhaft, sondern ganz ernsthaft gemeint. Du weißt, wie mißtrauisch und ablehnend ich in diesem Punkte bin. Dies war aber *wirklich* 'was und wiegt mir drei Orden auf, denn Anerkennung, Freude, ja selbst Respekt (*der* Artikel also in dem man ganz besonders und bis zur Ungebühr zu kurz kommt) sprachen sich in dem Benehmen des Mannes aus. Dies lange Schreiben darüber mag etwas Komisches haben, ich befinde mich aber in der Lage eines jungen Mädchens, das sich gestern Abend verlobt hat und ihrer Freundin über diesen Lebensakt berichtet. (SJ I 220)

Fontane an Wilhelm Friedrich   Berlin, 6. September 1883
Ihre Güte hat mir zwei neue Sachen Ihres Verlages zugehen lassen. Geschichte der *Italienischen*[26] und Geschichte der *Deutschen* Literatur.
Die Bücher zu besprechen oder ihrer auch nur in einer Notiz zu erwähnen, ist mir unmöglich, zu erstrem habe ich keine Zeit, zu dem andren keine Gelegenheit. Ich bin ein alter Herr, dem das Arbeiten schwer wird und der wenn er alljährlich eine Novelle, zwei Essays und seine 20 oder 30 Theaterkritiken schreiben soll, über seine Kraft hinaus beschäftigt ist. Ich kann mich deshalb auf Bücherbesprechungen nur in *aller-pressantesten* Fällen einlassen. Ein solch allerpressantester Fall ist Engel's Geschichte der englischen Literatur. Mit andern Worten nur wo freundschaftlich persönliche Beziehungen vorliegen, kann ich mich zu Buch-Kritik verstehen. Es liegt nicht an meinem guten Willen, es liegt an meinem schlechten

---

[26] Karl Marquard Sauer, »Geschichte der italienischen Litteratur von ihren Anfängen bis auf die neueste Zeit«, 1883; Franz Hirsch, »Geschichte der deutschen Litteratur [...]«, 1. Bd.: »Das Mittelalter«, 1884; Eduard Engel, »Geschichte der englischen Litteratur [...]«, 1883. – Diese drei Bände sind Teil der bei Friedrich erschienenen »Geschichte der Weltlitteratur in Einzeldarstellungen«.

Nervenzustand, der mir kleine Gefälligkeiten derart verbietet. Zu 4 oder vielleicht auch 10zeiligen Notizen, die weiter nichts sagen würden als »das und das ist da, geht hin und kauft es« würd' ich mich aus einem natürlichen Hange gefällig zu sein gern verstehn, wenn meine Zeitungsstellung mir ohne Weiteres ein Recht darauf gäbe. Ich würde dann am Schlusse jeder dritten oder vierten Woche *einen* Tag für solche kleinen Liebesdienste festsetzen, was einem schließlich auch weniger Arbeit macht als das ewige briefliche Ablehnen, ich habe aber, von der Theaterkritik abgesehn, bei der Voss.-Ztg. auch nicht Anspruch auf *eine* Zeile Raum zu erheben und muß mir diese Zeile Raum in jedem Einzelfall erst erbitten. Das geht aber nicht, schon deshalb nicht weil man der Redaktion dadurch lästig fällt. So wollen Sie denn gütigst verzeihn. (FAP)

Fontane an Eduard Engel   Berlin, 29. Oktober 1883
Empfangen Sie meinen ganz ergebensten Dank für Ihre gef. Zuschrift. Drängt mich's mal über ein Buch zu sprechen, so bitt' ich diese Besprechung an das »Magazin« einsenden zu dürfen, es ist dies aber ein Fall, der sehr selten eintreten wird. Wir sind wohl einig darüber, daß die undankbarste Seite des undankbaren liter. Berufs die des Kritikenschreibens ist. Es wird schlechter bezahlt wie Holz klein machen und ist ärgerlicher und ungesünder. Wo soll da die Lust herkommen? Es ist das alles Beschäftigung für junge Leute, die noch zu hoffen verstehn. Eine Gabe, die mir hingeschwunden ist. Verzeihen Sie diese trübselige Betrachtung, aber in öden Redensarten Versprechungen zu machen, von denen man weiß, daß sie sich nie erfüllen werden, widersteht mir am meisten. (FAP)

1883
Fontane. Aus »Otto Brahm, Gottfried Keller. Ein literarischer Essay«
Ohne mich absolut gegen die mindestens als wünschenswert proklamierte Mischung von Realem und Phantastischem erklären zu wollen, neig' ich mich doch vorwiegend und in erster Reihe der Ansicht zu, daß beide, Realistik und Phantastik, weise und klug tun werden, auf Verschmelzung zu verzichten.
[...]

Was ist nun Stil? Über diese Frage haben wir uns freilich zuvörderst schlüssig zu machen. Versteht man unter »Stil« die sogenannte *charakteristische* Schreibweise, deren Anerkenntnis in dem Buffonschen »le style c'est l'homme« gipfelt, so hat Keller nicht nur *Stil*, sondern hat auch mehr davon als irgendwer. Aber diese Bedeutung von »Stil« ist antiquiert, und an die Stelle davon ist etwa die folgende, mir richtiger erscheinende Definition getreten: »Ein Werk ist um so stilvoller, je *objektiver* es ist«, d. h. je mehr nur der Gegenstand selbst spricht, je freier es ist von zufälligen oder wohl gar der darzustellenden Idee widersprechenden Eigenheiten und Angewöhnungen des Künstlers. (NFA XXI/1, 263 ff)

1883
Fontane. »Über das Gemeinsame im Realismus und Idealismus der modernen Kunstbestrebung«
Das, was jetzt überall in der Kunst unter den verschiedensten Namen: »Realismus«, »Naturalismus«, »Impressionismus« etc. etc. [läuft], ist au fond nichts als ein Protest gegen die *Gleichgültigkeitsproduktion,* gegen das, was sich als herkömmlich und alltäglich eingelebt [hat] und dadurch langweilig geworden ist, und unterscheidet sich nur vom Akademischen, Herkömmlichen. [Es ist eine Bezeichnung für Richtungen], die auf *ihre* Art genau dasselbe wollen: Protest gegen das Alltägliche, Herkömmliche. Die Flügel rechts und links haben trotz ihres scheinbaren Gegensatzes etwas Gemeinsames.

Präraffaelitentum, Realismus, Naturalismus, Impressionismus – alle diese zum Teil sich befehdenden Richtungen stimmen darin überein, daß *alle* – auch die von den äußersten Flügeln rechts und links – erklären: der herkömmliche Amor und Psyche, die herkömmliche Kinderstube, die herkömmliche Kegelbahn oder Weißbierstube, die herkömmliche Thüringer Landschaft, das herkömmliche Seestück, das herkömmliche Schlachtenbild hat keine Spur von Wert und empfängt einen Wert erst, wenn es durch irgendein *neues Element,* in betreff dessen es gleichgültig ist, ob es nach der äußerlichen oder innerlichen Seite hin liegt, etwas *Neues*, eine neue Anschauung des Äußerlichen oder Innerlichen, Erweiterung oder Vertiefung aufzuweisen hat. (AZL 172)

Fontane an seine Frau   Thale, 20. Juni 1884
Gott sei Dank, daß ich diesen Wandel der Zeiten noch erlebt habe; der frühre Zustand war schmachvoll. Für das rein dichterische Talent, das dann *Protektion* an Fürstenhöfen fand, mag die alte Zeit förderlicher gewesen sein, aber für Menschenthum und Durchschnittstalent ist der Fortschritt unsrer Tage riesig. Es ist und bleibt ein Glück (vielleicht das höchste) frei athmen zu können. (SJ I 273)

Fontane an Wilhelm Friedrich   Berlin, 16. November 1884
Ihre Güte hat mir K. Bleibtreu's neustes Buch[27] zugehn lassen. Darf ich es an die Redaktion der Vossin schicken oder wollen Sie anderweitig darüber bestimmen? Ich selbst – aus Gründen, mit denen ich Sie nicht zum wer weiß wie vielsten Male behelligen will – bespreche keine Bücher mehr, wenn ich nicht nach Lage der Sache durchaus *muß*. Und dieser Fall ist Gott sei Dank selten. Pardon für dies abermalige Ablehnen, wozu mich die Verhältnisse zwingen. Es würde durchaus meinen Wünschen entsprechen, speziell Ihnen gegenüber mich dienstgefälliger erweisen zu können. (FAP)

Fontane an seinen Sohn Friedrich   Berlin, 23. Dezember 1884
Julius Wolff ist in vier Wochen schon wieder bis an 12- oder 15000 'ran; Gott gibt es den Seinen im Schlaf. Und wer diese Höhe 'mal erreicht hat, der kann sie nie wieder ganz verlieren, auch wenn er das Dümmste schreibt. Es wird dann wohl etwas weniger und die 15000 schrumpfen zu 10- und 5000 zusammen, aber eine gewisse Präponderanz bleibt für Lebenszeit. Nachher aber ist es egal, und in der Literaturgeschichte scheint die Sonne über Gerechte und Ungerechte; jeder kriegt seine zwei Zeilen. (FA II 113 f)

                                         20. Januar 1885
Fontane. Aus »Otto Franz Gensichen, Lydia. Lothar Clement, Die Vier Temperamente«
Ach, es ist schlimm mit den Dichtern. Kein Mensch kümmert sich recht um sie, und so fangen sie mehr und mehr an, sich um sich selber, ihren Stand und ihren Beruf zu kümmern, etwa wie man anfängt, sich selber zu loben, wenn andere nicht recht wollen. Psycho-

---

27 Vermutlich »Schlechte Gesellschaft. Realistische Novellen«, 1885.

logisch begreiflich wird dadurch freilich die jetzt herrschende Mode, trotzdem ist zu wünschen, daß sie nicht Dauer hat. Der Dichter soll von der Menschheit sprechen und unter Umständen allerdings auch von sich selbst, aber nie von seinem *Metier*. Von »*sich*« sprechen, macht den lyrischen Dichter, und wenn dieser danach ist, sogar den *großen* lyrischen Dichter; vom Metier sprechen aber macht nur den Geschäftsmann und ist der erste Schritt zur Honoraraufzählung oder gar zur Honorarrenommisterei.

(NFA XXII/2, 346 f)

Fontane an seine Frau   Krummhübel, 8. Juni 1885
Mit meiner neuen Arbeit[28] geht es rüstig weiter, dabei pussle ich an meinen Versen herum. Gelänge es mir noch 'mal eine neue Ausgabe zu veranstalten (aber nicht bei Hertz, was gar keinen Sinn hätte) so würde der Band wohl um die Hälfte stärker werden. Im Laufe so vieler Jahre läppert sich doch was zusammen; an kl. lyrischen Sachen (wenn auch nichts davon bedeutend ist, so ist doch alles niedlich oder auch wohl 'mal amüsant) habe ich ziemlich ein Dutzend und an Balladen ebenso viel. Aber das Meiste von diesen letztren ist erst halb fertig. Ich würde freudiger an all das herantreten, wenn ich nicht von der vollkommnen Gleichgültigkeit aller meiner derartigen Bestrebungen, auch *jetzt,* in bester Stimmung, tief durchdrungen wäre. Gestern, bei Exner, saß an einem andern Tisch ein nettes Ehepaar, er 50, sie 45, sehr gebildete Leute, die sich davon unterhielten, was sie nun, Nachmittags beim Kaffe, lesen wollten. »O«, sagte sie »da werd' ich mir das Buch von der Heimburg[29] wieder schicken lassen. Wir haben es uns, als es zuerst in der Gartenlaube stand, in Breslau vorgelesen und ich habe es dann als Buch noch mal gelesen. Es ist reizend. Weißt Du noch, wir konnten die Zeit immer nicht erwarten bis die nächste Nummer kam.« »Ja, Du hast Recht, es war sehr hübsch. Aber willst Du's denn zum 3. Mal lesen?« »Nu, warum nicht? Mit Vergnügen.« Ich glaube, daß es eine Juristenfamilie war, Staatsanwalt oder Landgerichtsrath. Ich glaube nicht, daß jemals ein Ehepaar irgendwo gesessen und über irgend was, das ich geschrieben, auch nur an-

28 »Quitt«.
29 Pseudonym für Bertha Behrens, Verfasserin von Trivialromanen.

nähernd mit solcher Begeisterung gesprochen hat. Es fällt alles in den Brunnen. Und deshalb hat auch der Brief von Kroener solchen Eindruck auf mich gemacht. Aber er wird sich zu seinem Schaden überzeugen, daß auch *das* wieder spurlos vorüber geht. Meine Coeur Sieben gewinnt nicht. (SJ I 299 f)

Fontane an Mathilde von Rohr Krummhübel, 13. Juli 1885
Hier ist es wundervoll und ich bin jeden Tag voll Dank, daß ich mit 65, wo doch die meisten schon sehr klapprig sind, noch so schöne, glückliche Tage leben kann. Ich kann arbeiten, in die Berge gehn, mit freundlichen Menschen plaudern, und genieße dabei vor allem des Vorzugs, eine bei jedem Athemzuge mich erquickende Luft zu athmen. In Berlin kann ich eigentlich nicht leben und wenn nicht die Theaterstellung wäre, auf die ich nicht gut verzichten kann – denn es ist das Einzige halbwegs *Sichere,* was ich habe –, so würde ich Berlin aufgeben und in eine kleine Stadt ziehn wie beispielsweise Schmiedeberg. Die sogenannten »Vorzüge einer großen Stadt« existiren für mich nicht mehr; in der Jugend und im Mannesalter, wo man noch hofft und strebt, ist das etwas andres; jetzt ist es mir absolut gleichgültig, ja nur störend, zu einem Prinzen oder Minister zu Tische geladen zu werden. Ruhe, Ruhe; nur keine Störungen, nur keine Zapplungen und Anstrengungen, bei denen doch nichts heraus kommt. Was ich als Material zu meinen Arbeiten brauche, das habe ich *doch,* ja soviel davon, daß ich's nie abarbeiten kann. (SJ III 220 f)

Fontane an seine Frau Krummhübel, 16. September 1885
Uebrigens erfuhr ich bei der Gelegenheit [...], daß Frau von Bülow bereits ein ganzes Archiv von Huldigungszuschriften angelegt hat, in denen ihr von allen Sorten von Menschen die verbindlichsten Sachen gesagt werden. Und nun vergleiche damit mein mehr als 40 Jahre umfassendes literarisches Leben. Wenn ich alles zusammenzählen wollte, was mir von Dankesbriefen zugegangen ist, kämen doch noch nicht 100 heraus (also jährlich 2) und »begeisterte« nicht 10. Und dabei bin ich doch ein wirkliches Stück Dichter und gelte auch dafür. Das Beste ist, man denkt gar nicht darüber nach und läßt es laufen. (SJ I 312 f)

Fontane an [?] Rackwitz   Berlin, 5. Dezember 1885
Besten Dank für Ihre freundl. Zeilen und das Büchelchen, das ich, wenn die Weihnachtsfluthen verlaufen sind, in Ruhe lesen werde. Nach etwas Biographischem habe ich gesucht – alles weg; man schickt es und kriegt's nicht wieder. So fand ich in dem betr. Bündel nur Ausschnitte, Besprechungen einzelner Sachen. Ich schicke Ihnen, was W. Lübke seinerzeit in der A. A. Ztg. [Augsburger Allgemeinen Zeitung] über Grete Minde und Ellernklipp geschrieben hat[30]; nehmen Sie hinzu, was in den verschiedenen »Vorworten« etc. zu meinen Wanderungen und last not least in meinem kl. Buche »Kriegsgefangen« steht, so haben Sie die schönste Biographie.   (FAP)

Fontane an Mathilde von Rohr   Berlin, 9. Januar 1886
Im Uebrigen verlaufen unsre Tage ruhig, wenigstens ruhig für *mich* (meine Frau ist viel im Trab) was ich als ein Glück empfinde. Ich bin nicht menschenfeindlich, aber menschenscheu; dazu kommt, daß mir die literarische Collegenschaft so wenig gefällt – *nicht* auf der Vossin, *da* sind noch die besten – sondern das sogenannte »höhere Schriftstellerthum«, das nur noch aus dem Bengelthum sich rekrutirt. Diese Klage ist freilich alt, die absterbende Generation hat immer so gesprochen, aber so gewiß es wahr ist, daß Nationen sich ändern, so ändern sich auch Stände. Die Franzosen, sonst so artig, sind jetzt rüpelhaft und dieselbe Bezeichnung läßt sich dem jungen Schriftstellerthum beilegen. Alle Bescheidenheit ist aus der Welt und in vielen Kreisen herrscht ein Ton, als ob man unter den Goldgräbern in Californien lebte.
Fritz Kannacher von Hobrecht[31] habe ich gelesen; es ist kein hervorragendes, kein talentvolles, aber ein recht gutes und lesbares Buch, worauf ich – jetzt am Ende meiner Tage – wieder Gewicht zu legen beginne, nachdem ich ein Lebelang gesagt und gestrebt habe: »nur auf die *Kunst* kommt es an.« Gleichzeitig mit Fritz Kannacher las ich Paul Heyses letzten Novellenband; nun, er hat

30 »Augsburger Allgemeine Zeitung« vom 21. 11. 1881.
31 Arthur Hobrecht, »Fritz Kannacher«, Historischer Roman, 1885. Vgl. SJ IV 361.

nie Formvollendeteres und künstlerisch Abgerundeteres geschrieben, und doch bin ich dieser seiner Kunst nicht froh geworden. Im Gegentheil. Schmerzlich genug, und um so schmerzlicher, als ich mir im selben Augenblick sage: »ja, so urtheilen nun vielleicht andre auch über *Dich* und sagen auch von Dir, was nutzt mir die ›Kunst‹.« Das Einzige was einen hält, ist das gute Gewissen, nach bestem Vermögen und Erkennen, das Seine gethan zu haben.

(SJ III 222)

Fontane an seinen Sohn Theodor Berlin, 14. Mai 1886
Verschiedenes liegt vor, worüber ich ein Wort sagen möchte, d. h. Nettes und Freundliches. Zunächst die Polterabend-Dichterei. Kein Mensch denkt daran, Dir aus der Verstopfung oder mindestens Nichtahnöffnung Deiner kastalischen Leitung einen Vorwurf zu machen. Selbst wenn Du ebenso viel Zeit hättest, wie Du wenig hast, kann man solche der höchsten Plackerei gleichkommenden Liebesdienste nur sehr ausnahmsweise und sehr spärlich von einem Menschen verlangen. Ich habe selbst zeitlebens so furchtbar unter solchen Forderungen gelitten, daß ich auf der Seite jedes stehe, der so mir nichts dir nichts zum Opfer ausersehen werden soll. Alle Welt hält »dichten« für langweilige Quatscherei und mehr oder weniger ungehörige Beschäftigung, die man nur Kindern und Imbeciles verzeiht, und doch verlangt jeder Bourgeois, Philister und Staatshämorrhoidarius seinen Vers, wenn's ihm gerade paßt. Darüber denken *wir* nun aber anders (speziell ich) und hüten uns, dergleichen als Forderung zu stellen. Was sich freiwillig gibt, ist gut; jemanden aber damit quälen, ihm die Pistole auf die Brust setzen: »dichte, dichte«, ist ebenso grausam wie gräßlich. So viel ganz allgemein [...]

(FA II 138 f)

Fontane an Georg Friedlaender Krummhübel, 5. Juli 1886
Ich betrachte das Leben, und ganz besonders das Gesellschaftliche darin, wie ein Theaterstück und folge jeder Scene mit einem künstlerischen Interesse wie von meinem Parquetplatz No. 23[32] aus.

(FRI 40)

[32] Fontanes Platz als Kritiker im Königlichen Schauspielhaus.

7. Dezember 1886
Fontane. Aus »Gustav zu Putlitz, Die Unterschrift des Königs. Johann Friedrich Jünger, Verstand und Leichtsinn«
In den Augen des großen Publikums kann der Dichter nie genug hungern, es ist sozusagen seine Spezialität, und je fester der Schmachtriemen ihm angezogen wird, desto reiner seine Lyrik. Aber die, die zur Erbauung des Publikums diese Trainierung durchmachen sollen, denken doch anders darüber und haben unter den einschlägigen Entziehungsprozessen, die weit über Schweninger hinausgehen, meist so sehr gelitten, daß sie sich, selbst in den liebenswürdigsten Stücken, an derartige Vorbereitungen für ihren Dichter- und Künstlerruhm nicht gern erinnern lassen. Mir persönlich wird immer sehr fatal dabei, trotzdem ich mit der von Zola mehrfach geäußerten Ansicht, daß die wahre Kunst erst mit der Freiwerdung der Künstler und Dichter von allem Fürsten- und Mäzenatentum beginne, *nicht* übereinstimme. Bessere Dichterzeiten als am Versailler und Weimaraner Hofe hat es nie gegeben, und die jetzt existierende Abhängigkeit vom Geschmacke des Publikums oder wohl gar von den Launen eines die Hand krampfhaft auf dem Beutel haltenden Buchhändlers ist keineswegs ein Idealzustand daneben. An das forsche: »Es soll der Dichter mit dem König gehn« läßt man sich jederzeit gern erinnern, der auf der Bühne heimische Hungerpoet oder Hungerkünstler aber weckt bei dem, der mit »zum Bau« gehört, sehr zweifelhafte Gefühle und stimmt ihn, beim szenisch-dramatischen Eintreffen von fünf Mark fünfzig, wovon ihm zugemutet wird, sich seelisch und künstlerisch aufzurichten, fast noch trauriger als beim Eintreffen der gleichen Summe durch Stephan und seine »Eilenden«. (NFA XXII/12, 437 f)

Fontane. Aus »Lindau, Der Zug nach dem Westen« 1886
Es fehlt uns noch ein großer Berliner Roman, der die Gesamtheit unseres Lebens schildert, etwa wie Thackeray in dem besten seiner Romane, »Vanity Fair«, in einer alle Klassen umfassenden Weise das Londoner Leben geschildert hat. Wir stecken noch zu sehr in der Einzelbetrachtung. Glaßbrenner eröffnete den Reigen, aber er blieb im Handwerkertum stecken. Dann kam Stinde mit seinen

Schilderungen des Berliner Kleinlebens. Er hat seine Aufgabe am glänzendsten gelöst, beinah vollkommen.

Eine andere Schicht der Gesellschaft, Berlin W oder noch richtiger das Finanz- und Geheimrats-Berlin einschließlich der Kommerzienräte und derer, die es werden wollen, hat bei Frenzel, Kretzer, Mauthner, Lindau eine Abspiegelung erfahren. Es fehlt all diesen Schilderungen etwas. Was? Was fehlt diesem Realismus? Worin fehlen sie? Die Frage läßt sich nur beantworten, wenn man erst festgestellt hat, was ein Roman sein soll. Es heißt immer: »Ja, das ist nicht möglich, das kommt nicht vor.« Und daraufhin verwirft man die Dinge. Das ist nicht richtig. Daran liegt es nicht. Es kommt alles vor, und auf dem Gebiete der Begehrlichkeiten, besonders auch der sinnlichen, ist alles möglich. Unsere Zeitungsnotizen und Prozesse zeigen das Äußerste, mindestens soviel, als in den verwegensten Romanen vorkommt. Also daran liegt es nicht. Es kommt vor, es kommt alles vor. Aber das ist nicht Aufgabe des Romans, Dinge zu schildern, die vorkommen oder wenigstens jeden Tag vorkommen *können*. Aufgabe des modernen Romans scheint mir die zu sein, ein Leben, eine Gesellschaft, einen Kreis von Menschen zu schildern, der ein unverzerrtes Widerspiel *des* Lebens ist, das wir führen. Das wird der beste Roman sein, dessen Gestalten sich in die Gestalten des wirklichen Lebens einreihen, so daß wir in Erinnerung an eine bestimmte Lebensepoche nicht mehr genau wissen, ob es gelebte oder gelesene Figuren waren, ähnlich wie manche Träume sich unserer mit gleicher Gewalt bemächtigen wie die Wirklichkeit.

Also noch einmal: darauf kommt es an, daß wir in den Stunden, die wir einem Buche widmen, das Gefühl haben, unser wirkliches Leben fortzusetzen, und daß zwischen dem erlebten und erdichteten Leben kein Unterschied ist als der jener Intensität, Klarheit, Übersichtlichkeit und Abrundung und infolge davon jener Gefühlsintensität, die die verklärende Aufgabe der Kunst ist.

Hieran gemessen, sind die Arbeiten von Frenzel, Kretzer und Mauthner anfechtbar. Alles darin Geschilderte ist möglich, selbst die Ungeheuerlichkeiten Max Kretzers habe ich nicht den Mut als schlechtweg unmöglich zu bezeichnen. Aber auf die Frage: sind diese Schilderungen des Lebens ein Bild des Lebens von Berlin W, ein Bild unserer Bankiers-, Geheimrats- und Kunstkreise? muß ich mit einem allerentschiedensten »Nein« antworten. Ich kenne dies Leben seit vierzig Jahren, kenne es auch in der Neugestaltung, die das Jahr 70 und die Gründerepoche ihm gegeben hat, und finde, daß dies Leben ein anderes als das hier geschilderte ist. Es fehlt das Versöhnliche darin, das Milde, das Heitere, das Natürliche.

(SL 108 ff)

Fontane an Wilhelm Hertz   Berlin, 9. Februar 1887
Ich habe (hoffentlich mache ich keinen Fehler) von »Spreeland« 2. Aufl. keine Frei-Exemplare gekriegt und würde mich, da sie halb werthlos für mich sind, auch gar nicht gemeldet haben, wenn mir nicht ein heute früh vom Vergnügungscomité der »Berliner Presse« zugegangener Brief, worin ich um Bücher für die Tombola gebeten werde, einen Vorschlag an die Hand gegeben hätte, den ich bitte Ihrer Güte unterbreiten zu dürfen.

Dieser Vorschlag geht dahin:
es werden mir diese Frei-Exemplare – und wenn ich noch ein paar Auflagen andrer Bände erlebe, auch die zukünftigen – gut geschrieben und ich darf mir auf diesen Bestand hin und bis zur Höhe des Werthes den sie repräsentiren, gelegentlich ein paar andre Bücher meiner Mache von Ihnen erbitten. Stimmen Sie dem freundlichst zu, was ich annehme, wenn nicht mein ganzer Calcül von einer falschen Voraussetzung ausgeht, so möchte ich ganz ergebenst um
2 Grete Minde (geb.)
2 Ellernklipp (geb.)
2 Gedichte (geb.)
gebeten haben.

Die ganze Geschichte hat doch eine kl. Bedeutung für mich; alle Jahr kommt es 1 oder 2mal vor, daß ich dies oder das Buch verschenken möchte, meistens aber unterlasse ich es, weil dafür zu zahlen beschwerlich und darum zu bitten genirlich ist. Man wird immer steifnackiger, ohne Beruf und Fundament dazu. Vielleicht kennen Sie dies Gefühl auch, denn jeden beugt das Leben ins Joch, den einen so, den andern so.   (WHH 289 f)

Fontane an seine Frau   Rüdersdorf, 10. Juli 1887
Ich habe gestern die 4 Bogen (64 Seiten) gelesen, die den Anfang
von Lindau's »Arme Mädchen« enthalten.
[...]
Die Aehnlichkeit mit »Irrungen, Wirrungen«, auch mit L'Adultera,
Cécile und Stine ist mitunter außerordentlich groß, aber der Geist,
aus dem heraus wir schreiben, ist ganz verschieden. Er beherrscht
diese Welt ganz anders wie ich und ich stehe was Wissen, Eingeweihtsein, Anschauungen etc. angeht wie ein Waisenknabe neben
ihm, aber in diesem blos halben Wissen und in dem Gezwungensein dichterisch nachzuhelfen, stecken auch wieder meine Vorzüge.
(SJ I 325 f)

Fontane an Emilie Zöllner   Krummhübel, 21. August 1887
Hier schwanken all die lieben alten Gestalten wieder umher, so
zahlreich, daß ich es als ein Glück empfinde, von den Gebrüdern
Kette – Präsident und Justizrath und beide alte Tunnelgenossen –
nur noch einen und zwar die unpräsidentliche Nummer hier vorge-
funden zu haben. Was ein doppeltes Glück ist, denn mit Personen,
die als Auscultator (deren es damals noch gab) Thee bei einem getrunken haben und nun plötzlich in Präsidentenwürde vor einem
stehn, ist der bekannte modus vivendi nicht immer leicht zu finden.
Dem vornehmen Verkehr, nach Schmiedeberg und Erdmannsdorf
hin, hoffe ich mich diesmal entziehn zu können; es kostet so sehr
viel Geld und der Gewinn ist doch fraglich. In frühren Jahren –
ich darf dies versichern – unterzog ich mich den Unbequemlichkeiten, Verlegenheiten und Kosten mit einer Art Freudigkeit, weil ich
glaubte, diese neuen Bilder im Kuckkasten meinem Schriftsteller-
metier schuldig zu sein, aber für die drei, vier Novellen die ich noch
zu schreiben habe, reicht mein Fond von Anschauungen und Erfahrungen aus.   (SJ IV 95 f)

Fontane an Wilhelm Hertz   Berlin, 3. Juli 1888
Ich komme heute mit 'was ganz andrem. Fräulein Rose Burger,
Tochter des verstorb. Malers Ludwig Burger (der mein 66er Kriegsbuch so reich illustrirte; für Decker's Geldbeutel *zu* reich) bittet
mich in einem Briefe aus London um einige meiner Bücher, damit
die armen deutschen Erzieherinnen – sie gehört mit zum Vorstand

der Association of german Governesses – doch in ihren vielen öden Abwartestunden etwas zu lesen haben.
Dieser Bitte möchte ich nun gern willfahren. Von den »Wanderungen« habe ich noch ein paar Bände, aber ein Exemplar des Romans[33], ferner von Grete Minde und vielleicht auch von Ellernklipp würde mich sehr erfreun. Können es gebundene sein, tant mieux, – von »Berechnung« dabei sprechen, ist immer lächerlich; auch die Bettelei hat ihren bestimmten Stil. (WHH 298)

Fontane an Wilhelm Hertz Berlin, 4. Juli 1888
Schönsten Dank für die Bücher, die morgen oder übermorgen an die »Governesses« abgehen sollen. (WHH 299)

Fontane. Aus »Henrik Ibsen, Die Wildente« 22. Oktober 1888
Es sei nichts, ein Stück Leben aus dem Leben herauszuschneiden, behaupten die, die's nicht können, und behandeln die Sache so ziemlich nach der Analogie von Kattun und Schere. Aber weit gefehlt. Es ist das Schwierigste, was es gibt (und vielleicht auch das Höchste), das Alltagsdasein in eine Beleuchtung zu rücken, daß das, was eben noch Gleichgültigkeit und Prosa war, uns plötzlich mit dem bestrickendsten Zauber der Poesie berührt.

(NFA XXII/2, 696)

Fontane. »Lebenswege« [1888?]
>   Fünfzig Jahre werden es ehstens sein,
>   Da trat ich in meinen ersten »Verein«.
>   Natürlich Dichter. Blutjunge Ware:
>   Studenten, Leutnants, Refrendare.
>   Rang gab's nicht, *den* verlieh das »Gedicht«,
>   Und *ich* war ein kleines Kirchenlicht.
>
>   So stand es, als Anno 40 wir schrieben.
>   Aber ach, wo bist du Sonne geblieben?
>   Ich bin noch immer, was damals ich war,
>   Ein Lichtlein auf demselben Altar;
>   Aus den Leutnants aber und Studenten
>   Wurden Genräle und Chefpräsidenten.

[33] »Vor dem Sturm«.

> Und mitunter, auf stillem Tiergartenpfade,
> Bei »Kön'gin Luise« trifft man sich grade.
>
> »Nun, lieber F., noch immer bei Wege?«
> »Gott sei Dank, Exzellenz ... Trotz Nackenschläge«
>
> »Kenn' ich, kenn' ich. Das Leben ist flau...
> Grüßen Sie Ihre liebe Frau.« (HA 6, 330)

Fontane. »Rückblick« [1888?]

> Es geht zu End', und ich blicke zurück.
> Wie war mein Leben? wie war mein Glück?
>
> Ich saß und machte meine Schuh;
> Unter Lob und Tadel sah man mir zu.
>
> »Du dichtest, das ist das Wichtigste...«
> »Du dichtest, das ist das Nichtigste.«
>
> »Wenn Dichtung uns nicht zum Himmel trüge...«
> »Phantastereien, Unsinn, Lüge!«
>
> »Göttlicher Funke, Prometheusfeuer...«
> »Zirpende Grille, leere Scheuer!«
>
> Von hundert geliebt, von tausend mißacht't,
> So hab' ich meine Tage verbracht. (HA 6, 345)

Fontane. »Publikum« 1888

> Das Publikum ist eine einfache Frau,
> Bourgeoisehaft, eitel und wichtig,
> Und folgt man, wenn sie spricht, genau,
> So spricht sie nicht mal richtig.
>
> Eine einfache Frau, doch rosig und frisch,
> Und ihre Juwelen blitzen,
> Und sie lacht und führt einen guten Tisch,
> Und es möchte sie jeder besitzen. (HA 6, 380)

Fontane an Oskar Schwebel [1889]
Herzlichsten Dank für Ihre freundlichen und nur allzu schmeichelhaften Zeilen. Ich bin als Poet an diese Sachen herangegangen, im übrigen weiß ich am besten, wie sehr es hapert. –
Notizen über mein Leben! Ich nehme, wenn ich in gleiche Lage komme, immer das Konversationslexikon zur Hand, was den Rahmen und selbst die Fächer gibt und stopfe dann an beliebigen Stellen und wo gerade meine Spezialkenntnis beginnt, noch das eine oder andre hinein. Aber das Lexikon bleibt immer der bekannte »Faden«, an dem bloß aufzureihen ist. Ist es nicht anmaßlich, wenn ich Ihnen dies als Vorschlag mache?! Nehmen Sie dann noch hinzu, was in meinen Wanderungen als Vorwort und in Band IV als Schlußwort steht, vielleicht auch noch ein Weniges aus meinem Buche »Kriegsgefangen«, so haben Sie – unter freundlicher Heranziehung dessen, was Sie, nach so viel Jahren, von mir wissen – ein, ich glaube wundervolles Material. (FAP)

1889
Fontane. »9. Nur nicht loben« (Aus dem Zyklus: »Aus der Gesellschaft.«)

>Schreibt wer in Deutschland historische Stücke,
>So steht er auf der Schiller-Brücke.
>
>Macht er den Helden zugleich zum *Damöte,*
>So heißt es: Egmont, siehe Goethe.
>
>Schildert er Juden, ernst oder witzig,
>Ist es Schmock oder Veitel Itzig.
>
>Schildert er einige hübsche Damen,
>Heißt es: Dumas ... Ehebruchsdramen.
>
>Jeder Einfall, statt ihn zu loben,
>Wird einem andern zugeschoben.
>
>Ein Glück, so hab' ich oft gedacht,
>Daß Zola keine Balladen gemacht. (HA 6, 376 f)

Fontane an Hanns Fechner Berlin, 3. Mai 1889
Sie schreiben von einem »Schreck, den ich gekriegt hätte«. Dies ist in gewissem Sinne richtig, bezog sich aber nur auf die Briefberge und auch auf diese nur um der *Unmöglichkeit* der Benutzung willen. Denn in meinem eigensten Herzen bin ich geradezu Briefschwärmer und ziehe sie, weil des Menschen Eigenstes und Echtestes gebend, jedem andern historischen Stoff vor. All meine geschichtliche Schreiberei, auch in den Kriegsbüchern, stützt sich im Besten und Wesentlichen immer auf Briefe. Sie sehen, es war mit dem »Schreck« nicht so schlimm. (BE II 223)

Fontane an seine Tochter Berlin, 14. September 1889
Schon gestern Abend wollte ich Dir einen kl. Brief stiften, kam aber nicht dazu, weil ich anderweitig eine große Correspondenz hatte, darunter ein Brief an einen Herrn Gerhart Hauptmann, der ein fabelhaftes Stück geschrieben hat: »Vor Sonnenaufgang, soziales Drama, 5 Akte.«[34] Ich war ganz benommen davon. Mama natürlich wieder in Angst, ich ginge zu weit, ich engagirte mich ungebührlich; Durchgänger, Hitzkopf, »*Jüngling*«; nachdem nun aber gestern eine Karte von Brahm eingetroffen ist, der ganz meine Anschauungen theilt, hat sie sich einigermaßen beruhigt. Ich allein kann nie Recht haben, es muß immer erst bestätigt werden, und wenn es durch Müller oder Schultze wäre. Dieser Hauptmann, ein wirklicher Hauptmann der schwarzen Realisten-Bande, welche letztre wirklich was von den Schillerschen Räubern hat und auch dafür angesehen wird, ist ein völlig entphraster Ibsen, mit andern Worten ist das *wirklich*, was Ibsen blos will, aber nicht kann, weil er in seinen neben der realistischen Tendenz herlaufenden Nebentendenzen – die freilich in den letzten Stücken zur Haupttendenz geworden sind – mehr oder weniger verrückt ist und in zugespitzter Entwicklung dieser Verrücktheit ganz ins Phrasenhafte verfällt. Nicht in die Phrasenhaftigkeit des Worts, aber in die des Gefühls, der Anschauung. Von all diesem ist Hauptmann ganz frei; er giebt

---

[34] In seiner Rezension (V. Z. 21. u. 22. 10. 1889) der Aufführung des Stücks auf der »Freien Bühne« am 20. 10. 1889 schreibt Fontane: »Es sind keine zwei Monate, daß mir das Stück [...] zu Händen kam.« (NFA XXII/2, 710).

das Leben, wie es ist, in seinem vollen Graus; er thut nichts zu, aber er zieht auch nichts ab, und erreicht dadurch eine kolossale Wirkung. Dabei (und das ist der Hauptwitz und der Hauptgrund meiner Bewunderung) spricht sich in *dem*, was dem Laien einfach als abgeschriebnes Leben erscheint, ein Maß von Kunst aus, wie's nicht größer gedacht werden kann. Denn 5 füßige Jamben, gerammt voll von Sentenzen, können zwar auch sehr schön sein, sind aber weitab davon, das Höchste in der Kunst zu repräsentiren. Im Gegentheil, es ist etwas verhältnißmäßig Leichtes, und läßt sich *lernen*. Höheren Werth aber hat nur das, was man persönlich räthselhaft empfangen hat, und was kein andrer mit einem theilt.

(SJ II 155 f)

Fontane an Friedrich Stephany   Berlin, 30. September 1889
Ihnen gegenüber kann ich mich in der Ibsen-Frage ganz kurz fassen, seine Wirkung ist groß und berechtigt, er hat neue Typen und neue Aufgaben geschaffen, es fängt wirklich ein neues Leben mit ihm an, und das Alte wirkt abgestanden, langweilig. Aber indem ich dies kolossale Lob ehrlich ausspreche, muß ich doch zugleich hinzusetzen, alles, was da von Lebensanschauungen und Doktrinen mit drunterläuft, ist der reine Unsinn, so daß ein alter Kerl wie ich bloß drüber lachen kann. Neulich war Rittershaus bei mir, der das Pulver nicht erfunden hat. Aber eines war doch sehr gut. Er sagte: »Sehen Sie, dieser Ibsen, man kann nicht drei Seiten lesen, ohne zu merken, daß er Apotheker war.« Wie mir dabei zumute wurde, können Sie sich denken; im Hause des Gehenkten spricht man nicht vom Strick. Aber trotz dieses Angstgefühls, trotzdem ich mir die Frage vorlegen mußte, »wie steht es denn mit dir? merkt man es auch?«, trotz alledem fand ich es vorzüglich. Überall der kleine, kluge, verrückte Apotheker, der sich, weltabgeschieden, in eine furchtbare Frage einbohrt. Man muß unverheiratet sein, wie unsre jungen Freunde, um auf diesen Zopf von Ehe, freier Liebe, Selbstbestimmung, Verantwortlichkeit etc. etc. anzubeißen. Alles verrückt und manches auch noch *sehr* unangenehm, wie z. B. in »Rosmersholm«, was, glaub ich, der kleine Brahm ganz besonders schön findet. Ich, in meiner Eigenschaft als Zwischen-zwei-Stühlen-Sitzer, bin schlimm dran. Keinem kann ich's recht machen.   (BE II 244 f)

30. September 1889
Fontane. Aus »Henrik Ibsen, Gespenster«
Es wird jetzt im Streit mit der realistischen Schule so viel auf die Dichtungen einer voraufgegangenen Literaturepoche hingewiesen, auf eine Glanzzeit, die, während sie das Ideale betonte, Größeres zu schaffen und die Menschen ungleich glücklicher zu machen verstand. Es fragt sich, ob es wahr ist. Aber *wenn* wahr, ebenso wahr ist es, daß diese großen Schöpfungen, die selbst den Vertretern der entgegengesetzten Richtung nach wie vor als solche gelten, im wesentlichen aufgehört haben, die Menschheit, »die jetzt dran ist«, noch lebhaft zu interessieren. Die klassischen Aufführungen schaffen seit geraumer Zeit das Seitenstück zu den leeren Kirchen. Der Aufführungspomp ist ein trauriger Notbehelf. Und in dieser Not sprang der Realismus ins Dasein, der das Kunsttheil auf dem entgegengesetzten Wege suchte. Wenn es das Paradies nicht mehr sein konnte, so sollt' es dafür ein Garten des Lebens sein. Auf dem nach diesem Ziel hin eingeschlagenen Wege hat es für manchen ein Verweilen an Stellen gegeben, daran vorüberzugehen vielleicht besser gewesen wäre. Zuletzt aber, nach mancher Irrfahrt, wird auch auf diesem Wege, davon bin ich überzeugt, das Schöne gefunden werden, und wenn es gefunden ist, so wird es eine schärfere Darstellung finden als vordem, weil das Auge mittlerweile schärfer sehen lernte. Nenne man meinetwegen den jetzigen Weg den Weg durch die Wüste. Nach der Wüste kam gutes Land. Das Scheinwesen wird dann gefallen und das Auge für die Schönheit geblieben sein. (NFA XXII/2, 708)

Fontane. Aus »Richard Voss, Brigitta« 3. Oktober 1889
Ich stelle das Romantische nicht nur sehr hoch, es bleibt auch meine Lieblingsgattung in der Dichtung, und aller künstlerischer Genuß, den ich der realistischen Schule verdanke, die Bewunderung, mit der ich Zola, Turgenjew, Tolstoi, Ibsen gelesen habe, verschwindet neben der erhabenen Freude, die mir, durch ein ganzes Leben hin, romantische Dichtungen wie »Chevy-Chase«, die Bürgersche »Lenore«, der Goethesche »Erlkönig«, das »Herz von Douglas« (vom Grafen Moritz Strachwitz), die Schillersche »Jungfrau von Orleans« und viele andere Arbeiten derselben Richtung

gemacht haben. Der Sieg des Realismus schafft die Romantik nicht aus der Welt, und wär' es so, so wäre es ein schrecklicher, gar nicht wieder einzubringender Verlust; der Realismus schafft nur die falsche Romantik aus der Welt, die Romantik, die keine ist. Mit den mittelalterlichen Stoffen, zumal mit dem Rittertümlichen, kann die Poesie nie aufräumen; es ist eine Welt, der der Stempel des Poetischen, von vornherein, in einem besonders hohen Maße aufgedrückt ist; aber dieser Stempel ist ihnen nicht so unvertilgbar tief aufgedrückt, daß er nicht unter prosaischen Händen (zu denen ich übrigens die von Richard Voß durchaus *nicht* zähle) verlorengehen könnte. Ja es ist ein Elend, daß die tiefe Prosa der sogenannten Romantiker für dies »Verlorengehen« beständig Sorge trägt. Die ledernsten Menschen machen sich an die romantischsten Stoffe, und wenn nur ein Kreuzzug oder die westfälische Feme, Hörselberg oder Kyffhäuser, die heilige Elisabeth oder die Gräfin von Orlamünde (»Weiße Frau«) darin vorkommt, so glauben sie das ihrige getan zu haben. Durch dies tote Zusammensetzespiel von Marterkammer und Eiserner Jungfrau, von Templer und Jüdin, von Söller und Kemenate, durch endloses Heraufbeschwören von Elfen und Irrlichtern, von Zweitem Gesicht und Stureblick, von Ritter Kurt mit der Mohrenprinzessin und Ritter Olaf auf der Heide – durch Überfüllung dieses romantischen Quincailleriemarktes..., vor allem durch den tiefen Unglauben aller derer, die diesen Markt beschicken, ungläubig, weil sie am besten wissen, wie unecht es mit ihrer Ware bestellt ist, durch diesen Unglauben, der gleichbedeutend ist mit Unredlichkeit – dadurch und nur dadurch allein ist diese ganze herrliche romantische Welt, diese Schatzkammer aller Poesie, so tief in Mißkredit gekommen. Die Herren Verfasser stehen dem, was sie bringen, selber fremd gegenüber und verlangen von andern ein hingebendes, überzeugungsvolles Interesse, das ihnen selbst in erster Reihe mangelt. Die Romantik kann nicht aus der Welt geschafft werden, und in einer neuen Gestalt, oder vielleicht auch in ihrer alten oder nur wenig gemodelten, wird sie (denn sie verträgt sich sehr gut mit dem *Realismus,* was man an den echten Romantikern studieren kann) aufs neue ihren siegreichen Einzug halten, aber die rechten gläubigen Dichter müssen erst wieder dafür erweckt werden, dann werden sie auch das Publikum zu erwecken imstande sein. Solange die Romantik aber nur ein Geschäft ist, hat sie verspielt; sie wird wieder siegen, wenn sie wieder ein lebendiges *Gefühl* geworden ist.

(NFA XXII/2, 638 f)

21. Oktober 1889

Fontane. Aus »Gerhart Hauptmann, Vor Sonnenaufgang«

Der Ton ist, bei Arbeiten wie diese, die viel von der Ballade haben, nahezu alles, denn er ist gleichbedeutend mit der Frage von Wahrheit oder Nichtwahrheit. Ergreift er mich, ist er so mächtig, daß er mich über Schwächen und Unvollkommenheiten, ja selbst über Ridikülismen hinwegsehen läßt, so hat ein Dichter zu mir gesprochen, ein wirklicher, der ohne Reinheit der Anschauung nicht bestehen kann und diese dadurch am besten bekundet, daß er den Wirklichkeiten ihr Recht und zugleich auch ihren rechten *Namen* gibt. Bleibt diese Wirkung aus, übt der Ton nicht seine heiligende, seine rettende Macht, verklärt er nicht das Häßliche, so hat der Dichter verspielt, entweder weil seine Gründe doch nicht rein genug waren und ihm die Lüge oder zum mindesten die Phrase im Herzen saß, oder weil ihn die Kraft im Stich ließ und ihn sein Werk in einem unglücklichen Momente beginnen ließ. Ist das letztere der Fall, so wird er's beim nächsten Male besser machen, ist es das erstere, so tut er gut, sich »anderen Sphären reiner Tätigkeit« zuzuwenden. [...]

Es ist töricht, in naturalistischen Derbheiten immer Kunstlosigkeit zu vermuten. Im Gegenteil, richtig angewandt (worüber dann freilich zu streiten bleibt), sind sie ein Beweis höchster Kunst.

(NFA XXII/2, 713)

Fontane an Maximilian Harden Berlin, 7. November 1889

Diesen Zeilen schließe ich einen Aufsatz bei, den Freund Wilh. Lübke (der Kunstprofessor) in der Augsb. Allg. Zeitung über meine Erzählungskünste veröffentlichte.[35] Sie werden nicht viel davon brauchen können, aber doch einiges aus dem Eingang. Es hat mal biographisch Ausführlicheres in der Leipz. Illustr. Zeitung, im Da-

---

35 Vgl. Anm. z. Brief an Rackwitz vom 5. 12. 1885.

heim und in einer märkischen Zeitung, die schon wieder das Zeitliche gesegnet, gestanden, aber wo solche Blätter hernehmen? Das ist die reine Emin-Pascha-Expedition, bei der man, wenn nicht den Kopf, so doch den Verstand verliert. Außerdem war alles recht schwach, leb- und lieblos, oder voll falscher Liebe, was noch schlechter ist als gar keine. Wenn ich tot bin und es findet sich wer, der mich der Nachwelt überliefern will, so geben ihm die Vorreden zu meinen verschiedenen Büchern, zum Teil die Bücher selbst – weil sie wie »Kriegsgefangen«, »Aus den Tagen der Okkupation«, »Ein Sommer in London«, »Jenseit des Tweed« usw. Erlebtes enthalten – das beste Material an die Hand. Aber das hilft *Ihnen* heute nichts, und die Stunde mit ihren Forderungen hat recht. Ich glaube, wenn Sie den Artikel im Brockhausschen Konvers.-Lexikon als roten Faden nehmen und dann einiges, wie z. B. den Balladenbarden, den Alten-Fritz-, Zieten-, Kaiser-Friedrich-, Bismarck-Sänger, den Wanderer durch die Mark, den Schlachtenbummler mit ekligen Gefahren im Gefolge, vielleicht auch ein bißchen den »Realisten« und Kritiker in der guten alten Vossin, weiter ausführen, so erfreuen Sie mich und andere durch einen wundervollen Artikel. (BE II 250 f)

Fontane an Georg Friedlaender   Berlin, 11. November 1889
Herzlichen Dank für Ihren lieben, wundervollen Brief, der so niederdrückend und so erhebend wirkt. Denn ich kann nicht zugeben, daß ein Einblick in die Misere, das sich Ueberzeugung von der Unzulänglichkeit und günstigstenfalls von der Mittelmäßigkeit der Menschen, in gut organisirter Natur *auf die Dauer* unglücklich mache. Ganz im Gegentheil. Je besser man seine Pappenheimer kennen lernt, je mehr man sieht, wie dumm alles liegt, oft sogar innerhalb des Metiers, sicher aber wenn es über das Metier hinaus geht, – je mehr man sich mit dieser Erkenntniß durchdringt, je heitrer wird man, aller Aerger fällt fort und man resignirt sich dahin: »nach Lage der Sache geht es einem eigentlich noch sehr gut«, denn das natürliche Resultat aller dieser Schofelinskischaften müßte Verzweiflung oder Vereinsamung oder unausgesetzte Fehde sein. Und doch lebt man und hat glückliche Stunden mit allerlei Freuden und Auszeichnungen, die man weder nach der Beschaffenheit der Menschen,

noch auch nach der kritischen Stellung, die man diesen gegenüber einnimmt, für möglich halten sollte. Jeder nimmt die Beispiele aus dem, was ihm zunächst liegt, ich also aus der literarischen Welt. Sie erzählen in Ihrem Briefe ein paar kostbare Geschichten von Kollege Großpietsch und Frau, und demnächst von »Oberförsters«, wo die Frau auch wieder dem Manne den Rang abläuft. Nun, auf diese Geschichten berufe ich mich; dergleichen erlebt man beständig, auch hier, auch in »höchsten« und »gebildetsten« Häusern, namentlich wenn sie wohl noch gar kirchlich sind. Und ich darf Ihnen versichern, wenn ich dann nach Hause komme und überschlage, was ich da eben gehört habe, so erscheinen mir die kleinen Erfolge meines liter. Lebens noch gradezu als ein Wunder. Ich habe, ein paar über den Neid erhabene Kollegen abgerechnet, in meinem langen Leben nicht 50, vielleicht nicht 15 Personen kennen gelernt, denen gegenüber ich das Gefühl gehabt hätte: ihnen dichterisch und literarisch *wirklich* etwas gewesen zu sein. Im Kreise meiner Freunde hier (oder gar Verwandten) ist nicht einer; jeder hält sich die Dinge grundsätzlich und ängstlich vom Leibe, und vergegenwärtige ich mir das alles, so habe ich allerdings Ursach, über den Verkauf von lumpigen 1000 Exemplaren erstaunt zu sein, denn 100 ist eigentlich auch schon zuviel. Und mehr als 100 werden auch wirklich aus dem Herzen heraus *nicht* gekauft, das andre ist Zufall, Reclame, Schwindel. Aber daß der Zufall einem über das eigentlich Richtige hinaus so wohl will, das ist doch so zu sagen etwas Schönes, wofür man sich in Heiterkeit bei eben diesem Zufall bedanken muß. Also noch einmal: das Lebens-Resultat, so schlecht es ist, ist immer noch besser, als es eigentlich sein dürfte. Manchen mag diese Betrachtung quälen, mich quält sie nicht, vielmehr freue ich mich, daß, nach einem unerforschten Rathschluß, schließlich noch so viel Gnade für Recht ergeht. Zudem (und dies ist so wichtig und eigentlich ausschlaggebend) fehlt in all dem Dümmlichen jeder *animus injuriandi*; kann ich einer Dame böse sein, die von der Familie Douglas höchstens den Grafen Douglas (in der Nähe von Halle) kennt, der vorigen Winter die lange Kaiserrede hielt? – Ich habe selbstsüchtigerweise bis hierher blos von literarischen Dingen, das heißt also versteckt von mir selber gesprochen; aber wie's literarisch liegt, so liegt es *überall*, zum Theil noch schlimmer, weil der

Sinn für das Poetische doch vielfach angeboren in den Seelen der Menschen lebt, während der Sinn für die bildenden Künste bei nicht allzu vielen und der für die Architektur bei nur ganz vereinzelten zu finden ist. Welchen entsetzlichen Quatsch müssen die Baumeister mit anhören. Und die Musiker! Wenn man ihnen von der musikalischen Volksseele erzählt, so kriegen sie das Lachen und wahrscheinlich mit Recht. Ein riesiges Quantum von Unausreichendheit auf *jedem* Gebiet erfüllt die Welt, eine Thatsache die jeder zugiebt (sich selbst mit eingeschlossen) der wir aber alle noch jeder genug Rechnung tragen. Wir »rechnen« immer noch mit der Menschheit; Beifall, Zustimmung, Ehren bedeuten uns immer noch 'was, als wäre damit was gethan; das ist aber falsch und unklug, wir müssen vielmehr unsre Seele mit dem Glauben an die Nichtigkeit dieser Dinge ganz erfüllen und unser Glück einzig und allein in der Arbeit, in dem uns Bethätigen unser selbst finden.

(FRI 115 f)

Berlin, 3. Dezember 1889
Fontane an den Verlag Friedrich Bruckmann
Ihre Güte beschämt mich, aber es geht nicht. In der langen Zeit, daß wir Briefe wechseln, hat sich die Situation ein paar Mal verändert. Ich entsinne mich, daß ich Ihnen von meinem Engagirtsein in Romanen und Novellen schrieb und wenn ich nicht irre hinzusetzte: es könnten auch mal wieder andre Zeiten kommen. Diese andren Zeiten sind jetzt da, ich ziehe mich aus der Fictions-Welt zurück, nehme auch wirklich preußisch-märkische Arbeiten wieder auf, kann aber doch *das*, was Sie wünschen, nicht schreiben. Ich würde vor Langeweile dabei umkommen. Alles schon 100mal von Andern Erzählte noch einmal zu erzählen, wenn auch ein bischen abgerundeter, widersteht mir aufs äußerste. Wenn ich in diesem Augenblick ein Convolut fände »Briefe des Generals Müller vom Regiment Forcade an seinen Vater den Schuhmacher Müller im Krieg von 1756 bis 63« so würde mich das in Entzücken versetzen, aber den 7jährigen Krieg persönlich noch mal zu beschreiben, ist tödlich. Und andre Abschnitte unserer Geschichte sind noch viel tödlicher. Es geht mir auf andern Gebieten meiner Thätigkeit ebenso. Muß ich ins Theater, um über die »Freie Bühne« zu be-

richten, so schreibe ich spaltenlang mit dem größten Vergnügen, weil mich alles interessirt, soll ich ein altmodisches Durchschnittsstück sehn, so kann ich hinterher kaum 10 Zeilen schreiben. Ich bedarf der innren Lust und Freudigkeit, ist die nicht da, so geht es nicht. Früher konnte ich mich wenigstens zwingen, aber das kann ich nicht mehr.

(FAP)

Fontane. »Realismus und Romantizismus« [etwa 1889]

Ich wähle *diese* Gegenüberstellung und ziehe sie der – soweit Kunst und Dichtung in Betracht kommen – der von Realismus und Idealismus vor. Denn der Idealismus ist auch etwas Reales oder beschäftigt sich auch mit Realem, denn wer will der Idee und dem Idealen die Realität absprechen?

Jede Richtung hat ihr Recht und zwar das gleiche Recht, kein Mehr, kein Minder; nur die jeweilige Mode kann ein Mehr oder Minder schaffen.

Beide haben das gleiche Recht, solange sie in gleicher Weise ihre Schuldigkeit tun.

Ihre Schuldigkeit besteht in zweierlei:

1. Sie müssen die Echtheit haben, die aus dem Glauben an ihre Sache bzw. an ihre Richtung fließt, und müssen
2. ihren Stil haben.

Eigentlich fällt dies zusammen. Ist eine Sache echt, so hat sie auch den Stil, der ihr zukommt, und hat sie den Stil, der ihr zukommt, so ist sie auch echt. Der Unterschied ist nur der: Das Echte gibt sich unmittelbar aus dem Gefühl und trifft's, ohne zu wissen, daß es getroffen. Der *Stil* ist ein Kunstprodukt, Sache der Erkenntnis, ein Etwas, dem der Künstler bewußt nachstrebt; und erreicht er's, so hat er – indem er den richtigen Stil fand – auch die Echtheit gefunden. Dasselbe Ziel auf zwei verschiedenen Wegen. (AZL 171)

Fontane. »Was ich wollte, was ich wurde« [1890 oder später]

> Was ich mal *wollte*, was ich dann *wurde*,
> Manchmal grenzt es ans Absurde.
> Sprachen sprechen, tutti quanti,

>   Wollt' ich à la Mezzofanti,
>   Reisen zum Chan, zu zwei'n oder solo,
>   Wollt' ich mindestens wie Marco Polo.
>   Dazu dichten im Stile Dantes,
>   Prosa schreiben wie Cervantes,
>   Und gemäß dem Schillerschen »Blonden«
>   Mein Aug' erheben zu Kunigonden.
>   In Dichtung, in Liebe, wie die meisten,
>   Wünscht' ich Erhebliches zu leisten.
>
>   All das wollt' ich. Aber zur Zeit,
>   Ach, wie bin ich davon so weit!
>   Leben zwingt uns die Segel zu reffen,
>   Sechse treffen, sieben äffen.
>   Sprachen? An »comment vous portez-vous«
>   Reiht sich schüchtern »how do you do«.
>   Reisen? Ach, zwischen Treptow und Stralau
>   Fährt mein Kahn. Den Rest tut Kalau.
>   Aus den erträumten Orgelakkorden
>   Ist ein Tipptipp am Spinett geworden,
>   Im günstigsten Fall ein Klimperstück –
>   Und dabei spricht man noch von Glück!
>
>   (HA 6, 338 f)

Fontane. »Auch ein Stoffwechsel«   [1890 oder später]

>   Im Legendenland, am Ritterbronnen,
>   Mit Percy und Douglas hab' ich begonnen;
>   Dann hab' ich in seiner Schwadronen Mitten
>   Unter Seydlitz die großen Attacken geritten
>   Und dann bei Sedan die Fahne geschwenkt
>   Und vor zwei Kaisern sie wieder gesenkt.
>   In der Jugend ist man eben dreister,
>   Mag nicht die Zunft der Handwerkermeister;
>   Jetzt ist mir der Alltag ans Herz gewachsen,
>   Und ich halt' es mit Rosenplüt und Hans Sachsen.
>
>   (HA 6, 344)

Fontane. Tagebuch 1890
Am 4. Januar gibt der Preßklub, der Rütli und die Vossische Zeitung mir ein großes Festessen im Englischen Hause. Sehr forsch. Spielhagen präsidiert. Minister Goßler zugegen; hält eine sehr gute Rede. Theo, mit Intendanturrats-Candillen, war von Münster herübergekommen und bleibt ein paar Tage. Um die Jahreswende bin ich ein »Held des Tages« und spuke selbst in einem Timestelegramm. Dann kommen ruhige langweilige Wochen, in denen ich die 400 Briefe zu beantworten habe. (E 25, 180)

Fontane an Moritz Lazarus [Berlin?], 9. Januar 1890
Mit 70 Jahren in Mode, ein ganz merkwürdiger Zustand, der mich, so viel Vergnügen er hat, doch bedrückt, weil ich die Kräfte dafür nicht mehr aufbringe. (E 53, 92)

Fontane an Heinrich Jacobi Berlin, 23. Januar 1890
Von meinem »Jubelfeste« schreibe ich Ihnen nicht; die konservativen Blätter, die mich, als einen »Abtrünnigen« (es ist aber nicht so schlimm damit), einigermaßen auf dem Strich haben, haben nur sehr wenig davon gebracht, aber gelegentlich kommt auch wohl ein anderes Blatt Ihnen zu Händen, und die haben es an weitschichtiger Schilderung, der ich kaum etwas hinzuzufügen hätte, nicht fehlen lassen. Man hat mich kolossal gefeiert und – auch wieder gar nicht. Das moderne Berlin hat einen Götzen aus mir gemacht, aber das alte *Preußen*, das ich, durch mehr als 40 Jahre hin, in Kriegsbüchern, Biographien, Land-und-Leute-Schilderungen und volkstümlichen Gedichten verherrlicht habe, dies »alte Preußen« hat sich kaum gerührt und alles (wie in so vielen Stücken) den Juden überlassen. Minister von Goßler, mein alter Gönner, riß die Sache zwar persönlich heraus, aber »ich sah doch viele, die nicht da waren«. Nun, »es muß auch *so* gehen«, sagte der alte Yorck bei Laon, als die Russen nicht anrücken wollten. (BE II 263 f)

Fontane an Paul Heyse Berlin, 30. März 1890
Meiner hat sich in Produktionssachen mit einem Mal eine tiefe Gleichgültigkeit bemächtigt, und ich neige mehr und mehr der Ansicht zu, daß *die* recht haben, die den ganzen Kunstbetrieb als ein Semmelbacken ansehn, von dem man lebt wie andre Gewerbsleute.

Alles ist unsicher und schwankend. Von den jeweiligen Kolossalerfolgen jammervollster Dümmlinge will ich noch gar nicht mal sprechen, aber daß Personen und Schöpfungen, die *wirklich* den Besten ihrer Zeit genügt haben, mit einem Male Gegenstand des Angriffs, ja geradezu der Abneigung werden, das gibt mir doch zu denken und läßt mir die sogenannte »Huldigung der Nation« als etwas sehr Fragwürdiges erscheinen. Alles ist Zufall, besonders auch der Erfolg, und das einzig Erquickliche ist nicht der Ruhm, sondern die Ruhe.
Trotzdem, solang es sein muß, in Arbeit weiter. (BE II 268)

8. April 1890
Fontane. Aus »Arno Holz und Johannes Schlaf, Die Familie Selicke. Alexander Kielland, Auf dem Heimwege«
[...] allerdings scheint der moderne Realismus eine traurige Tendenz nach dem Traurigen hin zu haben, und mit dieser Tendenz muß er rechnen, wenn er sich seiner Widersacher erwehren, wenn er leben will.
[...] wie steht es *dann* mit einem solchen realistischen Stück, wie steht es dann mit der ganzen Gruppe von Stücken, die, nach alter Anschauung, eigentlich keine Stücke sind? Wie steht es dann mit diesen »Ausschnitten« aus dem Leben, mit diesen Momentbildern, die das, was wir auf der Hintertreppe gratis sehen können, uns gegen Entree noch einmal zeigen? Ich habe keine bestimmte Antwort darauf; man muß es abwarten, wie so vieles andre. Darf ich aber eine Vermutung aussprechen, so wird diesen Stücken, »die keine Stücke sind«, doch die Zukunft gehören, zum mindesten werden sie Bürgerrecht haben und, von meinem Gefühlsstandpunkt aus, auch mit Recht. Denn es bleibt nun mal ein gewaltiger Unterschied zwischen dem Bilde, das das Leben stellt, und dem Bilde, das die Kunst stellt; der Durchgangsprozeß, der sich vollzieht, schafft doch eine rätselvolle Modelung, und an dieser Modelung haftet die künstlerische Wirkung, die Wirkung überhaupt. Wenn ich das kleine Lieschen Selicke bei Nachbarsleuten im Hinterhause hätte sterben sehen, so ist es mir zweifelhaft, ob ich geweint hätte; dem kleinen Lieschen, das gestern auf der Bühne starb, bin ich unter Tränen gefolgt. Kunst ist ein ganz besonderer Saft. (NFA XXII/2, 733 f)

2. Juni 1890

Fontane. Aus »Gerhart Hauptmann, Das Friedensfest«
Es fehlen die künstlerischen Gegensätze; neben dem, was niederdrückt, fehlt das, was erhebt, neben dem Schatten das Licht, und statt, wenigstens dann und wann einmal, eine Forelle springen oder Gold- und Silberfisch hin und her huschen zu sehen, sehen wir nur unausgesetzt ein schwarzes Gekrabble, das mit seinen ewig beweglichen Scheren sich untereinander kneipt und sticht. Luft, Licht und Freude fehlen; die Unken klagen in einem fort und verkünden schlecht Wetter, und das Wasser unten ist schwarz und der Himmel oben ist grau. Auch *das* hat seinen Reiz, aber es darf nicht zu lange dauern. Und da liegt das Bedrohliche. Die Tristheit in unserem jungen Realismus dauert zu lange, beherrscht zu unausgesprochen die Situation. (NFA XXII/2, 741 f)

Fontane an Otto Braun   Berlin, 17. Juli 1890
Wie sehr ich es mir zur Ehre anrechnen würde, in diesem [Cottaschen] Musenalmanache miterscheinen zu können, brauche ich nicht erst zu versichern, aber auf Lager ist nichts und im Vertraun auf eine glückliche Stunde Versprechungen zu machen, ist bei meinen hohen Semestern und dem Hange auszuruhn, etwas mißlich. Stellt sich aber, gegen alles Erwarten, noch etwas ein, so bitte ich mich damit melden und meine Chancen abwarten zu dürfen.

(E 58, 462)

Fontane an seinen Sohn Theodor   Berlin, 7. Oktober 1890
Seit gestern sind wir 14 Tage wieder hier, in einem unglaublich faulen Zustande, so daß ich noch keine Zeile gearbeitet habe. Es wird aber wohl wiederkommen. (E 57, 82)

Fontane an Otto Brahm   Berlin, 19. Oktober 1890
[...] was Hebel mal zu Tieck sagte, als dieser fragte: »Sagen Sie, Herr Kirchenrat, warum schreiben Sie nichts mehr?« und dieser antwortete: »Mir fallt halt nix mehr ein« – das drückt genau meine Situation aus. In früheren Zeiten hatte ich wenigstens einen Zettelkasten, und jeder Zettel enthielt eine Überschrift, ein Thema, woraus sich dann in verzweifelten Momenten was machen ließ. Aber

auch dieser Zettelkasten ist leer wie eine Armenbüchse in einem
Tanzlokal. So auf der Straße oder im Tiergarten geht es noch, aber
zu Hause sitzt man doch klapprig wie der alte Faust und sieht in
die untergehende Sonne. Dann und wann fällt wohl noch ohne Zutun ein Apfel vom Baum, aber die Kraft zum Herabholen ist nicht
mehr da. (FR II 253)

Fontane. Tagebuch 1891
Ich beginne verschiedene kleine Novellen, komme aber über Entwurf und Bruchstücke nicht hinaus. (E 25, 182)

Fontane »Verzeiht« 1891

> Verzeiht den Anekdotenkram
> Und daß niemals ich einen »Anlauf« nahm,
> Auch niemals mit den Göttern grollte,
> Nicht mal den Staat verbessern wollte,
> Nicht mal mit »sexuellen Problemen«
> Gelegenheit nahm mich zu benehmen.
>
> *Der* faßt es so, *der* anders an,
> Man muß nur wollen, was man kann;
> Mir würde der Weitsprung nicht gelingen,
> So blieb ich denn bei den näheren Dingen,
> Drei Schritt bloß – – ich weiß, es ist nicht viel,
> Aber Freude gibt jedes erreichte Ziel. (HA 6, 326)

Fontane an Ismael Gentz Berlin, 23. Januar 1891
Eben erst (etwas spät) habe ich in den »Neuen Monatsheften«
Ihren Aufsatz über den Papa[36] gelesen. Ich finde ihn ganz vorzüglich, namentlich die erste Hälfte, und mache Ihnen mein Compli-
ment. Mir fiel dabei wieder ein, was Professor Direktor Ewald
vor etwa zwanzig Jahren 'mal im August v. Heydenschen Hause
zu mir sagte: »Wissen Sie, Schriftstellerei ist eigentlich gar keine
Kunst.« Ich fand es damals nicht sehr verbindlich gegen mich, und

---

[36] »Wilhelm Gentz † 23. August 1890«, (Velhagen und Klasings) Neue
Monatshefte, 5. Jg., 1890/91.

verbindlich finde ich es auch heute noch nicht. Ich habe aber längst zugegeben, daß es wahr und richtig ist. Nur Verse, namentlich schwierige, sind eine Kunst. Alles andere kann jeder Gebildete, und unendlich oft macht es der Laie besser als der Fachmann, weil er frischer und naiver ist. Seien Sie nochmals bestens bedankt. Es ist auch im Ton, in der Gesinnung, in der geschmackvollen Pietät so sehr hübsch.
(FAP)

Fontane an Hermann Wichmann   Berlin, 5. Februar 1891
Es geht einem ganz eigen mit den zurückliegenden Arbeiten; ich weiß noch ganz deutlich, daß ich, vor 20 und 30 Jahren, meine ganze Seele daran hing, daß ich glücklich war, mal wieder einen alten Dorfkirchhof abgeklappert und neuen Stoff für die Beschreibung zu haben, daß ich über den Kriegskarten saß und mitten in der Nacht aufsprang, um einen Schlachtplan in womöglich drei Linien aufzuzeichnen (je weniger Linien, desto besser; ja dies »wenige« – weil erst die rechte Klarheit gebend – war die eigentliche Schwierigkeit) oder sonst einen leidlich guten Einfall zu Papier zu bringen. Und mit den Romanen und Novellen habe ich mich erst recht abgemüht. Und was ist jetzt am Ende meiner Tage das Resultat davon? Ich warte die Gleichgültigkeit der Menschen nicht mal ab, sondern komme ihnen fast zuvor und bin tief durchdrungen, ein paar Gedichte abgerechnet, von der Indifferenz des Geleisteten. Freilich ist dies das Los alles Modernen; das Klassische, der feste Bestand, das, was den Schatz der Nationen bildet, wird von Jahrhundert zu Jahrhundert nur durch wenig Sachen vermehrt, und alles, was selbst die Guten und Besten jetzt schaffen, hat bloß einen Tageswert – eine ganz kurze Zeit, und es ist von der Tafel heruntergewischt. Heute waren in der Vossin sechs oder sieben Romane hintereinanderfort besprochen, alles Arbeiten von namhaften Leuten, alle gut, aber auf jeden kamen drei Zeilen, und schon jetzt, wo die Buchstaben noch kaum trocken sind, sind alle sechs oder sieben Bücher schon so gut wie vergessen. Mich erfüllt dies alles durchaus nicht mit Trauer, nur zur Bescheidenheit wird man immer dringlicher verpflichtet und lernt einsehen: »Es ist alles nichts.« Freilich kann man diesen Satz unter alles schreiben; Salomo war auch schon so weit.
(BE II 282 f)

Fontane an seine Tochter Berlin, 21. Februar 1891

Ich gebe, zugleich mit diesen Zeilen, wieder einige grüne[37] und gelbe[38] Hefte zur Post, in denen allerhand über die neuen Stücke steht, freilich nicht recht was Brauchbares. Es ist immer so ein dunkles Tappen und Tasten, kein frisches Zugreifen. Die Kritiken sind alle wie von Verbrechern geschrieben, die nur immer auf der Hut sind, vor Gericht nichts zu sagen, was gegen sie gedeutet werden kann. Ich habe mich nie für einen großen Kritiker gehalten und weiß, daß ich an Wissen und Schärfe hinter einem Manne wie Brahm weit zurückstehe, habe das auch immer ausgesprochen, aber doch muß ich, für natürliche Menschen, mit meinen Schreibereien ein wahres Labsal gewesen sein, weil doch jeder die Antwort auf die Frage »weiß oder schwarz«, »Gold oder Blech« daraus ersehen konnte; ich hatte eine klare, bestimmte Meinung und sprach sie muthig aus. *Diesen* Muth habe ich wenigstens immer gehabt. Ich sagte zu Wildenbruch: »nein, das geht nicht; das ist talentvoll aber Unsinn«, und als er endlich die Quitzows brachte sagte ich mit gleicher Deutlichkeit: »ja, der alte Wildenbruch tobt und wuracht auch hier noch herum, aber es ist so viel von Genialem da, daß ich seinem Unsinn Indemnität ertheile.«[39] Zu solchem runden Urtheil rafft sich von den Modernen keiner auf; wie die Schatten in der Unterwelt schwankt alles hin und her und sieht einen traurig an; deutlich werden sie nur, wenn sie einen ausgesprochenen Feind (der dann meistens ein ganz kleiner Doktor ist) beim Schopfe fassen, um ihn vor versammeltem Volk zu skalpiren. Das machen sie dann ganz nett.

(SJ II 169)

Fontane an Otto Brahm Berlin, 4. April 1891

Ich bitte Sie herzlich, meinen Namen aus der Versenkung nicht aufsteigen zu lassen. Ihm ist wohl da unten. Lassen Sie mich in der ganzen Sache einen von den »Stillen im Lande« sein. Vor mir selber sitze ich nicht auf zwei Stühlen, aber vor den Augen der Welt ge-

---

37 für die »Freie Bühne«.
38 für das »Magazin für Literatur« (vgl. SJ IV 285).
39 Vgl. die Besprechung V. Z. 10. 11. 1888 nach der Erstaufführung der »Quitzows« vom 9. 11. 1888 (NFA XXII/2, 578 ff).

wiß, und ich möchte nicht selber neues Verdachtsmaterial liefern. Ich folge den Bestrebungen der neuen Schule mit dem größten Interesse und bin mit vielem einverstanden – was ich ja nicht bloß briefverborgen, sondern auch auf Zeitungslöschpapier öffentlich ausgesprochen habe. Aber ich mag die Kämpfe nicht mitkämpfen, mag auch nicht einmal wie Tschernischew in der Schlacht bei Reichenbach Gewehr bei Fuß nebenan stehn, um noch als Strohmannkämpfer mitzuwirken. Ich weiß nicht, wie meine Papiere stehn, aber ich würde mich nicht wundern, wenn mich Frenzel, Spielhagen, Heyse für einen unsichern Passagier halten sollten. Und das ist das allerhäßlichste und das, was man am meisten vermeiden muß. Mit klingendem Spiel in das Lager der »Neuen« überzugehn wäre Kleinigkeit und mir moralisch ganz unbedenklich, aber dazu fehlen mir einige Zentner Überzeugung. Ich seh das Gute, aber auch das Nicht-Gute und drücke mich in die Sofaecke. Mit 71 darf man das. (BE II 287)

Fontane an Hans Hertz   Berlin, 20. April 1891
Gestern war ein Freudentag, denn ich erfuhr durch ein ministerielles Schreiben, daß mir für »meine Verdienste« (Pardon) eine Prämie von 3000 Mark zuerkannt worden sei, durch S. Majestät auf Antrag einer Kommission. Ich vermuthe, daß dies der sogenannte Schillerpreis ist und die Zubewilligung desselben wird nun wohl als statutenwidriger Griff in den Welfenfonds angesehn werden. Und vielleicht kriege ich einen Leitartikel. Ist mir aber Schnuppe; ich habe das Gold und keine Spur von Beschämung. Mich beunruhigt nur noch die Kommission. An diese, oder an ein paar hervorragende Mitglieder, müßte ich doch wohl eigentlich ein Dankeswort richten. Ich glaube Heyse und Erich Schmidt sind Hauptmitglieder. Ist das richtig und meinen Sie, daß ich an diese Beiden schreibe. Vielleicht haben Sie so ein bischen Fühlung mit der ganzen Sache und wissen Bescheid. (WHH 330)

Fontane an Paul Heyse   Berlin, 23. April 1891
Am Sonntag empfing ich ein kultusministerielles Schreiben, und schon am Dienstag holte ich mir meinen Schillerpreis in bar. Der Geheimrat, der mir die 3000 Mark behändigte, war sehr artig, aber

wenn mich nicht alles täuschte, stand ein »Na, na« auf seiner Stirn. Der Berliner zweifelt immer. Ich gönne ihm seinen Zweifel und bin froh, daß *Du* ihn nicht geteilt hast. Denn Dein pro wird in der keilförmigen Schlachtordnung wohl die Spitze gebildet haben. Ich schreibe das so auf guten Glauben und die innere Stimme hin und bin sicher, mich nicht zu irren. Übrigens bin ich bereits so weit 'runter oder vielleicht auch so weit vorgeschritten, daß mir die Geldsumme fast mehr bedeutet als die Ehre. Was wird nicht alles geehrt. Ich berechne mir jetzt die Zinsen für meine alte Frau und sage schmunzelnd: »Fünfzig Taler mehr sind nicht übel.«

(FH 214 f)

Fontane. Tagebuch 1891
Ende April erfahre ich, daß ich den »Schillerpreis« erhalten habe, was mich natürlich sehr erfreut, vielleicht am meisten wegen der 3000 Mark. Denn mit der Ehre ist es so; im Publikum sind einige (auch nicht viele), die's mir gönnen, unter den Kollegen eigentlich keiner; jeder betrachtet es als eine Auszeichnung, die meinen Anspruch darauf übersteigt. Wenn man sich auch noch so niedrig taxiert, macht man immer wieder die Wahrnehmung, daß es doch noch zu hoch war, und daß man in der allgemeinen Schätzung noch niedriger steht. Nun, auch gut. Alles ist nicht Schwindel, aber doch das Meiste.

(E 25, 183 f)

Fontane an Georg Friedlaender Berlin, 3. Mai 1891
Der Schillerpreis ist ein großes Kapitel. Sicher sind mir nur die 3000 Mark, alles andre ist so so. Die Presse hat mich mit sichtlichem Wohlwollen behandelt und ich bin den betreffenden Personen dankbar dafür, denn sie hätten mir auch Sottisen sagen können; so zweifelsohne ist niemand, daß man ihm nicht seine Dämlichkeit auf irgend was hin beweisen könnte. Also nochmals, ich bin dankbar, daß mir direkte Kränkungen erspart geblieben sind. Dennoch hat mich die ganze Tonart deprimirt. Ich bin wie ein »alter braver Mann« behandelt worden mit dem man es »gut meint« und der auch so seine kleinen, etwas antiquirten Verdienste hat. Von einem warmen Wort »ja, *das* kann er« (und nun irgend was nennen) keine Rede. Durchschnitt, Mittelgut. Und

das ist mir doch zu wenig. Aber glauben Sie nicht, daß diese Wahrnehmung mich unglücklich macht; ich sehe nur wie's liegt und daß es etwas schlechter liegt, als ich dachte. (FRI 146)

Fontane an seine Tochter   Berlin, 25. Juli 1891
Wie hätte ich leben und alle Miserabilität des Tütendrehens und Tütenklebens (und nun erst gar die Menschen!) ertragen können, wenn ich nicht die Passion gehabt hätte, Terzinen zu machen.

(SJ II 189)

Fontane an seine Frau   Wyk, 23. August 1891
Alles Arbeiten habe ich einstellen müssen, und glücklicherweise habe ich auch nichts zu lesen – damit verdirbt man sich immer bei Schnupfenzuständen. Ich beschäftige mich damit, mein Leben zu überblicken, allerdings in etwas kindischer oder doch mindestens in nicht sehr erhabener Weise; bei den ernsten Dingen verweile ich fast gar nicht; ich sehe sie kaum und lasse Spielereien, Einbildungen und allerhand Fraglichkeiten an mir vorüberziehn. Das Endresultat ist immer eine Art dankbares Staunen darüber, daß man, von so schwachen wirtschaftlichen Fundamenten aus, überhaupt hat leben, 4 Kinder großziehn, in der Welt umherkutschieren und stellenweis (z. B. in England) eine kleine Rolle spielen können. Alles auf nichts andres hin als auf die Fähigkeit, ein mittleres lyrisches Gedicht und eine etwas bessere Ballade schreiben zu können. Es ist alles leidlich geglückt, und man hat ein mehr als nach einer Seite hin bevorzugtes und namentlich im kleinen künstlerisch abgerundetes Leben geführt, aber, zurückblickend, komme ich mir doch vor wie der »Reiter über den Bodensee« in dem gleichnamigen Schwabschen Gedicht, und ein leises Grauen packt einen noch nachträglich. Personen von solcher Ausrüstung, wie die meine war, kein Vermögen, kein Wissen, keine Stellung, keine starken Nerven, das Leben zu zwingen – solche Menschen sind überhaupt keine richtigen Menschen, und wenn sie mit ihrem Talent und ihrem eingewickelten 50-Pfennig-Stück ihres Weges ziehn wollen (und das muß man ihnen schließlich gestatten), so sollen sie sich wenigstens nicht verheiraten. Sie ziehen dadurch Unschuldige in ihr eigenes fragwürdiges Dasein hinein, und ich kann alle Deine Verwandten,

darunter namentlich meine noch immer von mir geliebte Clara
Below, nicht genug bewundern, daß sie mich von Anfang an mit
Vertrauen, Herzlichkeit und beinah Liebe behandelt haben. Ich
wäre gegen mich selber viel flauer gewesen, denn ein Apotheker,
der anstatt von einer Apotheke von der Dichtkunst leben will, ist
so ziemlich das Tollste, was es gibt. (BE II 296 f)

Fontane an Moritz Lazarus   Berlin, 12. September 1891
Ich persönlich bin sehr für Gestalten in der Kunst, die nicht bloß
Typ und nicht bloß Individuum sind, aber sonderbarerweise haben
die größte Berühmtheit in Kunst und Literatur fast immer *die*
Schöpfungen errungen, die schön und echt menschliche Mittelstufe
nicht einnehmen, sonderbare Gebilde, die einerseits gar nicht typisch (und menschlich nun schon gewiß nicht) und andrerseits wie
im Widerspruch dazu wiederum *nur* typisch sind. »Nur typisch«
insoweit, als sie eine bestimmte, aller Menschheit eigene Charak-
terseite zum Ausdruck bringen und weiter nichts als das.

(BE II 301)

Fontane. »Die gesellschaftliche Stellung der Schriftsteller«   1891

I

Wie ist die Stellung des Schriftstellers? – Ich glaube, es herrscht in
dieser Frage bei denen, die sie zunächst angeht, eine seltene Ein-
mütigkeit. Die Berühmten und die Unberühmten, Freien und Unfreien, die Romane- und Stückeschreiber, die Journalisten und
Essayisten – der armen Lyriker ganz zu schweigen –, alle sind
meines Wissens einig darüber: die Stellung eines Schriftstellers ist
miserabel. Welchem Lande nach dieser Elendsseite hin der Vortritt
gebührt, mag schwer festzustellen sein, doch wird sich vielleicht
sagen lassen, daß Preußen-Deutschland immer mit in erster Reihe
figuriert hat und erfolgreich bemüht ist, sich auf dieser alten Höhe
zu halten. Die, die mit Literatur und Tagespolitik handeln, werden reich, die, die sie machen, hungern entweder oder schlagen sich
durch. Aus diesem Geld-Elend resultiert dann das Schlimmere: der

Tintensklave wird geboren. Die für »Freiheit« arbeiten, stehen in Unfreiheit und sind oft trauriger dran als der mittelalterliche Hörige.

II

Der Schriftsteller ist schlecht dran, weil er arm ist und die natürlichen Konsequenzen der Armut tragen muß. »Ja«, so heißt es dann wohl, »warum ist er arm? Warum ist er ein Stümper? Warum drängt er sich hierzu? Wäre er talentvoll, so wäre er reich. Das ist auf jedem Gebiete dasselbe. Wer nichts kann, der bleibe davon; an dem gehen die goldenen Schüsseln vorüber. Wer etwas kann, dem fällt alles zu: mit dem Golde der Ruhm und mit beidem die *gesellschaftliche Stellung*.« Ja, das klingt ganz gut, aber ist es richtig? Ich glaube nein. Gewiß ist Armut alles Übels Anfang. Aber sie ist hier nur ein Teil der Schuld. Es haftet dem Stande noch etwas anderes an, das ihn ungelitten macht, und wem darüber noch ein Zweifel sein sollte, der braucht sein Auge nur von dem äußern Elend des Schriftstellertums ab- und dem Glanz des Schriftstellertums zuzuwenden, und er wird sich, wenn er es tut, der Wahrnehmung nicht verschließen können, daß auch die gesellschaftliche Stellung der Schriftsteller-Aristokratie viel, sehr viel zu wünschen übrig läßt. Ja, wer sich gedrungen fühlt, sich eingängiger mit dieser unerquicklichen Frage zu beschäftigen, dem wird gerade, wenn er auf die Schriftsteller-Aristokratie blickt, das Miserable der Schriftstellerstellung am einleuchtendsten klarwerden. Denn wenn nicht viel dagegen zu sagen ist, daß Mangel an Erfolg überall in der Welt ein Eingereihtwerden in die siebente Reihe rechtfertigt, so müssen wir doch bei der Schriftstellerwelt die traurige Wahrnehmung machen, daß auch Glück und Erfolge die Sache nicht erheblich bessern. Natürlich wird der, der seine Miete bezahlt, besser behandelt als der, der sie nicht bezahlt, und der mit einem englischen Musterkoffer in Helgoland Eintreffende darf sich einer besseren Sommerfrische rühmen als der bloß nach Grünau hin ins Grüne Gestellte – seine eigentlich gesellschaftliche Stellung bleibt aber auf ihrem sehr mäßigen Niveau, und selbst die, die sich um einen solchen Glücklichen anscheinend bewerben, sind meist mehr »erfreut, ihn kennenzulernen«, als innerlich beglückt und geehrt. Respekt ist etwas, das kaum vorkommt. Immer verdächtig, immer Blâme. Das ganze Metier hat einen Knacks weg. Am besten gestellt ist der Schriftsteller, wenn er gefürchtet ist. Da kann er den Kopf schon höher tragen.

Woran liegt es? Es liegt an einem gewissen Detektivcharakter des Metiers, an einer gewissen Furcht des Publikums vor Indiskretionen und am meisten daran, daß man die Schriftstellerei als Kunst nicht gelten läßt und davon ausgeht, all das am Ende ebensogut oder auch noch ein bißchen besser machen zu können. Schreiben kann jeder. Und außerdem ist das Schriftstellern so nutzlos, es ist das einzige Metier, das ganz überflüssig dasteht und mit einem ernsten Bedürfnis der Menschen nicht recht zusammenhängt. Die Journalistik, die Zeitung ist hier die einzige Ausnahme. Nun wird sich freilich von einem geistigen Bedürfnis überhaupt sprechen lassen, von einem höheren geistigen Bedürfnis, das nur auserwählte besondere Persönlichkeiten befriedigen können. Aber dies wird schließlich doch nur von wenigen zugegeben, und diese wenigen haben dann ihre »Klassiker« und stehen den Modernen oft nicht bloß gleichgültig, sondern feindselig gegenüber. Ich will dies nicht näher untersuchen. Ich will nur fragen, wenn ein guter oder selbst bester Lyriker einen Band Gedichte herausgibt, ob irgendwer von dem Glauben erfüllt ist, daß das Buch einem Bedürfnis entspricht? Und nicht viel anders steht es mit den Roman- und Novellenschriftstellern. Man wartet vielleicht zu Weihnachten darauf, aber von Bedürfnis keine Rede.

IV

Die Schriftstellerei wird nicht als Kunst betrachtet. Es heißt vielmehr: »Catilinarische Existenzen, von ungefähr dazu gekommen. Wenn einer nichts weiter kann, wird er Schriftsteller oder nennt sich so. Und dann, was ist es am Ende? *Jeder* kann es, jeder kann einen Artikel schreiben, einen Aufsatz, eine Kritik, ein Gedicht, eine Geschichte. Was sollen wir da groß bewundern?« Gut, es soll das alles im wesentlichen richtig sein. Aber das Schreckliche ist, daß das Urteil des Publikums gar keine Ausnahme gelten läßt oder fast keine. Denn es gibt Schriftsteller, die weder catilinarische Existenzen sind noch in ihren Werken so dastehen, daß jeder Rat oder Assessor oder Kommis erklären dürfte: »Das kann ich auch.« Ja, es gibt viele solche Schriftsteller, aber auch sie bedeuten nichts. Männer wie Schack, wie Rudolf Lindau etc. gehören nicht hierher, denn sie haben Stellungen im Staat, und danach richtet sich ihre gesellschaftliche Stellung. Mit den andern aber, die *nicht* exzeptionell situiert sind, vergleiche man nun die *Maler* und *Bildhauer*. Und da drängt sich denn die Frage auf: Stehen unsre Besten wirklich tiefer als die Besten im Bereich unsrer Schwesterkünste? Die Verständigen unter ihnen werden es selbst nicht behaupten wollen. Trotzdem sind wir das mißachtete Stiefkind.

V

Unser Aschenbrödeltum ist unzweifelhaft, ist eine Tatsache. Und Änderung? Es gibt nur ein Mittel: Verstaatlichung, Eichung, aufgeklebter Zettel. Vielleicht ist das Mittel schlimmer als der gegenwärtige Zustand. Aber dann müssen wir uns getrösten und es lassen, wie es ist. Wollen wir Änderung schaffen, so gibt es keinen anderen Hilfsweg. Die Macht des amtlichen Ansehens, immer groß bei uns, ist in einem beständigen Steigen geblieben, ohne daß die Behörden des Staats diese Ansehenssteigerung für sich gefordert hätten; es ist ihnen umgekehrt dies gesteigerte Ansehen freiwillig entgegengebracht worden. Die Anschauung, daß nur Examen, Zeugnis, Approbation, Amt, Titel, Orden, kurzum alles das, wohinter der Staat steht, Wert und Bedeutung geben, beherrscht die Gemüter mehr denn je, und die freien Genies, die »Wilden«, immer süspekt gewesen, sind es jetzt mehr denn je. Früher hielt man sie (wenn man sie sich auch nicht in die Familie hinein wünschte) doch wenigstens für was Besondres. Auch das ist hin. Sie sind nicht bloß verachtet, man hält sie auch für unbrauchbarer, unfähiger und stümperhafter als die andern. Ihr Manko konnte früher balanciert werden, niemand denkt mehr daran; was sie haben, ist nichts, was sie nicht haben, ist alles.

Der Staat allein kann hier Wandel schaffen, wenn er das Ungeheure tut, gegen diese ihm huldigende Richtung selbst Front zu machen, und eines schönen Tages ausspricht: »Diese meine ungeratenen Söhne sind nicht so ungeraten, als wofür ihr sie anseht; sie stehen meinem Herzen *auch* nahe, sie bedeuten etwas, sie *sind* etwas.« Und um dies zu zeigen, uns es zu bestätigen – ich erröte fast, es auszusprechen – gibt es kein andres Mittel, keine andre Form als jene kleinen und großen Auszeichnungen, die einem jeden bei uns zulande (und woanders auch) eine gute gesellschaftliche Stellung garantieren. Es dürfen nicht immer bloß Bankiers aus der Tiergartenstraße sich unserer annehmen, auch andere Plätze müssen sich uns öffnen. Daß dies möglich ist, wird wundervoll durch Beispiele illustriert, wo man ausnahmsweise und ohne sich die Frage nach dem jedesmaligen Vollwert vorzulegen, Schriftsteller so behandelte. Man denke an Brachvogel, an Hesekiel. An Uhland, der den Orden pour le mérite ablehnte, oder an Herweghs verunglückte Audienz vor König Friedrich Wilhelm IV. braucht nicht immer erinnert zu werden. Überhaupt vom *Politischen* muß man dabei absehen können. Mit der veränderten gesellschaftlichen Stellung würde sich vieles ändern, aber wenn dies auch ausbleiben und das Schriftstellertum, was Formen und Erscheinung angeht, nur auf dem Stande verbleiben sollte, den es gegenwärtig einnimmt (die Zeit der Dachstubenpoeten ist ja Gott sei Dank vorüber und kehrt nie wieder), so würde es auch auf seinem gegenwärtigen Niveau sich bei Fürsten und Ministern nicht schlechter ausnehmen als seine Kollegenschaft aus der Sphäre der bildenden oder der »ton«-angebenden Künste.

Approbation ist das große Mittel, um dem Schriftstellerstand aufzuhelfen. Versagt es, so müssen wir nach einem noch besseren Umschau halten. Auch ein solches ist da. Es heißt: Größere Achtung vor uns selber. (NFA XXI/1, 491 ff)

Fontane an Otto Braun Berlin, 8. Februar 1892
Empfangen Sie meinen besten Dank für all das Freundliche, was Ihre Zeilen vom 5. d. mir sagen, aber etwas einsenden kann ich nicht, weil ich nichts habe. Ihre Güte wird mich nicht mißverstehn, wenn ich hinzusetze: Gott sei Dank. Denn ich finde – und Ihre Zustimmung halte ich fast für gewiß – daß diese Krümeleinsendun-

gen mit Schuld daran sind, daß nichts mehr so recht wirken will. Jeden dritten Tag, ja bei den zumeist in Mode Stehenden (z. B. Wildenbruch) jeden Tag 3 mal, soll was Nettes, Feines, Graziöses, Geistreiches oder wohl gar was »Bedeutendes« geschrieben werden. Wo soll das herkommen? Das war früher anders und besser, wo man lagern ließ und dann ordentlich auftrat. (E 58, 462)

Fontane an August von Heyden   Berlin, 2. März 1892
Körperlich geht es noch, aber das »innen lebt die schaffende Gewalt« ist für mich leider zur Phrase geworden. Von Federkraft – bei mir doppelsinnig zu verwenden – ist keine Rede mehr. Ich raffe mich mit Anstrengung auf, um wenigstens jeden Abend meinen Spaziergang zu leisten. (FR II 286)

Fontane ans einen Sohn Friedrich   Zillerthal, 11. August 1892
Ich habe ja noch Arbeiten liegen, sogar, nach dem Maße meiner Kraft, ganz gute; aber sie sind total unfertig in der Form, und Mete will sich allmählich der Mühe unterziehn, Klarheit, Ordnung, Abrundung hineinzubringen. Möchte ihr das gelingen. Das würde alles in allem 12000 Mark bedeuten, die nicht zu verachten sind, um so weniger, als mein Kranksein so viel Geld kostet. Mißglückt es, nun so muß es auch so gehn, aber die armen Frauen (Mama und Mete) tun mir leid; denn ein Sparpfennig ist bald aufgezehrt. (FA II 276)

Fontane an seine Tochter   Karlsbad, 24. August 1893
[...] ich bin nun mal für Frieden und Compromisse.[40] Wer diese Kunst des Compromisses nicht kennt, vielleicht nicht kennen will, solch Orlando furioso und Charakterfatzke kann sich begraben lassen. Ich habe noch nicht gesehn, daß ein Dollbregen oder auch nur Prinzipienreiter heil durchs Leben gekommen ist. All den großen Sätzen in der Bergpredigt haftet zwar etwas Philiströses an, aber wenn ihre Weisheit richtig geübt wird, d. h. nicht in Feigheit sondern in stillem Muth, so sind sie doch das einzig Wahre und die ganze Größe des Christenthums steckt in den paar Aussprüchen.

40 Es handelt sich um eine Honorarfrage.

Man begreift dann Omar als er die alexandrinische Bibliothek verbrannte: »steht es *nicht* im Koran, so ist es schädlich, steht es im Koran, so ist es überflüssig.« Das ist das Resultat, wenn man lange gelebt hat: alles was da ist, kann verbrannt werden, wenn nur zehn oder zwölf Sätze, in denen die Menschenordnung liegt (nicht die *Welt*ordnung, von der wir gar nichts wissen) übrigbleiben. Es ist auch recht gut so; nur für einen Schriftsteller, der vom Sätzebau lebt, hat es etwas Niederdrückendes. (SJ II 218)

Fontane an Georg Friedlaender Berlin, 3. Oktober 1893
Ich empfinde genau so wie Sie, kann also sehr gut folgen, aber ich bin sanguinischer und dadurch in meinem Gemüthe glücklicher beanlagt und mit Hülfe dieser glücklichen Beanlagung bin ich verhältnismäßig leicht über unausgesetzte Kränkungen fortgekommen. Ohne Vermögen, ohne Familienanhang, ohne Schulung und Wissen, ohne robuste Gesundheit, bin ich ins Leben getreten, mit nichts ausgerüstet als einem poetischen Talent und einer schlecht sitzenden Hose. (Auf dem Knie immer Beutel). Und nun malen Sie sich aus, wie mir's dabei mit einer gewissen Naturnothwendigkeit ergangen sein muß. Ich könnte hinzusetzen mit einer gewissen preußischen Nothwendigkeit, die viel schlimmer ist als die Naturnothwendigkeit. Es gab natürlich auch gute Momente, Momente des Trostes, der Hoffnung und eines sich immer stärker regenden Selbstbewußtseins, aber im Ganzen genommen darf ich sagen, daß ich nur Zurücksetzungen, Zweifeln, Achselzucken und Lächeln ausgesetzt gewesen bin. Immer, auch als ich schon etwas war, ja, auf einem ganz bestimmten Gebiete (Ballade) an der Tête marschierte, sah ich mich beargwohnt und andre, oft wahre Jammerlappen, bevorzugt. Daß ich das alles gleichgültig hingenommen hätte, kann ich nicht sagen, ich habe darunter gelitten, aber andrerseits darf ich doch auch hinzusetzen: ich habe nicht *sehr* darunter gelitten. Und das hing, und hängt noch, damit zusammen, daß ich immer einen ganz ausgebildeten Sinn für *Thatsächlichkeiten* gehabt habe. Ich habe das Leben immer genommen, wie ich's fand und mich ihm unterworfen. Das heißt, nach außen hin; in meinem Gemüthe nicht. Sie wissen so gut wie ich oder besser als ich, daß es in unsrem guten Lande Preußen (wie übrigens in jedem andren

Lande auch) etablirte Mächte giebt, denen man sich unterwirft. Diese Mächte sind verschieden: Geld, Adel, Offizier, Assessor, Professor. Selbst Lyrik (allerdings als eine Art Vaduz und Liechtenstein) kann als Macht auftreten. Von dem *Kugler*'schen Hause wurde vor 40 Jahren gesagt: »dort gilt nur, wer einen Band lyrischer Gedichte herausgegeben hat.« Es kommt nun darauf an, daß einen das Leben, in Gemäßheit der von einem vertretenen Spezialität, richtig einrangirt. So kam es, daß ich, trotz meiner jämmerlichen Lebensgesammtstellung, doch jeden Sonntag Nachmittag von 4 bis 6 richtig untergebracht war, nämlich im Tunnel. Dort machte man einen kleinen Gott aus mir. Und das hielt mich. Ist man aber aus seiner richtigen Rubrik 'raus, so ist das Elend da.

(FRI 235 f)

Fontane an den »Zuschauer«[41]   15. November 1893
Ich gehe im Thiergarten spazieren und denke an Bismarck oder an eine Berliner Schrippe oder an einen Spritzfleck auf meinem Stiefel und da fällt mir was ein, was sich ebenso gut auf den Kaiser von China wie auf die Lucca oder den Eckensteher Nante Strump beziehen kann. Kommt es mir aus einem traumhaften Zustande heraus zum Bewußtsein, daß das, was mir einfiel, einen passablen Anspruch darauf haben dürfte, der Welt mitgetheilt zu werden, so beginne ich mich mit der Form dafür zu beschäftigen, die heute so ist und morgen so. In der Regel wird überhaupt nichts draus; es verthut sich, es verfliegt wieder. Geht der Beschäftigungsprozeß aber weiter, so ist schließlich was da. C'est tout. (E 79, 49)

Fontane an Moritz Necker   Berlin, 15. Februar 1894
Ich brauche nicht zu versichern, wie sehr es mich freuen würde, Ihnen für den biographischen Artikel im Konversationslexikon[42] allerlei Material senden zu können, aber ich war immer ein sehr schwerfälliger Arbeiter, brauchte, auch in meinen besten Tagen, immer schrecklich viel Zeit und stehe jetzt vor allem wie vor etwas

---

[41] auf eine Anfrage des »Zuschauer. Monatsschrift für Kunst, Litteratur, Kritik und Antikritik« nach der schriftstellerischen Technik.
[42] für »Meyers Konversationslexikon«, 5. Aufl.

Unbezwinglichem. Eine Ausnahme macht nur der plötzliche Einfall, das von der Lust Eingegebene, sowie aber etwas als Arbeit von außen her an mich herantritt, ist auch die Schwierigkeit da. In jungen Jahren, wo's auch schon ähnlich war, *zwang* ich mich dann und wurde der Sache Herr, aber jetzt mit 74 will es nicht mehr.

(E 5)

Fontane an Karl Emil Otto Fritsch   Berlin, 26. März 1894
Daß ich jemals mit Ihnen – und noch dazu in einer literarischen Frage – so verschiedener Meinung sein könnte, hätte ich bis vor acht Tagen, wo mir meine Frau den »Philotas«[43] vorlas, nicht für möglich gehalten, und daß ich Adler zustimmen würde, womöglich noch für unmöglicher.
Und doch liegt es so. Sie kennen mich zu gut, als daß Sie nicht wissen sollten, daß der ganze streitsuchende Krimskrams von Klassizität und Romantik, von Idealismus und Realismus, beinahe möchte ich auch sagen, von Tendenz und Nichttendenz – denn einige der allergrößten Sachen sind doch Tendenzdichtungen – weit hinter mir liegt. *Alles* ist gut, wenn es gut ist.
Ich bin also auch für einen Heldenjüngling, der *unter Umständen* à tout prix fürs Vaterland sterben und sich dadurch unter die Unsterblichen einreihen will.
Aber für diesen Philotas bin ich nicht.   (FR II 315)

Fontane an Moritz Necker   Berlin, 27. April 1894
Sie fragen: »Verlohnt es so viel Müh, um etwas zu schaffen, was mit dem Einen Tage verschwinden wird?« Ich glaube doch, ja. Und zwar deshalb, weil die Herren, die die glückliche Gabe haben, sagen wir anderthalb Millionen Wiener einen Tag lang geradezu zu entzücken, eine viel schönere und auch höhere Aufgabe lösen, als die, die mit gleichem Fleiß einen »Columbus« schreiben und nichts erreichen als eine dreimalige Aufführung, vor einem gähnenden Hause.[44] Nach drei Monaten ist dieser »Columbus« noch viel, viel

---

43 Lessing, 1759.
44 Karl Friedrich Werder, »Christoph Columbus«, Trauerspiel, das 1842 in Berlin nur dreimal aufgeführt wurde.

vergessener als das Eintagsfeuilleton. Das Eintagsfeuilleton hat doch gewirkt, was immer es bedeutet; es hat den ganzen Gesellschaftszustand, und wäre es auch nur um den millionsten Teil einer Haaresbreite, gefördert und verfeinert und ist nach hundert Jahren immer noch ein wundervolles Material für einen Historiker wie Taine. Der »Columbus« aber, selbst wenn ihm der Literaturforscher irgendwo begegnet, bleibt ein Schreckgespenst, an dem auch der Tapferste scheu vorübergeht. Und $^{99}/_{100}$, vielleicht $^{999}/_{1000}$ von aller Produktion ist mehr oder weniger »Columbus«. (E 5)

Fontane an Moritz Necker   Berlin, 13. Mai 1894
Am Schluß Ihres Briefes fragen Sie in großer Freundlichkeit bei mir an, ob ich nicht in der nächsten Saison in Ihrem »Verein der Literaturfreunde« einen Vortrag halten möchte. Die Begabung zu öffentlichem Auftreten hat mir stets gefehlt, ich kann gut plaudern, aber schlecht sprechen und bedaure nachträglich, daß ich ein paarmal in meinem Leben es trotzdem versucht habe. (E 5)

Fontane an Friedrich Stephany   Berlin, 30. Mai 1894
Die Vossin hat mich in den letzten 8 Tagen 3mal in eine große literarische Aufregung gebracht, und zwar durch 3 Schriftsteller-»Eingesandtes«, von denen es schwer zu sagen ist, welchem der Preis gebührt. Jede großartig. Erst Hopfen, dann Pietsch, heute Rud. Menger[45]. An Unverschämtheit und schnödestem Undank steht Hopfen natürlich obenan – er ist auf diesem Gebiet hors concours, an Eitelkeit und Lächerlichkeit ist Pietsch Fahnenträger, »der Komik eine Gasse«; im peinlich Bedrücklichem schießt Menger den Vogel ab. Wenn ich dergleichen lese, kräftigt sich mein Entschluß: »Immer hübsch stille sein.« Es bleibt uns nichts übrig, als die Würfel zu nehmen, wie sie fallen. Unser aller Leben ist, bei gelegentlich eingestreutem Freundlichen, eine Kette von Kränkungen; jeder sieht sich in einer ihm zunächst unbegreiflichen Weise zurückgesetzt, und *vielfach* ist auch wirklich die Frage berechtigt: »Warum siegt *der* und nicht ich?« Es hat immer Mitstrebende gegeben, die, unberühmt bleibend, ebensogut hätten Berühmtheiten werden können. Es gibt keine andre Antwort darauf als »es hat

---

45 Vgl. BE II 476.

nicht sollen sein«. Warum habe ich keinen Onkel beerbt, warum habe ich nicht in der Lotterie gewonnen, warum habe ich für meine Gedichte vom alten Zieten etc. etc. 50 Mark eingenommen, während Julius Wolff für viel Gleichgültigeres und Talentloseres 50 000 M. eingenommen hat? Bei dem einen fallen die Würfel auf o; bei dem andern auf 6; es gibt keine andre Rettung, als sich unterwerfen und nach unten zu sehn statt nach oben. Wahrscheinlich ist »Otto III.«[46] ein gutes Stück, viel, viel besser als Wildenbruchs »Karolinger«, die grundschlecht sind; aber Menger erreicht mit seiner Versicherung nichts als ein mitleidiges Lächeln. Resignation ist schwer, und doch, übt man sie nicht, so wird das Leben noch schwerer. Und Hopfen, dieser Sanspareil! Wenn ich mir denke, daß ich über diesen schrecklichen Mann geschrieben und dann *diesen* Dank geerntet hätte!
(BE II 344 f)

Fontane an Otto Ernst   Berlin, 4. Juni 1894
Empfangen Sie meinen ergebensten Dank für Ihre freundlichen Zeilen vom 1. d. – Ihren Novellenband[47] zu lesen, wird mir eine Freude sein, desgleichen Ihnen darüber schreiben zu können. Dagegen ist ein Mitthun an Ihrem »Zuschauer«, wozu Sie mich freundlichst auffordern, ausgeschlossen; das bischen Kraft, was mir noch geblieben, brauche ich, um Arbeiten fertig zu machen, die noch in meinen Kästen lagern. Auch der Erlös daraus, auf den ich angewiesen bin, ist vielfach einträglicher. So werden Sie mich entschuldigen.
(E 79, 50)

Fontane an Paul Schlenther   [Berlin], 9. Juni 1894
Da mein Briefschreibe-Ruf nun doch mal feststeht (... Wenn er seinen Ruf verliert, Lebt der Mensch erst ungeniert...) so sehe ich nicht ein, warum ich Ihnen für Ihren Bürger-Aufsatz nicht danken soll.
(FAP)

Fontane an Otto Neumann-Hofer   Berlin, 21. Juli 1894
Sie fordern mich freundlichst auf, Ihnen mal was für die »Romanwelt« zu senden. Ich habe den besten Willen dazu, werde von Ihrer

46 Tragödie von Rudolf Menger.
47 Otto Ernst, »Aus verborgenen Tiefen. Novellen und Skizzen«, 1891.

Aufforderung auch seinerzeit Gebrauch machen, aber mit Bangen. Ich entferne mich in meinem Geschmack immer mehr von dem, was das Publikum will und was ihm, *weil* es es will, auch geboten wird. Was ich noch einen Zug fühle zur Darstellung zu bringen, das sind die kleinsten, alltäglichsten Hergänge, Verführungen, Entführungen, Radauszenen und alles das, was an den Müllkasten des Polizeiberichts erinnert, ist mir ein Greul, und mit einer Geschichte von mir mich vorzuwagen ist, als ob ich mit einer in lila Barège gekleideten »Einfalt vom Lande« auf einem von Sportsleuten gegebenen Ball erscheinen soll. Ich passe mit meiner Dame nicht auf den Ball, und der Ball paßt nicht zu mir. *Die* exzeptionelle Stellung, die Verwunderung und Zweifel verstummen macht, nehme ich leider nicht ein.
(BE II 352 f)

Fontane an Georg Schweitzer   Berlin, 21. Juli 1894
Ergebensten Dank für Ihre freundlichen Zeilen. Ich schicke etwas, so wie ich etwas habe;[48] aber die Chancen, daß ich etwas Passendes finde, sind leider gering, ich bin alt und meine Produktion ist von zu ausgeprägtem berlinischen Charakter.
(RK 100)

Fontane an Georg Friedlaender   Berlin, 26. Juli 1894
Ich muß *echt*-historisch erzählen, ein *treues* Bild geben, nichts beschönigen, nichts vertuschen, nichts lächerlich machen und den Leser *empfinden* lassen, ohne es ihm zu sagen: »diese Zeit gefällt mir nicht; ich bin froh, daß sie zurückliegt.«
(FRI 263)

Fontane an Georg Friedlaender   Berlin, 1. August 1894
Einen Beleg für die Mißlichkeit menschlichen Urtheils hat mir in diesen Tagen auch wieder ein persönliches Erlebniß gegeben. In den »*Velhagen & Klasing*schen Monatsheften«[49] ist ein ziemlich langer Artikel über mich erschienen, sogar mit Bild von meinem jungen Freunde Ismael Gentz, Verf. des Artikels mein Freund und Gönner Theodor Hermann Pantenius. Dieser meint es sehr gut mit mir und das Maß von Anerkennung, das mir zu Theil wird, befrie-

---

48 Vermutlich zu einem Fest des Vereins »Berliner Presse«.
49 August 1894.

digt mich vollkommen, geht über mein Erwarten hinaus. Aber nun im Detail! Meine Gedichte vom alten Derfflinger und alten Zieten erklärt er für prosaisch (»so prosaisch wie die Leute selbst« – auch starker Toback), meine »Wanderungen« erscheinen ihm zu bunt, zu wechselnd, einfach historisch wäre besser gewesen und meine Berliner Romane, so wahr und zeitbildlich sie seien, seien mehr oder weniger unerquicklich, weil die darin geschilderten Personen und Zustände mehr oder weniger *häßlich* seien. Ich halte dies alles für grundfalsch; der alte Zieten ist so poetisch wie solche Gestalt nur sein kann, die »Wanderungen« wären gräßlich, wenn sie blos historisch wären, und Rienäcker und Lene mögen dem einen oder andern nicht gefallen, aber sie sind nicht »häßlich«, ganz im Gegentheil, ich glaube sie sind anmuthend, herzgewinnend. Und das alles schreibt ein Mann, der sehr klug ist, selber sehr ausgezeichnete Romane geschrieben hat und es sehr gut mit mir meint. Wenn man dergleichen beständig erlebt, so wird man ängstlich und gelangt, als Letztes, zu dem Berolinismus: »was soll der Unsinn!« A. hat Recht, B. auch und C. noch mehr. »Aergre Dich nicht, wundre Dich nur« sagt ein holländisches Sprichwort; aber man darf sich auch nicht mal wundern. Man muß alles ruhig hinnehmen

(FRI 267 f)

Fontane an seinen Sohn Friedrich   Karlsbad, 28. August 1894
Meine Bücher liegen hier immer noch im Schaufenster, woraus ich den Schluß ziehen muß, daß sie nicht gekauft wurden, sonst wären sie eben weg.   (HD 246)

Fontane. Tagebuch   1894
In einer ganzen Reihe von Sitzungen malt mich Professor Fechner, nachdem sein erstes Bild von mir (vor fast zwei Jahren gemalt) nicht recht genügend befunden worden ist. Er hat arme Dichter zu seiner Spezialität gemacht; mit Raabe fing er an, jetzt bin ich dran.
(E 25, 191)

Fontane an Unbekannt   Berlin, 14. Dezember 1894
Ich glaube es ist das Beste, wenn überhaupt von der Sache Notiz genommen werden soll, Sie machen es möglichst kurz, bringen

das – sei's wörtlich, sei's in Umschreibung – was in der Vossischen am 25. oder 26. November gestanden hat und führen die schmeichelhaften Worte des Diploms[50] an der einen oder andern Stelle etwas aus, so daß Sie also in dem Ihrerseits freundlichst Hinzuzufügendem entweder den Lied- und Balladendichter oder den märkischen Wanderer oder den Kriegsbuchschreiber oder den Romanschriftsteller betonen. Es ist, meine ich, ganz gleichgültig *was* Sie bei der Gelegenheit herausgreifen, das Eine paßt so gut wie das Andre und es wird sich *das* am besten empfehlen, was Ihnen am glücklichsten und bequemsten liegt. Es kann ja doch überhaupt nur drauf ankommen, ein paar freundliche Worte zu sagen; um Gottes willen nichts Ausgeführtes, Erschöpfenwollendes.

Den Kelch des aufs Neue Portraitirtwerdens, bitte ich an mir vorübergehn lassen zu wollen. Ich bin so müde dieser Sachen.

(RK 106)

Fontane an [Frau St. Cère?] [1895?]

Es war mir eine große Ehre, so schmeichelhafte Zeilen von Ihrer Hand empfangen zu dürfen. In Frankreich bekannt zu werden, vielleicht ein Publikum, wenn auch nur ein ganz kleines, zu finden, – wer sehnte sich nicht danach? Welchem Ehrgeiz erschiene dies nicht begehrenswert?

Ganz Ihnen, gnädigste Frau, darin zustimmend, daß es geraten sein dürfte, mit etwas Kurzem oder wenigstens mit etwas nicht allzu Langem zu beginnen, erlaube ich mir diesen Brief mit einer Sendung von Geschichten mittleren Umfangs zu begleiten: Grete Minde, Ellernklipp, Unterm Birnbaum. Alle drei haben einen ausgesprochen norddeutschen Lokalton: Altmark...

Was ich in dem Inhaltsverzeichnis dieses Sammelbandes mit einem blauen Strich bezeichnet habe, würde vielleicht Ihrer gefälligen Erwägung wert sein.

(FAP)

---

50 zur Verleihung des Ehrendoktors der Philosophischen Fakultät der Universität Berlin.

Fontane. »An meinem Fünfundsiebzigsten« 1894/95

> Hundert Briefe sind angekommen,
> Ich war vor Freude wie benommen,
> Nur etwas verwundert über die Namen
> Und über die Plätze, woher sie kamen.
>
> Ich dachte, von Eitelkeit eingesungen:
> Du bist der Mann der »Wanderungen«,
> Du bist der Mann der märk'schen Gedichte,
> Du bist der Mann der märk'schen Geschichte,
> Du bist der Mann des Alten Fritzen
> Und derer, die mit ihm bei Tafel sitzen,
> Einige plaudernd, andre stumm,
> Erst in Sanssouci, dann in Elysium;
> Du bist der Mann der Jagow und Lochow,
> Der Stechow und Bredow, der Quitzow und Rochow,
> Du kanntest keine größeren Meriten
> Als die von Schwerin und vom alten Zieten,
>
> Du fandst in der Welt nichts so zu rühmen,
> Als Oppen und Groeben und Kracht und Thümen;
> An der Schlachten und meiner Begeisterung Spitze
> Marschierten die Pfuels und Itzenplitze,
> Marschierten aus Uckermark, Havelland, Barnim,
> Die Ribbecks und Kattes, die Bülow und Arnim,
> Marschierten die Treskows und Schlieffen und Schlieben –
> Und über alle hab' ich geschrieben.
>
> Aber die zum Jubeltag kamen,
> Das waren doch sehr, sehr andre Namen,
> Auch »sans peur et reproche«, ohne Furcht und Tadel,
> Aber fast schon von prähistorischem Adel:
> Die auf »berg« und auf »heim« sind gar nicht zu fassen,
> Sie stürmen ein in ganzen Massen,
> Meyers kommen in Bataillonen,
> Auch Pollacks und die noch östlicher wohnen;
> Abraham, Isack, Israel,
> Alle Patriarchen sind zur Stell',
> Stellen mich freundlich an ihre Spitze,

> Was sollen mir da noch die Itzenplitze!
> Jedem bin ich was gewesen,
> Alle haben sie mich gelesen,
> Alle kannten mich lange schon,
> Und das ist die Hauptsache..., »kommen Sie, Cohn«.
>
> (HA 6, 340 f)

Fontane. »Summa Summarum« [um 1895?]

> Eine kleine Stellung, ein kleiner Orden
> (Fast wär' ich auch mal Hofrat geworden),
> Ein bißchen Namen, ein bißchen Ehre,
> Eine Tochter »geprüft«, ein Sohn im Heere,
> Mit siebzig 'ne Jubiläumsfeier,
> Artikel im Brockhaus und im Meyer...
> Altpreußischer Durchschnitt. Summa Summarum,
> Es drehte sich immer um Lirum, Larum,
> Um Lirum Larum Löffelstiel.
> Alles in allem – es war nicht viel.
>
> (HA 6, 339)

Fontane an Julius Rodenberg   Berlin, 1. März 1895
Ich glaube, ich habe es Ihnen schon früher ausgesprochen, aber ich muß es doch noch einmal tun, welche Befriedigung, ja geradezu welches Glück es mir bereitet hat, in meinen alten Tagen in Ihrer »Rundschau« seßhaft geworden zu sein, wobei Sie seßhaft (dessen strengste Form der »Kleber« ist) nicht zu wörtlich streng zu nehmen haben. Ach, was habe ich unter den Plätzen gelitten, auf denen ich mich früher einzuquartieren hatte! Jede geistige Arbeit nimmt von dem Ort (ein unter Umständen schwerwiegendes Wort), wo sie sich niederläßt, einen ganz bestimmten Geruch an und kann ihrem eignen Erzeuger dadurch wie verleidet werden. Das hab ich oft durchgemacht. In der »Rundschau« haben mich meine Arbeiten immer berührt wie ein Stück havelländisches Luch, das in Ampfer und Ranunkeln steht.   (RO 70 f)

Fontane an seine Tocher   Berlin, 9. August 1895
Die richtige Historienschreiberei ist zwar wohl nicht das Höchste in der Kunst, *aber es interessirt mich am meisten.*   (SJ II 239)

Fontane an Friedrich Stephany   Berlin, 3. November 1895
Ich bin noch in diesem Augenblick in einer erbärmlichen, meine Arbeit außerordentlich behindernden Verfassung. Und was ist man, wenn man nicht mehr arbeiten kann? Man kommt um vor Langerweile. (FAP)

Fontane. Aus: »Arm oder Reich« [1896?]

> Und doch, wenn ich irgend etwas geschrieben,
> Das, weil niemand es will, mir liegen geblieben,
> Oder wenn ich Druckfehler ausgereutet,
> Da weiß ich recht wohl, was Geld bedeutet,
> Und wenn man trotzdem, zu dieser Frist,
> Den Respekt vor dem Gelde bei mir vermißt,
> So liegt das daran ganz allein:
> Ich finde die Summen hier immer zu klein.

(HA 6, 337)

Fontane an Karl Eggers   Berlin, 3. Januar 1896
Ja, man konnte sich in diesen Weihnachtstagen vor mir (bez. Friedel) kaum retten und als ich eines Tages las, »daß es nur noch drei große Männer in Deutschland gäbe: Bismarck, Menzel und Fontane« –, da wurde mir doch unheimlich. Es muß notwendig ein Rückschlag kommen und wie mir Pietsch an meinem Geburtstag erzählte (als Geburtstagsgeschenk freilich etwas sonderbar), daß das »Daheim« einen Artikel vorbereitete, drin ich mehr oder weniger als alter Esel dargestellt würde, erkannte ich so was von göttlicher Gerechtigkeit. (E 22, 1444)

Fontane an Otto Neumann-Hofer   Berlin, 24. März 1896
Ergebensten Dank. Aber ich habe nichts. Und wenn noch was zustande kommt, so bin ich mit der Rundschau so gut wie verheiratet.
Zwei Bücher, Pietschker[51] und Stieler[52], die ich noch durch Ihre

---

[51] Karl Pietschker, »Auf dem Siegeszuge von Berlin nach Paris. Schlachtenbilder und biographische Silhouetten«, 1896.
[52] Karl Stieler, »Durch Krieg zum Frieden. Stimmungsbilder aus den Jahren 1870/71«, 2. Aufl. 1895.

Güte in Händen habe, schicke ich in den nächsten Tagen mit schönstem Dank zurück; beide haben mich stellenweise durchaus interessiert, aber mich auch ebensooft verstimmt, der eine durch seinen hochgradigen Borussismus, der andre durch »Deutschland, Deutschland über alles« – das eine wie das andre macht mich nervös. Darüber zu schreiben war mir unmöglich. (BE II 398)

Fontane an seinen Sohn Friedrich   Karlsbad, 9. Juni 1896
Paetels Huldigungen sind mir ganz angenehm, und ich bin froh, daß ich ihn mit seiner Rundschau habe, all das andre ist ja nichts, es ist die einzig wirklich anständige Journalstelle – trotzdem kann ich nicht leugnen, daß man um ein paar Grade coulanter sein könnte, wobei ich ununtersucht lasse, ob es an Paetel oder an meinem Freunde Rodenberg liegt. Denn vom »Courmachen« – worauf ich, weil alles in der Rundschau Gedruckte[53] besonders gut einschlug, vielleicht Anspruch hätte –, von Courmachen war nie die Rede und ist es noch nicht. (BE II 400)

Fontane an Georg Friedlaender   Berlin, 14. August 1896
Ich glaube, Sie halten mich nicht für einen moralischen Gigerl. Aber *eine* Eitelkeit hab ich, ja, vielleicht bis zum Gigerlhaften angeschwollen, *die*, daß ich in poetischen Dingen echt von unecht unterscheiden kann. Ich kann mich auch nicht entsinnen, mich, in meinem sonst vielfach blamablen Leben, nach *dieser* Richtung hin je blamirt zu haben. (FRI 301)

Fontane an Ernst Heilborn   Berlin, 15. November 1896
Meine Tochter, wie sie mir nachträglich erzählt, hat zu Schlenther von einer kleineren Arbeit gesprochen, die seit Jahr und Tag im Kasten läge. Diese »kleinere« Arbeit ist aber leider keine kleine, sondern füllt auch einen Band von 200 Seiten. Auch andres, »kleinere«, was angefangen unter meinen Manuskripten liegt, ist immer noch viel zu lang, ganz abgesehen davon, daß mir die Lust zum Fertigmachen vergangen ist. Sehr begreiflich, da ich von meinen

---

[53] »Frau Jenny Treibel«, »Unwiederbringlich«, »Meine Kinderjahre«, »Effi Briest«, Teile von »Von Zwanzig bis Dreißig«.

kleinen Geschichten, auch wenn sie, nach meinem Dafürhalten, gelungen waren, nie was gehabt habe. Vielleicht liegt die Schuld an mir, vielleicht aber auch daran, daß wir in Deutschland kein Publikum haben für eine Schreibweise, die was giebt auch wo sie nichts giebt. Stoff, Stoff, Liebe, Liebe, Tunnel und Schnellzugzusammenstoß, das ist immer noch das Ideal. Ob Maupassant – den wir, anfangs zweifelnd, von Frankreich übernommen haben – auf deutschem Boden berühmt geworden wäre, – ich glaube nicht. Übrigens will ich mich mit diesem Satze nicht an die Seite von Maupassant gedrängt haben, – er ist ganz Genie, ganz Nummer eins. Gott besser's. (E 21, 334 f)

Fontane an Karl Zöllner　　　　　　　　　　Berlin, 5. Februar 1897
Einer meiner Lieblingssätze ist, daß es nur ganz wenige Menschen zu einem richtigen Schuldbewußtsein bringen und ich wage nicht zu behaupten, daß ich zu diesen »Wenigen« gehöre; nur in der Zöllner-Frage trete ich für meine Zöllner- und Sünderschaft ein und bekenne meine Schuld. Wie lange, daß ich Dich nicht gesehn habe. Laß mich hoffen, daß Du mir alles anrechnest, was zu meiner Exculpirung gesagt werden kann. Es ist immer das alte Lied. Bis 3 Arbeit. Dann zu Tisch. Und *nach* Tisch matt und müde in den ledernen und doch mir so lieben, weil so nöthigen Thiergarten hinaus. In dieser Sport- und Rennstunde könnte ich ja nun vorsprechen, *sollte* es sogar, aber ich habe das bischen Elasticität nicht mehr, das zu solcher fife o'clock-Conversation von Nöthen ist. Müde komm ich nach Haus und strecke mich, um mir für Abend und Abendzeitung die nöthige Kraft zu erschlafen. So vergehen die Tage. Das Gerede von dem »jung bleiben« ist Unsinn; viel richtiger ist das Wort der guten alten Mutter Pietsch: »Jott, Sie sollten ihn man zu Hause sehn.« Man geht, um mit Mathilde Einzahn[54] zu schließen, nicht ungestraft »im 77ten«. (SJ IV 133)

Fontane an James Morris　　　　　　　　　　Berlin, 3. Juni 1897
Aller modernen Kunst ist der Sinn für das *Natürliche* verloren gegangen, und gerade diese Kunst nennt sich naturalistisch. Übrigens

---

54 Mathilde Gerecke (vgl. SJ IV 394).

bin ich trotz meiner hohen Jahre keiner von den »Alten« – im Gegenteil, ich bin für das Neue, wenn es gut ist. Was doch, Gott sei Dank, auch vorkommt. (FR II 422)

Fontane. »Gruß an Autographensammler« [1898?]

> Jeden Morgen (auch wohl, daß es zweimal sich traf)
> Fordert ein Gönner ein Autograph.
> Ich schreib' auch gleich ohne langes Besinnen,
> Denn der Gönner meiste sind Gönnerinnen.
> So komm' ich im Jahr auf mehrere Hundert.
> Von jedem einzelnen ward ich bewundert,
> Einige von ganz fanatischem Wesen
> Haben »Sämtliches« gelesen;
>
> Das gibt, rechn' ich nur zehn Jahr zurück,
> Dreitausendsechshundertundfünfzig Stück.
> Dreitausendsechshundertundfünfzig Bände
> Von jedem Roman? Wenn's doch so stände!

(HA 6, 329 f)

Fontane an Benno Kaehler   Berlin, 29. Januar 1898
Es tut mir leid, Ihnen Ihr Manuskript, ohne gelesen zu haben, zurücksenden zu müssen. Ich bin achtundsiebzig und habe keine Kräfte mehr, mich um die junge und jüngste Produktion zu kümmern. Vielleicht darf ich sagen, daß ich jahrzehntelang nach dieser Seite hin das Meine getan habe – *jetzt* kann ich nicht mehr. Es gibt Rüstigere, die zugleich auch die Zeitgemäßeren sind. Denn mein Geschmack neigt dem Altmodischen, einer früheren Epoche zu.

(FR II 446 f)

Fontane an Erich Sello   Karlsbad, 26. August 1898
Zu meiner großen Freude bin ich mit den letzten drei vier Korekturbogen meines zum Herbst erscheinenden Romans[55] (wohl der letzte – »laß, Vater, genug sein des grausamen Spiels«) früher fertig

---

55 »Der Stechlin«.

geworden, als ich annahm und kann Ihnen nun nochmals sagen, wie sehr mich Ihr lieber Brief erfreut hat. Aber so dankbar ich für den darin so freundlich betonten Ausnahmefall bin, die Regel bleibt doch die, daß sich kein Mensch um diese Dinge kümmert und daß für »Übersetztes« keine Spur von echtem Interesse da ist. Da liegt es in den anderen Künsten doch anders, speziell in der Malerei. Wenn ich eine Galerie besuche, wo sich Marinestücke von Salzmann, Gude, Melby, ja selbst von Achenbach befinden, so gehe ich, wenn zugleich auch alte Niederländer da sind, an den Modernen vorüber und kucke mir erst die großen Alten an, – ein Fall, der bei Dichtungen fast nie vorkommt. Warum nicht? Weil das Verständnis so urgering ist. Ich, der ich doch Partei und durch Ichheit und Eitelkeit gebunden bin, ich empfinde ganz stark die Überlegenheit der alten Sachen (auch z. B. alter märkischer Sachen: das Lied von den Quitzows und von der Gans zu Putlitz) und ordne mich gern unter, weil ich das natürliche Gefühl für das Echte, Dauernde mitbringe. Dies Gefühl haben aber unsere »Gebildeten« als Regel nicht. Und das bedrückt mich, wenn ich auch persönlich ganz gut dabei wegkomme. Aber Person bedeutet nichts, Sache ist alles, und die Wahrnehmung, daß es damit immer schlechter wird, das preßt mir dann und wann einen Stoßseufzer aus. (LA 630 f)

Fontane an seine Frau Berlin, 12. September 1898
Ein anderer Brief an Apotheker N. war die Antwort auf einen Bettelbrief; der Kollege schrieb an den Kollegen. Ich kam aber doch in eine ganz fidele Stimmung und sagte mir, nachdem ich ihn gelesen: »Jetzt beginnt für dich die Epoche der ›Royalty‹; schon neulich hat Mauthner den ›alten Fontane‹ neben dem ›alten Fritzen‹ und dem ›alten Wilhelm‹ aufmarschieren lassen, und nun kommt Kollege N. und erklärt mich schlankweg als ›Dichterkönig‹.« Dem hab' ich nicht widerstehen können und mein Gnadengeschenk bewilligt. Noblesse oblige! (FA II 336)

Nachträge

Kriegsbücher

Der Schleswig-Holsteinsche Krieg im Jahre 1864

Fontane. Aus: Erinnerungen an Theodor Storm [Sommer 1888]
Dann kam der 64er Krieg.
Besuch in Husum.
[...]
Dieser Besuch hatte mich ihm wieder nähergeführt, und die Korrespondenz wurde wieder aufgenommen, wozu meinerseits auch noch Egoistisches hinzukam. Ich schrieb ein Buch über den Schl.-Holst. Krieg und brauchte mannigfach seinen Rat, den er mir auch liebenswürdig gewährte. 65 war das Buch fertig. Ich schickte es ihm. Er antwortete, und diesen Brief möchte ich hierhersetzen: »Hol' Sie der Teufel. [«] etc. (NFA XXI/2 91 f)

Der deutsche Krieg von 1866

Fontane an seine Frau   Berlin, 28. Juni 1867
Wenn Du über den Aufenthalt des Königs in Liegnitz etwas Hübsches und Mittheilbares erfährst, so schreib es mir. Suche doch auch zu erfahren, ob nicht zu dieser Festfeier – fast sollte man es vermuthen – eine Art militairische Fest-Brochüre erschienen ist, in der die Thaten des 7. Regiments, speziell bei Skalitz erzählt werden. Ist so etwas da, oder auch von andern niederschlesischen Regimentern (Du könntest doch zufällig davon hören) so schicke mir es gleich; gerade jetzt mit Nachod-Skalitz beschäftigt, würden mir die Sachen, selbst wenn sie schriftstellerisch keinen Sechser werth sind, sehr erwünscht kommen. (E 91, 14)

Aus den Tagen der Occupation.
Eine Osterreise durch Nordfrankreich und Elsaß-Lothringen 1871

Fontane. Aus den Tagen der Okkupation [Selbstanzeige]
[Berlin, 20. Dezember 1871]
Unter gleichem Titel erschien ein erheblicher Teil dieser Reisebriefe

in den Spalten unserer Zeitung; unsere Leser werden einiges davon noch freundlich im Gedächtnis haben. Hier liegt nun das *Ganze* vor. St-Denis, die Nord-Enceinte von Paris, Amiens, Rouen, Dieppe, St. Quentin, vor allem Sedan und Metz ziehen in mannigfachen Bildern an uns vorüber. Es war eine Schlachtfelder-Studienreise; so ist denn auch der Beschreibung der betreffenden Lokalitäten: Le Bourget, Mont Avron, den Kampfesfeldern der I. Armee gegen Faidherbe, vor allem Beaumont-Sedan und Vionville-Gravelotte eine besondere Aufmerksamkeit gewidmet. Eine weitere Empfehlung, wo wir aus dem Werke selbst so viele Proben gegeben, scheint uns unnötig. – Preis beider Bände 3 Taler. (NFA XXIV 556)

Autobiographisches/Christian Friedrich Scherenberg und das litterarische Berlin von 1840 bis 1860

Von Zwanzig bis Dreißig. Autobiographisches

Fontane an Robert Bosse   Dresden, 18. Juni 1898
Ew. Excellenz
bitte ich in Beifolgendem mein eben erschienenes Buch »Von Zwanzig bis Dreißig« überreichen zu dürfen.
Einzelne Kapitel, die sich weniger mit meiner Person, als ganz allgemein mit dem literarischen und auch politischen Berlin der 40er Jahre beschäftigen, geben mir den Muth dazu.
Das Beste, worüber das Buch verfügt, ist wohl seine heitere Grundstimmung. Aber daß ich diese meiner Erzählung geben konnte, *das* gerade verdanke ich Ew. Excellenz Wohlwollen, das für den Rest meiner Tage die Sorge von mir nahm.   (E 91, 51)

Christian Friedrich Scherenberg und das litterarische Berlin von 1840 bis 1860

Fontane an Paul Heyse   Thale, 11. Juni 1883
Ich denke mir übrigens, daß Du mit Hülfe von Öttingers »Moniteur des Dates«[1] und einem Buchhändlerkatalog, der Smidts Sachen namhaft macht, leicht eine biogr. Skizze zusammenstellen kannst. Er war Seemann (ich glaube, in Altona geboren), kam Ende der 20er Jahre nach Berlin, denn er erlebte noch die letzten Tage von Ludw. Devrient, schrieb Novellen u. Gedichte für Berliner Blätter, namentlich wohl für den »Gesellschafter«, trat in den Tunnel und war 30 Jahre lang Mitglied, nachdem er 1850 oder 52 Erster Bibliothekar im Kriegsministerium geworden war, Scherenberg

---

[1] Edouard-Marie Öttinger, »Moniteur des dates«, Bd. 1–9, Dresden und Leipzig 1866–1882.

gleich darauf Zweiter. Diese gemeinschaftliche Bibliothekarschaft, in deren Schrecknisse mich Scherenberg damals einweihte, ist das Niedrigste, ja ich muß den Berolinismus gebrauchen, das Ruppigste, was ich in meinem langen Leben von Schriftstellertum und Spezialkollegenschaft kennengelernt habe. Scherenberg, der viel aushalten konnte, hielt es doch nur ein Jahr aus. In einer Scherenberg-Biographie werd ich nächsten Winter die Details erzählen.

(FHE 146 f)

Romane und Novellen

Vor dem Sturm. Roman aus dem Winter 1812 auf 13

Fontane. Aus: Erinnerungen an Theodor Storm [Sommer 1888]
Hiermit war es eigentlich vorbei. Nur dann und wann noch. Vor dem Sturm. Ellernklipp. (NFA XXI/2 92)

Grete Minde. Nach einer altmärkischen Chronik

Fontane an Paul Lindau Berlin, 5. März 1879
Wenn es dabei bleibt, daß eine Theilung stattfinden soll [...] so ist dieser mitten durch das 13. Kapitel »Flucht« gezogene Strich die beste Trennungslinie [Er wünsche dringend, eine Revision der Fahnen zu sehen, um sich zu überzeugen] daß man sich in dem Randgekritzel [...] auch wirklich zurecht gefunden hat [...] Nachdem ich mich so sehr mit der Sache gemüht, möcht ich diese Mühen nicht zuletzt noch scheitern sehn. Zwei, drei große Blunder würden dies aber zu Wege bringen [...] (E 65a, 22)

Fontane an Paul Heyse Thale, 11. Juni 1883
Und nun noch »welche Novelle«?[1] Ich denke mir »Grete Minde«, doch ist mir auch jede andre Wahl recht. Daß das eigne Dispositionsrecht, für Fälle, die doch wenigstens mal kommen könnten, nicht tangirt wird, nehm ich an. Meine so sehr kl. Erfolge sind Ursach, daß ich von all solchen Dingen nichts weiß; in Kursfragen sind nur *die* bewandert, die Wertpapiere haben. Was soll mir dergleichen? (FHE 147)

Fontane an Paul Heyse Norderney, 23. [August 1883]
Sowie ich wieder in Berlin bin, schreib ich Dir ordentlich und ausführlich über beide Punkte[2], von denen ich Punkt 1 nur mit Hülfe

1 für Heyses »Deutschen Novellenschatz«.
2 Vgl. Fontanes Brief an P. Heyse vom 11. 6. 1883.

von Hertz, Punkt 2* nur mit Hülfe meines Jüngsten (angehender Buchhändler) beantworten kann. Ich bin schon 5 Wochen hier, leider nur, um wie ein Pferd zu arbeiten. (FHE 149)

Fontane an Paul Heyse   Berlin, 7. September 1883
Wenn wir die ganze Novellen-Abdrucksgeschichte[3] bis auf eine fernere Zeit vertagen könnten, geschähe mir ein Dienst. Es ist so viel Schreiberei, Schererei und vielleicht selbst Bitterei nötig, die Sache ins reine zu bringen, daß ich lieber verzichte. Sei darüber nicht böse. (FHE 150)

Fontane an Paul Heyse   Berlin, 26. September 1883
Es ist gewiß richtig, was Du halb im Ernst und halb im Scherz schreibst, »daß nur der Novellenschatz die Unsterblichkeit verbürgt«[4]; *Du* mit Deinen zahlreichen und tapfren Bataillonen gleichst freilich der Friderizianischen Armee, die, siegreich oder geschlagen, durch sich selbst fortlebt, *ich* aber bin nur ein Bückeburger in der Reichsarmee, der als Kleinteil im Ganzen lebt und mit dem Ganzen steht und fällt. Um die Situation zu verbessern, dazu bin ich zu alt. Also »Unsterblichkeit« unter Bedingungen und mit Einschränkung. Aber bedingt oder unbedingt, was kümmert den Verleger der Ruhm seiner literarischen Commis. *Ihm* genügt es, dem »deutschen Genius im Ganzen« (seinem Arnheim) einen Dienst geleistet zu haben. Schließe aber hieraus nicht auf Verbitterung. (FHE 152)

Schach von Wuthenow. Erzählung aus der Zeit des Regiments Gendarmes

Fontane an Wilhelm Friedrich[1]   Berlin, 2. November 1882
Wie Sie angenommen, war mir der Empfang Ihrer gef. Zuschrift vom gestrigen Tage eine Freude. Nur, bei aller Vorliebe für Kürze,

---

3 Vgl. Fontanes Brief an P. Heyse vom 11. 6. 1883.
4 Vgl. Fontanes Brief an P. Heyse vom 11. 6. 1883.

1 Aufgrund der veränderten Quellenlage kann der Brief, der zunächst nur auszugsweise zugänglich war (vgl. Bd. II 305), nun vollständig wiedergegeben werden.

find' ich den Kontrakt etwas zu lapidar abgefasst. Danach würd ich die Novelle für 1000 Mark ein für allemal aus der Hand geben, und das kann ich nicht.

Ich proponiere den Druck von 1250 oder 1500 Exemplaren und hätte nur, namentlich wenn fünfzehnhundert Exemplare von Ihnen beliebt werden sollten, den lebhaften Wunsch, dieselben als eine 1. und 2. Auflage vor dem Publikum erscheinen zu sehn. An eine solche Festmachung über die Zahl der zunächst zu druckenden Exemplare würde sich dann, wenn meine Wünsche gelten sollen, eine Bestimmung hinsichtlich einer *wirklichen* 2. Auflage zu knüpfen haben. Ich bin zu alt und aller Ungeschäftlichkeit unerachtet auch zu erfahren, um mich über alle solche Dinge grossen Illusionen hinzugeben, aber, »man kann's nicht wissen«, sagte eine alte Judenfrau, die ein kleines Kreuz heimlich auf der Brust trug, und »man kann's nicht wissen« sag auch *ich*.

Und schließlich ist mir noch ein dritter Punkt von Wichtigkeit: Rückfall des Verfügungsrechtes an mich nach Ablauf von 5 Jahren. Schottländer hat mir in einem über L'Adultera abgeschlossenen Kontrakt dies bewilligt. Lassen Sie mich übrigens gleich an dieser Stelle hinzusetzen, dass es mir sehr erwünscht sein würde, nach Ablauf solcher 5 jährigen Frist darüber hinwegsehen und in der Verbindung mit einer hochachtbaren und zugleich meinen Wünschen einigermassen freundlich entgegenkommenden Firma *verharren* zu können. Nur ein bestimmtes Mass von Freiheit muss ich behalten. Ich habe zu sehr darunter gelitten, mich in vergangenen Jahrzehnten aus der Hand gegeben zu haben. (E 88, 40 f)

Fontane an Wilhelm Friedrich Berlin, 28. November 1882
Ergebensten Dank für Ihre freundl. Zeilen vom gestrigen Tage. Hoffentlich glückt es mit Gsellius. So weit meine Kenntnis in diesen Dingen reicht, macht er alljährlich das Weihnachts-Hauptgeschäft, neben dem – soweit der *direkte* Berliner Verkauf in Betracht kommt – alle andern Sortimenter verschwinden. Alle Berliner, auch die Reichen und Vornehmen, sind aus der alten, armen Zeit her, »kleine Leute«, die mit lächerlicher Geflissentlichkeit einem kleinen Vortheil von 2½ oder 5 Sgr. nachgehen. Es kann auch *noch* weniger sein. Und so drängt denn wie ›in Hungersnoth um

Brod an Bäckerthüren‹ in der Weihnachtszeit alles zu Gsellius, von dem es heisst, dass er alles um eine Mark oder halbe Mark billiger verkaufe als andre Leute. Von Mittag an ist sein Verkaufslokal gestopft voll, und man muss eine Viertelstunde warten. D. h. *ich* nicht, ich zahle lieber fünf Sgr. mehr und hab es gleich. (E 88, 47)

Fontane an Otto Brahm Berlin, 7. Januar 1883
Besten Dank für Zusendung der freundlichen Besprechung meines Schach. Denn freundlich ist alles, was d. Kritiker schreibt, und deshalb auch mein Herz befriedigend, wiewohl ich mich seiner Ausstellung gegenüber in derselben Lage befinde, in der *er* sich meinem Schach gegenüber befand: ich kann ihm nicht folgen. Auch ist er der erste, der *dies* tadelt. Ein halbes Dutzend Väter hat mir geschrieben: »Lieber Freund, so *war* es nicht blos 1806, so ist es noch; eine falsche Ehre, die dann schließlich mit dem Pistol in der Hand den Ausweg sucht, durchdringt *noch* den ganzen Stand.« Und diese Bemerkung ist richtig. Schach, die Figur wie die Novelle, krankt an einer *andern* Stelle. Die Verführungsgeschichte plausibel zu machen, ist mir nicht zur Genüge geglückt; Schach, all seiner Liaisons unerachtet, ist au fond als Ehrpußlichkeits-Peter geschildert und solchem kleidet die betr: Liebesscene nicht. Da liegt's. Ueberhaupt: ich kann wohl schildern, was einer Liebesgeschichte *vorhergeht* und auch das was *folgt*, ja, für das Letztre hab ich vielleicht eine gute Begabung, die Liebesscenen selbst werden mir nie glücken. Darin muß ich mich nun mal finden. (E 91, 28)

Fontane an Wilhelm Friedrich Krummhübel, 3. August 1884
Empfangen Sie meinen ergebensten Dank für Ihre gef. Zuschrift vom 29. v. M. Ich habe von den zwischen uns stattgehabten Beziehungen nur die freundlichsten und angenehmsten Eindrücke empfangen und kann nur wünschen dieselben erneuert zu sehn. Andrerseits habe ich aber auch nicht das Kleinste auf Lager, das ich Ihnen präsentieren könnte, da das Wenige, was ich seit meinem »Schach« geschrieben habe, schon weggegeben ist und zu Weihnachten erscheinen soll: eine Novelle (Graf Petöfy) bei F. W. Steffens in Dresden, eine Biographie Scherenbergs bei W. Hertz. Habe ich wieder etwas, so werde ich nicht unterlassen mich bei Ihnen

zu melden, wenn nicht irgendwer – wie beispielsweise Hertz bei den märkischen Sachen – die Vorhand hat. (E 88, 52)

Graf Petöfy

Fontane an Fr. W. Steffens Krummhübel, 10. August 1884
Endlich die durchgesehnen letzten Kapitel. Es war weniger zu streichen als ich erwartete, aber ich hatte gestern – auf einem Stein im Tannicht sitzend – nicht das Auge dafür. Und doch schärft die Natur den Blick.
Ich vertraue die Correktur dem Herrn Correktor und Ihrer gef. Oberaufsicht an und bitte nur mir die letzten 5 Kapitel zur Super-Revision schicken zu wollen. Dies ist wegen der Bleistiftskritzelei auf S. 802 leider unerläßlich.
Darf ich über das Druck-Arrangement noch ein Wort sagen?
Wenn Sie 2 Bände zu 175 Seiten machen – auf leidlich starkem Papier sind dann die Bände dick genug – so würden dadurch statt blos 20 drei- oder selbst vierzwanzig Zeilen auf die Seite kommen und der Eindruck des Auseinandergezerrten ginge verloren. (E 91, 31)

Cécile. Novelle

Fontane an Richard Sternfeld [Weißer Hirsch, 28. Mai 1898]
Seien Sie schönstens bedankt für Ihren freundlichen Gruß aus dem Bodethal, an das ich oft mit besonderer Freude zurückdenke. Aus vielen Gründen. Wegen Cécile, aber noch mehr wegen Effi Briest.
(HA I/2, 2. Aufl., 875)

Irrungen, Wirrungen

Widmung [für Paul Heyse?] Berlin, 3. April 1888
    Eine Berliner Alltagsgeschichte.
    Geh nicht zu streng mit ihr zu Gerichte.
    Denke, berlinisch sind Botho und Lene.
    Ubi patria, ibi bene.

(HA I/2, 2. Aufl., 921)

Fontane an A. Fresenius					Berlin, 7. April 1888
Heute früh ging mir die letzte Nummer Ihrer »Deutschen Literaturzeitung« zu.
Indem ich Ihnen für die überaus freundliche Besprechung meiner »Irrungen, Wirrungen«, die Sie vielleicht veranlaßt und der Sie jedenfalls einen Platz in Ihrer Zeitung eingeräumt haben, meinen herzlichsten Dank sage, bitte ich Sie, Herrn Max v. Waldberg bei Gelegenheit aussprechen zu wollen, wie sehr mich seine Worte voll gütiger Anerkennung erfreut haben.					(E 91, 34)

Fontane an Max von Waldberg					Berlin, 13. April 1888
Das Meiste was man von literarischer Arbeit hat, ist Enttäuschung, Neidhammelei, Verdruß, aber es kommen Tage, die alles wieder ins Gleiche bringen. »Und solch ein Tag war's« darf ich variirend sagen. Wie wohlthuend jedes Wort[1]. Auch das mit dem Stückeschreiben. Aber davor hat mich Gott, trotz meiner Lust dazu, in Gnaden bewahrt. Denn wenn schon der Verkehr mit Redaktionen und Verlegern seine Fatalitäten hat, wie erst der Verkehr mit Bühnenleitern, Schauspielern und – Theateragenten. Da hört alles auf! Und so werde ich einen vor 40 Jahren angefangenen »Karl Stuart« der Welt als einen Torso hinterlassen, wenn man das einen Torso nennen darf, was nie fertig war. Wundervoll haben Sie das Berliner Wesen charakterisirt. Das kann nur ein *Nicht*-Berliner. Wir stecken zu tief drin, um einen Ueberblick zu haben. Gestern Abend war der kleine Brahm bei mir, der mich mit besten Grüßen an Sie beauftragt hat. Im Mai erscheint der 1. Band seines Schillerwerkes[2]; um dieselbe Zeit will er zur Erholung nach Baden-Baden und – Paris.					(E 91, 34)

Quitt. Roman

Fontane an Elisabeth Friedlaender					Berlin, 26. März 1885
Daß wir uns dann öfter sehn werden, hoff' ich aufrichtig [...] Bei

1 Vgl. den vorhergehenden Brief Fontanes an A. Fresenius.
2 Fontanes Rezension des Buchs V. Z. 10. 11. 1888.

den Plaudereien, die dann, Gott sei Dank, in Sicht stehen, wird mir auch der Förster- und Wilddieb-Stoff in all seinen Details bekannt werden. So wenigstens hoff' ich und freue mich darauf wie auf vieles. (FRI 5 f)

Fontane an seine Tochter   Berlin, 19. März 1896
Grete Begas schwögte mir 'was von »Quitt« vor, das sie eben gelesen habe. Ich sagte: »nicht wahr, gnädige Frau, *auch* nicht übel«, – was sie und noch mehr die Tochter bestätigte; vielleicht bin ich *da*durch bestochen. (SJ II 251)

Unwiederbringlich. Roman

Fontane an Jes Thaysen   [Zillerthal-Erdmannsdorf, Mai/Juni 1892]
Ich persönlich bin mit allem einverstanden, habe aber über diese Dinge[1] kein freies Bestimmungsrecht. Ich möchte Sie deshalb bitten, dass Sie an Herrn Wilh. Hertz, den Verleger des Buches schreiben, und bei ihm anfragen, ob er zustimmt; *er* hat die Entscheidung.
(W HH 563)

Frau Jenny Treibel oder »*Wo sich Herz zum Herzen find't.*«

Fontane an Friedrich Feldheim   Berlin, 18. Dezember 1892
Ganz gegen Erwarten hat mein Sohn (bei dem das Buch erschien) doch noch gebundene Exemplare aus Leipzig erhalten, was mich in die angenehme Lage bringt, Ihnen, hochgeehrter Herr Commerzienrath, mein Neustes doch noch vor dem Fest, das Sie bei bester Gesundheit verbringen, zu überreichen. (E 91, 42)

---

[1] die Übersetzungsrechte des Romans für eine dänische Ausgabe. Mit Zustimmung des Verlegers Wilhelm Hertz kam die Übersetzung durch Jes Thaysen zustande und erschien 1894 in Kopenhagen unter dem Titel »Grevinde Holk« (vgl. Fontanes Brief an Wilhelm Hertz vom 11. 12. 1894, II 424 f).

Von vor und nach der Reise.
Plaudereien und kleine Geschichten

Berlin, 28. Dezember 1893
Fontanes Vertrag mit dem Verlag seines Sohnes Friedrich Fontane

Verlags-Vertrag:
Zwischen Herrn Schriftsteller Theodor Fontane einerseits und der Verlagshandlung F. Fontane's & Co andererseits, Beide wohnhaft zu Berlin sowie zwischen ihren beiderseitigen Erben und Rechtsnachfolgern ist unter heutigem Datum Nachstehendes vereinbart und beschlossen worden.

§. 1. Herr Theodor Fontane übergiebt der Firma F. Fontane's & Co den Buchverlag seiner Novellensammlung
Von, vor und nach der Reise
für sämtliche Auflagen und Ausgaben in den Verlag.

§. 2. Die erste Auflage wird in einer Höhe von 1620 Exemplaren gedruckt, von denen 120 Exemplare zu Frei- und Rezensionsexemplaren bestimmt sind. Als Honorar erhält Herr Fontane bei Ausgabe des Buches 1500 Mk. (Fünfzehnhundert Mark) Für jede folgende Auflage empfängt Herr Fontane ein Honorar derart, daß jedes Exemplar mit 50 Pf honoriert wird. Der zweite Neudruck ist auf 1500 Exemplare festgesetzt, sodaß bei Ausgabe derselben 750 Mk. (Siebenhundertfünfzig Mark) Honorar zu zahlen sind. Weitere Neudrucke werden auf 1000 Exemplare mit M: 500.– Honorar festgesetzt.
Die Verlagshandlung ist berechtigt je 1000 Exemplare als eine Auflage zu bezeichnen, der erste Abdruck wird daher mit 1000 Exemplaren I. Aufl. und 500 Exemplaren II. Aufl. und 1000 Exemplaren III. Auflage.

§. 3. Herr Theodor Fontane empfängt von jeder Auflage 10 geheftete und 10 gebundene Frei-Exemplare.
Vorstehendes ist in zwei gleichlautenden Exemplaren gefertigt, genehmigt und eigenhändig unterschrieben.

(NFA XVIII a, 823 f)

Effi Briest. Roman

Fontane an eine unbekannte Dame Berlin, 12. Juni 1895

Ergebensten Dank für Ihre liebenswürdigen Zeilen, die ich schon früher beantwortet hätte, wenn ich nicht gerade mit dem Abschluß einer Arbeit[1] beschäftigt gewesen wäre.

Natürlich ist alles Recht auf Ihrer Seite, natürlich alles sehr unplatonisch. Ich bin schon ohnehin gegen todtschießen, Mord, aus dem Affekt heraus, geht viel eher, aber nun gar todtschießen wegen einer 7 Jahre zurückliegenden Courmacherei – an die sich in der Regel ein anständiger Ehemann mit Vergnügen miterinnert – das wäre denn doch über den Spaß. Auch so geht Innstetten, der übrigens von allen Damen härter beurtheilt wird als er verdient – sehr ungern 'ran und wäre nicht der Ehrengötze, so lebte Crampas noch.

Es ist nämlich eine wahre Geschichte, die sich hier zugetragen hat, nur in Ort und Namen alles transponirt.

Das Duell fand in Bonn statt, nicht in dem räthselvollen Kessin, dem ich die Scenerie von Swinemünde gegeben habe; Crampas war ein Gerichtsrath, Innstetten ist jetzt Oberst, Effi lebt noch, ganz in Nähe von Berlin. Vielleicht läge sie lieber auf dem Rondel in Hohen-Kremmen. – Daß ich die Sache im Unklaren gelassen hätte, kann ich nicht zugeben, die berühmten »Schilderungen« (der Gipfel der Geschmacklosigkeit) vermeide ich freilich, aber Effis Brief an Crampas und die mitgetheilten 3 Zettel von Crampas an Effi, die sagen doch alles. (E 27a, 43)

Fontane an Frau B. Mayer Berlin, 10. Dezember 1895

Ganz ergebensten Dank für das »Sonntagsblatt des Bund« und die gütigen Zeilen, womit Sie die Sendung begleitet haben. Dr. Widmann ist ein sehr liebenswürdiger Kritiker, der stets freundliche Worte für mich hat[2]. Das Blatt, Ihrem Wunsche folgend, stelle ich anbei zurück. Ihr Reval scheint ein Sitz liebenswürdiger Damen, die, fast an den Thoren Petersburgs, in einer Theilnahme für Deutschland und sein Kunst- und Literaturleben verharren. Wir können es brauchen! (E 91, 46)

---

1 vermutl. »Die Poggenpuhls«.
2 Vgl. Fontanes Brief an Viktor Widmann vom 19. 11. 1895 (II 454).

Pläne und Entwürfe /
Eine nicht identifizierte Arbeit / Argo

Abednego der Pfandleiher.
Nach dem Englischen der Mrs. Gore

Fontane an Wilhelm Wolfsohn   Berlin, 22. Februar 1851
Was die englischen Frauen angeht, so weiß ich von ihnen soviel wie von den Patagoniern, die groß sein, oder von den Karaiben, die Menschenfleisch fressen sollen. Der Umstand, daß ich in London drei alte Weiber kennen gelernt und in Deutschland einen dicken Roman von der Mrs. Gowe [Gore] übersetzt habe, berechtigt mich unmöglich, dem schönen Geschlechte Alt-Englands im deutschen Museum klarzumachen, wie's eigentlich mit ihm steht.   (FW 76 f)

Storch von Adebar [Novelle]

Fontane. Tagebuch   15. Juni 1881
Langes Gespräch mit Julius Grosser, unter anderm auch über Storch von Adebar [...]   (NFA XXIV 847)

Eine nicht identifizierte Arbeit

Fontane an Alfred Friedmann   Berlin, 4. Mai 1897
Seien Sie herzlichst bedankt für Ihre große Freundlichkeit. Es hat mich *sehr* erfreut: M. hat nie Liebenswürdigeres über mich geschrieben und ich preise mein Geschick, das mich gestern Sie finden ließ. Nur so erfuhr ich davon und kann M. nun danken. Unterbleibt solch Dank, so ist das immer sehr fatal, weil nicht angenommen wird, daß man von so freundlichen Worten nichts hört.

(E 91, 49)

Argo

Fontane. Aus: Erinnerungen an Theodor Storm   [Sommer 1888]
Die Argo-Korrespondenz von März bis Dezember 53.
[...]

Wir Berliner Freunde würden von dieser seiner Stimmung schwerlich etwas erfahren haben, wenn nicht ein damals von unserem Freundeskreise geplantes literarisches Unternehmen, bei dem wir uns in erster Reihe unseres Lieblings Storm versichern wollten, Veranlassung zu einer sehr lebhaften Korrespondenz mit ihm gegeben hätte. Diese Korrespondenz ist in meinen Händen, und wiewohl sich unsre Korrespondenz später freilich sehr lückenhaft bis an sein Lebensende fortgesetzt hat, so bilden doch diese dem Jahre 53 angehörigen Briefe mit das Beste von all dem, was ich durch ein langes Leben hin an Briefen von ihm empfangen habe. Diese Briefe reichen vom März bis Dezember, um welche Zeit sich endlich alles geregelt hatte, so daß seine Übersiedlung von Husum bzw. Altona her (wo er sich zwei Monate lang besuchsweise aufhielt) nach Berlin-Potsdam erfolgen konnte.

Aus dieser Korrespondenz gebe ich hier ein paar charakteristische Stellen. (NFA XXI/2 83 ff)

Vereinzelte Beiträge

Männer der Zeit

Fontane. Tagebuch 29. August 1860
Mrs. Gore – Dove – Charl. v. Hagn – Lina Fuhr – Johanna Wagner
eingeschickt an Männer der Zeit.[1] (NFA XXI/2 511)

---

[1] Supplementband »Frauen der Zeit«.

Allgemeine Äußerungen über Dichtung, Dichten und Schriftstellerei

Fontane an Alfred Friedmann   Berlin, 22. Juni 1880
Empfangen Sie meinen besten Dank für die »Lebensmärchen«, insonderheit für »das Bild Tizians«. In Ihrer Novelle präponderirt ein gutes Stück Romantik, das Poetisch-Phantasievolle, während ich den alltäglicheren Weg gegangen bin und das wirkliche Leben abgeschrieben habe.   (E 91, 26)

Fontane an Franz Lipperheide   Berlin, 19. Dezember 1881
Im Beifolgenden schicke ich Ihnen alles, was ich zur Hand habe:
1. In »Nord und Süd« ein nach einer Photographie in Kabinettsformat gefertigtes Bild[1];
2. Eine Photographie in *kleinerem* Format, von Loescher und Petsch ebenfalls 1879 angefertigt;
3. Ein »Daheim« mit Bild[2];
4. Ein »Über Land und Meer« mit Bild.[3]
Nach meiner Meinung reicht das Material nach der einen wie nach der andren Seite hin aus. Irr' ich hierin, so schick' ich weiteres, bin eventuell bereit, den sauren Photographengang, der immer einen Vormittag und hinterher auch noch anstandshalber ein Dutzend Exemplare kostet, noch einmal zu machen.
Das Bild in Kabinettsformat (s. »Nord und Süd«) war *nicht* sehr gut, auch nicht in der Photographie; das Bild in kleinerem Format ist viel besser.
Reichen die biographischen Notizen nicht aus, so schick' ich noch Abschrift von einem kleinen Artikel, den Brockhaus, gekürzt und verballhornisiert, ins Konversations-Lexikon hinübergenommen hat[4].
[...]

---

1 Bd. 13, 1880, anläßlich des Vorabdruckes von »L'Adultera«.
2 Jg. 11, 1875, zu dem mit R. K. gezeichneten Artikel »Theodor Fontane, der Sänger der Mark«.
3 Nr. 7, 1878, zu dem Artikel von Wilhelm Lübke, »Theodor Fontane«.
4 in Bd. 6, 1877. Den Artikel hatte Fontane selbst verfaßt.

Eben hab' ich den »Daheim«-Aufsatz noch wieder durchgelesen. »Sänger der Mark« ist schrecklich, aber der Aufsatz selbst ist an Freundlichkeit nicht wohl zu übertreffen. (E 90, 74)

Fontane an Franz Lipperheide   Berlin, 21. Dezember 1881
Besten Dank für Ihre gefälligen Zeilen. Ihr Vorhaben, hinsichtlich meiner Biographie, deckt sich ganz mit meinen Wünschen, was ich freilich, im Hinblick auf einen in meinem vorletzten Briefe gebrauchten Passus, mit einiger Beschämung aussprechen muss. Wahrscheinlich handelt es sich nur um einen kleinen Aufsatz von kaum einer Spalte Länge; soll aber vielleicht meine »Wanderer«- oder vielleicht auch meine Kriegsgefangenschaft (zwei dankbare Themata) betont werden, so steckt eine Fülle von Stoff ad 1. in den beiden ersten Vorworten zu Band I, Grafschaft Ruppin, und in dem Schlusswort zu Band IV, Spreeland; ad 2. existiert ein eignes kleines Buch, »Kriegsgefangen«.
[...]
Soll der *Poet* betont werden, so gibt es einen hübschen kleinen Aufsatz von O[tto] F[ranz] Gensichen, der *diese* Seite behandelt. Ich würd' ihn allenfalls auftreiben können. (E 90, 75 f)

Fontane an Fritz Mauthner   Berlin, 6. Dezember 1891
Anbei das Geschreibsel[5]. Es ist konfus und unfertig, aber ein paar leidlich gute Wendungen, auch vielleicht Wahrheiten sind drin. Ich entsinne mich so dunkel, der Hauptwitz der Sache sollte in einer direkten Parallele bestehen, in einer Schilderung: so leben die und die Dichter und Schriftsteller und so leben die und die Maler und Bildhauer. Daß sich da ein Unterschied zu unsern Ungunsten ergibt, ist mir ganz sicher; Schwind, Makart, Piloty, Lessing (Karlsruhe), wie standen sie da! Anton von Werner, Rauch, Begas, Menzel, Lenbach, Uhde, die Achenbachs, wie stehen sie da, verglichen mit uns. Sie werden von den Machthabern wie Kollegen, wie Kunstfürsten angesehen, und das Publikum fühlt sich durch ihre Gegen-

---

[5] »Die gesellschaftliche Lage des Schriftstellers in Deutschland«, veröffentlicht am 26. 12. 1891 im »Magazin für die Literatur des In- und Auslandes«.

wart geehrt. Das trifft bei uns nicht zu, weder bei Heyse noch bei Wildenbruch, kaum bei Freytag, der beiläufig 1870 das Hauptquartier verließ, weil man doch zu wenig aus ihm machte. Trotzdem empfand ich, wie schwer es sei, die Sache so recht schlagend vor aller Welt zu beweisen. Geibel, Bodenstedt, Heyse, Hans Hopfen sind geadelt worden, Freytag hat den Pour le mérite, Lindau war nicht bloß persona gratissima bei Bismarck, sondern auch beim Fürsten Hohenzollern, bei den Hohenlohes und bei den meisten Botschaftern, Wildenbruch sitzt neben dem Kaiser im dunklen Parquet und (nicht zu glauben) selbst Lubliner wird in die Hofloge gerufen. Es ließe sich diese Aufzählung gewiß noch sehr erweitern, und weil es so ist, müssen wir uns hüten, den Empfindlichen zu spielen, weil man uns erwidern könnte: »Ja, Kinder, was verlangt ihr denn eigentlich? Conrad Alberti kann doch nicht Geheimrat im Kultusministerium und Karl Bleibtreu, gestützt auf ›dies irae‹, Generalstabsoffizier werden.« All das ließ mich von Ausführung meiner Idee wieder Abstand nehmen, vielleicht auch das Gefühl, daß von mir persönlich zu erhebende Ansprüche über und über erfüllt worden seien – (E 87, 594)

Fontane an Unbekannt Berlin, 31. Dezember 1894
Seien Sie schönstens bedankt für den ganzen »Drei Preußen«-Artikel und doppelt für das mir zufallende Drittel. Sie werden aus eigner Erfahrung wissen, daß das Gelobtwerden zwar an und für sich schon eine angenehme Sache, aber doch nur die Hälfte *des* Vergnügens ist, das einem das Treffen bestimmter Züge, die nicht mal immer schön oder löblich zu sein brauchen, bereitet.
Auch in den Schlußbetrachtungen bin ich ganz und gar mit Ihnen einverstanden: es brechen bessere Tage an, Michelland wird entmichelt. Wenn man diesen Bismarck auch blos auf seine Schriftstellerei hin ansieht, welch Fortschritt, vielleicht selbst verglichen mit unsren Größten und Besten. (E 91, 44)

Anhang

Nachwort

Fontane – der bonhome Plauderer; der progressive Realist; der militante Kritiker von Adel und Bourgeoisie; der weise alte Herr jenseits von Eitelkeit und Rechthaberei, der aus gelassenem Humor zu relativieren versteht; der milde Schnauzbart sine ira et studio – so und ähnlich heißen die Klischees für den Briefschreiber Fontane: jedes könnte als Untertitel einer der zahlreichen Anthologien stehen, in denen meist konzentriert ist, was ein geliebtes Fontanebild bestätigt oder jedenfalls nicht ernsthaft in Frage stellt. Wo Briefe an einzelne Adressaten vollständig beisammen sind, sieht die Sache meist anders aus; und der Tugendbold, als der, in dieser oder jener Färbung, und manchmal gerade als der humane Nicht-Tugendbold, Fontane erscheinen soll, bleibt nicht mehr ganz so makellos auf dem Piedestal. Es geht da durchaus menschlich zu und auch allzu menschlich, keineswegs nur gelassen, nur leidenschaftslos freundlich, nur bescheiden, nur nachsichtig mit tout comprendre und tout pardonner, aber auch nicht nur mit dem klaren Blick fürs neue Wahre, mit eindeutiger und erwünschter Verteilung von Liebe und Haß auf Stände und Klassen, von Zustimmung und Kritik und nicht nur mit überzeugendem politischem Instinkt. Das muß Respekt und Liebe nicht mindern. Aber beides sollte nicht an falsche Voraussetzungen sich binden, vielmehr auf das gerichtet sein, was Achtung verdient.

Auch Fontanes Äußerungen über seine Schriften sind nicht ein ungetrübtes Dokument von Tugenden, die man Fontane gern nachsagt und die er gewiß *auch* besitzt.

Vieles ist Bestandteil technischer Routinekorrespondenz, die bei Schriftstellerkollegen der Zeit nicht viel anders aussieht: Verhandlungen über Drucktermine, Korrekturen, Einbände, Auflagehöhen, Neuauflagen, Honorare. Fontane ist da, verglichen mit seinen Standesgenossen, weder besonders anspruchsvoll und kompliziert noch übertrieben vom Irdischen ab. Er hat einen zuweilen recht praktischen Realitätssinn, ist manchmal gar nicht geschäftsuntüchtig, und es fehlt ihm nicht an – hin und wieder sogar auftrumpfendem – Selbstbewußtsein. Auch taktische Motive des Verhaltens, ja List, muß man sagen, verschmäht er nicht, und er hat, wenn es sein muß, Geschick dazu. In manchen Briefen liest man das zwischen den Zeilen, in anderen bekennt Fontane seine Doppelzüngigkeit Dritten gegenüber. Briefe an Rodenberg sind ein Beispiel, auf das Hans-Heinrich Reuter in seiner Ausgabe hingewiesen hat. Es gibt weitere. Im übrigen sind vermutlich Dokumente solcher Art meist vernichtet worden. Widerspruch im Urteil Fontanes über andere ist freilich nicht gleichbedeutend mit Falschheit. Die Verhältnisse und Personen sind oft tatsächlich ambivalent. In Korrespondenzen berühmter Leute vergißt man zuweilen, wie viel von Stimmungen, momentanen Konstellationen, vom Ambiente der Situation, von den Erwartungen und Herausforderungen des Partners ausgehen und in Briefen Niederschlag finden kann, die oft entschieden eben unter der Voraussetzung des Vorübergehenden, Nicht-Endgültigen, Widerrufbaren geschrieben sind. Es gehört zu den Ungerechtigkeiten der Literaturwissenschaft, solch transitorische Formulierung aufzuspießen als Zitat, als Dokument festgestellter »Anschauungen«, denen allenfalls noch eine Wandlung in größeren Entwicklungsstadien zugestanden wird, aber nicht das Recht des wetterwendischen Augenblicks und der Anspruch auf Nachsicht. Den kann man mit soziologischen Theorien begründen, aber auch ohne sie.

Fontane über seine Dichtungen, über seine Schriften – viel Zufälliges, Unreflektiertes findet sich da; manches über sehr schlichte Bedingungen der Entstehung, über physische Kraft und Schwäche, Zeit und Muße, Wetter und Umgebung. Reiseberichte gehen an Frau, Kinder, Verleger. Nicht allzuviel optische Eindrücke von Städten, Dörfern, Landschaften zeichnet Fontane auf; das steht nicht zur Debatte, wenn man an Vertraute schreibt. Eher schon findet er Begegnungen mit Menschen erwähnenswert, die er für eine unter der Hand befindliche Arbeit verwerten kann, zuweilen auch Anekdotisches ohne besonderen Zweck. Aus den reichlich gebrauchten Sommer-, Herbst- oder Frühjahrsfrischen kommt Ruhm und Klage über Zimmer, in denen sich arbeiten läßt – oder auch nicht, weil Lärm stört, Kindergeschrei, Gestank, Kälte, Hitze. Vom lieben Geld handeln viele Briefe. Das liebe Geld dann wird anspruchsvoller bedacht als soziale Lage des Schriftstellers in seiner Zeit und seiner Gesellschaft. Die Gesellschaft erscheint in ihrer Rolle als Bedingung des Schreibens recht vielspältig. Oft fühlt sich Fontane ganz behaglich darin und keineswegs eingeschränkt oder bedrückt. Die Leute, die er braucht, etwa als Gastgeber und Berater bei Wanderungen durch die Mark, sind ihm angenehm und freundlich und manchmal gewiß auch unangenehm und feindlich, arrogant, überlebte »Schafsköppe«. Wo im Hinblick auf seine Schriftstellerei von ihnen die Rede ist, bleibt das alles ziemlich unideologisch, nicht sehr grundsätzlich, ohne allzuviel Sozialphilosophie. Kritik ist eher Abreagieren individuellen Unbehagens, manchmal kaum mehr als Vor-sich-hin-Geschimpfe. In der frühen Zeit freilich ist die Misere oft ernster, die wirtschaftliche Basis macht dem schriftstellerischen und poetischen Überbau üble Molesten. Der lange Jammer mit der englischen Korrespondenz gibt Zeugnis davon. Der Frau, die die Geduld verliert mit dem wenig einträglichen Dichtergatten, muß gut zugeredet und eine bessere Zukunft verheißen werden. Gelegentlich wird Fontane allerdings auch prinzipiell und versucht, die Lage des Schriftstellers in der Zeit und Gesellschaft auf Begriffe zu bringen, die nicht nur Augenblicksreaktion sind, nicht nur Reflex persönlicher Erfahrungen und Leiden. Wenn er glaubt, ohne Rückhalt sprechen zu dürfen, kann er auch verbittert und aggressiv werden. Und zumal in der späteren Zeit klingen revolutionäre Töne an, auf die man, insbesondere seit dem Erscheinen der Briefe an Friedlaender, oft genug hingewiesen hat. Aber da ist weniger von Literatur die Rede, als von der politisch-sozialen Situation überhaupt.

Wer in diesen Bänden blättert, sucht gewiß nicht nur Spuren der Genese von Schriften und Dichtungen; er möchte Selbstinterpretation des Autors lesen, auch wenn er weiß, daß oft niemand eine Schrift schlechter interpretiert als eben ihr Erzeuger und daß man, wie es berühmte Kenner des hermeneutischen Geschäfts gelehrt haben, einen Schriftsteller besser verstehen muß, als er sich selber verstanden hat. Zu einzelnen Werken fällt da bei Fontane ohnehin nicht allzuviel ab, gleichwohl einiges von bedeutendem Gewicht, das ein richtiges und angemessenes Verstehen – mindestens der Absichten – lenken kann. In Reaktionen auf Kritiken und Besprechungen rückt Fontane zurecht oder bestätigt er, was er da als Meinung über sein Werk liest. Meist ist das alles eher menschlich als poetisch-ästhetisch interessant. Die Theorie zur Dichtung, zum Roman, zum Gegenwärtigen und Historischen in der Dichtung, zum Realismus bleibt vage und ungenau, wenn auch die Richtung deutlich ist, in die Fontane zielt. Das beste dazu steht häufiger in Abhandlungen über fremde Dichtungen als in Erörterungen der eigenen oder als in programmatischen Aufsätzen. Fontanes ästhetische Anschauungen zu explizieren ist im übrigen hier nicht der Ort; das ist oft genug geschehen.

Man hat gelegentlich gemeint, ein gutes Register von Brief- und Essayausgaben könne Textsammlungen wie die vorliegende ersetzen. Fontane mindestens zeigt eindrucksvoll das Gegenteil, ganz abgesehen von der Frage praktischer Erleichterung. Nachschlagewerke mögen diese Bände sein; sie sind aber auch und vor allem – mirabile dictu – ein Lesebuch, das durch nichts anderes ersetzbar ist. Das ist dem Herausgeber, der nicht ohne Skepsis sich ans Sammeln gemacht hat, selbst erst bei der Arbeit oder eigentlich erst nach ihrem Abschluß aufgegangen. Briefsammlungen geben ein anderes Bild als diese Vereinigung ausgeschnittener Texte, Essaysammlungen geben ein anderes, Monographien *über* Fontane geben – ohnehin – ein anderes und immer wieder verschiedenes. Die Bilder mögen sich widersprechen – sie müssen sich nicht widerlegen, aber sie schränken sich wechselseitig ein und ergänzen sich kritisch. In den aneinandergereihten Bemerkungen Fontanes über seine Schriften und sein Schreiben, über Dichtung und Dichten überhaupt treten, bei beharrlicher Lektüre, die mühsam sein mag, doch auch faszinierend, Züge hervor, die dem synthetischen Blick ein *pattern*, einen Zusammenhang sichtbar machen. Es ist der gleiche Zusammenhang, den man schon kennt, und doch nicht der gleiche. Denn hier setzen sich nicht nur Akzente anders von den

Fakten und Formulierungen her, sondern das Beziehungsgefüge, in dem alles Einzelne erscheint, ist mit der gewissen Abstraktion einer solchen »Botanisiertrommel« von Stellen sub specie »Werk« ein anderes, das neue Einsichten ermöglicht. Der historiographische Akt einer Vereinigung der disiecta membra biographischer Einzelfakten und schriftlicher Zeugnisse zu einer Gestalt wie »Biographie«, »Werkmonographie«, »Anschauungen Fontanes zur Literatur und Kunst« oder dergleichen verfährt auf der Basis so entschieden thematisch vorbestimmter Auswahl anders als bei einer Motivation durch andere Interessen und auf der Grundlage anderer – manchmal komplexerer, manchmal einseitigerer – Dokumente.

Aufschlußreich ist auch die mehrfach, in den verschiedenen Gattungen von literarischer Produktion, sich präsentierende Entwicklung, Wandlung. Über Gedichte läßt sich Fontane noch vernehmen, als die Spezies längst nicht mehr im Vordergrund des Interesses und der Produktion steht. Über Prosaversuche, Romane registrieren wir schon Bemerkungen, als Fontane das Versemachen noch todernst nimmt. Daneben als Generalbaß stets das Engagement der »Wanderungen«, journalistischer und kritischer Aktivität, schließlich eine immerhin lange Periode intensiver Arbeit an Kriegsbüchern, bei deren Entstehung Sätze zu lesen sind, die mancher, wenn er sich weigert, historisch zu denken, bei seinem Fontane lieber übersieht. Wie das alles sich wechselseitig stützt, anreichert, einübt, ist kaum je so deutlich zu sehen gewesen wie in dieser Kollektion von Mitteilungen.

Auch in der ganzen Spanne der Zeit von ungefähr 1840 bis 1898, in der Fontane überhaupt irgendwo von dem spricht, was er schreibt oder zu schreiben plant, zeigt sich Weg und Wandel mit deutlicheren Konturen, nicht nur als Phänomen des Älterwerdens: Vom recht Konventionellen, Dürftigen, ja hier und da fast peinlich Dichterberuflichen wie aus dem Lehrbuch, mit gelegentlichen kecken Scherzchen, zum alten Fachmann vom Bau, der das Metier beherrscht und entsprechend davon reden kann – handfest und konkret von der *techne*, der aber auch, eben als perfekter Handwerker, das Recht sich nimmt, Verallgemeinerungen auszusprechen, prinzipiell zu werden, wo das früher nicht glaubwürdig war. Aus den Späßchen in jüngeren Jahren wird zunehmend Humor als Fähigkeit des Relativierens. Aus Pointen und Bonmots wird die realitätserweiternde Kunst der Metapher, des Vergleichs, vielfältiger rhetorischer Komposition.

»Hasige Hasen schmecken nicht«, sagt Fontane einmal kritisch von einem längst vergessenen Schriftsteller der Zeit; der habe »zuviel von sich selbst«. Fontanes Bemerkungen über seine Schriften schmecken sehr fontanisch. In der Unmittelbarkeit ihres Zwecks dürfen sie es – das würde auch ihr Urheber ihnen zugestehen. Aber zu beschreiben, was dies »Fontanische« ist, dazu vermag, in fruchtbarem hermeneutischen Zirkel, das Kompendium dieser zwei Bände eine neue Hilfe zu sein.

Zur »Edition«

Diese Sammlung von Äußerungen Fontanes über seine Schriften – nicht nur seine Dichtungen – ist so vollständig, wie es bei der gegenwärtigen Quellenlage möglich ist. Wenn es um eine Auswahl, um eine Art von Anthologie gegangen wäre, hätte dem Herausgeber die Entscheidung zwischen Wichtigem und weniger Wichtigem, Interessantem und weniger Interessantem obgelegen. Wer die Geschichte der Literaturwissenschaft und -kritik kennt, weiß, wie wandelbar das Urteil darüber ist und wie verschieden Sachzusammenhänge sein können, in denen Texte relevant werden. Deshalb fehlt hier kein auffindbarer Satz – auch wenn er anscheinend noch so Belangloses enthält –, der sich auf eine Schrift Fontanes im weitesten Sinne bezieht. Dem Benutzer und seinen Interessen muß überlassen bleiben, was er glaubt vernachlässigen zu können oder zu sollen; Recht des Herausgebers ist das nicht. Nur bei den allgemeinen Bemerkungen zur Dichtung und zum Dichten kann es keine lückenlose Vollständigkeit geben. Nicht jeder Stoßseufzer über Arbeitsunlust oder dergleichen ist registriert. Im übrigen finden sich einige der gewichtigsten und bedeutendsten Anmerkungen Fontanes zur Dichtung und zur Kunst nicht in Reflexionen über sein eigenes Werk, sondern über das anderer. Nicht immer ließ sich da herauslösen, was in diese Bände hier gehört. Der Briefwechsel Storm-Fontane war übrigens bei ihrer Drucklegung noch nicht erschienen, ihn einzusehen war nicht möglich; laut brieflicher Auskunft des Herausgebers Jacob Steiner enthält er nichts, das für dieses »Unternehmen von Bedeutung sein könnte«.

Der Fontane-Philologe kennt die Misere der Überlieferungsfrage, besonders im Bereich der Briefe, denen ja die meisten der Belege hier entnommen sind. Von einer historisch-kritischen Ausgabe Fontanes kann bisher nicht die Rede sein. Handschriften fehlen zum großen Teil. Viele Briefe liegen nur in Transkriptionen fremder Hand oder mit Schreibmaschine vor, die offenkundig unzuverlässig und ungenau sind und in denen korrigiert, ergänzt und gestrichen worden ist. Immerhin gibt es einige Editionen, die Originalbriefe Fontanes »buchstabengetreu« abdrucken. Es ist hier nicht der Ort, über alle einzelnen Ausgaben kritisch Rechenschaft zu geben, die benutzt wurden. So viel ist immerhin zu bemerken, daß auch diejenigen mit philologischem Anspruch unterschiedlich verfahren. Die einen »normalisieren«, und das wieder nach recht verschiedenen Kriterien für »Lesbarkeit«, andere treiben die Buchstabentreue ins skrupulöse (weniger philologische) Extrem und drucken jedes auch noch so offenkundige und ungereimte Versehen und Verschreiben Fontanes mit einem [!] oder [sic!] oder [so!] ab. Nicht nur in den ominösen alten Ausgaben, z. B. der Briefe Fontanes an die Familie, sondern auch in neueren Briefanthologien mit offenbar seriösem Anspruch sind Stellen ausgelassen, vermutlich weil sie ein gewünschtes Bild Fontanes allzusehr in Frage stellen könnten. Wieder andere Briefsammlungen sind von ungeschulten, wenn auch hingebungsvollen Dilettanten veranstaltet worden. Vielfach sind die Handschriften, die einmal dafür benutzt werden konnten, längst verloren. Aber auch, wo einzelne Handschriften oder Handschriftenkomplexe noch vorhanden und zugänglich sind, konnten natürlich nicht alle gedruckten Texte danach kollationiert werden. Das war nur in einer sehr beschränkten Zahl von Fällen möglich. Im übrigen waren die jeweils besten gedruckten Quellen zu benutzen. Es war eine besondere Schwierigkeit, daß im Laufe der Arbeit erst einige zuverlässigere Brief-Ausgaben erschienen, nachdem das Material auch bereits nach älteren und schlechteren gesammelt und dann durch bessere Texte ersetzt werden mußte.

Den Ehrgeiz einer »Edition«, einer einheitlichen und kritischen Ausgabe konnte das Unternehmen nicht entwickeln. Nicht einmal eine Normalisierung der Orthographie kam in Betracht, die an sich natürlich vernünftig und philologisch vertretbar gewesen wäre; denn abgesehen von jenen buchstabengetreuen Sammlungen ist kaum feststellbar, was im Hinblick auf Fontanes Originalbriefe in den Abdrucken oder auch in zugrundegelegten Transkriptionen der Archive bereits »normalisiert« ist. So kamen hier nur diplomatische Abdrucke in Betracht. Der Herausgeber hätte es zudem nicht als seine Lizenz betrachtet, Nachweise von Stellen (z. B. in Briefeditionen) zu geben, an denen er herumkorrigiert hätte. Damit war freilich eine äußerst disparate Textgestalt in Kauf zu nehmen. Nur bei eindeutigen Druckfehlern und der Übernahme von offenkundigen und sinnlosen Schreibversehen Fontanes weicht der Text von den Vorlagen ab, nicht aber, wo wechselnde Schreibweise oder charakteristische Nachlässigkeiten Fontanes in Ausgaben aufgenommen worden sind, wie etwa die der Briefe an Hans und Wilhelm Hertz. Es blieb nichts anderes übrig, als auch dann exakt nach Brief- und anderen Textausgaben zu zitieren, wenn deren Editionsprinzipien keineswegs einleuchtend erschienen.

Zahlreiche bisher unveröffentlichte Belege konnten aus den Beständen des Fontane-Archivs in Potsdam aufgenommen werden, leider nicht die noch unpublizierten Tagebücher, die zwar im Archiv verwahrt werden, aber Privateigentum sind und später zuerst geschlossen erscheinen sollen. Sie werden dann eine wichtige Ergänzung sein. Bei vielen bereits veröffentlichten Briefen war es möglich, die Druckvorlagen im Fontane-Archiv, meist in Gestalt von Abschriften verlorener Originale, zu vergleichen, zu korrigieren und zu ergänzen. Sie sind dann gleichfalls mit der Sigle des Archivs (FAP) bezeichnet. In Transkriptionen des Archivs, die von verschiedenen Urhebern stammen, sind spätere Korrekturen, offenbar zur Vorbereitung von Ausgaben, z. B. von der Hand Friedrich Fontanes, ignoriert; ebenso sind unzweifelhafte Schreibfehler der Abschreiber emendiert. Soweit Texte, die während der Sammelarbeit zunächst in Einzelveröffentlichungen aufgesucht werden mußten, später in besseren Sammeleditionen erschienen, sind sie *danach* wiedergegeben. In der Liste der Quellen (E 1, 2, 3, usw.) sind zur vergleichenden Kontrolle durch den Leser auch diese, überholten Einzelveröffentlichungen stehen geblieben und mit einem Sternchen versehen.

Die angedeutete vielspältige und widerspruchsvolle Textgestalt der vorliegenden Sammlung zeigt mit aller wünschenswerten Deutlichkeit, wie dringlich und wie schwierig eine kritische Gesamtausgabe aller Schriften Fontanes und nicht zuletzt der Briefe ist. Es ist zu bedauern, daß auf den verschiedensten Ebenen entsagungsvolle Vorarbeit – und mehr als das – ohne ökonomische Koordinierung geleistet wird.

Im allgemeinen sind Belege nur einmal aufgenommen, auch wenn sie sich auf mehrere Schriften beziehen. Sie sind meist dem Werk zugeordnet, für das sie das größere Gewicht haben. Die übrigen Bezüge lassen sich im Werkregister auffinden. Kontext ist nur soweit gegeben, wie zum Verständnis des Zusammenhangs notwendig ist. Auch solche Mitteilungen Fontanes sind eingefügt, die Voraussetzungen und Begleitumstände der Entstehung von Schriften erläutern können. Das ist besonders der Fall bei den Abteilungen »Wanderungen durch die Mark Brandenburg« und »Journalismus« etwa im Zusammenhang mit der »Englischen Korrespondenz«. Da freilich mußte ausgewählt werden; denn die Grenzen dessen, was sich im weiteren Sinne auf »Schriften« bezieht, sind fließend. Briefe von Partnern Fontanes in einer Korrespondenz sind nur ganz selten abgedruckt, nämlich wo Fontanes Ausführungen sonst gänzlich unverständlich bleiben würden, etwa in ein paar Briefen an Lepel. Gruß- und Schlußformeln stehen nur dann da, wenn sie integraler Bestandteil eines Satzes sind, dessen Aufnahme unerläßlich war.

Das Prinzip der Anordnung ist im wesentlichen chronologisch. Nur in einzelnen Fällen ist es aus sachlichen Gründen durchbrochen; der Leser wird das jeweils leicht einsehen.

Die Anmerkungen wurden, um die Bände nicht über Gebühr aufzuschwellen, so knapp wie möglich gehalten. Sie dienen nur der Benutzbarkeit und Auffindbarkeit des dargebotenen Materials und dem unerläßlichen Verständnis des sachlichen Zusammenhangs einer Passage. Sie sind weder ein Leitfaden der Werkgenese noch eine Nachhilfe der Allgemeinbildung, noch ein erweiternder Kommentar. Auch wird darauf verzichtet, die einzelnen Stellen aus Romanen und anderen Schriften in Erinnerung zu bringen, auf die sich die Zitate beziehen.

Namen erscheinen mit knappen Angaben im Personenregister. Nur da, wo man eine Vorstellung mit ihnen verbinden muß, um auch nur die Logik eines Satzes zu verstehen, gibt eine Anmerkung kurze

Aufklärung. Ergänzungen von abgekürzten Namen in eckigen Klammern sind meist vom Herausgeber. Für alles übrige, zumal auch für chronologische Daten aller Art, die nicht in der Zeittafel des Anhangs notiert sind, wird auf die Anmerkungsapparate der einschlägigen Werkausgaben verwiesen und auf die Monographien zum Gesamtwerk oder zu einzelnen Werkkomplexen. Ohne sie kommt der Fontane-Forscher ohnehin nicht aus; der Liebhaber wird sie ad libitum benutzen zur Erläuterung der hier vereinten Äußerungen. Aus den besagten Anmerkungsapparaten auch der Briefeditionen hat der Herausgeber viel gelernt. Soweit in den Anmerkungen Mitteilungen von dort übernommen sind, wird darauf verwiesen, manchmal in extenso zitiert, wo eigene Formulierung überflüssige Paraphrase wäre. Manche selbstgefundene Daten decken sich natürlich mit Anmerkungen anderer Ausgaben, manche weichen davon ab. In beiden Fällen ist das nicht eigens vermerkt.

Damit ist schon der Dank begonnen, der nach vielen Seiten hin auszusprechen ist. Denn nicht nur für die Anmerkungen haben Text-Ausgaben und Fontane-Literatur nützliche Kenntnisse vermittelt, sondern auch für das schwierige Geschäft der Zuordnung von Stellen, deren Bezug weder vom Inhalt noch vom Datum her erkennbar war. Bedeutsame Vorarbeit ist da von vielen Fontane-Editoren und -Forschern geleistet worden, von denen der Herausgeber hat profitieren können und denen er sich verbunden weiß, ohne alle einzeln nennen zu können. Wenigstens sollen Charlotte Jolles, Jutta Neuendorf-Fürstenau, Gotthard Erler, Hermann Fricke, Peter Goldammer, Gerhard Hay, Walter Keitel, Helmuth Nürnberger, Hans-Heinrich Reuter, Kurt Schreinert stellvertretend für die anderen stehen. In zahlreichen Fällen konnten freilich auch sie nicht die manchmal lange Suche nach dem zutreffenden Bezug einer Stelle abnehmen. Es wird im übrigen der eine oder andere Fehler stehen geblieben sein oder sich eingeschlichen haben, wie andererseits gelegentlich falsche Angaben von anderen korrigiert werden konnten. Der Herausgeber kann nur hoffen, daß die kritischen Sachkenner zur Verbesserung und Ergänzung dieses ersten Versuches einer vollständigen Sammlung beitragen werden.

Gedankt sei Herrn Professor Dr. Horst Kunze, dem Generaldirektor der Deutschen Staatsbibliothek, der die Arbeit im Theodor-Fon-

tane-Archiv in Potsdam ermöglicht hat sowie dem Leiter des Archivs, Herrn Joachim Schobeß, für Rat und Tat. Frau Dr. Susanne Schaup wurde gestattet, Veröffentlichtes und Unveröffentlichtes einzusehen und zu kopieren. Damit konnte sie einen bedeutsamen Beitrag leisten. Auch hat sie für den Verlag die technische Herstellung dieser Bände mit viel Arbeit, Geduld und Charme begleitet.
Einen substantiellen Anteil an der Sammlung hat Frau Waltraud Wiethölter. Keineswegs nur mechanische Hilfe hat sie geleistet, sondern als Mitherausgeberin sich an allen Arbeitsgängen tatkräftig, produktiv und mit großer philologischer Kenntnis und Sorgfalt beteiligt.
Höchst förderliche und gründliche Helfer beim Ordnen des Materials, bei den Anmerkungen, den Registern und bei den Korrekturen waren Herr Dr. Gerhart von Graevenitz und Herr Hans-Joachim Beck, der auch die Zeittafel bearbeitet hat; Frau Brigitte Vohland, Fräulein Irmgard Bechtle und Frau Barbara Stahl haben zeitweise geholfen.
Ratschläge und Unterstützung haben mit bewährter Bereitwilligkeit das Schiller-Nationalmuseum in Marbach sowie einige städtische Archive gegeben. Verlage und Einzelpersonen, die aus den Quellenverzeichnissen ersichtlich sind, gaben freundlich ihre Genehmigung zum Abdruck von Texten.
Ihnen allen sei herzlich gedankt.

Nachtrag zur Taschenbuchausgabe

Der Neudruck für die Taschenbuchausgabe bot eine willkommene Gelegenheit, Fehler zu berichtigen, die sich in der ersten Auflage eingeschlichen hatten. Unzulänglichkeiten und Irrtümer in sachlichen Details konnten nach dem neuesten Stand der Forschung zurechtgerückt werden. Sachkundige Leser und Rezensenten waren bei solchen Verbesserungen zuweilen in dankenswerter Weise behilflich.

Was die desperate Quellenlage betrifft, so hat sich seither wenig geändert. Die Bemerkungen darüber im Editionsbericht gelten im wesentlichen noch immer, auch wenn das Briefœuvre Fontanes in den letzten Jahren durch einige weitere Sammlungen oder durch neu bearbeitete und auf den aktuellen Forschungsstand gebrachte Neudrucke älterer Ausgaben ergänzt worden ist. Soweit greifbar, wurden sie durchgesehen. Einschlägiges fand sich unter den Buchausgaben jedoch nur im Briefwechsel mit Paul Heyse, dessen Edition gegenüber der früheren Quelle einige bis dahin unveröffentlichte Texte enthält. Abweichungen, die sich aus der Neubearbeitung für die bereits aufgenommenen Texte ergeben würden – sei es orthographischer, stilistischer oder inhaltlicher Art –, ließen sich allerdings nicht berücksichtigen.

Mißlich ist die Situation nach wie vor bei den Einzelveröffentlichungen; denn hier macht sich der Mangel an verläßlichen bibliographischen Daten besonders bemerkbar. Es gibt auf dem Autographenmarkt im Falle Fontanes noch erstaunlich viel Bewegung. Immer wieder tauchen bisher unbekannte Briefe aus Privatbesitz auf, die nicht selten an versteckter Stelle oder nur als Privatdruck in wenigen Exemplaren veröffentlicht werden, so daß der Nachweis oft genug dem Zufall überlassen bleibt. Nur so konnten in die »Nachträge« auch zwei ältere Quellen einbezogen werden.

Heikel bleibt weiterhin die Situation bei den Tagebüchern, da diese über die bereits bekannten Abschnitte hinaus bis jetzt nur in Partikeln zugänglich sind.

Daß trotz solcher erzwungenen Unzulänglichkeiten die vorliegenden Bände keineswegs überflüssig sind, beweist das positive Echo, das sie schon bei ihrem ersten Erscheinen gefunden haben.

Tübingen, Februar 1977　　　　　　　　　　Richard Brinkmann
　　　　　　　　　　　　　　　　　　　　　Waltraud Wiethölter

Zeittafel

Im folgenden sind nur solche Pläne, Entwürfe und Fragmente erwähnt, zu denen Belege vorhanden sind. Ein vollständiges Register findet sich in HA, Bd. 5, 1. Aufl. 1966, S. 1124 ff.
Alle zweiten und weiteren Auflagen eines Werkes, mit Ausnahme der *Gedichte,* sind nach dem Impressum aufgeführt.

1819 30. Dezember: Henri Théodore (Theodor) Fontane als Sohn von Louis Henri Fontane und Emilie Fontane, geb. Labry, in Neuruppin geboren.
1826 1. Juli: Fontanes Vater verkauft die Löwenapotheke in Neuruppin.
1827 Ende Juni: Übersiedlung der Familie nach Swinemünde.
1832 Ostern: Eintritt in die Quarta des Neuruppiner Gymnasiums.
1833 1. Oktober: Eintritt in die Friedrichswerdersche Gewerbeschule K. F. Klödens in Berlin.
1835 Erste Bekanntschaft mit Emilie Rouanet-Kummer.
1836 März: Abgang von der Gewerbeschule mit dem »Einjährigen«-Zeugnis. – 1. April: Beginn der vierjährigen Apothekerlehre bei Wilhelm Rose in Berlin.
1838 26. August: der Vater erwirbt die Apotheke in Letschin im Oderbruch.
1839 Dezember: *Geschwisterliebe* (Novelle) erscheint als erstes gedrucktes Werk im »Berliner Figaro«.
1840 Erste Zugehörigkeit zu literarischen Kreisen (»Platen-Klub« und »Lenau-Verein«). – 9. Januar: Zeugnis als Apothekergehilfe. – Januar–März: zwölf Gedichte im »Berliner Figaro« veröffentlicht. – Sommer: *Heinrichs IV. erste Liebe* (Epos) und *Du hast recht getan!* (Roman); beide nicht erhalten. – 30. September: Ausscheiden aus der Roseschen Apotheke. – 1. Oktober: Apothekergehilfe in Burg bei Magdeburg. – Spätherbst: satirisches Epos *Burg an der Ihle.* – 30. Dezember: Rückkehr nach Berlin.
1841 1. April: Eintritt in die Neubertsche Apotheke in Leipzig. –

Sommer: Anschluß an den »Herwegh-Klub«. – Herbst–Frühjahr 1843: Gedichte und Korrespondenzen in der belletristischen Zeitschrift »Die Eisenbahn«.

1842 31. März: Ausscheiden aus der Neubertschen Apotheke. – 1. Juli: Eintritt in die Struwesche Apotheke in Dresden. Erste journalistische Versuche. Übersetzungen des *Hamlet* und sozialpolitischer englischer Dichter (John Prince u. a.).

1843 1. April: »Defektar« in der Apotheke des Vaters in Letschin. – 23. Juli: durch Bernhard von Lepel als Gast im literarischen Sonntagsverein »Der Tunnel über der Spree« eingeführt. – Oktober: Beginn der Veröffentlichungen in Cottas »Morgenblatt für Gebildete Leser«.

1844 1. April: Eintritt als Einjährig-Freiwilliger ins Gardegrenadierregiment »Kaiser Franz«. – 25. Mai – 10. Juni: erste Reise nach London. – 29. September: unter dem Namen »Lafontaine« als ordentliches Mitglied im »Tunnel« aufgenommen.

1845 1. April: Beendigung des Militärdienstes. »Rezeptar« in der Apotheke des Vaters in Letschin. – 24. Juni: Beginn der Tätigkeit in der Schachtschen Apotheke. – 8. Dezember: Verlobung mit Emilie Rouanet-Kummer.

1846 30. Juni: Ausscheiden aus der Schachtschen Apotheke.

1847 2. März: Staatsexamen; Approbation als »Apotheker erster Klasse«. – Sommer: Trennung der Eltern ohne Scheidung. – 1. Oktober: Eintritt in die Jungsche Apotheke.

1848 18. März: Teilnahme an den Barrikadenkämpfen in Berlin. – Mai: Aufstellung als »Wahlmann« für die preußischen Landtagswahlen. – Juni: Ausscheiden aus der Jungschen Apotheke. – 31. August – 7. November: vier Aufsätze in der »Berliner Zeitungshalle«: publizistisches Debüt. – 1. September: Übersiedlung ins Krankenhaus Bethanien als pharmazeutischer Ausbilder. – Ende d. J.: Plan eines Epos *Arabella Stuart*. – Ende d. J. 1852 (?): Arbeit an dem Dramenfragment *Karl Stuart*.

1849 30. September: Ende der Tätigkeit in Bethanien. – 1. Oktober: Aufgabe des Apothekerberufs; Entschluß zu einer Laufbahn als »freier Schriftsteller«. – November–April 1850: Tätigkeit als politischer Korrespondent der »Dresdner Zeitung«.

- Dezember: die beiden ersten Bücher erscheinen: *Männer und Helden. Acht Preußen-Lieder* (Balladen; Impressum 1850); *Von der schönen Rosamunde* (Romanzenzyklus; Impressum 1850). – Dezember: *Waldeck*-Plan.

1850 Mai – Juli: vier feuilletonistische Aufsätze in der »Deutschen Reform«. – Juli: Abreise nach Schleswig-Holstein, um in die Befreiungsarmee einzutreten. – August: Rückkehr nach Berlin. – 4. August: Annahme einer Stelle als Lektor im »Literarischen Kabinett« der Regierung. – 16. Oktober: Eheschließung mit Emilie Rouanet-Kummer. – 31. Dezember: Auflösung des »Literarischen Kabinetts«.

1851 Anfang: Plan eines Epos *Barbarossa*. – Mai: erste Buchausgabe der *Gedichte*; Plan eines Volksbuches *Gustav Adolf*. – 14. August: Sohn George Emile geboren. – Ende August: Plan zu einer Tragödie *Darnley*. – 1. November: Annahme einer Stelle in der neugegründeten »Zentralstelle für Presseangelegenheiten« der preußischen Regierung. – Ende d. J.: Anthologie *Deutsches Dichter-Album. Hrsg. von Theodor Fontane* (Impressum 1852). Terminus ante quem: *Abednego der Pfandleiher. Nach dem Englischen der Mrs. Gore.*

1852 Anfang April: Abreise nach London als Korrespondent der »Preußischen (Adler-)Zeitung«. – 23. April: Ankunft in London. – 25. September: Rückkehr nach Berlin. – 1. Oktober: Wiedereintritt in die »Zentralstelle«.

1853 Sommer: Arbeit an *James Monmouth*. – Anfang Oktober: *Argo. Belletristisches Jahrbuch für 1854*, hrsg. von Th. Fontane und Fr. Kugler (darin enthalten Fontanes Erzählungen *James Monmouth, Tuch und Locke, Goldene Hochzeit*); Plan zu einer *Inschriftensammlung*. – Erstveröffentlichung der *Jagdgeschichten am Cap* in der »Rostocker Zeitung«. – Literaturkritisches Debüt mit dem Aufsatz *Unsere lyrische und epische Poesie seit 1848*.

1854 Juli: das erste Reisebuch *Ein Sommer in London* erscheint. – Sommer: *Schill* (Plan); *Wolsey* (Fragment). – Dezember: Lektor der englischen Zeitungen in der »Zentralstelle«.

1855 10. September: Beginn eines mehrjährigen Aufenthaltes in London im Auftrag der »Zentralstelle«; Aufbau und Leitung

einer »Deutsch-Englischen Pressekorrespondenz«; Berichterstattung für die »Vossische Zeitung«, die »Neue Preußische (Kreuz-)Zeitung«, die »Zeit« u. a.
1856 Ende März: die »Pressekorrespondenz« wird eingestellt; Fontane bleibt als halbamtlicher »Presse-Agent« in London. – 3. November: Sohn Theodor (»Theo«) geboren.
1857 27. Juli: Emilie übersiedelt mit den beiden Söhnen nach London.
1858 Februar: Plan zu einer *Havelock-Biographie*. – 9.–24. August: Reise mit Lepel nach Schottland. – 2. Dezember: nach dem Sturz des Ministeriums Manteuffel (6. November) kündigt Fontane seine Londoner Stellung.
1859 15. Januar: Rückreise von London. – 17. Januar: Ankunft in Berlin. – 5. Februar: Rückkehr der Familie. – 24. Februar bis 28. März: Reise nach München; fehlgeschlagener »Etablierungsversuch«. – 29. Mai–14. August: Vorabdruck der Berichte über die schottische Reise in der »Vossischen Zeitung« *(Bilder und Briefe aus Schottland)*. – Mitte Juli bis Ende 1859: erneute Tätigkeit in der »Zentralstelle«. – 18.–23. Juli: erste märkische Wanderung »ins Ruppinsche« mit Lepel. – 30. August–24. September: Vorabdruck der Berichte über die schottische Reise in der »Kreuz-Zeitung« (*Das Macbeth-Land*). – 31. August–3. September: der erste *Wanderungs*-Aufsatz (*In den Spreewald*) erscheint in der »Preußischen Zeitung«. – 9. Oktober–1. Januar 1860: Vorabdruck der Berichte über die schottische Reise in Cottas »Morgenblatt« (*Eine Reise ins schottische Hochland*).
1860 21. März: Tochter Martha (»Mete«) geboren. – Mai: Arbeit an Beiträgen zu »*Männer der Zeit*. Biographisches Lexikon der Gegenwart«. – 1. Juni: Eintritt in die Redaktion der »Neuen Preußischen (Kreuz-)Zeitung«. – Juni: erste Buchausgabe von *Jenseit des Tweed. Bilder und Briefe aus Schottland*. – Juli/August: erste Buchausgabe von *Aus England. Studien und Briefe über Londoner Theater, Kunst und Presse*. – Oktober: 1. Buchausgabe der *Balladen* (Impressum 1861).
1861 November: der erste Band *Wanderungen durch die Mark Brandenburg* erscheint (Impressum 1862).

1862 25. Januar: erste Pläne zu *Vor dem Sturm*.
1863 November: erste Buchausgabe von *Das Oderland. Barnim. Lebus* erscheint als zweiter Teil der *Wanderungen*. – Ende/Anfang 1864 (?): Beginn der Arbeit an *Vor dem Sturm*.
1864 5. Februar: Sohn Friedrich (»Friedel«) geboren. – 17.–29. Mai und 9.–30. September: Reisen auf die Kriegsschauplätze nach Schleswig-Holstein und Dänemark; Besuch von Husum (Storm) und Kopenhagen. – Ende d. J.: *Die Grafschaft Ruppin. Barnim-Teltow* (Impressum 1865) erscheint als zweite Auflage des ersten Teils der *Wanderungen*.
1865 Februar: Beginn der Vorarbeiten zu *Der Schleswig-Holsteinsche Krieg im Jahre 1864*. – 26. August–21. September: Reise mit Emilie an den Rhein und in die Schweiz. – 4. November: Vertrag mit Wilhelm Hertz über den Druck von *Vor dem Sturm*.
1866 1. Hälfte: erste Buchausgabe von *Der Schleswig-Holsteinsche Krieg im Jahre 1864*. – 12. August–September: Reisen auf die Kriegsschauplätze nach Böhmen und Süddeutschland.
1867 5. Oktober: Tod des Vaters.
1868 Zweite Auflage von *Das Oderland*. Plan zu einem *Brandenburgisch-preußischen Geschichtenbuch*.
1869 Ende Mai: *Der deutsche Krieg von 1866* beendet. – Ende d. J.: der erste Band von *Der deutsche Krieg von 1866* erscheint *(Der Feldzug in Böhmen und Mähren)* (Impressum 1870).
1870 20. April: Bruch mit der »Kreuz-Zeitung«. – Juni: Vertrag als Theaterrezensent mit der »Vossischen Zeitung«. – Anfang Juli: erster Besuch bei Mathilde von Rohr im Kloster Dobbertin. – 17. August: Debüt als Berliner Theaterkritiker (Schiller »Wilhelm Tell«). – 19. August: die erste Theaterkritik erscheint. – 27. September: Reise auf die Kriegsschauplätze nach Frankreich. – 5. Oktober: Festnahme in Domremy und Internierung auf der Île d'Oléron. – Anfang Oktober: der zweite Band von *Der deutsche Krieg von 1866* erscheint (*Der Feldzug in West- und Mitteldeutschland*) (Impressum 1871). – 5. Dezember: Ankunft in Berlin. – 25. Dezember–26. Februar 1871: Vorabdruck von *Kriegsgefangen. Erlebtes 1870* in der »Vossischen Zeitung«.

1871 Frühjahr: erste Buchausgabe von *Kriegsgefangen*. – 9. April bis Mitte Mai: »Osterreise« durch Nordfrankreich und Elsaß-Lothringen. – Ende November: erste Buchausgabe von *Aus den Tagen der Occupation. Eine Osterreise durch Nordfrankreich und Elsaß-Lothringen 1871* (Impressum 1872).

1872 3. Oktober: Potsdamer Straße 134c: letzte Wohnung bis zum Tode. – Oktober: erste Buchausgabe des dritten Teils der *Wanderungen: Ost-Havelland. Die Landschaft um Spandau, Potsdam, Brandenburg* (Impressum 1873). – Zweite Auflage von *Aus den Tagen der Occupation*.

1873 März: der erste Halbband von *Der Krieg gegen Frankreich 1870–1871 (Bis Gravelotte, 18. August 1870)* erscheint. – Dezember: der zweite Halbband von *Der Krieg gegen Frankreich 1870–1871 (Von Gravelotte bis zur Capitulation von Metz (19. August bis 27. October 1870))* erscheint.

1874 30. September–19. November: Italienreise mit Emilie. – November: *Gedichte. 2., vermehrte Auflage* (Impressum 1875).

1875 Anfang: der dritte Halbband von *Der Krieg gegen Frankreich 1870–1871 (In und vor Paris bis zum 24. December)* erscheint. – 3. August–7. September: Reise in die Schweiz und nach Oberitalien. – *Die Grafschaft Ruppin* erscheint in dritter Auflage.

1876 6. März: Ständiger Sekretär der Akademie der Künste. – Ende Mai: Rücktrittsgesuch. – 2. August: Entlassung. – Mitte September: der vierte Halbband von *Der Krieg gegen Frankreich 1870–1871 (Orleans bis zum Einzuge in Berlin)* erscheint. – Spätherbst: intensive Arbeit an *Vor dem Sturm*.

1877 September: die ersten drei »Bände« von *Vor dem Sturm* an die »Daheim«-Redaktion abgeschickt. – Oktober–April 1878: Entstehung des Schlußbandes von *Vor dem Sturm*.

1878 5. Januar–21. September: Vorabdruck von *Vor dem Sturm* in »Daheim«. – Ende April und Juli: Reisen nach Tangermünde für Ortsstudien zu *Grete Minde*. – Mai: Beschäftigung mit dem Novellenstoff zu *Schach von Wuthenow*. – Sommer: Beginn des Romanentwurfs *Allerlei Glück*. – August: Beginn der Niederschrift von *Grete Minde*; Konzeption von *Ellernklipp*. – 11. August: erste Erwähnung des Plans zu *Schach von Wuthenow.* – Ende Oktober/Anfang November: erste Buchausgabe von *Vor dem Sturm. Roman aus dem Winter 1812 auf 13.* – Erste Entwürfe zum Chronikplan *Die Likedeeler.*

1879 Januar: *Grete Minde* abgeschlossen. – Mai–Juni: Vorabdruck von *Grete Minde* in »Nord und Süd«. – Ende Mai bis Mitte Juni: Arbeit an den Biographien der *Reiterbilder.* – Juni–Juli: Arbeit an dem Entwurf *Sidonie von Borcke.* – Sommer: *Schach von Wuthenow* im Brouillon abgeschlossen. – September: Beginn der Niederschrift von *Ellernklipp.* – Dezember: Beginn der ersten Niederschrift von *L'Adultera.*

1880 4. April: Abschluß von *L'Adultera.* – Juni–Juli: Vorabdruck von *L'Adultera* in »Nord und Süd«. – August: Beginn der Arbeit an *Graf Petöfy.* – September: *Ellernklipp* abgeschlossen. – 10. Oktober: *Nach der Sommerfrische* in der »Vossischen Zeitung« vorabgedruckt. – Anfang November: erste Buchausgabe von *Grete Minde. Nach einer altmärkischen Chronik.* – Dritte Auflage von *Das Oderland.* – Zweite Auflage des dritten Teils der *Wanderungen* unter dem Titel *Havelland.*

1881 Mai–Juni: Vorabdruck von *Ellernklipp* in »Westermanns Illustrierten Deutschen Monatsheften«. – Juni: Plan zu der Novelle *Storch von Adebar* (bis Anfang 1882). – Juli: erster Entwurf von *Stine.* – Sommer: Beginn der Arbeit an *Christian Friedrich Scherenberg und das litterarische Berlin von 1840 bis 1860.* – Oktober: erste Buchausgabe von *Ellernklipp. Nach einem Harzer Kirchenbuch.* – Dezember: *Spreeland. Beeskow-Storkow und Barnim Teltow* (Impressum 1882) erscheint als vierter Teil der *Wanderungen.*

1882 Anfang: Erwägung eines Buches über *Kaiser Wilhelm I.* und einer *Illustrierten Geschichte Brandenburg-Preußens.* – März erste Buchausgabe von *L'Adultera.* – Mai–August: Korrektur des Brouillons von *Schach von Wuthenow.* – 19. Juli: erster Entwurf von *Irrungen, Wirrungen.* – 29. Juli–20. August: Vorabdruck von *Schach von Wuthenow* in der »Vossischen Zeitung«. – Sommer: Entwurf zum Novellenplan *Die Likedeeler.* – Ende November: erste Buchausgabe von *Schach von Wuthenow. Erzählung aus der Zeit des Regiments Gensdarmes* (Impressum 1883).

1883 Februar: Beginn der Arbeit an *Unterm Birnbaum*. – Sommer: *Graf Petöfy* abgeschlossen. – Plan eines Parallelwerks zu den *Wanderungen*. – Vierte Auflage von *Die Grafschaft Ruppin*. – Zweite Auflage von *Schach von Wuthenow*.

1884 Anfang März: Entwurf eines *Lassalle-Kapitels*. – 25. Mai: Abschluß des ersten größeren Entwurfs von *Irrungen, Wirrungen*. – Juni: erster Entwurf von *Cécile*. – 26. Juni–19. Juli: Vorabdruck von *Scherenberg* in der »Vossischen Zeitung«. – Sommer: Bekanntschaft mit Georg Friedlaender im Riesengebirge. – Juli–August: Vorabdruck von *Graf Petöfy* in »Über Land und Meer«. – Mitte Oktober: erste Buchausgabe von *Graf Petöfy*. – Wahrscheinlich Plan zur *L. P.-Novelle*.

1885 6. Februar: Kenntnisnahme des Stoffs von *Unwiederbringlich*. – März: erste Buchausgabe von *Scherenberg*. – 26. März: erste Erwähnung des Planes zu *Quitt*. – April: *Unterm Birnbaum* abgeschlossen. – Juni: Beginn der Arbeit an *Quitt*. – August–September: Vorabdruck von *Unterm Birnbaum* in der »Gartenlaube«. – 14. November: erste Buchausgabe von *Unterm Birnbaum*.

1886 Ende März: *Cécile* abgeschlossen. – April: Wiederaufnahme der Arbeit an *Irrungen, Wirrungen*. – April–September: Vorabdruck von *Cécile* im »Universum«. – Sommer: erste Niederschrift von *Quitt*. – Zweite Auflage von *Spreeland*.

1887 Januar: Vorabdruck von *Im Coupé* in »Zur guten Stunde«. – Januar–Februar: Arbeit an *Stine*. – Frühjahr: weitere Überarbeitung von *Irrungen, Wirrungen*. – April: erste Buchausgabe von *Cécile*. – 5. Juli: *Irrungen, Wirrungen* abgeschlossen. – Sommer: Beginn der Arbeit an *Unwiederbringlich*. – 24. Juli–23. August: Vorabdruck von *Irrungen, Wirrungen* in der »Vossischen Zeitung«. – 24. September: Tod des Sohnes George. – 23. Dezember: erste Niederschrift von *Unwiederbringlich* abgeschlossen. – Winter: Beginn der Arbeit an *Frau Jenny Treibel*. – Zweite Auflage von *Cécile*.

1888 Ende Januar/Anfang Februar: erste Buchausgabe von *Irrungen, Wirrungen*. – Frühjahr: Arbeit an *Stine* und Abschluß;

Frau Jenny Treibel im Brouillon abgeschlossen. – 20. Mai: Vorabdruck von *Wohin* und *Der letzte Laborant* in der »Vossischen Zeitung«. – 30. September: Wiederaufnahme der Arbeit an *Quitt*. – 1. Oktober: Friedrich Fontane gründet eigenen Verlag. – Oktober: *Fünf Schlösser. Altes und Neues aus Mark Brandenburg* erscheint (Impressum 1889). – 21. November: *Unwiederbringlich* Julius Rodenberg für die »Deutsche Rundschau« angeboten. – Plan zu einer Gesamtausgabe der *Berliner Romane*. – Zweite Auflage von *Grete Minde*. – Vorabdruck von *Eine Frau in meinen Jahren* in »Zur guten Stunde«.

1888 oder 1889 Kenntnisnahme des Stoffs von *Effi Briest*.

1889 April–Mai 1891: Beschäftigung mit dem Stoff zu *Die Bredows*. – Ende April: *Quitt* abgeschlossen. – 1. Oktober: Fontane übernimmt für die »Vossische Zeitung« die Kritiken der Aufführungen des »Vereins Freie Bühne für modernes Leben«. – 21. und 22. Oktober: Besprechung von Gerhart Hauptmanns »Vor Sonnenaufgang«. – 31. Dezember: Ende der Rezensententätigkeit im Königlichen Schauspielhaus. – *Gedichte. 3., vermehrte Auflage*. – Vierte Auflage von *Oderland*. – Dritte Auflage von *Havelland*. – Weitere Ausgabe der ersten Auflage von *Irrungen, Wirrungen*. – Vorabdruck von *Der Karrenschieber von Grisselsbrunn* in der Monatsschrift »Die Gesellschaft«. – Vorabdruck von *Onkel Dodo* in »Zur guten Stunde«.

1890 4. Januar: Feier des 70. Geburtstages. – Januar: Beginn des Vorabdrucks von *Quitt* in der »Gartenlaube«. – 25. Januar bis 15. März: gekürzter Vorabdruck von *Stine* in »Deutschland«. – Februar–März: Wiederaufnahme der Korrektur von *Unwiederbringlich*. – April: erste Buchausgabe von *Stine* (erstes Werk des Vaters in Friedrich Fontanes Verlag). – 2. Juni: Ende der regulären Tätigkeit als Theaterkritiker mit der Besprechung von Gerhart Hauptmanns »Friedensfest«. – Sommer: erste Arbeit an *Effi Briest*. – Ende November: erste Buchausgabe von *Quitt* (Impressum 1891). – Anfang Dezember: *Unwiederbringlich* abgeschlossen. – Neuausgabe von *L'Adultera*. – Weitere Ausgabe der ersten Auflage von *Irrun-*

gen, Wirrungen. – Zweite Auflage von *Stine.* – Vorabdruck von *Auf der Suche* in »Freie Bühne für modernes Leben«.

1890–1891 *Gesammelte Romane und Novellen:* erste Gesamtausgabe des erzählerischen Werks in zwölf Bänden (Verlag Dominik, Berlin).

1891 Januar–Juni: Vorabdruck von *Unwiederbringlich* in der »Deutschen Rundschau«. – Februar–April: Korrektur von *Frau Jenny Treibel.* – 19. April: Auszeichnung mit dem Schillerpreis. – 5.–23. August und September: *Mathilde Möhring* begonnen und im Brouillon fertiggestellt. – Anfang September: Wiederaufnahme der Korrektur von *Frau Jenny Treibel.* – Ende Oktober: *Frau Jenny Treibel* abgeschlossen; *Gedichte. 4., vermehrte Auflage* (Impressum 1892). – November: erste Buchausgabe von *Unwiederbringlich* (Impressum 1892). – November/Dezember: erste Niederschrift von *Die Poggenpuhls.* – Zweite Auflage von *L'Adultera.* – Dritte Auflage von *Stine.*

1892 Januar–April: Vorabdruck von *Frau Jenny Treibel* in der »Deutschen Rundschau«. – Anfang: Überarbeitung der ersten Fassung von *Effi Briest;* Abschluß der ersten Niederschrift von *Die Poggenpuhls.* – März: der letzte Wanderungs-Aufsatz (*Mathilde von Rohr. Konventualin zu Kloster Dobbertin. † 16. September 1889*) erscheint in »Daheim«. – März–September: schwere Erkrankung an Gehirnanämie. – Oktober: erste Buchausgabe von *Frau Jenny Treibel oder »Wo sich Herz zum Herzen find't«* (Impressum 1893). – November: Beginn der Arbeit an *Meine Kinderjahre. Autobiographischer Roman.* – Zweite Auflage von *Kriegsgefangen.* – Fünfte Auflage von *Die Grafschaft Ruppin.* – Fünfte Auflage von *Oderland.* – Vierte Auflage von *Havelland.* – Dritte Auflage von *Spreeland.* – Dritte Auflage von *Cécile.*

1893 April: *Meine Kinderjahre* abgeschlossen. – Mitte: Wiederaufnahme der Arbeit an *Effi Briest;* Plan zu *Sommerbriefe aus dem Havellande.* – Herbst: Beginn der letzten Überarbeitung von *Effi Briest.* – November: erste Buchausgabe von *Meine Kinderjahre* (Impressum 1894). – Vorabdruck von *Eine Nacht auf der Schneekoppe* (unter dem Titel: *Aus dem Riesenge-*

birge. Kleine Geschichten von Th. Fontane [Teil] I.); *Gerettet*; *Der alte Wilhelm*; *Professor Lezius oder Wieder daheim* in der »Deutschen Rundschau«.

1894 Mai: *Von vor und nach der Reise. Plaudereien und kleine Geschichten* erstmals als Buchausgabe erschienen. – Ende Mai: *Effi Briest* abgeschlossen. – Juli: *Die Poggenpuhls* abgeschlossen. – Oktober–März 1895: Vorabdruck von *Effi Briest* in der »Deutschen Rundschau«. – 8. November: Verleihung der Ehrendoktorwürde der Philosophischen Fakultät der Universität Berlin. – Winter: Beginn der Arbeit an *Von Zwanzig bis Dreißig. Autobiographisches.* – Dritte Auflage von *Schach von Wuthenow.* – Zweite und dritte Auflage von *Meine Kinderjahre.*

1895 Anfang: Beginn der Arbeit am *Stechlin.* – März–Juni: Hauptentwurf des Romanplans *Die Likedeeler.* – April–November: auszugsweiser Vorabdruck von *Von Zwanzig bis Dreißig* in »Pan«. – Sommer: *Die Poggenpuhls* von »Daheim« abgelehnt. – 18. Oktober: erste Buchausgabe von *Effi Briest.* – Oktober–März 1896: Vorabdruck von *Die Poggenpuhls* in »Vom Fels zum Meer«. – November/Dezember: *Der Stechlin* im Brouillon abgeschlossen. – Zweite und dritte Auflage von *Effi Briest.*

1896 Februar: Beginn der Korrektur an *Mathilde Möhring.* – April bis Juni: auszugsweiser Vorabdruck von *Von Zwanzig bis Dreißig* in der »Deutschen Rundschau«. – Oktober: auszugsweiser Vorabdruck von *Von Zwanzig bis Dreißig* in »Cosmopolis«. – Herbst: erster Entwurf von *Der Stechlin* abgeschlossen. – Anfang November: erste Buchausgabe von *Die Poggenpuhls.* – Zweite Auflage von *Vor dem Sturm.* – Sechste Auflage von *Die Grafschaft Ruppin.* – Vierte und fünfte Auflage von *Effi Briest.*

1897 16. Juli: *Der Stechlin* abgeschlossen. – Oktober–März 1898: Vorabdruck von *Der Stechlin* in »Über Land und Meer«. – Ende d. J.: *Gedichte. 5., vermehrte Auflage* (Impressum 1898). – November–Dezember: auszugsweiser Vorabdruck von *Von Zwanzig bis Dreißig* in der »Vossischen Zeitung«.

1898 Anfang: *Von Zwanzig bis Dreißig* abgeschlossen. – Mai: auszugsweiser Vorabdruck von *Von Zwanzig bis Dreißig* in »Cosmopolis«. – Juni: erste Buchausgabe von *Von Zwanzig bis Dreißig*. – September: Wiederaufnahme des Plans *Die Bredows*. – 20. September: Tod Fontanes in Berlin. – 24. September: Beisetzung auf dem Friedhof der Französischen Reformierten Gemeinde. – Oktober: erste Buchausgabe von *Der Stechlin* (Impressum 1899). – Dritte Auflage von *Vor dem Sturm*. – Sechste Auflage von *Effi Briest*. – Zweite und dritte Auflage von *Von Zwanzig bis Dreißig*.

Zitierte Quellen

A = Theodor Fontane, Romane und Erzählungen. Hrsg. von Peter Goldammer, Gotthard Erler, Anita Golz und Jürgen Jahn. Berlin und Weimar 1969

AZL = Theodor Fontane, Aufzeichnungen zur Literatur. Hrsg. von Hans-Heinrich Reuter. Berlin und Weimar 1969

BD = Stadt- und Landesbibliothek Dortmund

BE I u. II = Fontanes Briefe in zwei Bänden. Ausgewählt und erläutert von Gotthard Erler. Berlin und Weimar 1968

DRA = Theodor Fontane, von Dreißig bis Achtzig. Sein Leben in seinen Briefen. Hrsg. von Hans-Heinrich Reuter. Leipzig 1959

FA I u. II = Theodor Fontane's Briefe an seine Familie. Hrsg. von K. E. O. Fritsch. Berlin 1911 (6. Aufl.)

FAP = Theodor-Fontane-Archiv der Brandenburgischen Landes- und Hochschulbibliothek Potsdam

FEW = Theodor Fontanes engere Welt. Aus dem Nachlaß hrsg. von Dr. Mario Krammer. Berlin 1920

FH = Der Briefwechsel von Theodor Fontane und Paul Heyse 1850–1897. Hrsg. von Erich Petzet. Berlin 1929

FHE = Der Briefwechsel zwischen Theodor Fontane und Paul Heyse. Hrsg. von Gotthard Erler. Berlin und Weimar 1972

FL = Theodor Fontane und Bernhard von Lepel. Ein Freundschafts-Briefwechsel. Hrsg. von Julius Petersen. München 1940

FR I u. II = Briefe Theodor Fontanes. Zweite Sammlung. Hrsg. von Otto Pniower und Paul Schlenther. Berlin 1910 (2. Aufl.)

FRI = Theodor Fontane, Briefe an Georg Friedlaender. Hrsg.
und erläutert von Kurt Schreinert. Heidelberg 1954
FW = Theodor Fontanes Briefwechsel mit Wilhelm Wolfsohn.
Hrsg. von Wilhelm Wolters. Berlin 1910
HA = Theodor Fontane, Sämtliche Werke. Hrsg. von Walter
Keitel. München 1962 ff (1. Aufl.), 1971 ff (2. Aufl.)
HA 6 = Band 6 der »Sämtlichen Werke«: Gedichte. Hrsg. von
Walter Keitel. 1964
HD = Theodor Fontane, Heiteres Darüberstehen. Familienbriefe. Neue Folge. Hrsg. von Friedrich Fontane. Berlin 1937
HLB = Hessische Landesbibliothek
JF = Der junge Fontane. Dichtung. Briefe. Publizistik. Hrsg.
von Helmut Richter. Berlin und Weimar 1969
Kl = Theodor Fontane, Briefe an Hermann Kletke. In Verbindung mit dem Deutschen Literaturarchiv Marbach
a. N. hrsg. von Helmuth Nürnberger. München 1969
KMH = Kestner-Museum Hannover
LA = Theodor Fontane, Briefe an die Freunde. Letzte Auslese.
Hrsg. von Friedrich Fontane und Hermann Fricke.
2 Bde. Berlin 1943
NBW = Nationalbibliothek Wien
NFA = Theodor Fontane, Sämtliche Werke. Hrsg. von Rainer
Bachmann, Edgar Groß, Charlotte Jolles, Hermann
Kunisch, Jutta Neuendorff-Fürstenau, Kurt Schreinert,
Wilhelm Vogt. München 1959 ff
NÜ = Helmuth Nürnberger, Der frühe Fontane. Politik. Poesie. Geschichte. 1840–1860. München 1971
RK = Neunundachtzig bisher ungedruckte Briefe und Handschriften von Theodor Fontane. Hrsg. von Richard Kehler. Berlin 1936 (Privatdruck)
RO = Theodor Fontane, Briefe an Julius Rodenberg. Eine Dokumentation. Hrsg. von Hans-Heinrich Reuter. Berlin
und Weimar 1969
SJ I–IV = Theodor Fontane, Briefe. Hrsg. von Kurt Schreinert. Zu
Ende geführt und mit einem Nachwort versehen von
Charlotte Jolles. Berlin 1968 ff

SL = Theodor Fontane, Schriften zur Literatur. Hrsg. von Hans-Heinrich Reuter. Berlin 1960
WHH = Theodor Fontane, Briefe an Wilhelm und Hans Hertz, 1859–1898. Hrsg. von Kurt Schreinert, vollendet und mit einer Einführung versehen von Gerhard Hay. Stuttgart 1972
ZBZ = Zentralbibliothek Zürich

Einzelveröffentlichungen

Texte, die zunächst in Einzelveröffentlichungen publiziert wurden, später aber in besseren Sammelpublikationen erschienen, sind nach der Sammeledition zitiert. Um dem Leser auch eine vergleichende Kontrolle zu ermöglichen, werden die überholten Einzelveröffentlichungen in den Quellennachweisen mit aufgeführt und durch einen Stern gekennzeichnet.

E 1 = An die Genealogen des Hauses Bredow. (Brief Theodor Fontanes an unbekannt). In: Der Bär III. Berlinische Blätter für vaterländische Geschichte und Alterthumskunde. Jg. 6, Berlin 1879/80, S. 442

E 2 = Briefe an Hermann Wichmann 1881–1897. In: Hermann Wichmann, Frohes und Ernstes aus meinem Leben. 1898, Anhang S. 16–41 (Aus der Bibliothek Theodor Fontanes)

* E 3 = Hanns Fechner, Ein paar Fontane-Briefe. In: Das Literarische Echo. Jg. 1, Heft 11 vom 1. 3. 1899, S. 677–678

E 4a = Theodor Fontane und die »Kreuz-Zeitung«. In: Neue Preußische (Kreuz-) Zeitung, Nr. 377, Berlin, 14. August 1902

E 4b = Theodor Fontane und die »Kreuz-Zeitung«. In: Neue Preußische (Kreuz-)Zeitung, Nr. 379, Berlin, 15. August 1902

E 4c = Theodor Fontane und die »Kreuz-Zeitung«. In: Neue Preußische (Kreuz-)Zeitung, Nr. 381, Berlin, 16. August 1902

E 5 = Ungedruckte Briefe von Theodor Fontane. Mitgeteilt von Dr. Moritz Necker. In: Neue Freie Presse, Wien, 9. April 1905

E 6 = Briefe an und von Theodor Fontane. Hrsg. von Hans Grönland. In: Julklapp. 1909, S. 41–44

E 7 = Theodor Fontane, Briefe an Theodor Storm. In: Die neue Rundschau. Jg. 20, Bd. 4, Berlin 1909, S. 1465 bis 1480

* E 8 = Theodor Fontane, Briefe 1856–1873. Hrsg. von Otto Pniower. In: Die neue Rundschau. Jg. 20, Bd. 4, Berlin 1909, S. 1600–1615

* E 9 = Theodor Fontanes Briefe. In: Die Bücherschau. Jg. 1, Heft 1, Düsseldorf 1910, S. 3–7

* E 10 = Neue Fontane-Briefe. In: Münchner Allgemeine Zeitung. 113. Jg., 26. Februar 1910, S. 163–165

* E 11 = Drei unveröffentlichte Fontane-Briefe. Zur Einweihung des Berliner Fontane-Denkmals am 7. Mai d. J. Mitgeteilt von Dr. Heinrich Berger. In: Münchner Allgemeine Zeitung. 113. Jg., 30. April 1910, S. 347–348

E 12 = Theodor Fontane, Briefe an Otto Brahm, Paul und Paula Schlenther. Mitgeteilt von Otto Pniower. In: Die Neue Rundschau. Jg. 21, Bd. 4, Berlin 1910, S. 1371 bis 1384

E 13 = Unveröffentlichte Fontane-Briefe. In: Die Bücherschau. Jg. 3, Heft 1, Düsseldorf 1912, S. 1–4

* E 14 = Blättchen von der Hand Theodor Fontanes. Mitgeteilt von Dr. Wolfgang Stammler. In: Vossische Zeitung, Nr. 189, Berlin, 14. April 1912, Sonntagsbeilage Nr. 15

E 15 = Ein englisches Tagebuch von Theodor Fontane. In: Die Neue Rundschau. Jg. 25, 1914, Bd. 2, S. 1385–1408

E 16 = Theodor Fontane über Bismarck. Unveröffentlichte Briefe Fontanes. Mitgeteilt von Dr. G. Keyßner. In: Belgien. Sonderheft der Süddeutschen Monatshefte. April 1915, S. 170–177

E 17 = Von Zelter bis Fontane. Berliner Briefe. Mitgeteilt von Otto Pniower. In: Beiträge zur Literatur- und Theatergeschichte. Ludwig Geiger zum 70. Geburtstage 5. Juni

1918 als Festgabe dargebracht. Berlin-Steglitz 1918, S. 163–181

E 18a = Ungedruckte Fontane-Briefe. Vom Pfarrer Dr. Nagel-Kriele. In: Neue Preußische (Kreuz-)Zeitung, Berlin, 20. Oktober 1918

E 18b = Ungedruckte Fontane-Briefe. Vom Pfarrer Dr. Nagel-Kriele. In: Neue Preußische (Kreuz-)Zeitung, Berlin, 22. Oktober 1918

* E 19 = Ein ungedruckter Brief von Theodor Fontane. Mitgeteilt von Paul Hoffmann. In: Bielefelder Blätter für Theater und Kunst. Jg. 2, Heft 6, 1919, S. 151–152

* E 20 = Theodor Fontane. Zur Feier seines hundertsten Geburtstages im Auftrage des Vereins für die Geschichte Berlins. Hrsg. von Paul Hoffmann. Beilage zu den Mitteilungen des Vereins für die Geschichte Berlins, 1919. Nr. 12, S. 11–16

E 21 = Unveröffentlichte Briefe von Theodor Fontane an Ernst Heilborn. Mitgeteilt von Ernst Heilborn. In: Das Literarische Echo. Halbmonatsschrift für Literaturfreunde. Jg. 22, Heft 6, Berlin, 15. Dezember 1919, S. 332–340

E 22 = Theodor Fontane, Briefe und Tagebuch. Veröffentlicht von Mario Krammer. In: Die Neue Rundschau. Jg. 30, Heft 12, 1919, S. 1427–1450

* E 23 = Aus Fontanes Familienbriefen. In: Ruppiner Kreiskalender, Jg. 11, 1920, S. 42–59

* E 24 = Theodor Fontane, Briefe an seine Frau, seinen Sohn Theodor, seine Tochter und an Friedrich Spielhagen. Politische Briefe. Hrsg. von Mario Krammer. In: Das Tage-Buch. Jg. 1, Berlin 1920, S. 1304 ff, 1339 ff, 1371 f, 1397 f, 1456 f, 1515 f

E 25 = Das Fontane-Buch. Hrsg. von Ernst Heilborn. Berlin 1921. Daraus: Das Wangenheim-Kapitel (Entwurf zum dritten Teil der Lebenserinnerungen), S. 107–120; Fontanes Tagebuch (aus seinen letzten Lebensjahren, 1884 bis 1898), S. 121–197

* E 26 = Theodor Fontane, Curriculum vitae. Ein unbekannter

Jugendbrief. In: Vossische Zeitung, Berlin, 25. Dezember 1921

E 27 = Zwei unveröffentlichte Briefe Theodor Fontanes. Mitgeteilt von Dr. Friedrich Michael. In: Zeitschrift für Bücherfreunde. N. F. Jg. 14, S. 23

E 27a = Fritz Behrend, Aus Fontanes Werkstatt. (Zu Effi Briest) Berlin 1924 (9. Berthold-Druck)

* E 28 = Fontanes Londoner Tagebuch. Unveröffentlichte Aufzeichnungen. In: Deutsche Allgemeine Zeitung vom 11. Januar 1925

* E 29 = Theodor Fontane, Reisebriefe. In: Die Neue Rundschau. Jg. 36, Bd. 2, 1925, S. 680–702

E 30 = Fontane-Briefe. In: Vossische Zeitung, Berlin, 31. Mai 1925

* E 31 = Theodor Fontane in Italien. Briefe aus dem Jahre 1875. In: Vossische Zeitung, Unterhaltungsblatt, Berlin, 5. Juli 1925, Nr. 160

* E 32 = Theodor Fontane an Gustav Karpeles. Unveröffentlichte Briefe. In: Vossische Zeitung, Berlin, 3. Oktober 1926

* E 33 = Der Roman der Stiftsdame im Briefwechsel Paul Heyses und Theodor Fontanes. Mtgeteilt von Erich Petzet. In: Westermanns Monatshefte. Jg. 71, 1926/27, S. 281 bis 285

* E 34 = Die Anfänge des Briefwechsels zwischen Theodor Fontane und Paul Heyse. Mitgeteilt von Erich Petzet. In: Euphorion. Zeitschrift für Literaturgeschichte. Bd. 28, Heft 3, 1927, S. 403–408

E 35a = Theodor Fontane an Paul Lindau. Mitgeteilt von Paul Alfred Merbach. In: Deutsche Rundschau, 1927. 1. Bd., 210, S. 239–246

E 35b = Theodor Fontane an Paul Lindau. Mitgeteilt von Paul Alfred Merbach. In: Deutsche Rundschau, 1927. 2. Bd., 211, S. 56–64

* E 36 = Julia Wirth geb. Stockhausen, Julius Stockhausen. Der Sänger des deutschen Liedes. Frankfurt a. M. 1927

* E 37 = Theodor Fontanes Briefwechsel mit Paul Heyse in den Revolutionsjahren des Naturalismus 1889–1891. Mitgeteilt von Dr. Erich Petzet. In: Der Türmer. Jg. 29, 1927, S. 294–305

E 38 = Drei unveröffentlichte Fontane-Briefe. Mitgeteilt von Dr. Marie-Enole Gilbert. In: Westermanns Monatshefte. Bd. 146 (Sept. 1928 bis Februar 1929), S. 399 f

* E 39 = Ein Brief Theodor Fontanes über seine »Wanderungen in der Mark Brandenburg«. In: Brandenburg. Jg. 8, 1930, S. 295

* E 40 = Fontane im Revolutionsjahr. 7 Briefe an Bernhard v. Lepel aus dem Jahre 1848. (Fontane-Abend, November 1930. Zusammengestellt von Julius Petersen. Nr. 46 von 80 gedr. Ex. Berlin 1930)

E 41 = Ungedruckte Briefe Theodor Fontanes. In: Märkische Zeitung vom 21. 5. 1932

* E 42 = Ungedruckte Briefe Theodor Fontanes. In: Märkische Zeitung vom 10. 12. 1932

* E 43 = Ungedruckte Briefe Theodor Fontanes. In: Märkische Zeitung, Neuruppin, Ausgaben Nrn. 274, 277, 279 aus dem Jahre 1934

E 44 = Fontanes Dagbog 9. September bis 27. September 1864. In: Jørgen Hendriksen, Theodor Fontane og Norden. København, 1935, S. 115–136 (Anhang)

E 45 = Walter Heynen, Vom Literaten Theodor Fontane in London. In: Preußische Jahrbücher, hrsg. von Walter Heynen, 42. Bd., April bis Juni 1935, Berlin, S. 286 bis 302

* E 46 = Emilie Fontane. Mit unveröffentlichten Gedichten und Briefen von Theodor Fontane. Hrsg. von Hermann Fricke. Rathenow 1937

* E 47 = Unbekannte Briefe und Buchbesprechungen Theodor Fontanes. Mitgeteilt von Dr. Herbert Sommerfeld. In: Jahrbuch der Alexis-Fontane-Gesellschaft für Märkische-berlinische Literatur. 1937, S. 30–36

E 48 = Aus den Tagebüchern 1855–1857. (Dritte englische Reise 7. September 1855 bis Januar 1859) In: Theodor Fontane, Bilderbuch aus England. Hrsg. von Friedrich Fontane, Berlin 1938, S. 115–132

E 49 = Charlotte Jolles, Theodor Fontane und die Ära Manteuffel. Aus einem dienstlichen Briefwechsel. In: Forschungen zur Brandenburgischen und Preußischen Geschichte. Hrsg. von Johannes Schultze. 50. Bd., Berlin-Dahlem 1938, S. 60–85

* E 50 = Henry H. Remak, Fontane über seine Ballade »Die Jüdin«. In: Modern Language Notes, Volume LIII, 1938, pp. 282–287

* E 51 = Theodor Fontane und die Familie Wangenheim. Aus dem Nachlaß hrsg. von Conrad Höfer. Eisenach 1939: Kühner

* E 52 = Herbert Sommerfeld, Theodor Fontane und Hermann Kletke. Mit 12 unbekannten Briefen des Dichters aus den Jahren 1870 bis 1872. In: Zeitschrift des Vereins für die Geschichte Berlins. Jg. 57, 1, Berlin 1940, S. 107 bis 114

E 52a = Paul Lindenberg, Es lohnte sich, gelebt zu haben. Erinnerungen. Berlin o. J. [1941]

E 53 = Unveröffentlichte Briefe an Moritz Lazarus. In: Theodor Fontane, Aus meiner Werkstatt, Berlin 1950, S. 90 bis 92

* E 54 = Briefe von Theodor Fontane und Rainer Maria Rilke. Zwei Anzeigen, keine Gegenüberstellung – Fontane hat die Sonne im Gesicht. In: Stargardt, J. A., Der Autographensammler. Neue Folge, Jg. 4, Nr. 2, 1954

E 55 = Hermann Fricke, Fontane-Dokumente. In: Jahrbuch für die Geschichte Mittel- und Ostdeutschlands. Hrsg. vom Friedrich-Meinecke-Institut der Freien Universität Berlin. Bd. 4, Tübingen 1955, S. 73–80

E 56 = Aus Briefen Theodor Fontanes an Maximilian Harden. Hrsg. von Hans Pflug. In: Merkur. Deutsche Zeitschrift für europäisches Denken. Jg. 10, Heft 11, 1956, S. 1091 bis 1098

E 57 = Theodor Fontane privat. Acht Familienbriefe. Mitgeteilt von Hermann Fricke. In: Der Bär von Berlin. Jahrbuch des Vereins für die Geschichte Berlins. Achte Folge. 1959, S. 69–83

E 58 = Liselotte Lohrer, Fontane und Cotta. In: Festgabe für Eduard Berend. Weimar 1959, S. 438–466
* E 59 = Einige unbekannte Fontane-Briefe. Mitgeteilt von Joachim Krueger. In: Marginalien. Blätter der Pirckheimer Gesellschaft. Hefte 5–6, Berlin 1959, S. 27–33
* E 60 = Joachim Krueger, Neues vom Tunnel über der Spree. In: Marginalien. Blätter der Pirckheimer Gesellschaft, Heft 7, Berlin 1960, S. 13–24
E 61 = Jutta Neuendorff-Fürstenau, Briefe Theodor Fontanes an Friedrich Wilhelm Holtze. In: Jahrbuch der Deutschen Schillergesellschaft. Jg. 4, 1960, S. 358–376
E 62 = Kurt Schreinert, Allerlei Ungedrucktes über und von Theodor Fontane. In: Jahrbuch der Deutschen Schillergesellschaft. Jg. 4, 1960, S. 377–399
E 63 = Theodor Fontane, Unveröffentlichte Aufzeichnungen und Briefe. Hrsg. von Hans-Heinrich Reuter. In: Sinn und Form. Jg. 13, Heft 5–6, 1961, S. 704–749
E 64 = Theodor Fontane und München. Briefe und Berichte. Hrsg. von Werner Pleister. (Eine Festgabe der Veranstaltung »Berlin in München«. Mai–Juni 1962. Hrsg. im Auftrag der Staatsbibliothek München.) München 1962
* E 65 = Theodor Fontane, 750 eigenhändige Briefe. Auktionskatalog 189 (zum 25. November 1963) Fa. Dr. Ernst Hauswedell. Hamburg 1963, Nr. 1–19
E 65a = J. A. Stargardt, Autographen aus verschiedenem Besitz. Auktionskatalog Nr. 565, Marburg, Dezember 1963
* E 66 = Theodor Fontane, Unbekannte Briefe. Sonderdruck aus den Fontane-Handschriften, die die Stiftung Preußischer Kulturbesitz 1963 für ihre Staatsbibliothek erworben hat. Hrsg. von Kurt Schreinert. Berlin 1964
E 67 = Fontane-Briefe. In: Autographen aus allen Gebieten. Auktion am 13. und 14. Mai 1965 in Marburg. Katalog 572, J. A. Stargardt, Marburg, S. 15–20
E 68 = Hermann Fricke, Theodor Fontanes Parole d'honneur von 1870. Ein bedeutsamer Fund in Frankreich. In: Der Bär von Berlin. Jahrbuch des Vereins für die Geschichte Berlins. 14. Folge, 1965, S. 49–70

* E 69 = Theodor Fontane, Briefe an die Tochter. Veröffentlicht durch Kurt Schreinert. In: Neue Rundschau. 78. Jg., 1. Heft, Berlin/Frankfurt 1967, S. 54–61
E 70 = Theodor Fontane, Unveröffentlichte Briefe an den Sohn Friedrich (sowie unveröffentlichte Briefe an Friedrich Stephany, Eugen Wolff, Emmy Seegall, an Unbekannt und Karl Holle). In: Fontane-Blätter, Bd. 1, Heft 6, 1968, S. 237–242
* E 71 = Theodor Fontane, Unveröffentlichter Brief an Friedrich Eggers. In: Fontane-Blätter, Bd. 1, Heft 7, 1968, S. 309 bis 311
E 72 = Theodor Fontane, Zwei unveröffentlichte Briefe an Dr. Karl Eggers. In: Fontane-Blätter, Bd. 1, Heft 7, 1968, S. 312–313
E 72a = Peter Goldammer, Ein unbekannter Briefwechsel zwischen Fontane und Storm. In: Weimarer Beiträge, 1968, Heft 2, S. 423–436
E 73 = Theodor Fontane, Unveröffentlichter Brief an Carl Credner, Leipzig. In: Fontane-Blätter, Bd. 1, Heft 8, 1969, S. 387
E 73a = Theodor Fontane, Unveröffentlichter Brief an seine Frau. Hrsg. von Gottfried Erler. In: Fontane-Blätter. Bd. 2, Heft 1, 1969, S. 1–3
E 73b = Theodor Fontanes Briefe an Ludwig Pietsch. Eingeleitet und kommentiert von Christa Schultze. In: Fontane-Blätter, Bd. 2, Heft 1, 1969, S. 10–59
* E 74 = Diesmal Hoffnungen auf die Kritik. Ein bisher unveröffentlichter Brief von Theodor Fontane. Veröffentlicht von Joachim Seyppel. In: Die Zeit, Hamburg, 1. Mai 1970
E 75 = Theodor Fontane, Briefe an seine Frau. Mitgeteilt und kommentiert von Gotthard Erler. In: Fontane-Blätter, Bd. 2, Heft 2, 1970, S. 77–83
E 76 = Theodor Fontane, Unbekannte Gedichte an die Schwestern von Weigel. Mitgeteilt und kommentiert von Joachim Krueger. In: Fontane-Blätter, Bd. 2, Heft 2, 1970, S. 84–92

E 77 = Theodor Fontane, Postkarte an Friedrich Fontane. Abgedruckt in: Fontane-Blätter, Bd. 2, Heft 2, 1970, S. 126
E 78 = Theodor Fontane, Briefe an seinen Sohn Friedrich. Mitgeteilt und kommentiert von Gotthard Erler. In: Fontane-Blätter, Bd. 2, Heft 3, 1970, S. 149–150
E 79 = Unbekannte Briefe Theodor Fontanes an Otto Ernst. Mitgeteilt von Helmuth Nürnberger. In: Neue Zürcher Zeitung, 18. 4. 1971
E 80 = Fontane an Richard Kahle. Ein unveröffentlichter Brief aus dem Jahre 1873. Mitgeteilt von Sibylle von Steinsdorff. In: Sprache und Bekenntnis. Sonderband des literaturwissenschaftlichen Jahrbuchs. Hermann Kunisch zum 70. Geburtstag 27. Oktober 1971. Berlin 1971, S. 249 bis 255
E 81 = Einige späte Briefe von Theodor Fontane an Fritz Mauthner und an den Pegnesischen Blumenorden. Von Marianne Bonwit. In: Deutsche Vierteljahrsschrift für Literaturwissenschaft und Geistesgeschichte, 46, 1972, S. 469–476
E 82 = Walter Müller-Seidel, Fontanes Preußenlieder. Anläßlich eines unveröffentlichten Briefes vom 18. Mai 1847. In: Deutsche Weltliteratur. Von Goethe bis Ingeborg Bachmann. Festgabe für J. Alan Pfeffer. Hrsg. von Klaus W. Jonas. Tübingen 1972, S. 140–147
E 83 = Ernst Meyer-Camberg, Ungedrucktes von Theodor Fontane. In: Jahrbuch des Freien Deutschen Hochstifts 1973, S. 369–376
E 84 = Theodor Fontane, Unveröffentlichte Briefe an den Verlag Brockhaus. Mitgeteilt von Christa Schultze. In: Fontane-Blätter, Bd. 2, Heft 7, 1972, S. 457–464
E 85 = Theodor Fontane, Unveröffentlichte Briefe an Pol de Mont. Ein Beitrag zu Fontanes Theorie der Ballade. Mitgeteilt von Jean Gomez. In: Fontane-Blätter, Bd. 2, Heft 7, 1972, S. 465–474
E 86 = Gerhard Hay, Fontane als Kritiker Heinrich Seidels. Zu unveröffentlichten Briefen Fontanes. In: Fontane-Blätter, Bd. 2, Heft 6, 1973, S. 563–574

E 87 = Joachim Krueger, Zu Fontanes Aufsatz »Die gesellschaftliche Stellung der Schriftsteller«. Mit einem unbekannten Brief des Dichters. In: Fontane-Blätter, Bd. 2, Heft 8, 1973, S. 593–598

E 88 = Manfred Hellge, Fontane und der Verleger Wilhelm Friedrich. In: Fontane-Blätter, Bd. 3, Heft 1, 1973, S. 9–53

E 89 = Theodor Fontane, Reisen in Thüringen. Hrsg. und kommentiert von Sonja Wüsten. Fontane-Blätter, Sonderheft 3, 1973

E 90 = Fontane-Autographen der Universitätsbibliothek Berlin. Ein Verzeichnis. Im Anhang: Zwanzig wenig bekannte Briefe Fontanes. Bearb. und kommentiert von Joachim Krueger. Schriftenreihe der Universitätsbibliothek Berlin Nr. 13, Berlin 1973

E 91 = Theodor Fontane, Briefe aus den Jahren 1856–1898. Hrsg. von Christian Andree. Berliner Handpresse. Reihe Werkdruck Nr. 4, Berlin 1975

Personenregister

Abel, C., Dr. phil., Korrespondent der »Kreuzzeitung«. I 464

Achenbach, Andreas von (1815 bis 1901), Maler. II 732

Ackermann II 291

Adami, Friedrich Wilhelm (1816 bis 1893), Kollege Fontanes an der »Kreuzzeitung«. I 105, 139, 361 f, 534, 652, 654, 722. II 303, 311, 313, 316

Adler, Friedrich (1827–1908), Architekt und Kunsthistoriker. I 192–194, 196, 577. II 460, 629

Adler, Arzt und Schriftsteller in Leipzig. II 565 f

Aegidi. I 36

Ahna, de, Geiger. I 126

Albedyll, Ernst von (1824 bis 1897), General, Chef des Militärkabinetts. II 87

Alberti, Conrad (eigentlich Konrad Sittenfeld) (1826–1918), Schriftsteller und Kritiker. I 130

Alberts, M., Erster Sekretär der preuß. Gesandtschaft in London. II 578, 600

Alexis, Willibald (Georg Wilhelm Heinrich Häring) (1798 bis 1871). I 117, 348–352, 356, 448, 452, 820. II 214, 219, 228, 237, 240, 630

Alten, Helene von, s. Strauß, Helene

Alten, Karl Graf von (1833 bis 1901), Brigadegeneral. I 738

Alten, Viktor von (1821–1890), Generalleutnant, Vater von Helene Strauß. II 87

Althaus, Friedrich, Dr. II 65

Alvensleben, von, märkische Familie. I 782

Amyntor, Gerhard von, s. Gerhardt, Dagobert von

Anakreon, s. Eggers, Friedrich

Ancillon, Jean Pierre Frédéric (1767–1837), Prediger bei der frz. Kirche, später preuß. Außenminister. I 139, 741

Anna, s. Fischer, Anna

Anna, Tante. I 125

Anna von Dänemark (1574 bis

1619), Gemahlin Jakobs I. von England. I 73
Anno, Anton (1838–1893), Schauspieler, 1884 Direktor des Residenztheaters in Berlin, 1887 Direktor des Kgl. Schauspielhauses, 1889 Oberregisseur am Lessing-Theater. I 426
Anthieny, Konditorei. I 758
Arany, János (1817–1882), ung. Dichter. I 43
Ardenne, Armand Leon Freiherr von (1846–1919), Leutnant. Die Geschichte seiner Ehe mit Elisabeth, geb. Freiin von Plotho (1853–1905) bildet die Stoffgrundlage für »Effi Briest«. I 392. II 449, 452, 460 f
Ardenne, Elisabeth Freifrau von, geb. von Plotho (1853–1952), Frau von Armand Leon v. A. II 452 f, 460
Arendt, Otto (geb. 1854), Nationalökonom. I 147, 161, 432, 731, 741, 743. II 376
Ariosto, Ludovico (1474–1533) I 721
Armstrong, engl. Familie. I 68 f
Arndt, Ernst Moritz (1769 bis 1860). I 499
Arndt, Apotheker. I 637
Arnim, von, märkische Familie. I 782. II 726
Arnim, Achim von (Carl Friedrich Joachim Ludwig) (1781 bis 1831). I 470

Arnim, Doris von, s. Canitz, Doris von
Arnsdorf, Frau von. II 272
Arnstedt, von, märkische Familie. I 619, 627, 780
Arnstedt, Karl Heinrich von (1768–1847), Rittmeister, dritter Mann von Luise Charlotte Henriette, geb. von Kraut. I 773
Arndstedt, Luise Charlotte Henriette von, s. Kraut, L. Ch. H. von
Aston, Mrs. I 735
Auerbach, Berthold (1812 bis 1882), Schriftsteller. I 225, 378, 380, 402, 434 f. II 105, 221, 357
Auerbach, Wilhelm (1835 bis 1880), Schwimmlehrer. I 352. II 628
Augier, Emile (1820–1889), frz. Schriftsteller. I 163
August Wilhelm, Prinz von Preußen (1722–1758), Bruder Friedrichs d. Gr. I 681
Augusta, Königin von Preußen (1811–1890), seit 1871 deutsche Kaiserin. I 104
Auguste Viktoria, deutsche Kaiserin (1858–1921), Gemahlin Wilhelms II. I 141

Bach, Johann Sebastian (1685 bis 1750). I 391
Bachmann, J., Verleger in Berlin; bei ihm erschien die

4. Auflage des von Fontane herausgegebenen »Deutschen Dichteralbums«. II 548, 557, 559

Baer, Oswald, Arzt, Vorsitzender des Riesengebirgsvereins. II 405

Ballestrem, Franz Graf von (1834–1910), Zentrumspolitiker. II 80

Ballhorn. II 68

Bamme. II 228

Banville, Théodore de (1823 bis 1891), frz. Schriftsteller und Theaterkritiker. I 356

Barfus, von, Familie. I 697, 743

Barfus, Hans Albrecht von (1635–1704), Feldmarschall. I 530, 550, 552, 556, 558 f, 562, 675 f, 742

Barfuß, Major a. D. I 742 f

Barnay, Ludwig (1842–1924), Schauspieler, Schauspieldirektor. I 432

Barner, Oberst. II 48–50

Baroche. II 107

Barthélemy, Charles (1807 bis 1887), Prediger am Franz. Hospital in Berlin. I 741

Barthold, F. W., »Geschichte von Rügen und Pommern«, 5 Bände (1839–1845). II 517

Bath, Georg, Verleger, Inhaber der Winckelmannschen Buchhandlung in Berlin. II 107, 233

Bauer, Bruno (1809–1882), Publizist, Religionshistoriker, nach 1866 nationalliberaler Politiker. II 671

Bauer, H., »Denkschrift über die Hinrichtung des Kämmerers Karl Friedrich Schulze und des Kaufmanns Karl Friedrich Kersten durch die Franzosen in Kyritz...« (1845). II 208

Bauernfeld, Eduard von (1802 bis 1890), österr. Dramatiker. I 350, 400, 458

Baumann, Otto, Geschäftsführer des Deckerschen Verlages. II 16, 53 f, 63, 68, 77–79, 84 f, 97, 104, 108–112

Beaumont, Francis (1584–1616), engl. Dramatiker. I 70 f

Bebel, August (1840–1913). II 479

Becher, Paul, Generalleutnant, »Kronprinz Friedrich als Regimentschef in Neuruppin«. I 656, 715, 717 f

Beck, Karl (1817–1879), Journalist und Schriftsteller. I 829. II 589

Beck, Illustrator. II 54

Becker, Karl Friedrich (1777 bis 1806), Historiker, »Weltgeschichte für Kinder und Kinderlehrer«. II 582

Beckmann, Friedrich (1803 bis 1866), Schauspieler. I 460

Beer, Michael (1800–1833), Dramatiker, Bruder des Kom-

ponisten Giacomo Meyerbeer. I 368, 399
Behm. I 226 f
Behr, von, Oberstleutnant. II 62
Behr-Schmoldow, Friedrich Felix von (1821–1892), Gutsbesitzer u. Reichstagsabgeordneter. II 301
Behrend, Fritz. I 9
Below, Clara von (1813–1895), Halbschwester der Frau Fontanes, Frau von Wilhelm v. B. II 251, 712
Below, Wilhelm von (1801 bis 1876), Oberstleutnant. I 149
Beneckendorff, von, Herausgeber von »Karakterzüge aus dem Leben König Friedrich Wilhelms I. nebst verschiedenen Anekdoten« (1788–98). I 664, 668. II 294
Benedetti, Vincent Graf (1817 bis 1900), seit 1864 frz. Botschafter in Berlin, bekannt in Zusammenhang mit der »Emser Depesche«; »Ma mission en prusse« (1871). II 88
Benedix, Roderich (1811–1873), Lustspielautor. I 346, 359
Bennigsen, Rudolf von (1824 bis 1902), Politiker, langjähriger Führer der Nationalliberalen Partei. II 522
Bergau, R. I 788
Bergel, Karl Johann, Lehrer in Quirl bei Schmiedeberg, durch Georg Friedlaender mit Fontane bekannt. II 272, 405
Berghaus, Heinrich Carl, »Landbuch der Mark Brandenburg und des Markgrafentums Niederlausitz in der Mitte des 19. Jahrhunderts«, 3. Bde. (1854–56).
I 662–664, 691, 764, 822
Bergmann, Ernst von (1836 bis 1907), Chirurg, operierte Kaiser Friedrich III. I 150
Béringuier, Richard (1854 bis 1916), Amtsgerichtsrat, Sécrétaire der frz. Kolonie in Berlin. I 139 f, 142 f, 147 f, 741, 800. II 401
Bernadotte, Jean Baptiste (1763 bis 1844), Kronprinz, später König von Schweden (Karl XIV. Johann). I 754
Berndal, Karl Gustav (1830 bis 1885), Schauspieler, seit 1854 am Berliner Hoftheater. I 416 f
Bernstein, G., Drucker. I 589, 592–594, 791
Bernstorff, Albrecht Graf von (1809–1873), preuß. Politiker, seit 1854 Gesandter in London. I 75, 77, 246 f, 255, 257, 275, 277 f, 288 (?), 306, 319, 459, 461, 501, 528. II 545, 548, 560, 600, 608
Bernstorff, Anna Gräfin von, geb. von Könneritz, Frau von Albrecht Graf v. B. II 545 f
Berr, Hans. I 761

Bessersche Buchhandlung. I 486, 548
Beta, Dr., s. Bettziech
Bethmann-Hollweg, Moritz August von (1795–1877), preußischer Jurist und Politiker, von 1858 bis 1862 Kultusminister. I 493, 521–523, 525 f, 567. II 627
Bettelheim, Anton (1851–1930), Literaturhistoriker. I 434
Bettziech, Heinrich (Pseud. Dr. Beta) (1813–1876), Berliner Journalist. II 79
Beutner, Tuiscon (1816–1882), von 1853 bis 1872 Chefredakteur der »Kreuzzeitung«. I 82, 286, 289, 291, 293 f, 298, 302, 304, 306, 335–337, 462, 464, 472, 491, 493, 529, 532, 565, 568, 614 f. II 9, 59
Biedermann, Karl (1812–1901), Publizist und Historiker, Herausgeber der »Annalen zur Kenntnis der Gegenwart und Erinnerung an die Vergangenheit«. I 227
Binder, Robert, Verleger in Leipzig. I 197
Bismarck, Otto Fürst von (1815 bis 1898). I 123 f, 132–136, 138 f, 141, 144 f, 175 f, 190, 371, 425, 447, 453, 598, 720, 724, 735, 780, 803, 812–814. II 59, 68, 102, 150, 164, 222, 350, 376, 532 f, 698, 719, 728
Bismarck-Bohlen, Friedrich Graf von (1818–1894), Generalmajor. I 657
Bitter, Rudolf von (1848–1914), Geh. Rat, seit 1888 Regierungspräsident von Oppeln, Mitglied der freikonservativen Partei. I 799. II 172
Blanchard, Eduard Leman (geb. 1820), Herausgeber zahlreicher Reisehandbücher. I 231
Blanche, Ada, Schauspielerin. I 411
Blankenburg, Heinrich, »Der deutsche Krieg von 1866«. II 27
Blankensee, Georg Graf von. I 431
Blechen, Karl (1798–1840), Maler. I 484, 510, 557, 692, 712 bis 714
Bleibtreu, Familie. I 377. II 157, 222 f
Bleibtreu, Georg (1828–1892), Schlachtenmaler in Berlin. I 434. II 9, 50, 105
Bleibtreu, Karl (1859–1928), Schriftsteller, Sohn von Georg Bleibtreu. II 155, 681
Bleichröder, Gerson (1822 bis 1893), Berliner Bankier, Finanzberater Bismarcks. I 720
Blesson, Johann Ludwig Urbain (1790–1861), Offizier, Militärschriftsteller, Tunnelmitglied (Carnot). II 597
Blomberg, Hugo von (1820 bis 1871), Maler und Dichter,

Tunnelmitglied (Maler Müller). I 83, 100, 517, 522. II 131, 136, 547, 636, 675

Blücher, Gebhard Leberecht, Fürst von Wahlstatt (1742 bis 1819). II 150, 479

Blücher, Frau von. I 762

Blücher, Ulrich von, Major. I 774, 780

Blum, Robert (1807–1848), Linksdemokrat, als Revolutionär in Wien erschossen. I 199. II 635

Blume, Wilhelm von (1835 bis 1919), im Krieg von 1870/71 Major, später General und Militärschriftsteller. II 104

Blume, Fräulein. I 767

Blumenthal, Oskar (1852–1917), Schriftsteller und Publizist in Berlin, von 1875 bis 1887 Theaterkritiker und Feuilletonredakteur am »Berliner Tageblatt«. I 406, 408, 429, 653 f. II 216 f, 222, 311, 313

Bodenstedt, Friedrich Martin (1818–1892), Schriftsteller, Herausgeber der »Täglichen Rundschau« in Berlin. I 404, 451. II 312

Böcklin, Arnold (1827–1901), Maler. I 343, 373, 402

Böhlau, Hermann, Verleger und Hofbuchdrucker in Weimar. II 259, 283

Böhm, Frau, geb. von Meyerink. II 414

Böhmer, Frau. II 249

Bölsche, K. II 216, 410

Boleyn, Anna (1507–1536), zweite Gemahlin Heinrichs VIII. von England. I 48 f

Bolte, Johann Heinrich (1750 bis 1817), Superintendent in Fehrbellin. I 497

Bonde, Oskar, Inhaber einer 1872 gegründeten Buchdruckerei und -binderei in Altenburg. II 144

Bong, Richard (geb. 1853), Verleger der Zeitschrift »Zur guten Stunde«. I 183, 694

Bonifatius (672–754). II 428

Bonin, von, Familie. I 583

Borchardt, Speise- und Weinlokal in Berlin. I 814

Borcke, von, Familie. II 517

Borcke, Sidonie von. II 518, 520

Bormann, Karl (1802–1882), Schulrat, Tunnelmitglied (Metastasio). I 102, 113, 400, 533, 567. II 537 f, 541, 576, 618

Borstell, Karl Heinrich Ludwig von (1773–1844), preuß. General. I 754

Bosse, Robert (1832–1901), seit 1892 preuß. Kultusminister. II 142, 179

Bosselmann. I 547

Bourmont, Louis Auguste Victor de Ghaisnes, Graf von (1773–1846), frz. Marschall, eroberte 1830 Algier. II 591

Bowes, Sir George. I 67 f
Brachvogel, Albert Emil (1824 bis 1878), Dramatiker und Romanschriftsteller. I 520, 567. II 234, 520 f, 561, 652, 654, 716
Brahm, Otto (1856–1912), Publizist, Kritiker und Theaterleiter, Mitbegründer und Leiter des Vereins »Freie Bühne«, seit 1890 Herausgeber der Zeitschrift »Freie Bühne für modernes Leben«, seit 1894 Direktor des Deutschen Theaters. I 143, 171, 403, 434, 437, 442, 445, 448, 749, 801 f. II 125, 143, 161, 269, 311, 313, 354, 357, 374 f, 385, 409, 422, 431–433, 679, 693 f, 705, 708
Brahms, Johannes (1833–1897). I 438
Brandenburg, Gustav Graf von (1820–1909), Erster Gesandtschaftsrat an der preuß. Gesandtschaft in London. I 235, 246, 248
Brandenstein. II 37
Brandes, Georg (1842–1927), dän. Literaturhistoriker. II 416
Brandstetter, Oskar, Buchdrucker. I 170
Brandt, von, Hauptmann. II 29
Bratring, Friedrich Wilhelm August, »Die Grafschaft Ruppin« (1799). I 621

Braun, Otto (1824–1900), von 1860 bis 1891 Chefredakteur an der Augsburger »Allgemeinen Zeitung«, gab seit 1891 den Cottaschen »Musenalmanach« heraus. I 166, 383. II 224, 716
Braun, Maler. II 68
Braun von Braunthal, Karl Johann (1802–1866), österr. Erzähler und Dramatiker. II 566
Braun (Braun-Wiesbaden), Karl (1822–1893), Schriftsteller und Politiker. I 652, 654, 800. II 352
Bredow, von, märkische Familie. I 473, 482, 575, 768–771, 780, 785, 806 f, 813, 817 f, 822. II 117, 726
Bredow, Carl Samuel Ludwig von (gest. 1788). I 769, 771
Bredow, Hasso von (gest. 1438). I 813
Bredow, Johann Friedrich (Heinrich) von (gest. 1782). I 769, 771
Bredow, Joachim Heinrich von, Domprobst zu Havelberg, Erb- und Lehnsherr auf Hoppenrade. I 769, 777
Bredow, Konstanze Amalie Sophie von, geb. von Kraut, die »Dompröbstin«. I 771, 774, 777
Bredow, Max von (1855–1918), Besitzer von Landin. I 164,

805, 807–812, 814 f, 818 f. II 117, 407 f, 421
Bredow-Bredow. I 809, 811
Bredow-Friesack, Graf von. I 805, 809–811, 813 f, 818. II 117
Bredow-Görne, Adele Gräfin von, geb. von Gansauge (1830 bis 1885), Frau von Otto Graf von B.-G. I 805, 811, 814
Bredow-Görne, Otto Graf von, Jurist, Herr auf Görne im Westhavelland. I 811
Bredow-Klessen. I 811
Bredow-Landin, s. Max von Bredow
Bredow-Landin, Frau von, geb. von Schwerin, Frau von Max von B. auf Landin. I 164, 808, 810–812, 815 f, 818, 820 f. II 407 f, 421
Bredow-Liepe, Graf von. I 785 f, 816
Bredow, von, Oberstleutnant. I 814
Brentano, Bettina (1785–1859). II 652
Breuner, Comtessen, Agathe (geb. 1869), Ernestine (geb. 1861). I 130
Briest, von, Familie. I 575
Brockhaus, Heinrich (1804 bis 1874) u. Friedrich (1800 bis 1865), Verleger in Leipzig. I 215, 218 f, 363, 665, 832 f. II 559, 643, 698
Brodie, George, Historiker, verfaßte »History of the British Empire from the Accession of Charles I. to the Restoration« (1822). II 496
Broemel, Francis (1829–1904), Journalist, Tunnelmitglied (Tegnér). I 202
Brose, Christian Wilhelm, Bankier, Kunstsammler. I 692, 713
Brose, Elisabeth, geb. Breuchl, Witwe des Bankiers Chr. W. Brose. I 692, 712 f
Bruckmann, Friedrich (1814 bis 1898), Verleger. II 270, 380, 524–526, 673, 700
Brüsewitz, von, Oberleutnant. II 243
Brugsch, Heinrich (Brugsch-Pascha) (1827–1894), Ägyptologe, Reisebegleiter des Prinzen Friedrich Karl. I 738, 792 f. II 126
Brunnemann, Frau, geb. von Meyerinck, ihr verdankte Fontane den Stoff zu »Unwiederbringlich«. II 411, 413 bis 415
Bube, Adolf (1801–1873), Lyriker, Herausgeber thür. Volkssagen. II 567
Buchbinder, Drucker in Neu-Ruppin, arbeitete u. a. für Wilhelm Hertz. I 726. II 169
Bucher, Lothar (1817–1892), Korrespondent der »Nationalzeitung« in England, spä-

ter enger Mitarbeiter Bismarcks. I 237 f, 249, 264, 273, 520

Buchholtz, Reinhold (1815 bis 1892), von 1849 bis 1884 Pfarrer in Gottberg. I 627, 637

Büchmann, Georg (1822–1884), Herausgeber der »Geflügelten Worte«. II 429 f

Bucky, Gordon von. I 74

Budritzky, von, General. I 657

Büchsel, Karl (1803–1889), protest. Theologe, von 1853 bis 1884 Generalsuperintendent in Berlin, veröffentlichte »Erinnerungen aus dem Leben eines Landgeistlichen« 1861ff). II 241

Bülow, von, märkische Familie. II 726

Bülow, Babett von (Pseud. Hans Arnold) (1850–1927), Schriftstellerin. II 683

Bülow, Bernhard Ernst von (1815–1879), Staatssekretär im Auswärtigen Amt in Berlin. II 112 f, 137, 647 f

Bülow, Hans Guido Freiherr von (1830–1894), Pianist und Dirigent. I 437

Bülow, Jeanette von (1825 bis 1900), Freundin von Mathilde von Rohr im Kloster Dobbertin. I 747–749. II 341, 517

Bülow-Dennewitz, Friedrich Wilhelm Graf von (1755 bis 1816), preuß. General. I 30

Bürger, Gottfried August (1747 bis 1794). I 44. II 574, 585 f, 617, 695, 722

Bürger, Hugo (Hugo Lubliner) (1846–1911), Dramatiker und Romanschriftsteller. I 408 f

Büsching, Anton Friedrich (1724–1793, Geograph; »Reise von Berlin nach Rekahne« (1775). I 823

Buffon, Georges Louis Leclerc Graf von (1707–1788), franzos. Naturforscher. II 680

Bulle, Oskar (1857–1917), von 1884 bis 1889 in der Redaktion der »Gegenwart«, später Professor und Generalsekretär der Schillerstiftung. II 170

Bunsen, Christian Karl Josias Freiherr von (1791–1860), preuß. Diplomat, von 1842 bis 1854 Gesandter in London. I 54, 234 f

Bunsen, Freiin von, Tochter von Christian Karl Josias Freih. v. B. I 234

Bunsen, Georg (1824–1896), preuß. Politiker, Sohn von Christian Karl Josias Frh. v. B. I 223

Bunsen, Robert Wilhelm, Professor der Chemie in Heidelberg. II 178

Burger, Ludwig (1825–1884), Maler und Zeichner in Berlin. I 370, 686. II 9, 14, 17 bis 19, 26 f, 29, 33, 35–37, 39 f, 43–51, 53–55, 59, 62 bis 64, 66, 68–71, 91, 191, 689

Burger, Rosalie (1857–1941), Tochter des Malers Ludwig Burger. II 689

Burgsdorff, von, Familie. I 484

Burgsdorff, Ottilie von, geb. von Schmeling (1821–1896), seit 1843 zweite Frau von Karl Heinrich Ernst von Burgsdorff (1807–1848). II 659

Burns, Robert (1759–1796), schottischer Dichter. I 221

Burow. I 291. II 598

Buska, Johanna, Hofschauspielerin, verh. mit Nikolaus Graf von Török. II 330

Byron, George Gordon Noel Lord (1788–1824). I 166, 221, 232. II 677

Calderón de la Barca, Pedro (1600–1681). I 384, 426

Campbell, Thomas (1777 bis 1844), engl. Dichter. I 207

Campe, Friedrich (1808–1881), Altphilologe u. Historiker. I 23, 576

Camphausen, Wilhelm von (1818–1885), Maler. II 9, 54

Canitz, Doris von, geb. von Arnim, erste Frau von Friedrich Rudolf v. C. I 483, 490, 509

Canitz, Friedrich Rudolf Ludwig Freiherr von (1654 bis 1699), brandenb. Staatsminister u. Dichter. I 483, 487, 490, 496, 509, 716

Carrière, Moritz (1817–1895), Philosoph und Ästhetiker. II 661

Cato, Marcus Porcius (234 bis 149 v. Chr.). I 14

Cazalet, Albert (1817–1883), Pastor der Luisenstadtparoisse in Berlin, von 1866 bis 1883 Direktor des Frz. Theol. Seminars. I 741

Cervantes Saavedra, Miguel de (1547–1616). II 702

Chamisso, Adelbert von (eigentlich Louis Adelaide de Chamisso de Boncourt) (1781 bis 1838). I 26, 339. II 592, 664

Chapy, Myriam, Übersetzerin. II 440 f

Chatterton, Thomas (1752 bis 1770), bekannt als Fälscher mittelalterlicher engl. Literatur. I 221. II 573

Chaucer, Geoffrey (1340? bis 1400). I 221

Chaudordi, Jean Baptiste Alexandre Damaze Graf von (1825 bis 1899), frz. Diplomat. I 342 f

Chaumontet, Klara von, geb. Gräfin von Dohna (1818 bis 1862), Frau des Oberst Rudolf von Ch. I 689

Cheri, Rose, Schauspielerin. II 328

Chevalier, s. Zöllner, Karl

Chevallerie, Otto von. II 62

Chodowiecki, Daniel Nikolaus (1726–1801), Maler und Kupferstecher. I 697

Christensen, Gastwirt in Aalborg. II 10

Christian IV., König von Dänemark (1577–1648). II 10

Cicero, Marcus Tullius (106–43 v. Chr.). II 571

Cicero, s. Karsten, Lorenz

Cisielski, Emma von, geb. von Rohr (1813–1886), jüngste Schwester von Mathilde von Rohr. I 605. II 194

Cisielski, Wilhelm von, Kreisgerichtsrat in Potsdam, Mann von Emma v. C., geb. von Rohr. I 374, 605. II 194

Clarendon, Edward Hyde Earl of (1609–1674), »Geschichte der Rebellion und des Bürgerkrieges in England«, 3 Bde., (1702–1704). II 498

Clausewitz, H. von (gest. 1866), Premierlieutenant; »Aus dem Tagebuch eines preuß. Jägeroffiziers«. II 47 f, 63

Clausing, Berliner Lokal. II 603

Clauß, »technischer Blechhüttenbetriebsdirektor«. II 344

Clement, Lothar (eigentlich Woldemar Ortleb). I 413, 427. II 681

Cobden, Richard (1804–1865), engl. Nationalökonom. II 582

Cohn, Oskar Justinus (Pseud. Oskar Justinus) (1839–1893), Dramatiker. I 427

Coleridge, Samuel Taylor (1772 bis 1834), engl. Romantiker. I 221

Collins, William Wilkie (1827 bis 1889), engl. Romanschriftsteller. II 405

Collins, Ingenieur. I 292

Confucius. I 734

Congdon, Leutnant. II 102

Conrad, Georg, s. Georg Prinz von Preußen

Conrad, Paula (1862–1938), Schauspielerin, seit 1892 mit Paul Schlenther verheiratet. I 433 f, 436, 446, 453

Conrad, Schauspieler. I 397

Cook, s. Scherenberg, Chr. Fr.

Cornaro, Caterina (1454–1510), Königin von Zypern. I 421

Cornelius, Peter von (1782 bis 1867), Maler in München. I 402

Cosmar, C. W., zusammen mit Klaproth Verf. von »Das zweihundertjährige Bestehen des preußischen Staatsraths« (1805). I 664 f

Cotta, Georg von (1796–1863), Verleger in Stuttgart, Sohn des Schiller- und Goethe-Verlegers Johann Friedrich Cotta (1764–1823). I 13, 16, 18–20,

23, 25, 27, 29 f, 39, 87, 209, 383, 479, 521, 530
Couriol (Conriol). II 168
Courtin. I 667
Cramer, Dirk (1725–1755), Seefahrer. I 744
Cranach, Lucas, d. Ä. (1472 bis 1553). I 667
Crayn, Victoire von (gest. um 1865), Fontane behandelte ihre Geschichte nach Mitteilungen von Mathilde von Rohr in »Schach von Wuthenow«. I 723. II 291–297, 520
Credner, Carl August. I 187
Cremieux, Isaac Adolphe (1796 bis 1880), frz. Jurist u. Politiker. II 80, 637
Cromwell, Oliver (1599–1658) II 490 f, 501, 503, 505

Dahn, Felix (1834–1912), Jurist u. Historiker, Romanschriftsteller, Tunnelmitglied. I 392, 681, 829. II 225
Dalrymple, Sir David. I 70
Dalwigk. I 590
Dalwitz, Frau von. I 649
Danckelmann, Christoph Balthasar Eberhard von (1643 bis 1722), Staatsmann. I 637, 644, 772
Dante Alighieri (1265–1321). II 663, 702
Darnley, Henry Stuart, Lord (1545–1567), zweiter Mann Maria Stuarts. I 188

Davenant, Sir William (1606 bis 1664), engl. Lyriker und Dramatiker. I 70
David, biblischer König. II 616
Decker, Rudolf Ludwig von (1804–1877), Berliner Verleger. I 109, 115, 119, 121, 609, 622, 652–654, 656. II 9, 11 bis 27, 29–35, 38–43, 46–51, 53, 55–57, 59–65, 68, 73–75, 77–79, 85–88, 90–103, 106, 108 f, 111–113, 386, 607, 626, 628, 689
Deetz, Arthur (1826–1897), Schauspieler, Direktor des Kgl. Schauspielhauses in Berlin. I 131 f
Derby, Edward Geoffrey Smith Stanley, Lord (1799–1869), engl. konservativer Politiker, 1852 Premierminister. II 582
Derfflinger, Familie. I 675
Derfflinger, Georg Reichsfreiherr von (1606–1695), brandenburg. Generalfeldmarschall. I 11, 60, 476, 484, 663, 670. II 183, 654, 724
Desaix. I 235
Dessau, Leopold von (der »alte Dessauer«) (1693–1747), preuß. Feldmarschall. I 11, 60, 86. II 584
Dessoir, Ludwig (eigentlich Dessauer) (1810–1874), Schauspieler, von 1849 bis 1872 am Berliner Hoftheater engagiert. I 453

Devrient, Eduard (1801–1877), Sänger, Regisseur. I 15

Devrient, Ludwig (1784–1832), Schauspieler, Onkel von Eduard Devrient. I 330

Devrient, Otto (1838–1894), Schauspieler, Regisseur, Dramatiker, Sohn von Eduard Devrient. I 439

Dewitz, Frl. von, Vorbild für Ebba von Rosenberg in »Unwiederbringlich«. II 414

Dick, s. Lucae, Richard

Dietz, Feodor (Theodor) (1813 bis 1870), Tier- und Historienmaler. II 54

Dingelstedt, Franz Freiherr von (1814–1881), Schriftsteller. I 37

Disraeli, Isaac (1766–1848), engl. Schriftsteller und Staatsmann. II 496

Distel. II 480, 534

Distelmeyer, Lampertus (1522 bis 1588), brandenburgischer Kanzler. I 725. II 527

Dobert, Paul (1860–1931), verantwortlicher Redakteur der von E. Dominik herausgegb. Zeitschrift »Zur guten Stunde«. I 146, 150, 427. II 465

Dóczi, Ludwig (eigentlich Dux) (1845–1919), deutsch-ung. Schriftsteller. I 432

Dohm, Ernst (1819–1883), Schriftleiter des »Kladderadatsch«. II 105

Dohna, Magdalena Juliana Gräfin zu (1817–1894), Stiftsdame »Vom Heiligen Grabe«, Schwester von Sigmar Friedrich Graf zu D. I 689. II 659

Dönhoff, Sophie Dorothea Henriette Gräfin von, geb. Gräfin von Schwerin (1764–1825), Mutter von Sophie Gräfin von Schwerin und Amalie von Romberg. I 723

Döring, Theodor (eigentlich Häring) (1803–1878), Schauspieler. I 401, 458 f

Dörnberg, Karl Freiherr von, Freund von Graf Philipp zu Eulenburg (geb. 1854). I 763, 767

Dörnberg, Luise von (geb. 1858). I 129, 766 f

Dohna-Schlobitten, Siegmar Friedrich Graf zu (1818 bis 1909), Verf. eines genealogischen Werkes der Familie Dohna. I 359, 688

Dolgorouky, Fürst von, Mitglied der russ. Gesandtschaft in Berlin. I 158

Dominik, Emil (1844–1896), Redakteur, Buchhändler und Verleger. I 150 f, 153, 155, 169, 183, 677 f, 709 f, 742, 774, 776, 778 f, 789–791. II 239 f, 250, 260, 311, 313, 329, 354 f, 361, 363, 368, 380, 382, 388 f, 399, 435, 653

Dorn, Adele (gest. 1882), Schwester des Opernkomponisten u. Kapellmeisters H. L. E. Dorn (1804–1892). I 126

Dossow, von, Feldmarschall. I 588

Dostojewski, Feodor Michailowitsch (1821–1881). II 409

Douglas, schott. Familie. I 156, 171, 188, 515, 684, 697. II 572, 699

Douglas, Archibald, 6th Earl of Angus (gest. 1557), Vormund König Jakobs V. von Schottland, von diesem verbannt. I 156, 168, 172, 187 f

Douglas, Jane. I 69

Douglas, Maria. I 69

Douglas, William (ca. 1550 bis 1568), kam bei einem Versuch, Maria Stuart zu befreien, ums Leben. I 68 f, 515

Dove, Alfred Wilhelm (1803 bis 1879), Physiker u. Meteorologe in Berlin. II 596

Doyé, Traugott (1837–1908), Konsistorialrat, seit 1878 Pfarrer der Friedrichstadtparoisse in Berlin. I 741

Drach, Emil (1855–1902), zunächst Kaufmann, dann Schauspieler. I 395

Drake, Friedrich (1805–1882), Bildhauer. I 402

Dreising, Ernst Anton Erdmann Erasmus, Pfarrer in Küstrin. I 716

Dressel, Wein- und Speiselokal. I 814

Drieberg, Frau von, geb. von Normann. I 507

Droysen, Johann Gustav (1808 bis 1884), Historiker. I 392, 549, 601, 614, 725. II 236, 241, 527

Dryden, John (1631–1700), engl. Dichter der Restaurationsepoche. I 221

Ducrot, Auguste Alexandre (1817–1882), frz. General, veröffentlichte »La journée de Sédan« (1871). II 88

Düringer, Philipp Jakob (1809 bis 1870), Oberregisseur u. Direktor am Kgl. Schauspielhaus in Berlin. II 600

Dumas, Alexandre (père) (1802 bis 1870). II 82, 640, 692

Duncan, König von Schottland (gest. 1040). I 185

Duncker, Alexander (1813 bis 1897), Verleger in Berlin. I 12, 29 f, 553. II 632, 662

Duncker, Dora (1855–1916) Tochter von Alexander D., Schriftstellerin und Redakteurin. I 405

Duncker, Franz (1822–1888), Verleger, Mitbegründer der Fortschrittspartei, Mitglied des Landtags u. des Preuß. Abgeordnetenhauses. II 157 f, 175

Duncker, Lina, geb. Tendering

(1825–1885), Frau von Franz Duncker. II 157 f
Duncker, Maximilian Wolfgang (1811–1886), Historiker und Politiker. I 352, 461 f
Duperré, Victor Guy Baron (1775–1846), franz. Admiral, 1830 als Flottenchef an der Eroberung Algiers beteiligt. II 591
Duveyrier, Henri (1840–1892), frz. Reiseschriftsteller. I 458

Ebell, Albert, Tuchfabrikant in Neuruppin, Jugendfreund Fontanes. I 743
Ebers, Georg Moritz (1837 bis 1898), Ägyptologe u. Romanschriftsteller. II 227, 386, 419
Eberstein, Hugo Freiherr von (geb. 1846), verheiratet mit Hedwig Scherz, Tochter von Hermann Scherz. I 657
Eberty, Felix (1812–1884), Schriftsteller und Professor für Kriminal- und Naturrecht in Breslau. I 174, 376, 379, 382 f, 399
Eberty, Marie (1858–1945), Tochter von Felix E., seit 1874 verheiratet mit Heinrich Richter. I 174. II 341
Ebner, Emil, Stuttgarter Verleger, verlegte das »Deutsche Kunstblatt«; bei ihm erschien Fontanes »Aus England«. I 313 f, 320, 333
Echtermeyer, Ernst Theodor (1805–1844), Schriftsteller, Gründer des »Deutschen Musenalmanach« (1840). I 26
Eduard III., König v. England (1327–1377). I 49. II 496
Eggers, Friedrich (1819–1872), Gründer des »Deutschen Kunstblattes«, seit 1863 Professor an der Akademie der Künste in Berlin. I 13, 40, 43, 51, 60, 76, 80 f, 83 f, 90, 112, 202, 208, 221, 224, 226–230, 232, 234, 236, 239, 241, 244, 273, 281, 283, 288, 291, 293, 296, 298, 300 f, 305–309, 368, 426, 471, 478, 577. II 66, 130 f, 226 f, 512, 536–541, 544–546, 548–550, 557 f, 575, 597, 606, 611, 636, 675
Eggers, Karl Hermann (1826 bis 1900), Bruder von Friedrich E., Senator in Rostock, Tunnelmitglied (Barkhusen). I 169, 368, 408, 426, 681, 752. II 111, 130, 176, 728
Egloffstein, Friedrich Wilhelm Carl Philipp Graf von und zu (1808–1895), seit 1845 kgl. preuß. Kammerherr in Potsdam. II 658
Ehlermann (Ehlemann), Louis, Verleger in Dresden. I 20, 96, 656. II 551
Eichholz. I 36
Eigenbrodt, Dr. I 412

Eisenhart, A., Ministerialrat. II 107

Elisabeth I., Königin von England (1533–1603). I 66–68, 74, 204. II 491, 519

Elisabeth, Königin von Preußen (1803–1873), Frau Friedrich Wilhelms III. I 532

Elisabeth, Königin von Rumänien (Pseud. Carmen Sylva) (1843–1916), Verfasserin von Liedern, Märchen, Romanen und Novellen. I 397

Elliot, Hugh, engl. Gesandter in Berlin, zweiter Mann von Luise Henriette Charlotte von Kraut. I 763, 765, 769, 773

Elsasser, Julius Albert (1814 bis 1859), Landschaftsmaler. I 377

Elsner, Frau von, geb. von Bredow. I 805

Encke, Fedor (geb. 1851), Porträt- und Genremaler. I 734

Engel, Eduard (1851–1938), Schriftsteller u. Literaturhistoriker, leitete von 1879 bis 1884 das »Magazin für die Literatur des In- und Auslandes«. I 405 f, 412, 420, 709 f, 720, 722. II 269, 284, 287 f, 315, 355, 678 f

Enslin, Adolf (1826–1882), Sohn des Verlegers Theodor Christian Friedrich E. (1787 bis 1851), begleitete Fontane gelegentlich auf seinen märkischen Wanderungen. I 495, 554, 799

Erhartt, Luise (1844–1916), Schauspielerin, von 1865 bis 1878 am Berliner Hoftheater. I 377 f, 453

Erlach, von. II 252

Erman, Jean Pierre (1775 bis 1814), Pastor in der Friedrichstadt, Direktor des Collège Français, Oberkonsistorialrat, Historiograph für Brandenburg und Mitglied der Akademie d. Wissenschaften. I 741

Ernst, Friedrich Wilhelm (1814 bis 1894), Inhaber der Gropiusschen Buchhandlung u. des Verlages Carl Reimarus in Berlin. I 13, 32, 34, 85, 90 f, 94, 98. II 578

Ernst, Otto, »Aus verborgenen Tiefen. Novellen und Skizzen« (1891). I 451. II 722

Etienne, Michael (gest. 1789), Mitbegründer der »Neuen Freien Presse«. II 99

Ettlinger, Joseph. I 449

Eulenburg, Grafen zu. I 771, 778–780, 785, 796. II 80

Eulenburg, Friedrich Albrecht Graf zu (1815–1881), 1862 bis 1878 preuß. Innenminister. I 779

Eulenburg, Friedrich Leopold Graf zu (gest. 1845), Offizier, Vater von Philipp Graf zu E. I 774, 776, 779

Eulenburg, Philipp Graf zu (1820–1889), Oberstleutnant a. D., Besitzer von Liebenberg, Bruder von Friedrich Albrecht Graf zu E., vermittelte Fontane Motive für »Cécile«. I 165, 687, 763 bis 765, 772, 774–776, 778–781, 785, 802. II 278

Eulenburg, Graf zu, Onkel von Philipp Graf zu E. I 778

Eulenburg-Hertefeld, Philipp Graf zu (Pseud. Ivar Svenson) (1847–1921), Diplomat und Schriftsteller, Sohn von Philipp Graf zu E. I 424 f, 427, 779

Eupel, Friedrich August, Buchdrucker in Sondershausen. I 391 f, 674, 678, 680, 682, 692, 694, 708, 715, 720, 747 f, 793–795, 799

Ewald, Ernst Deodat Paul Ferdinand (1836–1904), Historienmaler, Tunnelmitglied (Canaletto). I 735. II 135, 706

Exner, Besitzer des Wirtshauses »Zur Schneekoppe« in Krummhübel. II 336 f, 341, 398, 682

Falk, Adalbert (1827–1900), preuß. Politiker, von 1872 bis 1879 Kultusminister, neben Bismarck Führer des Kulturkampfes. I 704. II 628

Fantonc, Graf von. II 535

Faucher, Julius (1820–1878), Politiker und Volkswirt. I 459 bis 461. II 132 f

Fechner, Hanns (1860–1931), Porträtist in Berlin, schuf mehrere Fontane-Bildnisse. I 693, 724

Fechner, Heinrich (1845–1909), Oberlehrer am Seminar für Volksschullehrer in Berlin, pädagogischer Schriftsteller. I 660

Feldheim, Kommerzienrat. II 392

Feldmann, Bernhard (1704 bis 1776), Arzt, Heimathistoriker in Neuruppin. I 496 f

Fellner, Richard (1861–1910), Dramaturg und Theaterwissenschaftler, von 1889 bis 1893 mit Paul Schlenther zusammen Theaterkritiker der »V. Z.«. I 446

Ferber, Wilhelmine von (1802 bis 1881), Konventualin in Dobbertin. I 713

Ferdinand, Prinz von Preußen (1730–1813), jüngster Sohn König Friedrich Wilhelms I., führte 64 Jahre lang das nach ihm benannte Inf.-Reg. Nr. 24 in Neuruppin. I 497, 624 f, 628, 637, 656 f, 807

Fichte, Johann Gottlieb (1762 bis 1814). II 204

Fidicin, Ernst (gest. 1883), Historiker, »Die Territorien der Mark Brandenburg«, 4 Bde. (1857–1864). I 583 f. 665, 822

Finckenstein, von, Familie. I 484

Fikentscher. II 54

Firdusi, Abu'l-Quâsim Mansur (932/43–1020/26), persischer Epiker. II 648

Fischer, Anna, Hausangestellte der Familie Fontane. II 411, 450

Fischer, Dr. I 652, 654

Fischer, P., Schriftsteller, Kollege Fontanes an der »Kreuzzeitung«. I 549

Fleck, Schauspieler. II 240

Fleischel, Egon, Partner Friedrich Fontanes in dessen Verlagsgeschäft. II 142, 431, 440, 464 f

Flender, Gertrud, Frau des Geheimen Rechnungsrates Adam Flender. II 184

Fletcher, John (1579–1625), engl. Dramatiker. I 70 f

Flies, von, General. II 10

Förster, August. I 397

Foerster, Friedrich Christoph (1791–1868), Dichter und Historiker. I 600, 665, 668

Fontane, August (1801–1870), Fontanes Onkel. II 138, 141

Fontane, Elise, s. Weber, Elise

Fontane, Emilie, geb. Labry (1797–1869), Fontanes Mutter. I 201, 243, 315, 472, 474, 488, 495, 548, 599. II 10, 36, 44, 57, 127, 237, 401, 572, 577, 604, 610

Fontane, Emilie, geb. Rouanet (1824–1902), Fontanes Frau. I 12, 16 f, 33, 35, 43, 55, 61, 75–79, 81, 83–86, 95, 103, 105 f, 110–113, 125, 128–131, 136, 138, 146–148, 152, 154 f, 162, 172, 181, 191, 203, 209, 222 f, 227, 233, 236 f, 239 f, 243 f, 247, 253, 256 f, 261 f, 266, 277 f, 282 f, 285–288, 290, 292, 309 f, 312, 338 bis 340, 348, 350, 359, 361, 365, 368, 371, 376–380, 382, 384–388, 391–393, 404 f, 408, 415, 425, 428, 433, 435 f, 440, 444, 446, 449, 460, 470 f, 473, 495, 518, 520, 528, 530 f, 545 bis 547, 561, 593, 598, 600, 604 f, 620, 630 f, 648, 660 f, 669–671, 679, 681, 688, 690, 715–717, 729, 757, 761 f, 766 bis 768, 782, 784, 787–791, 793, 798–800, 802 f, 809 f, 821–823. II 9, 19, 26, 43, 45, 58–61, 63, 67, 82–85, 90, 94 f, 108, 112, 121 f, 125, 131 bis 133, 143, 145, 157–159, 161, 163, 170, 185, 187, 192–195, 202–208, 210 f, 213 f, 236, 239, 246, 248–251, 255–257, 259, 262–264, 272, 274 f, 278 f, 284, 292, 294 f, 297, 299 f, 302–304, 318, 320 f,

323–328, 330–332, 334, 337, 342, 345–347, 349 f, 352–355, 358–361, 363 f, 367 f, 370, 372 f, 375, 380, 385–388, 394 f, 398, 400, 401 f, 412, 419 f, 426 f, 430, 432, 440 f, 447 f, 456, 475–477, 495, 514 bis 516, 520, 522, 529, 535, 543, 547 f, 561 f, 569 f, 572, 574, 579–581, 595, 597 f, 601 f, 610 f, 613 f, 617 f, 620–622, 625, 627, 634, 642 bis 646, 650, 653, 657 f, 660, 671 f, 675–677, 681–683, 689, 693, 710 f, 717, 720, 732

Fontane, Friedrich (»Friedel«) (1864–1941), jüngster Sohn Fontanes, Buchhändler und Verleger in Berlin, gründete 1888 einen eigenen Verlag, in dem ab 1890 Werke Fontanes erschienen. I 140, 146, 165 f, 179, 352, 380, 392, 395, 398, 416, 427 f, 444, 531, 688, 691, 715, 744, 757, 786, 789, 790. II 121, 125, 129, 143–145, 148, 162, 166, 194, 208, 239, 261, 268 f, 284, 298, 302, 333 f, 338–340, 349, 352, 368, 377, 379, 386–389, 392, 396, 407, 410, 413, 426, 431 f, 440 f, 465, 473, 477, 482, 561, 676, 681, 717, 724, 728 f

Fontane, George (1851–1887), ältester Sohn Fontanes. I 55, 142 f, 154, 165, 243, 275, 371, 550, 688, 690, 767 f, 790, 798. II 83, 94, 162, 199, 210, 301 f, 330 f, 375, 391, 395, 415, 574, 621, 676

Fontane, Karl, Vetter Fontanes. I 408 f, 783. II 153, 320, 439, 466

Fontane, Louis Henri (1796 bis 1867), Apotheker, Fontanes Vater. I 173 f, 201, 384, 546, 551. II 119, 127, 138, 237, 572, 577

Fontane, Martha (»Mete«) (1860–1917), Fontanes Tochter, heiratete 1899 den Architekten K. E. O. Fritsch. I 125 f, 137, 143, 145, 149, 152, 154 f, 165 f, 174, 177, 179, 189, 191, 371, 377, 385, 392, 404, 411, 414 f, 427 f, 433, 435 f, 440, 448 f, 451, 531, 668, 688, 691, 734 f, 737 f, 755, 757, 787, 790, 802, 805, 807 f, 815, 821, 823. II 121 f, 124, 129, 145, 157 f, 194, 212, 233, 250, 271, 274, 282, 284, 292, 301 f, 330, 334, 340 f, 349, 354, 357, 361, 373, 376, 379, 395, 397 f, 400, 409, 412, 418 f, 422, 427, 430–433, 441–443, 445, 448, 450, 456, 475 f, 535, 561, 658, 676, 693, 708, 711, 717, 727, 729

Fontane, Martha, geb. Robert (1865–1900), Frau von George Fontane. I 142, 165, 429

Fontane, Philippine, geb. Sohm (»Tante Pine«) (ca. 1810 bis

1882), Frau von August Fontane. II 672

Fontane, Theodor (»Theo«) (1856–1933), zweiter Sohn Fontanes, Beamter bei der Heeresintendantur, lebte in Münster. I 136, 138, 140, 142 f, 147, 175, 177, 190, 425, 442, 600, 681, 688, 691, 715, 777, 792. II 145, 200, 204, 229, 246, 299, 302, 331, 350, 356, 368 f, 372, 374 f, 388 f, 401, 425, 471, 481, 529, 676, 685, 703, 705

Foß, Rudolf (1822–1904), Geheimrat, Professor, Historiker. I 614, 652, 654–656, 658 f

Fouqué, de la Motte, hugenottische Familie in der Mark Brandenburg. I 575, 577, 583

Fouqué, Friedrich Heinrich Karl Freiherr de la Motte (1777 bis 1843), Schriftsteller. I 139, 596, 738, 741. II 589

Fouqué, Heinrich August Freiherr de la Motte (1698 bis 1774), preuß. General, Freund Friedrichs d. Gr. I 596

Fournier, Auguste (1800–1874), Oberkonsistorialrat, Prediger der frz. reformierten Gemeinde, der Fontane 1836 konfirmiert und 1850 getraut hatte. I 77, 359, 741. II 511 f

Franz, Otto, s. Gensichen, Otto Franz

Franz, Richard (geb. 1865), Schauspieler, von 1884 bis 1887 am Kgl. Schauspielhaus in Berlin. I 411

Franzos, Karl Emil (1848 bis 1904), Schriftsteller. I 158, 160, 405, 443. II 225

Frauenthal, Fräulein, Schauspielerin. I 378

Freiligrath, Ferdinand (1810 bis 1876). I 338 f, 829. II 585, 589

Frenzel, Karl (1827–1914), Romanschriftsteller und Theaterkritiker in Berlin, Redakteur der »National-Zeitung«. I 171, 426, 437, 652, 654. II 105, 216, 222, 234 f, 687, 709

Frerichs, Friedrich Theodor von (1819–1885), Arzt. II 662

Frey, Silvester (1851–1919), Schriftsteller, Herausgeber der Wochenzeitschrift »Mehr Licht«. II 222 f, 225

Frey, Wilhelm, Revierförster, diente Fontane als Vorbild zu »Quitt« (»Opitz«). II 397, 400, 402, 411

Freytag, Gustav (1816–1895). I 158, 233, 368, 391, 402, 417, 441, 453.
II 148, 206, 301, 386, 639 f

Freytag, Ludwig (1842–1896), Professor, Lehrer an der Kadettenanstalt in Lichterfelde, Oberlehrer am Friedrich Real-

gymnasium in Berlin. 721 f, 800
Fricke, Hermann. I 342
Frieb-Blumauer, Johanna Minona (1816–1886), Schauspielerin, von 1864 bis 1876 am Kgl. Schauspielhaus in Berlin. I 453
Friedberg, von, Familie. I 177
Friedberg, Amalie von, Frau von Heinrich von F. II 156, 162, 172
Friedberg, Heinrich von (1813 bis 1895), Tunnelmitglied (Canning). I 204. II 149, 154, 157, 167 f, 172, 179
Friedel, Ernst, Stadtrat und Direktor des Märkischen Provinzial-Museums, zeitweilig Herausgeber der Zeitschrift »Der Bär«. I 662
Friederike Sophie Wilhelmine, Markgräfin von Bayreuth, geb. Prinzessin von Preußen (1709–1758), Schwester Friedrichs d. Gr. I 668. II 294
Friedlaender, Elisabeth, geb. Tillgner (1854–1919), Frau von Georg F. II 172, 272, 334, 397 f, 399
Friedlaender, Georg (1843 bis 1914), Amtsgerichtsrat in Schmiedeberg im Riesengebirge, Freund Fontanes. I 139, 141, 145, 147, 177 f, 187 f, 417, 423 f, 427, 429 f, 444, 446, 449, 744, 751, 786, 794, 803 f, 815. II 118–121, 124, 126, 136, 141, 143, 147, 172, 178, 241, 272, 291, 336 f, 339, 341, 353, 370, 378, 391 f, 397 bis 402, 404 f, 409, 411, 433, 435–438, 441–443, 446 f, 451, 453, 463, 468, 472 f, 475, 478, 481, 685, 698, 710, 718, 723, 729
Friedlaender, Julius (1813 bis 1884), Numismatiker, seit 1854 Direktor des Münzkabinetts des Alten Museums in Berlin. I 685
Friedland, Helene Charlotte von, geb. von Lestwitz, gesch. von Borcke (1754–1803), Mutter von Henriette Charlotte von Itzenplitz, geb. von Borcke. I 557, 572
Friedmann, Alfred (1845–1923), Schriftsteller und Kritiker. I 384, 455, 458, 784. II 288 f, 674
Friedrich, Elisabeth, geb. Riesleben (1788–1873). I 682 f
Friedrich, Wilhelm (1851 bis 1914?), Verleger in Leipzig, bei ihm erschien die Buchausgabe von »Schach von Wuthenow«. I 397, 406, 414, 720. II 264, 304–306, 308–310, 314 f, 317 f, 334 f, 386, 673, 678, 681
Friedrich, Maschinenmeister, Mann von Elisabeth F., geb. Riesleben. I 682 f

Friedrich I., Barbarossa (ca.1122 bis 1190). II 508, 619

Friedrich II., der Große (1712 bis 1786). I 11, 60, 175, 471, 482, 484, 495, 499 f, 506, 516, 518, 521, 526, 528, 555 f, 558, 562, 577, 579, 590, 598, 600, 649, 656, 665, 675, 681, 697, 714 f, 717–719, 727, 796. II 49, 175, 235, 294, 320, 365, 584, 626, 698, 726

Friedrich III., preuß. König und dt. Kaiser (1831–1888), als Kronprinz Friedrich Wilhelm genannt. I 146 f, 150, 162, 305, 459, 530, 661. II 680, 698

Friedrich Karl, Prinz von Preußen (1828–1885), Generalfeldmarschall. I 128, 416, 426, 783 f, 792 f, 796. II 10, 66, 150, 286, 344

Friedrich Wilhelm, genannt der Große Kurfürst (1620–1688). I 518, 584, 601, 669, 675, 796. II 492, 561 f

Friedrich Wilhelm I., König von Preußen (1688–1740). I 160, 176, 397, 664 666, 742, 753 f, 759, 766, 796. II 150, 294

Friedrich Wilhelm II., König von Preußen (1744–1797). I 600. II 238

Friedrich Wilhelm III., König von Preußen (1770–1840). I 151, 758. II 293

Friedrich Wilhelm IV., König von Preußen (1795–1861). I 42, 95, 97, 327. II 521, 716

Friedrich von Hessen-Homburg, Prinz (1633–1708), unter dem Großen Kurfürsten General der Kavallerie, seit 1678 als Friedrich III. Landgraf von Hessen-Homburg. I 637

Fritsch, Karl Emil Otto (1838 bis 1915), Architekt in Berlin, seit 1899 mit Martha Fontane verheiratet, Herausgeber der ersten Sammlung von Fontanes Briefen an die Familie. I 191. II 720

Froben, Emanuel von (1640 bis 1675), Stallmeister des Großen Kurfürsten, den er in der Schlacht von Fehrbellin durch Opferung seines Lebens rettete. I 549, 590

Froebel, Julius (1805–1893), Herausgeber radikaldemokratischen Schrifttums in Zürich. I 200

Fromm, Amtmann. I 714, 727

Fromm, Andreas. I 584

Fuchs, Paul von (1640–1704), preuß. Minister, Besitzer von Malchow. I 669 f

Funk, Heinrich (1807–1877), Maler, Professor an der Kunstakademie in Stuttgart. I 377

Gagern. I 754

Gambetta, Léon Michel (1838

bis 1882), frz. Staatsmann.
I 374
Gärtner, J. Heinrich (1860 bis 1929), Schauspieler. I 417
Garnier, F. X. von. I 792 f
Garten, Ernst von, Oberst, Adoptiv-Vater von Helene von Garten-Düring. II 28
Garten-Düring, Helene von (1847–1936). II 28
Garrick, David (1716–1779), engl. Schauspieler. I 205
Gaudy, Fritz von (1821–1866), Tunnelmitglied, im deutschösterr. Krieg gefallen. II 47, 229
Geibel, Emanuel (1815–1884), Mitglied des Münchener Dichterkreises um König Maximilian II. I 87, 95, 97, 309, 352. II 95, 105, 231, 236, 661
Genée, Rudolf (1824–1914), Lustspielautor und Theaterwissenschaftler. I 418, 420. II 250
Gensichen, Otto Franz (Pseud. Otto Franz) (1847–1933), Schriftsteller, von 1874 bis 1878 Dramaturg am Wallner-Theater in Berlin. I 369, 378, 396, 413, 441, 684, II 110, 209, 239 f, 642, 681
Gentz, Familie. I 647
Gentz, Alexander (1825–1888), Kaufmann in Neuruppin.
I 470, 495 f, 499 f, 502, 521 f, 621, 624, 628, 631, 634, 637, 642, 645, 647, 653 f, 656, 662, 665, 728 f, 740, 743, 745, 748, 750, 757 f, 761, 816
Gentz, Frau von Alexander G. I 500, 502, 740
Gentz, Frau von Wilhelm G. I 735
Gentz, Hermann, Bruder von Wilhelm G. I 736
Gentz, Ismael (1862–1914), Porträtist. I 426, 740, 757 f. II 378, 706, 723
Gentz, Johann Christian Friedrich (1794–1867), Kaufmann, Vater von Alexander G.
I 629, 638, 645, 647, 655, 740, 746 f, 758, 816
Gentz, Wilhelm (1822–1890), Maler, Jugendfreund Fontanes. I 470, 647, 729, 731 f, 734–736, 738, 740, 742, 744, 746–749, 751, 757 f, 816.
II 419, 706
Georg V., König von Hannover (1819–1878). I 767
Georg, Prinz von Preußen (Pseud. Georg Conrad) (1826–1902), Verfasser historischer Schauspiele. I 343, 355, 386. II 626
Gerecke, Mathilde (»Tilla«), Hausangestellte der Familie Fontane. II 730
Gerhardt, Dagobert von (Pseud. Gerhard von Amyntor) (1831 bis 1910), Schriftsteller. I 414
Gerhardt, Paul (1607–1676),

protest. Kirchenlieddichter.
I 405, 584, 716, II 647
Gerlach, Ernst Ludwig von (1795–1877), preuß. Jurist u. Politiker, Mitbegründer der »Kreuzzeitung«. I 688. II 542
Gerlach, Leopold von (1790 bis 1861), preußischer General; »Denkwürdigkeiten« (1891/92). II 147
Gerschel, Louis, Verleger. I 530
Gersdorff. I 657
Gerson, Hermann, Besitzer eines Mode- und Warenhauses in Berlin. I 823. II 157, 425
G. Grote-Verlag, s. Müller-Grote
Gildemeister, Otto (1823–1902), Kommunalpolitiker, Übersetzer, Tunnelmitglied (Camoëns). I 710, 721
Gilsa, von, Major. II 47
Girndt, Otto (1835–1911), Lustspielautor und Erzähler, Redakteur versch. Zeitungen. I 426, 429. II 376
Glasenapp, Otto von (1831 bis 1910), Oberst. II 450
Glaser, Adolf (1829–1916), Schriftsteller, 1856–1878 und ab 1882 Redakteur bei »Westermanns Monatsheften«. I 742. II 301, 349, 375
Glaßbrenner, Adolf (1810 bis 1876), redigierte seit 1858 in Berlin das Witzblatt »Berliner Montagszeitung«. I 459 f. II 686

Glogau, Bertha (geb. 1849), Schriftstellerin und Journalistin. II 287
Gneisenau, August Graf Neithardt von (1760–1831), einer der »Reformer« Preußens I 29 f
Godwin, William (1756–1836), engl. Rechtsphilosoph. II 496
Goeben, A. von, Generallieutenant im Krieg von 1866, Verfasser von »Das Treffen bei Kissingen am 10. Juli 1866«. I 657. II 663
Gödeke, Karl (1814–1887), Literaturhistoriker. I 42
Goedsche, Hermann (1815 bis 1878), Romanautor und Journalist, von 1849 bis 1874 leitender Mitarbeiter bei der »Kreuzzeitung«. I 406. II 83
Goertzke, von, Familie. I 675
Goertzke, Joachim Ernst von (1611–1682), brandenburg. General. I 522
Goethe, Johann Wolfgang von (1749–1832). I 19, 52, 125, 139, 175, 272, 341, 350, 362, 366, 371, 415 f, 470. II 37, 175, 186, 254, 357, 360, 405, 456–458, 501, 583, 586–589, 617, 640, 652, 663, 671, 692, 695
Gogol, Nikolaj Wassiljewitsch (1809–1852). I 215
Goldammer, Leo, Bäckermeister, Dramatiker, später Ma-

gistratssekretär, Tunnelmitglied (Hans Sachs). II 130 f, 135, 138, 141, 154, 537, 540
Goldammer, Ottilie, Tochter des Obertribunalrats Goldammer. II 138
Goldammer, Obertribunalrat. II 138
Goldiner. II 112
Goldschmidt, Johannes Friedrich (geb. 1837), Brauereidirektor in Berlin. I 177
Goltz, Colmar Freiherr von der (1843–1916), Kriegshistoriker, »Gambetta und seine Armee« (1877). I 374
Gontard, Karl von (1731–1791), Baumeister, seit 1764 im Dienste Friedrichs d. Gr. I 741
Gordon, Familie. I 166
Gore, Catherine Frances (1799 bis 1861), engl. Romanschriftstellerin. II 487
Goritz, Schauspieler. I 377
Gosche, Richard (1824–1889), Orientalist und Literaturhistoriker, Professor an der Berliner Universität. I 548 f
Goßler, Gustav von (1838 bis 1902), von 1881 bis 1891 preuß. Kultusminister. I 802. II 703
Gotthelf, Jeremias (eigentlich Albert Bitzius) (1797–1854). II 585

Gottschall, Rudolf von (1823 bis 1909), Kritiker, Schriftsteller, Literaturhistoriker, Herausgeber verschied. Zeitschriften. I 437 f, 735. II 404
Gottsched, Johann Christoph (1700–1766). I 64. II 585
Grabbe, Christian Dietrich (1801–1836). I 375
Graevenitz, Antonie von (geb. 1848), Tochter von Hermann v. Gr. I 128, 138. II 255
Graevenitz, Hermann von (1815 bis 1890), Reichsgerichtsrat und Reichstagsabgeordneter. I 128, 138. II 161, 337, 399
Graevenitz, Julie von, geb. Müller (1820–1901), Frau von Hermann v. Gr. I 138. II 337, 399
Gramont, Antoine Alfred Agénor Herzog von (1819–1880), frz. Außenminister während der Krise von 1870, »La France et la Prusse avant la guerre« (1871). II 88
Grandjean, Moritz Anton (1821 bis 1885), österr. Schriftsteller, schrieb vor allem Lustspiele. I 356
Granichstädten, Emil (1847 bis 1904), Schriftsteller, Redakteur und Theaterreferent an der »Wiener Presse«. I 378
Graumann, Karl, heiratete 1881 Fontanes Nichte Anna Sommerfeldt. II 303

Graun, Johann Gottlieb (1698 bis 1771), Konzertmeister, trat 1732 in den Dienst des Kronprinzen Friedrich in Rheinsberg. I 516

Grautoff, Ferdinand Heinrich, Herausgeber von »Die lübeckischen Chroniken in niederdeutscher Sprache. Chronik des Franciscaner Lesemeisters Detmar, nach der Urschrift und mit Ergänzungen aus anderen Chroniken«, 2 Teile (1829/30). II 531

Grillparzer, Franz (1791–1872). I 384, 412. II 664

Grimm, Hermann (1828–1901), Kunst- und Literaturhistoriker, Sohn von Wilhelm Grimm. I 334, 372. II 620

Grimm, Jacob (1785–1863). I 470. II 424

Grimm, Wilhelm (1786–1859). I 470. II 424

Groeben, Familie. I 687

Grohmann. I 727

Gropius'sche Buchhandlung, im Besitz von Ernst, Friedrich Wilhelm. I 85. II 578, 642

Grosser, Julius (1828–1902), Schriftsteller, Redakteur der von Paul Lindau herausgegebenen Zeitschrift »Nord und Süd«, später Chefredakteur der »National-Zeitung«. I 387 f, 390, 689, 693–696, 709, 711–714. II 249, 263, 265, 296 f, 311, 313 f, 522, 524

Grosser, Theodor (1816–1890), Berliner Großkaufmann. II 399

Groth, Klaus (1819–1899), Mundartdichter aus Dithmarschen, »Quickborn«. I 124 f, 228. II 538–540, 547, 558

Grube, Max (1854–1934), Schauspieler. I 424

Grün, Anastasius (eigentlich Alexander Graf Auersperg) (1806–1876), österr. politischer Dichter. I 829. II 489

Gründler, Ernst (1850–1906), Pfarrer und Seminardirektor in Barby. II 242 f

Grünhagen, Colmar (1828 bis 1911), Historiker, Professor in Breslau, Direktor des Schlesischen Provinzialarchivs. II 357

Grumbkow, Friedrich Wilhelm von (1678–1739), preuß. General und Finanzminister Friedrich Wilhelms I. I 666 f, 718

Gruppe, Otto Friedrich (1804 bis 1876), Professor für Philosophie und Geschichte, Vorgänger Fontanes als Erster Sekretär der Akademie der Künste in Berlin, Herausgeber des »Deutschen Musenalmanachs«. I 26 f, 50, 53–55, 227, 339, 599. II 544, 576

Gsellius, »Gsellius'sche Buch-, Antiquar-, Globen- und Landkarten-Handlung (F. W. Linde)« in Berlin. I 85, 658, 676. II 309–311, 315

Gubitz, Friedrich Wilhelm (1786 bis 1870), Journalist, als Theaterkritiker an der »V.Z.« der Vorgänger Fontanes. I 454

Gude, Betsy, geb. von Ancker (geb. 1830), Frau von Hans G. II 271

Gude, Hans Frederik (1825 bis 1903), Maler. I 685, 738. II 732

Günther, Georg (1808–1872), Arzt und Publizist. I 199. II 636

Günther, Johann Heinrich (1736 bis 1803), preuß. General. I 482, 499, 506, 729

Günther, Leopold (1825–1902), Sänger und Bühnenautor. I 395, 440

Guizot, Guillaume (1787–1874), »Geschichte der Revolution in England«, 2 Bde., (1827/28); »Geschichte Karls I.« (1828). II 496

Gumbiner, Moritz, Dr., Mitbegründer des Vereins »Berliner Presse«, Mitarbeiter der »Spenerschen Zeitung«. I 363

Gussow, Karl (1843–1907), Maler. I 130

Gustav Adolf, König von Schweden (1594–1632). I 108, 788

Gutzkow, Karl (1811–1878). I 95, 233, 357, 402, 426, 431, 453, 456 f. II 225 f, 234, 542, 631

Haack, A., Buchhändler und Druckereibesitzer in Berlin, bei dem seit 1861 »Victoria, Neue illustrierte Damenzeitung« erschien. I 642, 660

Haack, Carl. I 665

Haase, Friedrich (1825–1911), Schauspieler, Mitbegründer des Deutschen Theaters in Berlin. I 373, 429

Haase, Karl Eduard, »Volkstümliches aus der Grafschaft Ruppin und Umgebung«. I 789

Habicht, August (1805–1896), Politiker, Staatsminister von Anhalt-Dessau. I 20

Hacke, von, Familie. I 483

Hacke, Graf von. I 657

Hackert, Philipp (1737–1807), Maler. I 583

Hackländer, Friedrich Wilhelm (1816–1877), Schriftsteller, seit 1859 Herausgeber der illustrierten Zeitschrift »Über Land und Meer«. I 567

Haeckel, Ernst (1834–1919), Zoologe, Vertreter der Abstammungslehre Darwins in Deutschland. II 218

Häring, s. Alexis, Willibald

Haeseler, Gottlieb Graf von (1836–1919), Generalfeldmarschall. II 29

Haeseler, Ottilie von, geb. von Sydow (1787–1880), Frau des Majors a. D. Philipp von H. (1789–1866). I 589

Hahn, Ludwig (1820–1888), Beamter im preuß. Innenministerium, Leiter der Regierungspresse. I 606, 653 f. II 193

Hahn, Werner (1816–1890), Redakt. d. »Deutschen Reform«, Tunnelmitglied. I 215, 219 f, 353, 355, 392, 428. II 508

Hake, von, Familie. I 483

Hallberger, Eduard (1822 bis 1880), Verleger in Stuttgart, gab u. a. die Zeitschrift »Über Land und Meer« heraus. I 384, 567. II 48, 139, 153, 250, 295, 313, 320, 331 f, 337, 518, 521, 651, 656

Haller, Albrecht von (1708 bis 1777), Mediziner, Botaniker, Dichter. I 16. II 654

Halm, Friedrich. I 386

Hamilton, Andrew, »Rheinsberg: Memorials of Frederick the Great and Prince Henry of Prussia« (1880), 2 Bde. I 682

Hamilton, Emma, Lady (ca. 1765–1815), bekannt als Geliebte Lord Nelsons. I 292

Hampden, John (1595–1643), engl. Politiker. II 501, 503

Handtmann, Eduard, »Neue Sagen aus der Mark Brandenburg« (1883). I 789, 796

Hans, Markgraf von Brandenburg, s. Johann, Markgraf von Brandenburg

Hanse, Friedrich. I 397

Hanslick, Eduard (1825–1904), Musikschriftsteller und -kritiker in Wien, bekannt als Gegner Wagners und Bruckners. II 122, 125 f

Harden, Maximilian (1861 bis 1927), Schriftsteller und Publizist, Herausgeber der Wochenschrift »Die Zukunft«. I 158, 175, 450–452. II 137, 376, 388 f, 392, 455, 461, 697

Hardenberg, Karl August Fürst von (1750–1822), preuß. Staatsmann. I 29, 557

Harlaw, Hektor Armstrong Lord. I 68 f

Harnisch, Christian Wilhelm (1787–1864), Pädagoge, »Mein Lebensmorgen« (1865). II 292

Harrach, Ferdinand Graf von (1832–1915), Historien- und Landschaftsmaler. I 421

Harrach, Helene Gräfin von, geb. von Pourtalès (geb. 1849), Frau von Ferdinand Graf H. I 421

Harrys, H. I 710
Hart, Heinrich (1855-1906) und Julius (1859–1930), Schriftsteller und Kritiker. I 167 f
Harte, Bret (1836–1902), amerikanischer Schriftsteller. I 365
Hartleben, Otto Erich (1864 bis 1905), Schriftsteller. I 749
Hartmann, Julius von (1817 bis 1878), preuß. General. II 62
Harwitz, Heinrich Josef. II 466
Hassel, Paul, Dr., Dozent an der Universität Berlin, Herausgeber der »Zeitschrift für preuß. Geschichte und Landeskunde«, verfaßte »Von der 3. Armee. Kriegsgeschichtliche Skizzen aus dem Feldzuge von 1870/71« (1872). II 105
Hauff, Hermann (1800–1865), Bruder des Dichters Wilhelm Hauff, Redakteur von Cottas »Morgenblatt für gebildete Stände«. I 10 f, 18, 108, 311 f, 315, 318, 325, 334, 473 f, 476, 492, 550
Hauptmann, Gerhart (1862 bis 1946). I 441 f, 446, 448–450, 749. II 433, 693 f, 697, 705
Hausmann, Cellist. I 126
Havelock, Henry (1795–1857), engl. General. II 511 f
Haverland, Anna (1851–1908), Schauspielerin, 1878/79 und 1896–1898 am Kgl. Schauspielhaus in Berlin. I 377 f
Hayn, Adolf Wilhelm (1801 bis 1866), preuß. Hofbuchdrucker in Berlin, verlegte Fontanes »Männer und Helden«. I 13, 90. II 482, 578
Haynau, Freiherr von (1786 bis 1853), österr. General, »Hyäne von Brescia«. II 508
Hebbel, Friedrich (1813–1863). II 576, 585, 664
Hebel, Johann Peter (1760 bis 1826). II 705
Heffter, C. W., Dr., Redakteur an der »Kreuzzeitung«. I 522, 530, 709, 722. II 216 f, 219, 225, 228, 311, 313
Hegel, Immanuel (1814–1891), Sohn von G. W. F. Hegel, Chef der »Zentralstelle für Preßangelegenheiten«. I 263, 266
Heiberg, Hermann (1840–1910), Romanautor, Journalist. I 414 f
Heigel, Karl August (1835 bis 1905), Schriftsteller und Redakteur, gab von 1865 bis 1875 in Berlin die Mode- und Frauenzeitschrift »Der Bazar« heraus. I 346, 358
Heilborn, Ernst (1867–1942), Schriftsteller, Herausgeber der Halbmonatsschrift »Das literarische Echo«. I 182–185, 190, 452. II 133 f, 137 f, 142, 454, 468, 474, 477, 729
Heimburg (eigentlich Bertha Behrens) (1850–1912), Ro-

manschriftstellerin, Hauptmitarbeiterin der »Gartenlaube«. II 682
Heine, Heinrich (1797–1856). I 157, 229, 431, II 589, 593, 607, 617
Heinrich I., »Der Vogler«, deutscher König (876–936). II 619
Heinrich IV., röm.-deutscher Kaiser (1050–1106). II 619
Heinrich IV., König von Frankreich (1553–1610). I 704
Heinrich VII., König von England (1485–1509). II 491
Heinrich VIII., König von England (1509–1547). I 48 f, 172, 188. II 491
Heinrich LXXIV., letzter Fürst von Reuß–Schleiz–Lobenstein–Ebersdorf. II 497
Heinrich, Prinz von Preußen (1726–1802), Bruder Friedrichs d. Gr. I 497, 500, 507, 526, 570 f, 584, 738, 761, 769, 773 f, 807, 809. II 147, 384
Hell, Theodor, s. Winkler, Karl
Heller, Robert (1814–1871), Schriftsteller, Redakteur an den »Hamburger Nachrichten«. II 544
Hendrichs, Hermann (1809 bis 1871), Schauspieler. I 402
Henning, Adolf (1809–1900), Historien- und Porträtmaler, Mitglied der Akademie der Künste. I 686

Henrietta Maria (1609–1669), Tochter Heinrichs IV. von Frankreich, Gemahlin Karls I. von England. II 493 f, 505
Henschel. I 584 f
Hensel, Wilhelm (1794–1861), Zeichner u. Hofmaler in Berlin. I 556, 579, 604, 609. II 136
Hentzen, Wilhelm (Pseud. Fritz von Sakken) (1850–1901), Bühnenautor, Dramaturg. I 427
Herbst, Wilhelm (1825–1882), Pädagoge und Schriftsteller, gründete 1878 das »Deutsche Literaturblatt«. I 797
Herder, Johann Gottfried (1744 bis 1803). I 149, 181. II 585 f
Hermann, H. S., Buchdrucker. I 154, 158–160
Herodes d. Große (37–4 v. Chr.). II 609
Herrfurth, Ernst Ludwig (1830 bis 1900), preuß. Innenminister. I 799
Herrig, Hans (1845–1892), Schriftsteller und Journalist, Redakteur des »Deutschen Tageblattes«. I 412
Herrlich, Karl (1822–1903), Erster Sekretär des Johanniterordens, gab dessen »Wochenblatt« heraus. I 433, 673, 711, 788, 794. II 228, 232, 311
Hertefeld, von, märkische Familie. I 619, 761, 771 f, 775, 778 bis 780

Hertefeld, Friedrich Leopold von (1741–1816), Herr auf Liebenberg. I 775, 779–781

Hertz, Bernhard Wilhelm (1853 bis 1886), Arzt, Sohn von Wilhelm H. I 419

Hertz, Fanny Johanna (1826 bis 1913), Frau von Wilhelm H. I 91, 340, 495, 612. II 60

Hertz, Hans Adolf (1848 bis 1895), Verleger in Berlin, Sohn von Wilhelm H. I 127, 148, 151 f, 157, 167–169, 171, 389, 412, 419, 428, 440, 511, 680 f, 694, 724, 726, 730 f, 744, 748–752, 767, 792–795, 798. II 125, 206 f, 209, 256 f, 289, 371, 375 f, 448, 452, 709

Hertz, Marianne (1849–1917), Tochter von Wilhelm H. I 612

Hertz, Martin (1818–1895), Altphilologe, Bruder von Wilhelm H. I 528

Hertz, Otto Julius (1820–1898), Geh. Justizrat, Bruder von Wilhelm H. I 169, 750

Hertz, Wilhelm (1822–1901), Verleger in Berlin, verlegte Fontanes »Gedichte«, »Wanderungen« und »Vor dem Sturm«. I 88–101, 103–105, 107, 115, 117–120, 122 f, 128, 134, 136, 143 f, 148, 150, 152, 155–165, 167–172, 178, 180 bis 182, 185–187, 189, 224, 313, 327, 333 f, 339–341, 356 f, 363 f, 368, 371, 379, 382–384, 412 f, 416, 419, 425, 428, 440, 442, 474–476, 479 f, 485–487, 489–491, 493–495, 498, 501, 503 f, 508–513, 517 bis 519, 522–534, 545 f, 548 bis 550, 552–571, 574, 576 f, 579–581, 587, 589, 592–597, 600 f, 604, 609–621, 623, 631 f, 635, 639, 642–644, 646 f, 649, 651, 656, 658–660, 662–664, 667, 669, 671 f, 674, 676–678, 680, 683–687, 690, 692, 694, 696, 708–714, 719 bis 722, 726–728, 731–735, 745–748, 755–758, 767 f, 786, 791–793, 796, 799–802, 808, 815. II 9, 11, 17, 23 f, 26, 29, 36, 59, 67, 73 f, 77 f, 111, 121, 125–127, 132, 139, 160, 165 f, 168–172, 174–179, 186 bis 188, 190, 192 f, 196–199, 206 f, 211, 213–218, 220 f, 223–229, 231 f, 234–239, 241 bis 245, 248, 253–261, 264 f, 267 f, 280–287, 289 f, 305, 332, 341, 351–353, 371, 375 f, 386, 406–408, 410 f, 423 f, 431, 463, 512, 519 f, 529, 532 bis 534, 551, 560, 614 f, 626, 628 f, 636, 638, 652, 654 f, 670, 682, 688–690

Hertzog, Rudolph, Modewarengeschäft. I 678, 823

Herwegh, Georg (1817–1875). I 196 f, 200, 203. II 138, 326, 589, 592, 636, 716

Hesekiel, Familie. I 377. II 286

Hesekiel, Ludwig George (1819 bis 1874), Schriftsteller und Publizist, Tunnelmitglied (Claudius). I 94, 98, 101, 204, 358 f, 390, 406, 461 f, 464 f, 523, 567 f, 583, 599, 604, 619, 761. II 59, 64, 98, 131, 133 bis 136, 142, 162–164, 219, 230, 242, 307, 529, 575, 716

Hesekiel, Ludovica (1847–1889), Romanschriftstellerin und Kritikerin, Tochter von L. George Hesekiel. I 358, 376, 405, 619, 682, 722, 761. II 162–164, 210, 212 f, 216 f, 219, 223, 228 f, 232, 251, 311, 313 f, 316, 332

Hessen, Robert (1854–1920), Arzt. II 375

Hessen-Homburg, Prinz von (Friedrich VI.?). I 754

Hesse-Wartegg, Ernst von (1851 bis 1918), Reiseschriftsteller. II 378

Heßler, Friedrich Alexander (1833–1900), Schauspieler und Theaterdirektor. I 138

d'Heureuse, Konditorei. I 279. II 183

Heyden, Familie. I 407 f

Heyden, August von (1827 bis 1897), Historienmaler, Tunnel- und Rütlimitglied. I 154, 443, 446, 567, 605, 752 f. II 50, 344, 706, 717

Heyden, Josephine von, geb. von Weigel (1834–1901), Frau von August von H. II 250, 354

Heyden-Linden, Helmut von, Erbmundschenk von Vorpommern, Besitzer von Hoppenrade. I 765

Heydt, August von der (1801 bis 1874), Bankier, preuß. Minister. I 96

Heyse, Margarete, geb. Kugler (1834–1862), erste Frau Paul Hs. I 327

Heyse, Paul (von) (1830–1914), mit Geibel Mittelpunkt des Münchener Kreises. I 29, 31, 40 f, 43, 54, 75, 78, 85–89, 95 bis 98, 101, 127 f, 134 f, 139, 162 f, 185, 202, 218, 224, 228 bis 231, 233, 307, 310, 313, 319, 327 f, 332 f, 338, 360, 363 f, 382, 385, 389, 392, 402, 407 f, 413, 425–427, 433, 435, 437, 442, 444, 473, 520 f, 523 528, 534, 653, 681, 684, 725 bis 727. II 107, 130 f, 145, 157 f, 196, 224–227, 230 f, 233, 257, 318, 323, 336, 341, 393, 407 f, 506, 536 f, 540 bis 542, 544, 549–552, 593, 601, 606, 608–611, 614, 636, 654, 661 f, 670, 675, 684 f, 703, 709

Hildegard, s. Rohr, Hildegard Sophie von

Hiller. II 34, 47

Hillern, Wilhelmine von (1836

bis 1916), Schauspielerin, Roman- und Dramenautorin, Tochter der Charlotte Birch-Pfeiffer. I 411. II 419

Hiltl, Johann George (1826 bis 1878), Schauspieler und Schriftsteller, Verfasser historischer Romane und Darstellungen der Kriege von 1866 und 1870/71. I 345–347. II 30, 206, 234, 456

Hirsch, Franz (1844–1920), Redakteur des »Neuen Blatts« in Berlin, Schriftsteller. I 684. II 678

Hirsch, Jenny (1829–1902), Romanautorin und Frauenrechtlerin. II 162 f

Hirschfeld, Georg (1873–1935), Kaufmann, Schriftsteller. II 463

Hirt, Ludwig (1844–1907), Professor für Neurologie in Breslau. I 751

Hirzel, Salomon (1804–1877), Verleger in Leipzig. II 638

Hobrecht, Arthur (1824–1912), Schriftsteller. I 416 f. II 684

Hochberg, Bolko Graf von (1843–1926), preuß. Gesandtschaftsattaché in Petersburg, von 1886 bis 1902 Generalintendant der Preuß. Hoftheater. I 426

Hochenburger, Anna von, geb. Jürgens (geb. 1860), Schauspielerin, von 1887 bis 1908 am Kgl. Schauspielhaus in Berlin. I 427, 434

Hoffmann, Adolf, Direktor der Deutschen Verlagsanstalt in Stuttgart, bei der die Zeitschrift »Über Land und Meer« erschien. II 474

Hoffmann, Ernst Theodor Amadeus (1776–1822). I 431

Hoffory, Prof. I 437

Hogarth, William (1697–1764). I 328 f

Hohenlohe, Graf von. I 789

Hohenzollern. II 492, 626

Hohenzollern, Anton von (1811 bis 1885). II 47, 69

Holberg, Ludwig (1684–1754), norwegisch-dänischer Schriftsteller und Historiker, »Geschichte des dänischen Reiches« (1732). II 241

Holle, Karl, Dr. (1840–1901), Gymnasialdirektor in Waren. I 180–182

Holtei, Karl von (1798–1880), Dramatiker, Singspielautor. I 429. II 178

Holtze, Friedrich Wilhelm (1820 bis 1908), Lehrer an der Kadettenanstalt in Potsdam, seit 1862 Generalsekretär des Vereins der Mark Brandenburg. I 583, 633, 644, 653–655, 664 bis 666, 668 f, 671. II 13, 17, 19, 102–104, 107, 186 f, 198 f 201, 208, 233, 245, 248, 292, 294, 516 f, 531–533

Holtzendorff, Franz von (1829 bis 1889), Jurist, seit 1873 Professor in München. II 158

Holz, Arno (1863–1929). I 445. II 704

Hopfen, Hans von (1835–1904), Schriftsteller. I 139. II 220, 323, 341, 673, 721 f

Hoppe, Karl, Verfasser der »Chronik von Rheinsberg« (1847). I 470, 502, 504

Horn, Georg, Dr. (1831–1897), Schriftsteller. II 524 f

Houdin, Eugène Robert (1805 bis 1871), »König der Zauberkünstler«. I 110

Howells, William Dean (1837 bis 1920), amerik. Schriftsteller. II 649

Hoyer, Konditorei. II 10

Hozier, Captain. II 66

Hub, Ignaz (1810–1880), Schriftsteller, Herausgeber zahlreicher Anthologien. I 53, 106 f. II 151, 577

Hudson, James. I 55, 234 f

Hübner, Apotheker. II 671

Hülsen, Familie. I 738

Hülsen, Botho von (1815–1886), ursprünglich Offizier, von 1851 bis 1886 Generalintendant der Kgl. Preuß. Schauspiele. I 341, 404, 453. II 600

Hülsen, Christian Ludwig I 738. II 559

Hülsen, Pastor. I 738

Hünecken, Familie. II 651

Hünten, Emil (1827–1902), Schlachtenmaler. II 54

Hugo, Victor (1802–1885). I 215

Huhn, von. II 377

Humbert, von. II 27 f

Humboldt, Wilhelm Freiherr von (1767–1835). I 483

Hume, David (1711–1776), engl. Historiker. II 496, 498

Hunsden. I 68

Huntley, George Gordon Earl of (1563–1636), einflußreicher Adliger am Hofe Jakobs I. I 73 f

Hutten, Ulrich von (1488–1523). II 641

Hymmen, von, Major. II 28

Ibsen, Henrik (1828–1906). I 422–424, 429 f, 434, 436 f, 440 f, 446 f. II 466, 690, 693 bis 695

Ida, Hausangestellte der Familie Fontane. II 386

Illo (Ilow), Christian Freiherr von (ca. 1585–1634), General Wallensteins. I 208

Immermann, s. Merckel, Wilhelm von

Ingenheim, von, Familie. I 589

Ingenheim, Gräfin, s. Voß, Julie Elisabeth Amalie von

Ipscher, Dr. I 630

Ira, Frau, s. Lübke, Mathilde

Itzenplitz, von, märkische Fa-

827

milie. I 473, 547, 557, 572, 603, 702. II 560, 629, 726 f
Itzenplitz, Heinrich August Friedrich Graf von (1799 bis 1883), Erbherr von Friedland, Besitzer von Cunersdorf, von 1862 bis 1873 Handelsminister. I 545, 562
Itzenplitz, Henriette Charlotte von, geb. von Borcke (1772 bis 1848), Frau von Peter Alexander Graf von I. I 572
Iwens, Anna. II 23

Jachmann (-Wager), Johanna (1828–1894), Sängerin und Schauspielerin. I 112. II 618, 624
Jacobi, Friedrich Heinrich (1839 bis 1907), Pfarrer in Kriele bei Friesack. I 738, 817, 820. II 117, 703
Jacobi, Hugo, Redakteur der »Norddeutschen Allgemeinen Zeitung«, später Chefredakteur der »Elsaß-Lothringischen Zeitung«. I 710. II 216
Jacobi, Geheimer Rat. II 239
Jagow, von, märkische Familie. II 726
Jakob I., König von England, als Jakob VI. König von Schottland (1567–1625). I 73 f. II 492
Jakob II., König von England (1633–1701). I 188
Jakob IV., König von Schottland (1472–1513). I 156, 171 f, 187 f
Jakob V., König von Schottland (1512–1542), Vater von Maria Stuart. I 156
James, Henry (1843–1916), amerikanischer Romanautor. II 506
Janke, Otto (1818–1887), Verleger in Berlin. I 45, 311. II 558 f, 578, 628
Jasmund, von, als Direktor der Literarischen Zentralstelle Nachfolger von Ludwig Metzel. I 308 f. II 512
Jeanne d'Arc (1412–1431). I 80, 637
Jean Paul (eigtl. Johann Paul Friedrich Richter) (1763 bis 1825). II 640
Jeffreys, George, Baron (1648 bis 1689), engl. Richter, berüchtigter Verfolger polit. Gegner Jakobs II. I 68
Jensch, Wilhelm, Gymnasialprofessor, Kritiker an der »Magdeburgischen Zeitung«. I 677, 710, 722. II 254, 268, 284, 287 f, 311, 313, 316
Jensen, Wilhelm (1837–1911), Verfasser historischer Romane und Erzählungen. II 225
Jerschke, »die alte Jerschke«. II 436
Joachim I., (Nestor), Kurfürst von Brandenburg (1484 bis 1535). I 691, 796, 807

Jörg, Joseph Edmund (1819 bis 1901), ultramontaner bayrischer Politiker, entschiedener Gegner Bismarcks. I 724, 813

Johann, Markgraf von Brandenburg, gen. Hans von Küstrin (1513–1571). I 667

Johann von Hildesheim. II 19

Johannes, Gustav (1837–1901), Schauspieler. II 303

Johnston, Familie. I 166

Johnston, Harry von (1835 bis 1900), Oberst. I 166

Jordan, Wilhelm (1819–1904), Schriftsteller und politischer Korrespondent, hatte mit seinen Vortragsabenden aus eigenen Dichtungen großen Erfolg. I 353

Joseph II., röm.-deutscher Kaiser (1741–1790). I 681

Jünger, Johann Friedrich (1759 bis 1797), Schriftsteller, zuletzt Dramaturg am Burgtheater. I 422. II 686

Jürgaß, von, märkische Familie. I 507, 565

Jürgaß (Wahlen-Jürgaß), Johanna Christiana Sophie, geb. von Zieten (1747–1829), Tochter des »alten Zieten«, Frau von Franz Carl Wilhelm Rudolf von Wahlen-Jürgaß. I 507, 725 f

Juncker, E., s. Schmieden, Elise

Juncker, Familie. I 488

Jung, Adolph, Bäcker, Bruder von Jean Auguste Ferdinand J. I 465

Jung, Jean Auguste Ferdinand (1812–1865?), Besitzer der Jungschen Apotheke. I 465

Justinus, Oskar, s. Cohn, Oskar Justinus

Kaehler, Benno. II 731

Käpernick, Fritz, bekannter Schnelläufer. I 692

Kahle, Marie, s. Keßler-Kahle, Marie

Kahle, Richard (1842–1916), Schauspieler am Kgl. Schauspielhaus in Berlin, mit Fontane befreundet. I 126 f, 361 f, 386, 453. II 652

Kahlebutz, von. I 482

Kalckstein, Moritz von, Dr. (1803–1885), Hauptmann a. D. I 772, 784

Kalnein, Graf von, Schwager von Graf Philipp zu Eulenburg. I 778

Kanitz, s. Canitz

Kanitz, Rudolf Graf von, Major und Flügeladjutant des Königs; »Aus dem deutschen Soldatenleben« (1861). I 334, 503 f, 510

Kantzow, Thomas (ca. 1505 bis 1542), Sekretär der Herzöge von Pommern. II 516 f

Kaphengst, von, Familie. I 502, 627

Kaphengst, Albertine von, geb.

von Kröcher (1790–1854). K. I 500, 502

Kaphengst, Christian Ludwig von (1740–1799), Major, Günstling des Prinzen Heinrich. I 500, 660, 738

Kaphengst, Maria Louise Therese von, s. Toussaint

Kapp, Paul. I 367

Karbe, Familie. I 670

Karl der Große (768–814). I 175

Karl I., König von England (1600–1649). I 74. II 490–493, 497–499, 501, 503, 505

Karl IV., röm. Kaiser (1347 bis 1378). I 583, 796, 822. II 531

Karl, Prinz von Preußen (1801 bis 1883), Sohn Friedrich Wilhelms III. I 465, 796

Karl August, Herzog von Weimar (1757–1828). I 723

Karlowa, Emil Hermann (1835 bis 1889), Schauspieler am Berliner Hoftheater. I 350

Karpeles, Gustav (1848–1909), Redakteur. I 171, 394, 667, 671, 673 f, 679. II 249, 262, 274–283, 295, 379, 514, 518, 521 f, 658, 660

Karsch, Anna Luise (1722 bis 1791), Dichterin. I 554. II 626

Karsten, Lorenz, Professor in Kiel, Tunnelmitglied (Cicero). I 478 f

Karsten, Frau, Mutter von Lorenz Karsten. I 478

Kastan, Isidor (1840–1931), Arzt und Journalist, Redakteur am »Berliner Tageblatt«. I 450

Katharina II., die Große, Zarin von Rußland (1762–1796). II 519

Katharina von Aragon (1485 bis 1536), erste Frau von Heinrich VIII. von England. I 49

Katte, von, Familie. I 606, 609. II 726

Katte, Hans Hermann von (1704 bis 1730). I 484, 590, 598, 601, 605–607, 663 f, 667 bis 669, 671, 673, 679, 682, 713

Katte, Pauline von, geb. von Klützow (1822–1908), Herrin auf Wust. I 598

Katte, Fräulein von. I 809

Katte, Vater von Hans Hermann von K. I 668

Katz, Moritz, Verleger in Dessau, verlegte Fontanes »Rosamunde«, »Ein Sommer in London« und den 1. Band der »Argo«. I 16, 20–23, 32 f, 39, 53 f, 87, 224, 228, 305. II 537, 541–543, 545, 578, 607, 610

Kauffmann, gemeinsam mit Schlesinger Herausgeber einer deutsch-englischen Korrespondenz. I 236, 250 f, 254, 259 f, 262–264, 268, 272, 303

Kaulbach, Wilhelm von (1805 bis 1874), Maler. I 402

Kayßler, Leopold (1828–1901), Publizist, redigierte bis 1872 die »Spenersche Zeitung«, von 1874 bis 1893 Redakteur der »Post«. I 797. II 105, 376

Keck, Karl Heinrich (1824 bis 1895), Redakteur der »Gegenwart«. II 303

Kehler, Faktor der Rudolf von Deckerschen Druckerei. II 95

Keil, Ernst (1816–1878), Leipziger Herausgeber der »Gartenlaube«. I 338, 684, 736

Keipp, Hermann, Herausgeber der »Berliner Revue, sozialpolitische Wochenschrift«. I 471, 761

Keith, Jakob (James) (1696 bis 1758), preuß. Generalfeldmarschall. I 10

Keller, Ernst Christian August (1797–1879), Geheimer Oberregierungsrat im preuß. Kultusministerium. I 572. II 626

Keller, Gottfried (1819–1890). I 151, 403, 421. II 126, 139, 323, 341, 377, 416, 679 f

Kemble, Frances Anne (Fanny) (1809-1893), engl. Lyrikerin und Schauspielerin. I 54

Kennion, Schauspielerin. I 429

Kent, Edward, Herzog von (1767–1820), Vater von Königin Victoria. I 89

Kersten, Karl Friedrich, Kaufmann. II 208

Kertbény, Karl Maria (eigtl. Benkert) (1824–1882), ungar. Dichter u. Übersetzer. I 43

Kessel, Gustav von, Major. Möglicherweise Flügeladjutant Friedrichs III., Generaladjutant Wilhelms II. (Identität nicht ganz gesichert.) I 551, 555

Keßler-Kahle, Marie (1844 bis 1896), Schauspielerin. I 350, 446. II 330

Kette, Hermann (1828–1908), Jurist, Tunnelmitglied (Tiedge). I 50, 66. II 689

Kette, Karl, Bruder von Hermann K., Tunnelmitglied (A. L. Karschin). II 689

Keyßner, Gustav (1867–1928), Publizist, Chefredakteur der »Münchner Neuesten Nachrichten«. I 176. II 178, 480

Kielland, Alexander Lange (1849–1906) norweg. Erzähler. II 704

Kießling, s. Kisling-Meyer

Kinsky, Wilhelm Graf von (gest. 1634), Oberst Wallensteins. I 208

Kintschy. I 194

Kirchner, Ernst Daniel Martin (1802–1879), Superintendent in Walchow, sein prähistorisches Interesse übertrug Fontane auf den Pfarrer Seidentopf in »Vor dem Sturm«. I 627

Kirschner, Aloysia (Lola), (Pseud. Ossip Schubin) (1854 bis 1934), Schriftstellerin. II 416, 419

Kisling-Meyer, Drucker in Osnabrück. I 92, 504, 511 f, 518 bis 520, 523, 556, 559–561, 565–567, 594

Klaproth, Christian August Ludwig und Cosmar, C. W., »Das zweihundertjährige Bestehen des preußischen Staatsrats« (1805). I 664 f

Klasing, August (1809–1897), trat 1835 in die Buchhandl. seines Freundes August Velhagen ein. II 653

Klaß, Schauspieler. I 401

Klein, J. G., »Die St. Marienkirche zu Berlin« (1819). I 491

Klein, Julius Leopold (1810 bis 1876), Dramatiker. I 296, 371

Kleist, Heinrich von (1777 bis 1811). I 399, 775. II 161

Kletke, Hermann (1813–1885), Publizist, Redakteur der »Vossischen Zeitung«. I 42, 113 f, 119 f, 177, 341–353, 355–358, 360, 363 f, 372, 381 bis 385, 387, 389 f, 392, 396, 520, 606 f, 609, 612, 615 f, 625, 652, 655, 710 f, 771. II 70, 75, 77, 79, 82, 89, 100, 111, 202, 216 f, 219 f, 286, 293, 311 f, 433, 655, 657

Klingner, Friedrich Hermann Alexander (1833–1901), Amtsgerichtsrat in Gransee. I 394, 770, 773, 776, 780, 782

Klix, Gustav Adolf (1822–1894), Geh. Regierungs- und Provinzialschulrat. II 218

Klöden, Karl Friedrich von (1786–1856), Geograph und Historiker, »Die Quitzows und ihre Zeit« (1836). I 510, 803, 806. II 531

Klopstock, Friedrich Gottlieb (1724–1803). II 355

Klutterbuck. I 300

Knappe. I 657

Knesebeck, von dem, märkische Familie. I 730, 782

Knesebeck, Eugen von dem (1801–1888), Herr auf Löwenbruch. I 585

Knesebeck, Karl Friedrich von dem (1768–1848), preuß. Generalfeldmarschall. I 482 f, 522

Knesebeck, Lothar von dem (1837–1928), Major, Sohn des Feldmarschalls von dem K. I 497

Knesebeck, Freiherr von dem. I 584

Knobelsdorff, Hans Georg Wenzeslaus (1699–1753), Maler und Architekt unter Friedrich d. Gr. I 495

Knobelsdorff, von. II 47

Knobloch, Wildschütz, diente Fontane als Vorbild zu Lehnert Ment in »Quitt«. II 404, 411

Knoor, Eduard von (1840 bis 1920), dt. Admiral. I 180

Knortz, Karl. I 365

Knox, John (1513?–1572), schott. Reformator. I 324

Knyphausen, von, Familie. I 129, 782, 796

Knyphausen, Dodo Heinrich von (der »große Knyphausen«) (1729–1789), Kammerherr, in zweiter Ehe verheiratet mit Sophie Friedericke von Wreech.
I 582, 585, 595

Knyphausen, Edzard Graf von (1827–1908). I 129, 763

Knyphausen, Georg Freiherr von (gest. 1789), zweiter Mann von Luise Charlotte Henriette von Kraut. I 584, 765, 767, 769, 773

Knyphausen, Hedda von. I 765

Knyphausen, Hyma von. I 765

Knyphausen, Theda von. I 765

Koblanck. I 398

Köckeritz, von, märkische Familie. I 473, 702. II 560

Koegel, Rudolf (1829–1896), seit 1893 Hof- und Domprediger in Berlin, seit 1880 Oberhofprediger. II 662

Koenig, Anton Balthasar (1753 bis 1814), Ordensrat beim Johanniter-Orden, schrieb »Versuch einer historischen Schilderung der Hauptveränderungen der Religion, Sitten, Gewohnheiten, Künste, Wissenschaften etc. der Stadt Berlin« (1792–1799). I 509 f, 661, 664 f, 667. II 203

König, Robert (1818–1900), seit 1864 Redakteur der Familienzeitschrift »Daheim«, Verfasser einer illust. dt. Literaturgesch., II 212 f, 286 f

Königsmarck, von, märkische Familie. I 362, 574 f, 662, 791

Körner, Theodor (1791–1813). I 12. II 328

Kohl, Anton (1851–1913), bayrischer Geistlicher und Politiker. II 480

Kohut, Adolf (1848–1917), Schriftsteller. II 439

Kojan, Familie. II 152

Kojan, Auguste, s. Scherenberg, Auguste

Kolumbus, Christoph (1446 bis 1506). II 589

Koppmann. II 532

Korff. II 634

Korn, Ernst Heinrich (1829 bis 1907), Teilhaber des Carl Reimarus Verlags W. Ernst. I 90

Korn, Rudolf (1864–1918), Justitiar der Friedrich Krupp AG, Sohn von Friedlaenders Schwester Elisabeth. II 272

Kosak (Kosack), Ernst Ludwig (1814–1880), Publizist und Kritiker, Chefredakteur der Berliner »Montagspost«. I 36, 94 f, 220, 574, 595

Koschkull, B. von, Redakteur der »Schlesischen Zeitung« in Breslau. I 710. II 286, 311, 313
Koscielski, von, s. Koschkull
Kosegarten, Gottfried (1792 bis 1860), Herausgeber der histor. Schriften von Kantzow. II 516
Kosmar, C. W., s. Cosmar
Kotze, von, märkische Familie. I 575
Kracht, von, Familie. I 702. II 560
Kranzler. I 421
Krause, Familie. II 118, 156
Kraut, von, Familie. I 769, 777
Kraut, Anna Ursula von, geb. Schindler (1662–1720), Frau von Johann Andreas von Kraut. I 770
Kraut, Christian Friedrich (1650 bis 1714), Minister, Günstling Friedrich Wilhelms I. I 766, 769 f
Kraut, »Dompröbstin«, s. Bredow, Konstanze Amalie Sophie von, geb. von Kraut
Kraut, Franz Andreas von (1686 bis 1716), Sohn von Johann Andreas v. Kr. I 770
Kraut, Johann Andreas von (1661–1723), Bruder des Ministers. I 769 f
Kraut, Johanna Concordia von, geb. von Drosten (1679 bis 1714), Frau des Ministers. I 769 f

Kraut, Karl Friedrich von (1703 bis 1767). Hofmarschall des Prinzen Heinrich, Vater der »Krautentochter«. I 768–770
Kraut, Luise Charlotte Henriette von (»Krautentochter«), verh. von Elliot, von Knyphausen, von Arnstedt (1762–1819). I 761 f, 765 f, 768–771, 773, 780
Krauts, Berliner Scharfrichter. I 190. II 364
Kretschmer, Hermann (1811 bis 1890), Schlachtenmaler. II 9
Kretzer, Max (1854–1941), Romanautor. I 420. II 686
Krickau, Pastor. I 587
Kriege, Hermann, Publizist. I 197 f
Krigar, Emilie, geb. Menzel (1823–1907), Schwester von Adolf Menzel, Frau von Hermann K. I 681. II 159
Krigar, Hermann (1819–1880), Kgl. Musikdirektor in Berlin. I 109. II 264
Kroecher, Frau von, Herrin auf Buskow. I 588
Kroener, Adolf (1836–1911), Verleger in Stuttgart, seit 1889 Besitzer der Cottaschen Verlagsbuchhandlung. I 414, 732 f, 786, 797. II 331, 335, 337 f, 349, 351, 363, 394, 397, 399, 401 f, 404, 406, 412 f, 441, 464 f, 683
Krohn, von. I 656

Kroll, Emma, Freundin von Fontanes Schwester Elise Weber. I 631

Kroll, Joseph (1797–1848), Gründer des nach ihm benannten Vergnügungsetablissements. I 143, 165, 429. II 516, 550

Kropatschek, Hermann Wilhelm (1847–1906). Politiker und Publizist, ab 1896 Chefredakteur der »Kreuzzeitung«. I 797

Krosigk, Rudolf von (1817 bis 1890), Generalleutnant. I 766 f. II 629

Krüger, Lehrer in Spandau. I 615

Kruse, Heinrich (1815–1902), Hauptschriftleiter der »Kölnischen Zeitung«. I 360, 390, 402, 441, 443, 614, 678, 690, 709. II 215 f, 231, 407, 506, 667

Kügelgen, Wilhelm von (1802 bis 1867), Maler; »Jugenderinnerungen eines alten Mannes« (1870). II 292

Kühle, Mathilde (verh. Catenhusen) (1849–1918), Schauspielerin. I 350

Kühn, Bernhard (geb. 1819), Neuruppiner Schulkamerad Fontanes. I 502

Kühnast, Clara. II 452

Kürschner, Josef (1853–1902), Schriftsteller, Herausgeber der Textsammlung »Deutsche Nationalliteratur«, redigierte von 1881 bis 1889 die Familienzeitschift »Vom Fels zum Meer«. II 379, 381

Küßner, Lisbeth, Schauspielerin. I 410

Kugler, Clara, geb. Hitzig (gest. 1873), Frau von Franz K. I 113. II 541, 601, 614, 644

Kugler, Franz (1808–1858), Freund Fontanes, Tunnel- und Elloramitglied, Geheimrat im preuß. Kultusministerium, Abteilungsleiter für Kunstangelegenheiten, Verfasser kunstgeschichtlicher und historischer Arbeiten I 41, 43, 78, 80, 202, 255, 338, 402, 528. II 130 f, 536–541, 544, 551, 601, 607, 614, 636, 638, 664, 675, 719

Kunkel, Johann (von Löwenstern) (ca. 1638–1703), Alchimist unter dem Großen Kurfürsten. I 680

Kurland, Prinz von. I 549

Kurz, Heinrich (1805–1873), Literaturhistoriker, »Geschichte der deutschen Literatur« (1851–1859). I 112. II 618

Labry, Gustave Adolphe (1800 bis 1892), Beamter a. D., Bruder v. Fontanes Mutter. II 401

Lamartine, Alphonse (1790 bis 1869). II 37, 52

Landseer, Charles (1799–1879), Historien- und Genremaler. I 283

Langbehn, Julius (1851–1907), »Rembrandt als Erzieher« (1890). II 392

Langbein, Th. L., Dr., Referent bei der Kgl. Preuß. Zentralstelle für Pressesachen. I 596

Lange, Mitarbeiter im Verlag Julius Springer. I 321, 325

Langenbeck, Bernhard, Arzt. I 630

Lappenberg, Johann Martin (1794–1865), Archivar und Historiker in Hamburg. II 531, 534

La Roche, Sophie, geb. Gutermann (1731–1807), Schriftstellerin. II 525

La Roche-Aymon, Antoine Charles Etienne Paul Graf von (1775–1849), frz. Emigrant, preuß. Generalmajor, kehrte 1814 nach Frankreich zurück. I 500, 502

La Roche-Aymon, Karoline Amalie Gräfin von, geb. von Zeuner (1770–1859), Frau von Antoine Charles Etienne Paul von La R.-A. I 482, 500 bis 502, 660

Larochefoucauld, François Herzog von (1613–1680). I 101

Lassalle, Ferdinand (1825 bis 1864). II 157, 166

Lau, Johann Friedrich, Dr. (1806 bis 1887), Hauslehrer, zuletzt Konrektor. I 173 f

Laube, Heinrich (1806–1884), Schriftsteller und Kritiker. I 9, 409, 453

Laud, William (1573–1645), Erzbisch. v. Canterbury. II 503

Laurent, J. C. M., »Klaus Stortebeker. Mit Zusätzen von Archivarius Dr. Lappenburg«. II 534

Lazarus, Moritz (1824–1903), Prof. für Psychologie und Völkerkunde, Herausgeber der »Zeitschrift für Völkerpsychologie und Sprachwissenschaft«. I 127, 131, 310, 346, 357 f, 385, 407 f, 422, 434. II 124, 177, 304, 528, 597, 703, 712

Leboeuf, Edmond (1809–1888), frz. General, Kriegsminister, von Napoleon III. zum Marschall und Generalstabschef ernannt. I 792

Le Constant. I 516

Lecoq, Karl Christian Erdmann, Edler von (1767–1830), sächsischer General. I 139, 741 f

Ledebur, Leopold Wilhelm August Freiherr von (1799 bis 1877), Historiker, Museumsdirektor. I 522, 626

Le Gaillard. I 516

Legouvé, Ernest (1807–1903), frz. Dramatiker und Romanautor. I 346, 391

Lehndorff, Heinrich Graf von (1829–1905), General der Kavallerie. II 304

Lehnerdt, Marianne, s. Hertz, Marianne

Lehnert, Hauptmann im 130. Infanterie-Regiment in Metz. II 404

Lehnert, Hermann (1808–1871), Unterstaatssekretär im Kultusministerium. II 622, 627

Leicester, Robert Dudley Earl of (gest. 1588), Günstling von Elisabeth I. von England. I 67

Leipziger, Leon (geb. 1862), Rechtsanwalt, Schriftsteller. I 449

Leist, Burkhard Wilhelm (1819 bis 1906), Jurist. I 179

Leixner, Otto (eigentlich Leixner–Grünberger, Otto von) (1847–1907), Kultur- und Literaturhistoriker. II 148

Lenau, Nikolaus (1802–1850). I 52, 218, 220, 338. II 489, 589

Lepel, A. von, Frl., Verwandte von Bernhard von L. I 103

Lepel, Bernhard von (1818 bis 1885), Offizier, Dichter, Tunnelmitglied (Schenkendorf). I 9 f, 12, 14–16, 18, 23 f, 28 f, 31 f, 35, 40–47, 49–53, 55–57, 59–61, 63–65, 80 f, 99 bis 101, 105, 112 f, 202, 204, 206 f, 215, 218–221, 225, 317, 320, 335–337, 355, 407, 415, 464 f, 493, 505, 554 f, 567, 601, 729, 784. II 28, 131, 134 bis 136, 142, 154, 158, 160, 168, 179, 184, 190, 202, 216, 394, 489, 493, 495 f, 498 f, 502–504, 506–509, 537 f, 540 f, 543, 546, 550, 567, 569, 573–576, 578, 582, 609, 617, 622, 624, 636

Lermontow, Michail Jurjewitsch (1814–1841), russ. Dichter. I 215

Lerno, Franz Xaver (1849 bis 1920), Bayrischer Politiker und Jurist. II 480

Lessing, Familie. II 364, 385 f, 432, 449, 472

Lessing, Carl Robert (1827 bis 1911), Landgerichtsdirektor, Haupteigentümer der »Vossischen Zeitung«. I 141, 189, 418, 438–440, 442, 606, 653 f, 685, 710, 738, 814. II 76 f, 89, 196 f, 220, 304, 311 f, 317, 363, 367, 370, 432, 449, 471 f

Lessing, Emma (gest. 1895), Frau von Carl Robert L. I 653 f, 730, 744. II 89, 318, 449, 451, 460

Lessing, Gotthold, Sohn von Carl Robert L., Landwirt. II 471 f

Lessing, Gotthold Ephraim (1729–1781). I 189, 424, 429, 440. II 585–587, 720

Lessing, Otto (1846–1912), Ma-

ler und Bildhauer in Berlin.
I 823

Lestwitz, von, Familie. I 557, 697

Leutze, Emanuel. II 584

Levin, Rahel, s. Varnhagen

Lewald, Fanny (1811–1889), Romanautorin. I 31, 59, 737

Lewes, George Henry (1817 bis 1878), engl. Schriftsteller. I 372

Lewinsky, Josef (1835–1907), Schauspieler. I 369, 416

Leyden, Ernst von, Geheimer Rat. II 662

Lichnowsky, Felix Fürst (1814 bis 1848), Politiker. II 671

Liebermann, Familie. I 177

Liebig, Justus von (1803–1873), Chemiker. II 661

Liechtenstein. II 65

Liedtcke, Theodor (1822–1902), Schauspieler. I 99, 350, 376, 441

Liepmann, stellvertretender Chefredakteur der »Vossischen Zeitung«. II 383

Liesegang, Erich. I 187

Liliencron, Detlev von (1844 bis 1909). I 146, 148 f. II 280, 532

Lindau, Anna, geb. Kalisch (1854–1940), Frau von Paul L. II 236, 725

Lindau, Paul (1839–1919), Schriftsteller, gründete 1872 die Wochenzeitschrift »Die Gegenwart«, gab seit 1877 die Monatszeitschrift »Nord und Süd« heraus. I 126, 132 bis 136, 144, 161, 347 f, 352, 357 f, 364, 372, 374, 376, 381, 384 f, 389 f, 396, 401, 406, 413, 415–417, 419–422, 425 bis 427, 434–437, 445, 453, 652, 654, 669, 693–696, 711. II 90, 211, 215 f, 221 f, 236, 244 f, 247 f, 262, 265, 272 f, 276, 279, 295, 314, 374, 424, 434, 523, 594, 667, 673, 686 f, 689

Lindau, Rudolf (1829–1910), Schriftsteller und Diplomat. I 357. II 105, 341, 715

Lindenberg, Paul (1859–1943), Schriftsteller. II 420, 439, 631

Lindner, Otto, Musikkritiker und Dozent. I 310

Lindow, Grafen von, Familie. I 482

Lipperheide, Berliner Buchhändler, Verleger der »Frauen-Zeitung«. I 396

Lippe-Weißenfels, Ernst Graf zur, Herausgeber der Zeitschrift »Märkische Forschungen«. I 666

Lisch, Georg Christian Friedrich (1810–1883), mecklenburgischer Geschichtsforscher. II 188

Lochow, von, märkische Familie. II 726

Loeper, Gustav von, »Goethes

Briefe an Sophie La Roche und Bettina Brentano« (1879). II 652

Lösche, Lehrer in Krummhübel. I 138. II 341

Loewe, Feodor (1816–1890), Lyriker u. Schauspieler. I 60

Löwe, Karl (1796–1869), Balladenkomponist. I 126, 206

Löwenstein, Rudolf (1819 bis 1891), Journalist, Redakteur des »Kladderadatsch«. I 65, 101, 171, 202

Löwinson, Hermann. II 368

Lohmeyer, Dr., zeitweilig Leiter des »Familienblattes«. II 434

Longfellow, Henry Wadsworth (1807–1882), amerik. Dichter. I 314

Loos, von, Hauptmann. I 239

Lorck, Carl B., Verleger in Leipzig, Herausgeber von »Männer der Zeit«. I 314, 501, 568 f. II 559 f

Lorenz, Freiherr von. II 566

Louis Ferdinand, Prinz von Preußen (1772–1806). I 86, 89, 99, 493. II 291, 295

Louis Napoleon (Napoleon III.) (1808–1873). I 28, 464, 630

Lua, August (1819–1876), Dramatiker. I 364

Lubliner, Hugo, s. Bürger, Hugo

Lucae, Richard (1829–1877), Baumeister, Tunnelmitglied (Schlüter). I 122, 231, 471, 478, 567, 574, 752. II 131, 422

Ludwig, Maximilian (1847 bis 1906), Schauspieler. I 374 f, 417 f, 434. II 630

Lübke, Mathilde, geb. Eichler, verw. Bennewitz (1817 bis 1892), Frau von Wilhelm L. I 119, 653 f. II 84, 284

Lübke, Wilhelm (1826–1893), Kunsthistoriker, »Geschichte der italienischen Malerei« (1878/79), Elloramitglied (Irus). I 87, 94, 116, 119 f, 166, 291, 307 f, 326, 353, 364, 383, 389, 392, 414, 435, 443, 446, 471, 624, 628, 709 f, 800. II 89, 126, 221, 229 f, 257 f, 284, 311, 313, 332, 354 f, 606, 673–675, 684, 697

Lüderitz, von, Familie. I 657, 702. II 560

Lüderitz, Gustav (1803–1884), Kupferstecher, Prof. an der Berliner Kunstakademie. I 686

Lüderitz, Lüderitzsche Kunsthandlung, Inhaber Rudolf Schuster. II 560–562

Luise Henriette, Kurfürstin von Brandenburg, geb. Prinzessin von Oranien (1620–1667), seit 1646 Frau des Großen Kurfürsten. I 483

Lykurg, legendärer Gesetzgeber Spartas. II 595

Lynar, Rochus Graf zu (1525 bis 1596), brandenb. Kriegsbaumeister, u. a. Erbauer der

Festung Spandau. I 725.
II 527

Macaulay, Thomas Babington (1800–1859), englischer Historiker, »Geschichte Englands«, (1849–1861). II 241, 670

Macbeth, König von Schottland (gest. 1057). I 315

Macpherson, James (1736 bis 1796), Autor des »Ossian«. I 221, 315

Magnus, Heinrich Gustav (1802 bis 1870), Chemiker und Physiker in Berlin. I 177

Maler Müller s. Blomberg, Hugo von

Mannhardt, Mennonitenprediger. II 396

Mansdorf. II 65

Manteuffel, Otto Theodor Freiherr von (1805–1882), preuß. Ministerpräsident und Außenminister. I 39, 52, 55, 461. II 610

Marco Polo (1254–1323). II 702

Maréchal, Henriette, Bühnenautorin. I 443

Maria Stuart (1542–1587). I 43, 46 f, 53, 66–68, 168, 323, 515. II 434, 519

Mark, von der, Familie. I 589

Marlitt, Eugenie (eigentlich Eugenie John) (1825–1887), Romanautorin. II 281, 523, 654

Marquardt, Otto von, Mitinhaber des von Deckerschen Verlages in Berlin, zusammen mit Gustav Schenk Besitzer des »Berliner Fremdenblattes«. II 78, 101 f, 216, 268

Marwitz, von der, märkische Familie. I 63, 474, 492, 530, 570, 673, 697

Marwitz, Alexander von der (1787–1814), jüngerer Bruder Ludwigs v. d. M., bekannt durch seinen Briefwechsel mit Rahel Levin. I 484, 488, 492, 550 f, 557, 563

Marwitz, Friedrich August Ludwig von der (1777–1837), preuß. General u. Politiker, Vorbild für Berndt von Vitzewitz in »Vor dem Sturm«. I 484, 488, 492, 550 f, 557, 563, 782, II 237, 241

Marwitz, Gustav Ludwig von der (1730–1797), Generalleutnant. I 550

Marx Meier von Lübeck. I 48 f

Maske. I 14

Massow, Valentin von (1825 bis 1868), Rittmeister, Besitzer des Gutes Steinhöfel. I 556, 562

Mathieu, Césaire (1796–1875), seit 1834 Kardinal-Erzbischof von Besançon. I 608. II 72, 86

Mathilde, Markgräfin von Tuscien (1046–1115), Gegenspielerin von Heinrich IV. II 619

Matkowsky, Adalbert (1857 bis 1909), Schauspieler. I 424, 426, 437, 453

Maupassant, Guy de (1850 bis 1893). II 730

Maus, Frl., Schauspielerin. I 429

Mauthner, Fritz (1849–1923), Redakteur, u. a. am »Berliner Tageblatt«, zuletzt freier Schriftsteller, Mitbegründer der »Freien Bühne«. In der von ihm herausgegebenen Wochenschrift »Deutschland« erschien »Stine« im Vorabdruck. I 154, 401, 420, 428. II 148, 374 f, 687, 732

Max, Gabriel (eigentlich Cornelius Ritter von Max) (1840 bis 1915), Maler. I 373

Maximilian II. Joseph, König von Bayern (1811–1864). I 85 f, 319, 332, 521. II 661

Maxwell, Familie. I 127

Meding, August Friedrich Wilhelm Werner von (1792 bis 1871), Oberpräsident der Provinz Brandenburg. I 572, 603

Meding, Auguste Sophie von, geb. von Itzenplitz (1797 bis 1873), Frau von August Friedrich Wilhelm von M. I 532

Meding, Oskar von (Pseud. Gregor Samarow) (1829–1903), Diplomat, Schriftsteller. I 355. II 629

Meinders, Franz von (1630 bis 1695), brandenb. Staatsmann, Rat des Großen Kurfürsten. I 665–667, 669 f

Meinhardt, Berliner Hotelier. I 205

Meinhold, Wilhelm (1797 bis 1851), verfaßte »Maria Schweidler, die Bernsteinhexe« (1843), »Sidonia von Borck, die Klosterhexe« (1847/48). II 516

Melbye, Anton Daniel Hermann (1818–1875), Marinemaler. II 732

Mélesville (eigentlich Anne Honoré Joseph Duveyrier) (1787 bis 1865), frz. Bühnenautor. I 458

Menger, Rudolf (1824–1896), Journalist und Schriftsteller. II 721 f

Menzel, Familie. I 440

Menzel, Adolph von (1815 bis 1905). I 140 f, 153, 162 f, 166, 178, 412, 450–452, 528, 620, 681, 737. II 159, 327, 340 f, 541, 547, 584, 728

Merckel, Familie. I 77

Merckel, Henriette von, geb. von Mühler (1811–1889), Frau von Wilhelm von M. I 77 f, 112 f, 228, 282, 288, 290, 297, 299, 305, f, 384, 597. II 31, 45, 60 f, 545 f, 599 f, 613

Merckel, Wilhelm von (1803

bis 1861), Kammergerichtsrat, Tunnel- und Rütlimitglied (Immermann). I 59, 78, 80, 83, 86, 103, 105, 203 f, 288, 290, 297, 302, 304 f, 307 f, 310, 384, 522. II 131, 134, 204, 506, 511 f, 537 f, 540–543, 546, 548, 552 f, 558, 575, 603, 605 f

Merian, Matthäus, d. Ä. (1593 bis 1650). I 477

Merington, Margaret, geb. Hamilton (1802–1877). I 546. II 208

Methfessel, Schulrat. II 131, 136

Metzel, Ludwig (1815–1895), Bürodirektor des preuß. Herrenhauses, Direktor der Literarischen Zentralstelle. I 75, 77 f, 234, 237 f, 240–242, 244, 246, 248, 254, 256 f, 264, 266–268, 274–277, 279, 283 bis 285, 290, 292, 296–299, 301, 305, 309. II 547 f, 607 f

Metzel, Frau von Ludwig M. I 247, 266

Metzger, Verlagshaus. II 365

Metzler, Dr., Beamter der Literarischen Zentralstelle, Stellvertreter von Ludwig Metzel. II 65

Meusebach, Karl von (gest. 1862), Jurist und Diplomat. I 648, 716

Meyer, Alexander (1832–1908), Politiker und Publizist. II 175, 227

Meyer, Clara (1848–1922), Schauspielerin, von 1871 bis 1891 am Kgl. Schauspielhaus in Berlin. I 434, 436, 440

Meyer, Conrad Ferdinand (1825 bis 1898). II 422

Meyer, Ferdinand (gest. 1902), Magistratssekretär, Erforscher der Berliner Geschichte. I 822. II 303

Meyer, Paul (gest. 1935), ein Freund von Fontanes Sohn Theodor, Justizrat, Testamentsvollstr. Fontanes. II 379

Meyer, Victor (1848–1897), Chemiker in Heidelberg. II 178

Meyerbeer, Giacomo (1791 bis 1864). I 431

Meyerheim, Paul Friedrich (1842–1915), Maler und Illustrator. II 545

Meyer-Stolzenau, Wilhelm, Komponist. I 191

Michael, Max (1823–1891), Genremaler. II 300 f

Michaelis. I 743

Michaelis, von, Oberst. II 65

Micraelius, Johann M. (1597 bis 1658), verfaßte »Sechs Bücher vom alten Pommernlande« (1640). II 517

Miller, Joaquin (eigentlich Cincinnatus Heine Miller) (1841 bis 1913), amerik. Lyriker und Romanautor. I 365

Milton, John (1608–1674). I 221

Minchen, s. Rolle, Wilhelmine
Minckwitz, Nickel. I 691
Minna, Tante, vermutl. Minna Chemnitz, Verwandte von Fontanes Mutter. I 500, 502, 624
Mintrop, Theodor (1814–1870), Maler und Zeichner. I 377
Missunde, Erich und Abel. I 382
Möbis, Emil. I 757
Moellendorf, von. II 664
Mörike, Eduard (1804–1875). I 97, 125
Moerner, Theodor von, Geheimer Staatsarchivar. I 334, 509 f
Mohamed. II 634
Mohamed, Schah. II 648
Mohrdieck, Familie. I 138
Molière (Jean Baptiste Poquelin) (1622–1673). I 346, 351
Moltke, Helmuth Graf von (1800–1891), preuß. Generalfeldmarschall. I 139, 169. II 28, 87, 101, 103, 561, 630, 633
Mommsen, Theodor (1817 bis 1903), Historiker. II 241, 544, 593
Monmouth, James Duke of (1649–1685), engl. Kronprätendent und Rebell. I 68
Mont, Karel Marie Pol(ydor) de (1857–1931), flämischer Kritiker und Lyriker, seit 1882 Professor der niederländischen Sprache. I 143, 166, 808, 828–831. II 261, 290 f, 393
Montecuculi (Montecuccoli), Raimund Graf von (1609 bis 1680), kaiserl. Feldmarschall. I 263
Moore, Thomas (1779–1852), irischer Dichter. I 192, 221
Morris, James, Arzt in London, mit Fontane befreundet. I 233, 247, 286. II 477 f, 730
Morton, James Douglas, 4th Earl of (ca. 1516–1581), Regent von Schottland. I 68 f
Mosenthal, Salomon Hermann Ritter von (1821–1877), Bühnenautor. I 411. II 498, 601
Moser, Gustav von (1825–1903), Bühnenautor. I 143, 346, 356
Much (Muck), Karl Friedrich Ludwig (1847–1925), seit 1882 Pfarrer in Löwenberg. I 785 f
Müffling, Karl Freiherr von (1775–1851), preuß. Generalfeldmarschall. II 180
Mühlbach, Luise, s. Mundt, Clara
Mühler, Adelheid von, geb. von Gossler (gest. 1901), Frau von Heinrich von M. II 627
Mühler, Ferdinand von (1820 bis 1870), Geh. Kabinettsrat, Bruder von Henriette von Merckel. I 522. II 59, 62, 113
Mühler, Heinrich von (1813 bis

1874), Preußischer Kultusminister, Tunnelmitglied (Cocceji), Bruder von Henriette von Merckel. I 112, 203 f, 568 f, 597, 704. II 14, 24, 59 bis 61, 622, 627, 675

Mühler, Heinrich Gottlob von (1780–1857), preuß. Justizminister, Vater von Henriette von Merckel. I 204

Müller, August (gest. 1868), Regierungsrat, Tunnelmitglied (E. Schulze). I 40. II 575 f

Müller, Friedrich Max (1823 bis 1900), Sanskritist, Prof. in Oxford. I 286, 289. II 448, 635

Müller, Hermann (1816–1859), Oberstabsarzt, Halbbruder von Emilie Fontane. I 16. II 543

Müller, Wilhelm (1794–1827), Dichter, genannt »Griechen-Müller«. II 575

Müller, Landgerichtsdirektor. I 738

Müller, Oberfeuerwerkmeister. II 109, 112

Müller-Fürstenwalde, Prediger. I 653

Müller-Grote, Gustav (1833 bis 1905), Verleger in Berlin. I 130, 728, 786. II 214, 339 bis 341, 386, 394

Müller-Hanno, Hermann (1860 bis 1899), Schauspieler. I 415

Mülverstedt, Georg Adalbert von, »Diplomatorium Ileburgense. Urkundensammlung zur Geschichte und Genealogie der Grafen zu Eulenburg«, 2 Teile (1877–79). I 764, 775, 779, 808

Münchhausen, von, Familie. II 272

Münchhausen, Agnes von, geb. von Scharnhorst (1822–1898), Frau von Karl Freiherr v. M. (1816–1892), Oberst und Schloßhauptmann von Erdmannsdorf. I 685, 688

Münster-Ledenburg, Georg Herbert Graf zu (1820–1902), von 1857 bis 1865 hannoverscher Gesandter in St. Petersburg. II 10

Mundt, Clara (Pseud. Luise Mühlbach) (1814–1873), Romanautorin. I 560. II 615

Murray, schott. Adelsfamilie. I 74

Murray (Moray), James Stewart Earl of (ca. 1531–1570), Halbbruder Maria Stuarts, Regent von Schottland. I 68 f, 73

Nagler, Karl Ferdinand Friedrich von (1770–1846), preuß. Politiker, wurde 1821 Chef des Postwesens. II 95, 185

Napoleon Bonaparte (1769 bis 1821). I 16, 235. II 83

Napoleon (Jérôme), gen. Plon-Plon (1822–1891), Sohn Jérômes, Königs von Westfalen; württembergischer Offizier. II 87

Nathusius, Philipp von (1815 bis 1872), seit 1848 Mitarbeiter an der »Kreuzzeitung«, Herausgeber des »Hallischen Volksblattes«. I 99

Natorp, Dr. (gest. 1852), Kreisphysikus. II 132, 183

Necker, Moritz, Dr., Kritiker, Schriftleiter der »Neuen Freien Presse« in Wien. II 128 f, 719–721

Nernst, Pauline, Freundin von Fontanes Schwester Elise. I 472, 488

Nesper, Josef (1844–1929), Schauspieler, seit 1874 in Meiningen, seit 1884 am Kgl. Schauspielhaus in Berlin. I 375, 409

Néthie, Jean de. II 261

Neubert, Louise. II 140

Neumann-Hofer, Otto (1857 bis 1919), Journalist u. Schriftsteller, Herausg. d. »Romanwelt. Wochenzeitschrift f. die erzählende Literatur aller Völker«. I 450. II 130, 722, 728

Neumann-Strela, Karl (1838 bis 1920), Journalist, Erzähler. I 412. II 161, 287

Neumann-Tackmann-Reichmann, Familien. I 772

Newton, Isaak (1643–1727). I 31. II 630

Nicoll, Robert (1814–1837), engl. Autor. I 201

Nielebock. I 658 f

Niemann, Albert (1831–1917), Tenor und Wagnerdarsteller. II 334

Niemann-Raabe, Hedwig (1844 bis 1905), Schauspielerin, seit 1871 zweite Frau von Albert N. I 359. II 344

Niepa, Alexander, Redakteur der »Kieler Zeitung«. II 227

Nietzsche, Friedrich (1844 bis 1900). I 448

Niquet. II 218

Nordau, Max (1849–1923), Arzt und Schriftsteller. I 446 f

Norfolk, Thomas Howard, 4th Duke of (1538–1572), hingerichtet als Rebell gegen Elisabeth I. von England. I 66 f

Northumberland s. Percy, Thomas

Norton, engl. Familie. I 66

Norton, Richard, seine Söhne: Thomas, Christoph, Marmaduk. I 67

Nostiz, Karl von, »Aus Karls von Nostiz, weiland Adjutanten des Prinzen Louis Ferdinand von Preußen und später russischen Generalleutnants Leben und Briefwechsel« (1848). II 295

845

Nowack. II 48

Oemigke, Alfred, Neuruppiner Verleger. I 110
Ogarev (Ogarjow), Nikolaj (1813–1877), russ. Schriftsteller. I 215
Olfers, Ignatz (1793–1871), Generaldirektor der Kgl. Museen in Berlin. II 627
Olivier le Dain (le Daim) (gest. 1484), Vertrauter Ludwigs IX. von Frankreich. I 23
Omar Pascha, Omar I. Kalif von Medina (ca. 592–644), soll 642 die Alexandr. Bibliothek zerstört haben. II 718
Ommen, Apotheker in Norderney. II 677 f
Oppenheimer, Henri, Bankier in Paris. II 377
Orelli, Heinrich von (1815 bis 1880), Philosoph u. Kritiker, Tunnelmitglied (Zschokke). II 149, 155–157, 177 f, 505
Orlick. I 584
Otto I., der Große (936–973). I 175. II 619
Otto II. (955–983). II 619
Otto III. (980–1002). II 437, 619
Otway, Thomas (1652–1685), engl. Dramatiker. II 573

Papst, Julius (1817–1881), Pädagoge, Schriftsteller, Dramaturg. I 59

Paetel, Elwin (1847–1907), Berliner Verleger, bei ihm erschien u. a. die von J. Rodenberg herausgegebene »Deutsche Rundschau«. I 448. II 254, 311, 313, 432, 729
Pahl, Frau des Schuhmachermeisters P. in Neuruppin. I 631
Pailleron, Edouard (1834-1899), frz. Dramatiker. I 429
Pajol, frz. Militärschriftsteller. II 88
Palmerston, Henry John Temple, 3rd Viscount (1784–1865), engl. Außenminister und Premier. I 249, 295
Palmié, Charles Alexander (1800–1857), Pfarrer der Dorotheenstadtparoisse in Berlin und Direktor des Collège Français. I 741
Pantenius, Theodor Hermann (1843–1915), Schriftsteller, Herausgeber von »Velhagen und Klasings Monatsheften«. I 376, 381, 394, 412 f, 416, 448. II 240, 378, 409, 723
Pape, Alexander August Wilhelm von (1813–1895), preuß. General, seit 1888 Gouverneur von Berlin. I 169, 657. II 48
Parisius, Ludolf (1827–1900), Politiker und Romanautor. II 195, 251, 259–261
Paul, St. II 156

Pauli, Carl Friedrich, verfaßte »Leben großer Helden des gegenwärtigen Krieges« (1758 bis 1766). I 644, 665, 671

Paulsen, Friedrich (1846–1908), Professor für Philosophie und Pädagogik in Berlin. II 147, 243, 411, 463, 479

Pawlow, Nikolaj Filipowitsch (1805–1864), russ. Erzähler. I 215

Payne, Albert H., Verleger in Leipzig. I 117 f, 356, 684. II 99, 295, 518

Peabody, George (1795–1869), engl.-amerik. Philantrop. I 645

Pe(e)ge, August, Beamter des Hofjagdamtes in Berlin, lieferte die Schwanenfedern, mit denen Fontane bis zu seinem Tode schrieb. I 392, 405, 661

Pequin, ein Pseudonym Fontanes. I 374

Percy, engl. Familie. I 67. II 465

Percy, Thomas, 7th Earl of Northumberland (gest. 1537). I 66–69. II 702

Percy, Thomas (1729–1811), Sammler engl. Balladen. I 70 f, 74, 171, 182, 204, 465, 684. II 572

Pérez Galdós, Benito (1843 bis 1920), spanischer Schriftsteller. I 392–394

Perfall, Karl Freiherr von (1851 bis 1924), Romanautor. II 399

Perponcher, Graf von, Hofmarschall. II 87

Perthes, Friedrich Andreas (1813 bis 1890), Verleger. I 797

Pestalozzi, Johann Heinrich (1746–1827). II 398

Peters, Christian August Friedrich (1806–1880), Astronom. I 179

Petery, von. II 47

Pflug, Ferdinand (1823–1888), Schriftsteller. I 364. II 100

Pfuel, von, märkische Familie. I 548, 557, 561, 563 f, 580, 582. II 726

Pfuel, Alexander Friedrich Karl Reinhold von (1825–1898), preuß. Ritterschaftsdirektor. I 575, 596. II 11

Pfuel, Ernst von (1779–1866), preuß. General und Politiker. I 573

Pfuel, von. II 47

Pietsch, Ludwig (1824–1911), Publizist und Zeichner, Mitarbeiter der »Vossischen Zeitung« und der »Schlesischen Zeitung«, mit Fontane befreundet. I 120, 140, 164, 189, 343, 353 f, 366 f, 377 bis 379, 381, 387 f, 390, 397, 406, 426, 616, 625, 652, 654 f, 740, 763. II 89, 105 f, 126, 144–146, 216 f, 219–221, 226, 230, 232, 236, 241, 250, 254, 340, 354, 370 f, 432, 478, 699, 721, 728

Pietsch, Frau (gest. 1894), Frau von Ludwig P. II 699

Pietsch, »Mutter Pietsch«. II 730

Pietschker, Karl, »Auf dem Siegeszuge von Berlin nach Paris. Schlachtenbilder und biographische Silhouetten« (1896). II 728

Pindter, Emil Friedrich (1836 bis 1897), Geh. Kommissionsrat, bis 1894 Hauptschriftleiter der »Norddeutschen Allgemeinen Zeitung«. I 370. II 175

Pine, Tante, s. Fontane, Philippine

Pitt, William, Earl of Chatham (Pitt d. Ä.) (1708–1778), engl. Staatsmann. I 585

Pizarro, Francisco (ca. 1478 bis 1541), Eroberer. II 592

Platen, von, Familie. I 768

Platen, Else Sophie von, verheiratete von Kraut, Mutter von Luise Charlotte Henriette von Kraut. I 769

Platen-Hallermünde, August Graf von (1796–1835). II 374, 437, 574 f, 582, 607, 661

Plessen-Ivenack, Freiherr von, Vorbild für Graf Holk in »Unwiederbringlich«. II 423

Pletsch, Oskar (1830–1888), Genremaler. I 110

Ploetz, A., Buchhändler. I 98

Plon-Plon s. Napoleon (Jérôme)

Pniower, Otto (1859–1932), Literaturhistoriker und Kritiker, gab gemeinsam mit Paul Schlenther die erste Sammlung Fontanescher Briefe an die Freunde heraus (1910). II 375, 459

Pöllnitz, Karl Ludwig Freiherr von (1692–1775), preuß. Kammerherr, verfaßte »Mémoires pour servir à l'histoire des quatres derniers Souverains de la maison de Brandbourg Royale de Prusse« 1791). I 664 f, 668 f, 671

Poggendorf, Frau. II 370

Pohl (gest. 1876), Schauspieler am Hoftheater in Berlin. II 437 f, 647

Poincy, Urania von, s. Rohr, Urania von

Pollack, Paul. II 273

Poniencicz, Holy von. I 165

Pope, Alexander (1688–1744). I 221

Possart, Felix (1837–1928), Stadtgerichtsrat, Maler. II 158

Preuß, Johann David Erdmann (1785–1868), Geschichtsschreiber der Zeit Friedrichs d. Gr. und Herausgeber seiner Werke. I 497, 532–534, 583, 665, 668

Prince-Smith, John (1809–1874), Journalist und Schriftsteller, lebte seit 1846 in Berlin als Privatgelehrter. I 19, 219

Prittwitz Joachim Bernhard von (1727–1793), preuß. General. I 557, 564

Probst, J. C. H., Buchbinder. I 158

Probst, Premierleutnant. II 35

Proehle, Heinrich (1822–1895), Realschulprofessor. I 108, 335, 355, 388, 476 f, 498, 505, 507, 571, 599. II 274

Protzen, Michel (gest. 1855), Gastw. I 624–629, 637, 645 f

Prutz, Robert (1816–1872), Literaturhistoriker und Schriftsteller, gründete 1851 mit Wilhelm Wolfsohn die Wochenschrift »Deutsches Museum«. I 231, 331

Puchta, Georg Friedrich (1798 bis 1846), Jurist, »Lehrbuch der Pandekten« (1838). II 582

Putbus, Wilhelm Malte Fürst von (gest. 1854), 1838 Sonderbotschafter zur Krönung Königin Victorias von England. I 791

Putlitz, zu, Familie. I 700

Putlitz, Gustav Heinrich Gans Edler zu (1821–1890), Schriftsteller, Intendant des Hoftheaters Schwerin, Gen.-Direktor des Hoftheaters Karlsruhe, mit Fontane befreundet. I 355, 361 f, 417, 422, 668. II 629, 686

Putlitz, Frau von, geb. von Königsmarck, Gattin von Gustav Heinrich Gans Edler zu P. I 362. II 629

Puttkammer, Jesko von (1858 bis 1916), Leutnant a. D., Rittergutsbesitzer, Verfasser militärischer Romane und Novellen. I 799, 801 f. II 351

Puttkammer, Robert Viktor von (1828–1900), preuß. konservativer Politiker, Innenminister. II 172

Quast, von, märkische Familie. I 546, 577, 579, 586, 730

Quast, Alexander Ferdinand von (1807–1876), Architekt und Kunstschriftsteller, Konservator der preuß. Kunstdenkmäler. I 586

Quast, Hermann von (1812 bis 1888), Rittmeister a. D. I 589

Quast, Siegfried von (1842 bis 1887), Landrat und Herr auf Radensleben, Sohn von Hermann v. Q. I 765, 785

Quast, Wolf Ludwig Friedrich von (»der tolle Quast«) (1769 bis 1812). I 584, 586 f. II 291

Quehl, Ryno (gest. 1864), Journalist, Herausgeber der »Preußischen Adler-Zeitung«. I 52, 222 f. II 10

Quitzow, von, märkische Familie. I 626, 700, 787 f, 791. II 531, 560, 726

Quitzow, Amélie von. I 788

Quitzow, Dietrich von (1366

bis 1417), einer der Führer des märkischen Adels, der sich gegen die Hohenzollern erhob (1412–1414). I 447, 788 bis 790, 796, 802–804, 811, 813

Quitzow, Hedwig von (1779 bis 1875), Vorsteherin (Domina) des Stiftes Dobbertin. I 608. II 248

Quohl, Pastor. I 729

Raabe, Wilhelm (1831–1910). I 395, 421. II 323, 724

Rabe, Eduard Friedrich (1815 bis 1902), Maler. II 9

Rackwitz, Richard, Dr. (1850 bis 1891), Lehrer am Realgymnasium in Nordhausen, seit 1889 Chefredakteur des »Rheinisch-Westfälischen Tageblattes« in Bochum. II 259, 684, 697

Raczinski, Kunsthändler in Berlin. I 49

Raimund, Ferdinand (1790 bis 1836). II 455

Raleigh, Sir Walter (1552 bis 1618), engl. Seeheld und Entdecker. I 48, 55

Ramdohr, August (1808–1874), von 1835 bis 1871 Pfarrer in Kränzlin. I 500, 502

Ramses. I 366

Ranke, Ferdinand (1802–1876), Direktor des Friedrich-Wilhelms-Gymnasiums in Berlin; Bruder v. Leopold v. R. I 328

Ranke, Leopold von (1795 bis 1886). I 532, 549, 572, 614. II 386, 477, 629

Rappin, Eduard von, Pseudonym Fontanes. I 368

Raspe, Frau Friedrich, geb. Sieben. II 346

Rasumofsky, Max. I 648

Rathenow, Bürgermeister. I 352

Rathenow, von. I 549

Rauch, Christian Daniel (1777 bis 1857), Bildhauer. I 175, 752. II 584

Raumer, Friedrich v. (1781 bis 1873), Historiker u. Staatswissenschaftler; »Geschichte d. Hohenstaufen u. ihrer Zeit« (1823–1825). I 352. II 532, 534

Raumer, Karl Otto von (1805 bis 1859), preuß. Kultusminister im Kabinett Manteuffel, (1850–1858). I 803

Rautenberg, Familie. II 167

Raven, von, General. II 19

Ravené, Familie. I 139

Ravené, Louis. II 273

Ravené, Therese, geb. von Kusserow (geb. 1859), Frau des Berliner Großindustriellen Louis R. Ihre Flucht Ende 1874 mit dem Königsberger Bankier Gustav Simon und ihre spätere Ehe bildeten die Stoffgrundlage für »L'Adultera«. II 266, 272 f

Reck, Freiherr von. II 240

Redern, Wilhelm Friedrich Graf

von (1802–1883), von 1828 bis 1842 Generalintendant der Kgl. Schauspiele in Berlin, seit 1861 Obersttruchseß. I 431. II 657 f

Redwitz, Oskar Freiherr von (Pseud. Amaranth) (1823 bis 1891), Schriftsteller. I 37, 157, 378. II 589

Reibedanz, Angestellter im Redaktionsbüro der »Kreuzzeitung«. II 98

Reichenbach, Woldemar Graf v. (1846–1914), Genre- u. Historienmaler. II 33 f, 38, 46, 48

Reimann, F., Buchbinder. I 616

Reimarus, Carl, Verlag. I 42

Reimer, Dietrich (1818–1899), Verleger. I 53

Reisner, Luise, Hausangestellte der Familie Fontane. II 84

Rellstab, Ludwig (1799–1860), Romanautor und Musikkritiker. I 426. II 229, 306

Rembrandt Harmens van Rijn (1606–1669). II 228, 392

Remy, Nahida (eigentlich Nahida Ruth) (geb. 1849), Schriftstellerin, in zweiter Ehe verheiratet mit Moritz Lazarus. I 369, 377, 385, 653 f

Reuleaux. I 188

Reuß, Prinz Heinrich IX. (1827 bis 1898), Oberst und Landrat auf Schloß Neuhof bei Schmiedeberg. II 405

Reuss, von, Major. II 47

Rex, von, Oberst. II 71

Reyher, General. I 579

Reynolds, Sir Joshua (1723 bis 1792), engl. Maler und Kunsttheoretiker. II 652 f

Rheinbaben. I 165

Ribbeck, von, märkische Familie. I 575. II 726

Richelieu, Armand Jean Duplessis Herzog von (1585–1642), Kardinal. I 48. II 608

Richter, Eugen (1838–1906), Führer der Fortschrittspartei. II 260

Richter, Gustav (1823–1884), Maler. II 346

Richter, Heinrich (gest. 1922), Kommerzienrat, Besitzer der Papierfabrik in Arnsdorf bei Krummhübel, seit 1874 verheiratet mit Marie Eberty. II 399, 405, 433

Richter, Ludwig (1803–1884). I 377

Richter, Marie, s. Eberty, Marie

Riedel, Adolf Friedrich, »Codex diplomaticus Brandenburgensis« (1838–1868). I 584 f, 803. II 199

Riegel, Hermann (1834–1900), Direktor des herzogl. Museums in Braunschweig, Vorsitzender des »Allg. Deutsch. Sprachvereins«. II 525

Riehl, Heinrich Wilhelm (1823 bis 1897), Kulturhistoriker. I 492. II 249, 661

Rieux, du, Bekannter Fontanes in London, Verfasser der Gedichtsammlung »Aus den Bergen«. I 221. II 578

Ring, Max (1817–1901), Arzt, Schriftsteller, Freund Gutzkows. I 326, 372, 457. II 364, 654

Riß, Franz. I 756

Ristori, Adelaide (gest. 1906), Schauspielerin. I 346 f

Ritson, Joseph (1752–1803), Sammler engl. Balladen. I 74

Rittershaus, Emil (1834–1897), Kaufmann, Lyriker. I 164. II 694

Robert, Karl (geb. 1825), Justizrat, Schwiegervater von George Fontane. I 142

Robert, Martha, s. Fontane, Martha geb. Robert

Robertson, William (1721 bis 1793), schott. Historiker, »History of Scotland« (1759). I 74

Robert-Tornow, Walther (1852 bis 1895), Bibliothekar und Literaturhistoriker, Fortsetzer von Büchmanns »Geflügelten Worten«. I 425

Robin Hood. I 74 f, 187

Robinson, Korrespondent des »Manchester Guardian«, sein Bericht »The Fall of Metz« wurde von Fontane auszugsweise übersetzt. II 103

Rochow, von, märkische Familie. I 473, 575, 597, 700. II 726

Rochow, Eberhard von (1734 bis 1805), Pädagoge, Verfasser des »Kinderfreund« (1776). I 482, 575

Rochow, Moritz August von, brandenb. General, Hauptgestalt in Wildenbruchs Drama »Der neue Herr«. I 575

Rodenberg, Julius (1831–1914), Romanautor, Publizist, redigierte den »Salon für Literatur, Kunst und Gesellschaft«, gründete 1874 die »Deutsche Rundschau«. I 96, 116–118, 131 f, 152 f, 161, 171, 344 f, 348–352, 356, 358 f, 363–365, 383 f, 430–432, 448, 452, 617, 642 f, 646, 652, 654, 661, 679, 710, 716 f, 719, 721 f, 801, 812 f. II 90, 98–100, 103, 105, 117, 122 f, 125, 130 f, 133 bis 136, 139, 146, 199, 216, 230, 233 f, 239 f, 275, 279, 288, 303, 309, 311, 313, 333, 375, 401, 410 f, 414–416, 418–422, 424, 427–430, 432, 438, 442 bis 448, 456 f, 459 f, 528, 535, 673 f, 727, 729

Roebel, Familie. I 509

Roeder, Max Graf von (1816 bis 1898), Generalleutnant II 433

Römpler (Rümpler), Verleger. I 21. II 525

Roesel, Gottlob Samuel, Maler. I 679 f, 683

Roeseler (Rösler), Wilhelm (1848–1899), Schriftsteller. I 381 f. II 269

Roggatz, Gustav, Apotheker in Fürstenwalde, Schwiegersohn von Fontanes Schwester Jenny Sommerfeldt. II 238

Roggatz, Frau, geb. Sommerfeldt. II 238

Rohde, Syndikus. I 352

Rohdich, Friedrich Wilhelm von, General. I 431

Rohr, von, märkische Familie. I 507, 580–583, 585 f, 588, 616, 619, 630, 634, 646 f, 656, 730, 748. II 651

Rohr, Friedrich Wilhelm von (geb. 1852), Bruder von Hans v. R. II 200

Rohr, Georg Moritz von (1713 bis 1793), Großvater Mathilde v. R.s, der »Hauptmann von Capernaum«. I 581, 585, 640, 649

Rohr, Hans von (1841–1876), Sohn eines Vetters von Mathilde v. R. I 110, 634, 640, 656. II 200, 520

Rohr, Heinrich Moritz von (1800–1888), Geheimrat, Vizepräsident beim Obertribunal. I 641

Rohr, Hildegard Sophie von (geb. 1844), zweite Tochter von Theobald v. R. I 582

Rohr, Mathilde von (1810 bis 1889), seit 1869 Konventualin von Dobbertin. I 103, 105 f, 108–110, 120, 122, 127, 166, 327, 335–337, 341, 346, 350, 361, 365, 368, 374, 389, 395, 417, 493, 505 f, 508, 520, 524, 526, 532, 548, 550, 554 f, 573, 580–582, 585, 588 f, 602, 605, 607, 609, 616, 619, 629, 634, 639–641, 646 f, 649 f, 653 f, 656, 679, 688, 712 f, 723, 730, 732, 745–747, 762, 779, 784, 787, 816. II 28, 33 f, 37, 45, 63, 71, 72, 84 f, 88 f, 92, 94, 98, 109 f, 112 f, 158, 166, 169, 174, 192, 194 f, 198, 200, 202, 208, 210, 212 f, 218, 234, 248 f, 256, 262, 280, 291 f, 294, 296 f, 310, 316, 319 f, 336, 345, 353, 400, 413, 419, 515, 517, 520 f, 612 f, 616 f, 620, 622–625, 629, 632 bis 634, 638, 644, 646, 649 f, 655, 657 f, 675, 683

Rohr, Otto von (geb. 1763), Onkel Mathilde v. R.s. I 640

Rohr, Otto von, genannt von Wahlen-Jürgaß (1810–1892), Herr auf Meyenburg. I 586

Rohr, Otto Albrecht von (gest. 1736), Landrat. I 507

Rohr, Otto Heinrich Ludwig Leopold von (1803–1888), Bruder von Mathilde v. R. I 639–641, 730, 762

Rohr, Theobald von (1810 bis 1883), Ritterschaftsrat, Vetter von Mathilde v. R. I 582

Rohr, Urania von, geb. von Poincy. I 646 f

Rohrscheidt. II 37

Roland. I 741

Roland, Frau, Gattin des Geheimrats im Auswärtigen Amt H. R. II 208

Rolle, Wilhelmine, Hausangestellte bei Carl Ferdinand Wiesicke. I 649

Romberg, Amalie von, geb. von Dönhoff (1798–1879), Schwester der Gräfin Sophie von Schwerin, gab deren Erinnerungen heraus (1863), die Fontane als Quelle für »Schach von Wuthenow« benutzte. I 582, 723, 762. II 192, 243, 292 f

Romberg, Maximilian Konrad Joseph Freiherr von (geb. 1824), Premierleutnant. I 582, 723. II 63

Roquette, Otto (1824–1896), Literaturhistoriker und Schriftsteller, Rütli- und Elloramitglied (Ottowald), seit 1869 Professor am Polytechnikum in Darmstadt. I 95, 162, 326, 369, 383, 520, 553, 653. II 93, 126, 135, 225, 230, 232, 347, 540, 614

Rose, Gustav (1798–1873), Mineraloge in Berlin. II 559, 577

Rose, Heinrich (1795–1864), Apotheker. II 577

Rose, Wilhelm (1792–1867), Besitzer der Apotheke »Zum weißen Schwan« in Berlin, von 1836 bis 1839 Lehrherr Fontanes. II 132, 571, 577, 621

Rosenplüt, Hans, Nürnberger Meistersinger. I 64. II 702

Rosenthal, s. Saint-Cère

Rubens, Peter Paul (1577–1640). II 541

Rudolph, Th., Dr., Verfasser von »Die niederländischen Kolonien der Altmark im XVII. Jahrhundert« (1889). I 432

Rübsam, M., Schauspielerin. I 415

Rückert, Friedrich (1788–1866). II 105, 252, 275, 582

Ruge, Arnold (Pseud. R. Durangelo) (1803–1880), philosophischer und politischer Schriftsteller, zusammen mit Echtermeyer Herausgeber des »Deutschen Musenalmanachs«. I 26, 339

Runze, Maximilian. I 155, 172, 188

Russell, John, 1st Earl (1792 bis 1878), engl. Politiker. I 275

Sacher-Masoch, Leopold Ritter von (1836–1895), Schriftsteller. II 377

Sachs, Hans (1494–1576). II 641, 702

Sachs, Schulvorsteher. I 487

Sachse, L. I 343

Saint-Cère, Jacques (Rosenthal) (gest. 1898), frz. Journalist, Mitarbeiter des »Figaro«, Mann von Anna Lindau geb. Kalisch. I 177

Saint-Cère, Frau, s. Lindau, Anna

Saint Vallier, Graf von (1833 bis 1881). II 87

Sakken, Fritz von, s. Wilhelm Hentzen

Salis s. Schüler, August

Salomon, biblischer König. II 707

Salpius, Friedrich von (1831 bis 1903), Landgerichtsrat. I 383, 670

Salzmann, Karl (1847–1923), Marinemaler. II 732

Samosch, Siegfried (1846 bis 1911), Journalist, Mitarbeiter der »National-Zeitung«. I 798, 800. II 80, 128

Sandel, Grafen von, Familie. I 779

Sauer, Oskar (1856–1918), Schauspieler. I 440

Sauer, Frau. I 440

Saumier, Jean (1773–1849), Pfarrer der Klosterparoisse in Berlin, Professor am Theologischen Seminar der Frz. Kolonie. I 741

Savigny, Friedrich Karl von (1779–1861), Jurist und Politiker. I 139, 741 f

Scott, Sir Walter (1771–1832). I 60, 70, 122, 155 f, 171, 174, 187 f, 204, 344, 348, 401, 830. II 90, 185, 189, 212, 214, 219, 237, 240, 496, 502, 512, 616, 640 f, 677

Scribe, Augustin Eugène (1791 bis 1861), frz. Schriftsteller, bes. Bühnenwerke. I 163, 391

Seegall, Emmy. II 319

Seegebart, Joachim Friedrich (1714–1752), Feldprediger im Regiment Prinz Leopold. I 482, 620

Seehagen, Oswald, Verleger, verlegte das von J. Rodenberg herausgegebene »Deutsche Magazin«. I 477 f

Seestedt, Frl. von. I 510

Seidel, Heinrich (1842–1906), Lyriker und Novellist. I 369. II 130

Seidel, Kammergerichtsrat. I 584

Seidler, Louise, Malerin. I 363 f

Sell, von. II 89

Sello, Erich (1852–1912), Rechtsanwalt und Notar in Berlin. II 481, 731

Senfft-Pilsach, Arnold von (1834 bis 1889), Jurist, Sänger. I 123, 126, 206

Seydlitz, Charlotte von, geb. Wienecke, verw. Heitmann (gest. 1867), Witwe des Hauptmanns a. D. Adam v. S. (1777–1859). I 500, 502

Seydlitz, Friedrich Wilhelm von

(1721–1773), preuß. General der Kavallerie. I 10 f, 60, 107, 473. II 150, 702

Shakespeare, William (1564 bis 1616). I 33, 96, 106, 221, 233 f, 240, 282, 296, 301, 309, f, 314, 361, 419, 424, 432, 442, 458, 576. II 175, 500, 537, 540, 585–587, 600, 631

Shelly, Percy Bysshe (1792 bis 1822). I 221

Shukowskij, Wassili (1783 bis 1852), russ. Lyriker und Übersetzer. I 215

Sickingen, Franz von (1481 bis 1523), Reichsritter. II 641

Sieben, Marcell, Inhaber des Hotels Hubertusbad in Thale und des Börsen-Restaurants in der Neuen Friedrichstraße in Berlin. II 324, 344–346

Siepmann, Otto, Sprachlehrer in Bristol. II 243

Siepmann, Techniker, wurde durch Oberleutnant Brüsewitz getötet. II 243

Simon, Gustav, s. Ravené, Therese. II 272 f

Simon, Therese, s. Ravené, Therese

Simpson. I 79, 274

Smidt, Heinrich (1798–1867), Bibliothekar, Tunnelmitglied (Bürger). I 204. II 131, 136

Soennecken, Friedrich (1848 bis 1919), Unternehmer für Büro- und Schreibwarenbedarf in Bonn. I 371

Solms, Bernhard Prinz zu (1839 bis 1867). I 767

Sommerfeldt, Hermann (1820 bis 1902), Schwager Fontanes, Apotheker. I 111. II 610

Sommerfeldt, Jenny, geb. Fontane (1823–1904), Schwester Fontanes, Frau von Hermann S. I 111. II 610

Southey, Robert (1774–1843), engl. Romantiker. I 221

Spaeth, Buchhändler. II 315

Spangenberg, Gustav (1828 bis 1891), Maler. II 259

Spargnagani, Berliner Konditorei und Café. I 37

Sparr, von, Familie. I 563, 675

Sparr, Otto Christoph Freiherr von (1605–1668), brandenburgischer Generalfeldmarschall. I 483, 491, 503, 510

Sparr, Edell von, Mutter von Otto Christoph Freiherr v. S. I 510

Speckter, Illustrator. II 547

Spemann, Wilhelm (1844–1910), Stuttgarter Verleger. I 398. II 312, 464

Spielhagen, Friedrich (1829 bis 1911), Schriftsteller, Verfasser theoretischer Schriften über Epik und Drama. I 187, 402, 404 f. II 144, 216 f, 231, 236, 323, 455–461, 467–469, 478, 628, 703, 709

Spiker, Lord. I 274

Springer, Julius (1817–1877), Berliner Verleger, verlegte »Jenseit des Tweed«. I 315 bis 317, 319–321, 323–326, 331, 333, 476

Sudermann, Hermann (1857 bis 1928). I 449 f. II 419, 466

Sue, Eugène (1804–1857), frz. Romanautor. II 261

Sundermann, Friedrich (1843 bis 1923), Lehrer in Emden, ostfriesischer Heimatforscher. II 311, 313 f

Sussex, Thomas Radcliffe, 3rd Earl of (gest. 1583), Ratgeber von Elisabeth I. von England. I 68

Sutherland, Harriet Herzogin von (gest. 1866). I 460

Swoboda, Margarete, Schauspielerin. I 763

Sybel, Heinrich von (1817 bis 1895), Geschichtsschreiber. II 661

Sydow, Theodor Ernst von (1812–1873), Offizier und Karthograph. I 630

Sydow, Frl. von. I 730

Sylva, Carmen, s. Elisabeth, Königin von Rumänien

Szczepanski, Paul von. II 409

Schachx, Karl (1836–1905), seit 1864 Besitzer der »Polnischen Apotheke« in Berlin. I 125 f

Schack, Adolf Friedrich Graf von (1815–1894), Schriftsteller und Kunstsammler. I 305, 419, 668. II 715

Schack, Otto Friedrich Ludwig von (1763–1815), Offizier im Regiment Gensdarmes, Vorbild des Titelhelden von »Schach von Wuthenow«. II 292–294, 296, 520

Schadow, Johann Gottfried (1764–1850), Bildhauer. I 10, 478–480, 483, 532, 534, 577, 685 f, 752. II 584

Schaeffer, Prof. I 585

Schaffgotsch, Graf von. II 395

Schaper, Fritz (1841–1919), Bildhauer. I 175

Schaper, Frau. I 175

Scharnhorst, von, preuß. Familie. I 689, 693–695

Scharnhorst, August von (1795 bis 1826), Major, Mann von Johanna v. Sch. geb. von Schlabrendorff. I 687

Scharnhorst, Gerhard Johann David von (1755–1813), preuß. General, einer der »Reformer« Preußens. I 29 f, 687, 693. II 19

Scharnhorst, Johanna von, geb. Gräfin Schlabrendorff (1803 bis 1867). I 483. 687, 689, 693

Scharnhorst, Johanna von (1825 1857), Tochter von Johanna, geb. von Schlabrendorff. I 68, 7 f, 693

Schenck, von, Priorin des Stiftes Marienfließ. II 518
Scherenberg, Familie. II 118, 124, 161 f, 167, 174
Scherenberg, Albert, Halbbruder von Ch. F. Sch. II 152
Scherenberg, August, Bruder von Ch. F. Sch. II 152
Scherenberg, Auguste, geb. Kojan, Frau von Johann Theodor Sch., Mutter von Ch. F. Sch. II 152
Scherenberg, Auguste, Frau von Pastor Kretschmer, Schwester von Ch. F. Sch. II 152
Scherenberg, Auguste (»Frl. Auguste«) (1833–1918), Tochter von Ch. F. Sch. II 118 f, 124 f, 130, 138, 141, 151–154, 159, 167 f, 170 f, 174, 176 f, 179
Scherenberg, Christian Friedrich (1798–1881), Epiker und Balladendichter, Tunnelmitglied (Cook). I 9, 32, 38, 60, 64, 80, 135, 204, 209, 227, 229 f, 232, 307, 370, 697. II 54, 105, 130, 149, 151–153, 156–158, 162 f, 166–168, 172 bis 180, 320, 498, 540, 614, 636, 675
Scherenberg, Eduard, Halbbruder von Ch. F. Sch. II 152
Scherenberg, Emil, Halbbruder von Ch. F. Sch. II 152
Scherenberg, Ernst, Neffe von Ch. F. Sch. II 178 f

Scherenberg, Heinrich, Bruder von Ch. F. Sch. II 152
Scherenberg, Henriette, geb. Vilarette, Frau von Johann Theodor Sch. II 152
Scherenberg, Hermann, Halbbruder von Ch. F. Sch., Maler. II 127, 151–153, 155, 168
Scherenberg, Johann Theodor, Vater von Ch. F. Sch. II 152
Scherenberg, Julius, Bruder von Ch. F. Sch. II 152, 168
Scherz, Hermann (1818–1888), Gutsbesitzer in Kränzlin bei Neuruppin, begleitete Fontane auf der ersten Reise nach England (1844). I 500, 522, 677. II 332, 626
Schiff, Emil (gest. 1899), Arzt und Schriftsteller in Berlin, gehörte zum Verein der »Zwanglosen«. II 371, 374 f
Schill, Ferdinand Baptist von (1776–1809), preuß. Major und Freischarführer. I 11
Schiller, Frau, Wirtin in Krummhübel. II 398, 400
Schiller, Friedrich von (1759 bis 1805). I 37, 131 f, 139, 197, 201, 345, 375 f, 378, 415, 447, 455, 458. II 185, 190 f, 193, 366, 390, 425, 573, 586 f, 617, 641, 692 f, 695, 702
Schilling, Johannes (1828–1910), seit 1868 Prof. an der Kunstakademie in Dresden, sein Hauptwerk ist das Nieder-

wald-Denkmal bei Rüdesheim. I 402

Schindler, Heinrich, Berliner Verleger, verlegte das »Deutsche Kunstblatt«. I 305. II 544 f, 616

Schinkel, Karl Friedrich (1781 bis 1841). I 130, 482, 502, 504, 527, 531, 533 f, 577, 579, 729. II 202

Schinkel, Prediger. I 637

Schlabrendorff, von, ostpreuß. Familie. I 687

Schlabrendorff, Gräfin von. I 689

Schlaf, Johannes (1862–1941). II 704

Schlegel, August Wilhelm (1767 bis 1845). I 237

Schlegel, Friedrich (1772–1829). II 586

Schleiermacher, Henriette, geb. von Mühlenfels, Frau von Friedrich Ernst Daniel Sch. (1768–1834). I 493

Schlenther, Paul (1854–1916), Schriftsteller, Kritiker und Theaterdirektor, Mitbegründer des Vereins »Freie Bühne«, nach Fontanes Ausscheiden Theaterkritiker der »V. Z.«, 1898 Direktor des Burgtheaters, gab gemeinsam mit Pniower die erste Sammlung Fontanescher Briefe an die Freunde heraus (1910). I 154, 164, 171, 178, 417, 422–424, 429 f, 430, 432, 434, 437 f, 443 f, 452, 756, 791, 812, 815, 817. II 119, 135, 140, 148, 173, 269 f, 287, 311, 313, 354 bis 356, 369–371, 373–375, 382–385, 408 f, 423, 432 f, 439, 453, 459, 466–468, 471, 478, 534, 722, 729

Schlesinger, Max, Journalist, Herausgeber einer deutsch-englischen Korrespondenz (Schlesinger-Kauffmann). I 236, 249–251, 254, 259 f, 262–264, 267–272, 280, 287, 303

Schlieben, Familie. II 726

Schlieffen, von, Familie. II 726

Schloemp, Edwin (Pseud. Hugo Viktor) (1838–1903), Schriftsteller. II 673

Schloezer, Kurd von (1822 bis 1894), Geschichtsschreiber und Diplomat, seit 1871 deutscher Gesandter in Washington. I 340

Schmidt, Erich (1853–1913), Literaturhistoriker in Berlin, setzte sich für die Verleihung der Ehrendoktorwürde an Fontane ein. I 181 f, 437. II 144, 241, 451, 709

Schmidt, Friedrich Wilhelm August (1764–1838), Pfarrer in Werneuchen, märkischer Idyllendichter. I 184, 483, 487, 490 f, 599

Schmidt, Julian (1818–1886),

Kritiker und Literaturhistoriker. I 231, 348. II 221–223, 234–236, 639
Schmidt, Otto, Pianist. I 123 f
Schmidt-Cabanis, Richard (1838 bis 1903), humoristisch-satirischer Schriftsteller. I 437
Schmidt-Neuhaus, Premierleutnant. I 752
Schmieden, Elise (Pseud. E. Juncker) (1841–1896), Schriftstellerin. I 381
Schmutz, August Hermann (geb. 1815), Pfarrer in Groß Woltersdorf. I 530
Schnaase, Karl Julius Ferdinand (1798–1875), Geheimer Obertribunalrat a. D., Kunsthistoriker, Mitglied des Staatsrats. I 522, 524, 572
Schneider, Louis (1805–1878), Schauspieler, Tunnelmitglied (Campe de Caraibe). I 23, 76, 205, 210, 378, 390, 429, 522, 653 f, 759. II 105, 131, 134 f, 156, 577, 616
Schneider, Buchhändler. I 23
Schnitzler, Arthur (1862–1931). II 466
Schoebel, Angestellter des Redaktionsbüros der »Kreuzzeitung«. I 761. II 98
Schoeneberg, Familie. II 167
Schoeneberg, Heinr. Aug. (1776 bis 1855), Kaufmann. II 118
Schöneberg, Otto, Dr., Sanitätsrat. II 119, 124

Schönfeld, Carl (geb. 1854), Dramaturg und Regisseur, Bühnenautor. I 430
Schöning, von, Familie. I 675, 697
Schöning, Hans Adam von (1641 bis 1696), Feldmarschall. I 484, 550, 555 f, 558, 562
Schönthan, Franz Edler von Pernwald (1849–1913), Regisseur und Bühnenautor, bekanntestes Stück: »Der Raub der Sabinerinnen« (1885). I 143, 410
Schopenhauer, Arthur (1788 bis 1860). I 762
Schott, Siegmund (1852–1910), Baudirektor, Memoirenschreiber und Essayist. II 148, 449 f, 455, 469
Schottländer, Salo (1844–1920), Verleger in Breslau. I 135, 396, 415, 436, 693, 709 f. II 249, 264–269, 272, 279, 305, 311, 313 f, 523
Schrader, Julius (1815–1900), Maler. I 49
Schramm, Julius (1800–1860), Schauspieler. I 23, 37, 205. II 149, 156
Schratt, Katharina (1855–1940), Schauspieler, seit 1883 am Burgtheater. I 354
Schreiber, Frau. I 415. II 341, 394 f
Schreiner, O., Stadtschulrat und Geh. Regierungsrat, dessen

Tochter Maria mit Martha (Mete) Fontane befreundet war. I 119. II 561

Schreyer, Hermann (1840 bis 1907), Prof. in Schulpforta, Literaturhistoriker, Mitarbeiter an der Weimarer Goethe-Ausgabe. I 435

Schröder, E. H., Buchhandlung Unter den Linden. I 23

Schroeder, Otto, Gymnasialdirektor in Berlin. II 251

Schubart, Christian Friedrich Daniel (1739–1791). I 37. II 235

Schubert, Ernst. I 129, 396, 432. II 172, 175, 333, 336, 466

Schubin, Ossip, s. Kirchner, Aloysia

Schüler, August (geb. 1827), Theologe und Lyriker, Tunnelmitglied (Salis). I 50

Schütze, Paul. II 136

Schulenburg, Grafen von der, märkische Familie. I 574, 782

Schulenburg-Beetzendorf, Werner Graf von der (geb. 1829), Erbküchenmeister der Kurmark Brandenburg. I 416, 767

Schultz, Ferdinand (1811–1875), Pastor in Bethanien. I 240, 765. II 15–17, 19, 21, 23, 32, 41 f

Schultz, Geschäftsführer der Deckerschen Buchhandlung. I 108

Schultze, Friedrich (1848–1934), Professor in Bonn. I 744

Schulz, Jochen. I 772

Schulz(e), Karl Friedrich, Kämmerer. II 208

Schulz, Otto, Schulrat. I 584

Schulz, Hauptmann. I 634

Schulz, Rittmeister a. D. II 344

Schulze (Schultze), Ernst, s. Müller, August

Schuster, Rudolf, Berliner Verleger, Inhaber der Lüderitzschen Kunsthandlung. I 678. II 560–562

Schwab, Gustav (1792–1850). I 16–20, 23, 25–29, 45, 65, 339. II 570, 574, 654, 711

Schwartz, David, Hofbuchbinder in Berlin. I 529, 617, 683, 799

Schwartz, Wilhelm Friedrich Lebrecht (1821–1899), Historiker und Gymnasialdirektor in Neuruppin. I 487, 489, 491, 546, 566, 621, 625, 633, 653. II 188

Schwartz, Hoftraiteur. II 255

Schwarzburg-Rudolstadt, Fürstin von. II 597

Schwebel, Oskar, Dr. (1845 bis 1891) brandenburgischer Heimatforscher. I 739, 742, 788 f, 815. II 692

Schweitzer, Georg (geb. 1850), Redakteur der »Norddeutschen Allgemeinen Zeitung«,

Vorsitzender des Festausschusses des Vereins Berliner Presse. I 175. II 723

Schweitzer, Hermann, Apotheker in Brighton. I 241, 246, 286

Schwendy, Johann von, General. I 588

Schwerin, Grafen von, pommersche Familie. I 473, 484, 575, 582. II 726

Schwerin, A., geb. Benedix, Frau von Ludwig Sch. II 162, 399

Schwerin, Kurt Christoph Graf von (1684–1757), preuß. Feldmarschall. I 10 f, 60. II 584

Schwerin, Ludwig, Dr. (gest. 1888), Privatgelehrter. I 130. II 157 f, 161–163, 173, 257, 269, 399

Schwerin, Sophie Gräfin von, geb. Gräfin von Dönhoff (1785–1863). I 103, 470, 505, 509, 526, 550, 582, 723, 779. II 192, 243, 292 f

Schwerin-Putzar, Maximilian Graf von (1804–1872), preuß. Kultusminister und Kammerpräsident. I 22, 84, 572

Schwetzker, Verlag. I 490

Stägemann, »die alte Stägemann« I 762, 765 f, 773

Stahl, Francis (1844–1901), Direktoralmitglied des Kgl. Schauspielhauses und Lustspielautor. I 417

Stahl, Friedrich Julius (1802 bis 1861), Jurist, konservativer Politiker. I 464, 688

Stahr, Adolf (1805–1876), Schriftsteller und Literarhistoriker. I 526 f, 569–571, 635

Stanley, Henry Morton (1841 bis 1904), amerik. Journalist und Afrikaforscher. II 515 f

Starcke, Drucker. II 407

Starke, Friedrich (1792–1877), Rektor des Ruppiner Gymnasiums. I 624

Stechow, von, märkische Familie. I 575. II 726

Stechow, von, Rittmeister. I 816

Steffeck, Karl (1818–1890), Maler. I 687, 752

Steffens, Fr. W., Verleger in Dresden und Leipzig, bei ihm erschienen »Irrungen, Wirrungen« und »Graf Petöfy«. I 65, 798. II 160, 168, 171, 332–334, 370, 373, 376, 387 f, 528

Stehely, Berliner Lokal. I 551. II 603

Stein, Karl Reichsfreiherr vom und zum (1757–1831). I 29 f, 782

Steinhäuser. I 219

Stephan, Heinrich von (1831 bis 1897), Generalpostmeister. I 164. II 71, 686

Stephany, Friedrich (1830–1912) Chefredakteur der »V.Z.«, seit

1865 Vorstandsmitglied des Vereins Berliner Presse. I 129, 141, 178 f, 398, 405, 412, 419, 423, 427 f, 430 f, 438 bis 442, 444, 446 f, 709, 722, 737, 739, 742, 744, 756, 782 f, 791, 794. II 76 f, 141, 146, 159, 161, 269, 298, 303 f, 311 f, 333, 346, 355–357, 361–367, 370 f, 374, 380, 383 f, 386, 398, 440, 447, 506, 529, 694, 721, 728

Stephany, Frau. II 432

Stern, Adolf. II 356

Stern, Julius (1820–1883), Dirigent. I 641

Stern, Kastellanin. I 475

Sternfeld, Richard (1858–1926), Privatdozent für Gesch. an d. Berliner Universität. II 422

Sternheim, Hans. II 242

Sternheim, Marie, geb. Meyer. I 823. II 472

Sternheim, Siegmund, Bankier, mit ihm und seiner Frau Marie, geb. Meyer, war die Familie Fontane befreundet. I 432. II 376, 382, 431

Stettenheim, Julius (1831–1916), humoristischer Schriftsteller, redigierte die satirische Zeitschrift »Berliner Wespen«. I 449. II 667

Stiehl, Ferdinand (1812–1878), Oberregierungsrat im preuß. Kultusministerium. I 520 f, 524 f, 601 f. II 513, 627

Stieler, Karl, verfaßte »Durch Krieg und Frieden. Stimmungsbilder aus den Jahren 1870/71«. II 728

Stilke, Georg (1840–1900), Berliner Verleger, verlegte die Zeitschriften »Die Gegenwart«, »Nord und Süd« und »Zukunft«. I 372, 689 f, 709 f. II 170, 286, 314, 334

Stinde, Julius (Pseud. Alfred de Valmy u. a.) (1841–1905), humoristischer Erzähler und Dramatiker. II 686

Stobbe, August (1830–1897), bis 1872 Redakteur der »Braunschweiger Zeitung«, Feuilletonist und Lyriker. II 272

Stockhausen, Familie. I 377, 380. II 208

Stockhausen, Clara, geb. Toberentz, Frau von Julius Stockhausen, mit der Familie Fontane befreundet. I 123, 378. II 208, 247

Stockhausen, Julius (1826 bis 1906), Sänger und Dirigent. I 123, 379

Stöcker, Adolf (1835–1909), von 1874 bis 1890 Hof- und Domprediger, Gründer der Christlich-Sozialen Partei. I 798. II 479

Stöckhardt, Konstanze, geb. Grosser (1858–1944), Frau von Reinhold S., Bekannte Fontanes. II 259

Stöckhardt, Reinhold (1831 bis 1901), Ministerialbeamter in Berlin. II 405

Stoelting, »kaufmännischer Blechhüttenbetriebsdirektor«. II 344

Störtebeker, Klaus (gest. 1402), Anführer der »Vitalienbrüder«. II 530–534

Stolberg. II 45, 47, 63

Storm, Theodor (1817–1888), Tunnelmitglied (Tannhäuser). I 64 f, 78, 112, 144, 226, 228 f, 231, 233, 406, 421, 427 f, 475, 596, 653. II 131–134, 136, 139, 145–147, 149, 201, 253, 288, 322 f, 341, 485, 510 f, 536–538, 540–545, 550–552, 591, 593, 609, 614, 616 f, 636, 675

Strachwitz, Moritz Graf von (1822–1847), Lyriker, Tunnelmitglied (Götz von Berlichingen). I 42. II 131, 675, 695

Strack, Fanny, s. Hertz, Fanny

Strack, Johann Heinrich (1805 bis 1880), Baumeister. I 401

Strafford, Thomas Wentworth Earl of (1593–1641), engl. Politiker unter Karl I. II 490, 493–498, 502 f, 505

Strakosch, Alexander (1845 bis 1909), Schauspieler, unternahm zahlreiche Vortragsreisen. I 408–410

Strauß, Friedrich Adolf (1817 1888), Superintendent und Hofprediger in Potsdam. II 345 f

Strauß, Helene, geb. von Alten (1850–1921), Frau von Friedrich Adolf S., in einigen Zügen Modell für die Titelheldin in »Cécile«. II 345 f

Strodtmann, Adolf Heinrich (1829–1879), Schriftsteller, 1870 Kriegsberichterstatter, »Alldeutschland nach Frankreich hinein« (1871). II 105

Strubberg, Otto von (1821 bis 1908), preuß. General. I 532, 545, 799

Struve, Gustav Adolf (1812 bis 1889), seit 1840 Besitzer der Salomonis-Apotheke in Dresden. I 222. II 577

Stuart, schott. Familie. I 175, 188. II 492

Stuart, Heinrich Benedikt Kardinal (1747–1807), letzter Vertr. d. königl. Linie. I 64

Studnitz, von. II 37

Stülpnagel. I 657

Tacitus, Cornelius (54–120). II 571

Tadema (Alma-Tadema), Sir Lawrence (1836–1912), Maler. I 366 f

Taine, Hippolyte (1828–1893). II 721

Tann, Ludwig von der (1815 bis 1881), bayr. General. I 86. II 107

Tannhäuser, Karl Adolf (1812 bis 1888), Pasor in Löwenberg. I 770

Tassaert, Antoine (1729–1788), niederl. Bildhauer, Lehrer Schadows. I 10

Taubert, Emil (1844–1895), seit 1886 Intendanturrat der Kgl. Schauspiele in Berlin. I 421, 653

Teichmann, Valentin (1791 bis 1860), Sekretär der Generalintendanz der Kgl. Schauspiele in Berlin. II 600

Telman, Conrad (Pseud. Konrad Zitelmann) (1854–1897), Kritiker und Schriftsteller. II 334

Tem Broke. II 531

Tennyson, Alfred (1809–1892), engl. Dichter. I 177, 314

Terzky (Terzka), Adam Erdmann Graf von (ca. 1600–1634), Wallensteins Schwager. I 208

Teubner, Verlag in Leipzig, begründet von Benedictus Gotthelf T. (1784–1856). I 388. II 214, 365

Thackeray, William Makepeace (1811–1863). II 686

Thaer, Albrecht Daniel (1752 bis 1828), Arzt und Landwirt, gilt als Begründer der Landbauwissenschaften. I 545, 556 bis 559, 563

Thaysen, Jes. II 425

Theremin, François (1784 bis 1842), Pfarrer der frz.-reform. Gemeinde in Friedrichswerder, von 1815 bis 1842 Dom- und Hofprediger. I 741

Thiébault, Dieudonné, »Frédéric le Grand ... ou mes Souvenirs de Vingt ans de Séjour à Berlin« (4. Ausgabe 1827). I 767, 769. II 320

Thiele, Stadtrat. I 637

Thiemus, Albert Freiherr von (1806–1878), Jurist, Reichstagsabgeordneter, Verfasser einer Musikgeschichte. II 300, 329, 373, 411

Thier, Bäcker, Stadtverordneter für Steuerangelegenheiten. I 150

Thiers, Adolphe (1797–1877), frz. Historiker, erster Präsident der Dritten Republik. II 634

Tholuck, Rittergutsbesitzer, Bekannter Fontanes. I 658

Thomas, Alexandre Gérard (1818–1857), frz. Schriftsteller. I 215

Thomas, Friedrich, Bildhauer. I 179

Thümen, von, Major. I 754

Tieck, Johann Ludwig (1773 bis 1853). I 484. II 230, 252, 567, 586, 705

Tiedge, s. Kette, Hermann

Tietzen, Frau von. I 602

Tietzen, von, Major. 602

Tinne, Alexine (1839–1869), bereiste den Orient. I 736

Tintoretto (Jacopo Robusti) (1518–1594). II 264
Tippelskirch, Frau von, geb. von Pochhammer. I 777
Tippelskirch, Herr von. I 777 f
Tizian, eigtl. Tiziano Vecelli(o) (1476/77 od. 1489/90–1576). II 652 f
Toberentz, Robert (1849–1895), Bildhauer. II 300
Toeche, Theodor (1837–1919), Besitzer des Berliner Militärverlags E. S. Mittler und Sohn. I 392, 800. II 398, 465
Török, Nikolaus Graf von (gest. 1884). I 330
Tolstoi, Leo (1828–1910). I 444. II 388, 695
Tott, Familie. I 639
Tournier, Ferdinand (1809 bis 1890), Konsistorialrat, Pfarrer der Luisenstadtparoisse, seit 1881 geistl. Inspektor der frz.-reform. Gemeinden. I 741
Toussaint, Maria Louise Therese, Frau des Majors Christian Ludwig von Kaphengst. I 500
Tovote, Heinz (1864–1946), Romanautor und Übersetzer. II 129
Traube, Ludwig (1818–1876), Dr. med., Prof., und Chefarzt an der Charité. I 630
Treffenfeld, Joachim Henning von (1616–1688), preuß. Generalfeldmarschall. I 549

Treitschke, Heinrich von (1834 bis 1896). II 236
Trendelenburg, Adolf (geb. 1844), Lehrer am Akademischen Gymnasium. I 379
Treskow, von, märkische Familie. II 726
Treutler, Albert (gest. 1891), Kommerzienrat, Besitzer von Neuhof bei Liegnitz. II 272
Treutler, Johanna. I 653
Trewendt, Eduard, Verleger in Breslau, bei ihm erschienen die späteren Bände der »Argo«. II 550
Trochu, Louis Jules (1815 bis 1896), General, während der Belagerung 1870/71 Gouverneur von Paris, verfaßte »Une page d'histoire contemporaine devant l'assemblée nationale« (1871). II 88
Trowitzsch, Verlag. I 792
Tschernischew, Graf Sachar (1705–1775), russischer Kriegsminister, Feldherr im Siebenjährigen Krieg. II 709
Türschmann, Richard (1834 bis 1899), Schauspieler und Rezitator. I 350, 353, 356 f
Turgenjew, Iwan (1818–1883). II 271, 341, 695
Turner, William (Joseph Mallord) (1775–1851), engl. Maler. I 332

Uchtenhagen, von, märkische

Familie. I 547, 557 f, 563, 579, 597 f, 626
Uechtritz, Friedrich von (1800 bis 1875), Schriftsteller. I 338
Uh, Friedrich. I 312
Uhde, Hermann (1845–1879), Journalist. I 363
Uhland, Ludwig (1787–1862). I 44. II 252, 575, 590, 647, 716
Uhse, Marie. II 453, 536
Ullrich, Titus (1813–1891), Kritiker bei der »National-Zeitung«, später Dramaturg am Kgl. Schauspielhaus in Berlin. I 94, 100, 104, 106, 296, 326
Ulrich, Pauline (1835–1916), Schauspielerin. I 412, 429 f
Unruh, von. I 657

Valentini, Francesco (gest. 1833), Italienisch-Lehrer in Berlin. I 547
Varnhagen von Ense, Rahel Antoine Friederike, geb. Levin (1771–1833). I 510
Vehse, Karl Eduard (1802 bis 1870), Verfasser der »Geschichte der deutschen Höfe seit der Reformation«, 48 Bände (1851–1858). I 588 f, 664, 666, 668 f. II 318, 320, 517
Veit, Gustav von (1824–1903), Gynäkologe in Berlin. I 807
Veith, Oberst. II 68
Velhagen, August (1809–1891), Begründer des Verlages Velhagen u. Klasing
Velhagen und Klasing, Verlag und Druckerei. I 678
Veltheim, von, Familie. II 651
Verdy du Vernois, Julius von (1832–1910), preuß. General, Verfasser der anonym erschienenen »Teilnahme der 2. Armee am Feldzug 1866«. II 29
Verrie, Auguste Ozon de, Chefarzt, verfaßte »Aufzeichnungen aus dem Krieg gegen Frankreich 1870/71«. II 107
Victor Emanuel II. (1820 bis 1878), König von Sardinien, seit 1861 König von Italien. I 268
Victoria, Königin von England (1819–1901). I 177, 268, 331, 791
Victoria, geb. Prinzessin von England (1840–1901), Gemahlin von Kaiser Friedrich III. I 327, 459
Viereck, Adam Otto von, Minister. I 475
Viers (Wiers) s. Wiertz
Vietinghoff, von, Major in Schwerin. II 67
Vilarette, Henriette, s. Scherenberg, Henriette
Vincke, von, Badedirektor auf Norderney. I 130
Vogel von Falckenstein, Eduard, General im Krieg von 1866. II 10, 37

Voigt, Johannes, Verfasser einer Schrift über die »Vitalienbrüder« (1841). II 532, 534
Vollert, Anton (1818–1890), Appellationsgerichtsrat und Redakteur an Rodenbergs »Salon«, Herausgeber des »Neuen Pitaval«. I 348
Vollmar, Agnes (1836–1910), Vorsteherin eines Mädchenheimes. II 80
Vollmer, Arthur (1849–1927), Schauspieler. I 434
Voß, Amélie von, geb. von Block (1846–1893), erste Frau von Max Wilhelm Karl Ferdinand von V. I 634
Voß, Johann Heinrich (1751 bis 1826), Dichter. I 184. II 586
Voß, Julie Elisabeth Amalie von (1766–1789), seit 1787 Gemahlin von Friedrich Wilhelm II., dieser verlieh ihr den Namen einer Gräfin Ingenheim. I 101, 475 f, 483, 510, 589, 723
Voß, Max Wilhelm Karl Ferdinand Graf von (geb. 1837), Herr auf Stavenow. I 359
Voß, Richard (1851–1918), Verfasser von Romanen, Erzählungen und Schauspielen. I 157, 410 f, 418, 440 f. II 695 f
Voß, Sophie Marie Gräfin von, geb. von Pannewitz (1729 bis 1814), Oberhofmeisterin, ihre Memoiren: »Neunundsechzig Jahre am Preußischen Hofe« (1876). I 707, 723
Voß, Prof. an der Kriegsakademie in Berlin. II 103

Waagen, Gustav Friedrich (1794 bis 1868), Kunsthistoriker, Direktor der Kgl. Gemäldegalerie. I 328, 577
Wachtmeister, Margarethe Gräfin von (1865–1928), Tochter des Bonner Gynäkologen Gustav von Veit, Freundin von Martha (Mete) Fontane. I 807. II 433
Wackernagel, Philipp (1800 bis 1877), Fontanes ehem. Lehrer an der Gewerbeschule, Herausgeber einer »Auswahl deutscher Gedichte« (1832). I 755
Wagener, Hermann (1815 bis 1889), Chefredakteur der »Kreuzzeitung«. I 615. II 748
Wagener, Garnisonschullehrer. I 705
Wagner, Hermann. I 764
Wahlen-Jürgaß, s. Jürgaß
Waiblinger, Wilhelm (1804 bis 1830), Dichter. II 420
Waldberg, Max Freiherr von (1858 bis nach 1933), Literaturhistoriker in Heidelberg. II 374 f, 382, 385
Waldemar IV. (Atterdag) (1320 bis 1375), seit 1340 König von Dänemark. I 157

Wallenstein, Albrecht Eusebius Wenzel von (1583–1634). I 166, 208. II 384

Wallner. I 433

Walpole, Horace, Earl of Oxford (1717–1797), Brief- und Memoirenschreiber, Verfasser des Romans »The Castle of Otranto« (1764). I 359

Waltershausen, G. F., »Urkundliche Geschichte des Ursprungs der deutschen Hanse«. II 531

Wandelt, Ida. I 396

Wangenheim, Hermann Freiherr von (1807–1890), Geheimrat. I 466. II 210

Wangenheim, Marie Freifrau von, geb. Freiin Aickner von Heppenheim (1814–1891), Frau von Hermann Freiherr von W., deren Töchter Fontane von 1853 bis 1855 unterrichtet hatte. II 236, 249, 324, 330, 632

Wannschaffe, Oberamtmann. II 345

Wartenburg, Karl. I 384

Warwick, Ambrose Dudley Earl of (ca. 1528–1589), Adliger am Hofe Elisabeths I. von England. I 68

Weber, Elise (»Lise« oder »Lischen«) geb. Fontane (1838 bis 1923), jüngste Schwester Fontanes, seit 1875 mit dem Kaufmann Hermann Weber verheiratet. I 96, 103, 110, 163, 470, 472, 492, 495, 499 bis 502, 504, 511, 530, 531 f, 550, 602, 620 f, 623, 626–628, 630, 636, 638 f, 641, 647, 721, 725, 727, 791. II 73, 79, 86, 100, 113, 211, 298

Weber, Georg (1808–1888), Geschichtsschreiber. II 30

Weber, Hermann, Fontanes Schwager. II 671

Weber. I 370. II 315

Wedel, Erhard Graf von (1828 bis 1885), Major, Flügeladjutant des letzten Königs von Hannover, Georg V. I 767

Wehlau. I 179

Wehrenpfennig, Wilhelm (1829 bis 1900), Schriftsteller und Politiker, Chefredakteur der »Spenerschen Zeitung« (1872/ 73). II 629

Wehrmann, Geheimrat. II 60, 62 f

Weigel, Clementine von, Schwägerin von August von Heyden. II 271

Weigel, von (Schwestern). II 111

Weiler, Ernst von (1620–1692), General. I 601, 607

Weinberger, Buchhändler in Kissingen. II 392

Weise, Karl (1813–1888), Drechslermeister, Volksdichter in Freienwalde. I 546 f

Weiss, Hermann Karl Jakob (1822–1897), Historienmaler,

Tunnelmitglied (Salvator Rosa). I 477
Weiß, Julius. II 448
Weiße, Adolf (geb. 1856), Schauspieler, von 1885 bis 1887 am Kgl. Schauspielhaus in Berlin. I 416
Wellington, Arthur Wellesley, Duke of (1769–1852). I 297
Wendlandt, Wilhelm, Dichter. I 432
Wentworth, Thomas, s. Strafford
Wentzel, Rudolf, Mitarbeiter Fontanes an der deutsch-engl. Korrespondenz. I 240–243, 245, 247 f, 250 f, 253, 256, 258, 263, 267, 270, 272 f, 276, 280 f, 284. II 602
Werder, Karl Friedrich (1806 bis 1893), Prof. an der Universität Berlin. I 355, 358. II 175, 720
Wereschtschagin, Wassilij (1842 bis 1904), russ. Maler. II 672
Werner, Anton von (1843 bis 1915), Maler. I 130, 140, 421, 685 f, 735
Werner, Richard Maria (1834 bis 1913), Literaturhistoriker. I 171
Westermann, George (1810 bis 1879), begründete 1838 den nach ihm benannten Verlag in Braunschweig. I 673 f. II 282
Westmoreland, Charles Neville, 6th Earl of, Rebell gegen Elisabeth I. I 67, 69
Wichert, Ernst Alexander August Georg (1831–1902), Schriftsteller. I 175, 354, 394
Wichmann, Hermann (1823 bis 1905), Musikdirektor und Schriftsteller, Tunnelmitglied (Spohr). I 387, 653. II 238 f, 250, 455, 461, 464, 707
Widmann, Joseph Viktor (1842 bis 1911), schweiz. Schriftsteller und Journalist. II 80, 273, 439, 454, 470
Wieland, Christoph Martin (1733–1813). II 617
Wiertz, Anton Joseph (1806 bis 1865), Maler, sein Atelier später Museum. II 344
Wiese, Ludwig A., Geheimer Oberregierungsrat im preuß. Kultusministerium, veröffentlichte »Lebenserinnerungen und Amtserfahrungen« (1886). I 526, 617
Wiesicke, Carl Ferdinand (1798 bis 1880), Homöopath. I 761 f, 790 f
Wietersheim. II 47
Wilbrandt, Adolf (1837–1911), österr. Schriftsteller. I 113, 442, 453. II 247, 664
Wilcke, von. I 724
Wildenbruch, Ernst von (1845 bis 1909), Dramatiker. I 398 f, 407, 409, 412, 430, 433, 449,

453, 803. II 174, 419, 708, 717, 722
Wildenbruch, von, General, Sohn des Prinzen Louis Ferdinand von Preußen, Vater von Ernst von Wildenbruch. I 99
Wilhelm I., preußischer König, deutscher Kaiser (1797–1888). I 103, 131, 146 f, 150, 169, 371, 421, 479, 489, 530, 532. II 42, 50, 58–60, 62 f, 71, 87, 89, 100, 107, 113, 367, 524, 610, 647 f, 655
Wilhelm II., preuß. König, deutscher Kaiser (1859–1941). I 140 f, 150, 447, 739. II 450, 452, 709
Wille, Bruno. II 409
Willerding, August Wilhelm (geb. 1821), Generalmajor. II 345, 347
William & Norgate, Verlag. II 66
Wilmot, M. I 286
Wilmowski, Karl Freiherr von (1817–1893), Chef des Geheimen Zivilkabinetts Kaiser Wilhelms I. II 89, 112 f, 647 bis 649, 655
Wilms, Friedrich Robert (1824 bis 1880), Chirurg am Krankenhaus Bethanien. II 500
Wimpffen, Emanuel Felix Freiherr von (1811–1884), Oberbefehlshaber der frz. Armee, veröffentlichte »Sédan« (1871) und »Réponse au général Ducrot par un officier supérieur« (1871). II 88
Wimpffen, Waldemar Freiherr von (1801–1868), Tunnelmitglied (Fouqué). I 203
Windel, Karl Friedrich Adam (1840–1890), Hofprediger an der Potsdamer Friedenskirche. I 398. II 172, 249, 330
Windisch-Grätz, Alfred Fürst zu (1787–1872), österr. Feldmarschall. II 500
Winkler, Karl Gottfried Theodor (Pseud. Theodor Hell) (1775 bis 1856), Dramatiker und Journalist, Vizedirektor der Dresdener Hofbühne, von 1817 bis 1843 Chefredakteur der Dresdner »Abendzeitung«. I 458. II 566
Winterfeldt, von, märkische Familie. I 473
Winterfeldt, Adolf von (1824 bis 1889), Schriftsteller. I 433
Winterfeldt, Hans Karl von (1707–1757), preuß. General. II 584
Winterfeld, K. II 96
Wisniewsky, Oskar (1819–1891), Maler. II 291
Witte, Anna, geb. Schacht, Frau von Friedrich Witte, mit Martha (Mete) Fontane befreundet. II 274, 451
Witte, Friedrich (Fritz) (1829 bis 1893), Fabrikant, Reichstags-

abgeordneter, mit Fontane befreundet. I 32 f, 36, 38, 41 f, 46, 50, 54, 59, 61, 215, 220, 225, 432, 801, 809. II 274, 387, 505, 507 f, 510, 541, 557, 572–574, 581 f
Wittig, Verlag. II 365
Witting, Carl (1823–1893), Komponist. I 79
Witzleben, August von (1808 bis 1880), Leutnant. I 334
Witzleben, Frau von, geb. von Meusebach, Schwester von Karl von M. I 648
Woeller, Herr. I 782
Wöllner, Johann Christoph (1732–1800), preuß. Staatsminister. I 603. II 238
Wohlbrück, Sigmund Wilhelm, »Geschichte des ehemaligen Bistums Lebus und des Landes seines Namens«, 3 Teile (1829–1832). I 662–664, 691. II 201, 245
Wolbe, Eugen. I 452
Wolf, Isegrim. II 586
Wolff, Emil (1802–1879), Bildhauer. I 753
Wolff, Julius (1834–1910), Unterhaltungsschriftsteller. I 154, 172, 421. II 355, 419, 681, 722
Wolff, Theodor (1868–1943), Chefredakteur des »Berliner Tageblattes«. II 386, 390 f
Wolfsohn, Wilhelm (1820 bis 1865), Schriftsteller, Mitbegründer des »Deutschen Museums«. I 9, 15, 19, 21–23, 26, 32, 39–41, 53, 59, 213, 215 f, 218 f, 224, 310, 313 f, 596. II 185, 489, 566 f, 570, 615, 635
Wollheim da Fonseca, Anton Eduard (1810–1884), Schriftsteller, Tunnelmitglied (Byron). II 131, 135
Wolter. II 229
Woltersdorf, Gabriel Lukas (geb. 1687), Pastor in Friedrichsfelde, seit 1735 Prediger an der St. Georgen-Kirche in Berlin. I 707
Wolzogen, Alfred Freiherr von (1823–1883), Schwiegersohn Schinkels, veröffentlichte Schriften über Schinkel. I 533, 577
Wordsworth, William (1770 bis 1850). I 221
Wrangel, Friedrich Graf von (1784–1877), preuß. Generalfeldmarschall. I 175, 774, 776, 779. II 150, 343, 647
Wreech, Luise Eleonore von, geb. Schöning (geb. 1707). Frau des Generals Adam Friedrich von W. I 484, 554, 556, 558, 562, 582
Wülknitz, Henriette Sophie Rosalie, geb. von Arnstedt (gest. 1861), Frau v. Otto von W., Tochter von Luise Henriette Charlotte von Kraut. I 762

Wülknitz, Otto von (gest. 1866), Kammergerichtsrat. I 588, 771, 774, 780
Wullenweber, Jürgen (1492 bis 1537), Bürgermeister von Lübeck. I 48
Wylich, Familie. I 772
Wystocki. I 226

York von Wartenburg, Ludwig Graf (1759–1830), preuß. Feldmarschall. I 30, 60, 483, 549, 585. II 150, 241, 703
Young, Edward (1683–1765), engl. Dichter, »The Complaint, or Night Thoughts on Life, Death, and Immortality«. I 24

Zabel, Eugen (1851–1924), Feuilletonist, Reiseschriftsteller, Erzähler, Übersetzer. II 231 f
Zabel, Friedrich (1802–1875), Chefredakteur der »National-Zeitung«. I 36, 567
Zarncke, Friedrich Karl Theodor (1825–1891), Begründer des »Literarischen Centralblattes«, Prof. der Germanistik in Leipzig. I 227, 576
Zedlitz, Joseph Christian Freiherr von (1790–1862), Schriftsteller. I 755
Zeppelin, Graf Ferdinand von (1838–1917). II 98
Zeuner, von, Familie. I 730

Zeuner, Karl Emil Ferdinand von, Besitzer des Guten Köpernitz, Neffe der Gräfin La Roche-Aymon. I 599, 501
Ziegler, Clara (1844–1909), Schauspielerin. I 351 f, 385 bis 387
Ziel, Ernst, Dr. (1841–1921), Redakteur der »Gartenlaube«. II 310
Zieten, von, märkische Familie. I 473, 572, 574, 579, 586
Zieten, Friedrich Christian Emil Graf von (1765–1854), Landrat des Ruppiner Kreises. I 750. II 188
Zieten, Hans Joachim von (1699–1786), preuß. Reitergeneral. I 10 f, 60, 86, 107, 473, 482, 634, 640, 697 f. II 479, 562, 654, 698, 722, 724, 726
Zieten-Schwerin, Albert Julius Graf von (1835–1922), Herr auf Wustrau. I 500
Zirbeck. I 495
Zölfel, E. A., Krummhübler Laborant, erscheint episodisch in »Quitt«. II 400
Zöllner, Familie. I 113, 378. II 359
Zöllner, Emilie, geb. Timm (1828–1924), Frau von Karl Z. I 122, 137, 368 f, 600. II 208, 299, 328, 345, 447, 476, 634, 689
Zöllner, Karl (1821–1897), Ju-

rist, 1876 als Nachfolger Fontanes Erster Sekretär der Akademie der Künste in Berlin, Tunnel-, Rütli-, Elloramitglied (Chevalier). I 109, 113, 121–123, 161, 163, 385, 391, 398 f, 422, 425, 432 f, 440, 446, 500, 597 f, 625, 724, 761 f, 781, 794, 802. II 44, 72, 84, 246, 250 f, 275, 297, 504, 526, 545, 547, 619, 634, 645, 730

Zöllner, Karl Friedrich (geb. 1859), Sohn Karl Zöllners. I 368, 426

Zola, Emile (1840–1902). I 390, 392, 404–406. II 220, 271, 321, 344, 674, 686, 692, 695

Zoller, Edmund (1822–1902), Herausgeber von »Über Land und Meer«, Direktor der Hofbibliothek in Stuttgart. II 311, 331

Zolling, Theophil (1849–1901), Romanautor, Redakteur der »Gegenwart«. II 286, 289, 303, 311, 313

Zschokke, Heinrich (1771 bis 1848), Erzähler. II 486

Zwick. I 179

Zychlinski, Franz von (1816 bis 1900), preuß. General, Schwager von Hermann Scherz. I 501, 504, 621, 625, 657. II 33, 59, 104, 400

Werkregister

Abednego der Pfandleiher. Nach dem Englischen der Mrs. Gore (Übertragung des Romans »The money-lender« von Catherine Grace Gore). II 487

Allerlei Glück. II 209, 211

Argo. Belletristisches Jahrbuch für 1854 (1857–1860: Album für Kunst und Dichtung). I 471. II 595, 601, 610, 638

Aus den Tagen der Occupation. Eine Osterreise durch Nordfrankreich und Elsaß-Lothringen. I 344, 734. II 109, 233, 313, 624, 634, 637 f, 647, 651, 671, 693, 698, 702 f

Aus England. Studien und Briefe über Londoner Theater, Kunst und Presse. I 94, 96 f, 100, 305–307, 310 f, 313 f, 319 f, 329, 331–333, 367, 473. II 540, 548, 607 f, 637 f

Berliner Romane. II 724

Cécile. I 728. II 159, 272, 368, 398, 427, 440, 689

Christian Friedrich Scherenberg und das litterarische Berlin von 1840 bis 1860. I 135, 205, 725. II 149, 606

Der deutsche Krieg von 1866. I 338, 597, 599, 734. II 96, 106, 190 f, 233, 243, 313, 624, 634, 638, 647, 651, 689, 693, 702 f

Der Krieg gegen Frankreich 1870 bis 1871. I 117, 119, 344, 350 f, 360, 366, 609, 618, 622, 628, 650, 734. II 85, 87 f, 198, 233, 243, 313, 624, 634, 637 f, 647, 651, 671, 693, 702 f

Der Schleswig-Holsteinsche Krieg im Jahre 1864. I 734. II 190, 233, 243, 313, 624, 634, 638, 647, 651, 693, 702 f

Der Stechlin. II 137, 150, 244

Die Bredows. II 117

Die Likedeeler. II 425

Die Poggenpuhls. II 528

Effi Briest. I 180. II 358, 440, 464, 729

Ein Sommer in London. I 85, 292, 323 f, 326, 466. II 610, 637 f, 698
Ellernklipp. Nach einem Harzer Kirchenbuch. I 388, 667, 677, 721. II 257, 262, 265 f, 268, 296, 302, 522, 651, 688, 690, 725
Frau Jenny Treibel oder »Wo sich Herz zum Herzen find't«. II 119, 382 f, 465, 729
Fünf Schlösser. Altes und Neues aus Mark Brandenburg. I 147, 165, 588, 619, 624, 627 f, 715, 731, 756, 805, 815. II 382, 412 f, 435
Gedichte. I 268, 306 f, 310, 313, 319 f, 334, 473, 489, 505, 524, 576, 609, 650, 652 f, 655 f, 690, 750, 756, 802, 812, 816. II 140 f, 173, 238, 244, 255, 268, 287, 290, 331, 340, 350 f, 382, 401, 416 f, 423, 434, 463, 485, 499, 530, 537, 540, 545, 548 f, 566–568, 571 f, 577 f, 592 f, 595, 597, 599, 600, 610, 612, 615, 618, 628 f, 633, 636 bis 639, 653, 671, 682, 688, 698, 702 f, 707, 718, 722, 724, 726
Gesamtausgabe. I 744
Geschichte und Geschichten aus Mark Brandenburg, Lesebuch für Schule und Haus. I 725
Graf Petöfy. II 153, 160–162, 172, 338, 408, 410, 414, 521

Grete Minde. Nach einer altmärkischen Chronik. I 663, 667, 669, 721, 815. II 211, 223, 226, 262, 282 f, 290–292, 302, 595, 651, 688, 690, 725

Heinrichs IV. erste Liebe. II 592

Irrungen, Wirrungen. I 161, 797. II 272, 356, 377 f, 381, 383 bis 385, 388, 390 f, 408, 426, 689

Jenseit des Tweed. Bilder und Briefe aus Schottland. I 94, 97, 100, 308–316, 318–325, 327, 331–333, 367, 471, 473. II 608, 637 f, 698

Karl Stuart. I 13, 42, 45, 226. II 568
Kriegsgefangen. Erlebtes 1870. I 114, 648, 734. II 89, 96 f, 109, 233, 313, 424, 433, 439, 624, 634, 637 f, 647, 651, 671, 692 f, 698, 702 f

L'Adultera. I 677, 681. II 80, 276 f, 287, 295, 302, 305, 439, 595, 651, 689

Mathilde Möhring. II 427
Meine Kinderjahre. Autobiographischer Roman. I 817. II 132, 148, 442 f, 729

Quitt. I 136, 415, 732 f. II 349, 363, 393, 412, 421, 441, 682

Schach von Wuthenow. Erzählung aus der Zeit des Regiments Gensdarmes. I 677. II 211, 245, 262, 275 f, 516, 518, 520 f, 651

Sidonie von Borcke. II 295, 394, 516, 521

Stine. I 831. II 272, 363, 406, 408, 413, 435, 689

Storch von Adebar. II 296, 520

Tuch und Locke. II 546

Unterm Birnbaum. I 414. II 159, 172, 346, 348, 394, 441, 725

Unwiederbringlich. I 153, 814, 816. II 408, 410, 729

Vaterländische Reiterbilder aus drei Jahrhunderten. I 669 f

Von vor und nach der Reise. Plaudereien und kleine Geschichten. I 791. II 440, 443, 535

Von Zwanzig bis Dreißig. Autobiographisches. I 427. II 457, 482, 485, 488, 551 f, 729

Vor dem Sturm. Roman aus dem Winter 1812 auf 13. I 378, 388, 463, 661, 675, 762. II 16, 26, 123, 184, 235, 245, 255, 279, 422, 479, 511, 515, 644 f, 651, 653, 671, 690

Wanderungen durch die Mark Brandenburg. I 105, 119, 138, 159, 318, 353, 355, 365, 388, 391 f, 432, 463, 607, 791 f, 794 f, 799, 803–805. II 11, 16, 58, 70, 98, 103, 161, 185, 192, 195, 198, 233 f, 238, 255, 260, 266 f, 285, 289, 313 f, 316 f, 319, 382, 412, 419, 434 f, 463, 470, 513, 519, 526 f, 595, 615, 624, 638, 651, 653, 671, 688, 690, 692, 698, 724, 726

Aachener Zeitung (1849 ff). I 36
Allgemeine Militair-Zeitung. Herausgegeben von einer Gesellschaft deutscher Offiziere und Militärbeamten (Leipzig und Darmstadt 1826–1902). II 36
Allgemeine Preußische Zeitung (Berlin 1861 ff). I 520, 533. II 614
Augsburger Allgemeine Zeitung (1798–1914, seit 1882 München), bedeutende liberale politische Tageszeitung; Chefredakteur 1870 bis 1889 Otto Braun. I 16, 22, 93, 105, 120, 228, 383, 596, 614, 652, 670, 709 f, 800. II 221, 224 f, 257 f, 311–313, 354 f, 684, 697
Aus dem neuen Reich (vermutl. identisch mit »Im neuen Reich«). I 652

Berliner Börsen-Courier (1868ff). I 179, 797 f. II 376
Berliner Figaro (1831–1848), von Ende 1839 bis Mitte März 1840 war Fontane Mitarbeiter; Veröffentlichung von »Geschwisterliebe« und Gedichten. I 173. II 183, 592
Berliner Fremden- und Anzeigenblatt (1860 ff), konservative Zeitung, erschien im Verlag Rudolf von Decker. I 108 f, 115, 121, 337, 361, 652. II 268 f, 287
Berliner Illustrierte Zeitung (vermutl. identisch mit »Illustrierte Zeitung. Wöchentliche Nachrichten über alle Ereignisse, Zustände und Persönlichkeiten der Gegenwart«, Leipzig und Berlin 1843 ff). II 176
Berliner Montagspost (1855 bis 1866), Zeitschrift, hrsg. von Ernst Kossak. I 93 f, 326, 459, 574, 595
Berliner Montags-Zeitung (1861 bis 1884), 1861 bis 1869 redigiert von Adolf Glaßbrenner. I 520
Berliner Revue. Social-politische

Wochenschrift (1855–1871). I 320, 324, 335, 471
Berliner Tageblatt (1872–1933), bürgerlich-demokratische Tageszeitung. I 709, 797. II 217, 229 f, 309, 311, 313, 391
Berlinische Nachrichten von Staats- und gelehrten Sachen s. Spenersche Zeitung
Blätter für literarische Unterhaltung (Brockhaus, Leipzig 1826 bis 1898), Literaturzeitschrift. I 32, 37, 93, 652. II 129, 235
Börsenblatt für den Deutschen Buchhandel und für die mit ihm verwandten Geschäftszweige (Leipzig 1834–1887). I 774, 779
Börsen-Courier s. Berliner Börsen-Courier
Bremer Sonntagsblatt (1853 bis 1866). I 100
Breslauer Zeitung (1828 ff). I 93 f, 96, 246, 614
Buchhändler-Börsen-Blatt s. Börsenblatt

Centralblatt s. Literarisches Centralblatt
Centralorgan für die Interessen des Realschulwesens. I 721, 800
Chemnitzer Tageblatt (1850 ff). II 29
Constitutionelle Zeitung s. Konstitutionelle Zeitung
Cosmopolis (1896–1898), Berliner Zeitschrift, hrsg. von Ernst Heilborn. I 452. II 133 f, 139 f, 142, 474
Cotta'scher Musenalmanach (Stuttgart 1891–1900), hrsg. von Otto Braun. II 705

Daheim. Ein deutsches Familienblatt mit Illustrationen (Leipzig 1864 ff), christlich-konservative Zeitschrift; brachte im Vorabdruck »Vor dem Sturm«. I 376, 652, 656, 797. II 30, 36, 198 f, 201, 206 f, 210, 212–214, 223, 279, 287, 312, 697 f
Daily Telegraph (London 1855 ff), liberale politische Tageszeitung. I 274
Danziger Dampfboot (1831 ff). I 284
Das Kleine Journal (1879 ff), Berliner Tageszeitung. I 449
Das Neue Berlin (Spemann, Berlin und Stuttgart 1886), Wochenschrift, hrsg. von Paul Lindau. I 417
Das neue Blatt: ein illustriertes Familien-Journal (Leipzig 1870 ff), redigiert von Paul Lindau. I 652
Das Universum. Illustrierter Hausschatz für Poesie, Natur und Welt, Literatur, Kunst und Wissenschaft (W. Hoffmann, Dresden 1884/85, 1896 von Reclam übernommen),

brachte im Vorabdruck »Cécile«. II 351–353, 398, 417, 427

Der Bär (1875–1901), Berliner Heimatzeitschrift, redigiert von Emil Dominik. I 147, 662, 666, 676, 678, 692, 709, 721, 768, 770, 774, 778, 785, 800, 815. II 222, 311, 313, 653

Der Bote aus dem Riesengebirge (Hirschberg 1812 ff). I 710. II 405

Der Bund (1851 ff), freisinnig-demokratische Berner Tageszeitung mit Sonntagsblatt. II 454

Der hamburgische Correspondent. Morgen-Zeitung der Börsen-Halle (1869 ff). II 312

Der Salon für Literatur, Kunst und Gesellschaft (1867–1890), hrsg. von E. Dohm und J. Rodenberg; brachte 1871 Fontanes Aufsatz über W. Alexis, außerdem Balladen. I 117, 344 f, 348, 350 f, 356, 365, 448 f, 642, 652, 684. II 240, 642

Der Soldaten-Freund. Zeitschrift für faßliche Belehrung und Unterhaltung der Preußischen Soldaten (Berlin 1833 ff). I 210

Der Zuschauer. Beilage der Kreuzzeitung. I 82, 108. II 313, 719, 722

De Toekomst. I 831

Deutsche Allgemeine Zeitung (Leipzig 1837–1879), liberale Tageszeitung. I 218 f, 652, 832 f

Deutsche Annalen zur Kenntnis der Gegenwart und Erinnerung an die Vergangenheit (Leipzig), hrsg. von Karl Biedermann. I 227

Deutsche Dichtung (1886 ff), Berliner Halbmonatsschrift, hrsg. von Karl Emil Franzos. I 158

Deutsche Illustrierte Zeitung (Berlin 1885–1887), Chefredakteur Emil Dominik. II 435

Deutsche Kunst(?). I 756

Deutsche Literaturzeitung (Berlin 1880 ff). II 459

Deutsch-englische Korrespondenz, 1855 von Fontane in London gegründete und geleitete Pressekorrespondenz zur Information deutscher Zeitungen; stellte ihr Erscheinen im März 1856 wieder ein. I 236–238, 240–244, 246 bis 248, 250, 255, 257–259, 261 bis 263, 266 f, 270

Deutsche Reform. Politische Zeitung für das konstitutionelle Deutschland (1848 bis 1851, 1851–1853 als Preußische »Adler«-Zeitung weitergeführt), Fontane veröffentlichte hier englische Feuilletons und den Aufsatz über Scherenberg. I 46, 52, 215, 217–219. II 151

Deutscher Musen-Almanach (1830 in Leipzig begründet, hrsg. von Adalbert von Chamisso und Gustav Schwab, 1851 bis 1855 hrsg. von Otto Friedrich Gruppe in Berlin). I 26 f, 53 f, 227, 339. II 544

Deusches Kunstblatt s. Literaturblatt des Deutschen Kunstblattes

Deutsches Museum. Zeitschrift für Literatur, Kunst und öffentliches Leben (1851–1867), hrsg. von Robert Prutz und Wilhelm Wolfsohn. I 35, 40, 59, 93, 216 f, 331

Deutsches Tageblatt (1881 bis 1933), deutschkonservative Berliner Tageszeitung. I 709, 797. II 309

Deutsches Wochenblatt (Berlin 1888 ff), hrsg. von O. Arendt. I 432, 731. II 375 f

Deutschland. Wochenschrift, hrsg. von Fritz Mauthner. I 739, 744

Die Deutsche Rundschau, von Julius Rodenberg (Paetel, Berlin 1874 ff), belletristische Monatsschrift. I 403, 448, 652, 661, 679, 710, 716, 722, 801. II 122 f, 125, 131, 133 f, 136, 139, 146, 233 f, 309, 311, 313, 375, 410, 416–418, 421, 423 f, 427, 429, 432, 443, 445 f, 450, 455, 457–459, 473 f, 522 f, 535, 660 f, 673, 727 bis 729

Die Eisenbahn. Ein Unterhaltungsblatt für die gebildete Welt (Leipzig), belletristische Zeitschrift, an der Fontane 1841 bis 1843 mitarbeitete. I 195, 458

Die Gartenlaube (1853 ff), von Ernst Keil gegründetes illustriertes Familienblatt, seit 1884 im Besitz Adolf Kröners; brachte im Vorabdruck »Unterm Birnbaum«, »Quitt« und die erste Veröffentlichung von »Mathilde Möhring«. I 414, 604, 652, 668, 684, 797, 816. II 74, 159, 279, 281, 310, 335 bis 339, 346, 348, 365, 399, 401–406, 417, 682

Die Gegenwart. Wochenschrift für Literatur, Kunst und öffentliches Leben (1872 bis 1918), gegründet und hrsg. von Paul Lindau, nach 1882 hrsg. von Theophil Zolling u. a. I 127, 272, 347–349, 357, 372 bis 374, 376, 387 f, 390, 392, 396, 652, 661, 679, 709. II 215 f, 236, 286, 289, 300 f, 309, 311, 313

Die Grenzboten (1841–1923), liberale Wochenschrift. I 93, 331, 625. II 256, 355, 638 f

Die Post (1860 ff), Berliner Tageszeitung; Blatt der Reichs-

und freikonservativen Partei, das die Linie der Bismarckschen Politik einhielt. I 797 f. II 171, 175, 221, 269, 312, 356, 376

Die Zeit. Neueste Berliner Morgenzeitung. Presseorgan des Ministeriums Manteuffel; seit 1858 »Preußische Zeitung«; Fontane publizierte hier vor allem in den Jahren 1857 bis 1859 seine England-Berichte. I 227, 246, 296–298, 300 f

Die Zukunft. Wochenschrift für Politik, öffentliches Leben, Kunst und Literatur. Unabhängige Rednertribüne für jedermann (Berlin 1892 bis 1923), gegründet und hrsg. von Maximilian Harden. I 450 f

Dresdner Anzeiger (1808 ff). II 567

Dresdner Tageblatt (1846 ff). I 22, 93, 652

Dresdner Zeitung (1846 ff), Fontane war von November 1849 bis April 1850 als Berliner Korrespondent des Blattes tätig. I 22, 213 f

Elegante Welt, s. Zeitung für die elegante Welt
Elsaß-Lothringische Zeitung. I 709. II 312
Emdener Zeitung. II 311, 313
Erfurter Zeitung. I 284

Europa. Chronik der gebildeten Welt (C. Lorck, Leipzig 1847 bis 1864), hrsg. von Ferdinand Gustav Kühne. I 93, 568, 595
Evening Star. I 274

Familienblatt. II 434
Frankfurter Amtsblatt. I 557 f
Frankfurter Publicist. I 557 f
Frankfurter Zeitung (1856 ff), Tageszeitung. I 154. II 312, 354, 374
Freie Bühne für modernes Leben. Theatervereinigung und seit 1890 Zeitschrift in Berlin, gegründet im März/April 1889; aus ihr ging 1893 die Neue Deutsche Rundschau (seit 1904 Die Neue Rundschau) hervor. I 153, 445. II 276, 409, 708

Hallischer Courier (1851 ff). II 312
Hallisches Volksblatt. I 99
Hamburger Nachrichten (1849 ff). I 93, 471, 614, 652, 709. II 229, 312
Historische Zeitschrift (München 1859 ff). I 652

Illustrierte Monatshefte s. Westermanns Illustrierte deutsche Monatshefte
Illustrierte Zeitung (vermutl. identisch mit »Illustrierte Zeitung. Wöchentliche Nach-

richten über alle Ereignisse, Zustände und Persönlichkeiten der Gegenwart«, Leipzig und Berlin 1843 ff). I 23

Im neuen Reich (1871–1881), erschien im Verlag S. Hirzel. II 639 f

Jahrbücher des Vereins für mecklenburgische Geschichte. I 633

Johanniter-Wochenblatt s. Wochenblatt der Johanniter-Ordens-Balley Brandenburg

Kieler Zeitung (1864 ff). II 227

Kladderadatsch (1848 ff), von David Kalisch gegründetes politisch-satirisches Witzblatt. I 65

Kölnische Zeitung (1762 ff), Kölner Tageszeitung. I 93, 237, 246, 269–271, 276, 281, 331, 614, 652, 678 f, 709 f, 797. II 215 f, 231, 311, 377, 657

Königsberger Zeitung. I 614. II 312

Konstitutionelle Zeitung (1848 bis 1852), liberale Berliner Zeitung. I 34, 36, 220. II 573

Kreuzzeitung s. Neue Preußische Zeitung

Leipziger Illustrierte Zeitung (vermutl. identisch mit »Illustrierte Zeitung. Wöchentliche Nachrichten über alle Ereignisse, Zustände und Persönlichkeiten der Gegenwart«, Leipzig und Berlin 1843 ff). II 697

Leipziger Tageblatt (1807 ff). I 197

Leipziger Zeitung (1810 ff). I 93, 314, 652

Le Journal des Débats (Paris 1814 ff). II 64

Literarisches Centralblatt (1850 ff), gegründet durch Friedrich Zarncke; Fontane veröffentlichte darin mehrere anonyme Beiträge, u. a. eine Kritik über Scherenbergs Epos »Leuthen« (1852) und O. F. Gruppes »Musenalmanach«. I 227, 576

Literaturblatt des Deutschen Kunstblattes (H. Schindler, Berlin 1854 ff), Halbmonatsschrift, hrsg. von Friedrich Eggers. I 229, 232–234, 236 f, 281, 288, 298 f, 301. II 597, 601

Literatur-Zeitung. II 287

Magazin für die Literatur des In- und Auslandes (1832 bis 1915), Berliner Wochenschrift. I 414, 416, 450, 709. II 264, 269 f, 288, 300 f, 317, 334, 679, 708

Magdeburgische Zeitung (1806 ff). I 614, 677, 710,

722. II 254, 268, 287, 311, 313, 316
Mecklenburger Anzeigen. I 652
Mecklenburgische Zeitung (1848 ff). I 36
Mehr Licht. II 222 f, 225, 231
Militair-Wochenblatt (Berlin 1816 bis 1942/43). II 66, 465
Minerva. Ein Journal historischen und politischen Inhalts (Berlin–Hamburg–Leipzig–Jena 1792–1857, neue Folge Jena 1858 ff). I 273–275
Mittheilungen aus der historischen Litteratur. I 655
Moden-Zeitung. I 23
Montagspost s. Berliner Montagspost
Morgenblatt für gebildete Leser (Cottascher Verl., Stuttgart 1807–1865), täglich erscheinende Literaturzeitung; veröffentlichte seit 1843 Gedichte Fontanes und seit 1859 zahlreiche seiner Berichte aus Schottland. I 10 f, 18 f, 28 f, 37, 108, 209, 311–313, 315 f, 319, 325, 334, 353, 471, 474, 479 f, 492, 498, 521, 530, 550 f. II 568, 611, 654
Morning Chronicle (1769 ff), englische Zeitung. I 249, 282, 284, 287 f, 290
Morning Herald (London 1780 ff). I 274 f
Morning News. I 274
Morning Star (1856 ff), englische Zeitung mit puritanischer und freihändlerischer Orientierung. I 274, 459
Münchner Allgemeine Zeitung. II 449, 469
Münchner Neueste Nachrichten (1887 ff). I 176
Museum s. Deutsches Museum

Nation. II 173, 354, 376, 392, 468
National-Zeitung (1848–1938), bürgerlich-liberale Zeitung, später Organ der Bismarcktreuen Nationalliberalen Partei. I 23, 34, 36, 93 f, 104, 161, 237 f, 246, 326, 416, 520, 527, 566 f, 569, 614, 652, 709 f, 797 f, 800. II 128, 174, 287, 309, 311, 330
Nederlandsch Museum. I 829
Neue Deutsche Rundschau s. Freie Bühne für modernes Leben
Neue Freie Presse (1864 ff), von Michael Etienne, Max Friedlaender und Adolf Werthner gegründete führende liberale Tageszeitung Wiens. I 614, 652, 709. II 99, 128, 330, 452
Neue Monatshefte s. Velhagen und Klasings Neue Monatshefte
Neue Preußische Zeitung (1848 bis 1938), nach dem Eisernen Kreuz im Titelkopf meist Kreuzzeitung genannt; 1848

von Hermann Wagener als Organ der Christlich-Konservativen gegründet; von 1860 bis 1870 redigierte Fontane den englischen Artikel, nachdem er bereits 1856 bis 1859 Mitarbeiter der Zeitung gewesen war. I 34, 93 f, 100, 109, 255, 269 f, 276, 281, 286 bis 295, 299 f, 302, 304, 306, 312 f, 316 f, 326 f, 333, 335, 337, 339 f, 343, 361 f, 367, 399, 462–465, 471, 473, 478 bis 493, 498, 522 f, 527, 529 f, 533, 549, 553, 565, 567, 595, 604, 614 f, 619, 652, 657, 678, 709, 722, 748, 756, 772, 778, 797 f. II 9, 27, 59, 98, 133 f, 162, 175, 215–217, 219, 225, 228, 232, 255, 309, 311, 313 f, 316, 332 f, 376, 512, 598, 609, 611, 614, 621 f

Norddeutsche Allgemeine Zeitung (Berlin 1861 ff), Tageszeitung; zunächst demokratische Tendenz, später Sprachrohr Bismarcks (»Kanzlerblatt«). I 370, 614, 652, 677, 709, 797. II 175, 256, 312, 411

Nord und Süd. Eine deutsche Monatsschrift (1877–1930), gegründet und bis 1904 geleitet von Paul Lindau; brachte im Vorabdruck »Grete Minde« und »L'Adultera«. I 135, 144, 396, 415, 436, 663, 669, 689, 693 f, 711, 713 f, 774, 797. II 211, 245, 247–249, 262 f, 267, 273, 276 f, 279, 309, 311, 313, 363, 367, 380, 399, 434, 522 f, 594, 660 f

Ostfriesische Zeitung (Emden 1840 ff). II 311, 313

Pan (1894–1899), Berliner Zeitschrift, hrsg. von A. Lichtwart, W. Bode u. a. I 177 bis 179, 185. II 130, 132 f, 139, 474

Patriotische. I 246

Politische Blätter. I 724

Posener Zeitung. I 783. II 312

Potsdamer Tageszeitung (1850 ff). I 615 f

Preußische (»Adler«-)Zeitung. Organ für Politik, Wissenschaft, Kunst, Landwirtschaft, Handel und Gewerbe (1851 bis 1853), Nachfolgerin der »Deutschen Reform«; Organ des Ministeriums Manteuffel; Fontane veröffentlichte hier zahlreiche England-Berichte und 1853 seinen Aufsatz über Theodor Storm. I 44, 46, 52, 93–95, 100, 222–226, 308, 326. II 541, 581, 611, 614

Preußischer Staatsanzeiger (1848 bis 1851), aus der halbamtlichen »Allgemeinen Preußischen Staats-Zeitung« (1819 bis 1848) hervorgegangenes

offizielles Organ der preußischen Regierung. I 34
Preußischer Volksfreund. Ein gemeinnütziges und unterhaltendes Volksblatt für gebildete Leser (1836–1845), hrsg. von Carl Gustav von Puttkamer. II 487
Punch (London 1841 ff), satirisches Wochenblatt. I 386

Quedlinburger Anzeiger. I 785

Reichsbote (1873 ff). I 797
Revue critique d'histoire et de littérature (Paris 1866–1935). II 177
Riesengebirgs-Bote s. Der Bote aus dem Riesengebirge
Romanwelt. Wochenschrift für die erzählende Literatur aller Völker (Stuttgart 1993–1896), hrsg. von Otto Neumann-Hofer. II 722
Rostocker Zeitung (1874 ff). II 312
Rundschau s. Die Deutsche Rundschau; Freie Bühne für modernes Leben
Russische Revue. Zeitschrift zur Kunde des geistigen Lebens in Rußland (1863–1864), hrsg. von Wilhelm Wolfsohn; 1864 zur »Nordischen Revue« erweitert. I 596. II 615
Saturday Review of Politics, Literature, Science and Art (London 1855 ff). II 65
Schlesische Presse. I 709
Schlesische Zeitung (1742 ff), Breslauer Zeitung; seit 1828 Tageszeitung. I 93, 471, 614, 652, 709 f. II 220, 286, 311, 313, 371
Schulblatt für die Provinz Brandenburg (Berlin 1836–1887). I 584
Schwäbische Chronik, Sonntagsbeilage des Schwäbischen Merkur II 229
Schwäbischer Merkur (Stuttgart 1785 ff), gegr. von Christian Gottfried Elben. I 471, 595, 614, 652, 709. II 221, 229, 312
Spandauer Zeitung. I 615
Spenersche Zeitung (1740 bis 1874), eigtl. »Berlinische Nachrichten von Staats- und gelehrten Sachen«, nach dem Herausgeber Spenersche Zeitung genannt. I 23, 93 f, 100, 326, 520, 566 f, 614, 652. II 196, 199, 245, 292, 629 f
Staats-Anzeiger s. Preußischer Staatsanzeiger
Sternzeitung s. Allgemeine Preußische Zeitung
Stettiner Zeitung (1865 ff). I 614. II 312
Straßburger Zeitung (1870 ff). I 677
Süddeutsche Zeitung (München 1859 ff), gegründet von Karl Brater. II 611

Tägliche Rundschau (1880 bis 1933), Berliner Tageszeitung. I 167. II 148, 161, 309, 312
The Globe (London 1810 ff). I 246 f, 270 f, 279–281, 283
The Illustrated London News (London 1842 ff). I 279
The Times (London 1785 ff). I 222, 246 f, 280, 286, 288, 291, 308 f, 314, 332, 464. II 64–66, 703
Tribüne (1862–1921), Berliner Zeitung. I 709. II 269, 285, 309, 311–313

Über Land und Meer (1858 bis 1925), von Wilhelm Hackländer und Eduard Hallberger gegründete illustrierte Wochenschrift in Stuttgart; brachte im Vorabdruck »Der Stechlin«; in der »Deutschen Romanbibliothek« von »Über Land und Meer« erschien zuerst »Graf Petöfy«. I 604. II 139, 221, 295, 309, 311, 313, 320, 326, 339, 466, 474 bis 479, 481, 523, 651
Unser Vaterland (um 1860/61), hrsg. von Heinrich Proehle. I 94, 476, 498
Unterhaltungen am häuslichen Herd (1853–1864), bis 1862 hrsg. von Karl Gutzkow, danach von K. Frenzel. I 93
Urwähler-Zeitung. Organ für Jedermann aus dem Volke (Berlin 1849–1853), seit 1853 fortgesetzt als »Volks-Zeitung. Organ für Jedermann aus dem Volke«. I 288

Vaterland s. Unser Vaterland
Velhagen und Klasings Neue Monatshefte (1886 ff), hrsg. von Theodor Hermann Pantenius. II 409, 706, 723
Volksblatt. I 569
Volksfreund s. Preußischer Volksfreund
Vom Fels zum Meer. Spemanns Illustrierte Zeitschrift für das deutsche Haus (1881–1905), brachte im Vorabdruck »Die Poggenpuhls«. I 398. II 309, 312, 381, 464 f
Vossische Zeitung (1704–1934), eigtl. »Königlich privilegierte Berlinische Zeitung von Staats- und gelehrten Sachen«, liberale Berliner Tageszeitung, an der Fontane bis 1856 mitarbeitete; von 1870 bis 1889 besprach er hier die Aufführungen des Königlichen Schauspielhauses, 1889/90 auch die der Freien Bühne; brachte im Vorabdruck »Schach von Wuthenow« und »Irrungen, Wirrungen«. I 34, 93 f, 113–115, 120, 140 f, 154, 164, 190, 237, 276 f, 279–283, 285, 313, 315 f, 319, 326, 331, 341–348, 350–364, 366–369,

371, 375–380, 382–391, 394 bis 399, 403–405, 407–413, 415–419, 422–427, 429 f, 432 bis 441, 443 f, 446, 449, 451, 453–458, 462, 473, 520, 531 f, 566 f, 606, 625, 628, 641 f, 652, 668, 694, 709–711, 733, 735, 739 f, 744, 771, 783, 791 bis 794, 802 f, 817. II 70, 73 f, 76, 85, 97, 100, 108, 110 f, 117, 119, 140 f, 144 f, 151, 154, 159, 161, 173, 196 f, 217, 220 f, 231, 245, 250, 260, 292 bis 294, 300 f, 304, 309, 311 f, 316 f, 333, 340, 354 f, 361, 363, 365–367, 371, 373 f, 385 f, 397, 408, 417, 433, 436, 449, 451, 453, 460, 467, 472, 521, 593, 611, 645, 655 f, 660, 679, 681, 684, 693, 698, 703, 707 f, 721, 724

Weser-Zeitung (1844–1934), Bremer Tageszeitung. I 614, 709 f, 713

Westermanns Illustrierte deutsche Monatshefte (1856 ff), von George Westermann gegründete belletristisch-populärwissenschaftliche Zeitschrift, brachte im Vorabdruck u. a. »Ellernklipp«. I 290, 669, 671, 673 f, 740. II 265, 275, 279, 282–284, 286, 295, 309, 312, 339, 349, 353, 375, 434, 518, 522 f, 660 f

Wiener Presse. I 324, 471, 652

Wiener Zeitung (1703 ff). I 93 f, 96

Wochenblatt der Johanniter-Ordens-Balley Brandenburg (1860–1907), hrsg. von Karl Herrlich. I 108, 335, 337, 520, 528, 566 f, 604, 611 f, 668, 670, 673, 709, 711, 800. II 216, 232 f, 311

Wochenschrift der Mynheers(?) I 179

Zeitschrift des Vereins für hamburgische Geschichte. II 532, 534

Zeitschrift für das Gymnasialwesen im Auftrage und unter Mitwirkung des Berlinischen Gymnasiallehrer-Vereins (Berlin 1847–1865, neue Folge Berlin 1867 ff). I 576

Zeitung für die elegante Welt (1801–1850), hrsg. u. a. von Heinrich Laube und Gustav Kühne. I 9

Zeitung für Norddeutschland (Hannover 1848 ff). I 36

Zeitungshalle (1847–1849), liberal-revolutionäre Zeitung in Berlin, später Eberswalde, hrsg. von Gustav Julius. I 465

Zur guten Stunde. Illustrirte deutsche Zeitschrift (1887 bis 1892), hrsg. von Emil Dominik; brachte Fontanes »Quitzöwel«-Aufsatz. I 146, 155, 160, 183, 790 f. II 260, 435 f

Register zu den Nachträgen

Die Nachtragsregister verzeichnen die durch die Erweiterung und Überarbeitung erforderlich gewordenen Daten. Wo nähere Angaben fehlen, sei auf das Hauptregister verwiesen.

Personenregister

Achenbach, Andreas von. II 752
Achenbach, Oswald (1827 bis 1905), 1866–1872 Lehrer der Landschaftsmalerei an der Düsseldorfer Akademie II 752
Alberti, Conrad. II 753
Alexis, Willibald (Georg Wilhelm Heinrich Häring). I 838, 846
A. B. Auerbach, Stuttgarter Verlag, seit 1879 in Berlin. I 842
Auerbach, Berthold. I 841
August, Prinz von Preußen (1779–1843), Neffe Friedrichs d. Gr. I 857

Banck, O., vermutl. Kritikerkollege Fontanes. I 838
Beck, Karl. I 829
Begas, Grete, geb. Philipp, Ehefrau des Bildhauers Reinhold Begas. II 745
Begas, Reinhold (1831–1911), Bildhauer. II 752
Begas, Tochter von Reinhold und Grete Begas. II 745

Bismarck, Otto Fürst von. I 830. II 753
Björnson, Björnsterne (1832 bis 1910), norwegischer Dichter und Politiker. I 841
Bleibtreu, Joh. Maria Charlotte, Ehefrau von Georg Bleibtreu. I 849
Bleibtreu, Karl. II 753
Blomberg, Hugo von. I 837
Bodenstedt, Friedrich Martin. II 753
Bosse, Robert. II 737
Brahm, Otto. II 742, 744
Brockhaus, Heinrich und Friedrich, Verleger in Leipzig. I 832 f. II 751
Broemel, Francis. I 828
Bülow, Babette von. I 850
Bußler, Hans Robert (geb. 1810), Geheimer Hofrat und Hofstaatssekretär im Kgl. Preußischen Hofmarschallamt und der Intendantur der Kgl. Schlösser. I 856

Chevallerie, Otto von. I 832 f

Dahn, Felix. I 829, 841
Devrient, Ludwig. II 737
Donnersmarck, Leo Amadeus Graf Henckel von. I 847
Dove, Alfred Wilhelm. II 750
Droysen, Johann Gustav. I 854

Eggers, Karl Hermann. I 827 f, 838, 840
Engel, Eduard. I 844
Enslin, Adolf. I 852

Feldheim, Friedrich, Mainzer Kommerzienrat und Weingutbesitzer, Verehrer Fontanes. II 745
Ferdinand, Prinz von Preußen. I 857
Finckenstein, Gräfin von. I 853
Fontane, Elise, S. Weber, Elise
Fontane, Emilie, geb. Rouanet, Fontanes Frau. I 827, 832, 834, 837, 839, 841, 843, 852, 855. II 735
Fontane, Friedrich, jüngster Sohn Fontanes. II 740, 745 f
Fontane, George, ältester Sohn Fontanes. I 827, 832
Fontane, Martha, Tochter Fontanes. I 851. II 745
Fontane, Theodor, zweiter Sohn Fontanes. I 839
Fordan, Familie in Letschin. I 853
Freiligrath, Ferdinand. I 829
Fresenius, A., Herausgeber der »Deutschen Literaturzeitung«. II 744

Freytag, Gustav. II 753
Freytag, Ludwig. I 845
Friedlaender, Elisabeth. II 744
Friedlaender, Georg. I 850 f
Friedmann, Alfred. I 840, 843. II 748, 751
Friedrich, Wilhelm. I 844, 846. II 740–742
Friedrich III., preuß. König und dt. Kaiser. I 830
Friedrich Wilhelm IV., König von Preußen. I 856
Fritsch, Frau, geb. Köhne, erste Ehefrau K. E. O. Fritschs. I 848
Fuhr, Lina (geb. 1828), Schauspielerin. II 750

Galdós, Benito Pérez (1843 bis 1920), span. Schriftsteller. I 847
Gaudy, Franz Bernhard Heinrich Wilhelm Freiherr von (1800–1840), Lyriker. I 26, 339
Geibel, Emanuel. II 753
Gensichen, Otto Franz. II 752
Gentz, Alexander. I 854
Glaser, Adolf. I 742
Albert Goldschmidt, Berliner Verlag. I 842
Goltz, Colmar Freiherr von der. I 839, 847
Gore, Chatherine Frances. II 748, 750
Grosser, Julius. II 748
Grün, Anastasius. I 829

Gruppe, Otto Friedrich. I 832, 836
Gsellius, Berliner Buchhandlung. II 741 f
Hagn, Charlotte von (1809 bis 1891), Schauspielerin. II 750
Handtmann, Eduard. I 845
Heinrich, Prinz von Preußen. I 847
Hertz, Wilhelm. I 837, 850, 857. II 740, 742 f, 745
Hesekiel, Ludovica. I 845
Hesekiel, Ludwig George. I 851
Heyden, August von. I 827
Heyse, Paul. I 827 f, 833, 836 f, 840 f, 846, 850 f. II 737, 739 f, 743, 753
Hoffmann, Hans (1848–1909), Erzähler. I 851
Hohenlohe, von, Familie. II 753
Hohenzollern, Fürst Karl Anton von (1811–1885). II 753
Holtzendorff, Franz von. I 843
Hopfen, Hans von. I 845. II 753

Jähns, Max (1837–1900), preußischer Offizier und Militärschriftsteller. I 847

Kalbeck, Max (1850–1921), Schriftsteller, Musik- und Theaterreferent, Herausgeber mehrerer Gedichtsammlungen. I 827
Kanitz, Rudolf Graf von. I 836 f
Katte, Hans Hermann von. I 855 f

Katte, Marie Amalie Pauline von. I 855
Kielland, Alexander Lange. I 842
Kletke, Hermann. I 838, 842
Knyphausen, von, Familie. I 857
Koppe, Johann Gottlieb (1782 bis 1862), Landwirt. I 853
Krüger. I 835
Kruse, Heinrich. I 838, 842, 850
Kugler, Franz. I 833

Lange, Wilhelm, Übersetzer. I 842
Lazarus, Moritz. I 827 f, 851
Lenbach, Franz von (1836 bis 1904), Maler. II 752
Lepel, Anna von, geb. v. Heydebreck (1834–1899), zweite Frau Bernhard von Lepels. I 849 f
Lepel, Bernhard von. I 832 f, 837
Lepel, Franz von (1851–1906), ältester Sohn Bernhard von Lepels. I 849
Lessing, Karl Friedrich (1808 bis 1880), Maler. II 752
Lewald, Fanny. I 841
Lindau, Paul. I 839, 846 f. II 739, 753
Lindau, Rudolf. I 846
Lipperheide, Franz (1838–1906), Berliner Verlagsbuchhändler. II 751 f
Longfellow, Henry Wadsworth. I 836

Loescher und Petsch. II 751
Lubliner, Hugo (eigentlich Hugo Bürger). II 753
Ludwig, Maximilian. I 838
Lübke, Wilhelm. I 845. II 751

Makart, Hans (1840–1884), Maler. II 752
Mauthner, Fritz. II 752
Mayer, Frau des Bürgermeisters B. Mayer in Reval. II 747
Meissner, Alfred (1822–1885), österreichisch-böhmischer Schriftsteller. I 838
Mencke, Familie in Küstrin. I 853
Menzel, Adolph von. I 856. II 752
Metzel, Ludwig. I 834 f
Metzel, Frau von Ludwig Metzel. I 835
Mörner, Familie in der Neumark. I 845
Mont, Karel Marie Pol(ydor) de. I 828–831
Mosenthal, Salomon Hermann Ritter von. I 849
Mühler, Heinrich Gottlob von. I 854
Müller, Friedrich Max. I 833

Niese, C., vermutl. Kritikerkollege Fontanes. I 838

Pantenius, Theodor Hermann. I 839, 842
Pietsch, Ludwig. I 847

Piloty, vermutl. Karl von (1826 bis 1886), Maler. II 752
Preuß, Johann David Erdmann. I 855
Proehle, Heinrich. I 836
Protzen, Michel. I 854 f
Putlitz, Gustav Heinrich Gans Edler zu. I 856

Raabe, Wilhelm. I 843
Rauch, Christian Daniel. II 752
Reumont, Alfred von (1808 bis 1914), Diplomat und Historiker. I 856
Ring, Max. I 832
Rodenberg, Julius. I 840, 855
Roquette, Otto. II 225

Sabran, Comtesse de. I 856
Samosch, Siegfried. I 857
Scott, Sir Walter. I 830, 836
Seidel, Heinrich. I 838, 843
Shakespeare, William. I 848
Schmidt, Heinrich. II 737
Sommerfeldt, Hermann und Jenny. I 853
Spielhagen, Friedrich. I 841
Scherenberg, Christian Friedrich. II 737 f, 742
Schottländer, Salo. II 741
Schubert, Friedrich Karl. II 235
Schwebel, Oskar. I 847
Schwerin, Hermann Graf von, Schloßherr von Tamsel. I 853
Schwind, Moritz von (1804 bis 1871), Maler. II 752
Steffens, Fr. W. II 742 f

Stephany, Friedrich. I 845
Sternfeld, Richard. II 743
Storm, Theodor. I 841. II 735, 739, 748 f
Strakosch, Alexander. I 848 f

Tauentzin, von, Familie. I 857
Tegnér, Esaias (1782–1846), schwedischer Dichter. I 845
Tennyson, Alfred. I 836
Teubner, Verlag in Leipzig. I 841
Thaer, Albrecht Daniel. I 837
Thaysen, Jes, dänischer Übersetzer von »Unwiederbringlich«. II 745
Treutler, Dr. H. I 841

Uchtenhagen, von, märkische Familie. I 852
Uhde, Hermann. II 752

Wagner, Johanna (1828–1894), Opernsängerin. II 750
Waldberg, Max Freiherr von. II 744
Wallbaum, Rechnungsführer in Tamsel. I 853
Wallot, Paul (1841–1912), Architekt. I 829
Weber, Elise (»Lise«), geb. Fontane. I 855
Wentzel, Rudolf. I 835
Werner, Anton von. II 752
Widmann, Josef Viktor. II 747
Wildenbruch, Ernst von. II 753
Wilhelm I., preußischer König, deutscher Kaiser. I 830. II 735
Wilhelm II., preußischer König, deutscher Kaiser. II 753
Wolff, Julius. I 841
Wolfsohn, Wilhelm. II 748

Werkregister

Aus den Tagen der Occupation. I 847

Christian Friedrich Scherenberg und das litterarische Berlin von 1840 bis 1860. I 850. II 738, 741 f

Der Krieg gegen Frankreich 1870 bis 1871. I 847 f
Die Poggenpuhls. II 747

Effi Briest. II 743
Eleonore (Adelheid-Novelle). II 271

Ellernklipp. II 257, 739

Fünf Schlösser. I 845

Gedichte. I 847 f
Graf Petöfy. II 742
Grete Minde. I 847 f

Jenseit des Tweed. I 836

Karl Stuart. II 744
Kriegsgefangen. Erlebtes 1870.
 I 847 f. II 752

L'Adultera. II 741, 751
Stine. I 831
Vor dem Sturm. I 847 f

Wanderungen durch die Mark
 Brandenburg. I 847 f. II 743,
 752

Zeitschriftenregister

Berliner Revue. I 836
Blätter für literarische Unterhaltung. II 235

Daheim. II 751 f
Das Vaterland. Zeitung für die österreichische Monarchie. Red. von Steingass (Wien 1860 ff). I 93, 478, 834
Der Bund. II 747
Der Salon für Literatur, Kunst und Gesellschaft. I 838, 846
De Toekomst. I 831
Deutsche Allgemeine Zeitung. I 832 f
Deutsche Literaturzeitung. II 744
Deutscher Musen-Almanach. I 832
Die Deutsche Rundschau. I 855
Die Gartenlaube. I 837, 856
Die Gegenwart. I 839, 841, 846 f
Die Presse (Wien 1848–1896). I 835 f
Die Zeit. I 835

Literarisches Centralblatt für Deutschland. I 832
Literaturblatt des Deutschen Kunstblattes. I 833

Magazin für die Literatur des In- und Auslandes. I 841, 843, 846. II 752

National-Zeitung. I 857
Nederlandsche Museum. I 829
Neue Preußische Zeitung. I 835 bis 837, 849, 851 f
Nord und Süd. II 751

Schwäbischer Merkur. II 229

Über Land und Meer. II 751
Unser Vaterland. I 836

Vossische Zeitung. I 834, 836, 838, 840, 842–851. II 119, 432, 736, 744

Wochenblatt der Johanniter-Ordens-Balley Brandenburg. I 837

Inhalt

Kriegsbücher
  Der Schleswig-Holsteinische Krieg im Jahre 1864   9
  Der deutsche Krieg von 1866   21
  Kriegsgefangen. Erlebtes 1870   73
  Aus den Tagen der Occupation. Eine Osterreise durch
    Nordfrankreich und Elsaß-Lothringen 1871   82
  Der Krieg gegen Frankreich 1870–1871   91

Autobiographisches / Christian Friedrich Scherenberg
und das litterarische Berlin von 1840 bis 1860
  Meine Kinderjahre. Autobiographischer Roman   117
  Von Zwanzig bis Dreißig. Autobiographisches   130
  Christian Friedrich Scherenberg
    und das litterarische Berlin von 1840 bis 1860   151

Romane und Novellen
  Geschwisterliebe. Novelle   183
  James Monmouth   184
  Tuch und Locke   184
  Vor dem Sturm. Roman aus dem Winter 1812 auf 13   185
  Grete Minde. Nach einer altmärkischen Chronik   244
  L'Adultera. Novelle   262
  Ellernklipp. Nach einem Harzer Kirchenbuch   274
  Schach von Wuthenow.
    Erzählung aus der Zeit des Regiments Gensdarmes   291
  Graf Petöfy. Roman   320
  Unterm Birnbaum   335

Cécile. Roman	342
Irrungen, Wirrungen. Roman	358
Stine	379
Quitt. Roman	394
Unwiederbringlich. Roman	411
Frau Jenny Treibel oder »Wo sich Herz zum Herzen find't.« Roman	425
Von vor und nach der Reise. Plaudereien und kleine Geschichten	433
Effi Briest. Roman	441
Die Poggenpuhls. Roman	463
Der Stechlin. Roman	470

Pläne und Entwürfe / Zwei nicht identifizierte Arbeiten / Argo. Belletristisches Jahrbuch für 1854

Heinrich IV. erste Liebe (Epos) / Du hast recht getan (Roman)	485
Burg an der Ihle (Epos)	488
Karl Stuart (Tragödie)	489
Arabella Stuart	506
Waldeck	506
Barbarossa (Epos)	507
Gustav Adolf (»Volksbuch«)	508
Darnley (Tragödie)	509
Inschriften-Sammlung	510
Schill/Wolsey	511
Havelock-Biographie	511
Brandenburgisch-preußisches Geschichtsbuch	512
Allerlei Glück (Roman)	514
Sidonie von Borcke (Novelle)	516
Storch von Adebar (Novelle)	521
Buch über Kaiser Wilhelm I. Illustrierte Geschichte Brandenburg-Preußens	524
Parallelwerk zu den »Wanderungen durch die Mark Brandenburg«	526
Lassalle-Kapitel	527
L. P.-Novelle	527

Gesamtausgabe der »Berliner Romane«	528
Mathilde Möhring	528
Die Likedeeler	529
Sommerbriefe aus dem Havellande	535
Zwei nicht identifizierte Arbeiten	535
Argo. Belletristisches Jahrbuch für 1854	536

Vereinzelte Beiträge
   Deutsches Dichteralbum   557
   Männer der Zeit   559
   Reiterbilder   560

Allgemeine Äußerungen über Dichtung, Dichten und
   Schriftstellerei   563

Nachträge   734

Anhang
   Nachwort   757
   Zur »Edition«   763
   Zeittafel   770
   Zitierte Quellen   782
   Personenregister   794
   Werkregister   875
   Zeitschriftenregister   878
   Register zu den Nachträgen   889

Dichter über ihre Dichtungen

Die Bände dieser Reihe versammeln alle Äußerungen eines Dichters über sein Werk nach wissenschaftlichem Editionsprinzip. Als Quellen dienen veröffentlichte und, soweit zugänglich, unveröffentlichte Briefe, Tagebücher, Gespräche, Erinnerungen des Dichters und der Zeitgenossen, die mit ihm in Verbindung standen.
Die einzelnen Werke sind nach ihrer Entstehungszeit geordnet. Innerhalb dieser Ordnung werden die verschiedenen Äußerungen chronologisch zusammengestellt. Jeder Band enthält Anmerkungen zum Text, ein Nachwort, das mit methodischen und editorischen Besonderheiten vertraut macht, eine knappe chronologische Übersicht über Leben und Werk des Dichters, ein vollständiges Werk- und Namenregister sowie ein Quellenverzeichnis.
Diese Bände, Darstellungen des künstlerischen Selbstverständnisses der Dichter, sind für eine sorgfältige Interpretation ihres Werkes unentbehrlich.
Für den Philologen eine wesentliche Grundlage seiner wissenschaftlichen Arbeit.

Gottfried Benn

Clemens Brentano

Theodor Fontane I/II

Franz Grillparzer

Heinrich Heine I/II/III

Friedrich Hölderlin

E. T. A. Hoffmann

Henrik Ibsen I/II

Gottfried Keller

Heinrich von Kleist

Thomas Mann I/II

Novalis

Friedrich Schiller I/II

Ludwig Tieck I/II/III

Heimeran Verlag

Klassische Romane und Erzählungen in Dünndruck-Ausgaben **dtv**

**Honoré de Balzac:
Tolldrastische
Geschichten**
Vollständige Ausgabe
Mit 425 Illustrationen
von Gustave Doré zur
französischen Ausgabe
von 1855
Nachwort von
Walter Widmer
1104

**Honoré de Balzac:
Verlorene Illusionen**
Roman
2006

**Charles de Coster:
Thyl Ulenspiegel**
Mit 150 Holzschnitten
von Frans Masereel
Nachwort von
Romain Rolland
2010

**Fjodor M. Dostojewski:
Der Idiot**
Vollständige Ausgabe
Nachwort von
Werner Bergengruen
2011

**Maxim Gorki:
Autobiographische
Romane**
Nachwort von
Helene Imendörffer
2007